济南年鉴 2008

JINAN YEAR BOOK

济南市人民政府主办

济南市史志办公室编

济南出版社出版

图书在版编目(CIP)数据

济南年鉴. 2008 / 济南市史志办编. —济南:济南出版社,2008.10

ISBN 978-7-80710-680-7

Ⅰ. 济… Ⅱ. 济… Ⅲ. 济南市 -2008- 年鉴 Ⅳ. Z525.21

中国版本图书馆 CIP 数据核字(2008)第 148065 号

责任编辑 韩宝娟 赵志坚

封面设计 山东康伟广告艺术传播有限公司

出版者 济南出版社(济南市经七路 251 号)

网 址 http://www.jnpub.com

印刷者 山东海天国际文化传播有限公司

发行者 济南出版社

版 次 2008 年 10 月第 1 版

印 次 2008 年 10 月第 1 次印刷

开 本 889×1194 毫米 1/16

印 张 34.25 插页 122

字 数 1260 千字

印 数 1~3000 册

定 价 188.00 元

编辑说明

一、《济南年鉴》是济南市人民政府主办的信息密集的综合性资料工具书，自1989年起每年编辑出版一册。旨在较全面、系统、翔实地介绍济南市政治、经济、文化诸方面基本面貌和社会主义现代化建设中出现的新情况、新问题、新进展，为各行各业提供咨询服务，为各级领导提供决策依据，为续修地方志储备资料，同时也为国内外各方人士了解、研究济南起媒介作用。

二、《济南年鉴》采用分类编辑法。主体内容划分为栏目、分目、条目3个层次。栏目为大的单元，其下按类别，同时照顾到现行的管理体制设置分目。每个分目下列若干条目。条目为年鉴内容的基本单位，其标题用黑体字外加【】表示。为方便读者检索，在正文后设置综合性主题索引。

三、《济南年鉴》(2008)，系创刊以来的第二十册。正文设27个栏目：(1)特载；(2)大事记；(3)济南概貌；(4)政党·政协·人民团体；(5)政权政务；(6)治安司法；(7)军事；(8)经济综合与管理；(9)经济开发园区；(10)工业；(11)农业；(12)国内商贸服务业·旅游业；(13)对外经济贸易；(14)财税审计；(15)金融；(16)交通·信息；(17)城乡建设·环境保护；(18)教育；(19)科学；(20)文化；(21)卫生体育；(22)社会生活；(23)区县；(24)人物；(25)政策法规选编；(26)统计资料；(27)附录。卷首安排反映济南风光、各业发展成就和活动的彩色照片，成绩突出的企事业单位等画页分插于栏目之间。

四、本册年鉴主要记述2007年度济南市行政区域内的事情，资料截至日期为2007年12月31日。同时，为完整地反映某项事物的全貌，对2007年元旦至本册年鉴书稿发排前出现的结果，亦做了适当记述；对在本年鉴首次得以记载的行业、事业或工作，其历史情况也做了简要回溯。

五、本年鉴使用的“济南市”、“全市”和“济南地区”概念，范围为历下、市中、天桥、槐荫、历城、长清6区和章丘、平阴、济阳、商河4县(市)。“市区”概念，范围系指济南市所辖的上述6区。

六、本年鉴的条目由济南市直各部门、各区(市)县和有关的中央、省驻济单位负责撰写，均经过各自单位领导人的审阅。有关的综合性统计数据，与市统计部门公布的数据进行了校核。为示负责，作者署名于条目或分目之后的( )内，各单位的审稿人员列名单于卷首。

七、本年鉴的“统计资料”栏目，由济南市统计局整理供稿。由于统计口径的缘故，某些数据与有关业务部门使用的可能不尽一致，采用时请予注意。

八、《济南年鉴》(2008)是集体协作的结晶。在此，谨向所有为本年鉴编辑出版付出辛勤劳动、给予热情支持的个人和单位，表示感谢！

九、由于水平有限，本册年鉴的纰漏与不足在所难免，恳请广大读者批评指正，以使《济南年鉴》的质量不断提高。

2008年10月

《济南年鉴》(2008)

撰稿单位审稿人员

（按姓名笔画为序）

丁济生　于　敏　于界平　孔　杰　马　平
王　军　王　建　王　忠　王　晔　王向东
王旭光　王利民　王宏志　王志勇　王建文
王建华　王建国　王建敏　王拥华　王晓军
王淑铭　王道忠　王嘉岳　王嘉振　王銮奎
王赞洲　尹　波　方明甲　丛培军　田来远
任　健　任良桂　任建新　华　巍　刘　华
刘　燕　刘书笙　刘业朝　刘西安　刘建民
刘空军　刘春明　刘桂祯　刘新民　孙　博
孙竹兮　孙赤一　孙建民　毕殿增　汲广强
许卫东　邢建亚　杜绪德　李　刚　李　敏
李　毅　李文忠　李东亮　李会宝　李继民
李景全　李慎生　吴玉明　吴远潮　吴绣红
何卫东　何志惠　冷俊义　初黎华　宋玉国
宋晓航　张　利　张　琴　张凤泽　张正春
张传堂　张苏华　张连岭　张树振　张洪先
张霈东　张霖生　杨佩钦　杨道平　来宝运
连柏年　邹卫平　邹宏图　陈东生　陈宁宁
陈学师　周晓冬　孟庆斌　孟繁银　岳鲁宁
房玉萍　於济建　武兆军　苗振国　郑应德
郑宝玺　金德岭　侯雪峰　宫玉玲　宫德勇
相开禹　祝　彤　胡晓蒙　胡福存　费广和
赵　杰　赵万里　赵东升　赵玉海　赵启民
赵胜村　郝　军　徐长林　徐明梅　秦日伦
耿建新　袁淑玲　郭金豹　黄　明　黄　荣
曹临春　崔大庸　崔金燕　龚秋水　傅文森
彭秀沼　彭林堂　景新海　葛春林　董　旋
董福茂　蒋友和　蒋向波　谢兆村　谢爱民
韩　伟　韩明东　韩胜喜　韩晓光　靳　磊
颜承俊　诸葛凯南

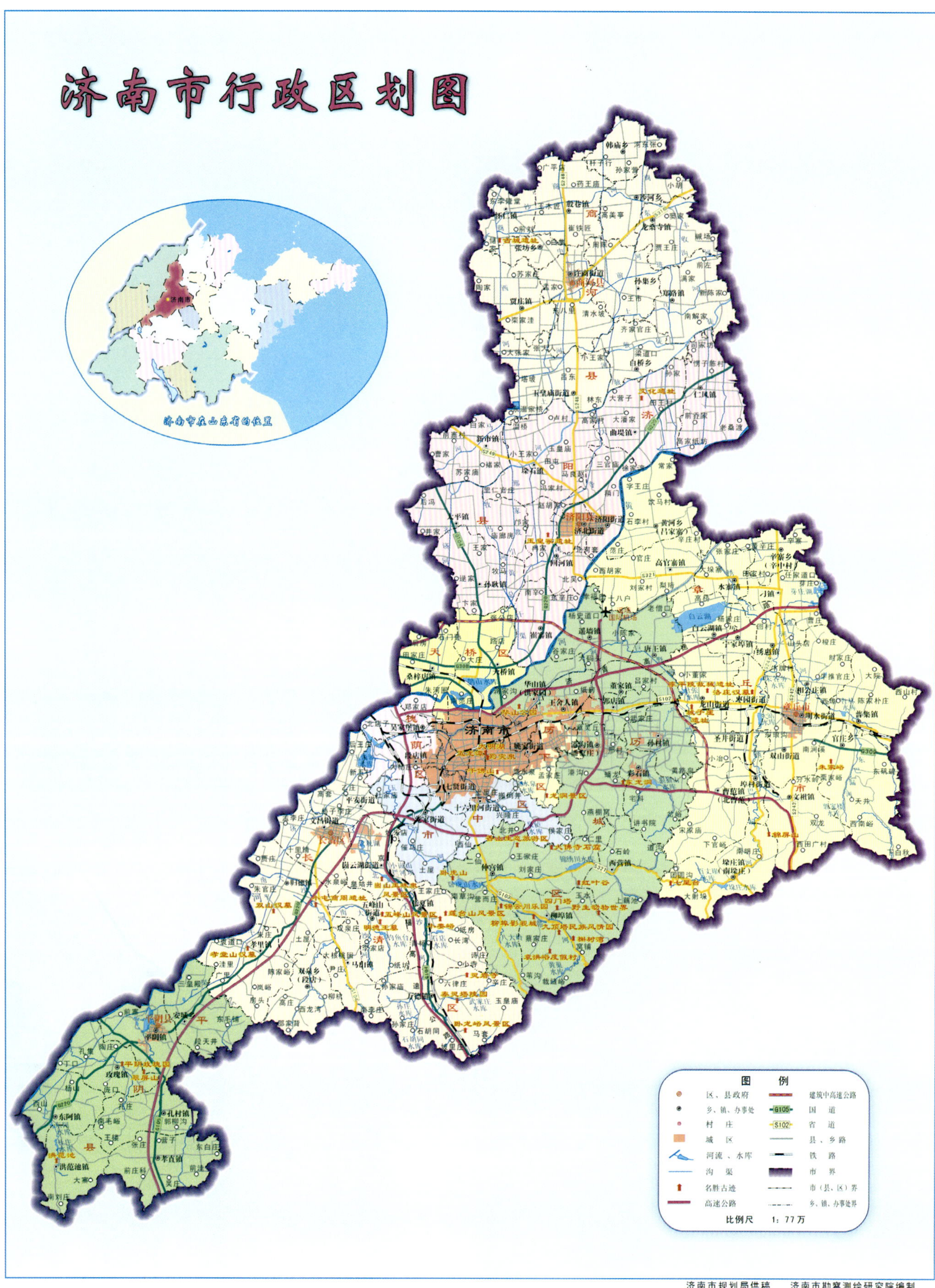

济南市规划局供稿　济南市勘察测绘研究院编制

热烈庆祝

《济南年鉴》创刊20周年

中国地方志指导小组办公室

贺　信

济南市史志办公室、《济南年鉴》编辑部：

值此纪念《济南年鉴》创刊20周年之际，中国地方志指导小组办公室及中国地方志协会年鉴工作专业委员会谨向20年来为《济南年鉴》甘于奉献、埋头苦干、辛勤工作的同志们致以亲切的问候和崇高的敬意！

在中共济南市委和济南市人民政府的领导、关心和支持下，《济南年鉴》取得了显著成绩，翔实而客观地记录了济南20年来经济社会发展的成就，成为了解济南、认识济南、宣传济南的一个重要窗口。编纂质量不断提高，在全国年鉴编纂出版质量评比中，多次获得殊荣，曾连续14年获得山东省特优年鉴评比的特等奖，发行海内外许多国家和地区，赢得同行的赞誉，是全国颇具影响的精品年鉴之一。

希望《济南年鉴》的全体工作者以年鉴创刊20周年为契机，再接再厉，发扬成绩，深入贯彻落实科学发展观，把《济南年鉴》办得更有特色，为我国年鉴事业的可持续发展谱写新的篇章。

2008年9月1日

济南市人民政府

贺　信

欣闻《济南年鉴》创刊20周年，谨致热烈祝贺！20年来，作为市政府综合性市情资料年刊，《济南年鉴》伴着改革开放的进程，在我市历史文化建设中书写了浓墨重彩的一笔，取得令人瞩目的成绩。

“述往事，思来者。”希望全体史志工作者切实增强历史责任感和时代紧迫感，树立精品意识，发扬创新精神，努力把《济南年鉴》办成记录改革发展的忠实载体、展示省会形象的重要窗口，使之更好地资政育人，服务发展，泽被后世。

济南市市长：张建国

2008年10月10日

2007年11月18日，中共中央政治局常委、中纪委书记贺国强（前中）在济南视察齐鲁软件园。（訾秉会 摄）

2007年10月13日，中共中央政治局委员、国务院副总理回良玉（前中）出席在济南召开的第五届中国国际农产品交易会开幕式。（訾秉会 摄）

2007 年 7 月 22 日，国务委员、国务院秘书长华建敏（前左三）在济南视察工作。（汤序民 摄）

2007 年 9 月 7 日，全国政协副主席李蒙（前右二）带领香港特别行政区全国政协委员考察团在济南参观考察。（趵突泉公园供稿）

2007年1月8日，最高人民法院院长肖扬（前右二）在济南视察指导工作。 （市法院供稿）

2007年1月12日，中共山东省委书记李建国（前右）在济南视察馆驿街棚户区改造工程。 （王 锋 摄）

2008年6月6日，中共山东省委书记姜异康（前右）在济南视察。（袁 鹏 摄）

2008年1月1日，中共山东省委副书记、省长姜大明（前右）在济南匍柳吉祥苑市场与经营业户交谈，详细了解节日市场行情。（张 勇 摄）

2007年11月16日，中共山东省委常委、济南市委书记焉荣竹(中)到济南日报报业集团调研。 (张勇 摄)

2007年10月24日，中共济南市委副书记、市长张建国（前右）出席济南科技展交会开幕式。 (孙芪青 摄)

2008年6月25日，济南市人大常委会主任徐华东（左）在历城区调研。（市人大办公厅供稿）

2008年8月19日，济南市政协主席徐长玉（右二）带领市政协委员视察济南巨能液压机电工程有限公司。（市政协办公厅供稿）

中共济南市委第九届委员会常委

山东省委常委、市委书记　焉荣竹

市委副书记　张建国

市委常委　殷鲁谦

市委常委　王 良

市委常委　李家政

市委常委　雷 杰

市委常委　王以才

市委常委　钱道书

市委常委　孙晓刚

市委常委　陈先运

市委常委　徐学武

市委常委　王成波

济南市第十四届人大常委会主任、副主任

主任　徐华东

副主任　马纯济

副主任　刘善鹏

副主任　陈延河

副主任　牟陆阳

副主任　段青英

济南市人民政府市长、副市长

市委副书记、市长　张建国

市委常委、常务副市长　殷鲁谦

市委常委、副市长　陈先运

副市长　张宗祥

副市长　邹世平

副市长　赵文朝

副市长　齐建中

副市长　巩宪群

政协第十二届济南市委员会主席、副主席

政协主席 徐长玉

副主席　王世敦

副主席　王可敏

副主席　刘子栋

副主席　高元坤

副主席　杨庆林

副主席　胡占平

副主席　刘少玲

副主席　崔大庸

多彩济南

济南夜景

2007年9月5日，济南趵突泉地下水位升至28.74米，再现喷珠溅玉的盛况。（袁鹏摄）

解放阁春色（王琴摄）

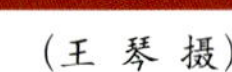

明湖掠影（舜网供稿）

（赵 铭 摄）

泉清柳绿（五龙潭公园）

（王 琴 摄）

珍珠泉掠影　（王 锋 摄）

千佛山兴国禅寺雪景

（王 琴 摄）

重大活动

2007年4月7日，中国共产党济南市第九次代表大会开幕。（田鲁艺 摄）

2007年3月24日，济南市人大第十三届五次会议在山东会堂开幕。（吕廷川 摄）

2007年3月23日，济南市政协第十一届五次会议在舜耕会堂隆重开幕。（吕廷川 摄）

建设新篇

济南八一立交桥添亮妆　（王锋摄）

2007年9月17日，10多辆BRT快速公交车行驶在经十路上。　（王锋摄）

北园高架桥掠影　（腾越摄）

★★★★★改革开放30周年济南主要社会经济指标概览

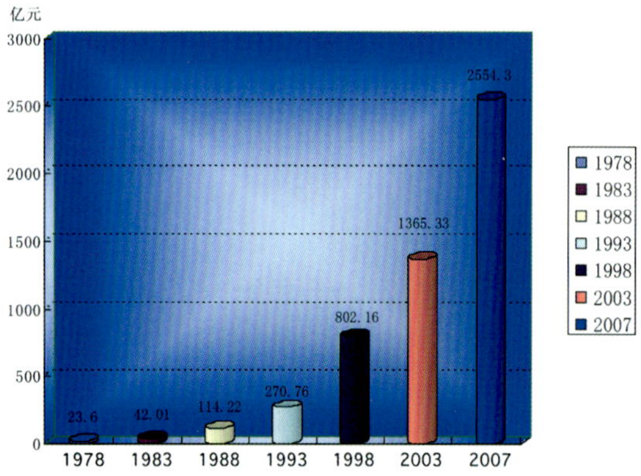

亿元
3000
2500
2000
1500
1000
500
0
23.6 42.01 114.22 270.76 802.16 1365.33 2554.3
1978 1983 1988 1993 1998 2003 2007
1978 1983 1988 1993 1998 2003 2007

全市生产总值变化情况

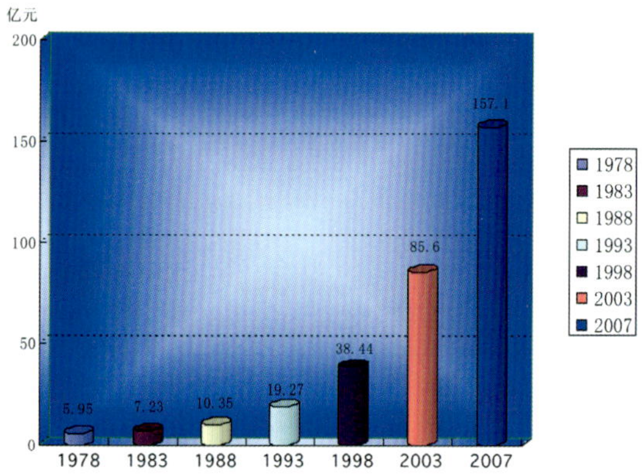

亿元
200
150
100
50
0
5.95 7.23 10.35 19.27 38.44 85.6 157.1
1978 1983 1988 1993 1998 2003 2007
1978 1983 1988 1993 1998 2003 2007

地方财政收入变化情况

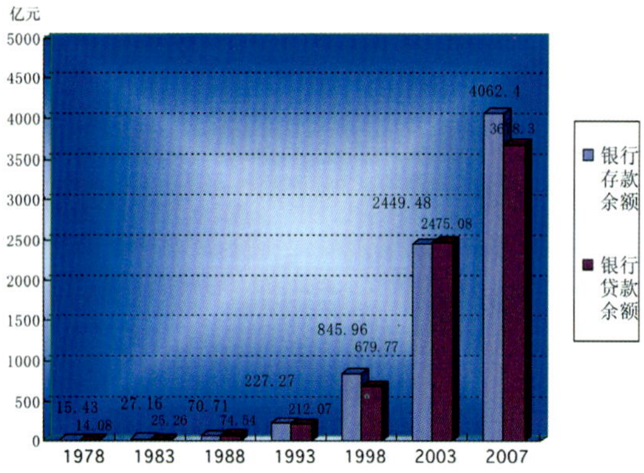

亿元
5000
4500
4000
3500
3000
2500
2000
1500
1000
500
0
15.43 14.08 27.16 25.26 70.71 74.54 227.27 212.07 845.96 679.77 2449.48 2475.08 4062.4 36[illegible]8.3
1978 1983 1988 1993 1998 2003 2007
银行存款余额
银行贷款余额

银行存贷款余额变化情况

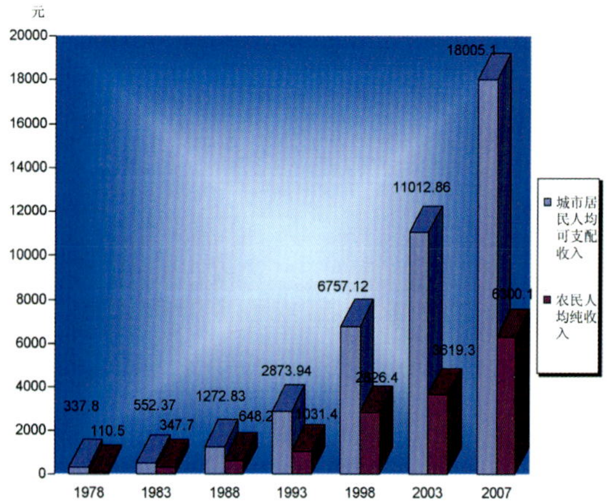

元
20000
18000
16000
14000
12000
10000
8000
6000
4000
2000
0
337.8 110.5 552.37 347.7 1272.83 648.2 2873.94 1031.4 6757.12 2[illegible]26.4 11012.86 3619.3 18005.1 6[illegible]00.1
1978 1983 1988 1993 1998 2003 2007
城市居民人均可支配收入
农民人均纯收入

城市居民人均可支配收入、农民人均纯收入变化情况

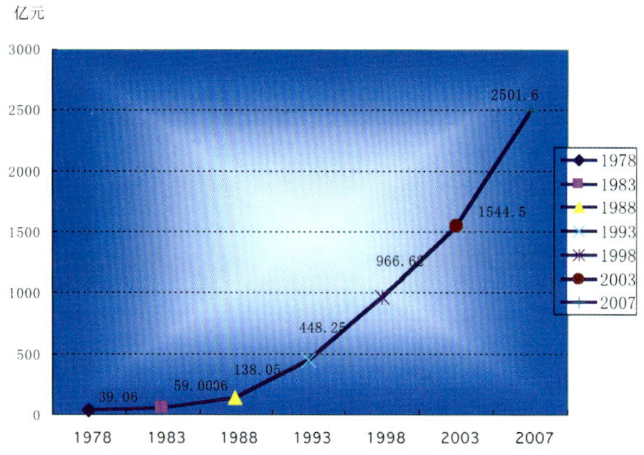

亿元

3000 2500 2000 1500 1000 500 0

39.06 59.0006 138.05 448.25 966.62 1544.5 2501.6

1978 1983 1988 1993 1998 2003 2007

工业总产值变化情况

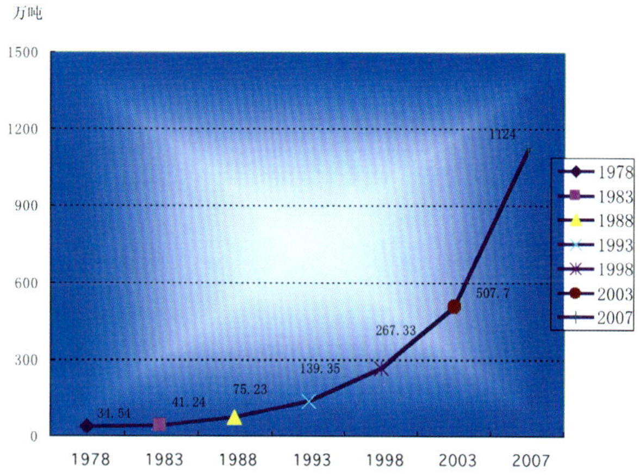

万吨

1500 1200 900 600 300 0

34.54 41.24 75.23 139.35 267.33 507.7 1124

1978 1983 1988 1993 1998 2003 2007

钢铁产量变化情况

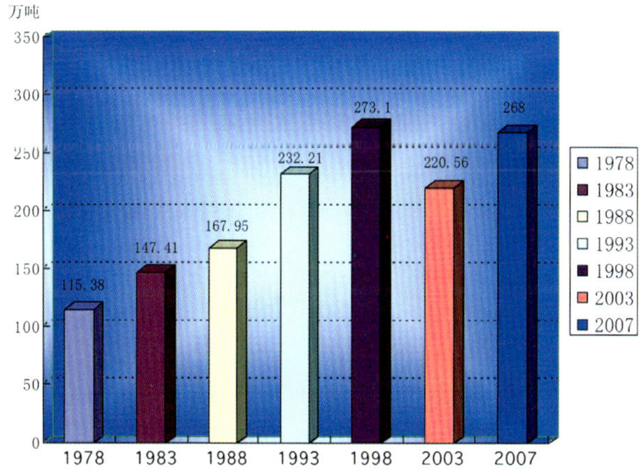

万吨

350 300 250 200 150 100 50 0

115.38 147.41 167.95 232.21 273.1 220.56 268

1978 1983 1988 1993 1998 2003 2007

粮食产量变化情况

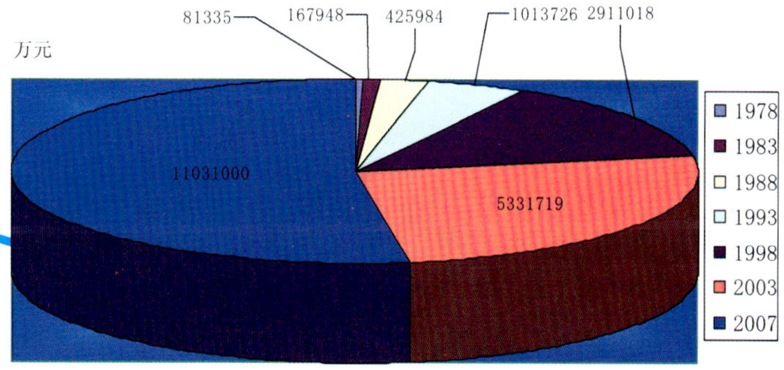

万元

81335 167948 425984 1013726 2911018 5331719 11031000

1978 1983 1988 1993 1998 2003 2007

社会消费品零售总额变化情况

2007年济南主要社会经济指标

★ 全社会劳动生产率70115元/人，增长16.1%(按从业人员计算)。各项税收总额352.0亿元 ，增长24.9%；占全市国民生产总值比重13.8%，提高0.9个百分点。

★ 农、林、牧、渔业总产值达到265.5亿元，按可比价与上年持平。全年农作物播种面积620.3千公顷，下降1.6%。

★ 全部工业实现增加值999.4亿元，比上年增长17.0%（其中规模以上工业完成增加值930.3亿元，增长17.5%)；年末规模以上工业完成企业1871家，比上年末净增加15家（其中全年营业收入过亿元企业415 家，增加49家）。

★ 全年共接待游客2005.9万人次，较上年增长16.5%(其中国内游客1989.8万人次，较上年增长16.5%；接待入境游客16.1万人次，较上年增长18.2%）；旅游业务总收入177.9亿元，较上年增长21.7%。

★ 实现进出口总额62.18亿美元，比上年增长41.7%(其中出口额34.35亿美元，增长40.8%；进口额27.83亿美元，增长42.7%)。

★ 公路通车里程10273.1公里（含村级公路，其中高级公路9717.3公里）；境内高速公路里程达到310公里，较上年增长59.8%。

★ 各类学校在校生134.99万人，比上年末增长2.4%；高等教育学校39所，招生18.19万人，增长6.1%；在校生56.50万人，增长5.9%。

★ 全市拥有卫生机构2300个（其中医院162个）；年末卫生机构病床2.9万张，比上年增长4.7%；各类卫生技术人员3.6万人，增长2.5%。全市启动44个惠民门诊、21个惠民病房和51个惠民社区，城区建成133个社区卫生服务机构。

★ 全市基本养老保险、基本医疗保险、失业保险、工伤保险、生育保险参保人数分别达到114.49万人、100.11 万人、69.81 万人、98.02万人、57.03 万人，分别比2006年末增加9.08万人、17.5 万人、3.1 万人、25 万人、1 万人 。

★ 全年道路建设总投资45亿元，开工建设道路502公里，河道整治48公里；城市绿地覆盖率达到39.8%；人均公共绿地面积9.2平方米，较上年增加0.1平方米；路灯5.7万盏，增加0.7万盏。全年拆除违章建筑79.5万平方米。

指标\时间	1978	1983	1988	1993	1998	2003	2007
年末总人口（万人）	450.67	479.38	507.18	533.53	553.54	582.56	604.85
人口自然增长率（‰）	8.53	5.53	9.14	2.01	4.69	2.08	3.08
城市人均住宅居住面积（平方米）	4.06	4.93	7.50	7.80	9.89	18.85	21.00
农民人均住宅居住面积（平方米）	9.6	16.4	20.3	22.9	27.4	35.5	37.3

指标\时间	1978	1983	1988	1993	1998	2003	2007
蔬菜总产量（万吨）	49.19	65.66	122.83	205.62	456.6	668.74	691.83
肉类总产量（万吨）	2.5	4.66	8.68	19.12	27.38	36.91	31.85
发电量（亿千瓦时）	12.65	13.01	42.97	69.00	60.06	77.60	130.37
汽车产量（辆）	4025	7249	6741	10132	3615	19989	100133

其他指标变化情况（资料来源：济南市统计局）

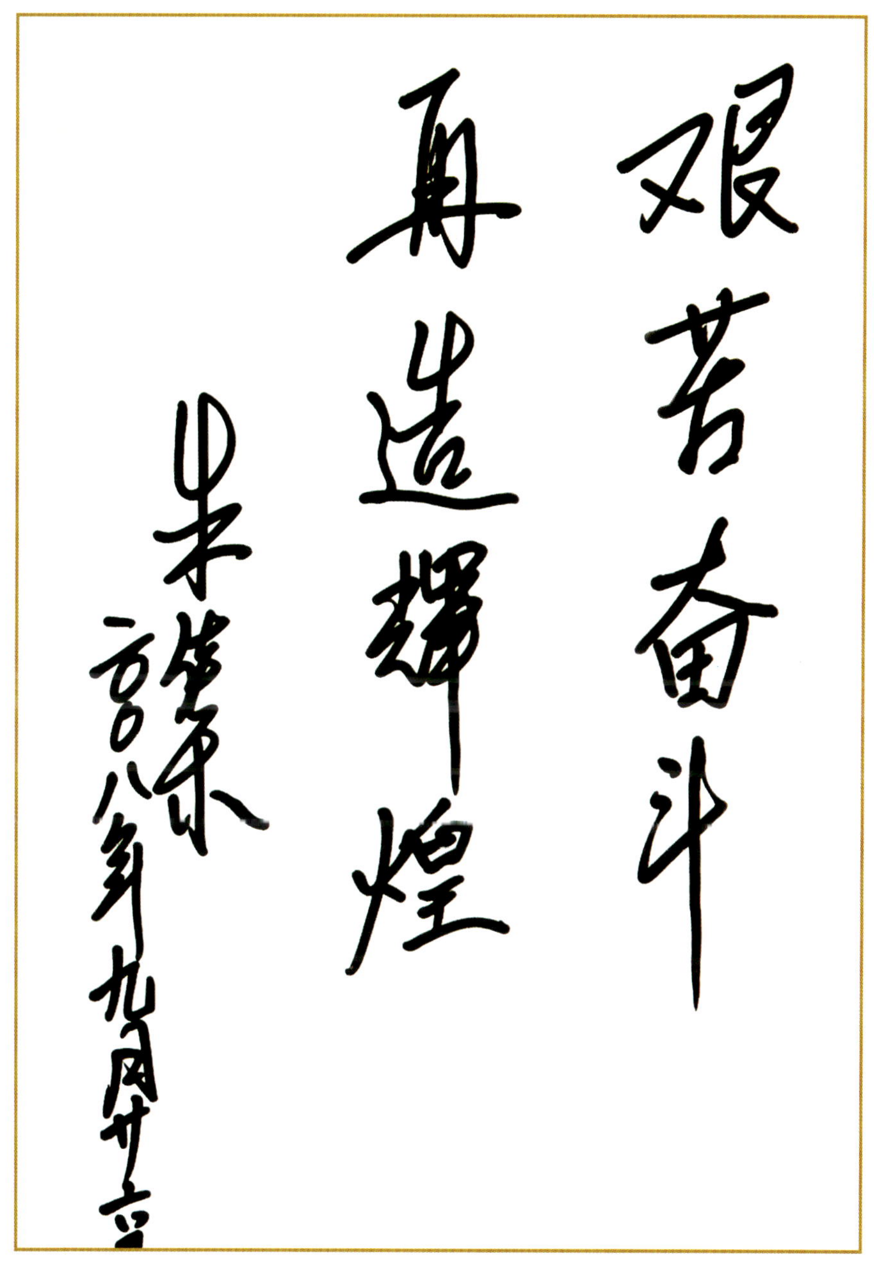

2008 年 9 月 26 日，中国社会科学院副院长、中国地方志指导小组常务副组长朱佳木为《济南年鉴》创刊 20 周年题词。

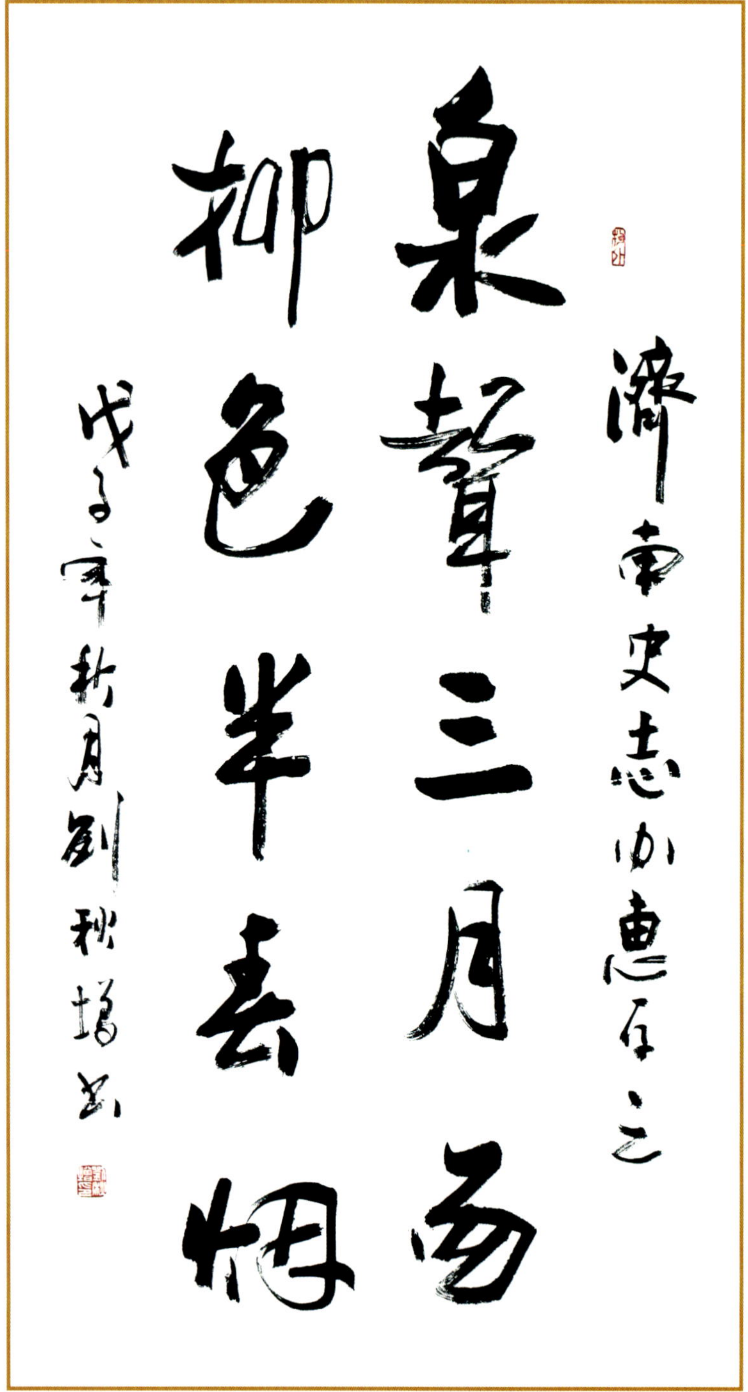

山东省地方史志办公室主任刘秋增为《济南年鉴》创刊 20 周年题词

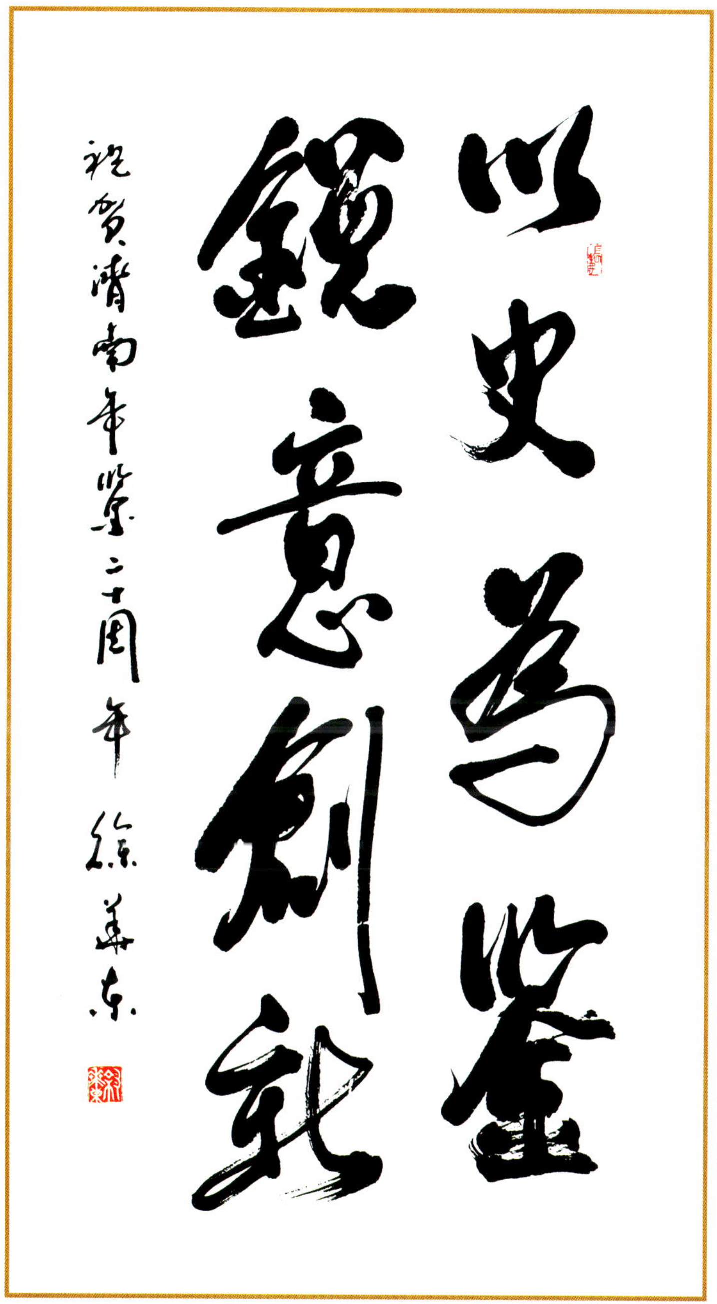

济南市人大常委会主任徐华东为《济南年鉴》创刊 20 周年题词

原中共济南市委副书记、常务副市长张福山为《济南年鉴》创刊20周年题词

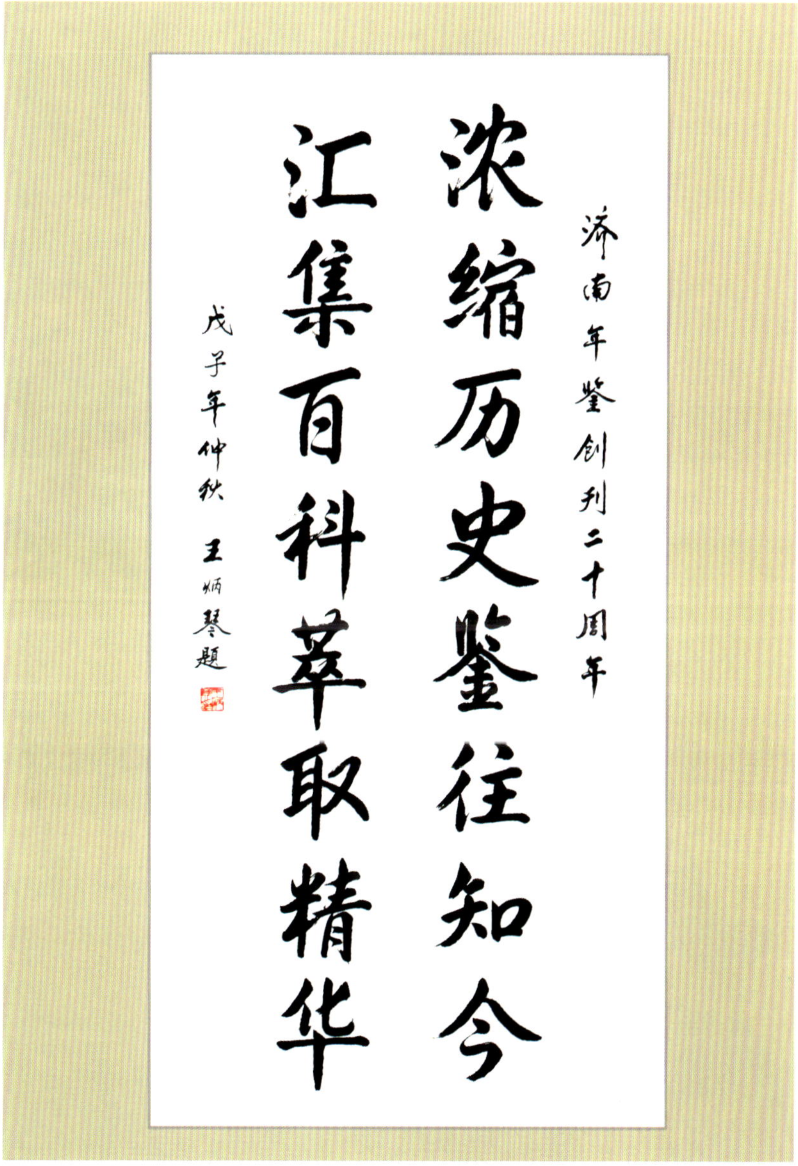

济南年鉴创刊二十周年

浓缩历史鉴往知今
汇集百科萃取精华

戊子年仲秋 王炳琴题

原中共济南市委常委、常务副市长王炳琴为《济南年鉴》创刊 20 周年题词中国美术家协会会员，中国书法家协会会员，山东省美术家协会顾问，山东省政协联谊书画院副院长，济南市美术家协会主席，济南市政协副主席，济南市文联主席，山东省文史馆馆员，中央文史馆书画院研究员，九三学社中央书画院副院长，全国第九、十届人大代表吴泽浩祝贺《济南年鉴》创刊20周年。

山东电视艺术家协会常务副主席、中国美术家协会会员、山东省美术家协会顾问、山东电视书画院院长、山东画院艺术顾问、原省人大常委曾昭明祝贺《济南年鉴》创刊20周年。

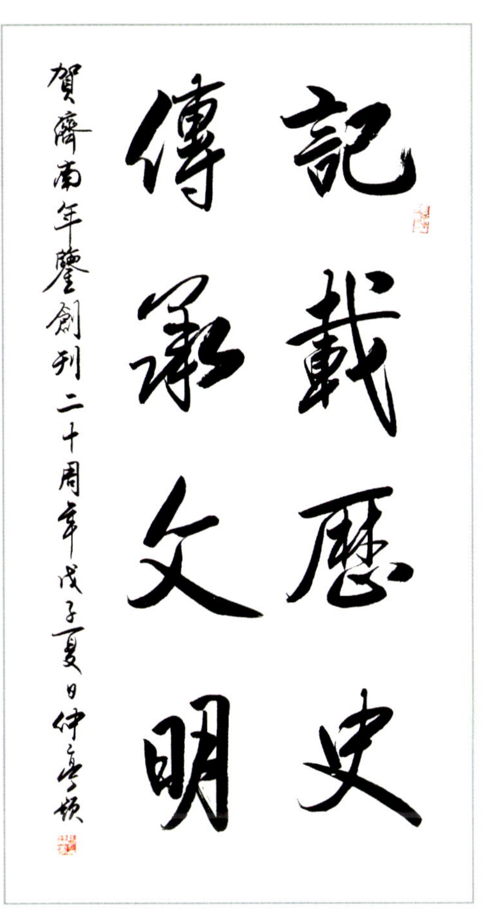

济南市政协委员、济南市政协科教文卫委员会副主任、中国书法家协会理事、山东省书法家协会副主席、济南市书法家协会主席张仲亭祝贺《济南年鉴》创刊20周年。

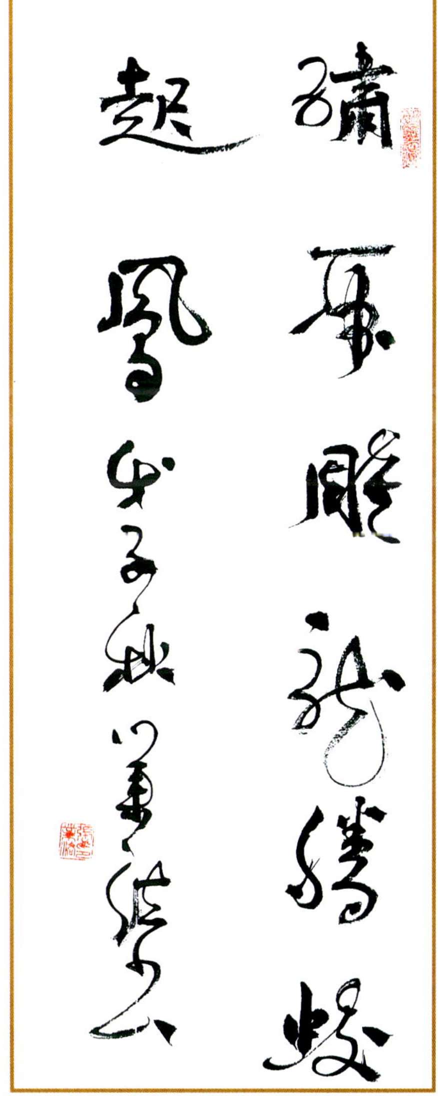

山东省文联副主席、中国书法家协会副主席、山东省书法家协会主席、中国书法家协会培训中心教授张业法祝贺《济南年鉴》创刊20周年。

中国美术家协会会员、山东省女书画家协会副主席、山东新闻美术家协会副主席、山东画院高级美术师、山东省美术家协会理事、山东电视画院副院长、中国电视美术研究会理事冷珍祝贺《济南年鉴》创刊20周年。

中国书法家协会会员、中国书法家协会权益保障委员会委员、山东省书法家协会副主席、山东省青年书法家协会名誉主席、济南市书法家协会顾问、济南市政协委员李向东祝贺《济南年鉴》创刊20周年。

清晨入古寺初日照高林曲徑通幽處禪房花木深山光悅鳥性潭影空人心萬籟此俱寂惟餘鐘磬音

唐人常建詩一首 丙戌之夏向海書

中国书法家协会会员，中国楹联学会会员，山东省文联委员，山东省书法家协会副秘书长、创作委员会副主任，山东省楹联艺术家协会副主席，山东当代国画研究院副院长兼秘书长，济南市书法家协会常务副主席兼书法创作评审委员会主任荆向海祝贺《济南年鉴》创刊20周年。

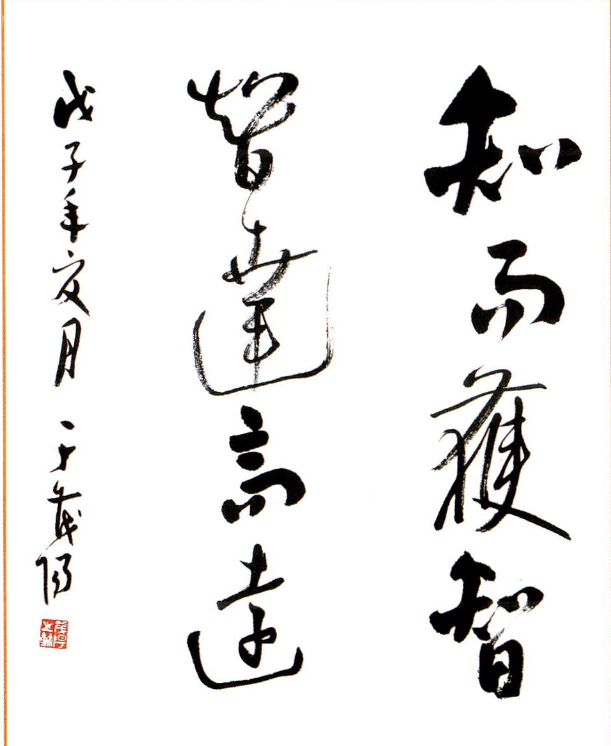

中国书法家协会教育委员会委员，山东省书法家协会副主席，山东省青年联合会常委，山东工艺美术学院党委书记、书法教育硕士研究生导师于茂阳祝贺《济南年鉴》创刊20周年。

山东省美术家协会常务副主席兼秘书长（法人）、中国美术家协会理事、山东省政协委员、山东省民革副主委孔维克祝贺《济南年鉴》创刊20周年。

济南画院党支部书记、院长，山东省政协委员，山东省美术家协会副主席，山东省雕塑艺术家协会副主席，济南美术家协会副主席，中国美术家协会会员杜华祝贺《济南年鉴》创刊20周年。

山东省书法家协会常务副主席兼秘书长、中国书法家协会理事、中国书法家协会评审委员会委员、中国书法家协会培训中心教授、山东大学书法研究中心副主任、山东艺术学院书法艺术研究所名誉所长顾亚龙祝贺《济南年鉴》创刊20周年。

中国书法家协会会员、山东省书法家协会主席团委员、山东省青年书法家协会主席、山东省青年联合会常委、山东省省直青年联合会常委、济南大学文学院教授、济南大学书法研究所所长黄斌祝贺《济南年鉴》创刊20周年。

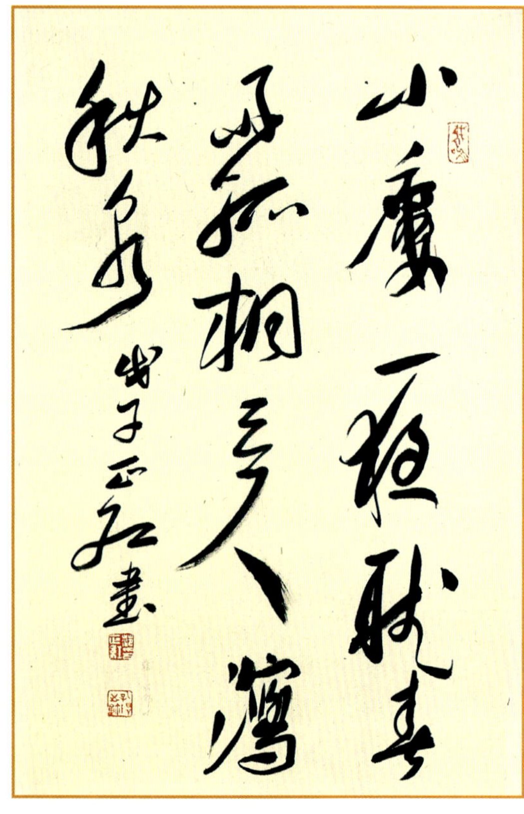

中国书法家协会篆刻委员会委员，山东印社社长，山东省书法家协会副主席兼篆刻委员会主任，西泠印社社员，山东省书画学会副会长，山东高校书画研究会副主席，山东省书画鉴定委员会委员，山东财政学院人文艺术学院副院长、教授范正红祝贺《济南年鉴》创刊20周年。

中国书法家协会会员、中国收藏家协会会员、中国楹联学会会员、中国蓝天书画院副院长、济南名士书画院副院长薛在银祝贺《济南年鉴》创刊20周年。

济南市华夏文化促进会

弘扬文化 增进友谊 宣传济南

济南市华夏文化促进会成立于 1993 年。下设国画、书法、油画（水彩）、雕塑、面塑、艺术品收藏鉴赏、大舜艺术 7 个艺术专业委员会，会员 150 多人，是一个综合性的文化艺术社会团体。该会宗旨以邓小平理论、“三个代表”重要思想、科学发展观为指导，坚持先进文化的前进方向；弘扬民族传统文化，繁荣社会主义文化，“以文促经、以经促文”，加强社会各界人士和港澳台、海外华人、华侨的友谊与联系，提高、扩大济南市在国内外的影响和知名度。15 年来，在会长王炳琴（市委原常委、市政府原常务副市长）的领导下，除组织广大会员开展书画艺术交流活动外，还重点围绕重大节日、纪念日举办了纪念毛泽东诞辰 100 周年书画雕塑艺术作品展、邓小平诞辰 100 周年书画笔会，并印制宣传画刊、中国人民抗日战争暨世界反法西斯战争胜利 60 周年书画艺术作品展，与市政协台港澳侨和外事委员会举办庆祝香港回归 10 周年书画笔会，每年“八一”建军节组织书画家慰问解放军和春节下乡为农民书写春联。为缅怀济南已故著名雕塑艺术家王昭善先生，与市文联等单位举办王昭善师生艺术作品展。在四川汶川地区发生地震后，组织书画家绘画向灾区人民义捐活动，奥运圣火传递期间向悉尼华人、华侨赠送国旗。为提高书画艺术家的创作水平，组织书画艺术家到上海市举办书画艺术作品交流展。该会为济南市精神文明建设，促进社会和谐作出了应有的贡献，受到了省、市有关部门领导及社会各界的广泛赞赏。

会长王炳琴（中）在王昭善先生艺术研讨会上讲话

书画艺术家在庆祝香港回归 10 周年书画笔会上绘画

会长王炳琴（右三）出席在上海举办的书画艺术交流展开幕式

会长王炳琴（中）在纪念抗日战争暨反法西斯战争胜利 60 周年书画艺术展开幕式上讲话

济南市商

2007年，是济南商行2005～2007年三年发展规划的最后一年，也是全面深入推进战略转型的一年。全行认真贯彻落实科学发展观，立足现实，着眼长远，坚持“优化结构，提升质量，推进转型，科学发展”的经营方针，取得了新的经营业绩。截至2007年末，全行总资产达到378.43亿元，同比增加53.97亿元，增长16.63%；本外币存款余额达到316.69亿元，同比增加47.79亿元，增长17.77%，市场份额达到7.76%，比上年提高1.1个百分点；各项贷款（含贴现47.72亿元）余额为250亿元，同比增加32.6亿元，增长14.99%。实现经营利润8.03亿元，同比增加2.38亿元，增长42.21%；实现账面利润4.04亿元，较上年增加1.47亿元，增长57.46%；上缴各项税金3.01亿元，比上年增加5905.13万元，增长24.44%，人均创税20.44万元。全年累计发放贷款225亿元，80%以上的贷款投

原山东省省长韩寓群（右三）听取济南市商业银行工作汇报

涌泉财富基金发行仪式

济南市市长张建国（右）接见澳洲联邦银行副行长麦克龙

业银行

向了中小企业，为地方经济发展作出了积极贡献。2007 年，被省政府授予“山东省金融创新奖”，获得了“山东省富民兴鲁劳动奖状”，被济南市委组织部授予“四好”领导班子，被中国银监会、山东银监局授予“中小企业贷款先进单位”。在 2007 年 3 月召开的第三届中国金融（专家）年会中入选“2006 中国最具竞争力 30 家金融机构”。

2008 年 3 月 19 日，济南市商业银行聊城分行开业，标志着该行跨区域经营迈出了实质性步伐。

聊城分行开业

银企协会成立

银行卡宣传

与南郊热电厂签订定期借记业务合作协议签约仪式

济南市西区投融资管理中心

济南市西区投融资管理中心成立于2005年10月，为市政府直属全额预算管理正局级事业单位，下设综合、工程、财务、经营开发、土地整理、资产管理等6个处。济南市西区建设投资有限公司（国有独资企业）与济南市西区投融资管理中心一套机构、两块牌子，是西部新城区建设的投资、融资平台。

中共山东省委书记姜异康（前右）在省委常委、省委秘书长王敏，省委常委、济南市委书记焉荣竹，济南市委副书记、市长张建国等陪同下到大学科技园视察指导工作。

市西区投融资管理中心的主要职责：负责编制并组织实施济南市西部新城区建设的中、长期发展规划和年度计划；组织实施西区建设和管理；负责建设资金的筹集、管理和使用；按照批准的建设项目，进行项目投资、合作和开发经营；受市国土资源局委托，负责西区建设用地的整理和储备；按照上级政策规定，负责西区范围内有关费用的收缴和管理；负责西区建成后的道路、桥梁及公共设施资产的管理；负责进园高校老校区土地的置换和开发等。

该中心目前主要负责实施包括大学科技园和西客站片区在内的西部新城建设以及市体校全民健身中心项目运作和第七届中国国际园艺花卉博览会的建设任务。

大学科技园建设日新月异，城市配套设施日臻完善，区域产业发展开始启动，一座环境优美、特色鲜明，集高教、科研、文化、产业、旅游等功能于一体的城市新区魅力凸显；西客站片区策划规划、征地拆迁、工程准备等各项工作稳步推进。京沪高铁西客站将建设成全国一流的标志性交通枢纽港。全民健身中心涉及的新体校搬迁、原建筑物拆除、土地出让等工作全部完成，工程建设全面铺开；园博会主展馆、科技馆、水滴塔、中心广场等四大建筑即将开工建设。

副市长邹世平（右四）、西区投融资管理中心主任王迪生等在西区施工现场办公

园区共享综合体育设施已经封顶

即将入驻数字创意企业的数码大厦

鲁商常春藤花园

节能环保的西部新城规划展示中心

西客站片区核心区城市设计方案之一

魅力初显的景观湖

西部新城综合高档街服务设施——名仕学府酒店

第七届园博会将于2009年9月在大学科技园举办

济南市建

党委书记、主任　田庄

近年来，济南市建设委员会在市委、市政府的正确领导下，坚持以科学发展观统领全局，紧紧围绕“维护省城稳定、发展省会经济、建设美丽泉城”的中心任务，抓住承办第十一届全运会的历史机遇，解放思想，开拓进取，城市建设管理水平不断提高，有力地促进了全市经济社会又好又快发展。

1.大力推进城市基础设施建设，城市承载力和服务功能明显增强。近5年来，累计投资1179亿元，新建、扩建近千个工程项目。新建和拓宽改造经十路、经一路、纬二路等主次干道136条，新增道路面积1500万平方米；敷设各类管网1100公里，供水服务面积190平方公里，供水服务人口210万人，城市用气、集中供热普及率达到98.5%和52.6%；建成区绿地总面积达到8044公顷，公共绿地总面积达到2214公顷，城市绿化覆盖率、绿地率和人均公共绿地面积分别达到36.8%、34.7%和9.5平方米。

2.实施环境综合整治，城乡面貌有了新的改观。一是清理城市卫生死角、维修更新主次道路的照明设施及规范整治户外广告等工作取得初步成效。二是积极推进数字化网络化管理，促进城市管理由粗放型向精细型转变，城市管理正逐步走上规范有序的轨道。三是完成了《济南市城市夜景照明规划》的编制及《济南市景观照明设置规范》的初稿，并对重要道路、桥梁、广场和公园进行了亮化。四是2004～2006年共投入资金3.37亿元，整治旧居住区背街小巷2499条。五是稳步推进村镇环境整治，确定了包村联建、村民参与等5项机制，全市村庄整治成效显著。

主任田庄等在施工现场指导工作

主任田庄（右二）在城市综合整治现场指导工作

市建委领导研究道路沿线夜间照明设计方案

设委员会

3. 加强对建筑业的培育，建筑业支柱产业的地位更加突出。截至2007年底，全市资质企业完成建筑业总产值1100亿元，完成建筑业增加值300亿元，竣工建筑面积4930万平方米，实现利税60亿元；全市建筑企业总计达到1187家，累计获山东省建筑工程“泰山杯”奖51项，中国建筑工程“鲁班奖”11项，国家优质工程奖3项，全市建筑工程质量合格率为100%，优良率为40%；3年清欠工作中，全市工程款清偿率达到98.8%，登记在案的拖欠农民工工资4.9亿元全部解决。

4. 落实宏观调控政策，房地产市场健康运行。一是加快完善住房供应体系，加大中低价位商品房建设力度，实施重点工程拆迁安置用房建设，提高住房总体供给能力。二是大力实施廉租房制度。全市受助家庭累计达8000户次，城市居民人均住房使用面积达21平方米。

5. 加强拆迁管理，确保城建项目顺利实施。一是制定了《济南市城市房屋拆迁管理办法》和《〈济南市城市房屋拆迁管理办法〉实施细则》。二是加大了对拆迁遗留问题的解决力度。三是严格落实拆迁补偿安置政策，有效维护了被拆迁群众的利益。

6. 贯彻城乡统筹发展战略，村镇建设和旧村（居）改造工作取得新成效。通过推进“城镇建设行动”先行试点，开展“十百千”新农村建设示范活动，村镇建设和旧村（居）改造稳步推进。中心镇总体规划修编率达到100%，一般建制镇总体规划修编率达到80%。

市委书记焉荣竹（前右一），市委副书记、市长张建国（前右二）等视察重点工程建设。

市委副书记、市长张建国（中），副书记杨鲁豫（左）到市建委检查指导工作。

市政协主席徐华东（右）和市委常委、常务副市长殷鲁谦（中）到市建委检查指导工作

市建委党委学习贯彻党的十七大精神

济南市审计局

近年来，在市委、市政府和上级审计机关的正确领导下，审计局紧紧围绕市委、市政府中心工作，积极贯彻落实“全面审计，突出重点”指示精神，坚持高标准、严要求，认真履行审计监督职能，不断提高审计工作质量和水平，较好地完成了市委、市政府和上级审计机关安排的各项审计任务。2003 年以来，完成审计或审计调查项目 362 个，查处各类违规金额 99.4 亿元，上缴财政金额 12.31 亿元。向纪检、检查机关移送案件线索 85 起。2005 年以来，“济南市粮食局原局长任期经济责任审计项目”等连续 4 年荣获全省优秀审计项目第一名，连续 2 年荣获全国地方“十佳”优秀审计项目。2007 年，被山东省精神文明建设委员会授予“文明机关”。

2007 年 8 月 29 日，市政协主席徐华东（右）听取审计工作情况汇报。

2008 年 1 月 24 日，济南市审计局被山东省精神文明建设委员会授予“文明机关”。

2007 年 9 月 29 日，局领导向荣获 2006 年度全国“十佳”优秀审计项目的经济责任企业审计处全体人员表示祝贺。

在全市审计系统运动会上，局领导为运动员加油助威。

2007 年 7 月 21 日，济南市遭受“7·18”特大暴雨袭击后，审计局领导看望慰问帮扶对子家庭。

2007 年 6 月 3 日，审计局领导在轻骑集团审计现场看望审计人员。

济南市民政局

济南市民政局按照市委、市政府的总体部署，坚持解放思想、提升境界，履行解决民生、落实民权、维护民利的基本职责，较好发挥了民政在调节社会利益、化解社会矛盾、促进社会公平、维护社会稳定方面的重要作用。特别是“5·12”汶川大地震发生后，济南市民政系统充分发扬不畏艰难、百折不挠的伟大抗震救灾精神，反应迅速，千里驰援，坚持做到一手抓抗震救灾不动摇，一手抓工作落实不放松，为全市夺取抗震救灾的阶段性胜利作出了突出贡献，全市民政工作实现了又好又快发展。

截至2008年6月，济南市被命名为“全国双拥模范城”，蝉联“六连冠”目标；被列入市政府为民十二件实事的“提高城乡居民低保标准和农村五保标准”两件实事提前完成任务；全市99%的社区居委会完成换届任务；婚姻登记实行节假日登记预约服务制度；成功举办了“心系奥运，情满泉城”公益集体婚礼。倡导绿色殡葬，开展了多种形式的文明祭奠活动；在全省率先建立了“济南市退役士兵就业指导中心”；在历下、市中、天桥、槐荫等区建立了军休干部服务处；推广了优抚对象就医“一站式”结算方式；开通了全市首条地名查询专线(96711222)和地名短信问路号码(106285322)；组织人大代表、政协委员和新闻媒体记者开展了“走进民政看民生”活动，承办人大代表建议和政协提案全部办结，满意率和基本满意率达到100%。

2008年1月24日，济南市民政局党委书记、局长张苏华（前右）走访历城区港沟镇南芦村民政联系点。

2008年6月27日，济南市为驻济部队四川地震灾区（籍）官兵发放慰问金。

2008年，济南民政向社会承诺实施十大民生工程新闻发布会。

2008年4月30日，济南市“举办2008心系奥运，情满泉城集体婚礼”。

济南市粮食局

党委书记、局长　李会宝

荣誉证书

山东省济南市粮食局：

你单位被评定为2007年度全国粮食流通监督检查工作先进单位。

二〇〇八年三月

2008年，济南市粮食局荣获“2007年度全国粮食流通监督检查工作先进单位”。

济南市粮食局是市政府管理粮食行业的职能部门，下属军粮供应中心和粮油质量检测站2个事业单位；金德利集团及所属5个子公司、民天集团及所属10家附营企业和4个粮库等6家企业；业务上指导6个县（市）、区粮食局。全系统从业人员7300余人，资产总额22.26亿元。

近年来，全市粮食系统按照科学发展观的要求，立足创新，不断探索，积极深化国有粮食企业改革，全面推进粮食产业化发展进程，逐步完善粮食储备、执法、供应、加工、质检、军供、市场、统计等8个体系的建设，确保了粮食安全，取得了可喜的成果。一是2006年顺利完成粮食购销企业改革。企业职工身份置换全面完成，政策性财务挂账全部剥离；通过兼并联合、股份改造等形式，对国有粮食购销企业进行改革改制，增强了企业发展后劲，维护了干部职工的切身利益，确保了国有资产的保值增值。二是加强粮油储备体系建设。储备规模足额到位，储备粮库布局合理、管理规范，储粮条件逐步改善；在粮食收购中严格执行国家政策，充分发挥粮食流通主渠道作用，在保护粮农利益的同时，最大限度地掌握粮源，为平抑粮价、稳定市场打下了坚实的基础。三是大力发展城市快餐连锁经营。通过重组金德利集团，快餐连锁规模不断扩大，品牌影响力迅速提升，金德利现已在北京、淄博、潍坊等10个地区开设分店17家，逐渐成为全省和全国粮食系统快餐连锁企业第一品牌。四是国有粮食附营企业走上健康发展之路。通过对10余家直属附营企业改革重组，成立了以民天面粉公司为龙头的粮食加工企业，实现了面粉、食品两大主业的共同发展。五是粮食行政执法工作迈出坚实步伐。以《粮食流通管理条例》为依据，建立健全一局一科一队一站一车“五个一”粮食执法工作网络和市场监测网络，积极开展执法业务，加强粮油质量检测和粮食市场监管，切实维护了市场秩序。2008年，济南市粮食局获得国家粮食局授予的“全国粮食流通监督检查工作先进单位”称号。六是县域粮食经济不断壮大。章丘市粮食局深入开展“两代一换”业务，在农村设立了600多个“放心粮油”经营网点和粮食购销代办点，开辟了一条服务三农和粮食经济发展的新路子，其创新做法得到了国务院及各级政府的充分肯定。七是军粮供应工作走在全国前列。严格执行国家军粮供应政策，严把军粮入库质量关，健全完善了适应战时需求的应急保障机制，深受部队官兵好评，并屡获殊荣。八是以人为本，关注民生。粮食局局党委确立“团结、和谐、稳定、改革、创新、发展”十二字工作方针，进一步加强党的基层组织、领导班子和干部队伍建设，切实解决干部职工实际问题，加强党风廉政建设和反腐败斗争，积极开展宣传思想工作，强化系统文化建设，全系统形成了团结、和谐、稳定的良好局面。

山东金德利集团快餐连锁有限责任公司

山东金德利集团快餐连锁有限责任公司隶属于济南市粮食局，是政府“居民厨房工程”、“放心早餐工程”指定生产经营企业，公司按照“创建国内中式快餐一流品牌企业、实现可持续发展和建百年老店”的发展目标，以减少和逐步替代家庭厨房劳动为己任，以方便群众、提高人民生活质量为使命，向广大消费者提供“方便快捷、质量标准、营养均衡、服务优良、经济实惠”的大众餐饮。

金德利集团公司由配送、槐荫、市中、历下、天桥5个子公司和历城加盟公司组成，现有经营网点140余处，经营面积41600多平方米，经营餐位13600余个，员工4000余名，年营业收入2亿多元。现已形成立足济南，逐步向省内其他城市和国内大、中城市发展的态势，分别在北京、淄博、潍坊、聊城、日照、临沂、齐河、章丘、长清、平阴等地开设分店17家。

山东金德利集团在各级领导的关怀支持下，在社会各界的热心帮助下，通过不断地努力和创新，积极实施了金德利快餐网点的连锁经营，铸就了中式快餐连锁叫得响的品牌。在拥有“中国餐饮连锁品牌企业”、“全国绿色餐饮企业”、“山东金牌快餐”等荣誉的基础上，2006年又分别荣获“全球百佳中华儒商企业”和“中国快餐十佳品牌企业”称号；金德利90余款产品荣获“中华名小吃”、“中华名点”、“中国名菜”、“全国金牌套餐”、“山东名小吃”、“济南十大名优（风味）小吃”等称号。山东金德利集团不仅为广大市民提供了方便、快捷、卫生、营养的快餐，也体现了政府对民生的关注，奏响了城市和谐发展的新乐章。

济南民天面粉有限责任公司

济南民天面粉有限责任公司隶属于济南市粮食局，成立于1989年，是国家级、省级农业产业化重点龙头企业，省、市粮食局重点培植龙头企业和济南市高新技术企业。

民天公司占地近7公顷，资产总额1亿余元，年销售收入2亿元，员工300余名。公司积极实施粮食产业一体化战略，利用品牌、技术、管理优势，整合业内优势资源，已在产区成功合作规模生产线7条，日加工能力近2000吨；公司大力发展食品产业，建有一条日加工能力25吨的馒头及面食制品生产线，一条国内先进的挂面生产线；快速发展第三产业，建有一个综合商贸公司；不断完善壮大自有营销网络，建有遍布济南市大街小巷的160余家民天连锁专卖店；公司凭借领先的科研开发实力，建成国内面粉行业为数不多、省内唯一的一家“省级技术开发中心”；公司管理规范，是业内最先通过ISO9001质量管理体系、ISO14001环境管理体系、HACCP食品安全管理体系整合认证的企业，获得了“7+1”营养强化面粉生产资格、“C”计量免检证书，拥有自主进出口权。

近年来，在各级领导的支持和帮助下，民天秉承“以民为天，服务为本”的企业宗旨，创新发展。民天品牌享有较高的知名度，是“济南市名牌”、“山东省名牌”、“山东省著名商标”，2007年9月又喜获“中国名牌”殊荣；民天公司小麦粉、挂面、花生油等一系列产品相继荣获“国家免检产品”、“放心面”、“中国名牌产品”等称号，深受广大消费者的信赖和喜爱。

2007年1月，国家粮食局局长聂振邦（左一）察看金德利快餐店。

全国发展大众化餐饮现场经验交流会的代表莅临金德利青年东路快餐店指导工作

2007年1月，国家粮食局局长聂振邦（右二）视察民天公司。

中国粮食学会会长白美清（左二）、国家粮食局副局长张桂凤（前右二）在济南粮食局局长、党委书记李会宝（前右一）陪同下察看民天公司专卖店

金德利文化东路快餐店就餐高峰时情景

金德利产品展示

民天面粉公司花园式厂区

2007年9月11日，“民天面粉”在人民大会堂获“中国名牌产品”称号。

济南市环境保护局

党组书记、局长　　张 利

近年来，济南市环保局在市委、市政府的正确领导下，以科学发展观为统领，解放思想，真抓实干，扎实推进资源节约型、环境友好型社会建设，全市环境与经济呈现出互动发展的良好态势。2008 年初，新一届局领导班子成立后再接再厉，坚持在提升环境监管能力上下功夫，把环保工作放在济南经济社会可持续发展全局的高度统筹把握，通盘考虑，环保工作取得新突破。

1. 突出减排重点，强化刚性约束。抓好 100 家国控、省控和市控重点企业的环境监管，督促完成 30 个工程减排项目。严格环境准入，大力推进循环经济和强制性清洁生产审核，从源头控制环境污染。对未完成减排目标任务的单位实行问责和“一票否决”，全市基本形成党委政府领导、环保牵头组织、部门联动配合、企业积极参与、全社会密切关注的减排工作机制。

2. 发挥环保职能，强化环境执法。加大对电力、水泥、焦化、钢铁等排污行业的治理和监督检查力度，协调有关部门加强扬尘污染监督管理，建立起对县（市）、区管理重点污染源督办、通报制度，对污水处理厂和国控、省控、市控重点污染源实行每天、每旬、每月一次检查和监测。认真开展环保专项行动，对存在环境违法违规问题的企业，分别采取停产治理、限期整改、限期验收、经济处罚等措施进行严肃处理。充分利用“12369”热线解决好反映强烈、影响社会稳定的环境污染问题和生态破坏等问题，协调关停历城唐王小炼铁 129 家，一举解决困扰 20 多年的老大难环境问题。

局领导参加济南电视台《政务面对面》节目

严格执法

济南光大水务有限公司花园式厂区

3. 健全应急机制，强化安全监管。全市建成环境监控中心11个，共有15个环境空气质量自动监测子站、3个河流断面水质自动监测站、73家污染源企业109套在线监测设备建成并投入运行，实现省、市、区（县）三级联网和数据共享。加强环境安全监管，发布突发性环境事件应急处置方案，形成覆盖全市的环境监测、监控和预警网络。

4. 发挥舆论监督，强化生态保护。设立环保专栏介绍环保知识，及时公布环境质量、环境管理和企业污染治理等信息，扩大市民的环境知情权，引导企业强化环保责任。扎实开展济南市农村小康环保行动计划，组织全市范围生态保护工作调查。强化秸秆禁烧工作督查，实现定人、定责、定位、定时、定要求，发现问题及时处理，确保实现不着一把火、不冒一处烟的目标。

5. 加大人员培训，强化素质提高。按照内强素质、外树形象的总体要求，制定严密、规范、标准的工作规则、制度，举办13期业务培训班，从严、实、细、精的高度切实提升全系统人员素质，为圆满完成各项环保任务奠定扎实基础。

深入一线，检查环保工作。

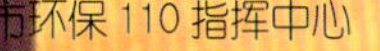
济南市环保110指挥中心

夏收季节检查秸秆禁烧

济南市归国华侨联合会

2007 年 7 月，第二届济南国际儿童联欢节期间，市侨联主席吴玉明（前左）与匈牙利小朋友在一起。

近几年来市侨联获得的荣誉

2007 年春节期间，市侨联主席吴玉明（中）走访慰问归侨侨眷。

2007 年 5 月 26 日，市侨联赴美国旧金山与金山华人服务社缔结友好社团并赠送纪念品。

2007 年，市侨联以服务经济建设、服务侨界群众和联络联谊三项工作为中心，以群众工作年为导向，以构建和谐侨界为目标，创新工作思路，拓展工作领域，各项工作取得新进展。年内市侨联被评为全国侨联系统维护侨益先进集体、全省侨联工作先进集体，2 名侨界科技人士获得“中国侨联科技创新人才奖”。

1. 服务经济建设。全年引进侨资外资项目 4 个，协议、合同利用外资 2000 万美元，实际到位资金 970 万美元。① 5 月初，经市侨联协调，香港康都国际控股集团、福建泉州私营企业协会、福建利嘉集团考察了馆驿街、解放阁、魏家庄等棚户区，就改造事宜分别与天桥区、市中区、历下区、槐荫区等进行了洽谈。9 月中旬，赴杭州考察香港康都控股集团杭州总部，进一步探讨济南市棚户区改造事宜，达成部分合作意向。11 月初，协调联系法国客商考察了棚户区改造项目。② 上半年重点联系中国通达网络公司与北京驰波信息工程公司合作，就济阳县灾备基地建设达成协议，决定在济北经济开发区筹建济阳县灾备信息中心。年内完成土地划拨、项目论证，前期资金到位 308 万元。③ 4 月初，市侨联赴深圳招商，参观盛仁汇添集团、莱斯达航空服务集团等企业，拜会美国富安集团、香港恒丰集团等，详细介绍济南市经济社会发展情况，全面推介济南市投资环境建设情况，探讨了国际知名品牌服务集团介入济南市服务业的有关议题。④ 6 月中旬，市侨联参加 2007 济南（香港）经贸合作项目推介会和 2007 济南（日本）经贸合作项目推介会，与香港和日本部分企业达成合作协议。

2. 服务侨界群众。全年走访慰问困难归侨侨眷 116 户，发放救助金6万元。接待归侨侨眷来信来访27件次，办实事、好事30余件，走访侨资企业35次，协助侨资企业、外资企业解决实际问题12件。召开侨界人大代表、政协委员座谈会13次，提出侨界团体提案、议案8个。

3.联络联谊。全年接待海内外华人华侨、客商41批400人次；组团、随团出国、出境交流联谊6批110人次；与海外华人社团签订友好协议1个，与4个外地侨联缔结友好协议或达成合作意向。①侨界群众联谊活动。1月，组织济南市侨界新春联欢会；2月，组织省市侨界迎春联欢会；5月，组织归侨侨眷自费出国游；7月，侨联艺术团参加社区庆“七一”文艺演出；8月，与历下区联合组织“侨界欢声颂和谐”消夏晚会；9月，与市中区联合组织“侨界2007庆中秋联欢会”。此外，还组织了春游、植树及世界华人小学生作文大赛等活动。②侨界企业联谊活动。1月，举办以“迎新春、话友谊、谈发展”为主题的侨界企业家联谊会，与会企业家围绕维护侨企合法权益、企业发展环境、改善投资环境等方面的问题，提出了建议和意见。市侨联会同市发展环境投诉中心，建立了侨资企业长期维权服务机制。2月，与市外经贸部门联合，举办了“2007外商投资企业迎春联谊会”，来自美、英、法、德、意、日、澳等50多个国家的300余名外资企业、侨资企业代表及部分国际友人参加活动。10月，会同外经贸局、文联、外企协会等单位举办“济南外商投资企业书画摄影展”，参展企业达到50家。9月初和10月底，分别参与组织了“外商投资企业文化节开幕式”和“济南外商投资企业文化建设高层论坛”。③对外联谊活动。5月，随省侨联赴美访问团到美国旧金山和洛杉矶访问。期间，访问了旧金山华人服务社和部分知名华侨。6月，参与组织主题为“和谐世界、欢乐童年”的“2007济南国际儿童联欢节暨儿童用品博览会”。重点邀请、接待了匈牙利儿童访问团一行30人。8月，市侨联参与组建的中国青少年文化交流团一行30人，赴匈牙利、奥地利、意大利等国进行为期12天的交流访问。9月，参加“2007年全国省会城市暨部分大中城市侨联工作经验交流会”，与部分侨乡侨联交流了工作，与友好侨联达成了进一步合作的意向。9月底，组织市文化交流团赴法国与法华各界共庆国庆。在巴黎期间，参加了中国驻法国大使馆和法华各界共同庆祝中华人民共和国成立58周年系列活动，这是山东省第一次派出文艺团体到法国与驻法中资机构和法国各界华侨华人共庆国庆，受到中国驻法使馆及当地华侨华人的高度赞誉。此外，上半年还组织了济南市中小学生赴乌克兰文化交流，下半年组织了台湾著名画家王农国画珍品展。

2007年7月6日，市侨联邀请匈牙利青少年来济南参加“2007济南国际儿童节暨儿童用品博览会”。图为两国小朋友签名留念。

2007年8月23日，市侨联与历下区侨联联合举办“侨界欢声颂和谐”消夏晚会。图为演出现场。

2007年9月23日，市侨联组团赴法国开展文化交流。图为与法华各界共同举办庆国庆文艺演出。

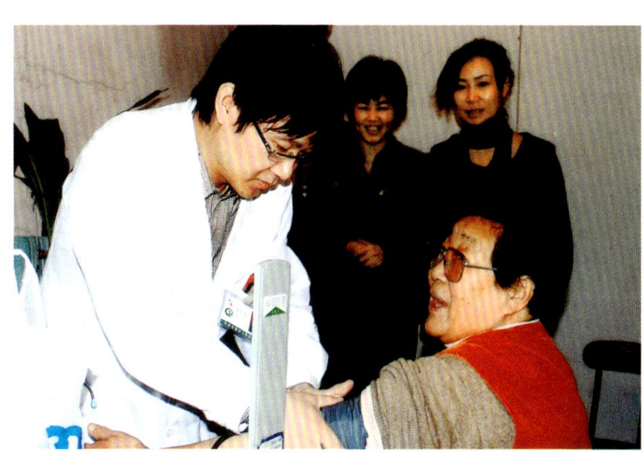
2007年10月18日，市侨联开展义诊进家庭活动。

济南市残

2007年，济南市残联在市委、市政府的正确领导下，在社会各界的大力支持下，以科学发展观统领残疾人事业发展全局，认真贯彻落实党的十六届六中全会和十七大精神，坚持“在创新中发展，在发展中超越”的整体工作思路，弘扬“我的兄弟姐妹”品牌理念，团结带领全市广大残疾人及残疾人工作者，开拓创新，干事创业，认真实施康复助残、就业助残、安居助残、生态助残、基地助残、就学助残、技术助残、医疗助残、生活助残及零距离服务等十大助残工程，圆满完成“残疾人就业解困年”计划，着力解决残疾人最关心、最直接、最现实的利益问题，有效维护了残疾人合法权益，进一步改善了全市残疾人的生存生活状况，提高了残疾人的生活水平，为构建和谐济南和建设社会主义新农村作出了积极贡献。

济南市委副书记、市长张建国（左二）接见“我的兄弟姐妹艺术团”演职人员

济南市副市长王以才（右）与从“2007年上海世界特奥会”上凯旋的济南市运动员亲切交谈

疾人联合会

2007年12月3日，济南市启明星儿童康复中心正式揭牌。市委常委、市妇联主席雷杰（左），副市长张泽（右）等出席当日活动。

开展“送岗位下乡服务月”活动，为农村残疾人提供就业机会。

2007年11月10日，济南市首届特殊奥林匹克运动会开幕，169名特奥运动员参加了比赛。

济南鲁泰玉石工艺品公司

鲁泰玉石　开运纳财　镇宅之宝　摆佩精品

"泰山石敢当，避邪添吉祥"。时至今日，在整个中华民族的心目中，"泰山石敢当"已成为不可替代的民俗文化中避邪的圣物。2006年6月2日，国务院已将这一习俗列为第一批国家级非物质文化遗产。济南泰山玉石工艺品公司是以玉石加工、制作为主营的现代企业，坐落于济南市槐荫区匡山街道办事处匡山村。

一、泰山玉石的形成

泰山玉石形成于25亿年前的太古代，由结晶化合物侵入泰山岩体而成。据《山海经》记载："泰山，其上多玉……环水出焉，东流注于河，其中多水玉。"先秦时代，泰山玉石已名闻华夏，直到当代人撰写《五岳志》，还有"泰山方圆四十四，多芝美玉石"的记载。

二、泰山玉石的品质

泰山玉是山东发现的特有新玉种，属蛇纹石软玉，主要为叶蛇纹石（>90%）、胶蛇纹石、纤维蛇纹石，含少量磁铁矿、黄铁矿斑点。半透明至微透明。蜡状至油脂光泽。硬度4.54~5.88。呈各种绿色调：鸭蛋绿、碧绿至墨绿。泰山玉石是一种无面矿物，含人体所需要的多种化学物质和微量元素，如铁、钠、钾、钴等。石质坚硬，质地细腻，光洁滑润，晶莹饱满，通透靓丽，石色铁青，纹理雪白，富有生气，玉性温良，可感天地之灵，带给你一生平安福泽。

三、泰山玉石的种类

盛世中华

传统型玉雕

印章

笔筒

瓦当

拥有泰山玉石 展宏图大业 旺后辈人气

泰山玉石的主要品种有：

1. 泰山墨玉：色泽乌亮，质地硬细。玉中有黑色和灰黑色，其中黑色呈均匀状分布，黑如纯漆者为上品。黑色呈云片状分布的可以作为俏雕，身价亦不凡。
2. 泰山碧玉：绿如夏荷，质地晶莹；艳如朝霞，纹理富于变化；具暗绿色、深绿色和墨绿色，以鲜绿色最佳。
3. 白玉：从淡青色到闪绿的深青，质地致密细腻，滋润光洁，一般以竹叶青色者较佳。
4. 青白玉：颜色由青到白，或由白到青，青中泛白白中泛青、泛黄、泛绿，此类型量较大，与青玉亦呈过渡关系。
5. 青玉：从淡青色到闪绿的深青，质地致密细腻，滋润光洁，一般以竹叶青色者较佳。
6. 彩玉：红黄绿青棕相间，图案花纹规则等。

泰山玉中有少量的棉及飘花是自然生成的，不属于瑕疵，是玉石之美。中有自然裂纹可以看出是天然玉石。

四、泰山玉石的内涵

泰山玉石自古以来就有“石敢当，镇百鬼，压灾殃，官吏福，百姓康，风教盛”之说，所以泰山玉石是镇宅避邪之物；泰山玉石，形状奇特，图案清晰，层次分明，宛如波涛汹涌的海浪，又好似壮丽秀美、精美绝伦的山水画，是你装点居室、美化园林、欣赏收藏、馈赠亲友之上品。

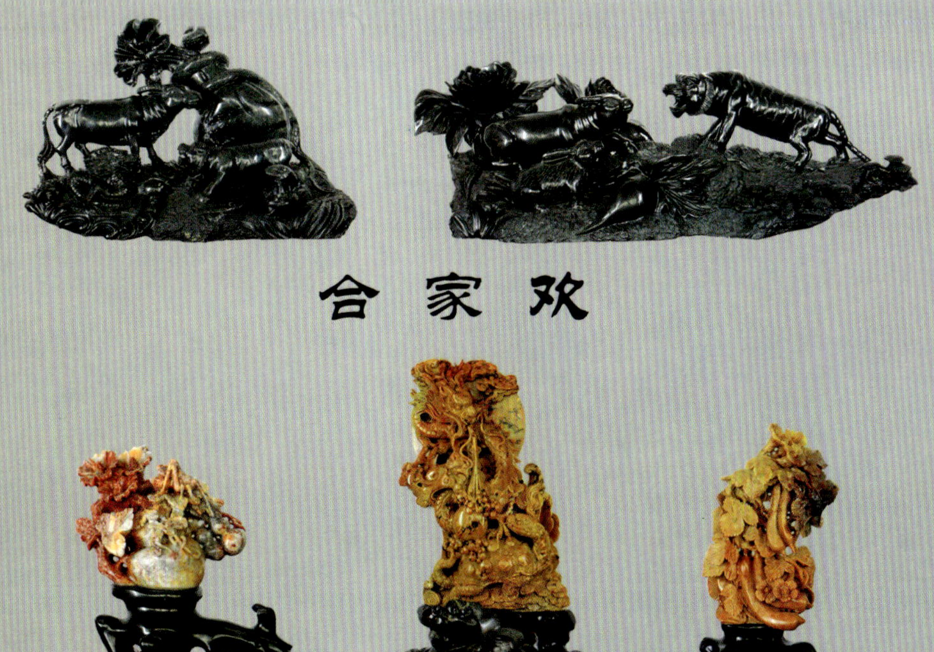

合家欢

珠联璧合

济南市卫生局

团结奋进、开拓创新的领导班子

济南市卫生局卫生监督所是行使市卫生局综合卫生监督执法的执行机构，承担着国家6部法律、28部行政法规、200多部部门规章和1000余部行业标准、规范的卫生监督任务。监管领域宽泛，涉及社会与生活的方方面面，与人民群众的身体健康和生命安全息息相关，任务艰巨，责任重大。

2007年，监督所在市委、市政府和市卫生局党委的正确领导下，全面落实科学发展观，不断加强监督队伍建设，规范监督执法行为，创新工作思路，提高监管效率，增强服务意识，认真履行法律赋予的神圣职责。紧紧抓住与群众生活密切相关的重点行业、高危场所和关键环节，突出监督重点，以“加强医疗机构监管，规范医疗执业行为”为主题，重拳出击，在全市开展了性病诊疗市场、母婴保健、非法义诊、坐堂医、医疗美容、临床用血、打击“黑诊所”、放射诊疗等专项检查，并先后对民营医疗机构、公立医疗机构、采供血机构、厂矿企事业单位一级医院为主的医疗机构进行了专项整治，整顿和规范了全市医疗服务市场秩序。同时，不断加强公共卫生监管，先后开展了餐饮单位、单位食堂、年夜饭、学校食堂、小饭桌、保健食品、农药生产企业、采供血机构、“五小店”及宾馆、游泳场所、化妆品和生活饮用水等专项检查，加大执法力度，严厉打击卫生领域各种违法违规行为，2007年，市卫生监督所共立案查处违法单位1100余户（次），罚款245万元，切实维护了广大群众健康权益，为维护省城稳定、发展省城经济作出了突出贡献。

监督所获全国“五一”劳动奖状，省医务工会主席张在同、市总工会副主席张洪兴给监督所授牌。

市卫生局党委书记、局长贾堂宏（中），副局长马继任（左三）察看“建功立业十佳卫生监督岗位技术能手”竞赛活动。

市卫生局副局长朱兴利（右三）带领卫生监督员对节日期间餐饮单位食品卫生情况进行监督检查

卫生监督所

一年来，该所先后被省政府表彰为“全省保护消费者权益先进单位”、被省总工会授予“富民兴鲁劳动奖状”、被评为“全省卫生监督业务工作先进集体”和全市“创城主题行动先进基层先进单位”、市行风建设示范窗口、市创建文明城市先进单位、济南市“7·18”特大暴雨抗洪救灾先进集体、市卫生系统先进等。由于全市卫生监督工作成绩突出，在2007年召开的全国卫生监督工作会议上，市卫生局被表彰为全国卫生监督先进集体。

市委副书记、市长张建国（中）视察卫生监督快速检测车

2007年，由于济南市卫生监督工作成绩突出，市卫生局被表彰为全国卫生监督先进集体。

监督员在抗震救灾一线

市卫生局党委书记、局长贾堂宏（中），副局长马效恩（左）深入南坝镇指导工作，看望慰问队员，与队员在营地共进午餐。

卫生监督队向受灾群众捐献爱心，村民赠送锦旗表示感谢。

中国工商银行

总经理　王跃民

2007年，中国工商银行股份有限公司山东省分行营业部始终坚持科学发展、实事求是的指导思想，围绕强化市场营销、提升服务水平、推动经营转型等中心工作，积极转变经营理念，着力加强机制建设，科学制定经营方略，不断强化基础管理，经营、管理、改革、发展、服务等各项工作逐步走向规范，发展后劲不断增强。

一是积极扩大负债业务规模。12月末，该行各项存款余额679.07亿元，较年初增加85.02亿元，增幅14.31%，同比多增25.35亿元。加强系统大户和新账户营销，12月末公司存款较年初增加18.3亿元，增幅14.6%；机构存款较年初增加37.2亿元，增幅19.6%；同业存款较年初增加27.3亿元，增幅341.7%。加大基金、保险、国债、理财产品的组合销售力度，销售四项理财产品54.5亿元，同比多销40亿元；第三方存管辖内管理客户数达到12.8万户，济南市24家券商已全部在该行开通第三方存管业务；基金定投累计开户数达到2.8万户。二是强化优质贷款市场营销。截至12月末，该行各项贷款余额587.24亿元，较年初增长51.88亿元，增幅9.69%，同比多增7.59亿元。重点加大对交通、电力等基础设施项目以及行业排头兵企业支持力度，累计发放项目贷款65.03亿元，新增贷款100%投向了AA-级以上企业；累计发放流动资金贷款187.71亿元，同比增加48亿元，新增流动资金贷款100%投放到支持类和适度支持类客户；累计发放小企业贷款13.11亿元(151户)，同比增加6.93亿元；累计发放住房开发贷款18.3亿元，同比增加6.7亿元；累计发放个人住房贷款15.5亿元，同比增加4.7万元。三是推动中间业务快速发展。全年共实现中间业务收入2.35亿元，同比增加0.89亿元，增幅60.6%；人均中间业务收入5.19万元，同比增加2.05万元；中间业务收入占比7.78%，同比提高1.4个百分点。四是经营效益基础进一步夯实。全年实现拨备前账面利润17.15

营业部总经理王跃民（左）在全市行长会上作工作报告

工总行副行长张福荣在省分行行长沈荣勤（右二）陪同下参观营业部所属的大观园支行

山东省分行营业部

亿元，同比增加4.3亿元，增幅33%；在提取风险拨备3.17亿元的基础上，实现拨备后账面利润13.97亿元，同比增加4亿元，增幅40.27%；人均净回报35.87万元，同比增加11.07万元，增幅44.64%。

坚持落实从严治行方针，内控水平和防案能力不断增强。一是制定并全面实施了《员工违规违章积分管理办法》，建立了员工积分管理档案，切实增强了员工的遵章守纪意识。二是深刻分析了全国金融行业案防形势，对16个风险点的防控情况及易发事故案件的部位进行了分析部署，促进了全行案防水平的提升。三是加强员工行为动态管理，建立了行为动态管理电子档案，做到问题早发现、案件早预防，将防范案件责任制落到实处。

工总行副行长牛锡明在省行行长沈荣勤、营业部总经理王跃民陪同下到经二路支行调研

营业部第十三届职工运动会会场

营业部高级管理人员履职评价暨审慎工作会议会场

街头反假币宣传

营业部旺季营销竞赛活动总结表彰大会

威海市

威海市商业银行成立于1997年，是由山东省高速公路集团有限公司、中国重汽集团、威海市政府等单位投资入股的地方性股份制商业银行。威海市商业银行成立10年来，全行资产总额达到212.75亿元，各项存款达到165.81亿元，贷款余额125.79亿元，实现经营利润3.04亿元。

2007年12月12日，威海市商业银行济南分行正式挂牌营业，威海市商业银行济南分行的成立使威海市商业银行成为全国第一家地级城市获准到省会城市设立分行的城市商业银行，也是山东省第一家获银监会批准在异地设立分行的城市商业银行，这标志着威海市商业银行实现了由“两级管理”模式向“总—分—支行三级管理”模式的成功转变。

济南分行成立后，秉承威海市商业银行“服务地方经济，关注地方民生”的精神，竭诚为济南企业、市民服务。其主要经营业务包括：吸收公众存款；发放短期、中长期贷款；办理国内结算；办理票据贴现；代理发行、承兑、承销政府债券；提供担保；代理收付款项及代理保险业务；提供保管箱服务；办理地方财政信用周转使用资金的委托存贷款等业务。

商业银行

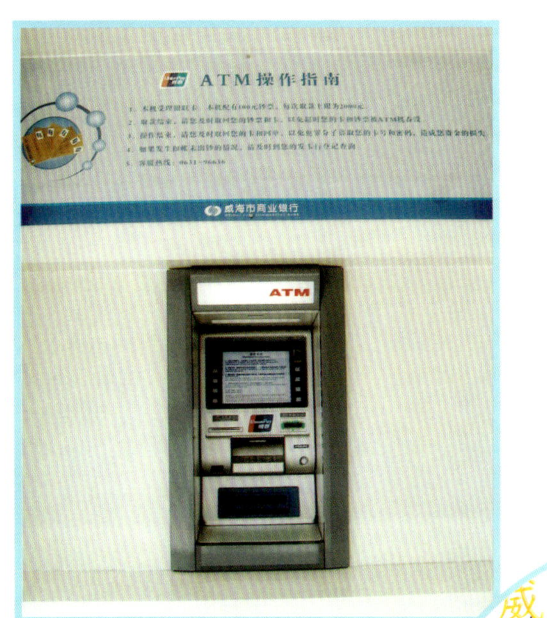

2007年12月12日，威海市商业银行济南分行正式挂牌营业。

华夏银行济南分行

在分行举办的“中国帕格尼尼之星音乐会”上，吕思清、黄滨、宁峰3位著名小提琴家同台演奏答谢广大客户。

视创新为发展之魂，行长赵琴波向广大客户推介新产品。

华夏银行济南分行成立于1996年12月，是总行在济南设立的一家省级区域性管辖分行，现在济南设有10家同城支行和1家营业部，在烟台、聊城设有2家异地支行，经过10余年的发展壮大，已形成“立足济南，辐射全省”的金融服务格局。

在中国人民银行和山东省人民政府联合主办的大型金融知识巡展现场，分行工作人员向参观者推介华夏银行产品。

自成立以来，分行牢固树立科学发展观，坚持依法合规经营，不断强化管理，实现各项业务健康快速发展，为地方经济建设作出了积极贡献，连续5年获省直“文明机关”称号，连续3年获省级“文明单位”称号，多次被评为“支持地方经济建设先进单位”,2007年度被山东银监局评为“良好银行”。

2007年，分行按照“以客户为中心，继续深化结构调整，大力推动集中营销和经营转型”的工作指导思想，认真贯彻落实国家调控政策和总行工作部署，全面完成了各项经营任务。年末一般性存款余额282.36亿元，同比增长25%；储蓄存款余额44.64亿元，同比增长21%；不良资产实现双降；全年实现利润4.21亿元，同比增长31%。

根植齐鲁，奉献山东。秉承“以人为本，客户立行，智慧经营，标准管理，亲情服务，文化竞争”的办行理念，华夏银行济南分行将继续开拓创新，锐意进取，努力实现质量、效益、速度和结构的协调稳步发展，为打造现代精品银行而奋进！

“泰山之巅，华夏飘红”，分行举办成立11周年登泰山比赛活动。

中国银行股份有限公司
济南分行

坐落于济南市泺源大街22号的中国银行股份有限公司济南分行为中总行直属分行，现有员工1000余人，下辖20家支行、64个机构网点。

秉承中国银行“追求卓越”的企业文化理念，多年来坚持“以客户为中心”的服务宗旨，不断深化改革，坚持科学发展，与时俱进，开拓进取，各项业务取得了长足发展。截至2007年末，各项人民币存款余额274.05亿元，各项外币存款余额1.93亿美元；各项人民币贷款余额122.13亿元，各项外币贷款余额2.31亿美元；全年实现考核利润2.6亿元。

中国银行作为2008年北京奥运会唯一银行合作伙伴，济南分行将以此为契机，不断创新业务产品，加快实施战略转型，大力推广奥运信用卡、网上银行等特色金融产品，积极打造“中银理财”、“中银汇兑”等服务品牌，为广大企事业单位和个人客户提供更加便捷周到的服务。

行长　李光

分行2007年工作会议现场

“激情奥运，追求卓越”登蒙山比赛圆满成功。

举办济南市开放型经济发展论坛

中国银行济南分行奥运特需商品田亮现场签售活动

购票第一人在展示门票及该行赠送的福娃

交通银行济南分行

交通银行始创于1908年，2008年正值交行百年华诞，百年间，交通银行扮演着“先锋者”和“探路者”的角色，始终走在中国金融业改革发展的前列。近年来，交通银行完成了财务重组，成功引进了汇丰银行、社保基金、中央汇金公司等境内外战略投资者，着力推进体制机制的良性转变。2005年6月，交通银行在香港成功上市；2007年5月，又在上海成功发行A股。经过多年的努力，交通银行已经成为一家“发展战略明确、公司治理完善、机构网络健全、经营管理先进、金融服务优质、财务状况良好”的具有百年民族品牌的现代化商业银行。按总资产排名，已跻身全球银行百强行列。

交通银行济南分行于1989年1月21日重新组建。1995年4月升格为总行直属分行，1997年被省政府列为省级金融机构。2004年10月交通银行济南分行改为省分行，下辖济南分行本部、潍坊、淄博、烟台、威海、济宁、泰安等7家分行。交通银行济南分行以改革求发展，以服务求效益，逐步建立起规范化股份制商业银行的运行机制。“太平洋卡双币信用卡”、“沃德财富”、“满金宝”、“得利宝”等一批品牌产品，在客户中享有良好的声誉。

交通银行总行副行长王滨来济南走访重点客户

举办“交行让生活精彩、服务让真情延伸”主题演讲比赛

交通银行济南分行会计知识大赛

首家县域支行隆重开业

交通银行大厦

建设银行济南历下支行

中国建设银行股份有限公司济南历下支行成立于1987年9月7日，是建设银行山东省分行济南地区区域综合型支行之一。

截至2007年末，历下支行本外币存款余额达到 70.53亿元；贷款余额11.21 亿元；实现拨备前利润8540万元。

近年来，建行历下支行秉承“以客户为中心”的经营理念，积极投身济南市经济建设，不断满足客户需要，先后被共青团中央、人民银行总行授予全国级“青年文明号”、全国企业文化建设优秀单位、中国银行业“文明规范服务示范单位”，被山东省银监局评为“良好银行”、被山东省总工会授予“劳动关系和谐企业”、“富民兴鲁劳动奖状”，被济南市委、市政府授予“文明诚信单位”等称号。优质服务品牌“何晓工作法”，得到了广大客户和社会各界的广泛赞誉，被山东省委宣传部确立为全省“践行社会主义荣辱观的重大典型”。何晓先后荣获中国青年五四奖章、全国金融系统“五一劳动奖章”、第十七届山东省“十大杰出青年”等称号。

中国建设银行董事长郭树清（右三）到历下支行视察工作

积极开展产品营销

支行舜乐理财中心荣获全国建行“优秀财富管理机构”称号

密切银企交流，开展银企联谊。

新华保险山东分公司

新华保险山东分公司党委书记、总经理　苑超军

新华保险山东分公司2007年实现标准保费23亿元，较2006年提升近8亿元，各项指标均提前超额完成任务并取得了历史性突破。

公司一直遵循“善行天下”的人生理念，深入员工内部，了解基层员工工作、生活状况，多次出资帮助和解决职工生活中遇到的实际困难。2007年，由苑超军出资10000元，发起成立了新华保险山东分公司助学基金，百余学子受助；在全省系统内发起向福利院、孤儿院献爱心活动，50万元善款使鳏寡孤独受益；南方雪灾，苑超军不仅自己带头捐款20000元，而且倡议全省系统捐助雪灾地区22万余元。2008年5月12日汶川大地震，苑超军个人捐款50000元，在他的带动下，山东新华员工捐款170万元。

公司积极致力于企业文化建设，重视企业形象和品牌的塑造，提高山东新华的知名度，引导员工看到保险业发展的潜力和远景，增强员工的荣誉感、自豪感和责任感；注重建设现代化企业经营管理运行机制，夯实公司基础管理动作，为山东新华未来的发展奠定了坚实基础。

公司在业内首倡三角内援管理体系，分层级管理团队；提出“一体两翼”经营策略，业内领先；倡导“专业、品牌、责任”的经营理念，成为新华山东分公司全体员工共同的价值观；建立“以客户需求做保险”的服务诚信体系，得到业内外人士的高度评价；在公司内推行四大营销主题下的管理体系，使公司的基础管理动作走在行业前列。

加强班子建设，提高各级领导班子的经营管理能力；建立健全员工队伍的长效激励机制，为员工成长提供广阔的发展空间；进行薪酬改革，完善薪酬福利制度，大幅度提高员工收入及福利保障水平。

在加强公司内部建设的同时，公司不忘一家大企业所肩负的社会责任。为支持三农工作，发起“千场电影下乡”活动，丰富了全省农村群众的精神文化生活，实践了十七大构建和谐社会的精神。成立以来，公司业绩飞速发展，品牌建设大幅度提升，整体形象日益增强，员工责任意识显著提高。现在，公司规模人力超过20000人，市场份额稳步扩大，为解决城乡居民医疗、养老等社会保障问题，为山东保险市场的稳健发展作出了卓越贡献。

总经理苑超军（右四）在潍坊调研

总经理苑超军在烟台调研

公司外资股东苏黎世金融服务集团全球寿险CEO范博文到分公司调研

济南出口加工区

概况：★济南出口加工区是2003年3月由国务院正式批准设立的国家级出口加工区。2005年经海关总署等九部委联合验收封关运作，实行“境内关外”的管理模式。总体规划面积5.4平方公里，一期规划面积3.2平方公里，封关面积1.2平方公里。地处309国道和绕城高速路邢村立交口。距济南国际机场18公里，距市中心15公里。具有陆港、空港、铁路交通枢纽和独特的区位优势。

花园式加工区

区内基础设施完善，现已修筑道路管网12公里，形成“二纵三横”道路网结构，基本实现了供水、供电、供热、通讯等基础设施“七通一平”，完成一期标准厂房建设和部分室外配套工程。截至2007年底，全区已累计完成总建筑面积9.4万平方米。

截至2007年底，园区已完成固定资产投资7亿元，引进企业34家，总投资额19亿元。其中2007年实现进出口额7872万美元，同比增长81%；销售收入3.4亿元，同比增长60%。

经济发展：★经全面系统的策划，在保护集约使用土地资源前提下，济南出口加工区紧紧围绕打造“外向型经济样板示范区”总体目标，逐步启动三大功能区的整体建设。

保税物流中心：以济南出口加工区为基础，以拓展保税物流功能为载体，大力发展国际贸易、加工贸易、转口贸易、保税仓储、物流分拨、物流增值等业务；依托济南国际机场和省内高速公路网络，重点发展国际集装箱运输和散杂货集散、中转、拆拼箱、组装等增值业务。

出口加工贸易基地：积极推行“筑巢引凤”策略，加快二期标准厂房的建设，提高土地利用效率，充分利用好厂房租赁这一优势，为招商提供有效的载体，壮大出口型企业的规模，努力使封闭区成为加工贸易产业的重要基地。

国际商务区中心：在济南出口加工区配套区北侧沿经十东路黄金地段，抓住国际产业转移和国内产业结构调整的机遇，利用各种新闻媒体，精心组织宣传策划，吸引国际商务公司、大型外资公司、贸易经营公司等，投资开发国际商务、外经外贸、总部办公及商业楼宇，启动国际商务区建设，树立整体形象。

魅力人防 十年辉煌

Mei Li Ren Fang

济南市经四路人防工程管理中心主任、书记，济南市人防永兴商城总经理、济南市英雄山人防商城总经理，市中区十五、十六届人大代表，济南市十四届人大代表，城乡建设委员会委员郭庆勇

全国人大常委会副委员长何鲁丽向商城总经理郭庆勇颁发“中国优秀企业家”证书

原中共山东省委书记李建国（前中）视察人防商城

中共山东省委常委、济南市委书记焉荣竹（左二）视察人防商城

中共济南市委副书记、市长张建国视察人防商城

济南市人防商城隶属于济南市人民防空办公室，由人防永兴商城和英雄山人防商城组成。人防永兴商城位于经四路东首黄金地段地下，全长500米，建筑面积1.1万平方米，于1999年1月8日正式开业，可为顾客提供集购物、餐饮、娱乐、休闲为一体的全方位服务，10年来的稳步经营，获得了广大消费者的认可，赢得了“齐鲁第一街”的美誉。在人防永兴商城成功运营的

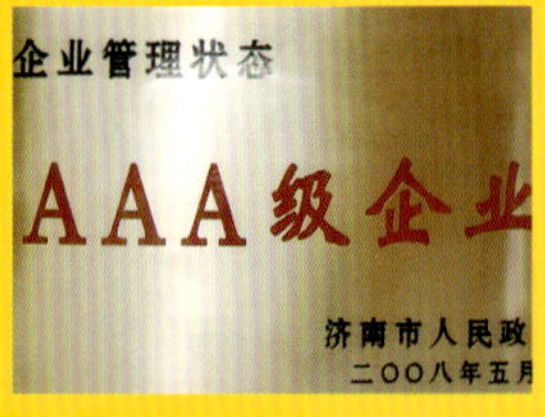

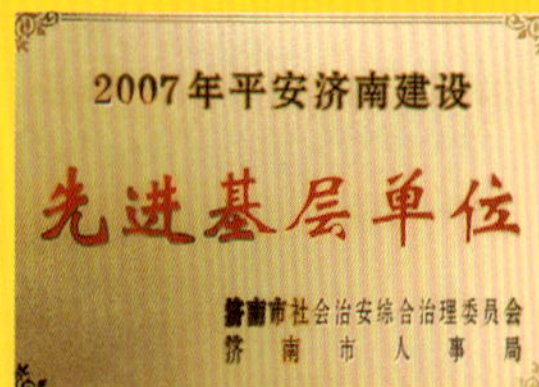

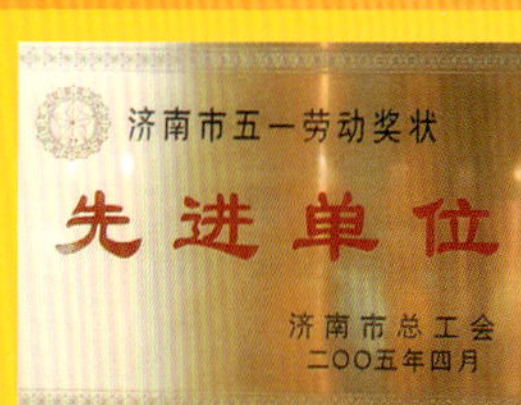

中共中央政治局常委、原山东省委书记吴官正（左）视察人防商城

原中共山东省委书记张高丽（左前）视察人防商城

基础上，又成功开办了英雄山人防商城，总建筑面积 6.9 万平方米，分三期建设，一、二期位于经十一路（省体育中心至八一立交桥路段）地下，建筑面积 3.5 万平方米，全长 1500 米，在百 旺广场负二层设有 109 个标准车位的地下停车场，分别于 2005 年 10 月 1 日和 2007 年元旦开业，商城三期位于马鞍山路上经十一路至经十路路段，建筑面积 3.4 万平方米，地下两层结构，目前正在建设之中。商城开业前后得到各级领导和社会各界的关心和支持：原中共中央政治局委员、全国人大常委会副主任田纪云，原中共中央政治局常委、中纪委书记吴官正，原中共山东省委书记张高丽，中共山东省委书记李建国，中共山东省委副书记、省长姜大明，山东省副省长才利民，中共山东省委常委、济南市委书记焉荣竹，山东省政协副主席谢玉堂、王修智，山东省人大常委会副主任鲍志强，省军区司令员谈文虎，中共济南市委副书记、市长张建国，市人大常委会主任徐华东等先后到商城视察指导，并对商城的工作给予了高度评价。商城先后荣获"济南市五一劳动奖状先进单位"、济南市政府授予的"企业管理状态 AAA 级企业"、"企业信誉等级评价 AAA 级企业"、"平安济南建设先进基层单位"、"济南市消防安全工作十佳单位"、"山东省守合同重信用单位"、"山东省消费者满意单位"、"山东省规范化文明市场"、"山东省就业和社会保障先进单位"、"山东省商业名牌企业"、"山东省商业服务名牌"、"中国质量万里行全国先进单位"、"全国商业服务业抗击非典先进单位"、"全国商业服务业安全放心消费场所"、"全国市场诚信建设示范单位"、"全国优秀企业"、"中国城市代表品牌"、"中国商业信用企业"、"全国优秀企业文化奖"、"全国诚信建设示范单位"等 70 余项称号，并于 2003 年通过了 ISO9001：2000 国际质量管理体系认证。

郭庆勇，中共党员，研究生学历，高级经济师、高级经营师，现任曾先后获"济南市优秀共产党员"、"济南市五一劳动奖章"、"济南市劳动模范"、"平安济南建设先进个人"、"济南市消防工作十佳个人"、"山东省富民兴鲁劳动奖章"、"山东省人防系统先进个人"、"山东省优秀企业家"、"中国优秀企业家"等称号，并三次荣立二等功。

山东省
规范化文明市场

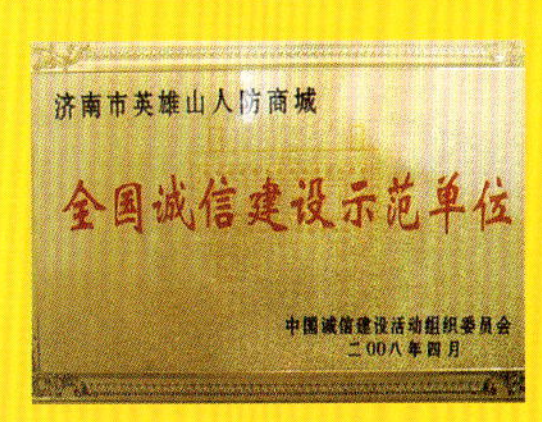

中国重汽集团公司

中国重汽集团董事长、党委书记，中国重汽（香港）有限公司董事局主席　马纯济

中国重汽集团总经理、中国重汽（香港）有限公司总裁　蔡东

中国重型汽车集团有限公司（以下简称中国重汽）是国家重型汽车工业的摇篮，全国最大的重型汽车生产基地。是中国第一辆“黄河”牌重型载重汽车的制造者，也是国内第一家全面引进国外重型汽车整车制造技术和第一个与世界卡车巨头合资的企业。重汽始终如一地向社会提供最好的产品和最佳的服务，引领着中国重型汽车发展的方向。被誉为最具竞争力和成长性的国际化企业。

业务范围：主要组织开发研制、生产销售各种载重汽车、特种汽车、客车、专用车、改装车、发动机及机组、汽车零部件、专用底盘；集团成员生产所需的物资和油品供应及销售；机械加工；公路运输、科技开发、咨询及售后服务；许可范围内的进出口业务（限该集团的进出口公司）。

中国重汽设备先进的发动机生产线

目前中国重汽共有职工 2.1 万人，其中各类工程技术人员 3500 多人。产品设计研发方面，拥有国家级企业技术发展中心和通过国家认证的汽车检测中心，并拥有甲级资质的工厂设计院。

中国重汽坚持“科学发展、理性经营、精心操作、追求最佳效益”的经营方针，生产经营实现了健康、快速、稳定发展。2007 年产销重型汽车 100619 辆，实现销售收入 377 亿元，实现利税 28 亿元，利润 21 亿元；整车出口超过 15000 辆，创汇 5.15 亿美元，连续 3 年位居全国重卡行业整车出口和创汇第一名。2007 年 11 月 28 日，中国重汽作为中国制造业大型国企第一支红筹股，在香港联交所主板成功上市，真正融入了国际资本市场，企业运行质量和经济效益有较大幅度的提高。

坚持求真务实、改革创新，积极创建具有中国重汽特色的企业文化，用企业文化统领企业管理，树立“打响中国牌、唱响重汽歌、当好重汽人、造好重汽车”的企业理念，形成了“用人品打造精品，用精品奉献社会”的企业文化精髓。积极推进企业自主品牌建设，实现企业安全、节能、环保发展；坚持"以人为本，诚信中国重汽"的理念，与国内外各经销改装单位、供应企业建立长期稳定的战略合作伙伴关系，积极参与社会公益活动，履行社会责任，努力以丰厚的业绩回报广大股民和社会投资者。

2008年以来，克服了年初南方地区雨雪冰冻天气和四川大地震带来的产品发交困难，以及钢材、煤炭、电力、油品等原材料持续不断涨价等不利因素的影响，精心组织安排，生产经营开局良好，各项工作蓬勃发展，连续3个月产销重型汽车超过15000辆，再创历史新纪录。截至6月底，集团公司产销重型汽车已超过7万辆，实现销售收入308亿元，实现利润12.8亿元，主要经济指标同比增长40%以上，上半年已完成全年任务的60%，生产经营继续保持又好又快的发展势头。2008年的目标是：确保产销重型汽车12.5万辆，力争13.5万辆，其中整车出口确保2万辆，力争2.5万辆，实现销售收入450亿元，力争500亿元。

为了实现全国人大常委会委员长吴邦国提出的"把中国重汽建成国际知名、国内其他企业不可替代的重型汽车生产基地"的要求，中国重汽以创建民族汽车品牌和振兴民族汽车工业为己任，确立了"十一五"总体发展规划：逐步实现产品、市场、资本、机制和品牌的国际化，跻身世界重卡先进行列，把"中国重汽SINOTRUK"建成国际知名汽车品牌，为冲刺世界500强奠定坚实的基础。同时确定了贯穿"十一五"规划的"三个三分之一"和"三个基本接轨"。三个三分之一是：新产品占到全部市场份额的三分之一左右；国内市场占有率达到行业的三分之一左右；全部产品的三分之一左右进入国际市场。三个基本接轨是：产品和技术基本与国际接轨；市场运作基本与国际接轨；企业运行机制和管理水平基本与国际接轨。

2008年3月9日，中共中央总书记、国家主席胡锦涛参加山东团讨论，对中国重汽工作汇报给予高度评价。

2007年11月28日，中国重汽（香港）有限公司在香港联交所主板成功上市。

中国重汽国际市场开拓取得良好成绩，连续3年稳居全国重卡出口首位。

2008年5月28日，中国重汽集团举行抗震救灾车辆发车仪式，中国重汽集团共向四川灾区捐助1837万元款（物）。

2007年12月19日，中国重汽第10万辆车下线，当年产销重卡超过10万辆。

腾飞的济南卷烟厂

中共山东省委常委、济南市委书记焉荣竹（前右二）视察济烟新厂区

"学习实践科学发展观——解放思想大讨论"活动动员大会

"泰山杯"山东中烟第二届烟机设备维修职业技能竞赛开幕式

创立于1928年的济南卷烟厂，距今已有80年的发展历史。新厂区在济南东部新城区的建成为济南卷烟厂在新起点上的新发展插上了腾飞的翅膀。作为烟草行业第一个占地逾73公顷的现代化工业园区，济南卷烟厂拥有国际领先的卷烟生产设备，具有行业先进的生产制造能力和技术装备实力，是烟草行业在江北的重要生产制造加工基地。

在山东烟草工业管理体制改革后，济南卷烟厂由将军集团的核心企业变更为山东中烟工业公司的直属厂。济南卷烟厂是山东省唯一实现质量、安全、环境管理体系"三证一认"目标的烟草企业，山东省质量管理奖第一名获得者、4A级信用等级企业，全国4家定点雪茄烟生产企业之一。

将军品牌作为中外烟草专家研制成功的具有国际水准的卷烟产品，是全国36个名优卷烟之一，入选"中国卷烟百牌号"名录，被评为"中国驰名商标"。2007年，生产卷烟91.27万箱，实现销售收入54.09亿元，实现利税35.3亿元。济南卷烟厂以其对国家和行业的突出贡献，先后荣获全国烟草行业先进企业、全国企业文化建设先进单位、全国计划生育协会先进单位、全国模范职工之家、全国名优产品售后服务行业十佳单位、全国烟草行业"四五"普法先进单位、全国纪检监察系统先进集体、"安康杯"优胜企业、山东省五一劳动奖状、济南市明星企业等称号。

中共济南市委副书记、市长张建国视察济南卷烟厂

将军品牌卷烟第50万箱下线

现代化的生产控制系统

山东山水水泥集团有限公司

山东山水水泥集团有限公司是国家重点支持的12户全国性重点水泥企业之一，是全国第二大水泥生产商，于2008年7月4日在香港上市，成为国内第一家在香港红筹股上市的水泥企业。“十一五”期间，山水集团将加快推进“巩固山东、进军东北”战略，2010年形成熟料产能5000万吨、水泥产能8000万吨。

2008年6月6日，中共山东省委书记姜异康（前左）视察山水集团。

在扩大产业规模的同时，山水集团坚持科学发展、和谐发展理念，利用信息技术及高压变频、余热发电等节能减排新技术改造提升传统产业，各项指标居于国内领先水平、国际先进水平，树立了水泥企业的新形象。“山水”、“东岳”牌系列水泥被评为中国十大水泥品牌、山东省著名商标、国家免检产品。

山水集团荣获全国建材系统先进集体、全国五一劳动奖状、全国先进基层党组织、全国模范职工之家、全国企业管理现代化创新成果一等奖等称号。党委书记、董事长、总经理张才奎被授予全国建材系统劳模、全国劳模、中国创业企业家、中国高级职业经理人等称号。

2008年7月4日，中国山水集团在香港成功上市。

2008年7月23日，张才奎传递山东济南站第238棒奥运火炬。

济南鲁联集团有限公司

董事局主席兼总裁　刘津福

济南鲁联集团有限公司（简称鲁联集团）主要从事投资、融资、资本运营、企业策划咨询服务及企业经营管理服务，拥有1个投资型子公司、5个经贸型子公司、8个生产型子公司，现有专用汽车、精密齿轮、电梯曳引机、汽车配件、工业电炉、橡胶制品、化学试剂、工业锅炉等8大主导产品。2000年成立至今，不断改革创新，建立具有鲁联特色的股本结构、经营机制和企业文化，坚持“公开、诚信、认真”的处事原则，秉承“客户满意是我们永远的追求”的经营理念，实现销售收入增长282.89%，年均递增25.08%。实现上缴利税合计增长990.25%，年均递增48.91%。注册资本增长1223%，年均递增53.78%。资产总额增长2912%，年均递增76.39%。净资产总额增长1513.6%，年均递增58.96%。大力实施资本运营，已整合重组了25个企业，保持了良好的经济运行质量。鲁联集团被评为济南市信誉等级一等AAA级企业、守合同重信用企业、2007年度济南市工业发展先进企业、济南技术改造先进单位、槐荫区十强工业企业、槐荫区安全生产先进单位，被相关媒体誉为可持续发展的成长型企业。

鲁联集团在位于长清区的济南市经济开发区内兴建总投资10亿元以上，占地20公顷的产业园。系济南市民营企业投资过10亿元的重点项目之一，被列入济南市“十一五”重点专项规划。项目建成后，年销售收入可达15亿元，利润1.5亿元，税金1亿元。

济南贵和皇冠假日酒店

酒店夜景

济南贵和皇冠假日酒店为山东鲁能信谊集团公司所有，由世界知名的洲际酒店管理集团（中国）有限公司管理。注册资本3.86亿元，楼体建筑地上14层，地下2层，共占地5885平方米。曾经获得《福布斯》杂志颁发的2006年中国最佳商务酒店、洲际酒店集团颁发的最佳优悦会发展酒店、首批国家旅游局认定的绿色旅游饭店以及国家卫生部颁发的国家卫生A级单位等众多奖项。

酒店坐落于泉城济南繁华的商业中心区（济南市天地坛街3号），占尽地利优势。作为一家国际五星级酒店，以其优越的地理位置、超大豪华的客房、完备的商务服务、融汇世界美食的餐厅以及全球如一的高质量服务，为顾客商务旅行和休闲度假提供一个难忘的舒适居所。

不管您在这里举行会议还是入住，酒店都为您提供与成功相聚的设施与服务。包括79间套房在内的306间充满现代艺术风格的客房，就像是您的另一个办公室。无论是商务旅行还是休闲度假，请首选并相聚于济南贵和皇冠假日酒店！

大使套房

酒店大堂

酒店一角

中国名酒市场

Chinese fine wine market

风水宝地集千家名酒　醇正飘香醉万里山河

跟着品牌去“赚钱”　旺业经典

中国名酒市场是国家有关部门为推动中国酒业保真、健康发展，支持设立的、以现代酒业物流为主题的中国名酒示范市场。市场是2005年秋季全国糖酒商品交易会在济南举办后，在山东落地的最大酒类实体项目，云集了国内外名酒、酒原料、酒设备、酒包装和酒礼品等完整的相关产业链，矢志打造中国酒业流通和销售的中央商务区（CBD）。

中国名酒市场恪守诚信经营的理念，以宣传、推广全国酒类知名品牌为核心，借以繁荣中国酒类市场、促进酒类商业流通和弘扬中国酒文化。在“诚信为本，和谐共赢”的原则下，中国名酒市场与联盟企业合作发展、资源共享、协同提高，以构建中国名酒展示、交易和流通的旗舰市场。

中国名酒市场是中国暨世界名酒的现代物流基地，集展示交易、贸易合作、物流配送、信息交流、文化传播、特色旅游为一体，是中国暨世界名酒缩短销售渠道、进行保真传播、直违消费者的纽带。中国名酒市场优化网络管理，依托电子商务平台、免费采购热线(800-860-6519 顺了，我要酒 800-860-6389 顺了，三杯酒)，遵循“类商超”理论，倾力塑造具备良好商业信誉的相关供应链，为终端客户提供便利、快捷的卓越服务。

日前，中国名酒市场制定了气势恢宏的酒商“千百十创富工程”规划，在未来两年的时间里，搭建由一千家名酒直供点、一百家（区级）名酒配送店和十家（市级）中转平台构建的销售网络和利益共同体，实现财富的聚合效应，让联盟体成员实现赢利渠道的无竞争化和回报率的最大化，构建以中国名酒市场为核心、辐射江北地区的名酒保真直供通路；并建立由名酒厂商、供应商、经销商组成的中国名酒市场会员发展联盟，共同拒绝“假酒”，实施保真名酒完美推广。

媒体宣传

中国名酒市场“千百十创富工程”加盟条件

名酒直供点（直供代理）：
具备名酒经销资格，拥有经营铺面不低于30平方米，年销售额不低于60万元，承诺诚信经营、货到付款的名酒专卖店、名酒礼品行、名烟名酒店等。

名酒配送店（配送代理）：
具备名酒经销资格，拥有经营铺面不低于300平方米，年销售额不低于600万元，承诺诚信经营、同意款到发货的商场、超市等。

中转平台（仓储及配送代理）：
具备名酒经销资格，拥有经营及仓储铺面不低于3000平方米，年销售额不低于6000万元，承诺诚信经营、同意款到发货的经销商等。

中国名酒市场会员发展联盟

具备名酒经销资格，诚信经营的商场、超市、名酒专卖店、名酒礼品行、名烟名酒店、名酒代理商及拥有团购资源的销售商均可参加。会员将享有免费信息交流、采购价格优惠、旺季贷款支持等诸多方面的周到服务。

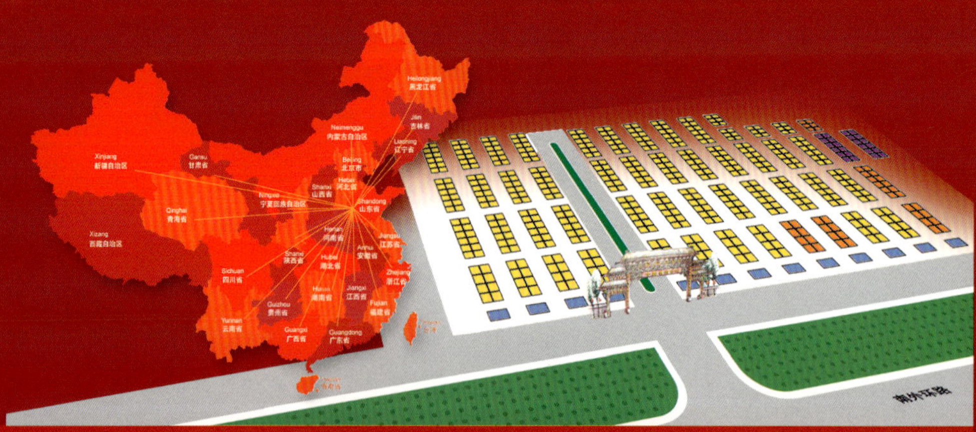

济南五月风中国名酒市场管理有限公司
Ji'nan wind in May management of Chinese fine wine market co.,ltd.
地　址：济南市中国名酒市场管理办公室（K52公交车中国名酒市场站右转47-7室）

济南红星美凯龙建材装饰广场

M 红星·美凯龙 MACALLINE

商场领导陪同山东省副省长王仁元、济南市副市长杨鲁豫以及市区相关领导视察指导工作

商场领导给济南市副市长赵文朝、天桥区政府领导、市区县商贸系统负责人以及济南市商品交易市场负责人讲解商场整体情况

商场活动火爆现场

济南红星美凯龙建材装饰广场是红星集团正式进入山东市场的样板商场，地处闻名的济南家居建材集散地——北园大街，总面积为60000平方米。本着“名品进名店”的原则，以“名牌捆绑”为经营策略，整合国内国际800余家“牌子过硬、质量过硬、服务过硬”的著名建材装饰材料品牌厂商和近2万种品牌产品，实行强强联手，努力推行厂家 一 消费者的“一站式”服务，成为集购物、休闲、娱乐于一体的高品味消费场所，让消费者在购物的同时能够感受到家的气息。

近年来，济南红星美凯龙诚信立业、品质筑基，打造出建材装饰企业的品牌形象，荣获全国“百城万店无假货”示范店、山东省“百城万店无假货”示范店、“山东省消费者满意单位”、“山东省规范化文明诚信市场”等多项称号。

在商场经营运作中，以“诚信经营，品质第一”为质量方针，凸现“市场化经营，商场化管理”的经营特色，并且在建材行业率先推出“先行赔付制度”，30天无理由退货，承诺所有售出商品由红星美凯龙负全责，设立800万元质量保证金。

济南红星美凯龙以建设温馨、和谐的家园，提升消费者的居家生活品味为己任，用传播“家的文化”、“家的艺术”来引领社会大众高品质的生活理念和生活方式。

济南伟东置业有限公司

济南伟东置业有限公司是大型的专业房地产开发企业，成立于2001年1月，注册资本5000万元，其经营范围涉及房地产开发建设、经营和租赁，为中外合资企业，隶属于青岛伟东置业集团。

公司秉承集团“厚德文治，怀远兴迩”的企业理念，发扬“诚信、勤奋、团结、创新”的企业精神，致力于为客户创造价值，以真情回报社会。

公司开发的“伟东新都”项目位于济南市舜耕路南端，东临城市主干道舜耕路，西邻玉函路，北接舜玉南区，南至玉函北区，距市中心4公里，是济南市政府2000年招商引资项目，也是济南市最大的城中村改造项目。项目可规划用地49.74公顷，规划总建筑面积103万平方米，其中配套公建13万平方米，住宅90万平方米。整个居住区分为4个小区、15个组团，规划总人口3万人。伟东新都是综合配套设施完善的大型高档社区，整个社区由商住房、安置用房、商业、教育等各类设施组成，是一个集多种功能为一体的现代化居住区。

项目自开发建设以来赢得了行业多项大奖，2004年被博鳌世纪论坛授予“引领中国城市住宅十大风尚名盘”称号。公司也先后被评为“济南市房地产开发综合实力十强企业”、“济南市民最信赖的房地产品牌公司”，被中国质量标准研究中心与中国资信评估协会评为“建设系统企业信用·信誉AAA单位”。

济南伟东置业有限公司是一个有着强烈社会责任感的企业，始终坚持经济效益、社会效益、环境效益相统一的原则，在为社会经济发展作出贡献的同时，积极参加社会公益活动。特别是董事长王端瑞多次向慈善事业捐款，2005年11月被中国民政部评选为山东省内唯一荣获“中华慈善奖”的个人。因董事长王端瑞对山东省房地产业的巨大影响，2004～2006年连续3年被评为“齐鲁房地产十大风云人物”。

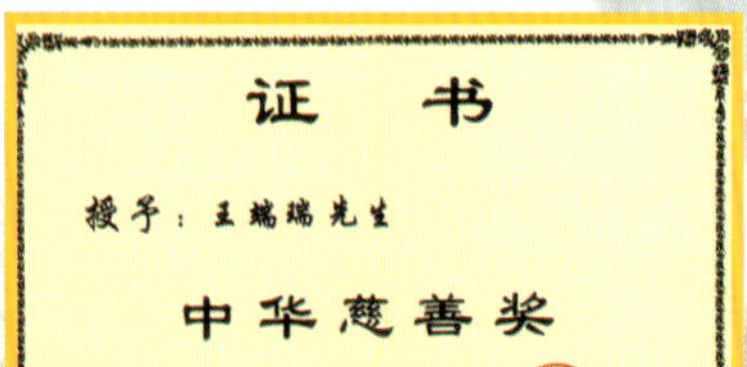

董事长王端瑞获2005年中华慈善奖

阳光100

阳光快车客户服务

阳光 100 社区实景

济南阳光 100 房地产开发有限公司，是国内知名品牌房地产企业，成立于 2001 年 9 月。

阳光 100 一直秉承“居住改变生活”的企业精神和“为城市创造价值”的开发理念，致力于阳光 100 国际新城的开发建设。阳光 100 国际新城总占地 100 公顷，规划建筑面积 178 万平方米，建成后可容纳近 5 万人居住。

阳光 100 坚持专业化经营的道路，通过专业化团队建设和项目的专业化运作，已成功开发了阳光 100 国际新城一期、二期、三期，所开发的项目成为济南的代表性楼盘。阳光 100 已建成面积 93.8 万平方米，在建面积 23.7 万平方米，入住业主达 6000 户。于 2006 年 5 月成立的阳光快车客户服务中心，24 小时为业主提供及时、便捷、完善的服务。

2008 年下半年，即将推出的阳光 100 四期“尚品之都的跃动生活”，集住宅、公寓、酒店、写字楼于一体，将与整个新城融合，助推新城价值提升。

阳光 100 以建筑与艺术相结合的带有青春特征的产品风格，聚焦城市新兴白领，用建筑见证这个时代的巨变，引领城市未来。

阳光 100 四期效果图

阳光 100 社区活动

山东嘉元食用菌

山东嘉元食用菌科技有限公司总经理　窦宗礼

山东嘉元食用菌科技有限公司注册成立于2003年10月，注册资本400万元，所有制形式为民营企业。主要经营业务为食用菌菌种、菌包生产及销售，技术推广服务，发展食用菌生产基地，回收基地产品及加工销售；公司位于济南市济阳县济北开发区，占地50亩，建有标准化菌种厂，年菌种生产能力200万瓶（袋）；出口罐头加工厂，年生产能力10000吨；公司主要产品为食用菌菌种、平菇菌包和各种食用菌罐头。

为拓展国际市场，2007年2月公司投资120万美元在韩国设立绿色农产株式会社，从事香菇、白灵菇及蔬菜的栽培生产。会社位于韩国京畿道平泽市，占地规模20亩，建有食用菌大棚20个，蔬菜大棚10个。会社在韩国的成功运作，增加了两国农业方面的技术交流，取得了良好经济效益和社会效益，也成为我省第一家境外投资创业的省级农业产业化龙头企业。

公司现在员工258人，其中高级管理人员5人，具有本科以上学历的科技人员45人，高级职称科研人员10人。经过近几年来的发展，公司业务形成了从选育生产菌种、提供技术服务到发展食用菌规模生产基地、回收基地产品、加工罐头出口创汇的食用菌产业链。至2007年末，公司总资产规模达到9041万元，固定资产3760万元，实现销售收入12067万元，利税905万元。公司在山东省已发展食用菌栽培基地600万平方米，带动9000余户基地农民增收致富，户均年增收8000元以上，取得了显著的经济效益和社会效益。

公司发展生产基地以为民增收为已任，采用“公司＋基地＋生产”运作模式，采用公司的技术、资金、信息优势，为基地菇农搭建一个致富平台。公司按照市场订单和市场预测选择发展推广品种，为基地菇农提供优质高产菌种和全方位技术服务，保证菇农的最大受益。2007个，公司生产双孢菇菌种150万瓶，平菇菌种80万斤，香菇菌袋80万袋，草菇、鸡腿菇菌种30万斤，仅菌种实现销售收入900万元，回收基地鲜菇4000吨，盐渍加工后销售实现销售收入2200万元。购销盐渍滑子菇，白灵菇3000吨，实现销售收入2400万元。

公司先后被授予济南市农业产业化经营重点龙头企业、济南市高新技术企业、山东省农业产业化经营重点龙头企业；“嘉元”牌食用菌系列加工产品被评为山东省食用菌行业十大品牌；2007年10月，公司被正式列为“山东省农业科学院食用菌科技示范基地”；公司还被列为山东省农业厅食用菌工作站、山东省食用菌协会、山东农业管理干部学院的食用菌技术示范和教学实习基地。

济阳县县长张海波到该公司在韩国设立的绿色农产株式会社参观

董事长李慧参加投资加拿大农业研讨会，并与加拿大不列颠哥伦比亚省农业及土地厅厅长毕贝尔交谈。

科技有限公司

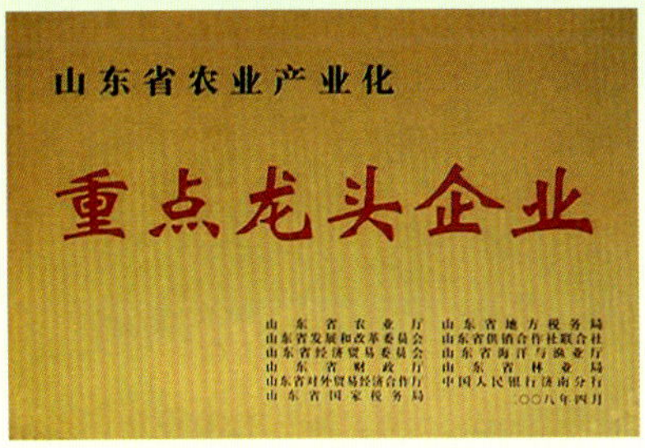

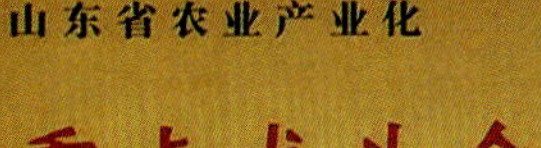

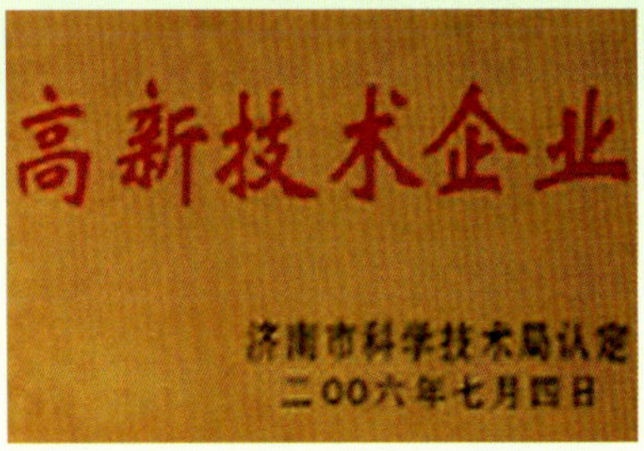

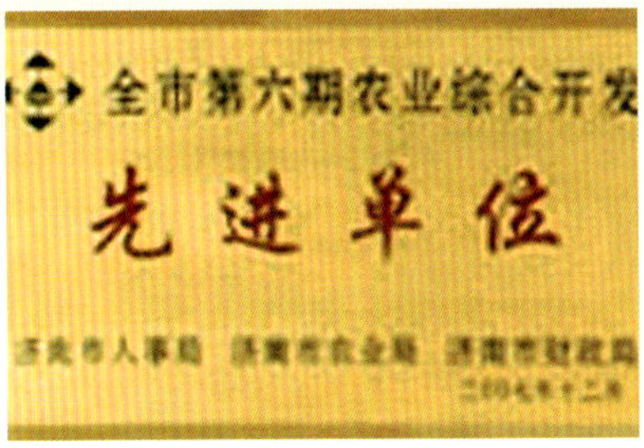

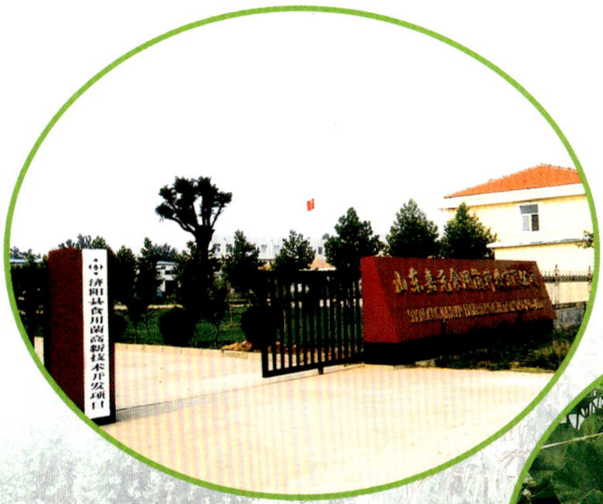

山东省农业产业化
重点龙头企业

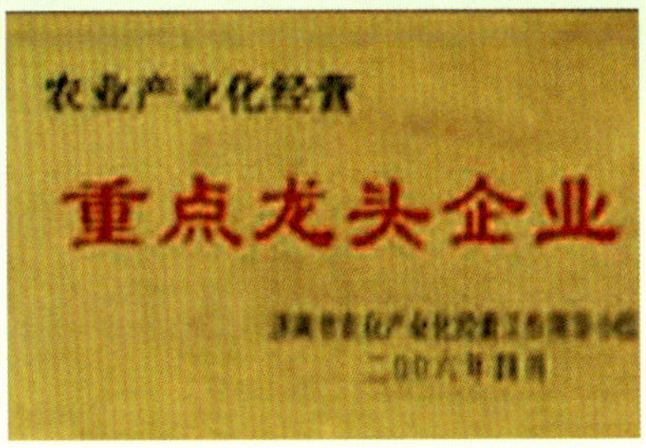

农业产业化经营
重点龙头企业
二00六年 月

高新技术企业
济南市科学技术局认定
二00六年七月四日

全市第六期农业综合开发
先进单位

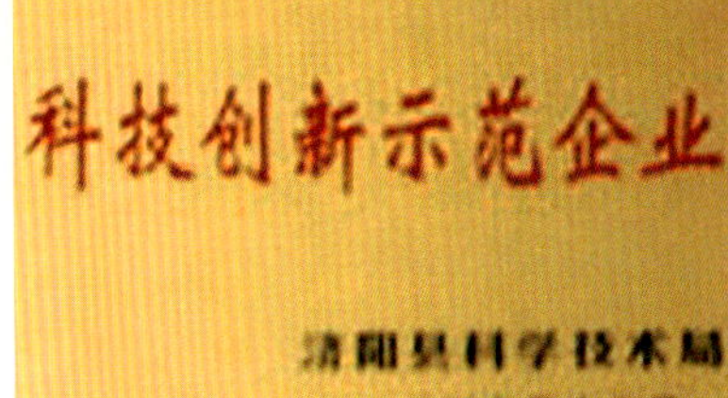

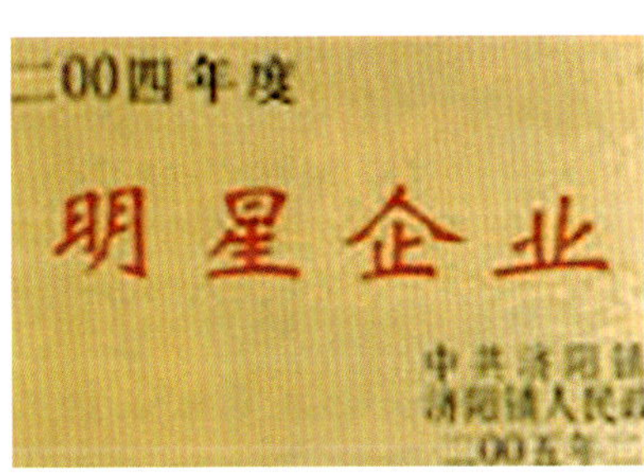

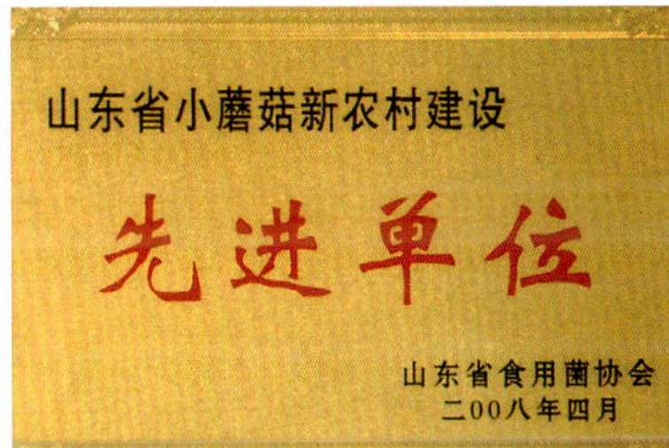

济阳公司

生产基地

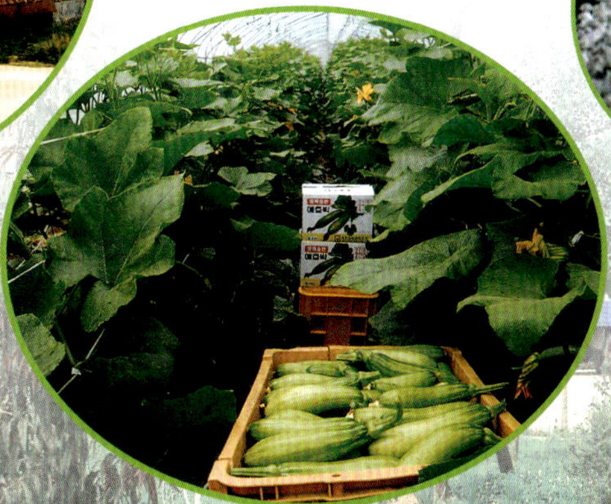

在韩国设立的公司蔬菜基地

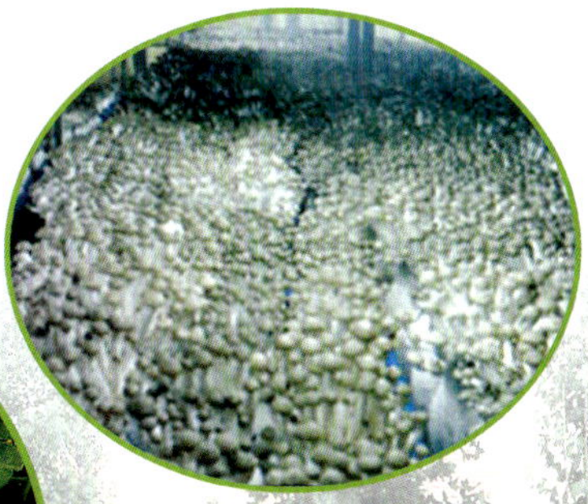

LUSHANG 鲁商置业 山东省鲁商

北京 · 鲁商潮白河

重庆 · 鲁商缙云山

青岛 · 鲁商一山一墅

济南 · 鲁商银座数码广场

济南 · 鲁商国奥城

房改10年，让一座座城市旧貌换新颜，中

在过去的10年间，鲁商置业秉承一贯的社会责任感为城市的发展、建

鲁商置业，作为一家专业地产供应商，总规划开发面积

旗下拥有16家地产品牌子公司，旨在利用最大优势整合资源

鲁商置业，积10年创城之力，

青岛 · 鲁商西海岸

青岛 · 鲁商四季景园

鲁商 · 莱芜银座城市广场

鲁商 · 东营银座

业有限公司

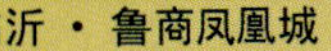
临沂 · 鲁商凤凰城

临沂 · 沂龙湾

济南 · 鲁商常春藤

前行之路

之美

过了一条加速发展之路。
提升、人们生活环境的改善做出了众所瞩目的贡献。
平方米，现已交付使用约100万平方米，
造城，以诚信的态度为人们建筑和谐家园。
居宏伟蓝图！

济南 · 鲁商银座花园

济南 · 鲁商全民健身中心

青岛 · 鲁商海景大酒店

鲁商 · 泰安银座城市广场

青岛 · 鲁商动感世代

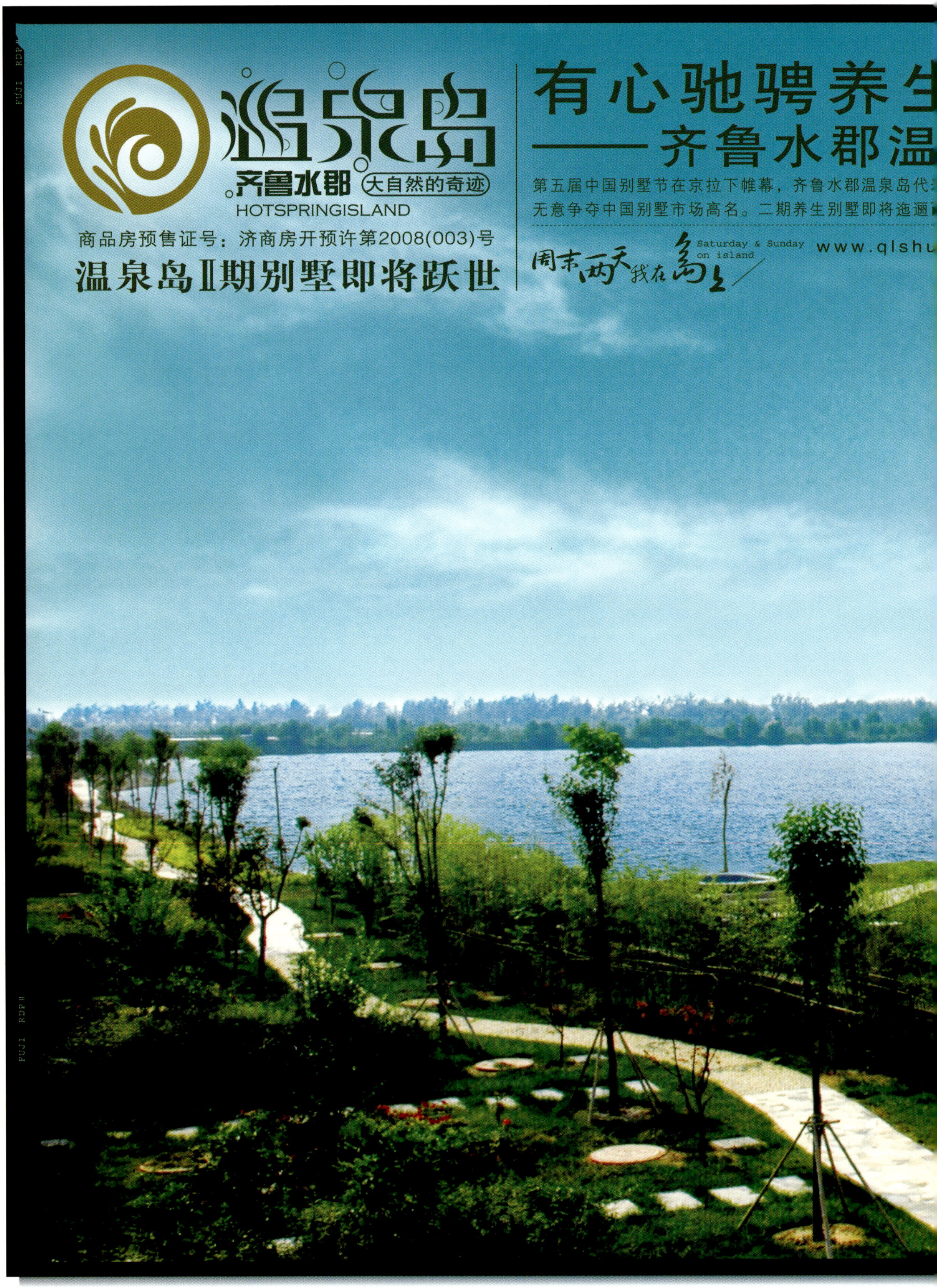
温泉岛
齐鲁水郡
大自然的奇迹
HOTSPRINGISLAND
商品房预售证号：济商房开预许第2008(003)号
温泉岛Ⅱ期别墅即将跃世
有心驰骋养
——齐鲁水郡温
第五届中国别墅节在京拉下帷幕，齐鲁水郡温泉岛代
无意争夺中国别墅市场高名。二期养生别墅即将迤逦
Saturday & Sunday
on island
周末两天我在岛上
www.qlshu

各道　无意弄潮别墅江湖
岛载誉中国最高级别别墅盛会
摘取至高荣誉，获“中国第一温泉别墅金奖”，声誉齐鲁，名冠京华，有心磨砺无为养生之道，
开启。
m
开发商：济南昌润置业有限公司 | 项目地址：济南市商河县温泉路1号 |
温泉岛实景拍摄

山东嘉汇房地产开发有限公司

山东嘉汇房地产开发有限公司成立于2002年6月，是济南市首家澳资房地产开发企业。公司所开发"嘉汇·环球广场"项目位于济南市天桥区北园大街548号，占地近2.7公顷，总建筑面积约13万平方米，是集家居商场、公寓、住宅于一体的现代化综合商厦。

项目地下二层至地上三层为山东嘉汇家居博览中心，虎踞济南传统家居建材街——北园大街核心位置，紧临火车站和长途汽车站，处在山东家居物流中心。山东嘉汇家居博览中心建筑面积5万平方米，功能分布合理、装修装饰富丽堂皇、设施配套齐全，规划有800个车位的大型停车场和总面积为5000多平方米的休闲广场。由国内知名商业管理公司运营管理，采用世界先进的经营理念，塑造华东地区最高端大气、最有特色的家居一站式购物中心。

项目4至14层为商务公寓，设计40～120平方米多种户型，户型合理，设计超前，欧式精装修。配备媲美甲级写字楼的恢宏大堂、豪华电梯、五星级商务会所。引入酒店式服务理念，实行人性化服务流程，宜商、宜住、宜投资，是居住、商务办公及投资创业者首选。

山东嘉汇房地产开发有限公司一直以"缔造高品质生活"作为自己义不容辞的使命，秉承"以人为本"的经营理念，将企业文化融入产品与服务中，不断提升文化价值，标新企业形象。

【百年经典，百年发祥】

发祥巷，领演城市变迁的建筑标杆

济南市委书记焉荣竹（前中）在发祥巷亲切看望居民

开工奠基仪式

■ 老商埠，新生活

发祥巷，地处济南槐荫区，北至经一路，南接经二路，东临纬五路，西靠纬六路，是近代济南开埠之地，见证了济南近一个世纪的繁华变迁。

从2006年开始，按照市委、市政府及槐荫区政府的规划，决定对片区进行综合改造。作为济南市率先启动的第一个旧城改造项目，发祥巷项目得到了政府的大力支持以及相关部门的积极配合。

中植集团下属发祥置业有限公司，作为一家专业的房地产开发企业，积极投身发祥巷项目的综合改造工作之中，以优质的产品及舒适的生活营造在改变区域居住环境的基础上，进一步提升区域价值，带动区域的综合发展。按照相关部门的计划，经二路未来将在传承百年底蕴的基础上，打造成媲美泉城路的精品商业街，老商埠必将焕发出新的光彩！

■ 以家画个圈，想去的都在里面

发祥巷，被商圈包围的闹中取静之地。西临纬十二路商圈，西市场、市华联、嘉华购物广场等成熟商业林立；东临大观园－人民商场商圈，济南最具人气的老牌商业区；南临槐荫广场商圈，广场、超市，休闲购物好去处；北临火车站商圈，酒店、宾馆密集，商务休闲之地。

项目周边各类生活配套齐备且近在咫尺，山东省设备和医疗水平最高的医院——省立医院就在项目的西门，中山公园就在项目的南门，济南市政府、济南宾馆、疾病控制中心、市立二院、经五路小学、实验初中、济南三中等市政、商业配套分布在项目周边，形成了最为便捷的生活圈。通过纬六路高架桥可以直通北园路高架、顺河高架，全程无红灯，可高速直达城市各个区域。

■ 大品牌，经典作品

中植集团植根济南第一力作——发祥巷项目，24万平米城市综合体，引领老城区变迁，带动区域居住品质全面提升。

发祥巷，遵循中式园林美学法则引水植绿造园，健康广场、海螺公园、亲子乐园、韵律广场等主题景观分布于社区景观轴线上。修剪规则的绿篱、灌木令您绿意满眼、步换景移。人车分流路线设置，使社区动线更合理、更便捷——无不透露出“和”文化社区的理性和睿智。

发祥置业，源自中植集团，在地产领域，以建筑最卓越的品质空间为发展理念，从战略性的选地、开发到区域扩张，深谙用兵之道，步伐稳健扎实。作为中植集团进军济南房地产市场的首个项目，发祥巷凝聚了中植集团的深深期许，“奉献最好的房子”是发祥置业的企业宗旨。

济南汇泉新世界置业公司

2004年4月，济南汇泉新世界置业有限公司为开发济南市县西巷商业街而成立。

公司明确了企业发展的长期目标是建设特色鲜明、规范高效、持续增长、健康发展的优秀现代企业；提出以“创造更多价值”为公司核心经营理念，决心不断提高业务水平，追求完美，为客户提供超越市场现有水平的产品和服务，保持高效运营，实现业内一流盈利水准，同时充分重视经营活动的社会效益，建立良好的社会形象和企业品牌。

公司确立以商用物业开发为核心的经营战略，未来将倾力于开发和管理新型体验式商业物业，不仅精心建设繁荣的商业街区，更希望创造优美宜人的商业环境，使人们漫步其间如同欣赏诗歌和音乐一样，体验到惊奇、浪漫、智慧的启迪以及生活的和谐与欢乐。

2004年6月28日，公司经公开拍卖获得县西巷六宗商业用地和一处古建筑重建区，创造了当时济南土地拍卖市场的最高价格，被当地媒体称为“地王”。2006年12月，泉乐坊F地块率先竣工，投入使用。该处建筑充分利用项目内的泉水资源，结合济南传统园林和现代商业设计理念，以泉畔水巷、九曲廊桥、阳光天街组成立体复合交通体系，形成了曲折变幻、意趣盎然的商业环境，开创出一派生机勃勃的泉城新天地。

手绘内街

内街

夜景灯光

山东济滨良岸天然气开发有限公司

山东济滨良岸天然气开发有限公司是台商与济南良岸科贸有限公司共同出资组建的山东省台属联谊会会员企业，公司主要从事天然气技术研发、推广，专营CNG、LNG和LPG。

公司先后与中国石化山东实华天然气公司、北京华油联合燃气有限公司，中石油天然气总公司下设淄博、泰安中油华气天然气利用有限公司，签订了供气合同，为气站的良性运营提供了根本保障。

公司将对济南化工园区供应天然气，一期年用气量3700万立方米，二期年用气量7400万立方米。

公司在山东济南、德州、东营、莱芜、潍坊、济宁、滨州、博兴、聊城、淄博、泰安中油华气等地合作的民用供气及在建的工业储运母站、加气子站，运营良好，积累了丰富的经营、管理经验，得到了省及地方政府的鼎力支持和改车族的欢迎，取得了“燃气经营许可证”、山东省首家“汽车燃气改装特许证”资质。

公司诚信化运作。改车、加气实行会员制，双方签订承诺合同。良岸公司与台属会员企业具有国家质检总局颁发的特种设备安装改造维修许可证。与济南德科汽车维修服务有限公司合作改装的天然气汽车，是唯一获得中国人民保险济南财险分公司承保的车辆。济南德科汽车维修服务有限公司配有专业的CNG清洁汽车加装人员，并且有在滨州、东营、淄博、泰安、潍坊、烟台等地的改装经验。凡在该公司改装燃气装置的车辆均由中国人民财产保险公司与渤海财险公司共同承保“燃气装置保险”。

公司在运营中始终坚持以人为本的原则，不断提高人员素质和服务质量。公司自筹资金，先后赴北京、廊坊、成都、重庆、长沙、西安等地参观学习建站及改装天然气车的营运经验。在公司运营中，综合总结了让政府放心的一整套宝贵经验。2005年7月经山东省劳动保障厅申请批准，成立了山东省天然气技术职业培训学校，填补了山东省无天然气技术培训学校的空白。获得了全国清洁汽车专家组的认可，为培养专业操作燃气技术人员提供了培训基地，也为今后的天然气汽车改装市场提供了规范、安全的保障。

济南良岸科贸公司将在成品油业务方面加大开发力度，积极推进民营加油站为国家供应更多地储蓄成品油。经核准，该公司加入了中国商业联合会石油流通委员会，并被推选为副会长单位。

山东济滨良岸天然气开发有限公司从事的是环保节能的朝阳产业，与国家倡导的建立节约环保、创建和谐社会的精神相适应。相信在政府的大力支持和各界人士的帮助下，山东济滨良岸将铸就更美好的明天。

副本
中华人民共和国
特种设备安装改造维修许可证
（压力容器）

企业法人营业执照
（副本）

济南第二十六中学

校长　王志东（济南市优秀教师）

济南第二十六中学创建于1958年，现为教育部重大项目“促进教师成长与学生发展研究”课题实验学校、全国学科“四结合”教学改革试验研究基地、省心理健康教育试验与研究基地、省电化教学示范学校、省化学教学“学生能力的培养”课题实验基地、省地震科普示范学校、市教书育人先进单位、市规范化学校、市绿色学校。

学校占地18000平方米，建筑面积9800平方米。学校教学设施完备，每个教室均配备了多媒体教学系统。200米标准塑胶运动场、足球场、塑胶篮球场、多媒体学术报告厅、语音室、微机室、实验室、国家级标准柔道体育馆等设施完善。

学校坚持“以德治校、质量立校、科研兴校、特色强校”的办学宗旨和“以人为本、尊重人才、不求尽善尽美、但求尽心尽力”的管理理念，确立“爱生如子、敬业奉献、崇德尚志、尊重个性、全面发展”的办学理念，形成了“自强不息、厚积薄发、常怀感恩之心”的学校人文精神。

学校着眼于新世纪教育发展的挑战和需要，建立起一支思想意识超前、素质精良、结构合理、具有奉献精神的教师队伍。学校现有专职教师81人，教学班17个，拥有山东省优秀教师1人，济南市优秀教师3人，省市骨干教师、教学能手13人，市优秀班主任5人。

学校积极推行新课程改革，深化素质教育。2005、2006年连续两年被槐荫区教育局授予“初中教学特殊贡献单位”称号。2006年被槐荫区委、区政府授予“教育教学创新奖”。航模、太极拳、柔道等校本课程是学校的又一教学特色和亮点，学校连续8年获济南市航空航天模型比赛初中组团体第一名，2007年囊括山东省青少年航空航天模型锦标赛男女团体冠军。太极拳、柔道多次在市、区大型活动中汇报展示，受到国家、省、市、区各级领导和外国友人的充分肯定。学校于2006年成功承办了中国少年女子柔道锦标赛。2007年又成功承办了全国柔道道馆俱乐部锦标赛。

2008年，学校将迎接山东省规范化学校的达标验收。学校将在新课改的指导下，继续完善教育教学管理，进一步提升学校教育质量，全力争创省级规范化学校，倾力打造槐荫教育优质品牌。坚持“让更多的孩子接受更好的教育”的教育理念，夯实基础，培养能力，优化素质，张扬个性，走精品之路，为把学校办成起点高、素质优、声誉好、体现学校现代办学特色的育人名校而不断努力。

学校与韩国始兴市长谷中学结为姊妹学校

学校体育馆

济南市历城第二中学

书记兼校长　李新生

济南市历城第二中学建于1958年，是省级规范化学校，济南市教育局"五个一"优化升级工程的第一所高中学校。现占地逾28公顷，在职教职工425人，在校生7000余人。50年的文化积淀，凝聚成"志行高雅、勤朴中和"的校风、"修身立人、博学笃业"的教风、"勤学善思、知礼乐行"的学风。学校秉承"为每一个学生搭建发展阶梯"的办学理念，遵循"人生在勤"的校训，开拓进取，和谐奋进。校园环境优美，设施完善，稼轩广场底蕴丰厚，生态园草木茂盛，假山池沼清新幽雅，中华文明长廊、门厅书法壁画彰显文化意蕴；教学楼、科技楼、体艺馆、图书馆等楼馆房舍总建筑面积达15万余平方米，教学设施齐全高档，理化生实验室、语音室配置国内一流，美术、音乐、舞蹈教室达国家一类标准，生态馆、陶艺馆、汽车模拟驾驶室、图书电子阅览室为学生全面发展搭建平台。与中国教育学会合作，实施"科研兴校"战略，打造品牌名校，名家讲坛和国家、省、市级科研课题研讨强力推进，研讨课教研模式、教学案一体化教学模式等科研成果已全面推广，教师队伍业务精湛，爱岗敬业，教学成绩稳步提高。1998年以来，高考本科上线率一直名列济南市前三名。是山东省教书育人先进单位、山东省文明单位、山东省绿色学校。

校内美丽的静谧湖

文化意蕴丰厚的明月亭

花园式的历城二中校园及稼轩广场鸟瞰

山东爱普电气

山东爱普电气设备有限公司是专业从事高低压电气设备的研发、制造和销售的股份制高新技术企业。公司下设5个生产基地，总面积16万平方米，总资产10亿元。公司相继荣获“山东省高新技术企业”、“济南市文明诚信企业”等称号。

公司拥有现代化的综合厂房以及全套进口数控生产、加工、测试设备，拥有较强的高新技术研发和生产制造力量。公司主导产品共有8大系列，覆盖0.4Kv到220Kv等级的电气产品160余种。公司生产的高低压成套开关设备、箱式变电站、隔离开关、微机保护、直流电源屏、电缆分支箱等产品在电力系统发电厂、变电站、城农网改造中得到广泛应用，在机场、铁路、房地产、石化、钢铁等行业具有良好的市场，同时产品出口国外。

公司坚持管理提效、科技创新，省内率先通过了ISO9001质量管理体系认证、ISO14001环境管理体系认证、OHSAS18001职业健康安全管理体系认证以及低压成套设备系列的3C认证；先后与施耐德、穆勒、ABB、西门子、阿海珐等国际知名公司及行业进行了多领域合作，实现产品快速升级，不断提升设备性能和质量。

公司奉行“至诚至精，爱普天下”的企业精神，致力以卓越的技术、精良的产品与优质的服务奉献给客户，成为客户忠实可靠、值得信赖的合作伙伴；以诚挚的爱心奉献给国内外客户、合作商、员工以及人类社会，成为积极促进社会和谐发展的优秀企业。

团结奋进的领导班子

公司在“第三届中国（济南）国际信息技术博览会”上的项目签约仪式

非晶合金变压器合资项目签约仪式

公司外景

设备有限公司

新春联欢会

严把质量关

整洁的车间

济南鸿腾实

董事长兼总经理　程克红

济南鸿腾实业有限公司属于综合性公司，于1998年10月成立，注册资金1000万元，现有职工600余人（其中吸纳下岗职工200余人）、管理人员80多人，具有国家装饰一级资质。公司下设鸿腾装饰公司(3个分公司)、鸿腾三馆商务酒店(6家分店)、铝合金塑钢厂、家具厂、鸿腾家具商城、小商品批发市场等十几个子公司(厂)。公司在当地政府和社会各界的关心支持下，以装饰公司、商务酒店、家具为龙头，秉承“取之于社会，回报于社会”的服务宗旨，多业并举，规模不断发展壮大，取得了社会效益和经济效益双丰收。

经过全体员工的努力，公司连续6年被评为区纳税大户，连续5年被市工商行政管理部门评为重合同守信用单位，年年被个体私营协会、工商联合会评为优秀先进企业。总经理程克红先后被推选为济南市个体私营协会副会长、济南市工商联执委、历城区人大常委、济南市政协委员、历城区劳动模范、济南市优秀青年民营企业家标兵、历城区优秀人大代表、济南市“五一”劳动奖章获得者、山东省“富民兴鲁”劳动奖章获得者，2008年4月28日，被评为山东省劳动模范。

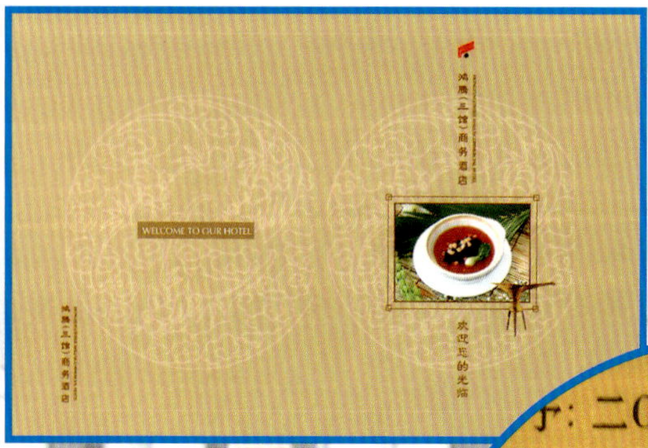

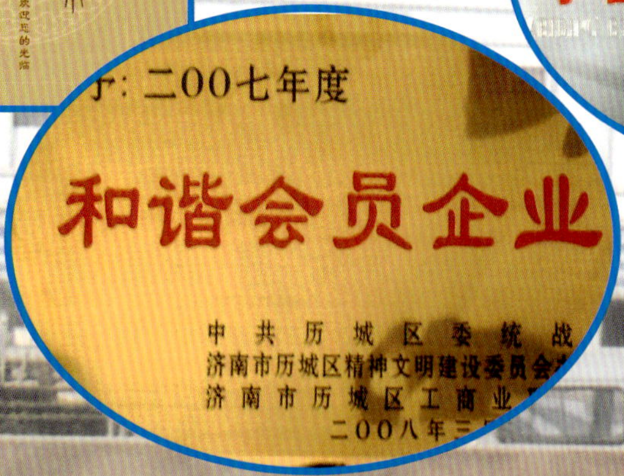

业有限公司

家具、木门

济南鸿腾金叶家具有限公司是鸿腾实业下属的大型制造工厂，位于济南市王舍人镇，厂房面积10000多平方米，员工200多名，生产办公、板式家具（办公台、会议台、文件柜）、办公座椅、沙发、课桌椅等产品。2005年，公司顺利通过ISO9000和ISO14001质量体系认证和环保体系认证，并被济南市质量技术监督局评为"济南市名牌产品"，现已在全国及省内建成20多处专卖店和销售网点，并与朝鲜等国家合作并签订协议，产品开始销往国际市场。

装饰

鸿腾装饰公司是一家集装饰设计、工程施工、材料配送、木门、家具、装饰品开发为一体的具有国家正规装饰装修资质的企业。是济南市建筑协会、济南市装饰协会的会员单位。

公司以先进的设计理念、精深的设计功底为先导，以规范的管理、精湛的施工技术为基础，以完善的服务体系为依托，以产业化规模经营降低成本为优势，为客户提供专业化、人性化、个性化的设计装饰服务，并不懈努力地提升和超越客户的消费价值。

铝塑门窗

鸿腾开源门窗有限公司作为鸿腾实业龙头企业之一，年产量达到20万平方米，公司一直凭借超前、独特的设计理念，严谨、务实的工作作风，完善可靠的质量保证体系，以及一批生气勃勃、专业扎实的技术研发队伍，多年来设计生产出了规格齐全、种类繁多的铝合金、塑钢门窗。如各类铝合金、塑钢窗、推拉窗、平开窗、内外平开上悬窗、全系列铝塑复合、内外平开窗、室内花格推拉门、地弹门、玻璃幕墙等。公司所生产的门窗全部按国家标准进行，选用优质型材，精心拼装加工而成，出厂前严格检验，上门安装。

公司本着"用最优的价格回报我们的客户"的经营理念和"诚信、专业、高效"的服务宗旨，竭诚为新老客户提供过硬的产品和优质的服务，得到了全国各地广大客户的肯定和信任，并且在激烈的市场竞争中不断发展壮大。随着中国市场的日益国际化，公司将更新观念，开拓创新，一如既往地为广大新老客户提供最优质的产品和最完善的服务。

钢木家具

公司拥有焊管、冷作、表面处理、产品装配等全套钢木家具生产设备，产品包括桌、椅、床、柜、凳、架6大系列、300多个品种，为机关、企业、大专院校、医院、宾馆配套各类钢木家具，年产30万件，产品采用优质材料和成熟工艺制造，质量符合国家和行业标准。

公司重视科技开发，拥有家具研究所和新产品开发部门，专门从事钢木家具的开发以及客户委托的其他订货设计。

公司以满足用户需求为己任，贯彻求真、务实、开拓、创新的思想，使企业快速发展，在省内的金属家具行业中取得龙头的地位。公司将以优质的产品和更周到的服务来满足各界朋友的需求。

业有限公司

历下区建设管理委员会

建委领导班子

历下区建设管理委员会隶属于济南市历下区人民政府，是区政府主管辖区城乡建设管理的职能部门。2008年以来，历下区建委在区委、区政府的正确领导下，深入实践“以城市建设引领经济社会又好又快发展”的工作思路，抢抓历下作为十一运主会场所在地的机遇，坚持新城开发和老城提升并重，深化环境综合整治，积极探索城市管理长效机制。一是全面加快东部新区建设步伐。充分发挥综合协调服务作用，认真做好征地拆迁、建设协调、环境维护和群众稳定等工作，努力把东部新区建成活力之区。二是积极推进老城改造提升。泉城特色标志区建设、棚户区改造及恒隆广场等商业开发项目建设进展顺利。三是深化环境整治，打造舒适宜居家园。对历山东路、山师东路等30条道路进行综合整治，强化小区、城市“八乱”及违法违章建设整治，树立良好的窗口和燕山立交出入口形象，打造幻彩魅力的泉城夜景。四是积极探索城市管理长效机制。全面开展以“拆、规、刷、统、亮、绿、清”为内容的标准化街道建设活动，进一步完善数字化城管体制，更好地发挥数字化城管在日常管理和抢险救灾等突发事件中的作用，为促进历下区城市建设及经济社会发展作出了贡献。

古街掠影

立交桥亮妆

整洁的道路

章丘市物价局

局长　崔克诚

物价局是政府对价格体系形成过程的计划、调节、控制和监督的经济管理行政部门。价格管理是国民经济管理的重要组成部分，适度的价格管理，对价格体系的合理形成、国民经济的稳定发展以及收入分配的合理化均具有重要意义。

章丘市物价局主要设有价格收费管理科、物价检查所、价格信息中心、价格认证中心、价格成本监审科等5个科室，共52人。近年来，章丘市物价局在市委、市政府的正确领导以及上级业务部门的精心指导下，坚持以邓小平理论、“三个代表”重要思想为指导，认真贯彻落实科学发展观，以“促进发展，关注民生，构建和谐”为目标，重点整顿了价格秩序，强化了价格收费监督，规范了收费行为，优化了经济发展环境，加强了价格服务，有力地促进了全市经济发展和社会稳定。先后获得“全省农产品成本调查先进单位”、“全省规范化物价检查所”、“全省创建规范化价格认证中心先进单位”、“济南市物价工作先进集体”、“章丘市基层党建工作示范点”、“先进基层党组织”、“行风建设标兵单位”等诸多荣誉称号。

国家发改委监察局局长牛昌文（左二）视察章丘物价工作，章丘市委常委、副市长李文秀（左一）陪同视察。

山东省物价局局长陈充（右二）到章丘市调研农户收支情况，章丘市副市长白秋生（左二）、物价局局长崔克诚（右三）陪同调研。

章丘市物价局局长崔克诚（左二）为荣获“济南市明码实价示范店”的商业企业颁发牌匾

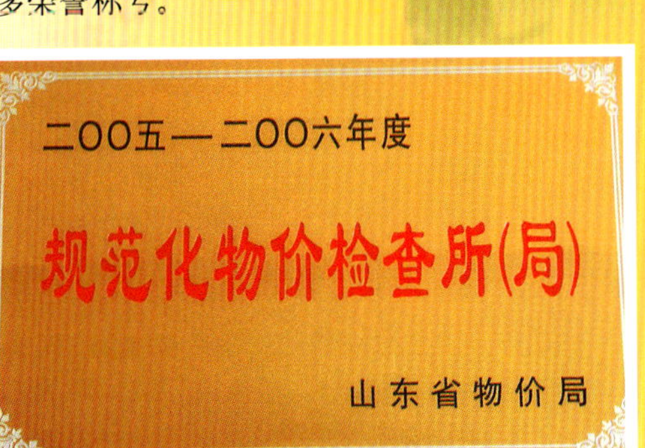
二〇〇五—二〇〇六年度

规范化物价检查所(局)

山东省物价局

2006—2007年度

全省农产品成本调查工作

优秀集体

山东省物价局

二〇〇八年一月

组织召开“价格服务进万家”活动座谈会，对先进物价监督站进行表彰。

平阴县供电公司

平阴县供电公司是山东电力集团公司代管的县级趸售供电企业，担负着全县7个乡镇、346个用电村、36万居民和部分厂企的供用电管理任务，电网覆盖面积827平方公里。2007年，公司实现售电量8.89亿千瓦时，同比增长3.00%；实现销售收入4.43亿元，同比增长11.28%；利税2691.60万元，同比增长31.32%；上交税金1863.90万元。

公司坚持“服务大局、融入发展”的方针，坚持抓管理、抓发展、抓队伍、抓行风，全面提高了企业管理水平和综合实力。连续17年保持了“省级文明企业”称号；连续14年保持“济南市思想政治工作优秀企业”称号；连续多年被集团公司授予“先进县供电企业”、“创建无违章县供电企业先进单位”；连续两年被山东电力集团公司评为县供电企业同业对标“综合管理标杆单位”；2004年2月，被国家电网公司授予“一流县供电企业”；2006年4月，被山东省总工会授予“富民兴鲁劳动奖状先进单位”；先后被授予济南市首批“劳动关系和谐企业”、“济南市企业文化建设示范点”等称号。

获国家电网一流县供电企业奖牌

富民兴鲁劳动奖状

技术先进的变电站

调度自动化系统

一线人员现场标准化作业

营销调度中心

济南市天桥区保安服务公司

济南市天桥区保安服务公司成立于1992年12月，现有员工近3000人，人防、技防客户近1000户，公司综合实力位居全省区县级同行业前列。

该公司提供党政机关、企事业单位、金融网点、学校、医院、商场及娱乐场所等单位的门卫、守护、巡逻及区域联网报警、电视监控系统的安装、维护和处警业务。围绕人防专业化、技防产业化、经营多元化的目标，该公司认真做好勤务、服务、业务工作，组建了特保队、志愿服务队，辅警作用明显，服务安全率高，保持了社会效益和经济效益持续协调发展，成为维护泉城济南社会治安秩序的一支重要防范力量。

"省富民兴鲁劳动奖章"获得者、经理　耿兴东

近几年来，该公司连年被市公安局评为"优秀保安分公司"，先后荣获首届"山东省十佳保安服务公司"、"山东省五四红旗团委"、省级"青年文明号"、"济南市五一劳动奖状"、"济南市杰出志愿服务集体"等称号。

保安方队

特保队演练

保安技防

总经理　武朝菊

济南花木联合开发公司隶属于济南市林业局，为国有中型一类企业，是山东省人民政府、济南市政府确定的省市农业产业化重点龙头企业之一。主要从事园林绿化景观的规划、设计、施工与养护管理，省市林木种苗与花卉科研项目的引种开发、繁育推广以及相关产品的经营服务等。下设山东花卉市场、济南市国有苗圃、绿化工程公司、景观设计室、花卉苗木生产基地。拥有土地逾33.3公顷，资产3900万元。建有高中档花卉生产温室10000平方米，组培室150平方米，办公、科研用房2000平方米，花卉交易市场8000平方米。

公司现有员工128人，其中高级技术职称5人，中级职称39人，初级职称31人，专业技术力量雄厚。

公司具有园林绿化施工二级资质，先后承揽完成了济青、京福、潍莱高速公路、济南绕城高速绿色通道、唐冶新城世纪大道、济南奥体中心山体绿化工程等绿化工程项目，以及庭院绿化、广场绿化、防风固沙生态绿化工程设计、施工300多项，总工程量达680多万平方米，多项工程被评为“优质工程”。

公司的山东花卉市场是集花卉贸易、展销、配送、花卉租摆、技术咨询等多种经营服务于一体的现代化专业市场，市场以红掌、蝴蝶兰、大花蕙兰、一品红、杜鹃、凤梨等观花、观叶、观果系列产品为主打品种，每年向社会提供各类中高档花卉产品500多万盆。2005年被山东省花卉协会授予“全省十佳花卉市场”称号，同年被历城区政府授予“十佳诚信市场”称号，2006年被国家林业局、中国花卉协会授予“全国重点花卉市场”称号，2007年被山东省林业局、山东省花卉协会授予“山东省十佳花卉企业”称号，2007年1月18日成功举办了首届山东省迎春（年宵）精品花卉展销会，2008年1月9日成功举办第二届山东省迎春（年宵）精品花卉展销会。

公司是省花卉协会、省种苗协会、《山东绿化》、《山东林业科技》理事和协办单位，省园林协会团体会员单位，并在同行业中率先通过ISO9001：2000国际质量管理体系认证，2002～2006年分别被授予“全国质量信得过苗圃”、

荷兰专家指导生产

原中国花卉协会会长何康来公司视察

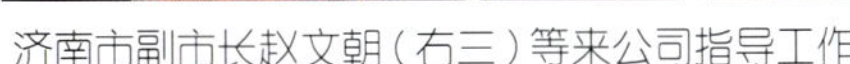
济南市副市长赵文朝（右三）等来公司指导工作

市林业局局长李景全（中）等检查指导工作

“全省林业科技先进单位”、省“先进苗圃”、省市“守合同重信用企业”、济南市“创建国家园林城市先进单位”、“造林绿化先进单位”称号，在中国（青州）花卉博览交易会上连续5年均获设计和展室布置一等奖，2004年被市农业产业化办公室授予“重点龙头企业”称号。公司生产的红掌产品2005年获省科技进步一等奖，2006年在中国（青州）花卉博览交易会上获“花王”奖，中国林产品交易会获“优质产品”奖，在2007中国国际林业产业博览会上公司生产的蝴蝶兰（清香美人）被评为金奖，公司生产的红掌（祝福）被评为银奖。2008年被山东省人民政府授予“山东省农业产业化重点龙头企业”称号。

公司与荷兰、韩国、美国以及广州、昆明、上海、浙江等国内外花卉、种苗企业建立了长期的合作关系。“以科技为先导、以质量求发展、与国际接轨、与世界同步”是公司的经营理念。

公司总经理武朝菊携全体员工热诚欢迎社会各界人士亲临参观、惠顾、交流、合作！

济南花木联合开发公司所获荣誉

济青高速零点立交绿化

济南奥体中心周边破损山体整治绿化工程

团结奋进的领导班子

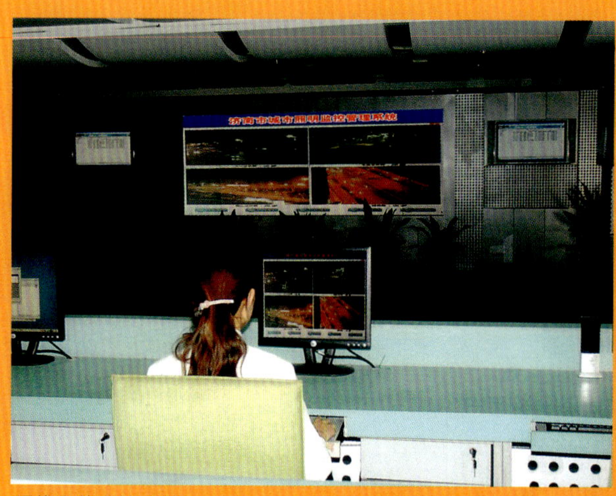
现代化的监控系统

玉函路立交桥夜景

亮丽的背街小巷

济南市路灯管理处隶属于济南市市政公用事业局，属处级差额拨款事业单位，具有城市道路照明施工二级资质。担负着对城区道路路灯、西部新城区路灯、奥体唐冶片区路灯和背街小巷路灯的管理维护任务，根据上级年度计划负责对市区新建道路路灯的设计、施工、安装和亮灯任务。近年来，随着济南“东拓”、“西进”城市发展战略的实施，济南路灯建设取得了可喜成绩，截至2007年底，管辖全市城区52353盏路灯、352台变压器，路灯专用电缆998.74公里。随着济南城市建设的发展和“十一五”规划纲要实施，按照“全运会”城市亮化建设的要求，济南市路灯管理处将着力强化城市照明建设，本着“有路要有灯，有灯要亮灯，亮灯要完好”的原则，加大陈旧路灯设施改造力度，圆满完成568条背街小巷路灯整治、41条设施老化道路路灯设施改造和117条主次干道路灯建设任务，完善路灯集中控制系统建设，不断提高全市路灯的管理现代化水平，实现二环以内路灯基本覆盖，为济南的科学发展、和谐发展、率先发展作出应有的贡献。

目　录

特　载

大 事 记

济 南 概 貌

政党·政协·人民团体

政权政务

治安司法

军 事

经济综合与管理

经济开发园区

工 业

农 业

国内商贸服务业·旅游业

对外经济贸易

财税审计

金　融

交通·信息

城乡建设·环境保护

教　育

科 学

文 化

卫生体育

社会生活

区　县

人 物

政策法规选编

统计资料

附　录

CONTENTS

Special Excerpts

Chronicles of Events

General Introduction

Party·Political Consultative Conference·Mass Organization

Regime·Government

Public Security and Law

Military Affairs

Miscellaneous Economy and Economy Management

Economic Development Zones

Industry

Social Life

Districts and Counties

Figures

Selected Policies and Regulations

Statistics

Appendix

译文 张 阳

画页目录

第一部分

第二部分

第三部分

第四部分

政府工作报告

——2008年1月4日在济南市第十四届人民代表大会第一次会议上

济南市市长　张建国

各位代表：

我代表市人民政府向大会报告工作，请予审议，并请市政协各位委员和其他列席人员提出意见。

一、过去五年政府工作回顾

过去的五年，是我市推进省会现代化建设取得显著成效的五年。全市人民以邓小平理论和"三个代表"重要思想为指导，深入落实科学发展观，坚决贯彻国家宏观调控政策，发挥省城优势，发展省会经济，着力改善民生，促进社会和谐，较好地完成了市十三届人大一次会议确定的目标任务。

(一)省会经济实力不断增强

国民经济保持平稳较快发展，经济总量和人均水平实现新的提升，2007年，预计完成生产总值2558亿元，人均生产总值5370美元，均比2002年实现翻番。地方财政一般预算收入完成156.7亿元，是2002年的2.37倍。经济结构逐步优化，三次产业比例为5.87∶45.07∶49.06，现代服务业占服务业增加值比重为43.8%，高新技术产值比重、非公有制经济比重分别达35.3%、39.8%，提高11.3和7.8个百分点。济钢、山水等一批重点企业加快发展，浪潮、力诺等一批高新技术企业茁壮成长，重汽等一批企业摆脱困境焕发生机，成为我市工业经济的支柱。投资结构趋向合理，累计完成固定资产投资4177.5亿元，年均增长23.2%；2007年服务业、高新技术产业、农业和社会事业投资分别是2002年的2.7、2.8、2.3和5.3倍。经济效益明显提高，规模以上工业经济效益综合指数260%，利税、利润分别是2002年的3.6和5.5倍。"十五"计划胜利完成，"十一五"规划进展顺利。全市经济发展朝着又好又快的方向迈进。

(二)新农村建设迈出新步伐

认真贯彻中央支持"三农"各项政策，实施支农投入、农民增收"1020"和"6521"工程等系列惠农措施，市财政累计支农投入33.2亿元，是前五年的5.72倍。大力实施新农村建设"十大行动"，农村生产生活条件明显改善，村村通沥青(水泥)路率、通客车率和通自来水率分别达99.1%、99.7%和90.9%；新农合参合率、五保户供养率分别达96%、70%。大力发展现代农业，农业科技推广和服务体系逐步健全，粮食总产268万吨，总产和单产连续五年双增。农业结构调整和产业化经营稳步推进，畜牧、蔬菜、林果产值均有较大提高，规模以上农业龙头企业发展到205家，53%的农户纳入产业化经营。农民人均纯收入6220元，年均增长13.1%，连续四年实现两位数增长。全面取消农业税及附加，农村义务教育各项政策全面落实。实现城乡用电同网同价。农村扶贫取得阶段成效。基础设施延伸、产业转移及中心镇建设步伐加快，章丘等县(市)城市建设发生明显变化，县域财力较快增长，区域发展协调性逐步增强。

(三)城乡人民生活进一步改善

城乡居民储蓄存款余额1230亿元，是2002年的1.9倍。城市居民人均可支配收入17794元，年均增长12%，物价保持基本稳定。社会消费品零售总额1100亿元，是2002年的2.5倍。汽车、住房、文化、教育、旅游、健身等支出比重提高。农村居民恩格尔系数下降3.8个百分点。城镇安置就业再就业累计60万人次，登记失业率控制在3.8%以内。转移农村劳动力累计79.4万人次。社会保障门类增加、标准提高、覆盖面扩大，城市居民最低生活保障标准由208元提高到280元，农村居民最低生活保障水平有新的提高，城乡居民享受最低生活保障人数分别达78.4万人次和37万人次。住房保障体系逐步完善，住房公积金制度覆盖面扩大，大力推动棚户区改造，经济适用房、拆迁安置房累计竣工330万平方米，廉租房制度受助家庭累计8000户次。农民居住条件得到改善，城市居民人均住房使用面积21平方米，比2002年增加3.2平方米。

（四）经济发展方式加快转变

大力推进自主创新，着力抓好节能减排，创新型城市建设、资源节约型和环境友好型社会建设迈出实质步伐。鼓励自主创新的体制政策日趋完善，“政企产学研金”自主创新模式逐步形成，知识产权保护力度加大。累计研发投入167.3亿元，取得重要科技成果1226项，申请专利30420项，新增省级以上企业技术中心29个、工程技术研究中心48个、驰名商标12个。跻身中国服务外包基地城市、国家软件出口创新基地和国家知识产权工作示范城市行列，国家信息通信国际创新园落户济南。严格限制“两高”产业发展，加快淘汰落后产能，实施百项重大节能示范工程，涌现出一批循环经济亮点，万元生产总值能耗、主要污染物排放强度均呈下降趋势。生态环境不断改善，2007年空气质量良好以上天数比率达85%以上。地下水水质良好，河道截污和污水处理工程加快推进。开发复垦整理土地29.2万亩，恢复治理矿山572万平方米，推进南部山区水源涵养和生态保护建设，全市森林覆盖率达26.6%，提高6.3个百分点。

（五）城市面貌发生明显变化

实施“东拓、西进、南控、北跨、中疏”城市空间战略和“新区开发、老城提升、两翼展开、整体推进”发展思路，城市发展框架基本拉开。完成新一轮城市规划修编，编制完成南部山区分区规划和重点区域控制性规划、北跨地区发展战略规划，中心城区首次实现控制性详细规划全覆盖，新农村建设规划全面展开，城乡规划体系基本形成。累计投资1179.2亿元，实施城市建设“十大工程”，加快推进城市基础设施建设，经十路、经一路、济泺路、旅游路、顺河高架路北延、济菏和济莱高速、济南机场扩建等一批重点工程相继建成，高标准完成104国道、102和103省道路段改造。高新区新区、大学科技园初具规模。奥体中心、绕城高速大北环、济阳黄河大桥、北园大街快速路等重点工程加快推进。大明湖扩建、小清河综合整治工程相继开工。改善背街小巷面貌环境，对违法违章建设、破损山体和市容环境展开全面整治。供电能力提高76%，连续10年零拉路限电。城市集中供热普及率、燃气气化率、绿化覆盖率分别达52.6%、98.5%和36.8%，新增绿化面积1652万平方米，人均公共绿地9.5平方米，提高21.8%。节水保泉成效显著。推动城市管理重心下移，初步形成“两级政府、三级管理、四级网络”城市管理体制，构筑起城市规划和重点工程建设制度体系。积极推进市政环卫作业市场化，全面推行城市管理综合执法，网格化数字化管理平台初步形成。

（六）各项社会事业全面发展

不断强化社会管理和公共服务，累计完成社会事业投资472亿元。努力促进教育公平，教育管理体制改革不断深化，教育布局结构趋向合理，农村教育振兴行动成效显著。农村义务教育“两免一补”全面落实，城市义务教育阶段学杂费全部免除，困难家庭学生免除课本费、补助寄宿生活费，建立起高等教育、中等职业教育和高中阶段家庭困难学生资助政策体系，在全国率先取消外来务工子女借读费，进城务工子女教育问题得到有效解决。适龄儿童入学率、小学毕业生升学率、小学在校生巩固率均达100%，高中阶段教育普及率提高到90.1%，职业教育和成人教育蓬勃发展，普通高等教育在校生44万人，是2002年的2.1倍。抗击“非典”取得胜利，公共卫生体系不断健全，市疾病预防控制中心建成使用，县（市）区全部建立疾病预防控制和医疗救治体系，全面完成乡镇卫生院改造，新建社区卫生服务机构36个。在全省率先实施“惠民医疗工程”。文化事业和文化产业加快发展，推出一批文化艺术精品，荣获国际金奖6项、省以上奖励800余项。济南国际幽默艺术周、泉城大舞台等成为知名文化品牌。物质文化遗产、非物质文化遗产保护以及考古发掘取得新成果。全民健身蓬勃开展，竞技体育水平不断提高，获省级以上比赛金牌915.5枚，成功承办亚足杯等大型赛事，第十一届全运会主赛区筹备工作顺利推进。大力实施人才强市战略，人才队伍建设成效显著，科技人才和企业家队伍不断壮大。人口自然增长率控制在5‰以内，人口素质进一步提高。新闻出版、广播电视、社会科学、外事侨务、民族宗教、档案史志、妇女儿童、社会福利、老龄、残疾人、慈善事业、气象、防震减灾等工作取得新成绩。

（七）改革开放取得新进展

着力深化重点领域和关键环节改革。围绕转变政府职能，实施行政机构和行政审批制度改革，精简职能错位交叉机构31个，依法取消行政许可事项695项，对政府规章、规范性文件、执法行为和收费项目作了全面清理；实施政府资金、行政事业资产管理制度改革，规范行政支出，降低行政成本；实施政府投融资体制改革，提高资金使用效益，防控财政风险；实施财税体制和统计制度改革，激发区域发展活力。完成乡镇机构改革，农村综合改革扎实推进。完善国有资产监管体制，加大国企改革重组力度，上市公司实现股权分置，支持重汽在港成功上市，完成粮食流通体制改革，推动公用事业改革步伐，民营经济健康发展。开放型经济步伐加快，利用外资规模和质量提高，累计实际利用外商直接投资15.3亿美元，年均增长19.4%，现代服务业、基础设施实际利用外资增长较快。对外贸易迈上新台阶，2007年实现出口总值60.5亿美元，出口33.5亿美元，年均分别增长32.2%和37%，机电产品、高新技术产品出口比重加大。“走出去”取得积极进展，科教文卫等领域对外交流不断扩大。

（八）和谐济南建设扎实推进

坚持依法行政，推进法治政府建设，行政执法责任制全面落实，民主科学决策水平进一步提高。及时向人大常委会报告工作，更加注重同人民政协的联系，自觉接受人大和政协监督，累计办理人大代表建议1645件、政协提案2525件。社会管理和基层服务网络逐步健全，社区居委会和村委会建设得到加强，涌现出青年公园街道应急机制进社区、泉城义工等便民服务典型。“五五”普法全面启动，法律服务体系日益健全，公民法律意识显著增强。群众性文明创建活动广泛开展，公民思想道德建设加强，“诚信、创新、和谐”的城市精神深入人心，创城“百件实事”成效显著。高度重视信访工作，加强矛盾纠纷排查调处，积极预防、疏导和化解社会矛盾。市场和产品质量监管得到加强,食品药品监管工作取得新的成效。深入推进平安建设,依法打击各类犯罪活动,社会治安秩序总体良好。经受"7·18"暴雨洪灾重大考验,处置应急突发事件能力逐步增强。深入开展安全生产专项整治活动,安全生产形势基本稳定。人民防空建设不断加强,国防教育和双拥共建成效显著,荣获全国双拥模范城"五连冠"。注重从源头上预防和治理腐败,从体制、机制和教育上强化措施,廉政建设和反腐败斗争不断深入,加强监察审计监督和制度建设,在查处腐败案件、治理商业贿赂、纠正损害群众利益不正之风等方面取得新进展。

各位代表!五年的发展变化,凝聚着全市人民的智慧和汗水。五年中,我们遇到的困难比预料的大,取得的成绩比预想的好。面对经济体制转轨和社会转型加快、矛盾增多的复杂局面,"非典"、禽流感、暴雨洪灾等重大考验,全市上下同心同德、奋力拼搏,突破一个又一个难点,推动省会现代化建设不断前进。五年来的发展和进步,是省委、省政府和市委正确领导的结果,是全市人民艰苦奋斗、开拓进取的结果,是省城各界团结一致、共同努力的结果。在此,我代表市政府,向辛勤工作在各行各业的广大干部群众,向给予政府工作大力支持的各级人大代表、政协委员、各民主党派、工商联、各界人士,向帮助支持省城建设的人民解放军驻济部队、武警部队官兵,中央、省驻济机关单位,向为济南发展作出贡献的港澳台同胞、海外侨胞、国内外朋友,表示崇高的敬意和诚挚的感谢!

过去的五年,我们取得了很大的成绩,但是也应清醒地认识到,我市在经济社会发展中还存在一些突出问题和矛盾。主要是:思想观念和工作方式还不能很好地适应科学发展的要求,推进科学发展的能力需要进一步增强;转变经济发展方式的步伐还不够快,经济结构不尽合理,节能减排形势严峻;社会事业发展相对滞后,公共服务有待改善,城市安全运行有待加强;群众生活中的一些切身利益问题还没有解决好,城乡部分群众生活还比较困难;政府工作人员服务意识、办事效率仍有差距,发展环境亟待进一步改善;极少数领导干部腐败问题影响很坏,教训十分深刻。对此,我们必须高度重视,努力从根本上加以解决。

二、今后五年工作的基本思路和主要目标

今后五年是我市全面建设小康社会的关键时期,也是推进省会现代化建设必须紧紧抓住、大有作为的重要机遇期。党的十七大明确提出全面建设小康社会的新要求,省、市九次党代会确立了未来五年经济社会发展的宏伟蓝图,"9·29" 省委常委扩大会议提出今后两年城市发展的奋斗目标。这对政府工作提出了更高的要求和期望。我们要全面认识工业化、信息化、城镇化、市场化、国际化深入发展的新形势新任务,进一步增强落实科学发展观的坚定性和自觉性,凝神聚力,艰苦奋斗,更好地肩负起加快省会现代化建设的重要使命。

今后五年政府工作的基本思路是:全面贯彻党的十七大精神,高举中国特色社会主义伟大旗帜,以邓小平理论、"三个代表"重要思想为指导,深入贯彻落实科学发展观,加快工作指导转变,切实履行"维护省城稳定,发展省会经济,建设美丽泉城"神圣职责,致力于改善和保障民生,全面加强经济、政治、文化、社会建设,努力推进科学发展、和谐发展、率先发展,为提前实现全面建设小康社会的目标而努力奋斗。

今后五年经济社会发展的主要预期目标是:

——综合实力再上新台阶。在优化结构、提高效益、降低消耗、保护环境基础上,生产总值突破4500亿元,人均生产总值比2000年翻两番。地方财政一般预算收入年均增长15%。县域经济实力明显增强,城乡区域发展更趋协调,省会城市群经济圈建设迈出实质步伐,在全省"一体两翼"发展格局中发挥更大作用。

——经济发展方式明显转变。自主创新能力显著提升,科技进步对经济增长的贡献率达55%以上。经济结构明显优化,构筑起以服务经济为主的产业结构。生态文明建设迈出坚实步伐,单位生产总值能耗降到1吨标准煤以下,主要污染物排放在完成"十一五"目标基础上进一步下降,初步形成节约能源资源和保护生态环境的产业结构、增长方式和消费模式。

——人民生活迈向全面小康。人民富裕程度普遍提高,城市居民人均可支配收入和农村居民人均纯收入年均增长8%以上,物价总水平保持基本稳定。社会就业更加充分,收入分配更加公平,教育公益性更加突显,公共卫生服务体系更加健全,人人享有基本生活保障。逐步实现学有所教、劳有所得、病有所医、老有所养、住有所居的目标。

——改革开放取得新的突破。市场经济体制不断完善,现代市场体系逐步健全,国有经济活力和竞争力显著增强,非公有制经济加快发展。行政管理体制改革继续深化,法治政府制度框架基本形成,公共服务和经济调节能力不断提高。发展环境明显优化,开放型经济、对外交流合作、城市国际影响力显著提升。

——城市发展更富特色魅力。努力打造"泉水之都"城市品牌,生态环境明显改善,市区主要河道水质达标,空气质量良好率继续提高。新区建设与老城提升全面加快,城市载体功能显著增强,城市管理更富人性化,初步构筑起泉城特色鲜明、现代气息浓郁的省会城市框架。

——和谐社会建设更加深入。社会管理体制更加完善,基本公共服务更趋均等。城市文明程度不断提高,基层民主进一步扩大,全社会法制观念增强,公共安全得到有效保障,人民群众拥有更多知情权、参与权、表达权、监督权,形成和睦团结、共建共享和谐社会的生动局面。

经过全市人民不懈努力,省会现代化建设迈出更加坚实的一步,经济发展更有活力,生态环境更加良好,城市功能更加健全,文化发展更加繁荣,社会发展更加和谐,人民生活更加殷实,省城人民期盼的繁荣、文明、和谐、宜居的新泉城,必将展现在我们面前!

各位代表,实现上述目标,任务光荣而艰巨。在工作指导和把握上努力做到四个坚持:第一,坚持以科学发展观统领全局,用中国特色社会主义理论武装头脑、指导实践、推动工作,把发展作为第一要务,把握发展规律,转变发展方式,增强发展的协调性,努力促进又好又快发展。第二,坚持以人为本的执政理念,始终把实现好、维护好、发展好最广大人民的根本利益作为一切工作的出发点和落脚点,着力解决民生突出问题,尊重群众主体地位,发挥群众首创精神,保障群众合法权益,促进人的全面发展。第三,坚持改革开放不动摇,积极推进重点领域和关键环节改革,切实把握好改革发展稳定的关系,使各项改革决策更加符合民心民意,在更高层次上推进对外开放,努力构筑充满活力、富有效率、更加开放、有利于科学发展的体制机制。第四,坚持求真务实作风,不断解放思想,提升境界,推进管理创新,勇于破除一切不符合科学发展观要求的思想观念和工作方式,脚踏实地把各项事业不断推向前进。

三、全面做好 2008 年各项工作

2008 年是全面贯彻落实党的十七大精神和省、市九次党代会工作部署的第一年,也是改革开放 30 周年,又是新一届政府履行职责的开局之年。做好今年的工作,对于加快实现全面建设小康社会的奋斗目标具有重要意义。

今年经济社会发展的主要预期目标是:(1)经济保持平稳较快增长。生产总值增长 12%。地方财政一般预算收入增长 16%。固定资产投资增长 20%。社会消费品零售额增长 15%。外贸进出口增长 15%,实际利用外商直接投资增长 15%。(2)经济结构进一步优化。服务业增加值所占比重提高 1 个百分点以上,现代服务业占服务业增加值比重提高到 45%左右。高新技术产值比重提高 3 个百分点。(3)节能环保取得新进展。单位生产总值能耗降低 4.6%,二氧化硫、化学需氧量排放分别削减 2.38%和 3.62%。(4)社会事业全面发展。城镇安置就业再就业 13 万人次,转移农村劳动力 16 万人。城镇登记失业率控制在 3.8%以内,人口自然增长率控制在 5‰以内。(5)人民生活进一步改善。城市居民人均可支配收入和农民人均纯收入增长 8%。居民消费价格总水平涨幅控制在上年全市平均水平之内。

做好今年各项工作,必须更加坚定地落实国家宏观调控政策,坚持稳中求进、好字优先,贯彻中央“两个防止”的要求,适应稳健的财政政策和从紧的货币政策,着力加强影响科学发展和改善民生的薄弱环节,努力实现速度质量效益相协调、消费投资出口相协调、人口资源环境相协调、改革发展稳定相协调,保持经济社会又好又快发展势头。

(一)加快推进经济发展方式转变

大力提高自主创新能力。坚持把自主创新作为城市发展战略的核心,加快推动经济发展由资源依赖型向创新驱动型转变。全面落实中长期科学和技术发展规划纲要,发挥政策激励导向作用,引导鼓励全社会增加自主创新投入。举全市之力加快高新区发展,充分发挥国家信息通信国际创新园等品牌作用,整合省会创新资源,加强创新平台建设。以国民经济、社会发展和人民生活急需科技支撑的领域和环节为重点,实施一批带动力强的重大科技专项,力求在电子信息、新能源、新材料等领域实现突破。完善“政企产学研金”发展模式,培育以企业为主体的自主创新体系,激发企业创新活力。实施知识产权战略,引进培养创新型适用人才,完善风险投资等金融服务体系,为自主创新提供有力支撑。

积极推动经济结构优化升级。以发展高新技术产业、先进制造业和现代服务业为重点,深入推进新型工业化,加快构筑以服务经济为主的产业体系。把繁荣发展服务业放在更加突出的位置。通过规划引导、政策推动、开放带动多措并举,着力提升金融、物流、信息、会展、中介等生产性服务业,突出发展软件、文化、教育培训等知识型服务业,大力发展旅游、商贸、社区服务等生活性服务业。发展总部经济、创意经济,提升城区服务业发展水平。加快建设金融商务核心区和现代物流园,提升齐鲁软件园等服务业重点区片。规范和引导房地产业健康发展。大力发展高新技术产业和先进制造业。推进信息化与工业化融合,实施创新、品牌、开放、园区带动,以交通装备、电子信息、石油化工、冶金钢铁、机械装备、食品药品等产业为基础,突出发展以集成电路、软件和新型元器件为重点的信息产业,以太阳能光伏光热为重点的新能源产业,以有机高分子材料、高性能金属材料、电子发光材料、环保节能建筑材料为重点的新材料产业,以清洁能源轿车和重型汽车为重点的交通装备产业,以光机电一体化产品、柔性加工中心为重点的机械装备产业,以汽轮机、变压器为重点的电力装备产业,以中药、生物制药为重点的医药产业,提高研发能力,培植龙头企业,延伸产业链条,大力提高工业规模实力、质量效益、产业集中度和创新能力。

加强能源资源节约和生态环境保护。把节能减排作为转变发展方式的切入点和重要标志,大力推进生态文明建设。一是优化结构推进节能减排。切实把完成节能减排任务建立在产业结构调整基础上,加快构建节能环保型产业体系。严控新上“两高”项目,加快关停小火电机组进度,淘汰机立窑水泥熟料产能 45 万吨,实施裕兴化工厂等城区工业企业搬迁改造。发展太阳能、生物质能、地热等新能源,大力发展循环经济,鼓励发展再生资源产业。二是突出重点推进节能减排。抓好 100 户重点企业节能减排,深入实施 10 大重点节能工程,提高工业、交通、建筑、服务业等重点行业节能水平,实施河道截污、垃圾污水处理、烟气脱硫等一批重点工程,突破和推广一批重大节能技术,加快工业采用地表水和中水回用步伐,推进县和重点镇污水处理设施建设。三是以管理创新推进节能减排。发挥政策导向作用,引导企业和社会加大节能环保投入。重视运用价格、财税手段推进节能环保,依法查处严重浪费资源和危害环境的行为。健全节能减排统计、监测、考核体系,严格落实目标责任,对没有完成节能减排任

务的实行一票否决!

坚决落实国家宏观调控政策。把握控总量、稳物价、调结构、促平衡的基调,落实“两个防止”的措施。努力扩大消费需求,大力优化投资结构。严把新上项目关口,引导鼓励社会资金重点投向服务业、高新技术产业、先进制造业、现代农业、社会事业和节能环保产业。严格土地调控和监管,盘活存量,提高增量土地利用效率,整合可利用土地资源,更好地支撑和服务经济发展。采取有力措施,切实保障市场供应和维护市场经济秩序,优化财政支出结构,继续增加对社会保障、卫生、教育、住房保障等方面支出,自觉维护好宏观调控大局。

(二)进一步保障和改善民生

从解决群众最关注的问题入手,切实履行政府公共服务职责。一是优先发展教育。坚持教育公益性质,加大教育投入,促进教育公平,推动各类教育协调发展,提高素质教育水平,努力让更多的人接受更好的教育。健全学生资助制度,解决好经济困难家庭、进城务工人员子女就学难问题。二是进一步扩大社会就业。健全覆盖城乡的职业技术培训制度,完善市场就业促进机制,以创业带动就业,扩大就业规模,改善就业结构,全面提高劳动者就业技能。以贯彻《劳动合同法》、《就业促进法》为契机,规范、改善劳动关系,提高就业稳定性,切实保障劳动者合法权益。完善困难群体就业援助制度,重视解决退伍军人、大学生、新生代农民工就业问题。着力提高低收入者收入,扩大中等收入群体,逐步缩小收入分配差距。三是提高社会保障水平。以社会保险、社会救助、社会福利为基础,以基本养老、基本医疗、最低生活保障制度为重点,以慈善事业、商业保险为补充,加快建立覆盖城乡居民的社会保障体系。切实管好用好社保基金,逐步做实养老保险个人账户。继续增加财政保障性投入,全市企业职工基本养老、医疗、失业、工伤、生育保险参保人数分别达 103 万、105 万、70 万、100 万和 61 万,农村养老保险参保 45 万人。积极发展慈善事业,完善社会救助机制,加快老年服务、重度残疾人服务等各类福利设施建设,确保城乡弱势群体基本生活。四是全面加强城乡医疗卫生服务。深化医疗卫生体制改革,完善经费保障机制,推进农村卫生室建设和社区卫生服务设施改造,搞好农村和社区医疗人员培训,实施城市医疗人才支农行动,提高基层医疗服务水平。启动城镇居民基本医疗保险试点工作,提高新农合筹资水平。健全疾病预防控制体系,提高应对突发公共卫生事件应急处理能力。五是继续做好住房保障工作。进一步推行住房公积金制度,健全以廉租住房制度为重点、增加经济适用房供给、多渠道解决城市低收入家庭住房困难的保障体系。完成今年棚户区改造任务,加快推进“城中村”整合改造,多途径加强住房保障建设,全面改善城乡居民居住条件。新区建设、老城改造都要重视居民生活必需设施的配套建设。对中央和省出台的各项民生政策,要不折不扣地贯彻落实,结合实际今年集中力量办好 12 件实事。特别要适应新的情况,加强市场监管,稳定主要食品供应和市场价格,通过增加低收入群体收入、提高低保标准、建立消费价格指数与价格补贴联动机制等措施,确保低收入家庭生活水平不因价格上涨而降低。

(三)推进城乡区域协调发展

始终把解决“三农”问题放在全面建设小康社会突出位置,健全以工促农、以城带乡长效机制,推动城乡一体化发展。一是大力发展现代农业。积极推进精致高效农业、休闲观光农业、设施农业发展,加快构筑生产、生活、生态融合的都市型农业发展体系。着力构筑产业、经营、科技、标准、投入五大支撑体系,落实粮食安全“三条底线”,大力推进农业结构调整,继续做强畜牧业、奶业,做优蔬菜产业,做大林果、苗木、花卉产业,培育章丘大葱、商河大蒜、平阴玫瑰、历城核桃等特色农产品基地。规模以上农业龙头企业达到 210 家,农业科技进步贡献率达到 53%以上,54%的农户纳入产业化经营。积极推进标准化生产,加强动植物疫病防控,提高农产品质量安全水平。二是促进农民持续增收。完善农民增收长效机制,继续开展农民培训“五大工程”,通过农业内部挖潜、发展非农产业、促进劳动力转移等途径,拓宽农民增收渠道。三是深入推进新农村建设。严格落实“三个高于”支农惠农政策,市财政支农投入 14 亿元,加快实施“十大行动”,着力完善统筹城乡的基础设施、公共服务设施和生活服务设施,加快农田水利设施建设和黄河标准化堤防建设,实施“百库除险”和河道治理工程,发展改善节水灌溉 10 万亩,搞好 80 平方公里小流域水土保持综合治理,推进小城镇起步区建设。四是完善农村市场和服务体系。大力发展农民专业合作组织,探索建立企业、合作社与农户利益联结机制,推进农村市场流通和金融服务体系建设,鼓励各类人才到农村创业发展。

把县域经济摆在统筹城乡区域发展的重要位置。一是推进县区经济加快发展,统筹城乡资源,优化产业布局,完善体制政策,加强分类指导,鼓励近郊区做大做强,支持远郊县迎头赶上。突出抓好道路、桥梁、供水、供电、节能减排等重大基础设施向农村延伸。完善促进要素流动的体制政策,中心城区重点发展现代服务业和高新技术产业,推动传统产业向郊县转移。发挥重点工业园区带动作用,明确产业定位,大力提高承载力和招商引资水平。二是启动统筹城乡发展综合改革试点。编制规划、制定政策、健全机制,着力突破统筹城乡发展的体制政策难点。推动基础设施建设和社会事业发展,搞好小城镇建设,促进产业和生产要素合理布局,统筹城乡就业和社会保障。稳定农村土地经营制度,有条件的地方发展多种形式适度规模经营。三是实施重点帮扶措施。加大对财政困难县区转移支付力度,实施重点帮扶,推动县域经济协调发展。提高扶贫开发水平,努力缩小城乡区域发展差距。

(四)以迎全运会为契机提升城市功能面貌

举办第十一届全运会,是我市城市发展的重大机遇。必须紧紧把握这一契机,全面带动城市规划建设管理,努力使市政建设和市容市貌有一个大提高、上一个大台阶。一是大力提高城市承载力。切实增强规划的权威性、严肃性,发挥好规划的引导调控作用。集中打造泉城特色标志区、奥体文博等重点片区，增强功能，彰显特色，提升形象。加快推动大学科技园、西客站、小清河片区建设，带动城市西部和北部发展。加快构筑布局合理、功能完善、便捷高效的基础设施体系，保障城市安全运行。高质量完成奥体中心、全民健身中心等一批体育设施建设。实施城市综合交通规划，完善城市路网骨架，优先发展公共交通，建成北园大街快速路，启动二环东路等快速路和公交场站枢纽建设。按照“一环八射”高速路网和“十横九纵八连”干线公路网规划，尽快启动济南—商河高速路建设，改造220国道长清平阴段、104国道济阳段。加快建设济阳黄河大桥、黄河三桥、建邦大桥等“北跨”交通设施。推进京沪高铁济南段和西客站枢纽建设。支持航空事业加快发展，争取开辟新的国际国内航线。集中力量搞好大明湖扩建和小清河综合整治工程。实施电网扩能建设改造、黄台电厂以大代小供热、禹城—崔寨天然气专线、清源湖水库和东联供水等一批工程，提高城市“四供”能力。加快腊山分洪等城市防洪设施建设。开工建设第三污水处理厂。二是全力搞好城市综合整治。抓住严重影响城市形象的突出问题，点、线、片结合，深入推进“八乱”整治。完成重点区域破损山体治理，全面整治违法违章建设。对城区重点路段、广场、公园和桥梁实施灯亮工程，实现城市街巷路灯亮化全覆盖。对大辛河、兴济河、工商河等市区主要河道实施截污治污，加强汽车尾气、扬尘治理和渣土管理，采取综合措施实现农作物秸秆全面禁烧。规划建设改造一批停车和市场设施，疏堵结合解决占道经营问题。三是提升城市管理水平。强化区级属地管理责任，完善责权统一的运行机制，切实把工作重心转到社区服务和城市管理上来，推动城市管理由粗放型、突击式向精细化、常态化、数字化、法制化转变。实施小区环境综合整治，规范加强物业管理。提升交通管理水平，缓解交通阻塞问题。完善城郊村居改造政策，依法推进村居建设。四是加强生态资源保护。落实南部山区规划，完善政策措施，统筹推进南部发展，坚决遏制乱开发乱建设。实施城乡造林绿化工程，加快黄河沿线绿色风貌带建设，森林覆盖率提高1个百分点，实施南部山区人工降雨工程建设，加强水资源管理和水源涵养。强化节水保泉长效措施，确保正常年份泉水持续喷涌，推进泉水先观后用，努力建设天蓝水清的生态环境。

（五）扎实推进文化强市建设

以保障人民群众文化权益为目标，大力推动文化建设。一是繁荣发展文化事业。制定实施文化发展专项规划和文化强市建设实施纲要，发展哲学社会科学，繁荣文艺创作和群众文化，努力打造体现地域文化特色和时代精神的文艺精品，推出一批有影响力的优秀剧目，办好第五届中国京剧节。努力建设结构合理、覆盖城乡、惠及全民的公共文化服务体系。通过政府采购方式，开展公共文化服务活动，活跃社区和农村文化生活。二是积极发展文化产业。加快文化产业基地和区域性特色文化产业群建设，广泛运用信息技术，促进广播影视、新闻出版、文化旅游、文化创意、文化博览等产业发展，培育一批有实力的文化、传媒集团，开发健康文明的网络文化、音像、演出、娱乐、健身、艺术品、动漫等产品，积极开拓演出市场。以“泉水之都、济南旅游”为主题，整合自然历史文化资源，构建大旅游产业，大力发展商务会展、节庆旅游，培育区域旅游新优势。实施泉水文化品牌带动和文化“走出去”战略，提升我市文化竞争力。三是深化文化体制改革。完善公益性文化事业、文化产业、文化创新扶持政策，营造有利于出精品、出人才、出效益的环境。继续深化文化事业内部改革，增强文化艺术团体发展活力。加快文化产业结构调整，建立多元投入机制，鼓励非公有资本进入文化产业，推动文化艺术资源整合提升。四是突出抓好公共文化设施建设。以基层图书馆、博物馆、文化馆为重点，构建配套完善的市、县、乡、村四级公共文化设施网络。面向社区和农村，着力抓好广播电视村村通、综合文化站建设、文化信息资源共享、农村电影放映、农家书屋“五大工程”。五是加强历史文化名城、历史文化街区、文保单位保护。规划建设一批体现省会和泉城特色的标志性文化设施，推进府学文庙、城子崖遗址、洛庄汉王陵博物馆建设。抓好非物质文化遗产保护、挖掘、整理和传承，完成济南通史编纂，道路命名、城市设计、建筑风格更多体现地域文化特色。六是深入开展“迎和谐全运、建美丽泉城”主题行动。全面做好全运会筹备各项服务工作，大力开展全民健身活动，推动体育产业发展。加大社会动员力度，开展志愿者行动，落实接待服务、综合保障、治安保卫各项措施，努力创造一流的设施服务环境，大力加强城市窗口和市民文明素质建设，形成全社会关心支持全运会的浓厚氛围。

（六）进一步深化改革扩大开放

深化国有企业公司制股份制改革，做大做强骨干优势企业。完善国有资本出资人代表派出机制和经营预算体系，提高国有资本运营效率，推进国有资源和行政事业国有资产有偿使用改革。认真落实非公经济发展各项政策，破除体制障碍，推进公平准入，改善融资条件，推进民营经济加快发展。完善现代市场体系建设，大力发展土地、资本、技术、人才、劳动力和产权交易等要素市场，构建反映市场供求关系、资源稀缺程度、环境损害成本的生产要素和资源价格形成机制。以岗位设置管理和人员聘用制度改革为重点，加快事业单位改革。规范发展行业协会和中介服务机构，深化社会信用体系建设。

全面提高开放型经济水平。转变外贸增长方式，调整出口结构，大力发展服务贸易，重点发展服务外包，促进加工贸易转型升级，鼓励支持低能耗、环保型产品和有自主品牌的高新技术产品、机电产品出口。改进招商方式，完善项目推进机制，优化投资环境，切实提高利用外资质量和水平。以高端产业为重点，进一步加大利用外资力度，引导外资更多投向基础设施、高新技术产业、先进制造业和现代服务业领域，发挥外资在推动自主创新、产业升级、区域协调发展等方面的积极作用。鼓励支持有条件的企业境外投资设厂、上市融资，开展国际化经营。坚持“引资”、“引智”并举，吸引海外人才来济创业。培育技术型劳务资源，改善外派劳务人员结构。拓宽文化、科技、体育、旅游、城市管理等领域对外交流合作。加强口岸建设。更多举办对外宣传和涉外活动,扩大国际影响力。

(七)积极促进社会和谐稳定

推进社会主义民主法制建设,健全民主制度,发展基层民主,加强城乡基层自治组织建设,推进厂务公开、村务公开,切实维护群众民主权利。加快推进依法治市,加强法制宣传教育,形成学法、用法、守法的良好社会氛围。深入推进平安济南建设,加强社会治安综合治理,健全社会治安防控体系,依法打击各类犯罪活动,严厉查处非法集资、传销、诈骗等破坏市场经济秩序的案件,维护省城安定团结,不断增强人民群众的安全感。高度重视信访工作,认真解决群众合理诉求,依法妥善处理各类社会矛盾和利益冲突。加强公共安全和应急管理工作,完善突发事件应急管理体制。加强人防设施建设,实现人防到民防的转变。组织济南解放60周年纪念活动,加强国防教育,深入开展双拥共建活动,增进军政军民团结,继续争创双拥模范城。坚持计划生育基本国策,稳定低生育水平,提高出生人口素质,积极应对人口老龄化,切实加强流动人口服务和管理。高度重视安全生产,突出抓好矿山企业、危险化学品、交通、建筑工地和人员聚集场所的安全管理,坚决防止重特大事故发生。继续整顿和规范食品药品市场秩序,加强餐饮卫生监管,让人民群众吃上放心食品,用上放心药品。深入抓好全国文明城市创建工作,继续实施创城主题行动。加强社会主义核心价值体系建设,大力实施公民道德建设工程。加强网络管理,开展心理健康教育,积极营造健康文明的网上舆论氛围。

四、建设人民满意的公共服务型政府

按照社会主义政治文明建设要求,以建设公共服务型政府为方向,用改革创新的精神,加强政府建设,推进管理创新,更好地肩负起省会现代化建设的历史责任。

(一)强化公共服务职能,完善经济调节机制

适应完善公共财政体系的新要求,加强财税工作和财源建设,实现财税收入稳定增长。深化预算管理制度改革,调整财政支出结构,优化公共资源配置,完善公共服务体系,加大改善民生的投入,推进基本公共服务均等化。以转变职能、理顺关系、优化结构、提高效能为目标,按照权责一致、分工合理、决策科学、执行顺畅、监督有力的方向,继续深化行政管理体制各项改革,不断巩固扩大改革成果,降低行政成本,提高行政效能。以和谐社区建设为切入点,加强社会建设,支持社会组织和群众参与社会管理,形成政府主导、社会协同、公众参与、共建共享的社会管理格局。深入推进政企、政事分开以及政府与市场中介组织分开,精简和规范行政审批。健全经济调节职能,注重规划和政策引导,完善导向激励约束机制,运用经济、法律和必要的行政手段,确保国家宏观调控政策落到实处。以完善设施、健全法制、加强服务、提高效能为重点,大力优化发展环境。

(二)坚持民主科学决策,深入推进依法行政

健全民主科学决策制度,完善重大问题集体研究制度和决策前民主协商制度、专家咨询制度、公众意见征集、社会公示和听证制度。贯彻国务院《政府信息公开条例》,继续深化政务公开,完善办事公开制度,搞好电子政务建设,提高政府工作透明度和公信力。加强政府法制工作,重点推进社会事业、社会保障、社会管理、节约环保等方面的规章建设。加强和改善行政执法,严格按照法定权限和程序行使权力、履行职责。进一步加强行政监督,自觉接受人大及其常委会监督、政协民主监督,认真听取民主党派、工商联、无党派人士和各人民团体意见,接受新闻舆论和社会公众监督。做好行政复议、法律服务和法律援助工作。按照《公务员法》要求,加强政府系统公务员考核、监督和管理。

(三)规范行政权力运行,加强反腐倡廉建设

把反腐倡廉放在政府建设更加突出的位置,坚持标本兼治、综合治理、惩防并举、注重预防的方针,推进惩治和预防腐败体系建设。在坚决惩治腐败的同时,更加注重治本,更加注重预防,更加注重制度建设,拓展从源头上防治腐败的工作领域。严厉查办在食品药品安全、征地拆迁、企业改制、安全生产、环境保护、重点工程建设、土地出让、社保基金和住房公积金管理等方面的案件,坚决纠正损害群众利益的突出问题。完善制约监督机制,加强对领导干部、人财物管理使用、关键岗位的监督,完善领导干部经济责任审计制度,健全堵塞滋生腐败漏洞的制度体系,有效防止公共权力滥用。自觉加强从政道德修养,严格遵守廉洁从政各项规定。强化监督监察措施,健全发现和惩戒机制,支持纪检、监察机关依法查处腐败案件。

(四)深入推进作风转变,切实抓好工作落实

开展学习实践科学发展观活动,牢记“两个务必”,弘扬“八个方面”作风,加强思想作风建设。进一步增强忧患意识,反骄破满,振奋精神,鼓足奋发有为、赶超先进的锐气;进一步增强公仆意识,坚持群众路线,倾听群众呼声,关心群众疾苦,多为群众办实事;进一步增强节俭意识,坚持勤俭办一切事业,努力降低行政成本,建设节约型政府;进一步增强服务意识,倡导扎实深入的工作作风,凝神聚力谋发展、求实效、抓落实。坚持深入基层、深入实际,勇于突破影响科学发展和社会民生的难点问题。严格目标责任制,大力提高办事效率。坚持奖优、治庸、罚劣,鼓励干事创业。

各位代表,维护省城稳定,发展省会经济,建设美丽泉城,率先建设全面小康社会,是全市人民的殷切期盼,是时代赋予我们的光荣使命。我们要紧密团结在以胡锦涛同志为总书记的党中央周围,高举中国特色社会主义伟大旗帜,以邓小平理论和“三个代表”重要思想为指导,深入贯彻落实科学发展观,加快构建社会主义和谐社会,认真落实省委、省政府对省会工作的要求,在中共济南市委的坚强领导下,解放思想,艰苦奋斗,开拓进取,励精图治,努力开创省会现代化建设新局面!

责任校对 郭建群

大事记

2007年济南市大事记

1月

1日 “奥运、全运伴我行”2007年济南市元旦全民健身跑暨全民健身成果展活动在泉城广场举行。

△全省规模最大的人防平战结合项目——经十一路西段地下人防工程竣工开业。

3日 《济南日报》报道，日前，黄台电厂在首届中国电力系统企业文化建设高峰论坛上获2006年度中国电力行业“十大最具社会责任感企业”称号。

5日 共青团济南市十四届七次全委会议召开，126个先进团委、团支部受到表彰。

△《济南市政府投融资建设项目审计监督办法(试行)》发布，标志着济南市投资审计新机制初步建立。

8日 最高人民法院院长肖扬到市中级人民法院检查指导工作。

△全市市直机关(事业单位)所属企业清理工作会议召开。济南市将全面清理市直机关(事业单位)所属企业，移交市国资委管理并进行改革改制。

△胶济铁路客运专线开工建设，整个工程初步设计概算投资总额95.8亿元。

△投资8亿元的中国重汽集团济南商用车公司搬迁工程开工典礼在章丘举行。

9日 济南金融信息网(www.jnjr.gov.cn)正式开通运行。

10日 在中国红十字总会第八届理事会第三次会议暨全国社区红十字服务示范市(区)命名表彰会上，济南市获得“全国社区红十字服务示范市”称号，是获此称号的唯一副省级城市。天桥、市中、槐荫、历下4区被授予“全国社区红十字服务示范区”称号。

15日 省暨济南市“青年文明号诚信奉献促和谐”活动在济南启动。

17日 《济南日报》报道，济南中学环境保护协会近日成立。这是全省首家通过环保部门审核，设在中学校园里的环保协会。

18日 《济南日报》报道，济南市在“第五届全国中小学信息技术创新与实践活动教师(中学组)教学能力竞赛”中夺得6个一等奖、3个二等奖和3个三等奖。

18~19日 2007年全国旅游工作会议在济南召开。会议命名章丘市等22个中国优秀旅游城市，济南市百脉泉景区等115家国家4A级旅游景区及306家全国工农业旅游示范点。

21日 《济南日报》报道，日前，市司法局获由人事部、司法部联合授予的“全国司法行政系统先进集体”称号。

25日 市委、市政府召开平安济南建设大会，对进一步推进平安济南建设、维护省会稳定、构建和谐社会进行再动员再部署。李慧敏等3位市民被市综治委、市见义勇为基金会授予“见义勇为先进分子”称号。在随后举行的全市政法工作会议上，市委、市政府与各县(市)区、市直部门代表签订2007年度社会治安综合治理责任书，

△《济南日报》报道，市纪委高月志日前被中央纪委、人事部和监察部评为“全国纪检监察系统先进工作者标兵”，是山东省唯一获此称号的纪检监察干部。

26日 在全国内地西藏班办学和教育援藏工作会议上，济南西藏中学被授予“全国教育援藏先进集体”称号。

△《济南日报》报道，由山东水务投资有限公司等4企业出资组建的山东水务源泉供水有限公司近日成立，济南市首家股份制供水项目——济南市东联供水工程正式启动。

27日 济南市公共交通总公司党委书记、总经理薛兴海入选2006年度“中国经济百名杰出人物”。

28日 “2006中国十大经济女性年度人物”评选活动在北京揭晓。双星集团济南经贸有限公司总经理韩俊芝获“中国经济女性年度人物创业奖”，这是济南女企业家在历次评选中得到的最高奖项；济南金宇源光电子有限公司总经理王晓林等8人获“中国经济女性成就奖”。

△“泉城义工在行动”表彰大会举行。“济南市十佳泉城义工”、“济南市十佳泉城义工集体”等先进集体和个人受到表彰。

△完成赴苏丹维和任务的济南军区最后一批官兵149人返回济南。至此，济南军区赴苏丹维和人员共461人全部返济。

30日 《济南日报》报道，近日，济南市被民政部确定为和谐社区建设联系点。

30~31日 首届泉城网络文化博览会举办。

2月

1日　济南到珠海正班航线开通。

△《济南日报》报道，山东盖世国际物流集团获"中国5A级物流企业"、"中国物流示范基地"、"中国物流百强企业"称号，成为全市第一家、省内第二家国家5A级物流企业，也是全省第一家国家物流示范基地。

2日　市委、市政府召开全市科技进步表彰暨创新型城市建设大会。首次对126个科技成果、名牌产品和单位给予重奖，总计奖金5600万元，其中授予浪潮集团有限公司高级副总裁王恩东济南市科学技术最高奖，奖励30万元；大会公布《济南市创新型城市建设规划》。

5日　在"哈尔滨国际冰雪节"第三届全国少年儿童舞蹈大赛上，济南市妇女儿童活动中心红舞鞋舞蹈团表演的舞蹈《雏鹰》、《咚吧啦》、《太阳花》获金奖。

6日　市委、市政府召开全市春节慰问老干部暨情况通报会，会议通报了2006年全市经济社会发展情况和2007年主要工作安排。

8日　《济南日报》报道，济南市首家城市管理服务局近日在大桥区成立。

9日　济南市高新区人民武装部成立并举行揭牌仪式。

12日　2006"感动泉城"十佳人物评选揭晓，反扒能手张业爱等10人当选。

13日　由市杂技团、市歌舞剧院组成的济南艺术团一行29人启程出访泰国，参加文化部举办的为期10天的"泰国春节品牌文化活动"。

14日　市残联"我的兄弟姐妹"艺术团一行20多人应邀启程赴英国伦敦演出。

15日　《济南日报》报道，济阳县近日获农业部授予的"全国粮食生产先进县"称号。

26日　中国重型汽车集团有限公司与中国工商银行山东省分行签署全面合作协议，山东工行向其提供12.7亿元综合授信。这是中国重汽重组以来获得的最大一笔金融授信支持。

27日　市委、市政府召开全市迎接党的十七大、创建全国文明城市动员大会。会议明确提出，2007年年底创城各项指标基本达标，2008年6月份前全面达标。大会对2006年"弘扬济南精神、创建文明城市"主题行动先进单位、先进基层单位和先进个人给予表彰。

△在国家科学技术奖励大会上，济南市8项科技成果获奖，其中国家技术发明二等奖1项、国家科技进步二等奖7项。

28日　《济南日报》报道，济南钢铁集团总公司被中国企业联合会、中国企业家协会评为2006年度中国优秀诚信企业。

3月

1日　市中区人民法院在"全国优秀法院"表彰大会上获"全国优秀法院"称号，是山东省唯一获此殊荣的基层人民法院。22日，省高级人民法院和市委召开大会进行表彰。

△槐荫区振兴街街道德兴社区被全国妇联、全国综治委联合授予"全国妇女法制宣传教育示范点"称号，是全市唯一获此殊荣的社区。

1~6日　第17届中国华东进出口商品交易会在上海举行。济南市10家企业达成意向成交额400多万美元。

2日　《济南日报》报道，由中国重型汽车集团有限公司承担的"重型汽车集成开发先进技术"日前入选国家科技部公布的"十一五"国家高新技术研究发展计划(863计划)。

△《济南日报》报道，济南七里堡蔬菜综合批发市场近日通过商务部等单位组织的检查验收，入选国家"双百市场工程"，同时获得商务部扶持资金200万元。

3日　济南市召开领导干部会议，宣布中央和省委关于济南市委主要领导同志职务调整的决定。中央批准焉荣竹任山东省济南市委书记，姜大明不再担任济南市委书记职务。省委书记、省人大常委会主任张高丽出席会议并讲话。

△济南市首个志愿服务活动宣传周启动。

6日　市十三届人大常委会第二十九次会议举行。通过关于接受鲍志强辞去济南市市长职务的请求的决定，以无记名投票形式表决决定张建国为代理市长。

△世界500强企业之一的日本日立公司与山东鲁能瑞华电气有限公司正式签约，落户历下区工业园，合力生产非晶合金变压器这一世界公认的"最节能配电变压器"。

△投资约5亿元的山东银鹭食品有限公司在章丘明水经济开发区奠基。

7日　济南市各界妇女纪念"三八"节97周年大会暨"创和谐家庭、建和谐济南"庆"三八"文艺演出举行。大会对第二届"泉城巾帼十杰"、"平安家庭创建活动"等先进个人(集体)进行表彰。

11日　"爱心献社会，和谐铸泉城"志愿者行动颁奖晚会举行。刘和海等10人获"济南市杰出志愿者"称号，市科协社区科普大学讲师团等10个集体获"济南市杰出志愿服务集体"称号，《济南时报》志愿服务联络站"泉城义工在行动"等10个项目获"济南市志愿服务优秀项目"称号。

12日　市委、市政府在历城区仲宫镇八里峪举行全民义务植树暨造林绿化行动启动仪式。

△省暨济南市"情系母亲河，捐植纪念树"活动正式启动。1个月内，山东省陆续有1万多名青少年和社会各界人士到济南市长清区平安街道办事处捐植纪念树。

13日　《济南日报》报道，近日，中央电视台《乡土》栏目组到济南拍摄山东快书、山东琴书、鼓子秧歌、手龙舞等部分非物质文化遗产项目。

14日　省暨济南市3·15国际消费者权益日纪念大会暨宣传咨询服务活动在泉城广场举行。有关部门现场受理消费者投诉32件，解答消费者咨询5000人次，发放宣传材料10万余份。

15日 《济南日报》报道，近日，国家农业部决定在章丘市建设国家小麦良种繁育基地项目。项目总投资742万元，其中中央投资495万元，地方配套247万元。

16日 全市实施《全民科学素质行动计划纲要》动员大会召开，标志着该纲要进入全面实施阶段。

17日 济南市首个"市民植树日"，2000多名市民、学生和武警官兵在腊山种植树木5000余株。

18日 南水北调济平干渠义务植树活动在长清区归德镇举行。省委书记、省人大常委会主任张高丽，济南军区司令员范长龙、政委刘冬冬等与1000多名部队官兵、各界群众一起参加义务植树活动。省市领导孙淑义、姜大明、焉荣竹、张建国、徐华东等参加。

20日 全省首支便衣警察队伍——济南市公安局便衣侦查支队成立。

△《济南日报》报道，济南市商业银行被中国银监会授予"2006年全国银行业金融机构小企业贷款工作先进单位"称号。是济南市银行业金融机构中唯一获此殊荣的银行。

21日 济南奥体中心体育馆、游泳馆、网球馆开工建设。标志着奥体中心工程建设进入全面开工、整体推进的新阶段。

△济南市人民代表大会常务委员会公布《济南市城市道路井盖设施管理规定》、《济南市养犬管理规定》、《济南市旅游管理条例》、《济南市城市环境卫生管理条例》，5月1日起施行。

22日 《济南日报》报道，济钢燃气——蒸汽联合循环发电CDM项目日前在联合国注册成功。是中国冶金行业第一个注册成功的CDM项目，也是世界冶金行业注册成功的CDM项目中二氧化碳减排量最大的。

22~24日 由新华社等十几家媒体记者参加的"济南软件记者行"活动举行。

23日 历下区国税局办税服务厅获国家级"巾帼文明岗"揭牌仪式举行。

△《济南市中等以下教育检查评估管理办法》正式出台。市级教育行政部门原则上不直接对县(市)区中等以下学校(含幼儿园)进行检查评估。

△济南市首条小区公交线135路正式开通运营。

23~27日 市政协委员会十一届五次会议举行。会议通过《政协第十一届济南市委员会第五次会议政治决议》等。

24~28日 市十三届人代会第五次会议举行。大会选举张建国为济南市市长；补选陈延河、牟陆阳为市十三届人大常委会副主任，补选马光云、刘民、刘浩、张忠泉为市十三届人大常委会委员。表决通过济南市第十三届人民代表大会第五次会议《关于济南市人民政府工作报告的决议》、《关于济南市2006年国民经济和社会发展计划执行情况与2007年计划的决议》等。

27日 由市文化局选送、章丘市文化馆表演的舞蹈《泉韵》获山东省首届农村文化艺术节民间舞蹈、杂技、魔术文艺会演决赛金奖。

29日 "2006年度山东省纳税百强排行榜"揭晓，济南15家企业上榜，总数列全省第一。

△《济南日报》报道，济南市第一个"社区旅游"开发项目，章丘市明水湖主题公园一期——瑞境皇冠水岸社区旅游项目近日开工建设。

31日 市区首个综合性城市管理行政执法志愿团在槐荫区成立。

3月 济南市公布第三批文物保护单位名单。

4月

1日 省暨济南市第19个全国爱国卫生月活动启动仪式在泉城广场举行。

△《济南日报》报道，济南市面积最大的铝材批发市场——济南(李庄)铝材批发市场建成开业。总投资3000多万元，占地逾4公顷，建筑面积3万多平方米。

2日 全省建立群众涉法诉求工作站现场会在济南召开，推广济南市在基层建立群众涉法诉求工作站的做法。

△《济南日报》报道，日前，济南钢铁集团总公司连续第三次入选CECA国家信息化测评中心公布的2006年度中国企业信息化500强，名列73位，比2004年度提前30位，同时获得"2006年度中国企业信息化500强最佳管控一体化奖"。

3日 市委副书记、市长张建国会见山东松下电子信息有限公司新任总经理葭矢浩司和离任总经理大门成行一行。

△中央电视台《新闻30分》和《新闻联播》节目、新华社报道济南市下岗女工张业爱义务擒贼的事迹。

4日 市委副书记、市长张建国会见以色列驻华大使海逸达一行。

△首批"全国建筑业诚信企业"表彰大会在京举行，济南四建集团作为济南市唯一获奖企业受到表彰。

△济南高新区、山东大学加强人才培养合作协议签约暨济南信息通信人才培养基地揭牌仪式在山东大学齐鲁软件学院举行。

△香港航空公司济南—香港航线开通，标志着香港航空正式通航济南机场。

△《济南日报》报道，近日，槐荫区振兴街道德兴社区被全国妇联、全国综治委联合授予"全国妇女法制宣传教育示范点"称号，是全市唯一一家获此殊荣的社区。

△《济南日报》报道，在全国"太阳花杯"系列公益活动十周年纪念大会上，市中区教育局获全国"太阳花杯"系列公益活动十周年荣誉奖(全国仅5个)和优秀组织奖。

6~10日 第十一届中国东西部合作与投资贸易洽谈会在西安举行。济南市32家企业参加展会。

△全国信息技术人才培养工程授牌仪式暨2007济南信息技术人才发展论坛在济举行，浪潮培训学院被国家信息产业部电子教育与考试中心授予"全国信息技术人才培养工程培训基地"。

7~11 日　中国共产党济南市第九次代表大会举行。大会选举产生中国共产党济南市第九届委员会委员、候补委员，市纪律检查委员会委员，济南市出席省第九次党代会代表，通过关于市第八届委员会报告等决议。

8 日　台湾省台南市妇女社团领袖联谊会刘陈金连一行 33 人在济南参观访问。

9 日　第十届中国国际机床展览会在北京开幕。济南二机床入围 2006 年度中国机床工具行业“数控机床产值”、“精心创品牌活动”十佳企业，成为中国机床工具行业唯一“金属成型机床”和“金属切削机床”两类产品均获得中国名牌的企业，“济二机”入选 2006 年度“最具市场竞争力品牌”。

11 日　中共济南市第九届第一次全委会议召开。选举产生中国共产党济南市第九届委员会常务委员会委员和书记、副书记。焉荣竹当选市委书记，张建国、杨鲁豫当选市委副书记；会议通过中共济南市纪律检查委员会第一次全体会议选举结果，徐长玉当选为市纪委书记。

△《济南日报》报道，槐荫公安分局日前入选公安部首次评选出的 100 个区县级公安机关执法示范单位。

11~12 日　市委副书记、市长张建国，省委常委、市委书记焉荣竹先后会见英国莲花集团总裁迈克·金伯利和中国青年汽车集团董事局主席庞青年一行。

13 日　省委常委、市委书记焉荣竹，市委副书记、市长张建国会见吉利控股集团董事长李书福一行。

△市委副书记、市长张建国会见日本郡是株式会社社长平田弘先生一行。

△2006 年全球能源奖颁奖大会在比利时布鲁塞尔举行。山东省科学院与历城区董家镇联合研发的二步法生物气化发电秸秆能源项目获得全球能源奖一等奖，是山东省首次获得该项大奖，也是该奖项 2006 年度中国唯一获奖项目。

17 日　《济南日报》报道，中国重汽与爱尔兰 TIMONEY(蒂孟尼)公司日前签订合作协议，双方共同开发满足中国重汽需要的独立悬架系统，并投资 1 亿元建立独立悬架系统生产基地。

20 日　市委副书记、市长张建国会见全国台湾同胞投资企业协会联谊会首届会长张汉文一行。

21 日　省、市公安机关在泉城广场举行打击“两抢一盗”集中宣传活动。

22 日　济南市首届大学生旅游节在长清启动。

24 日　全市食品药品安全工作会议召开。市政府与各县(市)区政府签订 2007 年度食品药品安全责任书。会议表彰 2006 年度全国“食品放心工程”综合评价检查标兵单位、先进单位和先进个人以及 2006 年度全市“食品放心工程”综合评价检查优秀单位。

△青岛啤酒济南 40 万千升啤酒生产基地奠基仪式在高新区举行。

24~25 日　中国民主建国会济南市第九次代表大会召开。

25 日　全市医保定点单位工作会议召开，省立医院等 11 家定点医疗机构和济南漱玉平民大药房等 9 家定点零售药店被评为目标规范化管理先进单位并被授予 A 级信用等级。

△2007 中韩(济南)信息通信技术项目合作洽谈会举行，共签订 17 份合作协议。

△济南市首批旅游星级餐馆颁牌，鱼翅皇宫等 13 家餐饮企业获“旅游星级餐馆”称号。

25~27 日　中国民主同盟济南市第九次代表大会举行。

26 日　《济南日报》报道，国家统计局、信息产业部日前公布 2007 年中国软件收入百强企业，浪潮集团以 28 亿元的收入入围前十名。同时位列“中国自主品牌软件产品企业”前三甲，是山东省唯一获此殊荣的企业。

26~28 日　2007 中国(济南)国际太阳能热利用大会暨太阳能热利用展览会举行。170 多家世界和国内知名太阳能品牌企业，近 2000 家与太阳能有关的厂商到会经贸洽谈，现场达成 3 亿多元销售意向，代理销售协议 100 余个，促成投资合作意向和协议 25 个，金额超过 63 亿元。

27 日　济南市庆祝“五一”国际劳动节暨劳动模范先进工作者表彰大会举行。济南市“五一”劳动奖章、奖状获得者，及先进集体和个人受到表彰。

△济南市首个职业教育集团——现代制造业职业教育集团在历城职业中专成立。

28 日　庆祝济南慈善总会成立 10 周年暨 2007 年“慈心一日捐”活动动员大会召开。现场共收到善款 4048 万元(其中基金 2300 万元，现金 1748 万元)，一天募集善款数额创 10 年之最。会议对“济南慈善十年”先进单位和个人进行表彰。

△市委、市政府举办第四届泉城高层论坛，邀请中国社会科学院学部委员、经济研究所所长刘树成研究员作专题报告。

△在北京召开的庆祝“五一”国际劳动节大会上，济南供电公司、济南市总工会困难职工帮扶中心、济南铁路局济南工务段平原线路车间获“全国五一劳动奖状”，长清区人民检察院检察员孟红伟获“全国五一劳动奖章”。

△济南(深圳)商贸项目招商推介会在深圳举行。现场签约项目 10 项，总投资额 13.25 亿元。

28~29 日　九三学社济南市第九次代表大会举行。

29 日　济南市纪念建团 85 周年暨“五四运动”88 周年大会举行。

△济南市对第二批 30 名首席技师进行命名表彰。

30 日　全市棚户区改造动员大会召开，棚户区改造工作启动，济南市用 3 年时间全部改造完成二环路以内 196 万平方米的棚户区。

5月

1 日　调整后的失业保险金标准开始执行。历下区、市中区、天桥区、槐荫区和历城区的失业保险金由原来的每人每月277.5元调整至每人每月340元；长清区、章丘市和平阴县的失业保险金由原来的每人每月255元调整至每人每月300元；济阳县和商河县由原来的每人每月232.5元调整至每人每月267元。

△济南市管道燃气价格调整。居民生活用天然气价格由每立方米2.00元调整为2.40元。

3日　纪念济南惨案79周年活动暨纪念堂落成仪式在趵突泉公园内济南惨案纪念园举行。

△《济南日报》报道，历城区机动车辆维修行业管理所日前被全国妇女巾帼建功活动领导小组授予"巾帼文明岗"称号。

7日　隶属于新汶矿业集团的国泰租赁有限公司揭牌仪式在高新区举行。注册资本为5亿元，注册资金规模排全国同行业第二位。

8~10日　中国国民党革命委员会济南市第六次代表大会举行。

10日　《济南日报》报道，山东省台湾农业园日前正式落户平阴县，计划总投资3亿元。

11日　济南市青少年法制教育宣讲团成立大会在市交警培训中心举行。

△市文明委召开创建文明城市精心打造品牌研讨会，对160个泉城精神文明创建活动品牌进行表彰。

11~12日　中国民主促进会济南市第六次代表大会举行。

12~20日　由16名残疾人运动员组成的济南市代表团在第七届全国残疾人运动会上夺得21枚奖牌，其中8金、6银、7铜，5人次超全国纪录。

13~14日　中国致公党济南市第四次代表大会举行。

15日　省暨济南市青少年学生阳光体育运动启动仪式在济南中学举行。

△《济南日报》报道，济南市农业高新技术开发区日前被省政府正式批准为省级农业高新技术产业示范区，这在全省尚属首家。

15~16日　中国农工民主党济南市第六次代表大会举行。

15~18日　第八届中国美食节暨第六届国际美食博览会举行。燕喜堂饭庄、山东翰林大酒店分获"中国十佳鲁菜馆"、"全国十佳婚宴接待单位"称号；金德利集团获"2007全国十佳月饼品牌企业"称号。

17日　中铁十局科研大厦奠基仪式在齐鲁软件园IT总部基地举行。标志着中铁十局作为中国铁路工程集团在山东的唯一一家国有控股公司成功落户济南。

18日　济南市干部警示教育基地揭牌仪式在济南监狱警示教育厅举行。

△济南律师希望小学捐建仪式启动。来自济南市108个律师事务所的1400余名律师共捐款36万余元。

△济南市10个县(市)区法院院长任期经济责任审计全面展开，这在山东省尚属首次。

19日　济南市残疾人工作先进单位表彰大会暨中国重汽之夜·"为了我的兄弟姐妹"公益演唱会举行。15家全市残疾人工作先进单位、15家2006年度按比例安排残疾人就业工作先进单位受到表彰，14家爱心单位负责人获"爱心大使"称号。

20日　"济南市优化投资环境宣传日"活动在泉城广场举行。

△济南市城管执法系统成立以来最大的拆除违法旧村改造楼行动在槐荫区进行，1.1万平方米违法旧村改造楼被拆除。

△济南市首家养生型老年公寓——济南市养生园老年公寓在历城区柳埠镇落成。

21日　省暨济南市"残疾人法律援助进社区、进家庭"活动启动仪式在千佛山街道办事处佛山苑社区举行。济南市残疾人法律援助律师团成立。

22日　《济南日报》报道，中国工业企业100强三一集团与济南高新区日前签订项目入区协议，正式落户泉城。项目总投资8000万元，建成后年销售额4亿元。

22~23日　省委常委、市委书记焉荣竹，市委副书记、市长张建国先后会见以市长多普金·米哈伊尔为团长的乌克兰哈尔科夫市友好访问团一行。23日，两市正式签署建立友好城市关系协议书。

24日　2007(济南)网站建设与运营高峰论坛暨济南优秀网站颁奖大会举行。40家获优秀网站称号的单位受到表彰，舜网等10个网站摘得"公益性服务类优秀网站"大奖。

△2007诚信济南银企合作推进会举行。会前，18家银行与35家企业达成合作意向50项，授信金额41亿元、贷款金额49亿元，18家银行与有关企业在会上举行签约仪式。

△济南市2006年度济南市建筑（装饰)工程"泉城杯"奖暨优质结构奖颁奖大会召开，35项建筑工程和22项装饰工程以及40项优质结构奖工程受到表彰奖励。

25日　全国公安系统英雄模范和立功集体表彰大会在北京召开。市公安局副局长、交警支队支队长鲁德和，市公安局监管支队副支队长、收容教育所所长隋国华分别代表济南立功集体、英雄模范出席大会。

25~27日　第四届济南国际茶博会举办。参展商和泉城市民超20万人次，签订意向合同超千份。中国茶叶流通协会在济南设立会员单位联络工作站，这是中茶协在全国设立的第一个分站。

26日　国家发改委批复立项的全国骨干农产品流通平台——济南国际农产品加工贸易中心(海那城)正式奠基。项目总投资15亿元，规划占地面积1478亩，规划建筑面积95万平方米。

△济南市2007年全民终身学习宣传周启动仪式在泉城公园举行。公布首批15所外来务工人员培训定点学校。

△位于济南奥体中心对面的山东省立医院东院区开工建设。

27日　纪念京剧大师张君秋逝世10周年大型晚会在山东剧院举行。原中共中央政治局常委、全国政协主席李瑞环，省委书记李建国,省委副书记、省长韩寓群,天津市委副书记、市人大常委会主任刘胜玉,省政协主席孙淑义,省委副书记姜大明等观看演出。

△2007年“全国企业家活动日”庆祝年会暨济南市企业家自主创新论坛举行。大会表彰第九届济南市优秀企业家,二机床董事长张志刚等53位企业家被授予“济南市优秀企业家”称号,济钢集团总经理李长顺等5名企业家被授予“济南市优秀企业家突出贡献奖”。

28~29日　省委常委、市委书记焉荣竹,市委副书记、市长张建国先后会见韩国驻青岛总领事金善兴先生一行。

29日　济南青年群英会暨第十五届泉城十大杰出青年表彰大会召开。本届“泉城十杰青年”和提名奖获得者受到表彰。

29~31日　山东首届环济南都市圈中小创业项目资金洽谈会在济南舜耕国际会展中心举行。近150家参展商、300余个热门项目参加,这是全国首例推出独立投资专家的商机展。

30日　市政府与山东电力集团公司就共同推进济南“十一五”电网建设发展进行会谈,达成共建共识,并举行会谈纪要签字仪式。

△全市防汛工作会议召开,市政府与10个县(市)区和高新区管委会签订防汛工作责任状。

△《济南日报》报道,济南市地震局日前获2006年度全国市地防震减灾工作综合评比一等奖。

6月

1日　济南市开始集中办理养犬登记、免疫、办证、挂牌工作。

3日　2007年全国“安全生产万里行”出发仪式暨山东省、济南市“安全生产月”宣传咨询日活动在泉城广场举行。

△省暨济南市纪念“六五”世界环境日“环保奉献日”活动启动。

4日　《济南日报》报道,近日,经省政府批准,济南市历下区所辖姚家镇和市中区所辖十六里河镇、党家庄镇正式实施撤镇设街道办事处。

5日　德州市融入济南服务省会共同发展恳谈会召开。两市友好县(市)区签约和重点合作项目签约仪式举行。

6日　海外人才为国服务山东行暨中国济南海外创新项目交流会开幕。近10个国家和地区的华人华侨带来国际先进科技项目近70项。同日,专场项目洽谈会在济南高新区济南生产力促进中心举行,现场吸引逾100家本地企业到会与海外客人交流对接。

△山东济南生产力促进中心海外合作分中心揭牌。

△《济南日报》报道,历下区汇波小学代表队在全球第二十五届头脑创新思维(DI)大赛上获大赛唯一一个国际大使特殊奖,成为本次大赛获得奖次最高的中国代表队之一。

7日　市政府与深圳航空有限责任公司就深航在济南建立基地公司举行合作框架协议签字仪式。

△济南市第五批7名援藏干部启程,对口支援西藏白朗县。

△在第三届全国电视剧风云盛典颁奖仪式上,济南文联专业作家张继获最佳编剧奖,由其编著的《乡村爱情》获收视十佳电视剧奖。

△《济南日报》报道,日前,长清区获“全国团建工作先进区”称号。

7~13日　2007中、日、韩A3冠军联赛在济南举行。申花、鲁能俱乐部足球队分获冠、亚军。

8日　市委、市政府召开筹备第十一届全运会工作动员大会。张建国与历下区、市中区、槐荫区、天桥区、历城区、长清区和章丘市政府主要负责人签订第十一届全运会济南赛区承办工作责任书。

△IBM与浪潮签署协议,联合建立中国第一家“SOA创新中心”。浪潮集团董事长兼首席执行官孙丕恕与IBM全球副总裁、大中华区软件集团总经理北太为“SOA创新中心”揭牌。

11日　省暨济南市反渎职侵权宣传月集中宣传活动在泉城广场举行。

11~13日　市委副书记、市长张建国率济南市政府经贸代表团在香港开展经贸交流和合作洽谈活动。13日,2007济南(香港)经贸合作项目推介会在香港举行,共签约项目35个,总投资达8.97亿美元。

13日　《济南日报》报道,济南市北园法庭在最高人民法院日前召开的法院系统“青年文明号”表彰大会上,获“全国青年文明号”称号,成为全省法院系统唯一获此殊荣的集体。

13~16日　市委副书记、市长张建国率济南市政府经贸代表团在韩国水原市进行友好访问和招商活动。15日,在韩国首尔举行2007中国济南(首尔)企业节能降耗合作项目说明会,签约合作项目11个、总投资8500万美元。在韩期间,代表团与韩国有关企业签订合作合同、协议、意向32个。

14日　全国无偿献血表彰电视电话会议召开,济南市再次获“全国无偿献血先进城市”称号。

16~18日　第三届跨国零售集团采购会暨首届全国农村商品对接会在南京举行。济南名优产品总计成交920万元,参会的11家零售企业采购商品510万元。

17日　《济南日报》报道,近日,市中公安分局王官庄派出所孙燕获“全国优秀人民警察”称号。

17~20日　市委副书记、市长张建国率济南市政府代表团和经贸代表团对日本和歌山市进行友好访问。19日,在东京举行2007中国济南(日本)服务外包产业说明会,签约合作项目11个,总投资5.4亿美元。

20日　山东百乐沃生物工程有限公司与世界上最大的鸡蛋粉生产企业——比利时Belovo公司近日在北京正式签约,中国成为继比利时、美国之后,第三个拥有鸡蛋粉加工技术的国家。落户在章丘的蛋粉加工基地成为我国第一个现代化蛋粉加工基地。

△市级各民主党派政治交接主题学习教育活动暨机关作风建设活动动员大会召开。

△《济南日报》报道，在近日结束的中国诚信万里行全国优秀诚信单位评选活动中，济南市中医医院获"中国诚信万里行全国优秀诚信单位"称号。

21日　济南市工商业联合会第十二次会员代表大会召开。

△全省产学研合作创新暨科技奖励大会召开，济南市有40项科技成果获得奖励。其中，济南钢铁集团总公司的"济钢热能资源高效梯级综合利用技术开发"等两个项目获国家科技进步二等奖；济南二机床集团获山东省科技进步一等奖。

△"中俄友谊之旅·中国行"记者团抵达济南进行采访。

22日　国家信息通信国际创新园揭牌暨信息通信技术研究院落成仪式在济南高新区举行。

△省慈善总会和济南慈善总会联合实施的"康复助医"工程"慈善医疗卡"救助项目在济南市10个县（市）区联合启动，向6000户济南特困家庭发放面值500元的医疗救助卡。

△济南市首家由政府主办的社区信息服务平台——济南市社区公共服务信息网正式开通。

22~28日　"将军杯"2007年全国男子武术散打锦标赛在济南举行。济南运动员张勇获65公斤级金牌。

24日　市委副书记、市长张建国会见印尼金锋集团董事长、印尼印中商务理事会总主席林文光一行。

26日　中国重汽与南非超级集团公司签订合作框架协议，南非超级集团首批采购中国重汽300辆水罐车，中国重汽产品首次进入南非市场。

△《济南日报》报道，经商务部审查同意，济南市酒家酒店等级评定办公室成为继北京、天津之后，第三个获得国家一级酒家评定授权的地方评定机构。

27日　市委作出《关于授予刘克同志"济南市优秀共产党员"荣誉称号的决定》，号召全市各级党组织和广大党员干部深入开展向刘克学习的活动。

29日　可口可乐奥运火炬手选拔济南地区启动仪式拉开帷幕。

30日至7月3日　市杂技团一行24人赴香港参加庆祝香港回归10周年庆典文化活动。

7月

3日　《济南日报》报道，全市首家城市管理志愿者协会近日在章丘成立。

4日　市委副书记、市长张建国会见以加拿大里贾纳市市长帕特·菲亚柯为团长的里贾纳市友好访问团一行，双方签署《济南市与里贾纳市结好二十周年友好会谈备忘录》。

5~6日　省委常委、市委书记焉荣竹，市委副书记、市长张建国分别会见香港世茂集团董事局主席许荣茂一行。

6~8日　2007中国·济南国际儿童联欢节暨儿童用品博览会举行。中国人民对外友好协会副会长冯佐库，副省长黄胜，市委副书记、市长张建国出席开幕式；来自德国、俄罗斯、白俄罗斯、法国、韩国等18个国家和地区的代表和由"七彩少年军"组成的中方儿童代表团参加开幕式。展会现场交易额约3900万元，达成合同、意向共300多项，金额3.5亿元。

△庆祝香港回归祖国十周年科技文化之旅——香港科技教育界环渤海考察团考察济南高新区。

△济南市中外舞蹈交流协会正式挂牌成立，是济南市首个中外舞蹈交流的专业民间组织。

10日　《济南日报》报道，在刚刚结束的中国诚信万里行活动全国经验交流表彰会议上，济南网通获"全国优秀诚信单位"称号。

11日　济南市制定《关于在全市开展农村社区建设试点工作的实施意见》，在各区、县确定部分村庄进行农村社区建设试点。

12日　具有"济南第一野楼盘"之称的违章建筑白鹤高层住宅楼正式开始拆除。

13日　市委副书记、市长张建国先后出席济南高新控股集团与韩国SK株式会社合营合同签约仪式、马来西亚国家汽车工业集团与中国青年汽车集团战略合作签约仪式。

15日　济南第一个城市主雕塑——泉标著作权回归济南。泉标设计者、西安著名雕塑家王天任与济南有关单位达成著作权转让协议。

18日　17时，济南遭受特大暴雨袭击，市区一小时最大降水151毫米，成为济南市有气象资料以来最强的一次降雨。

18~20日　2007中国（济南）结婚时尚消费博览会暨礼仪庆典用品展示交易会举行。

19日　民政部救灾专员宋继华率民政部工作组到济南视察灾情，指导救灾工作。

△市防汛抗旱指挥部召开全体成员会议，听取"7·18"特大暴雨灾害和抢险救灾工作情况汇报，分析当前防汛抗洪形势，部署工作。

22日　济南市城乡结合部最大的垃圾中转站——美里湖垃圾中转站正式启用，日中转垃圾量200多立方米，惠及村民2万余人。

23日　国务委员、国务院秘书长华建敏来济南检查应急管理工作，听取济南市"7·18"特大暴雨灾害有关情况的汇报。

△民政部部长李学举到银座购物广场、泉城路街道临湖社区等地察看灾情，慰问群众。

24日　以"传承中华文化、创新中学教育"为主题的海峡两岸（济南）中学教育校长论坛在济南第二中学开幕。济南、台湾中学教育界300多名专家、学者和教师参加论坛。

25日　全市领导干部会议召开，总结前段济南市抗洪救灾工作情况，研究部署下一步抗洪救灾的工作任务。

△市委副书记、市长张建国会见澳大利亚联邦银行副行长麦克龙一行。

△济南市精神文明建设委员会研究决定，授予在"7·18"特大暴雨抢险救灾工作中作出突出成绩的张昕等80人"'7·18'抢险救灾文明市民"称号。

27日 市委副书记、市长张建国先后会见日本日立产机系统株式会社董事渡边保夫、佛得角驻华大使儒利奥·德莫赖斯一行。

29日 济南军区、山东省暨济南市在济南军区八一礼堂举行文艺晚会"铁军·铁军"，庆祝中国人民解放军建军80周年。

30日 济南军区、山东省暨济南市建军80周年祭奠革命英烈活动举行。

△第十一届全运会组委会在济南宣布，即日起面向社会征集第十一届全运会会徽方案。

30~31日 香港教育界参观学习团一行52人来济南访问。

31日至8月2日 "情满泉城——济南市赈灾义演"文艺晚会举行。

8月

1日 济南市"金蓝领"培训项目全面启动。培训项目计划1600人，其中培养技师600人，高级工1000人。

△济南机场向市区出租车全面开放。

2日 济南市和济南军区举行座谈会，庆祝中国人民解放军建军80周年。

△《济南日报》报道，继北京、大连、香港和上海之后，世界知名外包、离岸和共享服务咨询公司Alsbridge评选出10个"中国最具IT外包潜力城市"，济南市入选，位列第五。

△《济南日报》报道，天桥法院北园法庭最近被最高法院、团中央联合授予"全国青年文明号"称号。

4日 长清区孝里中学"天下父母亲情教育基地"揭牌仪式举行，山东省亲情教育基地落户长清。

6日 原济南市人大常委会主任、党组书记段义和，陈志、陈常兵爆炸和段义和受贿、巨额财产来源不明一案，在淄博市中级人民法院开庭审理。9日，作出一审宣判，依法判处段义和、陈志死刑，剥夺政治权利终身；判处陈常兵无期徒刑，剥夺政治权利终身。9月5日，经最高人民法院核准，段义和、陈志在济南被执行死刑。

7日 由中宣部、解放军总政治部联合举办的济南军区某红军师先进事迹首场报告会在济南军区八一礼堂举行。

8~12日 第三届中国(国际)吉他文化节在济南举办。

10日 省委常委、市委书记焉荣竹会见中国侨联主席林兆枢和菲律宾SM集团董事会副主席施俊龙一行。

11日 济南市首届中医药科学发展论坛举行。

14日 济南军区第三批435名官兵赴苏丹瓦乌维和部队成立大会在驻章丘某部举行。

14~15日 全省公安信息追逃工作现场会在济南召开，推广济南市公安机关信息追逃工作的经验做法。

20日 《济南日报》报道，济南突发事件紧急医疗救援指挥部正式成立。

23日 由浙江吉利控股集团投资兴建的吉利汽车济南基地项目在济南高新区东部新区举行开工仪式。

△《济南日报》报道，山大附中学生于明远撰写的调查报告《让阳光温暖每一个人——贫困家庭青少年状况调查分析》，近日在云南昆明举办的第22届全国青少年科技创新大赛上获得金牌。

25日 《济南市城市低收入家庭廉租住房管理办法》发布，自2007年9月1日起施行。2005年3月15日发布的《济南市城镇最低收入家庭廉租住房管理办法》同时废止。

26日 省暨市道路交通安全集中整治启动仪式在泉城广场举行。

28日 制定《济南市加快园区经济发展若干政策》。

△中国最长的太阳能路灯照明工程在248省道商河县境内竣工投入使用。道路全长20公里，每年可节省电费21万元。

29日 《济南日报》报道，天桥区刘家庄小学学生孙越发明的"自动关闭窗帘"在日前闭幕的第四届全国中小学劳技教育创新作品大赛上获得金奖，并申请专利。

30日 市政府下发《关于公布济南市2007年度享受经济适用住房和廉租住房政策有关标准的通告》，正式确定2007年度享受经济适用房和廉租房政策的相关标准。申购经济适用房的家庭低收入标准为"人均年可支配收入低于7670元(含)"，住房困难标准为"人均住房建筑面积低于16平方米(含)"；享受廉租房保障的家庭低收入标准为"人均年可支配收入低于7670元(含)"，住房困难标准为"人均住房使用面积低于8平方米(含)"。

△济南仲裁委员会保险纠纷仲裁调解中心正式成立。

30~31日 奥体中心游泳馆、体育馆混凝土主体封顶。

31日 中国质量协会在济南举行立鼎仪式，正式授予市公交总公司"中国用户满意鼎"，是山东省唯一一家获此殊荣的企业。

△《济南日报》报道，济南市章丘市和历城区被民政部确定为全国农村社区建设实验县(市、区)。

9月

1日 全市千余律师街头义务法律咨询活动在10个县(市)区同时举行，现场受理法律援助案件。

1~3日 全国首个地方性老年事业成就展——济南市老龄事业发展20周年成就展举行。

2日 《济南日报》报道，济南市中学生井淼、杨萌近日分获第16届全国中学生生物学奥林匹克竞赛金牌。

3日 《济南日报》报道，《济南都市圈生态环境地质调查》项目全面展开。

4日 全市软件产业工作会议召开，是济南市首次就一个产业发展召开的全市性大会。山东动漫产业基地揭牌。

△《济南日报》报道，济南市民政局近日获"全国政务公开工作先进单位"称号，

是全国民政系统唯一获得此项殊荣的单位。

5 日 《济南市城市低收入家庭认定办法(试行)》正式出台,适用于历下、市中、槐荫、天桥、历城和长清六区。

△趵突泉持续喷涌 4 周年,实现自上世纪 70 年代以来最长时间持续喷涌。

6 日 市委副书记、市长张建国分别会见全球第二大计算机芯片制造商——美国 AMD 公司全球企业发展部总监莱姆带领的芯片生产考察组一行、由澳大利亚郡德勒普市市长特洛伊·佩卡德率领的友好代表团一行。

△济南市山东盖世物流农贸大市场等 5 家农产品批发市场在北京闭幕的第 25 届世界批发市场联合会代表大会上入选全国百强。

7 日 市委副书记、市长张建国会见西门子(中国)有限公司执行副总裁何维克一行。

8 日 省委常委、市委书记焉荣竹会见韩国水原市市长金容西率领的友好代表团一行。

8~10 日 第七届中国(济南)国际旅游交易会暨 2007 中韩城市经济交流会举办,集中展示来自 28 个国家和地区的旅游新产品、新线路、新成果,6.8 万人次参观,达成旅游合作意向和合作协议 7840 份。

9~10 日 “济南·厦门投资合作说明会”、“济南·泉州投资合作说明会”分别在厦门和泉州举办。

10 日 “2007 海外华裔青年杰出人士华夏行”济南段活动举行。

11 日 民天面粉等 8 个济南产品在北京举行的 2007 年中国名牌产品表彰大会上入选“中国名牌”。

12 日 由全国政协副主席李蒙带队的香港特别行政区全国政协委员考察团来济南考察。

△香港世茂集团与天桥区政府鹊山龙湖和泺口片区合作项目签约仪式举行。

△济南市警方成功告破济南制贩假发票第一大案,查扣已开好和空白的假发票数百份,各种假公章 75 枚。

13 日 市委副书记、市长张建国会见由日本国际贸易促进协会理事长中田庆雄率领的东京访问团一行。

△由台湾基隆市议员秦钲率领的基隆市里长参访团一行 18 人到市中区舜玉社区参访。

△济南泉城中学、大明湖小学正式揭牌成立。

14~15 日 共青团济南市第十五次代表大会举行。

15~16 日 “济南·温州招商引资项目推介会”在温州举办。共签订合同、协议、意向 14 项,投资总额达 50.5 亿元。

16 日 以“绿色交通与健康”为主题的首届中国城市公共交通周及无车日活动在国内 108 个城市同时举行。省暨济南市城市公共交通周及无车日活动启动仪式在泉城广场举行。22 日,全市开展大规模无车日活动。

17 日 第三批赴苏丹维和部队第一梯队 141 名官兵启程赴苏丹瓦乌执行维和任务,这是济南军区首次组队执行维和任务,也是我国首次向苏丹派遣维和部队。

18 日 市委副书记、市长张建国会见英国赛杰国际集团顾问公司总裁史蒂夫·墨菲、英国金驭汽车集团亚太区总裁布莱恩·弥尔斯一行。

△济南市天桥区北坦社区居民郑承镇、济南市槐荫区西市场办事处公益岗人员张业爱、山东省济南市皮肤病防治院院长助理刘振华获“全国道德模范提名奖”。

△济南职业学院人民武装部成立,是市属高校首个人民武装部。

19 日 《济南日报》报道,长清区文昌街道办事处近日获“全省十大魅力乡镇(街道)”称号,是济南唯一获此殊荣的单位。

21~22 日 《人民日报》、新华社、中央电视台等 18 家中央媒体和《大众日报》等省级媒体在重要版面、重要时段报道泉城义工的事迹,盛赞泉城义工“让社会充满温情”。

21~23 日 “香港回归十周年巡回展览”展出。

21~26 日 济南市政府文化交流及旅游推介团赴法国巴黎访问。

22 日 市委副书记、市长张建国会见香港嘉里集团(中国)有限公司董事长黄小抗一行。

△山东(济北)电子信息产业园在济阳成立。是山东省首批认定的省级电子信息产业园区,也是济南市唯一省级电子信息产业园区。

△济南市首届“百姓喜爱的十佳公安民警”评选活动颁奖晚会举行,交警支队历下大队千佛山中队民警李洪振等入选“十佳”。

24 日 国内第一个以收集和分析意外伤害信息、旨在进行提前预防与干预的监测性机构——青年公园安全社区监测站,在槐荫区青年公园街道前卫街社区揭牌成立。

△新中国成立以来济南市单笔被劫数额最大刑事案件审结。抢劫总价值达 198.5 万余元,3 名犯罪嫌疑人被依法判处有期徒刑。

△《济南日报》报道,济南市在近日召开的第二届中国会议旅游经济发展峰会上获“中国十佳会议旅游目的地”金瓯奖。

24~26 日 “纪念辛弃疾逝世 800 周年国际学术研讨会”举行。

25 日 由中国孔子基金会创办的季羡林研究所在高新区落成。

26 日 济南市第一个棚户区改造项目——槐荫区发祥巷棚户区改造居民回迁安置房开工建设。

△市政府下发《关于严格禁止焚烧农作物秸秆的通告》,明令以机场周围和主要交通干线两侧为巡查重点,严禁焚烧秸秆和其他焚烧行为。

△济南市民防局正式挂牌。

27~30 日 中国名牌产品博览交易会在舜耕国际会展中心开幕,24 个省、市、自治区派代表团参加,参展企业 539 家,9.7 万人次参观,现场签约及交易额 8.6 亿元。

28 日　济菏高速全线开放通车仪式举行。

△全市道德模范表彰暨先进事迹报告会举行，137 名济南市道德模范和 200 名济南市道德模范提名奖获得者受到表彰。

29 日　山东省委召开常委扩大会议，专题研究济南城市建设和管理问题。

△济南首个为新建居民小区成立的社区派出所——市中公安分局阳光舜城派出所成立。

30 日　位于奥体文博区的 110 千伏全运变电站竣工送电。

△浪潮科技园开工仪式在高新区举行。

10月

1 日　《济南日报》报道，在 2007 年中国民航总局组织的全国文明机场考评中，济南国际机场获全国“文明机场”称号，并囊括全国“最佳服务质量”、“最佳餐饮服务”、“最佳购物服务”、“最佳候机环境”四个单项奖。

2~11 日　济南市 4 名运动员在上海举行的 2007 年世界夏季特殊奥林匹克运动会上取得 4 枚金牌、2 枚银牌、2 枚铜牌。

8 日　市委副书记、市长张建国会见马来西亚汽车部件投资考察团一行。

△《济南日报》报道，在最近闭幕的“全国区域教育发展特色示范区”评估验收会议上，历城区成为济南市首个“全国区域教育发展特色示范区”，是全国此次参与验收评估的 20 多个城区中唯一的以农村教育为主体的城区。

△《济南日报》报道，在近日召开的 2007 年中国中小城市科学发展评价体系研究成果发布暨第四届中国中小城市可持续发展高峰论坛上，章丘市囊括三项殊荣：跻身 2007 年度全国中小城市综合实力百强、全国最具投资潜力中小城市百强，位列第 40 位和第 9 位；首度入选全国十佳节约型中小城市。

10 日　第十一届全国运动会官方网站(http://www.11th-games.org.cn)正式开通。

△《济南日报》报道，济南市首届民族乐器演奏大赛暨全国民族乐器演奏艺术水平考级比赛日前结束。

10~12 日　第二届山东省城市园林绿化博览会室内展在舜耕国际会展中心举办。

10~16 日　济南市歌舞剧院一行赴韩国参加第 53 届“百济文化艺术节”。

11 日　以“喜迎十七大，办好全运会”为主题的十一运会倒计时两周年庆祝活动举行。

12 日　大明湖风景名胜区扩建工程开工仪式举行。

13 日　省产品质量和食品安全专项整治督导组对济南市农产品质量安全情况进行督导检查。

△“济南市喜迎十七大、道德模范与市民群众共话文明、迎和谐全运、建美丽泉城”大型宣传活动在泉城广场举行。

13~16 日　“第五届中国国际农产品交易会”在济南国际会展中心举办。中共中央政治局委员、国务院副总理回良玉，全国政协副主席张克辉，农业部部长孙政才与国家有关部委领导，部分省、市、自治区、新疆生产建设兵团的负责人和部分国家的驻华使节及省市领导李建国、姜大明、孙淑义、焉荣竹、张建国等出席开幕式。国内 33 个展团，世界 19 个国家和地区参加。贸易成交金额达 345 亿元，意向合同金额 372 亿元，销售额 6720 万元。

15 日　济南市第一个中国人居环境与新城镇发展推进工程金牌建设试点项目——彩石山庄正式亮相东部新城。

17 日　济南职业学院与济南一机床集团签署共建生产型实训基地协议，济南市首个生产型实训基地开始建设。

19 日　市委、市政府作出《关于弘扬“泉城义工”精神，共建美丽泉城的决定》。召开全市学习贯彻党的十七大、弘扬泉城义工精神、共建美丽泉城动员大会。

19~25 日　“鲁商与您同欢笑——2007 济南国际幽默艺术周”举办。

20 日　市委副书记、市长张建国会见美国加利福尼亚州州议员大卫·琼斯率领的美国萨克拉门托市友好代表团一行。

21 日　市委副书记、市长张建国会见以日本和歌山市议会议长北野均为团长的和歌山市第 24 次友好访问团一行。

22 日　市委副书记、市长张建国会见前来参加“2007 中国·济南创业与投资国际合作周”的东南亚地区部分海外华商。

23 日　省委常委、市委书记焉荣竹会见以日本和歌山市议会议长北野均为团长的和歌山市第 24 次友好访问团一行。

△市委副书记、市长张建国会见美国安利公司总裁德·狄维士一行。

△济南市巾帼农业科技示范基地在长清区文昌街道办事处西李村成立。

△济南市举办环卫设备展。

24 日　济南供电公司获全国模范劳动关系和谐企业授牌仪式举行。

△《济南日报》报道，近日，济南名士书画院副院长于明元在“2007 中国年度人物专家评委会”评审中被授予“共和国杰出艺术家”称号和“2007 中国艺术年度人物”。

24~25 日　“第四届中国·济南高校、科研院所科技成果和专利技术展示交易会”举办。

25 日　全福河综合整治工程正式开工，累计投资超过 1000 万元，工期 120 天。

25 日至 11 月 3 日　济南代表团在武汉举行的第六届全国城市运动会上获得 5 枚金牌、8 枚银牌、6 枚铜牌，同时，获体育道德风尚奖。

26~28 日　2007“银泉杯”中国机器人大赛暨 RoboCup 中国公开赛在山东师范大学新校区举行，226 所学校和科研机构的 416 支队伍、1200 多名选手参赛。天桥区刘家庄小学的孙越夺得青少年组 1 对 1 项目的亚军，获一等奖。

△山东省首届慈孝文化论坛在长清区举办。

28日 市委副书记、市长张建国会见德意志银行香港分行副总裁杨震邦率领的跨国公司齐鲁行考察团。

△山东省首家正式成立的职业技能鉴定协会——济南市职业技能鉴定协会成立。

△济南市学习党的十七大精神报告会举行,邀请中共中央党史研究室副主任李忠杰教授作专题报告。

△《济南日报》报道,旅游路和西部高校科技园三号路日前获"2007年度山东省市政工程金杯奖"。

28日至11月2日 济南市首届"的士"文化节举行。

△济南市市政公用系统安全服务周活动举办。

29日 市妇联与山东大学济南基爱女性关怀社会工作服务中心联合成立济南市首家反家庭暴力社工维权岗。

31日 山东省压力容器基地在长清区揭牌。

11月

1日 济南市与德州市区域文明共建合作协议书签字仪式举行。

△《济南日报》报道,济南市首家异地商会党支部——济南市福州商会党支部日前成立。

2日 济南市与山东大学联合培养人才的新平台——济南市社会工作人才培训基地揭牌,首期培训班同时开班。

3日 济南市公布《济南市科学技术奖励办法》,自2007年12月10日起施行。2003年12月26日市政府发布的《济南市科学技术奖励办法》同时废止。

△省暨济南市食品卫生法宣传周现场宣传咨询活动在市中区美食一条街举行。

△由济南工程职业技术学院与山东博远物流发展有限公司联办的博远物流学院挂牌成立,是济南市首个校企合作的物流学院。

△"2007中国·济南情大红鹰玫瑰婚典"在泉城广场举行。参加婚典的99对新人是来自全市各个行业的建设者。

5日 在北京人民大会堂举行的第二届全国中青年德艺双馨文艺工作者表彰大会上,济南市杂技团团长邓宝金获得"全国中青年德艺双馨文艺工作者"称号。

6日 济南市小清河综合治理工程开工。

6~15日 第十届亚洲漫画展在山东工艺美术学院举行。

7日 市政府公布《济南市道路交通安全责任规定》,12月10日起施行。

△济南市举行重点工程挂职干部培训会。首次从市直机关事业单位选派的50名优秀年轻干部赴市重点工程进行挂职锻炼。

△济南市首批"长江高科技助残就业项目"培训班开学典礼在北大青鸟APTECH(济南师创)授权培训中心举行。

10日 是济南市县乡人大代表换届选举投票日。450多万选民参加投票。

△济南国家动漫产业发展基地揭牌及授牌仪式在济南高新区举行。

10~11日 济南市首届特殊奥林匹克运动会举行。

11日 2007中国百名IT青年精英论坛在济南开幕。

△2007现代物流发展高峰论坛在济南举行。

△《济南日报》报道,全省第一套自助办税终端系统(简称ARM)近日在济南市高新区国税局投入使用。

12日 世界晶体振荡器巨头——美国百利通公司正式落户济南高新区。

13日 全国和谐社区建设指导标准及测评体系修改座谈会在济南召开。

14日 中共济南市第九届委员会第二次全体会议举行。审议通过《中共济南市委关于深入学习贯彻党的十七大精神的决议》。

△市委副书记、市长张建国会见日本信息服务产业协会会长浜口友一一行。

15日 全市"学习实践科学发展观——解放思想大讨论"督导组成员专题培训举行,对解放思想大讨论活动督导工作进行安排部署。

△省委常委、市委书记焉荣竹会见农民日报社党委书记、社长沈镇昭一行。

△"迎和谐全运,亮青春名片"青年文明号示范行动启动仪式在济南市公交总公司4路车终点站举行。

△市委、市政府召开全市高技能人才工作会议,对在高技能人才工作中涌现出来的先进单位和个人进行表彰,公布《关于进一步加强高技能人才工作的意见》。

△中国国际软件与信息服务外包高峰论坛在济南举行。

16日 市政府下发《济南市人民政府关于支持财源建设工作的意见》。

17日 全运村和奥体酒店建设项目开工。

△济南市关心下一代法制宣传活动在泉城广场和长清区、章丘市、平阴县、济阳县、商河县等分现场进行。

17~19日 中共中央政治局常委、中央纪委书记贺国强在山东调研。在济南期间,贺国强视察了北园大街道路与环境建设工程、燕子山小区、燕山立交、齐鲁软件园等。

18日 中华人民共和国第十一届运动会会徽发布仪式在济南举行。国家体育总局局长、十一运会组委会主任刘鹏和省委副书记、代省长、十一运会组委会执行主任姜大明为会徽揭幕。

△济南市首个旨在平抑房价的大型楼盘——美里新居正式对外销售。

19日至2008年1月11日 全市领导干部学习十七大精神培训班举办。来自全市各县(市)区和市直部门的1500余名市管领导干部参加集中培训。

20日 国际化大型股份制专业寿险公司——生命人寿进驻济南。

△济南市食品药品监督管理局历下区分局、市中区分局、槐荫区分局、天桥区分局挂牌成立。

21日 济南市2007年优化发展环境民主评议工作启动,45个政府部门和行业将接受各界人士的民主评议。

△市老龄办与济南医院合办老年医院签字仪式在济南老年医院举行。标志着济南市首家老年人自己的医院——济南老年医院正式成立。

△《济南日报》报道，由市文化局选送的参赛作品——油画《生生不息》和曲艺评书《期盼》在中国第八届艺术节上获美术类和曲艺类创作奖。

21~23日　济南市妇女第十二次代表大会举行。通过《关于济南市妇女第十二次代表大会报告的决议》。

22日　市级机关干部职工参加向困难群众"送温暖、献爱心"捐助活动。

△《济南日报》报道，世界五百强企业日本伊藤忠商社和超纯水行业巨头栗田工业株式会社日前落户高新区，与山东十方圆通环保有限公司共同投资建设运营纯水、超纯水生产供应中心。

23日　市委副书记、市长张建国会见来济南考察的韩国贸易协会会长李熙范一行。

△《济南市文物保护规定》获省十届人大常委会第三十一次会议批准，从2008年1月1日起施行。

23~25日　"第三届山东中小企业暨项目投融资展洽会"在济南举办。

24日　首届中国MBA联盟主席峰会、第二届华东联盟主席峰会在济南召开。

△儿童剧《宝贝儿》济南儿艺第2000场庆贺演出暨国家舞台艺术精品进校园公益展演在山东剧院举行。

△由全省17家律师事务所联合组成的众成律师联盟成立揭牌仪式在黄河大厦举行。

26日　《济南日报》报道，《济南市房屋整治工程实施意见》近日正式发布。

27日　市委副书记、市长张建国会见佛得角普拉亚市市长费雷斯波图·维也拉和佛得角驻华大使儒利奥·德莫赖斯一行。

28日　济南市城市防洪体系的重要组成部分——腊山分洪工程(玉符河试验段)开工。

△中国重汽(香港)有限公司(HK3808)正式在港上市，是中国制造业第一只上市的红筹股。

△市委副书记、市长张建国会见德国法恩环卫汽车制造集团董事长柯奇考夫博士一行。

△济南市儿童艺术剧院院长丁小秋获得由中国话剧艺术研究会颁发的中国话剧经营管理金狮奖，是山东省唯一获此奖项的文艺工作者。

△《济南日报》报道，济南市最大的中式快餐品牌企业金德利集团在"厨工杯"第二届全国饭店系统服务技能比赛中夺得包括团体金奖在内的11枚金牌。

△交通银行在全国百强县中设立的第一家县域支行——交通银行章丘支行正式成立。

△力诺瑞特在长清区成立全国首个专为新农村服务的五星级太阳能热水器服务中心。

28~29日　市十三届人大常委会第四十次会议举行，决定市十四届人民代表大会第一次会议于2008年1月4日召开。

29日　全省"法律五进"(进乡村、进企业、进社区、进学校、进机关)工作现场经验交流会在济南召开。

△以"一体两翼:区域协调发展与金融支持"为主题的2007齐鲁金融论坛在济南召开。

△《济南日报》报道，济南市残疾人联合会宣传文体处被中国残联、国家体育总局授予"2003—2006年全国残疾人体育先进单位"称号。

30日　济南市制定《全面加强人口和计划生育工作统筹解决人口问题的实施意见》。

△全省首个退役士兵就业指导中心在济南成立。

30日　济南公交42路司机李慧敏获"全国见义勇为司机"称号，成为济南市获此称号的第一人。

12月

1日　省、市防治艾滋病大型宣传活动在泉城广场举行。

△第二届全国电视栏目剧评优暨研讨会在济南举行，济南电视台新闻综合频道的《真实再现》获得一等奖。

2日　济南市公布抚恤定补优抚对象医疗保障实施办法，2008年1月1日起实施。

3日　《济南日报》报道，在2007年中国微型创业奖颁奖典礼上，由市妇联培养推荐的创业女性胡立华、张思玉、张玉英分获一、二等奖及入围奖。

5日　济南市因公护照颁发和签证自办工作正式启动。

6日　省节能减排督查组一行到济南就开展节能降耗、污染减排工作进行专项督查。

△省安全生产综合督查第六组来济南对安全生产隐患排查治理专项行动"回头看"情况进行督查。

6~8日　"连城水岸杯"全国柔道道馆俱乐部锦标赛在济南举行。

7日　济南恒隆广场开工仪式在泉城路举行。市委副书记、市长张建国在仪式举行前会见香港恒隆地产有限公司主席陈启宗。

△济南市首批经济适用住房发售和廉租住房实物配租摇号仪式在市房地产大厦举行。

△商河鼓子秧歌正式舞上银幕——数字电影《盛世秧歌》首映活动在商河县举行。

△市红十字会向甘肃省景泰县援助物资发送仪式举行。

8日　全球最大的搜索引擎Google(谷歌)公司在济南市图书馆举办"绿色网络生活"讲座。

10日　全市"学习实践科学发展观——解放思想大讨论"经验交流会召开。

△金德利集团在上海举行的第二届全国饭店系统服务技能比赛总决赛上夺得五项金奖。

11日　济南市首次"开门"起草《政府工作报告》，征集到上万条意见建议。

△市政协十一届二十八次常委会议举行，审议通过十二届市政协组成人员名单，新一届570名市政协委员产生。

△首批经济适用住房选房工作开始。

12日　济南市规划局高新区分局正式揭牌。

14日　全球最大的企业软件供应商甲骨文公司正式进驻济南。

18日　全市小清河综合治理工程征地拆迁动员大会召开，小清河综合治理工程沿线征地拆迁全面启动。

△济南市侨港澳企业迎新联谊会在索菲特银座大饭店举行。

20日　济南市全部取消常住户口所在地在济南市行政区域内的居民农业户口、非农业户口性质划分，均统一登记为“居民户口”。

△济南市“数字泉城”建设的重要组成部分——“基于数字技术的城市规划决策管理三维支持系统研究”项目分别通过由建设部组织的项目验收和市科技局组织的项目鉴定。

21日　《济南日报》报道，济南黄河标准化堤防工程近日获行业优质工程最高奖——中国水利工程优质(大禹)奖。

22日　济青南线高速公路竣工通车。

△省、市劳动保障部门在泉城广场举行活动，宣传即将施行的国家劳动合同法、就业促进法。

△山东省首个孝心教育奖学金在泉城中学设立。

23日　济南市希望工程实施十五周年纪念大会举行。

△济南市文化科技卫生“三下乡”集中日活动在章丘市刁镇举行。

26日　济南获“国家知识产权示范城市”称号。

△“毛主席视察山东省农科院纪念地”塑像在济南落成并揭幕。

27日　省建设厅对外发布《济南都市圈规划》，详细描绘济南都市圈的发展目标定位、区域产业发展布局、重大行动计划等。

27日　市政府发布《关于进一步做好被征地农民基本养老保险工作的意见》。

△市政协十一届二十九次常委会议举行，审议通过《政协第十二届济南市委员会第一次会议选举办法》。

△江北最大的太阳能照明生态小区——唐冶新区村居整合安置小区正式启用，这是山东省首个太阳能发电的生态居民小区。

△山东省第一所“少年城管学校”在长清区成立。

31日　《济南日报》报道，日前，济南市首家执行“十统一”标准化的社区卫生服务中心在北园社区成立。

(刘世萍)

责任编校　郭建群

济南概貌

地理·历史

【地理概况】 1.位置面积。济南位于山东省中部,地理位置介于北纬36度01分至37度32分,东经116度11分至117度44分,南依泰山,北跨黄河,地处鲁中南低山丘陵与鲁西北冲积平原的交接带上,地势南高北低。地形可分为三带:北部临黄带,中部山前平原带,南部丘陵山区带。济南是中国东部沿海经济大省——山东省的省会,全省政治、经济、文化、科技、教育和金融中心,重要的交通枢纽。四周与德州、滨州、淄博、莱芜、泰安、聊城等市相邻。总面积8154平方公里,市区面积3257平方公里。

2.自然条件。①地质。北部为济阳拗陷、淄博—茌平拗陷,南部为鲁中隆起。地层南老北新,南部以古生界灰岩为主,北部以新生界黄土及砂砾沉积为主。岩层呈向北倾斜的单斜构造,三组断裂切成块状,奠定了济南的构造基础。②地形。地势南高北低,依次为低山丘陵、山前倾斜平原和黄河冲积平原。③气候。济南属于暖温带大陆性季风气候区,四季分明,日照充分,年平均气温13.6℃,1月最冷,平均气温-1.9℃,7月气温最高,平均气温27.0℃。年平均降水量614.0毫米。④水文。济南市河流分属黄河、小清河、海河三大水系。湖泊有大明湖、白云湖等。山区北麓有众多泉群出露,仅老城区就有趵突泉、黑虎泉、五龙潭、珍珠泉四大泉群。

3.自然资源。①土地资源。全市土地资源总面积8154平方公里,山地丘陵3000多平方公里,平原5000平方公里。全市有棕壤、褐土、潮土、沙姜黑土、水稻土、风砂土6个土类。其中,以棕壤、褐土两大土类为主。②矿产资源。主要有煤、石油、天然气、铁、地热和建筑材料等。③当地水资源15.9亿立方米,可利用量14.7亿立方米。④生物资源。有植物149科,1175种和变种。陆栖野生动物211种。

(年鉴编辑部)

【年度气候概况】 2007年气温偏高、降水正常、日照明显偏少;年内极端气候事件多有发生,造成严重经济损失。干旱、低温冷害、冰雹、高温、局地强对流(暴雨、冰雹、大风、雷电)、大风、雷电、大雾、暴雨、连阴雨、干热风等自然灾害均有发生。综合分析2007年的气候年景为平年。

1.气温、降水、日照(见下表)

2.气候异常情况。①年内气温、降水量

2007年济南市各月平均气温(℃)

项目＼时间	1月	2月	3月	4月	5月	6月	7月	8月	9月	10月	11月	12月	年均
气温	-0.9	5.9	8.3	15.0	22.3	25.8	26.4	25.4	21.4	14.3	7.3	1.7	14.4
距平*	1.0	5.0	1.2	0.0	1.7	0.2	-0.6	-0.2	0.4	-0.6	0.4	1.3	0.8

*距平,指该项气象要素与其常年同期气候平均值之差。下同。

2007年济南市各月平均降水量(毫米)

项目＼时间	1月	2月	3月	4月	5月	6月	7月	8月	9月	10月	11月	12月	年
降水量	0.0	7.9	49.6	14.9	45.1	94.1	178.9	167.1	54.3	43.4	0.1	10.6	666.1
距　平	-4.7	0.1	36.4	-11.1	-0.2	15.0	-6.1	25.9	1.1	6.4	-14.8	4.0	52.1
距平(%)	-100	1	276	-43	0	19	-3	18	2	17	-99	61	8

2007年济南市各月平均日照时数(小时)

项目＼时间	1月	2月	3月	4月	5月	6月	7月	8月	9月	10月	11月	12月	年
日照	155.6	155.5	153.8	245.7	268.0	184.4	175.7	137.7	164.3	118.4	170.5	126.5	2056.2
距平	-8.0	-19.2	-54.1	5.5	3.8	-69.3	-31.9	-85.0	-51.8	-72.8	-2.3	-40.0	-424.9

多时段、多县(市)区出现极值改写,为济南市或该县(市)区自1964年有气象记录以来历史同期极大值。②7月18日下午到夜间,济南市出现历史罕见的强降雨过程,并伴有雷电及短时大风。市区一小时最大降雨量达到151mm,是1987年“8·26”特大暴雨一小时最大降雨量的近1.5倍,是有气象记录以来历史最大值。③年内日照持续偏少,多个时段达到1964年有气象记录以来历史同期最小值。

(市气象台)

【主要气候事件及其影响】 造成经济损失的气象灾害主要有干旱、冰雹、大风、雷电、大雾、暴雨、连阴雨、局地强对流(暴雨、冰雹、大风、雷电)等,主要造成人员死亡,财产受损,部分农作物减产甚至绝产,房屋倒塌,毁坏道路、桥涵、塘坝,交通运输受阻,空气质量下降。全年因气象灾害造成的直接经济损失达14.15多亿元,总受灾人口近40万人,死亡38人,受伤176人。

1.冰雹:5月20日17时40分左右,济南市市中区七贤街道办事处井家沟村、杨家庄村遭受冰雹袭击,据村民描述,冰雹持续时间约5分钟。受灾作物主要是葡萄、苹果、石榴、桃树。龟山气象观测站观测:冰雹出现时间为17时40分至17时44分,最大冰雹直径为5.0毫米。从受灾现场看到:架上的葡萄叶子被砸得千疮百孔,葡萄枝也被砸坏,地上散落了很多黄豆般大小的葡萄。更为严重的是,这次冰雹将葡萄枝砸坏,只能等到3年后葡萄树长出新枝后才能有收成。此次冰雹造成损失达1096.72万元以上,受灾面积为90.75多公顷,80多公顷绝产,受灾人口约4080人。

2.暴雨洪涝:受来自北方的冷空气和强盛的西南暖湿气流共同影响,7月18日下午到夜间,济南市出现历史罕见的强降雨过程,并伴有雷电及短时大风。这次特大暴雨造成市内积水1米以上的路段多达51处,部分涝洼地段最深积水达4米以上。全市因灾死亡37人。其中溺水死亡26人,暴雨导致墙体倒塌砸死5人,触电死亡6人。171人受伤,约33.3万群众受灾。倒塌损坏房屋1805间,市区内受损车辆802辆。城市基础设施遭受重大损失,毁坏市区道路1.4万平方米,冲失井盖500多套;26条线路停电,市内交通公交一度处于瘫痪状态。工商企业遭受很大损失,140多家企业进水受淹。洪涝灾害造成直接经济损失约13.2亿元。

3.局地强对流(暴雨、冰雹、大风、雷电):8月9日傍晚到10日,济南市局部出现强对流天气,局部降大暴雨,并伴有雷电、短时大风和冰雹,历城区、章丘市不同程度受灾,其中历城区彩石镇、王舍人镇受灾较为严重。

9日16时35分至10日11时15分,章丘市枣园街道办事处、曹范镇遭受雷雨袭击。枣园街道办事处季官村15台电视、1台立式空调、机关6台电脑被雷电击坏,季官村一处民房被轻微击中。曹范镇短时间降雨133毫米并伴有雷电,北曹范村等4个村庄受灾严重,玉米倒伏184.1公顷,水淹13.3公顷;倒塌石堰1000余米;损坏生产路500余米;雷击损坏变电室1座,烧毁电脑50台、固定电话85部、电视75台、空调15台;损坏桥涵3座,房屋损坏10余间,毁坏大树15棵。

9日17时20分至10日6时40分,历城区彩石镇局部地区突降暴雨,尤其是路相村及周边的平坊村、王家庄村受地形影响,局地短时降暴雨,并伴有大风和冰雹,降雹持续时间12分钟冰雹直径一般在1~2厘米,最大直径达5厘米,造成重大灾害。从实地灾情调查情况看,玉米、棉花、谷子、大豆大面积倒伏,树木有的被连根拔起,有的被刮倒,房顶被刮坏,作物叶子被冰雹砸烂,未成熟的水果被砸落。据统计,路相村有21户居民因大风刮倒树木砸坏房屋112间、1105平方米,其中13户为重灾户,67间、645平方米房屋损害严重无法居住;平坊村有2间房屋受损。农作物成灾面积112公顷,主要是玉米、棉花、谷子、大豆、地瓜等,其中绝产72公顷,减产80%的20公顷,减产50%的13.0公顷,减产20%的6.7公顷;林果受灾7.3公顷;冲塌道路挡土墙2处、116.5平方米;损坏部分电力设施,歪倒电线杆11根,造成全村停电。直接经济损失123.5万元,其中农业损失121.5万元。

9日18时左右历城区王舍人镇开始降水,18时50分左右出现大风,持续时间长达一小时;19时15分、20时左右两次降冰雹,持续时间均在20分钟左右,冰雹直径一般1~2厘米,最大直径2.4厘米。据目击者描述,当时乌云压顶,天黑如夜,能见度极低,雨水如瀑布一样泻下,大风伴着冰雹呼啸而至。实地调查时看到,直径30厘米左右的杨树连根拔起,路边的直径在10厘米以上的泡桐、柳树被风刮倒;电线杆倒在路上;棉花、玉米等的叶子被砸烂,部分玉米的雄穗被砸坏;荷叶被砸掉,只剩下叶柄,藕池中漂浮着被砸掉的叶子;玉米、大豆、棉花泡在半米多深的水里。据统计,玉米受灾1385.5公顷(其中,566.67公顷被淹,193.91公顷倒伏,减产187.2,绝产437.73);棉花受灾11.33公顷;蔬菜受灾63.56公顷;大豆受灾2.67公顷;水稻14.0公顷;14496棵树木受损;220间房屋受损;3处鱼池受损;65米墙倒塌;43根电线杆受损;3座道路口被冲毁;3台电机受损;3人被倒塌房屋砸伤(其中2人住院治疗,1人经包扎后出院)。受灾人口50000人,直接经济损失1800万元,其中农业损失1700万元。

9日23时15分左右,历城区董家镇柿子园村一居民家遭雷击,房顶被击穿,门窗玻璃被击破,门口地面击出一坑,供电线路被烧毁,部分棉被被烧,电视机、冰箱被击坏,直接经济损失1.5万元左右。

4.雷电:8月25日8时30分左右,历城区唐王镇遭受雷击,造成1人死亡,1人受伤,受灾人口5人。

8月25日8时30分左右,历城区唐王镇老僧口办事处老北村两村民在自家玉米地收玉米秸时,出现降水并伴有雷暴,从地里往家赶时遭雷击,一人当场死亡,一人受伤。

5. 连阴雨:9月25日至10月12日,气温明显偏低,降水显著偏多,日照显著偏少。期间,全市平均降水量为69.2mm,

较常年偏多45.8mm，多196%。各县（市）区降水量均较常年偏多，其中章丘、长清、市区均较常年偏多两倍以上，分别多266%、251%、235%；全市平均日照时数仅为12.0小时，不足常年的十分之一，各县（市）区有13~16天无日照。全市平均气温16.4℃，较常年偏低1.4℃，各县（市）区平均气温均较常年偏低，其中市区较常年偏低2.5℃。由于连续阴雨天气，造成收获的玉米发霉、变质，有的发芽，品质下降，直接经济损失6432万元；造成多数农田表墒呈过湿状态，严重影响秋收、秋种的顺利进行。

6.低温冷害：受西南暖湿气流和冷空气的共同影响，3月3~4日全市普降大雨，局部暴雨，气温降幅较大，6日早晨的最低气温降至-6.4~-9.9℃，致使部分小麦受冻。

受强冷空气的影响，4月2~3日，气温明显降低，3日商河最低气温降至-1.7℃，其他县（市）区最低气温降至0~2℃，此时小麦处于孕穗阶段，致使部分小麦不能抽穗，对产量的形成有一定影响。

7.干旱：3月上旬前期，全市普降大雨局部暴雨，解除了自去秋以来的持续干旱。3月中旬以来降水偏少，到4月份旱象开始露头，至5月中旬全市受旱面积达28000公顷，重旱4000公顷。5月下旬降水增多，局部旱情解除，但旱情仍持续发展。6月上旬仅局部出现小雨，气温较常年偏高，旱情有所加重。到6月中旬末，全市普降中雨，旱情缓和或解除。

8.大雾：按有一个观测站（及以上）出现大雾计为一个大雾日统计，冬季较大范围出现大雾天气多达20天，其中2006年12月和2007年1月分别出现7天，2007年2月出现6天。冬季出现能见度小于100米的大雾天气，受其影响，辖区内的高速公路相继封闭，公路交通事故频发，民航多次进出港航班延误或取消，仅1月份就有200多个航班延误。同时雾大、光照少，影响保护地栽培作物的生长发育，并易染病害；空气质量明显下降。春季出现大雾天气8天；秋季各月均出现大雾天气，9月7天，10月7天，11月多达8天；12月以来出现11天大雾。大雾造成济南市境内高速公路封闭，进、出航班延误或被迫取消。 （市气象台）

【历史概况】 济南是国务院公布的历史文化名城。因地处古四渎之一“济水”（故道为今黄河所据）之南而得名。据考古发掘资料，远在9000年前的新石器时代早期，已有先民在此繁衍生息。距今4000~4500年前以磨光黑陶为特征的“龙山文化”，系因1928年首次发现于济南东郊龙山镇而被命名。夏代，龙山镇城子崖一带建有较大规模的城市。商周时代，济南为古谭国地（谭国，东方方国，都城在今城子崖、平陵城一带）。春秋战国时代，济南属齐国，称“泺”、“鞍”、“历下”等邑，为齐国西南边陲重镇。秦代，地属济北郡（郡治博阳，即今泰安）。

西汉始置济南郡，郡治东平陵（今济南市章丘平陵城）。汉文帝十六年（前164年），设济南国，首府东平陵。前154年，废济南国，复置济南郡。汉武帝时，济南郡辖东平陵、历城等14县，属青州刺史部。东汉建武十七年（41年），济南郡复称济南国，辖14县，后改辖10县。

魏晋南北朝时期，朝代屡屡更替，济南先后为魏、西晋、后赵、前燕、前秦、后燕、南燕、东晋、刘宋、北魏、东魏、北齐、北周辖境，置郡置国，变化频繁。其间，济南郡治于西晋永嘉末年（313年前）从平陵（即东平陵）迁至历城。从此，今济南市区成为历代郡国、州府的行政中心。北魏皇兴三年（469年），设齐州，辖6郡35县，州治历城，济南又成为州、郡两级治所。

隋开皇三年（583年）济南郡改为齐州，辖历城等10县。大业三年（607年）又改称齐郡。唐朝建立后，复称齐州，辖历城、章丘、长清等6县。唐中叶天宝年间，齐州曾一度改称临淄郡、济南郡。五代时期，仍称齐州，先后为梁、唐、晋、汉、周国的辖境。

北宋，齐州先后属京东路和京东东路。政和六年（1116年），齐州升为济南府，辖历城、章丘、长清等5县。建炎二年（1128年）后，被金朝所据，仍为济南府，辖7县，属山东东路。其间，曾一度为原济南知府刘豫建立的伪齐辖境。元初，改为济南路，直隶于中书省。至元二年（1265年），辖棣州、滨州2州及历城、章丘、济阳、商河等11县。金元时期，济南先后为金山东东西路提刑司、元山东东西道肃政廉访司治所，是山东地区的监察中心。

明初，复称济南府，辖泰安、德州、武定、滨州4州及历城、章丘、长清、济阳、商河等26县。洪武九年（1376年），山东最高行政机关“承宣布政使司”由青州迁至济南，济南成为山东省会，全省政治、军事、经济、文化中心，全国重要的中心城市之一。清初，沿明朝建置。雍正二年（1724年）、十二年（1734年）调整区划，济南府改辖德州和历城、章丘、长清、济阳等1州15县。

民国初年，撤销济南府，置岱北道，辖27县。1914年岱北道改称济南道，辖县未变。1925年改辖历城、章丘、长清、济阳等10县。1929年7月，析历城县城厢及其四郊，正式设立济南市。时济南市面积175平方公里，人口40余万。1948年9月，中国人民解放军华东野战军解放济南，设立济南特别市。1949年5月复称济南市。

中华人民共和国建立后，经历了漫长的原始、奴隶、封建社会的济南，开始进入社会主义新时代。1958年，历城县划归济南市。其后，章丘、长清县于1978年，平阴县于1985年，济阳、商河县于1990年陆续划归济南市管辖。1994年2月，济南市被正式确定为副省级城市，现辖6区4县（市）。

济南历史悠长，人才辈出。属今济南市籍的历史名人主要有：中国传统医学的杰出代表、战国时代神医“扁鹊”（本名秦越人），中国古代阴阳五行学说的创始人、战国思想家邹衍，口授今文《尚书》二十八篇于世的汉代学者伏生，请缨出使南越、为祖国统一事业作出贡献的汉代外交家终军，隋末农民大起义的起义军领袖杜伏威、辅公祏，唐朝开国功臣、一代名相房玄龄、名将秦琼，中国古代三大求法高僧之一的唐人义净（俗名张文明），中华词坛

"婉约派"、"豪放派"的杰出代表、宋代文学家李清照、辛弃疾,金元散曲家张养浩、杜仁杰,宋、辽、金三部正史的总裁官张起岩,明代文坛前后"七子"边贡、李攀龙,明《宝剑记》等剧的作者、戏曲家李开先,明万历年间文学为一时之冠的内阁大学士于慎行,清经学家张尔岐,清《四库全书》的主要编纂人、藏书家周永年,古文献学家、清《玉函山房辑佚书》的纂辑人马国翰,近代民族实业家、"祥"字号商业的代表人物孟洛川等。 （朱佩锋）

政区·人口·民族

【行政区划】 2007 年,济南市辖历下区、市中区、槐荫区、天桥区、历城区、长清区、章丘市、平阴县、济阳县、商河县,全市共设有 73 个街道、61 个乡镇(11 个乡、50 个镇)。

历下区辖 13 个街道,分别是:大明湖街道、千佛山街道、燕山街道、泉城路街道、趵突泉街道、东关街道、解放路街道、建筑新村街道、文化东路街道、甸柳新村街道、姚家街道、智远街道、龙洞街道。

市中区辖 17 个街道,分别是:泺源街道、杆石桥街道、魏家庄街道、大观园街道、四里村街道、六里山街道、七里山街道、二七新村街道、舜玉路街道、舜耕街道、王官庄街道、七贤街道、白马山街道、十六里河街道、兴隆街道、党家街道、陡沟街道。

槐荫区辖 12 个街道、2 个镇,分别是:西市场街道、五里沟街道、道德街街道、营市街街道、青年公园街道、中大槐树街道、振兴街街道、南辛庄街道、段店北路街道、匡山街道、张庄路街道、美里湖街道,段店镇、吴家堡镇。

天桥区辖 13 个街道、2 个镇,分别是:无影山街道、堤口路街道、宝华街街道、工人新村南村街道、工人新村北村街道、官扎营街道、北坦街道、天桥东街街道、纬北路街道、制锦市街道、北园街道、泺口街道、药山街道,大桥镇、桑梓店镇。

历城区辖 4 个街道、12 个镇,分别是:洪家楼街道、山大路街道、东风街道、全福街道,遥墙镇、唐王镇、华山镇、董家镇、王舍人镇、郭店镇、孙村镇、港沟镇、彩石镇、柳埠镇、西营镇、仲宫镇。

长清区辖 4 个街道、5 个镇、1 个乡,分别是:文昌街道、平安街道、崮云湖街道、五峰山街道,归德镇、张夏镇、孝里镇、马山镇、万德镇、双泉乡。

章丘市辖 6 个街道、11 个镇、3 个乡,分别是:明水街道、双山街道、龙山街道、枣园街道、埠村街道、圣井街道,水寨镇、刁镇、绣惠镇、相公庄镇、文祖镇、垛庄镇、高官寨镇、白云湖镇、宁家埠镇、曹范镇、普集镇,黄河乡、辛寨乡、官庄乡。

平阴县辖 6 个镇、1 个乡,分别是:平阴镇、洪范池镇、东阿镇、孔村镇、孝直镇、玫瑰镇,安城乡。

济阳县辖 2 个街道、7 个镇、1 个乡,分别是:济阳街道、济北街道,回河镇、曲堤镇、仁风镇、垛石镇、孙耿镇、太平镇、崔寨镇,新市乡。

商河县辖 2 个街道、5 个镇、5 个乡,分别是:许商街道、玉皇庙街道,龙桑寺镇、贾庄镇、殷巷镇、郑路镇、怀仁镇,韩庙乡、张坊乡、孙集乡、沙河乡、白桥乡。

（陈尚军）

【行政区划调整】 2007 年,经山东省人民政府同意,济南市进行了三次区划调整。一是撤销历下区姚家镇,设立姚家、智远、龙洞三个街道办事处。二是撤销市中区十六里河镇,设立十六里河、兴隆两个街道办事处;撤销市中区党家庄镇,设立了党家、陡沟两个街道办事处。三是撤销济阳县济阳镇,设立济阳、济北两个街道办事处和回河镇。通过调整,历下、市中成为无乡镇的两个区。 （陈尚军）

【人口】 2007 年底,全市总人口 6048508 人,其中男性 3028683 人,女性为 3019825 人,性别比为 100。市辖区人口为 3527135 人,市辖县(市)人口为 2521373 人。与上年相比,总人口增加 15056 人,年人口增长率为 2.50‰;市辖区人口增加 4199 人,增长 1.19‰;市辖县(市)人口增加 10857 人,增长 4.32‰。全年共出生人口 58367 人,出生率为 9.66‰。死亡人口 39752 人,死亡率为 6.58‰。人口自然增长率为 3.08‰,比 2006 年下降 0.03 个千分点。全市迁入人口 100623 人,迁出人口 105323 人,迁入比迁出少 4700 人,机械增长率为-0.78‰。其中市辖区迁入人口 76365 人,迁出人口 86130 人,迁入比迁出少 9765 人,机械增长率为-2.77‰;市辖县(市)迁入人口 24258 人,迁出人口 19193 人,迁入比迁出多 5065 人,机械增长率为 2.01‰。 （谈友军）

【民族】 济南市共有 49 个民族:汉族、回族、满族、蒙古族、哈尼族、朝鲜族、苗族、壮族、维吾尔族、彝族、藏族、布依族、土家族、侗族、佤族、傈僳族、白族、傣族、拉祜族、瑶族、畲族、锡伯族、黎族、独龙族、仫佬族、布朗族、俄罗斯族、土族、纳西族、高山族、达斡尔族、仡佬族、赫哲族、塔吉克族、鄂温克族、怒族、毛南族、普米族、哈萨克族、基诺族、景颇族、鄂伦春族、水族、东乡族、柯尔柯孜族、羌族、撒拉族、塔塔尔族、珞巴族。汉族人口占 98.25%,回族人口占 1.64%,其他民族人数较少。

（谈友军）

2007年国民经济和社会发展综述

2007 年,全市完成地区生产总值 2554.3 亿元,比上年增长 15.7%。第一产业增加值 150.3 亿元,与上年持平;第二产业增加值 1163.0 亿元,增长 16.1%;第三产业增加值 1241.0 亿元,增长 17.5%。三次产业结构为 5.89:45.53:48.58。人均生产总值 42171 元(按户籍人口计算),增长 14.7%。

1.农业生产基本稳定,产业化程度进一步提高。全市粮食播种面积 44.2 万公顷,总产量 268 万吨,增长 0.03%,实现粮食总产和单产连续五年双增产。棉花总产量 3.6 万吨,下降 3.9%;油料总产量 5.8 万吨,增长 1.7%;蔬菜总产量 691.8 万吨,下降 2.6%；肉类总产量 40.3 万吨，下降 6.2%；禽蛋总产量 48.4 万吨，下降 2.5%；奶类总产量 30.1 万吨，增长 12.3%。

农业产业化经营取得新进展。全市规模以上农业龙头企业达 205 家，企业资产总额 95.4 亿元，实现销售收入 115 亿元，利税 11.14 亿元。其中，国家级龙头企业 3 家，省级龙头企业 16 家，市级龙头企业 112 家。农业龙头企业带动粮食、蔬菜、水果等生产基地面积达到 11.87 万公顷，带动各类牲畜饲养 378 万头，禽类饲养量 2002 万只，带动农户增收 21.8 亿元，全市 53%以上的农户纳入农业产业化经营范围。农民专业合作组织快速发展，全市各类农民专业合作组织达到 1078 个，其中基层合作组织 866 个、专业联合组织达到 212 个，拥有成员 19.3 万户，辐射带动农户 25.92 万户，覆盖 7 大领域、12 个产业，成为农业产业化经营的重要环节。

农机装备结构进一步优化。年末农业机械总动力 446.5 万千瓦，比上年增长 3.9%。农用排灌机械动力 111 万千瓦，下降 1.2%，农用拖拉机和拖拉机田间作业配套机械拥有量分别为 5.7 万台、8.2 万台。机耕、机播、机收作业面积分别为 33.58 万公顷、35.25 万公顷、23.91 万公顷，分别增长 2.0%、13.9%和 8.7%。农业投入继续加大，全年完成各类水利工程投资 6 亿元，新发展灌溉面积 0.13 万公顷，改善和恢复灌溉面积 1.57 万公顷，发展高效节水灌溉面积 0.68 万公顷。治理水土流失面积 85.7 平方公里，完成 48 座病险小型水库的除险加固任务，农村新增沼气用户达到 5.29 万个，902 个村、61.35 万人吃上了合格的自来水，农村自来水普及率达到 90.9%，比年初提高 14.4 个百分点。

惠农支农政策落实较好。全年各级财政支农资金达 14 亿元，粮食直补、农资补贴、良种补贴、农机具购置补贴达 1.87 亿元，能繁母猪、奶牛补贴及政策性保险落实较好，能繁母猪和良种奶牛补贴达 2300 万元。农业综合开发、扶贫开发取得积极进展，全年完成产业扶贫项目 48 个，总投资 1.4 亿元，全市“一县十三乡”33 万贫困农民的年纯收入水平基本达到 1000 元的省定贫困线，部分人口收入有较大幅度提高，市政府提出的“三个基本实现、四个明显变化”的扶贫任务目标基本实现。

2.工业经济实力不断增强。全部工业实现增加值 999.4 亿元，比上年增长 17%。全市规模以上工业企业(年主营业务收入 500 万元及以上的工业法人企业)达 1871 户，比上年末净增加 15 户。规模以上工业完成增加值 930.3 亿元，增长 17.5%。其中，中央企业增长 17.3%，省属企业增长 11.3%，市及市以下企业增长 18.7%；公有制经济增长 15.5%，非公有制经济增长 18.8%，公有制与非公有制经济总量之比为 60.7:39.3。经济效益显著提高，规模以上工业主营业务收入 3111.2 亿元，增长 23.4%；利税 332.3 亿元，增长 27.9%；利润 176.6 亿元，增长 30.8%。规模以上工业企业经济效益综合指数达到 260%，比上年提高 24.18 个百分点，总资产贡献率提高 1.48 个百分点，资产负债率下降 1.57 个百分点，产品销售率增加 0.34 个百分点，流动资产周转率同比加快 5 天。重点产业支撑作用增强，全年营业收入过亿元企业达 415 个，比上年增加 49 家；实现主营业务收入 2604.6 亿元，增长 28.8%；实现利税 278.5 亿元，增长 30.6%；利润 148 亿元，增长 35.9%；分别占规模以上工业的 83.7%、83.8%和 83.8%。六大产业集群共实现主营业务收入 2539.6 亿元，增长 24.4%，高出全市增幅 1 个百分点，占全市规模以上工业企业销售收入的 81.6%。自主创新能力进一步提高，完成高新技术产业产值 1151.2 亿元，比上年增长 36%，占规模以上工业比重 35.38%，较年初增长 3.1 个百分点。全市工业企业研发投入 9.8 亿元，同比增长 67.4%。

能源、交通、邮电建设取得新进展。①节能降耗减排取得成效。重点考核的工业用能企业主要产品生产实现节能 68.3 万吨标准煤。在千户企业填报的 19 项单位产品能耗指标中，下降的占 84.2%。全年用电最高负荷达 330 万千瓦，比上年增长 3%，再创历史新高。全年全社会用电量达到 190.8 亿千瓦时，增长 11.2%。工业用电量 126.7 亿千瓦时，增长 9.7%。电力规划编制工作圆满完成，市政府同意实施《济南市电力发展规划(2006 年—2020 年)》，《规划》已通过专家评审，对指导济南市燃气事业的健康发展将发挥重要作用。4 月，国家发改委、建设部和省政府在济南市联合召开 2007 中国(济南)太阳能热利用大会。这是我国由政府部门召开的第一次太阳能热利用全国性会议，将有力地推动本市太阳能产业的发展。②交通运输较快增长。公路客、货运周转量分别达到 245.1 亿人公里和 878 亿吨公里，分别增长 12%和 7%；年末公路通车里程 10273.1 公里(含村级公路)，高级次高级公路 9717.3 公里；完成航空旅客发送量 240.9 万人，增长 19.3%。③邮政、通信业平稳发展。全年完成邮电业务总收入 52.6 亿元，增长 6.7%；年末电话交换机总容量 224.5 万门（含接入网设备)，下降 11.5%；年末全市固定电话用户 243.2 万户，下降 0.29%；互联网宽带用户 81.2 万户，增长 45%。

3.服务业结构不断优化，现代服务业发展迅速。全市服务业实现增加值 1241 亿元，增长 17.5%，服务业占 GDP 的比重达到 48.6%。现代服务业实现增加值 543.5 亿元，增长 18.0%，占整个第三产业的比重为 43.8%，提高 0.6 个百分点。金融服务业发展稳健，金融业实现增加值 153.5 亿元，比上年增长 20.9%；全年金融机构现金收入 5998.4 亿元，比上年增长 7.2%；现金支出 5893.2 亿元，增长 7.4%；全年货币净回笼 105.2 亿元，下降 3.1%。保险业快速增长，全年各类保险承保额 8851 亿元，下降 13.4%；保险业务收入 64.0 亿元，增长 19.7%；保险业务支出 32 亿元，增长 37.7%。房地产业增势基本稳定，全年房地产业增加值 95.4 亿元，增长 15.6%；房地产开发投资 193.2 亿元，增长 20.7%；完成住宅开发投资 162.5 亿元，增长 29%；全市商品房销售额 120.6 亿元，增长 20.2%。旅游业保持快速发展势头，全年共接待游客 2005.9 万人次，增长 16.5%；国内游客 1989.8 万人次，增长 16.5%；接待入境游客 16.1 万人次，增长 18.2%。旅游业务总收入 177.9 亿元，增长

21.7%；国内旅游收入 172.5 亿元，增长 21.4%；旅游外汇收入 7075 万美元，增长 33.1%。现代物流业、软件业、会展业平稳增长，全年物流相关产业企业及个体工商户 62043 家，实现营业收入 1042.4 亿元，增长 16.5%；软件业完成销售收入 162.0 亿元，增长 28.9%；举行会展 120 场，比上年增加 25 场，直接营业收入 1.05 亿元，增长 20.7%。

4.消费品市场繁荣活跃，市场物价持续上涨。全市实现社会消费品零售总额 1103.1 亿元，比上年增长 17.4%。批发零售贸易业零售额 879.2 亿元，增长 16.1%；住宿餐饮业零售额 173.5 亿元，增长 23.7%；个体私营经济零售额 939.2 亿元，增长 19.2%；亿元以上商品交易市场 42 个，成交额 272.8 亿元；限额以上连锁商店商品销售总额 780.1 亿元，增长 6.9%。

居民消费价格持续上涨，居民消费价格总水平比上年上涨 3.9%。食品类上涨 11.6%，烟酒及用品类上涨 3.0%，家庭设备用品及维修服务上涨 3.9%，医疗保健和个人用品类上涨 2.2%，衣着类下降 2.5%，居住类上涨 3.8%，交通和通信类下降 3.0%，娱乐教育文化用品及服务类上涨 0.5%。粮、油、肉、蛋、菜、果价格上涨明显，粮食上涨 12.4%，油脂上涨 18%，肉禽及其制品上涨 30.9%，蛋类上涨 14.6%，鲜菜上涨 6.8%，鲜果上涨 13.1%。工业品出厂价格总水平上涨 3.88%，涨幅比上年扩大 3.64 个百分点，原材料、燃料、动力购进价格上涨 5%，涨幅比上年回落 0.6 个百分点。

5.固定资产投资适度增长。全社会固定资产投资 1151.75 亿元，增长 23.2%。其中，第一产业完成投资 43.35 亿元，增长 36.1%；第二产业完成投资 395.1 亿元，增长 10.4%；第三产业完成投资 713.3 亿元，增长 30.8%。产业投资比重为 3.8:34.3:61.9。高新技术产业完成投资 95.8 亿元，增长 34.5%，占全部投资比重的 8.3%；城市建设完成投资 357.3 亿元，增长 54.6%；社会事业完成投资 127.3 亿元，增长 8.4%；文化、体育和娱乐业 23.4 亿元，增长 39.6%；社会保障和社会福利业 18.0 亿元，增长 74.8%。

城市建设加快推进。以迎接第十一届全运会为契机，城市建设各方面投入继续加大，一批重点项目加快推进。老城区，北园大街道路及环境建设工程基本建成通车；历山路道路改造工程完成大部分工程量；大明湖综合整治工程拆迁工作进入收尾阶段，工程建设正式开始；小清河综合治理一期工程也于 12 月上旬开工建设；二环东路道路改造工程、环城河通航工程等重点推进项目完成立项，其他前期工作正抓紧推进。新城区，奥体中心工程完成体育场钢结构吊装和体育馆二层东、西、北侧看台模板支设；完成市政道路快车道；80 栋安置房正进行装饰安装施工；省建比赛训练场馆加快实施；历城唐冶新区、高新孙村新区路网基本形成；济南东联供水工程完成朱各务水库至章丘电厂段建设并开始试运行；长清大学科技园继续实施教辅设施和配套设施建设；济南铁路西客站片区完成规划，安置房、道路等设施建设已经启动各项前期工作；槐荫腊山片区、市中九曲片区、历下盛福片区等新区建设速度加快。对外交通，济菏、济莱高速济南段相继竣工通车，胶济铁路客运专用线工程路基及重点桥涵正抓紧建设。房地产开发投资快速增长。全年完成投资 193.2 亿元，增长 20.7%，占全社会固定资产投资的 17%，与上年基本持平。全年商品房新开工面积 398.2 万平方米，竣工面积 228.4 万平方米，商品房开发和销售情况保持着基本稳定的态势。棚户区改造步伐加快，重点启动发祥巷、经一路两侧、振兴街、馆驿街等 12 片棚户区改造项目，发祥巷改造工程已经完成拆迁工作并正式开工建设，振兴街、馆驿街西片区等正在抓紧推进。

新建成的北园高架路 （舜网供稿）

6.外贸出口增势良好，招商引资平稳增长。实现进出口总额 62.18 亿美元，比上年增长 41.7%。其中，出口额 34.35 亿美元，增长 40.8%；进口额 27.83 亿美元，增长 42.7%。在出口产品中，机电产品出口 18.55 亿美元，增长 62.8%，占全市出口的 54%。高新技术产品出口 3.03 亿美元，增长 18.5%。招商引资取得新进展。全市共引进市外投资 619.8 亿元，比上年增长 10.4%，占全市 GDP 的 24.3%，占全社会固定资产投资的 54%。利用外资方面，全年新批外商直接投资项目 129 个，合同利用外商直接投资 10.37 亿美元，增长 57.5%，实际利用外商直接投资 5.61 亿美元，增长 39%。对外经济技术合作规模扩大。全年共签订对外承包和劳务合作合同金额 19.53 亿美元，增长 136.8%，完成营业额

8.47 亿美元，增长 80.0%。

7.财政收支稳定增加，金融运行保持良好态势。全市地区财政收入 758.6 亿元，增长 23.1%，地方财政一般预算收入完成 157.01 亿元，完成年预算的 105.39%，同比增长 22.3%。税收收入 122.79 亿元，同比增长 25.56%；非税收入 34.22 亿元，同比增长 11.69%。地方财政一般预算支出完成 180.07 亿元，同比增长 22.51%。一般公共服务支出 35.04 亿元，同比增长 19.7%；教育支出 28.35 亿元，同比增长 31.37%；文化体育与传媒支出 5.7 亿元，同比增长 213.55%；社会保障和就业支出 25.28 亿元，同比增长 20.93%；公共安全支出 17.48 亿元，同比增长 38.73%；医疗卫生支出 9.53 亿元，同比增长 33.12%；农林水事务支出 10.18 亿元，同比增长 6.2%；城乡社区事务支出 23.2 亿元，同比增长 1.8%。金融业发展稳健。全市金融机构各项存款余额 4062.4 亿元，比年初增长 12.6%，城乡居民储蓄存款余额 1266.7 亿元，比年初增长 7.1%，各项贷款余额为 3678.3 亿元，比年初增长 11.9%。从贷款结构看，中长期贷款、短期贷款保持较快增长，主要投向基本建设项目。

8.各项社会事业全面推进，人民生活质量进一步改善。科技创新能力不断增强，全年实施各类科研计划 647 项，增加 137 项，技贸机构技术合同成交额 12.0 亿元，增长 31.9%。受理专利申请 8969 件，增加 746 件，增长 9.1%；授权专利 4119 件，增加 1015 件，增长 32.7%；发明专利申请量 2004 件，增长 19.4%。完成科技成果 400 项，获国家、省科技进步奖 44 项，增长 10%。高新区发展势头良好，高新区实现技工贸总收入 780 亿元，增长 17%；规模以上工业主营业务收入 242.7 亿元，增长 22.6%；工业增加值 85.6 亿元，增长 24.2%；利税 23 亿元，增长 31.6%；出口创汇 2.4 亿美元，增长 50.5%；新引进项目 207 项，其中引进世界 500 强企业 1 家；实际利用外资 6602 万美元，增长 56.2%；固定资产投资 62.8 亿元，增长 28.1%；新开工项目 70 项，实施各类科技计划项目 131 项，其中国家级火炬计划项目 8 项，占全市项目总数的 73%，国家级重点新产品项目 5 项，占全市项目总数的 33%。

大力提升优质教育资源，推动教育均衡发展。全市适龄儿童入学率、小学在校生巩固率、小学毕业升学率继续保持 100%，初中在校生巩固率 99%，高中阶段教育普及率 89%，普通高考录取率达到 76.2%，高于全省平均录取率 12.8 个百分点。“以县为主”的农村义务教育管理体制进一步完善，义务教育阶段学生杂费全部免除，关注弱势群体子女就学，困难家庭学生各项资助政策得到全面落实，24 所外来务工人员子女定点学校已接收 3 万余人。

人口计划管理工作进一步加强，人口总量均衡增长。人口自然增长率 3.08‰，年末户籍总人口 604.85 万人。居民生活水平不断提高，城市居民可支配收入 18005.1 元，增长 17.4%；农民人均纯收入 6300.1 元，增长 15%。

就业和社会保障工作取得积极进展。进一步落实就业再就业各项政策措施，加强就业再就业服务体系建设，积极推进统筹城乡就业试点工作。城镇安置就业再就业 13.3 万人次，城镇登记失业率控制在 3.58%，农村富余劳动力转移就业 17.4 万人次。帮助“零就业家庭”实现就业 3545 户 4927 人，实现“零就业家庭”动态消零。社会保障覆盖范围不断扩大，全市 1010 家 12 万名破产关闭企业退休人员和特困企业职工全部纳入基本医疗保险，实现在职职工与退休人员分开参保，成为全国第三个实行分开参保的副省级城市。增加医保基金支出 1 亿元，为企业退休人员全部建立个人账户，解除因单位欠费而无法享受医保待遇的后顾之忧。全市基本养老保险、医疗保险、工伤保险、生育保险、失业保险参保人数分别达到 114.49 万人、100.1 万人、98 万人、57 万人、69.8 万人，分别比上年增加 9.08 万人、17.5 万人、25 万人、1 万人、3.1 万人。

卫生、体育、旅游事业取得新的进展。医疗卫生服务体系不断完善，优化卫生资源配置，强化疾病预防和保健工作，切实抓好重点传染病防治工作。社区卫生服务工作继续走在全国前列，被列入国务院社区卫生服务体系建设重点联系城市，全市社区卫生服务机构达 133 所，覆盖城区 61 个街道办事处、414 个居委会、240 万居民。新型农村合作医疗参合率达 96%，比上年提高 5 个百分点。体育事业成绩显著，在世界级比赛中获金牌 16 枚，银牌 3 枚，铜牌 2 枚；在洲际比赛中获金牌 6 枚，银牌 3 枚；在全国比赛中获金牌 40 枚，银牌 50 枚，铜牌 37 枚。组织大型群众体育活动近百余次，经常参加体育锻炼人口占总人口的 45%以上，培训社会体育指导员 1338 人。泉城地域旅游中心作用凸显，开展“泉城和谐城乡游”活动，推进“泉水之都”旅游目的地建设，努力提高旅游产业素质。

文化、新闻、出版、广播电视事业健康发展。市属艺术院团演出 1700 余场，观众 220 万人次，实现收入 530 万元。全年出版报纸 11.53 亿份，各类杂志 0.72 亿册，图书 2.07 亿册。广播电视的数字化、网络化、信息化步伐加快，广播电视技术设备数字化改造工作基本完成，新的电视制作播出系统正式启用，品牌栏目创新工作顺利实施。新闻出版业大力构建“五报一网”媒体平台，市场监管和扫黄打非工作力度不断加强。

（王　卫）

改革开放

【体制改革概况】 2007 年，全市各级、各部门以完善市场经济体制、落实科学发展观和更加注重解决民生问题为主要目标，进一步加大改革力度，促进省会经济社会又好又快发展。

1.国有企业改革。市监管企业累计实现销售收入比上年同期增长 18.86%，盈亏相抵后实现利润总额 856.37 万元，增长 1912.7%。完成改制的二机床集团、四建集团、三箭集团等优势骨干企业，销售收入、实现利润同步快速增长，国有投资产出效率大幅提高。重点、难点企业改制工作取得明显进展，轻骑集团职工分流安置工作有序推进，已办理解除劳动合同手续职工1791人，占应解除合同职工总数的89.2%；齐鲁化纤总公司政策性破产已经国务院批准，列入实施计划；大易造纸按照“和解矛盾、化解法律风险、盘活资产、安置职工、保持稳定”的总体思路，完成调整企业经营管理层工作；对济南中恒实业有限公司、山东济南纺针织品批发总公司等10户企业进行改制。市直机关所属企业改革改制稳妥推进，按照成熟一户改革一户的要求，已对16户企业的改制方案进行论证审批，批复立项14个。国有粮食购销企业改革取得新进展，在巩固完善市粮食系统改革成果的基础上，实施并完成下属四个粮食分局的改革工作，理顺企业资产关系，促进服务质量和经营效益的稳步提高。市政公用行业市场化改革继续深化，对已实现多元投资的城市燃气、供水、污水处理企业，调整完善股权结构，加快转换经营机制。对城市热电行业实施改组调整，将原6家热电企业重组整合成2家，实行市场化经营，提高城市资源使用效率。认真做好对燃气、供水、路桥、排污行业特许经营授权工作，建立并实施政府派出董事制度，实现“公开、透明、稳定”监管，促进公共服务安全和企业可持续发展。

2.行政管理体制改革。①对市政府220余件规章进一步清理，废止与法律、行政法规相抵触的规章40余件。颁布《济南市规范性文件管理规定》，对政府以及政府部门“红头文件”有效期设限，最长为5年。②完善行政审批制度改革。加强市审批中心服务体系建设，264个集中审批事项全部实现“一站式办理、一条龙服务”，提高行政办事效率。③全面实施政府资金管理制度改革，除财政部门直接支付给个人的资金外，市本级财政资金全部通过市资金结算中心逐笔监督使用。245个行政事业单位银行账户由1164个减少到509个，减幅56%。④认真做好行政事业单位资产划转和置换工作，已过户到市级机关事务管理局土地107宗，占应划转宗地数的65.24%，房屋500幢，占应划转幢数的63.45%。⑤稳步推进财政改革，完善国库集中支付、政府采购和收支两条线制度为主要内容的财政管理体制，并将国库集中支付制度由市级延伸到各县（市）区全面推行。不断加大财政对养猪农户、学生上学、城市排洪排涝、廉租房和经济适用房等民生方面的支持力度。⑥深化政府投融资管理体制改革，出台《济南市政府投融资计划管理办法》，对政府投融资项目数量和资金投放额度按年度统一安排，提高政府投融资项目管理水平。健全和发挥各级投融资平台功能，形成财政资金、银行融资和民间资本共同参与城市建设的格局。

3.要素市场改革。①出台《关于进一步促进金融业发展的意见》，优化金融业发展环境，金融市场建设初见成效。截至2007年底，全市共有银行19家，农村信用联社6家，资产管理公司3家，信托投资公司2家，财务公司1家，保险公司33家（含在筹），证券公司及营业部32家，期货经营机构6家。驻济银行的各项业务已辐射全省17个城市，并延伸至山东省周边地区。②大力发展资本市场，积极推动企业上市。东港股份在深交所上市；中国重汽（香港）有限公司在香港联交所上市，成为内地制造业首只在香港上市的红筹股；法因数控、积成电子、九阳小家电、圣泉海沃斯等4家企业已进入上市程序；驻济19家上市公司全面完成股权分置改革。③积极发展劳动力市场，全市建立劳动保障服务中心（事务所）128个，各类职业介绍机构222家，农村剩余劳动力转移组织化输出程度占35.5%。④不断完善土地市场。从控制新增建设用地和农用地转用总量入手，严格执行新的禁止、限制供地目录，严把产业政策、规划计划、安置补偿、节约集约、占补平衡“五个关口”，提高政府对土地一级市场的调控能力；进一步完善土地收购储备制度，1~10月份，收购收回各类土地238宗，面积277公顷，完成市区和四个县（市）基准地价更新工作；全面推行经营性用地和工业用地招拍挂出让，全市出让供地实现政府土地纯收益35.2亿元，其中通过招拍挂出让实现纯收益20.8亿元。

4.社会体制改革。①积极推进教育体制改革。全市农村地区全部免除农村义务教育阶段学杂费，切实减轻农民的教育负担。全面落实“以县为主”的农村教育管理体制，将县（市）区教师工资统一标准并全额纳入本级财政预算。②深化卫生体制改革。围绕着解决群众看病难、看病贵问题，加强社区卫生服务网络建设，基本构建起覆盖全市的城市社区卫生服务框架体系；推进新农合试点，乡镇、村覆盖率达到100%，农民参合率占到96.0%；积极实施“惠民医疗工程”，启动惠民门诊44个、惠民病房21个、惠民社区51个。③加快社会管理体制改革。在全市范围内推行以社区党组织为核心、以直选产生的社区居委会和以街居聘任的社区工作者组成的社区服务站“A”型社区管理模式，进一步加强社区管理服务功能，维护人民群众的切身利益。④加大住房制度改革。按照“廉租房扩大覆盖一批、经济适用房加快建设一批、现有房源收购整合一批”的思路，加快实施廉租住房制度和经济适用房制度，市区被保障家庭人均住房使用面积平均提高10.8平方米，低收入困难家庭居住条件逐步改善。

5.社会保障、分配和就业制度改革。①启动机关事业单位非在编人员参加基本养老保险工作；出台社保补贴政策，解决中断缴费人员养老保险接续问题；实行破产关闭等困难企业退休人员与在职职工分开参保、分别享受医保待遇办法，基本实现全覆盖，成为全国第三个实行分开参保的副省级城市；扩大工伤保险覆盖面，将本市行政区域内的事业单位、民间非盈利组织正式在编人员纳入工伤保险社会统筹范围；充分发挥失业保险在接收企业失业人员方面的功能作用；出台并实施农民工参加工伤保险、医疗保险的政策规定。②加强收入分配制度改革。调整提高城市最低工资标准，比上年提高150元。建立工资正常增长机制，将执行企业工资指导线、城市最低工资标准情况和企业工资分配（工资支付）制度纳入劳动保障年检工作中，加强对企业工资分配的间接调控。③健全就业、再就业制度。全面启动统筹城乡就业试点工作，制定实施济南市试点工作实施方案。制定下发“零就业家庭”就业援助实施意见，初步建立起重点援助、集中援助和日常援助相结合的工作机制，年底基本实现“动态消零”目标。农村劳动力培训和转移就业工作取得较好成效。 （赵洪才）

【对外经济贸易概况】 1.对外贸易保持高速增长。全市完成进出口总值62.18亿美元，同比增长41.7%，提前2个月完成全年任务。其中出口完成34.35亿美元，同比增长40.8%；进口完成27.83亿美元，同比增长42.7%。在总量大幅增长的同时，初步实现了出口产品结构、出口市场结构、贸易方式结构、出口主体结构“四个转变”的目标。主要特点：一是多数企业出口实现增长，骨干企业出口拉动作用明显。全市有出口业绩的企业增长面近70%，其中：重汽集团、省电建集团、中电山东公司和济钢集团等4家大企业出口增势明显。二是出口商品结构进一步优化，机电产品等高附加值产品出口保持强劲增长势头。机电产品出口占全市出口的53.8%，同比增长63.5%。二是扶持企业力度进一步加大。制定了外贸扶持政策资金管理意见，组织申报了出口上台阶企业奖励、国家中小企业开拓市场资金、农轻纺产品贸易促进资金、出口品牌发展资金、出口产品研究开发项目专项贷款贴息、软件出口CMM认证、企业反倾销应诉资助、出口信用保险保费补贴等8个项目。组织100多家企业申请国家中小企业开拓国际市场资金项目104个，省批复支持金额205万元。申报优化高新技术产品进出口结构资金项目2个，申请专项资金支持600万元。深入开展了“百家企业出口上台阶”活动，成功举办了广交会、华交会等一系列展会。组织全市7家企业通过了“中国出口名牌”省级审选。四是出口企业队伍不断扩大。鼓励引导更多的企业走外向型发展的道路，加强对新获权企业的业务培训，帮助企业了解、熟悉进出口业务流程。有出口业绩的企业达到550家，比前年增加50家。

2.吸收外资实现新的突破。新批外资项目121个。合同利用外资10.37亿美元，同比增长57.5%；实际利用外资5.6亿美元，同比增长38.6%。合同利用外资和实际利用外资增幅均创历史新高。主要特点：①企业境外上市实现重大突破。通过重汽集团香港上市，利用外资近1亿美元。②服务业利用外资快速发展。研究制定了《促进服务外包产业发展的意见》、《服务外包专项资金管理使用暂行办法》、《软件外包骨干企业认定暂行办法》等扶持政策，落实了服务外包专项资金，承办了全国服务外包基地城市工作座谈会，对33家服务外包企业和机构进行了资格认证。服务业利用外资占全市外资总额的一半。③外商独资企业比重较大。外商独资企业占合同外资的50.8%，占实际外资的56.8%。④制造业比重有所上升。新批项目中，第二产业占总额的64.8%，全部为制造业项目；第三产业占总额的35.6%。实际利用外资中，第二产业占总额的68.3%；第三产业占总额的31.7%。⑤亚洲投资是利用外资的主体。合同外资中，港澳17803万美元，占86.5%；欧盟2082万美元，占10.1%。实际利用外资中，来自港澳、东盟、台湾等地的投资占55%，欧盟占10.3%。

3.对外经济技术合作连续四年全省第一。全市新签对外工程承包、劳务合作合同559份，合同额19.53亿美元，同比增长136.8%。完成营业额8.47亿美元，同比增长80%。外派劳务9676人，同比增长30.2%。新设境外企业19家，中方投资额2824.27万美元。外经指标均实现大幅增长，指标平均增幅创历史之最，其中对外承包工程和劳务合同额、营业额、外派劳务三项指标名列全省第一。主要特点：①外经队伍进一步壮大，结构日益优化。全年新设境外企业19家，新增对外承包工程企业2家，对外劳务合作企业1家。全市从事外经业务的企业近80家，业务主体呈现多元化趋势。②业务地域、行业领域实现新突破。企业对非洲（莫桑比克）、拉美（巴西）、欧洲（德国、捷克）等市场开拓取得新的突破，多元化市场格局日渐形成。业务领域在保健服务、网络营销、资本运营等方面取得了新进展，行业领域进一步拓宽。③重点企业、重点项目带动作用突出。山东电建总公司全年新签合同额12亿美元，其中印度巴考项目新签合同额7亿美元，是济南市最大的外经项目；苏丹阿富拉燃油电站项目合同额5亿美元，是济南市在非洲的最大承包工程项目；莫桑比克水泥厂项目，是济南市在非洲最大的投资项目。 （胡安健 胡家华）

【招商引资成果丰硕】 2007年6月，组织了港、韩、日三地招商活动，在香港举行了综合性的经贸合作项目推介会，在韩国首尔举行了企业节能降耗合作项目说明会，在日本东京举行了服务外包产业说明会，取得丰硕成果。共签约项目72个，外资额达7.36亿美元。主办“中韩城市经济交流会”等十余项重大招商活动。接待了20多个国家和地区的80多个经贸考察团组，人数约680人。 （胡安健 胡家华）

【口岸管理水平不断提升】 2007年，新引进深圳和香港航空公司落户济南。济南–深圳航班由每天1班增加到2班。成功开通济南—香港航线，每周达4个班次。济南—首尔航班实现新突破，由每周4班增加到7班。新开通经深圳中转越南胡志明市和马来西亚吉隆坡市两条国际虚拟航线。口岸管理服务水平不断提高，济南航空口岸获得“全省文明口岸”。2007年，济南机场国际口岸出入境人员13.4万人次，同比上升5%。出入境飞机1447架次，同比下降7.1%。出入境货运总量3343吨，同比增长50%；出入境货值14亿美元，同比增长163%。济南机场13家航空公司执飞80余条航线，每周航班120多个，通往国内55个城市以及韩国、香港等国家和地区，国际航班每周达到52班次。济南口岸进出境集装箱1.85万标箱，同比增长3.2%。货运量596万吨；货值11亿美元，同比增长30%。 （胡安健 胡家华）

【园区建设扎实推进】 2007年，全市区中园建设进一步加快，已形成济北开发区韩国工业园、商河开发区韩国农业园、明水开发区台湾工业园、临港开发区韩国工业园等四个区中园。制定《济南市省级经济开发区考核奖励办法》，举办保税区及保税物流园区政策宣讲会，组织参加"厦交会"。经济开发区和出口加工区全年完成出口创汇 5 亿美元，同比增长 71%；实际利用外资 2.2 亿美元，同比增长 75.6%；利用外资千万美元以上项目 11 个。

（胡安健　胡家华）

【对口支援和经济合作】 1. 对口支援工作。①对口帮扶成武县工作。成武（济南）工业园三期基础设施工程完工。三期工程总面积 2 平方公里，由市财政安排专项资金，建成"三横一纵"道路 4 条，总长度 4.5 公里，新建桥梁 2 座及路灯、绿化等配套设施。三期工程完成后，成武（济南）工业园总面积可达到 5.8 平方公里，新增项目用地 300 公顷。项目引进与落地初见成效。17 个帮扶项目中已有 5 个建成或投产，完成投资 6.2 亿元，实现销售收入 1.67 亿元，利税 2485 万元，吸纳当地劳动力 2800 余人。②对口支援西藏白朗县工作。选派 7 名党政干部到白朗县任职，完成四、五批援藏干部交接工作和援藏项目的衔接。按照项目进度及时拨付援藏资金 770 万元，确保本市援藏项目的顺利实施。由援藏配套资金 239 万元，实施 683 户农牧民安居工程。投入 180 万元援藏资金，新建 300 座蔬菜大棚，到年底全县大棚总数可达到 3900 多个，遍及 10 个乡镇、106 个村、2300 多户农牧民群众，全县蔬菜年收入 2400 万元以上，仅此一项，全县人均年增收 500 多元。实施法院审判综合楼、县城二期给水工程、满拉灌区配套工程等一批基础设施建设项目，改善农牧民生产生活条件、改善城乡环境。③对口支援三峡库区忠县工作。与忠县签订"十一五"期间对口支援协议，落实对口支援三峡库区资金，援建卫生院和文化站等项目。组织参加第十一届中国重庆投资洽谈暨全球采购会，达成各类项目 14 项，项目金额 4.3 亿元。

2.经济合作工作。共组织各县（市）区、部门和 98 个企业 233 人次，参加中国天津第十四届商品交易投资洽谈会（津洽会）、第十一届中国东西部合作与投资贸易洽谈会（西洽会）、第八届中国西部国际博览会（西博会）、2007 年中国青海结构调整暨投资贸易洽谈会（青洽会）、第三届中国新疆喀什中亚南亚经贸交易会（喀交会）、第五届太平洋经济合作理事会（PECC）国际贸易投资博览会暨 2007 中国国际仓储地产与物流服务展示交易会等 6 个重要经贸洽谈活动，会上共推出招商引资和经济技术合作项目 100 余项，设置投资洽谈和商品贸易展位 22 个，共达成合作协议、意向 28 项，项目金额近 17.2 亿元。

（于朝晖）

党和国家领导人视察济南

1 月 8 日，最高人民法院院长肖扬到济南市中级人民法院检查指导工作。肖扬视察了济南市中级人民法院院史馆、诉前调解室、立案法庭、审判庭等，听取了有关工作汇报。肖扬对济南法院的各项工作给予了充分肯定。省市领导张高丽、姜大明、高新亭、尹忠显、雷建国、李家政、李静、孙晓刚陪同检查。

7 月 23 日，国务委员、国务院秘书长华建敏在济南考察安全应急管理工作。华建敏视察了济南玉清水厂、青年公园街道办事处纬七路社区应急工作等。华建敏对济南市开展应急知识进社区、进家庭活动给予了充分肯定。省市领导李建国、姜大明、王仁元、焉荣竹、张建国、孙晓刚、胡占平陪同视察。

9 月 12 日，由全国政协副主席李蒙带队的香港特别行政区全国政协委员考察团在济南考察。考察团一行参观了趵突泉公园和大明湖景区，了解济南市悠久的历史文化和丰富的旅游资源，并就进一步增加山东和香港之间通航密度等问题，进行了座谈交流。省市领导焉荣竹、齐乃贵、张建国、徐华东、孙晓刚、杨庆林、胡占平陪同考察。

10 月 13 日，中共中央政治局委员、国务院副总理回良玉，全国政协副主席张克辉出席在济南举办的第五届中国国际农产品交易会开幕式，并参观了农交会展厅。省市领导李建国、姜大明、孙淑义、焉荣竹、李明先、贾万志、王修智、张建国陪同参观。

11 月 17 日至 19 日，中共中央政治局常委、中央纪委书记贺国强在山东调研。在济南期间，贺国强视察了北园大街道路与环境建设工程、燕子山小区、燕山立交、齐鲁软件园等。省市领导李建国、姜大明、焉荣竹、张建国、徐长玉、孙晓刚陪同视察。

（张海龙）

组织机构

中共济南市委员会及所属工作部门

中共济南市第八届委员会（任至2007年4月）

书　记　姜大明*　焉荣竹

副书记　鲍志强*　张建国　雷建国*
　赵正平　杨鲁豫　徐长玉

常　委　姜大明*　焉荣竹　鲍志强*
　张建国　雷建国*　赵正平
　杨鲁豫　徐长玉　殷鲁谦
　郭作贵　王　良　李家政
　雷　杰（女）　钱道书
　徐学武

委　员（按姓氏笔画为序）
　丁瑞云　马纯济　王　良
　王天义　王以才　朱玉臣
　刘善鹏　齐建中　牟陆阳
　孙晓刚　孙积港　孙瑞祥
　苏树伟　李兴春　李家政

* 示 2007 年内离职，下同。

杨庆林　杨佩钦　杨鲁豫
时文进　邹世平　宋玉国
张　伟　张　泽(女)
张才奎　张宗祥　张建国
陈先运　赵文朝　赵正平
姜大明*　段义和　钱道书
徐长玉　徐华东　徐学武
殷鲁谦　焉荣竹　郭作贵
雷　杰(女)　雷建国*
鲍志强*　谭延伟

候补委员(按选举得票多少为序)
田　庄　冯光文　朱新海
陈延河　王　辉　刘新吉
陈学科　王世敦

中共济南市第九届委员会(2007年4月选举产生)

书　记　焉荣竹
副书记　张建国　杨鲁豫
常　委　焉荣竹　张建国　杨鲁豫
徐长玉　殷鲁谦　郭作贵*
王　良　李家政　雷　杰(女)
钱道书　孙晓刚　陈先运
徐学武

委　员(按姓氏笔画为序)
丁瑞云　马纯济　王　良
王　辉　王天义　王以才
王建军　孔　杰　田　庄
毕筱奇　朱玉臣　朱红方
朱新海　刘善鹏　齐建中
许　强　孙晓刚　孙积港
孙瑞祥　苏树伟　苏维泉
李　静(女)　李华贤
李好臣　李胜利　李宽端
李家政　杨庆林　杨鲁豫
时文进　邹世平　宋玉国
张　辉　张才奎　张宗祥
张建国　张海波　张新文
陈先运　陈延河　孟祥桓
孟富强　赵文朝　姜　涛
钱道书　徐长玉　徐长林
徐明梅(女)　徐学武
殷鲁谦　郭作贵*　凌安中
焉荣竹　覃俊文　雷　杰(女)
雷天太　谭延伟

候补委员(按选举得票多少为序)
邱云章　魏　篁　王宏炜
王新文　孟庆斌　冯光文
孙明明　杨学英(女,回族)
贾堂宏　孙竹兮　陈小莉(女)

市委秘书长、副秘书长、工作部门负责人

秘书长　孙晓刚
副秘书长　朱新海*　穆洪民
陈　荣(女)　赵克祥
任建新　王　平*　谢圣仁
董海涛　杜文彬　张福俭
李德珉　芦　苇(女)

市委办公厅

主　任　朱新海(兼)*　任建新(兼)
副主任　杜文彬*　张福俭*　李德珉*
芦　苇(女)*　丁　力
曲　虹(女)　姜　震

市委保密委员会办公室(市政府保密局)

主　任(局　长)　王　晔(女)
副主任(副局长)　于晓奎　刘安乐

市委督查室(全方位目标管理办公室)

主　任　冯建民
副主任　张景欣　曾昭才

市委、市政府信访局

局　长　王　平(兼)*　董海涛(兼)
副局长　米俊伟(回族)　孙世会
苏秀英(女)　於济建
郭克平

市委农村工作办公室

主　任　赵玉海*　时文进
副主任　张树振　孙　阳

档案局(馆)

党组书记、局(馆)长　赵启民
副局(馆)长　李　俊(女)
张立芝　张建中
副馆长　裴　良

济南舜耕山庄

党委书记、总经理　杜文彬(兼)
副总经理　侯保合

市委政策研究室

主　任　穆洪民(兼)
副主任　何卫东　王立旭　信师福*
张崇顺

市委组织部

部　长　殷鲁谦*　徐学武
常务副部长　李好臣
副部长　徐宏伟　王　平　李继民
曹长财*　蒋晓光
王拥华(女)

党员干部现代远程教育中心

主　任　扈书乘
副主任　刘西波

市委老干部局

局　长　李继民(兼)
副局长　赵淑平(女)　贾相春
崔　宏(女)

市委宣传部

部　长　王　良
常务副部长　凌安中
副部长　凌安中*　李图滨　韩圣喜
刘　溪

精神文明建设委员会办公室

主　任　凌安中
副主任　朱兴林　张书堂　任卫涛
张凤泽

市委统一战线工作部

部　长　杨庆林(兼)
常务副部长　李素华(女)
副部长　沈　磊　韩明东　王望平

市委政法委员会

书　记　李家政
常务副书记　张成武
副书记　李国忠　赵力军

社会治安综合治理委员会办公室

主　任　李国忠
副主任　赵　杰　秦伟明

法学会

名誉会长　李家政(兼)
会　长　赵力军(兼)
常务副会长兼秘书长　朱永华

市委市直机关工作委员会

书　记　孙晓刚(兼)
常务副书记　徐明梅(女)
副书记　张庆明*　胡桂敏(女)
高宝继　周　成

市委台湾工作办公室(市政府台湾事务办公室)

主　任　李元东
副主任　谢爱民(女)　李兆兵
张端武

市委巡视一组

组　长　于振滨
市委巡视二组
组　长　董建武
市委教育工作委员会
书　记　刘元刚
常务副书记　付志清
副书记　岳鲁宁(女)*　刘向伟
市委济南高新技术产业开发区工作委员会
书　记　苏树伟
副书记　王兆永　史同伟　王晓军
市委党史研究室
主　任　岳绍红
副主任　刘春明(女)　闫以功
杨学胜
市老龄工作委员会办公室
主　任　于　敏(女)
副主任　刘怀安　秦利民
市委党校
校　长　姜大明(兼)*　焉荣竹(兼)
党委书记、常务副校长　朱文兴
党委副书记、副校长　王华起
副校长　李吉祥　耿耀贤　刘晓钟
市行政学院
党委书记、院长　朱文兴
副院长　王华起　李吉祥　耿耀贤
刘晓钟
市社会主义学院
党委书记、院长　朱文兴
副院长　王华起　李吉祥　耿耀贤
刘晓钟　程兴华
济南日报报业集团
党委书记、董事长　周长风
党委副书记、总编辑　崔齐东*　肖国防
副总编辑　王洪海　张　柯　金志福
张　楠*　尹　波
总经理　肖国防*　张　楠
济南老年人大学
校　长　徐同胜
副校长　牛海征(女)　李晓钟

济南市局以上单位党委(党组)

人大常委会党组
书　记　段义和*
副书记　马纯济　李荣芝(女)
谢传仁
人民政府党组
书　记　鲍志强*　张建国
副书记　杨鲁豫*　殷鲁谦　郭作贵*
政协济南市委员会党组
书　记　徐华东
副书记　张印峰*　孟宪杰
中级人民法院党组
书　记　李　静(女)
副书记　王培铭　王旭光
人民检察院党组
书　记　丁瑞云
副书记　王　建*
总工会党组
书　记　陈延河
副书记　朱守华
共青团济南市委党组
书　记　张　伟*　孔　杰
妇女联合会党组
书　记　雷　杰(女)
副书记　初黎华(女)
科学技术协会党组
书　记　商敬工(女)
文学艺术界联合会党组
书　记　杨炳云
归国华侨联合会党组
书　记　吴玉明
社会科学界联合会党组
书　记　王　军
残疾人联合会党组
书　记　刘书笙
工商业联合会党组
书　记　沈　磊
人大常委会机关党组
书　记　齐建民*　朱新海
副书记　李令虎
市政府办公厅党组
书　记　胡占平
副书记　陈亚建*　李吉乾
发展和改革委员会党组
书　记　王　辉
副书记　孟繁银
物价局党组
书　记　孙建民
经济委员会党委
书　记　宋玉国
副书记　赵聿兴*　王新民
济南职业学院党委
书　记　陈小莉(女)
副书记　王小平　赵　明*
济南工程职业技术学院党委
书　记　张慧青(女)
副书记　许传海
科学技术局党组
书　记　冯光文
公安局党委
书　记　孟富强
副书记　袁子辉
民政局党委
书　记　孙竹兮
副书记　张太高*
司法局党组
书　记　龚秋水
副书记　陈世明
济南监狱党委
书　记　金新勋
副书记　刘敦臣　时克生
财政局党委
书　记　徐长林
人事局党组
书　记　曹长财*　王　平
副书记　郑志友
劳动和社会保障局党委
书　记　王玉振
副书记　王利民
济南技术学院党委
书　记　韩道亮
副书记　周师平　车向东
国土资源局党组
书　记　刘西安
规划局党委
书　记　王新文
建设委员会党委
书　记　田　庄
副书记　赵厚民(回族)　刘西平
房产管理局党委
书　记　高立文
副书记　丁　宁
市政公用事业局党委

书　记　贾玉良
副书记　霍衍杰
市容环境卫生管理局党委
书　记　杜绪德
副书记　田德昌
园林管理局党委
书　记　孙培森
副书记　韩晓光
房地产开发总公司党委
书　记　刘　民
城市管理行政执法局（城市管理行政执法总队）党委
书　记　张　俊
副书记　马　平
环境保护局党组
书　记　陈世深
交通局党委
书　记　孙明明
副书记　高　铠
信息产业局党组
书　记　齐家滨
水利局党组
书　记　孟庆斌
副书记　雷印安
农业局党组
书　记　李吉乾*　赵玉海
林业局党组
书　记　韩子奎
贸易服务局党组
书　记　张本胜*　靳　磊
副书记　张　明
对外贸易经济合作局党委
书　记　耿建新
副书记　李明军　杨玉龙
文化局党委
书　记　邹卫平
副书记　周书章
卫生局党委
书　记　贾堂宏
副书记　万其凯
中心医院党委
书　记　高　萍（女）
体育局党委
书　记　初　伟
副书记　魏雁蓉（女）

广播电视局党委
书　记　张　锋
副书记　崔　刚
人口和计划生育委员会党组
书　记　卞允斗
副书记　李光明
审计局党组
书　记　纪宝华
统计局党组
书　记　王祯祥
副书记　高　军
新闻出版局党组
书　记　王建华
副书记　刘若平（女）
济南出版社党组
书　记　王淑铭
安全生产监督管理局党组
书　记　王嘉振
民族宗教事务局党组
书　记　杨学英（女，回族）
旅游局党委
书　记　王建国
粮食局党委
书　记　李会宝
市政府外事办公室党组
书　记　李忠学
副书记　李　敏（女）
工商行政管理局党委
书　记　王宏炜
副书记　陶廷俊（女）
质量技术监督局党委
书　记　于界平
副书记　王玉福
食品药品监督管理局党委
书　记　李士强
副书记　奚　晨
市政府国有资产监督管理委员会党委
书　记　魏　篁
副书记　徐宏伟（兼）　陈迎军
市政府法制办公室党组
书　记　张参平
市政府金融办公室党组
书　记　胡培芝
市政府侨务办公室党组
书　记　王晓霞（女）

人民防空办公室党组
书　记　张建国
市级机关事务管理局党组
书　记　蒋向波
市政府资金结算中心党组
书　记　张　利（女）
济南住房公积金管理中心党组
书　记　陈亚建*
畜牧办公室党组
书　记　高辅卿
副书记　方明甲
史志办公室党组
书　记　王历历（女）
中国国际贸易促进委员会济南市分会（中国国际商会济南商会）党组
书　记　李玉明
副书记　王本省
供销合作社党委
书　记　孔　放
副书记　王希堂
济南社会科学院党组
书　记　王世贵*　岳鲁宁（女）
副书记　马军远
西区投融资管理中心（西区建设投资有限公司）党委
书　记　王迪生
城市建设投融资管理中心（城市建设投资有限责任公司）党委
书　记　顾建军
副书记　王继东
旧城改造投融资管理中心（旧城改造投资运营有限公司）党委
书　记　张　奇
副书记　王　欣
小清河开发建设投融资管理中心（小清河开发建设投资有限公司）党委（2007年6月成立）
书　记　李洪海
副书记　宋卫东
社会经济调查局党组（2007年4月成立）
书　记　王祯祥
副书记　高　军
政协机关党组
书　记　王忠林*　陈亚建
副书记　李　涛　卞升云

济南大学党委
书　记　李现成* 范跃进
副书记　程　新　李　军　张金丽(女)
国家安全局党委
书　记　张怀仁
国家税务局党组
书　记　张德志
地方税务局党委
书　记　平晓峰
副书记　张志明　罗　蓉(女)
气象局党组
书　记　顾润源
副书记　吕淑琳(女)
济南出入境检验检疫局党组
书　记　苗振国
济南海关党组
书　记　刘巍巍(女)
济南黄河河务局党组
书　记　李传顺
国家统计局济南调查队党组(2007年6月成立)
书　记　王祯祥
副书记　高　军
济南供电公司党委
书　记　阎桂森
副书记　赵云峰
烟草专卖局(公司)党委
书　记　张克强
副书记　崔爱民
邮政局党委
书　记　李亚利(女)
副书记　李延东
中国网通集团山东省公司济南市分公司党委
书　记　孙景华* 张春辉
中国电信集团北方电信有限公司济南市分公司党委
书　记　张其翔
山东移动通信有限责任公司济南分公司党委
书　记　邓兰艾
人民银行济南分行营业管理部党委
书　记　刘克俭(女)
副书记　王珏琰(女)
商业银行党委
书　记　邱云章
副书记　郭　涛　樊兆乾* 王洪业
中信实业银行济南分行党组
书　记　许卫东
农业发展银行山东省分行营业部党委
书　记　石寿江
中国银行济南市分行党委
书　记　李　光
工商银行山东省分行营业部党委
书　记　王跃民
副书记　王跃民* 张　杰*
农业银行山东省分行营业部党委
书　记　益　虎
副书记　陈贵江
中国人民保险公司济南市分公司党委
书　记　叶　新
中国人寿保险公司济南市分公司党委
书　记　李国栋
中国太平洋财产保险股份有限公司济南市分公司党委
书　记　黄从双
中国太平洋人寿保险股份有限公司山东分公司营业部党组
书　记　闫　慧(女)
省石油集团济南总公司党委
书　记　刘夜静

(市委组织部)

中共济南市纪律检查委员会及所属工作部门

中共济南市纪律检查委员会(任至2007年4月)
书　记　徐长玉
副书记　李华贤　高新临　郝建华
常　委　徐长玉　李华贤　高新临
郝建华　吴兴金　孙　博
官春生　李大江　徐庆海
秘书长　孙　博
委员(按姓氏笔画为序)
于　敏(女)　于振滨
于福利　刘传勇　齐建民
江　林　江　涛　纪宝华
孙　博　孙君涛　李大江
李华贤　吴兴金　宋胜玉
官春生　张永华(女)
张庆明　张明兰(女)
陈迎军　国承彦(女)
孟富强　郝建华　姜　涛
徐长玉　徐庆海　高　斌
高新临　董宝珂　雷卫国
魏　篁

中共济南市纪律检查委员会(2007年4月选举产生)
书　记　徐长玉
副书记　李华贤　高新临　孙　博
常　委　徐长玉　李华贤　高新临
孙　博　吴兴金　官春生
李大江　徐庆海　丁　远(女)
秘书长　孙　博
委员(第九次党代会选出,按姓氏笔画为序)
丁　远(女)　于　红(女)
于振滨　王　平　王　诚
王　建* 王伟元　王嘉振
朱兴利　刘吉利　刘西安
江　涛　阴　波　纪宝华
孙　博　孙战宇　李大江
李广贤　李华贤　李俊英(女)
李素华(女)　李继民
杨全海　吴兴金　宋胜玉
张　利(女)　张　锋
张玉兰(女)　张成武
张怀仁　陈　敏　陈迎军
范立山　官春生　赵玉海
耿建新　徐长玉　徐庆海
高新临　陶廷俊(女)
曹长财* 龚秋水　董宝珂
董建武　窦　虎

市纪委工作部门

办公厅
主　任　高　利
监察综合室
主　任　孙云水* 贾　砚
研究室
主　任　苏　涛
干部室
主　任　丁　远(女)*　张元胜

宣传教育室
主　任　赵　新
案件审理室
主　任　鞠小虹(女)
政策法规室
主　任　于济民
信访室(举报中心)
主　任　田兰英(女)
党风廉政建设室
主　任　李　庆
纠风室
主　任　张伟力
执法监察室
主　任　李晓磊
济南市发展环境投诉中心
主　任　李开刚
第一案件检查室
主　任　范立山
第二案件检查室
主　任　张元胜*
第三案件检查室
主　任　高月志

市直部门(单位)纪检监察工作机构

市委市直机关纪工委
书　记　张庆明*　陈泽清
市教育纪工委
书　记　杨全海
市经委纪委
书　记　王志刚
市建委纪检组
组　长　陈一吉
市纪委驻市政府办公厅纪检组
组　长　贾永利
市纪委驻市发改委纪检组
组　长　谭丽萍(女)
市纪委驻市科技局纪检组
组　长　宋宪章
市纪委驻司法局纪检组
组　长　粟端常
市纪委驻市物价局纪检组
组　长　孙忠琴(女)
市纪委驻市审计局纪检组
组　长　许利群(女)

市纪委驻市统计局纪检组
组　长　唐爱群(女)
市纪委驻市人事局纪检组
组　长　郭连新
市纪委驻市环保局纪检组
组　长　李增军
市纪委驻市人口和计划生育委员会纪检组
组　长　李新年(女)
市纪委驻市新闻出版局纪检组
组　长　张慧芝(女)
市纪委驻市国土资源局纪检组
组　长　(缺)
市纪委驻市农业局纪检组
组　长　闫中钢
市纪委驻市信息产业局纪检组
组　长　冯勋业
市纪委驻市安全监督局纪检组
组　长　王　军(女)
市纪委驻市法院纪检组
组　长　张玉兰(女)
市纪委驻市检察院纪检组
组　长　刘洪新
市纪委驻市贸易服务局纪检组
组　长　徐敬超*　李　宏
市纪委驻市法制办纪检组
组　长　郑玉岭
市纪委驻市民族宗教事务局纪检组
组　长　张德萍(女)
市纪委驻市林业局纪检组
组　长　张贵芳
市政府资金结算中心纪检组
组　长　李传亮
市畜牧办纪检组
组　长　尹希芳
市人防办纪检组
组　长　张爱华(女)
市档案局纪检组
组　长　赵西云
市国资委纪委
书　记　陈迎军
市公安局纪委
书　记　黄文道*　王伟元
市国家安全局纪委
书　记　沈剑华

市民政局纪委
书　记　张　雷
市交通局纪委
书　记　郑鲁伟(女)
市食品药品监督管理局纪委
书　记　曹其德*　王远堂
市粮食局纪委
书　记　张玉民
市财政局纪委
书　记　陈　敏
市地方税务局纪委
书　记　刘乃忠
市国家税务局纪委
书　记　王嘉岳(女)
市质量技术监督局纪委
书　记　施建生
市供销社纪委
书　记　潘东华
市房产管理局纪委
书　记　涂永祥
市园林管理局纪委
书　记　郭忠青
市环境卫生管理局纪委
书　记　张传建
市市政公用管理局纪委
书　记　乔荣章
市规划局纪委
书　记　张立图
市房地产开发总公司纪委
书　记　(缺)
市对外贸易经济合作局纪委
书　记　闫　珂
市旅游局纪委
书　记　杨先贵
市文化局纪委
书　记　周书章
市广播电视局纪委
书　记　魏莉萍(女)
市卫生局纪委
书　记　朱兴利*　董国瑞
市体育局纪委
书　记　徐保新
市工商局纪委
书　记　曹　鸣
市城管行政执法局纪委

书　记　郭传军
市劳动和社会保障局纪委
书　记　王均平（女）
市级机关事务管理局纪检组
组　长　顾克祥
市委党校纪委
书　记　李振国
市总工会纪检组
组　长　仲　齐
市职业学院纪委
书　记　金之明（女）
济南工程职业技术学院纪委
书　记　冯笑军
济南技术学院纪委
书　记　王奇志
济南日报报业集团纪委
书　记　贾乾水
济南高新技术产业开发区纪工委
书　记　江　涛
济南监狱纪委
书　记　李　历
济南钢铁总公司纪委
书　记　宋延起
济南供电公司纪委
书　记　高　健
市邮政局纪委
书　记　路明利*　刘建峰
济南出入境检验检疫局纪检组
书　记　尹　明
济南黄河河务局纪检组
组　长　张　勇
济南烟草专卖局纪检组
组　长　崔爱民
将军烟草集团有限公司纪委
书　记　孟令权
市商业银行纪委
书　记　樊兆乾*　李迎春（女）
舜耕山庄纪委
书　记　李学顺
市西区投融资管理中心（济南市西区建设投资有限公司）纪委
书　记　王金廷
市旧城改造投融资管理中心（市旧城改造投资运营有限公司）纪委
书　记　刘永刚
小清河投融资管理中心纪委
书　记　芦　青

（市纪委）

济南市第十三届人民代表大会常务委员会、专门委员会及所属工作部门

市人大常务委员会
主　任　段义和*
副主任　李荣芝（女）　马纯济
谢传仁　陶安岭　董承铭
彭万生　朱文兴　朱金河*
李德强　齐建民*　孙培森
牟陆阳　陈延河
秘书长　齐建民*
委　员（按姓氏笔画为序）
于晓玉（女，回族）　马光云
马德贵（回族）　王　玉
王建文　王家美　石臣胜
冯承河　邢乐成　毕明明
刘　民　刘　浩　闫继红（女）
孙士水　李大伟　李令虎
李法明　余毅民　张　伟
张卫星　张正方　张延平
张伯礼　张忠泉　陈　雨
荣　义（女）　昝金平*
耿耀贤*　郭　杰　崔守华
商敬工（女）　韩克胜
裴金生
副秘书长　李令虎　王建文　刘　民
张　鹏
法制委员会
主任委员　李荣芝（女）
副主任委员　毕明明　王家美
教育科学文化卫生委员会
主任委员　朱文兴
副主任委员　耿耀贤*　刘　浩
荣　义（女）
内务司法委员会
主任委员　谢传仁
副主任委员　裴金生　张正方
民族侨务外事委员会
主任委员　李法明
副主任委员　闫继红（女）
城乡建设环境保护委员会
主任委员　董承铭
副主任委员　张忠泉　冯承河　昝金平*
财政经济委员会
主任委员　李德强
副主任委员　张延平　郭　杰
农村经济委员会
主任委员　彭万生
副主任委员　余毅民　陈　雨
代表资格审查委员会
主任委员　朱金河*　齐建民*
副主任委员　李法明
办公厅
主　任　李令虎（兼）
副主任　冯　宏（女）　鹿中华
刘延道　严立群（女）
诸葛利　孙贵民
研究室
主　任　刘　民（兼）
副主任　赵静海
法制工作室
主　任　毕明明
副主任　冯福瑞　唐淑英（女）
教育科学文化卫生工作室
主　任　刘　浩
副主任　伊啸扬　杜　萍（女）
内务司法工作室
主　任　裴金生
副主任　罗　辉
民族侨务外事工作室
主　任　闫继红（女）
副主任　秦　旭
城乡建设环境保护工作室
主　任　张忠泉
副主任　吕涌波
财政经济工作室
主　任　张延平*　余毅民
副主任　徐明昌　滕　静（女）
农村经济工作室
主　任　余毅民*　宋志健
副主任　于炳生
人事代表工作室
主　任　张伯礼

副主任　李　巍(女)　张海昕(女)

(市人大办公厅)

济南市人民政府及各工作部门、市属副局级以上机关事业单位

市　长　鲍志强* 张建国

副市长　杨鲁豫* 殷鲁谦　郭作贵* 王以才　杨佩钦* 刘茵岛 王天义* 张宗祥　邹世平 刘善鹏　赵文朝　张　泽(女)

市长助理　牟陆阳* 巩宪群(女)

秘书长　胡占平

副秘书长　陈亚建* 曹　桦　李吉乾 刘少玲(女)　李克云* 张利生　王　旭　王宏伟 张　伟　杜　平　张传堂 孙元文　贾正宏　邢建亚 张鲁军　林书宏

市政府办公厅

主　任　陈亚建(兼)*　李吉乾(兼)

副主任　林书宏* 孙法星　邸永光 曹　军　刘芦明　王宇清(女)

应急管理办公室(市政府总值班室)(2007年2月设立)

主　任　(缺)

副主任　蒋友和

调查研究室(由市政府办公厅管理)

主　任　张利生

副主任　陈福竹　孔　炘　刘春贵 高　岐

行政审批服务中心

主　任　李克云* 张　伟

副主任　黄敦文　段明心　刘龙宝

驻北京办事处

主　任　王宏伟(兼)

副主任　孔建国　刘加唐

△接待办公室

主　任　孙义洪

△驻上海(厦门)办事处

主　任　卢新泉

△驻广州办事处

主　任　姜桂龙

△驻青岛办事处(驻烟台办事处)

主　任　于剑波

△督查室

主　任　陈立新(女)

△打击走私办公室

主　任　侯运富

△无线电管理办公室

主　任　吕建涛*

△信息中心

主　任　项　军

发展和改革委员会

主　任　王　辉

副主任　孟繁银　胡大鹏　胡晓蒙 王宏志　许继春　陈长京

△重大项目办公室(重大建设项目稽查办公室)

主　任　姬　峰

△规划与经济研究室(国防动员委员会国民经济动员办公室)

主　任　尹清忠

△南部山区管理办公室

主　任　王玉杰

△市服务业办公室

主　任　于治义

物价局(由市发展和改革委员会管理)

局　长　孙律民

副局长　吴　捷(女)*　孙承科 许彦林　张际水　徐　文

经济委员会

主　任　宋玉国

副主任　赵聿兴* 王秀云(女)* 孙赤一　张广勇　郑宝玺 唐　忠　李淑玲(女)

△总调度室

主　任　傅建民

△离退休干部局

局　长　李宝国

△市政府节约能源办公室

主　任　张洪山

教育局(与中共济南市委教育工作委员会合署)

局　长　刘元刚

副局长　张克明　胡晓卉(女) 陈东生　朋　星　李宪辰 黄祖杰

市政府教育督导室

主任督学　刘元刚(兼)

副主任督学　王春光　李福祥* 刘　堃　孟凡海

科学技术局

局　长　冯光文

副局长　鹿志坚　赵历男　郑应德 朱路明　马淑民(女,回族)

市创新型城市建设推进委员会办公室

主　任　冯光文(兼)

副主任　于修永

△知识产权局

局　长　马素刚

△地震局

局　长　杜贻合

公安局

局　长　孟富强

政治委员　袁子辉

副政治委员　王克泉

副局长　郭心敬　王　健　鲁德和 李建华　徐春华　刘建平*

督察长　吴玉莹

政治部主任　亓　铎

△交通警察支队

支队长　鲁德和(兼)

政　委　陈　刚

△刑警支队

支队长　刘建平(兼)*

政　委　梁恺军

△防暴支队

支队长　常宏鸣

政　委　李德庆

△巡警支队

支队长　宋新生

政　委　刘文逵*

△指挥部

主　任　何志惠

△国内安全保卫支队

支队长　张新华

政　委　田相文*

△经济犯罪侦察支队

△示比委办局低半格单位,下同。

支队长、政委　刘　岐
△治安警察支队
支队长　王建华
政　委　周孟勇
△监所管理支队
支队长　杨毅力
政　委　刘国勤
△济南人民警察职业培训学院
院　长　吴德民
政　委　李德明(回族)
△城市管理警察支队
支队长　宋焕中(兼)
△高新技术产业开发区分局
局　长　黄文玉
政　委　周振敖*
监察局(与市纪律检查委员会机关合署)
局　长　李华贤(兼)
副局长　吴兴金　丁　毅　李大江
　　　　徐庆海
民政局
局　长　孙竹兮
副局长　张苏华(女)　冯兆荣
　　　　翟旭东　赵湘尧　杨忠礼
拥军优属拥军爱民工作领导小组办公室
主　任　孙竹兮(兼)
副主任　于祥林
△民间组织管理局
局　长　刘贵福
司法局
局　长　龚秋水
副局长　陈世明　李良坤
　　　　张　民(侗族)　高太宗
　　　　肖　阳　王翠香(女)
政治部主任　李放鸣
△公证处
主　任　于翠红(女)
△劳动教养工作管理所
所　长　刘永浩
第一政委　龚秋水(兼)
政　委　李肖奇
济南监狱
监狱长　金新勋
政　委　陈世明(兼)
副政委　刘敦臣
副监狱长　时克生　张林镇　赵继水

总经济师　吕焕铎
财政局
局　长　徐长林
副局长　王　勇　于关淑(女)
　　　　张永华(女)　郭毅琳(女)
　　　　王　毅　刘大坤
总会计师　王玉柱
△工资发放中心
主　任　林　军
人事局(与市机构编制委员会办公室合署)
局长(编办主任)　曹长财*　王　平
副局长　郑志友　商汉博　黄厚安
　　　　孙济平*　姚德武　徐卫民
编办副主任　张立学
△人才交流服务中心(中国济南企业管理人才市场管理委员会办公室、济南市人才市场)
主　任　(缺)
△外国专家局
局　长　田占德
△事业单位登记管理局
局　长　韩先岐
劳动和社会保障局
局　长　王玉振
副局长　王利民　王毓华(女)
　　　　韩道亮*　邱联庆　贾　杰
　　　　曲国强　万秀水　窦进科
　　　　阳银安
△社会劳动保险事业办公室
主　任　李红星
△机关事业单位社会保险办公室
主　任　杨荣远
△职工医疗保险管理办公室
主　任　于晓辰
△劳动保障监察支队(2007年6月升格为副局级)
支队长　宋传勇
国土资源局
局　长　刘西安
副局长　徐力强　任玉石*　丛支水
　　　　刘兴文　胡维武　张修文
　　　　付　英(女)
△征地办公室
主　任　顾锡君

△土地储备交易中心
主　任　刘兴文(兼)
△国土资源执法监察支队
支队长　张修文(兼)
规划局(城市规划委员会办公室)
局　长　王新文
副局长　金德岭(回族)　王秀波
　　　　姜连忠　吕　杰　孙艺成
总工程师　(缺)
总规划师　姜连忠
△市城乡规划编制研究中心
主　任　(缺)
建设委员会
主　任　田　庄
副主任　张　奇　王迪生　李洪海
　　　　李从战　徐晓明*　姜晓波
　　　　谭少军　刘胜凯　季　良
△济南机场建设办公室
主　任　刘胜凯*　王国富
市政公用事业局(由市建设委员会管理)
局　长　贾玉良
副局长　朱宝林　郭　森　李　刚
　　　　宋永祥　刘允秋　韩永军
总工程师　孙文国
△供热管理办公室
主　任　刘伟亮
园林管理局(由市建设委员会管理)
局　长　韩晓光
副局长　王玉华(女)　杨庆绪
　　　　吕剑平　朱传东
市容环境卫生管理局(由市建设委员会管理)
局　长　杜绪德
副局长　袁茂才*　胡祖臣　杨德海
　　　　胥嘉印
房产管理局
局　长　高立文
副局长　张鲁民*　王生罗　卢纪文*
　　　　郭作峰　王志勇
城市管理行政执法局(城市管理行政执法总队)
局　长(队　长)　张　俊
副局长(副队长)　孟宪伟*　吕灿华
　　　　宋焕中　王照亮
　　　　韩其俭

环境保护局
局　长　陈世深
副局长　李守海　赵基平　范立洪
　　　　荀建国
总工程师　侯翠荣(女)
交通局
局　长　孙明明
副局长　王　琳　江存森　陈业华
　　　　张云远
△交通战备办公室
主　任　宫德勇(回族)
△交通运输管理办公室
主　任　刘　志
△公路管理局
局　长　孙志刚
信息产业局
局　长　齐家滨
副局长　孙志忠　赵炳跃　黄　杰
　　　　刘　鹏　姜　华
总工程师　郭衍友
水利局
局　长　孟庆斌
副局长　雷印安　王　璞(女)
　　　　张体伦　何茂超
总工程师　(缺)
农业局
局　长　李吉乾*　赵玉海
副局长　王可敏　于兆刚　王荣玉*
　　　　刘连儒　樊庆光　李建生
　　　　张仁君　刘善义
△扶贫开发办公室(农业资源区划办公室)
主　任　席玉坤
林业局
局　长　韩子奎
副局长　孟祥增*　侯　林　刘仁发
　　　　李景全　韩先林
贸易服务局
局　长　张本胜*　靳　磊
副局长　张　明　张绍成　张　欣
　　　　舒　婕(女,满族)
　　　　曲国华　张传林
△离退休干部局
局　长　柳晓波
对外贸易经济合作局
局　长　耿建新
副局长　李明军　逄金柱　解西亭
　　　　王家云　蒋东风　张　彦*
　　　　张　娟(女)
总经济师　梁旭斌
文化局
局　长　邹卫平
副局长　司庆福　李向明　陈海燕(女)
　　　　崔大庸　鲍立军
△文物事业管理局
局　长　崔大庸
卫生局
局　长　贾堂宏
副局长　马继任　董　旋(女)
　　　　宫露霞(女)　马效恩
　　　　张继勇　翟永平　朱兴利
△中医管理局
局　长　马其江
△爱国卫生运动委员会办公室
主　任　欧阳贵庭
体育局
局　长　初　伟
副局长　王尔伟　张　庸　王忠山
　　　　葛林平
广播电视局
局　长　张　锋
副局长　马维加　刘空军　曹　进
　　　　刘成俐(女)
总编辑　(缺)
△人民广播电台(市广播电视局所属事业单位)
台　长　曹　进
总编辑　许　莉(女)
△电视台(市广播电视局所属事业单位)
台　长　张　峰(兼)
总编辑　马　利(女)(兼)
新闻出版局(版权局)
局　长　王建华
副局长　刘若平(女)(版权局局长)
　　　　韦　平　沈承俊　刘兆元
济南出版社(市新闻出版局所属)
社　长(总编辑)　王淑铭
副社长　宋友文　刘　蔚
副总编辑　丁少伦　孙凤文
人口和计划生育委员会
主　任　卞允斗
副主任　王玉玲(女)　宋英杰(女)
　　　　相开禹　袁巨生
审计局
局　长　纪宝华
副局长　张凯恩　毕永晔(女)
　　　　从培军　唐　军　吕思修
　　　　丁晓玲(女,回族)
总审计师　刘继强
△经济责任审计办公室
主　任　李　明
统计局
局　长　王祯祥
副局长　高　军*　张　信*　郭金豹
　　　　陈志荣　苑子建　崔瑞宁(女)
社会经济调查局(2007年4月成立)
局　长　高　军
副局长　商　伟　吕永琳
△统计执法监察支队
支队长　刘东涛
△城市社会经济调查队(2007年4月撤销)
队　长　王祯祥(兼)
副队长　商　伟　吕永琳
△企业调查队(2007年4月撤销)
队　长　王祯祥(兼)
副队长　张思勇*
安全生产监督管理局(安全生产应急救援指挥中心)
局　长　王嘉振
副局长　杨　军　张秀领　李　涛
　　　　吕宜涛　石守恭*　徐建中
△安全生产监察支队
队　长　(缺)
民族宗教事务局
局　长　杨学英(女,回族)
副局长　彭林堂(回族)　刘东方
旅游局
局　长　王建国
副局长　李庶生*　王　钟　接素梅(女)
　　　　杜及胜　方连庆
粮食局
局　长　李会宝
副局长　裴大恺　王勤光　韩浩峰
　　　　闫忠民　贾立春　张国平
国有资产监督管理委员会

主　任　魏　篁
副主任　侯秉山　张道举(女)
　　　　汲佩德　崔刚伟　杨厚友
△离退休干部局
局　长　董　黎
法制办公室
主　任　张参平
副主任　张云生*　陈广平(女)
　　　　赵居安
金融办公室
主　任　胡培芝
副主任　杨金泉*　肖明才
　　　　狄保群(满族)
外事办公室
主　任　李忠学*　李　敏(女)
副主任　李　敏(女)*　高　斌
　　　　刘艳秋(女)　展　锐
侨务办公室
主　任　王晓霞(女)
副主任　田来远　张胜利　苏　峰(女)
人民防空办公室(民防局)
主　任　张建国
副主任　来保运　尹相普　李四恩
济南高新技术产业开发区管理委员会
主　任　孙晓刚*　苏树伟
副主任　苏树伟*　王兆永　史同伟
　　　　王晓军　黄　杰*　钱宇建
　　　　徐　群　吕建涛
国家信息通信国际创新园管委会(2007年6月设立)
主　任　苏树伟
副主任　徐　群　寇　梅(女)　闫怀冰
济南住房公积金管理中心
主　任　陈亚建(兼)*
副主任　万　里　徐评云　李　侃
　　　　王建敏
畜牧办公室
主　任　王永臣*　高辅卿
副主任　高辅卿*　方明甲　孙世平
　　　　张荣频　韩剑侠
史志办公室
主　任　袁淑玲(女)
副主任　李明亮　朱佩锋　綦延辉
中国国际贸易促进委员会济南市分会(中国国际商会济南商会)
会　长　王天义(兼)*
常务副会长　李玉明
副会长　王本省　张利群(女)
　　　　刘建国*　张幼新　丛淑萍(女)
　　　　张　静(女)　侯雪峰
供销合作社
主　任　孔　放
副主任　刘　华　邵爱群(女)
　　　　张国松　冷俊义　毛广仁
监事会主任　王希堂
政府资金结算中心
主　任　张　利(女)
副主任　张淋生　李建国
总会计师　张淋生(兼)
市级机关事务管理局
局　长　蒋向波
副局长　徐建强　朱传振　王　伟
△行政事业资产管理中心
主　任　周　新
社会科学院
院　长　王世贵*　岳鲁宁(女)
副院长　马军远　张华松
房地产开发总公司
董事长　刘　民
经　理　刘　栋
副经理　荆延琦
旧城改造投融资管理中心
主　任　张　奇
副主任　王　欣　周宝成　高　烈
总工程师　秦光强
西区投融资管理中心
主　任　王迪生
副主任　魏　军　吴建光　李全生
城市建设投融资管理中心
主　任　顾建军
副主任　王继东　吴兆忠　宋卫东*
　　　　张爱东　董文湖
总会计师　(缺)
总经济师　(缺)
总工程师　赵裕富
政府投融资管理中心
主　任　赵明奎
副主任　王　营　鞠维亚
总会计师　吴秀红(女)
小清河开发建设投融资管理中心(2007年6月设立)
主　任　李洪海
副主任　宋卫东　史向中
总工程师　黄　蓓(女)
总会计师　范天云
劳动就业办公室(市劳动和社会保障局所属)
主　任　王毓华(女)
副主任　赵绪潭*　翟长祥　韩国建(女)
　　　　侯宪忠　纪绍霖
济南技术学院
校　长　周师平
副校长　车向东　温希忠
中心医院(市卫生局所属)
院　长　刘子栋
副院长　臧益秀(女)*　郭农建
　　　　宋林杰　姜　勇　苏国海
仲裁委员会办公室
主　任　张参平
副主任　张云生*　陈广平(女)
济南职业学院
院　长　王小平
副院长　路明良　杨　明(女)
　　　　宋哲东　王志文(女)
　　　　杨长军　石万鹏
济南工程职业技术学院
院　长　许传海
副院长　吴士明　于显坤　申培轩

(市委组织部　市人事局)

双重管理机关

工商行政管理局
局　长　王宏炜
副局长　赵志强　徐善庆　陈立智
　　　　王建森　葛春林
总经济师　徐善庆(兼)
△企业注册局
局　长　曹　鸣
△公平交易局
局　长　陈立智(兼)
△高新技术产业开发区分局
局　长　薛新中
地方税务局
局　长　平晓峰

副局长　罗　蓉(女)　颜景海
　　　　张吉茂　王建刚
总经济师　王利民
总会计师　刘增军
△征收局
局　长　李东明
△稽查局
局　长　王先进
△高新技术开发区分局
局　长　刘庆才
气象局
局　长　顾润源
副局长　吕淑琳(女)　李振海
　　　　周　军
食品药品监督管理局（原药品监督管理局）
局　长　李士强
副局长　宋尔良　刘桂祯　姜德喜
　　　　陈广银　李学林　白秋生*
质量技术监督局
局　长　焦连安*　于界平
副局长　王玉福　丁正罡　刘金祥
　　　　王光明

（市委组织部　市人事局）

垂直管理机关

国家安全局
局　长　张怀仁
国家税务局
局　长　张德志
副局长　商　鹏　孙德仁　张世海
　　　　王建新
总经济师　任　红(女)
总会计师　王洪龙
济南海关
关　长　刘巍巍(女)
副关长　张凯军　郭文进(女)
　　　　田会平　王新平
济南出入境检验检疫局
局　长　苗振国
副局长　毕延庚　原永兰(女)
邮政局
局　长　李延东
副局长　路　涛　刘建峰

烟草专卖局(烟草有限公司)
局　长(总经理)　张克强
副局长　何东升　刘加信
副总经理　赵　强　高　萍(女)
　　　　陈　勇
黄河河务局
局　长　李传顺
副局长　王玉华　王春迎　刘广生
　　　　焦洪川
总工程师　李　明

（市委组织部　市人事局）

济南市中级人民法院

院　长　李　静(女)
副院长　王培铭　王旭光　严祥龙
　　　　袁敬海　李学诚　王秀新
　　　　杨永波(挂职)*
　　　　李洪波(挂职)*

（市委政法委）

济南市人民检察院

检察长　丁瑞云
副检察长　王　建　张鲁生　刘建军
　　　　王金鹏　吴秀云(女)

（市委政法委）

政协第十一届济南市委员会及工作部门

主　席　徐华东
副主席　张印峰*　吴泽浩　孟宪杰
　　　　李兴春*　王可敏　刘子栋
　　　　包怡斐(女)　高元坤
　　　　王世敦　杨庆林　胡占平
秘书长　王忠林
常务委员(按姓氏笔画为序)
　　　　于　剑　于保法　万其凯
　　　　马来平　马宝甫　马黎明
　　　　王　革　王义来　王长山
　　　　王玉志　王玉振　王安东
　　　　王兆永　王传礼　王传秋
　　　　王宏炜　王建森　王淑铭
　　　　王锡宏　卞允斗　孔祥存
　　　　尹增禄　石俊英(女)
　　　　石彦锡　卢化俊　冯光文
　　　　巩宪群(女)　吕　健
　　　　朱宝林　朱铭泉　朱新海
　　　　华　巍　刘　枫　刘　燕
　　　　刘　黎　刘化民　刘沂珍(女)
　　　　刘春华　刘梦海　安利国
　　　　衣爱民(女)　孙竹兮
　　　　杨炳云　杨锡福　李　涛
　　　　李　新(女)　李中赋
　　　　李吉乾　李良木　李忠学
　　　　李景全　李厥敏　李肇元
　　　　吴文宁　何　楠　邹卫平
　　　　沙　峰(回族)　沈　磊
　　　　宋　群　宋玉国　宋绍奎
　　　　初　伟　初黎华(女)
　　　　张　波　张乃仁　张文亮
　　　　张本胜　张龙军　张立柱
　　　　张庆德　张钦时
　　　　张艳霞(女,满族)　张家起
　　　　陈学科　范艳玲(女)
　　　　范宗农　岳书元　岳鲁宁(女)
　　　　金　星　金德岭(回族)
　　　　朋　星　郇起鸿　单沪军
　　　　柏建亭　赵厚民(回族)
　　　　姜小真　姚桂琴(女)
　　　　耿晓宁　聂爱华(女)
　　　　郭福厚　唐一林　桑海莉(女)
　　　　黄　荣(女)　常　毅*
　　　　崔大庸　崔安远(回族)
　　　　康　庄　扈书乘　葛志明
　　　　蒋丽芸(女)　韩德清
　　　　傅振宽　樊　琦(女)
　　　　燕锡功
副秘书长　陈亚建　李　涛　卞升云
　　　　张乃仁(兼)*　安利国(兼)
　　　　李慎生　王鲁益*　郭海华
　　　　王传礼　王永金
办公厅
主　任　李　涛(兼)
副主任　杨克周　李学进　刘英峰
　　　　王永金*　郑培靖
研究室
主　任　李慎生(兼)
副主任　乔　谦

提案委员会
主　任　武桂荣(女)
副主任　王长山　朱宝林　王树福
经济科技委员会
主　任　齐振虎
副主任　连承俊　李中赋　张玉峰
人口资源环境委员会
主　任　孔祥雨
副主任　张栋臣　王传礼　郭延海
　　　　赵荣海
社会文教委员会(社会法制委员会)
主　任　赵忠诚
副主任　王义来　张仲亭　常　毅*
　　　　朋　星　康　庄　张　岩(女)
　　　　段　伟
台港澳侨和外事委员会
主　任　郭海华*　司志坤
副主任　于　剑　蒋丽芸(女)
　　　　黄立仁　司志坤*　周玉萍
文史资料委员会
主　任　秦一心
副主任　燕锡功　杨新培　崔大庸
　　　　宿　霞(女)　任树梅

（市政协办公厅）

民主党派

中国国民党革命委员会济南市第五届委员会(任至2007年5月)
名誉主任委员　姜嘉定
名誉副主任委员　乔鸿儒
主任委员　李德强
副主任委员　张乃仁　崔守华
　　　　唐增瀛　聂爱华
秘书长　张乃仁(兼)
中国国民党革命委员会济南市第六届委员会(2007年5月选举产生)
主任委员　李德强
副主任委员　聂爱华　丁　毅
　　　　王伯之　臧　浩
驻会领导　张乃仁
中国民主同盟济南市第十届委员会(任至2007年5月)
名誉主任委员　姚敦义　王耀生
主任委员　刘荫岛
副主任委员　安利国　崔大庸
　　　　范艳玲(女)　王锡宏
秘书长　曹临春(女)
中国民主同盟济南市第十一届委员会(2007年5月选举产生)
主任委员　崔大庸
副主任委员　安利国　王锡宏
　　　　曹临春(女)
　　　　潘洪兰(女)　张怀成
秘书长　朱荣清
中国民主促进会济南市第七届委员会(任至2007年5月)
名誉主任委员　孙保钧　查国华
名誉副主任委员　刘育民
主任委员　孟　涛
副主任委员　康　庄　朋　星
　　　　张卫星
秘书长　黄　明
中国民主促进会济南市第八届委员会(2007年5月选举产生)
主任委员　金德岭
副主任委员　朋　星　张卫星
　　　　邓相超　刘海萍(女)
秘书长　黄　明
中国民主建国会济南市第十届委员会(任至2007年5月)
名誉主任委员　汤家永
主任委员　王可敏
副主任委员　郇起鸿　邢乐成
　　　　岳书元　王建森
秘书长　刘　燕
中国民主建国会济南市第十一届委员会(2007年5月选举产生)
主任委员　王可敏
副主任委员　郇起鸿　邢乐成
　　　　王建森　刘　燕
　　　　王传秋
秘书长　丁保国
中国农工民主党济南市第八届委员会(任至2007年5月)
名誉主任委员　李清岷
名誉副主任委员　赵德昌　龚鹏基
　　　　邵　琦
主任委员　刘子栋
副主任委员　周振安　张庆德
　　　　王　玉　李肇元
　　　　姚桂琴(女)
秘书长　牛光昇
中国农工民主党济南市第九届委员会(2007年5月选举产生)
名誉主任委员　李清岷
名誉副主任委员　赵德昌　龚鹏基
　　　　邵　琦
主任委员　刘子栋
副主任委员　周振安　王　玉
　　　　李肇元　姚桂琴(女)
　　　　段　林
秘书长　张连岭
中国致公党济南市第三届委员会（任至2007年5月）
名誉主任委员　沈嘉琪
名誉副主任委员　郑承荣　朱　俊
主任委员　包怡斐(女)
副主任委员　樊兆民　吕　健
　　　　黄　荣(女)
秘书长　黄　荣(女,兼)
中国致公党济南市第四届委员会(2007年5月选举产生)
主任委员　赵家军
副主任委员　樊兆民　黄　荣(女)
　　　　毕玉平　刘作宗
秘书长　黄　荣(女,兼)
九三学社济南市第八届委员会(任至2007年4月)
名誉主任委员　季韵音(女)
名誉副主任委员　赵洪太　杨永诚
　　　　张秀民
主任委员　吴泽浩
副主任委员　何　楠　韩克胜
　　　　李景全　李正文
　　　　刘梦海
秘书长　王建平
九三学社济南市第九届委员会（2007年4月选举产生）
名誉主任委员　季韵音(女)
名誉副主任委员　赵洪太　杨永诚
　　　　张秀民
主任委员　刘梦海
副主任委员　李景全　段青英(女)
　　　　田　洁　刘化民

牟国营
秘　书　长　陈宁宁

（各民主党派）

人民团体

济南市总工会第十四届委员会
主　席　陈延河
副主席　朱守华　董福茂　张红星
　　　　于　虹（女）　郑学军
共青团济南市第十四届委员会（任至2007年9月）
书　记　张　伟
副书记　黄　波（女）　王　伟
　　　　张广宇
共青团济南市第十五届委员会（2007年9月选举产生）
书　记　孔　杰
副书记　黄　波（女）　张广宇
　　　　赵　毅（女）　张　辉
济南市妇女联合会第十一届执委会（任至2007年11月）
主　席　雷　杰（女）
副主席　初黎华（女）　刘成俐（女）
　　　　李玉贞（女）　刘　勤（女）
济南市妇女联合会第十二届执委会（2007年11月选举产生）
主　席　雷　杰（女）
副主席　初黎华（女）　李玉贞（女）
　　　　刘　勤（女）　刘继珍（女）
济南市工商联合会（济南总商会）第十一届执委会（任至2007年6月）
会　长　高元坤
副会长　沈　磊　李大伟　赵万里
　　　　郝继新　程兴华　吴炳新
　　　　孔祥存　唐一林　裴明铭
　　　　宋绍奎　李小军　陈建煌
　　　　张立柱　于　剑　李玉波
　　　　于晓玉（女）　张　波
秘书长　张　鹏
济南市工商联合会第十二届执委会（2007年6月选举产生）
会　长　高元坤
副会长　沈　磊　赵万里　郝继新
　　　　张　鹏　靖淑兰（女）
　　　　唐一林　张立柱　于　剑
　　　　于晓玉（女）　张　波
　　　　马述杰　邢介平　许　健
　　　　李胜军　杨　涛　张崇良
　　　　凌沛学　黄淑玲（女）
　　　　程　平　谢建明
秘书长　孙立玉
济南总商会（2007年6月选举产生）
会　长　高元坤
副会长　赵万里　李大伟　郝继新
　　　　吴炳新　孔祥存　李小军
　　　　陈建煌　于宏昌　王瑞友
　　　　冯承强　刘合军　李汉典
　　　　荆书典　黄益治
秘书长　孙立玉
济南市科学技术协会第七届委员会
主　　席　商敬工（女）
专职副主席　迟景安　李中赋
　　　　　　尹红光（女）　张洪先
　　　　　　郑玉明
兼职副主席　王　革　娄红祥　温燕明
　　　　　　张志刚　王恩东　凌沛学
　　　　　　王善坡　张广勇　陈东生
　　　　　　辛培勤　侯翠荣（女）
　　　　　　马继任　徐　群
济南市社会科学联合会第四届委员会
主　席　王　良
副主席　王　军　刘树福　陈居忠
济南市文学艺术界联合会第四届委员会
顾　问　张　晓（女）　蒙　沙（女）
　　　　王汇川　丛　铨　孙国章
　　　　张华生
主　席　吴泽浩
副主席　杨炳云　丁济生　刘玉民
　　　　张国英　邓宝金（女）
　　　　崔齐东*
秘书长　赵文明
济南市归国华侨联合会第六届委员会
主　席　吴玉明
副主席　孙连发
秘书长　孙连发（兼）
济南市台湾同胞联谊会第五届理事会
会　长　高锦松
副会长　杨永诚　张振声　吴远潮
　　　　李培源
秘书长　吴远潮
济南市残疾人联合会第四届执行理事会
理 事 长　刘书笙
副理事长　孟晓琴（女）　李玉萍（女）
　　　　　孙卫东　张恒臣

（各人民团体）

济南警备区

司　令　员　马光云（大校）*
　　　　　　王　忠（大校）
政 治 委 员　钱道书（大校）
副 司 令 员　仝脉连（大校）*
　　　　　　肖　康（大校）*
　　　　　　陈蓬文（大校）
　　　　　　赵宁杰（大校）
副政治委员　王安东（大校）
　　　　　　何作俊（大校）
参　谋　长　贺国庆（大校）
政治部主任　夏之平（大校）
后勤部部长　刘智源（中校）

（济南警备区）

武警济南市支队

支　队　长　李永健（大校）*
　　　　　　张正江（大校）
第一政治委员　孟富强（兼）
政 治 委 员　闫炳忠（大校）
副 支 队 长　潘继安（上校）
　　　　　　宋玉记（上校）
副政治委员　马荣海（中校）*
　　　　　　王銮奎（上校）
参　谋　长　臧金友（上校）
政治部主任　王銮奎（上校）*
　　　　　　王　成（上校）
后勤部部长　付卫东（中校）

（武警济南市支队）

驻济及市属副局以上企业

人民银行济南分行营业管理部
主　任　刘克俭（女）
副主任　王均坦　刘其恒　孙国强
工商银行山东省分行营业部

总经理 王跃民
副总经理 张 杰 玄克忠 朱岩峰
鲍 勇 陈燕心
刘 静(女) 杨景泉

农业银行山东省分行营业部
总经理 益 虎
副总经理 陈贵江 张宜霞(女)
孙建军 孙延风 刘 峰

中国银行济南分行
行 长 李 光
副行长 王述曦(女) 李元作

中信实业银行济南分行
行 长 许卫东
副行长 侯训义 杜金华
行长助理 刘国栋 林 海

中国人民保险公司济南分公司
总经理 叶 新
副总经理 步 明(女) 杨 永
王桥军 张志波

中国人寿保险有限公司济南市分公司
总经理 李国栋
副总经理 李长锁 杨守林 鞠纪彩
总经理助理 彭庆刚 刘子强

农业发展银行山东省分行营业部
总经理 石寿江
副总经理 祝曙光 李 慧(女)

中国网通山东通信公司济南市通信分公司
总经理 孙景华
副总经理 张 彤 李永太 李福军
罗 毅

山东省移动通讯公司济南分公司
经 理 邓兰艾
副经理 陈安教 李中海

济南供电公司
总经理 张正辉
副总经理 杨道平 刘志清 闫 峰
姚 鲁

中石化山东济南石油分公司
经 理 赵成岩
副经理 胡振怀 卢传庆
总会计师 韩 煜

中国石化股份公司济南分公司(济南炼油厂)
厂 长 赵培录
副厂长 吕亮功 王 林 孙连群
总会计师 高俊杰

济南机车车辆厂
厂 长 贾世瑞
副厂长 夏 伟 公佩钦 初 军
于帮会 范永强
总工程师 冯文泉
总会计师 时景丽(女)

中国重型汽车集团有限公司
董事长 马纯济
总经理 蔡 东
副总经理 王浩涛 韦志海
副总经理兼总会计师 王光西
副总经理兼总经济师 童金根
副总经理兼总工程师 王善坡

商业银行
董事长 邱云章
行 长 郭 涛
监事长 张苏宁
副行长 赵学金 张常平 贾汉忠
张志高 柴传早

中国轻骑集团有限公司
董事长 张家岭* 张仁昌

齐鲁化纤集团有限责任公司
董事长 贾 罗
副董事长 于松波 宋 闯
总经理 秦贵昌
副总经理 包小平(女) 李乐武
陈鹏程 张龙江 刘 磊

济南一机床集团有限公司
董事长、总经理 于志海
副总经理 张向东* 刘 森* 高主顺*
李明业 刘卫东 杨俊杰
王 炘*
总工程师 李 军

济南二机床集团有限公司
董事长、总经理 张志刚
副董事长 王俊婷(女)
副总经理 张步云* 常光志* 卢建生
董选民
总会计师 赵明纪

济南市公共交通总公司
经 理 薛兴海
副经理 张 栩 李双喜 石 军

(市委组织部 市人事局)

责任编校 郭建群

政党·政协·人民团体

中共济南市委员会

【中共济南市委员会】 2007年底，中共济南市委有委员56人，候补委员11人；常务委员会由12人组成，设书记1人，副书记2人。辖各级党委（党组）1138个，党总支1414个，党支部16648个。共有党员379005名。其中预备党员占2.38%，女党员占21.43%，少数民族党员占1.32%；1921年7月至1949年9月入党的占1.62%，1949年10月至1966年4月入党的占9.94%，1966年5月至1976年10月入党的占16.33%，1976年11月至2002年10月入党的占54.27%，2002年11月以后入党的占17.84%；35岁以下的占19.09%，36岁至54岁的占43.95%，55岁以上的占36.96%；大专以上文化程度的占35.79%，高中（中专）文化程度的占28.54%，初中以下文化程度的占35.67%；工人（营业员、服务员）占8.54%，企事业单位管理人员和专业技术人员占22.97%，新的社会阶层劳动者占1.41%，农牧渔民占29.89%，其他人员占7.45%。

（王开宇）

【中共济南市八届九次全委会议】 中国共产党济南市第八届委员会第九次全体会议，于2007年3月30日举行。出席会议的有市委委员37人，候补委员6人。不是市委委员、候补委员的曾担任过正市级领导职务的党内老同志和县（市）区委书记列席了会议。会议由市委常委主持。省委常委、市委书记焉荣竹作了重要讲话。

全会听取了市第九次党代会报告和市纪委工作报告起草情况的说明；听取了九届市委委员、候补委员和市纪委委员候选人预备人选名单的说明；听取了市第九次党代会代表选举情况和济南市出席山东省第九次党代会代表候选人初步人选酝酿推荐情况的汇报，酝酿了九届市委委员、候补委员和市纪委委员候选人预备人选名单；确定了济南市出席省第九次党代会代表候选人预备人选名单；审议并原则通过了市第九次党代会报告和市纪委工作报告，决定提请市第九次党代会审议。

全会决定，中国共产党济南市第九次代表大会于4月7日至11日召开。大会的主要议程是：听取和审查中共济南市第八届委员会报告；审查中共济南市纪律检查委员会工作报告；选举产生中共济南市第九届委员会；选举产生中共济南市纪律检查委员会；选举产生济南市出席中共山东省第九次代表大会代表。

全会指出，2003年市第八次党代会以来，在中央和省委的坚强领导下，市委坚持以邓小平理论和“三个代表”重要思想为指导，深入贯彻党的十六大和十六届三中、四中、五中、六中全会精神，全面落实胡锦涛“三个走在前面”的要求和省委的工作部署，团结带领全市人民，牢固树立和认真落实科学发展观，发挥省城优势，发展省会经济，促进社会和谐，推进党的建设，全面完成了“十五”计划，实现了“十一五”良好开局，全市经济、政治、文化、社会建设和党的建设取得了新的成绩，为济南在新的起点上实现又好又快发展打下了良好基础。

全会认为，即将召开的市第九次党代会，是在全市上下深入贯彻落实科学发展观、扎实推进社会主义和谐社会建设的新形势下召开的一次重要会议。开好这次党代会，对于坚持科学发展，构建和谐济南，加快全面建设小康社会进程，具有十分重大而深远的意义。

全会号召，全市各级党组织和全体共产党员，要更加紧密地团结在以胡锦涛为总书记的党中央周围，在省委的坚强领导下，高举邓小平理论和“三个代表”重要思想伟大旗帜，全面贯彻落实中央一系列重大战略思想、胡锦涛“三个走在前面”的要求和省委的决策部署，解放思想，开拓进取，脚踏实地，埋头苦干，为把济南建设成为实力强大、人民富裕、社会和谐、生态良好的现代化省会城市而努力奋斗！

（张海龙）

【中共济南市第九次代表大会】 中国共产党济南市第九次代表大会于2007年4月7日至11日举行。大会批准焉荣竹代表市第八届委员会所作的报告。报告以邓小平理论和“三个代表”重要思想为指导，全面贯彻中央一系列重大战略思想，认真总结过去，科学谋划未来，鲜明提出了“坚持科学发展，构建和谐济南，为全面建设小康社会而不懈奋斗” 的主题和奋斗目标，全面部署了今后五年省会现代化建设的各项任务，富有时代特征和济南特色，体现了中央和省委指示精神，反映了全市广大党员干部群众的愿望和心声，是做好今后五年全市各方面工作的指导性文件。

大会充分肯定了中国共产党济南市第八届委员会的工作。一致认为，市第八次党代会以来，在中央和省委的坚强领导下，市委深入贯彻党的十六大和十六届三中、四中、五中、六中全会精神，全面落实胡锦涛总书记“三个走在前面”的要求，团结带领全市人民，牢固树立和认真落实科学发展观，发挥省城优势，发展省会经济，促进社会和谐，推进党的建设，全市经济、政治、文化、社会建设和党的建设取得了新的成绩，为济南今后发展打下了良好基础。

大会同意报告提出的今后五年全市工作的指导思想、目标任务以及必须遵循的原则。大会认为，今后五年是济南改革发展的关键时期，既面临良好的发展机遇，也面临严峻的挑战，必须坚持以科学发展观统领全局，把科学发展观的各项要求落实到经济、政治、文化、社会建设和党的建设的各项工作中；必须坚持解放思想、实事求是、与时俱进，创造性地做好各项工作；必须坚持立党为公、执政为民，把人民群众的根本利益作为一切工作的出发点和落脚点；必须坚持深化改革、扩大开放，为经济社会发展增添新的生机和活力；必须全面加强党的思想建设、组织建设、作风建设和制度建设，为省会现代化建设提供坚强的政治保证。大会指出，发展是党执政兴国的第一要务，又好又快发展是全面落实科学发展观的本质要求。要以发展农村经济、促进农民增收为中心，扎实推进社会主义新农村建设；积极推进经济结构的战略性调整，尽快形成以高新技术产业、先进制造业和现代服务业为主导的省会产业新格局；加快经济增长方式转变，推动经济发展由资源依赖型向创新驱动型转变；全面提高城市的规划建设和管理水平，进一步增强省会的综合服务功能；深入推进重点领域的改革，全方位扩大对外开放，建立保障科学发展的体制机制。把构建社会主义和谐社会摆在更加突出的地位，坚持在共建中共享、在共享中共建，努力促进社会和谐。要加强民主政治建设，深入推进依法治市；加快社会事业发展，解决好人民群众关切的突出问题；加强社会建设和管理，统筹协调各方面利益关系；深入开展平安建设，保持社会安定有序。坚持马克思主义在意识形态领域的指导地位，牢牢把握社会主义先进文化的前进方向，筑牢人民群众团结奋斗的思想道德基础。要加强社会主义核心价值体系建设，把各方面的智慧和力量凝聚到全面建设小康社会的伟大事业上来；深入开展社会主义荣辱观教育，培育文明道德新风尚；加强宣传舆论工作，营造健康向上的舆论环境；大力发展文化事业和文化产业，不断满足人民群众日益增长的精神文化需求。大会强调，推动科学发展，构建和谐济南，必须坚持党的领导、加强党的建设。要坚持不懈地用马克思主义中国化的最新成果武装头脑，提高党员干部的理论素养和解决实际问题的能力；全面贯彻"四化"方针和德才兼备的原则，加强领导班子和干部队伍建设；高度重视基层党组织建设和党员队伍建设，充分发挥基层党组织的战斗堡垒作用和共产党员的先锋模范作用；坚持党要管党、从严治党的方针，深入开展党风廉政建设和反腐败斗争；大力弘扬胡锦涛提出的"八个方面"的良好风气，全面加强领导干部的作风建设；按照"总揽全局、协调各方"的原则，改革和完善党的领导方式，提高科学执政、民主执政、依法执政的水平。

大会号召，全市各级党组织和共产党员，更加紧密地团结在以胡锦涛为总书记的党中央周围，高举邓小平理论和"三个代表"重要思想伟大旗帜，坚持以科学发展观统领全局，在省委的坚强领导下，团结带领全市人民，解放思想，开拓进取，脚踏实地，埋头苦干，为把济南建设成为实力强大、人民富裕、社会和谐、生态良好的现代化省会城市而努力奋斗！

会议选举产生了第九届市委委员、候补委员。（张海龙）

【中共济南市九届一次全委会议】 中国共产党济南市第九届委员会第一次全体会议，于 2007 年 4 月 11 日下午举行。焉荣竹受中共济南市第九次代表大会主席团的委托，主持会议。中国共产党济南市第九届委员会委员 57 人、候补委员 10 人出席全会。全会首先审议通过了《中国共产党济南市第九届委员会第一次全体会议选举办法》；审议通过了监票人名单；讨论通过了中国共产党济南市第九届委员会常务委员会委员和书记、副书记候选人预备人选名单。随后，在监票人的监督下，以无记名投票方式选举产生了中国共产党济南市第九届委员会常务委员会委员和书记、副书记。中国共产党济南市第九届委员会常务委员会由 13 名委员组成：焉荣竹、张建国、杨鲁豫、徐长玉、殷鲁谦、郭作贵、王良、李家政、雷杰、钱道书、孙晓刚、陈先运、徐学武；市委书记：焉荣竹；市委副书记：张建国、杨鲁豫。全会还批准了中共济南市纪律检查委员会第一次全体会议选举结果：中共济南市纪律检查委员会书记徐长玉；副书记李华贤、高新临、孙博；常务委员会委员徐长玉、李华贤、高新临、孙博、吴兴金、宫春生、李大江、徐庆海、丁远。

新当选的市委书记焉荣竹作了重要讲话。他指出，省委、省政府对济南的发展高度重视，人民群众寄予殷切期望。新一届市委领导班子肩负着推进省会现代化建设的重要使命，任务艰巨、责任重大，一定要不辜负党和人民的信任和重托，倍加珍惜时代提供的机遇和舞台，倍加珍惜历届市委打下的良好基础，以高度的政治责任感和历史使命感，团结带领全市广大党员干部群众，高举邓小平理论和"三个代表"重要思想伟大旗帜，全面贯彻落实科学发展观，解放思想，与时俱进，团结拼搏，奋发有为，努力创造无愧于党、无愧于人民、无愧于时代的新业绩。

焉荣竹要求，要讲政治、顾大局、重责任。牢固树立政治意识、大局意识和责任意识，坚定不移地在思想上、政治上、行动上同以胡锦涛同志为总书记的党中央保持高度一致，自觉维护中央权威和中央大政方针的统一性和严肃性，以坚强的党性确保中央和省委的政令畅通，确保党的路线方针政策不折不扣地贯彻落实。要善于站在全局的高度想问题、办事情，正确处理局部与全局、当前与长远的关系，使各项工作在全局中定位，在大局下开展，以做好省会各项工作的实际行动维护大局、服务大局。要坚定不移地贯彻落实以胡锦涛同志为总书记的党中央提出的一系列重大战略思想，牢牢把握推动科学发展、促进社会和谐的主题，把发展经济、改善民生作为重大政治责任。

焉荣竹要求,要始终抓好发展第一要务。近几年来济南经济社会发展取得了显著成绩,但提高综合经济实力、增强经济发展后劲、努力扩大对外开放、推动区域协调发展的任务还十分繁重。我们必须进一步增强忧患意识,始终保持清醒的头脑,科学分析形势,正确判断形势,准确把握形势,不断增强加快发展、科学发展、和谐发展的紧迫感责任感,立足高起点,坚持高标准,努力提升思想境界,创造性地开展工作。要正确把握科学发展观的本质要求,坚持“好”字当头、“好”中求快,转变发展观念,创新发展模式,在推进结构调整、发展新型工业经济、转变增长方式、壮大县域经济、扎实推进新农村建设、加快对外开放、提高城市综合服务功能等事关全局的重点工作上实现新的突破。

焉荣竹强调,要改善民生,促进和谐。要牢记党的宗旨,坚持立党为公、执政为民,始终把广大人民群众的根本利益作为全部工作的出发点和落脚点,真正做到权为民所用、情为民所系、利为民所谋。要认真贯彻执行党的群众路线,深入实际、深入群众,倾听群众呼声,了解群众疾苦,集中群众智慧,使各项决策更加符合客观实际,更加体现人民群众根本利益。要坚持以人为本,时刻把群众的安危冷暖挂在心上,着力解决好就业、教育、医疗、社会保障、收入分配、生存环境等群众最关心、最直接、最现实的利益问题。要把共同建设、共同享有和谐社会贯穿于和谐社会建设的全过程,真正做到在共建中共享、在共享中共建。

焉荣竹要求,要自觉维护团结。要始终自觉维护市委班子的团结和谐,努力把市委领导班子建设成为朝气蓬勃、团结干事的坚强领导集体。要加强市委全委会和常委会民主集中制建设,严肃党的组织纪律,健全党内政治生活。要按照“集体领导、民主集中、个别酝酿、会议决定”的要求,健全和完善市委全委会和常委会议事规则和决策程序。要充分发挥市委总揽全局、协调各方的领导核心作用,统筹协调好与人大常委会、政府、政协和审判、检察机关以及人民团体的关系,积极促进全市各党派、各团体、各民族、各阶层、各界人士的团结和睦,把各方面积极性凝聚到省会现代化建设的伟大事业上来。

焉荣竹强调,要树立廉洁勤政的良好形象。圆满完成市第九次党代会确定的各项任务,在新的起点上开创济南各项工作的新局面,必须把作风建设摆在更加突出的位置,大力弘扬胡锦涛总书记提出的八个方面的良好风气,为推动科学发展、促进社会和谐提供有力保障。要坚持解放思想、实事求是、与时俱进的思想路线,努力用创新的思路破解发展中的难题,用创新的办法解决前进中的矛盾,用创新的实践走出具有济南特色的发展之路。要大力弘扬理论联系实际的优良学风,坚持用马克思主义中国化的最新成果武装头脑、指导实践,不断加强对科技、经济、法律、管理等相关知识的学习。要大兴求真务实之风,克服浮躁情绪,抛弃私心杂念,努力创造经得起实践、群众和历史检验的实实在在的业绩。要牢记“两个务必”,自觉加强思想道德修养,坚持高尚的精神追求,严格执行领导干部廉洁从政的各项规定,秉公用权,廉洁从政,管好配偶、子女和身边工作人员,抓好分管地区和部门的党风廉政建设,以实际行动树立起新一届市委班子“为民、务实、清廉”的良好形象。

(张海龙)

【中共济南市九届二次全委会议】 中国共产党济南市第九届委员会第二次全体会议,于2007年11月14日举行。出席会议的有市委委员50人,市委候补委员10人。市纪委委员和有关方面负责人列席了会议。会议由市委常委主持,省委常委、市委书记焉荣竹作了重要讲话。

全委会认真学习了党的十七大、十七届一中全会和省委九届二次全会精神,审议通过了《中共济南市委关于深入学习贯彻党的十七大精神的决议》。

全委会一致认为,党的十七大是在我国改革发展关键阶段召开的一次十分重要的大会,是一次团结的大会、胜利的大会、奋进的大会。胡锦涛代表第十六届中央委员会向大会作的报告,科学回答了党在改革发展关键阶段举什么旗、走什么路、以什么样的精神状态、朝着什么样的发展目标继续前进的重大问题,为推动党和国家事业发展指明了前进方向,是我们党团结带领全国各族人民坚定不移地走中国特色社会主义道路、在新的历史起点上继续发展中国特色社会主义的政治宣言和行动纲领,是马克思主义的纲领性文献。党的十七大通过的党章修正案,体现了党的理论创新和实践创新成果,体现了党的十七大报告确立的重大理论观点、重大战略思想、重大工作部署,为坚持和完善党的领导、加强和改进党的建设提出了明确要求。大会选举产生的以胡锦涛为总书记的新一届党中央领导集体是一个坚强领导核心,得到全党全军全国各族人民的充分信任和衷心拥护,一定能够团结带领全党全军全国各族人民,不断夺取全面建设小康社会新胜利,开创中国特色社会主义事业新局面。全市各级党组织和广大党员干部,要充分认识学习贯彻党的十七大精神的重大现实意义和深远历史意义,把深入学习贯彻党的十七大精神作为当前和今后一个时期的首要政治任务认真抓好,不断把省会改革开放和社会主义现代化建设推向前进。

全委会审议通过的《中共济南市委关于深入学习贯彻党的十七大精神的决议》,从八个方面对深入学习贯彻党的十七大精神作出了部署:(一)充分认识党的十七大的重大意义,全面准确学习领会党的十七大精神;(二)高举中国特色社会主义伟大旗帜,牢牢把握正确的政治方向;(三)明确奋斗目标,夺取全面建设小康社会新胜利;(四)加快转变经济发展方式,促进省会经济又好又快发展;(五)发展社会主义民主政治,保障人民权益和社会公平正义;(六)提高文化综合实力,兴起社会主义文化建设新高潮;(七)以改善民生为重点,加快推进和谐济南建设;(八)加强党的建设,不断提高执政能力和领导水平。

全委会强调,学习贯彻党的十七大精神,首要的是深刻领会、准确把握精神实质。要深刻领会党的十七大的主题,坚定不移地高举中国特色社会主义伟大旗帜;

深刻领会党的十六大以来党和国家取得的新的重大成就，更加自觉地贯彻党的理论和路线方针政策；深刻领会改革开放的伟大历史进程和宝贵经验，深刻领会中国特色社会主义道路和中国特色社会主义理论体系；深刻领会科学发展观的科学内涵、精神实质和根本要求，增强贯彻落实科学发展观的自觉性和坚定性；深刻领会实现全面建设小康社会奋斗目标的新要求，为夺取全面建设小康社会新胜利而奋斗；深刻领会社会主义经济建设、政治建设、文化建设、社会建设等方面的重大部署，努力促进各项事业协调发展、共同进步；深刻领会以改革创新精神全面推进党的建设新的伟大工程，使党始终成为中国特色社会主义事业的坚强领导核心。通过深入学习领会，把全市广大党员干部群众的思想统一到党的十七大精神上来，把力量凝聚到实现党的十七大确定的目标任务上来。

全委会指出，学习贯彻党的十七大精神，要明确目标，理清思路，不断夺取全面建设小康社会的新胜利。按照党的十七大提出的实现全面建设小康社会奋斗目标的新要求和省委九届二次全会的决策部署，在市第九次党代会确定的目标基础上，深入贯彻落实科学发展观，加快工作指导转变，紧紧围绕“维护省城稳定、发展省会经济、建设美丽泉城”的总体思路，协调推进经济建设、政治建设、文化建设、社会建设和党的建设，努力实现科学发展、和谐发展、率先发展，不断夺取全面建设小康社会的新胜利。一是以转变经济发展方式为关键，促进经济又好又快发展。积极推进产业结构优化升级，大力提高高新技术产业和现代服务业的比重，努力在全省率先形成以服务经济为主的产业结构；加快推进创新型城市建设，大力实施科教兴市和人才强市战略，把增强自主创新能力贯彻到现代化建设的各个方面；加强能源资源节约和生态环境保护，提高节能环保水平，增强可持续发展能力；推动城乡一体和区域协调发展，加强农业基础地位，建立以工促农、以城带乡长效机制，扎实推进社会主义新农村建设，加快发展壮大县域经济；深入贯彻落实“9·29”省委常委扩大会议精神，以迎接第十一届全运会为契机，全面加强城市规划建设管理，让城市建设更好地支撑发展、服务市民。二是以保证人民当家作主为根本，大力发展社会主义民主政治。坚持把党的领导、人民当家作主、依法治国有机统一起来，深入推进依法治市，进一步巩固发展民主团结、生动活泼、安定和谐的政治局面。三是以提高文化软实力为目标，积极推进文化强市建设。坚持社会主义先进文化的前进方向，加强社会主义核心价值体系建设，努力建设和谐文化，加快推进文化创新，大力发展文化事业和文化产业，在全市兴起文化建设新高潮。四是以改善民生为重点，更加扎实地推进和谐社会建设。坚持从具体事情入手，从一点一滴做起，认真解决群众最关心、最直接、最现实的利益问题，实施积极的就业政策，加快发展教育、卫生等各项社会事业，加强收入分配的宏观调节，加大公共服务领域投入，加快完善社会保障体系，健全基层社会管理体制，深入开展平安济南建设，维护省城稳定，促进社会和谐。五是以加强党的执政能力建设和先进性建设为主线，加强和改进党的建设。认真学习贯彻中国特色社会主义理论体系，着力用马克思主义中国化最新成果武装头脑；以提高领导水平和执政能力为核心内容，加强各级领导班子建设；坚持和健全民主集中制，积极推进党内民主建设；继续深化干部人事制度改革，努力造就高素质干部队伍和人才队伍；全面巩固和发展先进性教育活动成果，加强基层党的建设，增强基层党组织的创造力、凝聚力、战斗力；切实改进党的作风，以优良的党风促政风带民风；着力加强反腐倡廉建设，以实际成效取信于民。

全委会提出，学习贯彻党的十七大精神，要继续深化改革、扩大开放，为全面建设小康社会提供强大动力和体制保障。要把改革创新精神贯彻到现代化建设的各个环节，毫不动摇地坚持改革开放，着力构建充满活力、富有效率、更加开放、有利于科学发展的体制机制。加快推进重要领域和关键环节的改革，进一步增强市场主体活力，大力发展要素市场，加快政府职能转变。坚定不移地把扩大对外开放作为拓展发展空间、增强发展动力的一项重要举措，以更加开放的胸怀谋划发展、推进发展，进一步提高对外开放整体水平。建立健全符合科学发展观和正确政绩观要求的考核评价体系，创新考核方式，健全激励约束机制，从制度上保证科学发展观的落实。

全委会要求，学习贯彻党的十七大精神，要有良好的精神状态和工作作风。要进一步解放思想、提升境界，重点围绕坚持科学理念、树立一流标准、破除陈规陋习、推进提速提效，破除“自满、自足、自负”的观念，破除“畏首、畏尾、畏难”的思想，破除“漂浮、懒惰、粗放”的作风，努力使主观与客观相符合、思想境界与科学发展观的要求相适应、工作标准与又好又快发展的目标相一致。要以学习贯彻党的十七大精神为强大动力，更加扎实有效地做好当前各项工作，努力完成和超额完成全年目标任务。全市广大党员干部要认真践行胡锦涛总书记提出的“四个一定要”的政治要求，大力弘扬“八个方面”的良好风气，以求真务实的作风，抓好党的十七大精神的学习贯彻落实。

全委会号召，全市各级党组织和广大党员干部，要更加紧密地团结在以胡锦涛同志为总书记的党中央周围，高举中国特色社会主义伟大旗帜，认真学习贯彻党的十七大精神，深入贯彻落实科学发展观，万众一心，奋力开拓，为夺取全面建设小康社会新胜利、创造省会美好生活新篇章而努力奋斗！（张海龙）

【中共济南市九届三次全委会议】 中国共产党济南市第九届委员会第三次全体会议，于2007年12月27日至28日举行。出席会议的有市委委员49人，市委候补委员10人。市纪委常委和有关方面负责人列席了会议。会议由市委常委主持。

全委会深入学习贯彻党的十七大、中央经济工作会议和省委九届三次全会精神；听取了省委常委、市委书记焉荣竹受市委常委会委托所作的工作报告；市委副书记、市长张建国就今年经济社会发展情况和明年工作安排讲了话；审议通过了《中共济南市委2008年工作要点》；焉荣竹在全委会结束时作了重要讲话。

全委会一致认为，中央经济工作会议是党的十七大之后中央召开的一次重要会议。胡锦涛总书记的重要讲话，高屋建瓴，总揽全局，深刻分析了当前国际国内形势，明确提出了明年经济工作的总体要求、大政方针和主要任务。温家宝总理的重要讲话对明年经济工作作出了具体部署。省委九届三次全会深入学习贯彻党的十七大和中央经济工作会议精神，紧密结合山东实际，对明年全省经济社会发展和各项工作任务进行了全面安排部署。全市各级党组织和广大党员干部一定要认真学习、深刻领会，切实把思想统一到中央对当前国际国内形势的判断上来，统一到中央和省委关于做好明年工作的指导思想、总体要求和目标任务上来，自觉贯彻落实中央加强和改善宏观调控的决策部署，促进省会经济社会又好又快发展。

全委会充分肯定了市委常委会一年来的工作。一致认为，在中央和省委的坚强领导下，市委团结带领全市共产党员和人民群众，高举中国特色社会主义伟大旗帜，坚持以邓小平理论和“三个代表”重要思想为指导，深入贯彻落实科学发展观，紧紧围绕迎接党的十七大胜利召开和学习贯彻十七大精神这条主线，加快推进工作指导转变，全市经济平稳较快增长，人民生活改善，社会和谐稳定，城市建设管理取得很大进展，党的建设和反腐倡廉建设全面加强，省会政治经济的好形势进一步巩固发展。

全委会指出，当前省会现代化建设正处在关键时期，前进中仍然面临许多矛盾和困难。各级领导干部一定要居安思危，时刻保持清醒头脑，进一步增强做好工作的紧迫感和责任感。

全委会指出，2008年是全面贯彻落实党的十七大作出的战略部署的第一年，也是全面贯彻落实省第九次党代会和“9·29”省委常委扩大会议精神，以新的面貌、新的形象、新的姿态迎接第十一届全运会的关键一年，做好2008年工作意义重大。全市工作的总要求是：全面贯彻党的十七大精神，高举中国特色社会主义伟大旗帜，以邓小平理论和“三个代表”重要思想为指导，深入贯彻落实科学发展观，加快推进工作指导转变，紧紧围绕“维护省城稳定、发展省会经济、建设美丽泉城”的总体思路，科学谋划全局，扎实做好工作，积极促进经济又好又快发展和社会和谐，协调推进经济建设、政治建设、文化建设、社会建设，切实加强和改进党的建设，努力开创省会现代化建设的新局面。

全委会要求，做好明年经济社会发展各项工作，要深入学习贯彻党的十七大、中央经济工作会议和省委九届三次全会精神，坚持稳中求进、好字优先，准确把握国内外经济形势和省会经济发展的阶段性特征，紧密结合实际，明确工作任务，突出工作重点。要以调整产业结构、提高自主创新能力、节能减排为重点，加快转变经济发展方式，努力提高服务业和高新技术产业“两个比重”，确保节能减排取得重大进展。要以提升形象、迎接全运为重点，全面加强城市规划建设管理，强力推进重点工程建设和综合整治项目，确保各项任务的顺利实施和阶段性目标的完成。要以新农村建设和县域经济发展为重点，努力促进城乡区域协调发展，特别是着力抓好农业生产，促进农民增收，提高农业综合生产能力。要以构建有利于科学发展的体制机制为重点，进一步深化改革扩大开放，努力使重要领域和关键环节的改革有个实质性进展，对外开放水平有个显著提升。要以改善民生、促进和谐为重点，加快推进社会建设，从具体事情入手，从一点一滴做起，扎扎实实解决好关系群众切身利益的突出问题。要以增强人民群众的安全感满意度为重点，深入推进平安济南建设，妥善处理人民内部矛盾，加强社会治安综合治理，高度重视安全生产，努力维护省会稳定。

全委会根据中央经济工作会议和省委九届三次全会精神，总结了今年经济工作，对明年经济工作的主要目标、任务作了具体部署。要认真落实中央防过热、防通胀要求，加快转变经济发展方式，加强能源资源节约和生态环境保护，继续加强农业和农村工作，全面做好全运会筹备工作，切实保障和改善民生，进一步深化改革扩大开放，大力改善发展环境。

全委会指出，面对新的形势任务，必须进一步加强和改进党对经济和各项工作的领导。要着力在解放思想、提升境界上下功夫。进一步强化党员干部学习，坚定中国特色社会主义理想信念，自觉用马克思主义中国化最新成果武装头脑。继续深入开展“学习实践科学发展观——解放思想大讨论”活动，努力使思想观念有新转变、境界标准有新提升、干部作风有新改进，不断增强贯彻落实科学发展观的自觉性和坚定性。要着力在加强能力建设上下功夫。坚持把提高领导科学发展的能力作为加强党的执政能力建设和先进性建设的必然要求和重要任务，紧密结合工作和思想实际，努力提高正确判断形势的能力，提高统筹兼顾、促进科学发展的能力，提高做好民生工作、促进社会和谐的能力。要着力在提高工作效率、狠抓工作落实上下功夫。切实增强效率意识，对决定了的事情要统筹安排，明确工作时限、进度要求，说干就干，雷厉风行，特别是对一些重点工作，要以打破常规的效率，急事急办，特事特办，保证在规定的时限内落到实处。健全抓落实的领导机制和工作机制，严格考核，奖优罚劣，确保各项工作取得实实在在的成效。

全委会号召，全市各级党组织和广大党员干部群众要更加紧密地团结在以胡锦涛同志为总书记的党中央周围，全面学习贯彻党的十七大精神，高举中国特色社会主义伟大旗帜，以邓小平理论和“三个代表”重要思想为指导，深入贯彻落实科学发展观，团结一心，开拓奋进，为夺取全面建设小康社会新胜利、开创省会现代化建设新局面而努力奋斗！ （张海龙）

【组织工作】 2007年，在市委的领导下，全市各级组织部门坚持以邓小平理论和“三个代表”重要思想为指导，全面落实科学发展观，紧紧围绕全市中心任务，谋全局，抓大事，求创新，务实效，各项工作取得新的进步，整体水平有了新的提高。

扎实做好市县乡集中换届工作，领导班子和干部队伍建设进一步加强。圆满完成市第九次党代会和人代会、政协会的组织选举工作。精心组织县乡换届工作，县(市)区人大、政府、政协领导班子和乡镇人大、政府领导班子换届选举全面完成。换届工作中，始终坚持加强党的领导，严格执行干部考察、交流、回避等规定，严肃换届人事纪律，做好思想政治工作，整个换届工作风清气正、健康有序。认真抓好领导班子思想政治建设特别是领导干部作风建设，积极探索领导班子配备改革后地方党委新的工作机制和运行方式，对县(市)区党委常委分工问题提出了指导性意见。对部分市直部门和企业领导班子进行了调整充实，完成了市级7个民主党派和团市委、市妇联、市工商联换届的有关工作，班子结构进一步优化，功能进一步增强。着眼于领导班子长远建设，研究制定了全市2007—2010年培养选拔女干部发展女党员工作规划，从市直部门选派50名年轻干部到市重点工程挂职，选调65名应届高校毕业生安排到基层培养锻炼。同时，积极做好领导班子年度考察、援藏干部轮换和军转干部安置等工作。

巩固和发展先进性教育活动成果，基层党组织建设和党员队伍建设取得新的成效。坚持不懈地抓好中央和省、市委关于建立长效机制有关规定的落实，省委检查组对济南市贯彻落实工作给予充分肯定。深化拓展农村党的建设县、乡、村“三级联创”活动，大力实施“双强双带”工程(即建设一支政治素质强、发展能力强的农村基层干部队伍，培养一批能够带头致富、带领群众致富的农村党员)，列入中央和省补助范围的283个村级活动场所全部建成投入使用。基本完成了村“两委”换届选举任务。深入开展争创“党建工作示范社区”活动，积极推行“网格化”管理制度，社区党建工作取得新的进展。加大非公有制企业党组织组建工作力度，党组织组建率达到98.6%，其中规模以上企业党组织组建率达到94.5%。同时，扎实推进国有企业、机关、学校等领域党的建设。认真做好流动党员《活动证》发放使用、组织关系接收工作，市、县两级组织部门设立流动党员咨询服务专用电话，流动党员管理服务水平进一步提高。加强党员经常性教育工作，评选命名了一批济南市党员教育基地和基层党建工作示范点。认真做好发展党员工作，党员队伍的结构和分布进一步改善。成立了市党建研究会，并积极开展研讨活动。

认真贯彻《干部教育条例》，大规模培训干部任务得到较好落实。制定了贯彻落实《干部教育条例》实施意见和“十一五”干部教育培训规划，加强对干部培训工作的宏观指导。把党的十七大和省、市第九次党代会精神列入干部培训的重要内容，及时部署和开展了县处级以上领导干部的集中轮训。完成了在市委党校举办的27个主体班次、2500多名干部的培训任务，选调146名领导干部参加在国家行政学院、省委党校等院校举办的各类培训班。继续实施“双高人才”培训工程，选派185名优秀中青年干部到国内重点高校进行研究生课程培训，选派35名干部到国外进行中长期培训。深化完善“学习、研究一体化”培训机制，探索实行“党校—高校”分段式培训，提高了培训的针对性和实效性。2007年，全市培训各级各类干部40万人次，全面完成了第一轮大规模培训干部任务。

坚持创新制度和狠抓落实相结合，干部人事制度改革和干部监督工作取得新的进展。加强宏观指导和综合协调，认真抓好干部人事制度改革政策法规的落实，提出了进一步深化改革的措施。继续抓好《公务员法》的组织实施，基本完成全市公务员登记、工资套改等工作。对县(市)区和部分市直部门贯彻执行《干部任用条例》情况进行了集中检查，对县(市)区干部管理工作进行了规范。代市委起草并下发了《关于进一步加强干部教育、管理和监督的意见》，对建立干部选拔任用限批限额制度、干部监督预警制度等进行了认真研究。组织开展了市管领导干部首次集中报告个人有关事项工作，对部分市管领导干部进行了经济责任审计。认真做好巡视工作，对8个市直部门进行了巡视。认真做好“12380”举报电话受理工作，初步建立起干部监督工作信息管理系统。

突出抓好高层次、高技能人才队伍建设，人才工作力度进一步加大。按照市委的部署要求，调整充实市人才工作领导小组，增加了四个成员部门。对组织部门如何发挥牵头抓总作用进行了调研，起草了有关工作意见。扎实推进“泉城学者”建设工程，对首批招标课题进行了验收。出台首个加强高技能人才工作的指导性文件，评选命名了第二批30名首席技师、第四批61名青年学术技术带头人和首批20名优秀农村实用人才“双带示范标兵”。组织开展社会工作人才队伍建设专项调研，在4个区和5个市直部门(单位)进行了试点，在山东大学建立了培训基地。会同市国资委对全市国有企业“四好”领导班子先进集体进行了表彰。在深入调查研究的基础上，提出了进一步加强企业家队伍建设的对策措施。深入开展“专家讲坛”、“建言献策”和“拔尖人才支农活动”，为各类人才发挥作用创造了条件。编辑出版《商道维新》，举办企业创新论坛，《赢在济南——企业家访谈录》获得全省人才工作好新闻最高奖。

积极探索建立“管、学、用”长效机制，党员干部现代远程教育工作水平得到新的提升。召开全市远程教育工作会议，制定并下发了《关于进一步加强全市党员干部现代远程教育工作的意见》。加大资源整合力度，初步形成多部门多单位共建共享的工作格局。在全省率先向党政机关和企事业单位拓展延伸，首批建成181个示范站点。深入开展“规范化站点”创建活动，加大骨干管理员培训力度，全面完成转星调整工作，站点正常运行率保持在90%以上。认真做好教学资源开发工作，努力提高节目质量，在全国、全省课件评比中取得优异成绩，市委组织部被评为全省教学资源建设先进单位。组织实施“远程教育科技致富工程”，加强和改进教学组织管理，在十七大精神学习培训和新农村建设等工作中发挥了重要作用。

(李国华)

【推选出席省第九次党代会代表】 从

2006年12月6日开始，济南市各级党组织按照“自上而下、上下结合、反复酝酿”的程序，对济南市出席省第九次党代会代表进行了酝酿推荐。根据基层党组织的推荐情况，市委常委会议研究确定了济南市出席省第九次党代会代表候选人初步人选考察对象。3月下旬，对省第九次党代会代表候选人初步人选考察对象进行了考察和公示。之后，市委分别召开常委会议和全委会议，研究确定了济南市出席省第九次党代会代表候选人预备人选。经省委组织部审查同意后，将省第九次党代会代表候选人预备人选提交市第九次党代表大会，选举产生了57名济南市出席省第九次党代会代表。（刘泽涛）

济南市出席省第九次党代会代表名单
（共57人）

丁小秋(回族)　丁瑞云　马纯济
王　良　王　辉　王久祜　王广仁
田　庄　朱玉臣　仲联元　刘卫忠
刘元刚　齐建中　闫家河　江秀花(女)
孙积港　孙瑞祥　苏树伟　杜世勇
李　静(女)　李予会(女)
李启万　李洪振　李宽端　杨庆林
杨鲁豫　吴　倩(女)　宋玉国
张　辉　张建国　张海滨　张新文
陈叶翠(女)　陈先运　陈延河
邵丽云(女)　孟红伟(女)
孟祥桓　孟富强　赵业坤　段义和
姜大明　袁小冬(女)　徐长玉
徐长林　徐华东　徐明梅(女)
徐学武　焉荣竹　程玉春(女)
程秋霞(女)　雷　杰(女)
雷　蕾(女)　鲍志强　谭延伟
谭庆华　魏　篁

【县(市)区领导班子换届选举】 8月29日，市委召开县(市)区人大、政府、政协领导班子换届工作座谈会，对换届工作作出安排部署。从9月中旬开始，运用体现科学发展观要求的综合考核评价办法进行了换届考察。12月初，各县(市)区陆续召开人代会、政协会进行了换届选举。换届后，10个县(市)区人大、政府、政协领导班子成员分别为62名、70名和68名，法院院长、检察院检察长各10名。党政交叉任职比上届增加10名，人大领导班子成员职数比换届前减少1职。政府领导班子成员平均年龄42.5岁，比换届前下降2岁，其中40岁以下的23人，比换届前增加6人，35岁左右的12人，比换届前增加4人；人大、政协领导班子平均年龄50.6岁，比换届前下降1.7岁。大学以上学历的共有182人，均比上届有大幅度增加。共配备女干部44名，人大、政府、政协领导班子至少各配备了1名。共配备党外干部27名，人大、政府领导班子中各至少有1名，政协副主席中均不少于50%。同换届前相比，在精简领导班子职数、扩大党政班子交叉任职、推进干部队伍年轻化、改善班子结构等方面，均取得实质性进展，较好地落实了领导班子配备改革的要求。（王玉跃）

【全市村“两委”换届选举】 按照市委、市政府的统一部署和要求，济南市村“两委”换届选举工作自2007年9月14日全面展开，2008年1月底基本结束。此次村“两委”换届选举，涉及到10个县(市)区、济南高新区的4662个村党组织和4681个村委会。在整个换届选举工作中，全市各级党委、政府思想统一，措施得力，安排周密，工作扎实，确保了这次换届选举工作的顺利进行。村党组织书记、村委会主任“一人兼”比例86.46%，村“两委”成员交叉任职比例75.31%。村“两委”成员总职数18036人，比上届减少1563人。新一届村“两委”成员高中以上文化程度的9847人，大专以上文化程度的1675人，分别占总数的54.6%和9.29%，比上届提高了9.88%和2.19%；45岁以下的10895人，比上届提高了9.24%；“双高双强”型干部13723人，占总数的76.09%，比上届提高14.09%；妇女干部数量比上届增加1727人。通过这次换届选举，村“两委”班子的年龄、文化结构进一步改善，职数进一步减少，干部整体素质有了新的提高，较好地实现了省、市关于换届选举工作的目标要求，为进一步加强农村基层组织建设、推进社会主义新农村建设奠定了基础。（乔　梁）

【部署开展党的十七大精神集中轮训】 从11月19日开始，市委组织部、市委宣传部、市委党校联合举办全市领导干部学习党的十七大精神培训班，对来自全市各县(市)区和市直部门的1500余名市管领导干部进行十七大精神集中轮训。这次培训历时近两个月，共举办了7期，每期5天。市委对做好十七大精神培训工作高度重视，省委常委、市委书记、市委党校校长焉荣竹亲自审定培训方案，对办好轮训班提出了明确要求，并在第一期培训班开班式上作了动员讲话和专题辅导报告。市领导杨鲁豫、王良、李家政、雷杰、徐学武等分别在其他几期培训班上作了动员讲话。培训班按照“学习研究一体化”培训机制的要求，采取课堂授课与专题辅导相结合、分组讨论与专题研究相结合、个人自学答卷与撰写心得体会相结合等形式进行，边学习党的十七大精神，边研究工作中的实际问题，使学员对十七大精神的理解把握更加深刻全面，进一步增强了培训的针对性和实效性。（卢国栋）

【选派年轻干部到市重点工程挂职锻炼】 为深入贯彻“9·29”省委常委扩大会议精神，加强重点工程工作力量，从10月26日开始，济南市首次从市直机关事业单位，采取组织推荐和个人自愿报名相结合的方式，选派了50名优秀年轻干部，赴市重点工程进行挂职锻炼。50名挂职干部平均年龄38.3岁，都是市直机关处级干部，具有大学以上文化程度，其中研究生文化程度13名。挂职干部主要派往市委、市政府确定的奥体文博地区建设、泉城特色标志区建设、西客站片区开发建设、城区道路建设、公共交通建设、旧城和棚户区改造、小清河综合整治、环境综合整治、景观照明等重点工程挂职锻炼。挂职干部挂职锻炼期限为两年，一年后原则上由派出单位轮换一次。挂职干部的主要任务是，认真履行职责，完成好接收单位分配的工作任务，同时积极与有关部门沟通，协调解决重点工程建设中的热点难点问题；深入基层，了解情况，发挥自身工作特长，积极建言献策，当好参谋、出好主意；宣传市委和市政府的有关政策，耐心细致地做好群众思想工作，赢得人民群众对重点工程的理解和支持。 （徐苏东）

【选派第五批援藏干部】 4月14日，济南市召开选派第五批援藏干部工作会议，对选派工作进行动员部署。全市共有近500人自愿报名到西藏工作，推荐预备人选252名，对77名初步人选进行了健康查体。经市委研究，确定7人作为济南市第五批援藏干部。6月6日，市委、市政府召开第五批援藏干部欢送会，省委常委、市委书记焉荣竹出席会议并讲话。8月，根据白朗县的要求，另选派3名技术干部进藏工作。 （徐苏东）

【济南市党的建设研究会成立】 6月7日，济南市党的建设研究会召开成立大会。会议讨论通过了市党建研究会《章程》，选举产生了市党建研究会领导机构，并就今后一个时期全市党的建设研究工作进行了安排部署。66名党建理论和实践工作者当选理事，原市委副书记赵正平当选市党建研究会第一届理事会会长，市委常委、组织部部长徐学武当选常务副会长，包心鉴、李剑、王绍兴、朱文兴、李好臣、官春生、何卫东、范宗农、韩圣喜、刘向伟、徐明梅、岳绍红、陈迎军当选副会长，范宗农当选秘书长(兼)。在成立大会上，省委常委、市委书记焉荣竹作了讲话。随即召开的市党建研究会第一届理事会第一次全体会议推选了22名常务理事，确定了7名副秘书长。 （韩家国）

【命名济南市基层党建工作示范点】 为充分发挥基层党建工作示范点的辐射带动作用，进一步提高全市基层党建工作水平，“七一”前夕，市委组织部命名表彰济南市首批62个“济南市基层党建工作示范点”。其中，被省委组织部命名的济南市12个“山东省基层党建工作示范点”被同时命名为“济南市基层党建工作示范点”。 （刘泽涛）

“济南市基层党建工作示范点”名单
（共62个）

乡　镇(8个)

章丘市相公庄镇党委
槐荫区段店镇党委
天桥区大桥镇党委
历城区郭店镇党委
长清区马山镇党委
平阴县平阴镇党委
济阳县崔寨镇党委
商河县怀仁镇党委

街　道(8个)

历下区千佛山街道党工委
历下区文化东路街道党工委
市中区七里山街道党工委
槐荫区振兴街道党工委
天桥区北园街道党工委
历城区洪家楼街道党工委
长清区文昌街道党工委
章丘市明水街道党工委

村(11个)

平阴县孝直镇孝直村党总支
市中区党家庄镇陡沟村党总支
槐荫区匡山街道老屯村党委
天桥区桑梓店镇小寨村党支部
历城区仲宫镇刘家村党支部
长清区孝里镇龙泉官庄村党支部
章丘市双山街道三涧溪村党支部
平阴县孔村镇孔村党支部
济阳县济阳镇高楼村党支部
商河县玉皇庙街道黄孙庄村党支部
高新区孙村镇孙村党总支

社　区(12个)

市中区六里山街道西八北社区党总支
槐荫区中大槐树街道裕园社区党支部
历下区文化东路街道中创开元山庄社区党支部
历下区燕山街道燕子山小区社区党总支
市中区四里村街道信义庄社区党总支
市中区泺源街道普利街社区党总支
槐荫区青年公园街道前卫街社区党总支
槐荫区营市街街道绿园社区党总支
天桥区工人新村南村街道西区社区党总支
天桥区北坦街道济安社区党总支
历城区东风街道祝甸社区党委
高新区金桥办事处贤文社区党委

国有企业(4个)

济南钢铁集团总公司党委
济南重型汽车集团有限公司党委
济南二机床集团公司党委
济南四建集团党委

非公有制企业(7个)

山东万斯达集团公司党支部
力诺集团有限责任公司党委
山东省建设建工(集团)有限责任公司党委
济南长虹高科技复合管有限公司党支部
圣泉集团股份有限公司党总支
济南玛钢股份有限公司党委
齐鲁宏业纺织集团党委

新社会组织(6个)

山东蓝翔高级技工学校党委
济南市阳光大姐服务有限责任公司党支部
章丘市个体私营经济协会党支部
平阴县玫瑰镇玫瑰花协会党支部
山东英才职业技术学院党委
山东众成仁和律师集团(济南)事务所党支部

机关(1个)

济南市水利局机关党委

事业单位(1个)

济南高新技术创业服务中心党委

中小学(4个)

山东省实验中学党委
济南第五中学党总支
济南历城第二中学党支部
济阳县济北小学党支部

【命名济南市党员教育基地】 为贯彻落实

中央和省、市委保持共产党员先进性长效机制文件精神，有效整合党员教育资源，发挥教育阵地的作用，进一步做好新形势下党员队伍经常性教育工作，6月29日，市委组织部印发《关于命名“济南市党员教育基地”的通知》，命名山东省党史陈列馆等10个单位为“济南市党员教育基地”。（乔　梁）

“济南市党员教育基地”名单

（共10个）

山东省党史陈列馆
济南革命烈士陵园（济南战役纪念馆）
解放阁
济南“五·三”纪念园
平阴县孝直镇孝直村
济南战役山东兵团指挥所
中共济南乡师党史陈列室
济南齐鲁软件园发展中心
济南市社会福利院
山东蓝翔高级技工学校

【评选命名优秀人才】 3月15日，济南市召开优秀农村实用人才“双带示范标兵”座谈会，对首批20名“双带示范标兵”进行了表彰。4月29日，召开第二批济南市首席技师座谈会，对30名第二批济南市首席技师进行了表彰。12月6日，市人才工作领导小组作出决定，授予61人第四批济南市青年学术技术带头人称号。（武　毅）

首批优秀农村实用人才
“双带示范标兵”名单

（20人）

刘开平　刘恩伟　贾恩茂　景　华
吴庆玉　邹化存　郑开军　刘成海
李孝平　靖荣才　王涛延　石相胜
李成燕（女）　周　亮　胡开华
米广荣　张禄本　刘继杰　李昌利
张同新

第二批济南市首席技师名单

（30人）

杨　华　滕　军　赵　馨　吴国华
宁长军　李　峰　张爱建　张传礼
张　锋　陈延青　申广源　杨　雨（女）
夏元镇　郭耀庭　许献伟　谭书德
张成鹏　吴　林　王有成　李中祥
刘　军　侯海亭　颜景祥　王兴兰（女）
李培雨　杨春丽（女）　邱兆利
安保信　张海滨　张仪晨（女）

第四批济南市青年学术技术带头人名单

（61人）

丁惟云　于俊峰　于桂莉（女）
马　騳　尹燕东　王智新　王德勇
付资兑　史振文　甘海南　白若琬（女）
任传猛　刘文斌　刘汉路　刘明华（女）
刘　健　刘景浩　刘新华（女）
刘曦灿　孙金葵　孙　桦　安　勇
吴学军　张兴龙　张洪河　张桂兰（女）
张　涌（女）　张继平　张　萍（女）
张强盛　张　锋　李卫红（女）
李　明　李俊鹏　李洪伟　李晓俊
杨宏丽（女）　杨冠华（女）
杨继明　邱兆学　陈永江　陈学柱
陈黎明　武继峰　范立砾（女）
姚焕玲（女）　姚慧源（女）
祝荣烈　胡朝龙　荣元文　赵志文
赵　峰　赵德岭　郜连君（女）
袁小冬（女）　钱　雪（女）
高　洁（女）　高黎明　谢兆水
薛　原　薛善忠

【开展社会工作人才队伍建设试点】 7月26日，济南市社会工作人才队伍建设试点工作会议召开，启动社工人才队伍建设试点。这标志着济南市现有从事社会工作的人员将逐步向专业化、职业化的社会工作者转变。历下、市中、槐荫、天桥四区和市妇联、市教育局、市民政局、市司法局、市卫生局五个部门被确定为试点单位，计划用1年左右时间，通过点面结合、分类指导、重点突破、循序渐进等方式，探索建立科学的社工人才培养、评价、使用和激励机制，探索总结有推广价值的社工人才队伍建设政策模型和工作经验，为全面推进社工人才队伍建设创造条件。为进一步提高社会工作从业人员的职业素养和专业水平，11月，市委组织部和市民政局、市人事局，与山东大学合作成立了济南市社工人才培训基地，并举办了全市首期专业知识培训班。（武　毅）

【老干部工作】 2007年底，济南市共有离休干部9996人。其中，享受副省部级待遇1人，享受副省部级单项待遇1人，曾担任过或享受地厅、副地厅级待遇的313人，曾担任过或享受县处、副县处级待遇的4814人，科级及以下的离休干部4867人；1937年7月6日前参加革命工作的3人，1937年7月7日至1945年9月2日前参加工作的1935人，1945年9月3日至1949年9月30日前参加工作的8058人；属于行政单位的2337人，事业单位的2807人，企业单位的4852人。全市离休干部的平均年龄为79岁。

1.突出主题教育，促进了老干部政治待遇的落实和离退休干部党支部的健康发展。①大力开展主题教育。发出《关于组织全市离退休干部和老干部工作者认真学习贯彻党的十七大精神的通知》，分期分层次组织报告会或培训班，在全市离退休干部中开展“济南市学习宣传贯彻党的十七大精神百题知识竞赛”和“学习十七大精神征文”活动，把广大离退休干部的思想统一到十七大精神上来。②坚持各项制度，老干部在政治上得到充分尊重。全市各级老干部工作部门坚持和完善老干部阅文、情况通报、参观考察等制度。利用春节、老人节等重大节庆活动，普遍走访慰问老干部；分别对红军时期参加工作的离休干部，身体较差、年龄较大的军队移交地方管理的离休干部及部分易地安置离休干部进行走访。全年为离退休干部订阅各类老年刊物3.5万份。③离退休干部党建工作取得了新突破。制定了《济南市离退休干部党支部建设工作考评意见》，发出《关于对全市离退休干部党支部建设工作进行检查评比的通知》和《关于在全市开展创建离退休干部党支部建设示范点工作的通知》。召开全市离退休干部党支部建设工作座谈会和全市离退休干部党支部建设工作表彰大会。全市共建立离退休干部党委2个、党总支22个、党支部1126个,实现离退休干部党员的组织生活“无缝隙”覆盖。

2.落实老干部生活待遇。①协调联系有关部门,确定2007年度市属企业离休干部“两费”统筹金的筹集标准,落实市属企业离休干部个人医疗账户金,按照机关事业单位离休干部的增资情况为企业离休干部调整了基本养老金和住房补贴。②解决了个别市属企业114名离休干部医药费拖欠的历史遗留问题,以及部分企事业单位离休干部医药费落实和护理费、住房补贴拖欠等问题。③提高红军时期参加革命工作的离休干部护理费标准;为735名符合条件的干部及各类专业人员办理了二类保健手续;组织市属单位离休干部健康查体。章丘、长清等县(市)区提高了离休干部医疗费统筹标准,商河县把乡镇离休干部全部纳入保障范畴;济阳、槐荫、天桥等县区专门建立了老干部保健病房,提高了离休干部医疗保健水平。④经过走访审核,为符合条件的24名特困离休干部或遗属发放救助金5.3万元。⑤妥善安置市属改制破产企业离休干部293人;争取财政资金30多万元,按照核定的人数向各县(市)区划拨了活动经费,确保市属移交和改制企业离休干部政治待遇的落实。⑥为3500余名市属企业离休干部补发了2006年的住宅取暖补贴;为839名离休干部补发1至7月份统一生活补贴及节日补贴800余万元,全年共发放资金1200余万元。⑦做出《〈关于进一步做好市直离休干部医疗保健工作的通知〉的补充规定》,提高市直离休干部个人医疗定额标准,设立个人账户,提高用药及人工器官的定额标准,明确规定医疗费不与个人挂钩,将非公费医疗事业单位离休干部全部纳入保障范围。

3.突出亲情服务,提高“双高期”(高龄期、高发病期)老干部生活质量。①为曾担任过副市级以上领导职务的老同志办理2007年度医疗保健卡、健身卡和游园证。对退休市级老领导2006年在市级各医院记账的医药费进行统计,协调有关部门尽快拨付有关费用,确保市级老同志正常就医。坚持老同志大病报告制度、联系医生制度,为每位老同志配备专门的联系医生。组织56名曾担任过副市级以上领导职务的老同志及其家属赴青岛进行健康疗养。落实为市级老领导祝寿工作,为他们送去生日祝福。②全市各单位开展各具特色的亲情化服务活动。槐荫区在多数社区建立老干部门诊和老干部家政服务中心;天桥区在社区设立老干部门诊的同时,区医院开通了“老干部健康巡诊车”;市经委为老干部发放家政服务卡,为部分体弱多病、鳏寡孤独的离休干部安装健康应急服务系统;市国资委在全系统开展“朝阳暖金秋”活动,组织团员青年定期为老干部提供生活服务。③全市各级老干部工作部门严格执行《离休干部信访工作首问负责制度》,认真做好信访工作,变“上访”为“下访”,及时研究解决热点和难点问题,促进老干部各项待遇的全面落实和社会稳定。

4.突出打造亮点,促进了老干部工作窗口建设。①召开全市老年教育工作会议,为4所市级老年大学示范校举行授牌仪式。举办全市老年大学校长培训班,下发《关于深入开展创建和谐校园活动的意见》。丰富教学内容,调整专业课程设置,增设新的专业学科。全市各级老年人大学达到2032所,在校学员12.4万人。全市各级老年大学围绕庆祝建党86周年、香港回归十周年、建军80周年,开展了丰富多彩的文体活动。济南市老年人大学艺术团编排的舞蹈《足尖的梦》获“全国夕阳秀第五届华夏中老年艺术展演牡丹花金奖”。②制定《2007年全市老干部党校培训计划》,举办全市离退休干部党支部书记或副局级离退休干部培训班。据统计,全市各级共建立老干部党校30所,共培训离退休干部党员8100人次。③通过召开座谈会、现场经验交流会,对创建市级示范老干部活动中心工作进行部署、检查和调度。市老干部活动中心对活动楼进行了整修改造和配套设施的完善,使活动面积扩大了880多平方米。市国资委改造2000平方米的老干部活动中心,历下区新建700平方米的老干部活动中心。④市干休所优化服务质量,坚持经常走访看望老干部、为老干部祝寿和进行水、电、煤气的安全检查,为住所老干部进行了“一户一表”的电表改造和取暖设备的维护、更新。为老干部发放健康知识宣传手册80多本,举办健康知识讲座4次。济阳县投资1万多元,为住所老干部更换了房屋防雨设施。

5.搭建平台,发挥老干部作用。全市各级老干部工作部门在离退休干部中继续开展“建言献策”活动,加强与老体育工作者协会、老教育工作者协会、老科技工作者协会、老干部书画协会、关工委等老年社团组织的联系。全市各离退休干部党支部普遍建立了“六组三员”队伍(“六组三员”活动的基本形式是:以所属离退休党总支和党支部为单位,根据居住地的实际成立六组,即:宣传辅导组、社区服务组、协调稳定组、学习指导组、政策咨询组、文体活动组;以各党支部成员为骨干,根据支部内的分工和职责担任三员,即:政策宣传员、遵纪守法监督员、社区管理服务员),并以建言献策、老年社团、“六组三员”队伍为平台,组织老干部为和谐济南建设再做新贡献,有8500多名离退休干部党员参加了“六组三员”队伍。全市建立老年社团(兴趣小组)240多个,参加人数1.96万人;在“建言献策”活动中,广大老干部提出合理化建议6700条;有万余名离退休干部在不同领域发挥着自己的政治优势、经验优势和技术优势,为“维护省城稳定、发展省会经济、建设美丽泉城”做出积极贡献。

(王　炜)

【巡视工作】 2007年,按照市委的统一部署,依靠被巡视单位的配合和有关部门的支持,圆满完成了巡视工作任务。全年开展了对8个市直部门的巡视和依法整治违章建设的专项巡视,向被巡视单位反馈意见建议42条,向市委上报要件1件。通过巡视,加强了对市管领导班子和领导干部特别是“一把手”的监督,为县(市)区人大、政协、政府换届和市管干部的选拔任用提供了重要依据,有力地促进了市委、市政府各项决策部署的落实和被巡视单位的各项工作，密切了市委同基层干部群众之间的联系。

1.完成对8个市直部门的巡视。按照年度巡视工作计划，自2007年3月12日开始，开展了对市工商、劳动、交通、国资、国土、财政、环保、民政8个部门各为期2个月的巡视。巡视期间，听取了各部门的工作汇报，与705名干部群众进行了个别谈话，列席有关会议和参加有关活动47次，查阅有关资料160余份，深入部门直属单位和基层实地考察走访175次，受理群众信访举报3件次，召开座谈会5次，向市委呈报《巡视工作简报》25期，提交综合巡视工作报告8件。

2.完成对全市依法整治违法违章建设的专项巡视。自2007年6月6日起，利用近一个月的时间，市委第一、第二巡视组就全市依法整治违法违章建设工作开展了专项巡视。其间，先后到市城管执法局、建委、房管局、规划局、国土资源局和市内各区、高新区，就违法违章建设的现状、原因和对策进行了深入调研，听取了各部门、各单位的工作情况汇报，与部门主要负责人、有关处室负责人及市内各区党政主要负责人、分管副区长、有关部门负责人共80余人，进行了个别交谈；深入有关村居和部分违法违章建设楼盘进行实地考察，掌握了大量的数据和第一手资料，并形成全市违法建设专项巡视报告，为市委、市政府决策部署依法整治工作奠定了良好基础。全市依法整治违法建设工作启动后，市委巡视组于9月中旬，分赴市城管执法局等市直有关部门和各区，督导工作进展，为深入推进依法整治工作发挥了积极作用。 （马国胜）

【宣传工作】 1.迎接十七大，学习宣传贯彻十七大精神。十七大召开前，主要做了以下几项工作：一是强化理论学习普及。认真组织广大党员干部特别是县处级以上领导干部深入学习贯彻科学发展观、胡锦涛“6·25”讲话，以及十六届五中全会精神。健全和完善了《党委(党组)理论中心组学习秘书制度》、《党委(党组)理论中心组学习考核办法》，开展了先进基层党委(党总支）理论学习中心组及优秀理论教育工作者等评选表彰活动，推动了党委中心组理论学习和党员教育工作的深入开展。通过选定权威读本、指定参考书目、提供学习材料等方式对党委中心组学习进行了有效指导和服务。各级宣传部门深入开展了以“科学发展、共创和谐”为主题实践活动以及理论下基层、理论进课堂、理论进社区等活动，充分发挥各类宣传教育阵地的作用，利用报告会、座谈会、专题讲座、知识竞赛等形式对干部群众进行广泛深入的教育。强化课题带动，制定《2007年哲学社会科学规划管理办法》、《2007年济南市哲学社会科学课题招标实施细则》、《2007年济南市哲学社会科学课题运作方案》、《2007年济南市哲学社会科学课题指南》、《济南市哲学社会科学研究“十一五”(2006—2010年)规划》，促进理论研究工作更加制度化和规范化。强化理论宣传教育，召开了学习方永刚精神座谈会，倾力打造“泉城高层论坛”理论宣传教育品牌，在党报上开设专栏，开展好“大专家写小文章”活动，与相关部门联合主办“齐鲁讲坛”高端讲座，成立济南市社会科学专家咨询团，提高了理论的吸引力、感染力和渗透力，扩大了理论宣传和理论教育的覆盖面。二是宣传生动实践。组织开展了喜迎十七大系列宣传教育活动，《济南日报》、电台、电视台、《济南时报》、舜网开辟《劳动者风采》，集中宣传了刘化云等19名普通劳动者的感人事迹；在《济南日报》、电台、电视台、《济南时报》、舜网开辟《先锋颂》专栏，集中宣传了刘传河、王玉琴等10名基层优秀共产党员。市属新闻媒体相继开辟专栏专题，大力宣传新时期以来特别是十三届四中全会和十六大以来济南市改革开放和现代化建设取得的巨大成就，宣传各行各业、各条战线以优异成绩迎接十七大的实际行动，宣传广大党员解放思想、实事求是、与时俱进、开拓创新的时代风采，宣传经济社会发展的美好前景，聚焦联动，形成声势，为十七大的召开营造了良好舆论氛围。三是营造良好环境。下大气力抓好迎接十七大重点图书和音像电子出版物的出版工作，重点安排出版了一批精品图书。及时掌握文艺、出版工作领域的动态，深入开展“扫黄打非”斗争，大力查缴非法出版物，集中整顿校园及其周边文化环境，进一步净化了文化环境。组织开展丰富多彩的群众文化活动，“喜迎十七大·建设美好泉城”消夏广场文化活动举办80余场。组织开展了多种形式的社会宣传活动。在主要路段悬挂横幅条幅、设置空飘气球、张贴宣传画，为十七大的胜利召开营造了热烈气氛。

十七大召开后，按照市委《关于做好党的十七大会议收听收看和新闻宣传工作的通知》要求，各新闻单位及时、全面、准确地转播转载了中央媒体有关会议的重要报道，并拿出重要版面和时段，大力宣传十七大的重大意义和主要精神，反映社会各界学习十七大精神的做法、体会。制定下发了《关于组织广大党员干部认真学习贯彻党的十七大精神的通知》、《中共济南市委宣传部学习宣传贯彻党的十七大精神工作方案》，举办了全市领导干部学习十七大精神报告会，召开社科理论界学习十七大精神座谈会。市及各县(市)区成立了学习十七大精神宣讲团，分赴基层单位进行宣讲。为深入学习贯彻十七大精神，在全市范围内开展了学习实践科学发展观——解放思想大讨论活动，重点围绕坚持科学理念、树立一流标准、破除陈规陋习、推进提速提效,掀起新一轮解放思想的热潮，努力在思想观念上有一个大转变，在境界标准上有一个大提升，在干劲作风上有一个大改进。

2.大力营造科学发展、和谐发展、率先发展的浓厚氛围，为经济和社会各项事业发展提供有力的舆论支持。新闻宣传工作紧紧围绕全市工作大局，坚持正面宣传为主，加强新闻宣传策划，加大对上发稿力度，强化新闻管理工作，推进新闻队伍建设，为“维护省城稳定、发展省会经济、建设美丽泉城”，营造了健康和谐的良好舆论环境。一是重大主题宣传形成强势。省市九次党代会、三级“两会”和人大换届选举、迎接学习宣传党的十七大等重大会议的宣传导向正确、稳热有序。经济工作、广泛开展全市依法整治违法违章建设和治理“八乱”、“迎接十七大,创建文明城”主题行动、扎实推进社会主义新农村建设、深入开展建设创新型城市、发展现代服务业和建设“平安济南”、“和谐济南”、城市规划和重点工程建设、棚户区改造、部署安排开展解决城市低收入家庭住房困难问题、安全生产等重点工作的新闻宣传,基调昂扬、催人奋进。第二届济南国际幽默艺术周、第五届中国国际农产品交易博览会、首届中国城市公共交通周及“无车日”,以及迎奥运、迎全运、纪念香港回归10周年和建军80周年、建国58周年等重大活动及节庆宣传隆重热烈、喜庆祥和;“7·18”特大暴雨抢险救灾以及其他突发事件的新闻宣传导向正确,基调鲜明。整个新闻宣传重点突出,导向正确,基调鲜明,声势强大,效果显著,反响强烈,凝聚了人心,鼓舞了斗志,为贯彻落实十七大和省市九次党代会精神,统一思想,振奋精神,团结进取,奋发向上,促进全市改革开放和各项事业健康发展提供了强有力的舆论支持。二是典型宣传和对上发稿工作成绩突出。中央和省、市新闻媒体对“泉城义工”、重汽集团、擒贼能手张业爱、优秀刑警刘克、舍己救人的冯月荣、道德楷模郑承镇等先进典型进行了采访报道。其中“泉城义工”作为中宣部重要典型,在中央和省各大新闻媒体上进行了集中宣传;修订了《关于加强典型宣传和对上发稿工作的意见》,建立了与中央和省主要新闻媒体关于对上发稿重点选题策划的联席会议制度。市属主要新闻媒体开设了《劳动者风采》专栏,召开了新闻宣传策划工作座谈会,进一步加强重大题材选题策划,增强选题的针对性和可操作性,支持和鼓励市属各新闻媒体创名牌栏目,积极促进典型宣传和对上发稿工作。年内,济南市在省以上新闻媒体刊(播)发各类新闻稿件上万篇,重稿、大稿占有相当比例,一系列的重头稿件从各个方面、从不同角度有力地宣传了济南,塑造了省会济南的良好形象。三是应对突发事件主动有力。“7·9爆炸案”、“7·15交通事故”、“7·18特大暴雨”、“10·28问题”等重大突发事件的危机新闻管理和新闻宣传报道工作,坚持正面宣传为主,牢牢把握正确导向,协调中央、省、市和涉外新闻媒体及时准确地发布有关信息,澄清事实,解疑释惑,主动引导舆论,维护社会稳定,最大程度地消除各种负面影响,赢得市民群众和社会各界的好评。四是新闻宣传队伍建设强力推进。进一步健全和完善新闻发言人制度,召开全市新闻发言人工作会议,与上海市政府新闻办、上海大学联合举办了三期新闻发言人高级研修班,有力地促进了新闻发言人制度建设的深入发展。坚持开展“三项学习教育”活动,对市属新闻单位的100名青年编辑记者进行了为期一周的封闭式集中培训。在全市新闻单位中开展了“抵制‘四大公害’,净化荧屏(版面)”活动。进一步强化新闻例会制度,落实新闻管理各项规章制度,健全完善重大突发事件快速反应和应急机制,着力提高新闻媒体的公信力和权威性,积极正确引导社会舆论。进一步改进和加强新闻阅评员队伍的建设和管理,形成“统一领导、两级管理、分工负责、协调联动”的工作体制和机制。

10月13日,济南长途汽车总站义工服务队向市民发放宣传材料。 (舜网供稿)

3.深入推进精神文明创建和公民思想道德建设,城乡文明程度进一步提高。把社会主义和谐价值体系建设贯彻到了文明创建和思想道德建设的各个环节,大力实施创城百件实事民心工程等“八大工程”,强化机制体制和队伍建设,努力打造阵地、品牌和宣传推广典型,营造浓厚社会氛围,使“文明济南”建设取得了新的发展和成效,推动创建全国文明城市工作向纵深发展。一是全面实现创城年度目标。创城十大行动百件实事全面落实,三县一市和市直有关部门也开展了以十大行动百件实事为主要内容的创建主题行动,办好事实事近千件,形成全市城乡统筹、各级围绕创城为群众承诺办实事办好事的格局。对市图书馆等5项创城薄弱指标,研究制定了具体措施。建立了创建文明城市工作重要决策市民听证办法等十大创建工作制度。组织开展了2次创城全模拟测评。户外公益广告建设已经达标,公共文化体系建设和城区河道整治积极推进,攻克创城薄弱环节工作取得了很大成效。召开了全市“迎接党的十七大,创建全国文明城市”动员大会、全市创城宣传信息工作会议,落实创城新闻发布制度和新闻宣传联席会议制度。开辟“迎接十七大,创建文明城”、“迎和谐全运、建美丽泉城”等专栏,打造了一批创城宣传精品栏目。二是大力提高市民文明素质。召开了济南市“人人奉献爱心,共建和谐济南”座谈会,举办了“迎奥运、讲文明、树新风”公益广告征集比赛活动,共在全市征集各类广告作品200件。开展了“民生直通大家乐”和“创建文明城市,精品影视社区行”、“人人相互礼让，点亮路口文明”文明礼让手势评选等活动，群众在积极参与中提升了文明素质。进一步深化文明交通礼让行动，宣传总结推广一批“四文明”、“四让”典型，实行文明执法、文明劝导、文明监督和不文明曝光等多措并举，切实解决乱闯红灯等不文明问题。大力组织开展“迎和谐全运，建美丽泉城”市民主题教育活动，大力实施文明理念塑造、文明礼仪普及、文明交通礼让、文明生态共建、文明秩序养成、文明服务提升、文明形象展示和爱心泉城打造“八大行动”，为2009年承办全国十一运圆满成功，奠定牢固的社会和群众基础。强化典型引路，树立了李慧敏、刘彦友等“市民标兵文明”典型。命名表彰了张昕等315名“7·18抗洪救灾文明市民”。组织开展全市道德模范评选活动，评选了“助人为乐模范”等12类137名模范，其中郑承镇等3名模范受到中央表彰，6人获省道德模范称号，10人获省道德模范提名奖称号。三是精心开展城乡创建。组织开展了泉城“魅力家庭”评选、道德模范社区行、创建文明城市100个“从我做起”进社区、泉城义工进社区等一系列城区创建活动。大力加强社区公共文化设施，召开了全市社区公共文化设施建设现场经验交流会，制定社区公共文化设施建设管理办法和文化资源共享实施办法，积极挖掘社区文化资源，不断满足广大市民群众的精神文化生活需求。积极推进窗口行业服务理念、环境、质量、效率和管理创新，与市金融办等单位联合开展了“文明诚信单位”、“文明诚信药房”等创建评比活动，形成窗口服务行业文明创建和规范服务同抓、互进、共赢的良好局面。召开全市城乡共建“乡风文明”现场经验交流会，制定《济南市“乡风文明”测评体系》，承办全国农村精神文明建设工作座谈会对济南农村精神文明建设工作经验进行推广。扎实有效推进未成年人思想道德建设。成立济南市未成年人思想道德建设研究会，认真开展了未成年人思想道德建设“回头看”，与济南青少年研究所进行“未成年人思想道德缺失特征及矫正教育对策研究”。积极组织开展了未成年人思想道德建设“十优秀”争创和评选活动。组织实施校园周边文化环境综合整治，进一步优化未成年人健康成长的社会环境。四是思想道德建设深化拓展。开展“全面落实科学发展观，努力构建社会主义和谐社会”宣传教育活动。开展2006年“感动泉城”十佳人物评选活动。在趵突泉公园举行“济南惨案纪念堂”落成仪式暨“济南惨案”79周年纪念活动，编写出版《五三祭》一书。加强户外公益广告设置管理工作，与相关部门共同制定下发《关于加强户外公益广告设置管理工作的意见(试行)》，印制了《济南市户外广告规范管理》宣传指导手册，规范户外公益广告设置行为。围绕倡树社会新风，爱祖国、爱泉城等内容，面向社会公开征集到600余件优秀户外公益广告。举办全市企业文化建设经验交流会暨企业文化高层论坛，公布了第二批“百城万店无假货”活动示范街(店)和第三批企业文化建设示范点。五是扎实做好十一运济南赛区社会动员和宣传工作。制定《第十一届全国运动会济南赛区社会动员及宣传工作方案(征求意见稿)》。着力营造全民热盼十一运、关心十一运、参与十一运、支持十一运的良好社会氛围。与第十一届全运会济南赛区组委会社会动员部、济南日报报业集团、市广电局联合向全社会公开征集第十一届全运会济南赛区主题口号，共征集口号5000条，形成了全民参与十一运的浓厚氛围。

4.着力打造大外宣格局，提升济南对外影响力。组织开展有新意、有规模、有影响的系列外宣活动，在中央电视台、香港媒体和韩国MBC电视台、KBS电视台播出济南宣传片。在境外媒体办专版、专栏10多个，向境外媒体提供新闻稿件170余条(篇)，有效地提高了济南的知名度和影响力。以济南市经贸代表团赴香港、韩国、日本开展招商引资经贸洽谈和友好城市访问活动为契机，策划组织了“香港媒体济南行”大型采访活动，在《瞭望中国》杂志编辑发表济南赴港招商引资专辑，组织邀请香港、首尔、东京三地媒体加大对济南市的对外新闻宣传活动，展示了济南良好形象。深入开展对外新闻文化交流活动。与韩国MBC电视网开展了新闻文化交流、电视节目交流、互派记者采访等活动。利用法国文化交流、德国文化周等活动的机会，通过电视片、画册等形式，全方位展示了济南城市形象。全力打造外宣精品，制作了《济南概况》等多语种系列画册以及中、韩、日三个版本的《中国济南》城市形象专题宣传片。与央视海外中心合作拍摄了《走遍中国·走进济南》大型系列专题片，扩大了济南的对外影响。加强网络文化建设和管理，进一步加强市属重点新闻网站建设，建立了全市互联网工作联席会议制度。加强舆论管理和引导工作，开展文明办网、文明上网活动，着力营造了健康文明的网上环境。组织全市网络评论员参与突发事件和敏感事件的网上舆论斗争，加强网上评论员队伍建设，强化网上舆情监控，有效处理网上突发事件，正确引导热点问题。切实做好北京奥运会及其筹备期间外国记者的管理工作，建立了济南市北京奥运会及其筹备期间外国记者管理专题工作协调会议、外国记者管理工作领导小组会议制度，制定了《济南市关于〈北京奥运会及其筹备期间外国记者在华采访规定〉实施后加强有效管理的工作意见》，编辑出版《奥运涉外要情》。

5.以精品生产为龙头，文艺和出版事业进一步繁荣发展。着眼于满足人民群众不断增长的精神文化需求，精心创作生产了一批文艺精品，组织开展了一系列丰富多彩的社会文化活动，努力推动社会主义文化大发展大繁荣。一是文艺工作精品纷呈。实施精品带动工程，新创演了京剧《辛弃疾》、《时传祥》，吕剧《情判》，柳琴戏《厚土》，电视新曲艺《泉水人家》，童话剧《三只小猪》、《小红帽》，杂技《绳技》，大型主题晚会《盛世和韵》，长篇小说《花间无爱》等剧节目，创作策划了反映山东风土人情的大型文化旅游剧《齐风鲁韵》，对杂技《转台高椅》、《空中彩绸》，曲艺剧《泉城人家》等进行了加工提高。歌曲《口碑》和电视剧《老爸老妈兄弟姐妹》获全国第十届“五个一工程”优秀作品奖。二是着力打造文化品牌。挖掘利用济南历史文化资源，打造泉城文化品牌。精心组织举办了鲁商与您同欢笑——2007济南国际幽默艺术周暨第六届中国杂技“金菊奖”第四次全国魔术比赛活动，举办了16场国内外幽默艺术专场演出。在泉城路商业街组织开展了趵突泉啤酒“欢乐一条街”活动，济南都市圈中的济南、淄博、泰安、莱芜、德州、聊城、滨州7城市参加了民间民俗文化展演、工艺品和地方名优特色小吃展销等活动，活跃了省城的文化生活，促进了济南都市圈7城市间的文化交流与合作。三是精心组织重大节庆文化活动。围绕迎庆党的十七大、建军80周年、香港回归10周年等国家重大事件，组织举办了《盛世颂和谐——济南市庆祝中国共产党成立86周年暨香港回归10周年文艺晚会》，组织拍摄“十七大”献礼电影《星星之火》，组织开展“喜迎十七大·建设美好泉城”主题广场文化活动和“喜迎十七大优秀电影进城乡公益放映活动”，在全市上下营造了欢乐祥和的喜庆气氛和良好的文化氛围。组织开展多次文化科技卫生“三下乡”活动，推动农村文化、科技、卫生事业发展。四是加大扫黄打非力度。进一步强化管理职能，协调配合新闻出版部门加大管理力度，重点组织了集中销毁非法出版物、盗版音像制品活动和打击盗版专项行动，继续加大对新闻出版管理和全市“扫黄打非”工作的新闻宣传力度，净化了省城出版物市场。年内，共查缴各类盗版、非法出版物20万余册(盘)，其中书报刊17万余册(份)，盗版软件2万余张(盘)，有力地维护了版权所有者的利益，促进了文化市场的健康与繁荣。

6.以打造发展平台为突破口，促进文化事业和文化产业发展。公共文化服务体系建设有新进展。开发济南名泉、济南名人、济南地方文献等具有地方特色的数据库12个，加工整合农业、文化艺术、生活资讯等专题数据库10余个。全市文化信息资源共享服务网络覆盖率已达76%以上，有市级分中心1个，县(市)区支中心10个，乡(镇)、村基层服务点3573个，扩展型站点25个，规范化站点示范村10个。市图书馆新馆改建工程稳步进行。建筑面积2500平方米的市中区图书馆基本完工。天桥区文体中心主体完工。历城区、长清区、槐荫区采取新建、置换、租赁等方式，加快文化馆和图书馆新馆建设。

文化产业迈出较大步伐。联合山东大学等有关单位，对全市文化产业行业进行调查研究，形成了《济南市文化产业摸底调查报告》，为科学编制济南市文化产业发展规划提供决策参考。以发展动漫产业为突破口，成立了动漫游戏产业行业协会，建立了国家级动漫产业发展基地，带动促进全市文化产业发展，初步形成点式集聚、东中西带状辐射发展的良好产业发展格局。继续面向全市征集文化产业项目，并创新性启动网上申报形式，直接进入济南文化产业项目数据库进行申报、审批、发布和查询。筹备设立文化产业发展专项资金。每年由财政拨款4000万元，用于支持重点文化产业项目。加大人才培养力度，组织举办文化产业专项培训。与南开大学联合举办全市文化体制改革和文化产业管理高级课程研修班，为济南市文化产业发展储备高素质的经营管理人才。以“创意济南”为主题，开展了内容丰富、形式多样的城市文化活动。整合媒体资源，组织开展了“济南城市名片海选”、“具有文化遗产价值的济南老地名海选”等“创意济南”城市文化主题系列活动，全市近50万人参与了这项活动，为促进文化创意产业发展奠定了良好的社会基础。

7.以改革创新为动力，加强宣传干部队伍建设，加快文化体制改革步伐。以人才队伍建设牵引全年工作，狠抓人才工作调研、规划和人才培训，全市宣教系统人才队伍建设有了新的提高。重点抓了马克思主义新闻观教育培训班、全市新闻发言人培训班、全市宣传干部进修班、文化产业管理高级课程研修班等四个班次的培训，为济南市文化体制改革和文化产业发展提供人才支持。组建30人的济南市心理战小组和20人的舆论战小组，组织开展了第一期济南市预备役心理战分队训练。

按照中央和省、市委关于文化体制改革的统一部署和任务要求，本着“积极稳妥、突出重点、扎实推进”的总体思路，稳步推进文化体制改革，调整成立文化体制改革和文化产业发展工作领导小组，对全市文化体制改革和文化产业发展工作进行统一规划部署和指导协调。创新工作机制，开展文化体制改革重大事项监管工作，确保文化体制改革和文化产业发展积极稳妥、扎实推进。明确工作重点，进一步深化文化体制改革。确定市图书馆、市博物馆、市群众艺术馆为公益性事业单位，以市图书馆为试点，进行了公益性文化事业的改革实践。确定经营性文化事业单位转企改制单位。济南出版社实行老人老办法，新人新办法，对新录用人员一律实行岗位合同制，为转企改制做好准备。新闻媒体继续探索实行宣传与经营业务两分开，经营性业务部分按照现代企业经营管理模式，进行市场化运作。转变政府职能，市文化局、广电局、新闻出版局进一步明确政府职责，加强对全市文化事业和文化产业发展工作的规划、指导、监督和协调。研究制定了文化体制改革各项配套政策，修订完善《济南市文化体制改革工作方案》和《关于深化文化体制改革加快文化产业发展的若干政策意见》，为进一步深化改革加快发展做好政策准备。

(赵善海　李　伟)

【完善创新理论普及工作】 为进一步贯彻好三贴近的原则，理论处坚持完善工作思路、创新工作方法，采用多种形式，不断加大理论普及工作力度。一是邀请大专家写小文章，全年共在《济南日报》刊发46个理论专版，在济南宣传网上发表理论文章47篇，扩大了理论工作覆盖面；二是成立济南社会科学专家咨询团，群众可以根据实际需要进行理论学习，切实做到“专家备餐、群众点菜”；三是配合中宣部理论局在历城区举办《2007理论热点面对面》赠书活动，使通俗理论读物更好地深入到群众中去，促进理论普及工作再上新台阶。

(于　蕾)

【鲁商与您同欢笑——2007济南国际幽默艺术周暨第六届中国杂技“金菊奖”第四次全国魔术比赛】 由中国文学艺术界

联合会、山东省人民政府主办，中国曲艺家协会、中国杂技家协会、中共山东省委宣传部、山东省广播电视局、济南市人民政府承办，山东省广播电视总台、中共济南市委宣传部、山东省商业集团总公司具体承办的2007济南国际幽默艺术周活动于10月19日至25日在济南举行。艺术周期间，代表国内魔术界最高奖的第六届中国杂技“金菊奖”第四次全国魔术比赛活动同时举办。本届艺术周以“庆祝党的十七大，欢乐齐鲁，笑满泉城”为主题，以传承弘扬特色文化、荟萃中外幽默艺术、繁荣发展文艺事业、丰富群众文化生活、推动省会城市群经济圈的文化交流与融合，以优良的文化环境庆祝党的十七大为宗旨，开展了一系列丰富多彩的活动。10月19日的开幕式大型综艺晚会，由中央电视台著名导演袁德旺担任总导演，著名主持人王刚和刘芳菲共同主持，来自美国、俄罗斯、阿根廷、西班牙、日本、巴西、澳门等7个国家和地区的著名幽默艺术家与姜昆、戴志诚、李金斗、牛群、巩汉林、金珠、谭晶等国内著名演员联袂为现场6000多名观众带来了相声、小品、魔术、杂技、歌曲等各种幽默艺术形式的精彩演出。10月20日的国外幽默艺术专场，汇集参加本次艺术周活动的国外魔术、滑稽名家带来了浓郁的异国风情。由奇志、德江、刘亚津、刘全利、刘全和等国内著名演员演出的名家小品专场，让省城观众充分领略了曲艺艺术的独特魅力。幽默剧《可能的小镇》以轻松滑稽的笔调体现幽默的含义。名家相声专场暨闭幕式晚会汇集了大兵、赵卫国、师胜杰、石富宽、陈寒柏、王敏、王谦祥、李增瑞等著名演员，名家名段的精彩演出获得了全场观众阵阵的掌声和笑声。

在历山剧院举行的第六届中国杂技“金菊奖”第四次全国魔术比赛是规格最高、规模最大的国家级魔术比赛，代表了国内魔术界最高水平。比赛汇集了全国各地的魔术顶尖人才，邀请国内著名的魔术表演艺术家为评委，共进行了两台4场全国舞台魔术比赛、1场全国近景魔术比赛、1场近景嘉宾表演、1场外宾专场晚会共7场比赛和演出，评选出了舞台魔术金奖3个，银奖5个，铜奖7个，近景魔术比赛金奖1个，银奖3个，铜奖5个。

本届幽默艺术周更加注重群众性、开放式的文化活动和民俗活动，承办单位特意在泉城路商业街举办了连续5天的开放式的送欢笑到基层“欢乐一条街”活动，共设计了专业演出、民间民俗表演和民俗文化展示等许多丰富多彩的活动。由著名评书表演艺术家刘兰芳和国际魔术联合委员会官员带队，众多相声小品名家和国外幽默艺术家们参加的两场幽默艺术专场演出，让数万名泉城市民欣赏了高水平的幽默艺术表演。来自济南、淄博、泰安、莱芜、德州、聊城、滨州等省会城市群经济圈7城市的民间特色文化表演队伍也进行现场表演。名优特色小吃和民俗工艺品展示展销将很多家喻户晓的老字号、老品牌汇聚到一起，受到消费者的普遍欢迎。5天中约有20余万市民慕名而来，泉城路成为欢乐的海洋。

本届艺术周在内容设计上，更加突出市场化、区域化、精品化和大众化的特点，更加注重群众性、开放式，力争让更多的群众参与到艺术周活动中。据统计，艺术周共吸引了30余万市民群众以不同的方式参与到幽默艺术周各项活动中。“2007济南国际幽默艺术周”在丰富省城群众文化生活、打造济南文化品牌等方面又迈出了新的一步，成为泉城市民共享愉悦、笑满泉城的欢乐周、欢笑周。“济南国际幽默艺术周”正在逐渐被打造成为省城济南独特的文化品牌。　（李　珍）

【精心打造“泉城高层论坛”理论宣传教育品牌】　“泉城高层论坛”是济南市理论教育工作的主要阵地，年内共举办三次，分别邀请中国社科院、中央政策研究室、中国银监会的专家为全市领导干部进行了共建共享和谐社会、加强社会主义新农村建设等专题辅导，在论坛数量、论坛规模、论坛层次、论坛效果方面都有明显提高，受到省市领导、广大党员干部的一致好评。“泉城高层论坛”已经成为济南理论宣传工作的重要品牌和一大亮点，为增强理论宣传、理论教育效果发挥重要作用。

（于　蕾）

【组织“泉城之旅——2007中国网络媒体济南行”活动】　9月20~22日，“泉城之旅——2007中国网络媒体济南行”大型宣传报道活动在济南举行。人民网、新华网、中国网、中国日报网等全国重点新闻网站和新浪网、搜狐网、网易等著名商业网站派员全程参与，省市重点网络媒体积极配合联动，对济南市各领域工作，进行了全面深入、规模宏大的集中宣传报道。在全国形成了网络正面舆论强音，使泉城品牌、济南形象、省会影响得到有效推介和有力提升。　（宋德印）

【编写《济南：新形势下党的群众工作创新与实践》】　为回顾和总结济南市在群众工作方面取得的好经验、好做法，深入探讨做好新形势下党的群众工作的思路与对策，努力建立完善适应群众工作的领导体制和运行机制，理论处组织编写了《济南：新形势下党的群众工作创新与实践》一书。该书既有相关的理论研究，又有针对实际问题的对策分析；既有对济南市群众工作的整体介绍，也有济南所辖10个县（市）区及市直部门群众工作的经验总结，对于进一步探索加强和改进全市群众工作的新途径，扎实做好服务人民群众工作具有重要的现实意义。　（于　蕾）

【编印《省会经济重点课题研究汇编》】

为深入探讨和破解困扰济南市发展的难题，促进经济社会又好又快发展，市委宣传部广泛开展调查研究，在征求市发改委、市经委等12个部门意见的基础上，委托山东大学研究《济南市都市经济圈与县域经济、区域经济研究》等7个省会经济重点课题，并于8月份编印《省会经济重点课题研究汇编》。本书作为2007年市委理论学习中心组读书会的主要学习材料，从投资环境、产业发展、品牌战略、文化资源整合等多个方面为济南市经济社会发展建言献策，给市委、市政府科学决策提供有力的理论参考。　（于　蕾）

【《诚信·创新·和谐——济南城市精神的探索与实践》出版】 城市精神是城市文化的重要组成部分，是城市创造力、凝聚力的生动展现，是城市的灵魂和精神支柱。为进一步弘扬宣传、解读践行“济南城市精神”，市委宣传部、市社科联共同编纂了《诚信·创新·和谐——济南城市精神的探索与实践》一书。该书全面记录了“诚信、创新、和谐”这一济南城市精神的论证提炼过程，详尽分析了济南城市精神的文化底蕴、经济支撑、文明风尚和人文环境，成为推动济南城市发展与社会进步的强大精神动力。 （于 蕾）

【《历城县志正续合编》出版】 市委宣传部与济南社科院、历城区委、区政府共同整理编辑的《历城县志正续合编》，于2007年7月，由济南出版社出版发行。《历城县志正续合编》由乾隆三十八年刻本《历城县志》与民国十五年《续修历城县志》合编而成，前者为“正”，后者为“续”。《历城县志正续合编》依据今人阅读习惯，对正续志进行了点校，图像补遗。该志正文由总纪、地域考、山水考、建制考、古迹考、艺文考、金石考、封建表、职官表、选举表、袭爵表、貤封表、宦迹表、列传、杂缀等部分，共计50卷，170余万字。本书是一部首尾完具的反映历城和济南历史较为系统、完整的志书，是行政工作者资政撰要的优秀读本，对于提升济南历史文化名城的品味，推动省会政治文明、物质文明、精神文明与和谐社会建设，发挥积极的推动作用。 （于 蕾）

【拍摄《走遍中国·走进济南》大型系列专题片】 中央电视台、中共济南市委宣传部、济南电视台联合摄制了大型系列纪录片《走遍中国·走进济南》，共分为7集：泉生济南、危山汉墓探秘、到济南踢门槛、斜庄新说、大佛头之谜、神秘的古山寨、秋千上的舞蹈。该片全面反映济南历史文化和自然风光，塑造济南城市品牌，扩大济南在海内外的影响力。该片于2008年元旦起在中央电视台和省、市电视台投放播出。 （宋德印）

【策划编辑《走向世界·品味济南》杂志】 为打造外宣精品，全面深入地宣传济南，市委宣传部策划编辑了《走向世界·品味济南》杂志，全年共编辑推出《比烟花绚烂》、《别样柳情浓》、《那时花开》等共12期，充分展示济南时尚与文化并重的现代化都市形象。 （宋德印）

【精神文明建设工作概况】 2007年，济南市精神文明建设工作继续坚持“为了人民、依靠人民、让人民共享创建成果”的方针，以大力实施创城百件实事民心工程、创城薄弱指标攻关工程、市民整体素质提升工程、创建工作“精品”打造工程、公共文化体系惠民工程、泉城义工志愿服务工程、关爱未来“十优秀”创建工程和“乡风文明”城市援建工程等“八大工程”为载体，不断强化体制机制和队伍建设，努力打造阵地、品牌和典型，着力营造浓厚社会氛围，“文明济南”建设取得了新的发展和成效。

1. 全面实现创城年度目标，“文明山东”建设扎实推进。一是创城十大行动百件实事全面落实。按照“创城从为群众办实事抓起，办实事请群众提出”的原则，广泛征求社会各界和广大市民群众的意见建议，确立了2007年“迎接十七大、创建文明城”创城主题行动。全年先后4次在新闻媒体对百件实事进行公示。利用人大代表政协委员监督、媒体监督、热线监督等立体化监督体系，督促落实解决200余件市民群众反映的问题。60%以上的实事提前或超标完成，创城主题行动群众满意率达到95.67%。同时，三县一市和市直有关部门也开展了以“为群众办实事”为主要内容的创建主题行动，为社会和市民办好事实事千余件。二是创城薄弱指标攻克成效明显。对照《全国文明城市测评体系》和《“文明山东”测评指标体系》指标要求，科学制定《济南市创城规划2007年执行计划》，对全市图书馆和艺术馆、区图书馆和文化馆、社区室内活动场所、市区河道无劣质V类水和户外公益广告占户外广告比例5项创城薄弱指标，逐项研究制定攻克措施，明确达标标准和时限要求，努力推进指标落实。全市环境良好以上天数达到85.2%，比上年同期增加1.1个百分点；各区社区室内文化场所共新建28个、置换11个、收回5个、共享255个、整合28个，“零社区”由年初的40个减少到7个；小清河、工商河、东西泺河等市区河道水污染治理工程全面展开；户外公益广告占户外广告总量20%以上。建立创建文明城市工作重要决策市民听证办法、创建文明城市工作执行责任管理办法、社会监督推动文明城市创建工作组织实施办法等十大创建工作制度。组织开展2次创城全模拟测评，摸清创建工作实底，查找不足和差距，不断巩固创建成果。各县（市）区以模拟测评为契机，针对发现的问题强化整改和提升，创城机制体制建设进一步完善。三是创建文明城市氛围更加浓厚。召开全市“迎接党的十七大，创建全国文明城市”动员大会，表彰创城工作先进，号召全市人民积极行动，参与和支持创建工作。召开全市创城宣传信息工作会议，下发《关于进一步加强创建文明城市宣传工作的意见》和《关于进一步加强创建文明城市信息工作的意见》，落实创城新闻发布制度和新闻宣传联席会议制度。在全市开展向全市居民赠发市民文明手册、泉城好邻居评选、创城主题徽标征集活动。在省、市属新闻媒体开辟“迎接十七大，创建文明城”、“我与文明同行”、“百件实事看创城”、“迎和谐全运、建美丽泉城”等专栏，打造了一批创城宣传精品栏目。省委宣传部、省文明办对济南市创城工作给予充分肯定，省级新闻媒体于3月份对济南市创城工作经验进行了集中宣传，济南创建文明城市经验在全省推广。四是“文明山东”建设扎实有效。按照省文明委创建“文明山东”的工作部署，全面落实指标任务，积极开阔思路、拓展领域、创新发展，与德州市共同策划开展区域文明共建，以围绕中心、促进发展，以人为本、改善民生，平等合作、实现共赢为原则，建立“融入省会经济圈、共创文明城市群”合作关系，在市民素质教育、基层单位创建、文明创建活动、文明绿色通道、城市建设管理、文化体育事业等方面全面开展合作共建。

同时,全市各级各有关部门严格按照《“文明山东”测评指标体系》要求,积极开展“文明山东”创建工作,注重城乡统筹协调推进,各项工作都取得明显成效,为建设实力较强、人民富裕、社会和谐、生态良好的现代化省会城市发挥了重要的推动作用。在2007年省文明委组织的“文明山东”建设测评中,济南市居全省前列。

2.市民文明素质大幅提高。围绕社会主义核心价值体系建设,广泛开展思想道德教育,突出抓好教育普及、入耳入脑、典型引路和建立公约等四个环节,集中开展教育和整治活动,为有效解决广大市民群众反映强烈的出行文明、秩序文明、礼仪文明等问题奠定了基础。一是广泛发动群众。召开“人人奉献爱心,共建和谐济南”座谈会,号召广大市民群众广泛开展爱心奉献、扶贫济困、助老扶残等多种爱心活动,不断提高广大市民群众的思想道德素质。根据中央关于大力开展“迎奥运、讲文明、树新风”活动的要求,制定了济南市《“迎奥运、讲文明、树新风”活动实施意见》。在全市举办了“迎奥运、讲文明、树新风”公益广告征集比赛活动,共在全市征集各类广告作品200件。同时,加强《十不行为规范》和《市民文明公约》宣传教育,编发2400本《文明礼仪知识读本》,大力促进市民思想道德规范建设。二是构筑活动平台。开展“民生直通大家乐”和“创建文明城市,精品影视社区行”活动,利用媒体大张旗鼓地宣传创建文明城市工作,推进文明济南、和谐济南建设。开展了“人人相互礼让,点亮路口文明”文明交通礼让手势评选,“大拇指”手势成为此次活动选用的文明礼让手势。召开“倡导文明礼让、共建和谐交通”活动动员大会,设定“文明行路推进日”,成立文明交通礼让劝导队,设立文明交通责任岗,总结推广了一批“四文明”、“四让”典型,文明执法、文明劝导、文明监督和不文明行为曝光等多措并举,切实解决乱闯红灯、乱跨路栏、乱抢道、乱停车等不文明问题。组织开展“迎和谐全运,建美丽泉城”市民主题教育活动,大力实施文明理念塑造、文明礼仪普及、文明交通礼让、文明生态共建、文明秩序养成、文明服务提升、文明形象展示和爱心泉城打造“八大行动”,为2009年全国十一运圆满举办奠定牢固的社会和群众基础。三是强化典型引路。树立了李慧敏、刘彦友、冯月荣等见义勇为、大爱无边的“市民文明标兵”典型。命名表彰“7·18抗洪救灾文明市民”315人。组织开展全市道德模范评选活动,评选“助人为乐模范”、“见义勇为模范”、“敬业奉献模范”、“诚实守信模范”和“孝老爱亲模范”、“爱心捐助模范”、“志愿服务模范”、“舍己救人模范”、“拾金不昧模范”、“邻里和睦模范”、“爱护环境模范”和“文明礼仪模范”137名,提名奖200名。其中郑承镇等3名模范受到中央表彰,6人获省级道德模范称号,10人获省级道德模范提名奖称号。举办“道德模范与市民群众共话文明,迎和谐全运,建美丽泉城”大型宣传活动,在全市形成学习、关爱、争做道德模范的良好氛围。大力宣传推广“泉城义工”品牌,“泉城义工”被中宣部确定为全国重大典型,《人民日报》、新华社、中央电视台等18家中央级媒体及大众日报等省级媒体于9月21日、22日在重要版面和时段集中报道了“泉城义工”的事迹。

3.城乡创建迈出新的步伐。一是社区创建工作丰富多彩。按照做好“适应群众需求、紧扣群众脉搏、凝聚群众参与、服务群众利益、促进群众发展、加强群众监督”等“六篇文章”,努力提高社区创建工作群众知晓率、支持率、参与率和满意率等“四率”的要求,组织开展了泉城“魅力家庭”评选、道德模范社区行、优秀戏剧进社区、创建文明城市100个“从我做起”进社区、泉城义工进社区、城管执法进社区、文明交通进社区、服务品牌进社区和社区“半小时”文化活动圈等一系列城区创建活动。2007年全市有省级文明社区15个、市级273个,省级文明单位60个、市级267个,省级文明家庭24个、市级1032个,全市参与四进社区活动的单位达到594个。二是窗口行业服务水平有效提升。以迎接全国十一运为契机,按照服务面貌大改观、服务质量大提升、服务效率大提速的总体要求,积极推进窗口行业服务理念、环境、质量、效率和管理创新。召开“创文明窗口,迎和谐全运,建美丽泉城”动员大会,印发《开展“创文明窗口,迎和谐全运,建美丽泉城”活动的意见》,动员全市各级各部门积极行动。与市金融办、药监局、卫生局、环卫局、创模办、行政审批中心等单位,联合开展了“文明诚信单位”、“文明诚信药房”、“安静居住小区”、“文明服务窗口”等创建评比活动。启动“泉城服务品牌”评选,开展行业服务标准、服务规范、服务制度征集活动,使窗口服务行业文明

来自历下区的青少年参加泉城义工活动 （舜网供稿）

创建和规范服务形成全市同抓、互进、共赢的良好局面。三是农村创建工作扎实深入。召开全市城乡共建“乡风文明”现场经验交流会，总结推广济阳县城乡共建经验。会同市文化局等有关部门围绕全市新农村和谐文化建设问题，对章丘市等8个县(市)区11个乡镇、26个村进行了调研，制定《济南市“乡风文明”测评体系》，使乡风文明测评内容、标准和方法更加明确，更具操作性。各县(市)区在乡村大力加强道路硬化、环境净化、植树绿化，努力改善村容村貌，通过抓好建沼气池和改厕、改水、改灶、改圈等，强化“文明生态村镇”建设。积极推进农村文化大院、“小康书屋”建设，不断加大农村文化建设投入，健全完善文化设施，为群众进行文体活动提供了良好的环境。全市文明生态村达1039个，农村文明一条街达3590条。9月6日至7日，全国农村精神文明建设工作座谈会在济南召开，对济南市农村精神文明建设工作经验进行了推广。四是特色创建形成品牌。培育打造了“雷锋车队”、“爱心车队”、“文明公交车”、“文明公交线路”等一批在全省乃至全国知名的济南创建“品牌”。进一步加大精神文明创建工作中涌现出的先进典型的总结挖掘和宣传推广力度，开展泉城精神文明创建活动品牌评选活动，表彰了一批泉城精神文明创建活动“著名品牌”和“优秀品牌”，并编辑出版《泉城精神文明创建活动品牌集锦》，宣传推广创建活动著名品牌、优秀品牌的经验做法。

4.未成年人思想道德建设工作扎实有效推进。一是创新体制建设。组建了由驻济高校、科研部门、热爱青少年事业的专家和老同志组成的未成年人思想道德建设专家队伍。开展未成年人思想道德建设“回头看”，对有关部门加强学校德育工作情况，实施文化环保工程情况，为未成年人提供优秀文化产品和优质文化服务情况，构建学校、家庭、社会“三结合”教育网络情况，青少年校外活动基地建设和使用情况，加强和改进农村及特殊群体未成年人思想道德建设情况，健全完善领导体制和长效工作机制情况进行调研。与济南青少年研究所进行“未成年人思想道德缺失特征及矫正教育对策研究”，申报济南市哲学社会科学规划研究项目并立项。二是积极组织开展未成年人思想道德建设“十优秀”争创和评选活动。评选未成年人思想道德建设优秀思想道德教育课、优秀团课队会班会、优秀教育工作者、优秀家庭教育、优秀社区教育、优秀校外辅导员、青少年喜爱的优秀文艺作品和书籍、优秀社会实践活动、优秀校外教育阵地、优秀家长学校100个。在中央文明办组织开展的第二届未成年人思想道德建设工作创新案例评选活动中，历下区泉城路街道办事处“社区青少年心理疏导站”获二等奖，槐荫区青年公园街道办事处“当当推进站”、济南市南上山街小学“走进民俗文化”、历下区千佛山街道办事处“成长俱乐部”获三等奖。获奖数占全省入选案例和获奖案例的50%。三是优化未成年人健康成长的社会环境。组织实施校园周边文化环境综合整治，全面取缔校园周边200米之内的游戏厅、网吧等危害未成年人健康成长的营业性文化经营场所，依法严厉查处危害未成年人健康成长的“口袋书”等有害读物，同时努力推介一批有利于未成年人健康成长且深受未成年人喜爱的读物和文艺作品。在济南电视台少儿频道，开设了反映未成年人思想道德建设的《成长》专栏，并根据“当当推进站”、“未成年成长俱乐部”和“体验式教育”等选题制作了一批专题节目。在中小学生中广泛开展了普法教育、“珍惜生命、远离毒品”教育、健康教育、安全教育和崇尚科学文明、反对迷信邪教教育，大力开展诚信宣传教育。大力推进建设青少年思想道德阵地，共建成省级活动阵地16个、市级29个，省级爱国主义教育阵地5个、市级16个。

5.创建学习型城市活动蓬勃开展。一是推进学习型社会规范化建设。印发《济南市关于建设学习型城市的意见》，从指导思想和工作目标、建立健全终身教育体系、积极推进各类学习型组织建设、不断丰富和推进学习型城市建设的有效载体、建设完善推进学习型城市建设保障机制等方面，对学习型城市建设进行了全面系统规范。二是开展“全民终身学习宣传周”活动。策划组织“济南市2007年全民终身学习宣传周”，确定全市首批外来务工人员培训定点学校，实施公益培训进社区、终身教育成果展示、外来务工人员定点培训等活动。各县(市)区广泛开展形式多样的群众性读书活动，普及科学文化知识，加速知识更新。三是注重以点带面。召开“创建学习型组织，机关率先垂范”座谈会，推动党政机关、单位积极开展创建学习型组织活动，为社会作出表率。大力宣传推广学习型社区、学习型乡村、学习型企业、学习型机关、学习型家庭等先进典型，组织有关专家开办系列讲座，开展创建学习型组织大讨论，努力引导和造就“人人学习、终身学习、人人创新、不断创新”的学习理念。（李英涛）

【“迎接十七大，创建文明城”主题行动】 2007年“迎接十七大、创建文明城”主题行动，继续坚持“为了人民，依靠人民，让广大群众共享创建成果”的方针，坚持依靠新闻和社会监督推动，由85个责任单位承办的十大行动、百件实事如期完成，进一步促进了省会现代化建设。

1.市民文明行动。该行动由22个单位承办10件实事。组织开展“科学发展，共创和谐”主题教育和“三下乡”活动22项，教育覆盖率达到60%。实施“创和谐家庭，建和谐济南”主题行动，举办家庭档案交流展示、“泉城十佳好儿媳”评选等系列活动，以家庭和谐推动社会和谐。市直机关大力开展党员奉献日、机关风采展示等主题教育活动，全市机关参与率达到90%以上，为构建和谐济南起到表率作用。深入普及志愿服务理念，全市注册志愿者人数达到30.68万人，“泉城义工”品牌在全国打响，有效推动了“我为人人、人人为我”良好社会风尚的形成。宗教界开展了以捐资助学、爱老敬老、赈灾扶贫等公益活动为主要内容的“共建美好家园”活动，搭建了“团结进步、服务社会”的平台。未成年人思想道德建设不断加强改进，实施关爱未来“十优秀”创建工程，推出“十优秀”品牌100个；加大校园文化建设力度，学生校园文化活动参与率达到100%；全市中小学生广泛开展“迎奥运、讲文明、树新风”、“知荣辱、我为先”等系列主题教育活动，未成年人深受其益；进一步完善中小学生校外活动场所，积极建立社区家长学校，探索建立德育导师机制，家庭、学校、社会“三位一体”的未成年人教育网络更加完善。围绕提升市民整体素质，先后组织开展社会主义荣辱观100个细节“六进”、“崇尚科学，反对邪教”、“细节文明行动”、社会科学普及周以及“说普通话、用规范字”等丰富多彩的群众性活动，促进市民科学、文明素质不断提高。各新闻单位开设“迎接十七大、创建文明城”、“百件实事回头看”等专栏、专题，创城宣传力度不断加大，舆论氛围更加浓厚。

2.交通畅通行动。该行动由9个单位承办9件实事。北园大街快速路高架桥和地面快车道建成通车。全市新建、改造、整修城区道路35条。省道102线建成通车，104国道累计完成总量的95.7%，工程质量优良率、合格率均达100%。各区配合“八乱”整治活动，不断加大道路环境整治力度。历下区对茂岭山路、天地坛街、青年东路等45条道路进行翻修、改造、绿化及美化，达到拆、绿、美、清、亮。市中区对岔路街小区等13个居民小区、67条主次干道，以及英雄山路、纬二路、建设路、二七南路等重点道路实施专项整治；市中广场、七贤广场和八一立交桥绿地等标志性地段绿化养护达到了省一级标准；马鞍山路、纬一路、经八路等主要道路绿化养护达到了省二级以上水平。天桥区对铜元局前街、制锦市街等9条道路进行整修，依法拆除违章门头房，规范店面经营，沿街道路建筑容貌整洁美观，路面平整。历城区七里河路改造工程竣工通车，道路两侧景观改造基本完成。长清区峰山路、莲台山路、玉符街段等改造工程全部完成，成为长清城市建设一道靓丽风景。市政等部门继续实施“优先发展公交战略”，开辟新线17条，淘汰旧车344台，新购车辆456台，达到欧Ⅱ标准，公交车保有量已达3261辆；建立23条公交智能报站系统；出租车控制在8500辆以内，市民出行更加便捷。

3.环境保护行动。该行动由13个单位承办10件实事。北大沙河5.3公里河道整治、4处支流入口整治和沿河污水干管埋设全部完成。大气和噪声污染治理成效明显，全市良好及良好以上天数比率达到85.2%；累计建成环境噪声达标区8个，噪声达标区覆盖率73.6%；12369环保热线受理群众投诉环境污染扰民案件1075件，处理率、反馈率和回访率均达100%。通过签订文明施工合同、创建安全文明工地等措施防治扬尘污染，创建省、市级安全文明工地117个，施工工地围挡率达90%以上，城区85条主要道路和20处重点场所周边乱倒垃圾平均每平方公里少于0.5处，散装物料车辆基本做到篷盖运输，扬尘污染得到控制。新建、改造公厕31座，完善公厕无障碍设施22处，新增密闭式垃圾转运箱(站)12处，改建垃圾收集设施10处，在市区主次道路两侧及景点周边增设果皮箱1060个；加快推进垃圾处理新厂和粪便处理厂工程建设，有效防止垃圾污染。完成兴济河、柳行河、全福河部分河段截污整治，改造7处排水泵站，建设再生水设施10处。提升城市绿化管理水平，全市新建绿地面积420万平方米，栽植乔灌木480万株、垂直绿化苗木17.95万株，拆墙透绿8130米，超额完成年度目标；开展了粟山路等11条道路、七彩广场等10处游园的绿化提升建设，以及六里山风景林地、英雄山风景区的综合治理工作。京福高速公路沿线荒山栽植苗木102.39万株，张夏至崮山段高标准绿化带建设工程全部完成。搞好秸秆青贮及综合利用工作，完成青贮氨化260万吨，新建沼气池20处，畜禽粪便处理率达到75%以上，畜牧业生态循环经济建设取得新进展。黄河右岸一期标准化堤防工程竣工，二期工程正在施工，黄河沿岸生态环境工程稳步推进。大力实施封井保泉工程，封闭深层自备井2眼、浅层井100眼，对泉水保护发挥了积极作用，四大泉群创出近30年来持续喷涌时间最长纪录。

4.综合治理行动。该行动由15个单位承办7件实事。制定实施孙村新区、中心区和出口加工区三大片区及贤文、汉峪、两河、庄科片区供水、节水、污水处理、供热等基础设施控制性规划，重点规划实施三大片区的源头工程和水处理、道路等工程，220千伏变电站完成主变送电工作，高新区基础设施进一步完善。继续推进各项专项整治，突出抓好旧城区整治和以道路为载体的区片综合整治，拆除各类违章建筑、乱搭乱建8612处、50.4万平方米，清理占道经营3.3万处，清理卫生死角2685处、2.5万立方米；清理乱贴乱画23.9万处；绿化提升351处、102.8万立方米，粉刷墙体421处、20.3万平方米；整治广告牌匾21235块、12.2万平方米。加大区域环境综合整治力度，高新区展开村镇环境等17项专项整治工作，打造优良投资环境；历下区实施居民小区、马路市场等多项整治，打造亮点服务群众；市中区突出对主次干道、重点场所的“八乱”整治，33条主次干道及7处重点场所的视觉污染和乱搭乱建现象得到有效遏制；槐荫区重点对纬六路、济微路、经二路、阳光新路开展全面整治，规范广告牌匾和车辆停放，环境得到美化、净化、绿化；天桥区加大对城区14条主要道路和2处重点场所占道经营和视觉污染的查处力度，取缔马路市场10余处；历城区山大南路等9条Ⅰ级管理道路管理效果得到保持，轻骑路等6条Ⅱ级道路初步达到了Ⅰ级管理道路管理标准，整治居民小区41个，小区环境得到有效改善；长清区认真推进道路环境、门前五包等16项整治，城乡环境明显提升。完成南郊丁字山热源厂建设，新增供热面积200万平方米；建设3座压缩天然气母站和9座加气子站。继续完善路灯集中控制系统建设，新增路灯7317盏，强化路灯热线服务，亮灯率、完好率和事故处理及时率均达100%。深入推进城市长效管理机制建设，6区数字化城管指挥中心场地全部落实，采购工作井然有序。

5.和谐社区行动。该行动由13个单位承办6件实事。开展“法官进社区、服务千万家”活动，组织法律集中宣传活动23次，印发宣传材料15万份；对经济困难的诉讼当事人采取减、免、缓诉讼费等措施，办理减交诉讼费案 35 件、免交诉讼费案 61 件、缓交诉讼费案件 693 件；接待来访 3081 人次，走访当事人 1352 件(户)，自觉接受群众监督，促进法院全面建设。深化科普大学和画廊建设，新建社区科普大学 20 所，讲师团人数达到 105 人；完成新建科普画廊 576 米，印制科普挂图 4 期共 2800 套，科普画廊内容达到每季度更换一次的标准。规范发展社区便民商业，培育引进社区商业连锁集团 2 个；新增 25 个社区便民连锁店、27 个家政服务站、75 个便民早餐快餐经营网点；新建和提升改造 4 处社区室内生鲜副食品市场；培育了 1 个国家级、4 个省级、20 个市级商业示范社区，方便市民生活。加强全民健身，提高社区群众体育工作水平，组织全市性大型群众健身活动 16 次，经常参加体育健身的人数达到 45%以上；培训社会体育指导员 1338 人，全市体育指导员总数达到 7600 人，城区每万人拥有社会体育指导员 14 人；每个街道体育活动团队达到 10 支以上；配建农村体育健身设施 350 处，社区健身广场 2 处、健身路径 10 处。广泛深入开展和谐社区创建活动，社区创建活动覆盖率达到 100%，打造社区创建品牌 20 个，评选表彰“平安社区”、“绿色家园”、“团结互助”等各类特色社区 106 个；组织厨艺、文艺等各类社区居民免费公益培训近 3 万人（次）；新扩建社区服务用房 40 个，平均面积达到 150 平方米以上；社区养老爱老服务进一步加强，安装“爱心门铃”近 2000 户。

6.优化服务行动。该行动由 14 个单位承办 14 件实事。深化优化发展环境监督检查，继续抓好重点部门民主评议工作，推动投诉受理工作向乡镇街办延伸，加大反腐倡廉教育力度，廉政宣传教育在党员干部中的普及率达到 60%以上。完善领导接访机制，认真落实领导信访接待日制度，各级领导先后公开接访 1200 余次，接待群众 10000 多人次，维护了社会稳定。进一步完善城乡规划，起草完成《济南市城乡规划条例(草稿)》；中心城各片区控规方案全部进行了社会公示和成果修改完善，进入成果审查验收阶段；《济南市南部山区保护与发展规划》进行成果初步审查，《黄河北大桥——桑梓店控制性规划》完成初步规划方案；新农村 19 个试点镇镇域村庄布点规划和 100 个试点村村庄建设规划完成初步方案。开展“畅通网络，诚信服务”活动，网通、移动、联通、电信、铁通等通信运营企业网络和服务质量逐步提升，客户满意度达到 90%以上，投诉处理及时率 100%。切实加强城镇企业离退休人员基本生活保障，省人大常委会批准地方性法规《济南市城镇企业职工基本养老保险条例》。土地整理工作取得成效，验收土地开发整理项目 52 个，开发整理复垦土地 6 万多亩。新农村建设“十大行动”扎实推进，农民人均纯收入比上年增长 10%以上，村村通沥青路率达到 98.6%，农村自来水普及率达到 80.73%，农村新型合作医疗参合率达 96%，农村义务教育阶段杂费全部免除。简化办税程序，深化涉税服务，主要涉税指标变上门手工上报为网络采集，简化合并报表共计 300 份；推出短信服务新举措，收集企业办税人员手机号码 23678 个，发送提醒短信 10 万条，广受纳税人好评。海关采用“多点报关、口岸验放”模式的报关单达到 5321 票，占现场报关单总量的 97%；无纸通关比例达 12%，网上支付税款比达 99.2%。大力推行明码实价，更换明码实价签、降价签 100 多万张，全市明码实价标价率达到 90%。企业代办服务中心启用运行，受理办结办件 59 项。在南部山区建立固定火箭增雨点 26 处，组织增雨作业 19 次；全市建成 86 个区域自动气象站，发布预警信号 42 次，防灾减灾能力进一步提高。

7.城市平安行动。该行动由 8 个单位承办 8 件实事。“平安济南”建设深入推进，农村可防性案件下降 13.7%，治安秩序进一步好转，农村群众对社会治安满意率达 97.7%；90%以上的行业内部实现常年不发生重大刑事案件、群体性事件和重大生产责任事故，党政机关、金融单位等重点要害部位实现了“零发案”。开展“充分发挥检察职能作用，创造和谐稳定发展环境”活动，各类刑事犯罪批捕准确率 100%；妥善处理群众上访案件，群众满意率 96%以上；创建优秀青少年维权岗 3 个，运用和解程序处理轻微刑事案件 276 件，当事人满意率 100%；查办各类职务犯罪案件 184 件，维护了社会稳定，优化了发展环境。全市各大商场、超市全部建立专职保安队伍，技防设施安装率达到 100%；道路交通事故死亡人数同比下降 6.56%，信号灯控路口比例达到 83.21%，学校周边交通标志设置率达到 100%，群众对道路交通安全畅通的满意度达 95%；开展消防安全管理标准化建设工作，全市 2924 家消防安全重点单位全部开展安全管理标准化建设，达标率 100%，全市无群死群伤的恶性火灾事故发生；健全区域质量监管制度，完善特种设备数据库，50 万条质量信息数据全部入库，全市各类安全事故同比下降 10.2%。建立 12355 青少年维权和心理咨询服务台，建立“青少年舆情监测站”2 个，创建舜园社区等 5 个省级“未成年人零犯罪社区”，有效预防青少年犯罪。全市参与“食品安全示范街”创建的街道(路)达到 13 条，参与“食品安全示范店”创建的食品生产经营单位 300 余家，表彰 21 家文明诚信药房；做好农资产品专项整治，以标牌公示的办法，确保农资销售无假货，全市食品、药品、农资产品市场更加规范。

8.窗口明亮行动。该行动由 13 个单位承办 12 件实事。各公园、风景区服务人员佩证上岗、礼貌待客，经营网点明码标价、诚实经营，设立 13 部服务质量监督电话，游客投诉处结率 100%。强化旅游景区公厕建设管理，新建、改建星级厕所 49 处。进一步提升专业市场服务功能，通过在茶叶市场举办茶博会、民俗茶艺表演、品茶节等活动，丰富了省城茶文化内涵；英雄山文化市场先后开展“十佳先进发行单位”评比、遵纪守法文明经营演讲会等活动，大力倡导规范经营。建立新型经营服务体系，建立农村综合服务中心 50 处，建立改造基层供销社网点 200 个，设立分店、商品配送中心 10 处，建设 20 处农村合作经济组织，创建“农资经营优秀诚信企业”20 处。全面提升热线服务水平，新建 12315 申诉举报联络点 500 个，全市总数达到2916个;12319服务热线工单处结率、处结及时率达到95%，满意率达到90%,回复率100%。济南机场实现住宿乘机无缝连接,免费提供接送站、订票、办理乘机手续和打包服务,创建国际卫生机场工作通过省局检查验收。济南长途汽车站客服热线24小时开通,并实行市区订票5张以上免费送票。全市223处邮政营业网点,18处投递网点,5处内部大型收寄、处理、投递生产作业场地实施“6S现场管理”,客户服务现场环境改善,邮件处理质量提高。规范物业管理,提高公房维修水平,全市新开工、预售的5万平方米以上小区,全部通过招标选择物业企业,新建小区物业企业与开发企业、业主的合同签约率达到100%;公房维修工程合格率达100%,居民满意率达93%。

9.为民解忧行动。该行动由23个单位承办13件实事。积极推进廉租住房和安置房建设，廉租住房补贴做到了随申请、随受理、随审批、随发放,市区廉租住房受助家庭已达6876户(次),落实廉租住房实物配租房源161套;美里新居一期工程交付使用，兴河苑小区进入竣工阶段,泺口安置房怡苑、和苑、磐苑新区三处小区建设基本完成,奥体安置房工程进入收尾阶段，大正示范区地块安置楼全部入住。多渠道多形式扶贫济困，全年投入善款952.3万元，完成年度救助目标任务的136%,惠及12.9万特困群众。全市33万贫困人口收入水平全部达到1000元的省定贫困线,人均增收580元以上。大力推进就业再就业工作,不断提高社会保障水平,通过“工字号”工程、“巾帼新农民创业计划”、“青春创业行动”、公益招聘会、壮大民营企业等渠道，培训下岗失业人员1.24万人,创业培训2000人;援助困难人员就业1.4万人;新增就业人数12万人;农村劳动力转移就业17.4万人;企业基本养老保险参保人数95万人;城镇基本医疗保险参保人数96.6万人;失业保险参保人数69.1万人;工伤保险参保人数92.5万人;生育保险参保人数56.9万人;全市95.45%的卫生服务中心(站)纳入城镇职工医疗保险定点机构。大力实施惠民医疗工程,50所社区卫生机构药品实行集中采购、统一配送,药价下降30%以上;30所乡镇卫生院建设规划全部完成，为17个卫生院培训119名技术骨干;新入急救分中心5个，新增救护车11辆;完成5000份居民家庭急救档案,各急救分中心实行对特困家庭减免急救费用20%的政策,对三无病人实行费用全免。全市各县(市)区普遍建立城乡医疗救助制度,城镇、农村医疗救助共救助10155人，发放救助金458.9万元。全市老年公寓、敬老院、托老站等福利床位数达到15847张。开展“爱老奉献年”活动,为全市80万老年人办理80件实事，建成农村老年活动基地156处。实施“我的兄弟姐妹”解困和康复救助,“百户安居工程”500户房屋全部竣工;新建农村残疾人扶贫开发基地20个,带动439户残疾人家庭脱贫;300名贫困残疾儿童实施康复训练救助,561名贫困白内障患者实施免费复明手术。大力维护职工权益,不断推进工会建设,积极实施职工诉求代理和信访代理,代理服务程序更加规范,代理服务内容更加完善。

10.文化建设行动。该行动由21个单位承办11件实事。奥体中心体育场完成罩棚钢结构高空焊接,体育馆、游泳馆、网球馆钢结构吊装施工总体进展顺利。“五三”纪念堂建成开放,成为济南市又一处爱国主义教育基地。实施公共文化惠民工程,市图书馆新馆、群众艺术馆建设按计划进行,区“两馆”建设加紧推进,乡、村公共文化体系建设不断加强,乡综合文化站达标率70%，村文化大院达标率50%以上。加强户外广告建设与管理,全市户外广告总量达7万平方米,公益广告总量稳定在1.4万平方米以上,达到创城标准。组织开展丰富多彩的文化活动,成功举办第二届济南国际幽默艺术周,为市民带来了欢乐;举办第三届济南市农民文化艺术节,农民文艺汇演15场;组织专业艺术团体进基层演出690场;建立“明星影院—进城务工人员影剧之家”，为进城务工人员免费放映电影200场;各级博物馆先后举办“中华历代匾额展”等各类文博展览25个;组织开展“送春联下乡”、“靓丽泉城”、“7·18”抗洪救灾等艺术家下基层采风创作和展览活动9次，创作文艺作品1000多篇、幅。推进企业文化建设,举办第二届济南外商投资企业文化节,推动外商企业争创和谐企业、诚信企业。组织举办青少年科普剧比赛等8次大型科普活动,加大科普宣传力度;整合省会科技资源,建成济南地区大型科学仪器设备共享平台6个,为科技创新提供服务。加强文物保护和管理,《济南市文物保护规定》已经省、市人大常委会批准通过,府学文庙第一期维修工程基本完成,全市文化遗产保存完好率达85%以上。认真开展新闻出版管理和版权保护工作，查缴各类盗版、非法出版物20万余册(盘),查处各类案件40多起,立案案件处结率达到100%。出版新书145种,《话说长征》等7种图书获省以上优秀图书奖,出版《品读济南》等宣传济南的图书20余种，为农村书屋和农村红领巾书屋赠书1万余册(套),总计21万多元。 (李英涛)

【济南市创建文明城市工作经验在全省推广】 自2004年以来,济南市把创建全国文明城市作为推动经济建设、政治建设、文化建设、社会建设和党的建设的重要抓手,把为人民群众办实事办好事作为创城工作的切入点和落脚点,明确提出“为了人民创城,依靠人民创城,让人民群众共享创建成果”的创建方针和工作理念,连续四年突出抓好以市民文明、交通畅通、环境保护、综合整治、为民解忧、和谐社区、城市平安、窗口明亮、优化服务、文化建设等十大行动、百件实事为主要内容的创城主题行动，努力为人民群众解决就业、教育、医疗、社会保障、生活环境等方面存在的实际困难和问题,探索走出了一条集中性创城主题行动与经常性创建工作互为促进、紧密结合的文明城市创建工作之路。2月28日至3月5日,省委宣传部、省文明办组织《大众日报》、山东电视台等省主要新闻媒体,对济南市创城工作经验进行集中宣传报道;4月16日，省文明委下发了《关于推广济南市坚持以人为本创建文明城市工作经验的通知》，在全

省推广济南市的经验做法。（李英涛）

【首届泉城“魅力家庭”评选活动】2006年12月至2007年12月，市文明办、《齐鲁晚报》等单位共同举办了首届泉城“魅力家庭”评选活动。全市400多个家庭参与此次评选，在这400多个家庭中，除和睦之家、坚强之家、书画之家、爱心之家等传统意义上的魅力家庭外，还涌现出了大量的时尚之家、休闲之家、旅游之家，从不同角度反映了泉城家庭独具特色的生活。经过一年的展示和角逐，最终评选出了10个“魅力家庭”和10个“魅力家庭”提名奖。（李英涛）

【面向全国征集创城主题徽标、歌词、短信、口号和文艺作品】2007年4月至10月，市委宣传部、市创城办举办了创建全国文明城市主题徽标、歌词、短信、口号和文艺作品有奖征集活动。开展本次活动的目的，是为进一步营造创建全国文明城市的浓厚氛围，动员广大市民群众积极投身创建活动，在全市上下形成创建文明济南、构建和谐社会的强大合力。活动启动后，得到了全国、全省各地、社会各界的广泛关注，组委会共收到创城主题徽标、主题歌词、文明短信、创城口号、文艺作品等3033件(条)，其中徽标作品120件、歌词作品100件、短信作品2253件、口号作品500条、文艺作品60件。征集阶段结束后，活动组委会组织有关专家，分别对各类作品进行初评，从中选出入围作品。各类入围作品以社区巡展现场投票、网上投票、手机短信投票等形式，充分征求群众意见，最终口号作品评出一等奖4个、二等奖4个、三等奖9个；短信作品评出一等奖5个、二等奖5个、三等奖8个；文艺作品评出一等奖1个、二等奖3个、三等奖3个；歌词作品评出一等奖1个、二等奖3个、三等奖1个；徽标作品评出一等奖1个、二等奖3个、三等奖10个。

（李英涛）

【承办全国农村精神文明建设工作座谈会】2007年9月6~7日，全国农村精神文明建设工作座谈会在济南召开。这次会议是中央提出建设社会主义新农村战略后，中宣部、中央文明办召开的一次具有里程碑意义的会议，也是对济南市各项工作特别是社会主义新农村建设、精神文明建设的一次全面检验和强力推动。会议总结推广了党的十六大以来全国农村精神文明建设的经验，研究部署了下一步工作，开创了农村精神文明建设新局面。

会议提出，当前和今后一个时期，加强农村精神文明建设，要坚持以邓小平理论和“三个代表”重要思想为指导，深入贯彻落实科学发展观，紧紧围绕中央关于建设社会主义新农村的总要求，解放思想、实事求是、与时俱进，贴近实际、贴近生活、贴近群众，以提高农民文明素质为目标，以文明村镇创建活动为载体，以理想信念教育、树立文明新风、整治脏乱环境、建立服务体系为重点，着力培育新农民，倡导新风尚，建设新环境，发展新文化，为建设社会主义新农村提供思想保证、精神动力、智力支持和文化条件。

会上，济南市介绍了《积极推进农村公共文化建设，努力培育建设新农村新农民》的经验。会议期间，与会代表参观考察了济南市市中区、槐荫区和章丘市的农村精神文明建设现场。（李英涛）

【评选表彰全市道德模范】为全面展示公民道德建设丰硕成果，动员广大市民群众参与公民道德建设，促进公民素质和社会文明程度的进一步提高，市文明办、总工会、团市委、妇联等单位于2007年8月首次开展济南市道德模范评选活动。评选活动中，市民通过短信、电话、网络等投票700多万张，评选出12类137名道德模范，其中，天桥区北坦社区居民郑承镇等13人获“济南市助人为乐模范”称号，张业爱等13人获“济南市见义勇为模范”称号，刘振华等13人获“济南市敬业奉献模范”称号，罗辉等13人获“济南市诚实守信模范”称号，党明英等14人获“济南市孝老爱亲模范”称号，王黎东等10人获“济南市爱心捐助模范”称号，戴可义等11人获“济南市志愿服务模范”称号，朱容海等10人获“济南市舍已救人模范”称号，武栋梁等10人获“济南市拾金不昧模范”称号，房世兰等10人获“济南市邻里和睦模范”称号，杨春堂等10人获“济南市爱护环境模范”称号，郝丽丽等10人获“济南市文明礼仪模范”称号。另外，李长清等200人获“济南市道德模范提名奖”。9月28日，举行全市道德模范表彰暨先进事迹报告会，对其进行隆重表彰。

（李英涛）

【评选表彰泉城精神文明创建活动品牌】为进一步推动精神文明建设向纵深发展，发挥群众性精神文明创建活动品牌的示范带动效应，促进城市文明形象和市民文明素质不断提高，激励各行各业积极开展创建活动，市文明委于2007年1月至5月在全市开展了泉城精神文明创建活动品牌评选活动。在各县(市)区、市直各部门积极推荐的基础上，共评选出阳光大姐等37个“泉城精神文明创建活动著名品牌”，金融高速公路等38个“泉城精神文明创建活动优秀品牌”，灯光美化工程等85个“泉城精神文明创建活动品牌”。

（李英涛）

【弘扬泉城义工精神，共建美丽泉城】2007年10月19日，济南市委、市政府作出《关于弘扬“泉城义工”精神、共建美丽泉城的决定》，并召开弘扬“泉城义工”精神、共建美丽泉城动员大会，在全市掀起了学习“泉城义工”、争做“泉城义工”的热潮。“泉城义工”是由济南市文明办、共青团济南市委和《济南时报》于2005年共同发起组织的志愿服务组织。截至2007年9月，“泉城义工在行动”系列主题服务活动已经成功开展了107期，有12万多人次接受了各种服务。一些困扰市民多年的头疼事、麻烦事、棘手事得到切实解决，家庭变得和睦、邻里变得和善、社会变得和谐，泉城义工以其强大的生命力获得了济南市民的一致认可。两年来，“泉城义工在行动”系列主题服务活动不断感染着泉城市民，广大市民也自觉加入到“泉城义工”队伍中，共同传递爱心、传播文明、奉献社会。“泉城义工”队伍不断发展壮大，截至2007底，由最初的146人发展到近4万人。为了更好地为泉城市民提供专业、系统的优质服务，“泉城义工”细化出了大学生服务团、医疗保健服务团、心理咨询服务团、法律服务团、家电维修服务团、数码产品维修服务团、关爱父亲母亲服务团、泉城义工艺术团、邮电信箱服务团、环保事业服务团、泉城义工助残服务队、泉城义工少年团、爱心父母团、经五家庭义工团等14支专业服务团队，服务内容越来越丰富，更加贴近广大市民的实际需求。2006年4月，《济南时报》泉城义工志愿服务联络站被共青团中央、中国青年志愿者协会共同授予“中国十大杰出青年志愿服务集体”称号。2007年9月，中央各新闻媒体对“泉城义工”通过组织系列主题活动奉献社会的先进事迹进行集中采访报道。

济南市委、市政府在《关于弘扬“泉城义工”精神、共建美丽泉城的决定》中指出，“泉城义工”秉承“展我所长、尽我所能、倾我热情、回报社会”的志愿服务理念，以“传递爱心、传播文明，关爱他人、回报社会”为重要责任，充分体现了社会主义核心价值取向，体现了泉城优秀文化对“真、善、美”的追求，体现了“诚信、创新、和谐”的济南精神，体现了广大人民群众“我为人人、人人为我”的愿望和要求，是全市各级各部门各单位和广大干部群众学习的榜样。并号召全市各级各部门要深入学习“泉城义工”先进事迹，大力弘扬“泉城义工”精神，为创建文明城市、构建和谐济南提供强大的精神动力。济南市将进一步发展壮大泉城义工队伍，动员更多市民加入泉城义工，尤其要在共产党员和共青团员、机关干部、大学生、知识分子和离退休老同志中发展义工，并探索在农民中发展义工。同时将进一步深化泉城义工服务内容和形式，发展社区志愿服务、乡村志愿服务、单位内部志愿服务等，形成就近、便民、长效志愿服务机制。进一步丰富家政志愿服务、文化志愿服务等内容，抓好对困难群体、弱势群体、特殊群体的服务。（李英涛）

【“知荣辱，我为先”未成年人道德先锋行动】 为大力开展社会主义荣辱观教育，在广大未成年人中积极倡导“八荣八耻”的正确价值观，济南市槐荫区于2007年9月全国第四个公民道德宣传日来临之际，在全区启动实施了“知荣辱，我为先”未成年人道德先锋行动。“知荣辱，我为先”未成年人道德先锋行动主要是将“八荣八耻”基本要求具体化，着力解决当前与未成年人日常生活密切相关的道德行为上一些普遍存在的突出问题。该区有针对性地提出“十不十要”标准，教育引导未成年人先学做人、再学做事，远离消极、不健康思想的影响，积极参与到道德实践活动中来。“十不”即不说任何有损国格的话；不做任何有损国格的事；不进入营业性网吧；不在任何情况下闯红灯、翻越护栏；不过分追求穿着时尚，频繁淘汰服装；不乱掷污物，乱倒垃圾、乱贴乱画；不侵占和损坏公共设施；不欺负弱小，不讥笑、戏弄他人；不事事依赖父母和他人，懒惰懈怠；不互相攀比、乱花钱、浪费粮食。“十要”即要热爱祖国，自觉维护国家尊严和安全；要积极参加志愿服务，奉献社会公益活动；要助人为乐，与人为善，宽厚待人，尊重他人的人格和劳动；要讲究语言文明，抵制“语言污染”；要在乘坐公交车时，主动为需要帮助的人让座；要自觉保护环境和资源，爱惜能源，遵守环保各项规定；要主动为家庭做力所能及的事；要阅读、观看健康有益的图书、报刊、音像和网上信息；要在观看演出和比赛时，不起哄滋扰，做文明观众；要见义智为，对违反社会公德的行为进行劝阻，发现违法犯罪行为及时报告。“十不十要”重在引导未成年人从现在做起，从自身做起，从一点一滴做起，对照“八荣八耻”，遵守道德规范。在摒弃和矫正不文明、不道德的言行中，自律升华、净化心灵、深化认识；在为他人送温暖、为社会作贡献的实践过程中，感受真情、领悟崇高、体验光荣。全区65所中小学校、3万余名未成年人、6万余家长和100多个村(居)参与到此次行动中来。2007年底，槐荫区命名表彰了首批行动先进，包括10名未成年人道德先锋，90名志愿服务、助人为乐、爱护环境、尊老敬老、勤俭节约、文明礼貌、团结互助、遵纪守法等方面的新星，并进行了多种形式的宣传。（李英涛）

【未成年人思想道德建设“十优秀”评选活动】 2007年3月，济南市委宣传部、市关工委、市文明办、市妇联、团市委、市文联、市教育局、市民政局、市文化局、市新闻出版局、济南出版社、市广电局、济南日报报业集团13部门在全市开展2007年度济南市未成年人思想道德建设“十优秀”创建评选活动。未成年人思想道德建设“十优秀”创建评选活动包括优秀思想品德课、优秀团课队会、优秀德育工作者、优秀校外辅导员、优秀家庭、优秀社区、优秀创新案例、优秀社会实践活动、优秀校外教育阵地、优秀家长学校10项内容，涵盖学校、家庭、社会“三结合”教育网络的薄弱环节和重点环节。创建评选活动按照“突出把活动落实到基层、突出攻克薄弱环节、突出创建机制建设”的原则，分为宣传发动阶段、全面创建阶段和总结表彰阶段。10月，市文明办与市妇联、团市委、教育局联合召开了2007年度济南市未成年人思想道德建设“十优秀”评审会。通过初评、终评，共评出100个“十优秀”典型。（李英涛）

【“创文明窗口，迎和谐全运，建美丽泉城”活动】 为全面迎接2009年全国第十一届运动会的举办，市文明办于2007年10月在全市窗口服务单位启动“创文明窗口，迎和谐全运，建美丽泉城”活动。

1.服务理念创新。紧紧围绕提升思想境界、服务理念创新，在全市窗口服务行业广泛深入开展思想解放大讨论，突出查找薄弱环节和问题，突出用省会标准和国际化现代化要求审视窗口服务工作，突出有的放矢地研究制定整改措施，突出用先进的服务理念引领和推进改善提升服务工作。在此基础上，按照“提升思想境界，提高工作标准”的要求，借鉴发达国家和国内先进城市的经验，集中社会智慧，广泛征求意见和建议，重新修订完善各行业、各单位、各岗位服务规范。各行业和单位服务规范都要通过新闻媒体、公示服务栏等向社会公示，依靠社会监督把服务规范落到实处。

2.服务环境创新。着力于实现门头美、牌匾美、招牌美、陈列美和创造亲和、温馨、舒适、方便的服务环境,高标准、大力度对各窗口单位内外环境进行综合整治,突出解决一些窗口单位牌匾设置粗放、零乱、档次低,沿用传统卷帘门,门前混乱无序、脏乱差,伸舌头和占道经营,内部不整洁不卫生,以及部分出租车容貌不整洁、环卫设施管理不善、公益设施缺位等广大群众反映强烈的问题。全面推行窗口单位门前包卫生、包绿化、包秩序、包环境、包亮化等"五包"责任制,实现牌匾整齐划一,门前秩序井然,室内一尘不染,环境焕然一新。

3.服务质量创新。把以人为本的服务理念贯穿服务工作全过程和各个环节。要坚持人性化亲情服务,一切为了顾客,为了顾客的一切,急顾客所急,想顾客所想,把利民便民作为第一追求,坚决杜绝仅图服务者方便,片面追求降低服务成本;要坚持文明礼貌服务,全面普及文明服务礼仪,规范文明礼貌服务言行,在涉外窗口单位,积极推行全员外语服务,保证满面笑容迎客,满腔热情待客;要强化诚信服务,全面实行承诺服务和公示服务,坚持童叟无欺、明码标价、质量保优、服务创优,杜绝以次充好,少秤短两,欺瞒顾客;要全面实施标准化、规范化服务,所有服务环节都要有标准可循,有制度约束,把服务规范落实到每个服务岗位、每个员工;要着力于细节服务,精心设计和操作每个服务细节,满足不同顾客的不同需求,对老弱残疾等实行特殊关爱服务。要精心打造一批富有创意、特色突出、群众欢迎的服务品牌,带动服务质量优化和升级。

4.服务效率创新。要在执法管理窗口服务系统,积极推进审批和管理制度改革,理顺管理体制,减少审批管理环节,推行首问负责制、联合办公和网上审批等,转变工作作风,提高服务效率;在消费窗口服务行业要大力推行上门服务、社区服务、便捷服务、快速服务,总结推广一批便民高效服务工作法,大兴岗位练兵之风,培育造就快速服务技能,努力以最短的时间、最快的速度,为顾客提供最有效和满意的服务;在医院、公交、金融、旅游等阶段性资源相对短缺的窗口服务行业,要优化服务配置,规范服务流程,简化服务程序,提供绿色通道,最大限度地减少顾客等候时间,提高顾客满意度。要健全完善高效优质受理投诉机制,所有投诉都要实行限期办理,及时接受投诉,迅速解决问题,抓紧进行反馈,切实保障投诉者和广大群众的利益。

5.队伍建设创新。要紧紧围绕社会主义核心价值体系,大力加强窗口服务行业干部职工队伍建设,突出以马克思主义中国化理论成果武装头脑,以中国特色社会主义共同理想凝聚人心,以爱国主义为核心的民族精神和以改革开放为核心的时代精神鼓舞士气,以社会主义荣辱观引领风尚,全面提高干部职工的思想道德和职业道德素质。要全面推行岗前培训、岗位培训等系统化、经常化业务培训,广泛开展服务技能竞赛活动,不断提高全员服务本领和服务技能。要大力加强行风建设,健全完善热线电话监督,社会监督员监督,人大代表、政协委员监督等社会监督网络,坚决纠正以权力谋私、以行业谋私、以岗位谋私等危害人民利益的不正之风。要进一步健全完善文明创建工作和活动考核评估、评先树优、激励约束等制度,加强和改善对服务全过程的监督管理,促进全员服务工作的科学化和规范化。

截至2007年底,全市各窗口服务行业和窗口单位制定了切合实际、便于操作的"创文明窗口,迎和谐全运,建美丽泉城"活动实施方案,通过召开动员大会、举行启动仪式、进行文明服务宣誓、签订文明服务承诺责任书等,多渠道多形式搞好全员宣传发动。在此基础上,广泛深入开展学习贯彻十七大、思想解放大讨论,修订完善各行业、各单位、各岗位的服务规范。各新闻媒体也积极配合各窗口行业和单位,加大对窗口行业新变化、新发展、新经验的宣传力度。 (李英涛)

【"迎和谐全运,建美丽泉城"主题实践教育活动】 济南市文明办以迎接全国第十一届运动会为契机,自2007年10月至2009年10月在全市组织开展"迎和谐全运,建美丽泉城"主题实践教育活动,以"八大行动"为主要载体,组织开展一系列丰富多彩的群众性创建活动,全面提升市民文明素质和城市文明形象,塑造十一运东道主良好形象。一是文明理念塑造行动。新闻、网络、文艺、社会、阵地宣传等多管齐下,引导动员全社会培育和树立现代文明理念,推动广大市民群众把文明转化为自觉行动。二是文明礼仪普及行动。组织开展一系列文明礼仪建设活动,推动文明礼仪进社区、进乡村、进企业、进家庭、进宾馆饭店和各类公共场所。三是文明交通礼让行动。大力开展文明交通法规宣传教育,积极引导和推行"四文明、四礼让",加强文明执法、文明劝导、文明监督和不文明曝光等多措并举,切实解决不文明交通问题。四是文明生态共建行动。广泛开展"为了泉城,为了健康,保护环境,人人有责"和"爱泉护泉,节水保泉"宣传教育活动,努力解决与现代文明极不协调的问题,广泛开展群众性绿化、美化、净化、亮化活动,齐心协力建设美丽泉城。五是文明秩序养成行动。以"人人维护公共秩序,处处遵守社会公德"为主题,强化秩序观念和公德意识,重点抓好文明行为养成,突出解决公共场所存在的各种不文明问题,努力形成一流的公共秩序。六是文明服务提升行动。进一步修订完善各类窗口行业服务规范,广泛开展文明行业、文明单位、文明窗口等创建活动,全面推行公示服务、承诺服务和细节服务,健全完善优质高效的受理投诉处理机制,全面提高全市窗口行业服务质量和效率。七是文明形象展示行动。大力组织专业创作队伍和广泛发动广大群众,围绕"迎和谐全运,建美丽泉城"主题,积极创作一批戏剧、歌舞、曲艺、影视等文艺作品,营造以文明为荣、以不文明为耻的浓厚社会氛围。八是爱心泉城打造行动。充分发挥志愿服务组织、公益性服务机构的重要作用,发动社会各界和广大群众积极参与,广泛开展志愿服务活动,探索构建具有济南特色的爱心服务网络和爱心回报机制，打造爱心泉城。

（李英涛）

【创建文明城市模拟测评】 根据市委、市政府和市创城委的安排部署，市创城办自5月15日至25日，对历下、市中、槐荫、天桥、历城、长清六区创建全国文明城市工作进行了完全模拟测评。由各县(市)区、市直有关部门人员组成的测评组，严格按照《全国文明城市测评体系》和《“文明山东”测评体系》要求，采用实地暗访考察、民意问卷调查和材料档案审核3种方式，对全国文明城市119项指标和文明山东部分指标进行了测评，共审核综合材料1456件、档案卷宗1056套；实地暗访社区、城郊建制村和各类公共场所、窗口单位1949处(次)；发放调查问卷21000余份。测评发现，近年来，全市各级各单位高度重视创城工作，广大市民群众非常关注和积极参与创城，创建文明城市工作取得阶段性成效，呈现出在共建中共享，在共享中共建，蓬勃发展、方兴未艾的良好态势。一是突出关注和改善民生。坚持把创建文明城市作为为人民服务的重要载体，从为人民群众办实事、办好事抓起，积极参与全市创城主题行动。同时结合各自实际，精心策划组织开展以为群众办实事为主要内容的创城主题行动，有效缓解了群众反映强烈的住房难、就业难、上学难、看病难、诉求难等问题，把创建文明城市工作办成了实实在在的民心工程。二是突出发动和依靠群众。多渠道、多形式加大对创建工作的宣传力度，发动广大群众关注、支持和参与创城，努力形成创建文明城市“大合唱”工作格局。各级各单位先后组织开展了十星级文明户、爱心门铃、热心大嫂、青春伴我行、放心吧等一系列丰富多彩、富有成效的群众性创建活动。广大群众对创建工作知晓率、支持率、参与率和满意率不断提高。据测评问卷调查初步统计，群众对创城工作知晓率和支持率都在60%以上。三是突出攻克创建工作薄弱环节。对照《全国文明城市测评体系》，认真查找本区不足和差距，进一步加大综合治理创城薄弱环节力度，重点攻克区、街公共文化设施不健全、部分地区环境脏乱差、一些市民文明素质不高、社区基础设施不完善、公共服务设施管理不力等创城薄弱指标和环节，取得一定成效。四是突出标本兼治、治本为主解决问题。注重立足当前、着眼长远解决创城工作面临的问题，强化标本兼治、治本为主，从体制上、机制上、深层次上构建创建文明城市工作长效机制。研究制定了创建文明城市民主决策、目标管理、监督考核、宣传信息等一系列工作制度，进一步健全完善了组织领导、督办落实、夯实基础、条块结合、社区共建和长效管理等运行机制，促进创建工作科学有效、不断向纵深发展。五是突出做好创城基础性工作。在抓好每年一度创城主题集中性行动的同时，制定创建文明城市三年规划和每年执行计划，把创建文明城市各项指标，纳入各级各单位工作计划和年度工作重点。在测评工作中也同时发现了许多问题和不足，如对创城工作的认识需进一步提高，创城氛围需进一步营造，环境综合整治力度需进一步加大，社区建设管理需进一步加强，农贸市场和临街小店需进一步规范等等。

（李英涛）

【济南市与德州市开展区域文明共建合作】 为深入贯彻党的十七大精神，努力构建省会经济圈，加强省内城市之间创建文明城市工作合作共建，不断推动文明创建工作向纵深发展，2007年11月1日，济南市与德州市签订“区域文明共建合作协议”。两市将坚持“携手共建文明、促进共同发展”的方针，在市民素质教育、基层单位创建、文明创建活动、文明绿色通道、文化体育事业等方面展开深入合作，以优势互补、部门对接、县市区互助为重点，以健全机制、构建平台为重要手段，以考察学习交流为重要载体，推动两市文明城市创建全方位、宽领域、多层次的学习交流合作，携手并肩，形成区域联动创建文明城市的格局和优势。

1.市民素质教育合作。紧紧围绕建设社会主义核心价值体系，突出把市民文明作为城市文明之本，积极探索共建城市加强互动、互助，努力提高市民思想道德素质和科学文化素质的路子和途径。注重把两市跨区域务工新市民作为教育工作重点，定期对到对方从事务工、经商的人员进行培训，引导他们自觉遵守对方地方的各项法规制度，自觉融入地方经济社会建设，维护当地的城市形象，争做文明市民，为当地经济社会发展作出积极贡献。政府有关部门要加强对对方务工、经商人员的关爱和支持，积极主动地帮助他们解决在生活、工作、学习等方面遇到的困难和问题，为他们的发展进步创造良好的环境。

2.基层单位创建合作。强化把基层联创作为区域联创工作重点，积极促进两城市共创文明城市工作贴近基层、贴近实际、贴近群众。两城市要组织社区和乡村干部分期分批到共建城市先进社区和乡村进行考察学习，交流基层创建工作经验，努力开创文明社区和文明村镇创建工作新局面。

3.文明创建活动合作。积极挖掘自身优势，努力体现区域文化特色，坚持策划组织、社会动员、活动载体、阵地依托等资源共享，适时组织有规模、有影响、有特色、有成效的区域合作创建活动，为两市群众性创建活动提供动力、注入活力。

4.文明绿色通道合作。德州市交通、公路、交警等部门要牢固树立德州市是山东北大门的良好形象，双方交通、公路、交警等部门要加强合作，加强对济南至德州所有国道和省道的管理，保证山东北大门的道路畅通，对双方过境车辆给予宽松的环境。京福高速公路及101省道沿线的济南市、齐河县、禹城市、平原县、德州市和104国道沿线的两城市县(市)区要率先做好示范，积极主动地为省会济南过往车辆做好服务，打造文明绿色长廊，积极创建文明道路品牌。

5.城市建设管理合作。济南市和德州市建委、环保、卫生、公安、城管执法、交警、工商等部门进一步学习共建城市对口部门城市管理的好经验和成功做法，适时召开经验交流会议，举办考察学习等活动，突出围绕健全完善高效、优质、可持续发展城市规划建设管理机制，加强学习、交流和探索，推进城市规划建设管理的科学化、制度化和规范化。

6.文化体育事业合作。定期开展文化建设联谊活动，为双方文艺交流搭建平台。加强民间文艺合作交流，实现文化资源的共通共享。积极推进双方体育事业的交流与合作，适时举办体育友好赛事，推动体育事业共同发展。（李英涛）

【统战工作】 2007年，济南市统战工作融入中心、服务大局，健全完善了加强自身建设的一系列长效机制，扎实开展各项工作，为促进经济社会又好又快发展发挥了重要作用。

1.统一战线共同的思想政治基础更加巩固。①围绕中共十七大和山东省、济南市九次党代会精神的学习贯彻，先后举办各类学习班、培训班50多期，座谈会40多个，培训统一战线成员3000余人次。②开展了“统一战线学习贯彻十七大精神有奖征文”等一系列活动，引导各级统战干部和统一战线广大成员深刻理解十七大的鲜明主题和重大意义，深刻理解科学发展观的科学内涵、精神实质和根本要求，深刻理解全面建设小康社会奋斗目标的新要求和重大工作部署，切实用十七大精神统一思想认识，推动工作开展。

2.多党合作和政治协商制度得到进一步巩固和发展。①召开全市统战工作会议，认真贯彻落实全国、全省统战工作会议精神，对全市统战工作进行了认真的总结部署。②下发了《中共济南市委关于贯彻落实中发[2006]15号文件和鲁发[2007]6号文件精神，巩固壮大新世纪新阶段统一战线的实施意见》，为推进全市统战工作开展奠定了良好的基础。③召开协商会、座谈会、情况通报会9次，组织党外人士参观考察2次。党外人士参政议政、建言献策、民主监督的渠道更加畅通。

3.圆满完成各项换届任务，统一战线持续健康发展。①指导、协助市级各民主党派、工商联圆满完成换届任务，经过协商的市级各民主党派、工商联396名委员（执委）、182名常委、65名正副主委（会长）、秘书长人选全部高票当选，顺利实现了领导班子的新老交替。通过换届，一批政治素质好、知识层次高、综合能力强的代表性人士进入了各级民主党派、工商联新一届领导班子，为进一步做好民主党派、工商联工作奠定了组织基础。②指导帮助民主党派、工商联深入开展了以“传承和发扬优良传统，坚持走中国特色社会主义政治发展道路”为主题的政治交接学习教育活动和以“加强思想作风建设，提高政治、业务素质”为主题的机关建设活动，在新的社会阶层无党派人士中开展了以“自觉接受中国共产党领导，坚持走中国特色社会主义道路”为主题的政治交接教育活动，为多党合作和政治协商制度建设奠定了坚实的思想基础。③圆满完成了市政协换届人事安排，全国、省、市三级党外人大代表和全国、省两级党外政协委员的推荐提名工作。共安排市政协委员572名，推荐安排党外全国人大代表、全国政协委员5名，党外省人大代表、省政协委员42名，党外市人大常委、市政协常委67名。④认真做好政府换届中有关党外人士的推荐安排工作。本次换届，市人大、政府、政协领导班子按规定全部配齐了党外干部，县（市）区换届时，10个县（市）区全部按要求配齐了党外副县（市）区长。市直及有关部门中已有16名党外干部担任了副局级以上领导职务，居全省17个地市前列，其中1名党外干部还担任了政府序列部门的正职。

4. 充分发挥统一战线的人才和资源优势，为经济社会又好又快发展作出了新贡献。①积极引导各民主党派、工商联和无党派人士，紧紧围绕党委、政府的中心工作深入调查研究，积极建言献策。先后以呈阅件形式上报市委的意见建议10余条，市级各民主党派、工商联提交到市政协会议的大会发言和集体提案64件、民主党派成员个人提案284件，党外人士向各县（市）区人大、政协组织提交议案、提案700余件，为党委、政府的民主决策、科学决策提供了重要依据。②工商联组织充分发挥参谋助手和桥梁纽带作用，采取“帮扶百家民营企业工程”、成立济南仲裁委驻商会仲裁中心、召开民营企业融资推介会等一系列措施，不断拓展服务领域，提高服务层次，加大服务力度。市工商联组织召开了全市民营工业经济发展座谈会，市长张建国带领市政府有关部门负责人与50家民企负责人进行了面对面的交流座谈，听取问题和建议，责成有关部门研究解决，促进了非公有制经济的健康发展；以“优秀社会主义事业建设者”评选表彰活动为抓手，创新思想政治工作的形式和载体，加强对非公有制经济代表人士的教育引导，加大非公有制经济代表人士队伍建设力度，2007年，济南市推荐的6名民营企业家全部获省“优秀社会主义事业建设者”称号。③启动实施“凝聚力工程”，为经济社会发展凝心聚力。在党外知识分子中开展“爱泉城、建良言、作贡献”主题活动，在宗教界开展“共建美好家园”活动，在工商联会员企业中继续开展“民企帮村”工程、“就业再就业”工程和“光彩安居”工程活动，组织统一战线成员到农村开展“捐资助学”、“科技下乡”、“智力扶贫”、“送医送药”等活动10余次。全市统战系统先后捐款近2200万元，投资3800万元建立帮扶项目130余个，带动20万农户增收1.2亿元，提供就业岗位3000余个。④发挥统一战线联系广泛的优势，引进域外项目50多个，到位资金逾10亿元，为提高开放型经济水平作出了贡献。

5.充分发挥统一战线在构建和谐社会中的积极作用。①发挥统战工作特殊的群众工作优势，通过举办培训班、报告会、走访座谈、个别谈心交流等多种方式，认真做好理顺情绪、化解矛盾的工作，维护统一战线团结和谐的政治局面。②畅通反映社情民意的渠道，坚持完善党外人士意见建议“直通车”、民主党派“一人一建议、一支部一提案”等制度，为社会各阶层利益诉求提供有序参与的平台。同时，坚持把思想引导与搞好服务、解决问题相结合，积极为统一战线成员排忧解难。③认真贯彻落实党的民族宗教工作政策，进一步巩固民族团结、宗教和顺的良好局面。加大了对民族宗教界代表人士的培养教育力度，坚持与宗教界的双月座谈会和与爱国宗教团体联系会制度，定期听取意见、沟通思想，积极引导宗教与社会主义社会相适应；充分发挥牵头协调作用，加强了对宗教工作重点问题的调查研究，及时把握情况动态，研究制定具体措施，妥善处理民族宗教领域的敏感问题，促进民族宗教领域的和谐稳定。④坚持做好统战信访工作，落实信访工作责任制，认真排查统战工作各领域的不安定因素，确保统一战线的稳定与和谐。 （孙洪成）

【政法综治工作】 2007年，市委政法委（市综治办）按照“维护省城稳定、发展省会经济、建设美丽泉城”的总体要求，以建设“平安济南”、“和谐济南”和保障省会又好又快发展为目标，认真履行政法工作职能，全面落实维护稳定和社会治安综合治理措施，全力服务省会建设发展，各项政法稳定工作迈出了新的步伐，取得了新的成绩。

1.平安济南建设扎实推进，人民群众的安全感不断提高。根据形势的变化，市委政法委、市综治办进一步明确深化平安济南建设的任务目标和工作措施，着重就搞好社会管理、严打和防控多发性犯罪、加强各级综治队伍建设等重点问题，深入组织调研，有针对性地提出工作对策。按照规范化建设的各项要求，突出抓了村居一级综治组织建设，90%的村居综治办基本实现机构设置、职责任务、工作制度、办事程序、队伍管理、基础设施的规范化。积极探索和认真总结社会管理工作先进经验，走出了一条党委和政府领导、综治组织牵头、社会各方协同、群众广泛参与的社会管理工作新路子。狠抓技防建设，全市安装监控摄像头38678个，300余个企事业单位建立了基层控制中心，80个居民小区采用了综合技术防范体系，新建高档小区技防设施安装率达到100%。市民群众安全感达到92.8%。

2.维稳工作措施进一步落实，驾驭省会稳定局势的能力明显增强。各级政法部门坚持把维护省会的政治和社会稳定作为重中之重，各级党委政法委和综治办强化组织协调，坚决落实各项维稳工作措施。全市组织开展矛盾纠纷集中排查调处活动8次，排查出各类矛盾纠纷16515起，调处16227起，调处成功率达98.3%；有效防止“民转刑”案件244起、1412人次，防止群体性上访477起、2755人次，矛盾纠纷总量下降0.4%；到省、市集体上访人数下降4.9%，进京上访批次下降11.9%。强化反邪教斗争，破获主要邪教案件44起，打掉地下团伙组织6个，依法打击处理邪教分子57人，查获各类邪教宣传品3.5万份。强化政治领域的对敌斗争，获取了一大批涉及国家安全和政治社会稳定的内幕性、预警性信息，对境内外敌对势力的渗透破坏活动基本做到发现得了、控制得住。强化安保工作，圆满完成236项重大安保任务，确保了党和国家领导人来济视察、十七大及三级“两会”、重要节庆日和敏感期的绝对安全。

3.大力解决突出治安问题，全市的社会治安形势持续稳定好转。认真贯彻宽严相济的刑事司法政策，不断推进严打整治斗争。全市组织开展严打专项行动11次，始终保持了对严重刑事犯罪的主动进攻和高压态势。全市破获各类刑事案件22021起，抓获逃犯2067名，同比分别提高15.4%和1.2%，依法批捕犯罪嫌疑人3053名，提起公诉4198名，判处刑事罪犯4388名。强化命案侦破和禁毒斗争措施，破获命案149起，破案率达94%，破获毒品案件109起，打击涉毒违法犯罪分子532人，缴获海洛因37克、冰毒1014克。积极开展对多发性犯罪的集中打击和专项治理，形成了严打和防控盗窃、“两抢”犯罪的强大声势，可防性案件同比下降1.7%。深入开展整治交通治安秩序、油区治安、铁路治安、社会丑恶现象、烟草经营专卖秩序以及打击治理盗窃自行车、盗窃破坏电力通讯设施专项行动。

4. 强化服务和保障省会发展措施，积极运用法律手段调节经济关系。认真贯彻“9·29”省委常委扩大会议、“10·9”全市领导干部会议和市委九届三次全会精神，部署开展了“迎全运、保平安、促发展”活动，提升了政法工作服务保障省会建设发展的能力和水平。充分运用法律手段，积极参与整顿和规范市场经济秩序工作，依法严厉打击各类经济犯罪活动，努力为省会经济发展提供有力的法律保障。全市审结一审商事案件21516件，结案标的额56.46亿元。强化执行工作，执结案件15449起，执行标的额43.39亿元。立查职务犯罪案件268人，其中贪污贿赂犯罪217人、渎职侵权犯罪51人，为国家和集体挽回直接经济损失4316万元；查处坑农、害农犯罪案件7件10人，查办商业贿赂案犯49人。全市律师为1652家企事业单位担任常年法律顾问，办理律师法律服务事务81225件，办理法律援助案件2023件；全市办理公证事项65395件，基层法律服务事务13380件，解答群众法律咨询52756次。组织经济管理部门和企业界负责人举办“发挥法律服务职能，促进济南经济发展”研讨会，听取他们对企业发展法治环境的看法和要求以及对政法工作的意见和建议，从而使政法各部门的工作能够更加有效地围绕经济建设这个中心，更好地服务于企业发展，为实现科学发展、和谐发展、率先发展创造良好的法治环境。市公安局出台《服务经济发展便民利民十七条措施》，受到市民好评。全市民政系统注重发挥在维护民利、解决民生、落实民权方面的职能，全力推进“创建文明城”、“双拥模范城”和弱势群体保障工作，为维护省会稳定、服务省会发展作出了积极贡献。

5.基层基础工作全面加强，法律宣传教育成效显著。加强“三基”建设，着力解决警力下沉、资源整合和强化基层的问题，全市87.6%的警力充实到基层一线。推进社区矫正和帮教安置工作，矫正社区服刑人员1552人，服管服教率达到95%，刑释解教人员帮教率、安置率分别达到96%、89%，重新违法犯罪率控制在2%以下。组织实施“五五”普法规划，扎实推进“法律六进”，全市20余万名干部参加了普法考试。深入推进预防职务犯罪工作，组织警示教育活动55场，专题教育报告100多次，落实预防措施514项，受教育党员干部累计3万余人。

6.开展集中学习教育活动，加强政法队伍自身建设。适时组织召开全市政法队伍建设工作会议，明确提出了加强队伍自身建设的任务和措施。按照全省统一部署,在全市政法系统认真组织开展集中学习教育活动，收到较好的学习教育成果。全市政法系统深入开展“作风建设年”活动,全面加强思想作风、学风、工作作风、领导作风和生活作风建设,进一步密切警民关系,营造和谐氛围,树立良好形象。围绕坚决防止和减少政法干警违法违纪问题,深入组织开展“坚持执法为民,反对特权思想,树立良好警风”专项教育整顿活动,认真研究涉及用人管理、体制机制和监督约束等带有根本性和长期管用的措施,使不少漏洞和问题得到了解决。认真组织开展“学习实践科学发展观——解放思想大讨论”活动,使广大政法干警的思想境界得到很大提升,工作作风得到根本转变,办事效率得到提高。在“7·18”抢险救灾中,广大政法干警、武警官兵经受住了考验,以实际行动树立了政法队伍的良好形象。

7.加强法学研究,充分发挥法学研究在省会法治建设中的作用。认真贯彻落实中央政法委关于加强地方法学会建设的指示精神,不断完善和规范法学会工作制度、活动方式和运行机制,充分利用省会法学智力资源,积极开展法学理论研究及实践,形成了一批有较高理论价值和应用价值的研究成果,使法学会工作始终走在了全国的先进行列。部级研究课题“农民工工资支付监控制度研究”，通过了中国法学会专家组的评审。组织全市性专题研讨活动4次,形成研讨论文27篇,编辑出版《济南法治》6期,刊发文章稿件129篇,取得了较好的法学研究成果。（王　文）

【调研工作】 2007年,市委政策研究室共完成各类文稿980篇，合计450余万字。其中,市委文件36件,市委领导重要讲话稿143篇,编发供市领导参阅的《决策参考》及《决策参考》特刊71期,其中32篇得到省市领导47次批示，其中市委书记批示11件。编辑出版市委机关刊物《济南通讯》12期，在中央和省级报刊发表各类文稿34篇,获“2007年度全省党委政研系统先进集体”称号。

1.重要文稿起草。①完成市委重要文件起草任务。主要有:《市委常委会2007年工作要点》、《关于加强领导干部作风建设的实施意见》、《关于认真学习宣传贯彻党的十七大精神的通知》、《关于深入学习贯彻十七大精神的决议》、《关于在全市深入开展“学习实践科学发展观——解放思想大讨论”活动的意见》等。②做好市委领导重要讲话稿起草工作。主要有:焉荣竹在市九次党代会上的报告;焉荣竹在市委九届一次、二次、三次全会,在市委理论学习中心组读书会、市委常委扩大会议、全市领导干部会议等重要会议上的讲话。③完成市委综合材料和领导临时交办的其他各项任务。主要有:《中共济南市委关于实行常委分工负责制有关问题的试行意见》、《关于学习贯彻省第九次党代会精神的情况报告》等。参与了赴烟台、淄博、潍坊高新(经济)技术开发区的学习考察,形成了考察报告,得到市委书记焉荣竹重要批示,并以《决策参考》的形式转发各县(市)区。以市委或市委主要领导名义起草的《稳中求进,好字优先,推动省会经济社会又好又快发展》、《解放思想,开拓进取,开创省会各项工作新局面》等反映济南市经济社会发展情况的文章在《山东通讯》发表,起到了宣传推介济南的作用。

2.调查研究。①按照“维护省城稳定、发展省会经济、建设美丽泉城”的总体思路,紧紧围绕市委重大决策部署开展调查研究，及时提出有参考价值的决策建议。撰写的《立足基础,发挥优势,努力建设全国重要的电力设备制造业基地》、《举全市之力,突破高新区,在新起点上实现更好更快发展》、《完善配套政策，加大工作力度，确保我市棚户区改造任务的顺利完成》、《深化我市文化体制改革的调查与建议》、《全民动员，全力以赴，向城市环境“脏乱差”宣战》、《众成仁和律师事务所借力省会城市群经济圈打造法律服务“航母”》、《进一步做好管理服务工作,切实解决城郊结合部“脏乱差”问题》、《治理破损山体,再造秀美山川——平阴县走出破损山体恢复治理新路子》、《关于进一步做好芙蓉街——曲水亭街历史街区保护整治的对策建议》、《天桥区在北园大街工程中是如何破解“拆迁难”问题的》等11篇调研报告,市委主要领导作出重要批示。撰写的《关于建立健全加快工作指导转变,实现科学发展观的考核体系和激励机制的调研报告》、《关于加快区域性金融中心建设的分析与思考》、《优先发展教育,促进教育公平,努力实现“学有所教”》、《关于支持商河加快发展的调研报告》、《历下区加快奥体文博片区建设,为十一届全运会召开营造良好环境》、《立足城郊特点,科学准确定位,天桥区以龙头企业引领现代农业发展》等,得到市领导肯定,对推动省会经济社会又好又快发展产生积极影响。②及时总结基层创造的好经验、好做法,推动和谐济南建设不断发展。撰写的《我市全面推行基层信访代理制度对化解矛盾发挥重要作用》、《济钢集团实施廉洁效能管理促进企业改革发展》、《创新思路,健全机制,真情服务,天桥区提前实现“零就业家庭”动态消零》、《改革激活了图书馆》、《平阴县白庄村靠惠农政策走出一条建设新农村的成功之路》、《用现代产业提升传统农业的一个好例子——平阴圣母山现代农业园区调查》、《济阳工商分局加强廉政文化建设促进机关作风转变》等,得到市领导的批示。③围绕群众关注的热点和难点问题,提出相应对策。撰写的《从一点一滴做起,切实解决好当前群众最关注的实际问题》、《发展城市社区卫生服务,解决群众看病难、看病贵问题》、《坚持疏堵结合,规范摊点管理,实现创文明城市与便民利民“双赢”》、《健全完善我市住房供应和保障体系,切实解决中低收入家庭住房问题》、《建立长效机制，巩固清欠成果——关于我市建设领域清欠工作的调查》、《努力实现“老有所养”,让广大老年人共享改革发展成果》、《发展大众化餐饮业，为群众提供更好的餐饮服务》、《历下区从解放思想、提升境界入手,强力推进“拆违”》等,得到市领导肯定,对有关工作的深入开展发挥了重要推动作用。④围绕关系济南发展大局的战略性、前瞻性问题开展调研。撰写的《对我市科技创新工作的调查与建议》、《充分利用黄河水保障我市供水安全》、《加快空军济南机场迁建，全面推进我市城区西部开发》、《加大金融服务支持力度，促进现代都市农业发展》、《一个事关我市经济发展的战略问题——关于我市县域经济发展情况的调查》等，引起分管领导高度重视，在为领导决策提供超前性服务方面取得了明显成效。撰写的“加快省会城市群经济圈核心层建设研究”子课题的调研报告，被收入省委政研室、省政府调研室主编的《省会城市群经济圈研究》。《济南市城市水环境生态体系规划研究》成为小清河治理规划建设的重要依据。

3.党刊编辑。围绕市委中心工作，以争创优秀党刊为目标，以“政策性、权威性、综合性、指导性”和“把握政治导向维护核心，突出经济建设紧靠中心，贴近基层群众凝聚人心”为办刊宗旨，按照“精选、精编、精排、精校、出精品”的要求，秉承党刊特色，在稿件筛选、组稿约稿、编辑、办刊形式、栏目设置、图片报道等方面进行积极探索，及时刊登市委重要文件、市委主要领导讲话，及时反映全市改革发展稳定方面取得的成绩和经验，加大刊物的交流力度，进一步提高刊物的权威性、可读性、开放性，被评为“山东省优秀连续性内部资料出版物”。全年共出版《济南通讯》12期，编发稿件232篇、80余万字，设计制作彩封48个码，刊发精选图片500余幅。

年内，撰写的一些调研文稿被中央和省级报刊刊用，其中《济南的“阳光大姐”——济南市妇联创建妇女就业服务组织调查》、《用科学发展观指导地方立法》、《天桥区从做好基础工作入手，积极探索加强社会管理的新路子》、《创新理念求实效——济南市“双高人才”培训不断书写新篇章》、《济南“双高培训”立足本职力推学研一体化》5篇调研成果分别在《求是》、中央政研室信息研究局编印的《信息快报》、中央政研室主办的《学习与研究》、中央编译局主办的《马克思主义与现实》(全国中文核心期刊)、《人民日报》、中国共产党新闻网等中央级媒体上发表；《依靠群众，共建和谐》、《努力探索新形式下群众工作的新途径》、《切实把新型农村合作医疗打造成民心工程》等29篇调研成果在《大众日报》、《山东通讯》、《调查与研究》等省级以上报刊发表。撰写的《济南城市水环境生态体系规划研究》课题获济南市科学技术进步二等奖，《济南城市精神：诚信、和谐、创新》在济南市社会科学优秀成果评选中获一等奖，《从做好基础工作入手，积极探索加强社会管理的新路子》被中央编译局中国现实问题研究中心评为优秀论文。

《济南的“阳光大姐”——济南市妇联创建妇女就业服务组织调查》、《用科学发展观指导地方立法》、《天桥区从做好基础工作入手，积极探索加强社会管理的新路子》、《众成仁和律师事务所借力省会城市群经济圈打造法律服务“航母”》、《立足基础，发挥优势，努力建设全国重要的电力设备制造业基地》、《全民动员，全力以赴，向城市环境“脏乱差”宣战》6篇调研成果被评为2007年度全省党委政研系统优秀调研成果一等奖，另有7篇成果获二等奖，11篇获三等奖。

（田鲁艺　鞠　浩　吴书君　张　峰）

【信访工作】 2007年，全市县(市)区以上党委、政府共受理群众来信来访9285件次，比上年下降18.7%，其中来信5456件，同比下降23.3%，来访3829起，同比下降11%。来信来访中，意见建议类占6.2%，同比下降2个百分点；揭发控告类占18.7%，同比下降3.3个百分点；申诉类占6.2%，同比下降2.3个百分点；求决类占63.2%，同比上升6.1个百分点；其他占5.6%。继续开展“创学习型机关、建高素质队伍”活动、“学习型、研究型、创新型、实干型、服务型、和谐型”六型机关创建活动。深入开展“学习实践科学发展观——解放思想大讨论”，提出了“五个加强”和“四个特别”的新要求，即加强学习、加强团结、加强工作的科学性和规范化、加强工作协调配合、加强自身建设和特别能吃苦、特别能战斗、特别能忍耐、特别能奉献。信访干部队伍的创造力、战斗力不断增强，赢得了社会的赞誉。市信访局年内共收到群众送来的感谢信20余封，锦旗10余面。

1.开展矛盾纠纷排查化解工作。制定了《关于健全和完善信访矛盾纠纷排查化解工作制度的意见》，建立了排查梳理、分级预警、受理报告、台账管理、化解调处、督办反馈、办结销号、逐月考核等工作制度。坚持定期排查、重大政治敏感期排查和临时性排查相结合，基层单位自查、市县乡大面积排查、部门专业性调查和市里重点督查相结合，及时掌握各个阶段、各个领域的不稳定因素。全年共开展矛盾纠

国家信访局局长王学军(前右)到章丘市视察信访代理工作　　（市信访局供稿）

纷排查化解活动 10 余次，及时排查各类矛盾纠纷 2000 多件，90%以上的矛盾纠纷在基层得到化解。

2.不断畅通群众诉求表达渠道。一是继续推行领导干部信访接待日制度。认真落实市委办公厅、市政府办公厅《市委、市政府领导同志信访接待日制度》和《关于进一步完善县(市)区党政领导干部和县级以上党政工作部门领导干部信访接待日制度的意见》,制定并下发了《关于进一步加强领导干部定期接访的通知》，全年市、县(市、区)两级党政领导干部先后公开接访 1200 人次,接待群众来访 1.1 万人次。二是深入实施“绿色邮政”。坚持把“绿色邮政”与办信“三见面”制度有机结合，确保件件有着落,事事有回音,市级“绿色邮政”来信数量占群众来信总量的 40%以上。三是积极开展 “网上信访”。10 个县(市)区和高新区及 12 个来信量较大的市直部门安装了统一的“网上信访”软件,实现了与国家、省、市、县四级的互联互通。全年市委、市政府受理来信中,通过“网上信访” 来信 1126 件，占全部来信的 19.4%。四是坚持律师参与来访接待制度。市、县(市、区)两级信访部门普遍实行专业律师在信访接待场所值班接访,市信访局值班律师参与接待上访群众 1451 人次。

3.全面推行信访代理制度。全市各办镇、村居、各级工会组织普遍建立了信访代理站、群众涉法诉求工作站、职工诉求代理站,配备代理员 6600 余人,代表群众逐级按程序反映和解决利益诉求。信访代理制的实行,畅通了诉求渠道,加强了对信访群众的引导,使基层有人管事、有人办事，将大量的矛盾纠纷及时消化在基层,化解在萌芽状态。章丘市信访代理经验得到了中央领导的肯定，中央联席办、国家信访局两次到济南进行专题调研,并将这一经验在全国推广。

4.认真解决群众合理诉求。①实行领导包案制度。全年市、县两级党委、政府和部门领导包案处理信访问题 1896 件,处结率达 90%以上。②开展重复信访问题专项治理活动。全市共排查梳理各类重复信访问题 393 件，按照不限原调查结论、不限原处理意见、不限原领导表态“三不限”原则,逐案实行领导包案,落实工作措施,90%以上的问题按期得到解决。③加大督查督办力度。进一步完善信访督查专员制度，市信访督查专员带队先后深入各县(市)区、市直部门开展集中督查、专项督查 4 次，开展个案督查督办 160 余次,有力地推动了重点信访案件的解决。④加强热点问题专题调研。年内围绕农村土地征用、企业“四欠”等问题组织开展专题调研 20 余次,服务了领导决策,促进了问题的解决。

5.依法规范信访秩序。加强《信访条例》宣传教育。把《信访条例》普及教育纳入全市“五五”普法重要内容,各县(市)区、市直有关部门普遍开展集中宣传月活动,通过发放宣传纸、现场咨询、出动宣传车巡回宣传等形式深入广泛宣传,做到深入人心。进一步完善《处置群体性上访事件应急预案》等规范性文件,明确各有关方面在处理非正常上访工作中的职责,规范各种问题的处理方式,有效维护了各级领导机关的正常秩序。

6.不断完善信访工作问责机制。认真落实《济南市信访工作责任追究暂行办法》,建立了情况通报、案件倒查、领导谈话等工作制度,并成立了由纪检部门牵头的信访工作考评监察专项工作组,负责落实信访工作责任倒查和追究。在全市全方位考核目标中,信访工作列入了“一票否决”考核范畴,加大了信访工作的问责力度,推动了信访工作各责任主体责任的落实。 (李　智)

【保密工作】 2007 年,济南市保密工作扎实开展,未发生失泄密事件。市委保密办、市保密局被山东省人事厅、省保密局授予“山东省保密系统先进集体”称号,市委保密办副主任、市保密局副局长刘安乐被授予“全省保密系统先进工作者”称号,并记二等功。

1.大力加强保密宣传教育。①保密教育培训进一步强化。以领导干部、涉密人员、保密干部为重点的保密教育更有效、更到位。通过组织传阅中央保密办、国家保密局《关于 2006 年泄密事件的情况通报》，在党校开设保密课等形式对领导干部进行保密教育。县(市)区和市直部门(单位)积极开展保密宣教工作,共开展各类保密教育 226 次，组织学习保密法规，放映保密教育片 250 次，受教育者 26 万余人次。保密教育范围由市管和县(市)区管干部扩大到公务员、选调生岗前培训，市保密局派员到市直部门(单位)讲授保密教育课 19 次，举办计算机信息系统保密知识培训班 2 期，放映保密教育片 16 场次,受教育者 3500 余人。②大力开展保密宣传月活动。5 月,以《保密法》实施 18 周年为契机,市和县(市)区保密工作部门通过印发宣传材料、举办保密知识竞赛、组织播放收看保密教育片等形式,广泛宣传保密法规。市委保密办在《济南日报》、《山东保密》发表纪念《保密法》实施 18 周年的署名文章,编发《济南保密工作》保密法规知识专刊,在济南电视台播放《我的保密情怀》专题片,社会受众逾 50 万人。③不断加强保密宣传教育阵地建设。根据新形势下保密工作需要,及时更新充实济南党政内网保密工作主页;编发《济南保密工作》18 期、刊稿 229 篇,编印《济南市保密工作文件选编》,向国家、省保密局等报送稿件 41 篇；积极组织保密宣传画征集活动，其中向国家保密局推荐的漫画《警钟长鸣》作品在全国保密宣传画征集活动中获优秀奖。

2.不断完善保密制度建设。针对新形势下保密工作面临的新问题,就加强保密要害部门部位保密管理、涉密载体管理、计算机信息系统和上网信息、电子政务保密管理工作等制订了 10 项新制度，推动全市保密制度建设工作,31 个部门和单位新修订保密制度 59 项。开展保密要害部门部位确认等工作,就建立健全执法人员资格认证制度等问题,市保密局进行深入调查研究,向有关方面提出《保密行政执法队伍建设存在的问题与建议》。对市保密工作部门行政审批事项和非行政审批事项内容进一步梳理界定,就《济南市行政机关制定规范性文件指导规则》、《国家保密局关于保密技术装备强制配备管理办法》等文件提出修改意见。

3.加强保密行政管理。①加大定密工作指导力度。完成2006年度全市确定国家秘密事项统计上报工作,推动市直部门和县(市)区对规范定密工作重视程度的提高。②查处危害国家秘密安全隐患。集中开展清理取缔非法交易涉密文件资料专项行动,检查旧书市场和再生资源集散市场及废品回收站点26个、书店(摊)60多个、互联网旧书网站200多个;查处非法交易的涉密文件资料110本,收缴99本,发放保密法律法规明白纸100多份,净化了旧书交易市场,受到市委和上级保密部门充分肯定。依法消除3起网上泄密隐患,责成相关单位查明情况立即整改并写出检查报告,有效遏制了网上泄密问题。③对全市5家国家秘密载体定点复制单位进行年审,发现问题及时纠正。④加强对军工科研生产单位保密工作的管理指导。召开军工科研生产单位座谈会,对加强涉密载体和计算机信息系统保密管理提出要求。对6家申请国防军工科研生产保密资格的单位进行了初审。⑤完成国家统一考试保密管理工作。会同有关部门,分别对高考、中考、医考和司法考试保密工作进行检查验收,保证了考试的顺利进行。⑥督查军转"受限制人员"保密管理工作,对2007年度军队退役"受限制人员"安置单位进行走访督查,宣传保密法规,加强保密管理。

4.积极开展保密技术服务。①制定《济南市保密科学技术"十一五"发展规划》,确定了"十一五"期间全市保密科学技术发展的指导思想、基本原则、发展目标、任务要求和保障措施。②积极防范计算机信息系统泄密。开展全市党政机关和国防军工科研生产单位计算机信息系统、涉密文件资料保密管理情况检查,抽查了21个机关、单位,及时发现和消除了泄密隐患,促进了全市党政机关和国防军工科研生产单位计算机信息系统保密管理水平的提高。全面推进涉密信息系统分级保护工作,完成了全市计算机信息系统建设使用情况的调查统计和涉密信息系统分级保护备案工作。配合省保密局完成全市涉密信息系统技术测评、全运会指挥中心等通讯设施基础建设和济南市用户服务工作。③继续开展市级领导办公环境保密技术检查。检查办公室和会议室20多个、电话30多部。④为省市重要会议活动和党政专网通讯提供技术服务80多次;派员参与市第九次党代会保密管理,保证了会议活动安全。

5.加强保密队伍建设。①推动保密组织建设。筹备调整市委保密委员会,召开了市委保密委员会全体成员会议、全市保密工作会议和全市保密局长会议,对会议精神的贯彻落实情况进行督查,健全市直部门(单位)和县(市)区保密组织。全市保密组织工作自觉性普遍提高,县(市)区、市直部门(单位)主要领导听取保密工作汇报、作出批示227次,推动保密工作中330件次问题的解决。②开展机关单位保密组织成员变更情况年度登记,及时掌握全市保密组织的机构和成员变化情况,为有效指导保密工作奠定基础。③继续推动保密协作活动规范化发展。制发了《济南市保密工作协作组2007年活动建议方案》,引导协作组开展保密协作交流活动,市保密局派员进行指导,推动了保密工作健康发展。 (王皋翔 朱小俐)

【党校工作】 2007年,中共济南市委党校认真学习宣传贯彻党的十七大精神,深入贯彻落实科学发展观,坚持以中国特色社会主义理论体系武装学员头脑,办学水平和培训质量不断提高。

1.干部培训主渠道主阵地作用发挥明显。市委党校按照党的十七大提出的"继续大规模培训干部,充分发挥党校、行政学院、干部学院作用,大幅度提高干部素质"的要求,大力发挥干部培训轮训的主渠道主阵地作用,全年共举办市管领导干部进修班、乡镇党政领导干部进修班、全市领导干部学习党的十七大精神专题培训班等各类主体班次20种、28期,培训学员2500余人,为近年来培训干部数量最多、规模最大的一年。按照市委的部署,开办7期全市领导干部学习党的十七大精神培训班,将全市1500余名市管领导干部培训一遍。干部业余函授教育工作坚持严格办学、质量第一的方针,坚持严格学员管理,严格考风考纪,被山东省委党校树为典型,其经验在全省党校系统得到推广。2007年,全市党校系统招生报名3800多人,市直招生报名750余人,均居全省党校系统前列。

2.教学质量和培训效果不断提高。围绕深化研究式教学、不断提高教学质量,主要做了以下工作:一是及时根据党委政府的中心工作和学员需求设置专题,突出马克思主义中国化最新成果的培训。把中国特色社会主义理论体系作为一个专门的教学单元来安排,针对不同班次设置教学专题和研讨课题,更新率达到了40%。二是进一步深化研究式教学,着力打造品牌专题课。积极改进教学方法,继续采用情景模拟教学方法,将《如何面对媒体》的情景模拟专题课进一步推广,在科级干部班开展了"干部竞争上岗"模拟教学活动,受到学员欢迎。在继续开好"加强执政能力建设"等案例教学课的同时,又在多个主体班次开设了依法行政、公共管理、怎样开好董事会等案例教学课。三是坚持开门办学,提升办学水平。组织学员到清华大学接受公共管理知识培训,赴井冈山、延安等地接受革命传统教育,到济南监狱开展警示教育,邀请国内知名专家教授和市领导及市直部门负责人授课,丰富培训方式,提高教学质量。2007年,市委党校教学总评分均在98分以上,所有专题一次性总评优良率都达到了100%。有2名教师获全省党校系统优秀教学奖,4位教师主讲的专题入选中央党校远程教学播出课程。

3.科研服务教学、服务党委政府决策取得新突破。市委党校科研工作始终坚持贴近中心、服务教学。2007年,共取得科研成果234项,其中在省级以上报刊发表论文182篇,在国家级报刊发表论文36篇。有10项课题获准立项,其中山东省社科重点课题2项,中央社会主义学院课题2项。获市及市以上社科优秀成果奖40项,其中获山东省社科优秀成果二等奖1项、三等奖2项，获“中央社会主义学院优秀课题奖”1项，获“全省党校系统社科优秀成果”一等奖3项、二等奖2项、三等奖1项，名列全省地市党校首位。科研为党委政府决策服务取得新突破。由市委党校主持完成的山东省哲学社科规划课题《加快推进“诚信山东”建设》的研究成果，被山东省委副书记、代省长姜大明做了肯定性批示，省政府还组织有关部门听取课题组的专题汇报，成果进入省政府决策。编印《领导参阅》11期，2期得到市领导的肯定性批示。学报论文被人民大学复印报刊资料全文转载13篇。1名教师被评为“济南市青年学术技术带头人”。

4.服务保障精细化水平不断提高。围绕服务教学、服务学员的要求，制定《校园绿地管理规定》，加强校园绿化美化和环境卫生整治，校园环境更加优美，被评为“省级花园式单位”。强化信息化、数字化建设，自建数据库、济南市情的容量进一步增加，数字资源达到1TB。山东省委党校把市委党校图书馆作为向省内市级党校图书馆推荐的典型，树为全省党校图书馆数字化建设的样板。

5.教师队伍学术素养进一步提高。采取选送优秀教师在职读硕读博、到著名高校做访问学者、出国培训、到基层挂职锻炼等方式，加大教师培养力度，提高教师队伍素养。有1名教师到美国参加了为期半年的培训，1名教师到人民大学做访问学者，有2名教师在职攻读博士学位，12名教师在职攻读硕士学位。

2007年，市委党校各项工作得到了上级党校和市委的充分肯定。9月份，省委常委、市委书记焉荣竹到市委党校视察，评价市委党校地方不大，硬件一般，但管理井井有条，校园卫生整洁，管理水平非常高。山东省委党校常务副校长安世银两次到市委党校调研，称赞市委党校“环境舒适典雅、管理规范精细、教学方法新活、干部教师素质高，一些好的做法值得省党校学习、借鉴，应在全省党校系统推广”。

（李永生）

【党史研究工作】 1.党史读物编写出版。①2007年，济南市各县(市)区建国前地方党史的编写出版工作全部完成，同时启动了建国后地方党史的资料征编、专题研究。②《中共济南历史大事记(1993.01~2005.12)》于2007年底交付印刷。该书获“全省党史系统优秀成果二等奖”。各县(市)区党史大事记编写工作普遍展开，槐荫区党史大事记已交付印刷。③2007年10月，市委党史研究室与有关部门联合编辑的《罗荣桓元帅功著山东》(第二集)由中国文史出版社出版。该书真实再现了当年在罗荣桓元帅领导下的山东军民艰苦卓绝的抗战历程，讴歌了罗荣桓元帅在山东创下的丰功伟绩。④口述史编写取得新进展。历城区出版了全省第一部县(区)委书记口述史，被评为“全省党史系统优秀成果二等奖”。⑤开展资政专题研究。《中国共产党党章的历史演进与时代创新》获“全省党史系统优秀成果一等奖”和“济南市社会科学优秀成果三等奖”，《充分展示中国共产党先进性的三件大事》获全省党史系统优秀成果三等奖，《扎实推进社会主义新农村建设》获“济南市社会科学优秀成果三等奖”。⑥党史资料和图书管理等基础工作逐步完善。按照便于利用、科学管理的原则，进行整理编号，建立电子目录，做好资料数字化管理工作，提高了管理、利用效率。

2.党史宣传教育收到良好效果。围绕全市工作大局和重大纪念活动，不断拓展党史宣传教育工作思路，组织开展了一系列党史宣传教育活动，收到良好的教育效果。①“和谐社会、和谐济南”征文活动。征文从不同侧面总结了济南各级党组织带领全市人民维护省城稳定、发展省会经济、建设美丽泉城、推进三个文明建设等方面的丰富经验。共收到论文162篇，共评出一等奖5篇、二等奖20篇、三等奖35篇，市中区委党史办公室、槐荫区委党史办公室、商河县党史县志办公室获优秀组织奖。②“弘扬济南精神　建设和谐泉城”摄影作品展。该展览历时4个多月，得到摄影专家、摄影爱好者和社会各界的积极响应，共收到作品5380余幅，经过专家评选，精选出180幅作品参展，其中64幅作品分获一、二、三等奖。该展览获“全省党史系统优秀成果二等奖”，获奖作品集获“全省党史系统优秀成果三等奖”。③济南惨案纪念堂建成开放。5月3日，纪念堂正式对外开放。结合济南惨案纪念堂的建设，市委党史研究室编写的《五三祭》一书出版。该书被评为“山东省第八届精神文明建设‘精品工程’入选作品奖”和“全省党史系统优秀成果一等奖”。④加强对革命遗址遗迹的保护。筹备在南部山区建立中共济南市委旧址纪念馆，已启动资料征集整理、规划设计等前期准备工作。积极与有关部门协调，结合小清河改造，筹备建设五柳闸中共济南市委重建旧址纪念亭。⑤省党史馆承办了山东省纪念建军80周年暨粟裕同志诞辰100周年大型图片展览，同时办好常规性的中共山东地方组织85年历史展览。全年接待观众2万余人。⑥中共济南党史网站改版。改版后的济南党史网内容更加丰富，地方特色更加鲜明，网络技术更加成熟，更加有利于阅读学习和使用。

（赵百世）

【济南惨案纪念堂建成开放】 2007年5月3日上午，坐落于趵突泉公园内的济南惨案纪念堂正式对外开放。全国政协常委、民革中央原副主席李赣骝，山东省人大常委会副主任鲍志强为由全国人大常委会副委员长何鲁丽题写的“济南惨案纪念堂”匾额揭幕，省市有关领导和老同志，蔡公时烈士之女蔡今明女士出席揭幕仪式。新加坡中华总商会名誉会长、陈嘉庚之侄陈共存先生为纪念堂落成专门发来贺信。

1928年5月3日起，日本侵略者以“保护侨民”为借口，对济南军民进行了惨无人道的屠杀。当日晚，时任国民政府战地政务委员会委员兼外交处主任的蔡公时与10余位外交人员被日军残忍杀害。5月9日，日军开始大举进攻内城，抢劫财物，焚毁建筑，屠戮中国军民，罪行令人发指。据不完全统计，在济南惨案中遇害的中国军民达到了6000余人。这一惨案震惊中外，史称“济南惨案”，亦称“五三惨案”。

为纪念济南惨案，并以此缅怀先烈、

教育后人，济南市于2006年在原遗址西北侧的趵突泉公园内建设济南惨案纪念园。整个纪念园占地面积约2600平方米，建筑面积300平方米，园内包括了济南惨案纪念堂、济南惨案纪念钟、碑林、牌坊等。其中，纪念堂建筑面积约为307平方米，主体建筑高10.5米，分为上下两层，一层为观展区，堂内中央安放2006年4月从新加坡迎归的蔡公时烈士铜像，周围放置图片资料等，二层设计为观景平台，从一层可通过两侧的楼梯登上二层。纪念堂外东南方设钟亭架，设计为两只石龟托起横梁，横梁上置放警示钟的造型，每年5月3日敲响警示钟。纪念堂的西南方则建成一片碑林，摆放从各处收集来的抗日纪念石碑。纪念园建成后，布展风格充分体现"重温历史，勿忘国耻，发扬爱国主义精神，振兴中华"的精神，成为融参观游览、史料研究，集碑、亭、堂于一体的爱国主义教育基地，与五三惨案纪念碑、五三亭共同组成济南惨案纪念群。

济南惨案纪念堂揭幕之际，由市委党史研究室副主任刘春明编著的《五三祭》出版发行。全书8万余字，160幅图片，以大量翔实的史料，讲述了日本侵华、入侵山东、制造济南惨案、海内外华人捐募、后人祭奠五三以及迎回蔡公时烈士铜像、修建济南惨案纪念堂等一系列重大历史事件。（赵百世）

【市委市直机关工委工作】 2007年，市委主要领导和分管领导对机关党建工作批示10多次，省直机关工委向全省转发了济南市直机关工委建立机关党建工作考核评价机制的做法，市直机关工委的党建工作创新和理论学习两项成果被省直机关工委评为一等奖，中直机关工委有关领导评价济南市机关党建工作"市委重视、思路清晰、定位准确、工作扎实、特色鲜明、成效显著、经验可鉴"。

1.思想政治建设。工委注重紧密结合形势任务，围绕社会、理论热点，有计划有重点地强化和加强思想教育和理论学习，按照举办系列教育讲座的全年工作计划，举办了加强党的作风建设、胡锦涛总书记"6·25"重要讲话、党的十七大精神等理论骨干培训班和辅导报告会，辅导理论骨干3000余人，发放辅导教材20000余册、音像资料100余套。市直各单位围绕学习重点，结合部门实际，举办各类学习培训班100余期，研讨交流会50余场次。对工委普法口36个单位的"五五"普法依法治理的各项启动工作做了部署，为各单位订购普法教材3000余册。利用机关党建网站、机关党的工作刊物、简报等平台，大力宣传工委及市直各部门开展机关党建工作，加强机关作风建设的经验做法，全年编辑刊物6期、简报50余期。

2.机关党群组织建设和党员干部队伍建设。①认真抓好机关党群组织领导班子建设。督促指导任期届满的党群组织进行换届选举，进一步规范市直机关党群干部任职工作程序，制定了《市直机关党群组织换届选举、调整班子成员工作规范》。全年改建、换届、调整基层党组织18个，工会、妇女组织34个。举办市直机关党务干部、群团干部培训班，邀请高层次专家学者，有针对性地进行理论和业务培训，提高了党群干部做好本职工作的素质和能力。②做好党员发展工作。认真落实省委《关于做好新形势下发展党员工作的意见》，坚持发展党员公示制等制度，严把预审关，保证了发展党员的质量。举办两期入党积极分子培训班，培训入党积极分子462名；全年发展新党员240名。③巩固发展先进性教育活动成果，建立长效机制，进一步完善机关党建工作考评机制。依据《中国共产党党和国家机关基层组织工作条例》规定精神，结合机关实际，把中央和省、市委建立长效机制的要求进一步细化。把考核内容及评价标准量化、细化到位，特别是对一些在实际工作中易被忽视或难抓落实的问题，做出具体明确的规定，有效克服了把机关党建工作当做"软任务"、"软指标"的现象。把日常考核与年度检查考核、定量评价与定性评价相结合，多项考核合并进行，一次考核结果共用。12月下旬，工委集中派出6个工作组对104个部门（单位）党建工作进行综合考评，突出对部门"一把手"和基础建设的考评。省委落实长效机制检查组肯定了这一做法，省委组织部在《山东组工信息》上作了宣传，省直机关工委将该经验向全省推广。新华社通过新华网宣传报道，中央党校党建教研部将其作为基层党建优秀成果，列入"全国基层党建经典案例"。

3.党风廉政建设和反腐败工作。①认真开展党风廉政教育，在机关党员干部中开展了"加强作风建设，促进社会和谐"主题教育活动，积极协调有关部门，整合资源，形成合力，有计划地推进廉政文化进机关，组织市直部门和县区纪检监察干部到革命传统教育基地接受教育，积极开展以反腐倡廉为主要内容的警示教育，认真学习贯彻中纪委《关于严格禁止利用职务上的便利谋取不正当利益的若干规定》和节日廉洁自律有关规定，严格执行党风廉政建设责任制。②加强案件工作，对市直部门案件线索进行了解核实，对市直机关涉案部门党纪处理有关事项和程序进行指导和规范，对纪律处分落实情况进行执纪检查。③加强纪检干部队伍建设，组织市直机关50名专、兼职纪检干部参加了中纪委、监察部在北戴河举办的纪检监察工作综合业务培训，举办了90余人参加的市直机关纪检干部培训班。

4.开展主题实践活动和"两好一高"机关创建活动。年初，开展"加强机关作风建设，为民务实清廉做表率促发展"主题实践活动。下半年，开展形象好、作风好、效率高"两好一高"机关创建活动。这两个活动，从营造勤奋好学、学以致用、用以促学的良好氛围入手，加强机关学风建设；从加大政务公开力度、提升服务水平、提高工作效率入手，加强机关工作作风建设；从发扬民主、依法行政、秉公用权入手，加强机关领导作风建设；从弘扬新风正气、培养健康生活情趣、端正道德品行入手，加强机关干部生活作风建设。市直机关各级党组织以这两项活动为载体，广泛组织开展了"六个一"活动（即组织一次学习教育活动、开展一次主题党日活动、组织一次城乡互动结对帮扶活动、开展一次党员义务奉献活动、组织一次重温入党誓词和新党员入党宣誓活动、开展一次有意义的文化活动)。市直各部门还结合各自实际,相继开展了党员争先创优活动 800 余项(次)。省直机关工委《机关党建》和中直机关工委《中直党建》报道了济南市直机关狠抓机关作风建设的做法。工委总结整理的《围绕"为民、务实、清廉",加强机关作风建设》经验性成果,被人民网《理论周刊》第 25 期全文刊登,点击率居排行榜前十名,同时获得中科院评选的中国新时期人文科学优秀成果一等奖。

5.大力推进和谐社会建设。①促进机关内部和谐。举办市直机关"构建和谐,从我做起"演讲比赛,增强党员干部在和谐社会建设中的自觉性和责任感;组织市直机关"诚信统计杯"篮球赛,51 个市直单位 672 名运动员组成 50 支代表队参加,许多副局级以上领导干部亲自上阵,密切了干群关系,增进了部门团结。②探索军地机关和谐共建。"八一"前夕,市直机关与济南军区装备部机关之间开展了"军地牵手结对,共建文明机关"活动,共创精神文明,共学先进典型,共育军地人才,共享优势资源,探索了地方党政机关与驻军领导机关双拥共建的新途径,得到了济南军区和市委主要领导的高度评价,得到了部队官兵和机关干部职工的好评。③推动城乡社会和谐。年内机关各级党组织广泛开展了"送温暖、献爱心"、"慈心一日捐"、"帮扶结对"、"暖冬行动"等活动,对 76 名困难干部职工进行了救助,发放救助金 23400 元、救助物品 48 份,对 114 名困难老党员和特殊困难党员进行慰问,发放党费慰问金 4.43 万元,救助困难党员和职工上万人次。济南遭受"7·18"特大暴雨袭击后,市直机关迅速缴纳"特别党费",捐款 100 余万元,有效缓解了受灾群众的燃眉之急。组织机关团组织捐赠图书 15770 册、学习用品 41455 件,在 10 所农村小学建立了 "爱心书屋",促进了城乡社会和谐。

6.争先创优活动。2007 年,新增"省级文明机关"7 个、"市级文明机关"4 个。在对机关工作进行综合考核的基础上,评选表彰了市直党建工作十佳单位和 20 个先进单位,创建"两好一高"机关十佳单位和 20 个先进单位。组织开展了机关"巾帼文明岗"述评活动;组织开展青年志愿者服务、青年文明号"三优"示范行动、"建言献计青年快递" 等活动,44 个单位的 771 名团员青年共向 55 个市直部门提出意见和建议 817 条。

年内,与市文明办、市公安局共同发起了 "倡导文明礼让,共建和谐交通"活动;部署参与了首个"机关无车日"体验活动,累计停用公车 3237 辆、私家车 3408 辆、节油 38588 升;督促各单位制定完善车辆管理使用节能制度 304 项。

(曲振腾)

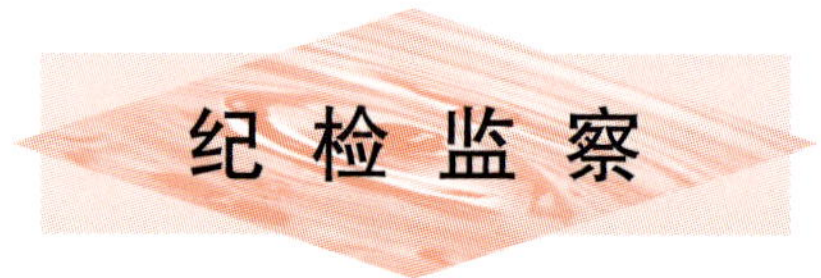

纪检监察

【中共济南市纪律检查委员会】 2007 年底,中共济南市纪律检查委员会、济南市监察局内设 15 个厅室,1 个离退休干部工作处,1 个纪检监察干部培训中心(事业),在职人员 120 人。辖各级纪检监察机构 593 个、在职人员 1126 人。其中,市直属单位纪检监察机构 109 个、214 人,县(市)、区纪检监察机构 223 个、484 人。

【市纪委全体会议】 1.市纪委八届六次全会。1 月 26 日,中共济南市纪委八届六次全会召开。会议传达学习胡锦涛在中央纪委第七次全会上的重要讲话和中央纪委第七次全会、省纪委第八次全会精神。中共山东省委副书记、市委书记姜大明代表市委对反腐倡廉工作提出要求:一要突出工作重点,坚定不移地把党风廉政建设和反腐败斗争推向深入。二要把领导干部作风建设放在更加突出的位置,切实抓紧抓实抓出成效。三要切实加强对反腐倡廉工作和领导干部作风建设的领导。会议还传达吴官正在新任纪委书记座谈会上的讲话。市纪委书记徐长玉代表市纪委常委会作工作报告。报告对 2006 年全市党风廉政建设和反腐败工作作了回顾,对 2007 年党风廉政建设和反腐败工作进行部署。2007 年济南市党风廉政建设和反腐败工作的主要任务:一是围绕中心,服务大局,促进省会经济社会又好又快发展; 二是严格教育,强化监督,切实加强领导干部作风建设;三是明确重点,从严执纪,继续保持查办案件工作力度;四是全面治理,重点突破,坚决纠正损害群众利益的不正之风;五是深化改革,创新制度,大力推进治本抓源头工作;六是固本强基,拓展领域,全面加强基层党风廉政建设。

市纪委委员、未担任市纪委常委的市监察局副局长、县(市)区纪委书记、监察局局长,市纪委各派驻派出机构纪检组长,市直各部门、单位纪检组长(纪委书记),有关大企业、高等院校纪委书记,市委巡视组组长,市纪委、市监察局机关各厅室主任、副巡视员、副局级检查员等 160 多人参加会议。

2.市纪委八届七次全会。3 月 29 日,市纪委八届七次全会召开。会议审议并原则通过《中共济南市纪律检查委员会向市第九次党代表大会的工作报告》。市纪委书记徐长玉出席会议并讲话。市纪委委员出席了会议;未担任市纪委委员的市监察局副局长、县(市)区纪委书记、有关大企业纪委书记列席了会议。

3.市纪委九届一次全会。4 月 11 日,市第九次党代会选举产生的市纪律检查委员会,举行第一次全体会议。徐长玉受市第九次党代会主席团委托,主持了全会。全会采取无记名投票的方式,选举产生了市纪委常委和书记、副书记,报市委九届一次全会批准。

徐长玉在选举结束后讲话。他说,过去 4 年,市纪委全面落实科学发展观,坚持反腐倡廉战略方针,紧紧围绕市委提出的"发挥省城优势、发展省会经济"的总体思路,认真履行党章赋予的职责,扎实有效地开展党风廉政建设和反腐败斗争。今后 5 年,是我市落实科学发展观、加快构建和谐社会、推进现代化进程的关键时期。市第九次党代会提出了"坚持科学发展,构建和谐济南"的奋斗目标。新的形势和任务对纪律检查工作提出了新的更高要求。全市各级纪检机关要进一步增强坚持科学发展、构建和谐济南的自觉性和坚定性，加强对市第九次党代会精神贯彻落实情况的监督检查。要按照既定的工作部署，切实抓好今年反腐倡廉工作任务的落实。

4.市纪委九届二次全会。9月11日，中共济南市纪委召开第二次全体会议。会议原则通过对市纪委委员、市委组织部副部长、市人事局局长、市机构编制委员会办公室主任曹长财严重违纪问题的处理意见。

5.市纪委九届三次全会。11月14日，中共济南市纪委召开第三次全体会议，审议通过《中共济南市纪委关于深入学习贯彻党的十七大精神的决议》，研究部署、全面推进反腐倡廉建设。市纪委书记徐长玉出席会议并讲话。

全会指出，各级纪检监察机关要认真贯彻落实十七大关于反腐倡廉建设的部署，加强对十七大提出的重大战略部署贯彻落实情况的监督检查。要深入开展廉政教育，筑牢拒腐防变的思想道德防线。要全面加强作风建设，促进领导干部作风进一步转变。要坚决纠正损害群众利益的不正之风，切实解决群众反映的突出问题。要推进改革和制度建设，从源头上预防和治理腐败。要加强制约和监督，保证权力正确行使，重点加强对领导干部特别是主要领导干部、人财物管理使用和关键岗位的监督。要坚持从严治党，坚决查处违纪违法案件。

【宣传教育工作】 加强新闻宣传、网上宣传。5月，在舜网开辟了纪检监察反腐倡廉论坛。9月，《廉政风云录》栏目改版，增加了栏目版块和时间。全年各级纪检监察机关在《中国纪检监察报》发稿76篇。上报中纪委网上评论文章484篇，被采纳22篇。其中，撰写的《政绩要与民意“面对面”》被中央外宣办《网评文摘》采用。

开展主题教育。年初下发了《关于在全市党员领导干部中开展“加强作风建设、促进社会和谐”主题教育活动实施意见》。组织征订《领导干部作风建设知识问答》等学习资料10100册，教育光盘802盘。全市各县(市)区和市直部门的主要领导上主题教育党课750多次。

开展案例警示教育。全市各单位组织党员干部到市监狱反腐倡廉警示教育基地进行警示教育，受教育者达8700余人。另外，还将济南市粮食局原局长“张大印腐败案”教育片，下发基层。

廉政文化建设。4月，市纪委联合市直机关工委、市妇联、市国资委、市教育局、市民政局、市农业局等部门，开展廉政文化进机关、进社区、进家庭、进学校、进企业、进农村活动，市纪委深入到各区和示范点进行重点调度和指导。市直各部门和部分企事业单位开展了党纪条规知识竞赛、廉政短信大赛、书画展、主题演讲等形式多样的廉政文化活动。各县(市)区也广泛开展了廉洁文明家庭、廉内助等评选活动，组织开展廉政歌曲文艺演出和举办勤政廉政事迹报告会。各社区建立了廉政文化橱窗、长廊、廉政公示栏，颂扬身边的勤政廉政人物。全市各级举办廉政文化活动1500多场次，廉政歌曲演唱活动100多场次，20余万党员群众参加了廉政歌曲演唱活动。全市10个廉政文化建设示范点，在年底前通过检查验收。2007年9月，市纪委宣教室被评为全国纪检监察宣传教育工作先进集体。

【源头治本工作】 2007年，全市各级纪检监察机关开展了市直部门行政事业性收费检查，抽查单位152个，对发现的违规问题进行了纠正，促进了“收支两条线”规定的落实。全年完成政府采购金额5.39亿元，节约预算资金8085万元，节支率14.7%。强化领导干部经济责任审计监督，追缴违规金额1122万元。全面落实经营性土地和工业用地招标、拍卖、挂牌出让制度，实行划拨和协议出让土地公示制度，全年共出让土地65宗，面积5871亩，实现政府土地收益47.44亿元。

制定《关于加强农村基层党风廉政建设的实施意见》，把农村基层党风廉政建设工作分解成16项任务，细化为58个方面，落实到34个市直部门和单位，进一步加强了基层党风廉政建设，中央农村党风廉政建设领导小组办公室对济南市的做法给予充分肯定，并在工作简报上刊登。组织召开全市厂务公开民主管理现场经验交流会。把党风廉政建设纳入城市社区建设总体规划，指导社区制定了基层党员干部廉洁自律行为规范，把社区党风廉政建设融入到“和谐社区”、“满意社区”等创建活动之中。

【领导干部廉洁从政】 ①进行党政机关建楼堂馆所建设项目专项清理。下发《关于对全市党政机关办公楼等楼堂馆所建设项目进行专项清理的通知》，成立市清理楼堂馆所工作领导小组和办公室。共清理出违规建设楼堂馆所项目16个，对其中2个项目责令取消，4个项目缩减面积，6个项目改变装修标准。对4个单位违规建办公楼问题，在全市进行了通报批评。②开展清理公务员在企业兼职工作。共清理领导干部在企业兼职23名，其中正局级1名，副局和县处级12名，科级10名。③开展对领导干部配偶、子女从业情况的申报登记。全市共有48名市级领导干部、214名局级干部、9001名副局级和县处级干部进行了申报登记，各部门将申报登记情况进行了公示，接受群众的监督。④清理领导干部在工程建设项目中领取补贴、奖金工作。下发了《关于严禁领导干部在工程建设项目中领取补贴、奖金和福利的通知》。清理纠正领导干部在工程建设项目中领取补贴31万元，涉及局级干部4名、县处级干部6名。⑤会同市政府办公厅清理政府和国有企业驻京办事处工作。⑥清理住房工作。纠正了17名领导干部多占住房的问题，其中涉及副市级干部1名，局级干部4名、县处级干部6名，科级以下干部5名。

收缴领导干部违反规定收受现金、有价证券和支付凭证105万元。按照上级纪委的要求，认真落实《中共中央纪委关于严格禁止利用职务上的便利谋取不正当利益的若干规定》。在县(市)区人大、政府、政协换届工作中，对77名拟提拔任用人选出具了廉政鉴定。各级纪检监察机关负责人同下级党政主要负责人谈话358人次，任前廉政谈话372人次，诫勉谈话 24 人次。

【查处违法违纪案件】 2007 年,继续重点查办发生在领导机关和领导干部中滥用职权、贪污贿赂、腐化堕落、失职渎职等案件,查办官商勾结、权钱交易、权色交易和严重侵害群众利益的案件,严肃查办隐匿、侵占、转移国有资产的案件,严重违反组织人事纪律的案件。全市各级纪检监察机关共受理信访举报 4841 件(次),立案查处党员干部违纪违法案件 405 起,结案 405 起,处分 423 人,移送司法机关 42 人,挽回经济损失 1922.28 万元。其中,涉案金额万元以上案件 146 起,县处级以上案件 33 起,涉及厅级干部 5 人,县处级干部 29 人。协助中央纪委、省纪委查办了市人大原主任段义和相关案件,重点查办了中国轻骑集团原董事长张家岭等贪污、受贿、侵占国有资产窝案,市畜牧办原主任王永臣贪污案,市财政局经济建设处原处长王革新特大贪污、受贿案等。加强案件审理和申诉复查工作,逐步提高案件审理工作质量。

继续开展治理商业贿赂工作。在突出抓好工程建设、土地出让、产权交易、医药购销、政府采购、资源开发和经销 6 个关键领域及出版发行、体育、质检、环保等重点行业的同时,对不正当交易行为进行了专项检查。积极组织协调检察、公安、工商等部门,认真抓好案件查处工作。共查办商业贿赂案件 181 起,挽回经济损失 3425.82 万元,涉及国家公务员的 35 件,其中厅级干部 4 人,处级干部 9 人,科以下干部 18 人。

【纠正损害群众利益的突出问题】 深入开展“医疗质量管理效益年”和“医德医风示范医院”活动,纠正了片面追求经济效益的倾向。全面推行药品集中招标采购制度,采购金额达 4.73 亿元,让利患者 1.44 亿元,中标药品采购率达到 92%;医务人员上交回扣、“红包”、开单提成 4.9 万元。认真查处医药购销领域商业贿赂问题,给予 2 人党纪政纪处分。落实国务院关于深化农村义务教育经费保障机制改革的各项政策,减轻学生家庭经济负担 1467 万元;按照《济南市教育乱收费责任追究办法(试行)》,给予 3 人党纪政纪处分。落实中央、省、市各项支农惠农政策,农民得到实惠 7460 万元;查处涉农乱收费、乱罚款和集资摊派等问题,减轻农民负担 1.3 万元;围绕社会主义新农村建设,积极推进“放心农资进村”活动,打击哄抬农资价格、制售假劣农资坑农害农行为 420 件,涉及金额 456 万元。积极开展环保整治专项行动。检查了 3010 家企业贯彻执行环保法律法规的情况,其中 16 家污染企业被依法查处,5 家企业被挂牌督办;106 个单位制定了危险废物应急防范措施和应急预案。继续清理整顿道路收费站点,对多次发生问题的单位实施重点监控;对涉及公路“三乱”的 38 件举报投诉及时进行了调查处理。严格实施重大安全生产责任事故责任追究,查处安全生产责任一般性事故 12 起,16 名责任人受到党纪政纪处分。依托“政务监督热线”和《政务面对面》等栏目,使群众与区长、局长等城市的管理者直接沟通,及时解答政策咨询,解决群众反映的困难和问题。

【强化监督检查】 围绕迎接第十一届全运会,加强城市规划建设管理,下发《关于加强纪律监督,检查保证依法整治违法违章建设顺利进行的通知》,严格工作纪律,保证各项工作的开展;围绕推进工业经济和服务行业的发展,制定《关于加强涉企纪律监督,保障我市工业经济又好又快发展的意见》,规范党政机关工作人员涉企行政行为;制定政府投资工程建设项目监督工作流程,加强对重点工程招投标、拆迁、资金管理拨付等重要环节的监督。加大对土地市场治理整顿的执法监察力度,对新增建设用地进行全面清理,对 55 名违法用地责任人追究党纪政纪责任。在全省整顿规范建筑市场秩序工作会议上,济南市介绍了构建重点工程廉政建设体系的做法。

继续深入开展“优化发展环境监督检查年”活动。认真落实首问负责制、一次告知制、AB 角工作制、限时办结制和公开承诺制,追究行政不作为和失信行为责任,对构成违纪的 17 名责任人进行了责任追究。进一步强化了市与县(市)区发展环境投诉中心的工作,严格实行受理、转办、督办、反馈等四个工作环节的规范。健全完善投诉受理机制,积极督促市直有关部门明确投诉工作任务,实行严格的责任制,并把投诉受理工作向乡镇、街办延伸。积极开展“外商服务月”活动,及时协调处理了 29 件外商反映的问题。

(于济民)

政协济南市委员会

【中国人民政治协商会议第十一届济南市委员会】 2003 年 2 月换届产生,由 30 个界别组成,任期 5 年。本年度委员因工作变动辞去委员职务 1 人,增补委员 12 人,撤销常务委员职务 1 人,撤销委员职务 3 人。截至 2007 年底,共有委员 588 名,其中常委 103 名。市政协十一届委员会下设办公厅、研究室和提案、经济科技、人口资源环境、社会文教(社会法制)、台港澳侨和外事、文史资料 6 个专门委员会。机关行政编制 65 人。

【政协第十一届济南市委员会第五次会议】 3 月 23~27 日在舜耕会堂召开,571 名委员出席会议。中共济南市委、市人大常委会、市政府、市纪委、济南警备区、市中级人民法院、市人民检察院的领导应邀出席会议。市政协往届主席、副主席,市级各民主党派、工商联的负责人应邀参加会议。市政协副主席张印峰主持开幕式。主席徐华东、副主席王可敏受市政协十一届委员会常务委员会的委托,分别作市政协常委会工作报告和提案工作情况的报告。会议期间,与会政协委员列席了济南市第十三届人民代表大会第五次会议。审议通过了十一届市政协常委会工作报告和提案工作情况的报告,肯定了市政协常委会一年来的工作,并对如何推动人民政协事业实现新发展提出了意见和建议。与会委员充分协商、认真讨论了代市长张建国所作的政府工作报告和其他有关报告，对过去一年济南市取得的突出成就给予高度评价并围绕全市经济社会发展问题提出了意见和建议。主席徐华东主持闭幕式并讲话。闭幕大会前，进行了大会选举，补选杨庆林、胡占平为十一届市政协副主席；张印峰不再担任市政协副主席职务。会议还通过了大会决议等事项。

【重要会议】 1.市政协十一届二十二次常委会议。1月24日举行。会议听取了市政府关于2006年全市经济运行情况的通报；听取了市中级人民法院、市人民检察院关于2006年工作情况的通报；审议了人事任免事项；听取了市政协各专门委员会2006年工作汇报。

2.市政协十一届二十三次常委会议。3月19日举行。会议传达学习了十届全国人大五次会议和全国政协十届五次会议精神；听取了关于人事安排事项的说明，听取了关于十一届市政协常委会工作报告(草案)、提案工作报告(草案)起草情况和十一届五次会议方案的说明。在充分协商、讨论的基础上，会议审议通过了十一届市政协常委会工作报告(草案)和提案工作报告(草案)；通过了关于召开市政协十一届五次会议的决定；通过了关于召开市政协十一届五次会议方案和市政协十一届五次会议议程(草案)、日程及其他有关事项。会议还决定增补王建、王宏伟、王培铭、由沛、冯承强、杨庆林、杨殿明、郝建华、胡占平、袁子辉、徐宏伟、常传华为十一届市政协委员；同意孟祥桓辞去十一届市政协委员职务。

3.市政协十一届二十四次常委会议。3月24日举行。会议审议了候选人协商名单、辞去市政协副主席职务名单、选举办法(草案)、总监票人和监票人建议名单等有关人事安排事项；审议通过了市政协常委会2007年工作要点。

4.市政协十一届二十五次常委会议。3月25日举行。会议听取并分组酝酿了有关人事安排事项情况的汇报；听取了市政协十一届五次会议综合情况的汇报；听取了政协第十一届济南市委员会第五次会议关于常务委员会工作报告的决议（草案)、提案工作报告的决议(草案)、政治决议(草案)，审议通过了市政协提案委员会关于市政协十一届五次会议提案审查情况的报告(草案)。

5.市政协十一届二十六次常委会议。7月2日举行。会议传达学习了中共山东省第九次代表大会精神；听取了市政府关于我市社会主义新农村建设情况的通报；审议通过了关于《政协济南市委员会关于加大扶贫开发力度，促进区域经济协调发展的建议案》(草案)。

6.市政协十一届二十七次常委会议。11月16日举行。会议传达学习了中共十七大、全国政协常委会议、省政协常委会议和市九届二次全会精神；审议通过了《政协济南市委员会关于学习贯彻中国共产党第十七次全国代表大会精神的决议》；听取了市委办公厅、市政府办公厅关于市政协十一届五次会议提案办理工作情况的通报；审议通过了有关人事事项。

7.市政协十一届二十八次常委会议。12月11日举行。会议听取了市政协秘书长王忠林关于十一届市政协常委会工作报告(草案)、提案工作报告(草案)和关于市政协十二届一次会议方案的说明；听取了市委统战部关于十二届市政协委员构成情况的说明。在充分协商、讨论的基础上，会议审议通过了十一届市政协常委会两个工作报告(草案)和报告人；审议通过了十二届市政协组成人员名单；审议通过了关于召开市政协十二届一次会议的决定等有关事宜；审议通过了有关人事事项和关于授权主席会议审议本次常委会议未尽事宜的决定，书面通报了市中级人民法院、市人民检察院的工作情况。

8.市政协十一届二十九次常委会议。12月27日举行。会议审议通过了《政协第十二届济南市委员会第一次会议选举办法》(草案)，审议通过了吴泽浩、包怡斐为政协第十二届济南市委员会委员。

9.市政协第二十五期暑期读书会。7月24~29日举行。市政协领导、市里的老同志、市级各民主党派、工商联和有关人民团体以及县(市)区政协主要负责人等参加了读书会。其间，与会人员认真学习了胡锦涛总书记在中央党校省部级干部进修班上的重要讲话和省、市党代会精神，学习了《中共中央关于加强人民政协工作的意见》和全市政协工作会议精神；组织学员视察了历城区经济社会发展情况，检查了历城区贯彻落实中央《意见》和全市政协工作会议精神的情况；邀请全国政协办公厅研究室副主任原冬平作了关于新时期人民政协理论的辅导报告；省委常委、市委书记焉荣竹到会看望学员并作了重要讲话；市委副书记、市长张建国到会通报了全市上半年经济运行情况；市政协主席徐华东就学习贯彻胡锦涛总书记重要讲话和省、市党代会精神、推动政协工作实现新发展等提出了要求。

10.全国副省级市政协专题研讨会济南会议。5月18~20日举办。全国政协副秘书长卞晋平、研究室副主任原冬平和15个副省级城市的政协领导等参加会议。省委常委、市委书记焉荣竹，省政协副主席王久祐，市委副书记、市长张建国到会，市政协主席徐华东出席会议。会议就政协工作发展新趋向、加强政治协商、搞好政协自身建设等开展了交流。

11.全国副省级市政协研究室主任座谈会。8月27~30日举办。市政协主席徐华东、省政协研究室主任李鲁烟到会，全国政协办公厅研究室副主任原冬平和14个副省级城市的政协研究室及有关部门负责人等参加会议。会议就成立人民政协理论研究机构、搞好人民政协理论研究等进行了交流；就换届中界别设置、委员推荐等问题进行了探讨；与会代表还参观了济南经济社会建设情况等。

12.全国部分历史文化名城政协联系会第十七次会议。9月19~21日举办。市政协主席徐华东，省政协副秘书长宿华，市委常委、常务副市长殷鲁谦到会，22个城市政协的代表参加会议。会议就历史文化名城的保护与城市建设、优秀传统文化的传承与发展、世界文化遗产的申报与保护等进行了交流；就人民政协如何在这些领域更好地发挥作用进行了研讨；与会代表还参观了济南经济社会建设情况等。

【调研视察活动】 市政协紧紧围绕市委、市政府中心工作，先后就农村扶贫开发、发供电设备产业链发展、食品药品安全、供热产业发展等重要课题开展了专题调研，对新农村建设、工业遗产保护、棚户区改造、职业教育等进行了视察；向市委报送了《关于推进我市发供电设备制造产业发展，建设电力装备生产基地的建议案》、《关于加大农村扶贫力度，促进社会经济协调发展的建议案》、《关于促进我市供热产业实现可持续发展的建议案》、《关于积极争取开发建设“济北新区”的建议案》4份建议案和近10份调查报告；《21世纪前20年济南市人口发展战略研究》、《济南市水资源评价及可持续利用研究》2项课题顺利通过专家组评审，得到市委、市政府的充分肯定。

【民主监督工作】 市政协积极通过社情民意、组织检查、参加评议和听证活动等方式加大民主监督力度，全年通过《济南社情民意》向全国政协、省政协和市委、市政府报送信息100余条；根据市委安排，对各县(市)区党委、政府、政协贯彻落实《中共中央关于加强人民政协工作的意见》和全市政协工作会议精神的情况进行了检查；积极组织政协委员参加全市优化发展环境现场评议活动；安排200余名委员参加管道燃气价格调整等听证会和意见征求活动；为市信息产业局、市物价局、市行政审批服务中心等单位推荐20余名市政协委员担任特邀监督员职务，认真履行监督职责。

【提案工作】 为提高提案质量，市政协年内向社会公开征集提案线索839条，归纳整理160多个问题供委员撰写提案参考。自十一届五次会议以来，共收到提案611件，经审查立案550件。其中党派、工商联提案57件，市政协专门委员会提案3件，联名提案93件，委员个人提案397件。内容涉及经济建设方面的93件；城市管理与环境整治方面的220件；科教文卫体方面的117件；政法、劳动和社会保障方面的103件；民族、宗教、统战等方面的17件。中共济南市委、市政府领导非常重视提案办理工作，重点提案由党政领导亲自阅批，并向市政协常委会议通报提案办理情况；各承办单位把提案办理工作列入重要议事日程，建立健全办理网络，积极采纳提案建议；市政协认真贯彻《中共中央关于加强人民政协工作的意见》和全市政协工作会议精神，采取现场督办、分层次督办、委员和市民代表视察等方式，切实提高提案办理实效。截至10月底，提案全部办复。

【对外联谊】 市政协全年以组团或参团方式，出访了欧洲、巴西、阿根廷等国家，访问了港澳地区；接待了来自美国、加拿大和港澳地区100余人次来济考察；积极做好安商、助商、扶商工作，加强了与福州商会、泉州商会、港澳投资商会和侨商会等民间经济组织的联系，协助市政府在香港举办招商活动；积极协调港澳委员向济南市希望小学捐款捐物等。

【文史资料征编】 市政协全年征集文史资料稿件230余篇，计200余万字；编辑、出版《济南老街史话》4卷、《济南文史》杂志4期，刊出图片200余张；参加全国政协、省政协和市社科联组织的优秀社科图书评选活动，参选书刊均获奖项；与有关部门联合举办“济南历史文化游专题论坛”、“小清河综合治理传承文化研讨会”、“地名文化遗产保护工作座谈会”和“最具文化遗产价值的老地名”评选活动等。

【立法前协商】 市政协年内组织市民盟、市民建中的部分政协委员和专家就《济南市城镇企业职工基本养老保险条例(修订草案)》进行立法前协商；年底，市政府办公厅、市政协办公厅联合印发《济南市立法前协商工作规则》，在济南市正式确立市政府和市政协立法前协商制度。

(乔 谦 陈文忠)

民主党派与工商联

【中国国民党革命委员会济南市委员会】 1.自身建设。①组织建设。5月，选举产生了新一届民革市委领导班子。换届后，建立和完善了领导班子工作制度，开展了对领导班子成员和驻会领导的民主评议。调整充实了参政议政、祖国统一、联谊、社会服务和专家咨询五个工作委员会。加强领导班子建设，参加了“一会三班”，即政治交接主题学习教育活动动员大会、民主党派新一届领导班子专题研讨班、民主党派新进市委委员进修班、民主党派领导班子成员理论培训班。进一步修订和完善机关岗位职责，推动各项工作的制度化、规范化。至年底，民革济南市委下辖四个区总支和24个基层支部，党员427人。②思想建设。下发《民革济南市委关于开展“坚持中国特色社会主义政治发展道路，搞好政治交接”教育学习活动的决定》，举办了政治交接学习班，组织了政治交接专题讲座和继承优良传统报告会，编辑下发学习材料，刻录民革中央教育活动报告会音像资料。认真学习领会十七大精神，围绕着十七大提出的目标和任务，结合学习胡锦涛在中央纪委第七次全会上的重要讲话、全国统战工作会议、中共中央两个5号文件、中共济南市第九次党代会等重要精神，找准工作着力点，研究制订切实可行的措施，确保使政治交接活动落到实处。8月，成立了民革济南市委理论调研中心组，特聘民革中央宣传部部长吴先宁为顾问，年内形成《济南民革理论研讨成果汇编》。基层政治交接学习教育活动普遍展开。民革槐荫区总支召开“学习胡锦涛总书记6·25重要讲话座谈会”，天桥区总支开展了民革传统史和爱国主义教育活动，市中区总支举办“喜迎十七大，坚定不移走中国特色社会主义政治发展道路”主题座谈会等。

2.参政议政。市委会主要领导参加了

中共济南市委、市政府召开的民主协商会、情况通报会，就济南市有关重大事项和重要人事安排等问题认真搞好政治协商，贯彻落实好中共市委、市政府意图；就济南市的经济社会发展目标和规划积极提建议，在市政协十一届五次会议上，提交大会口头发言1件，书面发言4件，集体提案7件。其中"发展产业集聚是我市区域经济发展和产业布局的重要模式"被评为优秀提案。年内在政协会议上共提交提案87件，其中提交省政协1件。

3.社会服务。民革各基层组织和广大党员在做好本职工作的同时，充分发挥自身优势，开展了丰富多彩、卓有实效的服务社会活动。民革市中区总支向农民工子女小学的爱心捐赠活动，天桥区总支的爱心一日捐活动，市中医支部的下乡义诊活动，许媚、黄斌、刘剑峰等文化进社区和文化下乡活动，张艳利对贫困学生的捐资助学等。在济南遭遇"7·18"暴雨之后，黄大亮、马金姝、袁洁等不顾劳病，始终战斗在防病抗灾第一线，为确保济南市大灾之后无大疫和灾民生活尽快安置做出了贡献。年底民革济南市委举办了庆祝民革诞生60周年暨表彰大会，对近几年在民革组织建设、参政议政和社会服务等各方面表现突出的基层组织和党员进行了表彰。

促进祖国和平统一是具有民革政党特色的重点工作。市民革利用海外联系广泛的突出优势，以亲情、友情为纽带，以经济、文化、艺术为载体，加强与台湾同胞和海外侨胞的联系与交往，介绍祖国大陆的经济社会发展情况和投资环境。主委李德强接待来自台湾的"齐鲁文化之旅"参访团，崔守华参加对台办组织的赴台交流，就加强海峡两岸亲情与文化往来进行交流，增加了彼此情谊。中秋节前夕，组织民革党员中的台属举办"迎国庆、促统一"中秋茶话会，就台湾形势、两岸关系及对台工作进行座谈。在庆祝民革诞生60周年大会上，由民革市委机关集体创作并演出了独幕话剧《月是故乡明》，反映了海峡两岸骨肉相连、人民盼望团聚与统一的美好感情。（毕殿增）

【中国国民党革命委员会济南市第六次代表大会】 2007年5月8日至10日召开。出席会议代表107名。应邀出席大会的领导有中共济南市委、市人大、市政府、市政协、民革山东省委负责人及市级各民主党派、工商联主要领导人。民革济南市委主委李德强致开幕词，副主委兼秘书长张乃仁主持会议。中共济南市委副书记杨鲁豫到会致贺词，民革山东省委副主委赵承福到会讲话，市政协副主席、市致公党主委包怡斐代表市级各民主党派、工商联致贺词。大会听取并审议通过了主委李德强代表第五届委员会所作的工作报告，选举产生了由25人组成的民革济南市第六届委员会和出席民革山东省第十一次代表大会代表；通过了大会决议。在随后举行的民革济南市六届一次全委会议上，选举李德强为主任委员；聂爱华、丁毅、王伯之、臧浩为副主任委员。大会向退下来的第五届市委委员发出致敬信。大会号召，全市民革党员要紧密地团结在以胡锦涛为总书记的中共中央周围，在中共济南市委的坚强领导下，高举邓小平理论和"三个代表"重要思想伟大旗帜，与时俱进，团结拼搏，锐意进取，扎实工作，为全面落实科学发展观，构建和谐济南而努力奋斗。

（毕殿增）

【中国民主同盟济南市委员会】 1.自身建设。①市级民主党派政治交接主题学习教育活动。盟市委领导班子成员参加了市委统战部组织的"一会三班"理论学习，即政治交接学习教育活动动员大会、中央社院济南市民主党派领导干部培训班、新进市委委员进修班、领导班子成员理论培训班。为加强领导班子建设，盟市委邀请区、县(市)统战部长召开了征求意见恳谈会；向各基层盟组织和全体盟员发放了《民盟济南市委关于"政治交接"和"机关建设"活动征求意见信》，听取意见建议。盟市委专门印发了学习材料，购买并发放了理论学习书籍，抓好盟员骨干和基层盟组织的理论学习。举办了政治交接学习教育活动培训班，召开了新老委员座谈会，市民盟各基层组织结合自身实际，采取学习会、谈心会、新老盟员座谈会、联谊会等多种形式，进行多党合作历史和盟史、盟章及盟的优良传统的学习交流。10月19日，中共济南市委副书记杨鲁豫到市民盟机关看望慰问市民盟负责人和机关工作人员，听取了政治交接主题学习教育活动的情况汇报。②学习中共十七大精神。盟市委主委班子成员先后参加了市级民主党派学习十七大精神座谈会、全市领导干部学习十七大精神培训班；主委会、常委会召开专题会议学习中共十七大精神；研究制定了市民盟学习贯彻十七大精神的主要思路，下发了《民盟济南市委关于认真学习贯彻中共十七大精神的意见》；与九三学社济南市委联合举办了学习十七大精神报告会。各基层盟组织也积极响应，以各种形式学习、贯彻中共十七大精神。③组织建设。民盟济南市十一届委员会设立了学习委员会、社会发展服务委员会、社会文化教育委员会、妇女委员会、经济科技委员会等五个专门委员会。制定了《专门委员会工作通则》，参加各专委会的盟员共有63人。为了在保持传统优势和特点的同时，不断实现盟员专业层次结构的多元化，以适应新形势新任务对民主党派参政议政的要求，在城市建设、信息产业等领域发展成员，丰富了市民盟的人才和知识结构。2007年市民盟共发展盟员58人，截至年底共有盟员974人。2007年年底区县人大政协换届中，共有60人担任各区(县)政协委员，5人担任区政协副主席，有10人被选举为区人大代表，1人被选为副区长。1月28日民盟章丘市支部正式改为民盟章丘市基层委员会，下设两个支部。④开展以"提高政治业务素质，加强思想作风建设"为主题的机关建设活动。在机关建设活动中，盟市委机关根据工作实际，对现有的机关管理制度进行了修订和完善，一是建立和健全了工作责任机制，以处室为单位，把全年目标任务分解细化，进一步明确了工作内容、责任处室等；二是建立和健全了工作督查机制，规范机关办公会、中层干部办公会和工作汇报制度等，注重对各项工作的进展进行督促检查；三是建立和完善了工作业绩考核机制，进一步细化了机关和各处室及个人的工作标准和要求。⑤创办《济南民盟工作信息》,全年共编发13期,对市民盟工作动态的报道更加及时迅速,增强了民盟宣传工作的活力。为做好新时期盟员的思想教育工作,盟市委建立了网站(www.jnmm.gov.cn),利用现代信息手段,扩大盟的社会宣传和影响,成为对内对外宣传的新平台。《济南盟讯》开辟了理论学习专栏,市民盟网站设立了政治交接和十七大精神学习教育活动专题。

2.参政议政。①在市政协十一届五次会议上,盟市委副主委王锡宏代表民盟市委作了《加快市内河道综合治理,建设生态良好的泉城济南》的大会发言。提交了《关于把济南市建成国家级住宅产业化试点城市的建议》、《完善社区公共文化服务体系,促进和谐济南建设》等6篇提案。3月15日,市民盟参加了市政协、市法制办、市劳动和社会保障局对《济南市城镇企业职工基本养老保险条例(修订稿)》的协商座谈会并提出了修改意见。②盟市委就济南市农村中小学师资队伍建设情况,赴平阴、商河调研;就继续做好节水保泉课题,到市节水办调研中水利用情况,并到狼猫山水库实地考察水源地保护情况。各专门委员会充分发挥各自优势,深入开展调研,形成了科技经济委员会的《大力发展循环经济,建设资源节约型城市》、妇女委员会的《关于减少和预防女性犯罪,加强女性教育培训与就业的几点建议》、社会文化教育委员会的《加强我市农村师资队伍建设,促进城乡教育均衡发展》等多篇调研报告。

3.社会服务。盟市委积极响应盟中央开展"农村教育烛光行动"的号召,与吴家堡镇西堡小学结成了帮扶对子,9月份举行了"烛光行动"启动仪式,向学校老师赠送了市图书馆借书证、书法作品,献上了精彩的文艺节目,受到当地党委政府的好评。市中区基层委员会"爱心助学活动"至今已开展了3年,2007年被救助学生的人数有所增加,《山东统一战线》、《济南统一战线》对此项活动进行了专题报道。在坚持做好教育帮扶活动的同时,市中区基层委员会又与二七新村街道办事处联合,启动了"服务进社区,携手筑和谐"活动,针对社区老年群众、青少年和下岗失业人员等不同层次居民的需要,长期义务组织开展各类保健知识讲座、法律咨询、技能培训等教育活动。天桥区基层委员会继续开展农村助学活动,向桑梓店镇中心小学捐赠了价值近万元的体育器械。民盟历下区原四十中支部"手拉手,结对子"活动开展以来,全体盟员对贫困学生连续进行了3次经济援助,同时对其学习、生活给予了大力的辅导和帮助。 (李少杰)

【中国民主同盟济南市第九次代表大会】 2007年4月25~27日,中国民主同盟济南市第九次代表大会召开。出席大会的137名代表肩负着全市盟员的重托,共商济南民盟新世纪、新阶段的发展大计。会议认真学习了中共济南市第九次代表大会精神,总结了民盟济南市十届委员会五年来的工作,审议通过了十届委员会工作报告,选举产生了民盟济南市第十一届委员会,选举了出席民盟山东省第八次代表大会的代表。

中共济南市委常委、市纪委书记徐长玉代表中共济南市委,省政协副主席、民盟山东省委主委朱铭出席开幕式,向大会的召开表示祝贺。他们充分肯定了济南民盟自第八次代表大会以来取得的工作成绩,希望民盟济南市委更好地发挥自身优势和作用,最大限度地调动全体盟员的积极性和创造性,为促进济南市科学发展、和谐发展贡献力量。

市委常委、副市长殷鲁谦,市人大常委会副主任彭万生,市政协副主席孟宪杰,市政协副主席、市委统战部部长杨庆林等应邀出席会议。济南市各民主党派、工商联负责人到会祝贺。市政协副主席、九三学社济南市委主委吴泽浩代表市级各民主党派、工商联向大会致贺词。民盟济南市委副主委安利国代表民盟济南市第十届委员会作了题为《开拓创新,务实进取,为构建和谐济南贡献力量》的工作报告,对市民盟五年来的工作进行了总结和回顾。五年来,市民盟认真学习邓小平理论和"三个代表"重要思想,全面贯彻落实科学发展观,继承和发扬民盟与中国共产党亲密合作的优良传统,从促进济南市经济社会和谐发展的角度出发,全面加强自身建设,努力提高参政能力,积极开展社会服务,为促进构建和谐社会作出了积极的贡献。

大会选举产生了由35人组成的民盟济南市第十一届委员会和23名出席民盟山东省第八次代表大会的代表。随后召开的十一届一次全委会上,选举产生了由17人组成的民盟济南市委常务员会,选举崔大庸为主任委员,安利国、王锡宏、曹临春(驻会)、潘洪兰、张怀成为副主任委员,任命朱荣清为秘书长。 (李少杰)

【中国民主促进会济南市委员会】 1.参政议政。①市民进主要领导先后10次参加中共济南市委、市政府、市委统战部召开的民主协商会、情况通报会、座谈会,以及组织开展的工作视察、学习培训等;市委会领导也就推进社会主义民主政治建设、济南市经济社会发展等提出了意见和建议,受到市领导的高度重视。②年初,市委会向市政协十一届五次会议提交大会发言1件、书面发言7件、集体提案12件,其中《多策并举,加大我市工业节能降耗力度》被评为市政协优秀提案。会员中的人大代表、政协委员在各级人大、政协会议上提出建议、提案94件。多项建议和提案关系济南市经济、社会发展,关系群众切身利益,反映社会热点、难点问题,得到了普遍好评,并受到各家媒体的关注。《济南日报》、《山东商报》、《齐鲁晚报》、《生活日报》、济南电视台等分别对民进政协委员进行了采访,有的委员还开通热线,与市民进行对话交流。孙建军的《关于尽快建设趵突泉、五龙潭取水点的建议》和崔援的《关于雨水回收利用的建议》被评为市政协优秀提案。在2007年全市民主党派工商联参政议政优秀调研成果表彰大会上,民进市委会获得"优秀调研成果集体奖",冯桂萍等9人获得先进个人奖,冯桂萍作为先进个人代表在大会发言。年内,参与了市委统战部组织的联合调研。在年底召开的各区新一届政协会议上,各区总支(支部)向区政协会议提交大会发言1件、集体提案3件,会员提交个人提案48件。③在巩固老阵地的同时,不断开拓新领域,开展了多项调研活动。通过调研,掌握了大量的第一手资料,为第十二届政协会议提案的撰写积累了大量素材。

2.自身建设。①思想建设。市委会认真学习贯彻中共十七大精神,收看了中央宣讲团十七大精神报告会,邀请民进山东省委主委栗甲作学习十七大专题辅导报告,认真学习了《中共济南市委关于认真学习宣传贯彻党的十七大精神的通知》,下发了《民进济南市委关于学习贯彻中共十七大精神的意见》。开展了政治交接学习教育活动,民进中央常务副主席严隽琪来山东就政治交接学习教育活动进行调研,在听取济南民进开展学习教育活动的情况汇报后给予高度评价。10月,民进中央将济南民进确定为全国民进政治交接学习教育活动试点单位,成为全国仅有的7个试点单位之一。市委会下发了《关于在市民进基层组织开展政治交接学习教育活动的通知》,主要领导先后走访了五区区委统战部,沟通情况,交流意见,有效推动了学习教育活动在基层组织的开展。2007年是济南民进成立50周年,市委会将此作为政治交接学习教育活动的重要内容,开展了一系列生动的会史和传统教育,编辑出版了纪念文集和画册,制作了记录市民进光荣历史的专题片,召开纪念大会,并向20世纪50年代入会的老同志颁发了荣誉证书。与开展政治交接学习教育活动同步,市民进开展了以"提高政治、业务素质,加强思想作风建设"为主题的机关建设活动,认真听取专题辅导报告,举办机关读书会,开展"每月一讲"活动。在基层中开展问卷调查,听取基层对机关工作的意见和建议,查找自身存在的问题,分析问题产生的原因,列出了具体的整改措施。修订和完善了机关工作制度,并重点就如何落实规章制度制定出切实可行的措施。②组织建设。全年共发展新会员19人,平均年龄34.8岁,全部为大专以上学历、中级以上职称。其中教育界11人、文化界1人、政府机关和事业单位7人。市委会领导班子成员参加了市委统战部组织的市级各民主党派领导班子成员专题研讨班和理论培训班,选送5名新任市委委员参加了市级民主党派新进委员培训班,举办各种类型的骨干培训班。截至年底,市委会下辖总支部5个,支部44个,会员639人。各支部发挥自身优势,积极开展参政议政、调查研究、赈灾捐款、扶贫义诊、支教助学等丰富多彩的活动,增强了基层组织的凝聚力。

3.社会服务。中国人民解放军建军80周年前夕,市民进组织书画院部分书画家到济南部队某部亲切慰问子弟兵,共创作书画作品70余幅。邀请著名诗人、中国诗歌学会副秘书长桑恒昌和著名作家刘照如为西营中学举行专题报告会,并向学校捐赠了图书和学生校服。组织会内优秀教师到天桥区桑梓店镇中心小学听课、评课,并就教学、科研等与该校老师进行了座谈交流。会内专家学者多次参加《山东商报》主办的"成功父母大课堂",现场为家长咨询指导、解答问题;在中小学和济南教育电视台举办公益讲座,开展社会教育,指导学生健康成长。妇委会和老龄委发挥自身优势开展活动。"三八"妇女节,妇委会前往市社会福利院看望孤残儿童,并送去牛奶等食品。"六一"前夕,到章丘市新龙幼儿园和实验小学参观调研,对农村义务教育和幼儿园建设等一系列问题提出了切实可行的建议。各基层支部和会员个人也开展了形式多样的社会服务活动。历城总支出资印刷描绘乡村风景和特产的挂历,对农家旅游起到很好的宣传作用;槐荫总支到农村开展法律义务咨询活动,组织总支书画家举行笔会,捐赠书画作品,为学校文化建设献计献策;天桥总支坚持每年的资助失学儿童活动;市中总支、历下总支也开展了捐资助学、免费医疗咨询等活动。据不完全统计,2007年会员及市委会机关在各级各类捐助活动中捐款万余元;会员招商引资约4200万元,培训下岗职工、帮助下岗职工再就业300余人,直接安置下岗职工110人。

(乔　军)

【中国民主促进会济南市第六次代表大会】 2007年5月11~12日召开。出席会议代表120人。中共济南市委、民进山东省委、市人大、市政府、市政协和市委组织部、市委统战部、市文化局、市新闻出版局以及市级各民主党派、市工商联的负责人到会祝贺。中共济南市委副书记杨鲁豫代表中共济南市委致贺辞。民进山东省委主委张承芬到会并讲话。九三学社济南市委主委刘梦海代表市级各民主党派、工商联致贺词。大会审议并通过了副主委康庄代表中国民主促进会济南市第七届委员会所作的题为《团结务实,开拓创新,为建设高素质参政党努力奋斗》的工作报告;大会选举产生了由27人组成的中国民主促进会济南市第八届委员会;通过了大会决议。

在随后召开的八届一次全委会议上,选举产生了由15人组成的常务委员会,选举金德岭为主任委员,朋星、张卫星、邓相超、刘海萍为副主任委员,任命黄明为秘书长。大会向七届委员会离任委员发出了致敬信。大会号召全市民进组织和广大会员在新形势下,要进一步继承发扬民进的优良传统,在中共济南市委和民进山东省委领导下,以邓小平理论、"三个代表"重要思想为指导,全面贯彻落实科学发展观,增强责任感和使命感,同心同德,扎实工作,为推动济南市经济和社会又好又快发展作出新的更大贡献。　(乔　军)

【中国民主建国会济南市委员会】 1.参政议政。市民建主要负责人多次参加中共济南市委、市政府组织的民主协商会、党外人士座谈会、情况通报会,积极建言献策,提出意见和建议。在对市政府工作报告征求意见的过程中,市民建分别就加快新农村建设、提升城市整体功能、棚户区改造等方面提出意见和建议。在市人大十三届五次会议上,会员中的人大代表提交建议8件。在市政协十一届五次会议上,市民建提交集体提案8件,会员提交个人提案32件,市民建以《关于进一步加快发展济南城市现代服务业的几点建议》为题在市政协十一届五次会议上作大会发言。会员和各级组织在各区人大、政协会议上提交建议、提案135件，反映社情民意151件。年内，市民建获得参政议政调研成果先进集体奖8个，先进个人奖2个；在民建山东省委的调研成果评比中，市民建获得参政议政优秀成果二等奖；市民建提案《关于无公害蔬菜生产和流通管理的建议》获市政协十一届五次会议优秀提案奖。济南"7·18"暴雨过后，市民建及时报送了"关于加强我市泄洪能力"的社情民意，市领导批示要求有关部门加以研究和采纳。年初，市民建与济南市农办就"统筹城乡发展，壮大县域经济"开展联合调研活动，形成调查报告上报民建中央及济南市有关部门。针对"动漫产业"发展现状和济南市"动漫产业"存在的问题，市民建成立调研组赴会员企业和湖南长沙调研考察，并将调研报告转化为政协提案；围绕提升济南市城市建设管理水平，市民建组织相关人员赴成都进行调研，形成了"加强城市建设和管理，全面提升城市载体功能"的建议；参加了市政协召集的《济南市城镇企业职工基本养老保险条例》修订协商座谈会，对"条例"的修改提出意见和建议；参与了市政协组织的"食品药品安全状况"以及进一步加强审计工作的调研。

2.自身建设。①思想建设。市民建召开主委会、常委会对中共十七大精神进行传达学习，下发了《民建济南市委关于认真学习贯彻中共十七大精神》的通知，要求各级组织认真学习贯彻中共十七大精神。组织会员听取了有关中共十七大的辅导报告。各总支、支部也分别结合各自的实际，以不同形式对报告精神进行学习传达。7月，按照民建中央、省委和中共济南市委的部署和要求，市民建开展了传承和发扬优良传统的"政治交接主题学习教育活动"。为开展好此项活动，市民建成立了专门领导小组，制定了《民建济南市委关于开展政治交接主题学习教育活动实施方案》，编印了"政治交接主题学习教育活动情况通报"，同时在会刊《济南民建》和济南民建网站开辟专栏，及时对外报送活动信息。编印了9万余字的《民建济南市委政治交接主题学习教育活动学习材料》，向各基层组织发放了《孙起孟文稿选编》、《中国民主建国会基本知识》和《参政议政成果选编》等学习材料。8月，市民建机关集中开展以"提高政治业务素质，加强思想作风建设"为主题的机关建设活动。在活动中修订完善了机关工作制度，进一步规范机关工作流程，同时通过开展谈心会、民主生活会、批评和自我批评的方式查找机关工作人员自身存在的问题和不足，提出整改措施，提高了机关人员自身的综合素质和思想觉悟。②组织建设。4月，召开了民建济南市第九次会员代表大会，选举产生了新一届领导集体。完成换届后，市民建通过举办培训班、研讨班、报告会等多种形式，分层次进行培训，提高各级领导班子成员的综合素质和工作能力。年内，对部分支部进行了调整和改选；继续积极推动规范化支部活动室的建设，继续推广"主题支部活动"的方式，进一步完善民建济南市委领导班子成员和机关各处室联系基层支部制度；组织各总支主任和部分基层组织负责人赴石家庄等地学习参观，进行工作交流。年内发展会员46人，新会员平均年龄38.4岁，全部具有大专以上学历，具有中高级专业职称的占65%。至年底，共有会员887人，6个总支，32个直属支部。

3.社会服务。市民建继续关心、关注扶贫基地——章丘黄露泉村的建设和发展，了解扶贫资金的落实情况并实地考察自来水、村卫生室的管理和使用情况，并拟定了新的扶贫计划。10月，民建中央在济南召开全国社会服务工作现场会，市民建作了典型发言，市民建在扶贫工作中创造的"整村推进"的经验得到了民建中央副主席陈明德及与会者的肯定和好评。各级组织和会员也采取多种方式扶贫、帮困，奉献社会。历下区总支在"六一"儿童节向南部山区的秀山小学捐赠1200本图书和价值1万元的少儿读物，并为该校80多台电脑提供技术维修服务。天桥区总支向桑梓店镇高王中心小学捐赠一台29吋电视机。中秋节前夕，市中区总支组织8名企业家到区总支联系村走访慰问困难家庭，帮助他们解决生活和孩子上学中遇到的实际困难。槐荫区总支向因家庭困难子女面临辍学的家庭捐款、捐物，帮助他们度过难关，资助其子女继续完成学业。历城区总支向西营镇中心中学捐赠图书1000余册，价值近万元。市直总支到济南市社会福利院看望孤残儿童，捐赠现金2万余元及300余套羽绒服。会员蒋君向天桥区桑梓店镇捐款10万元用于支持新农村建设。据不完全统计，2007年，各区总支、支部及会员招商引资合同金额2.2亿元，已到位1.1亿元。会员企业年内安排下岗职工360人，安排就业2000余人。

（宋华珂）

【中国民主建国会济南市第九次代表大会】 2007年4月24~25日召开。出席大会代表130人。中共济南市委副书记杨鲁豫代表中共济南市委向大会的召开表示祝贺；省人大常委会副主任、省民建主委墨文川代表民建山东省委，市人大常委会副主任、市民革主委李德强代表市级各民主党派和市工商联向大会致贺词。市领导徐学武、朱文兴、孟宪杰、杨庆林等应邀出席会议。市政协副主席、市民建主任委员王可敏致开幕词。会议审议并通过了王可敏代表十届委员会所作的题为《切实发挥参政党职能、为全面建设小康社会贡献力量》的工作报告；会议选举产生了由35人组成的民建济南市第十一届委员会。在随后召开的十一届一次全委会议选举产生了十一届常务委员会，选举王可敏为主任委员，郇起鸿、邢乐成、王建森、刘燕、王传秋为副主任委员，任命丁保国为秘书长。

大会通过决议，号召市民建各级组织和全体会员，要坚定不移地坚持中国共产党的领导，全面贯彻落实科学发展观，紧紧围绕中共济南市第九次代表大会提出的宏伟目标，充分发挥自身优势和特点，积极参政议政，献计出力，为推动济南社会、经济的全面、可持续发展作出新的贡献。

（宋华珂）

【中国农工民主党济南市委员会】 1.参政议政。①市委会主要领导参加了中共济南市委、市政府召开的各种形式的座谈会和协商会，就济南市的经济工作、城市发展规划、建设管理等发表意见建议。参加了市政协组织的一系列视察活动。②农工党员中的人大代表、政协委员在市“两会”上提交了22件个人提案、议案，在各区“两会”上，以集体名义提交了5件提案，提交了23件个人提案。年初召开的市政协十一届五次全会上以市委会名义提交了《关于进一步加强艾滋病防治工作的建议》、《关于采取多种形式加强我市农村卫生技术人员培训的建议》、《关于加快推进我市节能环保型新农村建设的建议》、《新型农村合作医疗目前面临的问题及建议》、《关于进一步完善我市基本医疗保障体系的建议》、《关于加强我市乡镇卫生院建设的建议》6份提案。其中《关于进一步加强艾滋病防治工作的建议》被市政协评为优秀提案，《关于加强我市乡镇卫生院建设的建议》作为市政协的主席督办提案，得到市卫生局的认真办理和落实。③市委会换届后，成立了参政议政工作委员会、妇女工作委员会、宣传工作委员会。专门召开参政议政工作会议，研究“一支部一提案、一党员一建议”活动征集的调研题目以及对口联系单位的参考题目，报经主委会议研究确定了8个重点调研课题。通过深入调研，形成了《关于进一步加强城市管理工作的建议》、《关于进一步加强农村卫生室建设的建议》、《关于干预病残胎儿出生确保优生优育的建议》、《关于加强农产品质量安全监管的建议》、《关于进一步搞好济南市区河道综合治理工作的建议》、《关于进一步加大我市再生水利用力度的建议》、《关于迎全运会开展“我为济南添光彩”主题活动的建议》、《关于加强正面宣传建设和谐医患关系的建议》等提案，为市政协十二届一次全会作好大会发言和提案的准备工作。

2.自身建设。①思想建设。认真组织学习中共十七大精神，全面贯彻落实科学发展观。农工党济南市委发出《关于做好中共十七大精神学习的通知》，举办“学习贯彻十七大精神报告会”，请农工党党员、第四十届“南丁格尔”奖获得者、中共十七大代表刘振华(2000年加入中共)介绍参加十七大的亲身体会和感受。农工党市委会换届后，在领导班子和骨干成员中，集中开展了以“传承和发扬优良传统，坚持走有中国特色社会主义政治发展道路”为主题的政治交接学习教育活动。重点学习中共中央一系列治国理政的重大战略思想，胡锦涛“6·25”重要讲话和在中央纪委第七次全会上的重要讲话精神，中共中央两个5号文件和第20次全国统战工作会议精神等。市委会主要领导成员参加了由中共济南市委统战部统一安排的“一会、三班”(即动员会、民主党派新一届领导班子研讨班、新进市委委员进修班、民主党派领导班子成员理论培训班)。参加了中央社会主义学院的集中培训，听取全国著名专家教授讲的形势报告和党的统战理论。市委会举办了由60余名骨干党员参加的政治交接教育活动研讨班。农工党省委副主委吕善勇作专题辅导报告。各支部也以不同形式加强政治理论学习和革命传统教育。农工党市立三院支部组织党员参观了台儿庄战役纪念馆，缅怀革命先烈的丰功伟绩，进行了一次革命传统教育。农工党厂企支部送书画到工厂，帮助企业建设和谐文化，积极协助市委会举办书画展。槐荫区总支和天桥区总支也采取不同形式开展了咨询和义诊活动。认真做好党刊《泉城农工》和《泉城农工信息》的编辑出版等方面的工作。编辑出版了农工党济南市第六次代表大会文件汇编。②组织建设。农工党第六次代表大会于5月15~16日举行，选举产生农工党济南市第九届委员会。年内发展新党员18名。至年底，全市共有农工党员630人，其中：大学本科以上学历239人(博士研究生5人，硕士研究生19人)，高级职称317人，中级职称285人。农工党济南市委现有历下、市中、天桥、槐荫、历城5个区总支、31个基层支部。11月22~23日，市委会举办了新党员、党员发展对象培训班。参加省、市社会主义学院举办的骨干党员培训班和农工党省委中青年干部培训班。开展以“提高政治、业务素质，加强思想作风建设”为主题的机关建设活动。通过学习《公务员法》，不断提高认识，细化个人整改措施，修订完善各项工作规章制度，完善岗位目标，进一步发挥机关服务、联系、协调、参谋和实施的作用。

3.社会服务。11月14日，农工党济南市委、中共长清区委统战部、长清区卫生局联合举办了第十九届“国际科学与和平周”活动暨牵手社区防治高血压教育大行动。长清区卫生局确定的40个帮扶社区医疗机构的大夫和其他150名各医院的医务工作者听取了农工党党员、心血管病防治专家刘兵作的高血压病防治的专题讲座。开幕式上向参加培训的40个社区医疗机构共捐赠价值60万元的药品，并赠送了防治高血压的有关资料。这次活动受到了长清区各界的热烈欢迎和好评。

(邢介叁)

【中国农工民主党济南市第六次代表大会】 5月15~16日召开。出席大会代表125名。济南市各民主党派、市工商联、市人大、市政协、市委组织部、市卫生局、市建委的负责人应邀出席开幕式。中共济南市委副书记杨鲁豫代表中共市委、张敏代表农工党山东省委，崔大庸代表市各民主党派、工商联向大会致贺词。农工党中央向大会发来贺信。刘子栋代表农工党济南市第八届委员会作工作报告。大会选举产生了27人组成的农工党济南市第九届委员会。在随后召开的九届一次全会上，选举产生了由15人组成的常务委员会，选举刘子栋为主任委员，周振安、王玉、李肇元、姚桂琴、段林为副主任委员。任命张连岭为秘书长。推举李清岷为名誉主任委员，赵德昌、龚鹏基、邵琦为名誉副主任委员。大会向离任老委员发出了致敬信。大会号召，农工党济南市各级组织和全体党员，坚持以邓小平理论和“三个代表”重要思想为指导，全面贯彻落实科学发展观，在中共济南市委和农工党山东省委的领导下，坚持参政为民，以发展作为参政党参政议政的第一要务，不断加强自身建设，紧紧围绕经济建设这个中心，切实履行参政党参政议政、民主监督职责，不断开拓为社会服务的新途径，同心同德，开拓创新，用不懈的奋斗和辛勤的汗水，共同构建和谐济南，为济南的经济社会各项事业又好又快的发展作出新贡献。

(邢介叁)

【中国致公党济南市委员会】 1. 参政议政。①市委会领导先后9次参加中共济南市委民主协商会、专题座谈会和情况通报会,就《政府工作报告》等文件的修改、人事安排、城市规划建设等重要事项提出意见和建议。②年初,市委会向市政协十一届五次会议提交大会发言1件、书面发言2件、集体提案4件,其中《创新招商引资模式,促进区域经济发展》被评为市政协优秀提案。党员中的人大代表、政协委员在各级人大、政协会议上提出议案、提案、建议40余件。其中樊兆民的《关于加强医疗广告管理的几点建议》被评为省政协优秀提案;吕健的《关于打击代开发票违法活动的建议》和高华新的《关于济南市部分企业退休老工人医疗费报销问题的建议》被评为市政协优秀提案。年内,申报了致公党山东省委调研课题,参与了市委统战部组织的联合调研。在年底召开的各区新一届政协会议上,各区总支(支部)向区政协会议提交大会发言1件、集体提案3件,党员提交个人提案32件。③市委会调整充实了参政议政工作委员会,修订了《参政议政工作委员会职责》,拟定了《调研课题管理办法》、《课题成果奖励办法》等制度和规程,制定了《课题指南》,积极推行了课题申报制度和激励机制,使这项工作能够更加适应形势任务发展的需要。

2.自身建设。①思想建设。市委会认真学习贯彻中共十七大精神,收看了中央宣讲团十七大精神报告会,转发了致公党中央主席罗豪才的讲话和致公党山东省委的贯彻意见,通过并下发了《致公党济南市委关于学习贯彻中共十七大精神的意见》。开展了政治交接学习教育活动,市委会和天桥区支部被确定为省委会政治交接学习教育活动试点单位。编辑出刊了《致公党济南市第四次代表大会专刊》和《中国致公党济南市级组织建立二十周年纪念专刊》;创刊《济南致公简讯》;向致公党中央、致公党山东省委、市委统战部报送信息稿件97篇,被致公党中央采用27篇、致公党省委采用39篇、市委统战部采用11篇,发放学习材料、刊物4000余份。②组织建设。致公党济南市第四次代表大会选举产生致公党济南市第四届委员会。全年新发展党员14人,其中博士3人,硕士2人,大学文化8人,高级职称5人,中级职称5人,平均年龄38.8岁。市委会领导班子成员参加了市委统战部组织的市级各民主党派领导班子成员专题研讨班和理论培训班;选送13名新任市委委员、基层负责人参加了省、市社会主义学院培训;举办各种类型的骨干培训班,组织90余人次参加了学习培训。至年底,市委会下辖总支部3个,支部9个,党员229人。各支部发挥自身优势,积极开展参政议政、参观考察、海外联谊、赈灾捐款、扶贫义诊、捐资助学等丰富多彩的活动,增强了基层组织的凝聚力。省立医院支部、天桥区支部被评为致公党山东省委“先进支部”,22名党员被评为致公党山东省委“优秀党员”。

3.海外联谊。市委会通过市政协会议、涉外招商和侨务活动等多种形式,广泛联系海外侨胞、客商和知名人士,广交海内外朋友。市委会领导参加了首届“海外济南人十大杰出创业人士”评选活动新闻发布会、“2007中国·济南海外创新项目交流会”系列活动、“2007中国·济南创业与投资合作周项目洽谈会”系列活动、“2008济南市侨港澳企业迎新联谊会”等联谊活动;接待了美国、德国、加拿大等国家和地区的海外客人和党员亲属20余人。联合举办了“2007济南侨界新春联欢会”、“2007和谐侨界迎中秋、庆国庆恳谈会”、“2007侨界欢声颂和谐联谊晚会”。市委会还在春节、中秋、国庆节前,走访慰问老领导、老党员、老归侨侨眷等50多人次。多名党员引介海内外客商来济洽谈投资业务,签署投资及合作意向10余项。

4.社会服务。妇委会组织党员到位于贫困山区的张夏镇长湾小学,捐赠了价值2000余元的学习用品;济南师范支部邀请长清区崮云湖小学的领导和教师前来参观学习,交流教学经验;市委会组织10名医卫、农业、法律专家参加致公党省委社会服务专家团,赴菏泽为数百名群众开展了农科、医疗、法律咨询服务,发放宣传材料数百份;历下区总支成立了致公党历下智力服务团,在金融经济、医疗卫生、科技教育、园林环境、水利能源等方面,为社会提供智力服务;省立医院支部组织10名专家赴沾化县开展了为期两天的义诊,进行了手术示范、专家讲座、学术交流、疑难病例分析等活动,接诊180余起病例;中心医院支部与历城区支部联合组织11名专家在历城区人民医院开展献爱心义诊活动。各支部和广大党员常年开展捐资助学、义诊扶贫、献爱心等社会服务活动。聂鸿立主办的山东艺术设计学院启动“阳光助学工程”,为20名贫困学生提供20万元的助学支持;韩吉书为市区周边农户无偿提供8万元种苗;于保法设立了保法奖学金,每年资助高中冲刺阶段学生3万元;周长鹏在济南大学设立豪才奖学金5000元,16名品学兼优的学生获奖;王伟引介日本爱知县日中友好协会副会长久野贞美先生来济为“春蕾计划”捐款6500元;各支部和党员、市委会机关为“慈心一日捐”、“新型农村合作医疗”、“春蕾计划”、“抗洪救灾”等社会公益慈善事业捐款累计达3万余元。广大党员在本职岗位上勤奋工作,做出了突出成绩。赵家军被评为“全国卫生系统先进工作者”;张文娟获“2007中国经济女性年度人物成就奖”;毕玉平获“山东省科技进步三等奖”;刘作宗获“2007年山东省自然科学学术创新三等奖”和“济南市第九届科学技术优秀学术成果一等奖”;周长鹏被评选为“2007年山东省优秀青年律师”。 (张贵军)

【中国致公党济南市第四次代表大会】 2007年5月13~14日在济南召开。出席代表86人。中共济南市委、市人大常委会、市政府、市政协、中国致公党山东省委的领导人以及市级各民主党派、市工商联、市侨办、市侨联的负责人到会祝贺。中共济南市委副书记杨鲁豫代表中共济南市委致贺辞。致公党山东省委副主委林新繁到会并讲话。民进济南市委主委金德岭代表市级各民主党派、工商联致贺词。大会审议并通过了主委包怡斐代表中国致公党济南市第三届委员会所作的题为《以科学发展观为指导,为现代化省会城市建设贡献力量》的工作报告;大会选举产生了由21人组成的中国致公党济南市第四届委员会;通过了大会决议。

在随后召开的四届一次全委会议上,选举产生了由13人组成的常务委员会,选举赵家军为主任委员,樊兆民、黄荣、毕玉平、刘作宗为副主任委员,任命黄荣为秘书长。大会向离任委员发出了致敬信。大会号召全市致公党基层组织和广大党员,以科学发展观为指导,发扬爱国、爱乡和"致力为公"的优良传统,发挥"侨"、"海"特色优势,紧紧围绕维护省城稳定、发展省会经济、建设美丽泉城的中心任务,统一思想认识,凝聚智慧力量,认真履行职能,为全面推进济南市经济、政治、文化和社会建设,顺利实现"十一五"规划目标,加快建设现代化省会城市作出新的更大的贡献。　(张贵军)

【九三学社济南市委员会】 1.参政议政。主要负责人在参加的中共济南市委召开的情况通报会、市政协有关会议上,从凸显民生、民情、民意的解决低收入群体住房困难问题以及围绕全运会的召开,创建文明城市等方面对全市的规划建设提出意见和建议。市政协十一届五次全会上,社市委提交了《加强精神卫生工作促进我市和谐社会建设》、《关于大力支持拥有自主知识产权名牌产品企业的建议》、《"新农合"应接纳各类符合条件的医院参与》、《全市基层农业科技队伍现状》、《济南市房地产开发中的问题及对策》、《对济南市残疾人康复工作的建议》、《尽快把旅游业发展成济南的新兴支柱产业》、《我市知识产权管理中存在的主要问题及对策》等8件集体提案。天桥区基层委员会《关于提高济南市科学技术奖励力度,充分调动全市科技人员积极性的建议》被社市委作为"直通车"建议上报中共济南市委统战部。市中区基层委员会张晓东的《关于加大我省重大科技经济计划项目知识产权管理的建议》成为社省委2007年度中标课题。集体提案《关于把旅游业发展成济南的新兴支柱产业》、个人提案《完善养路护路机制,巩固"村村通"成果》、《关于为困难户孩子办理医保的建议》被评为市政协十一届五次会议优秀提案。市九三学社主委挂帅参与了市级各民主党派联合调研组,对济南市信息产业发展进行的联合调研工作,撰写了调研报告《关于加快我市信息产业发展的几点思考和建议》作为市政协十二届一次会议的大会发言。成立参政议政委员会,建立完善了《九三学社济南市委调研基地管理办法》、《九三学社济南市委参政议政调研课题管理办法》、《九三学社济南市委参政议政课题奖励办法》等制度,形成了从课题招标、调研活动保障到调研成果奖惩各个环节都有章可循、有据可依的参政议政工作机制。各基层组织和广大社员积极踊跃的完成社市委的课题招标任务,共提交建议报告16篇。

2.自身建设。①学习贯彻十七大精神。下发了《关于认真学习贯彻中共十七大精神的通知》,社市委还召开专题常委扩大会议进行共同学习;在全市社员范围内,举行学习十七大精神报告会,邀请市委党校副校长刘晓钟作专题报告。天桥区社员还结合十七大报告原文的学习理解,撰写了题为《学习十七大报告新思想、新观点、新表达》的文章,进行更深入的学习交流。②开展政治交接。开展了为期5个月的"以传承和发扬优良传统,坚持走中国特色社会主义政治发展道路"为主题的政治交接学习教育活动。制定了教育活动实施方案,并召开全市委员及基层负责人动员大会,下发学习配档表、书籍,明确学习要求,指导成员的学习。邀请全国政协常委、副秘书长、九三学社中央常务副主席陈抗甫来济南,围绕新时期民主党派的政治交接作了专题报告。举办了政治交接学习专题研讨班,将社市委委员、各基层组织负责人、部分骨干社员和近两年入社的新社员组织在一起,共同进行政治交接理论学习。新老社员相互交流经验,加深对政治交接教育活动的认识。主委刘梦海运用多媒体,向基层社员作了关于"深化政治交接,坚持走中国特色社会主义政治发展道路"的报告,受到基层社员的广泛好评。③积极拓展宣传渠道,加大宣传力度。编制政治交接专题简讯,上报活动信息。进一步加强了与新闻媒体的交流,共有10余篇文章在省、市有关报刊、杂志上发表。有两篇成员人物专访和一篇关于政治交接的理论文章被《联合日报》和人民网刊发、转载。继续充分发挥《济南九三》和济南九三网站的重要宣传阵地作用,不断提高稿件质量,使刊物和网站的思想性、指导性、信息性得到进一步增强。认真落实社省委和中共济南市委统战部"2007年度理论调研课题计划",市社委选报的4篇文章全部获奖,分别获得调研类一、二等奖和宣传类二等奖,同时获得优秀组织奖。社市委在2007年还被社省委评为宣传工作二等奖。④组织建设。社市委领导班子积极参加中共济南市委统战部为推进政治交接教育活动组织的"一会三班",通过基层骨干谈心会和领导班子民主生活会梳理思想,查找问题,提出措施,制定完善领导班子工作职责,加强领导班子建设。选派新进社市委委员参加社会主义学院学习达30人次。调整充实了后备干部队伍,加强了对后备干部的培养。下发政治交接学习教育活动材料和调查问卷,积极指导基层教育活动的开展。全年共发展社员19名,平均年龄37岁,至年底,全市九三学社社员人数达到389人,其中高级职称231名,占社员总数近60%。

3.社会服务。①支持社员立足本职、敬业创新。1人获得省科学技术奖,1人获得市科学技术奖。4人获得省部级表彰,2人获市级表彰,2人获区级表彰。社员为全市共引进资金1.3亿元。②努力开展社会服务工作。国际护士节期间,慰问济南市精神卫生康复中心的医疗工作者,并捐赠了护士用鞋、生活日用品和书画作品。市中区基层委员会在斗母泉村进行帮扶活动,对大观园办事处两户特困家庭进行救助。天桥基层委员会围绕香港回归十周年和建军八十周年举办了书画展览等。

(程　亮)

【九三学社济南市第九次代表大会】 2007年4月28~29日召开。107名代表出席。中共济南市委书记焉荣竹应邀出席大会开幕式并表示祝贺。九三学社中央委员会为大会的召开发来了贺信,九三学社山东省委副主委沈启贤代表九三学社山东省委，市政协副主席、民建济南市委主委王可敏代表市级各民主党派、工商联向大会致贺词。中共济南市委常委、市委组织部部长徐学武，市人大常委会副主任李荣芝，市政府副市长张泽，市政协副主席孟宪杰，市政协副主席、中共济南市委统战部部长杨庆林等应邀出席了开幕式。

会议审议并通过了主委吴泽浩代表九三学社济南市第八届委员会作的题为《继承传统，履行职能，为建设和谐济南贡献力量》的工作报告和第九次代表大会决议；选举产生了由27人组成的九三学社济南市第九届委员会，在九届一次全委会议上选举产生了由15人组成的常务委员会，刘梦海当选为主任委员，李景全、段青英、田洁、刘化民、牟国营为副主任委员，任命陈宁宁为秘书长，同时大会还向八届委员会退下来的10名委员发出了致敬信。

大会号召全市各基层组织和广大社员紧密团结在以胡锦涛为总书记的中共中央周围，高举爱国主义和社会主义旗帜，弘扬民主与科学精神，紧紧围绕中共济南市第九次代表大会提出的宏伟目标，牢牢把握发展这个第一要务，发挥九三学社人才智力优势，认真履行参政议政、民主监督的职能，力争做到参政议政工作有新成果，自身建设方面有新突破，社会服务工作有新拓展，为推动济南市科学发展、和谐发展，为把济南建设成为实力强大、人民富裕、社会和谐、生态良好的现代化省会城市作出新的更大的贡献。

（程　亮）

【济南市工商业联合会】 1.参政议政。①认真做好调研工作。围绕和谐济南建设、优化投资环境、民营企业家队伍建设、民营企业行业准入、企业的社会责任等课题，深入区县和会员企业进行调研，形成调研报告4篇。其中《关于加快我市民营企业家队伍建设的建议》获市委统战部理论创新调研一等奖。根据中共中央统战部的调研课题安排，完成“舆论引导在非公有制经济人士成长中的作用”、与市委统战部共同完成“非公有制经济人士参与光彩事业、公益事业的难点问题”两个课题的调研，调研报告《做好非公有制经济人士舆论引导工作的实践和思考》获中央统战部五局理论创新二等奖。完成了“民营企业履行社会责任”统计工作。②政协大会发言和团体提案工作。市工商联在市政协十一届五次会议上所作的《构建和谐社会企业责无旁贷》的大会发言和其他3个书面发言，都得到市委主要领导的重视。团体提案《关于加大非公企业就业人员社保工作力度的建议》和《关于加快我市民营企业家队伍建设的建议》都得到市政府领导的批示和政府有关部门的登门答复，其中《关于加大非公企业就业人员社保工作力度的建议》被评选为政协优秀提案。③组织部分民营企业家参加城市规划和重点项目考察活动，并对城市规划发展提出了许多建设性意见，得到了市领导的高度重视。

2.为会员服务。①实施“帮扶百家民营企业”战略。在会员企业中分别排出制造业和服务业各50家，作为重点扶持对象。组织召开全市民营工业经济发展座谈会，市长张建国带领市政府有关部门负责人与民营制造业50家企业的负责人进行交流座谈。会后汇总企业反映的亟需解决的问题，共归纳为13个问题和5条建议，上报市政府。市政府办公厅两次专门下发文件，责成有关部门尽快认真研究解决，并对解决的情况进行督查。其中有4个问题和建议已经解决和落实，10个问题在积极协调解决落实中，还有4个问题因受国家政策限制等无法解决，也已给民营企业做了认真的答复解释。如力诺瑞特新能源公司提出的延长公交路线，解决职工出行难的问题，当场由市建委协调解决；山东九阳小家电有限公司的土地证办理问题，国土资源局在两个工作日为其发放了土地证，解决了企业发展的后顾之忧。②为企业提供仲裁服务。以济南市被列为全国民营企业仲裁试点为契机，成立济南仲裁委驻商会仲裁中心，建立各县（市）区工商联仲裁联络站。培训仲裁工作人员，在有代表性的非公有制企业中发展仲裁联络员，选聘部分民企法律、经济专业人士参与仲裁工作。③为企业融资提供服务。组织部分会员企业参加“开发性金融支持民营企业发展”座谈会，有两家企业与国家开发银行初步达成了金融合作意向。组织120多家会员企业参加“济南市民营企业融资推介会”，又分别在济阳、平阴召开推介会。已有80多家企业与银行达成了融资协议，30多家企业拿到了银行贷款。④为会员企业提供档案管理服务。举办“济南市民营企业档案员培训班”，共有80多家企业，120多人参加了培训并考取了档案管理上岗证。⑤为宣传企业，扩大社会影响搞好服务。建立“泉城商会”网站为会员提供宣传和多业务角度的网站增值服务。与济南电视台合作录制6期“泉城风采”节目，宣传了6位企业家。与《济南日报》签订25个专版，以商会名字命名专版，至年底已出版了8个专版。⑥与市委统战部、总工会等部门沟通联系，筹备第二届“泉城优秀社会主义事业建设者”表彰评选活动。6名企业家获得“省优秀社会主义事业建设者”称号。⑦积极参加省工商联、山大泰山管理学院的“泰山管理论坛”，先后组织120家会员企业的近300多人参加了“总部经济”、“营销策划”等专题培训。⑧加强与港澳台地区和国内外工商社团及工商经济界的联系。先后接待了日本山口县贸易振兴机构等外地商会、社团10余批次，100多人，并为日本山口县来济南举办经贸洽谈会做了大量的准备工作。⑨帮助企业“走出去、引进来”，开拓国内外市场。先后组织80多家会员企业参加了由市政府组织的成都和西安贸易洽谈会、全国工商联组织的第九届环渤海地区民营经济经贸合作洽谈会、2007海外华裔青年杰出人士华夏行座谈联谊会、全国民营企业走出去培训班等，其中在环渤海经贸合作洽谈会上，山东佳怡物流公司与9个省市签订了合作协议。据初步统计，会员企业达成合作意向30多个，意向资金达6亿多元。⑩在会员企业中继续开展了以商招商活动。对区县和会员企业进行调研，发放调查表，注重搞好项目跟踪服务，保证落户企业成活做大。据不完全统计，会员企业达成引进、引办项目合作协议50

余项。温州工业基地引进、引办的中国信发集团、德力西集团等10家总部项目正在实施。

3.参与和谐社会建设。①"光彩安居工程"继续深入推进。在前期工作的基础上，又募集资金40多万元，为启动二期工程打下基础。②扎实开展"民企帮村"活动。在实际工作中创造并归纳总结了回报型、救济型、合作型、带动型、兼并型、转移型等六种帮扶形式和措施。通过这些形式，共为贫困农村修路67条、85公里，投资近1000万元；打井10口，投资共50万元；架桥3座，投资共23万元；铺设自来水管道共计68公里，投资共68万元；资助农村困难群众8129户，特困学生2349名，帮扶弱势群体1260人，捐赠共计659万元；会员企业共在结对帮扶的农村上项目112个，投资共3800万元，项目带动了农产品的加工转化，并实现用工共7028人，为农村增收共4527万元；通过与农户结成利益共同体，带动20万户农户增加额外收益1.2亿元；在农村建种养殖加工基地20个，面积9560亩，涉及717个村，19690户，近7万人，使农民增收3000多万元。被省工商联评为"民企帮村"工作先进单位。③继续开展"关爱员工，实现双赢"活动。山东九阳小家电有限公司董事长黄淑玲获得全国"关爱员工民营企业家"称号。④继续实施就业再就业工程。与市劳动局、市总工会等部门举办招聘会3场，组织近200多家会员企业参加，提供就业岗位3000个，达成就业意向3650个。

4.自身建设。①壮大会员队伍，全年共发展会员500多家，使会员总数达到9445个。②抓好基层组织建设。指导各县(市)区工商联完成换届工作，加强基层组织的制度化、规范化和科学化建设，并组织新进班子成员进行学习培训。③抓好行业组织建设，指导供应商商会圆满解决了部分供货商与某大型超市的矛盾纠纷。指导模具行业商会召开第二次会员代表会议。④抓好非公有制经济人士的政治学习，进一步完善重点企业、重点人士的联系制度。定期与重点企业联系，完善了非公有制经济代表人士档案数据库，派员参加了省委统战部综合评价软件培训活动，为建立济南市非公有制代表人士综合评价体系打下基础。⑤加强机关建设，提高干部的思想和业务素质，参加全市"学习实践科学发展观——解放思想大讨论"活动，举办第二期工商联工作创新研讨班。⑥定期召开会长联谊会。专门印发了企业家问计函，调动企业家会长参与工商联工作的积极性，由一名企业家会长企业具体承办，已召开了3次会长联谊会。（张攀峰）

【济南市工商联十二次会员代表大会】 6月21日上午，济南市工商业联合会(总商会)第十二次会员代表大会开幕。省市有关领导出席大会。市工商联历届老同志，各县(市)、区委统战部、工商联负责人，各行业商会负责人及非公有制经济代表人士400余人参加会议。全国工商联发来贺电。市委副书记杨鲁豫代表中共济南市委讲话，省委统战部副部长、省工商联党组书记孙传宏代表省工商联致贺词，市政协副主席、市农工民主党主委刘子栋代表市级各民主党派致贺词，市人大常委会副主任、市总工会主席陈延河代表市各人民团体致贺词，青岛市工商联副会长黄建青代表全省16城市工商联致贺词。市政协副主席、市工商联会长高元坤代表市工商联(总商会)第十一届执委会作工作报告。大会审议通过了济南市工商联第十一届执行委员会工作报告，选举产生了由199名委员组成济南市工商联第十二届执行委员会，上届执委保留112名，新进执委87名。在新执委班子中，非公有制经济人士172名，占86.4%，较上届提高6.8%；其中资产总额1000万元以上的企业103家，过亿元的35家，比上届有较大幅度增加；大专以上文化程度178名，占89.4%，较上届提高13.1%；平均年龄45.2岁，较上届下降0.6岁。班子中非公有制经济人士具有较强的经济、科技实力和良好的社会形象，在本行业、本地区中具有较强的先进性和代表性，企业行业范围涉及更广泛、业绩更突出、实力更强，整体素质大幅提高。

在下午的十二届一次执委会议上，选举高元坤为会长，沈磊、赵万里、郝继新、张鹏、靖淑兰、唐一林、张立柱、于剑、于晓玉、张波、马述杰、邢介平、许健、李胜军、杨涛、张崇良、凌沛学、黄淑玲、程平、谢建明为副会长。孙立玉任秘书长。同时，会议还选举产生了济南总商会领导班子，高元坤任会长，赵万里、李大伟、郝继新、吴炳新、孔祥存、李小军、陈建煌、于宏昌、王瑞友、冯承强、刘合军、李汉典、荆书典、黄益治任副会长，孙立玉任秘书长。会议表决通过了第十二次会员代表大会决议，向第十一届全体执行委员发出了致敬信，向全体会员发出"积极参与'三大工程'，为发展省会经济、建设美丽泉城再立新功"的倡议。

大会号召，全市非公有制经济人士要以"强国富民"为履行社会责任的最高境界，积极围绕"维护省会稳定、发展省会经济、建设美丽泉城"的中心任务，认清形势，抢抓机遇，在发展壮大自身企业的同时，关心社会事业，承担社会责任，以实际行动和突出成效展示非公有制经济人士良好社会形象和社会主义事业建设者风采，为实现济南市非公有制经济健康快速发展，为构建社会主义和谐社会，顺利实现"十一五"规划目标和省会现代化建设做出新的更大的贡献！（张攀峰）

济南市总工会

【济南市总工会】 2007年，全市有基层工会组织12743家，涵盖法人单位105380家；建会单位职工1742196人，其中，女职工643087人；工会会员1711258人，其中，女会员633684人；工会专职工作人员9107人，兼职工作人员27605人。市总工会内设机构11个，下属8个事业单位和1个企业。

1. 基层组织建设。新发展会员30万人，新建基层工会委员会2308家，工会基层组织23649个。①按照"扩大覆盖面，增强凝聚力"的要求，深入开展集中建会和外商投资企业"建会攻坚月"活动。麦当劳等一批有影响的外资企业建会实现突破，新建外企工会315家，外企建会率达到95%以上；积极探索方便农民工建会入会的组织形式、方式渠道和管理办法，新发展农民工会员7万人。②对市国资委下放的16家企业的工会组织关系进行了调整理顺，确保了改制企业工会工作的规范有序。22个县区局和大企业工会为所属具备条件的596家基层工会办理了社团法人资格登记和变更。③深入开展“三级联创”活动，加强基层工会组织规范化建设，健全了工会组织建立、工会干部协管工作制度，使基层工会建设更加有章可循。这些经验和做法得到全国总工会、省总工会的充分肯定，并在全省基层工会组织建设工作会议上作了典型发言。

2.实施“建功立业”工程。①市总工会与33个市直部门和棚户区改造等重点建设单位，深入实施以“建功‘十一五’，建设新泉城”为主题的“建功立业”工程，开展竞赛活动56项次、竞赛项目213个，组织开展职工职业技能竞赛活动248项次，参与职工人数达到110万人。组织开展“安康杯”竞赛活动，全市参赛的企事业单位达到907个，参赛职工34万人。市总工会在全省工会“学振超精神、做金牌工人、当好主力军、建功‘十一五’”竞赛活动经验交流会上作典型发言。②着力提高职工队伍的整体素质。开展“创建学习型组织，争做知识型职工”活动，不断加强职工思想政治工作和职业道德建设及以“八荣八耻”为主要内容的社会主义荣辱观教育和各个层次的精神文明创建活动，评选表彰了“职工职业道德建设双十佳”。深入实施女职工“岗位建功”和“素质提升”行动。加强职工文体工作，组织参加全省第五届职工运动会，获“优秀组织奖”、“行进展示一等奖”，团体总分列全省十七城市第一名。③做好劳模服务工作。走访慰问劳模995人次，为910名市级以上劳动模范、先进工作者健康查体，为1700名市级以上劳动模范办理了疾病住院、意外伤害住院互助保障保险。

3.维权工作。①认真贯彻《集体合同规定》，积极推行区域性、行业性集体合同、工资集体协商制度，不断扩大集体合同的覆盖面。全市新签集体合同1125份，覆盖企业1653家，覆盖职工25万人；签订女职工权益保护专项集体合同的企业达到3350家，覆盖基层单位4545家。有2300家企业开展了工资集体协商。②注重源头参与，加强职代会厂务公开制度建设。通过与政府联席会议、“协调劳动关系三方会议”，推动“职代会建制年”活动深入开展，实行“职工代表证”制度，加强职工代表培训，促进了职代会规范化建设。全市国有集体及控股企业、教育卫生等事业单位职代会建制率达100%。建立区域性职代会38个，覆盖1750家企业。全市99.38%的国有、集体及其控股企业，82.4%的规模以上非公有制企业积极推行厂务公开。全市完成改制的企业，改制方案和职工安置方案全部提交职代会审议，没有因此发生职工集体上访。③深入实施“职工诉求代理制”，畅通职工诉求渠道。各级工会健全工作网络，完善工作机制，积极帮助职工群众解决涉及切身利益的重大问题。全市乡镇（街道）工会全部达到有专人负责、有接待场所、有工作制度、有工作网络、有代理事项档案的标准，国有、集体企业工会职工诉求代理建制率达到91%，私营、外资企业工会达到63%。市总工会被评为“全省工会信访职工热线工作先进单位”。

4.帮扶救助和促进再就业工作。①大力推进帮扶中心管理服务规范化、帮扶救助社会化和职工维权制度化。及时为13010户特困职工办理了特困职工证，实现了网络化动态管理。为8040户特困职工家庭办理了42.9万元的水费补贴。在“金秋助学”活动中，为222名特困职工子女发放助学金41万元。与有关方面联合筹集70万元，资助农民工子女上学，并开展送法律、送清凉、送健康等系列维权服务。市总工会及平阴、历下、槐荫、长清四县区被省总工会授予“全省工会保障工作先进单位”称号，章丘、济阳获“全省工会模范帮扶中心”、“全省工会先进帮扶中心”称号。②积极拓宽帮扶渠道，开展帮扶救助活动。市总工会开展“交一次特别会费献爱心”捐助活动，募集救助资金170多万元。全市585家基层单位、12.2万职工加入职工互助保障项目。③实施“工字号”再就业工程。发放小额担保贷款416万元，扶持139名下岗失业人员成功创业。举办“工字号”再就业培训164期，培训下岗职工6237人、农民工5556人、转岗人员2803人。培植“工字号”创业基地1081家，扶持创业带头人404人。安置城镇就业人员3252人（次），其中帮助扶持2164户“零就业”家庭实现就业。市总工会在全国工会小额信贷培训研讨会上作了典型发言。

5.对外交流。5月17日，台湾加工出口区产业工会联合会总干事何俊男先生为团长的台湾劳动界参观团一行49人到市总工会参观考察。8月10日至16日，香港港九劳工社团联会访问团一行28人到市总工会学习交流。11月17日，韩国劳动组合总联盟忠清南道地域本部访华团一行6人，到济南钢铁集团总公司参观考察，并就工会工作进行座谈交流。

【“万家企业创和谐”活动】 按照“促进企业发展，维护职工权益”的要求，市总工会联合市直9个部门深入开展“万家企业创和谐”活动，全市8628家企业、113万名职工积极参与到创建劳动关系和谐企业活动中来。济南公交总公司等5家单位被评为“全省劳动关系和谐企业”，济南供电公司获“全国模范劳动关系和谐企业”称号。一是积极争取党政领导重视，形成齐抓共管的局面。成立了以市委分管领导为组长的全市“万家企业创和谐”活动领导小组，成员由10部门分管领导担任；章丘市、历下区、平阴县、商河县总工会也按照市总工会的统一部署和安排，积极争取党政重视，与相关部门抓好创建活动的规划部署和组织领导。各部门各尽其职，各负其责，通力协作，推进活动全面开展。二是广泛宣传，树立典型，形成浓厚的社会舆论氛围。市总工会通过报纸、电视台等新闻媒体及现场会、经验交流会、工作推进会、论文发布会等多种途径和形式，广泛宣传创建活动的重要意义和主要内容，各基层企业也结合本单位实际，开辟专栏、张贴标语、悬挂横幅，对开展“万家企业创和谐”活动的重要意义和紧迫性进行再宣传和再发动。三是加强督促检查，分类指导，推动活动创新发展。3月下旬至5月，市总工会组成调研组，对市国资委、章丘市等15家单位的活动开展情况进行了调研；6月，在炼油厂召开了区县“万家企业创和谐”调度会，在充分肯定成绩的同时，重点分析了存在的一些问题和差距，从而总结经验，树立典型，推进“万家企业创和谐”活动向纵深发展。各县(市)区、局(公司)、大企业和基层单位在创建活动中，也都结合不同企业劳动关系的实际状况，始终紧紧抓住劳动合同、集体合同与职代会三个关键环节，推动劳动关系协调机制建设，建立健全劳动关系预警机制，对劳动关系比较复杂、企业社会责任意识淡薄的企业，实施重点监控，督促他们及时采取措施，认真加以解决。

【宣传《劳动合同法》】 为督促企业规范用工行为，维护职工的劳动权益，市总工会深入开展《劳动合同法》宣传月活动，举办了以《劳动合同法》、《就业促进法》为主要内容的讲座和工会干部培训班，各级工会指导职工签订劳动合同26万份，签订率达到81%。12月5日，市总工会、市劳动和社会保障局、市企业联合会、企业家协会联合召开贯彻实施《中华人民共和国劳动合同法》座谈会，研究并制定了《筹备建立济南市职工法律服务中心的意见》《建立和谐劳动关系联席会议制度的意见》和《市中级人民法院、市总工会关于人民法院委托工会组织调解劳动争议案件工作的意见》，为发挥各级工会组织和工会干部在贯彻实施《劳动合同法》、促进劳动关系和谐稳定中积极作用，推动贯彻实施《劳动合同法》奠定了良好的工作基础。

【市政府与市总工会第四次联席会议】 9月20日召开。市人大常委会副主任、市总工会主席陈延河，副市长张宗祥参加会议。会议认为，市总工会为深入开展“万家企业创和谐”活动，在深入调研的基础上，反映提出的劳动用工、企业职代会、工资集体协商制等方面的问题，实事求是，反映了广大企业职工的愿望和要求，应当予以研究解决。会议确定：一要进一步加强劳动合同管理，加快建立和谐稳定的劳动关系。市政府各相关部门和市总工会要加强与企业联合会、企业家协会等组织的沟通协作，通过帮助指导、动态管理、典型引导和检查督促等措施，全面推动企业落实劳动合同工作3年行动计划。要把规范劳动合同管理的关口前移，从协调劳动关系源头抓起，以推进劳动合同、集体合同签订工作为突破口，切实加强劳动关系协调机制建设，进一步加大劳动合同监督检查力度，形成全面有效的监督检查机制，督促企业将各项法律法规规定落到实处，加快建立起和谐稳定的劳动关系。二要全面推进职代会建设，切实维护职工合法权益。年内全市国有企业职代会建制率要达到100%，非公有制企业职代会建制率要达到50%以上，其中规模以上非公企业职代会建制率要达到90%以上。各级各有关部门要围绕实现这一目标，积极引导、督促企事业单位建立健全职代会制度，特别是大力推进非公有制企业职工代表大会制度建设。支持工会在非公有制企业集中的乡镇、街道、社区、园区建立区域性职工代表大会制度。要注重培养企业家队伍，提高企业家的民主决策意识，通过健全制度来保护企业家队伍的生产经营积极性。要认真抓好职代会建设的监督考核，扎实推进全市企业职代会建设。三要建立工资集体协商制度，逐步实现职工收入与经济发展同步增长。各有关部门要充分发挥职能作用，利用政府与工会联席会议、劳动关系三方机制等制度和平台，督促企业认真执行工资有关政策文件，建立职工工资增长与企业经济效益相联系的增效增资机制。积极推行工资协商透明机制，不断完善职工工资分配监督保障机制，解决工资分配、工资标准、工资结构、工资支付办法等职工工资收入分配中的突出问题。各级工会组织要依法维护职工的合法权益，共同促进企业的改革、发展和稳定。

【先模评选】 2007年3~4月，济南市总工会按照坚持面向基层、面向经济建设第一线，兼顾各行各业的原则，广泛听取群众意见，接受群众监督，通过职工(代表)大会、居民(代表)会议、村民(代表)会议讨论通过等民主程序，好中选优，逐级上报，推荐产生全国“五一”劳动奖章获得者6人，全国“五一”劳动奖状先进单位1个，先进集体1个，受到中华全国总工会表彰；推荐产生山东省“富民兴鲁”劳动奖章获得者48人，山东省“富民兴鲁”劳动奖状先进单位5个、先进集体1个，受到山东省总工会的表彰；市总工会对162名先进个人颁发济南市“五一”劳动奖章，对44个先进单位和51个先进集体颁发济南市“五一”劳动奖状。

济南市2007年全国“五一”劳动奖状先进单位(1个)

济南供电公司

济南市2007年全国“五一”劳动奖状先进集体(1个)

济南市总工会困难职工帮扶中心

济南市2007年山东省“富民兴鲁”劳动奖状先进单位(5个)

济南市卫生局卫生监督所
济南市公安局巡警支队
济南市商业银行
中国北车集团济南机车车辆厂
济南市邮政局邮政速递局

济南市2007年山东省“富民兴鲁”劳动奖状先进集体(1个)

山东山水水泥集团有限公司技术中心

2007年济南市“五一”劳动奖状先进单位(44个)

章丘市中医医院
济南玫德铸造有限公司
济阳县农村信用合作联社
商河县供电公司
济南市市中区园林局

济南市历城区粮食局
济南市长清区市容环卫园林管理局
济南宏济堂制药有限公司
济南第三职业中等专业学校
济南市急救中心
济南金曰公路工程有限公司
济南金诺公路工程监理有限公司
山东省大通公路工程有限责任公司
济南通达公路工程有限公司
济南市交通局工程质量监督站
济南市历城区交通局
济南市长清区交通局
平阴县交通局
济阳县交通局
章丘市交通局
济南市园林规划设计研究院
济南市历下区园林绿化管理局
济南市槐荫区园林绿化管理处
济南大明湖风景名胜区管理处
济南舜耕国际会展中心
济南燃料集团总公司
济南齐鲁建设项目管理有限责任公司
济南市长清区大学园区建设指挥部
济南市路灯管理处
中国农业银行山东省分行营业部
济阳县油区工作管理委员会
历下区房产管理局
章丘洗衣机电机研究所
济南市社会福利院
济南市地方税务局稽查局
天桥区公安分局
山东金岁印务中心
济南金钟电子衡器有限公司
商河县人民检察院
济南第九中学
济南钢铁集团总公司中厚板厂
济南第四人民医院
济南市报刊发行局
章丘市建筑工程质量监督站

2007 年济南市“五一”劳动奖状先进集体（51 个）

济南钢铁集团总公司技术中心
济南市儿童艺术剧院《宝贝儿》演出队
济南市历下区人民医院急诊科
济南市公安局槐荫分局巡警大队
济南裕兴化工总厂万吨钛白二车间水解工段
济南港华燃气有限公司管网运行部调压队
济南供电公司格瑞德公司送电分公司
济南市邮政局信息技术局
中国重汽集团济南技术中心有限公司ERP 项目组
中国石化股份公司济南分公司一催化车间
济南市地方税务局历城分局港沟分局
济南市地方税务局章丘市局官庄分局
济南市公路管理局建设处
济南市公路管理局济南管理处
济南市林场金鸡岭林区
济南千佛山风景名胜区管理处索道公司
济南泉城公园管理处绿鑫实业开发中心
济南园林开发建设集团齐鲁园艺景石有限公司
济南一建集团总公司第三有限责任公司石志臣项目部
济南四建(集团)有限责任公司四〇二工程项目部
山东省建设建工(集团)有限责任公司直属项目公司政务中心项目部
中国建筑第八工程局济南政务中心项目部
济南市同圆建筑设计研究院有限公司政务中心项目设计组
济南市建筑工程质量监督站东部新城分站
山东三强建设咨询有限公司王维山项目监理部
山东营特建设项目管理有限责任公司政务中心项目管理咨询部
青岛东方监理有限公司济南政务中心项目监理部
济南市市级机关事务管理局政务中心建设项目部
济南市西区投融资管理中心综合处
济南市西区投融资管理中心工程处
济南高校新校区工程安全生产质量监督分站
山东省科源工程建设监理中心济南市西区景观湖综合整治工程项目管理部
山东建筑工程监理公司西区安置(二期)监理部
济南港基建设集团有限公司西区安置房项目部
济南城建工程公司支路一标项目部
中建五局济南市西区道路建设工程项目经理部
济南市商业银行市中支行
中国北车集团济南机车车辆厂工艺技术部
济南市公路管理局公路工程处
山水集团新才分公司加气一号线甲班
济南市歌舞剧院舞蹈队
槐荫区人民医院外科
山东济阳机械厂一包装车间
济南力诺玻璃制品有限公司人力资源部
市中区城市管理行政执法局经十路(女子)中队
济南长途汽车运输有限责任公司客运中心站站务乙班
济南市渣土管理处市中渣土管理办公室
济南市公共交通总公司 4 路线
中国重汽集团济南商用车有限公司财务部
济南市中级人民法院审判监督庭女子合庭
山东济南烟草有限公司营销中心销售部电访班

（崔　雨）

共青团济南市委员会

【共青团济南市委员会】 2007 年末,团市委有委员 45 人,机关下设 9 个部室,编制 39 人。下属济南市青少年宫、济南市青年学院和济南市志愿者工作指导中心三个县级事业单位。全市共有基层团委 615 个,团总支 1257 个,团支部 11496 个,团员 27 万余名,少先队员 46 万名。2007 年团市委共获得全国级荣誉 14 项，省级荣誉 99 项,被团省委授予“红旗团委”荣誉称号。

1.广泛开展学习宣传贯彻党的十七大精神活动,用科学理论武装青少年。①制定并下发了《共青团济南市委关于组织全市团员青年认真学习、宣传贯彻党的十七大精神的通知》,把深入学习、宣传贯彻党的十七大精神作为首要任务,始终坚持用中国特色社会主义理论武装青少年。举办了团市委理论学习中心组读书班,通过读书会、培训班、大讨论等形式,提高团干部用科学理论武装头脑、指导实践、推动工作的能力。邀请中央马克思主义理论研究和建设工程专家组成员侯惠勤等国内知名专家学者做客泉城青年论坛,就十七大精神作专题讲座。坚持抓骨干、抓实践、抓阵地、抓网络、抓社团,发挥各级团校、团报团刊、团属网站等宣传阵地的作用,广泛开展形式多样、内容丰富、寓教于乐的学习活动,不断掀起学习宣传贯彻十七大精神的热潮。②深入开展"与祖国共奋进、与济南同发展"主题实践活动,切实加强青少年思想道德建设。组织了"青年月"活动,召开了全市纪念建团85周年暨五四运动88周年大会、济南青年群英会,引导广大团员青年高举团旗跟党走。加强社会主义荣辱观教育,广泛开展了"泉城十大杰出青年"、"优秀青年知识分子"、"杰出志愿者"、"济南小名士"等评选活动,引导青少年践行社会主义核心价值体系。组织"五老"宣讲团、报告团,对青少年进行理想信念、革命传统、爱国主义教育,弘扬民族精神和时代精神。通过开展"祖国发展我成长"、"民族精神代代传"、"十八岁成人节"、"雏鹰争章"等活动,引导青少年从身边做起,从日常生活、学习、工作中的小事做起,树立良好的社会公德、职业道德和家庭美德。③不断改进青少年思想教育方式方法,进一步增强教育的实效性。创新活动载体,组织开展了终身学习宣传周活动、摄影DV作品展、青少年网上荐书等活动,组建了青少年法制教育宣讲团、市志愿者艺术团,开展了第二届红领巾文化艺术节。举办了"2007中国·济南国际儿童联欢节",为中、俄、德、法国、韩国、日本等19个国家和地区的青少年文化交流搭建平台。重视互联网在青少年教育中的作用,依托泉城青春网、数字青联、志愿服务网、少先队信息网以及红领巾网吧等阵地,深入开展"网络安全你我他"、"绿色上网"等教育活动,引导青少年健康文明上网。

2.紧紧围绕市委中心工作,团结带领团员青年为推动省会经济社会和谐发展作出新贡献。①以志愿者行动为抓手,广泛开展"迎和谐全运"主题活动。召开了济南市志愿者协会第二次代表大会,选举产生了第二届理事会。强化注册志愿者管理,全市注册志愿者达306800余人,参与志愿服务活动超过50万人次。贯彻落实《济南市志愿服务条例》,加大宣传力度,开展了志愿服务宣传周、艺术团慰问演出、志愿服务项目推介会等大型活动,承办了"奥运走过来,国旗飘起来"、"福娃爱心传递,共享和谐奥运"等公益活动,进一步弘扬志愿服务精神。品牌项目"泉城义工在行动"活动被中宣部定为全国重点宣传典型。②启动了"迎和谐全运,亮青春名片"青年文明号示范行动,开展了文明礼仪、优质服务、信用建设、节能减排、志愿奉献五项示范行动,动员和引导全市各级青年文明号集体立足本职,以高标准的服务迎接第十一届全运会。③围绕创建国家环保模范城市,组织开展了"让青春染绿泉城"——济南市志愿者纪念林植树活动,向广大市民发出了保护生态泉城、创建环保模范城市的倡议。④落实科学发展观,扎实推进青工创新创效行动。继续深入开展"奋战'十一五',青年建功勋"主题活动,广泛开展"五杯竞赛"(安全生产杯、节能降耗杯、青年文明杯、科技创新杯、技能振兴杯)活动。在全市大企业中广泛开展以节约一滴水、一度电、一张纸,降能耗、降成本等为主要内容的"三节两降"活动,组织青工广泛开展"小发明、小创造、小革新、小设计、小建议"活动。联合有关部门评选表彰了"双能手",举办了济南市第二届特种作业人员安全技能大赛等活动。⑤成功承办了"2007中国百名IT青年精英论坛",邀请搜狐公司首席执行官张朝阳等一批全国IT青年精英就"2008年互联网创新趋势和热点关注"等专题进行深入研讨,推动济南市高新技术产业的发展。⑥启动实施"青春建功新农村——百千万农村青年创业计划",推动社会主义新农村建设。联合省农村信用联合社,做好"创业计划"的信贷发放业务。依托市关工委组织农业专家与乡镇、村居结对,义务为农民开展农业技术咨询、现场技术指导、农业技术讲座、青年农民培训等活动。

3.切实解决青少年成长发展中的突出问题,服务青少年的能力和水平不断提高。①以济南市实施希望工程15周年为契机,联合新闻媒体开展了系列纪念活动。全年募集捐款捐物188万余元,捐建希望小学4所,希望图书室7个,希望电脑室5个。济南希望工程办公室获中国青基会"金龙鱼助学基金"优秀管理奖。开展了"农村留守未成年人进城团聚一家亲"活动,组织部分留守未成年人与打工父母团聚。深入开展"红领巾手拉手送温暖"活动,为农村留守未成年人提供切实有效服务。通过媒体积极呼吁社会力量救助流浪未成年人,在全社会营造关爱流浪未成年人的浓厚氛围。②围绕青少年生活和心理需求,广泛开展大型公益活动。围绕泉城青年交友、婚恋需求,组织了"泉城千人鹊桥会"、"三月三"相亲大会、"七夕鹊桥"相亲会等活动,超过4万人次的泉城青年参加了活动。举办了"2007中国·济南情大红鹰玫瑰婚典",为99对泉城建设者举办了大型公益集体婚礼。高度重视青少年心理健康,组织部分青少年工作者及青少年代表参加以"关注青少年心理健康"为主题的"人大代表、政协委员与青少年面对面"活动,联合有关单位举办了济南市"心灵康复工程"——12355进校园大型公益活动。邀请中国青少年研究中心副主任孙云晓、知名教授陶宏开就青少年教育、戒除网瘾作专题报告。③促进就业再就业,扎实开展青春创业行动。联合有关部门组织了四期大学毕业生招聘会,为大学生提供就业岗位1200余个。充分利用组织优势,认真做好青春创业小额担保贷款工作,积极帮助创业青年和下岗失业人员自主创业。全年累计开展创业培训10328人次,扶持帮助创业青年513人,安置就业1221人,为410名下岗失业青年发放政府小额担保贷款共计1236万元。济南市青春创业服务中心获"全省青春创业行动优秀组织单位"称号。联合国想象国际集团、多米尼加青年代表团和俄罗斯青年联盟代表团等先后来济南考察青春创业行动，并给予高度评价。④以12355青少年服务台建设为抓手，切实维护青少年合法权益。积极推进12355青少年服务台建设，畅通青少年诉求表达机制，广泛招募志愿合作伙伴，为青少年提供心理咨询、法律服务、侵权投诉等维权服务。开展了优秀青少年维权岗"春风行动"，举办了《未成年人保护法》和《预防未成年人犯罪法》集中宣传活动，表彰了第八批济南市优秀"青少年维权岗"。以"青春自护"为主题，筑牢社区、学校、家庭、个人四道防线。建立60余个青少年工作站点，由老党员、老干部、老军人担任站长，加强社区闲散青少年管理，减少和预防青少年违法犯罪的发生。联合公安局、文化局、工商行政管理局深入开展"创建青少年安全放心网吧"活动，对非法网吧依法进行了处理或取缔。

4.坚持党建带团建，团的建设实现新发展。①深入开展"解放思想大讨论"活动，推进机关作风建设。专题召开全市团干部作风建设会议，深入开展创建"两好一高"青年机关活动。结合全市"学习实践科学发展观——解放思想大讨论"活动，深入查找和努力解决问题，帮助团干部提高认识层次、转变工作作风。坚持重心向下，深入基层，制定下发了《团干部联系点活动意见》，在全市专职团干部中广泛开展联系点工作，密切与基层的联系和沟通。坚持研究共青团所面临的新情况、新问题，组织了"济钢杯"团建调研征文活动，撰写调研文章近百篇，开展了专题调研月活动，形成了调研月报告集，为常委会科学决策提供参考。②坚持常抓不懈，团的基层组织建设进一步加强。围绕民办高校、新经济组织、新社会组织、农村和城市等重点领域，推进以"团建先进县(市)区、五四红旗团委和五四红旗团支部"为内容的团的基层组织建设"三级联创"活动。槐荫区振兴街街道团工委被授予"全国五四红旗团委标兵"称号，章丘市被评为"全国团建先进县(市)"。③加强教育培训，团员和团干部队伍素质进一步提高。全年举办团干部培训班7期，培训团干部500余人。按照团省委统一部署，做好全市第二批农村团支部书记大专班人选登记摸底、资格审查、推荐上报和考试录取工作，16名农村团支部书记被录取为第二期大专班学员。抓好团员教育管理，涌现出全国优秀共青团员张晓然、第四届中国青少年科技创新奖获得者孙峣、山东省五四青年奖章获得者李震等一大批个人典型。④充分发挥关工委办公室和青联、学联、少先队以及各类青年社团的作用，延伸了团的工作手臂。市关工委办公室以"大手牵小手，和谐路上一起走"为主题，深入开展"老少共建和谐社区"活动。联合有关部门组建市青少年法制教育宣讲团，组织法制教育宣讲227场次，受教育青少年20余万人次。试点"校居联手"、"家校联手"活动，构建区、学区、学校三级家长学校纵向联系，家长委员会、家长学校、家校互访横向沟通的"三位一体"教育网络。市青联充分发挥统联优势，积极开展对外交流，接待了法国经济考察团等多个外事团。少先队坚持"全队抓基层，全队抓落实"的工作思路，扎实推进少先队规范化学校星级创建活动，全面加强辅导员队伍建设。济南市少工委被全国少工委授予"中国少年儿童平安行动"优秀组织奖，济南市燕山学校少年军校被评为"全国少年军校示范校"。⑤团属企事业稳步发展，壮大了团的事业。市青少年宫改扩建工程进展顺利，1.58万平方米的新教学楼即将投入使用。市青年学院全面推进团干部教育培训工作，成人学历教育取得了良好社会效益。加大对读乐尔图书发行中心改制和市青少年事业发展中心管理的指导力度，不断壮大实力，推动了全市团的事业持续、健康发展。

【共青团济南市第十五次代表大会】 9月13~15日召开。来自全市各行业、各系统的560名正式代表、19名特邀代表和13名列席代表参加了开幕式。团中央为大会发来贺信，中共山东省委常委、济南市委书记焉荣竹出席会议并讲话。市委副书记、市长张建国，市政协主席徐华东，市关工委常务主任、市政协原主席孙常印，团省委书记张光峰，市委常委、市纪委书记徐长玉，市委常委、宣传部部长王良，市委常委、市妇联主席雷杰，市委常委、济南警备区政委钱道书，市人大常委会副主任李荣芝，市关工委副主任、市人大常委会原副主任徐金荣，市人大常委会副主任、市总工会主席陈延河，市关工委副主任、市政协原副主席张钰等出席开幕式。大会系统总结了五年来的工作，听取了孔杰代表共青团济南市第十五届委员会作的题为《奏响青春强音建设和谐泉城——团结带领团员青年在建设现代化省会城市的历史征程中勇立新功》的工作报告，选举产生了共青团济南市第十五届委员会，研究确定了今后五年的奋斗目标和工作任务，对新形势下济南共青团工作做出全面规划。

团济南市第十五届委员会第一次全体会议选举孔杰为书记，黄波、张广宇、赵毅、张辉为副书记。

【济南市纪念建团85周年暨五四运动88周年大会】 4月29日召开。中共济南市委副书记杨鲁豫出席会议并作重要讲话。市委常委雷杰、市人大常委会副主任李荣芝、市政府副市长王天义、市政协副主席王世敦出席会议。会议表彰了第二届"来济投资创业十佳青年"、2006年度"济南市青年岗位操作能手和青年技术创新能手"、济南市"优秀青年工作者"、"优秀团支部书记"、"优秀共青团员"。团市委书记孔杰作了题为《高举团旗紧跟党走，在全面建设小康社会的征程中谱写济南共青团新的篇章》的发言。各县(市)区、市直部门、直属企业、高校党委分管领导及团委负责人，受表彰的青年典型代表，市青联委员代表，市青企协会员代表及全市各界青年代表500余人参加会议。

【济南市志愿者协会第二次代表大会】 12月4日召开。全市各界志愿者代表、特邀代表、嘉宾共600余人参加了大会。中国青年志愿者协会、省青年志愿者协会向大会发来贺信。中共济南市委常委雷杰，团省委副书记孙爱军出席会议。大会听取孔杰代表济南市志愿者协会第一届理事会所作的《提高思想境界,激发内部活力,大力推进济南市志愿服务事业再上新水平》的工作报告;通过《关于团结带领全市广大志愿者坚持科学发展,构建和谐济南,为建设现代化省会城市而奋斗的决议》;选举产生了由199人组成的济南市志愿者协会第二届理事会;大会审议通过了《济南市志愿者协会章程》修订稿,并正式确定《济南志愿者之歌》作为市志愿者协会会歌。在二届一次理事会上孔杰当选新一届协会会长。徐少华、王跃民、黄波、马利、李国强、胡韶红等当选为副会长。

【济南国际儿童联欢节】 7月6日,由中国友协、中国贸促会、中国青少年宫协会、济南市人民政府共同主办,市外办、团市委、市贸促会、市旅游局等单位承办的"2007中国·济南国际儿童联欢节暨儿童用品博览会",在舜耕国际会展中心开幕。中国人民对外友协副会长冯佐库出席开幕式并讲话,副省长黄胜宣布"2007中国·济南国际儿童联欢节暨儿童用品博览会"开幕,市委副书记、市长张建国致辞,加拿大里贾纳市市长帕特·菲亚柯先生代表友好城市对联欢节和博览会的召开致辞,中国贸促会会务部部长于晓东、中国青少年宫协会副会长、秘书长操学诚,省外办、省贸促会、省工商局、团省委等单位负责人,市领导雷杰、谢传仁、王天义、刘子栋,以及来自德国、俄罗斯、白俄罗斯、法国、韩国、日本、印尼、印度、乌克兰等18个国家和地区的330名代表和由"七彩少年军"组成的中方儿童代表团以及组委会成员单位代表共2000多人参加了开幕式。

联欢节期间的一系列活动是根据儿童的认知兴趣,设计了"童之谣"、"友谊歌"、"动感乐"、"田园曲"、"欢乐颂"五个活动主题,谱写出本届联欢节的和谐乐章。各国小朋友参加了动感地带游艺、各国儿童节目汇演、"友谊歌"校园结对、品中国茗茶观看京剧表演、放荷灯、观看焰火表演、水地球注水仪式、观看"中国武术和杂技"专场演出以及闭幕式大型文艺演出等丰富多彩的活动。

【中国百名IT青年精英论坛】 11月10~11日,"2007中国百名IT青年精英论坛"在济南举行。中共山东省委副书记、代省长姜大明,团中央书记处书记、全国青联常务副主席尔肯江·吐拉洪,信息产业部副部长娄勤俭到会致辞,国务院信息化工作办公室副主任杨学山作了主旨演讲。省委常委、济南市委书记焉荣竹,市委常委、市妇联主席雷杰,副市长张宗祥等领导出席论坛。搜狐公司首席执行官张朝阳、北京中星微电子有限公司首席专家邓中翰、红杉资本中国基金创始人张帆、中国电信集团公司副总经理杨杰、浪潮集团总裁孙丕恕等5位嘉宾分别作了主题演讲。IT青年精英就"2008年互联网创新趋势和热点关注"、"融合、创新的IT产品市场趋势"、"2007年软件应用创新分享及2008年趋势"及"3G时代无线应用的技术创新和商业模式"等四个专题进行了研讨,并分赴山东大学、山东师范大学、济南大学、山东经济学院等4所高校与在校大学生进行了交流,参观了济南高新区、国家信息通信国际创新园。

【先进典型评选】 2007年,团市委坚持用马克思主义最新理论成果武装青少年,引导广大团员青年深入学习贯彻邓小平理论和"三个代表"重要思想,牢固树立和认真落实科学发展观。积极构筑青少年典型示范群体,面向全市优秀青年,深入开展"泉城十大杰出青年"的评选,王冰等10人当选;为提高企业青工技能水平,开展了"双能手"评选,其中王霞等10人被评为2006年度济南市"杰出青年岗位操作能手",刘玉志等10人被评为2006年度济南市"杰出青年技术创新能手","双能手"当选者同时记三等功一次;为突出奖励在少先队岗位上作出突出贡献的辅导员,团市委授予万芳等10人"济南市十佳少先队辅导员"称号,并记三等功一次。

第十五届"泉城十大杰出青年"名单

王　冰　济南市工商行政管理局主任科员

王向东　济南钢铁股份有限公司销售公司经理兼党总支书记

王淑一(女)　槐荫区道德街街道办事处新世界阳光花园社区居委会主任

田绍奎　济南市莲花山殡仪馆火化工

吕晓磊　山东师范大学体育学院2003中文特招班

张　庆　济南电视台娱乐频道大型活动(晚会)制片人/主持人

张其翔　中国电信集团北方电信有限公司济南市分公司总经理兼党委书记

杨兴存　济南高新技术创业服务中心主任,中国济南留学人员创业园主任

高　强　公安天桥分局桑梓店派出所社区民警

董　蒲　济南浦瑞辐射防护器材有限公司董事长兼总经理

济南市"杰出青年岗位操作能手"名单

(按姓氏笔画为序)

王　霞(女)　济南市中医医院主管中药师

尹梅青(女)　济南市教育局团委副书记

艾　毅　中国网通(集团)有限公司济南市分公司宽带业务主办、工程师

刘加伟　济南炼油厂气分车间主任、工程师

孙英涛　济南供电公司修验场试验班工人

张立娟(女)　济南市历城区公路管理局综合档案室馆员

张成鹏　济南卷烟厂卷包车间技术主管、技师

李　刚　山东黄台火力发电厂运调科副主任、工程师

李　杰(女)　济南市公共交通总公司二公司汽车四队35路线　365号车组驾驶员

明建建(女)　济南元首针织股份有限公司内销车间样品制作工人

济南市"杰出青年技术创新能手"名单

（按姓氏笔画为序）

刘玉志 中国重型汽车集团有限公司济南商用车有限公司底盘零件厂副厂长兼总工程师

刘红日 中国北车集团济南机车车辆厂技术中心副主任、高级工程师

张继芹（女） 济南市长清区石麟小学六年级2班班主任、高级教师

李洪福 济南钢铁集团总公司技术中心科长、工程师

杨福涛 济南市锅炉压力容器检验研究所副所长、高级工程师

周忠军 济南二机床集团有限公司数控公司机床设计员、工程师

武继锋 济南市公安局刑警支队刑科所副主任科员、工程师

徐志峰 山东省汇丰机械集团总公司设计部主任、工程师

董 伟 济南七星台植物园管理处规划科科长、工程师

谭文毕 山东彼岸电力科技有限公司电机调速事业部副经理、工程师

2007 年度“济南市十佳少先队辅导员”名 单（按姓氏笔画为序）

万 芳（女） 济南市永长街回民小学大队辅导员

王秋堂（女） 济阳县济北小学大队辅导员

王 晓（女） 济南市阳光100小学大队辅导员

田 丽（女） 平阴县实验小学大队辅导员

刘 昳（女） 济南市天桥区实验小学大队辅导员

刘桂林（女） 济南市历城区洪家楼小学大队辅导员

张晓丹（女） 济南市胜利大街小学大队辅导员

侯晓东 济南燕山学校小学部大队辅导员

胡建萍（女） 章丘市明水街道少先队总辅导员

董兆军 章丘市水寨镇少先队总辅导员

（刘 青）

济南市妇女联合会

【济南市妇女联合会】 市妇联辖县（市）区妇联10个，乡镇（街道办事处）妇联136个，社区妇联326个，基层村（居）妇代会4737个；市直及部门妇委会157个，市民主党派妇委会7个；团体会员5879个。全市妇联系统专职干部260人。市妇联机关设行政处室7个，总编制31人。下属单位1个：济南市妇女儿童活动中心。2007年，市妇联获全国先进妇联组织、全省妇女儿童工作先进集体、省级文明机关等称号。市妇联“阳光大姐”、“知我济南，爱我家园”、“平安家庭”、“泉城魅力女性课堂”、“巾帼新农民大课堂”、“五小行动火炬接力”6个品牌入选“泉城精神文明创建活动品牌”。

1.充分发挥“阳光大姐”载体作用，积极为妇女就业创业服务。①促进妇女就业。“阳光大姐”注重以技能鉴定提升培训层次，在全国率先推行家政服务员持“双证”（上岗证和职业资格证）上岗制度，将职业资格技能鉴定与职业培训、就业岗位、工资待遇紧密结合，提高了家政服务员的专业化服务水平。国家劳动部职业技能鉴定中心调研组对“阳光大姐”开展职业技能鉴定的做法给予充分肯定，并积极推广。积极推行家政服务标准化，与省标准化研究院共同起草了《家政服务——母婴生活护理员（月嫂）服务质量规范》，对月嫂服务机构的基本要求、资源管理、文件以及合同文本的要求、售后服务等都做出了具体规定。该《规范》作为全省地方标准于11月10日起正式实施。经国家标准化管理委员会批准，“阳光大姐”成为全国首家家政服务业标准化试点单位。2007年，“阳光大姐”共培训妇女7527人次，安置妇女56653人次，签定合同22167份，为家政服务员创造收入3470万元。②扶持妇女创业。市妇联与市信用担保中心、市商业银行联合开展小额担保贷款现场办理服务。召开助推妇女创业座谈会，为广大创业女性提供方便快捷的服务。共扶持创业者146人，发放资金424万元。联合有关部门举办妇女创业项目与就业岗位专场推介会、女大学生就业服务周，提供岗位万余个，签订就业协议3000项，达成创业意向250个。联合劳动、农业部门实施“巾帼新农民创业计划”，积极开展“信贷助推农村妇女创业行动”，与市农信社联合，为210名符合条件的创业妇女发放贷款950万元。

2.精心打造“巾帼新农民大课堂”，推进农村妇女增收致富。围绕提高农村妇女素质，增强增收致富能力，开展多层次、全方位的培训。①转移就业培训。市妇联与市计生协联合下发《关于为农村妇女提供技能培训劳务介绍服务的实施意见》，依托“阳光大姐”，为农村妇女提供技能培训、住宿、岗前查体、安置就业等免费服务，帮助更多妇女转移就业。继续做好市政府“阳光工程”，完成千余名农村富余劳动力的培训、安置任务。②农业新知识、新技术培训。与农业局、人事局联合，专门聘请日本、以色列、德国等国外农业专家，围绕发展特色农业、优势产业，上门为农村妇女传播知识、传递信息、传授技术。③龙头示范培训。充分发挥农村致富女能手的示范带动作用，通过“大课堂”引导和扶持她们创办龙头企业和示范基地，指导她们科学生产、规模经营，成为普及科技知识、推广新品种、新技术的阵地和窗口。全市已培养113个龙头大户，建立554个示范基地，带动2万余户家庭增收。推动市女企业家协会积极参与新农村建设，筹措资金35万元，在长清区文昌街道办事处西李村建立巾帼农业科技示范基地，带动当地农村妇女就业致富。

3.倡导和谐理念，营造和谐氛围，推进精神文明创建。①以“创和谐家庭建和谐济南”为主题，举办“弘扬母爱精神促进和谐建设”中国十大杰出母亲杨文事迹报告会，评选表彰了第二届“泉城巾帼十杰”、“全市城市节水模范家庭”，充分发挥典型引领示范作用，激励广大妇女、家庭争先创优，奋发进取。开展“创和谐家庭建和谐济南”文化广场系列活动，先后举办20次专场演出，丰富市民业余文化生活。面向

社会公开征集家庭合影作品近千幅，设立“泉城笑脸墙”，展示和谐之美。举办百对恩爱夫妻“七夕赏七星”活动，倡导和谐幸福的婚姻家庭生活。成功举办第三届中国吉他文化节，开展泉城女子健身月活动，组织动员社区居民和家庭，积极参与“蒙牛城市之间”全民健身活动，引导广大妇女积极参与健康向上的文体活动，营造了“迎奥运、盼全运”的良好社会氛围。②大力推进未成年人思想道德建设。发挥家庭教育在加强未成年人思想道德建设方面的重要作用，创新载体，成立了市家庭教育指导中心（成长驿站），开设亲子俱乐部、家庭教育大讲堂、家教超市、儿童心智训练和成长e站——济南家庭教育网五个服务项目，开通家教服务热线，打造集指导、咨询、培训、实践于一体的综合性家庭教育服务新品牌。发挥妇女儿童活动中心校外教育阵地作用，开展“让爱驻我家——和谐小使者在行动”、“五小（小帮手、小标兵、小伙伴、小卫士、小主人）行动火炬接力”等主题活动，充分展示未成年人思想道德建设成果。

4.充分发挥职能作用，推进妇女维权工作。以实施《妇女发展纲要》和《儿童发展纲要》为抓手，竭诚为妇女儿童服务，依法维护妇女儿童合法权益。①大力推动“两纲”实施。以落实“两纲”专项督查反馈意见为契机，协调推动重点、难点问题解决。在县(市)区人大、政府、政协换届中，10个县(市)共配备女领导44名，几大班子女干部配备率达95%，女人大代表、女政协委员的比例明显增加。针对婚检率急骤下降的情况，加大宣传力度，向政协提出免费婚检提案，受到各级党委、政府的高度重视和社会各界的普遍关注。历城区将免费婚检纳入区公共卫生体系，率先推出“新人放心婚检，政府出面买单”的新举措。槐荫、济阳、商河也分别出台政策，有效提高了婚检率。②继续深入推进“平安家庭”创建活动。将创建活动向外来务工妇女家庭延伸，市妇联与天桥区妇联联合成立“外来务工妇女平安之家”，开通“维权专线”，为外来务工妇女提供法律咨询、就业技能培训、联谊交流等服务。与综治办、人事局联合，对“平安家庭”创建活动先进个人(集体)进行表彰，进一步扩大了社会影响力。③加大对弱势妇女儿童群体的救助力度。协调市劳动和社会保障局出台《关于做好单亲特困母亲就业创业工作的意见》，建立起对单亲特困母亲就业援助的长效机制。与民政、劳动部门联合开展“关爱单亲家庭真情助困行动”，争取20万元，对302个单亲特困母亲家庭进行救助。全年共救助单亲特困母亲3364名，救助金额达241.1万元。开展“一缕阳光，一份保障”——为“阳光大姐”送保险活动，为200名“阳光大姐”办理了重大疾病及意外伤害保险。联合市法律援助中心为200名外来务工妇女提供免费法律救助。积极做好“春蕾计划”和农村留守流动儿童工作，援建了济南市第二个农村留守儿童春蕾班，启动“情系农村留守儿童，暑期献爱心活动”等，整合社会资源关爱春蕾女童等特殊儿童群体。

5.夯实工作基础，推进自身建设。积极探索新形势下做好妇女工作的规律，切实加强自身建设，不断增强为妇女群众服务的能力。①加强思想作风建设。不断健全和落实保持共产党员先进性长效机制，在机关党员干部中积极组织开展“为民务实清廉做表率促发展”主题实践、“双学双创”和解放思想大讨论活动，促进了党员干部素质提升和作用发挥。②加强组织建设。将社会工作的新理念、新模式引入妇联工作，作为全市社会工作人才队伍建设五个试点单位之一，率先在社工岗位设置、人才培养方面进行有效探索，与山东大学济南基爱女性关怀社会工作服务中心联合成立了反家庭暴力社工维权岗，引入专业工作方法和社工人才，探索新形势下做好妇女工作的新路子。成立“阳光大姐”甸柳社区服务中心，形成“社区妇联+阳光大姐”的社会化、市场化新型组织模式，提升了社区妇联组织功能。③加强干部队伍建设。依托“泉城魅力女性课堂”，举办社会工作专业理论培训、村妇代会主任培训班等，联合人事局在清华大学举办“女性公务员职业素质高级研修班”，在妇联干部培训的内容、层次、受益面上实现了新突破。

【济南市妇女第十二次代表大会】 11月21~23日召开。来自全市各条战线的404名妇女代表参加了大会。中共山东省委常委、市委书记焉荣竹，市委副书记、市长张建国，市政协主席徐华东，省妇联主席赵玉兰，市委常委、纪委书记徐长玉，市委常委、市妇联主席雷杰，市委常委、济南警备区政委钱道书，市委常委、组织部长徐学武，市人大常委会副主任李荣芝，市人大常委会副主任、市总工会主席陈延河，副市长张泽，市中级人民法院院长李静出席大会开幕式。全国妇联向大会发来贺信，市总工会代表群众团体向大会致辞，200多名少年儿童代表向大会献词。焉荣竹代表市委作重要讲话，充分肯定了广大妇女和各级妇联组织积极投身建设发展，为省会改革开放和现代化建设作出的重要贡献，并紧密结合济南实际，从深入学习贯彻党的十七大精神，学习实践科学发展观，积极参与经济政治文化社会建设，加强学习强化实践等方面，对全市妇女和各级妇联组织提出了明确要求。雷杰代表市妇联第十一届执行委员会向大会作了题为《高举中国特色社会主义伟大旗帜，团结凝聚全市妇女为维护省城稳定、发展省会经济、建设美丽泉城而努力奋斗》的报告。报告以十七大精神为指导，回顾总结了“十一大”以来济南市妇女运动的成就、经验，分析了未来五年妇女运动的新形势新要求，提出了今后五年济南市妇女发展、妇女工作的目标任务，并向全市广大妇女发出了“激发创新活力，焕发创造热情，投身创业实践，建设美丽泉城”的号召。大会通过了《关于济南市妇女第十二次代表大会工作报告的决议》，选举产生了由61名执委组成的市妇联新一届执委会。在随后召开的十二届一次执委会议上，选举雷杰为主席，初黎华、李玉贞、刘勤、刘继珍为副主席。

【评选表彰第二届“泉城巾帼十杰”】 “三八”节前夕，市妇联、市文明办、市广电局、济南日报报业集团联合开展第二届“泉城巾帼十杰”评选活动,江秀花等10名为济南市经济社会发展、构建和谐济南做出积极贡献的优秀女性入选。

第二届“泉城巾帼十杰”名单

姓名	单位及职务
江秀花	济南二机床集团有限公司技术开发部高级工程师
杜文建	济南市第四人民医院社区科主任
李　冲	山东中创软件公司党委副书记兼中创开元山庄社区党支部书记
杨育红	山东省实验中学数学老师
冷严凌	浪潮集团董事、高级副总裁
张艾瑛	都市女报副总编辑
张新红	济南市地方税务局历城分局纳税服务中心副主任
袁小冬	济南电视台小冬工作室主任
隋为华	济南市公安局监所管理支队副支队长兼市收容教育所所长
谢少宁	中国网通济南分公司人力资源部主任

【首届“巾帼十佳村党组织书记、村委会主任”产生】 为表彰先进,树立典型,激励全市广大农村基层女干部在社会主义新农村建设中发挥更大作用,“三八”节前夕,市委组织部、市民政局、市妇联联合授予高淑贞等10人“巾帼十佳村党组织书记、村委会主任”称号。

巾帼十佳村党组织书记、村委会主任名单

姓名	单位及职务
高淑贞	章丘市双山街道办事处三涧溪村党支部书记
张维喜	章丘市绣惠镇东南隅村党支部书记、村委会主任
张文霞	章丘市双山街道办事处杨胡村党支部书记
尹燕苓	平阴县平阴镇老博士村党支部书记
雷　蕾	平阴县东阿镇太和村党支部书记、村委会主任
张德兰	济阳县崔寨镇谷庙村党支部书记
王美英	商河县怀仁镇大辛庄村党支部书记、村委会主任
翟洪香	槐荫区吴家堡镇大高庄村党支部书记
苏振凤	历城区华山镇小洼庄村党支部书记
张守菊	长清区孝里镇龙泉官庄村党支部书记

【“创和谐家庭,建和谐济南”主题行动启动】 2月28日,由市妇联、市文明办、市社科联、市民政局、市文化局、市广电局、济南日报报业集团联合在全市开展的“创和谐家庭,建和谐济南”主题行动启动仪式暨“弘扬母爱精神,促进和谐建设”中国十大杰出母亲杨文事迹报告会举行。启动仪式上,部署了《关于在全市开展“创和谐家庭,建和谐济南”主题行动的意见》,文明家庭代表发出“创和谐家庭,建和谐济南”倡议。“创和谐家庭,建和谐济南”主题行动旨在围绕全市和谐社会建设大局,教育引导全市广大妇女和家庭成员树立正确的世界观、人生观、价值观,立足家庭和谐,带动社区和谐,推动社会和谐。活动贯穿2007年全年,主要包括理念倡扬、文明建设、平安创建、就业创业、巾帼致富、家庭教育、家庭关爱、舆论宣传等八大系列活动。启动仪式前,市委副书记雷建国,市委常委、市妇联主席雷杰,副市长王天义会见了山东英才学院董事长“全国十大杰出母亲”杨文。

【《家政服务——母婴生活护理员(月嫂)服务质量规范》发布实施】 11月10日,《家政服务——母婴生活护理员(月嫂)服务质量规范》作为全省第一个关于现代家政服务业方面地方标准正式实施。该规范是由“阳光大姐”与省标准化研究院在市场调研的基础上,广泛征求包括用户、月嫂等在内的各界意见,结合“阳光大姐”多年实践的成功经验,共同酝酿起草的,该《规范》对月嫂的定义、服务、服务机构、服务用户、星级划分等作出了详尽释义,并对月嫂服务机构的基本要求、资源管理、文件及合同文本的要求、售后服务等都作出了具体规定。该地方标准的出台,对于规范全省家政服务市场,提高服务质量和管理水平,促进家政服务业有序、健康、持续发展都将起到积极的推动作用。

【“阳光大姐”成为全国首家家庭服务业标准化试点单位】 11月,国家标准化管理委员会正式批准济南市妇联“阳光大姐”为国家服务标准化试点单位。根据服务标准化试点建设总体目标,“阳光大姐”的试点工作为期2年,自2007年11月起至2009年10月底结束,主要包括建立健全标准服务体系、组织实施服务标准和树立服务品牌等三方面内容。“阳光大姐”自2006年被评为省服务名牌和著名商标以来,更加注重规范管理,不断提升服务水平,在全国率先推行家政服务员持“双证”(上岗证和职业资格证)上岗制度。秉承“安置一个人,温暖两个家”的服务宗旨和“责任+爱心”的服务理念,不断推行家政服务业的规范化、标准化和职业化,坚持不懈地实施服务标准化战略,在通过ISO9001:2000国际质量管理体系认证的基础上,逐步建立起一套以国家、行业标准为主体、企业标准及管理规范为补充的标准化体系。

【举办第三届中国吉他文化节】 8月8日,由中国音乐家协会、中国音协吉他学会、省广电局、省文联、市妇联等单位共同主办的第三届中国吉他文化节在市妇女儿童活动中心举办,来自全国各地的吉他爱好者和艺术家700多人参加活动。以“音乐感动生活·2007乐在济南”为主题的吉他文化节,汇聚了国内外艺术名家,呈现了更高水平的音乐精品,对推动济南市文化事业发展,促进济南对外文化交流,丰富城市内涵,提升城市品位起到了积极作用。

(杨敬华)

责任编校　郭建群

政 权 政 务

济南市人民代表大会

【济南市第十三届人民代表大会】 济南市第十三届人民代表大会于2003年2月换届产生,有代表名额473名。各选举单位分别召开人民代表大会、军人代表大会,采取差额选举、无记名投票的方式,选出市十三届人大代表468名,暂缺5名。其中工农及其他劳动者144名,占30.8%;干部193名,占41.3%;知识分子83名,占17.7%;民主党派及无党派人士36名,占7.7%;军人10名,占2.1%;归侨侨眷2名,占0.4%。市十三届人民代表大会第五次会议实有代表472名,五次会议以来罢免5名市人大代表职务,病故1名。市人大常委会实有组成人员42名,其中副主任11名,委员31名。市十四届人民代表大会代表名额504名,经各选举单位选出市十四届人大代表493名,空额11名。 (王会磊)

【济南市第十三届人民代表大会第五次会议】 2007年3月23~28日在南郊宾馆举行。应到代表472名,实到代表454名。在3月23日举行的预备会议上,通过了五次会议议程,选举了76人组成的大会主席团,李荣芝兼任大会秘书长。会议听取和审议了《政府工作报告》;审议了《关于2006年国民经济和社会发展计划执行情况与2007年计划草案的报告》、《关于济南市2006年预算执行情况和2007年预算草案的报告》;听取和审议了《人大常委会工作报告》、《法院工作报告》、《检察院工作报告》。会议通过了上述报告,并分别作出了相应决议。本次会议共收到代表提出的议案20件,经大会主席团审议,20件议案改作重要代表建议和意见,连同代表书面提出的建议、批评和意见共计354件,由市人大常委会办事机构分别交有关机关和部门组织研究办理,并负责答复代表。会议选举张建国为济南市人民政府市长;选举陈延河、牟陆阳为济南市第十三届人民代表大会常务委员会副主任;选举马光云、刘民、刘浩、张忠泉为济南市第十三届人民代表大会常务委员会委员。会议通过了关于接受鲍志强辞去济南市市长、朱金河辞去济南市第十三届人民代表大会常务委员会副主任、耿耀贤辞去济南市第十三届人民代表大会常务委员会委员职务的请求的决定。 (全丽霞)

【常委会会议】 2007年共举行了14次常委会会议。市十三届人大常委会第二十八次会议于1月18日举行,会期一天。会议听取和审议了关于市十三届人大四次会议主席团交付审议的第1号和第2号议案办理情况审查结果的报告,关于《济南市城市环境卫生管理条例(草案)》和《济南市旅游业管理条例(修订草案)》审议结果的报告,关于提请补选出席山东省第十届人民代表大会代表的说明。会议对上述报告、说明进行了分组审议。会议表决通过了关于调整济南市第十三届人民代表大会第五次会议时间的决定(草案),关于市十三届人大四次会议主席团交付审议的第1号和第2号议案办理情况审议结果的报告,《市人大常委会2007年工作要点(草案)》,《济南市城市环境卫生管理条例(表决稿)》和《济南市旅游管理条例(表决稿)》。会议通过了有关人事事项。

市十三届人大常委会第二十九次会议于3月5日举行,会期半天。会议通过了有关人事事项。

市十三届人大常委会第三十次会议于3月19日举行,会期半天。会议传达了十届全国人大五次会议精神;会议听取和审议了关于济南市第十三届人民代表大会第五次会议筹备情况的汇报,关于补选代表的代表资格的审查报告。会议对上述报告及市十三届人大五次会议议程(草案),主席团、秘书长名单(草案),列席人员名单(草案)及市人大常委会工作报告稿进行了分组审议。会议表决通过了决定提请市十三届人大五次会议预备会议表决的济南市第十三届人民代表大会第五次会议议程(草案),济南市第十三届人民代表大会第五次会议主席团、秘书长名单(草案),济南市第十三届人民代表大会第五次会议列席人员名单(草案),《济南市人民代表大会常务委员会工作报告稿》及关于补选代表的代表资格的审查报告。

市十三届人大常委会第三十一次会议于4月17日举行,会期一天。会议听取和审议了《关于济南市侨务工作情况的报告》,关于《济南市城镇企业职工基本养老保险条例(修订草案)》的说明。会议对上述报告、说明及修订草案进行了分组审议。

关于市政府侨务工作情况,常委会组成人员审议认为:市政府围绕"发挥省城优势,发展省会经济"的总体要求,依法维护侨胞侨企合法权益,不断提高为侨服务水平,取得了显著成绩。对今后工作的建议:进一步提高对做好新形势下侨务工作重要性的认识;加大侨法宣传贯彻力度;

完善侨务工作领导协调机制;深化依法护侨工作,提高为侨服务水平。会议通过了有关人事事项。

市十三届人大常委会第三十二次会议于5月30日举行,会期一天。会议听取和审议了《关于济南市金融业发展情况的报告》,关于济南市贯彻《中华人民共和国节约能源法》情况的检查报告。会议对上述报告进行了分组审议。

关于济南市金融业发展情况,常委会组成人员审议认为:市政府高度重视金融工作,积极支持金融改革改制,增强金融发展活力,金融产业体系逐步健全,区域性金融中心初步形成,为省会发展作出了重大贡献。对今后工作的建议:加强金融工作指导,加快金融与经济的融合;加大金融工作力度,扩大发展资本市场;健全工作激励机制,改善金融发展环境。

关于市人大常委会执法检查组检查济南市贯彻实施《中华人民共和国节约能源法》情况,常委会组成人员审议认为:济南市贯彻实施节约能源法是积极认真的,节能效果是比较好的。对今后工作的建议:进一步提高思想认识,健全节能保障机制,建设节能型产业体系,改善节能发展环境。会议通过了有关人事事项。

市十三届人大常委会第三十三次会议于7月16日举行,会期半天。会议通过了有关人事事项。

市十三届人大常委会第三十四次会议于7月26日举行,会期两天。会议听取和审议了关于《济南市文物保护规定(草案)》起草情况的说明,《关于2006年市级决算草案的报告》,《关于2006年市级预算执行和其他财政收支的审计工作报告》,《关于济南市2006年市级决算草案的审查报告》,关于检查济南市实施《中华人民共和国道路交通安全法》情况的报告,关于《济南市城镇企业职工基本养老保险条例(修订草案)》审议结果的报告。会议对上述报告、说明进行了分组审议。

关于2006年市级决算情况,常委会组成人员审议认为:2006年市级预算总的执行情况是好的,完成了市十三届人大四次会议批准的预算任务,实现了收支平衡的目标。对今后工作的建议:完善预算管理制度;加强和改进税收征管;加强对专项资金的监督管理。

关于2006年市级预算执行和其他财政收支情况依法审计的工作情况,常委会组成人员认为:审计报告反映了预算执行取得的主要成绩,指出了存在的问题,并有针对性地提出了整改意见。对今后工作的建议:市政府要重视预算执行和其他财政收支审计查出问题的整改工作;财政部门要采取措施,提高预算管理水平;审计部门要加大审计监督力度。

关于市人大常委会执法检查组检查全市贯彻实施《中华人民共和国道路安全法》情况,常委会组成人员审议认为:市政府高度重视《道路交通安全法》的贯彻实施,加大了资金投入,做了大量工作,《道路交通安全法》在济南市得到了较好的贯彻执行。对今后工作的建议:进一步提高对贯彻法律重要性的认识;政府要加大投入,大力优先发展公共交通;加强道路交通基础设施的规划和建设。

会议表决通过了《关于批准济南市2006年市级决算的决议(草案)》、《济南市城镇企业职工基本养老保险条例(修订草案表决稿)》。会议通过了有关人事事项。

市十三届人大常委会第三十五次会议于8月10日举行,会期半天。会议听取了《关于2007~2008年全市人大换届选举工作安排意见的报告》、《关于提请济南市与以色列卡法萨巴市缔结友好城市关系议案的报告》。会议表决通过了《关于2007~2008年全市人大换届选举工作的安排意见》、《关于济南市与以色列卡法萨巴市缔结友好城市关系的决议》。

市十三届人大常委会第三十六次会议于9月11日举行,会期半天。会议通过了有关人事事项。

市十三届人大常委会第三十七次会议于9月26日举行,会期两天。会议听取了《关于2007年1~8月份全市国民经济和社会发展计划执行情况的报告》、《关于2007年1~8月份全市预算执行情况的报告》、《关于全市社会保险工作情况的报告》、《全市现代农业发展情况的报告》、《关于全市农村基础教育工作情况的报告》、《关于全市农村医疗卫生工作情况的报告》、《关于全市农村自来水工程建设情况的报告》、关于《济南市文物保护规定(草案)》审议结果的报告。会议对上述报告进行了分组审议。

关于1~8月份国民经济和社会发展计划执行情况,常委会组成人员审议认为:全市上下以科学发展观为统领,围绕"维护省城稳定,发展省会经济,建设美丽泉城",经济社会保持了良好发展势头,主要经济指标达到计划进度要求。对今后工作的建议:加快实施新型工业强市战略;加快外向型经济发展,着力改善投资环境,努力拓宽利用外资领域,加大招商引资力度,提高利用外资水平;发展壮大县域经济;大力改善民生。

关于1~8月份预算执行情况,常委会组成人员审议认为:济南市按照科学发展观要求,认真落实国家宏观调控政策,依法加强税收征管,努力增加财政收入,主体税种完成情况较好,财政收入结构进一步改善,整个预算执行情况良好。对今后工作的建议:坚持以科学发展观为统领,充分发挥财政职能;切实加强财税征管;严格执行支出预算。

关于全市社会保险工作情况,常委会组成人员审议认为:济南市坚持以科学发展观为指导,围绕社会保障体系这条主线,进一步完善了社会保险制度改革,政策法规体系日益完善,宣传工作不断加强,初步形成了以"五险合一、一票征缴"为框架的社会保障体系,各项工作成效明显。对今后工作的建议:做好社会保障扩面、征缴和清欠工作,做到应保尽保;提高社会保险工作水平;加强社会保险基金的监管工作;加大社会保险工作的宣传力度。

关于全市现代农业发展情况,常委会组成人员审议认为:市政府坚持把现代农业建设作为建设社会主义新农村的首要任务,统筹发展规划,明确任务目标,创新工作思路,多措并举,充分发挥科技引导作用,取得了初步成效。对今后工作的建议:深入贯彻落实党中央一号文件,力促现代农业又好又快发展；加强农业基础设施建设，提高现代农业物质装备水平；促进农业结构优化升级，健全现代农业产业体系；加强农村社会化服务体系建设，为现代农业发展提供强力支撑。

关于全市农村基础教育工作情况，常委会组成人员审议认为：济南市高度重视农村基础教育工作，不断加大财政投入，教育经费得到较好保障，各级教育行政管理水平得到进一步提高，扎实推进义务教育均衡发展，各项工作取得显著成绩。对今后工作的建议：高度重视发展农村基础教育工作；依法加大经费保障力度；认真研究解决义务教育资源均衡配置问题；提高农村中小学管理水平。

关于全市农村医疗卫生工作情况，常委会组成人员审议认为：济南市各级政府及有关部门认真贯彻党和国家的有关政策和法律法规，高度重视农村医疗卫生工作，以加强乡镇卫生院建设为突破口，不断完善农村三级医疗卫生服务网络，农村医疗卫生服务队伍素质不断提高，卫生支农工作成效显著。对今后工作的建议：增强做好工作的责任感、紧迫感和使命感；加强和完善乡镇卫生院、村卫生室建设，为农村医疗卫生工作的健康发展搭建良好平台；巩固和完善新型农村合作医疗制度，使广大农民群众不断得到实惠。

关于全市农村自来水工程建设情况，常委会组成人员审议认为：市政府坚持以科学发展观为统领，以构建和谐社会、推进社会主义新农村建设为目标，将“饮水安全”纳入新农村建设“十大行动”，统筹规划，强化投入，科学施工，规范运作，取得显著效果。对今后工作的建议：加大宣传力度，促进观念转变，合力推进农村自来水工程建设；加大配套资金落实力度，克服建设困难，确保完成工程建设的总体目标；加强工程管护，完善运行机制，确保供水网络正常运行。

会议表决通过了《济南市文物保护规定(表决稿)》。会议通过了有关人事事项。

市十三届人大常委会第三十八次会议于10月19日举行，会期半天。会议通过了有关人事事项。

市十三届人大常委会第三十九次会议于11月12日举行，会期半天。会议通过了有关人事事项。

市十三届人大常委会第四十次会议于11月28日举行，会期两天。会议听取了《关于代表建议、批评和意见办理情况的报告》、《关于2006年度市级预算执行和其他财政收支审计查出问题整改情况的报告》、《关于高新区建设发展情况的报告》、《关于全市县、乡人大代表换届选举情况的报告》。会议对上述报告进行了分组审议。

关于市政府2006年度市级预算执行和其他财政收支审计查出问题整改情况，常委会组成人员审议认为：市政府及有关部门很重视预算执行审计查出问题的整改工作。市审计部门加强审计监督，采取回访检查、跟踪监督等形式，与有关部门积极配合，努力解决实际问题。审查查出的绝大多数违规资金已经得到纠正，总的整改效果是好的。对今后工作的建议：细化年初预算编制，依法规范财政收支；加强部门预算管理，提高资金使用效益；强化审计职能，加强预算执行监督。

关于对济南市城乡规划工作情况，常委会组成人员审议认为：市政府及规划部门按照省委、市委关于济南市城乡规划工作的决策部署，突出规划服务和规划管理两个重点，为经济社会又好又快发展作出了突出贡献。对今后工作的建议：加大创新力度，坚持以科学发展观统领规划工作；建立地方性规划法规体系，健全城乡规划执法机制；完善城乡规划管理体制，深化责任制度，不断加强对城乡规划实施的监督管理；加强宣传工作，引导全社会支持城乡规划建设。

关于高新区建设发展情况，常委会组成人员审议认为：高新区认真贯彻执行《济南高新技术产业开发区条例》，依法行政，科学规划，干事创业，有力推进高新技术产业的较快发展，经济和各项社会事业保持了良好的发展势头。对今后工作的建议：进一步认清高新区在济南经济社会发展中的重要地位和作用，增强做好工作的责任感、危机感和紧迫感；以更加宽广的视野、创新的发展思路，加快高新区跨越式发展；把改善投资环境放到重中之重的地位，促进高新区的发展。

关于办理代表建议、批评和意见情况，常委会组成人员审议认为：今年的代表建议办理工作成效显著，切实解决了一批综合性以及人民群众普遍关心的热点、难点问题，有力地促进了济南市经济又好又快发展和和谐社会建设。对今后工作的建议：进一步提高对办理好代表建议重要性的认识；不断完善办理制度，强化工作措施，创新办理方式，狠抓建议落实；建议市政府办公厅进一步加大对代表建议直接办理和协调的工作力度；做好结合文章，促进部门工作开展。

会议表决通过了关于召开济南市第十四届人民代表大会第一次会议的决定(草案)。会议通过了有关人事事项。

市十三届人大常委会第四十一次会议于12月17日举行，会期半天。会议通过了有关人事事项。 (李　霞)

【视察检查】 2007年5月，市人大常委会对济南市贯彻《中华人民共和国节约能源法》和资源节约情况进行执法检查，成立了以市人大常委会副主任李德强为组长，财经委、教科委、城建委、农经委、办公厅、研究室部分委员为成员的执法检查组，利用两周时间，检查市政府及有关部门节能工作和重点企业节能生产情况。视察采取了实地察看、召开座谈会、听取汇报等方式，22个部门参加座谈，视察了三家企业的情况。5月30日，李德强向市人大常委会第三十二次会议报告检查情况。

检查认为，济南市坚持以经济建设为中心，认真贯彻实施《节能法》，把节能降耗作为转变经济增长方式、推动经济科学发展的战略任务，加强组织领导和协调服务，加强目标管理和技术指导，大力推进节能技术进步，加快淘汰落后生产能力，积极推行节能新机制，注重开发新能源和可再生能源，依法加强监督检查，突出抓好重点企业，全市节能降耗成效比较明显，有些方面走在全国、全省的前列。

存在的主要问题有：思想认识还不够

到位,激励约束机制尚不够得力,目标责任还不够落实,法规政策体系还不够完善等。

建议:进一步提高思想认识,充分认识节能工作的极端重要性和紧迫性,增强抓好节能工作的自觉性和责任感;强化工作责任,实行严格的目标责任制,把任务完成情况纳入经济社会发展综合评价和年度考核体系,建立节能报告制度,加强能源统计工作,逐步形成能源利用动态监管网络,健全节能保障机制,加大政策扶持力度,适时推进能源加工机制改革,加快技术改造步伐,鼓励支持节能技术和产品的研发和推广应用;加快经济结构调整,建设节能型产业体系;健全法规政策体系,改善节能发展环境,把节能工作纳入法制化、规范化轨道。

7月4日,市人大常委会对贯彻实施《中华人民共和国道路交通安全法》情况进行执法检查。检查组听取了市政府关于贯彻执行《中华人民共和国道路交通安全法》情况的汇报,实地查看了顺河高架路、历山路、经十一路、泺源大街等路段道路建设和车辆、行人通行情况,经十一路、新世界商城地区周围停车场规划、建设、管理使用情况。检查认为,济南市贯彻执行《中华人民共和国道路交通安全法》的情况总体是好的。一是宣传教育工作广泛深入;二是落实措施扎实有力;三是执法能力不断加强;四是法律实施效果明显。

虽然济南市各级政府贯彻落实《中华人民共和国道路交通安全法》措施得力,全市道路畅通、运行安全,车辆管理规范有序,效果显著,但是随着形势的发展,全市机动车和驾驶员保有量不断上升,济南市仍然面临着道路交通基础设施滞后、停车场规划建设不足、车辆驾驶员和行人交通安全意识有待提高等突出问题和隐患。

视察提出如下建议:进一步加大宣传教育力度,切实提高全民的交通安全法律意识;进一步完善道路交通设施的规划和建设,积极构建立体交通格局;进一步提升管理执法水平,努力创建和谐的执法环境;进一步加强职能部门的协调配合,营造和谐的道路交通环境。

(薛丽燕　焦　健)

【人事任免】 2007年,市人大常委会共任免市人大常委会及工作机构、市人民政府、市中级人民法院、市人民检察院工作人员63人。

3月6日,市十三届人大常委会第二十九次会议决定任命:张建国为济南市人民政府副市长。

决定:张建国为济南市人民政府代理市长。

决定:接受鲍志强辞去济南市人民政府市长职务的请求。

4月17日,市十三届人大常委会第三十一次会议任命:刘浩为济南市人大教育科学文化卫生委员会副主任委员;张忠泉为济南市人大城乡建设环境保护委员会副主任委员。

决定任命:殷鲁谦为济南市人民政府副市长(列副市长第一位);赵玉海为济南市农业局局长;决定免去:李吉乾的济南市农业局局长职务。

决定:接受杨鲁豫、杨佩钦辞去济南市人民政府副市长职务的请求。

批准任命:王保新为济南市槐荫区人民检察院检察长;刘春为山东省商河县人民检察院检察长。

5月30日,市十三届人大常委会第三十二次会议任命:张和平、孙宗宪、高传令、段义青为济南市人民检察院检察员;免去:孙宗宪的济南市城郊地区人民检察院副检察长、检察委员会委员职务。

7月16日,市十三届人大常委会第三十三次会议通过关于罢免段义和山东省第十届人民代表大会代表职务的决议、关于终止段义和济南市第十三届人民代表大会代表资格的决议,其职务相应撤销。

7月27日,市十三届人大常委会第三十四次会议任命:王静为济南市城郊地区人民检察院副检察长;孙昌武为济南高新技术产业开发区人民检察院检察员;张富涛、王选莉为济南市城郊地区人民检察院检察员。

9月11日,市十三届人大常委会第三十六次会议决定免去:曹长财的济南市人事局局长职务。

9月18日,市第十三届人大常委会第一〇四次主任会议任命:孙贵民为济南市人大常委会办公厅副主任。

9月27日,市十三届人大常委会第三十七次会议任命:张鹏为济南市人大常委会副秘书长。

决定任命:靳磊为济南市贸易服务局局长;决定免去:张本胜的济南市贸易服务局局长职务。

任命:冯媛、施红为济南市中级人民法院审判员;免去:刘丕法的济南市中级人民法院审判员、审判委员会委员职务;杨成林、刘文荣、于承爱、徐振乾、孙书庭的济南市中级人民法院审判员职务。

10月19日,市十三届人大常委会第三十八次会议通过了关于终止齐建民济南市第十三届人民代表大会代表资格的决议、关于终止昝金平济南市第十三届人民代表大会代表资格的决议,以上人员职务相应撤销。

11月29日,市十三届人大常委会第四十次会议任命:朱新海为济南市人大常委会副秘书长(正局级,列副秘书长第一位)。

决定任命:王平为济南市人事局局长;李敏为济南市人民政府外事办公室主任。

任命:王秀新为济南市中级人民法院副院长、审判委员会委员;任艳亮为济南高新技术产业开发区人民法院院长、审判委员会委员。免去:朱庆祝的济南高新技术产业开发区人民法院院长、审判委员会委员职务;田洪斌、郑书敏、赵修法的济南市中级人民法院审判员职务。

任命:谭勇为济南市人民检察院副检察长;范芸、杨增胜为济南市人民检察院检察委员会委员、检察员;赵强为济南市人民检察院检察委员会委员;张书珍为济南市人民检察院检察员;孙进力为济南市城郊地区人民检察院检察长。免去:宋新龙的济南市城郊地区人民检察院检察长职务;亓浩的济南市人民检察院检察员职务;杨金康的济南市人民检察院检察委员会委员、检察员职务。

批准接受:赵强辞去历下区人民检察院检察长职务;黄兰生辞去天桥区人民检察院检察长职务;郭绪庭辞去历城区人民检察院检察长职务;范芸辞去长清区人民检察院检察长职务;杨增胜辞去章丘市人民检察院检察长职务;纪军辞去平阴县人民检察院检察长职务;张书珍辞去济阳县人民检察院检察长职务。

12 月 17 日, 市十三届人大常委会第四十一次会议决定免去:郭作贵的济南市人民政府副市长职务。

12 月 21 日, 市十三届人大常委会第四十二次会议任命:余毅民为济南市人大常委会财政经济工作室主任;宋志健为济南市人大常委会农村经济工作室主任。免去:张延平的济南市人大常委会财政经济工作室主任职务;余毅民的济南市人大常委会农村经济工作室主任职务。

决定:接受王天义辞去济南市人民政府副市长职务的请求。

任命:郭鲁生为济南市人民检察院副检察长、检察委员会委员;免去:王建的济南市人民检察院副检察长、检察委员会委员职务。

批准任命:宋新龙为济南市历下区人民检察院检察长;于联军为济南市市中区人民检察院检察长;王保新为济南市槐荫区人民检察院检察长;韩清为济南市天桥区人民检察院检察长;亓浩为济南市历城区人民检察院检察长;张生为济南市长清区人民检察院检察长;辛全龙为山东省章丘市人民检察院检察长;耿宝金为山东省平阴县人民检察院检察长;吴强为山东省济阳县人民检察院检察长;刘春为山东省商河县人民检察院检察长。 (李伟新)

【立法工作】 2007 年,济南市第十三届人民代表大会常务委员会共制定、废止地方性法规 9 件, 其中制定 4 件, 同时废止 5 件。分别是:

2007 年 1 月 18 日,济南市第十三届人民代表大会常务委员会第二十八次会议通过《济南市旅游管理条例》, 2007 年 3 月 21 日山东省第十届人民代表大会常务委员会第二十六次会议批准, 自 2007 年 5 月 1 日起施行。2000 年 1 月 1 日起施行的《济南市旅游业管理条例》同时废止。

2007 年 1 月 18 日, 济南市第十三届人民代表大会常务委员会第二十八次会议通过《济南市城市环境卫生管理条例》, 2007 年 3 月 21 日山东省第十届人民代表大会常务委员会第二十六次会议批准,自 2007 年 5 月 1 日起施行。1997 年 8 月 16 日起施行的《济南市城市环境卫生管理办法》、2000 年 9 月 1 日起施行的《济南市城市生活垃圾管理办法》、2001 年 9 月 1 日起施行的《济南市城市环境卫生设施管理办法》同时废止。

2007 年 7 月 27 日, 济南市第十三届人民代表大会常务委员会第三十四次会议修订《济南市城镇企业职工基本养老保险条例》, 2007 年 9 月 21 日山东省第十届人民代表大会常务委员会第三十次会议批准,自 2008 年 1 月 1 日起施行。

2007 年 9 月 27 日, 济南市第十三届人民代表大会常务委员会第三十七次会议通过《济南市文物保护规定》, 2007 年 11 月 23 日山东省第十届人民代表大会常务委员会第三十一次会议批准, 自 2008 年 1 月 1 日起施行。1998 年 12 月 25 日起施行的《济南市文物保护管理规定》同时废止。 (马　科)

【代表工作】 继续深入开展"实践三个代表,人大代表做模范"主题活动,并不断赋予活动新内容。将主题活动深化为"围绕中心、再接再厉、发挥作用、促进发展"。加强对代表小组活动的指导,组织开展代表活动。全市 29 个代表小组共组织开展活动 150 余次, 走访联系群众近 3 万人次, 督办代表建议 80 余件。开展了市人大常委会组成人员集中联系代表、固定联系代表、主任或副主任接待代表等三项活动, 收集代表书面建议 11 件、口头建议 130 余条,接待代表 6 名。6 月 19~20 日,组织召开了全市人大代表工作座谈会。9 月 11~13 日,组织驻济全国人大代表开展年中专题调研。 (王会磊)

【换届选举】 2007 年下半年,五级人大代表同步换届。各有关部门统一思想,全力以赴,认真部署,周密安排,确保了换届选举选民登记、提名酝酿确定代表候选人、投票选举、召开人代会等各个阶段依法有序进行,圆满完成了市、县、乡人大换届选举工作。

县、乡人大代表直接选举,全市人大换届选举共登记选民 464 万名,选民登记率为 99.2%。全市划分县、乡人大代表选区 4653 个,设选举会场 5274 个,投票站 8509 个, 流动票箱 17617 个,451 万名选民参加投票,参选率达 97.2%。全市县、乡 4653 个选区中 4640 个选区一次选举成功,一次选举成功率为 99.7%,较上届县级人大代表换届选举一次选举成功率高 0.2 个百分点。全市共选举乡镇人大代表 4440 名,县级人大代表 2392 名。

全市乡(镇)人代会共选举乡(镇)人大主席 59 名,副主席 73 名;乡(镇)长 61 名,副乡(镇)长 242 名。全市各县(市)区人代会共选举产生人大常委会主任 10 名,副主任 52 名,委员 192 名;人民政府正职 10 名,副职 60 名;选举法院院长、检察院检察长各 10 名; 选举产生市十四届人大代表 493 名。

市十四届人民代表大会第一次会议于 2008 年 1 月 4~8 日召开, 选举产生常委会主任 1 名,副主任 5 名,秘书长 1 名,委员 39 名;选举市长 1 名,副市长 7 名;选举市法院院长、检察院检察长各 1 名;选举出席省十一届人民代表大会代表 70 名。

代表界别结构情况。选出的 70 名省人大代表, 工人、农民和其他劳动者占 37.1%;干部占 31.4%;知识分子占 12.9%;民主党派和无党派人士占 17.2%;归侨占 1.4%。中共党员占 71.4%。少数民族占 2.9%。妇女占 18.6%。

选出的 493 名市人大代表, 工人、农民和其他劳动者占 33.3%;干部占 38.7%;知识分子占 16.8%;民主党派和无党派人士占 8.3%;解放军占 2.2%;归侨占 0.6%。中共党员占 83.4%。少数民族占 2.8%。妇女占 19.1%。

选出的2392名县级人大代表,工人、农民和其他劳动者占52.7%;干部占30.8%;知识分子占12.8%;民主党派和无党派人士占2.6%;解放军占1.0%;归侨占0.1%。中共党员占69.6%。少数民族占2.3%。妇女占25.8%。

选出的4440名乡级人大代表,工人、农民和其他劳动者占79.6%;干部占16.0%;知识分子占4.4%。中共党员占66.7%。少数民族占1.1%。妇女占25.5%。

代表年龄结构情况。选出的省人大代表,36岁至55岁的代表占77.1%;56岁以上的代表占22.9%。

选出的市人大代表,35岁以下的代表占3.9%;36岁至55岁的代表占82.6%;56岁以上的代表占13.6%。

选出的县人大代表,35岁以下的代表占8.4%;36岁至55岁的代表占83.4%;56岁以上的代表占8.2%。

选出的乡人大代表中,35岁以下的代表占15.0%;36岁至55岁的代表占75.0%;56岁以上的代表占10.0%。

代表知识结构情况。选出的省人大代表,大学本科及以上文化程度占74.3%;大专及高职文化程度占12.8%;中专、职高及高中文化程度占8.6%;初中及以下文化程度占4.3%。

选出的市人大代表,大学本科及以上文化程度占66.5%;大专及高职文化程度占25.1%;中专、职高及高中文化程度占6.7%;初中及以下文化程度占1.6%。

选出的县人大代表,大学本科及以上文化程度占43.8%;大专及高职文化程度占28.3%;中专、职高及高中文化程度占19.8%;初中及以下文化程度占8.2%。

选出的乡人大代表,大学本科及以上文化程度占13.8%;大专及高职文化程度占16.4%;中专、职高及高中文化程度占38.2%;初中及以下文化程度占31.6%。

这次全市人大换届选举工作,是宪法修正案将乡级人大由3年改为5年后第一次进行五级人大同步换届选举。8月20~21日召开了全市人大换届选举工作会议,部署工作,培训骨干。成立了市选举工作委员会及其办公室。确定了槐荫区南辛庄街道办事处和章丘市普集镇为全市人大县、乡换届选举试点单位。11月10日是全市统一投票选举日,当天选举大会现场庄重热烈,井然有序。换届选举期间,市人大常委会各位副主任实地察看选民榜和投票选举情况。9月28日,省人大常委会高新亭等8位副主任来济南市视察换届选举工作,听取了情况汇报,进行了实地察看。

为营造良好舆论环境,市委和市人大联合下发了《人大换届选举宣传工作安排意见》,编印《换届选举宣传提纲》和《致选民一封信》各130万份;发挥报社、电台、电视台等新闻媒体作用,开设专栏及专题节目,刊播了答记者问。市编发选举工作简报32期,县(市)区编发简报200多期;采用黑板报、横幅标语、宣传车等生动活泼、群众喜闻乐见的宣传形式进行宣传,做到了家喻户晓、人人皆知。

(王会磊)

【代表建议办理】 市十三届人大五次会议期间,代表们共提出建议、批评和意见354件(其中议案转为建议20件),这些建议应由市政府系统办理的343件,由其他机关和组织办理的11件。在各方共同努力下,这些建议均在法定期限内办理完毕并答复代表,代表满意率和基本满意率达98%。从建议办理情况看,问题已经解决的128件,占总数的36%;正在解决和列入计划准备解决的202件,占总数的57%;因客观条件限制,暂时无法解决的24件,占总数的7%。闭会期间代表还提出建议23件,均已办理完毕并答复代表。

(尹相华)

济南市人民政府

【济南市人民政府】 2007年,济南市人民政府设市长1人,副市长7人,市长助理1人,秘书长1人,副秘书长14人。市政府设置机构43个,其中政府办公厅和工作部门34个,直属特设机构1个,办事机构3个,部门管理机构3个,议事协调机构的办事机构1个,派出机构1个(高新区)。市政府直属正局级事业单位18个,部门所属正局级事业单位9个。

2007年,市政府发文49件。按类别分:综合类2件,计划类1件,经济管理类8件,农业类3件,外贸类1件,财政金融类2件,劳动类3件,民政类4件,城乡建设类6件,科技类1件,教育类1件,卫生类1件,气象类1件,监察类3件,公安类1件,其他11件。市政府办公厅发文50件。按类别分:综合类3件,文秘工作类2件,行政事务类2件,监察类3件,机构类1件,民政类2件,劳动类3件,计划类1件,经济管理类9件,财政类2件,金融类1件,城乡建设类3件,农业类3件,林业类1件,水利类1件,科技类2件,教育类3件,卫生类3件,其他5件。

(市政府办公厅 市人事局)

【重要决策决定】 3月2日,市政府印发《济南市政府投融资资产管理办法(试行)》。《办法》共分总则、管理机构及其职责、登记资产台账、资产处置管理、资产收益管理、统计报表及综合分析报告、监督管理、附则八部分,对政府投融资资产管理工作各重点环节、重点领域、重点措施作出了明确管理规定,对进一步深化政府投融资管理体制改革,推动工作科学化、规范化、制度化,实现政府投入产出的良性循环等,提供政策依据。

3月16日,市政府印发《济南市社会主义新农村建设"十大行动"规划及财政配套措施》。围绕增加农民收入,改善农村生产生活条件,分别对农民增收、城镇建设、道路畅通、饮水安全、生态富民、造林绿化、医疗惠民、教育振兴、弱势保障和市场拓展等十大行动作出规划,明确了各项行动的指导思想、主要目标、基本原则、工作重点和保障措施。同时,为推动工作开展,逐项制定了财政支持配套措施。

4月19日,市政府发布施行《济南市城市房屋拆迁管理办法》。《办法》分为总则、拆迁管理、拆迁补偿与安置、罚则和附则五部分,对城市房屋的拆迁、补偿、安置等作出了明确规定,为加强城市房屋拆迁管理,维护拆迁当事人合法权益,保障建设项目顺利进行提供了政策依据。

4月20日，印发《济南市人民政府办公厅关于进一步促进高新技术产业又好又快发展的意见》。《意见》指出，要增强加快高新技术产业发展的责任感和紧迫感，明确工作目标和重点任务，加强组织领导和考核监督，完善促进科技创新发展的政策体系，建立多元化投融资体系，实施人才战略，切实增强自主创新能力，推进高新技术产业又好又快发展。

4月24日，印发《济南市人民政府关于加快实施旧城棚户区改造的通知》。《通知》要求用3年时间基本完成对旧城区内集中连片的棚户区（指城区二环路以内城市国有土地上低洼易涝、基础设施严重不配套的平房、简易房、危险房集中的区域）的改造，切实改善旧城棚户区居民的居住条件和生活环境。

4月24日，市政府在济南高新区召开现场办公会议。会议确定赋予高新区党工委、管委会在高新区与国家信息通信国际创新园区域内经济、社会、行政、组织的领导权、管理权及执法和司法管辖权，同时赋予高新区规划、房产、土地管理权，并就加大财政支持力度、增强高新区融资能力、成立市政府国家通信国际创新园工作领导小组等事项作出了安排，全力支持济南高新区（含国家信息通信国际创新园、济南出口加工区）发展。

4月26日，印发《济南市人民政府办公厅关于提高城市居民最低生活保障标准的通知》。《通知》要求自2007年5月1日起，历下、市中、槐荫、天桥、历城五区城市居民最低生活保障标准由月人均260元提高到280元，长清区由月人均220元提高到230元。章丘市和平阴、济阳、商河县根据各自实际，对城市居民最低生活保障标准作出相应调整。

5月17日，印发《济南市2007年国民经济和社会发展计划》。《计划》总结了2006年国民经济和社会发展计划执行情况，明确了2007年全市在综合经济实力、经济结构、运行质量效益、社会事业、生态环境等方面的主要发展目标、任务和措施。

6月14日，印发《济南市节能奖励办法(暂行)》。《办法》规定了市节能奖的奖项设置、评选范围、评选条件、评选程序和奖励办法，鼓励有关单位和个人贯彻落实科学发展观，加快发展循环经济，构建节约型社会。

7月4日，印发《济南市人民政府关于依法整治违法违章建设的意见》。《意见》围绕维护城市建设和城市管理的正常秩序、有效遏制和及时查处各类违法违章建设，明确了任务目标和职责分工，并对建立长效管理机制、根治违法违章建设提出了具体意见。

7月19日，印发《济南市人民政府关于进一步促进金融业发展的意见》。《意见》围绕充分发挥省会优势，促进金融业发展和区域性金融中心建设，在优化金融业发展环境、实施扶持政策、深化金融体制改革等方面提出了具体意见措施。

7月30日，印发《济南市人民政府关于促进服务外包产业发展的意见》。《意见》指出，要加强财税等方面的政策扶持，建立和完善服务外包投融资体系，加快服务外包人才引进和培养，加大知识产权保护力度，促进济南市服务外包产业快速健康发展。

8月7日，印发《济南市人民政府关于促进生猪生产，稳定副食品市场供应的意见》。《意见》指出，各级各部门要加大对生猪和副食品生产的扶持力度，强化生猪疫病防控工作，加强市场调节和监管，妥善安排低收入群体和大中专院校学生生活，加强对“菜篮子”工程的组织领导，稳定市场供应和价格，满足人民群众的生活需求，增加农民收入。

8月21日，印发《济南市加快园区经济发展若干政策》。《若干政策》围绕加快园区发展，在举全市之力支持济南高新区发展、设立济南市园区经济发展专项资金、优先安排园区工业项目用地和支持园区基础设施建设等方面提出了具体政策措施。

8月22日，印发《济南市人民政府关于进一步加快软件产业发展的意见》。《意见》明确了济南市软件产业发展的总体要求、发展目标、发展重点，提出了促进软件企业做大做强、优化软件产业发展环境、强化政策扶持等方面的政策措施。

8月24日，印发《济南市城市低收入家庭廉租住房管理办法》和《济南市经济适用住房管理办法》。明确了城市低收入家庭廉租住房主要保障形式和所需资金来源，规范了经济适用住房建设、交易和管理的制度规定，为建立和完善城市住房保障制度，改善城市低收入家庭居住条件提供了政策保障。两个《办法》自2007年9月1日起施行。

8月30日，印发《济南市人民政府关于实施质量兴市战略的意见》。《意见》指出，要大力开展源头质量监管，突出发挥名牌战略的带动作用，加强产品质量标准体系建设，强化生态环境质量整治，加强质量技术服务工作，加强质量平安建设，提升改善产品质量、服务质量、工程质量和环境质量，促进经济发展方式转变。

9月13日，印发《济南市人民政府办公厅关于免除农村民办义务教育学校学生杂费的通知》和《济南市人民政府办公厅关于免除城市义务教育阶段学生杂费的通知》。两个《通知》要求，从2007年秋季开学起，在全市范围内全部免除农村民办义务教育学校在校学生杂费和城市义务教育阶段学生杂费。

9月14日，印发《济南市节能减排综合性工作实施方案》。《方案》明确了节能减排的目标任务和总体要求，提出了调整优化结构、实施重点工程、加快发展循环经济、完善激励约束机制和提高全民节约意识等方面的具体措施。

10月24日，印发《济南市人民政府关于做好城镇零就业家庭和农村零转移就业贫困家庭就业援助工作的通知》。《通知》要求，要建立动态管理制度，强化就业扶持政策，完善就业服务政策，形成保障合力，切实解决好城乡困难群众就业问题。

11月3日，印发《济南市人民政府关于全面加强应急管理工作的意见》。《意见》明确了应急管理工作的指导思想和目标要求，强调要加强应急管理基础建设，强化应对突发公共事件的能力建设，构建良好的应急管理工作格局，切实做好应急管理工作，积极预防和妥善处置突发事件。

11 月 15 日，印发《济南市人民政府关于支持财源建设工作的意见》。《意见》确定，设立市财源建设专项扶持资金，建立财源建设表彰奖励机制，成立财源建设工作领导小组，强调要进一步加强财源建设，优化财源结构，促进地方财政收入规模和质量稳步提高。

12 月 29 日，印发《济南市人民政府办公厅关于提高城乡居民最低生活保障和农村五保供养标准的通知》。《通知》要求，自 2008 年 1 月 1 日起，对城市居民最低生活保障标准、农村居民最低生活保障标准和农村五保供养标准进行调整。城市居民最低生活保障标准，历下、市中、槐荫、天桥、历城五区由月人均 280 元提高到 300 元；长清区由月人均 230 元提高到 260 元。章丘市和平阴、济阳、商河三县政府也要根据实际，对各自行政区域内城市居民最低生活保障标准做出相应调整。农村居民最低生活保障标准，由年人均不低于 960 元提高到 1080 元；农村五保供养标准，集中供养标准由每人每年不低于 2400 元提高到 2600 元，分散供养标准由每人每年不低于 1400 元提高到 1600 元。

（魏　杰）

【市政府全体(扩大)会议】 3 月 16 日下午，市政府召开第六次全体(扩大)会议，讨论并原则通过了《政府工作报告(讨论稿)》。市委副书记、代市长张建国主持会议并就做好当前工作和加强政府自身建设提出要求。张建国指出，要搞好经济运行监控分析，拿出切实可行的对策措施，努力突破难点，确保全年各项工作按照预期目标和进度有序进行；要扎实做好安全稳定工作，严格落实责任制，强化社会治安综合治理，加强对工业生产、公共场所消防和食品药品安全等重点领域的监管，坚决防止各类重特大安全事故发生；要抓好各项工作落实，特别是对新农村建设、自主创新、节能降耗等重大课题，对产业结构、老城提升、区域经济等重大任务，都要拿出有阶段目标、有质量进度要求、有责任分工的具体安排；要切实加强政府自身建设，大力弘扬求真务实的工作作风，努力建设行为规范、公正透明、勤政高效、清正廉洁、人民群众满意的政府。

12 月 17 日上午，市政府召开第七次全体(扩大)会议，讨论并原则通过了《政府工作报告(征求意见稿)》。市委副书记、市长张建国主持会议，并就做好当前工作提出要求。张建国指出，各级各部门要把学习贯彻十七大和中央经济工作会议精神作为首要政治任务，结合实际，学深学透，力求在改善民生、结构调整、节能减排、自主创新、公共安全、社会稳定等方面研究破题，切实把握好工作方向和着力点；认真做好总结分析和规划研究，精心安排好未来 5 年及明年的工作；始终保持奋发有为的精神状态，把各项工作抓实、抓细、抓到位，确保完成全年各项目标任务。

（魏　杰）

【调研信息】 2007 年，市政府调研室共起草市长、常务副市长讲话及其他文稿 440 多篇，组织开展重点专题调研 17 项，撰写调研报告 14 篇，编发《供参阅》6 期，市政府领导批示和采纳率达到 80%。其中《关于加强国有资源和资产有偿使用收入管理的调研报告》、《统一内外资企业所得税率对我市利用外资的影响和对策》、《推进农村土地流转 加快发展现代农业》和《关于第十一届全运会济南赛区筹备工作的思考与建议》等调研报告，对实际工作产生积极影响。5 篇调研成果在全省政府系统优秀调研成果评选中获奖。

信息工作突出搞好为领导服务，改革工作方式，创新政府信息载体，提高信息质量。全年共编辑政务信息 4438 条，其中市领导批示 98 条(次)；上报国务院信息被采用 9 条，条数和分数均居全省前列；上报省政府信息被采用 157 条，采用条数和分数均居全省第一。增设《互联网信息摘要》刊物，共编发 25 期，其中市领导批示 8 期。

（魏　杰）

【政务督查】 市政府督察室全年共督办市长办公会议、市政府专题会议 23 次，立项督察会议议题 89 个，督办会议确定事项 200 项。办理省、市领导批示 170 件，办理省政府专项督察 10 件，督办市政府下发各类文件 42 件，办理全国、省、市建议、提案 920 件，满意和基本满意率达到 98% 以上。督办《政府工作报告》、全市民营经济工作会议等专项督查 20 余项。下发督查督办通知 1800 余件，编发《济南政务督查》25 期，形成文件 32 件。现场督查 20 余次，组织协调全国、省、市人大代表、政协委员视察检查活动 62 次。被省、市两级政协评为提案办理先进单位。

（魏　杰）

【电子政务】 全面加强政府门户网站建设，对网站进行全面改版升级。围绕市政府重点工作、重大决策和公众关注的热点问题，开设迎接十一届全运会、学习贯彻十七大精神专题栏目；设置“百姓实事上网办”服务栏目，群众关心的教育、医疗卫生、社会保障、交通出行和公用事业 5 个领域 100 项服务事项实现在线办理。全年共编发上载各类信息 2 万余条。网站连续 6 年被评为国家、省、市优秀政府网站。不断丰富政务内网服务功能，增加视频节目直播功能。全年共加载动态视频节目 1500 余条、固定节目 638 条，对党的十七大开幕式和新一届政治局常委记者见面会等重要事件进行网上直播。加快推进市行政审批服务中心信息化建设，开通审批事项在线服务系统，服务部门达到 21 个，审批事项达到 54 个。

（魏　杰）

【应急管理工作】 2007 年 2 月，市编委会批复成立市政府应急管理办公室，挂市政府总值班室牌子，为市政府办公厅管理的正局级机构，内设值守处、处置协调处、指导处，配行政编制 14 人。主要承担政府值班、应急管理、市长公开电话等工作。

1.加快应急预案体系建设。市应急预案库汇集各类应急预案 120 余件，其中市总体应急预案 1 件，市专项应急预案 17 件，市政府部门预案 80 余件，县(市)区政府(含高新区管委会)总体预案 11 件。各乡镇、街道办事处和各类企事业单位也都制定了应急预案，基本形成覆盖全市各级各类突发事件的应急预案体系。

2.加强应急管理体制建设。市中、槐荫、历城、长清、济阳5个县区组建了应急管理办公室,部分乡镇、街道办事处、重点企事业单位明确了应急管理的办事机构,市政府有关部门及各专项指挥机构的应急协调职能进一步强化,初步形成了分类管理、分级负责、条块结合、属地为主的应急管理体制。

3.加强应急管理机制建设。规范突发事件信息报告工作,对各类突发公共事件的分类与分级、信息报告的内容和方式、责任主体、时限要求等内容进行了明确。加强突发事件预警信息发布工作,对预警级别进行了统一分级,规范了发布程序,拓宽了发布渠道,除电视、广播、手机短信、各类公共显示屏、网络等预警信息发布渠道外,增加利用人防警报发布红色预警。加强突发事件监测预警和预防工作,自然灾害、事故灾难、公共卫生事件、社会治安事件方面的监测预警网络体系进一步完善。

4.增强公众安全防灾意识。组织编印100万册《汛期安全知识手册》,免费发放至每个家庭。组织地震局、红十字会等单位举办应急救护培训进社区活动,推广槐荫区青年公园街道办事处"安全社区"建设经验。(王庆明)

【市长公开电话】 全年共受理群众反映问题1.2万件,直接处理7600件,转县(市)区政府和有关部门处理4600件,其中办理群众来信26件,省长信箱交办件127件。向社会公开办理结果500余条,编写市长公开电话摘报25期。(王庆明)

【无线电管理】 2007年,努力提高频率台站管理水平,完善台站数据库,动态更新各项数据6000余条。简化工作程序和中间环节,提高电台执照年度审验工作效率,共审验102家设台单位各类电台设备执照1万余部,换证设台单位30家、换证设备691部;收回超短波双工频率12组、单工频率5个、微波频率1组;报停或撤销设台单位18家,报停电台设备202部。抽测网通公司PHS基站50个,移动公司GSM基站20个。完成常规监测1906小时,重大活动及节假日期间24小时监测值班75天,自3月起上报监测月报9期,多次受到省无线电管理办公室通报表扬。9月,与市公安局、市工商行政管理局、市质量技术监督局联合发出《关于开展全市无线电对讲机清理整顿工作的通告》,通过监督检查,为无线电发射设备的销售商办理销售备案手续32家,销售市场备案率达90%;掌控全市重点违规设台单位34家。

利用《山东省无线电管理条例》颁布实施一周年的时机,采用报纸、网络、现场等多种方式进行广泛宣传,使全社会增强对无线电管理工作的了解。有4人通过市法制办组织的行政执法人员培训,获得执法证。按照济南地区A级监测网方案的规划,通过考察,确定了新固定站站址4处、小型站站址5处,专用站址1处。

(安 翔)

【政府法制工作】 2007年,济南市政府法制工作紧紧围绕全市中心工作,改革创新,服务大局,努力推进依法行政,被山东省人事厅、省政府法制办评为全省政府法制工作先进集体。

1.加强政府立法。①立法更加关心民生、保障民生,重点是围绕城市规划建设、社会保障、土地管理、社会管理,制定、修订了一系列法规规章。②实行开门立法,对理论较深、制度设计敏感的项目,提交法制咨询委员会论证,对社会影响大的项目,通过座谈会、论证会、在网上或媒体上公开等方式广泛征求社会各界意见,取得了良好效果。全年共起草、审查、修改法规规章草案30余件,对全市现行的180件政府规章进行了全面清理,拟废止92件,修改48件,继续有效40件。

2.完善规范性文件管理。①7月10日,公布新的《济南市规范性文件管理规定》,该规定建立实行了规范性文件有效期、异议处理、统一发布等制度,走在了全省乃至全国的前列。②加强对各部门规范性文件制定工作的指导,起草了行政机关制定规范性文件指导规则。全年审查修改规范性文件104件,包括事前审查71件,备案33件。对全市行政机关建国以来制发的规范性文件进行了全面清理,最终确认193件,其中建议废止13件,修改16件。

3.认真做好行政复议工作。①努力打造"优质复议为民服务窗口",增设了阅卷室、听证室和接待室,完善了网上申请复议的流程。②积极创新办案方式,建立完善简易程序、协调调解、听证等制度,对房产、土地争议等案件不拘泥于书面审查,坚持实地调查、现场办案,更多地运用协调和指导手段,及时与双方当事人进行沟通。③加强对全市行政复议工作的指导,总结办案经验,编发了行政复议指导案例。④与法院建立联席会、座谈会制度,进一步加强了与法院系统的经常性联系。全年受理复议案件270件,已审结案件中维持30件,终止216件,撤销3件,责令履行2件,驳回2件。接待复议咨询3000余人次。代市政府参加省政府复议11件,行政诉讼25件。

4.加大执法监督力度。①积极推进执法评议考核工作,与监察局共同研究起草了考核评议办法,进一步明确了执法责任。②创新监督方式,建立了执法人员法律知识抽查测试制度,对15个单位共193人进行了法律知识抽测。③选择部分执法部门,开展了行政处罚自由裁量权标准试点工作,为下一步在全市推行打下了基础。

5.加强政府法制研究,积极发挥参谋、助手和法律顾问作用。①围绕转变政府职能、审批制度改革、创新行政执法体制机制等方面,编制了第二个政府法制研究课题计划。②完成国务院法制办委托的"立法后评估"课题,得到国务院法制办的充分肯定。③固定列席市政府常务会议,编印《依法行政参阅件》,及时为政府领导决策提供法律服务。调整充实市政府法制咨询委员会,重新选聘13名专家学者和资深律师组成了第二届委员会,为开展政府决策咨询服务打下了坚实基础。④落实政府领导学法制度,5月21日,邀请全国人大法律委员会主任委员杨景宇为全市领导干部做了《物权法》专题报告。⑤完成济南市医疗废弃物处置特许经营协议审查等事项，为领导决策提供法律意见。

（刘　霞）

【仲裁工作】 2007年，济南仲裁委员会共受理经济纠纷案件1036件，涉案标的7.5亿元，为促进和谐济南的建设发挥了积极作用，被山东省政府法制办评为优秀仲裁委员会。

积极推进仲裁分会建设工作，构建仲裁工作体系。3月16日，济南市天桥区仲裁分会成立，从而能够更好地方便公民、法人和其他组织通过仲裁制度维护其合法权益。在保险、交警行业新设立了仲裁调解中心，取得了较好的效果。通过集体走访、调研、举办仲裁座谈会、行业座谈会等多种形式，面对面与律师、大中型企业的代表进行沟通交流。围绕仲裁推行依法文明办案"六公开"（公开受理管辖范围、公开仲裁程序、公开收取仲裁费用标准、公开仲裁委员会组成人员和仲裁员名单、公开法律服务项目、公开内部管理制度）措施实施十周年，开展了一系列宣传活动，进一步扩大济南仲裁委的社会影响力。不断完善内部监督机制，修订案审办法，坚持疑难案件的专家评议制度，保证了仲裁案件的质量，全年没有出现一件被法院撤销的案件。组织了多期仲裁员培训班，并对首席仲裁员进行了专门的培训，在仲裁队伍中深入开展严格仲裁操守、严肃仲裁纪律教育，严防仲裁腐败的发生。

（刘　霞）

【"满意在民政"活动】 2007年，全市民政系统围绕打造服务型政府的目标，以全方位政务公开为抓手，切实完善民政工作"五全服务"，将"满意在民政"活动不断引向深入，实现了精神面貌焕然一新、工作作风根本转变、工作效率普遍提高、服务质量显著优化、各项管理规范有序。6月，"满意在民政"被表彰为泉城精神文明创建活动著名品牌。9月，市民政局被表彰为全国民政系统和全市市直部门中唯一一个"全国政务公开工作先进单位"。11月22日，市委、市政府召开了济南市第十一次民政会议，对60个民政工作先进集体和120名先进个人进行了表彰，民政部专门来电祝贺。《济南日报》头版以《民政是为民之政》为题发表了社论。

1.民政规范化建设进一步加强。认真总结"满意在民政"活动的经验做法，编辑出版《满意在民政》一书，制作播出《满意在民政》专题片；联合济南电视台制作并播出《走进民政看民生》系列短剧；在全市民政系统推广新闻发言人制度，建立办公自动化远程端VPN连接，济南民政网站"民政局长在线答疑"栏目实现语音视频同步交流；开发"民政e线通"网络时时通讯系统和网上预约预审功能，使服务方式由群众被动接受转变为主动选择。

2.队伍自身建设进一步提高。结合"作风建设年"、"创建'两好一高'机关"等活动，深入进行"解放思想大讨论"。积极探索社会工作人才队伍建设，历下区、市救助管理站、市社会福利院被民政部确定为全国社会工作人才队伍建设试点单位；下发了《关于开展社会工作人才队伍建设有关问题的通知》，11月，联合山东大学成立社会工作人才培训基地，127名社会工作者参加了第一期专业知识培训班。在第二十二次全省民政会议上，市中区、章丘市被表彰为"山东省民政工作先进县（市）区"，王荣山等10人被省人事厅、省民政厅表彰为"山东省民政工作先进个人"。

3.监督机制建设进一步完善。继续开展"问计于民"活动，11月，面向社会开展了"金点子征集月"活动；继续开展"人大代表、政协委员话民政"活动，承办的14件市人大代表建议、38件政协提案，办结率、面复率和满意率达到三个100%；联合市纪委开展了"廉政文化进社区"活动；在全市优化发展环境民主评议中，市民政局被评为优秀等次。（陈尚军）

【社区建设】 市社区建设领导小组出台《济南市社区居民自治工作规范》，为居务公开、民主管理、民主决策、民主监督等社区居民自治工作提供了规范性依据。7月，市社区建设领导小组出台《关于在全市开展农村社区建设试点工作的实施意见》，确定了254个试点村，历城区、章丘市被民政部确定为全国农村社区建设实验县（市、区）。全市第九届村两委换届选举工作进行顺利。9月，召开了换届选举工作会议，举办了换届选举业务骨干培训班，市委、市政府下发《关于搞好村"两委"换届选举工作的意见》。全市有换届任务的4681个村（居）中，已完成村委会换届选举的村4642个，达到99.17%；一次换届成功的4625个，达到98.80%；书记、主任"一人兼"的占88.98%；村两委成员交叉任职的占74.67%。村务公开民主管理工作扎实推进，各县（市）区积极开展创建村务公开、民主管理示范活动，把优惠政策、资金和物资等事项及时纳入村务公开的内容，接受群众监督，村务公开民主管理的形式、内容和程序进一步规范。

城市社区建设力度进一步加大。年初，成立了由9个部门参加的联合调研组，开展了为期两个月的社区大调研活动。7月11日，召开全市社区建设工作会议，对48个社区建设先进单位和101名个人进行了表彰。市委、市政府下发《关于进一步加强社区建设的意见》，明确了提高社区居委会成员生活补贴和社区办公经费标准、城区社区办公服务用房建设等问题的解决办法。全市社区居委会成员每人每月1586元的生活补贴、每千户1万元的办公经费已基本兑现；加强社区基础服务设施建设，投入福彩公益金500万资助的第三批50个老城区社区办公服务用房新建、改建工作基本完成，全市424家社区办公服务用房平均达到350平方米；市社区服务中心打造"心连心"品牌，家政、婚介、摄影、婚庆服务受到群众的认可；6月，济南社区公共服务网开通，签约加盟服务商达800余家。12月5日，在全省社区工作经验交流会议上，济南市介绍了落实"三有"、强化服务、全面提升社区建设水平等做法。和谐社区建设进一步加快。1月，槐荫区、天桥区被中国社会工作协会社区服务工作委员会表彰为"全国社区服务示范区"，山大路街道为"全国社区服务示范街道"，七里堡社区、黄台电厂社区、辛甸社区为"全国社区服务先进社区"；历下区10个街道被中国社工协会社区服务工作委员会表彰为"全国和谐社区建设示范街道”。市民政局、市文明办于10月联合下发《关于在全市广泛开展“迎和谐全运、创文明社区”主题实践教育活动的通知》，开展了以提高市民文明素质为内容的和谐社区建设活动。民政部基层政权和社区建设司充分肯定济南和谐社区建设工作取得的成绩，并将历下区甸柳新村街道第一社区和文东街道中创开元山庄社区确立为和谐社区建设联系点。11月，全国和谐社区建设指导标准及测评体系修改座谈会在济南市召开，济南市和谐社区建设的做法得到民政部推广。在第二十二次全省民政会议上，济南市做了题为《创新管理体制 强化基础设施 扎扎实实推进和谐社区建设》的典型发言。

（陈尚军）

【地名管理】 全年共命名地名60条(其中居民区23条、道路21条、桥梁6条、泉水10条)。积极弘扬地名文化，出版发行《济南市地名录》，开展“具有文化遗产价值老地名海选”、“济南地名楹联有奖征集”、“我给无名泉起名”、“老街名变与留大讨论”等活动。丰富“济南地名网”查询功能，提高了地名信息化服务水平；推动“平安边界”创建活动，建立“创建平安和谐边界”市际交流制度，推广“两图一责”界线管理模式。 （陈尚军）

【民间组织管理】 截至2007年，全市共有民间组织4320个，其中社会团体2048个（市级社团403个），民办非企业单位2272个(市级民非单位339个)。9月，全省社区民间组织现场经验交流会在济南召开，济南市“一级备案、三级管理”(即县、区民政局备案，市、区、街道办事处三级管理)的做法在全省推广。开展集中年检上门服务，提高民间组织年检率。广泛开展民非单位回报社会活动，组织民非单位送医送药下乡，为群众提供家政公益服务。与市监察局、市物价局、市法制办、市纠风办联合下发通知，要求党政领导、公务员不得兼任行业协会职务。积极开展民非单位诚信建设评比活动，扩大民非单位社会影响力。 （陈尚军）

【三峡移民安置】 年初，各县(市)区按照每个安置村培育一户移民致富带头人、给每户移民家庭免费培训一名掌握一种专业技能的劳动力、帮助每户移民安排一名务工人员的目标，对移民进行“三项帮扶”。通过开展“三项帮扶”活动，移民的种养殖技术、生产技能、就业能力等得到了提高。有的移民在当地开饭店、办企业、承包工程，成了发家致富的带头人。移民的年人均收入有的已经高出了当地农民的人均收入，生活水平不断提高。上半年，对全市三峡移民后期扶持人口进行核查登记，济南市共有三峡移民307户、1278人，其中：集中迁入移民305户、1273人(原迁297户、1201人，新增8户、72人)；投亲靠友三峡移民2户、5人。8月，按照省三峡移民办核实的三峡移民后期扶持人口指标，将省下拨的后期扶持资金及时拨到了各县(市)区。各县(市)区民政部门与当地财政部门和银行联合，将后期扶持资金发放到了三峡移民手中，为每一个移民分别开设了银行账户，建立了“一卡通”。

（陈尚军）

【退役士兵接收安置】 全市共接收退役士兵4556人，其中城镇退役士兵2456人。加大指令性安置力度，对要求事业单位安置的退役士兵继续采取考试考核、公开选岗、择优安置的办法加以安置，对要求企业单位安置的退役士兵采取统一调剂的办法加以安置；大力推进自谋职业，全市自谋职业率达到75%，位居全省前列；市民政局与济南技术学院联合建立退役士兵技工培训基地，全年共培训退役士兵500多名；继续举办退役士兵与用工单位双向选择现场洽谈会。建立退役士兵就业服务长效机制，11月，市民政局与市职业介绍中心联合成立全省首家退役士兵就业指导中心，常年为退役士兵提供免费就业服务。 （陈尚军）

【军队离退休干部安置和管理】 全市共有军休所21所，其中市属8个。全年共接收安置军队离退休干部332名，发放退休费2920万元。“中秋”、“十一”等重大节日走访慰问老干部1500人次，春节组织了一场电影专场，“八一”前夕组织观看京剧《辛弃疾》，得到军休干部的高度赞扬。累计发放慰问品1000余份，购物卡500多张，共计42.6万元；发送语音电话、短信群发20余次，累计发送电话号码5000多个；看望住院病人100余人；上报公费医疗报销单据1000多份。投资134万元修建市中区军休所活动室，对一所、三所、五所、六所、七所、平阴、长清、章丘军休所等单位进行院容绿化美化和上下水等设施改造，军休三所建立外网网站。加强工作人员队伍建设，军休管理服务水平进一步提高，积极探讨管理服务新模式，《军休天地》2007年第三期发表了《关于济南市军休数字化建设工作探讨》的文章，得到了社会的好评。开展“争创和谐军休家园、和谐军休家庭”、“老少互动、双向关爱”、“重返军营过军事日”、“我的军旅生涯征文”等系列活动，出版《难忘的军旅生涯》一书，举办军休干部书画展，开展门球、钓鱼比赛等文体娱乐活动。军休干部“两项待遇”进一步落实。筹建市中区、历下区、天桥区、槐荫区4处分散安置军休干部管理服务处。 （陈尚军）

【优抚工作】 8月21日，市委、市政府召开全市部署落实部分军队退役人员有关政策工作会议，对1194名参战、参试人员进行了摸底审核，对带病回乡退伍军人进行了清查，审批认定4880人。解决优抚对象生活难、住房难、医疗难问题，平阴县建起优抚医疗三级网络；历城区完善孤老优抚对象休养院管理；章丘市、商河县开展“优抚安居工程”，新建、维修住房126间。全年共救助优抚对象1833户，发放救助金110万元，发放救助物品价值21.8万元。优待内容进一步丰富，建立了优抚对象精神抚慰机制，开展了“光明献功臣”活动；对130多名复退军人进行残疾等级鉴定，为91名符合评残条件的复退军人评定了精神残疾等级。

积极打造红色旅游精品项目，新建英雄山展览馆和老干部纪念堂，改造济南战役纪念馆全景画馆，对历城区、商河县烈士陵园进行了改造，并投资60多万元对各烈士陵园进行环境整治和绿化。济南战役纪念馆联合新浪网济南站开展了“红色记忆”征文活动。清明节期间，全市28万多人祭扫烈士墓，举行报告会等各类活动3900多场次，为烈士遗属解决医疗、生活、住房等方面的实际困难600多件。

（陈尚军）

【双拥工作】 2007年，双拥工作不断完善双拥政策体系，拓展双拥工作内容，宣传双拥工作典型，取得了显著成绩。12月，济南市再获全国双拥模范城称号，实现了“六连冠”。

1.积极完善双拥政策体系，推进双拥工作创新发展。出台《关于建立困难军人家庭救助机制的意见》和《济南市双拥模范单位命名管理办法》；组织驻济新闻媒体对济南市双拥工作、章丘市双拥工作、72959部队、荣兰祥等先进典型事迹进行深入报道。其中章丘市双拥工作“五个100%”的做法得到解放军总政治部主任李继耐高度评价，济南军区和省、市主要领导分别作出重要批示，省委、省政府及市委、市政府号召在全省、全市推广学习。在省第六届“十佳好军嫂”评选活动中，市职业学院医务室主管护师李翠兰受到省妇联、省民政厅、省军区政治部通报表彰。“八一”建军节前夕，济南军区、山东省暨济南市在英雄山革命烈士纪念塔前隆重举行了建军80周年祭奠革命英烈活动。

2.开展形式多样的拥军优属活动，拓展双拥工作内容和领域。元旦、春节期间，市委书记焉荣竹、市长张建国、市委副书记杨鲁豫等市领导分7路对驻济部队四大机关、驻军医院、干休所和英模连队等24个驻军单位进行走访慰问，赠送了慰问品和慰问金；为认真落实中央关于建军80周年纪念活动意见和“八一”军政座谈会精神，向济南军区、军区空军、省军区、省武警总队赠送了慰问金1800万元，向“济联应急——2007”实兵演练部队、第三批赴苏丹维和部队等开展了慰问活动。济南军区、军区空军首长分别走访历城和市中区的部分困难群众，赠送了慰问金和价值20多万元的慰问品；济南军区政治部向历城区锦绣川“八一”希望小学赠送了1万册图书。

3.开展军地互办实事，促进双拥工作发展。协调解决了某防化器材仓库与市中区朱庄村的土地纠纷问题。协调市教育局为346名军人子女办理了中考加分。驻济部队出动2000余名官兵积极参加义务植树活动。在“7·18”暴雨灾害中，部队出动兵力3500余人（次）支援全市抢险救灾工作。

（陈尚军）

【民政事业单位管理】 济南革命烈士陵园（济南战役纪念馆）全年共接待观众48500人次，播放全景画983场次，讲解526场次，其中学生参观约2万人次，部队6000人次，老年人9000多人次。展厅新增雕塑5处、增设灯箱22处、投影1处、大型油画2处、制作版面30块、补充文物15件。筹资500万元将原烈士事迹陈列室新改建成革命烈士和老干部骨灰堂，新改建骨灰堂共分10个单盒厅、2个双盒厅、1个悼念厅。清明节活动期间，共组织悼念活动280场次，接待单位380多个，接待悼念群众近8万人次，学生近6万人次；济南战役纪念馆接待观众19000余人次，骨灰管理科接待进谒家属2.8万多人次，接听接待咨询电话468人次；“寻亲热线”接待寻亲的烈士家属9户，为其中5户找到了烈士档案史料。筹资100余万元整修危桥一座，新修和整修部分路面3000余平方米，在悼念广场和主要道路两侧更新铺设花砖共计21000余平方米，为园内的多条道路铺设了专用电缆线路1200米，安装节能路灯50套，新植绿化草皮4500平方米。

济南市社会福利院全年接收弃婴162人、“三无”人员35人；成立聋儿语训康复中心，开展早教“水疗”、远红外线保暖等特色康复项目；投资300万元、建筑面积达1600平方米的爱心楼工程破土动工；联合《济南时报》开展泉城义工“亲情拥抱福宝宝”活动，105名“爱心妈妈”持证上岗；完成“明天计划”手术60例，共有162名残疾孤儿实施手术康复矫治，手术的覆盖率、成功率、康复率达到100%，走在全省福利院前列。年内，市社会福利院获“全国‘明天计划’先进集体”、“优秀青少年维权岗”、“市职工职业道德建设十佳单位”称号。进一步规范历城区唐王镇纸坊村家庭寄养工作，扩大寄养规模，寄养儿童已达92名。

济南市精神病院继续完善“扶贫救助病床”和“一接一送”服务制度，为28名家住四川、辽宁、山西、陕西等地区的流浪精神病患者找到了家，扶贫救助病床利用率达到100%，共减免费用3万余元。定时专车免费接送病人家属来院探视700多人次。中央电视台新闻频道《本周关注》栏目和中央电视台第十频道《关注》栏目分别报道了一名安徽籍流浪精神病患者在济南市精神病院接受两次救助治疗的过程，在社会上引起较大反响。新建成2300平方米的康复运动场，完成了济南、聊城、德州三地复退军人精神残疾鉴定工作，共鉴定人员433人。

济南过军供应站全年共接待军列18列，过往官兵9566人次，其中供餐7566人次，供水2000余人次，为站台装载部队提供餐厅12次；7月，在“济联应急——2007”军事演习中，军供站的工作受到济南军区和省、市领导的充分肯定和部队的好评。

济南市救助管理站全年接待求助人员近万人次，实施救助5620人次（其中未成年人760人次），巡回应急救助580人次，危重病人560人次，护送老弱病残小670人次。坚持一岗双责三首责任，实行按章、自我、责任和需求管理，健全安全小组，落实应急处置方案，戴标志管理服务，把重点放在责任人和疾病传染工作上，24小时跟踪服务管理，有效遏制求助人员违规不法行为138起，救助结核病人26例、重肝病人36例、精神病人67例，其他疑似传染病人23例，无发生任何问题和不良反映。投资300万元，建设了集“四室五实习场所”为主的生活、教育培训一体的济南市流浪未成年人基本技能培训基地。建立健全站内救助与主动巡回救助、提供生活保障与开展技能培养相结合的救助服务体系，实行边建边训，已培训流浪儿童58人。高标准的超前性的救助服务网

络体系建设走在全国前列。（陈尚军）

【市级机关事务管理】 2007年，济南市市级机关事务管理努力提高服务水平和工作效率，各项工作整体推进。年内，市级机关事务管理局被授予“省级文明机关”、“全省后勤管理工作先进集体”、“创建‘两好一高’机关十佳单位”称号。

1.济南奥体中心综合服务楼全面竣工。工程于2005年10月22日开工以来，认真落实工期、质量、造价、安全目标，严格坚持项目法人制、项目策划制、项目管理制、招标投标制、工程监理制、政府采购制、财务核算制和工程审计制等八项管理制度，至2007年底，综合服务楼全面完工，顺利通过工程验收。楼内会务、新闻发布、餐饮、办公自动化系统、空调系统、安保系统、水电气及供热等系统全部调试完毕；室外景观绿化、大辛河改造、地下管网、道路以及景观湖建设已全面完成，具备了全面使用、运营条件。

2.行政事业资产管理制度改革稳步推进。按照济南市行政事业资产管理制度改革的总体部署，认真做好资产移交、过户、抵押贷款和资产置换处置准备。至2007年底，共完成土地过户109宗、面积65.7万平方米，占应划转土地的49%；房产过户512幢、面积59.5万平方米，占应划转房产的69%。年内，还建立了资产出租工作的规章制度，制订了挂牌竞租的操作办法，并开展了资产出租的试点工作。

3.后勤事务管理制度改革全面启动。着眼综合服务楼的使用，对市级机关事业单位的办公场所、办公条件进行了专题调研，对有关单位情况进行了调查摸底和统计分析。走访了省、市两级全运会组委会，对其机构设置、人员组成进行摸底，初步掌握了全运会期间新闻发布、新闻制作传输等功能需求。结合调研情况及综合服务楼的功能设置，草拟了利用方案。深入学习先进城市的管理经验，对综合服务楼物业、会务、食堂、安保等服务保障性工作进行了调研，形成了初步的管理运作思路。根据全运会组委会服务保障部的安排，对公务车辆的保障工作进行了前期准备。（崔玉琦）

【史志工作概况】 2007年，济南市史志工作紧紧依靠《地方志工作条例》和《山东省地方史志工作条例》，按照《济南市地方史志事业“十一五”发展规划》的要求，根据全年工作总体目标，各项工作全面发展，并取得了一定的成绩。二轮修志进展良好，并有新的突破；年鉴编纂继续发挥优势，保持了在全省的领先地位；信息化建设创造性地开展工作，取得了一些独特成果；方志馆建设在基础较为薄弱的情况下扬长避短，业务取得新的进展。

1.扎实有序地开展续修新志工作。①第二轮修志启动、进展顺利。在2006年4月启动二轮修志的基础上，第二轮济南市志的编纂在2007年进展顺利，并取得了较大突破。通过与各承编单位进行篇目对接和业务研讨，进一步修订完善了续修济南市志的整个框架结构和详细篇目；同时在续修进度较快的单位做好初稿撰写试点工作，推出分志样稿，指导、推动全市各承编单位的初稿撰写。截至2007年底，与全市128家承编单位（含驻济大型企业）进行了业务研讨和篇目对接，并进行了系统的修志业务培训。年底，有117家承编单位上报了分志篇目，市志总篇目已经成型；市财政局、市科技局、市房管局、市检察院、济南机场等作为初稿撰写试点单位，基本完成初稿。11月中旬，编印出《〈济南市志（1986—2005）〉篇目及部分样稿》（征求意见稿），向全办及老干部征求意见后，对篇目及样稿进行了精加工。为保证志书质量，在承编单位完善篇目设置和初稿撰写阶段，适时制定了《关于〈济南市志（1986—2005）〉篇目设置的有关说明》和《关于〈济南市志（1986—2005）〉初稿撰写方法的有关说明》，同时强调，质量是志书的生命，在任何阶段都必须优先保证志书质量。②县（市）、区修志工作全面均衡发展。《济南市地方史志事业“十一五”发展规划》提出，济南市第二轮修志要编纂完成10部县（市）、区志。《平阴县志（1988—2003）》已于2006年6月出版。2010年前全面完成历下、市中、槐荫、天桥、历城、长清六区和章丘市及济阳、商河两县二轮志书的编修工作。为推动县（市）、区修志工作的开展，对县、区业务指导早介入、严把关，尽早发现问题，提出指导和修改意见。续修《济阳县志》、《章丘市志》、《历下区志》计划2008年出版，相应加大了业务指导力度。5月，续修槐荫区志工作正式启动，积极指导、参与了槐荫区史志工作会议的筹备工作和全区地方志续修业务培训，并对区志试点单位进行了有针对性的业务指导。8月，与长清区史志办共同研讨了续修长清区志的篇目，提出详细的修改意见和建议。10月，完成了《历城建区20年大事记（1987—2007）》70余万字的审稿任务。12月上旬，市中区召开续修市中区志动员大会，正式启动二轮修志工作。为实现史志工作的可持续发展，使“十一五”时期的史志工作有计划、有步骤、更好地为全市国民经济和社会发展服务，按照山东省地方史志编纂委员会的要求，济南市史志办公室于2006年初开始了《济南市地方史志事业“十一五”发展规划》的编制工作。2007年6月初，济南市史志编纂委员会予以公布实施。《规划》简要回顾了“十五”时期济南市的史志工作，总结了第一轮修志工作的丰硕成果，确定了“十一五”时期济南市史志工作的指导思想、主要目标，规定了“十一五”时期地方志编纂、年鉴工作、方志馆建设、信息化建设和读志用志等方面的任务，并制定了相关措施。《规划》高屋建瓴，针对性强，紧密结合了济南市史志工作实际，是济南市未来几年内开展史志工作、特别是做好二轮修志工作的重要依据。

2.年鉴编纂工作情况。①《济南年鉴（2007）》顺利出版并再创佳绩。2007年，济南市发生了一系列重大事件，给《济南年鉴（2007）》的编纂和按时出版造成一定的困难。针对问题，及时向市委、市政府和上级部门请示，制定了严谨的处理方案，并在框架设计、文字处理、装帧印刷等各个方面提出了更加严格的要求，加班加点，克服种种困难，圆满完成了《济南年鉴》按年度连续出版的任务。《济南年鉴（2007）》从形式到内容都进行了全面创新，在全省年鉴评选中，获特等奖第一名，继续保持了在全省的领先地位。②县（市）、区年鉴编纂有新的进展。2007年，济南市10个县（市）、区在抓好二轮修志工作的同时，十分重视年鉴编纂工作，编纂并出版了一批年鉴类出版物。长清区广征资料，严格审核，细编稿件，历经数年，六易其稿编纂的《长清人物年鉴》，于年内印制出版，填补了山东省年鉴类别的一项空白，社会反响很好。《市中年鉴（1988—2004）》顺利出版发行；《平阴县情手册》、《章丘大事记（2006）》、《历城建区20年大事记（1987—2007）》也于年内出版；《天桥年鉴（2003—2006）》已经完成初稿，将于近期出版。

3.信息化建设情况。济南市史志系统地情网站已全部建设完成，并实现互联互通、资源共享。全市史志系统出版的史志、年鉴已全部录入地情资料库，并规定志类书籍出版后一个月内必须完成入库工作。济南市情网站采用了先进的检索软件和整站程序管理，采用大容量备份主机对数据资料进行备份，保证了网络系统和资料的安全性。年内对网站主页部分栏目进行了调整，制定了完善的管理制度，规范了网站管理、资料采集、入库、备份等各项工作。在搞好网站正常管理工作的同时，进一步挖掘网站潜能，充分利用网站服务器的存储空间，建立了全市史志系统虚拟局域网，研发了办公自动化平台（OA系统），并结合本行业特点着重开发了使用简捷、功能齐全的书籍编纂系统，在全省甚至全国均属首创。（董殿勋）

【济南年鉴工作暨业务培训会召开】 2007年1月24~25日，2007年济南年鉴工作暨业务培训会召开。各县（市）、区、市直各部门、各大企业和中央、省驻济相关单位120余位年鉴工作人员参加了会议。会议下发了《济南市人民政府办公厅关于印发〈济南年鉴（2007）〉编辑出版工作方案的通知》，回顾总结了2006年年鉴工作情况，对2007年的年鉴工作进行部署。《济南年鉴（2006）》卷的编辑出版工作创新工作思路，努力提高编纂质量。封面设计系列化，突出反映城市地方特点；画页宣传公益化，直观反映年度各业成就；栏目框架科学化，内容信息鲜活多样；正文表现形式多样化，使读者赏心悦目；书籍装帧设计人性化，提高了年鉴品位。

关于2007年年鉴工作，一是继续做好《济南年鉴（2007）》卷的组稿、编辑、出版等工作，在保证质量的前提下，使出版周期明显缩短；二是拓展年鉴服务形式，编纂出版《济南市情手册》；三是做好第十七次全国城市年鉴研讨会的承办工作。（董殿勋）

【济南市学习贯彻《条例》知识竞赛揭晓】 2007年1月29日，济南市史志办举办的“学习贯彻国务院《地方志工作条例》和《山东省地方史志工作条例》知识竞赛”揭晓，获奖结果在《济南日报》公布。

此次竞赛活动从试题设计、报纸登载到答卷的收集、审阅、成绩统计以及最后阶段的抽奖、结果公布，历时两个月。竞赛试题参考国务院《地方志工作条例》和《山东省地方史志工作条例》，以及《济南市志》、《济南年鉴》和济南市情网站信息等资料，设计单选30题、多选10题、判断对错10题，满分100分。竞赛试题及有关竞赛事项于2006年12月1日在《济南日报》刊登后，社会各界积极响应。竞赛共收到各县（市）区、市直各部门和社会答卷2805份，其中满分答卷288份。通过抽奖，从满分答卷中产生一等奖2名，二等奖5名，三等奖10名，纪念奖20名，并依据答卷数量、活动的组织质量评选出组织奖7名。

这次知识竞赛活动是济南市学习宣传贯彻国务院《地方志工作条例》和《山东省地方史志工作条例》，并纪念《山东省地方史志工作条例》实施一周年所采取的一项重要举措。通过这次竞赛进一步宣传了两个《条例》的内容和精神，扩大了两个《条例》的社会影响，在全市史志系统再次掀起了学习、贯彻两个《条例》的高潮，为推动依法修志迈出了扎实的一步；同时在社会上也增强了史志工作机构的影响，让更多的人了解了史志工作，引起了社会各界对编史修志事业的关注和重视。（董殿勋）

【济南市史志工作会议召开】 3月22日，济南市召开全市史志工作会议。会议回顾总结了“十五”时期及2006年工作，对史志工作先进集体和先进个人进行了表彰，安排部署了2007年工作及现阶段二轮修志的工作任务。省史志办公室主任刘秋增出席会议并讲话。各县（市）区政府分管县（市、区）长、史志办主任，市志、年鉴承编单位分管负责人和撰稿人近300人参加会议。

“十五”时期，全市史志工作全面完成第一轮市、县两级志书的编纂出版任务；编纂出版一批年鉴、基层志等地情资料文献；续修地方志和地情资料库、地情网站建设工作启动；领导重视，史志工作条件得到较大改善。2006年，济南市史志办公室在全省史志业务工作年度考核中，以总分第一的成绩被评为优秀等次，全市史志工作又上了一个新台阶。2007年，全市史志工作要重点抓好以下六项工作：（一）进一步抓好两个《条例》的贯彻落实。（二）依法推进续修《济南市志》和县（市）区志工作。（三）积极做好年鉴工作。（四）稳步推进“三个中心”（即把各级史志机构建成当地的地方文献中心、地情资料中心、区域研究和课题咨询中心）建设。（五）切实做好读志用志工作。（六）积极参加全省史志系统开展的“八个一优秀”评选活动。（董殿勋）

【《平阴县交通志》出版发行】 2007年4月，《平阴县交通志》出版发行。该志上限1840年，下限至2005年，分前后两部，其中第一部时间断限为1840年至1983年，是第一轮修志成果；第二部断限为1984年至2005年。自2001年开始启动，至2006年下半年交付印刷，全志分组织机构、精神文明建设、行政管理、群团活动、交通行政执法、公路道路运输、水路运输、安全生产等10篇，篇下设章、节、目，80万字，收录彩色图片近500幅，图文并茂，全面系统地记述了平阴县交通事业的发展、壮大历程。（董殿勋）

【《商河油区志》出版发行】 2007年5月，

由商河县油区志编纂委员会承编，方志出版社出版发行的《商河油区志》正式出版发行。《商河油区志》重点记叙了油田勘探开发的相关历史；翔实记载了油区建设与发展的全部过程；全面、系统、客观地再现了油区工作机构和油区工作队伍的精神风貌和历史功绩，是一部反映商河油区建设和油区工作历程的专著，该书的出版为商河基层志书编修工作增添了亮点。全志共8编、36章、116节，约38万字，100余幅照片，大16开全彩色印刷。（董殿勋）

【《商河县志(民国卷)》校点完成】 由商河县史志办主持整理的《商河县志(民国卷)》校点完成。该书以校勘为起始，以标点为重点，注释为辅，另加志书评析，全方位对《商河县志(民国卷)》校注整理，校注整理后的《商河县志(民国卷)》共80多万字。该书采取原文整理、简体重排、疑难注释的形式，展现了商河县旧志的原貌。

（董殿勋）

【济南市调整史志编纂委员会成员】 2007年5月30日，济南市人民政府办公厅发出通知，调整济南市史志编纂委员会成员。省委常委、市委书记焉荣竹任名誉主任，市委副书记、市长张建国任主任，市人大、市政协、济南警备区等有关领导任副主任，史志办等24个市直部门和单位的主要领导任委员。

（董殿勋）

【《济南市地方史志事业"十一五"发展规划》公布实施】 6月7日，济南市史志编纂委员会发出通知，公布实施《济南市地方史志事业"十一五"发展规划》。为实现史志工作的可持续发展，使"十一五"时期的史志工作有计划、有步骤，更好地为全市国民经济和社会发展服务，按照山东省地方史志编纂委员会的要求，济南市史志办公室于2006年初开始了《济南市地方史志事业"十一五"发展规划》的编制工作。在全面总结第一轮修志工作经验和不足，参考吸收其他省、市好的做法的基础上，参照国务院《地方志工作条例》和《山东省地方史志工作条例》的要求，经过充分调研、论证，并广泛征求各县、市、区史志办公室和全市市志承编单位、广大史志工作者的意见，参考了《山东省地方史志事业"十一五"发展规划》的有关内容，于2006年10月形成初稿。经过进一步补充、完善，于年底编制完成。2007年6月初，在市史志编纂委员会和分管市长审阅同意后，以济南市史志编纂委员会的名义印发各县、市、区史志编纂委员会和济南市志各承编单位，公布实施。

《规划》简要回顾了"十五"时期济南市的史志工作，总结了第一轮修志工作的丰硕成果，确定了"十一五"时期济南市史志工作的指导思想、主要目标，规定了"十一五"时期地方志编纂、年鉴工作、方志馆建设、信息化建设和读志用志等方面的任务，并制定了完成这些任务的措施。《规划》紧密结合济南市史志工作实际，是济南市未来几年内开展史志工作、特别是做好二轮修志工作的重要依据。（董殿勋）

【山东省史志办公室主任刘秋增在济南市调研】 7月23~25日，山东省地方史志办公室主任刘秋增在济南市调研史志工作。通过对济南市以及市中区、平阴县和商河县史志工作的调研，认为济南市委、市政府对史志工作高度重视，真正做到了"一纳入五到位"，特别是在加强对史志工作的领导、史志机构设置、经费保障等方面尤为突出，对济南市史志办加强机关作风建设、《条例》贯彻落实、年鉴编纂、二轮修志和库站建设等各项工作给予充分肯定。

对于下步工作，刘主任强调：两个《条例》的贯彻落实是一项长期的任务，必须常抓不懈；第二轮修志必须强化质量意识，每一部志书都要修成精品佳志；要围绕中心工作，拓展服务领域，当好党委、政府的第二研究室；史志工作要志、鉴、库、馆、读志用志五业并举，全面推进。

（董殿勋）

【《章丘卫生志》出版发行】 2007年9月，《章丘卫生志》由山东省地图出版社正式出版发行。全书分篇、章、节、目4个层次，以概述统摄全志，大事记为历史主线，各篇以事物的门类及内在联系编排。以记、志、传、图、表、录为表述形式，以志为主，横排门类，纵述史实，以横为主，贯之以纵，纵横结合。全志上不立限，下限止于2005年。全书除概述、大事记、附录不设篇章外，主体部分设组织结构、卫生行政、爱国卫生运动、公共卫生、疾病控制、妇幼保健、中医中药、西医、农村卫生工作、医学教育、医学科研、荣誉人物、杂记等，共13篇，52章，120万字，为16开本，精装印刷，图文并茂，系统、全面地记述了章丘卫生事业的发展轨迹和全貌，有较高的史料价值和研究价值。（董殿勋）

【《平阴县情手册（2007）》出版发行】 《平阴县情手册(2007)》编纂自2007年初启动，9月份正式出版发行。全书共计10万字，包括县情概要、大事记、政治、国民经济和社会事业发展、乡镇和便览6个板块，较全面、系统地介绍了平阴县2006年度各行业的基本面貌，同时刊载了部分县情知识，方便日常查阅使用，是一部认识和了解平阴历史和现状的资料性工具书。

（董殿勋）

【第十七次全国城市年鉴研讨会在济南举行】 2007年11月18~21日，由中国版协年鉴工作委员会主办、济南市史志办公室和济南年鉴编辑部承办的第十七次全国城市年鉴研讨会在济南举行。共有全国60多个城市和单位100余人参加了会议。

济南市副市长王以才出席会议，并代表市委、市政府致欢迎辞。山东省史志办公室主任刘秋增也专程到会致辞。中国出版工作者协会年鉴工作委员会副会长陈仁礼、王守亚出席会议。

本次城市年鉴研讨会主要围绕如何在年鉴工作中贯彻落实科学发展观、怎样理解和处理年鉴编辑出版的创新与规范、城市年鉴的读者定位与服务对策、怎样理解和处理年鉴的实用性、如何认识和处理年鉴框架设计的科学性和可操作性、怎样通过优化年鉴选题来深化地情反映、怎样搞好年鉴的印刷出版、如何加强年鉴队伍建设等论题进行了研讨。济南市史志办公室、杭州年鉴编辑部、哈尔滨市社科院、常德年鉴编辑部就年鉴如何贯彻落实科学发展观、不断提高编纂水平和发展创新等问题做了典型发言。

会议商定，第十八次全国城市年鉴研讨会由石家庄市史志办公室承办。

（董殿勋）

【《历城建区 20 年大事记》出版发行】 2007 年 11 月，为纪念济南市历城区撤县建区 20 周年，由历城区政府主办、历城区史志办公室编纂的《历城建区 20 年大事记》出版发行。

该书全面、系统、客观地记述了建区 20 年来波澜壮阔的历史进程，成为撤县建区 20 年历史发展的缩影，具有资政、存史、教育等重要作用。《历城建区 20 年大事记》由中央文献出版社出版，全书共 77.6 万字，精装 16 开，除文字内容外，还编排了反映历城境内各行各业发展成就及自然风光的彩色图片。（董殿勋）

人事管理

【概况】 2007 年，济南人事工作围绕中心，服务大局，稳步推进各项改革，认真实施人才强市战略，着力做好各项工作，在全市经济社会发展中发挥了积极作用，在困难面前经受住了考验。

1.公务员法实施工作。2007 年全市各级人事部门和组织部门一道，周密安排、平稳有序地开展公务员登记工作。截至年底，全市公务员登记已基本完成。按照政策规定，对符合登记条件的人员，确定了职务与级别。事业单位参照公务员法管理工作也在稳步推进，申报审核工作正在有序进行。坚持“凡进必考”，努力提高考录工作的规范化、科学化水平，全市招考公务员 261 名。大力开展各类培训，举办了 6 期、近千人参加的市直机关公务员培训班，组织了公务员普通话比赛，公务员队伍的能力和素质进一步提高。

2.人才资源开发。优化人才发展环境，引进外地生源本科以上毕业生 1.3 万多名。完善留学人员回国创业工作机制，目前“中国济南留学人员创业园”入驻企业 173 家，聚集海内外高科技人才 1900 多人。推进人才创业载体建设，新成立了韩国、日本两个海外科技人才创业基地，槐荫、市中国家级创业区发展壮大。加强高层次人才推荐选拔工作，新增享受国务院特贴专家 8 名，入选山东省有突出贡献的中青年专家 4 名。加大引智工作力度，引进急需的国外先进管理、技术项目 50 项，聘请外国专家 125 名，组织出国培训 142 人，1 名外国专家被省政府授予“齐鲁友谊奖”，“生物质气化燃气生产装置示范园”被批准为省级示范园。拓宽人才市场公共服务领域，全年组织人才招聘会 83 场，促成人才流动 25 万人次。人事代理单位大幅增加，代理档案突破 10 万份。流动党员管理服务工作进一步加强，代管流动党员 3000 多人。各县(市)区人才市场及教育、卫生等专业人才市场也都有了新的发展。

3.行政管理体制改革。着眼解决制约经济社会发展的体制机制问题，研究提出了设立市政府应急管理办公室等机构的意见，理顺了公安管理体制。按照重点向县(市)区倾斜的原则，完成了省核新增行政编制分配落实任务。

4.事业单位改革。完成了市城建材料开发服务中心等 3 个事业单位的改企转制；转换用人机制，全面推行事业单位人员聘用制度；认真抓好调查研究、统计摸底和方案制定工作，扎实开展事业单位岗位设置管理；深入贯彻执行《事业单位登记管理暂行条例实施细则》，建立事业单位法人监管联席会议制度，探索实行网上登记，进一步规范了事业单位登记管理工作。

5.机关事业单位工资收入分配制度改革。稳妥推进机关事业单位工资收入分配制度改革，职务与级别相结合的公务员工资制度基本建立，符合事业单位特点、体现岗位绩效和分级分类管理要求的事业单位收入分配制度正在形成。结合济南市实际，认真调查研究，对工资套改中发现的有关问题，及时提出了处理意见，保证了改革的顺利进行。与财政等有关部门协同配合，全面清理公务员津贴补贴。

6.其他工作。严格执行“四公开一监督”考试考核安置办法，圆满完成了 1168 名军转干部的安置任务。强化措施，健全完善自主择业军转干部管理服务体系。牢固树立大局意识、责任意识，巩固完善企业军转干部解困工作的长效机制，有力维护了社会稳定。改革专业技术人员职称评聘办法，增强了评聘工作的透明度和公正性。拓宽就业渠道，强化就业指导，组织选派第二批大学生参加“三支一扶”计划，深入开展“女大学生就业服务周”活动，积极实施毕业生就业见习制度，不断发展毕业生就业市场，就业人数和就业率实现了同步增长，市人事局及天桥区人事局、长清区人事局被评为全省高校毕业生就业工作先进集体。

（王　进）

华侨事务

【侨务工作概况】 2007 年，济南市联络接待海外 50 个国家和地区的华侨华人 2700 余人次，引进海外经贸团组 15 个，为 400 多家企事业单位引荐海外资金、技术、人才项目 210 个，达成投资设厂、技术入股、成果转让等协议意向 61 个。年内，海外华侨华人及港澳投资实际到位资金 2.1 亿美元，侨务系统完成项目 13 个，实际到位 4972.8 万美元。海外三支人才队伍(客座专家、招商代表、出口代理)达到 122 人。在首届“海外济南人十大杰出创业人士评选”活动中，10 名海外中青年实业家当选“十大杰出创业人士”。全市重点跟踪服务侨资企业 164 家，为侨商办实事 238 件，扶持侨企出口创汇 1570 万美元；扶贫帮困归侨侨眷 128 户，发放慰问金、慰问品 17.5 万元，为企业早期归侨退休职工发放生活困难补贴及大病救助金 29.2 万元。2007 年，市侨办被国侨办评为“全国侨务信访工作先进单位”，被省侨办评为“全省侨务工作先进单位”。

1.不断创新侨务品牌活动。举办“中国济南海外创新项目交流会”、第七届“中国济南创业与投资国际合作周”、“‘侨商杯’国际华商高尔夫友谊赛”三项侨务品牌活动。市侨办联合市发改委、外经贸局等部门先后举办济南市情推介会、项目洽谈会等活动，积极推介济南奥体中心建设、旧城改造等城建50个大项目，考察旧城改造、节能减排有关项目和先进制造业、全运会场馆、济南西客站、鹊山龙湖开发等重大项目。通过专业化、多平台、多场次的项目洽谈、园区考察等活动，与有关企业达成节能环保、生物医药、信息通讯、软件外包等各类合作意向38个，协议投资金额达18.7亿元人民币。

2.拓展对外交流合作。全年联络接待美国、印尼等50个国家和地区的海外华夏杰出中青年企业家、华商等2700余人次。组织济南IT业考察团赴美国开展服务外包考察洽谈；组织赴日本参加第九届世界华商大会结识世界各地华商；赴韩国、香港参加洽谈会，拜访侨团、专业协会，与海外侨胞建立密切联系。积极做好侨务捐赠工作，引导海外侨胞、驻济侨商为济南"7·18"受灾群众和教育、慈善事业捐款530.5万元。与市教育局联合选拔市第六职业中等专业学校教师杨霞赴印尼任教，及时在全市推广交流3名外派教师海外华文教育工作经验；积极推进济南七中等4家省级华文教育基地开展对外交流。举行"海外济南人十大杰出创业人士评选活动"、"'侨商杯'国际华商高尔夫友谊赛"新闻发布会，积极向《侨务工作研究》、《山东侨报》，中央、省、市各级新闻媒体供稿，发挥济南侨网、海外济南人网站作用，不断加大侨务对外宣传力度。

3.创新工作机制，做实项目对接。设立"济南生产力促进中心海外合作分中心"、济南高新区侨办、省市侨办海外华侨华人回国创业示范基地等3个合作平台，促进海外科技项目落地、政策调研、载体建设等工作。围绕引资引智，积极引荐海外华商来济考察、对接项目，先后组织美中企业家商会高级访华团、美国起点清洁能源技术公司代表团、香港银源发展有限公司等14个投资考察团，分别到章丘、济阳等县(市)、区考察有关项目。先后促成香港华汉集团与历城区大辛庄镇旧村改造项目、美国玉衡科技公司与济南高新区软件开发和外包、加拿大视觉机器技术公司落户济南留学人员创业园、香港世贸集团投资开发泺口片区项目等合同协议意向61个，总金额逾20亿元人民币。

4.大力实施"亲侨助百"行动。全市依托社区侨务服务网络，整合市、区侨办为侨服务的各项措施，广泛开展"亲侨助百"(即每年为100位海外侨胞经贸科技项目寻找对口交流合作企事业单位、每年为100家企事业单位引荐海外资金技术人才项目、每年为100家来济创业的侨资企业生存发展排忧解难、每年为100户生活困难的归侨侨眷提供帮助)服务行动。全年为300多位海外华商、专业人士在济南市寻找到对口经贸科技交流项目，为力诺、重汽等100多家重点企业引荐技术、人才对接项目；积极为济南华辰房地产公司等164家侨资企业创业发展排忧解难；妥善解决归侨侨眷生活困难照顾、房屋拆迁补偿、子女转学、代请保姆家教等生活难题138件次；依托社区网络，加大对弱势归侨侨眷的重点帮扶，区街帮扶结对子56对。受到海内外侨胞的一致好评。

5.依法护侨。认真开展侨务调研，破解依法护侨难题。利用节日慰问深入调研，找出存在的困难和问题41件，合理化建议11条，完成《关于对困难归侨侨眷生活现状的调研报告》。会同市人大民侨外委员会，先后到13家侨资企业走访调研，围绕软件外包、投资创业环境等举办两次座谈会，形成《关于我市侨资企业发展现状的调查和建议》，向市人大、市政府提出了制定支持中小侨资企业专项政策、加强基层执法人员培训、逐步改善发展环境等8条对策建议。开展散居农村贫困归侨侨眷情况调研，与市扶贫办联合转发了上级侨办《关于将散居农村贫困归侨侨眷纳入扶贫规划的通知》，实施"造血型"帮扶救助。认真落实"五五"侨法普法规划，在历下区的解放路和文东、市中区的杆石桥3个办事处设立国家级"侨法宣传角"，健全侨法宣传阵地，并通过市政府"政务在线"，解答涉侨问题。借助侨务联络员、社区志愿者两支队伍优势，加大对贫困侨户和鳏寡孤独归侨侨眷的日常帮扶与重点帮扶。充分发挥市、区(县、市)、街道三级侨务专兼职部门的作用，努力实现信访群众诉求表达多样化、利益协调法制化、工作运转制度化、工作方法人性化，共接待涉侨信访114件次。制定三项惠侨政策：一是退休归侨大病救助政策，为符合条件的5位早期归侨申请了4万多元的大病救助金；二是大幅提高早期归侨企业退休职工生活补贴，从每人每月50元提高到每人每月150元；三是联合市职业介绍中心共同开辟"归侨侨眷就业绿色通道"，对48名归侨侨眷下岗职工进行了职业培训，并推介提供政府公益岗位。

6.创新和提升侨资企业服务工作，优化创业环境。山东三庆置业有限公司、(香港)济南中银房地产开发有限公司被评为济南市"十佳先进投资企业"。先后走访山东美中美文化传播有限公司、济南戈尔特西斯科技有限公司等侨企164家次。依托济南侨商会、涉侨法律服务中心，妥善处理凯文木业厂房倒塌、港商追讨多年欠款等投诉44件，协调解决侨商企业被迫停工、申请科研项目经费、工商注册年检、欠缴河道维护费、员工与企业纠纷等实际困难238件。确定两处侨商定点医院，为华侨、华人、港澳同胞提供就医"绿色通道"。先后召开侨商会常务理事会和2007年年会，组织"庆祝香港回归10周年、畅想祖国和谐发展"为主题的联谊活动，以及"侨港澳企业迎新联谊会"。组织侨商赴西藏考察学习、赴天津参加第四届全国华商高尔夫邀请赛、赴历城唐冶新城考察等，共400余人次参加活动，促进了侨商间的交流，增进了侨商对济南市经济社会发展的了解，为侨商发展提供商机。 (隋云峰)

【组团赴美开展服务外包推介】 2007年11月上旬，济南市政府副秘书长王旭、市侨办主任王晓霞率济南IT业考察团，赴美国华盛顿、洛利、硅谷等地进行服务外包产业推介和考察交流活动。市侨办主任王晓霞向海外侨胞广泛介绍济南市情，架设济南与美国服务外包业沟通合作桥梁。考察团分别在北卡州首府洛利和硅谷举办了两场服务外包推介会，在华盛顿组织了软件企业高管座谈会。就跨国合作中的政策环境、法律界定、业务流程、成本核算、硬件设施、知识产权保护、人才培训等相关问题进行深入研讨，达成建立国际间发接包合作关系、代理济南软件企业产品出口至美国等10余项合作意向。

（隋云峰）

【第七届创业与投资国际合作周】 10月，市侨办、外经贸局、济南高新区联合承办“2007中国济南创业与投资国际合作周”活动。来自36个国家和地区的186位客人来济。济南市市长张建国会见了与会的东南亚华商代表，面对面推介济南发展环保产业、建设CIIIC等领域的投资项目，盛邀海外华商来济发展。市发改委、外经贸局等部门负责人与海外华商深入交谈，积极推介济南奥体中心建设、旧城改造等城建50个大项目。市侨办联合外经贸局等部门先后举办了济南市情推介会、项目洽谈会等活动。针对投资发展需求，组织参会华商分两条线路考察旧城改造、节能减排有关项目和先进制造业、全运会场馆建设项目。重点考察了济南西客站建设、鹊山龙湖开发等重大项目。参会嘉宾以各种形式与济南200余家企业进行项目对接及合作交流，达成旧城改造、软件外包、动漫开发、生物医药、纺织品贸易等领域合作协议意向11个，协议投资金额达18.7亿元人民币。

（隋云峰）

【济南设立两处侨商定点医院】 2007年1月，济南市中心医院、市中医医院被济南市政府侨务办公室、济南市卫生局确定为侨商定点医院。定点医院的服务对象是海外来济的华侨、华人、港澳同胞，就医凭证为护照、所在国的长期居留证或侨商会会员证。服务范围包括疾病治疗、应急救治、健康检查和医疗咨询等。侨商定点医院专门为侨商就医开辟“绿色通道”，为侨胞提供热心周到的医疗服务，解除侨商后顾之忧，增进侨商身体健康。济南设立侨商定点医院被列为“2007年全国侨商组织十大新闻”之一。

（隋云峰）

【首次举办“海外济南人十大杰出创业人士”评选活动】 3月11日，由市侨办发起，与市委宣传部、市文明办、市外经贸局、市广电局、济南日报报业集团六部门联合主办的首届“海外济南人十大杰出创业人士”评选活动正式启动。活动主题是：励志人生走出去，海外创业天地宽。展示济南籍海外华侨华人和济南在境外开办企业的创业精神和创业成就，激励更多济南人和济南企业走出国门开创事业，弘扬“诚信、创新、和谐”的济南精神，推进对外开放，建设和谐济南。至10月，经社会公开推荐、媒体宣传推介、群众投票评选3个阶段，有100多位海外创业成功人士被推荐或报名参加，广大市民和世界各地侨胞18.3万人次参加互联网和报纸投票。经群众投票和评委会研究确定：王虎（埃及）、王幼伟（美国）、刘炽京（澳大利亚）、张凌云（墨西哥）、李雪琳（美国）、杨春（柬埔寨）、黄卫平（美国）、蒋丽芸（香港）、谢军祥（佛得角）、魏华臣（美国）等10人当选首届“海外济南人十大杰出创业人士”，美国的王鹏飞等10人获提名奖。

（隋云峰）

【海外济南人踊跃捐助“7·18”受灾群众】 7月18日，济南遭受历史罕见的暴雨灾害。灾后，海外侨胞积极行动起来，捐助受灾群众。旅美侨胞王鹏飞联合40多家华人社团在旧金山举办了“济南水灾赈灾义演”，市海外交流协会、中国济南海外学人联谊总会多名会长、理事慷慨解囊，并通过传真、电话表达对济南灾情的关注和同家乡人民共渡难关的心愿。市侨办在汇总捐款后，及时联合慈善总会、民政局将捐款9.7万元人民币发放到42户受灾严重的济南市民手中。美籍华人王同勋得知济南水灾消息后，立即打电话表示慰问，并向济阳县守志小学的15名优秀学生、20名教师颁发了奖学金、慰问金2.75万元人民币。

（隋云峰）

“2007中国济南创业与投资国际合作周”项目推介活动 （市侨办供稿）

【济南市归国华侨联合会】 2007年，市侨联以服务经济建设、服务侨界群众和联络联谊三项工作为中心，以“群众工作年”为导向，以构建和谐侨界为目标，创新工作思路，拓展工作领域，各项工作取得新进展。年内市侨联被评为“全国侨联系统维护侨益先进集体”、全省侨联工作先进集体，2名侨界科技人士获中国侨联科技创新人才奖。

1.服务经济建设。全年引进侨资外资项目4个，协议、合同利用外资2000万美元，实际到位资金970万美元。①经市侨联协调，5月初，香港康都国际控股集团、福建泉州私营企业协会、福建利嘉集团考察了馆驿街、解放阁、魏家庄等棚户区，就改造事宜分别与天桥区、市中区、历下区、槐荫区等进行了洽谈。9月中旬，赴杭州考察香港康都控股集团杭州总部，进一步探讨济南市棚户区改造事宜，达成部分合作意向。11月初，协调联系法国客商考察了棚户区改造项目。②上半年重点联系中国通达网络公司与北京驰波信息工程公司合作，就济阳县灾备基地建设达成协议，决定在济北经济开发区筹建济阳县灾备信息中心。年内完成土地划拨、项目论证，前期资金到位308万元。③4月初，市侨联赴深圳招商，参观盛仁汇添集团、莱斯达航空服务集团等企业，拜会美国富安集团、香港恒丰集团等，详细介绍济南经济社会发展情况，全面推介济南市投资环境建设情况，探讨了国际知名品牌服务集团介入济南服务业的有关议题。④6月中旬，市侨联参加2007济南(香港)经贸合作项目推介会和2007济南(日本)经贸合作项目推介会，与香港和日本部分企业达成合作协议。

2.服务侨界群众。全年走访慰问困难归侨侨眷116户，发放救助金6万元。接待归侨侨眷来信来访27件次，办实事、好事30余件，走访侨资企业35次，协助侨资企业、外资企业解决实际问题12件。召开侨界人大代表、政协委员座谈会13次，提出侨界团体提案、议案8个。①年初，开展“手拉手”社区服务活动，与侨界群众居住比较集中的社区居委会结成对子，建立侨界群众服务档案，对侨界群众实行跟踪服务机制，社区居委会与侨联组织形成良性互动，重点解决了天桥区困难归侨林中央的救助问题。②2月，与济南日报社联合开展“爱心认助”活动，《济南日报》报道侨界困难群众的工作生活情况，引起社会对侨界困难群众的关注，引导华侨华人和社会团体帮助侨界群众克服困难。该项活动救助了困难侨眷、残疾大学生张玲。③4月，开展归侨子女就业情况调查，与济南市职业介绍中心联合，对20名无业归侨子女进行了培训。7月，与市劳动就业办公室、市职业介绍中心建立“归侨侨眷及其子女就业直通车”服务机制。采取“渠道优先、培训优先、时间优先、信息优先”的方式，解决侨界子女就业问题。全年提供53个职位供无业归侨子女双向选择，部分人员已与招聘企业签订了用工协议。④5月，协调海外侨团，在美国旧金山市成立了“济南·美国留学生关爱中心”，使市侨联在海外的公益性留学生关爱中心达到了5家。⑤6月，组织70余名归侨到空军医院进行健康查体；10月，市侨联青年委员会举办义诊活动，组织市属医院的部分专家到归侨家中义务服务，为部分患病归侨制订了科学的治疗方案。

3.联络联谊。全年接待海内外华人华侨、客商41批、400人次；组团、随团出国、出境交流联谊6批、110人次；与海外华人社团签订友好协议1个，与4个外地侨联缔结友好协议或达成合作意向。①侨界群众联谊活动。1月，组织济南市侨界新春联欢会；2月，组织省、市侨界迎春联欢会；5月，组织归侨侨眷自费出国游；7月，侨联艺术团参加社区庆“七一”文艺演出；8月，与历下区联合组织“侨界欢声颂和谐”消夏晚会；9月，与市中区联合组织“侨界2007庆中秋联欢会”。此外，还组织了春游、植树及世界华人小学生作文大赛等活动。②侨界企业联谊活动。1月，举办以“迎新春、话友谊、谈发展”为主题的侨界企业家联谊会，与会企业家围绕维护侨企合法权益、企业发展环境、改善投资环境等方面，提出了建议和意见。市侨联会同市发展环境投诉中心，建立了侨资企业长期维权服务机制。2月，与市外经贸部门联合，举办了“2007外商投资企业迎春联谊会”，来自美、英、法、德、意、日、澳等50多个国家的300余名外资企业、侨资企业代表及部分国际友人参加活动。10月，会同外经贸局、文联、外企协会等单位举办“济南外商投资企业书画摄影展”，参展企业达到50家。9月初和10月底，分别参与组织了“外商投资企业文化节开幕式”和“济南外商投资企业文化建设高层论坛”。③对外联谊活动。5月，随省侨联赴美访问团到美国旧金山和洛杉矶访问。其间，访问了旧金山华人服务社和部分知名华侨。6月，参与组织主题为“和谐世界、欢乐童年”的“2007济南国际儿童联欢节暨儿童用品博览会”。重点邀请、接待了匈牙利儿童访问团一行30人。8月，市侨联参与组建的中国青少年文化交流团一行30人，赴匈牙利、奥地利、意大利等国进行为期12天的交流访问。9月，参加“2007年全国省会城市暨部分大中城市侨联工作经验交流会”，与部分侨乡侨联交流了工作，与

匈牙利青少年来济南参加“济南国际儿童节暨儿童用品博览会”，图为两国青少年演出现场。
（市侨联供稿）

友好侨联达成了进一步合作的意向。9月底，组织市文化交流团赴法国与法华各界共庆国庆。在巴黎期间，参加了中国驻法国大使馆和法华各界共同庆祝中华人民共和国成立58周年系列活动，这是山东省第一次派出文艺团体到法国与驻法中资机构和法国各界华侨华人共庆国庆，受到中国驻法使馆及当地华侨华人的高度赞誉。此外，上半年还组织了济南市中小学生赴乌克兰文化交流，下半年组织了台湾著名画家王农国画珍品展。

（王光华）

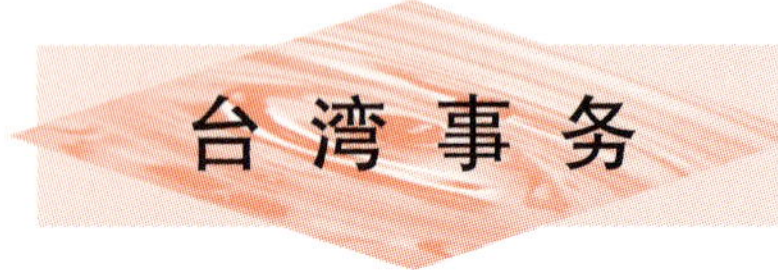

台湾事务

【概况】 2007年，济南市对台工作围绕反对和遏制"台独"，在扩大济台间的经贸合作，活跃济台间的各项交流和人员往来，加强对台联络、宣传和涉台教育，强化涉台稳定和服务等方面取得了新的进展和成效。

1.对台经济工作取得新成绩。全年新批台资项目18个，投资总额7632万美元，合同台资额6533万美元，实际利用台资4781万美元。截至年底，全市累计批准台资项目692个，项目总投资18.2亿美元，合同利用台资13.1亿美元，实际利用台资6.8亿美元。全年对台招商引资工作，主要取得三方面成绩：一是服务业项目比例明显加大。全年新注册项目中，服务业项目8个，总投资额3451万美元，占总投资额的46%。二是项目推动速度明显加快。全年新注册项目中，当年投产或开业11个，占61%。三是台湾园区建设规模明显增大。年内，省台办批准在平阴县设立全省第一家省级台湾农业园，为开展对台农业招商创设了载体。至此，济南市省级台湾园区已达4处。年内，还邀请台湾电电公会、高雄市电脑公会等台湾知名大企业、财团及行业公会的70多个团组400余人次来济参观考察。积极寻求新的组团策略，共组织14个经贸团组48人次赴岛内进行经贸考察和交流，赴台团组和赴台人次均比上年增加1倍。全年共受理台商投诉案件19起，办结18起，协调解决台商困难20余起。累计受理并协调台商投诉142件，办理138件，结案率达97%，在全省保持先进水平。台湾电电公会在2007年中国大陆投资环境与风险调查报告中，把济南评为第四位"值得推荐城市"，其中"最适宜服务业投资城市"、"最具有诚信道德、价值观"和"当地政府鼓励台商自创品牌"3个主题被评为十优。

2.对台交往交流工作成效突出。年内来济台胞2万余人次，组织推动赴台交流32批、300余人次。对台交往交流工作呈现密度高、层次高，强度大、规模大，成效好等特点。组织推动的与台湾间的文化、教育、农业、科技、妇女、青少年等领域的交流活动，得到了国台办、省台办的认可和支持。全年国台办对山东省对台交流项目的资金支持共7项，济南市就有4项。在全省优秀对台交流项目评选中，济南市的优秀项目占全省三分之一。及时妥善圆满处理了"7·15"重大涉台交通事故，把影响减少到最低限度，受到国台办和省台办的充分肯定和通报表彰，受到台湾相关机构和台胞的高度赞扬和积极评价，济南市涉台突发事件应急处理工作经验也在全国进行推广。

3.对台整体工作取得新成效。进一步健全完善了涉台突发事件处理应急机制和台商投诉协调工作机制，涉台服务工作更加务实细致。组织台胞定点医院专家为住济台胞义诊；召开在济就读台湾中小学生家长座谈会；与公安局共同研究来济住济台胞出入境便利服务措施；普遍走访台资企业、暂住台胞，听取意见和要求。妥善处理了台胞车祸救治、住济台胞猝死、住济台胞意外受伤医疗协助、台胞来济求医、民事纠纷等事件，均取得预期效果。全市对台宣传工作在涉台事务新闻报道、涉台突发事件处理等方面发挥了积极有效的舆论引导作用。年内编辑印制了《台胞济南服务手册》。健全完善了对台宣传网络功能，加大了入岛宣传的力度，全年接待岛内外媒体记者100余人次，在各级各类媒体发布涉台新闻稿件1200余篇次，记者采访规模和发稿数量均创历史新高，大大提升了济南市在岛内的知名度和影响力。对台联络工作扎实高效，邀请10多位"立法委员"议员来访，适时针对岛内局势开展调研，全年发表调研文章10余篇，对台专报47篇，数量和质量稳居全省首位。台属工作继续保持全省先进水平，9位台属企业家被授予全省优秀台属企业家称号，组织开展百户特困台属结对帮扶活动，帮扶款物共计3万多元。涉台教育在各级党校、中小学、涉台服务窗口单位广泛深入开展。

（李广魁）

【济南市台湾同胞联谊会】 2007年底，济南市共有台籍同胞74户、115人，其中高山族同胞18户、26人，回台定居台胞12人；济南地区去台人员亲属（简称台属）4000余户、计2万余人。市台联所辖县（市）区及山东大学、济南大学、济南铁路局台属或台侨属联谊会共13个。

1.中青年台胞的培养。市台联积极与共青团、妇联等部门建立联系，为更多的青年台胞融入社会、参政议政创造机会，并结合政协换届，积极向有关部门推荐优秀中青年台胞台属。年内举办第二期济南市中青年台胞台属骨干培训班，40多名中青年台胞台属学员听取了《对台政策的发展和当前台海局势》的讲座，系统学习了中央对台方针政策及其沿革和发展，对当前台湾局势和两岸关系发展现状有了进一步的了解和认识。

2.涉台研究。市台联一方面加强对在济台胞台属及台商、台生的调研，利用《济南台联工作》及时传播党的声音，报道台联活动，反映台胞心声；另一方面着力对岛内社情、民情、政情的研究，使《台情调研》成为领导机关和广大台胞台属把握政策、了解台湾的窗口。全年编辑《济南台联工作》4期、《台情调研》6期，发送800余份。

3.服务联谊工作。①为台胞台属办实事、解难题。市台联热情接待来访的台胞台属，对他们提出的困难和问题，尽最大努力给予解决和答复，如积极配合有关部门落实台籍考生升学、台胞户籍变更、困难台胞廉租房补助等，年内共为台胞办实事15件次。关心老台胞生活和困难台胞的工作就业情况。台胞生病住院，及时到医院探望慰问。鼓励支持台胞自主创业，积极为他们出主意、想办法。年底为60岁以上的台胞和部分台属订阅了2008年《健康指南》。对住济台胞基本情况进行调查摸底，建立健全台胞档案，大大提高了台胞资料管理的信息化水平和办理台胞相关事务的效率。②以传统节日为契机，开展了一系列富有成效的活动。坚持春节和中秋节走访台胞台属家庭，送去慰问品和节日祝福，并听取他们对市台联工作的意见和建议，全年共走访30余户。春节前夕举办了迎春茶话会，30多位台胞欢聚一堂，辞旧迎新，共话祖国美好未来。2月，举办电影专场，组织驻济台胞台属100多人观看了由全国政协副主席、著名台籍人士张克辉原作改编的电影《云水谣》。通过片中感人肺腑的故事，大家纷纷感受到了浓浓乡情、亲情和呼唤祖国统一的强烈愿望。"三八"妇女节期间，市台联组织部分女台胞到医院进行了健康查体。"六一"儿童节，为20余名台籍小朋友过了一次别开生面的集体生日，会上大家载歌载舞，在欢声笑语中度过了自己的节日。

（张　丰）

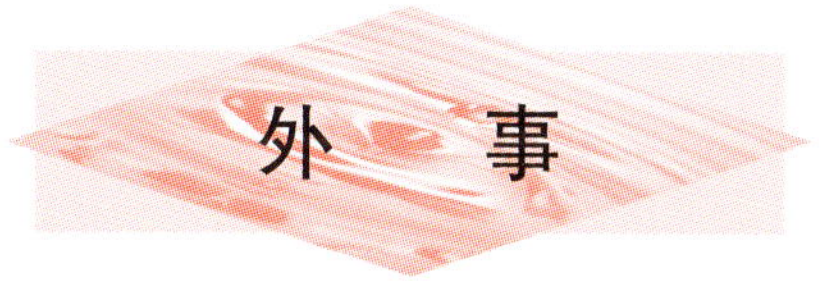

【概况】 2007年，济南外事工作积极服务于国家总体外交，服务于全市经济社会发展稳定大局，不断加强全方位对外交往，重点工作取得了新突破，外事管理职能得到进一步强化，为对外开放和外向型经济发展作出了积极贡献。

1.为贯彻落实中央和省委外事工作会议精神，10月29日，召开市委外事工作会议。会议明确了新形势下外事工作的指导思想、基本原则、主要任务和战略措施。印发了《中共济南市委关于加强和改进新形势下外事工作的意见》。成立了新一届市委外事工作领导小组，组长、副组长由市委、市政府主要领导担任。市外办列入政府组成部门。

2.对外工作取得新进展。全年接待来济参观访问、洽谈贸易、技术交流的外国客人282批、5128人次，其中包括太平洋岛国组埃总理维维安、坦桑尼亚总统府国务部长米曾戈·平达以及韩国、日本、以色列、佛得角五国驻华大使等。共派出各类出访团组418批、1533人次，其中市级领导带队6批、70余人次。通过各种渠道与法国驻华使馆、韩国驻青岛总领馆等10多个外国驻华使领馆建立了经济、文化等交流关系；与驻德国、日本等8个驻外使馆和一批驻外大使、参赞、领事建立了长期联系。为济南市扩大开放和发展外向型经济营造了较好的外部环境，特别是为招商引资及实施"走出去"战略发挥了较大作用。

3.友好城市工作取得新进展。注重发挥友好城市主渠道作用，积极推进同各友好城市间的实质性交流与合作。全年共向友好城市派出各类团组15批、160余人次，接待友好城市访问团组25批、320余人次。与乌克兰哈尔科夫市正式缔结友好城市关系，同以色列卡法萨巴市结好事宜已经全国友协和市人大批准。成功举办了第二届"济南国际儿童联欢节暨用品博览会"，积极推进德国奥市库卡机器人集团与重汽集团设备合作项目，美国IBM公司与浪潮集团合作培养人才、中印教育科技联盟与济南市互派留学生项目进展顺利，帮助美国萨克拉门托市医院、印度加尔各达市迪沙眼科医院与济南市中心医院建立友好合作关系。与加拿大里贾纳市签署了《济南市与里贾纳市结好二十周年友好会谈备忘录》，双方就互设经贸联络办公室达成协议。成功举办了第五届中韩书画交流展和书法理论研讨会，组织济南市摄影家协会的摄影作品赴俄罗斯下诺夫哥罗德市参加市庆友好城市摄影作品展。促成山东省实验中学与韩国首尔大永高中等7对国际友好校际关系。

4.外事为经济建设服务取得显著成绩。市长张建国带队出访日、韩及香港地区，共签约项目72个，资金总额达15亿美元，其中外资7亿多美元。配合市政府举办了各种大型外事活动，如第七届济南国际旅交会、第二届济南国际儿童联欢节、第三届中韩城市经济交流会议等。组派市环保局率有关环保企业、济南大学等组成环保代表团，参加万达—济南环保研讨会以及在奥格斯堡市举行的国际新能源和建筑节能展览。加强了与日本国际贸易促进协会在降耗、环保领域内的交流与合作。积极做好重要外商及驻华使节邀请、组织接待和外事翻译工作。成立济南市翻译工作者联谊会，进一步整合外事翻译资源。

5.外事管理工作。实行因公出国团组团长和出国单位负责人责任制，因公出国把关力度进一步加强。全年共审批出国团组440批、1625人次，调整团组77批、420人次。共为368批团组1844人次办理了护照签证手续。认真实施《中华人民共和国护照法》，实行护照押金制度，护照收缴率达到了100%。积极为民营企业申请APEC商务旅行卡。全年共审批来华邀请286批593人。对7家申请聘用外国文教专家单位、15所学校进行了资格检查和评审。下发了《济南市涉外突发事件应急预案》和《关于在济举办国际会议的管理办法》，建立了涉外突发紧急事件应急处置机制和外国记者管理工作联席会议机制。

【外事往来】 全年共派出各类出访团组418批、1533人次，其中市级领导带队6批、70余人次，接待来济参观访问、洽谈贸易、技术交流的外国客人282批、5128人次。

出访：

4月17~29日，应印度登山协会和多哈亚运会组委会的邀请，以副市长王以才为团长的济南体育考察团一行5人对印度和卡塔尔进行了为期10天的考察访问。考察团先后参观了印度德里的体育设施、卡塔尔多哈的亚运会比赛场馆，并分别与有关部门和机构的人员进行了会谈交流。

4月24~27日，济南市青少年宫代表

团一行10人访问了白俄罗斯维捷布斯克市，拜会了副市长巴维拉先生，访问了四十四中学、四十五中学及普罗米修斯文化协会，参加了中白青年友谊日活动，增进了双方的友谊和相互了解。

5月8~22日，副市长王天义一行6人赴以色列、南非进行友好访问，南非艾库鲁勒尼市副市长帕崔克·福勒斯克接待了代表团一行，双方就推动友好城市关系项目进行了会谈，并在以色列卡法萨巴市签署了《中国济南市与以色列卡法萨巴市友好交流会谈备忘录》。

5月15~25日，应印尼东爪哇省政府及马来西亚·中国经济贸易总商会的邀请，济南市友好经贸考察团一行5人赴印尼、马来西亚进行了友好及经贸考察任务。

来访：

1月2日，韩国观光协会中央会会长慎重睦一行3人来访。副市长王天义会见了客人，就双方旅游合作交换了意见。

1月21日，济南华能气动元器件公司与德国费斯托集团(Festo AG)战略重组签字仪式在山东大厦临沂厅举行。

1月22~24日，荷兰农产品贸易代表团一行23人访问济南，举行了山东——荷兰农业技术创新项目洽谈会，参观了佳宝集团维尔康公司及佳宝乳业公司。

1月25~30日，美国全美信息技术协会（ITAA）主席哈里斯·米勒（Harris Miller）和美国亿帆环球科技有限公司总裁帕特·霍纳（Pat Hornor）先生等一行3人来访。考察了解济南发展软件外包产业的投资环境、基础和优势，代表团参观了高新区齐鲁软件园及部分软件企业，并在山东大学齐鲁软件学院发表演讲。省委副书记、市委书记姜大明会见了代表团。

3月12日，瑞士华人杨光博士访问济南，与市外办就在瑞士开拓友城渠道进行了洽谈。杨光博士系瑞士中国商会会长、瑞士《欧洲情报》社社长兼总编辑、瑞士卢市中文学校董事长。此次来访主要是就增进中瑞在教育、文化、金融等各方面的合作与交流与济南市外办、济南市侨办等相关单位进行探讨。

4月3~6日，以色列驻华大使海逸达先生及其夫人苏萨娜·海姆女士来访。市委副书记、市长张建国会见了访问团。

4月23日，韩国京畿道知事金文洙一行30人来访。访问期间，游览了趵突泉公园。

4月24~26日，韩国驻华大使馆科学官文海周及韩国企业代表一行40人来访，并参加“2007中韩(济南)信息通信技术项目合作洽谈会”。市委副书记、市长张建国，副市长张宗祥，高新区管委会主任苏树伟会见了客人。

5月8~11日，德国巴伐利亚州中青年公务员培训班代表团一行20人来山东省访问。9日和11日，代表团分别参观了济南市高新技术开发区和山东省实验中学。

5月15日，以花旗银行私人银行部总监班世强为团长的外资银行考察团一行8人来访。了解济南市的经济运行情况和投资环境，商讨了在济南设立办事处事宜。市委副书记、市长张建国，副市长王以才会见了客人一行。

5月23日，法国新任大使苏和一行6人来访。大使参加了法语联盟济南揭幕仪式，并拜访了市领导。省委常委、市委书记焉荣竹会见了大使一行，并介绍了济南工业、服务业发展情况。苏和大使也感谢济南市的热情接待并表示将加强与济南的交流，促进与法方的经济贸易合作。

5月28~29日，韩国驻青岛总领事金善兴一行3人来访。访问期间，参观了济南高新区。省委常委、市委书记焉荣竹，市委副书记、市长张建国分别会见了客人。

5月29~30日，澳大利亚西澳洲天鹅市市长查理·格莱格勒尼先生一行10人来访。天鹅市拥有西澳洲第二大政府组织，以其多样化的风土人情和社会闻名。此次来访，代表团参观了高新区齐鲁软件园，副市长王天义会见了代表团一行，介绍了济南情况，双方就两市建立友好合作关系达成初步意向。

5月30~31日，以韩国首尔市江南区文化体育课文化系长崔正万为团长的江南区区立合唱团一行47人来访。访问期间，举行了专场友好演出。市委常委、宣传部长王良会见了客人。

6月7日，太平洋岛国纽埃总理米提塔伊昂伊梅尼·扬·维维安一行11人来访。参观了高新区、力诺集团，对济南市的高新技术、力诺的太阳能开发表示了浓厚的兴趣，表示将尽快建立联系并探讨合作事宜。

6月上旬，荷兰海尔德兰省及奥佛莱瑟省政府经贸代表团访问山东省。6月7日，奥佛莱瑟省副省长凯瑞·艾本丝女士率该省代表团一行4人在济南市活动，商谈了济南市与奥省恩斯科德市建立友好城市关系事宜，考察在济南设立软件工程公司、进行软件外包业务的合作。代表团访问了山东大学，参观齐鲁软件园并与软件园招商人员座谈。副市长王天义会见了代表团一行。

6月8日，市委书记焉荣竹会见了IBM公司全球副总裁、大中华区软件集团总经理北太先生一行。焉荣竹对IBM与浪潮联合建立中国第一个SOA创新中心表示祝贺，此次合作必将促进济南信息产业的发展，希望IBM在济南多培养优秀人才，与浪潮在更宽领域寻求更多合作。

6月14~16日，日本和歌山县日中友好协会副会长、和歌山田村病院院长田村公之先生访问济南。在济期间，参观考察了市中心医院，游览了趵突泉。副市长刘善鹏会见了客人，市政协副主席、市中心医院院长刘子栋参加了会见。

6月15日，“山东国际金融研讨会”在济南召开，邀请了来自国内各个外资银行的代表或负责人，推介山东及济南的外资投资和融资环境。15日下午，代表团一行26人到高新区、力诺集团进行了参观访问。代表们在对济南高新企业发展表示赞赏的同时，也一致表示将努力推动双方的合作。

6月22日，韩国全罗南道韩中投资委员会委员长李年洙一行4人来访。在济期间，与有关部门洽谈了参与大学科技园开发事宜。

6月29日至7月1日，以巴勒斯坦外交部参赞穆扎德·萨利赫为团长的“中阿合作论坛高级外交官研修班”代表团一行

26人，来济南参观访问。代表团参观访问了济南一中、高新区、大明湖公园、趵突泉公园。副市长王天义会见了代表团一行。

7月5~9日，以印度驻华使馆副武官沃克先生为团长的印度驻华使馆儿童代表团一行8人来济南参加了“2007中国·济南国际儿童联欢节暨儿童用品博览会”。

7月5~9日，以坦桑尼亚驻华使馆行政随员卢起亚·穆罕默德夫人为团长的坦桑尼亚驻华使馆儿童代表团一行7人来济南参加了“2007中国·济南国际儿童联欢节暨儿童用品博览会”。

7月5~11日，以澳门妇联青年协会社会事务部副部长张婷女士为团长的澳门儿童代表团一行10人来济南参加了“2007中国·济南国际儿童联欢节暨儿童用品博览会”。

7月5~11日，以印尼东爪哇省国立第六中学哈提尼老师为团长的儿童代表团一行15人来济南参加了“2007中国·济南国际儿童联欢节暨儿童用品博览会”。在济期间，代表团参加了大会的一系列活动，如开幕式、闭幕式、欢迎宴会、“水地球”注水、校园友好结对、大明湖放荷灯、趵突泉品茶以及文艺演出和中国武术杂技欣赏等，参观了童博会。代表团一行还游览了动物园和黄河公园。

7月5~12日，以以色列卡法萨巴市文化青少年及体育局局长朵恩·贝肯斯坦为团长的以色列儿童代表团一行4人来济南参加了“2007中国·济南国际儿童联欢节暨儿童用品博览会”。

7月5~12日，白俄罗斯维捷布斯克市儿童代表团一行7人访问了济南，并参加了“2007中国·济南市国际儿童节”。代表团在济南活动期间，参观了济南市的中小学，并游览了济南市市容。

7月12~14日，韩国驻华大使金夏中一行150人来访，并参加山东省韩国友好周活动。副市长王天义参加了韩国友好周开幕式并会见了金夏中大使。

7月13日，青年汽车集团与马来西亚汽车工业集团(宝腾集团)在济南举行合作签约仪式。代表团一行参观了青年汽车济南工厂工地。青年汽车集团与马来西亚汽车工业集团(宝腾集团)在济南举行了合作签约仪式。市委副书记、市长张建国会见了代表团一行。

7月20日，以色列希伯来大学校长来访，参观了山东大学犹太研究中心，探讨了学校交流的可行性。

7月26日，澳大利亚联邦银行集团副行长麦克龙(Garry Mackrell)先生一行6人来访。主要就与济南市商业银行合作进行洽谈。市委副书记、市长张建国会见了代表团一行。

7月27日，山东黄岗集团总公司和美国投资联合体在济南举行联合开发地下煤气化项目签约仪式。签约仪式前，市委副书记、市长张建国会见了美国投资联合体有关人员。

7月27日，佛得角驻华大使儒利奥·德莫赖斯先生及其夫人拉瑞沙·德莫赖斯等一行3人来访。市委副书记、市长张建国会见了大使一行，就济南市与佛得角首都普拉亚市建立友好合作关系的可能进行了探讨。

7月30~31日，香港教育界参观学习团一行51人来访。在济期间，参观了历下燕山社区活动中心，济南高新区。副市长王天义会见了客人。

8月12~14日，韩国前驻青岛总领事朴钟先一行3人来访。省委常委、市委书记焉荣竹会见了客人。

8月15日，以日本JFE钢铁株式会社董事长、总经理马田一为团长的JFE公司经贸考察团一行10人来济南考察。考察团考察了济南钢铁公司以及JFE公司的合资企业济南鲁东耐火材料有限公司。市委副书记、市长张建国会见了考察团。

8月16日，奥地利上奥州市长代表团一行13人，在奥国会议员施威特贝格市市长格斯勒先生率领下来山东省访问。副市长王天义会见了代表团一行，双方就加强经济合作、建立友好城市关系等问题进行了交流。

8月20日，日本岛根县立大学访华团张忠任教授等一行5人来济南考察城市和谐社区建设。访问团考察了开元山庄社区。

8月22日，印度尼西亚西爪哇省省长政府事务助理特加加·库斯瓦拉先生一行11人来访。代表团考察了高新区，游览了趵突泉。

8月22~24日，美国前国务卿奥尔布赖特一行6人访问山东省。其间，代表团参观了济南市。

8月23日，韩国GS加德士株式会社常务金光洙一行3人来访。市委副书记、市长张建国，市政协副主席、市政府秘书长胡占平会见了客人。

8月25~27日，由美亚基金会组织的2007年第5批美国国会议员助手团一行25人访问山东省。代表团在济期间对济南周边进行了实地考察，对济南的宗教和农业情况有了进一步的了解。

9月5日，以东北亚地方政府联合会秘书长李海斗为团长的东北亚地方政府联合会2007事务委员会会议中、日、韩、俄、蒙五国34个地方政府代表100人来济南，副市长张宗祥会见了客人。

9月8日，津巴布韦驻华大使馆副馆长、公使衔参赞塔旺嘎·穆沙亚瓦努先生一行2人访问济南。与市外办商谈缔结友好城市及交流合作事宜。

9月13日，以日本国际贸易促进协会理事长中田庆雄为团长的东京访问团一行62人来访。成员由东京地区有关企业、中介机构、新闻媒体代表组成。访问目的主要是进一步加强日本与山东在现代制造业、高新技术、节能环保、服务外包和现代农业等领域的合作。该团重点考察了高新技术开发区。市委副书记、市长张建国会见了访问团。

9月17~18日，以马来西亚华人公会总会长、房屋与地方政府部长黄家定为团长的马华公会代表团一行13人访问济南。考察了高新区，与高新区就开展信息技术及汽车装备制造的交流与合作进行了座谈，并参观了齐鲁软件园。代表团一行还游览了趵突泉。

10月2日，以日本新泻市议会议员桥田宪司为团长的新泻市考察团一行5人来访。商谈了新泻市与济南市开通直航包机事宜。

10 月 9 日, 应省科技厅、省城建集团邀请,瑞典首都斯德哥尔摩市分管城建和环保的副市长欧拉·汉密尔顿女士一行 8 人来访。主要是为了加大对济南城建环境治理的投资，并参与到济南市的水处理、垃圾处理等市政基础设施的建设中。双方就加强环境治理、水处理和垃圾处理等问题进行了交流。市委常委、副市长殷鲁谦会见了代表团一行。

10 月 25 日,以罗伯特·蒙太罗为团长的巴西里约热内卢市议员团一行 5 人来访。就发展济南市与里约热内卢市的友好交流和两市在进出口贸易领域合作的可能性进行探讨。市人大副主任孙培森会见了该代表团。

11 月 15 日，澳大利亚新南威尔士州前总理鲍博·卡尔一行 6 人来山东访问。代表团在济期间,参观了力诺集团和齐鲁软件园。

11 月 18~21 日, 以色列 ZUK 大理石公司采购经理歌德瓦萨·伊兰与营销经理贾荣欣来访。在济期间,访问团与中国工艺美术总公司、济南远兴石材有限公司、易磊石材公司、舜磊装饰石材公司进行了贸易洽谈,详细考察了石材加工厂、矿山,并选取了多种样本。

11 月 19~21 日,日本和歌山县知事仁坂吉伸、议长中村裕一率领和歌山县政府、议会、企业代表团一行 50 人访问山东省。访问期间,参观了趵突泉公园、千佛山公园。

11 月 25 日，以韩国宗教和平会议主席崔根德为团长的代表团一行 20 人来访。访问期间,参观了灵岩寺、趵突泉公园。

11 月 26~27 日,佛得角普拉亚市市长费雷斯波图·维也拉先生、佛得角驻华大使儒利奥·德莫赖斯先生等一行 4 人来访。访问团详细考察了力诺集团的太阳能产业,参观了高新区。市委副书记、市长张建国会见了访问团,副市长张宗祥与维也拉市长签署了友好会谈备忘录。

12 月 23~24 日,以韩国全罗北道议会副议长河大植为团长的友好代表团一行 10 人来访。访问期间,考察了齐鲁软件园。

【友好城市往来】 全年共向友好城市派出各类团组 15 批、160 余人次，接待友城访问团组 25 批、320 余人次。

来访：

1 月 30 日,英国考文垂市考文垂及沃力克郡商会中国贸易联络处主任马克·伊顿先生一行 2 人访问济南,与市外办商谈 2007 年双方合作的计划。

1 月 30 日至 2 月 2 日,以韩国水原市议会副议长金镇贯为团长、以水原市长安区区长林秉锡为副团长的水原市友好代表团一行 9 人来访。代表团参加了两市摄影家交流协议签字仪式,考察了济南高新区、长清大学科技园,游览了趵突泉公园。市人大副主任谢传仁、副市长王天义会见了代表团一行。

1 月 30 日至 2 月 2 日,以韩国写真作家协会水原支部支部长全榆炳为团长的水原市摄影家代表团一行 12 人来访。与济南市摄影家协会签署了友好交流协议,游览了大明湖公园、趵突泉公园。

3 月 21 日,英国考文垂及沃力克郡商会总裁、中国贸易联络处主任马克·伊顿先生等一行 4 人访问济南,拜访了济南市人民对外友好协会。

4 月 26 日,澳大利亚西澳洲工商学院副院长徐兴奎先生来访。与市外办就如何利用友好城市郡德勒普市作为桥头堡,继续加强两市交流和互访计划等事宜进行了座谈。

5 月 17~18 日,以水原市中国饮食节促进会会长于治民为团长的水原市餐饮考察团一行 6 人来访,与舜耕山庄等进行了洽谈。

5 月 22~24 日,以乌克兰哈尔科夫市市长多普金先生为团长的哈尔科夫市友好访问团一行 13 人访问济南。代表团访问了济南市高新技术开发区,参观了中乌高科技园及齐鲁软件园,并与有关企业代表进行了洽谈。省委常委、市委书记焉荣竹,市委副书记、市长张建国分别会见了代表团,双方正式签署了建立友好城市关系协议书。

5 月 31 日至 6 月 2 日,德国奥格斯堡市市民团一行 17 人来访。代表团参观了济南西门子变压器厂及相关景点。

6 月 6~8 日，德国奥格斯堡市贸促会会长格哈德莱波尔特先生一行 4 人来访。代表团与市环保局就加强两市环保企业项目合作及邀请济南市环保企业参加 9 月底在奥市举办的 RENEXPO 可再生能源博览会等事宜进行了洽谈;此外代表团还参观了重汽集团客车公司,与相关人员就奥市库卡(KUKA)机器人集团与重汽集团设备合作项目进行了座谈。副市长王天义会见了代表团一行。

6 月 19 日,考文垂商会一行 2 人访问济南,代表团与市外办就两市交流、高层访问等进行了会谈。

7 月 3~7 日，以加拿大里贾纳市市长帕特·菲亚柯先生为团长的里贾纳市友好访问团一行 12 人来访,并参加了“中国·济南国际儿童联欢节暨儿童用品博览会”。该代表团来访的主要目的是庆祝两市结好 20 周年,签署两市结好 20 周年友好会谈备忘录(附两市互设经贸联络办公室协议书)；商谈加强两市的全面交流与合作事宜。

7 月 4~9 日，澳大利亚郡德勒普市伍德威尔中学副校长保罗·奥斯里先生率师生代表团一行 11 人来访并参加“2007 中国·济南国际儿童联欢节暨儿童用品博览会”。代表团参观了济南九中,就进一步加强两校友好关系进行了座谈并签订了友好合作备忘录。

7 月 5~9 日，以日本和歌山市吹上小学校长林口功为团长的和歌山儿童代表团一行 18 人来济南参加“2007 中国·济南国际儿童联欢节暨儿童用品博览会”。

7 月 5~9 日，以日本山口市鸿南初中校长山根义彦为团长的山口儿童代表团一行 9 人来济南参加“2007 中国·济南国际儿童联欢节暨儿童用品博览会”。

7 月 5~10 日,以韩国水原市跆拳道表演团团长吴相云为团长的水原儿童代表团一行 28 人来济南参加“2007 中国·济南国际儿童联欢节暨儿童用品博览会”。

7 月 5~11 日,雷恩市布列塔尼高等青少年管弦乐队一行64人来访，并参加了“2007中国·济南国际儿童联欢节暨儿童用品博览会”。同时在济南举行交响乐演出，加深与济南青少年音乐领域的交流与合作。

7月5~12日，俄罗斯下诺夫哥罗德市儿童代表团一行11人、乌克兰哈尔科夫市儿童代表团一行9人访问济南，并参加“2007中国·济南市国际儿童节”。

7月5~12日，芬兰万达市儿童代表团一行6人参加“2007中国·济南国际儿童联欢节暨儿童用品博览会”。

7月5~12日，美国萨克拉门托市儿童代表团一行6人参加“2007中国·济南国际儿童联欢节暨儿童用品博览会”。

7月5~12日，德国奥格斯堡市儿童代表团一行11人参加“2007中国·济南国际儿童联欢节暨儿童用品博览会”。

7月18~26日，考文垂学生代表团一行23人来访。副市长王天义会见了代表团一行。

7月24~27日，以韩国水原市清明高等学校校长金清极为团长的学生友好代表团一行34人来访。与济南七中签署了学生交流协议，并开展了民宿交流活动。

7月26日，法国雷恩市政府米歇尔·帕夫先生，雷恩市荣誉秘书长和菲利普·菲亚斯先生来访。

8月10日，澳大利亚西澳洲工商学院院长格林·维特金斯及副院长徐兴奎先生来访。与市外办就进一步加强与郡德勒普市各方面的合作、接待好济南市11月中旬妇女代表团及开拓与天鹅市友好交流渠道等事宜进行了座谈。

8月20~21日，韩国水原市道立舞蹈团舞台导演金贤俊一行3人来访。考察珍珠泉人民会堂，进行中韩联合演出的准备工作。

8月23日，奥格斯堡大学学生代表团一行13人访问济南。

9月6~9日，以京畿道立舞蹈团常任舞蹈编导金正学为团长的水原市友好演出团34人来访，参加了中韩联合文艺演出。

9月6~11日，澳大利亚郡德勒普市市长特洛伊·佩卡德先生一行8人来访。代表团参加了第七届济南市国际旅游交易会；与市外办、市贸促会进行了工作会谈；参观了市公安局、齐鲁软件园、济南大学、济南职业学院、济南九中、济南植物园等；双方还就济南市妇女代表团的访问进行了商谈。市委副书记、市长张建国会见了代表团一行。

9月6~12日，以水原市文化观光课龙汉洙系长为团长的友好代表团一行3人来访。参加第七届济南国际旅交会，设置水原旅游特装展位。

9月7~11日，以韩国水原市市长金容西为团长的友好代表团一行24人来访。参加了第三届中韩城市经济交流会议和第七届济南国际旅交会。省委常委、市委书记焉荣竹，市委副书记、市长张建国分别会见了客人。

9月16~18日，德国奥格斯堡市德中友好协会主席毕斯理·米勒访问济南。双方就加强两市友好合作进行了积极的会谈。

10月18~27日，法国雷恩市左拉中学高利文老师率师生一行39人来访。主要是访问外国语学校，与学生家庭进行交流活动。

10月20~23日，美国加利福尼亚州议会议员大卫·琼斯先生、萨克拉门托市副市长凯文·麦克卡迪先生率美国萨克拉门托市友好代表团一行17人访问济南。代表团参观了市中心医院、高新区齐鲁软件园，就加深教育领域的合作、加强卫生医疗领域以及经济领域的交流与合作进行了广泛交流与探讨。市委副书记、市长张建国，市人大副主任李荣芝分别会见了代表团。

10月21~24日，日本和歌山市议会议长北野均率和歌山市第24次友好访问团一行12人访问济南。代表团参观考察了和歌山市吹上小学的友好学校胜利大街小学和日资企业山东郡是针织有限公司，就进一步发展两市教育交流和经贸合作进行了探讨。省委常委、市委书记焉荣竹，市委副书记、市长张建国，市人大副主任谢传仁分别会见了代表团一行。

11月2日，法国雷恩市多瓦斯诺小学校长毕鲁斯尔·麦克尔先生到市外办访问。市外办和麦克尔先生就2008年来济访问的雷恩市多瓦斯诺小学代表团考察接待家庭、接待路线等，充分交换了意见，并听取了东方双语学校的交流情况介绍。

11月12~14日，法国雷恩市国际关系办公室玛丽女士来访。玛丽作为新任济南-雷恩友好交流负责人，对济南多个出访团组给予了大力支持。此次来访，玛丽拜访了市外办及相关合作单位。在济期间，玛丽访问了市青少年宫、外国语学校、东方双语学校，并对来年合作项目进行了洽谈。

出访：

4月9日，济南高新区招商局机电装备部副部长朱建春赴韩国水原市进行公务员研修学习。

4月11日，济南市经贸代表团一行6人访问韩国水原市。访问期间，拜会了水原市市长金容西，商讨了第三届中韩8+8会议有关事宜。

6月11~21日，市委副书记、市长张建国率济南市政府代表团一行12人赴香港特别行政区、韩国、日本招商引资，其中6月13日至21日先后对友好城市韩国水原市和日本和歌山市进行了友好访问。张建国与水原市市长金容西进行会谈，与水原市商工会议所禹凤济会长等水原市主要经济团体和企业界代表举行恳谈会。参观了SKC水原工场、水原华城和水原市环境事业所。拜会了中国驻韩国大使宁赋魁。与和歌山市市长大桥建一、议长北野均、副议长宇治田清治和日中友好议员联盟的成员进行会谈，听取了和歌山市综合发展情况特别是社会福利和民生领域的政策介绍，重点参观考察了和歌山市民艺术交流中心、四季之乡自然公园等市民服务设施。拜会了中国驻日本大使王毅。

6月30日至7月10日，济南市学生代表团一行6人访问芬兰万达市，参加第29届万达国际儿童夏令营。

7月6~11日，济南市书法家代表团一行15人赴韩国水原市访问。访问期间，两市联合举办了中韩书法交流展。

8月19~26日，济南市友好教育代表团一行7人访问了日本山口市。拜会了山口市市长渡边纯忠，参观考察了鸿南初中、山口高中、儿童教育中心和信息艺术展览馆等。

9月20日至10月2日，由市环保局及环保企业、济南大学等单位组成的环保代表团访问芬兰万达市和德国奥格斯堡市。参加万达——济南环保研讨会以及在奥格斯堡市举行的国际新能源和建筑节能展览。

10月3~12日，以市政协主席徐华东为团长的济南市友好经贸访问团一行8人访问德国、丹麦。

10月11~18日，市外办一行5人赴韩国访问，参加第44届华城文化节、水原国际友好城市交流恳谈会、国际友好城市名优特产展示会等；参观了三星电子、水原垃圾焚烧场等。

10月20~26日，市青少年宫组派的市民代表团一行4人到法国雷恩市进行了友好访问。在雷恩期间，代表团宿市民家庭，充分了解了法国生活，同时还和雷恩青少年委员会、雷恩——济南友协、雷恩国际关系办公室进行了洽谈交流，对来年的市民访问项目交换了意见。

11月9~13日，济南七中友好代表团一行34人赴韩国访问，与水原清明高中开展学生民宿交流活动。

11月10~22日，济南市妇女友好交流团一行5人赴澳大利亚和新西兰进行了友好访问，出席了由澳大利亚职业妇女联合会郡德勒普市分会举办的妇女论坛。

11月26日至12月8日，济南市友好代表团一行8人访问法国雷恩市。访问期间，代表团拜访了雷恩市市政府，会见了雷恩市市长爱德蒙·埃荷威先生和副市长罗斯琳娜·乐弗朗索瓦女士，就推动双方文化、经济、教育、规划交流等事宜进行了充分细致的交流。

11月28~30日，济南市拳击运动员代表团一行11人赴加拿大里贾纳市进行友好访问。其间两市的拳击运动员进行了交流比赛。

【举办“2007中国·济南国际儿童联欢节”】 2007年7月6~8日，第二届济南国际儿童联欢节举办。活动共邀请了来自美国、德国、日本、澳门等18个国家和地区的22个代表团、330名代表参加，其中新增了非洲和中国台湾省、澳门地区的代表团。活动充分体现了和平、发展、合作、和谐的理念，是努力推动和谐世界建设的有益尝试，不但有效服务了国家总体外交，也为济南市创建新的外事知名品牌，搭建了更为广阔的对外交流平台。活动期间举办了以“我们的城市，和谐的家园”为主题的国际儿童摄影展，共征集15个国家和地区的258幅照片，展示了济南及国际友好城市独特的文化及人文风情，成为国际儿童联欢节的一大亮点。

【济南市获得护照颁发、签证自办等权限】 在外交部和省外办大力支持下，2007年7月13日，外交部同意授予济南市护照颁发权、签证自办权、出国(境)“证明”权。8月13日，国港办授予济南市港澳通行证颁发权。这是外交部自苏州工业园之后，近10年来第一次将护照权下放，充分体现了外交部对济南外事工作的认可和支持，将对拓宽济南市因公出访渠道，为企业开拓国际市场开辟绿色通道，促进地方经济发展及配合企业“走出去”战略起到积极推动作用，有利于济南市外事工作更好地服务于全市的工作大局。2007年12月5日，济南市护照颁发、签证自办工作正式启动。

【与乌克兰哈尔科夫市结为友好城市】 2007年5月22~24日，以乌克兰哈尔科夫市市长多普金先生为团长的哈尔科夫市友好访问团一行13人访问了济南市。其间省委常委、市委书记焉荣竹，市委副书记、市长张建国分别会见了代表团，张建国市长和多普金市长代表两市正式签署了建立友好城市关系协议书。

哈尔科夫市(KHARKIV)是乌克兰哈尔科夫州首府，乌克兰第二大城市，是乌克兰最大的工业、科技和文化中心。位于乌克兰东北部，东距首都基辅470公里，面积306平方公里，城市人口约150万，人口呈逐年下降趋势。哈尔科夫民族众多，除俄罗斯和乌克兰族外，还有德意志和波兰等民族。

哈尔科夫市于1654年建市，18世纪至19世纪是俄国最重要的集市贸易中心之一。1917年11月建立苏维埃政权后，成为乌克兰苏维埃共和国的首都，1934年迁都基辅。1943年8月23日自法西斯侵略者手中解放，这一天为城市市庆日。哈尔科夫市是乌克兰最大的工业中心和交通枢纽。该市工业企业393家，机械制造和金属加工发展水平高，科学含量高的生产行业，如汽车制造、金属加工、电力、农机、航天技术和航空生产、机床制造和重型机械制造等占有重要地位。市内还有大型轻工业、食品、化学工业企业，建筑业相当发达。该市共有国立大学24所、非国立大学12所、193所中学及86所其他各类学校；200家科研、设计单位，其中大多从事汽车制造和仪器生产方面的科研和设计。哈尔科夫市有11个国际友好城市。

(张志国)

责任编校　郭建群

治安司法

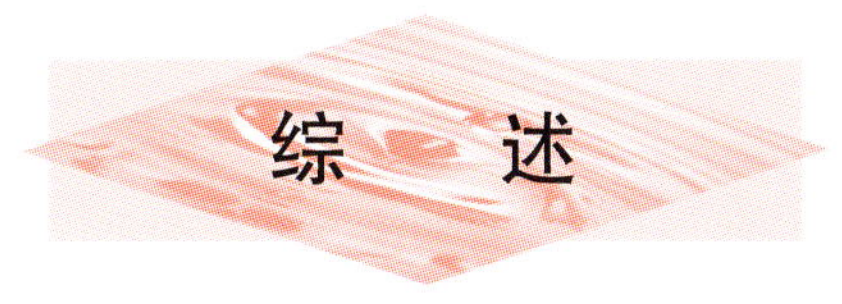

综述

【平安济南建设实现新发展】 2007年，全市各级各部门坚持以科学发展观为指导，按照构建社会主义和谐社会的要求，以维护省会稳定、发展省会经济、建设美丽泉城为出发点，坚持以人为本、科学发展，坚持打防结合、标本兼治，坚持专群结合、依靠群众，坚持重心下移、强化基层，全面落实社会治安综合治理和平安建设的各项工作措施，积极探索建立适应社会主义市场经济发展要求的平安建设机制体制，进一步巩固和发展了省城政治稳定、社会和谐、治安良好、人民群众安居乐业的好形势。

1.进一步落实平安建设“一把手”工程，加强平安建设领导力度。省委常委、市委书记焉荣竹明确提出“维护省城稳定、发展省会经济、建设美丽泉城”的总体奋斗目标和要求，把维护稳定放在了首位；市委副书记、市长张建国用主要精力抓稳定工作，经常深入基层调查，研究制定维护稳定的思路和措施。各级党委政府把平安济南建设摆在突出位置，及时研究解决工作中遇到的新情况和新问题，稳定压倒一切的政治责任得到了进一步强化和有力落实。

2.妥善化解各类矛盾纠纷，各级政法综治部门做好群众工作的能力不断增强。积极探索畅通群众诉求表达渠道，进一步健全完善了矛盾纠纷排查调处四级网络、“九位一体”矛盾纠纷联合调处中心，推行信访代理制，健全完善政法机关群众涉法诉求工作站，使大量的矛盾纠纷在基层得到及时化解。

3.突出治安问题得到有效整治，“打黑除恶”专项斗争取得丰硕战果。打掉黑恶势力犯罪团伙19个，抓获黑恶势力犯罪成员153名，破获各类刑事案件127起；治理自行车被盗问题专项行动初战告捷。专项行动期间共破获盗窃自行车违法犯罪案件1367起，打掉团伙55个，抓获违法犯罪嫌疑人235名，依法整治和取缔自行车非法交易市场11处，查获被盗自行车1506辆；整治油气田及输油管道生产治安秩序专项行动成效明显。年内涉油涉气犯罪发案50起，同比下降36%；打击盗窃破坏电力、电信、广播电视设施违法犯罪专项斗争战果显著。各有关部门协调配合，严厉打击盗窃、破坏“三电”设施违法犯罪，共破获盗窃、破坏“三电”设施案件1012起，挽回经济损失134万元，打掉犯罪团伙44个，抓获犯罪成员173人；集中整治货运站和高档卷烟经营场所专项行动取得阶段性成果。市综治办、公安局、烟草专卖局、工商局、交通局等部门联合制定下发《实施方案》和《通告》，先后出动执法人员4090人次，出动执法车辆1147车次，检查货运站和高档卷烟经营场所891个次，查获案件69起，查获非法卷烟200多万支，案值达181万元。全力维护高校及周边治安秩序的持续稳定，及时排查化解影响高校稳定的17起不安定因素。指导各高校进一步加大技防建设力度，重点部位、停车区域的技防建设覆盖率达到80%。推动驻济高校开展群防群治工作，向驻济高校派驻保安1059名，驻济各高校建立起3000多人的义务巡逻队。积极开展校园及周边治安集中整治活动，整顿网吧147家，取缔非法网吧28家，清理学校周边娱乐场所645处，查处“黄赌毒”案件191起，收缴非法出版物及音像制品6.3万余件。

4.强化基层基础建设，平安稳定的根基进一步夯实。按照社会化、职业化、市场化相结合的思路，积极探索建立市场经济条件下社会动员和社会参与机制，发展多种形式的群防群治组织，基层维稳工作力量发展壮大。以天桥区为试点，深入开展加强社会管理工作，突出对各类社会人群、社会组织和社会事务的管理，进一步整合社会资源，降低管理成本，提高了管理效益，走出一条党委领导、政府负责、综治牵头、社会协同、群众自治的社会管理工作新路子。全市先后探索总结了村村联防、村企联防、户户联防、保安驻村、综治保险、治安承包、以集养队(巡逻队)等行之有效的形式，一些影响平安建设的热点、难点问题如群防群治队伍建设问题、暂住流动人口管理问题、平安建设市场化运作问题等被逐步克服和解决。全市刑事立案、治安案件、非正常上访、安全生产事故等主要指标继续下降，社会大局保持持续稳定。

5.全力做好铁路护路联防工作，确保铁路大动脉的安全畅通。紧紧围绕建设“奥运平安绿色通道”的目标要求，以平安铁路示范路段创建工作为载体，以确保铁路安全畅通为主线，积极推进铁路护路体制改革，高标准、高起点、高质量地进行了护路房建设。集中时间、集中力量进行了铁路沿线治安综合整治，破获盗窃铁路运输物资、拆盗铁路器材、破坏铁路护网等案件7起，抓获违法犯罪嫌疑人12人，排除各类隐患12起，确保了全国铁路大提速以后的安全畅通。年内，全市没有发生严重的涉路刑事案件，没有发生冲击铁路、拦车断道事件，没有发生影响铁路安全运营的群体性事件，春运、“专运”、三级“两会”和重大节假日、重要活动期间，铁路沿线治安秩序良好。（王　文）

【群众涉法诉求工作站引起全国反响】

2007 年 5 月 24 日，中央政法委巡视组在济南市委常委、政法委书记李家政（前右三）陪同下，专题调研政法机关群众涉法诉求工作站。（市委政法委供稿）

建立政法机关群众涉法诉求工作站，是济南市各级党委政法委和政法部门针对利益格局的深刻变革和人民群众的司法需求日益增多的实际，积极探索和不断创新涉法涉诉信访工作的新方法、新途径，在深入调查研究的基础上，于 2006 年 4 月在历下区试点并逐步建立起来的。2007 年 3 月在全市 10 个县（市）、区及高新区的 131 个乡镇（街道）全部建立了政法机关群众涉法诉求工作站，形成了规范的运作模式，取得了明显成效。年内，全市各工作站接待群众涉法诉求来信来访和咨询逾 2000 人次，超前预防化解了一大批苗头性隐患，到市以上涉法信访案件明显下降。

济南市建立政法机关群众涉法诉求工作站的做法，在国内引起了较大反响，周永康、王胜俊、高新亭、焉荣竹、阎启俊等先后对此做法作出重要批示。4 月 2 日，山东专门召开大会在全省推广济南市的这一做法。全省现场会后，市委政法委从优化工作资源、规范工作程序、提高工作效能入手，召开座谈会征求基层党委、政法部门和执法干警意见建议，查找不足，推广经验。制定并下发《关于政法机关群众涉法诉求工作站建设的若干意见》，建立县（市）、区政法部门班子成员驻站制度和市级政法部门班子成员、执法单位负责人群众联系点制度，规范工作站运转模式。指导槐荫区政法部门完善下访巡访制度试点工作，不断完善群众涉法诉求工作站的机制建设，创新工作方式，丰富活动内容，有力地推动了工作站建设的深入开展。新华社内参、《人民日报》、中央电视台、《法制日报》等媒体报道了济南市的工作站建设情况。4 月 19 日，中央政法委《政法动态》配发编者按介绍济南市经验做法，要求各地各部门学习借鉴。

（李国才）

【“迎全运、保平安、促发展”活动】　为认真落实“9.29”省委常委扩大会议和“10.9”领导干部会议精神，努力为全市又好又快发展和第十一届全国运动会的成功举办创造平安、和谐、稳定的社会环境，11 月 13 日，市委政法委、市综治委联合下发意见，决定在全市政法综治系统广泛开展“迎全运、保平安、促发展”主题活动，并于 11 月 23 日召开动员大会作出全面安排部署。根据全市的统一部署和要求，各级政法综治部门要认真组织开展六个方面的专项行动，着力强化七个方面的管理工作，落实好四项执法服务措施。

1.六个方面的专项行动。①开展化解社会矛盾专项行动。围绕保障重点工程建

2007 年 11 月 23 日，市委政法委召开“迎全运、保平安、促发展”动员大会。（市委政法委供稿）

设，加强社会矛盾排查、调处、预警、处置“四个机制”建设，及时化解因征地、拆迁安置和补偿等引发的矛盾纠纷。制定和完善突发事件应急预案，及时妥善处置重大矛盾纠纷和群体性事件。②开展重点工程及周边治安秩序整治专项行动。强化对重点工程建设区域的治安、巡逻和安全看护措施，及时打击盗窃、抢劫物资及“打砸抢”等突出犯罪问题。③开展打击盗窃破坏电力设施犯罪专项行动。建立警企协作打击和防范涉电犯罪有效工作机制，维护良好的电力运营秩序。建立防止外力破坏电力设施预警处置机制，强化电路巡线力量和重点电力设施看护，提高抵御不法侵害能力。④开展打击盗窃破坏水利设施犯罪专项行动。⑤开展打击盗窃破坏市政公用设施犯罪专项行动。尤其是对盗窃道路排水井盖和破坏道路护栏、照明路灯、消防栓的违法犯罪活动，要采取坚决措施及时严厉打击。⑥开展预防职务犯罪专项行动。主要是紧紧围绕保障新一轮城市建设，积极开展以涉及城建工程为重点的职务犯罪预防工作。强化专项检察，及时查处涉及违规违法建设中的不作为和渎职犯罪问题。

2.七个方面的管理工作。①抓好公共场所治安管理，及时查处打架斗殴、寻衅滋事等扰乱公共秩序的治安案件，坚决扫除“黄赌毒”等社会丑恶现象，净化社会环境。②抓好交通安全管理，坚持科学管理，最大限度地减少重特大交通安全事故的发生。③抓好消防安全管理，及时落实火灾隐患整改措施，防止重大火灾事故的发生。④抓好爆炸危险物品管理，严防涉枪涉爆案件的发生。⑤抓好重点人群管理，加强对流动人口的管理和服务，预防和减少各种违法犯罪问题的发生。⑥抓好社会面治安管理，全面落实打防控管一体化措施，切实做到防得牢、控得住、管得严、少发案。⑦抓好安全生产管理，及时发现和消除不安全隐患，坚决防止重特大安全生产责任事故的发生。

3.四项执法服务措施。①全面履行各项政法稳定工作职能，大力加强社会治安综合治理，着力做好化解社会矛盾、维护社会治安、搞好社会管理等方面的工作，确保全市政治和社会治安局势的持续稳定，为省会建设和全运会的成功举办创造良好的社会环境。②坚持从严治警，加强政法队伍自身建设。③提高执法服务水平。④做好全运会安保工作。周密安排制定全运会安全保卫工作方案。按照同步规划、同步设计、同步施工、同步验收的要求，提前介入，督促抓好全运会比赛场馆的安保设施建设。超前部署、搞好演练，确保全运会安保工作万无一失。

全市各级政法综治部门根据《意见》要求和具体职责分工，层层召开动员大会，制定切实可行的实施方案，落实领导责任，全力抓好各项工作措施的落实，迅速掀起了工作高潮。 （李国才）

【妥善处置涉法涉诉信访】 全市各级政法部门以继续加强群众涉法诉求工作站建设为依托，积极处置涉法涉诉信访问题，先后组织开展3个月的集中排查化解活动，成立4个督导巡视组对49起涉法涉诉上访案件进行了集中处理，指导完善两个基层单位在处理涉法信访问题工作中的经验做法，息诉罢访5起中央交办的涉法进京非正常上访案件，全面做好三级“两会”和十七大期间的涉法信访稳定工作。

1.圆满完成十七大期间涉法信访稳定任务。为认真做好党的十七大期间涉法信访稳定工作，各级都成立了涉法信访稳定工作领导小组，层层签订了集中排查化解涉法涉诉非正常上访案件责任书，研究制定了处置涉法信访案件工作预案，明确职责分工，落实工作责任，各单位对尚未息诉罢访的案件进行了集中处理，组织精干力量，集中时间和精力，逐案分析研判。对息诉率比较低的重点地区，派出了由市直政法部门“一把手”任组长的督导巡视组。对涉法信访案件较多的单位，派驻了专门联合工作组进行蹲点督查。对已经处理过、当事人表示息诉的案件进行了逐案回访，回访中坚持做到四个结合，即：回访与督查督办相结合，与开展送温暖活动相结合，与政策法规宣传教育相结合，与了解社情民意、指导基层工作相结合。十七大前期，重点围绕进京非正常上访案、上级督办案、领导批示督办未办结案和涉法上访老户这4个方面排查出49起案件进行了集中办理，成立4个督导巡视组进行不间断的督导巡视，确保了十七大期间未发生进京上访。5月上旬，中央政法委交办济南市的5起进京非正常上访案件于8月12日全部结服。

2.全力做好三级“两会”期间的涉法信访稳定工作。根据省、市联席会议的工作部署，先后多次召集各县（市）、区委政法委和市直政法部门主要负责人参加的工作部署会，重点围绕影响社会稳定的涉法涉诉信访突出问题和苗头隐患进行了认真排查。政法各部门都制定了三级“两会”期间处置预案，严格落实值班值日、排查报告和信息预警制度，做到对重大涉法信访事项及时报送。建立《三级“两会”期间涉法信访情况工作专报》，每天对涉法信访工作动态调度收集、整理汇总，做到早发现、早稳控、早调度、早解决。三级“两会”期间，共排查涉法信访突出问题及不安定因素44起，逐案建立了工作台账，落实了稳控措施，编发稳控情况工作专报12期，确保了三级“两会”期间未发生大的问题。

3.开展排查化解涉法涉诉进京非正常访案件专项活动。为贯彻落实全国、全省集中排查化解涉法涉诉进京非正常上访案件工作会议的要求，制定了排查化解涉法涉诉进京非正常上访工作方案。集中排查化解工作自6月1日~8月31日，分排查摸底、逐案会诊、解决问题、督查指导和回访报结五个阶段实施。通过集中排查化解，重点掌握了案件当事人的上访原因、前期处理、未息访原因及当前诉求，并按照诉求合理、部分合理、无理缠闹上访和精神问题等情况建立工作台账。按照“谁主管、谁负责”原则，逐案实施定包案领导、定解决方案、定责任人员、定解决时限、包息诉罢访的“四定一包”制度。采取联合接访、公开听证、更换人员、个案救济、心理咨询、律师参与、教育稳控、依法惩治等办法，认真解决群众反映的问题。

严格落实案件办理进度旬通报制度，对包案领导与案件当事人的接访谈话、工作进度、解决问题的情况进行跟踪检查。采取案件回访、重点抽查、交叉检查和案件评查等形式进行了集中督导巡视。通过开展为期3个月的专项活动，全市共排查涉法涉诉信访案件132起，调处化解124起，化解率为94%。（郭 月）

【集中打击盗用城市公共供水犯罪】 从6月下旬开始，市委政法委在全市组织开展了打击盗用城市公共供水违法犯罪专项整治行动。组织市直政法部门及市政公用事业局、市供水集团的有关负责人，在深入调查研究和借鉴兄弟省市经验的基础上，对盗水违法犯罪问题进行了多次分析论证和专题研究，对盗用城市公共供水的手段、盗水时间、盗水水量、盗水金额、案件性质认定、相关违法犯罪行为的处罚等作出了详细规定，解决了法律上的一系列障碍，统一了执法思想。全市成立了打击盗用城市公共供水违法犯罪专项整治行动领导小组，确定了“严格依法办事，属地管辖、县区为主，打击处理和宣传教育相结合”的原则，并按照部署动员、排查摸底、集中打击、深入发动和巩固提高五个阶段，分步落实工作措施，整体推进打防工作。具体工作中，坚持立足本地、辐射周边的原则，把强化案件线索排摸、掌握犯罪活动规律作为突破口，由市内五区公安分局、市供水集团抽调专门力量组成专案调查组，深入基建、学校、商业、特种行业等单位和重点社区，在认真调查取证、研究定性的基础上，实行案件分工负责，线索具体到人，逐案逐人追查，充分运用刑事政策、行政手段等不同处罚措施进行集中打击，实现了处理一案、震慑一片、预防和教育一批的工作目标。专项行动中，共立案侦办25起案件，取保候审10人，监视居住1人，追缴水费数百万元。群众依法用水、节水保泉的自觉性有了很大提高，为发展省会经济、建设美丽泉城作出了积极贡献。（郭 月）

【集中学习教育活动】 7月20日，省委召开电视电话会议，安排部署全省各级政法部门组织开展为期50天的集中学习教育活动，并将其作为大力加强政法队伍建设的一项有力措施和巩固、深化、拓展社会主义法治理念教育成果的一项重大举措。市委、市政府对此高度重视，严格按照省委的规定和要求，全力推进集中学习教育活动深入、健康、有序开展。全市各级政法机关和广大政法干警思想统一，行动自觉，用心把握基本原则，深刻吸取沉痛教训，紧密结合自身实际，扎扎实实地落实各项任务措施，取得了比较明显的成效。

集中学习教育活动按照“坚持以正面教育、思想教育、自我教育为主，不搞人人过关”的总体要求，引导广大政法干警牢固树立和自觉践行社会主义法治理念，认真查摆和整改存在的突出问题，更加注重治本，更加注重预防，更加注重制度建设，推动全市政法工作和队伍建设整体上台阶、上水平。通过集中学习教育活动，切实解决好群众反映强烈的一些干警理想信念淡漠，群众观念不强，个别干警执法不公、执法不严、滥用职权、侵犯群众利益，少数干警工作责任意识不强、作风不实和在廉洁自律方面存在的突出问题，针对“7·9”爆炸案中暴露的问题，举一反三，警钟长鸣，健全完善长效机制，切实采取有效措施加强对政法队伍的监督、管理，坚决杜绝政法干警违法违纪问题，使全市政法队伍在思想上有新提高、纪律上有新加强、作风上有新改进、工作上有新成效，整体素质和战斗力进一步提升。

集中学习教育活动分三个阶段进行。①学习教育阶段（7月20日至8月10日）。认真制定学习教育阶段工作计划，采取集中学习与自学相结合的方式，通过理论中心组学习、党支部（党小组）组织生活会、专题辅导、座谈讨论等多种形式，组织广大政法干警认真学习胡锦涛总书记重要讲话，学习中央关于加强政法工作的重要指示，学习省、市第九次党代会精神和省委书记李建国和省委常委、市委书记焉荣竹等在全省、全市领导干部会议上的重要讲话；学习省委副书记刘伟和省委常委、政法委书记柏继民在全省政法系统集中学习教育活动电视电话会议上的重要讲话精神，增强执政为民、执法为民、严格依法办事、维护社会公平正义的观念，树立政法机关的良好形象。②查摆整改阶段（8月11~31日）。在学习教育、提高认识的基础上，坚持组织推动和自我教育相结合、批评和自我批评相结合、守纪和自律相结合，引导干警主动进行查摆，对照社会主义法治理念的要求和廉洁从警的各项规定，通过个人查找和组织提醒，切实找准存在的问题，认真制定和落实整改措施。对倾向性、苗头性问题，要高度重视，早做工作，解决在萌芽状态。认真梳理群众反映突出的问题，逐项落实责任，限期予以整改，做到问题找不准不放过，原因查不明不放过，整改不到位不放过，党委、政府和人民群众不满意不放过，确保了集中学习教育活动取得实实在在的效果。③总结阶段（9月1~10日）。针对存在的问题，进一步健全完善执法活动全程监督机制和执法绩效综合考评、责任追究等制度，把执法活动的每个方面、每个环节都纳入监督的视野。探索建立符合政法机关特点的全方位惩治和预防司法（执法）腐败工作机制，从根本上预防和减少违法犯罪和腐败问题的发生，从源头上提高有效防治司法（执法）腐败的能力。进一步健全执法活动全程控制机制，完善干警违法违纪案件季报和通报制度、警示教育制度，并探索建立不敢为、不愿为、不能为的监督制约机制，最大限度地预防和减少违法违纪案件的发生，努力形成用制度管权、按制度办事、靠制度管人的长效机制。

通过开展集中学习教育活动，全市政法系统共查摆出涉及脱离群众、特权思想、霸道作风、冷硬横推、吃拿卡要、滥收乱罚等8类突出问题322条，制定整改措施450多项，绝大多数问题都得到了及时解决。（郭 月）

【济南市法学会】 2007年，济南市法学会按照中国法学会五届三次理事会的安排部署，围绕党委、政府工作大局，团结带领广大法学、法律工作者，着力做好法学研究、学术交流、法制宣传、机构建设等工作，取得了显著的成绩。

1.围绕中心开展研讨活动。紧紧围绕党委、政府关注，以及政法稳定工作需要解决的重大问题，组织法学、法律工作者及有关人员深入地开展理论研究和实践探索活动。先后组织驻济高校法学专家学者和全市法律工作者举办了社会主义新农村法治建设理论研讨会、“发挥法律服务职能，促进济南经济发展”研讨会、刑事政策与和谐社会——侦控辩审理论与实务研讨会、疑难案件处理研讨会等4次研讨活动，有27篇理论文章作了交流发言。先后组织开展了刑事政策与和谐社会和社会主义新农村法制建设情况的专题调查，形成了《坚持宽严相济，促进社会和谐》和《关于社会主义新农村法制教育的调查与思考》的调查报告。《农民工工资支付监控制度研究》课题报告通过了中国法学会专家组的评审，荣获中国法学会颁发的课题结项证书。通过研讨，对新农村法治建设的现状、问题、原因等进行了全面分析，有的放矢地提出了对策；对政法部门如何摆正位置，充分发挥职能作用，大力服务经济建设有了深刻的认识，明确了工作重点和任务措施；对刑事政策与和谐社会的辩证关系进行了深刻剖析，理解了宽严相济刑事政策的深刻内涵，在刑事诉讼的各个环节上，就如何正确执行这一政策形成了共识；组织专家学者“会诊”疑难案件，从刑事理论和司法实践上统一思想和行动。同时，按照省委“十一五”规划的战略部署，积极探索区域法治论坛的新模式。认真筹备以推进城市化战略为主旨的济南都市圈法治论坛，与济南周边的6个中心区域城市一起商讨加强协调配合、维护社会稳定的大计。

2.创新法治宣传平台。在全面推进依法治市和实施“五五”普法规划的实践中，市法学会采取各种方式，着力营造法治建设的浓厚氛围。①以严谨的态度，高效率地编辑《济南法治》。为扩大宣传的广度和深度，将《济南法治》由季刊改为双月刊，年内编辑出版了6期，刊登各类文章129篇(其中学术论文60篇，学会动态29篇，调查报告5篇，法律服务15篇，其他20篇)；宣传报道会员单位16个，先进模范人物5名。召开市法学会学术委员会会议，评审通过了秘书长会议推荐的2007年度《济南法治》优秀论文、优秀通讯员和优秀奖名单，对15名获奖者进行了表彰奖励。②以创新的思路，高标准地办好济南法学网站。适时调整网站版面和相关栏目，先后进行了两次改版升级，始终保持版面的新颖性和时效性。年内，共上传各类信息资料1.7万条，点击率已达7.9万次，被中国法学会和北京、陕西、山东、河南、河北等省市法学会网站链接。③以务实的精神，高质量地开展法治讲座。先后举办了“济南市社会治安综合治理暨平安建设”、“加强法治建设，构建和谐社会”、“践行法治理念，忠实履行职责”等为主题的法治讲座。

3.多层面活跃学术交流。先后参加了“中国刑事法律制度的科学构建及法律适用”高层论坛、第二届东北法治论坛、中国法学家论坛、和谐社会与法治建设论坛、第二届环渤海法治论坛、全国地市法学会建设工作会议和中国法学会研究会工作会议、全国副省级城市法学会第十九次年会等交流活动，提交论文17篇，有1篇在中国法学家论坛上获优秀奖，2篇被收入《中国法学家论坛论文集》；有3篇在省法学会主办的“和谐社会与法治建设”论坛上获三等奖，其中2篇被收入《和谐社会与法治建设论文集》；在第二届环渤海法治论坛上，有1篇获二等奖、2篇获优秀奖，3篇文章均被收入《第二届环渤海法治论坛论文集》；在全国副省级城市法学会第十九次年会上，有1篇获一等奖、2篇获二等奖。

4.稳步推进研究机构建设。按照积极稳妥、逐步发展、贴近实际、成立组织的原则，打造富有济南特色的专业研究会，不断健全研究机构的组织体系。10月份，依托市劳教所，成立了市法学会劳教学研究会。12月份，依托济南市公安局收容教育所，筹备成立市法学会收教学研究会。加强对已成立的专业研究会工作的领导、管理、指导和监督，推动各项工作规范有序开展。帮助预防聋哑人犯罪学研究会编辑出版了工作专刊，组织举办了“第二届预防聋哑人犯罪法制教育工作论坛”；指导监狱法学研究会紧密联系实际，确定研究课题，召开了以“监狱和谐与科学发展”为主题的年度理论与实务研讨会；指导劳教学研究会深入开展调查研究，撰写理论文章，召开了首届理论研讨会，形成了一批具有较高价值的研究成果。（隗　宾）

【大力弘扬见义勇为】 2007年，济南市见义勇为基金会在社会各界的鼎力支持下，以弘扬正气、匡扶正义为己任，以构建见义勇为长效保障机制为抓手，及时表彰奖励见义勇为英雄人物，广泛宣传见义勇为先进事迹，认真搞好基金募集管理及使用工作，保证了基金会快速健康发展，促进了见义勇为精神的发扬光大。基金会被省综治委、省委宣传部、省公安厅、省见义勇为基金会联合授予“山东省见义勇为先进单位”，被省民政厅授于“山东省优秀基金会”，1人获“山东省见义勇为先进工作者”称号。

1.及时表彰奖励帮扶见义勇为先进分子，确保英雄人物流血不流泪。基金会坚持以高度的政治责任感和使命感，对全市涌现出来的见义勇为先进分子及时进行表彰奖励，并力所能及地帮助他们解决家庭生活等方面的困难。①大张旗鼓表彰奖励见义勇为人员。根据《山东省见义勇为保护条例》的规定，对本市发生的见义勇为行为及时发现，及时认定，及时表彰，以保护见义勇为权益，激励见义勇为行为。一年来，基金会先后表彰奖励见义勇为先进分子31名、先进集体5个，发放奖金8万元；报请省见义勇为基金会授予“山东省见义勇为先进个人”5人、“先进群体”2个；“泉城女侠”张业爱获“全国见义勇为五十佳”、“全省十佳见义勇为模范”称号；李慧敏获“全国见义勇为好司机”称号，成为全市获此荣誉的第一人；市公交总公司获“全国十大见义勇为好司机单位奖”称号，是全省唯一获此殊荣的单位。②做好见义勇为先进分子跟踪服务工作。为见义勇为人员逐一建立详细的档案资料，定期走访慰问致残、牺牲及家庭困难的见义勇为人员及亲属，及时了解、掌握和帮助解决他们生活、工作的困难。春节前，省委常委、政法委书记柏继民在市委常委、政法委书记、见义勇为基金会名誉理事长李家政的陪同下，慰问了获省、市见义勇为先进分子称号的寇少杰、方建军等人，并分别送去5000元慰问金和过节物品。③积极协调有关单位帮扶见义勇为人员。加强与医疗部门的合作，逐步建立起见义勇为人员救治的"绿色通道"，确保见义勇为受伤人员能够得到及时救治。"好的哥"刘彦友勇斗持刀抢劫歹徒光荣负伤后，基金会协调山东交通医院，全部免除其住院治疗的费用。"7·18"洪水抢险救灾中，出租车司机刘立法因抢救他人造成右脚跟腱大部分断裂，基金会立即协调市中心医院对其进行免费救治。基金会与中国网通济南分公司联合出台《关于对见义勇为先进群体和先进分子进行通讯奖励的暂行办法》，产生了良好的社会效果。

2.广泛宣传见义勇为先进事迹，努力营造扶正祛邪、惩恶扬善的社会氛围。在对见义勇为先进分子进行表彰奖励的同时，基金会还注重发挥典型的榜样和带动作用，广泛深入地宣传见义勇为先进典型和事迹，引导全社会都来讴歌、关心和学习英雄。①加强与各级新闻媒体的沟通和协作。配合中央电视台7个栏目摄制组，完成了对见义勇为人员及其所在单位采访25次；配合省、市电视台完成采访56次。协助《人民日报》、《新华社每日电讯》、《大众日报》、《济南日报》、《齐鲁晚报》等传媒采访并刊发有关稿件45篇。《走向世界》、《法制与正义》、《济南通讯》等省、市刊物转发基金会稿件17篇。特别是《参考消息》转载新加坡《联合早报》以刘彦友见义勇为事迹为素材编发的《中国社会需要'以德报怨'精神》的文章后，引起强烈的社会反响，广州市以"构建和谐社会与'以德报怨'精神"为题专门组织市民开展大讨论活动，并由基金会配合电话远程采访了驻济的知名专家学者，提升和扩大了济南的良好形象。②充分发挥济南市见义勇为基金会网站的宣传载体作用。切实加强对网站的建设和管理工作，及时更新网站内容，多角度、多层面地宣传见义勇为先进事迹，点击已经突破17万人(次)。③召开"见义勇为先进分子事迹座谈会"。共举办了3场，通过见义勇为先进分子做事迹报告、专家学者点评等办法，深化了学习活动。

3.加强基金的募集管理和使用工作，为见义勇为工作提供有力的物质保障。基金会坚持把发展壮大见义勇为基金作为重要职责，不断拓宽基金募集渠道，严格基金的管理和使用，为履行好基金会的职责奠定了良好基础。①多渠道募集见义勇为基金。召开大型企业座谈会，对重点企业上门做工作，积极争取企业支持和参与见义勇为事业。举办"弘扬见义勇为精神书画笔会"，27位省、市著名书画家现场创作61幅作品，拍卖款项全部捐赠给基金会。通过广泛宣传见义勇为先进事迹，社会各界也纷纷慷慨解囊、踊跃捐款。在6家大型宾馆设立了见义勇为募捐箱，接受群众的捐助。在募集工作中，市政法各部门率先垂范，给予了大力支持。年内，基金会通过多种渠道共募集资金110余万元。②切实加强对基金的管理。建立并严格执行财会制度，定期向社会公布基金使用情况，在严格自审的基础上，自觉接受基金会监事会和会计师事务所的监督、审计，确保基金保值、增值和专款专用。③科学合理使用基金。基金会坚持统筹谋划、合理安排、量入为出、突出重点，把宝贵的资金真正用到见义勇为人员身上，用到发展见义勇为事业上，特别是用到那些因见义勇为而伤残的英雄们的家庭抚恤救助工作上，使有限的资金发挥最大作用。

4.建立健全和严格落实各项规章制度，确保基金会的规范健康发展。基金会坚持把制度建设放在突出位置，依据有关法律法规，学习借鉴有关省、市基金会的先进管理模式，研究制定了基金会财产管理使用、接受捐赠、表彰奖励和抚恤救助等内、外部管理制度，为基金会的规范健康发展提供了有力的体制机制保证。

（陈　珂）

公　安

【概况】 2007年，全市公安机关按照"维护省城稳定、发展省会经济、建设美丽泉城"的总体部署，紧紧围绕十七大安全保卫这一主线，抓"三基"(基层、基础、基本功)、带全局、保平安、促和谐，公安工作和队伍建设都取得新进步，为全市经济社会又好又快发展创造了平安和谐的社会环境。

1.圆满完成各种急难险重任务。2007年，重大保卫活动多，重大突发警情多。先后圆满完成十七大安全保卫、英勇抗击"7·18"暴雨洪灾等任务，连续打了几场大仗、硬仗，完成了多项急难险重任务，得到了各级领导和社会各界的认可。

2.全力维护国家安全和社会稳定。强化隐蔽战线斗争，严厉打击邪教等组织的非法活动；健全三级情报信息研判机构，情报信息的研判预警水平进一步提高；加大网络管控力度，有效净化网络环境；扎实开展矛盾纠纷调处工作，依法妥善处置一批群体性上访；认真组织涉法信访问题专项整治，敏感时期无一起公安涉法人员进京。

3.严厉打击刑事犯罪活动。坚持以打开路，先后破获各类刑事案件24675起，同比提高了16.7%；狠抓命案必破，破获命案现案144起，破获积案和外地命案41起，现案破案率达95.3%，总破案率达122.5%；全市有9个分县(市)局实现了无命案或命案全破，均为历年最好水平；组建便衣侦察支队，提高了打击街面犯罪的专业化水平；强化追逃措施，抓获各类逃犯2916名，追逃数量创历史新高；深入开展禁毒活动，取得了显著战果；成功侦破了钜科公司特大非法吸收公众存款案、山东济正保健品公司特大非法吸收公众存款案等经济案件676起，挽回经济损失5.7亿元，维护了良好的市场经济秩序；持续开展治安秩序专项整治，市重点工程、重点企业和"两站"周边治安秩序明显好转。历经3年,根治了商河县部分村居治安秩序混乱问题,受到省、市领导和群众的好评。

4.全面加强社会治安防控。继续推进治安防控体系建设,深入贯彻国务院《内保条例》,积极发展保安服务业,盗窃汽车案件同比下降28.9%,街面“两抢”同比下降7.3%和13.8%;改进和加强实有人口管理,探索实行户口属地化管理模式,持续开展暂住人口专项整治;严格枪支弹药、剧毒等危险品管理,严厉查处交通、消防违法行为,全面实行派出所消防监督规范化,全市未发生群死群伤的重特大交通、火灾事故。出台了《服务经济发展便民利民十七条措施》,涵盖了小型汽车自编预选号牌、统一居民户口登记制度等诸多与群众生活息息相关的新举措,使公安工作更加关注民生、惠及群众。

5.深入开展“三基”工程建设。按照“力量往基层使,工作往实里干”的思路,继续推进公安“三基”工程建设。一线警力已达全局总警力的87.6%,派出所警力占县级公安机关总警力的49.1%,社区驻村民警占派出所警力的63%,扭转了公安机关“头重脚轻”的局面。筹措资金2亿元,建成全省一流的警察职业培训学院,新建、改建51个基层所队,全局一线民警单警装备配备率达100%,百名民警微机配备率达到87.7%,硬件建设有了明显改善。集中2个月时间,投资520余万元,在全市看守所建立完善了“四防一体”的新型执勤模式。武警监管执勤改革走在全国前列,公安部、武警总部召开现场会推广了济南的经验。

6.积极推进队伍正规化建设。以“学习贯彻十七大,落实科学发展观,公安如何作贡献”大讨论为载体,在全市公安机关掀起了学习、贯彻“十七大”精神的高潮。全面实行民警职务和警衔晋升培训准入制度,健全分级分类施训工作模式,组织开展“百十一”(熟记百条岗位法规、掌握十项岗位技能、练就一个岗位特长)练兵活动和“三考”(基本法律知识考试、执法卷宗考评、信访工作考查),完善了网上办案、执法档案和法制员制度,队伍执法水平显著提高。深入开展“坚持执法为民,反对特权思想,树立良好警风”专项教育整顿暨创建“无违纪科所队”等教育整顿活动,队伍违法违纪率连续5年下降。大力培育和宣传先进典型,组织“刘克同志先进事迹报告团”下基层演讲,深入开展“百姓喜爱的十佳公安民警”评选活动,树立了济南公安的新形象。

2007年,全市公安机关有2名民警因公牺牲、97名民警因公负伤,有1个集体和118名个人受到省、市党委和政府及上级部门的表彰,63个集体和357名个人荣立一、二、三等功。交警支队、监管支队参加了全国公安系统英雄模范和立功集体代表大会,受到胡锦涛等党和国家领导人的亲切接见。刑警支队二大队探长刘克被公安部授予“全国公安系统二级英雄模范”,出入境管理局、交警支队历下大队分别被公安部授予“全国文明窗口”、“全国优秀公安基层单位”称号,市收教所荣立集体一等功,天桥公安分局制锦市派出所被省政府授予“全省模范公安基层单位”称号;在“7·18”特大暴雨抢险救灾中,市公安局被省公安厅通令嘉奖,8个单位荣立集体二、三等功,53名民警荣立个人二、三等功,57名民警被市文明委授予“‘7·18’抢险救灾文明市民”称号。

【全面理顺城市公安机关管理体制】 8月27日,市委、市政府召开协调会,传达贯彻市委关于理顺6个区公安分局管理体制的决议精神,对6个区公安分局有关移交和衔接工作进行动员部署。市委、市政府有关负责人出席大会,市纪检、组织、政法、财政、人事、编制、审计部门的负责人,各县(市)、区政府有关负责人和区直有关部门负责人参加会议。济南市公安局迅速贯彻落实会议精神,积极推进全市公安机关体制理顺工作;科学整合区、县公安机关内设机构,全市10个区(县)公安局内设机构数量压缩了50%;区公安分局内设机构从21个减少到11个,县(市)公安局内设机构从20个减少到10个,实现了“城市公安分局、派出所由上级公安机关直接管理”的目标。着力提高基层公安机关职级待遇,增加了区(县)公安局领导和非领导职数,统一了市区民警工资和福利待遇,从根本上解决了制约公安工作和队伍建设发展的体制性障碍、保障性困扰,全市公安工作进入了崭新的发展阶段。

【科技强警示范城市建设】 公安部、科技部从2006年开始至2008年联合组织开展第二批科技强警示范城市建设,济南市是其中之一。市委、市政府全力支持科技强警示范城市创建工作,成立了济南市创建全国第二批科技强警示范城市领导小组,市政府一名副市长任组长,市发改委、市公安局、市财政局、市科技局、市信息产业局及各县(市)、区分管负责人为成员,负责协调、指导、监督科技强警工作;划拨2600万元专项资金用于科技强警建设,在人、财、物等方面给予大力支持。2007年是科技强警示范城市建设的关键一年,济南市公安局紧紧抓住这一有利时机,完成了前期制定的八大体系(警务协同指挥、信息应用、侦查打击、城市防控、智能交通、防灾应急、社会服务和科研培训)、42个项目的建设任务,初步建成了以科技为支撑的新型警务工作模式。进一步加强对各警种原有应用系统的整合,实现了与17个在用业务系统数据接口改造,涵盖所有警种、部门、单位,集采集、录入、查询、应用、分析、研判于一体的警务信息综合应用平台已初具规模,公安科技服务实战水平明显提升。积极探索和应用网上侦查破案、网上布控、网上串并案等新型战法,通过网上追逃系统抓获逃犯2931名,通过指纹比对系统破案1143起,带破案件1800余起,通过旅馆业信息查询系统抓获犯罪嫌疑人227名,通过交通管理系统查纠各类交通违法行为138.6万余起,公安科技已成为助推公安工作新的增长点。同时,全面开展了示范区(县)和示范所(队)建设,形成了三级同步创建的良好局面。截至2007年底,全市已有9县(市)、区通过省公安厅、科技厅的考核验收,被授予“科技强警示范区(县)”称号;196个所(队)通过市公安局、科技局的考核验收,31个被授予“科技强警示范所(队)”称号。

大力加强处突专业队伍建设，妥善处置各类突发事件。（市公安局供稿）

【全国看守所安全工作现场会在济南召开】 济南市看守所全力推进监管执勤工作改革，建立完善人防、物防、技防、联防“四防一体”的新型执勤模式，警力部署更加合理，物防屏障更加牢固，监所安全隐患和事故苗头明显下降。5月29日，全国看守所安全工作现场会在济南召开。公安部副部长张新枫、武警总部副司令员霍毅、山东省委副书记高新亭、山东省公安厅厅长曲植凡、山东省武警总队总队长戴肃军等与来自全国各省、自治区、直辖市公安厅（局）分管领导、监管总队长和武警分管总队长等260余人参观济南市看守所。观看了宣传展板、遥控弹匣盒及指纹式枪弹保险柜演示，警务大厅、武警备勤室、监门哨、总控室、提讯区、监管医疗中心、阅览室、卫生所、亲属会见室以及钢网墙、红外报警等设施，对济南市监管场所建设情况及监管执勤改革工作给予高度评价。

【“7·18”特大暴雨抢险救灾】 7月18日，济南市遭遇特大暴雨袭击。自17时开始，短短的1个小时内，市区降雨平均达到129毫米，部分地区超过150毫米，有51处主要道路路口路段、桥涵积水超过50厘米，导致车辆和行人遇险，交通严重受阻，有37人死亡。灾情就是命令！全市各级公安机关紧急行动，迅速启动防汛预案，奋力组织抗汛抢险救灾。共出动警力6500余人次、车辆550台次，解救被洪水围困和遇险群众830余人，疏散在危险地带的群众5010人，抢救抛锚车辆2354台次，挽回经济损失达数千万元，最大限度地减少了灾情危害。7月20日，省长助理、省公安厅厅长曲植凡签署第57号嘉奖令，对在“7·18”暴雨抢险救灾工作中作出突出成绩的济南市公安机关通令嘉奖；57名民警被市文明委授予“‘7·18’抢险救灾文明市民”称号，分别在7月26日、8月3日的《济南日报》、《济南时报》等媒体上公布。

【开展枪支爆炸物品专项整治】 4月23至9月23日，全市各级公安机关紧紧围绕党的十七大安全保卫工作，开展为期5个月的治爆缉枪专项行动。开发公务用枪和民爆管理信息系统，实现对爆炸物品“全程监控、终身跟踪、户籍式管理”，系统建设速度、质量走在全省前列。全力以赴做好防、排爆工作，圆满完成37项大型活动、警卫任务排爆安检工作，处置爆炸可疑现场9次，鉴定排除爆炸可疑物6个。跨区域出警2次，协助潍坊、菏泽市公安局完成了排爆安检任务。加强民爆物品和剧毒化学品安全监管，检查涉爆、涉枪、涉毒单位2465家次，发现整改安全隐患313处；查处各类涉枪、涉爆、涉刀案件116起，处理各类违法犯罪嫌疑人员138名，收缴各类枪支73支、子弹8773发、各类炸药

2007年7月18日，济南遭遇特大暴雨袭击，交警在雨中坚守岗位，救助受困群众，彰显了济南交警的本色。（舜网供稿）

14883.3公斤、雷管20075枚、土制鞭炮35160头、管制刀具374把、剧毒化学品14750克。

【开展自行车被盗专项整治】 2月28日，公安部、中央综治办、建设部、商务部、国家工商行政管理总局、国家质量监督检验检疫总局召开电视电话会议，部署开展为期10个月的治理自行车被盗问题专项行动。省、市相继召开会议进行贯彻落实。在市委、市政府的统一领导下，市公安局、市综治办、市工商局、市建委、市贸易服务局、市质监局六部门密切配合，协同作战，深入扎实地开展了治理自行车被盗问题专项行动。全市共破获盗窃、销赃自行车案件1367起，抓获涉嫌盗窃自行车违法犯罪人员1258人，其中打掉团伙55个，抓获成员235人；收缴各类涉案自行车3011辆，返还2601辆；捣毁非法销售窝点351个；在全市90余处自行车被盗高发区域安装监控探头235个。中央电视台《新闻联播》和《新闻30分》栏目进行了报道。全国治理自行车被盗问题专项行动督导检查组对济南市专项行动取得的成绩予以充分肯定和高度评价。1个先进集体、2名先进个人受到中央综治办、公安部等六部门的表彰，6个先进集体和10名先进个人受到省综治办、省公安厅等六部门的表彰。

【完成第五届中国国际农产品交易会安保任务】 10月12~16日，第五届中国国际农产品交易会在济南国际会展中心举办。中共中央政治局委员、国务院副总理回良玉，全国政协副主席张克辉出席开幕式。包括台湾省在内的31个省(市、自治区)和新疆建设兵团以及30多个国家组团参展，到会省(部)级领导和外国使节80余人、企业1000余家、客商2万余人、观众30余万人次。全市公安机关按照市委、市政府、省公安厅和市组委会的统一部署，将“农交会”和国庆节、十七大安保工作有机结合，围绕开幕式、首长警卫、会场展馆、宾馆驻地、社会面防控五个重点，深入开展安全检查，严密社会面防控，强化各项安保措施，实现了“三个确保、三个满意”的工作目标，保证了全市社会治安秩序的稳定良好，圆满完成了“农交会”安全保卫工作。

【“10·28”专案】 10月26日，部分群众因讨要山东济正保健品公司集资款堵塞堤口路、济泺路天桥北头等处交通。此后，连续几天有部分群众在省委、天桥区政府门前聚集上访。10月28日，济南市公安局对济正公司涉嫌非法吸收公众存款立为“10·28”专案进行侦查。该案涉案金额巨大，是建国以来济南最大经济犯罪案件。“10·28”案件发生后，各级领导高度重视，国务院总理温家宝，中共中央政治局常委、中央政法委书记周永康，山东省委书记李建国，省委副书记、省长姜大明，省委副书记刘伟，省委常委、济南市委书记焉荣竹等分别作出重要指示。市委、市政府成立处置“10·28”问题工作领导小组，由济南市市长张建国任工作组长，组织公安、工商、金融办、审计等部门以及有关涉案区(县)合署办公，集中人员，联合开展工作。济南市公安局以及天桥、市中、历下、槐荫等涉案区(县)都分别成立专案组，全力开展侦办工作。

【济南市人民警察职业培训学院新校落成】 济南市人民警察职业培训学院新校位于历城区仲宫镇店子村东，占地面积逾13.33公顷，总建筑面积2万余平方米，总投资7000余万元。2006年6月19日奠基，2007年12月29日新校落成启用。这是济南市公安队伍教育史上的一个里程碑，将对培育新世纪公安人才、服务新时期公安工作产生重大而深远的影响。

(济公研)

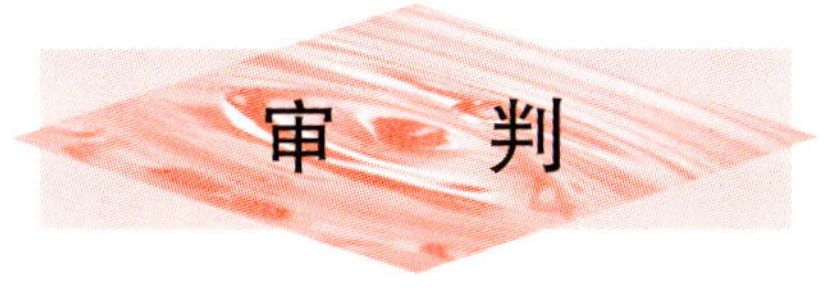

【概况】 2007年，全市法院牢固树立社会主义法治理念，积极践行“公正司法、一心为民”的工作方针，忠实履行宪法和法律赋予的职责，各项工作取得了新的发展。

1.全面加强审判和执行工作。法院紧紧围绕市委工作大局，坚持把加强审判和执行工作作为服务经济社会又好又快发展的基本手段，维护社会稳定，促进社会和谐，保护公民合法权益。全年新收各类案件60974件，审(执)结59714件，结案标的额111.3亿元。其中，中院审(执)结各类案件6512件，办理减刑、假释案件3239件，结案标的额59.69亿元。①依法惩治刑事犯罪，维护国家安全和社会稳定。牢固树立“稳定压倒一切”的观念，积极参与“平安济南”建设，加大刑事审判力度，依法打击各类犯罪，全年共审结一审刑事案件2729件，判处犯罪分子4388人。坚持“严打”方针不动摇，依法从重从快打击杀人、爆炸、绑架等严重暴力犯罪、黑恶势力犯罪以及“两抢一盗”等严重危害群众安全的多发性犯罪，共审结此类案件2330件，判处犯罪分子3687人。依法审结破坏市场经济秩序的犯罪案件85件，判处犯罪分子156人。依法严惩各类职务犯罪，审结贪污、受贿、挪用公款等犯罪案件123件，判处犯罪分子172人，其中原为县处级以上公务员15人。运用罚金、没收财产等刑罚手段，为国家和集体挽回经济损失4300万元。认真执行宽严相济、惩罚犯罪与保障人权相结合等刑事政策，严把案件事实关、证据关和适用法律关，对1422名罪行较轻、确实不致再危害社会的被告人依法判处缓刑或免予刑事处罚；对确有悔改或立功表现的3239名罪犯依法办理减刑或假释。积极参与社会治安综合治理，通过公开审判、公开宣判、选择典型案例公开报道、与新闻单位联办法制节目等形式，以及提出司法建议，指导调解组织等工作，增强公民的法制观念，预防和减少犯罪。②牢固树立为发展服务的思想，加大调节经济关系的力度。全市法院坚持把为经济建设服务作为重要任务，依法审理各类商事案件，努力化解经济领域的矛盾纠纷，努力营造有利于经济发展的良好法治环境。全年共依法审结一审商事案件21516件，结案标的额56.5亿元。围绕经济发展中的热点问题，妥善处理国企改革案件，既依法保护国有资产和债权人的合

2007 年 2 月,济南市中级人民法院院长李静(左二)为新成立的“法官艺术团”揭牌。

(市法院供稿)

法权益,又充分考虑职工安置和社会稳定,保障企业改革改制的顺利进行;加强涉农案件审判工作,审结农村承包合同纠纷案件 290 件,积极推动社会主义新农村建设;审结借款合同纠纷案件 6594 件,依法规范金融秩序;审结房地产开发经营纠纷案件 663 件,规范房地产市场秩序;审结知识产权案件 365 件,加强对知名品牌的司法保护,促进企业核心竞争力的提高;审结自然资源使用权、环境污染损害赔偿等纠纷案件 5 件,依法制裁乱垦滥伐、浪费资源、破坏耕地、污染环境等违法行为,加强生态环境保护;审结涉外、涉港澳台案件 11 件,平等保护各类市场主体的合法权益,促进对外开放和外向型经济发展。③妥善化解民事纠纷,增进人民内部安定团结。充分发挥调处民间矛盾的职能,依法审结一审民事案件 13913 件。通过审理离婚、赡养、继承等案件,依法调节家庭关系,注重保护妇女、儿童和老年人的合法权益;加强对劳动争议案件的审理,依法保护职工的劳动权利,规范用工秩序;妥善处理宅基、通行、采光等相邻纠纷案件,促进邻里关系的和谐。针对社会转型期民间纠纷复杂化、多样化的特点,把民事审判工作作为维护公民切身利益和稳定大局的重要手段,以定分止争为目标,以调判结合为原则,大力加强诉讼调解工作,依法协调利益关系,妥善化解矛盾纠纷,一审民商事案件调解、撤诉结案率达到 65.15%。④积极开展行政审判和国家赔偿工作,促进民主政治建设,保护公民、法人和其他组织的合法权益。监督支持行政机关依法行政,加强对具体行政行为的审查;对行政机关违法或处理不当的,依法予以撤销或变更;对行政执法中存在的问题,及时提出司法建议。全年共审结一审行政案件 562 件,其中维持行政机关具体行政行为的 65 件,撤销或变更的 73 件。积极引入行政案件协调机制,努力通过和解方式化解行政机关与公民之间的行政争议,经协调原告主动撤诉和被告改变原具体行政行为后原告撤诉的 223 件,占 39.68%。认真贯彻《国家赔偿法》,依法办理国家赔偿案件 3 件,决定赔偿 1 件,使合法权益受到侵害的公民依法得到赔偿。⑤加大执行工作力度,进一步解决“执行难”问题。采取提级执行、指定执行等方法,加大执行力度。集中开展清理拖欠农民工工资案件等专项活动,围绕棚户区改造等重点工程,依法开展非诉执行,保证重点建设的顺利进行。积极争取有关部门支持,建立了执行协作机制、威慑机制和救助机制,把执行工作纳入社会治安综合治理考核,调动各方面力量,促进解决“执行难”问题。全年共执结案件 15449 件,执行标的额 42.4 亿元。⑥加强涉诉信访和审判监督工作,依法保障当事人的合理诉求。认真落实信访工作责任制,采取各种措施,加强涉诉信访工作。对诉求合理的,依法予以解决;对要求过高的,耐心教育引导;对经报上级法院审查确属信访无理的,采取终结措施;对非法上访、触犯法律的,依法予以处置,使一批上访多年的老案得到妥善解决,一批对社会稳定有较大影响的矛盾得到化解或阶段性缓解。切实抓好信访案件的源头治理,努力提高一、二审和初信、初访办案质量,加大说服教育和辨法析理的力度,努力预防和减少重复访、越级访和上访老户等问题的发生。全年共处理人民来信 2146 件次,接待人民来访 3794 人次。认真审理再审案件,自觉接受检察机关的法律监督,依法保护当事人的申诉权利,支持合理诉求,审结再审案件 331 件,占一、二审案件总数的 0.7%,其中,维持原判的占 37.16%,改判和发回重审的占 47.43%,其他占 15.41%。在审结的再审案件中,检察机关提起抗诉的 101 件。

2.加强法院队伍建设,提升法官整体素质。坚持“抓班子、带队伍、强素质、树形象、创一流”的工作思路,抓住队伍建设不放松。深入开展社会主义法治理念教育等活动,增强大局意识、政治意识和服务意识,端正司法指导思想。开展“作风建设年”活动,全面加强法官的思想作风、学风、审判作风、领导作风和生活作风建设。按照省、市委的部署,积极开展集中学习教育活动,加强对队伍的教育、管理和监督,着力解决法院队伍中存在的突出问题。扎实开展“学习实践科学发展观——解放思想大讨论”活动,着力解决影响制约科学发展和案件审判、执行的突出问题,把广大法官的积极性引导到服务科学发展和践行社会主义法治理念要求上来,切实使认识层次得到大提高、思想境界得到大提升、工作作风得到大转变、办事效率得到大提速。坚持不懈地抓好廉政建设，开展法官职业道德教育和警示教育，严肃查处违法违纪行为。加强业务能力建设，认真抓好现职法官的教育培训，经常性地开展理论研讨、法官论坛、庭审观摩、文书评比等业务培训，主办了华东地区中级法院院长座谈会等活动。全市法院共举办各类培训班56期，有2354人次参加了培训。开展丰富多彩的文化活动，营造"勤奋、廉洁、公正、和谐"的法院文化氛围。

3.以司法为民为宗旨，努力维护公民合法权益。全市法院牢固树立司法为民的观念，努力做到以人为本、公正司法、一心为民，切实解决当事人最关心、最直接、最现实的诉讼问题。完善便民诉讼措施，推行人民法庭与基层法院"双轨制"立案、预约立案、上门立案，到案发地、农贸市场、田间地头开展巡回办案，加强诉讼指导和风险提示，在各个诉讼环节方便群众诉讼。实行案件繁简分流，依法简化审判程序，加快办案进度，减轻群众讼累。加强对弱势群体的保护，对涉及下岗职工、农民工、城市低保失业人员、老年人、残疾人等弱势群体追索劳动报酬、赡养费、生活费等事关生活急需的案件，及时审理和执行。加大司法救助的力度，为926起案件的当事人减缓免诉讼费320.7万元，为经济确有困难的群众依法行使诉权提供了保证。

4.推进法院改革管理，进一步提高司法水平。全市法院着眼于建设公正、高效、权威的社会主义审判制度，不断推进法院改革，加强规范化管理。坚持落实公开审判制度，把各个环节上能够公开的情况全部公开，全面推行庭前公开示证和减刑、假释案件、申诉复查案件、执行案件公开听证等措施，以公开保公正。完善人员分类管理机制，对法官、法官助理、书记员、法警、行政管理人员实行分类管理、分类考核。完善司法档案管理机制，规范档案内容，细化业绩考评标准，形成考核奖惩的长效机制。组织开展庭审观摩考评活动，把庭审观摩考评制度化、经常化，并邀请人大代表参加观摩评议，规范法官的庭审行为，提高庭审水平。完善审判组织，落实合议庭的职责，对审判长、执行长实行定期考核、择优聘任。加强审判委员会建设，设立审委会专职委员，强化对审判工作的监督、指导职能，抓好对重大疑难案件的审查把关。继续落实人民陪审员制度，表彰优秀人民陪审员，总结人民陪审工作经验，促进人民陪审员职能作用的有效发挥。

5.重心下移，加强法院基层建设。全市法院按照精力向基层集中、力量向基层加强、工作向基层贴近的思路，坚持不懈地抓基层、打基础。中院从宏观指导、审判监督、班子协管、队伍培训、考核奖惩等方面，全面履行监督指导职责。落实领导班子成员基层联系点制度，加强对基层工作的调查研究。协助市委组织部完成了各县（市）、区法院换届考察等工作，基层法院领导班子进一步加强。举办两期基层法院法官轮训班，轮训基层法院法官124名，提前完成最高法院确定的基层法院法官轮训任务。组织全市法院针对物业管理纠纷、劳动争议纠纷等审判难点问题进行专题研讨，出台指导性意见，统一裁判尺度，提高审判水平。坚持把人民法庭建设作为重点来抓，继续围绕"五化"（设置规模化、建设标准化、审判规范化、管理制度化、装备现代化）抓审判、抓建设、抓管理，被评为"全省法院创建五化法庭工作先进集体"。《济南法庭志》顺利编纂完成，并正式出版。各基层法院积极探索、不断创新，形成了一些各具特色的亮点，有力地推动了全市法院工作的健康发展。如历下法院以创建"文化型、廉洁型、和谐型"法院为载体，推进各项工作；市中法院强化和谐司法理念，开展以追求最佳司法效果为主题的评比竞赛活动；槐荫法院从完善审判制度、健全工作机制入手，规范司法行为，推动作风建设；天桥法院着力加强法庭建设，法庭规范化程度进一步提高；历城法院以抓好审判工作为核心，构建"大信访"、"大监督"、"大调研"机制；长清法院坚持"阳光执行"，促进解决"执行难"问题；章丘法院通过加强司法建议、指导人民调解等工作，推动基层平安建设；平阴法院建立健全反腐倡廉长效机制；济阳法院健全信访工作机制，实现全年纪检方面零信访；商河法院完善便民诉讼网络；高新法院强化管理，提升内部凝聚力等。

6.自觉接受党的领导和人大监督。全市法院认真贯彻落实中央和省、市委关于进一步加强人民法院、人民检察院工作的决定、意见，进一步强化党的领导观念，提高对人民法院职能定位、指导原则和任务要求的认识，依靠党委领导解决法院工作中的重大问题。认真、负责地向人大常委会报告工作，严格执行人大及其常委会的决定、决议；邀请人大代表、政协委员旁听案件审理，视察法院工作；坚持从人大代表、政协委员和社会各界人士中聘请特邀监督员，定期召开座谈会，广泛征求意见；高度重视人大常委会的督办案件，人大代表的建议、意见和政协委员的提案，将办理情况及时向人大代表、政协委员进行反馈。积极争取政府、政协、有关部门及社会各界的支持配合，及时通报工作情况，为法院工作发展营造了良好的外部环境。

全市法院工作继续保持了整体推进、协调发展的良好态势。中院分别被授予"全国法院民商事审判工作先进集体"、"全国法院刑事审判先进集体"、"全国法院思想宣传工作先进集体"、"省级文明机关"、"全省法院先进集体"和全市"党建工作十佳单位"称号；全市法院共有121个单位和163名个人受到市级以上表彰，其中市中区法院、天桥区法院北园法庭分别被授予"全国优秀法院"和"全国青年文明号"称号，章丘市法院荣立集体一等功。

（冯　媛）

【肖扬来济视察法院工作】 2007年1月8日，最高人民法院院长肖扬在山东省委书记、省人大常委会主任张高丽，省委副书记、济南市委书记姜大明，省委副书记高新亭，省法院院长尹忠显，省法院副院长周玉华、郝明金、丁义军，市委副书记雷建国，市委常委、政法委书记李家政，市委秘书长孙晓刚等陪同下，莅临济南市中级人民法院视察工作。肖扬一行视察了市法院院史馆、接访室、立案大厅、审判法庭、图书资料室等设施,听取了院长李静关于全市法院工作情况的汇报,观看了《法正泉城》专题片。肖扬对济南法院工作给予充分肯定,同时提出三点要求:一是办案不忘大局,二是审判不忘公正,三是抓队伍建设不忘廉洁。（冯　媛）

【获"全省法院先进集体"称号】1月,济南市中级人民法院在审判执行、队伍建设、管理指导等各项工作中都有了长足发展,在省法院组织的全省中级法院年度工作考核中取得好成绩,省法院授予"全省法院先进集体"称号。（冯　媛）

【审判王昭耀受贿、巨额财产来源不明案】1月10日,济南市中级人民法院依法对广受社会关注的原安徽省政协副主席王昭耀受贿、巨额财产来源不明案作出一审判决。王昭耀,男,1945年2月17日生,山东省梁山县人,汉族,研究生学历,原系安徽省政协副主席,第十届全国人民代表大会代表和第十届安徽省人民代表大会代表(2005年8月19日被罢免),曾任中共安徽省阜阳地委书记、安徽省人民政府副省长、中共安徽省委常委、副书记。

王昭耀利用职务便利,为他人谋取利益,先后非法收受他人钱财共计人民币7042156元,并对折合人民币6494047.59元的财产不能说明合法来源。

鉴于王昭耀能够坦白其受贿罪的大部分罪行,赃款已全部退缴及具有检举他人涉嫌违法线索等情节,2007年1月10日,济南市中级人民法院依法以受贿罪判处王昭耀死刑缓期二年执行,剥夺政治权利终身,并处没收个人全部财产;以巨额财产来源不明罪,判处其有期徒刑五年,决定执行死刑缓期2年执行,剥夺政治权利终身,并处没收个人全部财产。扣押在案的财物,其中受贿赃款7042156元、来源不明的巨额财产6494047.59元予以追缴;非法所得(受贿赃款孳息)1589347.1元予以没收;其余部分831653.42元作为其个人财产予以没收,上缴国库。宣判后,王昭耀服判不上诉。此案业经山东省高级人民法院核准。（冯　媛）

举办济南市中级人民法院总结表彰大会暨迎新春演唱会,图为中院艺术团演出后合影。（市法院供稿）

【段义和、陈志、陈常兵爆炸、受贿、巨额财产来源不明案】被告人段义和,男,1946年1月17日出生,原系济南市人民代表大会常务委员会主任、党组书记,第十届全国人大代表,第十届山东省人大代表,第十三届济南市人大代表。2007年7月16日,被依法罢免全国、省、市人大代表职务。2007年7月16日,因涉嫌爆炸犯罪被刑事拘留,同日被逮捕。

被告人陈志,男,1967年5月25日出生,原系济南市公安局治安支队三大队副大队长。2007年7月13日,因涉嫌故意杀人犯罪,被刑事拘留,2007年7月16日,因涉嫌爆炸犯罪被逮捕。

被告人陈常兵,男,1979年5月21日出生,原系济南市市中区玉函南区"利达"汽修厂(个体)业主。2007年7月18日,因涉嫌爆炸犯罪被刑事拘留,2007年7月19日被逮捕。

被告人段义和、陈志、陈常兵涉嫌爆炸犯罪一案,由济南市公安局于2007年7月10日立案侦查。2007年7月14日,该案变更管辖,由山东省公安厅立案侦查。2007年7月20日,山东省公安厅侦查终结,将案件移送山东省人民检察院审查起诉。2007年7月20日和22日,山东省人民检察院将案件移交山东省淄博市人民检察院并案办理。淄博市人民检察院受理该案后,于2007年7月21日和22日告知了段义和、陈志、陈常兵有权委托辩护人等诉讼权利,并在法定期限内讯问了段义和、陈志、陈常兵,听取了辩护人的辩护意见,审查了全部案件材料。2007年7月25日,淄博市人民检察院依法向淄博市中级人民法院提起公诉。被告人段义和、陈志、陈常兵的犯罪事实如下:

1. 爆炸罪。被告人段义和于1993~1995年在山东省聊城地区挂职地委副书记期间,与宾馆女服务员柳海平相识。1997年,段义和利用职权将柳海平安排到济南市工作,并与其长期保持不正当两性关系。其间,柳海平不断向段义和提出种种要求,段义和逐渐对其厌烦而又难以摆脱。2007年2月以后,段义和与侄女婿被告人陈志多次密谋,企图以制造交通事故、伪装抢劫等方式,致柳海平伤残,使其失去纠缠能力,最终商定采用爆炸方法。为此,段义和向陈志提供了柳海平的工作单位、住宅地址、个人照片、房门钥匙、汽车摇控器等物品。陈志找到被告人陈常兵,告知其犯罪意图,陈常兵同意帮助实施。2007年3、4月,陈常兵向陈志提出可以使用遥控爆炸的方法,并商定由陈志负责准备炸药、雷管,陈常兵负责制作遥控爆炸装置。陈志将此方法告诉段义和,段义和同意并亲自向他人索要炸药未成。2007年4、5月,陈志向廉德金(另案处理)索要了5枚雷管和约2公斤硝铵炸药,陈常兵用汽车旧防盗器制作了遥控装置。两人进行了两次试验,均引爆成功。此后,陈志、陈常兵共同制作作案用的遥控爆炸装置。在段义和的催促下,2007年7月9日17时许,陈志与陈常兵二人携带爆炸装置到柳海平的停车处,由陈志用遥控器打开柳海平的车门,将爆炸装置塞入驾驶员座位下。后二人驾车跟踪下班回家的柳海平。17时30分许,当柳海平驾车行至济南市市中区建设路52号附近时,陈志用遥控器引爆炸药,致柳海平当场被炸死,同时,致两名过路的群众受伤,柳海平所驾车辆与一辆行驶至此处的出租车毁损。作案后,陈常兵开车与陈志逃离现场。陈志将遥控器和手机砸毁并沿途丢弃,回到家后其打电话告诉段义和"事已办好"。

2.受贿罪。2000年11月至2006年春节期间,被告人段义和先后利用担任济南市委副书记,济南市人大常委会主任、党组书记职务上的便利,共收受和索取7名涉案人员贿赂人民币785980.83元、美金2000元。

3.巨额财产来源不明罪。被告人段义和财产中有折合人民币1183415.59元的款物,本人不能说明来源合法,构成巨额财产来源不明罪。

2007年8月6日,淄博市中级人民法院依法组成合议庭,公开审理了此案。法庭审理认为:

被告人段义和、陈志、陈常兵采用爆炸方法,在下班高峰期间、市区交通要道上作案,当场炸死被害人柳海平,还造成一人轻伤、一人轻微伤、两辆轿车报废的后果,三被告人的行为均构成爆炸罪。段义和、陈志、陈常兵在爆炸犯罪活动中,系共同犯罪,且均系主犯。段义和身为高级领导干部、陈志身为公安干警,采用爆炸方式杀人,犯罪手段特别残忍,犯罪后果特别严重,社会影响极其恶劣,应依法从严惩处。陈常兵虽系主犯,但在共同犯罪中作用相对较小,可酌情从轻处罚。段义和身为国家工作人员,利用职务上的便利,收受、索取他人财物,为他人谋取利益;利用本人职权和地位形成的便利条件,通过其他国家工作人员职务上的行为,为请托人谋取非正常职务晋升、工作调动等不正当利益,收受请托人财物,其行为构成受贿罪,且受贿数额特别巨大。段义和有1183415.59元财产不能说明合法来源,构成巨额财产来源不明罪。公诉机关指控段义和犯受贿罪、巨额财产来源不明罪罪名成立。段义和犯数罪,应依法数罪并罚。

2007年8月8日,淄博市中级人民法院依法作出如下判决:

1.被告人段义和犯爆炸罪,判处死刑,剥夺政治权利终身;犯受贿罪,判处有期徒刑15年,犯巨额财产来源不明罪,判处有期徒刑2年,决定执行死刑,剥夺政治权利终身。

2.被告人陈志犯爆炸罪,判处死刑,剥夺政治权利终身。

3.被告人陈常兵犯爆炸罪,判处无期徒刑,剥夺政治权利终身。

4.扣押在案的被告人段义和受贿所得赃款、赃物和来源不明的巨额财产,予以追缴;被告人陈常兵作案所用车辆,予以没收,上缴国库。

一审宣判后,被告人段义和、陈志、陈常兵不服,向山东省高级人民法院提出上诉。

2007年8月23日,山东省高级人民法院依法组成合议庭,公开开庭审理了该案。2007年8月23日,山东省高级人民法院依法裁定驳回段义和、陈志、陈常兵的上诉,维持原判。

2007年9月5日,经最高人民法院核准,段义和、陈志被执行死刑。

(济法检)

【市中区法院获"全国优秀法院"称号】 3月1日,"全国优秀法院"、"优秀法官"和"巾帼文明岗"、"巾帼建功"标兵表彰大会在京举行。会上,济南市市中区人民法院被最高人民法院授予"全国优秀法院"称号,这是该院继2006年被省法院授予"全省优秀法院"称号后获得的又一殊荣,是该院建院以来取得的最高荣誉。

3月22日,省法院和济南市委联合召开大会,对济南市市中区法院荣获"全国优秀法院"进行表彰。省委常委、市委书记焉荣竹和省法院院长尹忠显出席会议并讲话,市委副书记雷建国主持会议。省法院党组成员、政治部主任李洪波宣读《最高人民法院关于表彰"全国优秀法院"的决定》和《山东省高级人民法院关于开展向济南市市中区人民法院学习活动的决定》;市委常委、政法委书记李家政宣读《中共济南市委政法委关于向市中区人民法院学习活动的决定》;市中区人民法院院长解雅洁代表全院干警发言。市人大常委会副主任谢传仁、副市长张泽、市法院院长李静、市政协副主席王世敦和市直政法部门负责人、市中区委负责人以及各基层法院院长出席会议。(冯 媛)

【受理新《破产法》实施后第一案】 6月,市法院受理了济南房地产物业公司破产清算一案,此为2007年6月1日新《破产法》正式实施后市法院受理的第一起破产案件。新《破产法》颁布后,市法院非常重视,多次举办研讨会、学习班,组织相关审判业务庭对该法进行了认真学习和解读,以达到全面理解、掌握该法精神实质,规范破产案件审理程序的目的。同时,针对新《破产法》实施后企业破产申请大幅增加的现实,对企业提交的破产申请及材料,依法认真审查,严格把关,把好破产案件审理的第一关。(冯 媛)

【庭审观摩暨庭审水平考评】 7月17日至9月中旬,市法院对正在审理的刑事、民事、行政、再审等各类诉讼和执行案件,集中进行了一次大规模、全方位的庭审观摩示范暨庭审(听证)水平考评活动,共组织庭审观摩9次,9名由市人大指定的人大代表和中院领导、庭审观摩组委会暨考评委员会成员、各审判业务庭庭长、副庭长参加了观摩、评议,各相关业务庭审判长和资深法官旁听了庭审。参加旁听的人大代表们对市法院认真组织庭审观摩评比的做法和所观摩案件合议庭成员驾驭庭审活动的能力、水平给予高度评价；进行庭审（听证）水平考评37件，对全院45个合议庭进行一次全面的庭审水平考评。庭审观摩情况和考评成绩确定后，中院以庭审考评信息的形式予以公布，对庭审、听证情况进行综合讲评，并将得分记入法官执法档案，作为今后立功受奖和晋级的重要依据。（冯 媛）

【第十四届华东地区及特邀中级法院院长座谈会】 9月6~8日，由市法院主办的第十四届华东地区及特邀中级法院院长座谈会在济南舜耕山庄召开。省法院院长尹忠显，市委副书记、市长张建国，市委副书记杨鲁豫，市委常委、政法委书记李家政等出席会议。围绕“以构建和谐社会为目标，建设公正高效权威的审判制度”主题，与会代表进行了广泛交流和深入研讨。（冯 媛）

2007年9月6~8日，第十四届华东地区及特邀中级法院院长座谈会在济召开。（市法院供稿）

【先进事迹巡回报告会】 8月23日至9月28日，由市法院精选的7名来自全市法院系统审判一线、事迹突出的先进集体和优秀法官代表，组成先进事迹报告团，在两级法院进行巡回报告11场次，使1400余名干警深受教育、鼓舞和鞭策，充分发挥了先进典型的示范引导作用，做到了“用身边事教育激励身边人”。此做法和报告团成员的先进事迹，在《人民法院报》专版刊发后，省法院院长尹忠显给予了充分肯定。（冯 媛）

【开展案件质量效率大检查活动】 7月至11月上旬，全市法院系统深入扎实地开展案件质量效率大检查活动，两级法院共自查案件1826件，抽查案件525件，走访当事人525人次，发放“评议卡”621份，针对检查中发现的问题进行认真梳理、分析，及时向承办人或合议庭进行反馈，落实了相应的整改措施。（冯 媛）

【11名基层法院院长换届工作结束】 12月13日，全市各县（市）、区换届工作圆满结束，11名基层法院院长全部产生（历下区法院院长孙兆远，市中区法院院长解雅洁，槐荫区法院院长刘延杰，天桥区法院院长李明东，历城区法院院长郑玉，长清区法院院长赵其魁，章丘市法院院长张新华，平阴县法院院长部业福，济阳县法院院长郑士刚，商河县法院院长白龙，高新区法院院长任艳亮）。（冯 媛）

【《济南法庭志》出版】 12月，济南市中级人民法院历时近两年编纂的《济南法庭志》由山东人民出版社出版发行。据有关资料显示，编纂出版以人民法庭为记载主体的志书，在全国尚属首例。济南中院于2006年1月9日决定编纂《济南法庭志》，初稿于2007年2月完成，在多次讨论修改后，于2007年8月15日交付出版。《济南法庭志》全书共13编，140余万字，800余幅图片。作为记录人民法庭历史进程的资料工具书，主要围绕法庭设立、撤并、迁移，法庭司法活动、法庭组成人员和法庭物质装备建设发展等情况，全面、系统、翔实地记载了1949~2005年济南市人民法庭的历史变迁和发展轨迹，直观地展示了人民法庭在工作和建设等方面所取得的显著成绩。（冯 媛）

【开展“作风建设年”活动】 2007年，根据省法院的统一部署，全市法院系统开展“作风建设年”活动，推动了法院队伍建设和整体工作的健康发展。

1.抓好三个环节，加大组织领导力度。一是健全领导体系，落实工作责任。两级法院分别成立了活动领导小组及其相应的工作机构，党组书记作为活动的第一责任人；同时，把活动开展情况纳入对各基层法院和中院各部门的全方位目标考核，使其成为硬任务、硬指标。二是深入动员部署，加强督促检查。中院先后制定了一系列活动方案和实施意见，将学习内容、目标要求、具体措施分解细化，明确了组织者、责任人。进一步落实领导干部基层联系点制度，专门成立督导检查组，先后通过召开调度会、分片观摩、学习交流、明查暗访和实地督导等方式，及时发现和解决问题，推广相关经验，推动活动的全面落实。三是强化舆论宣传，营造浓厚氛围。两级法院及时将活动开展情况向当地党委、人大汇报，向政府、政协通报，认真听取意见和建议。同时，在内部网站开设“作风建设年”活动专栏，编发“作风建设年”活动信息专刊82期，被省法院转发篇数在全省各中院中名列前茅；先后在《人民法院报》、《大众日报》等新闻媒体刊发活动稿件346篇。

2.强化三项措施，提高学习效果。采取了突出学习重点、增强针对性，讲求方式方法、增强新颖性，注重学习效果、增强实效性等三项措施，取得了良好的学习效果。中院和不少基层法院探索创新了建立制度保证学、原原本本读书学、带着问题深入学、因人施教分类学、邀请专家辅导学、宣传典型引导学、结对互助促进学、利用网络交流学、教育基地参观学的“九学法”，保证了学习内容、时间、人员、效果四落实。

3.坚持“五步式工作法”，突出抓好查摆整改工作。通过自查互查、主动开门纳谏、明确整改重点、认真剖析根源、落实整改措施等“五步式工作法”，力求把问题查深、查全，整改措施定细、定实，确保活动不走过场，产生实效。中院强调，全体法官要注重通过开展活动促进审判作风转变，用工作成果来检验活动效果，尤其要以审判为主业，针对开庭随意、文书错乱、程序不严、言行冷硬、服装不整、业外违规等问题，在严肃工作纪律和审判纪律方面狠下功夫，切实达到中院提出的“六个克服”。

4.落实“四项活动”二十四件具体工作，不断创新活动载体。中院研究制订了《关于开展“作风建设年”四项活动的具体实施方案》，确定了二十四件具体工作，逐项组织落实。一是认真开展“加强作风建设、促进社会和谐”主题教育活动。积极开展加强作风建设、促进社会和谐献计献策、案件质量效率大检查、创建和谐机关、争先创优活动，并在局域网开办“天平之歌”网上先进事迹宣传栏，大力倡树典型；同时，通过建立院史馆、法官艺术团和组织丰富多彩的文体活动，活跃干警的文化生活，营造“勤奋、廉洁、公正、和谐”的法院文化氛围。二是开展“文明窗口”创建活动。积极开展庭审观摩暨庭审、听证水平考评和优秀裁判文书评选，以及院长、庭长集中接访活动，举办“假如我是当事人”大讨论，引导干警进行换位思考，进一步转变工作作风，提高司法水平；开展“创建学习型法院”活动，倡导终身学习之风。三是开展以社会主义法治理念教育为主要内容的“以案析理”活动。组织收听收看有关电视专题片、学习讨论活动，端正了干警的司法指导思想；结合部分重大违纪违法案例进行警示教育，多次举办法官职业道德和廉政教育讲座，并扎实开展了“算好廉政七笔账”活动，使干警从思想上、灵魂上受到荡涤和净化。四是开展了法官进社区、进机关、进企业、进农村、进学校“五进”活动。通过“百名干警访千户”等活动，面对面倾听群众呼声，了解群众需求；进一步健全了便民诉讼网络，在立案、审理、执行等各个环节为当事人提供便利；选择典型案件，深入到社区、机关、企业、农村和学校就地公开审理，以案释法，针对老弱病残、不能行走的当事人“送法进家庭”；加强对人民调解工作的指导，积极推行委托工会、妇联、消协等社会团体调解的工作经验，健全诉调对接的大调解格局，中院所推广的历城区法院强化诉讼和解工作的经验，得到了省法院、市委政法委的肯定。此外，在全市法院普遍开展司法建议、典型案例研讨、法制宣传等系列活动。

5.突出三项重点，健全完善规范司法行为长效机制。一是健全审判管理机制，努力提高判案质量和效率。制定了《审判工作考核办法》、《执行工作规范》、《〈诉讼费用交纳办法〉实施意见(试行)》等一系列规定，完善审判委员会工作机制、审判流程管理机制、审判质量评查机制和执行工作机制，切实加强对审判工作的监督和管理，审判质量和效率明显提高。两级法院所办案件无一超审限，一、二审案件服判息诉率达99.3 %，二审、再审发改率同比下降5.1%，群众来信来访同比下降9.96%。二是健全队伍管理机制，切实提高法官司法能力和水平。加强对法官队伍的教育、管理、监督，逐步完善教育培训、廉洁自律、外部监督和业绩评价机制，并加强对审判权、执行权和行政管理权的监督，有效预防了违法违纪问题的发生。三是健全司法为民机制，努力解决人民群众反映的突出问题。中院出台《司法救助操作规程(试行)》，并在全市法院认真落实司法为民措施，完善便民诉讼和司法救助机制。

6.取得四个明显成效，推动整体工作开展。一是真正触及灵魂，干警精神面貌明显改善；二是认真加以整改，审判作风明显转变；三是注重建章立制，规范化管理明显推进；四是坚持统筹兼顾，执法形象明显改善。（冯　媛）

【公布2007年“十大知识产权案件”】在“4·26”世界知识产权日，济南市中级人民法院召开新闻通报会，向社会公布2007年审结并生效的十大知识产权案件。这些案件集中在商标、专利、著作权、植物新品种、不正当竞争、地理标志等知识产权审判领域，具有社会关注度高、案情疑难和复杂等特点。山东电视台、济南电视台、《大众日报》、《齐鲁晚报》、《山东法制报》、《济南日报》等多家媒体到会进行了采访报道。10起典型案件是：

1.“桑乐”商标经司法程序认定驰名商标案。企业的商标一旦成为驰名商标，则代表着企业自身和其产品、服务达到了相当高的知名度和美誉度，而且商标会得到法律更宽、更强的保护。同时，驰名商标的多少，也是提升一个城市形象，体现一个城市经济实力的“名片”。济南中院对司法认定驰名商标的案件，明确了既要有利于企业创立名牌，又要树立司法权威和公信力，防止认定泛滥的审判工作思路，坚持“被动认定、积极谨慎、个案有效”的审判原则。法院审理的原告山东桑乐太阳能有限公司与被告济南某集热器材经销处商标侵权纠纷一案，原告于2000年12月注册“桑乐”商标后，桑乐产品及品牌先后获得诸多荣誉，投入巨资进行广告宣传，使得“桑乐”品牌在全国家喻户晓。原告发现被告在其生产的太阳能真空集热管产品上使用“金桑乐”作为商标，认为被告的行为构成对“桑乐”商标的侵犯，为此请求法院依法认定“桑乐”商标为驰名商标，并要求被告立即停止侵权行为、赔偿经济损失10万元。法院经审理认为，原告是国内最早从事太阳能热利用研究和开发的单位之一，是中国太阳能产业协会常委单位，原告的行业排名名列前茅，其生产的桑乐牌太阳能热水器市场占有率高，并获得诸多荣誉称号，销售范围广，广告涉及全国各地，“桑乐”商标在相关公众中具有较高的知名度，符合商标法所规定的驰名商标认定条件。被告在其产品上使用与原注册商标相近似的“金桑乐”标识的行为，误导了公众，使消费者误认为被告与原告企业存在某种联系，使商标权人的利益受到损害，侵犯了原告的商标权。法院在认定原告“桑乐”及图商标为驰名商标的基础上，判决被告停止侵权行为并赔偿经济损失5万元。

2.上海英雄（集团）有限公司“英雄”商标维权案。“品牌战略”系现代企业经营的核心理念之一。品牌对企业意味着生存和发展，对消费者意味着品质与安全。品牌的经营，必须贯彻民法的“诚实信用”原则，特别是直接面对广大消费者的市场经营者，必须规范经营、诚实守信。2007年7月，上海英雄（集团）有限公司作为“英雄”商标专用权人在济南进行商标维权，起诉济南多个商家，要求其停止销售涉嫌侵权的“英雄”钢笔，并赔偿经济损失。法院经审理认为，上海英雄（集团）有限公司系“英雄 HERO”商标的专用权人，该商标于1986年在国家工商行政管理局商标局注册，1995年国家工商行政管理总局商标局认定“英雄 HERO”文字商标为驰名商标。另外上海英雄（集团）有限公司还系“梅花形”图形商标及“英雄 HERO 及图形”组合商标的专用权人。“英雄”牌钢笔系在国内为相关公众广为知晓并享有较高声誉的品牌。济南多家公司所销售的钢笔在笔身的不同部位上带有 HERO、英雄或 HERO、英雄、梅花形组合商标标识，与原告的商标构成相同或近似。案经审理，大部分涉案商家认识到多渠道进货，且疏于审查、经营不规范所造成的严重后果，遂主动与原告进行庭外和解。“英雄”商标维权案，提醒那些知名品牌产品的经营者，对商品的来源要严格审查，规范经营，以维护市场良好的经营秩序。

3.山东蓝翔职业培训学校商标维权、制止不正当竞争案。原告山东蓝翔职业培训学校系民办职业教育培训机构，于1994年开始使用“蓝翔”字号，1999年开始使用“蓝翔”商标。经过多年的经营，原告及其“蓝翔”商标在相关行业和消费群体中具有一定的知名度，取得了一定的商业信誉，并获得了“全国民办职业培训机构先进单位”等称号。原告发现被告某市蓝翔职业技能培训学校与原告经营的行业相同，其企业名称中的字号“蓝翔”也与原告商标的文字相同。原告遂以被告的行为侵犯了其商标权，构成不正当竞争为由，请求法院判令被告立即停止侵权行为并赔偿经济损失。法院经审理认为，在涉案商标中，“蓝翔”二字是图文组合商标的文字部分，是相关公众识别该商标的主要依据，被相关公众所熟知和认可。被告在经营中以“蓝翔寄语”、“蓝翔学校”等不规范的方式使用其企业名称，系对他人在先权利的侵犯，构成商标侵权。被告作为原告的同业经营者，后于原告成立，应当知悉原告自身的商誉及其“蓝翔”注册商标的知名度。因商标标识、企业名称对消费者具有引导作用，故被告应当知道其使用“蓝翔”企业名称会误导消费者，并足以使相关公众误认为其与原告存在某种关联关系或为同一市场主体。其行为具有明显的“搭便车”和“攀附”的故意，使相关公众对其提供服务的来源产生混淆。被告从中获取不正当利益，无偿占有了原告的商业信誉，亦构成不正当竞争。法院判决被告立即停止使用含有“蓝翔”字号的企业名称，赔偿原告经济损失3万元。

4.棉花转基因专利技术侵权纠纷案。原告创世纪转基因技术有限公司为“编码杀虫蛋白质融合基因和表达载体及其应用”发明专利的专利权人，该专利原由中国农业科学院生物技术研究中心持有，系著名基因科学家郭三堆等人发明。该基因专利对于棉铃虫等具有显著毒杀作用，并被广泛用于转基因棉花品种的培育。案外人某棉花研究中心利用了包括原告基因专利等技术选育了多个棉花品种，双方曾互相代为维权，棉花研究中心代为收取基因使用费。其后，被告某棉业公司通过向棉花研究中心支付品种使用费的方式，取得了棉花品种的部分商业化开发使用权，双方约定基因使用费事宜与原告另行协商，不再代收。为此，原告与被告就基因专利的使用以及费用问题产生争议，原告认为被告通过生产和经营行为，使原告专利基因再现、倍增，其实质在于对原告专利的重复、扩大使用，构成了侵权，请求法院责令被告停止侵权，铲除被告制种田中所涉品种的植株或对种子做灭活性处理，不得销售生产的种子，并赔偿原告经济损失。而被告认为，“抗虫基因”的初始载体存在于研究中心提供的亲本种子中，基因专利的真正使用者是亲本种子的培育单位，而不应衍及被告这样的制种单位。转基因棉花种植面积早已超过全国棉田的一半以上，如对专利使用费无限度延伸，则不利于农业技术的推广。审理期间，转基因棉花品种纳入了国家植物新品种保护名录，棉花研究中心也申报了植物新品种。法院针对该案所反映出的基因专利保护与植物新品种转让、商品化开发产生的冲突，加大了诉讼外纠纷解决机制的适用，最终促成双方和解，实现了案件审理社会效果与法律效果的统一。

5.“北京奥运剪纸长卷”著作权纠纷案。为迎接北京奥运会，许多艺术爱好者通过创作奥运题材作品的形式，弘扬奥林匹克精神。法院审理的原告何某与被告姜某、上海大世界吉尼斯总部的著作权纠纷一案就涉及到奥运题材作品的著作权保护问题。原告何某认为，“北京奥运剪纸长卷”系由其负责构思、创作、绘制出作品图稿，由姜某按图稿用刻刀在红纸上剪刻出来，但姜某却以个人的名义申报了吉尼斯纪录，遂请求法院确认原告享有涉案作品的著作权，并判令两被告停止侵权、赔礼道歉、赔偿经济损失。涉案作品系长达200.8米的巨幅剪纸长卷，该作品以“2008年北京绿色奥运”为主题，通过中华民族传统的艺术形式——剪纸，再现了北京奥运会的所有竞赛项目，成为关于奥运项目的最长剪纸，并荣获“吉尼斯之最”证书，而且被告姜某又系一名残疾人，因此该案件备受社会各界关注。法院经审理认为，涉案剪纸作品属于不可分割使用的合作作品，其著作权应由原告何某与被告姜某共同享有；被告姜某将涉案作品作为自己单独创作的作品在相关媒体上进行宣传、发表，独自申报吉尼斯纪录并获得“吉尼斯之最”证书，侵犯了原告的著作权，对此应承担侵权责任；上海大世界吉尼斯总部未经原告何某许可，擅自在其网站上将原告何某创作的涉案部分剪纸作品进行发表，侵犯了原告何某对该作品的发表权，亦应承担侵权责任。法院判决，涉案作品的著作权由原告何某与被告姜某共同享有；被告姜某赔偿原告经济损失；两被告停止侵权行为、公开赔礼道歉、在“吉尼斯之最”证书上增加原告何某为著作权人的相关内容。

6.崔某诉济南某软件公司网络著作权侵权案。原告崔某是沈阳市文联专业作家，其著有《铲黑：刘涌黑社会性质犯罪集团的覆灭》一书。2005年10月，原告在被告济南某软件公司网站的技术论坛上发现，该论坛用户“shadow”上传《黑帮头目刘涌犯罪纪实》一文，该文将原告作品的部分内容进行传播，虽署名原告崔某，但改变了原书名，并删掉部分章节小题，加上自拟小题，文字近5万字。原告认为被告侵犯了其著作权，请求法院判令被告停止侵权行为、赔礼道歉并赔偿经济损失。诉讼中，被告将涉案文章删除，并提供了论坛会员“shadow”的IP地址。法院经审理认为，原告作为涉案作品的作者，其享有的著作权受法律保护。网络传播行为不同于传统的传播方式，已经包含了对作品以数字形式进行复制、发行等多种使用方式。在网站技术论坛上的涉案文章是由论坛用户“shadow”上载，而非被告，因此被告并未侵犯原告对其作品所享有的发表权、修改权、保护作品完整权等权利。被告已经删除侵权作品，而且提供了具体侵权行为人的注册资料，依法应当免除赔偿责任。原告虽主张依据被告提供的IP地址不能找到具体的侵权行为人，因为网络环境下IP地址具有唯一性，发现IP地址使用人的责任不宜分配给网络服务提供者。法院对原告崔某的相关诉讼请求未予支持。该案较好地适用了最高人民法院的相关司法解释，正确划分了网络用户、网络服务商之间的责任，体现了著作权保护与网络发展间的利益平衡。

7.北京天中文化发展有限公司音像制品著作权维权案。音像制品市场盗版侵权的现象比较严重，通过司法手段打击侵权，是维护权利人合法权益和保障音像制品市场健康有序发展的重要途径。济南中院审理的原告北京天中文化发展有限公司诉被告赵某、湖南某公司著作权侵权纠纷一案，原告享有苏有朋演唱的《幸福一万年》等4首曲目的录音制作者权，被告湖南某公司制作的《苏有朋来生缘》的光盘合辑中，未经许可使用了上述四首曲目。被告赵某经营的音像经营部，销售了被告湖南某公司非法复制的光盘合辑。原告遂起诉两被告，要求判令停止侵权、赔偿经济损失20万元及维权费用2万元。法院经审理认为，原告系涉案作品的录音制作者权人，享有许可他人复制、发行、出租、通过信息网络传播并获得报酬的权利。两被告的行为侵犯了原告的上述权利，法院判令两被告停止侵权，被告湖南某公司赔偿原告经济损失及维权费用共计6万元。

8.“郑单958”植物新品种权利害关系人维权案。“郑单958”玉米杂交种深受业内好评和广大农户的欢迎，河南省农业科学院粮食作物研究所于2002年1月取得该植物新品种权后，授权原告河南农科院粮作所科技有限公司、河南农科院种业有限公司、河南金博士种业有限公司、北京德农种业有限公司等4家公司排他生产经营“郑单958”玉米杂交种，并授权4家公司在全国范围内共同负责“郑单958”玉米杂交种的维权事宜。4家公司发现山东某种子公司未经许可，擅自在市场上生产、销售“郑单958”玉米杂交种，遂请求法院判令该被告立即停止侵权行为并赔偿经济损失。法院经审理认为，四原告作为涉案品种的利害关系人，可以通过诉讼手段保护涉案品种的合法权益。因被告否认“Z58”玉米种侵权，法院委托鉴定单位对涉案品种进行了司法鉴定，经DNA(基因)指纹技术鉴定得出的结论为“Z58”与涉案品种“郑单958”属于同一品种。司法鉴定单位是国内目前唯一从事玉米知识产权司法鉴定的单位，在玉米DNA技术鉴定方面已经达到国际先进水平，而且鉴定人员均具备种子检验人员资格，鉴定程序合法，采取DNA技术鉴定亦符合法律规定，通过鉴定结论可以认定被告销售的“Z58”玉米种为涉案品种。被告的行为已经构成对“郑单958”玉米植物新品种权的侵犯，应当承担侵权责任。法院判决被告停止侵权行为，赔偿原告经济损失7万元。在植物新品种侵权形态日趋复杂的情况下，通过科学技术鉴定手段辨别真伪，是法院作出植物新品种侵权判定的重要依据。

9.仿冒“华丰”方便面知名商品特有包装、装潢纠纷案。在激烈的市场竞争中脱颖而出的知名商品为社会公众普遍青睐，能为生产和经销的企业带来巨大的效益。为获取不当利益，一些经营者通过各种方式仿冒、伪造知名商品特有的名称、包装、装潢，造成和他人的知名商品相混淆，使消费者误认、误购，既损害了消费者的利益，侵犯了权利人的合法权益，又扰乱了市场经济秩序，侵权人应当承担相应的法律责任。法院审理了原告珠海市华丰食品工业(集团)有限公司与被告河南某面业公司仿冒知名商品包装、装潢的不正当竞争纠纷案。原告生产的“华丰”牌方便面食品为知名商品，原告拥有3种商品名称为“魔法士”的方便面产品，其使用的包装装潢中的文字、图案、色彩及其搭配具有独特性，对于消费者选择商品具有较强的引导作用。原告发现被告也生产商品名称为“魔法士”的3种方便面产品，其所使用的包装、装潢中的文字、图案、色彩及其搭配均模仿了原告的上述产品，为此双方发生诉争。案经审理，在法院的主持调解下，双方达成了调解协议，被告停止使用与原告3种“魔法士”方便面产品所使用的包装、装潢相近似的包装、装潢，并赔偿原告经济损失19万元。

10.“日照绿茶”地理标志保护纠纷案。地理标志又称原产地名称，是指标示某商品来源于某地区，该商品的特定质量、信誉或其他特征，主要由该地区的自然因素或者人文因素所决定的标志。国内

《商标法》将地理标志纳入证明商标来保护。充分利用中国的历史文化遗产和资源，加强地理标志保护，对提高产品特别是农副产品在国内外市场上的竞争力有着重要的意义。而目前对地理标志的保护，社会各界尚缺乏足够的意识。日照市东港区茶叶技术协会济南维权案是山东省首例涉及地理标志保护的证明商标侵权纠纷。利用日照当地气候、地理条件生产出的具有独特品质的“日照绿茶”，被誉为“江北第一茶”。2007年1月，“日照绿茶”证明商标权人日照市东港区茶叶技术协会，为保护“日照绿茶”地理标志，将济南多家茶叶经销公司和超市告上法庭，要求相关商家停止销售侵权的“日照绿茶”茶叶产品，并赔偿经济损失。法院经审理认为，原告不但为“日照绿茶”证明商标权人，而且系唯一对“日照绿茶”具有监督、检验资质的管理机构，任何茶叶经营者，须经原告的检验、授权后方可在其产品上使用“日照绿茶”证明商标。而涉案商家未经原告授权，擅自在其生产的茶叶产品包装上使用“日照绿茶”证明商标，其行为已构成侵权。案件审理中，涉案商家均认识到只有取得权利人的授权，其经营的“日照绿茶”才是合法产品，遂主动与原告协商补办授权手续，进行了和解。

（冯 媛）

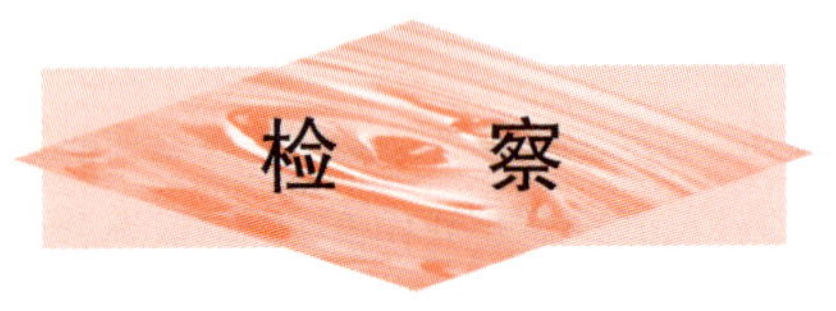

【概况】 2007年，检察机关紧紧围绕全市经济社会发展大局，努力实践“强化法律监督，维护公平正义”的工作主题，全面履行宪法和法律赋予的检察职能。

1.坚持检察工作主题，检察业务工作全面发展。①依法严厉打击各类刑事犯罪。共批捕各类刑事犯罪3053人，提起公诉4198人。坚持打防并举，积极做好检察环节的综合治理工作。结合办案，积极参与平安建设，协同有关部门开展对突出治安问题和治安混乱地区的整治，建立综合治理联系点46个，深入推进青少年维权岗创建活动，组织开展法制宣传和法律服务进乡村、社区、学校、企业等活动236次，促进了基层平安创建工作的深入开展。②依法查办和预防职务犯罪。立查职务犯罪268人（县处级以上干部38人），为国家和集体挽回直接经济损失4316万元。不断健全案件质量考评体系，加强侦查、起诉的有机配合，案件侦结率、起诉率、有罪判决率进一步提升。深入开展预防职务犯罪工作，结合执法办案，向有关单位提出检察建议101件，帮助建章立制1157条，提供行贿犯罪档案查询服务471次。狠抓系统预防实效，对奥体场馆、北园路高架等31个重点工程开展专项预防，保证了资金安全和工程质量。③全面强化对诉讼活动的监督。监督立案111件137人，追捕追诉96人，纠正脱管漏管206人，提起民行抗诉62件，提出再审检察建议被采纳37件，改变原裁判80件。注意从执法不严、司法不公现象的背后深挖犯罪，依法查处司法和行政执法人员职务犯罪25人，促进了严格执法，维护了公平正义。

2.坚持维护大局，检察工作服务发展富有成效。①用心服务省会经济社会发展。制定并落实了配合治理违章建筑、依法保障重点工程建设以及“迎全运、保平安、促发展”措施，积极参加重点工程治安秩序整治、打击破坏电力、水利及市政公用设施等专项行动，组织开展了查办城镇建设领域职务犯罪专项工作，依法立查土地审批、征地拆迁、工程建设、房地产开发等领域的职务犯罪案件36人，挪用、侵占土地补偿费、安置补助费犯罪案件23人。②高度关注和保障民生。针对某些国家机关工作人员失职渎职侵犯公民人身权利和民主权利等问题，立查司法不公、渎职侵权犯罪15人；着眼维护职工的根本利益，依法查办利用国企改制之机贪污受贿、挪用公款、私分国有资产等职务犯罪31人；抓住农民群众关注的土地承包、社会救济、财务管理和落实惠农政策等方面的问题，依法查办农村基层干部职务犯罪23人；围绕解决“上学难、上学贵”和“看病难、看病贵”等问题，严肃查办涉及教育、医疗等事关民生领域的商业贿赂犯罪21人。深入开展便民服务活动，总结推广了历下区检察院建立群众涉法诉求工作站、长清区检察院设立“知心孟姐”工作室等成功经验，妥善处理人民群众反映的问题。③积极促进和谐社会建设。认真落实宽严相济刑事司法政策，依法对270名未成年人犯罪、初犯、偶犯等轻微犯罪人员，作出了不捕、不诉决定；运用和解程序处理轻微刑事案件276案361人，比去年同期上升34.6%，当事人满意率达100%；积极做好服判息诉工作，成功息诉不服司法机关正确裁决的申诉232人。以实现涉检进京赴省“零上访”为目标，全面落实检察长接访、首办责任制和公开听证、公开答询等制度，接待群众来访1147人次，受理群众来信998件，处理和化解各类矛盾170件次，依法结服8起上访积案。

3.坚持改革创新，检察工作机制逐步完善。①改革检察业务机制，积极推进制度创新。健全完善了与监察、审计、公安等部门的办案协作机制和批捕、公诉引导侦查取证、行政执法与刑事司法相衔接等工作机制，不断深化审查逮捕方式和公诉方式改革，形成了工作合力，提高了办案的质量和效率。实行了职务犯罪案件撤案、不起诉报批和立案、逮捕报备制度，以及讯问职务犯罪嫌疑人全程录音录像，规范了执法行为，促进了文明执法。②完善内外监督体系，努力规范执法行为。严格执行党内请示报告以及向人大和政协报告、通报工作制度，全面落实《加强与人大代表、政协委员联络工作的意见》，深入推进人民监督员制度试点工作，不断深化检务公开，始终把检察机关和检察人员的执法活动置于党和人民的监督之下。③深化规范化建设，不断提高管理水平。组织开展了案件质量、扣押冻结款物、法律文书等专项检查，形成领导参阅件，逐项反馈，深入整改，进一步规范了执法活动。以信息化促进规范化，从硬件建设、软件开发、推广应用和提高检察人员科技素质4个方面强力推进信息化建设，全面落实网上办公、办案和网上事务管理，有效提升了业务、队伍和机关管理的水平。

4.坚持强基固本，队伍和基层院建设

取得新进展。①加强思想作风和专业化建设。深入开展法治理念、社会主义荣辱观等集中学习教育活动，组织实施“走万户、访民情、促公正、保平安”、“情系群众、便民服务”等主题实践活动，积极创建“两好一高”优良机关，坚定理想信念、强化宗旨观念、改进工作作风，始终保持昂扬向上的精神状态。突出检察实务能力，组织各类业务培训12期，开展大规模实战性岗位练兵活动8次，培训干警1100人，41名干警通过了全国司法考试，队伍的政治素质、专业化水平和业务能力不断提高。②大力加强党风廉政建设。市检察院党组提出“从我做起，向我看齐，对我监督”的口号，带头贯彻民主集中制，对检察工作的重要部署、重大问题和干部任免等，坚持党组集体研究、民主决策；带头落实党风廉政建设责任制，制定关于加强领导干部作风建设的实施意见，从检察长到一般干警层层签订党风廉政建设责任书，年内没有发生检察人员违法违纪问题。③加强基层建设。认真协助做好基层院检察长换届工作，基层院领导班子的年龄结构和专业结构进一步优化。以迎接省检察院对基层院的检查评估为契机，把省检察院考核的103项指标细化为1000余个计分点，先后3次对基层院进行普查评估，推动了基层院建设水平的提高。全市10个基层院有3个“全国模范检察院”，2个“全国先进检察院”，2个“全省十佳检察院”，7个“省级文明单位”或“文明机关”，6个被市委命名为“人民满意政法单位”，8个县(区)党委19次作出向检察机关或检察干警学习的决定。

【贾春旺对商河县检察院作批示】 3月20日，最高人民检察院检察长贾春旺在商河县检察院的工作汇报上，作出重要批示：“祝商河县检察院立足检察职能，为商河社会公正和谐、经济社会发展作出更大贡献。”

【“迎全运、保平安、促发展”工作】 围绕省、市委新一轮省会经济社会发展和城市规划建设的重大部署，把“迎全运、保平安、促发展”作为重大的政治任务和今后一个时期检察工作的重中之重，充分发挥检察机关上下一体的领导优势，两级院均成立了服务重点工程领导小组和工作协调机构，建立了上下级检察机关之间职务犯罪案件信息和预防职务犯罪信息的通报和反馈制度，明确了批捕、起诉、反贪、反渎、民行、控申、预防等主要业务部门在服务保障重点工程建设的职责任务，广泛开展了“三个一”活动(深入一个重点工程建设项目、开展一次调查研究、拿出一套方案)。全市检察机关共对小清河综合整治、发祥巷棚户区改造、奥体文博等10余项重点工程进行了走访和调研近30次。市检察院制定并落实《依法保障省会重点工程建设的意见》，市委书记焉荣竹作了重要批示，给予充分肯定。平阴县检察院在重点工程现场建立了检察服务联络工作站，历下区检察院创造性地提出了在重点工程建设中实行重点工程服务和保障跟踪卡、重点工程服务和保障效果评估制度的思路，增进了执法为民的感情基础，提高了服务省会发展大局的能力和水平。

【司法考试通过人数创新高】 全市检察机关全国司法考试结硕果，109人参加考试，有41人通过，通过率为37.6%，占济南市考区通过总数的5.1%。近年来，市检察院把司法考试工作作为提高人员素质、保证履行职能的重要途径，采取多种措施支持干警参加司法考试，通过率逐年上升。从2002年国家实行统一司法考试以来，该院通过考试人数达180人，占全市在职检察官总数的25%，其中2007年通过人数创历年新高。

【“知心孟姐”工作室】 “知心孟姐”工作室是以获“全国模范检察官”称号的长清区院女检察官孟红伟的名字命名的检察为民服务机构。自2006年5月运行以来，“知心孟姐”工作室的检察官已接待来自全国各地的咨询、求助、举报等300余件，接待群众来访800余人次，提供网络咨询140余件，向有关办案业务部门转交案件线索60余件，为各界群众解答涉法问题2300余人次。“知心孟姐”工作室的检察官为被害人讨回了期盼8年的公道，身心受到创伤的申诉人重新鼓起了生活的勇气，并给“知心孟姐”工作室送来了“公正执法、为民除害”的锦旗。检察官巡回“坐堂问案”，仅用15天时间就将一人身损害赔偿案提请抗诉，看到希望的申诉人闻讯后喜极而泣：“检察官真是救命恩人哪，俺这个家庭这回可真的有救了”，“检察官是咱

检察院司法干警开展扶贫活动 (市检察院供稿)

百姓知心人”。《光明日报》发表《检察官就是咱老百姓的知心人》的报道，盛赞长清区院“知心孟姐”工作室为民排忧解难，称赞检察官是老百姓的“知心人”。

【解决回乡大学生村民身份权之争】 检察机关高度关注民生，在对事关人民群众切身利益合法诉求认真履行法律监督职能的同时，持续关注改判后判决的执行情况，成功为4名回乡大学生依法落实了村民身份，取得了法律效果和社会效果的有机统一。考虑到国家取消了大学生“计划分配”制度，且随着城市化进程的加快，土地征用情况较多，这类纠纷逐年增多，并且这类案件直接关系到农村社会的稳定，市中区检察院民行部门积极调研农村土地补偿纠纷案件中判决无法执行的社会背景及立法缺陷，并在《法制日报》、《检察日报》、《大众日报》、《济南日报》等媒体进行宣传报道，产生了极大的社会影响，引起了人大代表及省农业厅、省高级法院等有关部门的高度关注，各级人大提出要求依法尽快妥善处理此案。2007年4月3日，村委会将贾涛等4人的户籍归入了村民档案，享受村民待遇。在领取了村里发给“口粮钱”后的第二天，贾涛等4人和他们的家人一起来到市中区检察院，送上“为民秉公执法，维护法律公正”的锦旗，然后又来到市检察院，赠送“为民秉公执法，捍卫法律公正”的锦旗。

【反渎职侵权宣传月活动】 5月15日至6月19日，全市检察机关积极开展了反渎职侵权宣传月活动，收到了很好的宣传效果。一是各单位成立了由分管检察长为组长，反渎、宣传、控申、预防等部门领导为副组长的宣传月活动领导小组，具体筹划和指挥宣传月活动。二是注重效果，做到与社会主义法治理念教育活动相结合、与查办破坏环境资源犯罪专项工作相结合、与查办渎职犯罪案件相结合的“三个结合”。三是精心组织，周密安排。6月11日，省、市检察院和5个区检察院以及5家行政执法单位联合在泉城广场，其他县(市)检察院在当地繁华地段同时举行了反渎职侵权宣传活动。省检察院副检察长李少华、市委政法委书记李家政等到现场视察指导，省、市10余家新闻媒体予以报道。此次活动共展出展板92块，发放宣传材料4000余册，接受咨询200余人次。

【民事行政检察关注民生】 1.开展“泉城千名律师调查和征求意见”活动，通过市司法局向全市1800余名律师发放《民事行政检察工作调查和征求意见表》。共收回《民事行政检察工作调查和征求意见表》878份，收集意见和建议521条，既征求到了有利于全市民事行政检察工作健康发展的意见和建议，又很好地宣传了民事行政检察工作，取得了良好的效果。

2.通过流动申诉，直接到社区和农村进行宣传、提供法律咨询和接受群众申诉。10个县(市)、区检察院采取印制宣传手册、张贴宣传材料、散发民事行政检察联系卡等形式深入乡镇集市和田间地头，向人民群众宣传民事行政检察工作职能和提供法律帮助，进一步拓展案源渠道。

3.增设民事行政申诉联络处和增加民事行政申诉联络员，充分发挥律师代理申诉机制的作用，全市8个基层检察院受理的案件半数以上由联络员提供。

4.利用网络、电视、广播和报纸等媒体进行广泛宣传。共散发宣传材料5万余份，扩大了民事行政检察的影响。通过以上措施，使案源匮乏问题得到改观，全年共办案151起，保持民事行政法律监督的强力态势。

【“全市优秀公诉人”评选活动】 11月21~23日，市检察院举办了“2007年度全市优秀公诉人评选活动”。活动经过公诉业务考试和分组辩论赛两个阶段，根据各位参赛选手掌握法律、现场应变、逻辑思维、语言表达等综合能力及临场表现，在监察部门的全程监督下，经认真评比，共有李伟等10人被授予“2007年度全市优秀公诉人”称号。

【核查纠正监外执行罪犯脱管、漏管专项行动】 在核查纠正监外执行罪犯脱管、漏管专项行动中，全市检察机关共核查监外执行罪犯3735人。其中管制罪犯164人，缓刑罪犯2587人，假释罪犯799人，暂予监外执行罪犯116人，剥夺政治权利罪犯69人。核查中发现漏管监外执行罪犯184人，脱管监外执行罪犯123人。针对以上检查中发现的脱管、漏管情况，检

2007年6月11日，山东省暨济南市人民检察院在泉城广场举行反渎职侵权宣传月活动。
（市检察院供稿）

察机关与公安、法院进行协商研究，分析脱管、漏管的原因，制定整改措施。对112名监外执行罪犯建立了监管组织，完善法律手续31件，建立监管档案92件，纠正了一批监外执行罪犯脱管、漏管人员，全年共纠正漏管监外执行罪犯144人，脱管监外执行罪犯109人。同时对监外执行罪犯治安处罚1人，依法办理释放手续17人。对检查中发现的监外执行罪犯违法犯罪行为，依法进行了严厉打击，其中审查批捕又犯罪案件16人，起诉28人。

【加强涉农职务犯罪预防工作】 全市检察机关把职务犯罪预防工作延伸到农村，认真分析农村基层组织工作人员职务犯罪的状况和规律，分析诱发群众“告状”、“上访”等影响农村稳定的因素，及时提出解决方案，增强农村基层组织干部遵纪守法、依法办事的自觉性。预防部门结合检察业务和农村特点，开展形式多样的“送法下乡”和法律进村活动，积极宣传法律知识，共举办法制讲座86场次，先后有5200余名乡镇干部、农村基层组织工作人员接受教育，使他们依法办事的意识和能力得到了进一步提高，农村社会矛盾得到了一定程度缓解，预防工作为社会主义新农村建设作出了贡献。

（王海力）

司法行政

【概况】 2007年，全市各级司法行政机关认真学习贯彻党的十七大和省、市第九次党代会精神，深入贯彻落实科学发展观，紧紧围绕构建和谐社会和省会发展大局，统筹规划，突出重点，全面推进司法行政改革与发展，各项工作取得了新的成效。

1.法律服务经济社会发展的水平进一步提升。制定出台促进全市法律服务业发展的意见，法律服务业不断发展；公证机构改革全面启动，转制工作稳步推进，重新冠名济南市泉城公证处等11家公证机构，公证办证数量和质量明显提高；深入开展司法鉴定管理年活动，司法鉴定机构规范化建设水平不断提高；新增律师事务所15家，增加执业律师199人，全市律师执业机构已发展到116家，执业律师达到1586人；27名律师进入市、区两级人大、政协；组建了众成仁和、德衡、国杰、豪才4家律师联盟，为服务经济社会发展搭建起高层次的法律服务平台。全市律师为1955家机关企事业单位担任常年法律顾问，参与起草30余部地方性法规和规范性文件，为20家国有企业改制重组提供法律帮助，为10余项重大建设工程提供法律咨询论证和公证服务，共办理律师法律服务事务81542件；公证事项69842件，比上年增长35.7%；基层法律服务事务10222件；“12348”专线免费接听群众法律咨询电话59802件次；司法鉴定机构接受司法鉴定委托案件7271件，比上年增长73.2%。开展“千名律师法律援助献爱心”活动，全市受理法律援助案件2023件，比上年增长10.9%。完成济南考区4754名考生的国家司法考试工作，802人通过国家司法考试。

2.监狱劳教工作成效显著。坚持把维护稳定作为第一责任，全力维护省城和谐稳定。济南监狱、市劳教所积极开展“四无”争创活动和参加打黑除恶专项斗争，安全防范机制不断健全完善，确保了监狱劳教场所安全稳定。监狱体制和劳教管理模式改革深入推进，心理矫治、职业技能培训不断深化。济南监狱与社会联合开办服刑人员培训班15个，市劳教所被市科协确定为心理健康进社区活动试点单位，狱所内改好率达到98%，教育改造质量明显提高。社区矫正试点范围扩大到全市10个县（市）、区的92个乡镇（街道），其中6个县（市）、区全面推开，新接收社区服刑人员701人，累计接收社区服刑人员达1552人，服管服教率达95%，无一人重新违法犯罪。积极开展刑释解教人员调查摸底专项活动，深化刑释解教人员分类帮教管理，全市新接收刑释解教人员1051人，累计接收刑释解教人员3153人，帮教率和安置率分别达到96%、89%，重新违法犯罪率控制在2%以下，有力地促进了社会治安秩序的稳定。

3.全面加强司法行政基层基础建设，基层矛盾纠纷化解效能明显提高。全市133个司法所基本达到省级规范化建设标准。集中开展了7次民间矛盾纠纷排查调处活动，共调解各类矛盾纠纷16515件，调解成功率达98%，其中，防止“民转刑”案件244起，防止群体性上访案件172起，防止群体性械斗140起。拓宽矛盾纠纷化解渠道，参与排查调处涉及城市拆迁、重大工程建设、违章建筑整治等热点领域的矛盾纠纷。加大律师参与处理涉法信访工作力度，全市律师参与处理涉法信访案件1052件，各级“人民来访法律顾问室”值班律师参与处理涉法信访问题1664件，化解了大量矛盾纠纷。

4.普法依法治理成果显著。认真贯彻落实“五五”普法规划和“四五”依法治市纲要，制定下发全市年度普法依法治理工作要点，调整充实“五五”普法讲师团，组建了济南市“五老”青少年法制教育宣讲团。制定加强领导干部学法用法和提高依法执政能力的意见，组织全市20余万名处以下干部进行年度普法考试，警示教育基地开展警示教育活动63场，受教育党员干部15900人次。全面启动“法律六进”活动，11月29日，组织召开全市“法律六进”（进企业、进学校、进乡村、进社区、进机关、进单位）现场经验交流会，编撰“法律六进”工作指南，实现了“法律六进”领导、机构、人员、工作、经费“五落实”，在山东省召开的现场经验交流会上，全面推广了济南市的经验做法。在新闻媒体开设“第一现场”、“法治论坛”、“法眼看社会”、“百姓与法”、“今日说法”、“道德与法制”等法制栏目。免费向机关、学校、企（事）业单位、村（居）发放4万多套法制宣传教育挂图，扩大依法治市通讯的发放范围，完善泉城普法网站。开展戏曲普法、法制赶集、发放普法扑克牌等宣传活动，开展法治县（市、区）、法治乡镇（街道）和“民主法治村”、“民主法治社区”创建活动，“民主法治村（社区）”覆盖面超过20%，推进了基层民主法制建设。

5.班子队伍素质整体提升。全面加强

司法行政班子队伍思想、组织、纪律、作风建设。市司法局制定学习贯彻意见，召开动员大会，组织干警学习贯彻党的十七大精神，把开展社会主义法治理念教育和集中教育整顿活动结合起来，开展解放思想大讨论活动。举办律师、公证、基层法律服务、法律援助、社区矫正、信息调研宣传等培训班，干警素质不断提高。大力加强内部法制建设，全体干警和法律服务人员严格执法、规范执业、维护公平正义的能力进一步提高。局系统通过竞争上岗选拔了110名科级干部，进一步优化了干警队伍结构。举办全市司法行政系统第二届运动会，展现了司法行政队伍良好的精神风貌。认真贯彻执行中纪委关于严格禁止利用职务上的便利谋取不正当利益的“八项规定”，深入学习贯彻《公务员处分条例》，扎实开展作风建设年和集中学习教育活动，全系统没发生大的违法违纪案件，无一人受到刑事追究。班子队伍建设取得了显著成绩，涌现出一大批先进典型和英模人物，先后有68个先进集体、92名先进个人受到市、厅级以上表彰。司法信息采用量继续位居全省司法行政系统第一名。

【干部警示教育基地揭牌】 5月18日，市委常委、组织部长徐学武，市人大常委会副主任、市委党校党委书记、常务副校长朱文兴为干部警示教育基地揭牌。这标志着济南监狱作为济南市多元化、开放型干部教育培训基地体系中的重要组成部分，将肩负起全市党员干部廉政教育和法制教育的重任。市委党校2007第一期市管领导干部进修班、全市宣传文化干部进修班学员、警示教育基地的工作人员和监狱民警代表等200余人参加了揭牌仪式。

【成立残疾人法律援助律师团】 5月21日，山东省暨济南市“残疾人法律援助进社区、进家庭”活动正式启动。启动仪式上，市法律援助中心、市残联组联处、山东众成仁和律师集团(济南所)签订《济南市残疾人法律援助律师团服务意向书》，联合成立济南市残疾人法律援助律师团，现场与10名残疾人签订了《法律援助顾问协议书》，为符合法律援助条件的残疾人提供专业法律服务，对残疾人法律援助工作进行有效监督，确保维权质量。

【首批5家公证处重新冠名】 6月11日，根据鲁司[2007]53号和济编办发[2007]15号文件，原“济南市公证处”更名为“山东省济南市泉城公证处”；原“市中区公证处”更名为“山东省济南市鲁源公证处”；原“历城区公证处”更名为“山东省济南市历城公证处”；原“济阳县公证处”更名为“山东省济阳县公证处”；原“商河县公证处”更名为“山东省商河县公证处”。以上5家新冠名公证机构和51名公证员已由山东省司法厅向社会公告。自2007年7月1日起，新冠名公证机构将启用新的公证机构名称及证件、印鉴，以变更后的名称出具公证书，对外办理公证业务。

【副省级城市司法局长第22次联席会议】 9月23~30日，全国副省级城市司法局长第22次联席会议在济南和青岛召开。山东省司法厅副厅长马灵喜，济南市委常委、政法委书记李家政，济南市副市长张泽和15个副省级城市的司法局长、办公室主任等35人参加了会议。会议紧紧围绕“社会主义和谐社会建设与司法行政”这一主题，深入研讨和交流司法行政工作如何更好地发挥司法行政职能作用，努力为构建社会主义和谐社会提供有力的法律服务和法律保障。

【全省“法律五进”交流会在济召开】 11月29日，全省“法律五进”工作现场经验交流会在济南召开。会议总结交流推广济南市“法律六进”经验做法，探索法律进机关、进乡村、进社区、进学校、进企业的新途径和新方法，研究部署下一步普法依法治理工作任务。省委常委、政法委书记柏继民和司法部法制宣传司司长肖义舜出席会议并讲话，司法厅厅长陈明甫主持会议。与会代表首先参观了济南市“法律五进”现场——市中区法院、历城区陈西村、历下区燕山居委会、济南五中和济南钢铁集团，接着听取了济南经验介绍。

（王筱雁　齐玉华）

责任编校　杜加臣

济南市工商行政管理局

中共山东省委副书记、省长姜大明（前左五）到济南市历下区吉祥苑农贸市场视察节日供应情况

济南市人大常委会副主任刘善鹏（右三）到市局视察工作

济南市工商局再次向四川地震灾区捐款 50 万元

2008 年第二届济南著名商标认定工作会议

济南市工商局组织人员对流通领域进行监督检查

济南市工商行政管理局内设 9 个职能处室和离退休干部处、机关党委、市局党委党校、3 个直属机构，下设 12 个分局、142 个工商所；在岗干部职工 2513 人，另有提前离岗人员 221 人，退离休人员 362 人，共计 3096 人，其中中共党员 2171 人。辖区内共有 5.2 万户企业、13.8 万户个体工商户、742 处市场。

近几年来，济南市工商行政管理局在市委、市政府和国家工商总局、省工商局的正确领导下，认真贯彻落实“三个代表”重要思想和科学发展观，紧紧围绕“维护省城稳定、发展省会经济、建设美丽泉城”的要求，把优化发展环境作为各项工作的出发点和落脚点，坚持寓监管于服务之中，深入落实“以人为本、争优创新”的管理理念，求真务实，积极进取，勇于创新，有效促进了各项工作深入开展。2004 年，被国务院授予“全国再就业先进工作单位”称号；被人事部和国家工商总局授予“全国工商行政管理系统先进集体”称号；2005 年被国家工商总局授予“全国工商系统‘2005 红盾护农’行动先进单位称号。2006、2007 年被评为“省级文明机关”。2007 年 12315 申诉举报指挥中心被评为国家级优秀青少年维权岗。在全市优化发展环境民主评议中，连续 5 年名列前茅。

济南市

原山东省副省长郭长才（右）、原山东省高级人民法院院长宇培杲（左）为济南市法学会劳动法学研究会成立揭牌

济南市法学会是中共济南市委领导的人民团体，是全市法学界、法律界的群众团体和学术团体，是全市政法战线的重要组成部分。2004 年 12 月，根据中央政法委员会和中国法学会的要求，市委研究决定，市法学会由市委有关领导联系、市委政法委代管，正局级建制。市法学会 2005 年 9 月换届以来，坚持立足济南、研究济南、服务济南的指导原则，充分发挥职能作用，为繁荣法学研究、促进学术交流、推进依法治市、构建和谐济南作了大量卓有成效的工作。

建立法治论坛，指导现实工作。紧紧围绕改革发展稳定中的全局性问题和党委政府关注、人民群众关心的社会热点、难点问题，先后举办了法治·平安·和谐济南论坛、第一届济南都市圈法治论坛等 10 次论坛或研讨会，交流理论文章 98 篇，充分发挥了研讨成果对现实工作的指导作用。开展课题研究，积极建言献策。承担的部级法学研究课题《农民工工资支付监控制度研究》通过了中国法学会专家组评审，并获济南市第 22 届社会科学优秀成果奖。就暂住人口管理、平安济南建设长效机制等重大问题，进行了 6 次专题调查活动，分别形成了调查报告，报市委、市政府。办好法学刊物，服务法治实践。主办的《济南法治》已编辑出版 15 期，发行 1.5 万余册，刊登各类文章 300 余篇，被省新闻出版局评为“山东省优秀连续性内部资料出版物”。打造优秀网站，加强法治宣传。主办的济南法学网设有领导论坛、法界传真等 17 个栏目，上传各类资料、信息 2 万余条，点击率超过 10 万人次，被中国法学会和多家网站链接，并连续两年荣获济南市优秀网站和网站建设先进个人称号。举办法治讲座，汇编法学成果。应省委党校、济南大学法学院等单位邀请，市法学

济南市优秀网站——“济南法学网”

召开市法学会学术委员会会议

法学会

会派人分别就社会主义法治理念、依法治市、社会稳定等专题作了6次法治讲座。组织开展了全市政法系统大讨论征文活动，征集论文160余篇，出版了36万字的《济南市政法系统学习“实践科学发展观——解放思想大讨论”征文选》。搞好自身建设，促进学术交流。成立了预防聋哑人犯罪学研究会、监狱法学研究会、劳教学研究会、收教学研究会、建筑法学研究会、劳动法学研究会等6个专门、专业研究会，聘任了10位副秘书长，并成立了学术委员会和联席委员会。组织了3次出国考察交流活动，参加了22次全国性、区域性法治论坛或研讨会，提供论文55篇，其中21篇获奖。

山东省优秀连续性内部资料出版物《济南法治》

研究讨论部级课题

举办法治讲座

举办济南都市圈法治论坛

济南市质量技术监督局

2007年，济南市质量技术监督局在市委、市政府、国家质检总局和省质监局的正确领导下，以促进全市经济又好又快发展和建设“和谐济南“为目标，以贯彻科学发展观为主线，工作争创一流，质监工作有效性进一步提高。

国家质检总局党组书记李传卿（中）来济考察工作

济南市副市长张宗祥（前中）在济南市质检所视察

国家质检总局“食品包装材料霉菌快速检测方法”鉴定会在济南召开

济南市质监局局长于界平（前左）在企业生产现场检查

1．质量监督工作。全市7家企业的8个产品被评为“中国名牌“，6家企业的7个产品获“国家质量免检”资格，21家企业的24种产品被评为“山东名牌”，2家企业获“山东服务名牌”。

区域监管工作逐步深化。全市纳入区域监管的企业达到6459家，对5410个批次的产品实行了定期监督检查，并对1200个批次的产品实施了专项监督检查，重点产品的定检率达到100%，不合格产品后处理处结率达100%。

食品安全监管扎实有效。全年共受理241家食品企业270个单元的食品生产许可证申请，发放生产许可证223张。食品生产许可证产品定检920批次，覆盖率达100%，不合格产品后处理198起，后处理处结率98%以上。

2．计量工作。全年对12家计量器具制（修）单位组织考核发证，对40家企业的80项企业最高计量标准进行了考核，对2家企业计量合格确认，对137名企业和系统内计量检定员进行了考核发证。全年共检定各类计量器具22万台（件），其中各类强检计量器具20万台（件），对全市100家重点用能企业贯彻《用能单位能源计量器具配备和管理通则》(GB17167-2006)的情况以及落实国家质检总局、国家发改委《加强能源计量工作的意见》的情况，进行了全面检查。

执法人员对食品进行现场检查

3．标准化工作。全年共完成企业标准备案1399项（其中食品标准460项），企业产品执行标准登记5806项。至2007年年底，累计备案企业标准7771项。采用国际标准和国外先进标准认可26项，累计1620项。制定发布农业标准规范32项，申报国家标准25个，批准发布15个，申报国家标准化专业委员会／分委员会18个，批准4个。

4．特种设备安全监察工作。落实特种设备依法监管责任，明确责任目标，将全市3282家特种设备使用单位纳入区域监管工作范围。全市未发生特种设备重大事故，市质监局特种设备处荣获“平安济南”建设先进基层单位称号，并记集体三等功。

5．行政执法工作。全年，全市质监系统共出动行政执法人员近2万人次，出动执法车辆5600余台次，共办理各类违法案件5018起。其中，市直办理2370起，县（市）区分局办理2648起。

济南市地震局

局长杜贻合接受记者采访

开展地震流动监测

学校师生参观科普中心地动仪模型

组织开展社区地震应急模拟演练

近年来，市地震局坚持“地震安全高于一切，防灾事业争创一流”的理念，创新开展工作，取得显著成绩。

● 地震监测能力不断提高。建设了先进的地震台网，能在第一时间准确捕捉到震情，地震监测能力在全国同类城市中处于领先水平。

● 震害防御措施不断落实。实施了主城区活断层探测与地震小区划，为城市规划建设提供科学防震依据。地震安全性评价纳入了审批程序，作为前期4个联审单位之一对项目立项审批，依法促使300多项工程开展地震安评。济南市被确定为全省首批农村民居防震保安试点，率先在全省建立了省、市、县、乡、村、户六级示范体系。应急反应能力显著提高。建立了纵向到底、横向到边的地震应急预案体系，覆盖面全国领先。经常组织演练，2006年开展的省市联动、军地联合、部门协同大型地震应急演练，在全国尚属首次。组建全国第一支社区地震应急救援志愿者队，并率先在全省做到县级都建立地震应急救援队和志愿者队。依托城市中心广场和公园建设了6处地震应急避难场所。建立了全国首个市级地震应急装备库。

● 防震减灾意识不断增强。建设的集观天象和测地震于一体、在全国独具特色的七星地震科普教育中心，被命名为全国首批防震减灾科普教育基地，这是全省唯一一家。在全国创新开展防震减灾宣传进社区、进学校、进农村、进企业、进机关“五进”活动。创建全省首个地震安全示范社区和示范企业。建设了近60所地震科普学校，数量在全国领先。

● 2006、2007年济南市连续被评为全省防震减灾综合评比第一名、全国市地防震减灾综合评比一等奖。

市行政审批大厅地震局窗口

济南市旅游局

改革开放30年以来，济南旅游业在市委、市政府的正确领导下，自强不息，顽强拼搏，经历了从无到有、从弱到强的伟大历史进程。2007年全年接待旅游者2005.8万人次，实现旅游总收入177.87亿元，分别比1990年（1990年为济南市首次旅游统计年份）增长229%和12979%；其中接待入境旅游者16.06万人次，旅游创汇7075.3万美元，分别比1990年增长680%和1098%。全市旅游系统不断拓展融资渠道，大力开发旅游资源；举办大活动，开展大促销，有效开拓客源市场；坚持依法治旅，科学规范旅游市场秩序。全市已拥有旅游景区（点）56家（其中4A级景区7家），旅游星级饭店88家（其中五星级3家），旅行社208家（其中国际旅行社25家），旅游从业人员8万余人。1998年济南市成功创建首批中国优秀旅游城市，章丘市于2006年创建中国优秀旅游城市。举办的中国（济南）国际旅游交易会、友好城市旅游大会、花车大巡游、民俗风情旅游节、世界摩托艇锦标赛等节庆活动有效提升了济南市对外知名度。2000年颁布实施了《济南市旅游业管理条例》，2007年制定并颁布实施了《济南市旅游管理条例》。第十一届全运会在济的举办，为全市旅游业发展创造了前所未有的契机，2007年9月29日省委常委扩大会议把推动五峰山和鹊山龙湖两个旅游度假区建设作为迎全运的重要举措。旅游系统将继续坚持科学发展观，以改革创新的精神，开创全市旅游业发展的新局面。

民俗风情旅游节

友好城市旅游大会

泉水文化周开幕式文艺演出

国际艺术歌会

济南市民族宗教事务局

党组书记、局长　杨学英

济南市民族宗教事务局以邓小平理论和“三个代表”重要思想为指导，深入贯彻落实科学发展观和党的十七大精神，按照“民族工作促发展、宗教工作促和谐”的总体思路，全面贯彻执行党和国家的民族宗教工作方针政策和法律法规，围绕中心，服务大局，积极推进民族团结进步事业，依法加强对宗教事务的管理，不断促进了济南市的民族团结、宗教和睦与社会和谐，为“维护省城稳定、发展省会经济、建设美丽泉城”作出了积极贡献。

近年来先后被国务院授予“全国民族团结进步模范集体”称号，被国家民委评为“全国民委系统法制宣传教育先进集体”，被国家宗教局评为“全国宗教工作系统‘四五’普法先进单位”，连续4年被评为“全省民族宗教信息工作先进单位”、“全省宗教行政执法工作先进单位”、以及“全省民族体育先进单位”和全市文明机关。

济南市副市长张泽（右三）在局长杨学英陪同下到民族村进行调研

局长杨学英陪同省宗教局局长马文艺（右三）到宗教活动场所进行调研

2007年10月27日，第五届济南市少数民族书画展暨全市民族工作成就展正式开展，局长杨学英主持开幕式。

小清河开发建设

开工典礼

山东省委常委、济南市委书记焉荣竹（右一）察看工地现场

小清河发源于济南市睦里闸，流经济南市槐荫、天桥、历城、章丘4区（市），市内全长70.5公里，是济南市主城区唯一排水出口。针对目前小清河干流防洪能力低、水体污染严重、周边环境差等实际问题，为切实保障城市安全，提升城市形象，加快全市特别是北部城区经济、社会发展，市委、市政府决定对小清河实施综合治理，打造济南北部现代化新城区。

此次小清河综合治理西起槐荫区睦里庄闸，东至济青高速公路桥下，长约31公里，涉及水利、环保、市政、景观等方面，总投资约87亿元，计划2012年完成。作为迎全运配套重点工程，一期工程要求2009年全运会前完成。主要内容与目标包括：一是结合南水北调工程完成河道堤岸建设和河道扩挖工程，提高河道防洪标准和除涝能力。二是结合管线现状与规划情况，完成治理范围的管线迁移与复建工程；重点建设小清河两岸截污管网，改善河道水质。三是完成滨河道路及重点桥梁工程，提高通行能力，提升交通功能。四是完成河岸绿化、亮化工程及重要节点和重点区段的景观工程。五是启动两岸城市景观建设，完善两岸基础设施，整治两岸城市环境，提升两岸城市形象。

针对此次综合治理工程特点及后期运营与管理需要，2007年10月7日，市政府正式成立"济南市小清河开发建设投融资管理中心"作为小清河综合治理工程的项目

投融资管理中心

法人。主要责任是落实小清河综合治理工程开发建设与管理、经营，搞好工程开发建设、管理、运营以及资金筹集、使用、偿还等。

2007年11月6日，济南市小清河综合治理工程开工仪式隆重举行，标志着小清河历史上规模最大、投资最多的一次综合治理进入全面实施阶段。山东省委副书记、代省长姜大明下达开工令，济南军区副政委寇宪祥，省委常委、济南市委书记焉荣竹，济南军区空军副政委李恩出席开工仪式，济南市委副书记、市长张建国致辞。

市委、市政府高度重视小清河综合治理工程，主要领导多次视察现场，提出指导意见，帮助解决实际问题；作为市指挥部指挥，副市长邹世平亲临一线，靠上指导，定期调度，随时解决疑难问题；作为项目管理法人单位，管理中心按照市委、市政府工作部署，积极办理完善工程的各项评估和土地预审手续，取得省发改委关于工程立项的正式批复，完成工程建设用地规划许可证、建设拆迁临时用地许可证等相关审批手续，完成了20余项规划设计，确保了工程建设手续完备、合法、规范。多渠道开展规范的投融资运作，争取信贷支持，与建行、商行、招行、工行等签订了战略合作协议或达成合作意向。召开征地拆迁动员大会，规范有序地推进征地拆迁工作。狠抓工程管理，发挥各专业质监机构积极性，提前介入，切实加强质量监督管理，工程建设顺利推进。

市指挥部指挥、济南市副市长邹世平（右二）在施工现场

施工现场

济南水文水

济南水文水资源勘测局隶属山东省水文水资源勘测局，是山东省水利厅统管的财政全额预算的社会公益性事业单位。现有职工140人，其中研究员2人，高级工程师20人，工程师47人。下辖卧虎山水库、北凤、黄台桥和崮山4个水文测站及新建的部分城市水文测点，5处水文辅助站，48处雨量站，7处土壤墒情站、8处水质监测站，100处地下水监测站。拥有国家乙级测绘资质和国家乙级水文水资源调查评价资质。

贯彻执行水文条例

《中华人民共和国水文条例》明确了县级以上人民政府应当将水文事业纳入本级国民经济和社会发展规划，所需经费纳入本级财政预算。济南水文水资源勘测局认真贯彻条例精神，实现济南市政府和山东省水利厅的双重管理模式，为经济社会又快又好发展作出贡献。

济南水文的任务是：对境内河流、湖泊、渠道、水库水的变化进行监测，收集雨量、水位、流量、含沙量、水质等基本水文资料，预报洪水演变过程，分析、评价水资源的量、质及水文要素的时空分布与变化规律，为防汛抗旱减灾、水资源管理、饮水安全、生态保护、水土保持、湿地保护和水工程建设管理及经济社会发展提供重要技术支持。

编制水资源公报

水情监测

水环境评价

资源勘测局

主要职能

1. 贯彻实施国家和省市有关水文管理的政策、法规、发展规划和技术规范、标准，建设水文执法队伍。

2. 为省市防汛抗旱及国民经济发展提供水文情报及洪水预报。

3. 水环境评价，农村和城市饮用水水源地、入河排污口水质监测。

4. 地下水超采区、限采区、禁采区划定及动态观测，为保泉工程提供技术支持，编制水资源公报。

5. 有关水利规划、水土保持监测、重点工程施工期水文监测、工程防洪影响评价等工作。

6. 城市暴雨洪水测报预警系统的建设，水文站网规划、建设和调整。

7. 水文水资源资料的收集、汇总、分析、审查与保存。

8. 水文勘察、测量、测绘工作。

9. 水文科学技术研究，重点研究南部山区降水、地表水和地下水的“三水”转化。

10. 承接与经济建设有关的水文服务项目。

地形地貌测量

水土保持调查

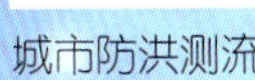

城市防洪测流

排污口水质采样

济南市名泉保

济南市名泉保护管理办公室隶属济南市园林管理局，列全额预算管理县级事业单位，编制15人，实有人数18人。内部设综合科、监察科、技术科。主要职责任务是：拟定名泉保护法规、规章；规划论证全市名泉保护实施方案，并组织实施；调查名泉分布情况，建立名泉档案；会同有关部门查处破坏名泉和违章建筑行为；承担济南市名泉保护委员会办公室的日常工作。

历届市委、市政府非常重视保泉工作，一直把保泉列入重要议程，当作一件大事来抓。

1. 立法保泉。2005年9月，市人大常委会正式颁布实施了《济南市名泉保护条例》。2006年4月，市政府制定实施了《济南市保持泉水喷涌应急预案》，对最大限度地减缓泉域地下水位下降速度，延长泉水喷涌时间具有重要作用。2008年3月根据《济南市保持泉水喷涌应急预案》规定，市名泉办通过新闻媒体向全市发布保泉黄色预警，立即启动Ⅲ级保泉应急预案。

2. 人工增雨。2006年以来，市政府加大了人工增雨投入，在南部山区建立了人工增雨（雪）基地，设立了10处人工降水火箭和火炮作业区、27个固定作业点，增雨效果明显。

3. 水源置换。市委、市政府投资20多亿元，先后修建了库容量4600万立方米的鹊山调蓄水库和库容量4850万立方米的玉清湖水库。2008年3月13日起，济西水源地全部停采，东、西郊水源地开采量控制在5.6万立方米/日以内。为保持泉水持续喷涌发挥了极其重要的作用。

4. 封井保泉。从2003年至2008年6月，全市共封闭深层井329眼、浅层井2200余眼，年减少地下水开采量近1000万立方米。

5. 回灌补源。通过卧虎山水库每年放水近1000万立方米，补给地下水源。

6. 绿化保泉。济南市先后在南部山区实施了绿化保泉一期、二期工程、续建工程和大环境绿化工程，使南部山区森林覆盖率由实施工程前的14.5%增加到40.1%，增加了森林涵养水源的能力。

7. 市政府成立了济南市名泉保护委员会、济南市名泉保护管理办公室。2002年成立了济南名泉研究会。

8. 济南新72名泉评审和规划保泉。1998年驻济南全国人大代表提出重新评定72名泉，由济南名泉研究会、市名泉办共同组织济南新72名泉的评选活动，于2004

趵突泉

护管理办公室

年4月2日公布了评审结果。制定了《济南市名泉保护总体规划》和六大泉群保护的详细规划。

9.对济南辖区范围内泉水的现状、历史、碑刻、周围环境等作详细调查。经调查，全市共有泉水645处。

10.开展《济南市名泉保护条例》和节水保泉宣传。每年9月开展“名泉保护宣传月”活动；1998年3月与《济南时报》联合在趵突泉公园、解放阁广场发起爱泉保泉10万人签名活动，向社会征集爱泉公约和爱泉保泉文明用语活动；1999年6月，与《齐鲁晚报》联合召开了“泉水与经济发展论坛”；邀请北大、清华和省内的考古、地理专家进行济南泉水的专题研究；2006年12月，在泉城广场举办了“节水保泉 爱我家园暨济南市名泉保护条例”大型宣传活动；2007年1月，建立开通“济南名泉网(www.jnmqb.com)”，通过互联网向国内外不断推出“泉城、泉水、泉文化”的最新动态；2007年9月，在趵突泉公园举办了“趵突泉复涌四周年”庆祝活动晚会；2008年2月，市政府在舜耕山庄召开了“全市保泉工作会议”；2008年4月，举办了济南市“迎和谐全运建美丽泉城”保泉展览，与《济南日报》联合开辟“保泉专栏”。

11.保护泉文化。市政府每年投入专项保泉资金，先后抢救修复了曾被填埋占压的名泉50余处。近几年，围绕名泉的抢修与修复和名泉风景区的建设，市政府先后投资5亿多元，实施了趵突泉公园、大明湖风景名胜区的扩建和五龙潭公园、黑虎泉的综合整治，以及玉绣河建设等工程，大大提升了泉水的景观效果。改造了泉水主要街区芙容街，保护街巷、古建、泉池、泉渠。先后编写出版了《济南名泉大观》、《济南七十二名泉》大型摄影、书法精装画册和《济南名泉保护战略对策及其措施》、《济南名泉文萃》、《抚今追昔话保泉》等书籍，拍摄了电视专题片《泉之城》、《泉情——济南保泉纪实》、《泉城济南》，制作发行了庆泉水复涌首日封及趵突泉复涌反映名泉的个性化邮票。2007年3月，组织专家学者对《济南新七十二名泉碑记》进行修改审定。

12.泉水申遗工程。2006年6月，市政府在舜耕山庄召开了济南泉水申报《中国国家自然遗产、自然与文化双遗产预备名录》工作会议，并向有关部门上报了济南泉水申遗的相关文件。

13.开展名泉保护重大学术课题研究。加强对泉水、泉文化与泉城建设发展、经济发展和生态环境的研究，同时开展济南泉水历史溯源、济南西郊水源地开发利用、保持泉水常年喷涌等学术课题研究。

由于领导重视，科学决策，措施得力，济南市保泉工作取得了显著成效。泉水至今已持续喷涌了6个年头1677天(2008年4月9日)，这是近30多年来泉水持续喷涌最长的时期。

济南市人民防空办公室

山东省委常委、济南市委书记焉荣竹（前右二）在施工现场听取汇报

为加快济南人防事业发展，进一步提高全市整体防护能力，同时响应市委利用全运会机遇，改变城市面貌的号召，市人防办解放思想，开拓思路，抢抓机遇，找准提升工作的着眼点和切入点，积极实施了英雄山人防工程建设项目，做足人防工程与城市建设结合大文章，把人防建设纳入城市建设中去，实现战备效益、社会效益、环境效益和经济效益的统一，为加速城市建设开辟了新领域。

该项目位于英雄山北侧，东至百旺文化市场、邮电新村西院墙，西至妇女儿童活动中心、济南军区第五招待所东院墙，南至英雄山，北至经十路，设计总占地面积约 6.05 公顷。

原济南英雄山广场修建时间较早，设施设备陈旧，树木枯萎严重，周边道路也较为拥堵，已经远远不能满足广大市民休闲健身需求。为迎接十一届全运会的召开，推动济南市全民健身运动深入开展，进一步增强人民群众身体素质，济南市将英雄山广场综合改造列入计划，内容包括地下人防工程建设、广场改造、全面提升绿化水平、健身设施修建和道路拓宽改造等内容。

其中，英雄山人防工程建筑面积 33000 平方米，工程分地下两层，其中负一层主要设置各类商业设施，负二层为停车场、健身中心等便民服务配套场所。整个工程战时可作为物资储存库和人员掩蔽场所，平时则可根据国家人防平战结合的原则，开办商业街，可实现增加税收、提供就业岗位、方便居民购物等一举多得的效果。

施工中的英雄山广场人防工程

副市长邹世平视察英雄山广场人防工程

省人防办主任张兆启察看英雄山广场人防工程

广场改造将充分考虑市民健身休闲需求，努力打造一个全新的现代化健身休闲广场。广场改造完毕后，将增设篮球、羽毛球、乒乓球、儿童游乐场、老年健身广场等活动场地及各类便民设施，进一步增强其健身功能。

道路改造工作也将一并完善。结合广场改造项目，对马鞍山路进行拓宽改造，改造后的道路宽 40 米，双向 6 车道，增设公交车专用道，自行车道和人行道一并完善，彻底解决该路段交通拥堵问题。

截至目前，人防工程地下二层的结构已经完成，地下一层的结构接近尾声，施工人员正在紧张有序地绑扎主体钢筋、加固模板、浇筑混凝土。8 月中旬，英雄山广场综合改造项目中施工难度最大、最重要的英雄山地下人防主体工程将竣工。根据初步计划，广场以及周边道路将栽植一些常青的大型树木，第二年即可形成大量的树荫。届时，新的英雄山广场将成为能够唤起“市民回忆”的“树荫下健身广场”。

济南慈善总会

2007年4月28日，山东省委常委、济南市委书记焉荣竹在慈善总会成立十周年暨2007年“慈心一日捐”活动动员大会上带头捐款。

2007年，济南慈善总会在市委、市政府的领导下，充分发挥慈善事业在构建社会主义和谐社会中的重要作用，坚持以人为本，为民解困，勇于创新，扎实工作。一年来共募集善款1602.9万元，支出善款1014.8万元，开展了以“扶贫济困”为主要内容的“五大救助工程”、“十八个救助项目”和“7·18灾后专项慈善救助”活动。救助困难群众3.6万余人次，有力地促进了和谐济南建设。

2007年适逢济南慈善总会成立十周年，为认真搞好“济南慈善十周年”庆典活动和2007年“慈心一日捐”活动，市委、市政府高度重视，山东省委常委、济南市委书记焉荣竹，济南市委副书记、市长张建国等市六大班子主要领导出席了“2007年济南慈善总会成立十周年暨‘慈心一日捐’活动动员大会”，焉荣竹作了重要讲话。慈善工作在各级党委的高度重视和社会各界的大力支持下，取得显著成绩。2007年是济南慈善总会成立10年来发展最好、募集善款最多、救助困难群众数量最大、社会各界参与慈善公益活动最广泛的一年；也是慈善宣传日益深入、慈善组织普遍建立、自身建设显著提高的一年。

2007年4月28日，慈善总会成立十周年暨2007年“慈心一日捐”活动动员大会捐赠现场。

天桥区泺口服装市场5000余个体工商户为“7·18”水灾捐款现场

济南市烟草专卖局（有限公司）

济南市烟草专卖局（有限公司）组建于1984年，下辖历下区、槐荫区、天桥区、历城区、章丘市、长清区、平阴县、济阳县、商河县9个县级烟草专卖局（营销部）。总资产9.1亿元，其中，固定资产1.97亿元，流动资产6.66亿元，资产负债率31.04%。2007年，市局（有限公司）被山东省烟草专卖局、山东省公安厅评为全省卷烟打假先进集体。

市局（有限公司）内设办公室（党委办公室、外事办公室）、人事劳资处、政工处、监察处、专卖监督管理处（专卖监督管理稽查支队）、综合信息处、财务（国有资产管理）处、审计处、安全保卫处、离退休人员管理处、整顿办公室、卷烟营销中心，共计1室、9处、1中心及1个办公室，其中卷烟营销中心下设销售部、市场部、配送部、客户部。

2007年，共销售卷烟109.9亿支（21.98万箱），同比增加9.05亿支（1.81万箱），增长9.0%；销售一类卷烟5.65亿支（1.13万箱），同比增长5.1%；二类卷烟2.75亿支（0.55万箱），同比增长2.5%；三类卷烟15.35亿支（3.07万箱），同比增长14%；四类卷烟51.2亿支（10.24万箱），同比增长46.6%；五类卷烟34.9亿支（6.98万箱），同比增长31.8%。实现销售收入23.47亿元，同比增长28.81%；实现利税5.3亿元，同比增长39.31%；其中利润4.22亿元，同比增长45.31%。

2007年，共查获各类涉烟违法案件9163起，查获各类违法违规卷烟5753.45万支，收缴卷烟制假设备7台，涉案总值2710.10万元，上缴财政罚没收入216.67万元。抓获涉案人员121人，移送涉案人员25人，拘留25人，逮捕11人，判刑16人。

认真抓好党的十七大精神的学习贯彻工作；扎实做好评选“五个好”党支部、“五个好”党员工作；深入开展“‘两个至上’见实效”、“‘两个至上’在岗位”主题活动，搞好“五查五看”活动；召开专题民主生活会、组织生活会和职工座谈会。

加强党员干部作风建设，全面推进反腐倡廉工作；做好惩防体系建设规划，建立健全工作机构；加强对干部选拔、人事用工等环节的监督，加强对关键环节、重点部位和领导干部的监督；强化监督执纪，积极开展预防职务犯罪专题调研活动，2007年被评为“全省烟草局（公司）系统2005-2006年度党风廉政建设先进单位”。

济南市人大代表到该专卖局落实立法工作

济南市卷烟打假工作总结表彰会议

“两个至上从我做起”演讲比赛

济南市卷烟零售户布局听证会

真假卷烟鉴别培训会

禁止向未成年人售烟宣传

崔爱民荣获济南劳动模范和“五一”劳动奖章

济南盐业公司

济南盐业公司为山东省盐业总公司的直属公司，同时加挂济南市盐务局的牌子，是济南市人民政府盐业行政主管机构和行政执法主体，负责全市盐业市场供应和盐政管理工作，公司法人代表牛德兴。公司下设历下、市中、天桥、槐荫、历城、长清、章丘、平阴、济阳、商河10个盐业分公司（分局），以及食盐配送中心、济南昱升全息制品有限公司等，现有职工600余人，具有大专以上学历的140余人。2007年销售各类盐品7.7万吨，其中食盐4.8万吨，实现营业收入近亿元，利税1350万元；截至2007年底，企业总资产7559万元。公司经营的盐产品包括一级、二级精制盐、多品种营养盐、畜牧盐、工业盐、生活用盐等20多个品种，产品荣获"济南市定量包装商品信得过产品"称号。公司连续多年被评为全省盐业系统先进单位和思想政治工作优秀企业，获济南市文明单位和纳税先进单位称号。现为中国盐业协会常务理事单位、山东省盐业协会副理事长单位。

党委书记、局长、公司经理　牛德兴

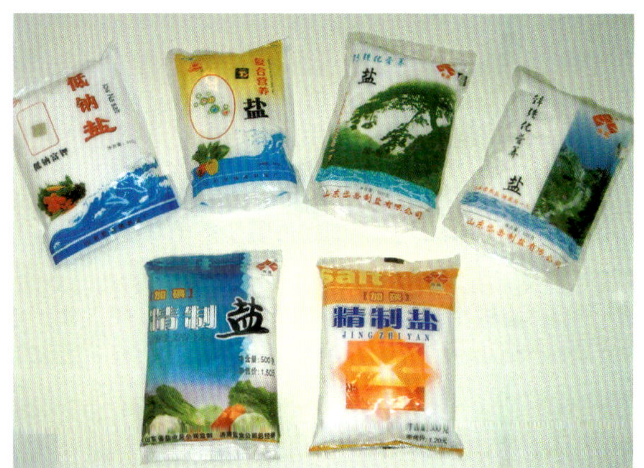

主要食盐产品

市政府组织召开食盐专营工作会议

济南市国土资源

队长　魏忠俊

济南市国土资源执法监察支队成立于1996年11月，原为济南市国土资源监察大队，2004年11月更名为济南市国土资源执法监察支队，为全额预算管理副局级事业单位，编制人员60人。近年来，济南市国土资源执法监察支队坚持“依法办案、廉洁勤政、高效优质”的工作思想，紧紧围绕“保护国土资源，服务经济发展”执法监察工作目标，抓思想固根基，抓制度提效能，抓队伍强素质，抓联合拓渠道，抓纪律保廉洁，国土资源违法案件查处质量进一步提高，国土资源执法监察队伍素质进一步优化，服务经济建设保障能力进一步增强，支队连续2年被济南市评为文明单位，连续5年被山东省评为文明单位。

1.建立长效机制，促进执法效能的提升。根据全市土地执法的任务和特点，在工作中逐步建立和完善了5个方面的土地执法长效机制，突出预防监控，有效地遏制了各类土地违法问题连续反弹的势头，收到了较好的效果。一是建立了土地违法行为发现机制。积极发挥全市国土资源系统垂直管理优势，重新调整了市局、分局、国土资源所区域监管责任分工，使“区域化管理、网络化责任”进一步落实。进一步完善了市、县、乡、村4级土地监管网络责任制。二是完善了土地违法问题报告机制。严格落实了土地违法问题报告制度。综合运用法律、行政、经济手段和必要的警示、训诫、谈话等措施，尽最大努力降低了发案率，减少了执法成本和拆除损失。三是规范了土地违

严格执法

连续5年被评为省级文明单位

执法监察支队

法案件查处机制。专门研究制定并下发了《关于进一步规范查处土地违法案件程序的通知》等文件，实现了查处土地违法案件主体、责任、步骤、标准、时限的5个统一。四是健全了土地管理目标考核机制。采取量化管理和目标考核相结合的方式，定期对各级国土资源部门落实耕地保护、土地执法等工作情况进行综合考核，进一步突出各级政府和国土资源部门的土地监管责任，全面建立权责明确、奖惩公开、依法行政、问责落实的土地执法新体系。五是巩固了多部门土地执法联动机制。主动协调市监察局、公安局，在市执法监察支队建立了联合执法办公室，进一步克服了执法困难，改善了执法环境，增强了执法合力。

强化业务培训，提高执法监督能力。

2.把握经济发展热点，有效解决土地管理中的问题。针对执法监察工作的形势变化，结合济南市国土资源管理工作的特点，适时开展了多项专项治理工作。一是认真开展了国土资源执法监察政策调研。二是根据国土资源部、省国土资源厅的部署，利用卫星遥感技术认真开展第七次、第八次卫片土地执法检查工作，有效控制了新的土地违法现象的发生，全市土地执法环境一年比一年好，耕地保护和土地监管的力度、措施得到了明显加强。三是进一步规范了模范县的评比和考核，确保了执法模范县考核工作的公正性，提高了各县（市）、区执法模范县创建质量。

3.加强业务技能培训，建设高素质执法监察队伍。近年来，按照“高起点、全方位、重质量”的指导思想，在国土资源执法监察队伍建设中实施了“123”工程。每年组织全体人员开展一次集中业务培训，每两年制定一次执法监察队伍建设方案，每三年对执法监察人员进行一次岗位转换。相互学习交流土地监管经验，全面掌握全市国土资源管理状况，有效防范本位主义和办人情案等问题的发生。

济南市国土资源执法监察支队在省国土资源厅的指导帮助下，在市国土资源局的关心支持下，不断加强自身建设，提高执法人员整体素质，认真开展各项土地执法专项活动，改善执法环境，提高执法效能，提升执法形象，取得了一定的成绩，济南市国土资源执法监察支队将不断开拓创新，积极进取，为全市土地市场执法环境开创新的局面奠定坚实的基础。

土地整理

2008 年 4 月，全省基本农田保护暨土地整理工作经验交流会在章丘召开。

2007 年，在市委、市政府的正确领导下，全市各级国土资源部门认真贯彻落实国家关于土地整理工作的方针、政策，坚持以耕地保护为主线，以科学规划为龙头，以制度建设为保障，努力进取，大胆创新，全市的土地整理工作再上新台阶。通过土地整理，进一步调整优化了农村产业结构，促进了高效农业发展，增加了农民收入，明显改善了农村生态环境和生产生活环境，有力地支持了社会主义新农村建设。

一、坚持土地整理与国民经济可持续发展相结合。通过开展以田、水、路、林、村综合整治为内容的土地整理，改善了生产条件，提高土地资源的利用率和产出率。在土地整理过程中，采取平整土地、归并零星地块、并渠撤埂、复垦废弃地、治理低丘缓坡和小流域等措施，达到田块平整，增强农业综合抗灾能力，实现耕地总量动态平衡，保障了全市城市建设、

破损山体整治，改善了生态环境，增加了耕地。

利民利国

经济发展对用地的需求和农业、农村的稳定，为全市的可持续发展提供了基础条件。

二、坚持土地整理与社会主义新农村建设相结合。通过旧村整治和建设中心村等措施，归并农村居民点，改善农民的生活条件和农村面貌。通过对中低产田的改造，完善配套农业生产设施，改变传统的土地利用格局，结合高效农业发展，促进农业增效和农民增收。

三、坚持土地整理与破损山体治理相结合。充分发挥土地整理的政策优势和技术优势，结合破损山体整理工作中的难点，统筹规划，通盘考虑，把土地整理与破损山体整治结合起来，达到“平面造地、立面挂绿”的生态效果，既增加了有效耕地面积，又实现破损山体的生态重建，消除了视觉污染，美化了全市的空间环境。

通过对田、水、路、林、村综合整治，改善了农村的生产、生活条件，支持了社会主义新农村建设。

济南高新区房产管理局

济南高新区房产管理局是高新区管委会职能部门之一，主要职责是负责高新区房地产行政管理、房屋产权产籍管理、物业管理行业行政管理、中介市场和中介机构资质管理、负责高新区房屋租赁备案以及市房管局、高新区管委会交办的其他工作。局长孙兆富2008年被济南市总工会评为市“五一先进工作者”，在确保全运会建设项目实施中，作出了个人应有的贡献。

全运会工程建设是一项政治任务，它是向全国乃至全世界展示济南、展示高新区的一次极好机会，是推动济南发展，繁华济南经济，树立济南良好形象，促进济南高新区招商引资及全面发展的一次极好机遇。

在参与全运会工程建设中，重点负责高新区范围内的征地拆迁、建设环境任务。在完成全运会指挥部安排的任务中，尤其在第一期征地、拆迁工作中，按照指挥部领导的安排和要求，组织高新区工作人员，克服各种困难，深入征地、拆迁现场，做好驻地群众工作，按时完成了征地拆迁任务。同时，为确保工程建设及时开工，积极协调指挥部、施工单位和驻地群众的三者关系，及时协调解决施工单位与驻地群众的利益关系，确保高新区范围内工程建设的顺利进行。

主动从全运会工程建设的政治高度，积极做好全运会工程建设高新区范围内的重点工程，尤其是草山岭旧村改造及周边其他村的旧村改造工程，主动协调济南市、高新区有关单位和村委会两委班子成员，认真研究旧村改造工作，创新性地解决工作中出现的矛盾和问题，尤其是重点解决了全运会工程周边的大汉峪村、小汉峪村、南胡村、北胡村四村旧村改造的集中选址的难点，并按照科学发展观的要求，实施了统一规划、配套共享、节约土地原则，为建设统一、和谐的现代化新城区奠定了良好基础，得到了市、高新区及群众的拥护和赞扬。同时，把草山岭旧村改造作为重点工程，积极组织村委会领导多渠道做好群众工作，把配合全运会工程建设，主动进行旧村改造工作变为每个人的实际行动，从而在半月时间内，就完成了安置供养房范围的400多户、27万平方米的旧村拆迁任务，并按规定的时间进行了开工建设，从而使高新区的旧村改造工作走在了全市的前列，为建设良好的全运会周围环境创造了条件。

济南市规划设计研究院

济南市规划设计研究院成立于1987年4月28日，隶属于济南市规划局，国家建设部1993年批准的首批规划设计甲级资质单位。2002年10月顺利通过ISO9001:2000国际质量管理体系认证，具有规划设计甲级、市政工程设计乙级、建筑设计乙级资质的综合性规划设计研究单位。

研究院下设规划设计一所、规划设计二所、市政工程规划设计所、城市交通研究所、建筑与环境设计所、创作室、办公室、政工科、计财科、总工办、信息中心等部门。现有在职职工118人，具有各类专业技术职称人员100人，其中工程技术应用研究员10人，高级工程师39人，工程师31人，注册城市规划师29人，一级注册建筑师2人，一级注册结构师2人。

建院20年来，先后承担了济南市的总体规划、分区规划、控制性详细规划、市政交通规划、修建性详细规划及其他专项规划等1500余项，为济南市城市规划建设和发展提供了不可或缺的技术支持和服务。曾两次被授予山东省“十佳”规划院，先后获得山东省“城市规划”先进单位、“应用新技术”先进单位、“城市管理建设”先进集体、“省市重点工程建设”先进单位、“青年文明号”、城市建设“突出贡献单位”、“城乡规划工作先进单位”等称号。

20年的辉煌已成为历史，面对新形势、新任务，济南市规划设计研究院将坚持“科技创新、严谨求实、精心规划、服务大局”的方针，坚持“诚信服务、持续改进”的服务理念，努力成为国内城乡规划行业有较大影响的规划设计、研究单位。

建院20周年庆祝大会暨规划名家讲坛

建院以来获得各类各级优秀设计、科研奖	
国家部级 10 项	金牌奖 3 项、银牌奖 1 项、二等奖 3 项、三等奖 3 项
省级 42 项	一等奖 10 项、二等奖 13 项、三等奖 16 项、科研奖 3 项
市级 83 项	一等奖 20 项、二等奖 29 项、三等奖 31 项、科研奖 3 项

局系统庆“七一”歌咏比赛

院ISO监督审核

局系统篮球比赛

院出版的部分专刊

济南市公共

济南市公共交通总公司是济南市市属国有一类大型企业，已有近60年历史。现有职工9800余人，公交营运车辆3779部，营运线路176条，万人拥有公交车14.5标台，线路长度3530.7公里，日接送乘客206万人次以上。2007年完成客运量6.76亿人次，完成营运行驶里程1.65亿公里，乘客满意度达到88.33%。

党委书记、总经理　薛兴海

近年来，济南公交积极贯彻落实国家“优先发展城市公共交通”战略，引进“公共交通引导城市发展”（TOD）理念，确定了“近期实施BRT系统，远期采用BRT与轨道交通相结合”的公共交通发展模式。快速公交系统（BRT）建设被美国能源、休利特及派克德三大基金会列为中国唯一示范合作城市。规划建设的首条示范线路北园大街BRT项目2008年4月中旬试运营。同时，进一步提升常规公交服务水平。2007年开

运行中的BRT

被国家建设部授予文明企业

交通总公司

通公交线路8条，调整优化线路12条，新增月票发售网点3处，拓展服务范围，开通了小区公交。完成了对历城区客运市场的整合，开通了历城区23条线路，改善了该区群众出行条件。报废老旧公交车辆344部，购置新车480部。

济南市公共交通总公司荣获“全国城市公共交通文明企业”、“中国用户满意鼎”、“中国城市公交科技进步企业”、“全国见义勇为好司机单位”、“省级文明单位”等称号。党委书记、经理薛兴海获得“2007年中国经济十大创新人物”、“省级劳动模范”、“第十四届山东省优秀企业家”等称号。2008年在全国人大十一届一次会议期间，胡锦涛总书记在与全国人大代表、公交总公司职工吴倩亲切交谈时，对济南公交工作给予了高度评价。

2008年在全国人大十一届一次会议期间，中共中央总书记胡锦涛与全国人大代表、济南公交公司职工吴倩亲切握手。

满意鼎揭彩仪式

济南市公共交通总公司

前进中的济南市

国家信息产业部来中心视察

国务院信息办来中心视察

济南市农业信息中心是 1997 年 9 月 1 日经济南市编委批准成立的全额预算管理的县级事业单位，编制 40 人，隶属于济南市农业局。主要职责是：负责金农工程网络管理；农业科技市场、政策法规、信息咨询服务和农业技术培训；开拓农业技术市场；开展农业科技信息交流。

济南市农业信息中心自成立以来，始终坚持以社会公益性为根本，以服务三农作为出发点，以农业信息化推动农业现代化、实现农业增效、农民增收为总体目标，狠抓“网络建设、资源开发、信息服务”工作，主导全市农业和农村信息化建设。已投资 2500 多万元建成设施先进的网控中心，开通了山东金农信息网 (www.sdjn.cn) 等涉农网站 190 多个，初步形成了市、县、乡、村四级农业信息网络体系，实现了四级农业信息联动共享的服务格局；建设山东农业技术市场，开通了中国农业书店网 (www.agribook.com.cn) 及“易农易”山东农业市场网 (www.ene.cn)，采取网上交易和网下中介服务相结合的方式，搭建了农业图书及特色农产品电子商务平台；利用信息资源优势建设了 80 多个具有区域特色的农业数据库，数据总量达到 52.5G；编印《山东金农信息报》，免费发放近 55 万份，促进了农业科技知识的进村入户；承担国家科技部星火项目 3 项、省市级重点科技项目多项，具有雄厚的科研开发实力。

技术市场

网控中心

农业信息中心

国家科技部来中心视察

济南市委副书记、市长张建国（中）来中心视察

济南市农业信息中心近年来立足公益、服务三农，工作成绩多次受到国家及省、市有关部门的表彰和奖励。2001年获得省科技厅授予的“全省‘九五’农村科技信息服务体系建设先进集体”称号；2004年8月，获得国家科技部确定的第一批“农村信息化基地”称号；2005年8月，被国家科技部评为“全国农技110平台”；2007年12月，被农业部列为农村信息化示范单位（网络建设型）。2002～2007年，山东金农信息网多次获得“济南市十大优秀网站”、“山东省优秀网站”、“中国农业网站100强”等称号；2005～2007年，“易农易”山东农业市场网三次获得“中国农业网站100强”称号。

农业和农村信息化工作任重道远，济南市农业信息中心的全体干部职工将在新的历史条件下，开拓进取、奋发努力，为加快济南市现代农业发展、建设社会主义新农村作出更大的贡献。

信息大楼

百强网

中心成立十周年发展座谈会

济南人民警察

济南人民警察职业培训学院，即原济南市人民警察学校，其前身是始建于1948年10月的“济南特别市公安局警务学校”，是全国公安机关建立最早的公安院校之一，已走过60年的光辉历程。

在各个历史时期，学校紧紧围绕党的中心任务和公安机关的中心工作，始终坚持政治建警、政治建校和从严治警、从严治校的方针，牢牢把握公安教育事业发展的正确方向，积极服务于公安工作、公安队伍建设和警务实战需要，共为全市公安、政法机关和企事业保卫部门输送中专毕业生2600余人，培训在职公安政法民警、军转干部、保卫干部等42000余人次；同时与山东省政法学院联合办学，设立济南教学分部，招收培养了业余法律大专和本科毕业生1000余名。其中的绝大多数成为了全市公安政法战线上的优秀业务骨干，许多同志走上了厅、局、处级领导岗位，一大批同志被国家、省、市授予各种荣誉称号或立功授奖。特别是交通管理专业的毕业生走向工作岗位后，为创造“济南交警效应”作出了重要贡献。

在搞好教育教学的同时，多年来学校还按照市局的统一部署，组织师生积极参加并圆满完成1983年全国严打斗争、1988年城运会、1989年济南市平暴制乱、1991年朝鲜国家主席金日成来济访问等多次公安专项斗争以及重大安保和警卫任务。特别是

职业培训学院

2001年学校转入在职民警教育训练以来，将民警培训纳入全局警务工作机制，在全省率先探索建立“战训合一，轮训轮值”训练模式，切实担负起市局处置突发事件和执行安保任务的机动队作用。近年来，各期类培训班共执行“三级两会”、节假日安全保卫、重大警卫任务以及处置法轮功、处置济阳冲击公安机关事件、“5·11”亚冠足球联赛、全国“糖酒会”、“10·28”济正案件、奥运火炬传递等各类警务备勤任务80余次，出警40余次，出动警力7200余人次，圆满完成了各项任务，较好地实现了教育训练和现实斗争的双重效益。

随着新形势新任务的发展要求，学院原校舍状况已不适应日益繁重的民警教育训练任务。对此，市局党委高度重视，积极争取并得到了市委、市政府、省公安厅以及各有关部门的关心支持，在历城区征地逾13.3公顷用于新校建设，并于2006年6月正式开工。经过近18个月的紧张建设，市局多方筹措投入资金7000余万元，学院新校于2007年12月投入使用。新校一期工程总建筑面积2万余平方米，建有教学办公综合楼，2栋学员公寓，多媒体阶梯报告厅、射击馆、实景战术训练馆、心理行为训练场、标准田径运动场等，整体规划科学合理，设施功能完备齐全，使学院建设迈入了正规化、规范化的轨道。

公安事业的未来系于公安教育，公安教育任重而道远。新校的投入使用必将为全面提高全局公安民警队伍整体素质和战斗力，实现全市公安工作和公安队伍建设的可持续发展发挥重大作用。

和谐发展中的济南市劳教所

HEXIEFAZHANZHONGDEJINANSHILAOJIAOSUO

司法部劳教局李如林局长来所视察

省司法厅陈明甫厅长来所视察

济南市劳教所始建于1957年，隶属于市司法局直接领导，为副局级单位，承担着全市劳教人员的收容、管理、教育工作，场所位于济南市西南部党家庄镇，占地20公顷，总建筑面积3万多平方米，是一所管理教育矫治功能齐全、生活学习设施完善的花园式劳教所。

多年来，所党委在济南市委和市司法局党组的正确领导下，认真贯彻"教育、感化、挽救"的劳教方针，先后被司法部命名为"部级现代化文明劳教所"，并记集体一等功；被省委表彰为"先进基层党组织"、"省级文明单位"；被市委表彰为"先进党委"。特别是2005年场所整体搬迁以来，所党委立足新起点、瞄准新目标、实现新作为，按照"团结、务实、创新、争优"的总体思路，全面推进劳教工作改革，努力提高教育挽救质量，多项工作取得了新突破。扎实开展社会主义法治理念教育和警察岗位练兵活动，落实司法部"六条禁令"，建立劳教警察执法档案和廉政档案，坚持劳教人员解教前谈话和亲属会见后评议制度等，促进了警察队伍整体素质普遍提高。"平安劳教所"、"和谐场所"建设成果显著，连续6年实现了"四无所"和"五个安全"的目标，警察队伍7年"零违纪"和安全生产17年无事故；劳教人员封闭、半开放、开放三种管理模式工作走在了全省乃至全国劳教系统前列，在2006年10月召开的全国劳教系统推进三种管理模式经验交流会上，劳教所作为会议主要参观和经验交流单位，受到了司法部、省司法厅、省劳教局和与会代表的一致好评。劳教所还先后被司法部授予"全国监狱劳教系统文明执法先进单位"；被省精神文明委授予"省级文明机关"称号，被省人事厅、司法厅三次荣记集体二等功，被省关工委、省委政法委等命名为"山东省关心下一代教育基地"；被济南市委市政府授予"廉洁勤政模范集体"称号等。

团结奋进的领导班子

现代化的监控室

新春联欢会

训练有素的警察队伍

济南泉城公园

济南泉城公园位于济南市区中部，前身为济南市植物园，始建于1986年，1989年9月建成开放，园区占地面积46.7公顷，植物分类采用克朗奎斯特系统进行植物配置，共有植物89科450种近20万株。1997年9月，根据市委、市政府要求，免费向社会开放。

2004年3月，济南市委、市政府决定对植物园及其周边环境进行综合改造，总投资近1亿元。项目主要包括：三个大门改造、三组服务建筑建设、生态栈桥建设、生态广场，对园区的水系、道路、广场、绿化等进行全面改造。改造后的植物园充分体现了市委、市政府全面贯彻落实科学发展观和“以人为本”的理念。

泉城公园北大门

泉城公园生态栈桥

日本园

生态广场

映日湖

济南市泉城路

全省优秀基层党工委书记，济南市、历下区两级人大代表，泉城路街道党工委书记　崔涛

泉城路街道党工委副书记、办事处主任　张秋力

办事处大力实施社区环境综合整治，再现了“家家泉水，户户垂杨”的美景。

泉城路街道办事处位于济南市中心地带，辖区面积1.67平方公里，北临大明湖，西接趵突泉，南依泉城广场，繁华的泉城路贯穿其中，是山东省人民政府机关驻地。办事处辖4个社区居委会，1.56万名居民，300多家驻地单位和业户。1999年，被授予“全国精神文明建设先进工作单位”称号，连续20年保持“省级文明单位”称号。

2007年以来，在区委、区政府的正确领导下，党工委、办事处带领广大党员干部群众，认真落实科学发展观，攻坚破难，真抓实干，全办经济和社会各项事业保持了又好又快的发展势头。2007年，全办实现地方财政收入8097万元，出口创汇1500万美元，利用外资6100万美元，社会消费品零售总额30亿元，招商引资近8.5亿元，征收房屋租赁税200余万元。芙蓉街整体形象不断提升，整治“八乱”成效明显，老城区环境面貌得到显著改善。府学文庙修复、省府前街片区改造、恒隆广场和开元广场等重点工程项目强力推进。研究制定了《社区卫生文明综合评比标准》，社区卫生文明长效管理机制不断加强。全面完成市属下放4家企业的改制任务。扶危济困工作成效显著，全年安置就业人员880人，为380户、925人发放最低生活保障金82.76万元；为42户低保家庭发放廉租房救济金5.07万元；发放教育救助金1.8万元。党的建设和党风廉政建设扎实推进，社会稳定工作不断加强，和谐社区建设步伐加快。所辖贡院墙根街社区被授予“全国和谐邻里建设示范社区”称号；“芙蓉街社区青少年心理疏导站”被中央文明办授予“全国未成年人思想道德建设创新案例二等奖”，被济南市文明委授予“全市未成年人思想道德建设著名创新案例”；泉城路街道办事处被评为“全国和谐创建工作先进示范街道”。

街道办事处

修复整治后的芙蓉街古色古香

中共山东省委书记、省人大常委会主任李建国（前右三）视察社区环境综合整治

正在建设中的重点工程项目

办事处连续 19 年保持“省级文明单位”称号

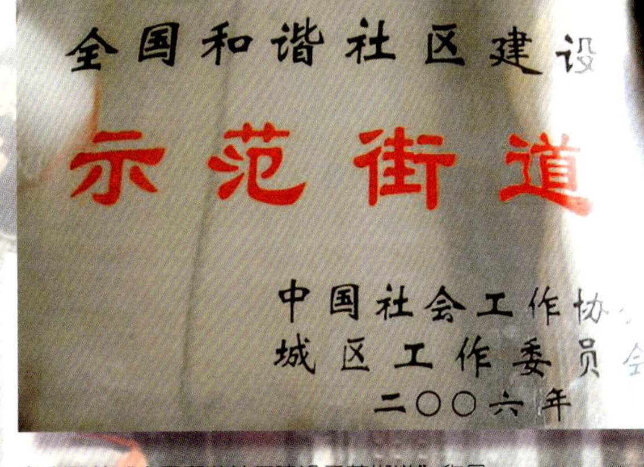

办事处获“全国和谐社区建设示范街道”称号

全国社区服务示范街道
中国社会工作协会
社区服务工作委员会
二零零六年

办事处获“全国社区服务示范街道”称号

山大路街

街道党工委书记　李富刚

街道办事处主任　程延荣

山大路街道是历城区委、区政府所在地，辖10个社区居民委员会，面积3.3平方公里，人口6万余人，驻街单位127家，5所大中小学校，山东大学本部居于其中。

近年来，街道党工委、办事处认真落实科学发展观，坚持以人为本，服务居民，大力推进和谐社区建设。不断深化社区服务，投入1000余万元建设了街道社区服务中心、慈善超市和4个老年服务站，健全了为民服务代理机制、爱心帮扶救助机制、多渠道就业机制，全办336人得到了最低生活保障，各类困难对象1260人受到了帮助，开发和提供就业岗位1500个，新增就业和再就业人员5000余人。着力改善社区环境，先后投资200余万元实施了道路景观改造、40条背街小巷整治和5个居民小区的环境改造，整治面积达11万平方米，提升了居民生活质量。加强社区文体建设，大力开展创建学习型街道活动，建立了3所社区科普大学，定期举办科普文化知识讲座；组建了文体联谊会，夕阳红艺术团、秧歌队、八段锦训练队、姊妹花腰鼓队、老年门球队等30支各具特色的群众性文体队伍常年活跃于辖区，营造了健康向上的文化氛围。积极开展共驻共建活动，8个社区与山东大学结对成立了志愿者服务站，志愿者在册登记人数达1000余人，开展扶贫助残、社会公益、法律宣传等服务达1.8万人次。社区党建稳步推进，平安建设扎实有效，各

山　东　省
社区建设示范街道
山东省民政
二〇〇三年

办事处获得“省级社区建设示范街道”称号

建文明社区工作
先进街道办事处
济南市精神文明建设委

办事处被评为“创建文明社区工作先进街道办事处”

全国社区服务示范街道
中国社会工作协会
社区服务工作委员会
二零零六年

办事处被评为“全国社区服务示范街道”

道办事处

项社会事业迅速发展。良好的城市基础设施，优越的人文环境和得天独厚的区位优势，为辖区的发展提供了诸多有利条件，山大路高科技市场作为IT产业的辐射基地，已成为省内外具有影响力的品牌，金融、证券、商务、餐饮、楼宇经济、总部经济已成为主导产业。2007年，全办完成地区生产总值9.41亿元，固定资产投资15亿元，实现地方财政收入1.04亿元。

街道办连续3年被济南市委、市政府评为“双文明”建设先进单位，先后获得全国社区服务示范街道、山东省社区建设示范街道、济南市社区建设示范街道、济南市文明单位等称号，社会治安综合治理、安全生产、计划生育、劳动保障等单项工作也多次被市、区评为先进单位。

免费为居民送书、送文化，提高居民素质，加快文明进程。

社区志愿者到社区开展义诊活动

外国留学生加入到志愿者队伍中

与区城管执法局、环卫局联合开展“城管、环卫进社区”活动

代表们在柳埠中学观摩素描课程

与共建单位联合开展消夏文艺晚会

济南市疾病预防控制中心

济南市疾病预防控制中心是市政府对社会实施疾病预防控制与公共卫生技术管理和服务的公益性事业单位。现有职工 251 人，其中高级职称 63 人，硕士研究生以上学历者 31 人，在读博士 3 人，硕士生导师 8 人。

2007 年以来，中心发扬伟大的抗震救灾精神，各项工作取得显著成效。手足口病疫情呈下降趋势，重点传染病防治实现"一个确保"工作目标；艾滋病 VCT 综合服务模式成为全国典范，男性接触人群干预工作实现常态管理，得到国际专家认可；"小阮热线"、"小阮在线"成为全国知名服务品牌；免疫预防工作继续保持全省领先，"七苗"接种率达到 93% 以上，扩大免疫规划工作开局良好；2008 年 4 月 2 日，取得职业卫生技术服务机构甲级资质证书；全力以赴，完成了抗震救灾对口支援任务。截至 2008 年 7 月底，共投入 709321.87 元用于抗震救灾工作，先后派出防疫队 4 批，共计 48 人、车辆 1 部奔赴灾区开展救灾防疫工作。

中心先后获得"全国卫生系统先进集体"、"省级文明单位"、"全省卫生系统抗震救灾先进集体"、"支援抗震救灾先进基层党组织"等称号。

中共山东省委书记姜异康（左）看望济南市赴川抗震救灾防疫队员

全市手足口病防治会议暨业务培训工作

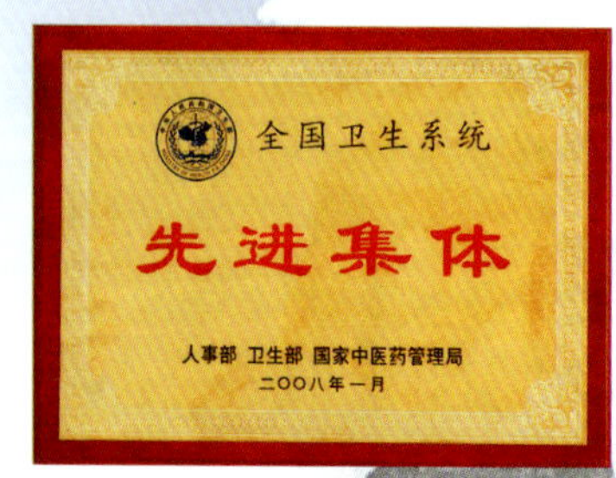

获"全国卫生系统先进集体"称号

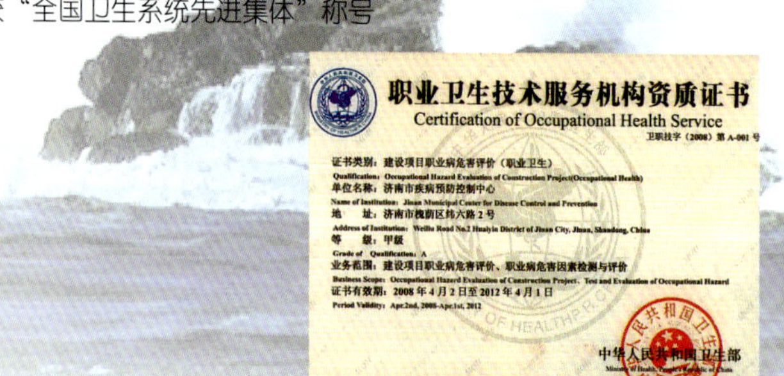

职业卫生技术服务机构资质证书
Certification of Occupational Health Service
卫职技字（2008）第 A-001 号
证书类别：建设项目职业病危害评价（职业卫生）
Qualification: Occupational Hazard Evaluation of Construction Project(Occupational Health)
单位名称：济南市疾病预防控制中心
Name of Institution: Jinan Municipal Center for Disease Control and Prevention
地　　址：济南市槐荫区纬六路 2 号
Address of Institution: Weiliu Road No.2 Huaiyin District of Jinan City, Jinan, Shandong, China
等　　级：甲级
Grade of Qualification: A
业务范围：建设项目职业病危害评价、职业病危害因素检测与评价
Business Scope: Occupational Hazard Evaluation of Construction Project、Test and Evaluation of Occupational Hazard
证书有效期：2008 年 4 月 2 日至 2012 年 4 月 1 日
Period Validity: Apr.2nd, 2008-Apr.1st, 2012
中华人民共和国卫生部
Ministry of Health, People's Republic of China

职业卫生技术服务机构甲级资质证书

济南市抗震救灾防疫队在四川地震灾区积极开展救灾防疫工作

创新发展中的济南老年人大学

济南老年人大学创建于1983年12月，是全国城市中创办最早的一所老年学校。她坐落于市区风景秀丽的六里山下，为全额拨款局级事业单位，归口市委组织部管理。学校配有校长1名，副校长2名。下设办公室、教务处、教研处三个处室，编制14人。建有2600平方米教学楼，配有较先进的教学设备，现设9个系、54个专业、180多个教学班，在校学员7000余人次。已成为一所多学科、多层次、门类齐全、综合性的老年大学，先后毕业学员已达3.6万余人。

建校20多年来，在市委、市政府的正确领导下，坚持以科学发展观为统领，以弘扬民族文化、加强文明建设、构建和谐社会、培养新型老年人才为己任，树立了“尊师敬老、爱岗敬业、学乐康维、团结奉献”的良好校风，不断创新发展思路，积极探索人性化管理模式，逐步走上了规范化办学的路子。学校相继成立了艺术团、同学会、书画研究院等群团组织，并重视发挥好它们的作用。艺术团排演的节目，多次在全国和省内大赛中获得金、银奖；同学会、书画研究院围绕搞好教学，开展丰富多彩的校内、外活动，先后有180多人次在全国和省、市书画大赛中获一、二等奖，已推荐近百名学员被省、市书协和美协吸收为会员，推动和谐校园建设，不断取得新的成果。2005年10月，经市编委批准，依托市老年人大学成立了“中共济南市老干部党校”。按照市委的要求，明确培训重点，落实培训计划，较好地承担起全市离退休党员干部的教育培训任务。目前，各县（市）区和部分市直单位依托老年大学创办“老干部党校”，已发展到25所，为加强离退休党员干部的思想政治建设搭建了新的平台。

学校创建初期，部分老领导参加活动。

2003年1月，为加强全市老年教育工作的组织协调和工作指导，成立了济南市老年大学协会。发挥市老年人大学的龙头带动作用，推进全市老年教育事业的发展。现已形成了“市、县、乡（街办）、村（居）”四级办学网络，建有各级各类老年大学（学校）2148所，在校学员达16万人，占全市老年人口的17.6%。先后有17所老年大学（学校）被评为省、市级示范校。市老年人大学多次被省、市委授予“老年教育工作先进单位”和“市级文明单位”的称号。

校领导班子成员：校长徐同胜（中）、副校长牛海征（左一）、李晓钟（右一）

学校与山东电视台《大家一起来》栏目在泉城广场举办文艺演出

为公 诚信 干事 创业

——济南市道路运输协会依靠服务谋发展

济南市道路运输协会坚持服务宗旨和“为公、诚信、干事、创业”的精神，围绕构建和谐交通积极开展各类服务活动，为促进行业发展发挥了重要作用，被市民政局授予全市社团规范化建设示范单位和优秀社团组织称号。

坚持规范办会，自身建设不断加强。协会根据工作需要，逐步完善专业委员会、办事处和工作部等组织机构；建立健全各项规章制度，依法开展各项活动；发挥自身优势开展有偿服务，积极探索“自立、自养、自强”的发展之路。

搞好“双向服务”，推动行业发展。在市交通局的领导下，协会认真做好引导个体货运集约化经营、旅游客运和搬家运输市场整顿规范、道路运输企业等级评定、城乡客运一体化课题研究等工作；组织会员企业积极开展行业自律、规范服务、诚信建设等活动；根据行业发展和企业需求积极提供各类行业培训、技术咨询、促进交流等服务，积极反映企业诉求，切实为会员单位办实事，较好地发挥了桥梁纽带作用。

社团工作经验交流会在市道路运输协会召开

2007年，市道路运输协会承办全国市级道路（交通）运输协会第四次联谊年会。

党支部组织全体党员到济南战役纪念馆进行革命传统教育，重温入党誓词。

会长刘曰鑫向来协会视察工作的中国道路运输协会会长姚明德（右）介绍协会情况

济南烹饪协会

会长　温希忠

济南烹饪协会1983年成立，是经济南市民政局注册登记的法人社团组织，隶属济南市科学技术协会领导，会长温希忠（济南技术学院副院长）。协会创办25年来，在政府和各级协会的领导支持下，在历任会长艾鲁川、叶述先、杨朝升及现任会长温希忠及名誉会长李元荣、房立、孙积汉等的热情工作及指导下，协会在挖掘、整理、创新鲁菜文化，烹饪高技能人才培养，烹饪文化交流方面作出了突出贡献。先后获“济南市社会团体规范化建设示范单位”，济南市人事局授予的“先进集体”，中国烹饪协会授予的“全国餐饮业先进社团”，济南市劳动和社会保障局及济南市工、青、妇等7部门授予的“技能月活动先进集体”称号。

长期以来，协会坚持“提供服务、反映诉求、规范行为”的办会原则，积极为餐饮企业和广大厨艺工作者服务。1991年发起创办了由济南、上海、南京、广州、西安、杭州、北京等12城市参加的首届中国厨师节，此后每年各大城市轮流主办，现已举办17届。自第9届天津举办开始，厨师节由民办升为政府举办，并把每年的10月20日定为中国厨师节。使广大厨艺工作者同教师、护士一样有了自己的节日。每年厨师节，济南的烹饪大师都参与技能比赛和绝活绝技表演，获得的金、银、铜奖不计其数。2001年12月和2006年6月分别举办了中国鲁菜饮食文化节和中华鲁菜文化发展论坛，对鲁菜文化的推广与创新作出了积极贡献。协会配合政府，每年组织开展“技能月”活动和“餐饮业名优小吃”的评选活动，为繁荣餐饮市场、提高餐饮从业人员的素质起到重要的促进作用，济南烹饪协会成为全国有较大影响的协会之一。

参加第17届中国厨师节暨2007年南宁（东南亚）国际旅游美食节

举办颜景祥从厨50周年庆典活动

中国农业银行

2007年，农行山东省分行营业部认真贯彻落实党的十七大精神，以科学发展观统领全局，不断深化优质文明服务，全力支持地方经济的发展，经营效益、形象地位、核心竞争能力全面提升，进一步巩固提升了省会城市主流银行的地位。全口径存款增加76.9亿元，各项贷款实际增加44.5亿元，实现经营利润9.69亿元。营业部被山东省人民政府授予“金融创新奖”；被山东省总工会授予“职工体育工作先进单位”称号；被山东银监局表彰为“良好银行”，被农业银行总行授予“学习型组织标兵单位”称号；连续两年被山东省文明委命名表彰为“省级文明单位”；营业部还获得了农行山东省分行“创建‘四好’领导班子先进集体第一名”等三项殊荣。

农业银行总行行长项俊波（左一）在省农行行长刁钦义（左二）、省农行营业部总经理益虎（右一）的陪同下到营业部视察，并对营业部的工作予以高度评价。

1. 有效支持当地经济发展。投放优质客户贷款53亿元，加大对电力、能源、交通等行业的贷款投放，重点向高新技术产业、重大装备和先进制造业倾斜，向自主创新、节能降耗和环保领域的企业倾斜。同时，积极支持社会主义新农村建设、济南城市建设和房地产开发，改善城市面貌和市民居住条件，为节能减排，提升济南形象作出了积极努力。

营业部推进个人理财服务迈上新台阶，在全省农行率先成立金钥匙财富管理中心，并开办保管箱业务。

2. 网点转型在全国农行系统创造了成功的经验。营业部前瞻性地实施了网点转型，通过全面导入以“网点精神、客户满意度、营销至上、员工满意度”为主要内容的新理念，推进功能分区，优化业务流程，实行组织变革，重构绩效评估体系，落实客户满意度解决方案，使网点转型取得了良好成效。农业银行总行以《简报》的形式，在全国推广该部的做法；农行山东省分行组织全辖二级分行行长、支行行长到该部参观。

3. 优质文明服务硕果累累。营业部认真履行国有大型银行社会责任，以“创服务品牌、树行业新风”活动为契机，深入开展争当“服务明星”、争创“零投诉网点”、“零投诉支行”活动，并率先导入“神秘人”检查方式，增强了服务检查的独立性和威慑力。2007年，营业部79%以上的网点实现了零投诉，在农行山东省分行95599受理的表扬中，该部占到了94%。营业部还大力实施网点净化、美化、亮化三大工程，有效解决客户排队问题，出台了动态调整营业窗口、增加自助网点和自助设备等10项措施，提高了客户满意度，得到了政府部门和监管部门的高度评价。

营业部获“省级文明单位”称号

山东省分行营业部

营业部所属的银河支行获中国银行业“文明规范服务示范单位”

营业部网点转型的经验吸引了众多参观者，营业部总经理益虎向参观者介绍情况。

营业部支持济南市城市建设和全运会场馆建设

春节期间，营业部前台柜员统一穿着唐装，为客户带来喜庆和优质的服务，成为泉城一道靓丽的风景。

营业部举办文艺汇演

中国平安保险（集团）股份有限公司
山东分公司济南营业本部

总经理　刘浩

中国平安保险（集团）股份有限公司是中国第一家以保险为核心，融证券、信托、银行、资产管理、企业年金等多元金融业务为一体的综合金融服务集团。中国平安凭借优异的经营业绩、强劲的利润增长，连续两年入围《福布斯》全球上市公司2000强(Forbes Global 2000)排行榜，进入500强，2007年总排名第440位，2008年跃居第293位，在151家上榜的中国企业中，排名第9位，并蝉联非国有企业第一名。

中国平安财产保险股份有限公司麾下的山东分公司济南营业本部成立于2002年1月，经过几年来的稳健经营，已发展成为专业化、规范化的专业性保险公司。

营业厅

抗震救灾捐款、义务献血活动

为四川地震灾区捐款

2007年，营业本部坚持以“聪明经营、精细管理、精确规划、复印优秀”为经营理念，实现保费收入1.66亿元，同比增长22%。业务覆盖济南市及周边地区，主要经营车险、财产险、短期意外险和健康险、公众责任险等保险业务，其中车险占75%，市场份额11.12%。

平安为客户提供7×25优质服务，平安产险客服专线95512可以提供一周7天、一天24小时全天候的电话服务，平安保证客户的需求在25小时内获得答复。实行全国通赔，服务车险理赔的方便和快捷是客户最为关心的问题，凡购买了平安车险，客户在全国各地，包括西藏在内的任何平安的分支机构，都可以获得车险的快速理赔，享受到平安的保障与护佑。济南平安在济南市内的不同方位设置8个车辆定损点，方便出险客户就近定损理赔。

由优秀走向卓越的——中国人寿济南市分公司

济南市政协委员，市中区人大代表，分公司党委书记、总经理　李国栋

作为世界500强企业中国人寿在济南的分支机构，中国人寿济南市分公司下设6个县区支公司、6个城区个险专业销售单位、1个城区收展专业销售单位、2个城区团险专业销售单位、3个城区中介代理专业销售单位。现有在岗合同制员工620人，销售队伍超过5800人。中国人寿济南市分公司始终坚持以科学发展观指导发展实践，秉承“不言败，不服输，知难而进，永攀第一”的团队精神，锐意改革，积极进取，保持了好中求快、稳中求进的发展态势。2007年，公司保费收入突破18亿元，牢牢确立了济南寿险市场的龙头地位。累计为近30万市民提供了770亿元保额的保障与关爱，成为广大市民选择保险产品的“第一联想”。同时，公司积极履行“企业公民”责任，广泛参与社会公益活动，加快服务方式创新，不断改进服务水平，树立了企业良好的品牌形象，先后获得“济南信得过服务单位”、“济南市文明单位”、“全国诚信经营示范单位”、“济南市消费者满意单位”等称号。

中国人寿保险公司济南分公司办公大楼

士气高昂的销售队伍

人保财险济南市分公司

铸金牌服务 为梦想护航

人保财险济南市分公司作为国内最大的非寿险公司及2008年北京奥运会保险合作伙伴——中国人保财险的驻济分支机构，近年来一直以“迎接奥运，争创金牌服务”为己任，不断创新服务内容，致力于为客户提供专业化、差异化、精细化的保险产品和服务，为建设和谐济南贡献力量，受到众多客户的广泛赞誉，先后获得“百姓口碑最佳荣誉单位”、“济南市文明诚信单位”等称号。

公司现有正式员工513人，内设10个职能部门，下设23个经营单位，经营网点遍布全市各区县。公司现开办企业财产险、机动车辆险、货运险、船舶保险以及各类保证信用保险近百个险种，2007年全年实现保费收入5.82亿元，承担风险金额达3165.12亿元，

团结奋进的公司领导班子（左起依次为：副总经理张志波、步明，总经理何晓，副总经理王桥军）

精神抖擞的济南人保财险团队

人保财险首届客户节服务活动倾情启动

济南人保财险积极开展“7·18”查勘理赔工作

共上缴税金3089万元，以36.89%的市场份额继续保持济南市财险市场主导地位。

在各级领导的关心指导下，在社会各界的热心支持下，人保财险济南市分公司将始终秉承“求实、诚信、拼搏、创新”的企业精神，坚守“人民保险为人民”的庄严承诺，继续开拓进取，勇于创新，热诚服务，为全面建设和谐济南再立新功，为振兴和繁荣济南保险业而不懈努力，为2008年北京奥运会的顺利举办保驾护航！

中国铁通济南分公司

中国铁通济南分公司成立于2001年4月30日，隶属于中国铁通山东分公司。中国铁通于2004年元月20日正式脱离铁道部，划归国务院国资委管理，新的管理体制带来新的发展机遇。跨越式的发展实现了三个历史性突破：1.从一个百年铁路运营保障部门一跃转变为独具竞争实力的电信运营商；2.从一个“花钱伸手要、产品有人包”的典型计划经济宠儿转变为“花钱市场要、产品市场销”，企业一切靠市场的商场弄潮儿；3.从原来单一为铁路一家服务，转变为面向社会，走向千家万户。7年7大步，7年大登攀，成立7年来，中国铁通济南分公司在各级主管部门和社会各界的大力关心、指导下，始终坚持以改革为动力，以市场为导向，以效益为中心，以创新促发展，建立健全科学的考核激励制度和业绩评估制度，全面推行预算管理和全成本管理，市场经营、网络建设、运维安全、客户服务、综合管理等各项工作取得了长足的进步，各项业务实现了突飞猛进的增长，用户规模和网络范围已基本覆盖济南市的六区三县一市。并在先后获市级、省级文明单位的基础上，又喜获“全国精神文明单位”和“中央企业文化建设先进单位”、“中央企业文化建设示范基地”、“中央企业五四红旗团委”、“全国市场诚信商贸联盟企业”五项国家级荣誉，逐步走出了一条“发展健康、管理科学、效益优良、富裕和谐”的新路。

商务巡展

客服热线

受理大厅

荣誉展示

整洁机房

中国移动通信集团济南分公司

中国移动通信集团山东有限公司济南分公司组建于1999年7月，2000年11月随中国移动通信集团山东有限公司在美国纽约和中国香港上市。中国移动拥有全球第一的网络规模和客户规模，是连续4年入榜《福布斯》“全球400家A级最佳大公司”的唯一中国企业，连续7年被美国《财富》杂志评为全球500强，是北京奥运会合作伙伴。

济南移动主要经营移动话音、数据、IP电话和多媒体业务，拥有“全球通”、“动感地带”、“神州行”等著名客户品牌。截至2007年底，与231个国家和地区的350个运营公司开通了GSM国际漫游业务，并与161个国家和地区的187个运营商开通了GPRS国际漫游，国际短信共通达110个国家和地区的262家运营商，彩信通达44个国家和地区的74家运营商。

济南移动举办信息化行业应用普及风暴发布会

公司自成立以来，始终以服务于当地经济社会发展、服务于广大客户为己任，深入贯彻科学发展观，勇担社会责任，在实施信息化带动战略和推进国民经济信息化进程中积极发挥主力军作用，努力成为移动信息专家和卓越品质的创造者。2007年，公司上缴利税3.2亿元，累计完成网络基础设施等固定资产投资超过6亿元，为全市移动通信保障、人民安居生活和经济社会发展起到了良好的支撑和促进作用。根据中国移动集团公司第三方网络测试结果，网络质量持续在全国名列前茅。截至2007年底，网络容量接近700万门，地理网络覆盖率、人口网络覆盖率均超过99.9%。

公司连续保持“山东省文明单位”、“山东省通信行业文明单位”称号，并连续7年保持“山东省消费者满意单位”称号，连续6年保持“济南市消费者满意单位”称号，名列“济南消费品牌二十强”，获“百姓口碑最佳荣誉单位”称号。

营业员为客户介绍业务

移动积极服务全国两会——三八节慰问代表

济南移动年终工作会

济南移动开展全球通VIP俱乐部活动

中国联通济南分公司

营业大厅

中国联通济南分公司（简称济南联通）狠抓以塑造和提升员工责任心为核心的企业文化建设，通过“学习实践科学发展观——解放思想大讨论”活动，员工们明确了“为谁干”、“怎样干”，理顺了思路，更新了理念，强化了责任，提升了境界，员工的服务意识和服务水平有了较大提高，服务保障能力得到了加强，各项业务都取得了较快发展。

联通客户俱乐部

在营业服务上，积极开展“诚信服务　放心消费”活动，为广大联通客户送去周到满意的电信服务，体现人文关怀；开展“魅力之约、尊崇体验”积分兑换活动，让联通客户享受到贵宾服务；开展“百日营销服务竞赛”活动，通过各种不同的措施、不同的激励手段进一步提升服务质量和用户感知。

济南联通获得并保持了“省级文明单位”、“省级通信行业文明单位”、“省级消费者满意单位”等多项荣誉，各营业网点积极开展青年文明号创建活动，分别获得共青团中央、共青团山东省委和共青团济南市委授予的“青年文明号”称号。

山东省中西医结合医院
山东中医药大学第二附属医院

山东省中西医结合医院（山东中医药大学第二附属医院）成立于1904年，是山东省第一批、济南市首家“三级甲等”医院，也是“国际爱婴医院”。是山东省唯一一所省属中西医结合医院，采用中西医结合方法诊断治疗疾病是医院的特色。医院先后获得“山东省百佳医院”、“山东省卫生系统精神文明先进单位”、“诚信医院建设先进单位”、“山东省惠民医疗先进单位”、“山东省医院管理先进集体”等称号。

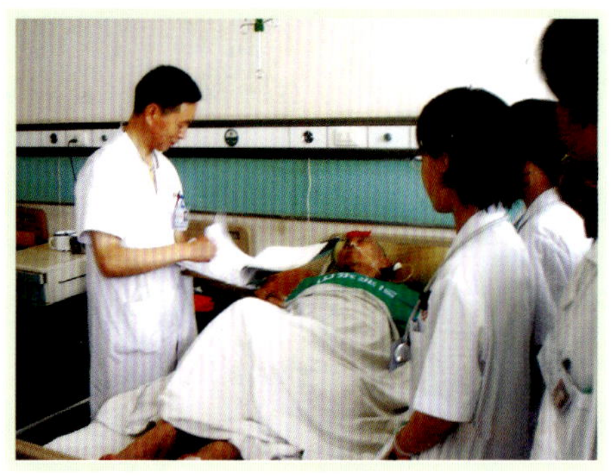
国家中医药管理局重点专科——神经内科

医院开放床位800张，设有40个临床医技科室、一个门诊部、一所眼科医院和8个社区卫生服务中心（站），其中省、市级社区卫生服务示范机构6所。是集医疗、教学、科研、预防、康复、保健为一体的综合性医院。医院共有职工1257人，卫生技术人员1038人，其中高级职称162人，医学博士、硕士155人，教授、副教授132人，博士生导师3人，硕士生导师18人；享受国务院特殊津贴专家5人、山东省名中医专家2人、山东省中医优秀学科带头人2人、山东省卫生系统杰出学科带头人1人、省级突出贡献中青年专家1人；国家、省、市级专业委员会主任、副主任委员单位15个。

国家中医药管理局重点专科——眼科学科带头人、副院长毕宏生教授讲解病例

医院重视加强专科特别是中西医结合特色专科的建设，在原有6个部级重点专科的基础上，近年来新增国家级重点专科2个、山东省泰山学者特聘教授设岗单位1个、省级重点实验室1个、校级重点专科3个。医院拥有眼科、神经内科、生殖医学科、康复医学科、心血管内科、肾内科、内分泌科、老年病科（中医科）、骨外科、泌尿外科、神经外科、妇产科、儿科、超声诊疗科等重点、特色专科。医院还设有120急救分中心、脑血管病抢救治疗中心、血液净化中心、睡眠治疗中心、健康体检中心、健康保健中心等。

医院秉承“建设山东省中西医结合医疗、教学、科研龙头单位，建设一流中西医结合医院”的办院方向，为弘扬祖国传统医学，为提高人民群众健康水平作出贡献。

济南市第四人民医院

济南市第四人民医院1946年建院，占地75000平方米，床位680张，现有职工1036人，专业技术人员960人，兼职教授103人。2007年，医院各项经济指标均创历史最好水平，实现了又好又快跨越式发展。业务总收入1.8亿元，同比增长26%；总资产4亿元，同比增长18%。门诊诊疗49万人次，同比增长12%；出院1.6万人次，同比增长26.13%。呈现出团结协作、争先创优、注重效益、稳步发展的良好势头。先后获全国卫生先进集体、全国模范职工之家、全国"工人先锋号"先进集体、全国医院文化建设先进单位、全国医院人文管理荣誉奖、全国明明白白治病十佳放心医院、省文明单位、省卫生先进单位、省医政管理先进单位、省惠民医疗先进单位、市五一劳动奖状先进单位、市职工职业道德建设"双十佳"单位等称号。有11人分别获全国卫生先进工作者、全国医德标兵、省富民兴鲁劳动奖章、省先进工作者、市劳模、市五一劳动奖章获得者等称号。医院以提高服务质量为主题，把维护群众利益，构建和谐医患关系，优化执业环境作为主要内容。大力发展社区卫生服务建设，不断扩大惠民范围。积极推进院务公开民主管理工作向纵深发展，加强领导干部的民主监督。改革传统就医模式，真正实现了综合性医院存款式门诊医卡通系统的首次实际应用，以及CT、CR、MR医学影像资料的传输、存储及网上诊断报告。

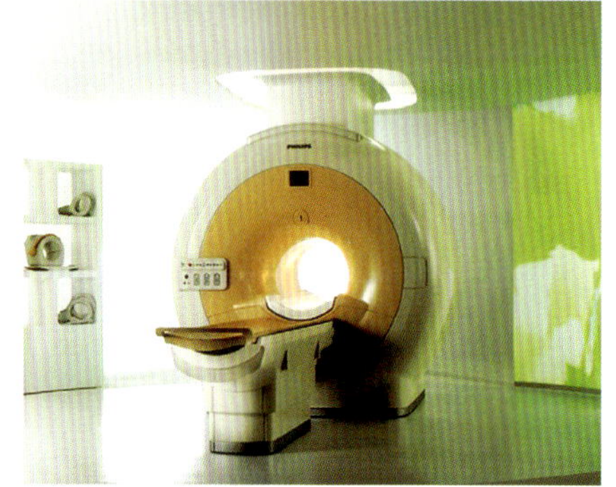

引进荷兰飞利浦核磁共振

在2008年抗震救灾过程中，组建医疗队伍奔赴灾区执行紧急救援任务。一次性接收了济南首批37名灾区伤员和36名伤员亲属的救治任务，提供了最好的治疗和生活环境。承担了灾区来济复学700多名师生的定点医疗救治、健康查体和预防接种任务。伤员救治成功率达100%，全部康复出院，实现了零死亡、零差错的目标。山东省委副书记、省长姜大明，省委常委、济南市委书记焉荣竹来院视察，高度评价该院在抗震救灾斗争中的积极贡献。

2008年，医院干部职工齐心协力，正在为建设"数字化医院管理，人性化医疗流程，高水平科技创新，低成本高效经营"全国一流的现代化医院的愿景目标而努力奋斗！

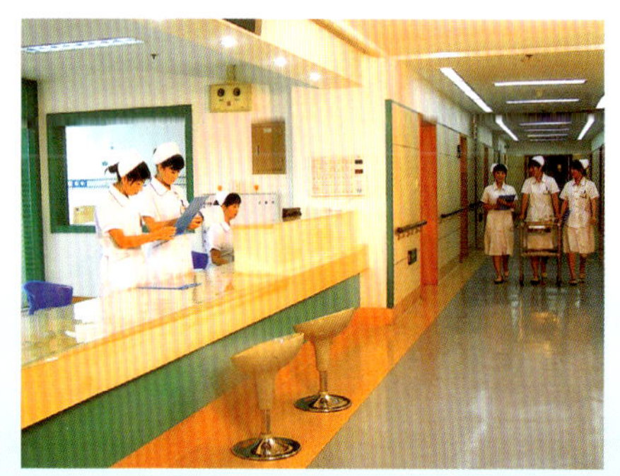

医院环境优美

医院院貌

直线加速器

济南市工程职业技术学院

建工系组织测量大赛

济南工程职业技术学院地处泉城济南，是一所国办全日制普通高校。学院分东、西两个校区，其中，章丘东校区占地46.67公顷，市内西校区占地3公顷，总建筑面积15万平方米；拥有满足各专业教学需要的校园网、各类教室、实验室、图书资料、体育场等现代教学设备和设施。学院目前在校生规模9000多人，生源来自全国12个省份。

学院教职工编制总数400人，其中专任教师283人，拥有一支阵容整齐、结构合理、学术精湛、锐意创新的师资队伍，教授、副教授职称的占38.53%，讲师职称的占36.70%，“双师型”教师占专业教师的36%。学校目前设有建筑工程及城市建设类、纺织工程类、机电工程类、管理工程类、艺术设计类五大专业门类，共29个专业，初步形成了以传统优势专业为龙头，其他专业配套的三个特色专业群。学院实施“一个文凭、多种技能证书”制度。在人才培养模式上根据学校专业实际，并区分社会行业特点，灵活实施“2+1”和“2.5+0.5”的人才培养模式。

结合人才培养模式改革，学院加强与社会各界的联合。积极推动与大中型知名企业建立切实的合作关系，按照一个专业群设置至少一个骨干专业实习教学基地、多个辅助实习基地的思路，先后在建筑类专业群建立了天齐集团、中建八局一公司（国家特一级施工企业）两个骨干实习教学基地；在纺织类专业群建立了东营天信和东营三洋纺织有限公司骨干基地；在机电类专业群建立了山东大汉机械设备公司骨干基地，共计与省内外43家企事业单位建立了密切的合作关系。

高质量的教学培养造就了大批优秀技术应用人才，学生招得进、留得住、推得出，众多企业纷纷前来招聘人才，并与学院签订订单式培养协议书合作办学，根据企业需要培养具有专业技术与专业素养的人才，拓展毕业生就业渠道及岗位。这种互动型“双赢”合作模式，实现了以出口拉动入口的良性循环，历届毕业生的就业率都保持在95%以上。

不断创新的办学理念，赋予济南工程职业技术学院勃勃生机，致力于培养高素质的技能型人才，更好地服务未来社会的科技、经济与文化，这将是学院不懈的追求。

院标

学院正门

济南市皇亭业余体育学校

学校领导班子

济南市皇亭业余体育学校（济南市皇亭体育小学）是1984年经济南市人民政府批准成立的体育小学，附设体育幼儿园。现设有游泳、乒乓球、体操、艺术体操、蹦床、武术、跳水、皮划艇等项目。学校遵循“学训并重铸根基，面向奥运育英才”的办学宗旨，先后向省队、国家队及高等院校输送近300名优秀运动员，培养出了李晓霞、彭陆洋、高畅、王虹霓、李茉、于锐、景影等优秀人才。2004年被评为“国家高水平体育后备人才基地”、“全国重点乒乓球单位”、“先进游泳池馆”；2005年11月被授予“全国体育系统先进集体”称号；2006年被市总工会授予“五一劳动奖章单位”。

★学校输送项目、队员在2006年第十五届多哈亚运会夺得4金2银的历史最好成绩，在2007年第六届全国城市运动会上获得两枚银牌。

★2006年，学校输送队员李晓霞获得第48届世乒赛女子团体冠军，2007年国际乒联总决赛女单、女双冠军，第49届世界乒乓球锦标赛个人单打、双打亚军，2007年世界乒乓球冠军赛（大王者杯）女单亚军，2008年第49届世界乒乓球团体锦标赛女团冠军。

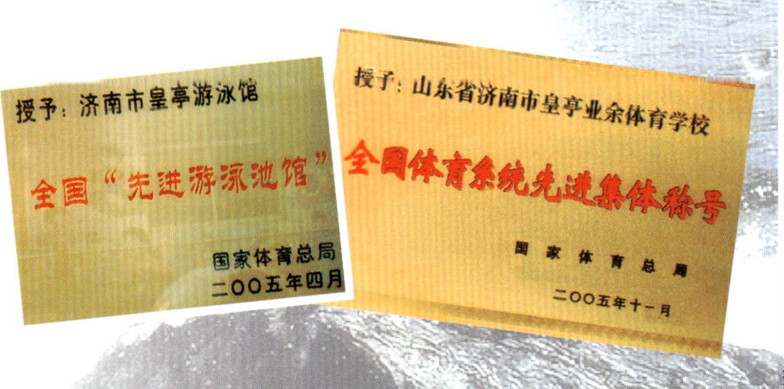

“好运北京”2007年国际乒联职业巡回赛总决赛女单决赛中，李晓霞以4比2战胜队友郭跃，获得冠军。

12月16日，乒乓球国际乒联总决赛闭幕，获得男单冠军的中国选手马琳（右）与获得女单冠军的中国选手李晓霞（左）接受奖品。

乒乓球团体世界杯决赛中国女队获得冠军（左二为李晓霞）

山东省济南卫生学校

党委书记、校长　李海鹰

山东省济南卫生学校始建于1953年，被教育部首批确定为国家级重点国办普通中专，隶属济南市卫生局。55年来为国家培养各类卫生技术人才5万余名，是目前省内中职学校办学规模、效益和社会影响力最好的学校之一。

学校占地11.6公顷，教职工356人，专、兼任教师190人。设有"三二连读"五年制专科护理、涉外护理、助产、药学、中药、口腔医学技术、康复治疗技术、卫生信息管理8个专业，普通中专设有护理、涉外护理、助产、药剂、中药、口腔工艺技术、医疗器械技术、医学营养、卫生保健、康复治疗技术、家政卫生服务、畜牧兽医、园艺、园林花卉14个专业，学生总数1万余人。学校与山东大学、山东中医药大学等联合举办成人高等教育，开设医学检验、临床医学、高级护理和中药等专、本科专业，在校成教生1000余人。常年承担省、市各类全科医师、社区护理、系统化整体护理培训和继续教育工作，年培训3000余人次。

学校拥有各专业教学、实习实验室和技能练习室50余个，多媒体教室20余个；馆藏图书15万余册，中外期刊300余种，计算机教学实验室6个，校园网覆盖全校。建有高规格体育场所、公寓、餐厅和医疗门诊，为学生提供全方位优质服务。学术气氛浓厚，近年取得56项科研成果，发表学术论文300余篇，出版专著30余部；20名教师被聘为全国高等中等医学、农学专业教材主编、主审，14名教师担任"卫生部'十一五'规划教材"主编；20余名教师担任省级以上专业学会或研究会负责人，20余名教师被评为全国、省、市级优秀教师或班主任。

近年来，学校教育教学质量不断提高，育人环境不断优化，办学水平和社会影响力进一步提升。先后被评为"全省职工思想政治工作先进单位"、"济南市精神文明建设先进单位"，被授予"国家技能型紧缺人才培养培训工程学校"、"国家西部教育顾问学校"、"全国职业教育人才就业示范基地"、"全国创建平安校园示范学校"、"全国中小学公民道德教育实验学校"、"山东省医学教育管理工作先进单位"、"山东省职业教育先进单位"、"山东省中等职业教育科研示范学校"、"济南市红十字卫生学校"等称号。学校还是山东省职业院校协会副会长单位，山东省中职研究会会长单位和中国职业技术教育学会卫生教育专业委员会副主任单位。

未来的济南卫校将成为以医学专业为重点，多专业协调发展，服务山东，面向全国，办学特色鲜明，在国内外有更大影响力的一流学校。

在"中国职业技术教育学会卫生教育专业委员会成立大会"上，济南卫校当选为"卫生教育专业委员会副主任单位"。

2008年4月18日，济南市副市长邹世平（前左二）视察济南卫校新校区工地。

与美国蒙东娜大学签署合作办学协议

章丘市卫生成人中等专业学校

开拓奋进的学校领导班子

济南市副市长巩宪群（左一）在校长张兴山（右一）陪同下视察学校

章丘市卫生成人中等专业学校始建于1962年，占地1.67公顷，建筑面积8000平方米，科室齐全，教学功能完备，是一所现代化的中等卫生职业学校。

学校与山东医科院、山东大学医学院、山东中医药大学、泰山医学院、滨州医学院、济南卫校、益都卫校等联合办学，在校生1200余人，全脱产400余人，半脱产860余人，学生毕业后颁发相应专业国家承认学历的毕业证书。

学校坚持以学生为中心，以教学质量为核心的教学方针，坚持以人为本的理念和因材施教的原则，把理论教学和临床实践相结合，实行24小时无空档管理，对学生的学习成绩和日常行为实行总学分制和奖学金制。

建校以来，毕业的学生都已分配到各医疗卫生单位，大部分已成为业务骨干，部分担任主要领导岗位。2008年毕业的80名学生，大部分已被各医院、药店等卫生医疗单位录用，就业安置率96%以上。

学生文艺活动

济南汇众益智培训学校

济南汇众益智培训学校是一家在中国数字娱乐职业教育领域中，以产学研为一体的职业培训、学历教育及产品研发为主要业务的高新技术企业，目前主要经营的项目有游戏学院项目及动漫学院项目，同时开展手机游戏研发项目及网络游戏研发项目。在国家信息产业部、劳动和社会保障部、中国软件行业协会游戏软件分会的大力支持下，自2005年成立至今仅两年的时间，就已经发展成为在校生1000多人，毕业生近400人的中国数字娱乐职业教育龙头企业。2007年获“济南市十佳动漫游戏企业”称号。

位于国家级动漫游戏产业基地的“游戏工厂”，现独立研发手机游戏百余款，参与3款大型网络游戏的研发。确保学生参与商业案例的开发，加之全国4大游戏工厂和6大就业基地、500家优秀游戏企业的常年人才订单，就业网络覆盖全国。在教学法过程当中采用企业面试题对学生进行阶段考试，尽量减少学生与企业之间的磨合。学校正成长为山东最大的专业动漫游戏人才输出基地及最有活力的动漫游戏产品内容提供基地。

学生作品

课堂

项目研发中心

章丘一职专

青岛啤酒（济南）有限公司来一职专招聘员工

章丘一职专前身为章丘师范学校，地处享有“北国泉都”美誉的章丘明水。初建于1958年，1985年改办为职业高中，1993年升格为职业中专，1996年被评定为首批国家级重点职业中专。学校植根崇教尚学、涵英启秀的百脉文化沃土，传承章丘师范学校培育干才、服务社会的光荣传统，近50年来，培养了近3万名初中级专业人才，被誉为培育管理干部的摇篮、科技人才基地、人民教师之航母。一职专是山东省职业教育百强学校，山东省教学工作先进单位，全国就业安置先进学校，山东省十大创业明星学校，山东省职业教育、成人教育科研基地，“最受企业欢迎的山东职业技术院校”30强前6强，首批山东省“双证互通”试点学校，全国高等教育自学考试章丘考点，全国英语等级考试章丘考点。学校开设机电技术应用、数控技术、计算机应用技术、财会、幼儿师范等专业，各专业实习车间均按照国家级示范专业标准配备实习设施，现有全日制教学班52个、在校生3000余人。

章丘市广

团结、务实、奋进的局领导班子

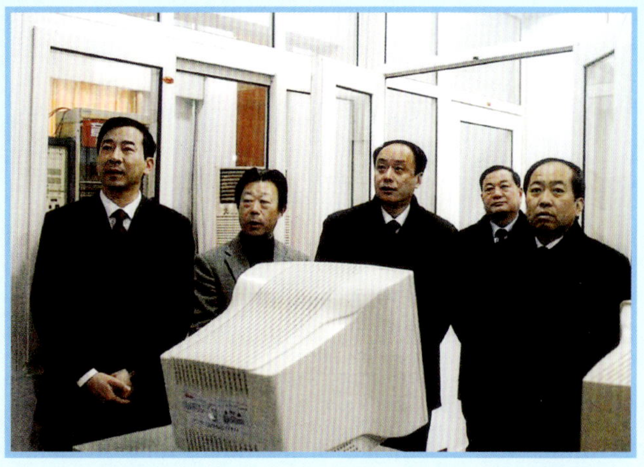
章丘市主要领导视察广电工作（左一为章丘市委书记毕筱奇，左三为章丘市代市长江林，右一为章丘市人大主任李玉新，右二为章丘市政协主席岳庆林，左二为章丘市广电局党委书记、局长宫鹏飞）

章丘市广播电视局1993年1月经原国家广播电影电视部批准正式设立电台、电视台，实行局台合一管理体制，属差额拨款事业单位。现有局党委成员8人，共有在职干部职工341人（其中专业技术人员210人）。全局设有管理服务中心、新闻宣传中心、广电青鸟信息网络公司、广电广告公司，下设22个广播电视站，26个有线电视、数据交换接入机房，两座转播站。全局现有固定资产3.18亿元，每年上交地方利税160余万元。建成使用的广播电视中心高16层、建筑面积17800平方米，全部购置先进的电视播出系统和编辑制作系统；广播电视中心内有功能齐全、设备先进的400平方米的演播厅一处、90平方米的小演播厅二处，为广电事业又好又快发展搭建起了先进高效的基础平台。电视以《章丘新闻》为龙头，坚持党性原则，现自办9个栏目，累计日播出32小时；电台自办《章丘新闻》、《东部之声》两个栏目，涵盖政治、经济、文化、科技等内容，成为全市人民群众解放思想、更新观念、活跃文化的重要渠道。由于成绩突出，章丘市广电局连续5年夺得省电视台发稿先进集体一等奖，连续23年获“山东省电台集体记者一等奖”称号，连年被评为全省广电系统先进集体。

气势宏伟的广电中心

先进的新闻播音室

播电视局

市领导视察电视编辑机房（左一为章丘市委书记毕筱奇，左二为章丘人大主任李玉新，左三为章丘市委常委、常务副市长王道忠）

市领导视察机房安全播出情况（右二为章丘市代市长江林，左四为章丘市委常委、宣传部部长亓峰）

以网络建设为重点，以数字化发展为动力，广播电视村村通工程硕果累累。截至2007年底，已先后投入资金1.2亿元，在全市架设有线电视传输网络1.78万公里，网内传送35套电视节目，发展有线电视用户20万户，通村率达100%，入户率达86%。为抓住有线电视数字化发展机遇，2005年1月6日，在全省县级台率先开通数字电视，拉开了“数字章丘”建设的序幕。目前，数字电视可以传送76套电视节目，并具备了政务信息查阅、电子节目预告等功能，发展用户10000余户；广电宽带网发展系统专网8个，接入用户近万户。章丘广电信息港已经成为影响力较大的信息宣传网站；建成覆盖全市125个部门、乡镇的党政办公网，推动了全市电子政务和信息化建设。全市广电网络遍布城乡、联通村户，形成了一张宣传面广、影响面大、教育面深的具备强大功能的网络，丰富了群众精神文化生活，为构建和谐社会提供了强有力的舆论支持。站在新起点，谋划新思路，实现新跨越。该局将牢固树立科学发展观，认真贯彻党的十七大精神，遵循广播电视传播规律，从章丘实际出发，把握导向、求真务实、激情创新、优质服务，推动广播电视事业健康稳步发展，为建设富裕章丘、和谐章丘、幸福章丘作出新贡献。

功能齐全的400平方米的广电演播大厅

现代化的数字电视监控室

历下区科学技术局

历下区委书记孟祥桓与山东省科学院党委书记李海舰在省科学院中试基地就加强院地合作进行座谈

历下区委、区政府坚持以科学发展观为指导，大力实施科技兴区战略，走出了一条以科技创新带动经济社会又好又快发展的路子。

大力开展创新型城区建设工作，出台鼓励自主创新的系列政策文件，实行创新型城区建设街道办事处考核责任制，在全市县（市）区创新型城市建设考核中连续两年名列前茅。

区域创新能力不断增强。截至2007年底，全区拥有各级工程技术研究中心19个，企业技术中心16个，专利申请量2171件，继续保持全省第一。

高新技术产业持续稳步发展。围绕电子信息、新能源与高效节能、新材料、生物技术与创新药物、先进制造等领域，培育了一批高新技术骨干企业和自主创新产品。截至2007年底，全区高新技术产业产值达到73.37亿元，占规模以上工业总产值比重达到32.22%，拥有市级以上高新技术企业153家，高新技术产品197个。

积极搭建科技创新服务平台，建立了济南高新技术开发区历下工业园、历下软件园等9个科技园区，截至2007年底，历下区科技园区面积达55.3万平方米，入驻企业1175家。

近年来，历下区先后获得“国家级星火技术密集区”、“全国科技工作先进区”、“全国科技进步示范区”等称号，连续5年被评为全省科技工作先进单位、专利工作先进集体。

历下区委书记孟祥桓、副区长李光忠、区科技局局长赵金霞一行参观省科学院激光研究所光纤传感实验室

创新暨科技奖励大会

全区创新型城区建设推进委员会第三次全体会议召开

章丘市科技局

团结奋进的领导班子

在章丘市委、市政府的正确领导下，章丘市科技局认真贯彻两会精神，以各级科技大会精神为指针，以建设创新型章丘为目标，以健全完善科技创新体系建设为重点，自觉追求高水平，努力实现新跨越。2007年，章丘市化工产业园被国家科技部批准为有机高分子材料产业基地，获全国科技进步先进（县）市、山东省新农村建设科技示范县（市）等称号。同时章丘市高新技术企业承担国家、省、市项目数量明显增加，最大程度争取对科技企业扶持政策，营造良好创新环境，真正实现科技工作的又好又快发展。

对此，章丘科技局采取了以下措施：⑴积极搭建平台，加强产学研合作，促进高新技术产业发展。⑵加强农业科技化、品牌化、农民知识化，促进了农民增收。⑶高标准，严要求，取得国家特色产业基地称号、国家科技进步先进市和新农村建设科技示范市等荣誉。⑷知识产权工作有新突破。2007年全年申请专利651件，授权339件。⑸防震减灾事业取得大发展。现有两个高标准数字化地震台：七星地震台和章丘瓦山地震台，一处骨干数字化水位观测点。

章丘市科技局将以市委、市政府提出的建设富裕章丘、和谐章丘、幸福章丘为契机，以创新型城市建设为目标，突出自主创新、人才战略、品牌战略，以加快产学研合作、成果转化为手段，推动高新技术产业发展，以加大科技投入、增加企业研发经费为支撑，逐步形成自主创新能力，以组织申报实施各类科技计划项目为着力点，加快新农村建设，以加大培训力度、营造氛围、转变观念为思想基础，为章丘经济建设又快又好发展作出贡献。

所获荣誉

市中区残联

市中区残联理事长董庆新（左一）陪同市委常委、区委书记雷杰（左二）检查指导市中区庇护所建设情况

市中区残联认真贯彻落实党的十七大精神，紧紧围绕区委、区政府的中心工作，以科学发展观统领残疾人事业全局，牢固树立为“我的兄弟姐妹”服务的理念，以改善民生为重点，开创残疾人事业的新局面。2007 年，市中区残联系统换届以来，规范残疾人基层组织建设，优化干部结构，形成了组织机构网络化。2008 年，康复医疗救助 148 人次，规范了康复指导站和康复站建设和管理，为争创全国康复示范区奠定了基础。在助残日期间开展了“奥运精彩 − 我听到”爱耳护耳宣传教育活动；残疾人普法、维权、信访、援助进社区活动；“爱眼日”义诊咨询活动。投入 77.7 万元开展“百户安居”工程，为 40 户残疾人修建房屋；为 105 户农村残疾人家庭进行了“一建三改”，改善了他们的生活环境。精心开展“一走五送”活动，向贫困残疾人送慰问金及生活用品共计 100 多万元。教育救助 40 人次，发放助学金 40 万元。深入开展迎“奥运、全运”树新风活动，选送的两名残疾人运动员在上海世界特奥会上获得 3 金 1 银 1 铜的优异成绩。2008 年 5 月，开展了市中区残疾人第二届“我的兄弟姐妹”运动会，丰富了残疾人业余文化生活，促进了全区残疾人事业又好又快的发展。

济南市暨市中区第十三个全国爱眼日义诊活动

理事长董庆新陪同市残联领导走访贫困残疾人

特奥日庆祝活动

理事长董庆新迎接世界特奥会获奖运动员

济南历下软件产业园

典型企业

济南历下软件产业园成立于2003年，地处山大路科技市场北段，与山东大学毗邻。2003年5月，被省科技厅认定为省级创业服务中心；2004年6月，被省信息产业厅认定为省级软件产业园；2006年，被科技部认定为“国家级高新技术创业服务中心”；2008年3月，被国家人力资源和社会保障部、济南市人民政府认定为“济南留学人员创业园历下创业区”。

经过5年的发展，济南历下软件产业园汇集了近百家软件企业，园区的发展吸引了包括留学人员在内的众多高新技术创业者。园区现有四座孵化楼宇，总建筑面积3.5万平方米，拥有办公、研发、会议、停车场等各类服务场地，配备了完善的水、电、空调、宽带、通讯等设施，为企业的发展提供了良好的创业环境和强有力的保障。

园区成立以来，培育孵化科技企业93家，从业人员2000余人，2007年科工贸总收入达到2.8亿元。济南历下软件产业园的建立与发展为济南市IT产业注入了活力，已成为在市区发展楼宇经济的典范，成为地方经济新的增长点。

历下创业区C座

数码港大厦夜景

平安和谐的商河油区

——商河县油区工作管理委员会

井场治理现场

省、市油区主管部门领导视察商河油区

油区工作管理委员会党组成员

商河县境内驻有胜利油田临盘采油二矿、胜利油田鲁明公司商河分公司、胜利油田东胜公司商河分公司3家采油企业，还有75公里东临（双线）输油管线和99公里的输气管线，全县油区覆盖了10个乡、镇。油区工作管理委员会的主要职责是：全面负责商河县辖区内所有涉油企业与地方相关事宜的协调、管理、指导、服务等有关油区管理工作，维护油区秩序和服务油地经济发展。代表地方政府在油区管理工作中承上启下，综合协调，检查督促，参与指导服务等工作。

1. 倾心构建和谐油区。自2007年以来，新一届县委、县政府对油区工作提出了更新更高的要求，按照“把在商河的油田企业视为引进的企业对待，把油田事情当做自己的事情处理，争创全省油地和谐第一县”的要求，根据油田企业的工作需要搞好服务。为此建立并施行了三项制度：①强化服务职能，实行油田驻商企业联络员制度，将油地矛盾和工农纠纷在第一时间内协调处理。②定期召开油地联席会议制度。坚持同油田企业月碰头、季度联席会和年总结的工作制度。加强油地双方在各个层次、各个方面的联系与交流。③建立走访制度。坚持至少一月一次到县直有关部门和乡、镇走访交流，使油田施工上井快、施工快、撤离快。由于施行了以上制度，形成了油地密切配合、相互支持的合力，有效避免了油地矛盾和工农纠纷。

2. 竭力打造平安油区。为确保油区秩序长治久安，油区经济健康发展的目标，2008年初，县政府在全县范围内开展了以“两清、两治、一打击”（两清：清理非法侵占井场、道路用地，清理油区高压线下植树；两治：治理盗窃原油问题，治理盗窃天然气；一打击：严厉打击破坏油田企业生产设施和影响生产秩序的违法犯罪行为）为主要内容的油区秩序专项整治活动。利用两个月的时间，投资160多万元，无偿帮助油田驻商河企业所属井场和进井道路进行了依法重新“确权划界”。共清理进井道路645条，清理井场674个（按照油田征地界限挖出宽、深各1米的界沟），清理油田高压线下、井场及进井道路内树木95025棵。省、市油区办和胜利油田油地处的检查组到商河油区进行检查调研时，对商河油区工作给予了充分肯定，称赞商河的油区工作是“小油区，大作为，特别是‘两清、两治、一打击’工作是油区历时30多年来的一大创举，具有开拓性、前沿性和实效性，为探索新时期油区工作闯出了一条新路，在全省开了先河”。

济阳县油区工作管理委员会

济阳县油区工作管理委员会成立于1992年7月，设有9个科（站）室：办公室、净化站、财务科、单井管理站、工农科、治安安全科和综合开发公司等。主要职责：负责油区全面管理，搞好油区工农协调服务，担负油地共建的任务。济阳县油区、胜利油田临盘采油厂和鲁明济北公司近400多口油气井及大量生产设施，分布在3个镇80多个村，输油管线70余公里。本着油地"共赢"的原则，努力提高服务质量和水平，为鲁明济北公司创造了良好的生产、生活环境。以解决兑付资金为突破口，从根本上解决工农矛盾的产生，保证了油田企业正常的施工，油田企业及当地干部群众对此十分满意。油地企业带动和支持了地方经济的发展，油地共建实现"双赢"。济阳县油区工作管理委员会连年被评为市、县"科学发展先进单位"和"招商引资先进单位"，被省、市油区办评为"油区工作先进单位"。

领导班子

抽油机

外输储油计量

中国石油山东

加油站

济南销售分公司

中国石油山东济南销售分公司是中国石油天然气股份有限公司在济南市设立的全资成品油销售企业，于2001年3月正式注册成立，主要负责济南6区1市3县的成品油批发和零售业务。

在济南市政府和各主管部门的大力支持下，中国石油济南销售分公司实现了超常规、跨越式的大发展。公司目前拥有员工1000余人，通过控、购、租、建、特许等多种形式发展加油站90多座，遍及济南6区3县1市，形成了科学的管理体制和健全的销售网络，通过引入行业竞争，极大地促进了济南成品油零售市场的快速协调发展。

中国石油在济南地区的飞速发展，为济南地区经济发展和社会稳定作出了积极的贡献。自进入济南市场以来，中国石油共为地方缴纳各类税费6600余万元，先后解决了1800余人次的就业问题，吸纳了大量的下岗职工和富余劳动力。在市场经营中较好地促进了成品油零售市场的快速协调发展，最大程度地满足消费者的各种需要，维护消费者权益。2005年7月以来，济南市成品油供应持续紧张，中国石油山东济南销售分公司积极履行作为国有大型企业的政治、经济和社会责任，不惜多花运费连夜派配送车队到其他地市调集资源，并优先保证公益事业用油，把供油重点放在电力、公交、出租、重点工程项目等与国计民生密切相关的用油单位。同时严格执行物价部门的管理规定，不跟风涨价，赢得了社会的广泛赞扬。2003年，公司被济南市消防大队评为济南市消防安全工作先进单位，并在2005、2006、2007连续3年获济南市政府安全生产先进单位称号。

中国石油济南销售分公司将继续秉承“爱国、创业、求实、奉献”的企业精神和“诚信、创新、业绩、和谐”的经营理念，以经济效益为中心，不断扩张市场网络、拓展销售空间，同时本着诚信经营、回报社会的态度，为济南市地方经济的健康、快速发展，为建设新泉城，实现新跨越作出更多、更大的贡献！

现场服务

济南裕兴化工

济南裕兴化工有限责任公司隶属于中国蓝星（集团）总公司，是中国重要的综合性无机化工生产基地，“生生”牌铬盐、钛白系列产品通过了ISO9001质量认证，是济南市首批享有进出口自营权的企业。

济南裕兴——正在建设中的中国化工业样板式企业

公司始建于1919年，主导产品有钛白粉和铬酸酐，钛白粉生产能力为3万吨/年，铬盐装置为4万吨/年，是国内生产最早、规模最大的公司之一。铬酸酐产量占国内总产能的25%，产品质量达到国际先进水平，获“全国50家信得过企业”、“中国贸促会会员”、“中国五矿化工进出口商品会会员”和“济南市出口明星企业”、“济南市百强企业”等称号。鉴于公司在全国化工行业中的重要地位，成为中国无机盐协会副会长及中国无机盐协会铬盐分会会长单位。同时，由于在铬渣治理方面成绩突出，成为全国铬渣治理技术专家组副组长单位。

公司拥有健全的销售网络和销售渠道，在上海、天津、广州、沈阳等地设有办事处，产品远销国外20多个国家和地区，在国内外具有较高的知名度和美誉度。

公司始终将环境保护置于一切工作之首，建有专门环保装置，采用先进的工艺和设备处理产品生产中的废酸、废水、废气，并完全达到国家排放标准。在铬渣治理方面，先后开发了铬渣干法还原解毒、湿法解毒、人工骨料、玻璃着色剂、铬渣炼铁等多项铬渣综合利用技术。存积50年的30万吨铬渣于2008年6月全部处理完毕，铬渣制砖这一世界性难题已试制成功，标志着铬渣治理再次走在了全国同行业前列。

为了实现企业跨越式发展，根据济南市工业发展的战略布局，10万吨金红石型钛白粉建设项目工程已在济南化工产业园内展开。2009年6月，一个技术先进、资源节约、环境友好、节能减排的中国化工业现代化样板工厂将建成投产。公司计划再用2～3年的时间，使产能达到30万吨，全力以赴，只争朝夕，将济南裕兴打造成为世界一流的钛白粉生产基地，成为世界钛白行业的重要力量。

精彩的文艺活动

花园式厂区一角

有限责任公司

万吨级铬盐转窑

水处理系统

金红石型钛白粉生产装置

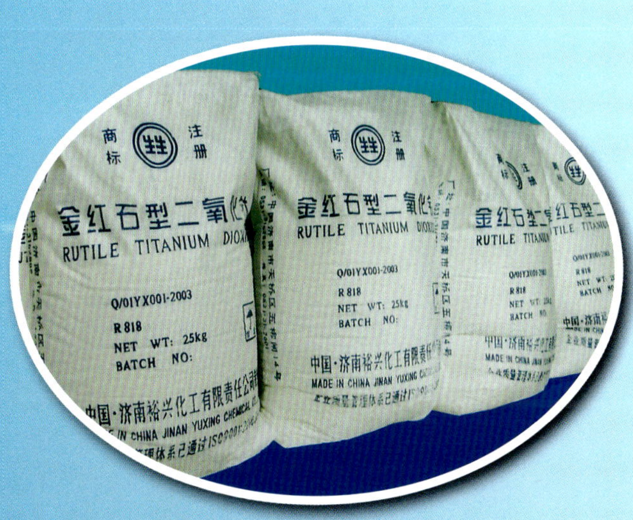

钛白粉

济南茶叶

成功召开"中国济南

由中国茶叶流通协会、山东省茶文化协会、山东省供销社、济南市人民政府主办，济南市供销社、槐荫区人民政府、济南市茶叶行业协会、济南茶叶市场承办的中国济南第四届国际茶博览会，于2007年5月25～27日在济南茶叶市场成功举办。此届茶博会取得了轰动社会的效应，达到了预期的目标，得到了中华全国供销总社、省（市）领导的好评。

本届茶博会呈现如下特点：

1. 阵容强大、档次高。 此届茶博会受到市委、市政府的高度重视，副市长刘善鹏多次调度茶博会的筹备情况，并在开幕式上致开幕词。出席开幕式和各个大型活动的领导和专家有：中华全国供销合作总社监事会主任（中国茶叶流通协会会长）刘环祥、中国茶叶流通协会执行会长王庆、山东省人大常委会副主任陈延明、山东省供销合作社监事会主任马东向、副市长刘善鹏、市政府特邀顾问刘善友以及赵志浩、陆懋曾、王裕晏、董凤基、郭长才、宇培杲、李启万、刘耀华、李元荣、张福山、王丕俊、王存兴等省、市老同志。来自15个外省、市政府和800余个企业的代表团团长参加了开幕式。

2. 展会规模大、展出效果好、人气旺。 据统计，此次茶博会吸引省内外60个茶叶主产县、市的800余家茶商以及茶叶市场1000余家业户，参展、参会和慕名而来的市民、消费者达20余万人，参加展销的茶叶、茶具、茶书和茶机械、茶包装等各类品种达千余种，交易额（含达成意向协议额）约计1亿元。

3. 活动内容丰富、亮点多。 此届茶博会内容丰富、亮点多。共设置了开幕式、民族民俗茶艺表演、祭茶祖、民间"斗茶"大奖赛、泉城广场品茶售茶、茶知识宣传、紫砂工艺讲座、茶文化推广、茶商恳谈会等大型活动，其中"祭茶祖仪式"在北方城市中的展会上是前所未有的，同时也是本届茶博会的亮点活动项目。

亮点之一： 祭茶祖仪式突出了南方民俗特色，体现了茶农对茶祖的敬奉和尊崇，具有浓郁的南方民族风情，更增加了对茶文化的了解和热爱，成为此届茶博会的最大亮点。

亮点之二： 济南茶博会首次迈出济南，在东营设立分会场。

亮点之三： 免费为市民和客商进行茶叶检测服务。

亮点之四： 开展了庆祝茶博会——"天下第一泉泡天下第一茶"品评活动。

亮点之五： 此届茶博会首次将展位全部移至室外，并以特装展位为主。

亮点之六： 山东日照绿茶再现辉煌。

日照茶商组团设置20个特装展位和10个泉城广场品牌茶展示展位。

亮点之七： 在此届茶博会上，当年马帮进京中的7名成员又牵着15匹骡马，辗转千里来到了济南，为济南第四届国际茶博会增色添彩。会后以济南为起点，经淄博、潍坊到青岛完成了马帮"齐鲁行"。

亮点之八： 紫砂茶具的现场制作鉴赏、紫砂泥料的选择和普洱茶的现场制作。

批发市场

第四届国际茶博览会”

此届茶博会的新闻宣传工作有效地贯穿于整个活动，促进了各项活动的顺利进行。

对此届茶博会进行宣传报道的主流媒体有：

中央媒体：中央电视台、中央人民广播电台、《新华社》山东分社、《人民日报》山东记者站、《光明日报》山东记者站、《中国青年报》山东记者站、《中华工商时报》山东记者站。

地方报纸：《大众日报》、《齐鲁晚报》、《济南日报》、《济南时报》、《山东商报》、《都市女报》、《生活日报》等。

地方电视台：山东卫视（新闻中心）、山东电视台生活频道、山东电视台新闻频道（民生直通车）、济南电视台（新闻中心、商务频道等）。此外，还有省、市广播电台以及网络媒体记者等。

中国济南第四届国际茶博览会圆满地完成了各项既定议程并胜利闭幕。这是全国茶界的一件盛事，也是济南会展史上的一个亮点。本次茶博会的胜利召开，必将对源远流长、博大精深的茶文化在济南的传播、对提升济南市的整体形象、对提高济南茶叶批发市场的知名度、对促进全市经济繁荣和发展产生积极和深远的影响。

济南众鑫有

中共山东省委副书记、省长姜大明（右）接见十大巾帼创业明星（左为李延萍）

济南众鑫有限责任公司位于济南市天桥区济泺路82号，占地面积68000多平方米，建筑面积61000多平方米，在职职工610人，主要从事齐鲁鞋城的经营管理。公司现控股济南恒鑫经贸有限责任公司，参股山东齐鲁鞋城开发有限责任公司。

济南众鑫有限责任公司成立于1998年11月18日，同年收购了破产企业济南第六棉纺织厂。20世纪90年代中期，原六棉受全国纺织行业效益滑坡的影响，到1996年底已亏损严重，资不抵债，进入了破产还债程序。当时担任厂工会主席的李延萍带领部分失业下岗人员办起了山东鞋类批发市场（齐鲁鞋城）。

济南市消费者满意单位
（二〇〇六年一月—二〇〇七年十二月）
济南市消费者协会
二〇〇八年三月

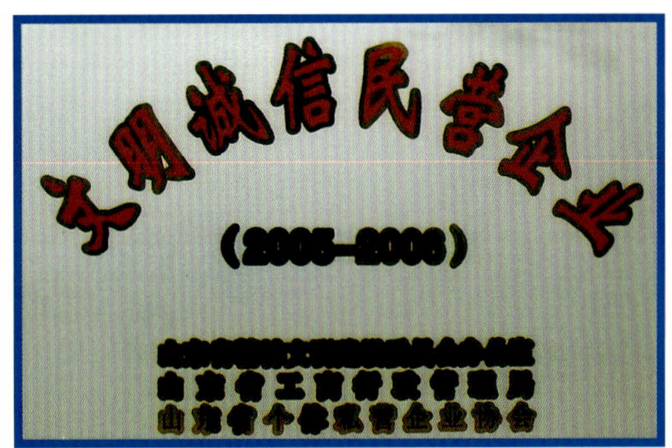
文明诚信民营企业
（2005—2006）
山东省工商行政管理局
山东省个体私营企业协会

为汶川奉献爱心做募捐活动

齐鲁鞋城品牌港开业盛典

限责任公司

齐鲁鞋城旗下拥有三大业态：品牌港、批发中心、恒鑫商城。与之配套的有货运仓储、住宿餐饮、医疗保健、网络信息等完善的服务设施和科学的管理体系、优质的服务群体。经营业户已达500多家，营业面积由起初的6000平方米发展到35000平方米，年营业收入由起初的100万元增加到1000多万元。齐鲁鞋城已成为在全国具有一定知名度、集国际国内知名品牌于一身、汇各款式品种于一处的中高档鞋类批发市场，营销网络辐射山东17市及周边省区。

党委书记、董事长　李延萍

国家、省、市领导多次到该公司视察工作，对其发展给予了高度评价。被济南市政府及有关部门授予"三产先进单位"、"再就业先进集体"、"市场建设先进单位"、"规范化专业市场"、"消防安全先进单位"、"文明诚信民营企业"、"山东省消费者满意单位"等称号。

董事长李延萍由于创业成绩突出，被国家纺织局、纺织工会、省市总工会、市妇联授予"全国纺织行业再就业带头人"、"山东省再就业标兵"、"巾帼创业带头人"、"济南市首届十大巾帼创业明星"、"三八红旗手"、"济南市五一劳动奖章"、"建功立业劳动奖章"、"工商管理成功人士"、"济南市优秀企业家自主创新贡献奖"、"济南市第九届优秀企业家"等称号，并连任天桥区人大代表。

品牌港经营区一角

品牌港实景

新建的品牌港

中华名优小吃城

总经理　杨晓梅

中华名优小吃城

中华名优小吃城是济南市市中区机关接待处，建筑面积2万平方米，以其典雅的外观、古朴的风格和独到的设计坐落在济南市经十一路的商业繁华地带。西邻英雄山文化广场，东靠体育中心、泉城公园，环境优美，地理位置得天独厚，是一所方便宾客就餐、娱乐、购物、旅游观光的休闲场所。

小吃城设施齐全，集餐饮、住宿、会议、娱乐于一体。宴会厅、餐饮包房装修高雅华丽，文化氛围浓郁，可同时容纳上千人就餐。其中最大的包房——齐鲁厅，豪华尊贵、典雅大气，面积200平方米，可同时容纳30人就餐，堪称齐鲁第一厅。小吃城汇集了全国各大菜系之精华，由名厨料理，正宗精湛，并成功引进了来自山东、陕西、山西、重庆、四川、江苏、浙江、广东、云南、湖南等26个省市的特色小吃上万种，成为济南市独具特色的小吃美食一条街。2004年7月以小吃城为中心的经十一路路段被济南市人民政府正式命名为“济南美食街”。

小吃城成立10年来，先后被评为“市文明单位”、“市巾帼文明示范岗”、“市青年文明号”、“全市服务业先进单位”、“涉外接待单位”、“旅游定点饭店”、“全国绿色餐饮企业”、“中华餐饮名店”、“全省百城万店无假货示范街”、“全市食品安全放心示范街”等称号。经过多年发展，小吃城已成为全市知名度较高的特色餐饮服务企业。

经营理念：繁荣饮食文化，争创名牌企业。

管理理念：求严、求实、创新、高效。

服务理念：诚心、热心、爱心、细心让您感到温馨。

创新理念：解放思想，与时俱进，开拓创新，追求卓越。

品质理念：有品质才有市场，有改善才有进步。

团队理念：成为卓越人才，创建和谐团队。

齐鲁厅

食品安全示范街

英雄山文化市场

济南英雄山文化市场成立于1992年5月，隶属于济南市供销社所属的果品总公司，位于风景秀丽、松柏翠绿的英雄山下，占地面积21800平方米，建筑面积21300平方米，其中仓储面积5000平方米，配套地下停车场1200平方米。经营范围由初期的图书期刊发展为现在的图书期刊、古玩字画、奇石玉器、花卉根雕、工艺瓷器、文化用品、笔墨纸张及小商品8大类几万个品种，经营面积由组建初期的约500平方米发展到现在的20000余平方米。经营业户由初期的20余家发展为现在的千余家。从业人员由初期的不足百人发展为现在的2000余人，交易额由初期的百万元发展到现在的几亿元。市场设有工商管理、书刊监督审核、安全保卫、物业管理等管理部门和通讯、铁路公路托运、餐饮、大小会议室、展室、多媒体会议室等完备的服务设施。经过十几年不断的建设和发展，市场设施和功能得到了进一步完善和健全，日均客流量万余人，节假日可达3～4万人，是全国最大的文化市场之一，近几年成功举办了三届国际、国内大型赏石博览会，为全市的社会主义精神文明建设发挥了很大的作用。市场古朴典雅的仿古建筑和优美的地理环境交相辉映，描绘出了一幅雅俗共赏、文化氛围浓厚的美丽画卷，成为全省最大的图书集散地，成为泉城市民休闲、娱乐、购物的主要场所，受到各地客户和社会各界的好评，先后被市委、市政府和省市工商局、供销社授予“省级文明市场”、“先进文明单位”、“文明单位”、“发展个体私营经济先进文明单位”、“安排下岗职工再就业先进单位”等称号。济南英雄山文化市场在各级党委和政府的支持帮助下，正在加快市场建设和发展步伐，向着健康、文明、规范的大型现代化市场迈进。

文化市场西大门

市场一角

召开管理会议

济南啤酒集团总公司

品牌建设不断迈上新台阶

济南啤酒集团是山东省商业集团的全资子公司，是集啤酒、商贸、纸箱等多种业务为一体的国家大型企业，国内啤酒行业的骨干企业，拥有员工 1500 余人，总资产 10.8 亿元。公司主导产品“趵突泉”、“北冰洋”啤酒，均为全国的知名品牌，“趵突泉”被评为山东省名牌产品。2006 年 12 月，济南啤酒集团与山东省商业集团成功重组，使济啤集团进入发展的快车道。

重组以来，济啤科研开发能力有了质的飞跃。针对新的消费需求变化，进行了多项技术攻关，拓展了啤酒风味物质研究的范围，摸清了啤酒风味物质与人体生理反应的内在联系，突破了啤酒“上头”的行业性难题。2008 年最新研制开发了“新生代”纯生啤酒、具有美容养颜功能和不发胖、不起肚作用的养颜啤酒和优围啤酒。已经研制成功和正在研制的新产品 9 个，2008 年，果味啤酒、凉茶等新产品也陆续上市。

2008 年上半年共完成啤酒总销量 69383 千升，同比增长 0.49%；实现销售收入 17615 万元，同比增加 851 万元，增长 5.08%；实现利润 236 万元，同比增加 173 万元；按照规划，未来 2 ~ 3 年内，济啤的主业将在现有基础上，年产销量达 20 万吨，销售收入 5 亿元，利税 9000 万元。在稳固年产销量 20 万吨的基础上再建立新的啤酒工业园区，通过整体提高趵突泉啤酒的产能和装备水平，增强企业核心竞争能力，使“趵突泉啤酒”成为区域第一品牌。

质量更优、口味更佳的趵突泉新生代纯生啤酒

最新上市的趵突泉系列啤酒

具有美容和不发胖功能的趵突泉优围啤酒

具有国际水平的每小时 3.6 万瓶灌装线

维维乳业

维维集团组建于1992年10月，经过10多年创业，现已发展成为总资产47亿元的跨行业、跨地区的大型企业集团，产业涉足食品、医药、物流、国际贸易、化工、矿业、农业资源、房地产等。2007年实现销售收入105亿元，利税9.11亿元。是中国最大的豆奶企业，中国10家最大食品制造企业。2005年维维入选中国500家最具价值品牌，2006年维维集团入选全球华人企业500强。

集团控股子公司维维食品饮料股份有限公司于2000年在上交所成功上市，秉承“健康生活，欢乐维维”之理念，致力于“国际化、大型、综合性”食品企业之打造。

“维维豆奶，欢乐开怀”。维维豆奶成为中国最畅销商品之一，连续10多年名列市场占有率第一、销量第一，被称为中国的“豆奶大王”。维维是中国豆奶行业标准的制定单位，“维维”商标被国家工商局商标局认定为“中国驰名商标”，维维豆奶2005年荣获“中国名牌”称号。

济南维维乳业有限公司是维维集团投资的一个全资子公司。2002年6月，维维集团在济南市历城区遥墙镇投资7000万元，筹建了占地逾5.1公顷，集科研、生产、销售一条龙的奶牛养殖和牛奶加工企业——济南维维乳业有限公司。公司2002年6月开工建设，2003年2月正式投产。公司拥有国际领先的10条全自动无菌利乐灌装枕生产线、8条百利包生产线、16条家庭奶生产线，日处理鲜奶300吨，产品畅销国内各大市场。

济南维维乳业有限公司主产品“天山雪”牌系列牛奶、“维维”豆奶粉，口感醇厚，营养丰富，产品供不应求。济南维维乳业有限公司先后通过了ISO9001:2000质量管理体系认证和ISO22000食品安全体系认证。

2006年，维维联手日本、香港企业在上海成立中国第一家食品安全研究所，从原料产地、原料到生产、成品，全方位检测产品的安全，在中国食品自主品牌国际化进程中迈出了坚实的一步。

维维集团是国家农业产业化龙头企业，长期以来把“企业发展，农民致富”作为追求的目标，每年加工大量的大豆、牛奶等农副产品，带动农民致富，有力地推动了农业产业结构的调整，收到了良好的社会效益。

在发展企业的同时，维维时刻不忘自己的社会责任，先后举办了向全国亿万职工献爱心活动，支援“98”抗洪救灾活动，被评为维护消费者合法权益先进企业，荣获国际“科学与和平”贡献奖 。

胡锦涛、李鹏、朱镕基、吴邦国、姜春云、李铁映、尉建行、布赫等中央领导都曾亲临企业视察工作，并给予很高的评价。

2007年，凤凰卫视著名主持人吴小莉出任维维集团品牌形象代言人。

健康生活，欢乐维维

让健康成为欢乐的力量，

让世界充满阳光！

孔府书画院

院长张子良、副院长张和顺率领中国书画、茶艺代表团赴韩进行文化交流。

孔府书画院成立于1994年，是具有独立法人资格的社会文化团体。自书画院成立以来，以继承弘扬中华民族优秀文化、传播孔子仁者爱人的儒家思想，繁荣书画创作为宗旨，聚集了一批优秀书画艺术家。创作了大量优秀书画作品，培养了大批书画艺术人才。画院在院长张子良，副院长徐汝泽、原春溪、张和顺等领导的带领下，积极参加社会公益活动，开展国际民间文化交流，以书画作品为载体，传播精神文明，增进社会和谐。以书画艺术为媒体进行国际民间文化交流，增强了与各国人民之间的友谊。

2007年4月，应韩国清州忠北民艺术总会和茶艺协会邀请，院长张子良、副院长张和顺率领13人组成的书画茶艺代表团赴韩举办了大型书画展览，并现场进行书画茶艺的交流，促进了两国人民之间的友谊交往，为弘扬中国的传统文化架起了友谊桥梁。

历城区彩石镇潘和崖小学为济南市南部山区小学，因经费不足，校舍年久失修，已成危房。2007年10月，书画院得知这一情况后，张子良院长，率先拿出个人积存多年工资，副院长张和顺、秘书长张中山、主任张明正积极响应，捐款2万元用于教室的修缮，书画院还组织书画家为小学送字献画，激励学生好好学习、天天向上。

院长张子良为小学题字

2002年，奥地利遭受特大洪水灾害，徐汝泽副院长、铭义副秘书长等向奥地利政府无私捐赠了28幅书画。奥地利政府组织拍卖，并将拍卖所得近10万欧元全部用于赈灾。为感谢孔府书画院的深情厚意，2007年，奥地利邮政局发行了记载中奥两国人民友谊的国家邮票，邮票图案上有孔府画院院长张子良的肖像及书法作品。

张子良、徐汝泽与奥地利大使博文豪在捐画现场合影

1997年，为迎香港回归，孔府书画院创作了大型书法作品《中华巨龙》。为庆祝香港《大公报》创刊百年，创作了大型书法作品《百龙腾飞》。为迎接2008年北京奥运会，孔府书画院第三次创意并联合上海《时代英才》杂志社，全国各市、地书画社团的2008名书法家创作了《龙腾奥运》巨型书法作品。作品由2008个龙字组成，卷长2000余米，整个作品气势磅礴、令人震撼。

龙腾奥运

军 事

济南警备区

【概况】 济南警备区是中共济南市委的军事工作部门和济南市人民政府的兵役机关，接受上级军事系统和地方党委、政府的双重领导。济南市国防动员委员会、济南市国防教育办公室、济南市政府征兵办公室设于济南警备区。警备区辖六区、一市、三县人民武装部和1个干休所，领导和管理预备役高炮团、舟桥团，直管济南高新技术开发区人武部、济钢集团人武部和重汽集团人武部。负责全市民兵预备役部队和兵役工作，抓好国防动员、国防教育和人民防空工作，配合公安武警做好社会稳定工作，根据上级指示执行维稳处突、抢险救灾等临时性任务。2007年，济南警备区坚持以现实军事斗争准备为龙头，着眼提高应急动员能力，适应民兵预备役部队遂行多样化军事任务的需要，重点工作扎实推进，大项活动组织严密，各项任务完成圆满，全面建设呈现出协调发展和整体提高的局面。

济南警备区把学习贯彻十七大精神作为首要政治任务贯穿全年，按照“学习理解求深化、实践运用抓转化、检验成效看变化”的思路，采取党委机关同步、以上带下、办班轮训、学习交流等方法，扎实开展“赞颂新成就、履行新使命、迎接十七大”主题教育活动，依托市委党校系统学习十七大精神，用十七大精神统一官兵的思想和行动，长清区人武部印发了《十七大精神学习资料汇编》、《学习贯彻十七大精神问答》小册子，运用创新理论分析和解决实际问题能力不断增强。深入开展全军历史使命、理想信念、战斗精神、社会主义荣辱观等教育活动，思想政治教育针对性进一步增强，广大官兵的使命意识和战斗精神得到强化。

2007年6月，中共山东省委常委、济南市委书记焉荣竹(右二)，市委常委、市委秘书长孙晓刚(右一)，副市长赵文朝(左三)在济南警备区司令员王忠(右四)、参谋长贺国庆(左二)的陪同下，进行黄河防汛勘察。 (王东升 摄)

【党委班子建设】 认真学习中央军委关于提高贯彻落实科学发展观能力的措施和两级军区师旅级以上单位党委书记集训精神，以加强作风建设为突破口，不断强化党委班子建设。召开了团以上单位党委书记座谈会，重新修订了《先进团级党委评比细则》，着力解决如何科学评估单位政绩问题，调动了广大官兵争先创优的积极性。对照中纪委、军委纪委提出的“八项规定”和“六个方面的要求”，各级党委认真进行自查自纠，进一步规范用权行为，增强了领导干部廉洁从政的自觉性。年底，警备区组成工作组对13个团级党委班子进行考核，全面建设有较大幅度提高。预备役舟桥团、长清区人武部被省军区表彰为“先进预备役团”和“先进人武部”。

【全面建设达标活动】 根据济南军区统一部署和要求，警备区、县(市、区)人武部广泛开展了全面建设达标活动，严格按照“党委统揽、政府支持、部门主抓、注重质量”的思路，紧紧围绕实用、配套、适度、方便的原则，坚持质量标准，注重军地协调，加强作战室、训练基地、民兵武器装备仓库和机关正规化、信息化建设，警备区机关和10个县(市、区)人武部达到全面建设先进标准,通过了济南军区和省军区的考评,圆满完成达标任务。济南市委、市政府对达标工作高度重视,拨出350万元专款用于警备区机关和民兵训练基地的达标建设。各县(市、区)党委和政府高度关注,从各个方面全力支持人武部的达标建设,共投入资金3200万元。警备区党委和机关各部门认识统一,统筹协调,有力地推动了工作开展。警备区参谋长贺国庆由于成绩突出,被济南军区通报表彰为"全面建设达标活动先进个人"。

【军事工作】 深入贯彻中央军委主席胡锦涛关于新时期新阶段历史使命和加强军事工作的一系列重要指示,着眼做好反"台独"军事斗争准备,大力推进军事训练转变,狠抓战备训练落实,全区军事工作取得扎实成效。

1.信息化条件下军事训练。突出了首长机关训练,加强城市防空袭作战研究,警备区组织预备役高炮团和历下、槐荫民兵防空团首长机关进行城市防空袭室内战术作业,研究探讨了城市防空袭作战组织指挥程序等问题。强化了信息化条件下岗位练兵,警备区组织民兵导弹排战斗行动、历下区"红星一号"自动标绘程序和网络攻防、天桥区利用"前卫一号"地空导弹模拟系统训练教学、预备役高炮团对空观察哨的派遣、预备役舟桥团舟桥渡河自动设计程序等课目的训练和演练,接受了两级军区的检查验收。天桥区"民兵便携式地空导弹模拟系统教学"课目被省军区评为二等奖,夏武军等4人被省军区表彰为"信息化条件下岗位练兵先进个人"。重视民兵应急分队、专业技术分队和预备役部队训练,结合整组和正规化建设达标工作,对全区10个民兵应急分队进行紧急拉动演练,提高了应急分队遂行任务能力。8、9月份,市中区、济钢各1个民兵高炮连和预备役高炮团2个高炮连组织了集中训练,参加了省军区组织的高炮实弹战术演习,取得击落3具拖靶的好成绩,4个连队均被省军区表彰为实弹射击优胜单位。12月份,在警备区的指导下,两个预备役团参加省军区统一组织的冬季野营拉练,锻炼了部队"走、打、吃、住、藏、管、保"的能力。狠抓了专业骨干队伍培训,按照3年轮训一遍的思路,组织全区98名专武干部在省人武学校进行系统培训,参观了历下、市中、槐荫区基层正规化建设,提高了专武干部做好基层武装工作的能力。组织全区民兵教练员培训,提高了教练员的"四会"(会讲、会做、会教、会组训)能力,接受了济南军区考核组的检查,受到好评。

济南警备区组织民兵进行导弹防空演习 (济南警备区供稿)

2. 民兵组织调整。依据上级新颁布的编制,调整了民兵编组格局,编齐了各类专业分队,完成了作战、勤务保障、应急等分队的整组任务。2月和9月分别在济南高新技术开发区和济南职业学院成立了武装部。6月份,组建了济南市民兵"心理战"大队,并组织了训练。根据上级要求,加强了专业技术兵储备区建设,组织了军兵种预备役人员预编、退伍军人预备役和地方与军事专业对口技术人员登记统计。10月份,济南军区副司令员冯兆举、省军区司令员谈文虎、军区动员部部长邢建华检查了历下区应急动员人员点验情况,给予高度评价。

3. 战备设施建设和国防工程管理。为进一步规范"三室两库"等战备基础设施建设,系统整理三年来的战备训练资料,完善作战室各项功能,建成警备区机关指挥器材库,建立集兵员动员、经济动员、兵要地志、战备方案四库合一的数据库系统。根据国防工程管理需要,对全区国防坑道进行普查,召开全市国防工程管理工作会议,在天桥区人武部召开国防工程维护修复工作现场会。12月下旬,警备区组织机关有关人员逐单位、逐坑道进行检查验收,解决国防工程管理中存在的问题,为实现国防工程管理正规化打下坚实基础。

4.管理教育和装备工作。认真贯彻全军依法从严治军会议精神,坚持用条令条例、法规制度管理机关部(分)队,纠正和克服管理工作中的形式主义、弄虚作假、报喜藏忧等问题。严抓驾驶员安全教育整顿,较好解决了驾驶员安全观念淡薄、遵守交通法规不严肃、车辆使用管理不严格、车辆安全制度不落实的问题。突出重大安全隐患专项治理,及时消除武器弹药与危险爆炸物品、防间保密、军警民纠纷等方面的事故隐患。开展百日安全竞赛活动,有效解决了人员、车辆、武器装备、涉密、财务等环节存在的问题,对全区计算机及移动存储介质安装保密管理系统,防止失泄密问题的发生。加强武器装备精细化管理,深入开展武器装备管理达标活动，完成了各类实力数据统计工作、各类武器装备的调整调拨工作和各类训练演习活动的装备保障任务。12月份，两级军区领导机关陪同四总部联合检查组对济南警备区民兵武器装备仓库安全管理情况进行检查，并给予好评。

【征兵工作】 按照济南市政府、警备区的统一部署，10~12月份，圆满完成了3439名新兵征集任务。征兵期间，广泛开展宣传教育活动，在各类媒体发表50余篇征兵文章，举办征兵工作简报8期，各类板报370余块，标语、横幅3200余条，出动宣传车190余台次。坚持征兵体检标准，严格新兵政审条件，严肃征兵纪律，有效地管控了违规违纪问题的发生，确保新兵质量，实现了领导、群众、应征青年、接兵部队四满意。11月16日，总部廉洁征兵工作组在省军区领导陪同下，来济南市检查廉洁征兵工作，给予充分肯定。征兵结束时，有32个接兵部队向市征兵办和各县（市、区）征兵办赠送了锦旗。

【后勤保障】 着眼现实军事斗争准备的需要和战时保障环境的变化，完善了警备区城市要地防空、任务部队跨区机动、处突维稳等各种后勤应急保障预案，明确了战时后勤指挥程序，全面掌握全市各类经济动员潜力资料，为搞好战时后勤保障打下坚实的基础。围绕全面建设达标工作，更新营院楼房的内外部设施，美化了周围环境，营区面貌焕然一新。完善了警备区财务集中支付中心和资料室，实现了财务结算一站式服务，严格落实各项管理制度，财务保障能力和规范化管理水平显著提高。

【国防教育和双拥共建】 结合纪念建军80周年，扎实开展“联通杯”国防教育知识竞赛和以“热爱军队、情系国防”为主题的第七个全民国防教育日活动，大力宣传双拥共建成绩突出的10个单位，在全市营造关心支持国防建设的良好氛围。积极参加地方经济建设和抢险救灾工作。协助济南市气象局建设人工影响天气固定作业点26处，组织了3期280人的作业队伍培训，完成了20次人工增雨作业，共发射增雨火箭弹1229发，为济南市节水、保泉作出了贡献。“7·18”特大暴雨成灾后，协调驻济部队出动兵力3590人次，组织民兵预备役人员3390人次，完成了市区道路疏通、河道清障、银座地下商城物资搬运及现场清理等工作，清运物资1200余吨，赢得了军地各级领导的高度赞誉。在新泰柴汶河“8·17”抗洪抢险中，警备区指挥组带预备役舟桥团，接到命令不到1小时就集结出发，迅速到达抢险现场，在装备器材陈旧、人员较少、场地受限的情况下，超限作业、连续奋战，在决口封堵中发挥了关键作用，预备役舟桥团被济南军区表彰为抗洪抢险先进单位，警备区司令部参谋赵学广、预备役舟桥团汽艇班班长阮顺建受到济南军区通报表彰，阮顺建荣立二等功，团长赵超荣立三等功。

（张宗超　史本波）

武警济南市支队

【概况】 2007年，武警济南市支队按照总队党委的工作部署，以担负全国监管执勤改革试点和武警部队后勤部长集训“四配套”设施观摩现场任务为牵引，科学谋划，狠抓落实，支队建设继续保持了良好的发展态势，确保了内部安全稳定和中心任务圆满完成，被总队表彰为基层建设先进支队。

1.思想政治建设突出主线、贴近实际。十七大召开前，以中共中央总书记胡锦涛“6·25”和“8·1”讲话为重点，深入学习落实科学发展观，支队和一大队党委在总队师团职干部理论学习班上交流学习做法。十七大召开后，采取集中学习、网上宣讲等形式，迅速掀起学习十七大精神的热潮。贴近部队和官兵实际，按照《思想政治教育大纲》，深入开展主题教育，官兵的政治思想基础更加牢固。组织政治教员授课比赛，强化政工干部素质，在参加总队授课比赛中，三大队九中队指导员陈宁夺得第一名，2人被评为“十佳”优秀“四会”（会搞思想调查、会计划安排教育、会备课授课、会利用现代传媒开展教育）政治教员。支队抓教育的做法被总队转发。认真做好经常性思想工作、心理工作、预防工作和文化工作，组织1047名官兵参加继续教育，举办“卫士杯”篮球比赛等大型文化活动10余次，指导28个中队配齐各类文体活动设施，组织力量在各级媒体发稿156篇。支队被武警部队表彰为文化装备管理先进单位，被总队表彰为继续教育先进单位、新闻报道先进单位。浓厚的政治氛围，激发了官兵争当忠诚卫士的热情。年内，2名官兵荣立二等功，82名官兵荣立三等功，18个单位荣立集体三等功，5个单位受到集体嘉奖。

2.中心任务取得新突破。认真贯彻总部中心任务网上集训和全省武警执勤目标安全工作电视会议精神，精心组织各项勤务。全力做好全国监管勤务改革试点任务，并在部分“两看”单位推广试点成果，受到公安部领导和武警总部首长充分肯定。狠抓值班干部“四全”（全部精力、全时在位、全程监控、全面负责）制度落实，先后3次开展勤务专项治理整顿，部队执勤秩序更加正规。坚持围绕任务狠抓军事训练，依托教导队完成新兵入伍训练、勤训轮换、“四手”（擒敌能手、神枪手、谋略高手、心理能手）培训、预提指挥士官培训等各类集训10起，培训人员1750余人次，培养“四手”141名。新训工作被总队表彰为先进单位。在总队组织的“四手”比武中，支队取得单位总分第一名的好成绩，其中七大队二十二中队二级士官夏中明夺得个人总分第一名，获“十大标兵全能四手”称号。深入开展“五小”练兵活动，突出了以“三班四哨”为主要内容、情况处置为重点的专勤专训，执勤能力进一步提高。认真组织首长机关网上演习，进一步提高了组织指挥能力。圆满完成了党和国家领导人来济驻地警卫、省市“两会”、中超足球联赛等文体活动安全保卫、济南“7·18”抢险救灾、“两规”等各类重大临时勤务230多起。韩广峰、樊凯歌分别被总部、总队表彰为优秀“四会”教练员，司令部作训科被总队表彰为先进科。①安全发

2007 年 3 月 25 日，武警济南市支队组织新兵进行汇报表演。 （武警济南市支队供稿）

展在强化管理、重点治理中取得新局面。坚持把安全发展理念贯穿于部队建设的始终，扎实开展条令学习月活动和安全发展大讨论，组织安全揭短大检查，把“三自”（自我增强安全意识、自觉遵守安全规定、自觉争当安全标兵）、安全“三无”（无责任亡人事故、无执勤事故、无刑事案件）倒计时活动贯穿全年，完善层次管理体系，逐级签订安全管理责任书，进一步增强了官兵人人想安全、处处抓安全、事事保安全的意识，形成了群防群治的良好局面。深化治理“五个重点问题”，在人员上，重点加强节假日和 8 小时以外的管理，深入开展“三互”（互帮、互教、互学）、谈心、尊干爱兵、知兵爱兵、为兵排忧解难活动，进一步密切了内部关系，促进了思想稳定；在车辆上，严格落实车辆派遣制度，投资安装了 GPS 车辆智能管理监控系统，全年安全行车 130 余万公里无事故；司令部警务装备科参谋李鑫被总队表彰为保密工作先进个人。机要工作被总队表彰为正规化建设先进单位。结合支队新营房建设，进一步加大了信息化建设力度。支队连续 8 年实现“三无”。②基层建设水平在固强补弱、争先创优中得到加强。年初，组织部队开展“什么是部队建设的高标准，怎样用高标准建好部队”大讨论；结合传达学习贯彻三级党委扩大会议精神，开展《纲要》学习周活动，制定党委机关按纲指导计划、基层中队按纲建队计划，理清了年度工作思路。结合干部调整，配齐配强了各个基层党委、队支部班子，组织基层干部进行《纲要》网上培训，突出解决倾向性问题，培养了一批基层建设的明白人。采取过“三日”（中队长日、指导员日、司务长日 ）等方法，对各级干部和士官司务长进行业务培训，提高他们按纲抓建的能力。严格落实蹲点调研帮建制度，全年党委机关和大队干部到基层蹲点调研帮建 7 批、280 余人次，解决影响基层建设的重点、难点问题 22 个，为基层办实事 70 多件，带动了作风的转变。坚持每季度对基层按纲建队情况进行考评，调动了“双争”活动积极性。充分发挥大队“前沿指挥所”作用，把 4 个县（市）中队就近纳入相应大队管理，推动了基层建设全面发展、整体提高。一大队、三大队被总队表彰为“基层建设先进大队”，二大队四中队被总队树为“基层建设标兵中队”，一大队二中队等 9 个中队被表彰为“基层建设先进中队”，一大队教导员郭延新被总队树为“基层干部标兵”并荣立二等功，三大队九中队中队长尹茂新、指导员陈宁被总队表彰为基层中队“一对好主官”。是年有 4 个连续 4 年以上后进的中队进入先进行列。③后勤保障效益在试点促进、规范管理中取得新提高。以武警部队后勤部长集训观摩现场准备为契机，狠抓“四配套”建设，不断提高综合保障能力。全年“四配套”建

2007 年 7 月 18 日，济南突降暴雨，武警济南市支队紧急出动，帮助受困群众。
（武警济南市支队供稿）

设共投入资金逾1170万元，除9个等待搬迁营房的中队外，其余中队“四配套”建设全部达标，基层官兵工作、生活条件显著改善。加大后勤管理力度，严格落实各级经费开支范围和审批权限，重视对地方资助性经费的管理与监督。对39个伙食单位进行账目联审、观摩评比，对基层普查、审计面达100%，先后对31名大、中队主官和士官司务长进行了离任审计，财务管理“三好五无”率达到100%。在全省部队财务会审中，被评为“基层财务管理先进单位”。严格落实“精细化”管理的要求，对公用物资和设施设备定人、定位、定责任，努力发挥物资、设施的最大效益。认真做好新式军装请领换发工作。计划生育“四率”达到100%，在总队组织的全军人口和计划生育知识竞赛活动中，夺得第一名。加快支队指挥中心建设，截至年底，新建支队机关、2个大队部和6个中队的营房进展顺利，主体工程已封顶。

党委(支部)班子建设在任务牵引、提高能力中取得新进步。在支队党委中开展“增强事业心责任感，有效履行职能使命”专题教育，重点解决了党委机关在精神状态、责任意识、工作标准和机关作风等方面存在的突出问题。认真学习中央纪委《关于严格禁止利用职务上的便利谋取不正当利益的若干规定》，自觉对照八项禁止行为查摆问题，促进了党风廉政建设。结合纪念建党86周年，对先进党支部、优秀党务工作者和优秀共产党员进行了表彰。支队纪委被总队表彰为先进纪委。严格干部队伍的教育管理，坚持每天利用网络查、电话查、不打招呼实地巡查，确保了干部在职在位和履职尽责。

【省女子监狱上勤】 2月28日上午8时，根据武警山东总队命令，武警山东总队济南市支队举行省女子监狱上勤仪式，五大队十七中队正式担负省女子监狱看押任务。

省女子监狱是山东省唯一以看押女犯为主的大型监狱，常年关押2000余犯人。山东总队赋予看押任务后，为确保按时上勤和执勤目标绝对安全，支队党委专题召开党委会议进行研究部署，成立了以支队长李永健、政委闫炳忠任组长和参谋长臧金友、副参谋长冯树旗任副组长的上勤筹备工作领导小组。为认真贯彻落实总队长戴肃军视察女子监狱时所提要求，支队领导先后4次走访省女子监狱，联合召开协调会议，对部队执勤设施、生活设施、训练设施等进行研究协商，共争取资金300余万元装修营房和完善执勤设施五大系统，为部队正式进驻、上勤完善了硬件设施。济南市支队司令部指派专人靠在中队，指导抓好执勤教育、执勤方案学习演练、执勤制度落实和防脱逃、防袭击、防破坏、防抢枪、防爆炸等7个课目的专勤专训。

上勤前，山东总队、省监狱管理局、省女子监狱及支队有关负责人就上勤前各项工作进行检查验收，并提出具体要求，为支队正式组织上勤奠定了扎实的基础。

【执勤监管改革试点】 5月29日上午，参加看守所安全工作现场会的公安部、武警部队、34个省(市)公安、武警系统及媒体记者一行260余人，现场观摩了山东省济南市看守所执勤改革试点成效。

此次监管执勤改革，坚持“以人为本、信息主导、正规执勤、确保安全”的执勤思路，按照“坚固物防屏障、优化执勤部署、完善技防手段、密切联防协同”的要求，将武警勤务值班室、备勤室前置，构建了人防、物防、技防、联防“四防一体化”的安全防范体系。在观摩现场，与会人员先后参观了展板演示、武警值班室、备勤室、监门哨AB门、监所总控室、监管医疗中心、阅览室、亲属会见室、目标周界防范设施等9个区域的成果演示，对山东省济南市看守所的执勤改革工作给予高度评价。

【吴双战检查指导工作】 7月9日上午，武警部队司令员吴双战(上将)、后勤部部长何映华(少将)在山东总队总队长戴肃军、政委冯金安和济南市委书记焉荣竹等陪同下到济南市支队二中队、九中队、十六中队检查指导工作。

吴双战每到一个试点单位，都深入班排宿舍、食堂、库室、学习室、训练场等，细致查看“四配套”建设情况。在二中队，吴双战一边检查，一边向陪同检查的焉荣竹了解济南市各级党委政府支持武警部队建设情况，并表示感谢。吴双战检查完十六中队后，又来到济南市看守所，实地查看了前置武警勤务值班室、遥控弹匣、便携式执勤枪柜、监控设施等监管改革成果。10时，吴双战一行又来到九中队，查看厨房“生进熟出一条龙”工序间、中队农副业生产等情况，对支队“四配套”建设给予充分肯定。

(邹志宇)

人民防空

【概况】 2007年，全市人防系统认真贯彻落实《人防法》，坚持“长期准备、重点建设、平战结合”的方针，将人防建设纳入城市建设之中，在突出战备、社会和经济三个效益上狠下功夫，各项工作取得了新的成绩。

1.思想政治建设得到加强。市人防办在内部建设上坚持狠抓政治理论学习和思想作风建设，着力提高全体人员的整体素质，取得了明显成效。先后获得“全国人防工程建设先进单位”、“全国人防机关准军事化先进单位”、“模范职工之家”、“文明十佳标兵”等称号，部分同志还获得了“市劳动模范”、“三八红旗手”、“市直机关工作先进个人”等称号。

2.工程建设实现跨越式发展。①经十一路人防工程全面投入使用，实现了改善环境、缓解交通压力、创造利税和增加就业岗位等一举多得的效果。②全年共审查163家建设单位申报的施工图纸，审查图纸面积逾769万平方米，其中人防图纸43家，面积逾35万平方米；现场勘查41家，批准38家办理结建人防地下室手续，审报结建人防地下室面积31万平方米。③人防指挥所工程取得阶段性胜利，标志着全市的组织指挥系统已经从单纯的防空警报发放，转变为全方位的应急指挥系统。

2007 年 3 月 7 日，山东省委常委、济南市委书记焉荣竹（前中）等视察经十一路人防工程。

（市人防办供稿）

④加强了对已建人防工程的维护管理工作，全年维护各类人防工程 36 万平方米。⑤完成了人防工程普查，普查人防工程 500 多处，面积约 100 万平方米，对 26 处重点人防工程和 104 处防空地下室进行挂牌，使人防工程维护管理工作得到了进一步规范。全年还编制人防工程平战转换方案 79 处，面积 28 万平方米。⑥人防易地建设费突破 1 亿元，创历史新高。

3.人防指挥通信业务不断发展。①改造、新增防空警报器 127 台，其中安装 110 台电声警报器，提高了音响覆盖率。②人防教育逐步向纵深发展，全市初级中学人防知识教育开课率、及格率均达到 100%，同时还进行了人防进大学、进社区试点工作，成功举办了第九次“五三”警报试鸣，市民的国防观念和战备意识逐步增强。③对全市一类防空重点目标进行了普查，对乡镇以上行政级别的疏散地域、疏散资源进行了调查。④与解放军信息工程大学联合开发了《济南人防“两防一体化”电子地理信息系统》，“两防一体化”工作走出实质性的一步。⑤重点抓好人防转民防工作，不断深化和拓展人防参与平时防灾救灾能力。

4.平战结合成果丰硕。平战结合是人防部门的重要任务之一，就是把人防设备设施在确保战备功能的前提下，进一步做好平时的开发利用，让人防资源形成平时和战时的良性循环。全年完成开发利用人防工程面积 47 万平方米，同比增长 15%；实现产值 4.3 亿元，同比增长 9%；实现利润 5633 万元，同比增长 8%；上缴利税 1104 万元，同比增长 6%；人防自身创收 2055 万元，同比增长 10%，开发利用率和经济效益同比有明显提高。

5.推进依法行政工作。全年共检查建设单位 87 家，审查建筑图纸 147 家、737 万平方米，追缴人防易地建设费逾 4600 万元，其中通过法院执行 142 万元；质量监督监察结建防空地下室 110 个单体，人防建筑面积 50 多万平方米，质量监督交底 30 余次，竣工备案验收并备案单体人防工程 5 家，建筑面积逾 1 万平方米，4 个单体工程正在办理竣工备案手续，确保了全市防空地下室的建设质量。

6.宣传教育工作。人防宣传工作是全省人防系统年终考核的重要指标之一。全年在各类报刊、电台、电视台发表人防稿件 112 篇，其中，国家级 20 篇、省级 31 篇、市级 61 篇，仅在国家《中国人民防空》杂志发表稿件就达 6 篇，1 人被评为“全国人防宣传工作先进个人”，获得这一称号的在全省人防系统仅有 4 人。由于人防宣传工作成绩突出，进一步扩大了市人防系统的知名度和影响力，展示了人防办全面建设的实力和风采。另外，还在英雄山人防商城建立了“93.6”人防直播室，创新了人防宣传方式。

【济南市出台人民防空改革发展意见】 2006 年 9 月 1 日，济南军区、山东省政府、河南省政府出台《关于加快人民防空改革发展若干问题的决定》后，济南市人防办高度重视，组织全市人防系统认真学习，并结合人防工作实际进行认真调研，及时拿出贯彻落实意见报市政府。

市政府对此高度重视，于 2007 年 8 月 24 日，以济政发[2007]26 号文件下发了《关于进一步加快全市人民防空改革发展的意见》。《意见》共分 8 大项、26 小项，从充分认识人民防空的战略地位；大力加强人民防空组织指挥体系建设；切实搞好人民防空信息化和防空防灾警报建设、扎实搞好人民防空工程建设；加大对人民防空建设的财政投入力度，强化人民防空国有资产管理；进一步加强人民防空法制建设；推进人民防空向“防空防灾一体化”发展；健全完善军地双重领导的人民防空管理体制 8 个方面对济南人防改革发展提出了明确要求。另外，《意见》还结合济南人防发展实际，增加了部分对人防发展非常有利的条款内容，解决了一些多年困扰人防的难点问题。如针对部分建设单位办理人防工程产权问题，《意见》对此作出了明确规定：建设单位按规定应建人防工程的民用建筑在申请办理房屋初始登记时，房产管理部门依据规划许可证标准对人防工程部分不予办理房屋权属登记手续。

【济南市民防局成立】 根据山东省人防系统的统一要求，经济南市编委批准，济南市人防办挂“济南市民防局”牌子，并增加有关民防职能。2007 年 9 月 26 日上午，济南市举行了“济南市民防局”挂牌仪式。济南军区人防办副主任徐起零、省人防办副主任王晓、济南市副市长邹世平、济南警备区司令员王忠、市国防动员委员会各成员单位的负责人和各县(市)、区领导出席了挂牌仪式。

民防局的主要功能是按照国家应急准备的计划和时间节点要求,加快人防综合信息系统整合,尽快建成并完善指挥设施、信息化系统和通信警报体系,做好城市人口疏散的准备等工作;加快推进防空防灾一体化改革,把战备资源用于平时城市防灾救灾和应对突发事件,造福人民;认真抓好机关“准军事化”建设,早日构建成“战时能力强,平时作为大”的现代人防民防体系。

新开业的英雄山人防商城一角 (市人防办供稿)

【济南市人防战备通信分局成立】 10月15日上午,市人防办和网通济南分公司联合举行战备通信分局挂牌仪式。

市人防办与网通济南分公司联合组建成战备通信分局,将整合双方各自优势,进一步提高人防通信保障能力。双方将加强沟通和协调,强化训练,加强装备引进和技术革新,同时加强专业队伍建设,建立多元化、多渠道、多层次的通信保障机制,为市委、市政府平时应急指挥和战时防空袭提供可靠的通信保障。

【获省人防工作目标考核第一名】 2007年,市人防办(济南市民防局)获得全省人防(民防)工作目标责任制考核第一名。

是年,济南市人防办(济南市民防局)以反台独军事斗争应急准备为牵引,解放思想,扎实工作,各项工作都实现了跨越式发展。经十一路人防工程建设全面竣工,初步建成包括人防指挥所、地面应急指挥中心、预备指挥所及机动指挥所在内的人防组织指挥系统,人防平战结合收入再创新高,人防宣传教育工作也实现了新的突破,整个人防的发展实现了战备效益、社会效益和经济效益的综合协调发展。先后获“全国人防工程建设先进单位”、“全国人防机关准军事化先进单位”、“模范职工之家”、“文明机关十佳标兵”等称号。

(王玉金 张 涛)

责任编校 杜加臣

经济综合与管理

发展和改革工作

【概况】 2007年，全市发展和改革工作以科学发展观为统领，按照“维护省城稳定，发展省会经济，建设美丽泉城”的要求，进一步解放思想，提升境界，转变作风，真抓实干，较好地发挥综合管理和协调服务职能，在规划和计划编制、重点项目建设、招商引资、对口支援、调查研究等方面都取得新的成绩，为保持全市经济社会又好又快发展作出贡献。

1.谋划发展全局，积极为市委、市政府出主意、当参谋。①推进重点规划的编制和实施。研究提出“十一五”规划重大工程项目、重大改革任务、重大政策任务以及重大规划任务的落实意见。结合国民经济和社会发展年度计划的编制，研究分解“十一五”主要目标和任务，并报市政府下发落实。总结回顾2003~2007年全市经济社会发展情况，研究提出今后5年全市经济社会发展的总体思路和目标。②加强专项规划编制。完成全市“十一五”能源、电力、燃气发展规划的修编完善，经市政府批准公布实施。完成《济南市创新型城市建设规划》，制定创新型城市考核指标体系。③编制全市年度国民经济和社会发展计划，组织下达2007年国民经济和社会发展计划。按照市委、市政府的统一部署，在深入调研、广泛论证的基础上，编制2008年计划草案，确定经济总量、结构效益、社会民生、节能环保等四大类50项主要指标，突出约束性指标和社会、民生方面的指标，使全市的计划指标体系更加完善，更好地体现科学发展观和构建和谐社会的要求。④强化经济运行监测预测分析。适应科学发展、和谐发展的要求，牢牢把握国家宏观政策取向，加大宏观经济监测力度，坚持月调度、季总结、半年检查分析，及时掌握各项计划指标完成进度，预警经济运行中出现的苗头性、倾向性问题，提出经济形势分析报告和政策建议，为市委、市政府部署指导经济社会发展工作提供依据和参考。⑤积极开展重大课题的调查研究。一是加强对省会城市群经济圈发展的研究。配合德州、莱芜两市有关部门，研究提出双边合作框架协议；分析研究经济圈与京津冀协作问题，与淄博、滨州、天津等城市进行衔接交流。二是加强统筹城乡、区域协调发展的研究。研究提出关于加快全市县域经济发展的研究报告，结合主体功能区规划要求和济南市实际，开展主体功能区规划前期工作。三是完成2006年财源结构分析。对年度地域、地方财政收入的级次结构、产业结构、税种结构和经济类型结构进行分析。四是开展南部山区调研工作。对历城南部山区330个行政村、508个自然村以及27个重点项目单位进行实地调研，形成调研报告，对南部山区的现状、问题进行分析，提出下一步保护与发展的思路。

2.着力抓好投资和大项目建设，增强发展后劲。①规范管理，进一步优化投资环境。继续完善固定资产投资项目办理程序，将地震安全性评价和抗震设防要求纳入现行的固定资产投资项目办理程序。加强协调与服务，积极做好行政审批中心窗口工作，共受理各类项目申请494件，办结489件，在全市行政审批中心服务窗口评比中多次被评为优秀窗口。建立项目审批“绿色通道”，及时为全运会道路建设一期工程、全民健身工程、全运村及奥体酒店等项目办理有关手续。②精心组织，积极推进重点项目建设。做好重大项目的协调、调度和汇总工作，确定全市重点建设项目42个，总投资704.5亿元，年度计划投资157.6亿元。奥体中心、山东现代国际物流等4个项目列入全省重点建设项目计划；小清河综合治理工程、腊山分洪工程经省发改委批复并相继按计划开工；胶济铁路客运专线工程全面开工建设；济菏、济莱高速公路主体工程建成通车；济南卷烟厂异地迁建项目投入试生产；黄台电厂“以大代小”城市供热工程通过国家发改委核准，日处理2000吨的生活垃圾焚烧发电项目前期工作加快推进。做好重大项目策划，重点策划太阳能利用产业基地、12英寸晶圆集成电路生产线等14个基础条件比较成熟的年内能够重点推进的项目。③加大力度，努力拓宽资金筹措渠道。一是争取国家、省资金工作力度进一步加大。59个项目争取到上级各类资金15250万元，其中工业交通项目4个，争取资金1968万元；服务业项目19个，争取资金1308万元；高技术产业项目4个，争取资金2040万元；城建及公检法司项目9个，争取资金2070万元；农林水利项目19个，争取资金7319万元；社会事业项目4个，争取资金545万元。为积成电子、力诺瑞特新能源2个项目争取到省产业结构调整资金2500万元，为泰华电讯、旗帜软件2个企业争取到省信息产业发展专项资金600万元。二是贷款项目融资工作顺利开展。配合有关部门举办“2007年诚信济南银企合作推进会”，推荐项目36项，项目总投资685亿元。三是企业债券发行工作加快推进。成立市发行债券领导小组和办事机构，确定发债主体和发债项目，对债券资金的发行、使用、管理和偿还进行多次研究，起草发行方案。④利用外资工作取得新进展。新核准外商投资项目24项，审查上报国家和省核准事项4项，合计总投资8亿美元；协同省有关部门批复济阳县人民医院利用德国政府贷款、全市“120”急救网络建设利用荷兰政府贷款引进医疗设备项目；积极做好中日合作节能、环保项目的提报及资金争取工作，共计汇总提报37个项目，总投资451亿元，申请中日合作资金130亿元。⑤采取有效措施，招商引资迈上新台阶。组织召开全市招商引资工作会议，修改完善招商引资工作管理办法，增强考核评比工作的客观性、公平性及可操作性。组织举办济南·浙江、济南·福建在济企业投资合作洽谈会，牵头在福建厦门、泉州两地举办济南·厦门(泉州)投资合作说明会。全年引进投资619.8亿元，同比增长10.4%，占全市GDP的比重为24.3%。

3.统筹城乡、经济与社会发展，着力关注民生。①积极做好农业建设资金的争取和项目的管理工作。全年共上报农林水项目37个，总投资11.1亿元，其中申请上级资金2.4亿元，项目涉及水库除险加固、城市防洪、农村饮水安全、灌区节水改造、水源工程、生态建设、沼气工程、动物防疫体系、农机推进等方面。②认真做好大中型水库移民后期扶持相关工作。组织召开全市大中型水库库区和移民安置区基础设施和经济发展规划编制工作会议，部署工作任务，督促检查库区移民后期扶持资金发放工作，协助市移民办编制完成全市大中型水库库区和移民安置区基础设施和经济发展规划。③切实加强“菜篮子”工作。认真贯彻全国、全省“菜篮子”工作会议精神，对生猪生产、流通、消费和市场调节方面存在的矛盾和问题进行调研并提出对策，确定51家生猪标准化规模养殖场(小区)申报改扩建项目，获得国家扶持资金1170万元。④积极推进全市经济适用房建设。争取省发改委安排全市经济适用住房项目7个，年内施工面积81.92万平方米。⑤协调做好全市棚户区改造的相关服务工作。进一步明确棚改项目办理的原则和程序，在日常具体项目办理中，按照特事特办原则，不断创新工作方式方法，保证棚改工作需要。⑥继续搞好村级组织活动场所建设有关工作。争取上级部门下达济南市2007年度村级组织活动场所中央预算内资金计划，对全市283个村级活动场所建设项目进行全面检查。⑦积极争取政策和资金支持，促进社会事业发展。组织普通高、中等学校、技工学校及民办高校编报招生建议计划，下达普通高、中等教育和技工教育招生计划46900人，同比增长11%。推进职业教育发展，研究提出加快职业教育发展的建议，协调山东英才学院、山东协和学院申报本科院校，济南铁路高级技工学校申办普通中专得到市政府批准。落实国家红色旅游基础设施、国家职业教育发展、国家抢救性文物保护设施建设等专项补助资金及时到位。

4.调整经济结构，加快发展方式转变。①推动重大产业创新发展。编制完成全市半导体照明产业发展规划；积极推进12英寸集成电路发展和动漫产业基地建设；筛选上报一批生物制造项目，推进生物制造产业基地建设。②积极做好国家高技术产业项目争取工作。围绕加快自主创新、建设创新型城市的战略目标，结合济南市高技术产业发展特点，筛选一批规模较大、运作规范的技术上成熟的项目，争取国家资金支持。③积极稳妥地推进关停小火电工作。对全市10万千瓦级及以下小火电机组进行调查摸底，按照国家和省的部署要求，关停黄台电厂1~4号机组，关停容量为14.5万千瓦。④大力实施阳光济南工程。召开2007国际太阳能热利用大会，并以此为契机，提出实施阳光济南工程，加快推进太阳能利用建议。⑤完善政策，促进服务业快速发展。召开全市服务业大会，研究出台《关于促进服务业发展的若干意见》等政策。历下、市中等7区(市)被初步确定为省级服务业重点城区，齐鲁软件园等5个园区被初步确定为省级服务业重点园区，浪潮齐鲁软件等27家企业被初步确定为省级服务业重点企业。

5.推进改革开放，不断增强经济社会发展活力。①加强对全市改革的综合调度。认真贯彻国家和省经济体制改革工作意见，结合实际，提出《全市2007年经济体制改革工作安排意见》。加强动态监测和协调指导，定期调度改革情况，掌握各项改革进展，分析工作特点和问题，关注企业和社会对重点改革措施的反应，完成全市经济体制改革情况分析，提出工作建议。②加强对基层改革的指导服务工作。完成对山东法因数控股份公司首次上市融资项目的核查工作；出具审核意见；指导长清、济阳、商河等县区发改部门深化企业改革工作；帮助市公用事业局、纺织科研所等单位研究有关改革方案；帮助部分县区、企业与深交所、齐鲁证券等中介机构建立协作关系，拓宽引进资金和投资者的渠道。③努力提高对外开放水平。认真做好直接外资工作，准确把握国家产业政策，改进和规范外商投资项目核准的实际操作，筛选、策划和提报2007年对外招商引资项目。积极推进间接外资项目进展，协调商河县污水处理工程利用亚行贷款658万美元项目国内配套资金等相关问题，协调济南电子机械工程学校与转贷银行的关系，推动项目转贷工作顺利实施。做好对外经济技术交流中心工作，组团参加济南市在香港、韩国、日本举办的大型经贸招商活动，签订总投资15亿元的省名优农产品展示中心项目以及十方新能源有限公司与日本石油资源开发株式会社合资项目。切实为涉外企业搞好服务，审查上报界龙电子等19个鼓励类外资项目的退税和抵税申请，为企业节省资金1.75亿元。为6家内、外资企业办理进口设备免税确认手续，为企业节省资金6534万元。为商河宏业棉纺集团、济南康泰等7家公司争取棉花一般贸易配额18500吨、棉花加工贸易配额4800吨，有力地支持棉纺企业的生产。

6.充分发挥综合协调职能，集中抓好事关全局的重点工作。①认真做好筹备第十一届全运会的相关工作。争取省发改委批复奥体中心、马术赛马场等工程项目；奥体中心“一场三馆”等一批在建项目进展顺利；确定供热、电网和铁路建设项目

42项，总投资285.2亿元；策划运动员村、五星级酒店、奥体中心餐饮购物设施等全运会重点项目，汇总胶济铁路客运专线等15个全运会重点建设项目。②认真做好经济合作和对口支援工作。对口帮扶成武县工作，已有6个帮扶项目建成或部分投产，完成投资6.2亿元，实现销售收入1.67亿元，利税2485万元，吸纳当地劳动力1500余人。对口支援三峡库区忠县的工作，签订与忠县对口支援协议，协调落实对口支援三峡库区资金，有力地支持忠州镇、黄金镇的公益事业和基础设施建设。开展经济合作交流活动，引导企业加强与环渤海地区、黄河经济协作区成员城市的联合与协作，进一步拓宽合作领域，引导企业加强跨地区合作，增强开拓市场、技术创新的能力。③积极推进依法行政，认真组织经济动员工作。提报立法项目2项，梳理行政执法依据37项，进一步界定行政职能，落实行政执法责任制，完善监督考核机制。

（张　涛）

【固定资产投资概况】 2007年，全市全社会固定资产投资1151.7亿元，增长23.2%。其中第一产业投资43.3亿元，增长36.1%；第二产业投资395.1亿元，增长10.4%；第三产业投资713.3亿元，增长30.8%；产业投资比重为3.8:34.3:61.9，一产、三产投资比重比上年同期分别提高0.4个和3.6个百分点。城市建设投入力度进一步加大，北园大街道路及环境建设工程基本建成通车；历山路道路改造工程完成大部分工程量；大明湖综合整治、小清河综合治理一期工程开工建设；奥体中心市政道路快车道基本完成；80栋安置房正进行装饰安装施工；历城唐冶新区、高新孙村新区路网已基本形成；济南东联供水工程完成朱各务水库至章丘电厂段建设并开始试运行；长清大学科技园继续实施教辅设施和配套设施建设。对外交通，济菏、济莱高速济南段已经相继竣工通车，胶济铁路客运专用线工程路基及重点桥涵正抓紧建设。

房地产开发投资保持增长态势。全年完成房地产开发投资193.2亿元，增长20.7%，占全社会固定资产投资的17%，全年商品房新开工面积398.2万平方米，竣工面积228.4万平方米，商品房开发和销售情况保持基本稳定的态势。鲁能领秀城、阳光100国际新城、名士豪庭、泉景天沅等开发项目进展顺利，发祥巷、振兴街、馆驿街西等12个棚户区改造已完成拆迁或处在最后扫尾阶段，其中发祥巷片区开发已开工建设。

工业投资稳定增长。全年完成工业投资386.7亿元，增长10.7%，占全社会投资比重的33.6%。济南卷烟厂易地迁建项目进入试生产阶段，青岛啤酒项目建成投入使用，吉利汽车年产10万辆整车项目全面开工建设，青年汽车年产15万辆整车项目一期工程正在进行厂房施工，中铁集团铁路重载货车项目40万平方米厂房正加快推进。

社会事业建设进一步加强。奥体中心主体工程基本完成，十一届全运会有关比赛场馆和全民健身中心项目进度加快，市儿童医院病房楼主体封顶，市妇幼保健院综合楼等项目进展顺利。

（王炳建）

【重点建设项目】 2007年，市政府确定的市重点建设项目共计42个，总投资704.5亿元，计划投资137.6亿元，全年实际完成投资130.6亿元，占年度计划的95%。其中，城市基础设施项目8个，总投资106.8亿元，当年计划投资69.9亿元，全年完成投资69亿元；社会事业项目8个，总投资10.2亿元，当年计划投资2.9亿元，全年完成投资2.5亿元；工业项目15个，总投资224亿元，当年计划投资24.7亿元，全年完成投资23.8亿元；房地产项目6个，总投资224.5亿元，当年计划投资30亿元，全年完成投资27亿元；服务业项目4个，总投资133亿元，当年计划投资9.3亿元，全年完成投资7.5亿元；农业项目1个，平阴县伊利奶源基地总投资6亿元，当年计划投资8000万元，全年完成投资8000万元。

（秦明君）

【黄台电厂“上大压小”热电联产工程通过国家发改委核准】 2007年12月，国家发改委正式核准山东黄台火力发电厂“上大压小”热电联产工程。该项目建设规模为：建设2台300兆瓦国产亚临界燃煤热电联产机组，同步安装烟气脱硫、脱硝装置，相应关停现有1~6号机组，关停容量36.5万千瓦，项目总投资27.6亿元。对现有7号、8号机组进行供热改造，最终形成3000万平方米的供暖能力。该项目不需新征建设用地，年节约地下水800多万立方米，二氧化硫、烟尘的年排放量将分别下降为4371吨和957吨，仅相当于环保部门下达该厂“十五”末排放总量控制指标的23.6%和22.8%。将拆除黄台电厂供热范围内的近80台燃煤小锅炉，每年可再减少二氧化硫和烟尘排放量1022吨和1787吨。项目计划于2008年9月开始建设，2010年建成投运。

（刘　赭）

【吉利、青年两大轿车整车生产项目落户济南】 为促进产业结构调整，进一步完善济南市汽车工业体系，加快交通装备制造业的发展，近几年来济南市积极发展轿车整车生产项目，浙江吉利集团、浙江金华青年汽车有限公司产能分别为20万辆轿车整车生产项目，已落户本市高新技术开发区。

吉利汽车、青年汽车两大轿车整车生产项目落户济南，标志着本市实现轿车整车项目从无到有的历史性突破，将进一步丰富完善汽车产品体系，促进本市由全国重型载重车生产优势地位向整车生产综合优势地位迈进，对加速壮大本市汽车产业整体实力、增强对本市经济发展的支撑作用具有重要意义。

（边家奎）

【第十一届全运会济南市马术赛马场项目获批】 2007年10月16日，山东省发展和改革委员会对第十一届全运会济南市马术赛马场项目批复立项。该项目位于济南市历城区港沟镇，计划总建筑面积9.6万平方米，计划总投资4.2亿元。十一运会期间将承担马术三日赛、越野障碍赛等赛马项目。该项目的获批，将对加快本市十一届全运会比赛场馆建设进程，对完成好全运会主会场承办任务起到极大的促进作用。

（孙绍华）

【南部山区产业发展政策研究及发展战略规划编制工作启动】 为促进济南市南部山区保护和发展，市编委于2006年10月成立济南市南部山区管理办公室。该办公室设在市发改委，主要职责是协调有关部门研究提出南部山区保护与发展战略；组织编制南部山区生态环境建设与经济社会发展总体规划；会同有关部门研究提出南部山区保护与发展的管理办法和保护措施；组织、协调、论证南部山区保护与发展的建设项目；负责安排南部山区保护与发展的专项资金。

南山办成立以来，首先集中3个月时间，对本市南部山区范围内的历下区、市中区、历城区、长清区、章丘市、平阴县6个县（市）、区，面积3364.5平方公里，29个乡镇（办事处）、1388个行政村，50个项目单位进行较为系统深入的调研。在此基础上，启动南部山区产业发展政策研究和生态环境建设与经济社会发展总体规划的编制。同时，南部山区保护与发展立法工作也已展开，2008年完成立法调研，力争2009年上半年出台地方法规，逐步形成南部山区保护与发展的规划、政策、法规支撑体系。（魏淑平）

【农村公路建设改造工作取得新成绩】 2007年，全市利用中央专项资金（车购税）建设改造农村公路160公里，直接受益村庄112个。项目总投资4568万元，其中，中央专项资金（车购税）补助投资1600万元。农村道路交通环境的进一步改善，有力地推进了本市农村经济和社会发展。

（邱习静）

【济南市社会事业基础设施建设项目获国家发改委专项补助资金】 2007年，通过积极争取，国家发展改革委下达济南市社会事业基础设施建设项目专项补助资金545万元，其中，济南高级技工学校职业教育发展中央预算内专项资金200万元；济南皮肤病防治院麻风病院村建设中央预算内投资160万元；济南市博物馆文物库房抢救性文物保护设施建设中央预算内专项资金35万元；济南烈士陵园、济南战役纪念馆红色旅游基础设施中央预算内投资150万元。这些专项补助资金的到位将进一步加快以上4个项目的建设进程，对加强济南市社会事业基础设施建设有着积极的促进作用。（孙绍华）

【济南市关停小火电机组14.5万千瓦】 黄台电厂1~6号机组为国家发改委核准黄台电厂“上大压小”供热工程要求必须关停的机组，总装机容量36.5万千瓦。原计划在2009年4月30日前关停1~4号机组，2009年底以前关停5号、6号机组。为提前完成关停小火电任务，黄台电厂自筹资金对现有30万千瓦8号机组进行供热改造，新增200吨/时的供热能力，为提前关停1~3号机组创造条件。12月，国家发改委到济南市对关停机组进行确认，黄台电厂1~3号机组正式关停，共计关停容量14.5万千瓦，全面完成2007年全市关停小火电任务。

（刘　赭）

【济南市煤矿安全改造项目获国债资金368万元支持】 为提高煤矿企业安全生产的装备水平，改善矿工工作环境，最大限度减少安全事故，经过积极争取，东风煤矿三号煤矿、鑫岳三号煤矿、青野煤矿安全改造项目获国家煤矿安全改造专项资金扶持。在国家严格控制煤炭安全改造国债资金投入的形势下，济南市上报的煤炭安全改造国债项目顺利通过国家发改委组织的专家评审，争取到国债资金368万元。煤矿安全改造项目实施后，将根除企业“一通三防”安全隐患，有效改善井下作业环境，为矿工人身安全及煤炭正常生产提供有力的保障。（边家奎）

民营经济

【概况】 2007年，济南市民营经济对全市整体经济的贡献作用进一步增强。呈现出以下新的特点：

1.经济增势平稳，运行质量进一步提高。2007年，全市民营经济（含一、二、三产业）实现增加值900.8亿元，同比增长25.65%；营业收入3204.36亿元，同比增长22.3%；实现利税276.65亿元，同比增长19.2%。其中，规模以上民营工业企业预计实现增加值416.56亿元，同比增长28.4%；营业收入1308.79亿元，同比增长24.5%；实现利税144.66亿元，同比增长35.1%。

2.民营骨干企业支撑作用明显。2007年，全市规模以上民营工业发展到1506家，占全市规模以上企业总数的80.49%。力诺、山水、庚辰钢铁等民营骨干企业和平阴碳素、刁镇化工、济阳升降平台制造等产业群体正在不断地发展壮大，对全市经济的带动和支撑作用明显增强。

3.民营企业的社会贡献日益突出。民营企业成为全市经济发展最活跃的因素之一，极大丰富了市场经济成分，为增加财政收入和缓解社会就业压力作出了贡献。截至2007年底，全市个体工商户数达到了14.1万户，注册资本达到了43.8亿元，从业人员28.1万人；私营企业数达到了4.1万户，注册资本达到了341.8亿元，从业人数36.2万人；全年新增注册私营企业和个体工商户吸纳就业超过15万人。

【中小企业服务体系建设日趋完善】 1.融资难、贷款难的问题得到进一步缓解。建立中小企业信用档案，开始实施中小企业评信活动，召开银企项目对接会，为企业发展搭建金融平台。市政府组织相关部门先后在历下区、市中区、槐荫区等4个县（市）区以及食品行业企业为上百家企业举办项目推介会，为46家企业协调银行贷款6.01亿元。

2.中小企业网群建设和企业信息化工作得到扎实推进。在济南中小企业网搭建全市民营中小企业信息服务平台，通过整合政府部门、县（市）、区服务机构和中介机构等各方面信息资源，现已建设完成5个县级分网。积极开展“中小企业信息化巡回培训”活动，对县（市）、区工业经济主管部门和相关企业进行电子商务知识的普及和推广，已举办4期培训活动，数千家中小企业免费享受到全面的信息化建设知识培训。

3.创业辅导基地建设初见成效。制定出台《济南市关于加快小企业创业辅导基地建设的意见》，并从全市13家创业辅导基地中选择7家作为试点单位，授予其试点称号，各创业单位也积极开拓思路，下大力气抓好这个基础工程，营造积极健康的创业环境。济南民营科技企业孵化器和新世纪温州工业基地发展基地还被评为省级小企业创业辅导基地。

4.中小企业担保体系更加完善。通过采取依法促进、政策鼓励、财税扶持、信用提升、行业自律等措施，引导、支持广大担保企业逐步形成以政策性担保为引导、商业性担保为主体的中小企业信用担保体系，积极推进中小企业融资担保体系建设，各县(市)、区均成立了由政府出资、社会吸纳等多种资本构成组建的担保公司，各项担保业务取得明显成效。截至2007年底，中小企业担保公司已为39户企业提供了1.2亿元的商业贷款，解决中小企业的燃眉之急。

【市政府出台《济南市加快园区经济发展若干政策》】 为进一步加快园区经济发展，充分发挥园区载体功能，促进产业集聚和结构调整，2008年8月28日，市政府正式出台《济南市加快园区经济发展若干政策》。依据该《政策》，济南市将设立园区经济发展专项资金，并以返还部分税收的方式加大对园区的扶持，同时为园区建立项目备案、核准快速通道，各项报批手续直报市政府有关部门。

【成长型中小企业发展实现新突破】 2007年，市经委会同市财政局、统计局、农业银行、工商银行在济南市207户列入全省成长型企业中，按照连续两年收入增幅30%以上、市场占有率高、自主创新能力较强、拥有自主产权和品牌、体制机制灵活、具有项目储备、符合国家产业政策等条件要求，选择了30户成长型企业作为重点培育对象。

截至2007年底，30户企业实现销售收入156.64亿元，占全市的5%。平均每户企业销售收入为5.2亿元，实现销售收入最高的企业19亿元、最低的6567万元。近两年30户企业收入增幅增长较快，20006、2007年销售收入平均增幅达到36%，高于全市规模以上工业增幅12.6个百分点。

【参加第四届中博会取得丰硕成果】 2007年9月15~18日，济南市组织17家企业参加在广州举办的第四届“中国国际中小企业博览会暨中日中小企业博览会”。在为期4天的中博会上，济南市参展企业取得了较好的参展成果，17家参展企业共达成合资、销售协议24项，协议金额2.01亿元。

【济南市首次推广中小企业利用邮政资源直复营销模式】 为体现邮政通政、通民、通商的现代服务理念，进一步加强邮政部门与中小企业之间的联系，充分借助邮政资源，通过直复营销这种现代经济手段促进济南市中小企业又好又快发展。市经委与市邮政局举办了首届济南市中小企业直复营销应用论坛，就直复营销与中小企业的联系和促进发展进行了研究探讨，全市300多家民营企业参加了论坛。济南市成为全省首家利用邮政资源开展中小企业直复营销模式的城市。

（陈晓勇 刘 毅）

国有资产管理

【概况】 市国资委成立于2004年9月，市政府授权国资委第一批监管的企业255户，监管企业账面资产总额424.75亿元，净资产48.22亿元，资产负债率88.65%，监管企业职工总数26万人(其中在职14.5万人)。面对监管企业“量大面广”和“三多三少”的困难局面，市委、市政府确定把加快推进市属国有(集体)企业改革改制作为市国资委的首要任务，明确提出用2~3年的时间基本完成市属企业改革改制的任务。在市国有(集体)企业改革改制领导小组的组织下，市国资委按照“三个一批”的总体改革思路，经过3年多的努力，第一批监管企业(255户)完成改制238户，占全部监管企业的93.3%，监管外国有企业完成重组改制19户。总计完成改制257户，基本实现市属企业改革改制的任务目标。

2007年，全市国有企业(一级)287户，资产总额527亿元，国有资产163亿元。市国资委监管及参股、代管企业共41户，其中，监管国有及国有控股企业22户，国有参股企业7户，集体企业3户，代管企业党组织9户，涉及管理的企业法人单位257户。监管企业资产总额246.75亿元，负债总额204.35亿元，净资产总额43.9亿元，资产负债率82.82%，比成立之初降低7.2%，资产总额比成立之初减少178亿元，净资产仅减少4.32亿元。监管企业职工总数12.4万人(其中在职职工7.3万人)。监管企业实现营业总收入147亿元，同比增长13.91%；实现利润2.1亿元，同比增长383.61%。4月24日召开全国政策性关闭破产工作会议暨全国企业兼并破产和职工再就业工作先进集体和先进个人表彰会议，济南市国资委获全国企业兼并破产和职工再就业工作先进集体称号。

【全面清理市直机关所属企业】 1月8日，全市市直机关(事业单位)所属企业清理工作会议召开。会议要求市直机关(事业单位)所属企业清理工作分步进行：1月8~17日，各市直机关(事业单位)自行组织清理，部门所属事业单位所办企业的清理，由主管部门归口组织；1月20日前，各部门、各单位将企业基本情况上报市国资委，春节后分期分批移交市国资委监管；年底前，基本完成这些企业的改革改制。为更好地推进清理工作，5月22日，市国资委举办市直机关(事业单位)所属企业改革改制培训班。

市直机关所属企业共有236户，规模不大，2/3的企业运行不正常，有的严重资不抵债、盘活无望，职工利益得不到保障。按照市委、市政府研究确定的意见，市直机关(事业单位)所属企业的改革改制工作由主管部门负责，市国资委负责按照市属企业改革改制统一的政策和程序，进行统一协调指导，搞好改革资金的综合平衡使用。改制企业的国有资产收益统一收缴市国资委用于改革成本的综合平衡，改制到位后的国有产权移交市国资委监管。济南市将严格按照“依法规范，因企制宜，市场化运作，不留后遗症”的基本原则，把好方案审定关、审计评估关、产权转让关、职工就业安置关等各个关口。

【济南二机床集团与奇瑞汽车有限公司签订3亿元合同】 1月，济南二机床集团与奇瑞汽车有限公司正式签订金额近3亿元的“2500吨大型多工位压力机及6条重型数控冲压生产线”购销合同，该项合同创造了中国机床企业在汽车领域单笔合同金额的最高纪录。这是国内汽车企业首次选用国产大型多工位机械压力机，也是中国汽车企业选用的规格参数最大的多工位机械压力机。

【济南二机床集团公司国际高端市场取得新突破】 2月8日，由济南二机床集团公司为泰国萨密特(Summit)公司提供的3200吨大型冲压生产线设备验收交接仪式在萨密特公司冲压生产线现场举行，双方代表分别在产品验收协议书上签字。这一国内首个完全自主研发、自主制造并实施“交钥匙”工程的大型锻压装备出口项目圆满完工，不仅是济南二机床也是国内机床行业在国际高端市场的重要突破。此次萨密特项目真正实现具有完全自主知识产权和自主品牌成线重型锻压设备的出口，JIER品牌也实现由“借船出海”到“造船出海”的历史性跨越。

【山东吉美乐有限公司与泰豪科技股份有限公司举行战略重组签字仪式】 1月16日，山东吉美乐有限公司与泰豪科技股份有限公司战略重组签字仪式在山东大厦举行。济南市国资委将吉美乐的国有产权股份全部转让给泰豪科技股份有限公司。

根据重组协议，泰豪科技受让吉美乐的全部市属国有股权，重组吉美乐的全部经营性资产和经营业务，按照职工就业随着资产业务走的原则，重组后企业承接吉美乐的全部职工。重组后，吉美乐公司将引进其先进技术及机制、优秀的企业文化、资金、产品等优势，巩固扩大军用电源市场，开拓民用电源国际市场，大力发展智能建筑电气产业，改造优化办公设备系列产品。

【济南华能气动元器件公司与世界气动巨头德国费斯托公司签署战略重组协议】 1月21日，济南华能气动元器件公司与德国费斯托公司战略重组签字仪式在山东大厦举行。根据协议，加入世界气动巨头德国费斯托集团的济南华能气动元器件公司将变为一家外商独资企业，德国费斯托集团公司受让济南华能气动公司的全部市属国有资产，并承接华能气动的全部债权、债务、业务，以及安置华能气动现有的全部职工。在此基础上，费斯托集团将在济南设立外商独资的新公司，新公司首期将注册资本6000万元，公司的名称将保留不变。

【市委、市政府召开2004～2006年度市属国有(集体)企业改革改制总结表彰大会】 2月11日，市委、市政府召开2004~2006年度市属国有(集体)企业改革改制总结表彰会，通报表彰2004~2006年度全市企业改革改制工作先进单位和先进个人。

会议对做好2007年的国有（集体)企业改革改制工作进行部署安排。①进一步提高思想认识。继续深化国企改革，切实做好机关下属公司的改革工作，力争年内基本完成。②进一步明确工作任务。要求全面完成所剩余企业、包括县、区尚未完成改制企业的改革改制任务和基本完成市直机关(事业单位)所属企业的改革改制任务。③进一步落实工作措施。一是准确把握改革改制形式。继续按照“三个一批”的思路和“一般竞争性行业能参股的不控股、能退出的不参股”的要求，统筹部署安排，全力推进。二是明确工作推进方式。市国资委监管的、尚未改革改制的企业，由市国资委负责推进改革改制；县、区尚未改革改制的企业，由县、区政府推进并负责完成；市直机关(事业单位)所属企业的改革改制任务，由主管部门负责成立领导工作小组，组成专门的工作班子负责组织实施并在年内基本完成。三是确保职工利益。四是依法规范操作。严格按照“依法规范、不留后遗症”的原则，切实把好方案审定关、审计评估关、产权转让关、职工就业安置关等各个关口，严格工作程序，依法规范运作，严禁暗箱操作。五是切实加强思想政治工作。

【华诚元首集团移交与改革工作】 3月8~10日，国务院国资委改组局副局长李冰率领由国务院国资委、财政部、劳动保障局、银监会等部门组成的调研组，来济南市就华诚元首集团有关企业政策性破产费用问题进行调研。调研组一行先后与省国资委、省财政厅、省劳动和社会保障厅、省银监会、市国资委、市财政局、市劳动和社会保障局以及华诚集团、华诚元首集团举行座谈。经国务院批准，华诚集团将实行整体破产，对其设在地方的企业按照“先移交后破产的原则，切实做好组织实施工作”。按此精神，元首集团将划转到济南市管理，其所属四户严重资不抵债企业将纳入政策性破产，此次国务院国资委调研组是对有关破产费用问题进行专题调研。

9月19日，国务院国资委副主任李伟在山东大厦主持召开华诚元首集团移交济南市管理座谈会，就华诚元首集团移交济南市管理的有关问题进行充分协商，形成加快推进移交工作的意见。此次会议标志着济南市进入实质性接收管理华诚元首集团的阶段。

【山东省济南纺针织品批发总公司完成整体重组国有产权转让】 3月28日，山东省济南纺针织品批发总公司整体重组国有产权转让签字仪式在龙都大酒店举行。本次重组，济南立佳置业有限公司一次整体受让山东省济南纺针织品批发总公司的全部市属国有产权，承接安置企业全部职工。计划投资2亿元对纺针织品批发总公司的经营性资产和经营业务进行整合，对现有纺织品市场进行改建。重组后的新公司将设立佳置业公司(房地产开发)、纺织市场、针棉织品公司、劳保公司和物业管理公司，形成房地产开发、物业管理和纺针织品批发、零售及会展服务的经营格局，通过进一步扩大招商引资，将企业建设成为全省一流的纺织品批发市场。

【全市集中开展打击盗用城市公共供水违

法犯罪专项整治行动】 7月6日，全市集中开展打击盗用城市公共供水违法犯罪专项整治行动动员大会在市国资委召开，标志着为期两个月的专项整治行动正式启动。8月19日，济南市在泉城广场举行了“集中打击盗用城市公共供水违法犯罪专项整治行动启动仪式”，济南水业集团近500名员工参加了启动仪式。启动仪式结束后，由100辆自行车队、30辆供水稽查专用车组成的专项整治行动宣传车队出发，赴济南各社区和街道进行宣传。在活动现场，工作人员则通过散发宣传材料、讲解宣传展板、现场咨询、有奖抢答等形式，广泛宣传“偷盗用水是犯罪行为”的理念，并同时开展“举报检举偷盗用水行为，百万奖励基金等您拿”活动，设立专门区域进行偷盗用水的举报投诉。在为期近两个月的整治行动中，共破获违法盗水等刑事案件25起，严厉打击了盗用城市用水的违法行为。

【济南四建集团公司中标中国驻塞尔维亚使馆工程】 8月，济南四建集团公司在众多强有力的竞争对手中以6700万元报价中标中国驻塞尔维亚使馆馆舍新建工程。这是该公司继2007年初以近6000万元报价中标驻东帝汶使馆新建工程后的又一大型项目。

中国驻塞尔维亚使馆馆舍新建工程位于塞尔维亚共和国首都贝尔格莱德市。工程总建筑面积为7684.20平方米，是迄今为止该公司承建的造价最高、规模最大的使馆工程。本次中标不但意味着济南四建集团成为山东省内使馆工程中标、施工最多的企业，更意味着四建集团的国际市场经营由原来单纯的佛得角市场点式发展扩大到多点式、链式甚至面式发展的格局。

【济南二机床集团成功研制国内首条高档开卷落料线】 9月23日，济南二机床集团为长城汽车公司提供的ZSK-2.5×1850开卷落料线通过用户预验收，这是目前国内首条拥有完全自主知识产权的高档开卷落料线，打破此类产品依赖国外进口的局面。

【大观园商场重装开业】 10月1日，大观园商场举行重装开业仪式。此次大观园重新开业，标志着商场已完成从传统百货向流行百货的过度。以“女人世界”为主打商品的重新招商，使大观园从中低档商品提升为中高档商品。世界名品运动服折扣店的引入和新扩建的2000平方米“流行前线”，把流行和时尚引入大观园。大观园特色文化如：商品文化、饮食文化、古建文化、园林文化、曲艺文化、楹联文化、禅寺文化、奇石文化等得到充分发挥，并形成新的旅游点。

【山东三箭集团、济南四建集团获“创鲁班奖工程特别荣誉企业”等称号】 12月14日，中国建筑业协会在北京国家大剧院召开中国建筑工程鲁班奖（国家优质工程）创立20周年纪念大会。山东三箭集团、济南四建集团分别获“创鲁班奖工程特别荣誉企业”称号（全国获此称号的企业共有138家）。

（王富民）

国土资源管理

【概况】 2007年，市国土资源局严格履行保护资源、保障发展、维护权益、服务社会的各项职责。全年受理各类审批审核备案业务5230件，依法办结5021件，办结率为96%；办理固定资产投资项目用地手续119件，办结率为100%，完成年初确定的各项目标任务。

1.严格耕地保护，土地开发整理超额完成任务。认真落实市、县、乡、村四级耕地保护目标责任制，进一步加强占补平衡、补划备案、动态监管、目标考核等各项制度措施，有效保护了36.2万公顷耕地（其中包括32.13万公顷基本农田）。坚持以建设促保护的思路，在商河、长清分别规划建设1333公顷基本农田保护示范区。土地开发整理工作狠抓项目施工和管理，全年验收国家、省、市、县四级投资项目61个，总规模4003.33公顷，新增耕地2131.87公顷，超额完成省下达济南市新增耕地1800公顷的任务。

2.落实调控政策，保障重点工程和重点项目建设。严格落实国家土地调控政策，高标准开展新一轮土地利用总体规划影子规模测算工作。征地工作中，严格执行公告、听证等程序，严格落实法定补偿安置标准和保障资金，切实维护被征地农民的合法权益，有力保障全运会场馆、小清河治理等重点工程和重汽、济钢等重点工业项目建设顺利进行。

3.狠抓土地供应，土地出让收益实现新的增长。完成新一轮国有土地基准地价更新调整，强化土地供后监督管理，开展闲置土地清理检查，推行工业用地招拍挂制度，促进土地利用效益不断提高。2007年，全市供应建设用地2416.66公顷，其中划拨供地677.33公顷，出让供地1739.33公顷，实现政府土地纯收益41亿元。市本级供应建设用地1506.67公顷，其中划拨供地393.33公顷，出让供地1113.33公顷，实现政府土地纯收益36亿元。以审计署驻济特派办对济南市土地出让金收支管理专项审计调查为契机，进一步规范土地出让金收缴管理。加强与各平台在土地收购、整理熟化等方面的协作配合，完善国有土地收购储备办法，市本级共收购收回各类土地348宗，面积176.6公顷。土地二级市场进一步活跃，市本级办理土地转让交易122宗，面积171.13公顷，促进存量土地的盘活利用。

4.强化执法措施，开展各种重大执法活动并取得明显成效。按照国家和山东省部署，深入开展第七次卫星图片土地执法检查、查处土地违法违规案件专项行动和土地执法百日行动等重大执法活动，有力地维护了管地用地秩序和全市发展大局。全年立案查处各类土地违法违规案件455宗，其中新发生案件46宗；受理国土资源信访事项294件，处结282件，处结率达到96%。

5.坚持标本兼治，整顿和规范矿业秩序的各项任务基本完成。按照国家和山东省统一部署,先后开展煤炭回采率专项检查、山石资源开采专项整治、砖瓦窑场关停治理、矿山安全生产检查等专项行动,组织大规模的联合执法7次,查处各类矿产资源违法违规行为56起;矿产资源整合工作取得明显成效,全市矿山企业数量从561家压减到375家;以矿产资源有偿使用为重点,以矿业权管理为主线,理顺矿山经济关系,逐步完善矿产资源管理制度和机制,全市整顿和规范矿产资源开发秩序工作基本结束,顺利通过省政府检查验收;加强矿产资源储量管理,开展矿山储量核实与动态检测,积极推进矿业权市场建设,全年共收缴采矿权价款1008万元,征收矿产资源补偿费1401万元。

6.保护地质环境,破损山体治理取得新的进展。积极推行矿山地质环境影响评价报告和治理保证金制度,先后征收234家矿山企业治理保证金565万元。争取国家和山东省地质勘查经费945万元,引入市场机制,启动公益性、基础性、战略性地质勘查工作。以迎接十一届全运会为契机,大力开展破损山体治理工作,对城区及主要交通沿线等重点区域的58座破损山体,逐一制定治理方案,按照以区为主、市区联动的工作机制,分解落实治理任务,狠抓治理工程施工。2007年,市财政投入专项治理资金2.5亿元,年底前已开工治理52座,13个样板工程初见成效。坚持全面布防、重点监控,全面加强地质灾害监测和防治,实施地质灾害危险性评估347宗,有力地保障了汛期尤其是“7·18”大雨期间全市的地质安全。

7.强化基础工作,法制建设、土地调查、金土工程等扎实推进。从提高行政效能、完善行政程序、规范权力制衡入手,制定各类制度和办事规范10件,新修订的土地收购储备办法已颁布实施,矿产资源补偿费征收管理办法(修订)和宅基地管理规定也已进入立法程序。依法组织听证会52次,办结人大代表建议6件、政协委员提案5件。编制第二次土地调查实施方案,确定技术规范,为2008年工作的开展奠定基础。完成2007年度土地变更调查,获取全市最新土地利用资料。积极推进“金土”工程建设,提高国土资源管理信息化水平。加强日常地籍管理,2007年累计发放各类土地证书7370件,办理土地抵押登记554宗,帮助企业以土地融资97.5亿元。

(周　鹏)

物价管理

【概况】 2007年,济南市市场物价总体水平平稳上涨,居民消费价格总水平比上年上涨3.9%,比全国平均水平低0.9个百分点,比全省平均水平低0.5个百分点,但突破了年初确定的3%的预期调控目标。八大类商品和服务项目价格呈“六升二降”格局,即食品类较上年上涨11.6%、家庭设备用品及维修服务上涨3.9%、居住类上涨3.8%、烟酒及用品上涨3.0%、医疗保健和个人服务上涨2.2%、娱乐教育及服务上涨0.5%,上述六类共同拉动居民消费价格总水平上涨4.5个百分点;交通和通讯类下降3.0%、衣着类下降2.5%,两类共同影响居民消费价格总水平下降0.6个百分点;在粮、油、肉、蛋等食品涨价的带动下,食品类价格5、6月份开始持续上涨,且涨幅不断加大,全年同比上涨11.6%,拉动居民消费价格总指数上升3.5个百分点。其中,粮食上涨12.4%、油脂上涨18.0%、肉禽及其制品上涨30.9%、蛋类上涨14.6%、鲜菜上涨6.8%、鲜果上涨13.1%。尤其是猪肉价格从5月中旬开始大幅上涨,全月平均价格比4月份上涨15.7%,月同比上涨55.9%,随后经历6月份的高位运行,在7月份达到最高点,月同比上涨达95.6%,9月份开始小幅回落,全年同比上涨52.3%,拉动总指数上涨0.86个百分点。在全市计算的食品类指数55个基本分类中,涨价的有53种,涨价面为96%。

1.价格宏观调控。面对粮食、食用油、猪肉等主要农副产品价格持续走高、价格总水平较快上涨的局面,全市物价部门及时反应,迅速行动,积极应对价格总水平较快上涨。①加强价格监测分析,及时启动肉、禽、蛋等副食品应急监测,建立价格监测日报制度,调查分析价格上涨的原因及走势,及时提出稳定市场、稳定物价的对策建议。②严格控制出台政府提价项目,适当推迟供暖价格、污水处理费、天然气价格等定价项目的调整时间,对部分定价项目实行提价申报制度。③加强正面宣传,搞好舆论引导,及时发布价格政策信息和市场价格变化情况,引导社会理性看待物价上涨。④积极防范重大自然灾害等关键时期可能发生的价格异常波动。“7·18”特大暴雨后,及时召开防汛抗灾期间的价格监管协调会,加强价格监测和市场巡查;在第五届中国国际农产品交易会在济南市召开期间,依法对宾馆客房价格按照涨价幅度不超过正常平均价格的50%进行监管,有力维护了市场价格秩序的基本稳定。

2.价格改革工作。①为缓解燃气上游价格上涨的影响,按照“价格联动、合理分担、建立机制、确保稳定、促进发展”的要求,建立燃气上下游价格联动机制,并自2007年5月1日起对民用管道天然气、焦炉煤气价格进行适当调整。②研究制定《关于发挥价格职能作用促进服务业发展的意见》,提出清理涉及服务业的行政事业性收费、扩大服务业企业的价格自主权、对服务业实行扶持性的价格政策等26项政策措施。③按照高耗能企业实行差别电价政策的有关规定,对全市电解铝、铁合金、电石、烧碱、水泥、钢铁、黄磷、锌冶炼等8个高耗能行业进行调查摸底,提出对6家企业27台设备实行差别电价的意见。④研究制定《济南市超标准耗能加价管理办法》,明确规定超标准耗能加价的价格标准和征收规定。⑤按照利用价格杠杆加快关停小火电机组、促进节能降耗和减少污染物排放的规定,自2007年10月1日起,对全市10家热电联产企业20.25万千瓦装机容量的上网电价实施第一步降价措施。

3.行政事业性收费管理工作。加大清费治乱力度,有效规范收费秩序。①认真贯彻落实上级的各项收费政策,对服务行业免除4个部门的7项收费,对4个部门的5项收费按下限进行调整。②坚持行政事业性收费统计报告制度,依法取消9项行政事业性收费项目。③按照收费年审制度的要求，对全市2006年度收费情况进行集中审验，共审验收费许可证3100多个，规范收费行为。④继续推行“两证一票”、收费登记簿、价格和收费公示等收费监管制度。

4.价费管理工作。①开展药品价格集中整治工作，及时调整济南市生产的45个品种的药品价格，全年降价额4.6亿元；配合药品集中招标采购工作，及时制定315个规格品种的中标药品临时零售价格，仅市直医疗机构减轻患者药费负担1.44亿元；按照自制剂价格管理的有关规定，认真核定部分市直医疗机构81种自制剂价格。②开展房地产市场交易秩序整顿，重点规范房地产开发企业和中介机构在商品房交易过程中执行价格法律、法规的行为；继续落实商品房价格说明书制度，完善物业服务收费管理办法；在严格审核、依法听证的基础上，合理确定首批经济适用住房销售基准价格。③按规定取消农村义务教育学杂费，落实对高中学校收取择校费后不得收取学费的政策，制定部分高中、职业学校的学生公寓收费标准。④按照省政府办公厅关于建立物价上涨与提高困难群众生活补贴和保障标准联动机制的要求，及时向市政府提出建立济南市物价上涨与提高困难群众生活补贴和保障标准联动机制以及联席会议制度的实施意见。⑤认真研究制定一些与群众生活直接相关的价格政策。对新上出租车承包费实行幅度控制管理；配合济南市快速公交线路的开通，及时制定快速公交车票价；出台违章肇事车辆看管费标准。

5.价格监督检查工作。①紧紧围绕“安民生、保改革、促发展”，坚持专项检查与日常检查相结合、调查与检查相结合，先后开展涉农、教育、医疗、建设收费和农资、电力、石油价格、主要副食品价格及相关收费、铁路运输价格及服务收费等专项检查。全市共查处价格违法案件217件，查处违价金额1150.6万元，实施经济制裁341.1万元，没收273.5万元，罚款50.5万元，退还用户17.1万元。②扎实开展“价格服务进万家”活动，全市建立各类价格监督服务站835个，发展物价员单位803个，拥有价格服务队伍3008人，价格服务的工作领域进一步拓宽，服务对象进一步扩展，服务能力进一步增强。③把推行明码实价列入全市“弘扬济南精神，创建文明城市”主题行动承办实事的工作计划，组织开展宣传和检查活动。④认真受理各类价格咨询和举报，及时化解价格矛盾和纠纷，维护群众的合法权益。全市共受理各类价格咨询、举报3379件，办结3317件，立案查处价格违法案件495件，为消费者挽回经济损失86万多元。

6.价格公共服务工作。①认真实施价格普法活动，完善价格工作程序，开展价格依法行政督查，促进工作的规范化。②认真开展农产品成本调查和成本监审工作，对粮、棉、油、生猪以及部分特色农产品的成本收益进行调查，对燃气、教育、出租车、垃圾处理、供热等重要商品和服务价格成本进行监审，为政府宏观决策、物价部门合理定价、农民调整种植结构提供重要参考。③开拓涉案物品价格认证工作，创建规范化认证中心进展顺利，鉴证业务范围进一步拓宽，为司法和行政执法部门提供良好的价格认证服务。

【严格核定首批经济适用住房基准价格】 按照经济适用住房管理有关规定，济南市物价局成本监审人员会同专家共同对经济适用住房开发成本进行监审，每平方米核减成本757.88元。9月7日，在核定经济适用住房单位销售基准价格的基础上，市物价局主持召开首批经济适用住房定价听证会。来自市政府、人大、政协、消费者等各方面的26名代表就经济适用房价格以及相关问题纷纷发表意见。绝大多数听证代表认为听证会的销售基准价格符合国家关于经济适用住房的政策规定和济南市的实际情况，均表示同意，同时建议政府要进一步加强对经济适用住房的管理，从规划、设计、建筑等环节提前介入，控制成本，进一步降低经济适用房的价格，并进一步完善小区的配套公共设施，为小区入住的群众提供出行、就医、入学等生活上的方便。物价部门汇总代表意见上报市政府，经批准后，向社会公布经济适用房的销售基准价格为每平方米2242元，并要求开发企业在销售过程中严格按照《济南市商品房销售明码标价的规定》，统一使用由市物价局监制的《销售价格说明书》，接受消费者的监督和价格主管部门的检查。

【“价格服务进万家”活动取得新进展】 为进一步强化价格服务意识，拓宽价格工作领域，市物价部门在继续抓好“价格服务进万家”试点活动的基础上，按照“全面进、扎实干、重创新、求实效、持久抓”的要求，结合各地实际，全面认真地开展“进万家”活动。活动中，各级物价部门以调查研究为先导，制定科学性、系统性和可操作性较强的活动方案和实施方案，积极探索建立经得住实践检验、社会认可、群众满意的工作机制。采取“突出重点、以点带面、稳步推进”的工作方式，破解一些价格热点、难点问题，推动区域经济社会的又好又快发展。据统计，全市共建立监督站835个，物价员3008人，初步建立起横到边、纵到底的组织网络，并进一步明确责任分工，量化考核指标，建立各项制度，夯实工作基础，初步构建了价格监督检查、价费公示、价格诚信、困难帮扶、举报投诉五位一体的价格服务网络，并取得阶段性成果。

【发挥价格职能作用，促进服务业发展】 为进一步优化服务业发展的价费环境，市物价部门提出运用价格杠杆促进服务业发展的26项政策措施，其中包括集中清理涉及服务业的各类行政事业性收费、社会普遍关注的教育医疗收费、考试培训类和旅游行业的收费以及涉及社区新办服务业的收费、路桥收费、房地产中介服务收费等，进一步降低服务企业非税负担，进一步扩大服务业企业的价格自主权，逐步理顺和完善服务业水、电价格体系，营造公平竞争的市场环境。实行有利于金融业发展的扶持性价格政策，完善教育收费政策，修订物业服务收费办法。加强价格监督检查，组织开展涉及服务业的收费专项检查和房地产市场收费专项检查，规范对服务企业的行政收费行为，大力推进服务业价格诚信建设。通过加大价格政策宣传和价格信息发布力度，积极开展价格服务，努力提升服务业发展水平。

（王艳玮）

工商行政管理

【概况】 2007年，全市工商行政管理机关在市委、市政府和国家工商总局、省工商局的领导下，以科学发展观为统领，坚持“四个统一”，深入实施“以人为本，争优创新”的管理理念，各项工作取得新的进步。周伯华、李东生、刘凡、王东峰等国家总局领导先后到济南市工商行政管理局视察，对市工商局的工作给予充分肯定。在全国工商系统个体工商户分层分类监管、产品质量监管和农村食品市场“四制”现场会上，市工商局作了典型发言和汇报；12315申诉举报指挥中心被评为国家级优秀青少年维权岗；市工商局被评为全国工商系统政务信息工作先进单位、全省工商系统先进集体，综合档案管理达标省特级（另外有7个分局达标省一级），并继续保持省级文明机关称号。

1.统筹工商职能与服务发展的关系，促进全市经济又好又快发展。在严格落实9个系列、120条服务发展措施的同时，又推出《六项二十七条》等一批服务发展、惠及企业的新举措，强力支持服务业和工业经济发展。根据形势发展和企业产权股份制改造实际，主动转换“角色”，有效化解矛盾，设身处地支持企业健康发展。提速首问负责制、一站式服务、登记注册绿色通道等，在全省工商系统率先实现登记标准、程序、要求“三统一”，繁事简办、特事特办。在保持合法底线的基础上，灵活掌握市场准入，优化升级产业结构，以新《公司法》实施为契机，发展1人公司2457户，新增有限责任公司、个体工商户11465户和37211户，同比分别增长19.2%和23%。服务社会主义新农村建设，拓展8项、30条措施，新发展农村合作社350户，列全省第1位。促进签订“定单农业”12959件，发展农村经纪人4748户，推进12315进农村等“五进”工程，建立农村12315申诉举报站和消费者协会投诉站3699个，占行政村总数的84%。实行重大项目跟踪责任制，明晰产权，多方协调，促进重汽集团在香港成功上市，扎实服务国有企业改革改制，有针对性地指导小鸭、金德利集团等22家企业完成改制；深入推进商标战略，召开济南市著名商标认定委员会成立暨首届著名商标认定大会，建立重点商标培育库，全市新创中国驰名商标3件、山东省著名商标33件，首批认定济南市著名商标65件，市政府兑现奖励860万元；实施再就业工程，协助企业吸纳城镇人员就业1.7万人次，安置下岗失业人员7168人次，对1923名下岗职工减免规费390余万元；协助劳动保障部门开展企业养老保险扩面征缴，累计增缴1.5亿元；在对中小企业担保贷款扶持的基础上，与团市委联合举办“扶持个体私营经济发展暨青春创业小额担保贷款”活动，为1220家个体工商户和330家私营企业解决贷款1.34亿元；大力服务招商引资，与市发改委等部门联合发布招商项目，开展调研论证，搭建服务平台，新引进项目19个，合同金额13.1亿元；签订“红盾”帮扶协议372份，联合扶持重点招商项目吉利汽车、青岛啤酒等企业落地发展，帮助引资企业解决实际困难106个，进一步加大投资环境的吸引力和包容力。

2.统筹行政执法与行政指导的关系，营造公平竞争的市场环境。①从源头上整顿经济秩序。深入落实行政许可法和新的年检办法，对影响稳定和人民群众身体健康的行业重点把关，规范前置审批123项。企业年检分段实施，个体经营滚动验照，重点复查许可时效，对失去许可资质的216户企业吊销执照或变更登记。着力整治虚报注册资本、虚假出资和抽逃出资等违法行为，查获涉嫌提供虚假材料的会计师事务所14户，锁定涉嫌垫资企业700余户，从源头上进一步改善了经济秩序。②推进产品质量和食品安全监管。以工商所为责任主体强化分类监管，农村食品市场“四制”（“食品经营一户多档”、“食品经营从业人员实名登记”、“集市熟食制品证明登记”、“散（裸）装熟食制品标牌公示”四项制度）全面铺开，强化经营者的自律意识，将食品安全要求渗透到经营活动的始终，“四制”覆盖率达到87%。2007年6月，集中城区5个分局检测车辆和设备，适时成立流通环节商品质量检测中心，整合利用现有快速检测车辆、设备，有效发挥食品安全监测数据直报点作用，全年对17大类、9066批次商品进行检测，下架处理123批次商品。强化企业信用体系建设，督导企业建立内部约束机制，在全市范围内开展创建“规范经营示范店”活动，创建工作已在35条街道、5处大市场和526个店铺扎实推进。全年新增省级文明诚信市场12处，认定市级守合同、重信用企业628户；无偿调解合同争议121件，涉案金额96.9万元；办理拍卖备案531次，委托金额35.9亿元；根据《物权法》规定，扩大抵押人范围，将农业生产经营者、个体工商户纳入其中，先后办理动产抵押登记71件，金额7.7亿元。③规范竞争秩序。为维护良好的经营秩序，按照上级部署先后出动执法人员16700余人次、执法车辆2800余台次，开展取缔无照经营、“黑网吧”、非法拼装车、危险化学品等专项整治12次；加大治理打击商业贿赂、传销力度，先后3次曝光4件商业贿赂典型案例；深入开展创建无传销社区活动，捣毁传销窝点8个，移送涉嫌犯罪线索30余起；加大广告监测广度和深度，增强监测威慑力，制止违法广告苗头6000余起。全年共查办各类经济违法案件13201起，有效维护了正常的经济秩序。④强化维权稳定。贯彻国家工商总局局长周伯华视察时提出的“以高素质队伍，借助高科技手段，提供高质量服务”的要求，进一步优化升级“12315”申诉举报指挥系统，强化科技含量，提高处结时效，延长人工值守时间，提高特服专线畅通率，全年受理咨询、申诉、举报85105件，处结率98.6%，发布经营警示和消费提示237条。通过打假保优，加大对济南趵突泉酒厂、济南二机床集团、平阴阿胶和泸州老窖等知名企业和品牌的维权力度，为企业挽回经济损失350余万元。继续开展城乡环境综合治理，深入落实“高、实、快、严”要求，进一步加大“八乱”整治力度，规范户外广告牌匾370余处，清理违章经营业户537户。

3.统筹巩固提高与创新发展的关系，推进监管机制和制度改革。继续把创新作为开拓工作的着力点，充分发挥和尊重干部职工的首创精神，不断加大创新的广度和深度。深化区域经济监管服务责任制，坚持把区域经济监管服务责任制作为总抓手，在深入推进“小局大所”改革和“精兵强所”战略的保障支持下，进一步明权确责，先后实地调查550多户企业和1650多户个体工商户，制定12项、45条考核指标，对各工商所逐一进行达标考核，在推进农村食品市场监管“四制”工作上发挥了重要的平台作用。①完善企业注册官制度。根据登记注册工作发展趋势和企业注册官制度推行中遇到的新问题，特别是针对新形势下少数市场主体为解决自身矛盾而向行政执法机关转移“包袱”、转嫁责任等新问题，着力在增加首席企业注册官职位序列、规范工作程序、延伸到工商所和下移登记事权4个方面深化提高，进一步明晰事权，延伸触角，在完善法人治理结构、有效处理个别企业因内部纠纷转嫁矛盾等方面采取有力的应对措施，在服务品质、运转科学上有新的提高。②完善归口集中办案体制。按照执法办案实际需要和形势发展要求，进一步整合执法力量，深化归口集中办案机制。强化执法中队作用，局、队、所联合办案，发挥市局、分局和各业务处科室办案经验和案源丰富的优势，更加深入地解决监管与服务的矛盾和现行执法办案体制中存在的职能交叉、多头办案等问题。使基层工商所监管服务职能更加到位，全系统办案合力更大，行政处罚案件在同比增长13.6%的情况下，未出现一起行政败诉和复议撤改案件。③推进综合监管服务制度创新。把基层“窗口”和监管服务一线作为监管服务创新的主阵地，全系统将创新的焦点集中到全国工商行政管理系统广泛关注的深化行政审批制度改革、“小局大所”改革、流通领域商品质量监管、工商文化建设、素质能力建设等方面。创新工作和廉政文化建设在系统内逐步推开，工商所面向社会述职述廉活动受到各界好评，与市仲裁委联手在工商所开辟消费争议仲裁点，研究探索约束企业诚信缺失新机制，全年工作创新达10余项。

8月4日，国家工商总局副局长王东峰（右一）检查指导食品监管工作开展情况。

（市工商局供稿）

【登记注册管理】 2007年，全市实有内资企业16824户，同比减少11.90%，其中法人企业9311户，同比减少13.38%；新登记内资企业1038户，同比减少39.05%，仅占新登记各类企业总户数的1.43%；全市注销、吊销内资企业3321户；内资企业实有注册资本（金）6801674万元，同比增长0.74%；国有企业3554户，占总户数的比重为21.12%；集体企业3672户，占总户数的比重为21.83%；股份合作制企业为683户，占总户数的比重为4.05%；公司为8772户，占总户数的比重为52.13%，其他企业143户，占总户数的比重为0.87%。与2006年同期相比，国有、集体、公司、企业比重基本持平，国有、集体企业所占比重合计为42.95%。内资企业产业结构趋于稳定，一、二、三产业比重为2.19%、24.23%、73.58%，批发、零售贸易、餐饮业、制造业仍为主导行业。

新登记外商投资企业90户，投资总额58184万美元，注册资本41388万美元，外方认缴额32241万美元；全市实有外商投资企业789户，投资总额496474万美元，注册资本330353万美元，外方认缴额243436万美元；新登记外商投资企业的户均投资总额646.48万美元、注册资本459.87万美元、外方认缴额358.23万美元，分别比上年同期增长8.6%、18.8%、15.9%；新登记外商投资企业大户比上年同期也有所下降，全年新登记投资总额在1000万美元以上的外商投资企业18户，比上年同期下降33.4%，投资总额在3000万美元以上的2户，比上年同期增长50%；新登记外商投资制造企业47户，投资总额27606万美元，注册资本19455万美元，外方认缴额14627万美元，分别占总数的52.2%、47.4%、47%、45.4%；新登记外商投资服务企业39户，同比下降7%，但比平均降幅低17.3个百分点。其中信息产业、居民服务业、科学研究技术服务业、租赁和商务服务业呈现增长的态势，同比分别增长66.7%、50%、25%、11.1%。实有外商投资服务企业249户，占实有外商投资企业总数的31.2%，同比提高了1.4个百分点。新登记外商投资房地产企业5户，投资总额6680万美元，注册资本5140万美元，外方认缴额4972万美元。新登记保险分支机构7户，恒安、信诚、中宏、中国人民健康、民安、海康、首创安泰、中宏等8家保险公司的10户保险分支机构进驻济南，标志着外资保险业逐渐起步发展。从投资方式看，独资企业仍然是主流，2007年，全市新登记外商独资企业56户，占新成立企业总户数的62.2%。新登记独资企业的投资总额32294万美元、注册资本25038万美元、外方认缴额25038万美元，分别占总数的55.5%、60.5%、77.7%，其中投资总额在1000万美元以上的独资企业11户，投资总额在3000万美元以上的1户。截至12月10日，全市实有外商独资企业360户，占总数的45.7%，比上年高0.2个百分点，投资总额211921万美元，注册资本147403万美元，外方认缴额147403万美元，分别占总数的42.7%、44.6%、60.6%，分别比上年同期提高3.5、8.3、8.7个百分点。全市外商投资仍然以亚洲国家（地区)为主，全市新登记亚洲投资企业54户，占新登记户数的60%。新登记亚洲投资企业的投资总额41749万美元、注册资本32862万美元、外方认缴额26303万美元，分别占总数的71.8%、79.4%、81.6%。亚洲投资主要来自香港，其次是韩国、日本、台湾。新登记香港投资企业32户，占新登记亚洲投资企业户数的59.3%，占新登记外商投资企业总户数的35.5%，稳居各国(地区)之首。新登记香港投资企业投资总额34361万美元、注册资本27589万美元、外方认缴额22997万美元，分别占新登记外商投资企业总数的59.1%、66.7%、71.3%。截至12月10日，全市实有亚洲投资企业474户，占总数的60.1%，投资总额295703万美元、注册资本200349万美元、外方认缴额152990万美元，分别占总数的59.6%、60.60%、62.8%。2007年来济投资的国家和地区，按外方认缴额依次是香港、英属维尔京群岛、日本、美国、韩国。

全市实有个体工商户14.05万户，从业人员29.19万人，注册资金51.4亿元，同比分别增长1.8%、-0.09%、18.99%；实有私营企业40649户，从业人员39.7万人，注册资金352.97亿元，同比分别增长17.79%、23.3%、33.36%；个体、私营实现总产值371.77亿元，销售总额或营业收入525.26亿元，社会消费品零售额448.84亿元；新登记个体工商户39008户，同比增长17.22%；新登记注册私营企业11020户，同比增长17.21%，注册资金81.61亿元，同比增长35.23%，是国有新登企业1038户的10.62倍；新登记的自然人独资有限公司1193户，占新设立的10.83%，注册资本6.14亿元；新登记的法人独资有限公司34户，注册资本22079万元；个体、私营企业第三产业分别达到12.95万户、3.09万户，同比增长8.82%、49.28%，占总户数的比重为92.17%、76.1%。2007年7月1日，《农民专业合作社法》实施后，全市工商行政管理机关立足工商职能，积极扶持和引导农民办理农民专业合作社，克服登记注册中的各种困难和问题，免费办理登记注册。全市登记注册农民专业合作社350家，成员单位达到5484个，注册资本1.24亿元，农民专业合作社的发展对于促进农产品品牌化发展，提高农产品附加值，增加农民收入起到了积极作用。

【市场管理】 全市各类市场共有757处，同比增加15处，其中消费品市场655处，同比增加11处；生产资料市场95处，同比增加4处；生产要素市场7处，没有增减；城市市场288处，同比增加9处；农村市场469处，同比增加6处。全市今年新建市场19处，其中消费品市场12处，生产资料市场7处。过亿元市场35处，其中过20亿元市场2处，10~20亿元市场3处，5~10亿元市场3处。全市共有市场经营单位195家，同比增加7家，超过其中企业法人市场经营单位166家（非公司企业法人51家，公司法人115家)，同比增加7家。共查处各类市场违法违章案件2396件，其中简易程序案件2111件，同比增加3.53%，立案285件，同比减少40.75%。从违法行为类型看，以简易程序为主的乱设摊点案件518件，同比减少9.44%，不按规定明码标价案件270件、短尺少秤案件614件，分别比上年增长61.68%、132.58%。查处各类农资违法案件148件，其中种子案件44件、化肥案件77件、农药案件16件，分别比上年同期减少15.38%、38.4%、80.95%，农资案件明显减少。坚持以农资打假、治劣为重点，强化监督检查力度，根据不同季节的特点，以种子、肥料、农药、农机具及零配件为重点，适时开展红盾护农行动，对制假售假、坑农害农案件从严查处，农民利益得到有效维护，农资市场秩序明显好转。全市有具有资质的棉花收购企业21家，可入市收购粮食企业93家，其中国有收购企业76家，经批准具备入市资格的企业17家。通过几年来的强化监管，棉花、粮食市场保持健康、稳定发展，全年共查处棉花案件8件，查处粮食案件10起。全市46个农产品市场、超市建立商品质量检测室，健全商品质量检测、入市把关、不合格商品退市等监管制度，集贸市场上60%以上的食品经营业户落实食品经营“三项制度”。全面整治农产品市场，市局派出11个督查组，69次深入12个分局、128个工商所，现场检查市场、超市55个，经营业户518户，对农产品经营业户逐一进行规范，取得良好效果。全市工商行政管理机关抽检商品5大类、217个品种、8800余个批次。大力培育发展农村经纪人，全市经纪人已达到8207户，从业执证人员5375人，经济业务总量9.27亿元。以培育发展农村经纪人为重点，全年共培育发展农村经纪人4728户，占经纪人总数的57.61%，为促进“三农”发展起到桥梁的作用。

【消费者权益保护】 2007年，全市“12315”消费者维权机构共受理消费者咨询和申诉举报84673件，比上年同期增加6.67%，其中咨询77044件，占总受理量的90.99%；申诉6631件(“12315”平台申诉受理量为6497件，占申诉总量的97.98%)，占7.83%；举报998件，占1.18%。在“12315”机构受理的6631件消费申诉案件中，已处理的申诉为6631件，占申诉总数的100%；经调解成功的申诉为6561件，占已处理申诉总件数的98.94%，同比增加0.44个百分点；共为消费者挽回经济损失295.27万元，同比增长45.35%；加倍赔偿金额27.68万元，同比增长140.91%。共查处侵害消费者权益案件98件，同比增加36件，增长58.06%，98件全部为一般程序案件；查处制售假冒伪劣商品案件128件，同比减少64件。商品类申诉集中出现在4大类商品上，分别是家用电子电器类2264件，家用机械类592件，日用百货类1036件，烟酒、饮料、食品类799件。这4大类商品消费申诉数量，占商品消费申诉总件数的95.44%，尤其是对手机质量及售后服务的投诉以1065件高居商品类单品投诉的首位，占商品类投诉总量的21.67%；服务类申诉主要集中在餐饮服务278件、居民服务454件、修理服务346件、电信服务238件等4大类上，共1316件，占服务消费申诉总数的76.69%；修理维护服务申诉中，汽车维护保养的申诉为70件，比上年同期增加52.17%；格式合同的申诉占服务业投诉的17%。

【公平交易执法】 公平交易执法部门共查办各类经济违法违章案件368件，全部为普通程序案件。所查办案件中涉案主体为公司176件、个体工商户99件、自然人32件，以上三类违法主体的案件占案件总数的83%；共查结经济违法违章案件368件，同比减少33%；共查结传销案件6起，比上年同期增加4起，涉案人员达3467人，取缔窝点4处。从查处的案件和受理的举报看，传销活动反弹之势不容忽视，传销活动出现新的特点和动向，新特点是：①发案率高，参与人员多，涉案资金大。②外地企业多，资金转移快。6起案件中有4起是外地传销企业在济设立分公司或寻找代理人为其从事传销活动，涉案资金绝大多数已通过银行转往外地，而且全部存入个人资金卡。③低收入参与者居多，人均涉案资金较高。如查处的济南某公司传销案，参与者多数是纺织系统、商业系统的下岗、离岗和退休职工，投入的资金少到数百元，多则上万元。新动向是：①策划者、组织者有随时逃匿、转移的可能。对于尚未查处的传销活动而言，尤其那些外地来济的策划者、组织者，因为其违法资金转移快，在本市并无多少财物，所以随时有条件逃匿、转移。②参与者有推动传销活动加剧的可能。参与者明知违法，心存侥幸，一旦参与，不可自拔，尤其见打击态势趋紧，会加紧开展介绍下线活动，以及早渔利或避免蚀本，客观上对传销活动起到推波助澜的作用。③后期参与者有群体上访的可能。一旦策划者、组织者逃匿、转移，或被查处，后期参与者将血本无归、迁怒他人或到党政机关无理诉求，聚众上访、闹事等影响社会稳定的问题不容忽视。

全市共查处各类不正当竞争案件153件，占案件总数的42%，其中商业贿赂案件69件，占不正当竞争案件的45%，比上年同期减少27%。共查处商标违法案件61件，同比增长11%，违法主体主要为个体工商户，共31件，占此类案件的51%。

【广告、商标管理】 全市共查处各类违法广告案件323件，同比增加27件，上升9.12%。查处各类虚假违法广告28件，同比增加12件，上升42.86%。在虚假违法广告专项整治行动中，各级工商行政管理机关普遍加强了群众反映强烈的药品、医疗服务、食品、招生、招聘等类广告监管力度和打击力度，其中查处医疗服务类3件，查处其他三类虚假违法广告案件为2件和1件，分别占虚假违法广告案件7.14%、3.6%。另外医疗服务、服务业、化妆品、汽车等类违法案件同比分别为-12.5%、-27.3%、33.3%、-50%；药品、食品、保健食品、医疗器械、酒类、房地产、农资、信息产业、金融保险、家用电器及服装服饰类违法案件较上年同期有所变化，分别为-24.7%、-40%、20%、-66.7%、100%、60%、33.3%、200%、66.67%、40%、300%。共查处非法经营广告案件52件，较上年同期下降了38.8%，占案件总数的16.1%；报纸、印刷品非法经营案件有所下降，分别是18件、4件，同比分别下降66.6%、33.3%；电视、广播及户外非法经营案件变化幅度较大，分别是5件、3件、13件，同比分别为250%、-30%、-38.24%；从所占比例来看，户外非法经营案件成为主要来源，所占非法经营案件总数的比例达到40.38%，同比上升0.38个百分点。2007年7月1日实施新的《户外广告登记管理规定》以来，加大监管力度，采取有力措施，加强查处力度，共查处广告主违法案件237件，同比增加25件，上升11.79%；查处广告发布者违法案件53件，较上年增加17件，增长47.22%。全市广告经(兼)营单位达到1453户，同比增加140户，上升9.64%；实现广告经营额4.9亿元，同比减少1.94亿元，下降28.36%；查处各类商标违法案件271件，同比上升0.37%；全市共查处商标一般违法案件38件，同比增加19件，上升100%。商标一般违法案件持续上升，全社会的商标法律意识已经有明显的提高。冒充注册商标的案件38件，比上年增加20件；在商标侵权案件中，销售侵犯商标专用权的商品的案件为195件，占商标侵权案件和商标侵权假冒案件总数的92.86%和88.64%；假冒商标案件10件，占案件总数的3.69%，同比上升66.67%；商标侵权案件210件，占案件总数的95.45%，同比下降1.58%；全市共查处外国商标注册人(含港澳台)权益案件13件，同比下降13.33%。从案件涉及到的商标权益人的国家看，共涉及到4个国家，主要集中在日本、美国、法国和韩国，分别是3件、6件、3件、1件。

【合同监督管理】 全市共查处合同违法案件168件，和上年同期相比增加126起，增长300%。从合同违法案件的类型看，主要是工业品买卖和其他类型的合同，分别为58件和110件，占总件数的34.5%和65.5%。从企业看，占比例较大的是个体工商户和公司，合同违法案件分别为84件和53件，占总件数的50%和31.5%。严厉查处商品房买卖、房屋租赁、装饰装修、建筑施工、加工承揽、旅游、重要生产资料等行业和领域的合同违法行为；商业服务业的欺诈、误导行为；国有和集体企业改制过程中，利用产权转让合同损害国家和集体利益的行为；拍卖活动中恶意串通等违法行为。同时公布举报电话，设立举报箱、举报电子信箱等，接受举报，发现案件线索，及时开展案件查办工作。

【济南市首批著名商标评审】 2007年5月

首批济南市著名商标名单

商标	申请人	核定商品/服务
齐鲁大明	济南齐鲁大明眼镜有限公司	眼镜行服务
泉城	济南泉城大药店有限公司	推销(替他人)
三友	济南新三友广告有限公司	广告
漱玉平民	济南漱玉平民大药房有限公司	推销(替他人)
陆王	中国人民解放军第六四五五工厂	翻斗车
万紫巷	济南市万紫巷商场有限公司	加工过的肉、鱼制食品
金帝来	济南圣都食品有限公司	猪肉食品
建联	济南市建联中药有限公司	推销(替他人)
燕喜堂	济南燕喜堂饭庄	餐馆
大观园	济南大观园商场股份有限公司	推销(替他人)
蒙山娇	山东省蒙山娇商贸有限公司	鸡蛋
宏济堂	济南药业集团有限公司	推销(替他人)
天齐	济南天齐特种平带有限公司	传动带
图形	济南试金集团有限公司	动力试验机器及仪器
海旗	山东海丰水产有限公司	鱼制食品、海参、虾
润华	山东润华药业有限公司	人用药、生化药品
峨嵋	济南新峨嵋实业有限公司	耐火材料
山水东岳	济南山水集团有限公司	水泥
圣约克	深圳圣约克服饰有限公司济南分公司	服装
麒麟	济南市塑料油墨厂	油墨
潍柴	山东潍柴工贸有限公司	车辆减振器、联动机件、减速齿轮、动力装置
绿洲	济南绿洲清洗设备有限公司	干洗机、烘干机、消毒机、熨平机
晓天	济南晓天食品机械有限公司	食品加工机
黄老泰	济南黄老泰食品有限公司	肉
鑫意	济南鑫意肉类有限公司	羊肉制品
华凌	山东华凌电缆有限公司	电缆电线
力诺	力诺集团有限责任公司	太阳能热水器、太阳能集热器
图形	力诺集团有限责任公司	太阳能热水器、太阳能集热器
鹤灵	济南永宁制药股份有限公司	人用药
济	济南镁碳砖厂有限公司	镁碳砖
兴桥	济南新三塑业有限公司	农用地膜
佳怡物流	山东佳怡物流有限公司	货运经纪
图形	山东永大房地产开发有限公司	房地产
昌利	济南永昌利化工有限公司	油漆
孚信超越	山东孚信信息科技有限公司	计算机软件
鹊山	济南高新区鹊山杂粮经销中心	谷类制品
天辰	济南天辰集团	电焊机、切割机
济四机	济南四机数控机床有限公司	磨床
高华	济南高华制药厂	人用药
椰树鸟	济南高新福利服装厂	服装
体恒健	济南体恒健生物工程有限公司	非医用营养粉
杰能王	山东慧敏科技有限公司	涂料
SDB 及图形	山东北辰集团有限公司	换热器

续表

商标	申请人	核定商品 / 服务
环冠	济南环冠设备有限公司	除尘器
山大宏扬	济南桑乐真空管有限公司	浴用装置
仙峰及图形	济南仙峰环保有限公司	供水设备
双泉	山东双泉散热器有限公司	散热器
长清泉	济南张夏酿酒有限公司	白酒
灵岩	济南立泰山茶叶有限公司	茶
绣泉	章丘华明水泥有限公司	水泥
海泰	山东海泰股份有限公司	建筑用塑料管
依普定	山东科兴生物制品有限公司	人用药
海福德	山东海福德机械有限公司	鼓风机
眼明泉	济南腾龙排气管有限公司	单向离合器
永生	山东省章丘市造纸机械厂	造纸机器
齐鲁	山东高斯达电梯有限公司	电梯
OSSS+图形	山东万斯达集团有限公司	钢结构建筑
联星	济南联星石油化工有限公司	油品添加剂
鲁春	济南银花纺织有限公司	棉纱
摩天塔	山东济阳机械厂	升降机、登车桥
于阁老	山东平阴玫瑰酿酒厂	白酒
金银花	济南金银花味精有限公司	味精
浪溪河	山东福胶集团东方保健品公司	滋补饮料
洪范池	济南洪范池天然矿泉水厂	矿泉水
ZHONGCHENG	济南市商河县众诚制粉有限公司	面粉

15日，根据《济南市著名商标认定和保护办法》及有关规定，经济南市著名商标认定委员会评审，首批认定65件商标为济南市著名商标，有效期3年，自公告之日起计算。

【推出服务和促进经济社会发展的新举措】 为贯彻落实全市服务业和工业经济发展工作会议精神，适应“维护省城稳定、发展省会经济、建设美丽泉城”的形势要求，充分发挥工商行政管理部门职能，促进全市经济社会又好又快发展，市工商局于2007年9月13日制定下发了《进一步发挥职能作用服务保障发展六项二十七条措施》：

1.降低门槛，支持市场主体入市发展方面：①放宽市场准入。对已取得专项审批，且在有效期内的企业，申请改制登记时，不再重新办理审批手续。设立公司制企业可分期出资，公司股东的首期出资额不低于注册资本的20%，其余可在2年内缴足，投资公司可在5年内缴足。②放宽企业名称核准。全国性大型企业在济设立的各类企业，其名称中行政区划可放在行业之后，经营行业跨类较多，经授权同意，允许不加行业限定语。允许企业集团各成员单位从属门店使用总店名称。支持带有新行业特点的企业名称。简化名称核准环节，实行受理人员负责，当场核准登记。③放宽经营范围。国家法律、行政法规没有禁止的行业和商品，可自主选择经营，鼓励一业为主，多种经营。④放宽连锁企业前置审批。具有3个以上连锁经营门店的企业，允许使用“连锁”字样。⑤实行筹建登记制。

2.广开渠道，大力促进市场主体自主经营。①支持国有集体企业改革改制。鼓励非公有制企业通过购买、兼并等形式，买断公有制企业。鼓励各类投资主体投资国有企业，相互参股，发展混合所有制企业，优化所有制结构。②支持民营企业持续发展，支持民营骨干企业做大做强。引导、支持具有竞争优势企业，通过兼并、重组等方式，组建跨行业、跨地区经营大型民营企业集团。支持一人有限公司发展，鼓励一个自然人或一个法人股东注册民营有限公司。鼓励以商标、专利技术等知识产权作为企业出资，帮助企业打造品牌产品。③支持外商和港澳台资企业发展。简化港澳台地区投资者来济投资主体资格或身份证明手续。台湾地区投资者来济投资，可凭其所在地真实有效的主体资格证明或身份证明办理登记，无需当地公证机关公证；台湾地区投资者在中国大陆境外第三地投资设立公司并以其名义来济投资的，凭中国大陆境外第三地相关部门出具的台商投资证明，在济投资项目可免予提交投资主体资格证明的公证和认证。④支持农民兴办专业合作社企业。引导以多种利益联接形成“公司+专业合作社（行业协会）+农户”的经营模式，农村基层工商所在服务大厅开辟登记“绿色通道”，为农民办理合作社企业提供受理、审批一站式服务，无偿提供政策法规咨询服务。⑤支持新兴服务业发展。支持党政机关所属宾馆、培训中心、卫生所、车队等后勤服务机构和事业单位，改革现行资产、人员和经营管理体制，逐步走向社会。支持农村旅游业发展，鼓励农民利用农业资源开展特色旅游，丰富旅游项目，搞活农村市场。鼓励、支持各类企业从事和发展服务外包业务，对从事服务外包的企业给予工商登记便利。

3.提高效能，有力保障市场主体又好又快发展。①深化登记制度改革。深入推进企业注册官制度，各级企业注册官受理咨询、工商业务，在职责范围内的“一次讲清”，限时办结；在职责范围外的，联系协助办理。企业简易登记事项，直接审批核准；重大、复杂事项实行合议、限期办结；重点企业、招商引资项目等，提前介入，超前服务。②建立重点企业联系点。把重点企业、工业企业等作为定向帮扶的联系点，建立企业工商联络员，通过培训、实地练习等，增强联络员能力，为有效解决企业登记和发展中的疑难问题创造条件。③推进分类监管服务。深化企业、个体工商户分类登记管理，把市场主体按照信用分为A、B、C、D、E五类，对应实行分类分级监管服务。④改革登记年检模式。创造条件，实施网上登记和网上年检，方便企业通过网络下载登记文本，实现网上名称查询、网上预审和网上年检。下放登记管理权限，50万元以下公司下放到分局登记管理，经营范围不含专项审批内容等一般企业年检由受理人员直接办理。⑤免收相关规费。企业改制未注入新资金的，免收登记费。对下岗失业人员和应届大中专毕业生从事个体经营的，免收登记费，免收个体工商户管理费。个体工商户免收验照费。申办农民专业合作社企业，免收登记费和管理费。

4.加快广告业发展，营造良好的信息环境。①建立诚信档案。加强广告企业信用体系建设，依托区域经济监管服务责任制市场主体“经济户口”，建立翔实的广告经营单位诚信档案，录入相关信息，实行动态管理，通过开展“文明诚信广告企业”评比等活动，营造良好的广告发展氛围。②免费培训服务。面向广大广告企业开展培训服务，每年免费举办2至3期培训，培训人数覆盖广告经营人员20%。③规范广告行为。强化广告监测中心作用，及时发现捕捉违法行为；对人民群众反映强烈的医疗器械、化妆品等虚假广告，加大打击力度，维护安全、健康、有序的广告经营秩序，促进广告业健康发展。④发挥协会作用。利用广告协会行业组织自我教育、自我管理、自我服务优势，通过开展业务洽谈、会员联谊、结对子等活动，加强本市广告企业之间及与国内乃至外国广告企业的学习与交流，提高本市广告人管理、策划、创意水平，增强本土广告的辐射力，提高广告业整体水平。

5.深入实施商标战略，提升企业综合竞争力。①增强商标意识。②建立商标培育库。在196件驰名、著名商标的基础上，选出160件商标重点扶持，建立争创驰、著名商标培育库，有针对性地加以指导帮扶。力争在“十一五”期间济南市驰名商标达到20件，山东省著名商标达到260件，济南市著名商标达到300件。③盘活闲置商标。摸清全市闲置商标情况，积极牵线搭桥，促进闲置商标的使用或转让。在条件成熟时加快筹建商标知识产权交易市场，盘活无形资产，变无形资产为有形的物质财富。④有效保护商标知识产权。把查处侵犯驰名商标、涉外商标、证明商标、著名商标专用权和侵犯奥林匹克标志等作为重点，加大对涉及食品、药品、农资、汽配等关系国计民生商品商标侵权的打击力度。

6.不断完善市场载体，促进商品流通搞活。①合理布局规划市场。②培育市场做大做强。大力扶持兴办具有一定规模和辐射力的专业市场和农副产品批发市场。对新开业的市场，减免半年至一年市场管理费。③支持发展市场中介。大力发展和规范经纪人等市场中介组织，坚持“多予、少取、放活”原则，规范房产等中介组织和会展业经营行为。指导规范农村经纪活动，免收农村经纪人登记费、工本费、培训费、资料费。对从事个体农产品经纪活动的，1年内免收个体工商户管理费。④大力扶持新型流通。充分发挥省会人流、物流、信息流优势，大力支持发展连锁配送经营。2007年底，扶持引导农资龙头企业发展连锁店500处，“十一五”末，全市农资连锁经营店达到80%以上。

（翟玉红）

质量技术监督管理

【概况】 2007年，济南市质量技术监督部门以促进全市经济又好又快发展和建设“和谐济南”为目标，质监工作的有效性得到进一步提高。

1.质量监督工作。2007年，全市7家企业的8个产品被评为“中国名牌”，6家企业的7个产品获得“国家质量免检”资格，21家企业的24种产品被评为“山东名牌”，2家企业获“山东服务名牌”。①区域监管工作逐步深化。全市纳入区域监管的企业达到6459家，对5410个批次的产品实行定期监督检查，并对1200个批次的产品实施专项监督检查，重点产品的定检率达到100%，不合格产品后处理处结率达100%。②食品安全监管扎实有效。全年共受理241家食品企业270个单元的食品生产许可证申请，发放生产许可证223张，省质监局抽查复审合格率达到100%。在产品质量和食品安全专项整治的活动中，对10类重点产品生产企业集中建立企业档案，将全市符合建档条件的267家企业全部建立企业档案；422家食品生产企业取得生产许可证；236家食品加工作坊全部签订质量承诺书；完成658家食品生产加工主体的食品添加物质使用备案工作；食品生产许可证产品定检920批次，覆盖率达100%，不合格产品后处理198起，后处理处结率98%以上。③区域监管工作信息化水平进一步提高。“山东金质区域监管信息系统（PAD）”在全市质监系统全面推广应用，40个监管科均配备PAD系统，在日常的监管、巡查中，已经使用PAD系统进行数据采集、录入、数据下载、信息上传，截至2007年底，已上传5046家企业信息。

2.计量工作。按照《行政许可法》的规定，进一步梳理计量管理工作中的行政许可流程，完善管理和许可模式。健全计量器具制造、修理单位和计量标准考评员的考评制度，规范考核行为，细化考核记录，提高考核质量。全年组织12家计量器具制造（修理）单位进行考核发证，对40家企业的80项企业最高计量标准进行考核，对2家企业进行计量合格确认，对137名企业和系统内计量检定员进行考核发证。全年共检定各类计量器具22万台（件），其中各类强检计量器具20万台（件），全面检查全市100家重点用能企业贯彻《用能单位能源计量器具配备和管理通则》（GB17167-2006）的情况以及落实国家质检总局、国家发改委《加强能源计量工作的意见》的情况。在民生计量工作方面，开展"进社区、进农村、进超市"的"三进"活动，建立计量放心社区、超市和村36个，并将涉及农民合法权益的种子、化肥、农药等定量包装商品作为监督管理的重点。计量管理信息化程度全面提升，相继建立《计量标准信息采集系统》、《计量人员管理信息系统》、《强检计量器具信息采集系统》和《企业能源管理信息系统》。

3.标准化工作。全年共完成企业标准备案1399项（其中食品标准460项），企业产品执行标准登记5806项，截至2007年底，累计备案企业标准7771项；采用国际标准和国外先进标准认可26项，累计1620项；制定发布农业标准规范32项，申报国家标准25个，批准发布15个，申报国家标准化专业委员会/分委员会18个，批准4个；山东省地方标准批准发布4个。以商河大蒜出口基地等3个农业标准化示范区通过验收为标志，全市第5批国家农业标准化示范区建设工作完成。在此基础上，又组织申报第6批国家农业标准化示范区40个。标准化工作除了在传统的制造业和农业领域深入开展之外，在服务领域也有新的突破，当年制定发布一批服务标准，并培育服务标准化示范单位。为配合产品质量和食品安全专项整治工作，为一线监管机构和检验机构提供标准信息和相关方法标准，市质监局组织力量对全市11个县（市）、区（含高新区）的标准化生产达标情况进行专项检查，对《预包装食品标签通则》（GB7718）、《食品营养强化剂使用卫生标准》（GB14880）等国家标准在区域监管机构和食品检验机构中进行深入宣传，并对各质检机构中使用标准的时效性进行核查确认，保证检验结果的可靠性。

4.特种设备安全监察工作。落实特种设备依法监管，明确责任目标，将全市3282家特种设备使用单位纳入区域监管工作范围。加强日常监管与巡查，对发现的各种问题和事故隐患及时下达《特种设备安全监察指令书》，受理特种设备安装改造维修告知1620余份，在70个特种设备使用单位安装视频监控系统，各分局对辖区内的特种设备均实行建档工作。在用特种设备属于一般性设备的，每年至少巡查一次，重要设备每年至少巡查两次。在信息化管理方面，实现监管机构与检验机构之间的数据共享，同时分局与市局之间也通过PDA系统建立数据链，实现信息共享。全年全市质监系统就特种设备安全组织多次专项检查，确保全市在用特种设备安全。特种设备注册登记率达到100%，定检率达到98%以上，特种设备作业人员持证上岗率达到100%。全市未发生特种设备重大事故，市质监局特种设备处获"平安济南"建设先进基层单位称号，并记集体三等功。

5.行政执法工作。全市质监系统共出动行政执法人员近2万人次，出动执法车辆5600余台次，共办理各类违法案件5018起（市直办理2370起，县（市）区分局办理2648起）。全部案件中，当场处罚4129起，立案查处889起，打掉各类"黑窝点"54个，涉案货值8000余万元。开展以产品质量和食品安全为重点的10余次专项执法活动，受理1400余件"12365"质监热线的质量投诉、申诉、举报，处结率达到99%。在行政执法工作中坚持依法办案，加强对行政执法工作的监督，严格执行法定程序，规范执法行为。在全部行政案件中，无行政复议变更、撤销和行政诉讼败诉情况的发生。在加大执法力度，规范执法行为的同时，还注意开展"保优帮促"活动，积极帮助企业，特别是名优企业解决被侵权的问题，建立16个"联系企业"小组，全年出动640余人次的执法人员，开展各种活动40余次，查处侵权案件26起，为企业挽回经济损失1200余万元。

【产品质量和食品安全专项整治工作】 为落实国务院关于在全国范围开展产品质量和食品安全专项整治的统一部署，2007年8月，济南市人民政府成立以市委常委、常务副市长殷鲁谦为组长，副市长张宗祥为副组长的济南市产品质量和食品安全工作领导小组，领导小组办公室设在市质监局。

由市质监局牵头，成立生产加工、农产品、流通、食品消费、药品、肉类等6个专项整治组。市质监部门对生产家电、电线电缆等10类产品的企业和食品生产加工企业进行摸底调查，与当地政府一起对在上述领域存在的问题进行彻底整治。全市共有生产10类产品的企业268家，食品生产加工主体723家，在调查摸底的基础上，对10类、33种产品进行监督抽查，对268家企业全部建立企业档案。全年市质监局共受理241家食品生产企业、270个单元的食品生产许可证申请，现场审核241家，发放证书223张，全市共有422家食品生产企业全部获得生产许可证，236家食品小作坊全部签订质量安全承诺书，对其他不具备生产条件的食品生产加工主体分别进行取缔和其他处理。完成658家食品生产加工主体的食品添加剂物质使用备案和28家食品生产委托加工备案。

在专项整治工作中，市质监部门出动执法人员6000余人次，出动车辆2000余车次，检查各类企业和业户1280余个，查处案件108起，端掉生产加工黑窝点15个，依法关闭不具备生产条件的食品生产主体75个，取缔16个。在当地政府和有关部门的配合下，对国家质检总局督办的位于市中区党家镇郑庄村的豆制品生产加工区域，全部予以取缔，专项整治工作取得预期的效果。2007年底，圆满通过国务院和省政府的检查验收。

【推进质量兴市战略】 为进一步贯彻落实科学发展观,推动全市经济又好又快发展,济南市人民政府于2007年8月印发《济南市人民政府关于实施质量兴市战略的意见》。

《意见》指出,到2010年的质量目标是:涉及人民群众生命健康安全的农产品、食品、药品等达到国家强制性标准的要求,主要工业产品90%以上按照国际或国外先进标准组织生产,国家重点产品可比性跟踪监督抽查合格率达95%以上,主要工业产品质量和服务水平接近或达到国际先进水平,争创25个中国名牌产品和200个省名牌产品,创建30个国家级农业标准化示范区,出口商品检验合格率居全国前列,制造业质量竞争能力指数进入全国副省级城市前5名。全面提高服务质量,全面推行服务质量国家标准,逐步提升传统服务业的层次和质量管理水平,到2010年力争建立3个国家级、10个省级服务标准化试点单位,争创25个国家和省级服务名牌。

围绕上述目标,《意见》提出以下重点工作:大力开展源头质量监管,突出发挥名牌战略的带动作用,加强产品质量标准体系建设,强化生态环境质量整治,加强质量技术服务工作,强化质量基础管理工作,大力加强质量平安建设,集中力量搞好专项整治。同时提出,加强组织领导,强化考核监督,加大质量工作投入,落实扶持奖励政策,完善质量奖励制度,加强政府行政能力建设,加强质量宣传工作等多项保证措施。

【推出新的质量工作奖励政策】 为大力实施质量兴市战略,营造全市自主创新环境,推动企业成为创新主体,增强自主创新能力,济南市人民政府出台质量工作奖励政策,完善质量奖励制度。2007年8月出台的《济南市人民政府关于实施质量兴市战略的意见》作出规定,对获得中国名牌、山东名牌产品、参与国际标准、国家标准制定的企业,按照《济南市建设创新型城市若干政策》的规定给予奖励,具体的奖励标准是:获得中国名牌和山东名牌产品,分别一次性给予每个100万元和20万元的奖励;省名牌产品升级为中国名牌的在原来奖励20万元的基础上,再给予80万元的奖励。由企业制定的标准(含作为主要承担者参与制定),经有关国际组织、国家质量监督检验检疫总局发布为国际标准、国家标准的,分别给予300万元、100万元的一次性奖励。中国名牌产品、省名牌产品及国家免检产品要优先列入政府采购目录。鼓励银行、保险和担保机构加大对名牌产品生产企业的扶持力度。

2007年济南市中国名牌产品名单(8个)

产品名称	企业名称
ERP管理软件	浪潮集团有限公司
浪潮牌微型计算机	浪潮集团有限公司
济一机牌数控车床	济南一机床集团有限公司
载货汽车	中国重型汽车集团有限公司
豆浆机	山东九阳小家电有限公司
小麦粉	济南市民天面粉有限责任公司
高强度建筑结构用中厚钢板	济南钢铁集团总公司
鲜冻分割猪肉	济南维尔康食品有限公司

2007年济南市山东名牌产品名单(24个)

产品名称	企业名称
火灾报警控制系统	山东众海公共安全器材有限公司
软件中间体	山东中创软件工程股份有限公司
应用软件	山东中创软件工程股份有限公司
XJ、DCL脱硫除尘器	山东环冠科技有限公司
脱硫球磨机	山东环冠科技有限公司
气制动阀	山东明水汽车配件厂
办公家具	济南信和家具有限公司
办公家具	济南佳诚家具有限公司
电饭煲(紫砂煲)	山东九阳小家电有限公司
切菜机	章丘市炊具机械总厂
贴面板	济南福迪木业有限公司
真空管太阳能热水器	济南佳源太阳能有限公司
蜂蜜	济南济泉黄岩蜂产品开发有限公司
鸡精调味料	济南家家乐味精有限公司
管线钢	济南钢铁集团总公司
耐大气腐蚀钢板	济南钢铁集团总公司
税控收款机	浪潮集团有限公司
电子衡器	济南金钟电子衡器股份有限公司
预应力钢筒混凝土管	山东山水水泥集团有限公司管道分公司
冷藏保温专用车	中集车辆(山东)有限公司
真空管太阳能热水器	山东桑乐太阳能有限公司
面酱	济南德馨斋食品有限公司
低合金高强度结构钢板	济南钢铁集团总公司
船体用结构钢板	济南钢铁集团总公司

【推进名牌战略】 全市名牌战略工作又有新进展。9月6日，中国名牌战略推进委员会发布2007年第6号公告，公布当年的中国名牌产品名单，济南共有浪潮集团有限公司等7个企业生产的ERP管理软件等8个产品榜上有名。9月24日，山东省质量技术监督局下发《关于公布2007年山东名牌产品名单的通知》公布当年获得山东名牌产品名单，济南市的山东众海公共安全器材有限公司等20个企业生产的24个产品获此称号。山东省质量技术监督局下发《关于公布2007年山东省服务名牌名单的通知》，公布山东服务名牌，济南市的山东舜和商务酒店有限公司的商务客房服务和山东交通济宇高速运业有限公司的客运服务获山东省服务名牌称号。

【7种产品获国家免检产品资格】 济南市质监局引导企业积极参加争创"国家免检产品"，编制《济南市争创国家免检产品培育规划》，动员符合条件并属于《国家免检产品目录》范围内的产品生产企业积极申报。2007年12月5日，国家质检总局下发《关于公布2007年国家免检产品及生产企业的通知》，济南市的山东九阳小家电有限公司生产的"九阳牌"电磁炉系列产品，山东明水化工有限公司生产的"明泉牌"尿素，济南金钟电子衡器股份有限公司生产的"金钟牌"固定式电子秤，浪潮集团有限公司生产的"浪潮牌"服务器，齐鲁宏业纺织集团有限公司生产的"恩力牌"棉本色纱线、精梳棉涤混纺本色纱线，济南一机床集团有限公司生产的"济一机牌"卧式数控机床获得"国家免检产品"称号。截至2007年底，全市共有"国家免检产品"27个。

【推进服务业标准化】 为逐步提升传统服务业的层次，推进全市现代服务业的发展，提升城市服务功能，市质监局大力推进并深化服务标准化。重点围绕物流服务、社区服务、旅游服务、社会管理与公共服务等服务热点，加快与济南市人文特色相融合的地方标准制定的步伐。2007年制定完成《城市自来水户表计量工程技术规范》等地方标准，编制完成《章丘市百脉泉生态旅游服务质量规范》和《滑雪场安全服务规范》两个山东省地方服务标准。组织济南市行政审批服务大厅等单位申报首批山东省服务标准化示范单位并获批准。国家标准化委员会在全国范围内选定8个单位作为首批国家级服务标准化示范单位，济南市的"阳光大姐"和"贵和商厦"名列其中。服务业标准化工作的深化，提升了城市管理水平和服务功能，同时也进一步拓宽了济南市标准化工作的领域。

【特种设备专项整治】 为深入贯彻《特种设备安全监察条例》，确保特种设备、特别是在用特种设备的使用安全，济南市质监局在2007年开展一系列专项整治活动，全市各级质监部门共出动特种设备安全监察人员1000余人次，检查组241个，检查特种设备使用单位751个，检查特种设备3976台，对186台存在安全隐患和其他问题的特种设备下达责令整改意见。

在专项整治工作中按照《山东省气瓶安装许可实施细则》完成16家气瓶充装单位到期换证的申报和20万只气瓶的注册登记，并开始将民用气瓶纳入管理范围。进一步规范机电类特种设备使用登记，新增机电类特种设备使用登记率达到100%。市局对11个分局的注册登记工作进行检查验收，共检查企业33家，涉及特种设备2762台。注册压力管道51公里，发放压力管道使用登记证28个。对全市15家电梯安装维修单位、42家起重机械制造单位进行监督检查，对10家存在严重问题的单位下达安全监察指令书，并对其中4家整改期间违法生产的单位责令停产整顿，对149台不该用于冶金行业的起重机械，做出拆除、更换和改造的处理。检查客运索道、大型游乐设施的事故应急预案和救援措施，确保定期检验率、使用登记率和操作人员持证上岗率均达到100%，保证使用安全。对非法制造、安装和使用"土锅炉"的情况进行认真检查，共检查1117个单位，查处安全隐患102处。

【完善行政执法工作机制】 2007年，市质监系统进一步完善行政执法工作机制。①对行政执法工作所依据的法律、法规和规章进行全面梳理，按照不同的调整范围、不同的法律效力整理编印成册，发给全体执法人员学习使用。对行政执法文书和案卷实行从立案到结案全过程监督检查，案卷实行档案化管理。②健全三级案审机构，由市局、市局稽查局和县(市)区分局根据各自的职能和权限建立案件审理机构，对应当适用一般程序的案件实行集体审理，上级案审机构对下级案审机构审理的案件实行监督抽查，必要时可以调审。继续实行案件调查、审理和执行三分离，罚没物品处置实行上收一级审批制度。③创新工作机制，将行政执法与综合管理结合起来。在日常行政管理工作中，发现有违法行为应予以行政处罚的，由管理机构移送专职稽查机构，稽查机构对违法事实进行立案、调查，并根据事实和情节，给予行政处罚。处罚完毕后，再由稽查机构将处理结果以及需要日后继续监管的事项移送管理机构，由其进行后续监管。④强化基层执法能力。行政执法人员、装备器材和车辆向基层分局倾斜，市局稽查局由过去的自己办案，转向指导帮助和监督基层县(市)区分局办案，有利于县(市)区分局的区域监管有效性的进一步提高。

【三位一体电子监管】 为提高区域监管的有效性，加强各级质监部门的信息沟通，做到信息共享，济南市质监部门在全市范围内推进"中国产品质量电子监管系统"(简称电子监管)、"企业质量安全管理系统"(简称视频监管)和"山东省金质区域监管信息系统"(简称PDA系统)。市局投资160万元建设"应急指挥中心"，投资45万元为全系统的各个监管科配置包括掌上电脑、读卡器和电子标签在内的器材，建立以监管科为终端，县、市质监部门两级信息平台的"PDA"信息系统，通过对企业的巡查，将各自辖区内纳入监管的企业全部录入"PDA"系统，截至2007年底，上传5046条企业的信息。电子监管网到年底完成320家企业的入网工作，全部申请了密钥。为保证特种设备和食品安全即时监控，经与企业协商，在65家特种设备使用单位和35家食品生产企业安装了视频监控系统，其中食品企业设置68个监控点，特种设备制造、使用单位设置118个监控点。

三位一体电子监管系统的建立，大大提高了全市质监系统的效率，改变了传统的监管方法，提高了管理自动化、信息化和动态管理水平。

【注销质监部门所属企业与规范劳动用工】 为贯彻落实关于清理机关事业单位所属企业的要求和《劳动合同法》，济南市质监局对本系统内各分局、直属机构历年来成立的企业和编制外劳动用工进行清理。共涉及系统内13个企业的编制外合同制用工和临时聘用人员393人。

济南市质监系统的"济南市家居装饰材料检验中心"等13个企业进入注销程序。审计部门对上述企业进行审计评估、财产清算，并在媒体公告，各企业的财产和债权、债务由其直接上级主管单位接收和继承。12月底，审计和清算工作基本完毕，依法进入最后注销程序。上述企业中共有正式职工106人，由各主管单位按照《劳动合同法》的有关规定，在协商一致、平等自愿的基础上，双方签订无固定期限劳动合同，安排到相应的工作岗位。另外全系统有287名合同制和临时聘用的工作人员，其中114人因合同到期或者合同尚未到期，但不适合在目前岗位继续工作，也依法与其终止或提前解除劳动关系并给予经济补偿。其余173人，根据工作需要，继续聘用并按照《劳动合同法》的规定与各用人单位签订了无固定期限劳动合同或1~3年不等的固定期限劳动合同。截至2007年底，济南市质监系统内已没有下属企业，编制外劳动用工也依法得到妥善安置。

（李新华）

食品药品监督管理

【概况】 2007年，济南市食品药品监督管理局以保障公众饮食用药安全为中心，以整顿和规范药品市场秩序为主线，强化科学监管理念，加强基层基础建设、队伍建设、廉政建设，各项工作得到显著提高，被评为全省食品药品监管部门先进集体。

1.食品综合监管。市政府连续3年与各县（市）、区政府和相关成员单位签订食品（药品）安全责任书，推动市、县、乡三级政府及相关部门责任的落实。加强信息宣传平台建设，出台食品安全信息工作管理制度，对全市食品安全信息联络员进行培训，开展食品安全宣传周、食品安全进农村等系列宣传活动。深入开展示范单位建设活动，章丘市被评为省级食品安全示范县创建单位和省级食品安全信用体系建设示范县；平阴县被评为市级食品安全示范县创建单位。全市参与"食品安全示范街"创建活动的街道（路）达到13条，参与"食品安全示范店"创建活动的食品生产经营单位达到200余家。首创食品企业标识化管理。公布78家食品安全信用体系建设示范单位，组建食品安全专家库和专家咨询委员会。积极协调有关单位，全年共查处食品安全违法行为1053起。

2.药品市场监管。①生产环节。加强对注射剂等高风险品种生产企业的动态监督，严格实施投料申报制度，对企业的原辅料及关键人员变更等关键点实施远程监控；监督指导4家企业通过生产许可证验收，14家（次）企业通过GMP认证；完成4家生产企业大容量注射剂品种的生产工艺和处方核查工作。②流通环节。全面检查企业执行GSP情况，检查批发企业289家（次），零售企业4000多家（次），对40家批发企业、107家零售企业进行GSP跟踪检查，74家企业被警告并责令限期整改，收回GSP证书35张；向工商部门移交违法药品、保健食品和医疗器械广告238起。③使用环节。认真贯彻《山东省药品使用条例》，加强对医疗机构特别是民营医院、各类专科医院、个体诊所等基层医疗机构的监管，规范药品购进、储存、调配和应用行为；对44家医疗机构药品使用质量管理情况进行重点检查，立案查处8家；完成对65家药品研制及生产单位注册的477个产品的核查任务。④医疗器械整治。对涉及济南市的52家二、三类医疗器械产品注册资料进行现场核查；对126家医疗器械生产企业的生产及质量体系运行情况进行检查；开展骨结合用无源金属植入物医疗器械产品专项检查，6家单位被立案查处；注销医疗器械经营企业许可证278张，注册

山东省暨济南市"安全用药·关注民生"大型主题宣传活动启动仪式现场

（市食品药品监督管理局供稿）

审批一类医疗器械30个；上报医疗器械不良事件报告23份。⑤稽查办案工作。共查处药品、医疗器械违法案件1978起，一般程序案件460起。首次向社会公布查处的非法配制邮寄假药、伪造药品经营许可证经营药品等10起典型案件。⑥企业信用管理工作。全市160多家企业负责人签署以“做本分人、干规矩事、卖放心药”为主题的诚信自律公约。扎实开展创建文明诚信药店（药房）活动，188家药店、76家医疗机构药房获得并保持文明诚信药店（药房）称号，创建“文明诚信药店”品牌，被评为泉城精神文明创建活动“优秀品牌”。⑦药品抽验工作。全年完成药品抽验2505批，其中日常监督抽验1805批，计划抽验700批，不合格率分别为21.63%、3.86%。认真做好药品不良反应监测工作，上报不良反应报告5406份，其中新的、严重不良反应报告1584份，同比增长42.3%、56.7%。⑧过期失效药品回收工作。向62家城乡药店发放统一制作的回收箱，把一年12次回收变为全天候服务，自2005年至2007年共回收家庭过期失效药品48万余盒（瓶）。

3.队伍素质建设。每季度举办一次全员能力建设培训班，聘请中国药科大学教授、国家食品药品监督管理局的专家等权威人士，对干部职工进行“美国FDA对食品药品的百年监管”、“药品监管实践中的若干问题”、“假药勘验与鉴别知识”等内容的集中培训；首次派出9名骨干到上海理工大学医疗器械学院进行医疗器械监管培训；首次组团到德国学习西方发达国家先进的食品药品监管模式；制定《食品药品监管人员专业学习考试考核办法》，引导干部职工加强业务知识学习。全年共举办和参加各类培训班48期（次）、参训人员820多人次，干部职工素质能力得到明显提高。

4.依法行政。开展优秀执法案卷和执法办案能手评选活动，查办案件数量和质量均有新的突破，在全省药品稽查案卷质量评查活动中取得综合得分第一名。深化行政审批制度改革，实行“代理申办”一条龙服务，办理行政许可审核事项2531项，在全市行政审批工作会议上作了经验交流。《济南市医疗器械管理规定》已被市政府列入规章立法计划。制定行政处罚自由裁量权实施办法及量化标准，一般程序案件审核率100%，加强对重大复杂案件的审核，努力做到罚款有“标尺”，执法不随意，确保公平公正执法。实行涉药单位约谈制度，加强对企业的宣传教育，举办医药行业从业人员培训班44期，培训人员4600多人次。

【实施网络监管】 积极探索建立强化药品监管的长效机制，开发集综合性、实用性、扩展性为一体的监管信息系统。总投资350万元的“济南市食品药品监管信息系统”一期工程经过专家验收投入运行，实现市、县两级局联网，监管信息通过网上传输。启动药品远程动态监控系统，将13家药品生产企业、130家药品批发企业、42家医疗机构和44家医疗器械生产经营使用单位纳入该系统，覆盖济南市药品市场的75%以上，容纳各涉药单位上传的药品、医疗器械进销存等方面的数据信息200多万条，形成一个庞大的药品、医疗器械信息数据库，为有效应对药品安全突发事件、追查问题药品、实施非现场监管提供了技术支持。

（张　斌）

安全生产监督管理

【概况】 2007年，济南市超额完成山东省下达的安全生产控制指标，安全生产形势继续保持稳定好转的态势。全市各类安全生产事故死亡人数比2006年减少20人，下降5.1%，连续3年杜绝了重特大事故的发生。

1.政府和企业“两个主体”责任得到有效落实。全市各级政府和广大企业严格安全生产责任分解和落实，一级抓一级、一级对一级负责的工作局面进一步得到巩固。各县（市）、区圆满完成安全生产监察执法中队建设任务。平阴、商河、济阳做到安全生产资金优先列支、优先保障；章丘市、槐荫、历下、市中区继续加大投入力度，安全社区、科技兴安、全民安全教育工作成效显著；天桥、长清、历城区及高新区管委会在隐患治理专项行动中靠前指挥，大量公共安全隐患得到及时治理。广大企业特别是重点监管的工矿商贸企业安全诚信意识和责任意识明显增强，在安全投入、隐患治理、安全教育培训等关键环节上的工作力度明显加大，实现全市工矿商贸行业较大以上事故零记录的新突破。

2. 进一步夯实基层安全生产基础工作。①基层安全监管力量薄弱的问题明显改观。全市119个乡镇、街道办按照“四有”标准建立起安全生产执法监察中队，落实编制469人，为实现全覆盖、无缝隙的安全生产监管提供强有力的组织保障。②安全生产监管信息化水平明显提高。各县（市）区政府累计投入资金860多万元，安全生产综合监管信息平台建设所需的软硬件设施设备基本到位，有7个县（市）区平台实现与市级平台信息共享、视频会议系统的互联，并有134家试点企业安装重点部位监控系统，实现远程监控，监管监控信息网络基本建立。③安全教育覆盖率明显提升。整合各类教育资源，建立市、县两级教育培训中心12家，乡镇、街道办安全教育培训站119个，村居和规模以上企业培训点2000多个，形成条块结合、衔接紧密的全民安全教育培训网络。通过教育培训网络，全市接受安全生产知识教育和培训的企业职工、社区居民、学生及农民工累计达89万人次。

3.依法治安的能力不断提高。严格《安全生产事故报告和调查处理条例》的贯彻落实，向各级各部门和企业发放《条例》单行本5000余册，先后组织全市乡镇（街道办）领导干部及市安委成员单位、市管企业安全部门负责人进行专题培训和考试。严格行政案件的调查处理和审核把关，共查处安全生产责任事故17起，已结案16起，经济处罚103.17万余元，经济处罚责任人30人，行政处分责任人26人，按法定时间结案率100%，没有单位和个人提出听证、复议和诉讼申请，执行率达到100%。

4.隐患治理专项行动成效明显。安监

局、公安局、经委、交通局、市政公用局、建委、质监局、园林局等相关部门及时研究制定矿山、危险化学品、道路交通等14个重点行业领域的行动方案，明确"专家查隐患，执法促整改"的推进措施。活动中，各牵头部门累计组织开展2700多次检查，检查企业、人员密集场所13000多家次，共查处隐患63000余处，立即整改61000余处，限期整改1900余处，下达隐患整改通知书2600余份，隐患整改率达到99.8%。有关部门及相关企业合计投入整改资金2.6亿元，764处重点督办隐患已整改749处，其他未整改隐患也已落实具体整改和防范措施。通过扎实有效的工作，一大批事故隐患得到及时消除。9月初，国家安监总局局长李毅中带领国务院安委会督查组到济南市督查，对济南市隐患排查治理工作给予充分肯定。

5.确保重要时期的安全稳定。为确保各重大节日、汛期和十七大等重要时期的安全稳定，全市上下以开展专项整治和安全大检查活动为主线，确保安全生产形势的持续平稳。突出抓好煤矿"一通三防"、防治水两个重点和顶板管理、机电提升运输两个薄弱环节，广泛开展露天采石场百日安全竞赛活动，关停、取缔不符合城市规划的非煤矿山小企业124家，汛期对全部地下矿山企业进行停产整顿和复工验收。聘请专家集中开展冶金行业全面普查，有效杜绝铝水外溢、钢水包脱落等类似事故发生。切实加大危险化学品生产企业新建、改扩建项目的"三同时"管理，加大生产旺季的农药生产企业现场监管，在全省率先开展医药行业企业安全评估，有效解决69个加油站安全间距不足问题。以取缔烟花爆竹聚集销售场所和加强批发企业仓储建设为重点，集中开展清理整顿活动，多个非法聚集销售场所被取缔，督导有关批发企业完成共计6550平方米的库房改造任务。全面落实交通安全责任制，严查超载、超限、超负荷运营和非法校车现象，继续深化道路交通黑点路段的集中整治，交通、交警和市政公用部门共计投入2400万元，完成30处黑点路段和22座黄河浮桥整治，上述路段交通事故与上年同比死亡人数减少77人。开展建筑工地现场施工管理，有效预防高处坠落、起重伤害、坍塌等事故。着力加强对"九小场所"日常检查和节日期间宾馆、商场及其他人员密集场所的夜查活动，避免多起重大火灾事故。全面开展全市低压容器、危险品槽车的安全检查，切实加大校车安全整顿和快餐连锁店煤气安全检查。针对重点景区和重点部位开展定期和不定期的安全检查，确保旅游旺季和森林防火的安全。

6. 重点领域本质安全水平明显提高。把开展安全标准化达标活动和推广新型实用技术设备作为加强企业本质安全的有效措施。组织19个专家组，深入到企业一线解决开展安全标准化工作遇到的困难和问题。2007年，全市共有126家非煤矿山、危险化学品、烟花爆竹和机械、轻工企业通过安全标准化三级以上考核，通过二级以上考核的32家。积极组织研发和推广新型实用技术和工艺，地下矿山大帷幕阻水微震监测系统、露天采石场中深孔爆破工艺和先进导爆技术、加油站阻隔防爆技术、燃气管网SCADA监控监测系统、客运危险化学品运输和校车GPS全球定位系统、防疲劳驾驶监控系统等一大批新型技术、工艺和设备得到广泛应用，重点监管行业企业和领域的安全管理水平有效提升，一些易发事故的薄弱环节得到明显改善。

7.应对突发事件的能力不断增强。认真贯彻落实国务院和省、市政府关于应对突发公共事件应急救援工作的指示精神，启动市安全生产应急救援指挥中心机构建设，建成省级矿山救护中心，制定并下发《济南市突发公共事件总体应急预案（试行）的通知》及预案。全市480多个部门和企事业单位组织开展应急救援演练活动，参演人员达54480人次。2007年，为应对"7·18"恶劣天气灾害，安监、气象、公安、交通、市政、建设、电力等部门和有关企业及时启动应急预案，全力投入应急抢险，做到指挥有力、行动迅速，全市安全生产领域没有发生一起死亡事故，应对突发事件的能力在实战中得到检验和提高。

8."关注安全，共享和谐"的社会氛围日益浓厚。圆满完成"安全生产宣传月"各项活动，有效保障全国"安全生产万里行"活动在济南市的顺利启动。继续深入开展"百万从业人员安全教育培训工程"建设，组织百支安全生产服务队下基层、百万职工安全科普知识答卷、企业法人法规知识考试、"济南市安全文化建设"书画展、第二届特种作业人员安全技能大赛等一系列宣传教育活动，"关注安全，共享和谐"的社会氛围进一步浓厚。安全社区和企业安全文化建设成效显著，槐荫区青年公园和营市街两个社区被评为全国首批国家级安全社区，山东水泥厂、山东中孚化工科技有限公司、济南裕兴化工总厂等3家企业被评为全省企业安全文化建设先进单位。

（马金阁）

统计工作

【概况】 济南市统计工作，坚持"为经济社会科学发展服务是统计工作第一要务"的思想不动摇，切实担负起反映发展、宣传发展、评价发展、促进发展的重大职责，较好地完成了各项统计工作任务，为全市科学发展与"和谐济南"建设作出了积极的贡献。2007年，市统计局连续第三年被评为省级文明机关，获得全省统计系统先进集体、1%人口抽样调查全国先进单位称号。

1.重大国情国力调查。第二次农业普查，济南市共涉及4726个村居，100多万户农村住户，动员普查工作人员、普查员2万余名。全市各级统计部门严格操作规程，及时破解难题，完成现场登记、数据处理、质量评估、汇总上报等工作，保证了农业普查数据质量。章丘市积极承担省、市农业普查试点工作，以数据质量为核心，扎实做好普查各项工作，为全省、全市提供了经验。农业普查工作已进入数据发布和资料开发阶段。按照国家和山东省的统一部署，开展了投入产出调查、劳动力调查和1%人口抽样调查。启动了第二次经济普查的前期准备工作。

2.统计数据质量。2007年,全市各级统计部门不断强化数据质量意识,认真落实各项数据质量控制办法和措施,统计数据的客观性、准确性进一步提高。①加强制度建设。印发《2007年济南市加强统计数据质量工作要点》,建立各专业相应的数据质量控制办法。②加强数据质量控制和评估。通过GDP增长与税收比重、能耗弹性系数等一系列重大比例关系和逆向指标的变动情况,审核和控制数据质量,防止出现趋势性和技术性差错。③建立统计数据会商机制和社会经济发展重要指标专家评议制度,提高了统计数据的科学性和社会公认度。④加强网上直报和网络化存储,为统计数据质量提供技术支撑。⑤在坚持下管一级的同时,严格实行GDP核算和主要经济指标数据下算一级。基本实现核算数据的上下衔接,主要数据的客观性、协调性全面提高。⑥加强社会监督。制定《济南市统计工作社会监督办法》,调整充实统计工作社会监督员队伍,加强社会对统计工作的监督。

3.统计方法制度改革。①"在地统计"改革不断向纵深发展,工作事权更加明确,工作机制更加理顺,工作力量进一步加强,工作基础更加稳固,成为统计工作顺利开展的基石。②加快推进专业统计向按国民经济部门统计过渡改革,有效减轻基层负担,宏观数据间比例关系更加协调。③完善服务业统计调查制度,形成以现代服务业统计为中心的信息相关产业、物流相关产业、文化产业统计调查。④建立并完善一系列监测体系。围绕创新型城市建设,研究制定济南市"创新型城市建设统计监测指标体系",启动创新型城市统计动态监测工作;建立并不断完善能源与资源统计监测体系,加强对全市节能降耗的进度分析。围绕加强新农村建设,制定《全市农村全面小康监测实施方案》、《济南市新农村建设"十大行动"监测指标体系》和《济南市社会主义新农村建设综合评价指标体系》,后两项监测结果已成为市委、市政府评价新农村建设部门年度考核目标之一。启动按月对省级开发园区的动态统计监测,建立全市劳动力调查联席会议制度,配合有关部门开展了第一次全市污染源普查和济南市创建全国文明城市完全模拟测评问卷调查,以及为推进城市化进程提供决策依据的城市化统计监测等有针对性的统计调查制度。⑤加快宏观数据库、专业专题数据库、基层数据库建设。建立宏观数据库联席会议制度,宏观数据库加载工作逐步展开。

4.统计服务。①在服务决策方面,突出时效性、科学性、前瞻性。建立完善经济运行情况每月通报制度、经济运行形势分析定期向市政府常务会和市委常委会报告制度、经济社会发展重大情况快速反应制度、"两会"现场服务制度、社会热点问题专项调查制度等,使服务进一步规范化。为加强统计系统对重大事件的快速反应和应急处理能力,建立全市统计系统快速应急机制。为反映"7·18"水灾造成的影响,组织专门力量对水灾情况进行统计调查。为及时反映物价变动特别是农副产品价格变动对居民生活造成的影响,采取快速动态跟踪制度,关键时期采取"一日一采价、一日一报告",为市委、市政府了解现状、进行决策提供了有效的数据支撑。适应党委、政府换届,工作重点和工作思路的调整,及时搜集、整理、编印一批较为翔实的数据资料和文字资料,完成县级政府换届实绩评价等工作。②在服务部门方面,增强协作意识。积极配合开展各种统计调查,达到了优势互补、信息共享。③在服务市场主体方面,增强公开意识。推行政务公开,实行"首问负责制、一站办结制";在机关显要位置和统计网站设立政务公开栏、电子触摸屏、滚动屏,公布主要职责、优化发展环境措施、服务承诺、办事程序。④在服务社会方面,增强主动意识。坚持定期新闻发布制度,利用新闻媒体和统计网站及时发布经济社会发展信息。同时努力办好在《济南日报》开设的"济南统计专版",为社会各界了解统计、认识统计、应用统计、监督统计开辟了一个窗口,提供了一个信息交流的平台。

5.统计基层基础建设。2007年,继续下大力气加强统计基层基础建设,全市130个乡镇均建立了实体型统计站,建立了独立的统计网站,并实现了国家、省、市、县、乡镇(街道)的五级联网。在全省"双基建设"评比中,10个县(市)区及高新技术开发区均获得"全省统计站规范化建设先进单位"称号,11个乡镇统计站获得"全省统计站规范化建设示范单位"称号。加强基本单位名录库建设。在工商、税务部门的支持下,按照不重不漏、动态维护、准确全面的要求,落实责任,认真做好名录库的维护,为各项普查、调查任务的顺利开展奠定了基础。建立乡镇(办)统计机构联系点制度。由局、队长带队,对口联系一个乡镇(街道)统计站,加强沟通与指导,力所能及地帮助基层解决实际问题,促进统计站正规化建设,提高源头统计数据的质量。

6.统计法制。年初召开全市统计法制工作会议,下发2007年全市统计法制工作要点,保证统计法制工作的有序进行。统计普法宣传活动向纵深发展,举办"五五"普法骨干培训班,来自市、县(市)区统计局以及乡镇(街道)统计站的220余名业务骨干参加了培训;在济南统计信息内网上开辟"统计'五五'普法专栏",并于全国"12·4"普法宣传日活动期间,邀请省、市有关领导和部分基层代表,共同举办纪念《统计法》颁布24周年座谈会。落实统计巡查制度,完成第一轮统计巡查,统计法制环境明显改善。坚持开展经常性和针对性执法检查,全年共检查单位589个,对57个违法单位进行立案处理;开展投资项目专项整治工作,有效提高投资数据质量。全面部署全市统计从业人员资格认定执法检查工作。

7.统计队伍建设。加强统计干部业务培训。与市委组织部、市人事局、山东省经济学院共同举办两期全市统计干部继续教育培训班,系统进行了以"统计专业知识、计算机知识和网络应用技能知识"为主要内容的业务培训。建立实行局领导业务授课制度,举办统计理论、国民经济核算体系以及"宏观经济形势分析"等专题讲座。加大计算机应用能力培训力度,市统计局有52人参加了全国专业技术人员计算机应用能力考试，通过率达到81%。

（孙夕良　张叶红）

【社会主义新农村建设“十大行动”统计监测】 为加快推进社会主义新农村建设，济南市委、市政府提出了加快建设新农村的“十大行动”：①农民增收行动；②城镇建设行动；③道路畅通行动；④饮水安全行动；⑤生态富民行动；⑥造林绿化行动；⑦医疗惠民行动；⑧教育振兴行动；⑨弱势保障行动；⑩市场拓展行动（以下简称“十大行动”）。下发了《济南市人民政府办公厅关于印发济南市社会主义新农村建设“十大行动”监测及综合评价实施方案（试行）的通知》，确定了由市统计局开展全市新农村建设“十大行动”综合评价暨监测工作。自2007年开始，市统计局对新农村建设“十大行动”按季度进行4次监测，对新农村建设综合评价每年年底进行一次监测，并分别形成相应监测报告，呈报市委、市政府。通过开展新农村建设“十大行动”综合评价监测工作，为解决“三农”问题提供了丰富的信息服务，有利于统计更好地为领导决策提供参考，更好地服务于农村和农民，更好地服务于社会。

（于　涛）

【创新型城市监测】 市统计局作为济南市创新型城市建设推进委员会成员单位，主要负责制定统计制度、建立监测体系。根据济南市创新型城市建设推进委员会第一次会议精神，围绕实施科技规划纲要建设创新型城市的要求，组织力量，认真攻关。积极与有关部门进行沟通，搜集相关资料，并开展大量的调查研究活动。在充分调研的基础上，初步拟定了一个由65个评价指标、75个调查指标组成的指标体系，经统计局、科技局、发改委3部门多次论证，并经济南市创新型城市建设推进委员会第二次会议通过，形成由44个评价指标组成的指标体系。该统计监测指标体系由“市级监测指标体系”和“县（市）区评价指标体系”组成。

（周　倩）

【文化产业统计监测】 市统计局与市委宣传部等有关部门在深入调查研究的基础上，依据国家统计局制定的《文化及相关产业分类》标准，制定了文化及相关产业统计指标体系，设计了适合济南市情的《文化产业综合统计报表制度》。明确各县（市）区、各级文化行政主管部门、各级统计部门的职责范围，为更好地完成统计监测任务起到了积极的协调作用。在各部门支持配合下，对全市文化产业增加值等主要指标按进度进行了初步测算。

（周　倩）

【统计巡查】 根据济南市统计巡查工作的总体安排，2007年8月14~16日，济南市统计局对槐荫区、长清区、高新技术开发区的统计工作进行了统计巡查。这次统计巡查包括统计数据质量以及开展统计服务的情况、贯彻国家、省、市统计局统计报表制度的情况、统计法制工作情况、统计基层基础工作情况、统计队伍建设及创建文明机关活动开展情况、统计信息化建设情况等六方面的内容。巡查组听取了所巡查区统计工作的全面汇报，并与各专业进行了情况交流。数据质量检查组随机抽取部分单位，深入基层进行了统计数据质量检查，综合检查组对乡镇（街道）统计站的正规化建设进行了检查验收。通过巡查，进一步加深了对县（市）区统计工作的了解，达到了相互沟通、相互交流、总结经验、发现问题、促进工作的目的。至此，济南市对10个县（市）、区和高新区的第一轮统计巡查工作全部结束。

（张德军）

【济南市社会经济调查局成立】 2007年4月，市编办发文《关于国家统计局济南调查队加挂济南市社会经济调查局牌子的批复》，同意成立济南市社会经济调查局，为市政府直属全额预算管理正局级事业单位，与国家统计局济南调查队合署办公，一个机构两个牌子，既是国家统计局派出的调查队，又是地方党委政府管理的调查局。在国家下达58人事业编制的基础上，核增地方事业编制13人，事业编制总额71人。加挂调查局的牌子后，有利于地方党委政府对调查队工作的管理；有利于利用调查队机动、灵活、快速的优势，更好地为地方政府搞好服务；有利于整合资源和效率的提高，统筹使用调查网络和调查力量；有利于维护统计数据的统一性和完整性，避免重复调查、重复建设。

（纪　强）

责任编校　王　洋

经济开发园区

济南高新技术产业开发区

【概况】 2007年，济南高新区围绕“形成全市经济增长极、建设全国一流高新区”和建成全市“高新技术产业的密集区、先进制造业的聚集区、对外开放的示范区、现代化的新城区”的目标定位，基础设施和投资环境建设等都有新的突破。

经济实力进一步增强。GDP首次突破百亿大关，完成101.1亿元，增长20.7%；规模以上工业增加值、销售收入、利税分别达到85.6亿元、242.7亿元和23亿元，分别增长24.2%、22.6%和31.6%；财政一般预算收入完成4.5亿元，增长38.7%；固定资产投资达到62.8亿元，增长28.1%，其中工业投入达到35.8亿元，增长47.9%；重点项目建设进展顺利，将军烟草、青岛啤酒、轻骑标致、同欣电子等项目如期竣工。

全年招商引资呈现良好势头。共引进各类项目178个，合同投资81.3亿元，其中引进市外资金37.6亿元，增长44.1%；实际利用外资6602万美元，增长56.2%；石油济柴、德国费斯托、美国百利通、日本恩翼帕瓦等一批较大项目相继落户济南。

科技创新步伐不断加快。获得国家和省市科技计划立项118项、发明专利145件，新认定高新技术企业27家、高新技术产品71项，新增在孵企业41家、孵化毕业企业27家，新增省级以上技术中心、工程中心和重点实验室12家，获得市级以上科技奖励29项。

发展环境进一步改善。在硬环境建设上，投入15.3亿元，新建完善道路、“四供两排”、污水处理和绿化、美化、亮化等工程，配套能力有较大提升。在软环境建设上，突出抓好服务态度的改善和服务效率、服务质量的提高，取得了较大成效。

【新落地产业项目概况】 4月4日，济南高新区与山东大学加强人才培养合作协议签约暨济南信息通信人才培养基地揭牌仪式在山东大学齐鲁软件学院举行。

4月11日，英国莲花集团与中国青年汽车集团举行品牌授权签约仪式。英国莲花集团是世界上著名的运动汽车生产厂家，其主营业务是生产和销售高端运动型跑车并提供世界一流的汽车工程咨询服务。中国青年汽车集团是国家定点的豪华客车生产企业，年生产能力达5000台。在双方此次进行的合作中，青年汽车集团将引进莲花汽车工程技术和品牌，在此平台基础上开发设计青年汽车的轿车产品，并在济南高新区建立轿车生产基地。

4月24日，青岛啤酒(济南)40万千升啤酒生产基地奠基仪式在济南高新区举行。济南基地将成为国内设备配置标准最高、技术水平最先进的啤酒生产基地，拥有亚洲最快的配置生产线，每小时装配6万瓶啤酒。项目一期工程规划年产能力30万千升，总投资约4亿元。

4月24日，美国仲量联行与济南高新区管委会签署战略合作协议。美国仲量联行是全球领先的综合房地产服务与投资管理公司。根据双方签署的协议，仲量联行将主要为高新区提供制造业、物流、工业园区、投资、招商等领域的服务。

5月7日，国泰租赁有限公司举行揭牌仪式。该公司是一家以提供融资租赁业务为主，兼有经营租赁、委托租赁、风险租赁、贸易和咨询服务等多项现代租赁业务功能的综合性社会服务机构。公司成立后，将面向全国各行业开展融资租赁业务，并逐步发展成为业务覆盖全国的综合性融资租赁总部基地。

5月17日，中铁十局科研大厦奠基仪式在齐鲁软件园IT总部基地举行。中铁十局作为中国铁路工程集团在山东唯一的一家国有控股公司，是济南高新区引进的又一家世界500强企业。

5月23日，三一集团与济南高新区签订项目入区协议。三一集团有限公司始创于1989年，系中国工业企业100强，主要从事工程机械设备的生产和销售，总资产达33亿元，2006年销售收入突破90亿元。该项目总投资8000万元，位于高新区大正科技示范区，建成后年销售额将达4亿元。

5月26日，山东省立医院东院区项目举行奠基仪式。省立医院东院区占地约26.67公顷，按三级甲等医院标准建设。项目分两期建设，一期工程9.6万平方米，计划2009年6月竣工。该项目由知名设计机构——法国思构设计公司暨华东建筑设计研究院联合规划设计，建成后将立足济南、辐射全省、延伸省外。

6月7日，山东省侨办、济南市侨办与济南高新区举行共建华侨华人创业基地合作协议签字仪式。济南高新区于2003年被确定为“国务院侨办引智引资重点联系单位”。为进一步加大对国侨办重点联系单位的支持力度，更好地发挥侨务资源优势，促进高新技术产业发展，努力将高新区建成华侨华人专业人士回国创业的示范基地，省、市侨办与济南高新区达成共建华侨华人创业基地的合作共识。

7月13日，济南高新控股集团与韩国

SK株式会社举行合营合同签约仪式。SK株式会社将与济南高新控股集团合资成立山东爱思开高新石油能源有限公司,总投资8000万元人民币,主要从事成品油零售领域内的相关业务,以及汽车维修、美容等增值服务。此项目将是SK株式会社在中国的第一旗舰店,也是SK株式会社与济南的第一个合作项目。

7月26日,净雅集团建设项目举行签约仪式。净雅集团下设8家子公司,总资产16亿元,是以餐饮业为主的无域名限制的企业集团。签约建设项目位于济南高新区知识经济总部基地,总建筑面积约1万平方米,总投资1亿元,建成达产后,可实现年销售收入1.05亿元。该项目的建设将进一步完善高新区的配套服务功能,优化高新区的投资服务环境。

8月23日,吉利汽车济南基地项目举行开工仪式。吉利控股集团是国内具有自主知识产权的民营轿车生产经营企业,资产总值超过110亿元,连续4年进入全国企业500强,被誉为“中国汽车工业50年来发展速度最快、成长最好”的企业,跻身于国内汽车行业十强。吉利汽车济南基地项目建成后,将生产完全拥有自主知识产权的数款高技术含量的中高档轿车,同时还将建成具有国际化水平的设计研发、试制试验的全功能研发中心,成为吉利控股集团规模最大、设计最先进的集汽车设计、研发、试制、整车生产制造为一体的综合性集成产业园区。

8月24日,山东瑞祥置业股份有限公司揭牌仪式在济南国际会展中心举行。山东瑞祥置业股份有限公司的前身是济南市高新技术产业开发建设总公司,隶属于济南高新区管委会。随着改革的深化,原开发建设总公司的生产经营机制已不能适应市场机制的要求,严重制约和束缚了公司的发展。高新区管委会于2003年4月起开始实施对原开发建设总公司的产权制度改革,以建立现代企业制度为方向,成为高新区改制工作的一个成功范例。

9月25日,由中国孔子基金会创办的季羡林研究所在济南高新区落成。季羡林研究所2005年由中国孔子基金会发起成立。在山东省委、省政府的关心支持下,先后撰写和编辑出版关于季羡林先生的10多部著作,并创办专门研究季羡林学术文化思想的《季羡林学刊》,在文化界、学术界和社会各界产生了广泛影响。

11月12日,名气通讯(中国)有限公司(中华煤气附属电子公司)、山东泰华电讯有限公司、济南港华燃气有限公司联合组建城市弱电管线合资公司合资签约仪式在齐鲁软件园举行。合资公司主营业务为城市地下弱电管线,投资总额1亿元人民币。投资方泰华电讯是济南高新区入园企业,2003~2007年在济南已完成的道路管线有30余条,里程达110多公里,投资总额8000余万元,工程质量优良。中华煤气在国内60余个城市经营管道煤气业务,对国内城市弱电管线BOT业务前景非常看好。此次合资将引进强有力的资金支持及先进的经营管理理念,为济南市的城市建设作出贡献。

11月27日,济南高新区管委会、国家信息通信国际创新园管委会与长城融资租赁有限公司、长城投资管理有限公司签订进区协议。长城融资租赁有限责任公司是2006年经国家商务部、国家税务总局批准成立的专业从事融资租赁业务的试点企业,是全国性非银行投融资机构。首期注册资本1.7亿元人民币,公司股东为中国长城资产管理公司和山东通发实业集团公司。长城投资管理有限公司由中国长城资产管理公司与长城融资租赁有限公司共同出资成立,首期注册资金5000万元。

12月4日,济南高新区管委会与中国工商银行山东省分行营业部举行战略合作签约仪式。协议双方将共同致力于高新区经济建设发展,充分发挥双方的资源、产品、科技及服务优势,在金融服务、资金结算、资本运作等领域中实现综合性、全方位的合作,以实现互利共赢。

12月18日,济南柴油机股份有限公司与济南高新区签署年产5000台140缸径发动机项目入区协议。该项目由中石油物资装备公司直接投资,总投资约9.5亿元,固定资产投资约8.2亿元。济南柴油机股份有限公司是中国石油天然气集团总公司所属唯一的内燃机专业制造公司,也是全国机械行业骨干企业之一。

【高新技术成果】 9月30日,浪潮科技园开工仪式在济南高新区举行。浪潮科技园规划建筑面积52万平方米,整体工程分三期开发,全部三期将于2012年前完工。根据规划,浪潮将参照世界IT顶级企业园区标准、美国硅谷与微软总部布局模式引入先进的规划建设理念,把浪潮科技园建成国内一流、国际先进的企业园区。建成后的园区,将集计算机产业研发基地、软件产业研发基地、嵌入式系统产业研发基地等多个研发机构于一体。浪潮集团总部、软硬件研发机构以及与世界500强企业合资合作的机构等都将迁入科技园内。

11月12日,世界晶体振荡器巨头——美国百利通公司与济南高新区举行签约仪式,联手打造晶振产业基地。百利通公司总部设在硅谷,是纳斯达克上市公司,在全球晶振领域居前10位。该产业基地建成后将生产石英振荡器,一期计划投资3500万美元,建设10条晶振模组生产线,5年内计划建成30条生产线,实现年销售收入6亿元。

【国家信息通信国际创新园揭牌成立】 2006年底,国家科技部、信息产业部、商务部联合发文,同意与山东省政府共建国家信息通信国际创新园,该创新园落户在济南高新区。创新园规划建设“一园(创新园)两区(总部研发区、产业发展区)”,同时配套建设高端商务、物流配送、生活服务、文教医疗设施,力争到2020年将创新园建设成为现代化新城区,实现园内年营业总收入6000亿元。2007年6月22日,国家信息通信国际创新园揭牌暨信息通信技术研究院落成仪式在济南高新区举行。

9月28日,国家信息通信国际创新园联盟在济南高新区成立,通信企业联盟是按照平等、合作、互助、互惠的原则和共闯市场、共享资源、共同发展的宗旨,自愿组成的从事信息通信业务的非独立法人和非直接盈利性的合作联合体。联盟将依托国家信息通信国际创新园的开发建设，加强园区通信企业之间的交流与合作，促进园区通信企业规模化发展。联盟有会员14家，总资产约4亿元，其产品及解决方案涉及通信领域的多个方面。联盟会员企业大多为国家科技部门认定的高新技术企业及信息产业部门认定的软件企业，享受国家最优惠的产业政策，并且大部分企业已通过ISO9000认证、系统集成资质认证及通信行业的相关资质认证。

【2007中国百名IT青年精英论坛】 11月11~12日，2007中国百名IT青年精英论坛在济南开幕。此次论坛以“IT引领创新经济”为主题，由共青团中央、信息产业部、山东省人民政府、全国青联、济南市人民政府主办，中国青年科技工作者协会、共青团山东省委、山东省信息产业厅、共青团济南市委、济南高新区管委会、济南市信息产业局承办。

搜狐公司首席执行官张朝阳、北京中星微电子有限公司首席专家邓中翰、红杉资本中国基金创始人张帆、中国电信集团公司副总经理杨杰、浪潮集团总裁孙丕恕分别作了主题演讲。IT青年精英就“2008年互联网创新趋势和热点关注”、“2007年软件应用创新分享及2008年趋势”等专题进行了研讨，分赴山东大学、山东师范大学、济南大学、山东经济学院与在校大学生进行交流，并参观了济南高新区和国家信息通信国际创新园。

【国家动漫产业发展基地揭牌及授牌仪式在济南高新区举办】 11月10日，济南国家动漫产业发展基地揭牌及授牌仪式在济南高新区举办。济南市动漫产业基地已经形成由东至西带状发展的布局，拥有动漫游戏企业60多家，涌现出东方天健、浪潮欢乐城、三联电子、高路动画、蓝点传媒等一批优秀动漫游戏开发和制作企业。

【2007·山东(国际)糖酒副食交易会暨酒文化博览会】 11月3日，“2007山东（国际）糖酒副食交易会暨酒文化博览会”在济南国际会展中心开幕。此次博览会由济南市政府、山东省经贸委、山东省轻工办联合举办，共有包括酒类、饮品、食品、副食品等在内的300多家企业参展。

（许　立）

省级开发园区

【山东明水经济开发区】 山东省明水经济开发区(以下简称开发区)位于山东省章丘市，规划面积14.5平方公里，现已拓展到70平方公里。截至2007年，累计投资15亿元完善基础设施，实现区内水、电、暖、蒸汽、天然气、道路、排污和场地的“十通一平”，绿化率超过40%。开发区先后通过ISO9001和ISO14001国际标准体系认证。通过推行一站式办公、一条龙服务、一个窗口收费的运作模式，努力打造投资安全、管理规范、服务周到的综合服务环境。按照“龙头企业—产业链—产业集群—产业基地”的发展方向，坚持做大做强汽车装备、机械制造、精细化工三大产业集群，食品饮料和纺织服装等产业已初具规模。中国重汽、中集集团、台湾宏全、可口可乐、银鹭、康师傅、济钢机械、上海宝钢等20余家国内外500强企业落户开发区。大力发展品牌经济，现有中国名牌产品3个，山东省名牌产品8个，济南市名牌产品5个，山东省著名商标7个，济南市著名商标2个。积极加快技术创新步伐，现有省级高新技术企业12家，济南市级高新技术企业25家，省级技术中心4家，济南市级技术中心9家。2007年，开发区实现国内总产值87.26亿元，工业增加值86.74亿元，完成税收9.85亿元，实现利税30.43亿元，实现财政收入11.16亿元，业务总收入321.04亿元，固定资产投资86.85亿元，出口额1.53亿美元，实际利用外资5060万美元，引进项目总投资101.76亿元，合同外资额1.20亿美元。

1.项目建设高质高效。各项经济指标的快速增长主要得益于三个方面：①交通装备、机械制造、精细化工三大支柱产业架构初步形成，支撑作用更加明显。三大支柱产业实现利税17.06亿元，占规模以上企业比重84.1%。②大项目带动作用显著增强，逐步成为税收贡献的主力军。“一区四园”33家销售收入过亿元企业实现销售收入207.21亿元，实现利税17.54亿元，分别占规模以上企业比重的85.65%、86.45%，大项目开始产生大的效益和回报。③招商引资成果丰硕。越来越多的引办项目逐步建成投产并达效，对经济发展的贡献开始显现。④经济发展方式转变迈出新步伐。高新技术产业增长较快，省级高新技术企业12家、省级技术中心4家、省级著名商标7个、中国名牌产品3个。其中省高新技术企业占全市的57%。高新技术企业和名牌产品对开发区发展的拉动作用越来越明显。⑤以重汽商务车、安莉芳、银鹭集团等为代表的大项目建设速度快、标准高，正成为开发区日益强大的后备力量。

2.招商选资步入良性轨道。2007年，“一区四园”累计引进项目55个，合同投资101亿元，实际完成投资75亿元。已经签约的重点项目有济南宝钢、九阳家电、山东博科、山东福贞、济南万昌、台湾达芙妮、龙大肉食品、厦门银鹭、三一重工等项目。项目质量越来越好，产业链条越来越密，技术含量越来越高，选资方向越来越明。

3.基础设施更加健全完善。开发区本着为项目落地创造条件，为企业发展改善环境的原则，重点规划实施路网、管网、绿化等建设工程，承载项目的能力不断提升。①投资120万元实施经十东路排污工程，保证项目区污水的集中排放。②投资150万元建设康鲁环保排水、排污工程，解决企业排水、排污难的问题。③投资2460万元建设明埠路南延线、埠村南风路、圣井三号路，为项目落地创造条件。④投资300万元，重点完成绿化带背景林、行道树补植、道路绿化综合提升等工程，美化开发区环境。⑤对化工工业园和空港工业园进行规划，为园区走上科学、规范的发展道路提供依据。

4.管理服务更加务实高效。①健全管理机构。为进一步建立责、权、利更加明晰的现代化管理体制，开发区设立经济发展局和财政局。“四局一办”的组织结构使管理体制更加规范,服务效能得到提高。②理顺财政体制,建立独立的财政体制。与市财政确立“确定基数,增长部分五五分成,一定三年不变”的分配方案。财政体制的确立,为开发区建立科学的发展规划、长效的管理机制、灵活的运作模式提供经济保障。③提高服务水平。不断加强后勤保障,完成机构设置,保证工作的正常进行;建立网上直报系统完成生产调度,保证统计数据的真实可靠;加强项目服务管理,加快手续办理进度,保证项目建设进度;突出安全监察职能,保证企业的安全生产和园区稳定;坚持开源与节流并举,保证工资的正常发放和机关的正常运转。通过加强税源分析,为进一步提高开发区的税收贡献奠定基础。（王书国）

【山东济北经济开发区】 2007年,开发区完成地区生产总值95.2亿元,比上年增长25.9%;利税11.2亿元,同比增长37.2%;地方财政收入5.7亿元,同比增长28 %;合同引进项目总投资36.2亿元,同比增长19.8%;实际利用外资4027万美元,同比增长9.2%;出口创汇4598万美元,同比增长31.3%。年底园区内实有注册企业327家,其中外商投资企业43家,高新技术企业41家,世界500强企业2家,企业总数比上年增长12.7%。

1.建立专业招商机制。变全员招商为专业招商,推动招商引资向职业化、专业化、实力化方向发展。组织十几个招商分队,先后赴美、日、韩等国家及台湾、深圳、东莞、上海、云南、广西等地区进行重点项目推介和招商活动,引进上海工业园、华达汽车城、中天凡德、天茂树脂、三和生物、四方高铬辊等18个项目。在谈的项目有双诚不锈钢工业园、奥尔通化工、天元伟业太阳能、金铭金属连接件、台湾慎远实业项目、统一集团、天然气加气母站等21个项目。

2.建立产业链招商机制。依托现已形成的食品饮料、纺织服装、医药化工、机械电子四大产业门类,进行产业链招商;围绕四大产业链的发展方向实行以商招商;建立健全信息捕捉机制。在招商重点上,突出行业百强,广泛搜集项目信息和投资信息,建立招商项目库,紧紧盯住世界500强和中国500强企业,对其生产基地布局和销售网络布局进行认真分析,研究将来建设生产基地的布点方向,对招商项目信息库实行专人管理,并定期分析研究产业发展方向,不断提高对外招商的针对性和实效性。2007年,济北开发区被济南市人民政府评为发展园区经济标兵单位,并获奖金100万元;山东省外经贸厅授予济北开发区科学发展示范园区称号;山东省人民政府授予济北开发区全省对外开放先进园区称号。（济阳县史志办）

【济南临港经济开发区】 济南临港经济开发区(简称开发区)设立于1993年,是山东省人民政府批准的省级开发区。2007年5月,历城区委、区政府出台《关于进一步加快济南临港经济开发区建设和发展的若干意见》,明确管委会的管理体制、机构设置和人员编制等问题。2007年,获市政府授予的发展园区经济标兵单位称号。

1.规划建设取得新进展。2007年,开发区加大外资载体建设,经山东省外经贸厅批准设立欧洲工业园和韩国工业园。欧洲工业园位于开发区小清河以北,东绕城高速公路以东,大辛耕地以西,荷花路以南,规划面积77公顷,以发展汽车工业配套的总成、配件和机械制造、机械加工业为主。韩国工业园北至青银高速公路,南至横六路,西至马家西路,东至分洪河路,规划面积200公顷,重点发展机械制造、汽车配件、医疗器械等产业。

2007年,在改造提升机场路、修建开发区A区和B区路网的同时,注重供水、供电、天然气、排水等配套设施的建设,开发区硬环境逐步得到改善,配套基础设施日益完善。开发区对三处主要出入口、绕城高速与机场路的衔接路口、机场路与102线衔接口分别进行提升改造,青银高速与荷花路的衔接路口正在建设。开发区A区和B区范围内,二级主干路大部分进行提升改造,形成A区二纵四横6条道路,B区三横一纵4条道路,总长度21公里。

2.经济发展取得新成就。截至2007年底,开发区已经入驻企业147家,规模工业企业个数达到35家,其中包括日本、德国、英国、俄罗斯、台湾等国家和地区的外资企业11家,高新技术企业11家,服务业12家。开发区共完成生产总值658476万元,其中第二产业完成580070万元,第三产业完成78406万元;地方财政一般预算收入48749万元;招商引资实际利用内资375000万元,实际利用外资2600万美元;固定资产投资570853万元;规模以上工业企业增加值570070万元,实现利税176365万元,新增规模企业7家;出口创汇16315万美元。

为集约利用土地,优化产业结构,实现开发区经济的科学发展,开发区实行招商选资,产业结构发生很大变化。工业经济方面,主要形成以世界500强之一的德国独资ZF转向机公司、福士汽车零部件(济南)公司为龙头的汽车零部件制造产业;以日本独资济南希森美康医用电子有限公司、山东兰桥医学科技有限公司为龙头的生物制药和医疗器械制造产业;以山东成骅电子科技有限公司为龙头的电子制造产业;此外还有台橡(济南)实业有限公司、济南维维乳业有限公司、济南大华环保净化工程有限公司等涉及生物化工、食品加工、环保等产业。为建设空港新城,开发区立足区域优势,大力发展三产服务业,主要引进空港置业公司等房地产业,积极推进济钢温泉度假村等温泉度假旅游业的发展,逐步提高临港开发区的配套服务能力。（王景鹏）

【山东商河经济开发区】 商河开发区主要以农副产品加工、医药化工、玻璃三大产业为主。企业已占地172.63公顷,尚剩余260.33公顷。截至2007年,已入驻企业30家,其中投产企业28家。投产企业包括山东欣宏药业有限公司、山东新绿源森林科技产业有限公司、山东科源制药有限公司、商河县仙居肌醇厂、齐鲁宏业济南服饰有限公司、济南瑞海农副产品有限公司、济南华强新型建材有限公司、济南安池饲料有限公司、济南山河五金制品有限公司、济南鑫洋彩印包装有限公司、济南科邦化工有限公司、济南美鹏化工有限公司、济南安特生化有限公司、济南山山塑料制品有限公司、商河县鑫海农副产品有限公司、山东康瑞石业有限公司、济南金王食品有限公司、山东中元绿色生物有限公司、济南玉龙汽车销售有限公司、山东康桥酒精有限公司、济南金地农药有限公司、济南尚润通达复合材料有限公司、济南太和生物工程有限公司、济南中海赛恩渔药有限公司、济南泛洋纺织有限公司、济南义青纺织有限公司、济南裕济化工有限公司、山东金泰隆焊业有限公司。在建企业包括山东天匠重工科技集团有限公司、山东中正钢结构有限公司共2家。2007年开发区企业总投资逾1.31亿元，实现销售收入逾3.09亿元，工业增加值1.3亿元，实现税收600万元。 （陈丽梅　宋　峰）

【山东平阴工业园区】 2007年，平阴工业园区管委会按照县委、县政府确立的“工业强县”指导思想，园区经济呈现出高效、快速、健康发展的良好局面。全年新引进项目13个，利用内资4.07亿元、外资141万美元，规模以上企业实现总产值10.78亿元，工业增加值3.86亿元，出口创汇172万美元。

1.搞好园区规划，保证项目落地。对园区一期剩余土地全部进行规划、测绘，安置项目13个，其中山东新新太阳能科技公司、平阴鲁西化工第三化肥厂有限公司、山东润通谷物制品有限公司全部办理土地审批手续，占地26.67公顷。新安置济南玛钢公司球铁扩产项目，占地10公顷。对二期胡山口以西项目安置以外剩余土地全部进行规划，已开工项目4个，该片土地的使用手续已全部上报省、市相关部门，保证土地使用的合法性。根据生态发展要求，计划向南与玫瑰镇实现对接，进一步拓展用地空间。对接后，可对玫瑰镇约66.67公顷的土地实现综合利用，进一步扩大园区规模和发展空间。安城和孝直片区完成规划论证和审批，分别搭起初步道路框架，使其具备承接项目落地的条件。

2.完善基础设施，提高服务功能。先后进行两次工程招投标：①胡山口西的两块土地整平项目，总投资67万元，整平土地20公顷；②二期工程道路护坡及排水工程，投资120万元，两项工程已全部完工并交付使用；总投资120万元，开展通往玫瑰镇园区南延道路建设，已完成工作量的60%；完成对济南压缩机厂有限公司以南、山东福胶集团以西近35公顷的土地测量。

3.突出招商重点，加大引资力度。在招商引资工作方面重点抓三点：①狠抓项目引进，新引进天然气压缩机、汽车发动机等13个项目；②狠抓项目建设。积极为入园企业搞好协调服务，对投资1.2亿元的新新太阳能项目、投资2亿元的山东泰润机械制造项目、投资1.5亿元的5万吨甲醇项目、投资1亿元的铝塑复合板等签约项目实施跟踪服务，帮助企业解决登记注册、环评立项等方面遇到的困难和问题；③狠抓规模膨胀。对6万吨伊利冷饮、5万吨甲醇、4万吨球铁管件等扩建项目，积极与项目单位联系，搞好服务工作。

4.搞好协调服务，解决企业问题。先后协助10多个企业完善土地使用手续，办理有关土地证件。帮助济南伊利乳业有限公司、昆山惠丰耐磨工业有限公司山东分公司、山东鸿瑞石油化工有限公司、山东新新太阳能科技公司等企业办理车间及办公设施的规划和施工手续，已完工3万平方米；协调县供电、自来水、通讯等部门完成有关企业的用电、用水、通讯等线路的改造；协调供电、水务、热电等部门满足山东鸿瑞石油化工有限公司双电源、双水路及供热需求；协调县供电公司及平阴镇、玫瑰镇完成为伊利乳业公司架设35千伏供电线路的任务，总投资1600万元；协调县供电公司实施济南玛钢公司厂区内35千伏及10千伏线路迁建，总投资500万元。

（于瑞东　付媛媛）

【重点企业】 1.济南伊利乳业有限责任公司。该公司是伊利集团的下属子公司，于2005年10月23日开工建设，占地面积20公顷，总投资5亿元。主要生产液态奶、酸奶和冷饮系列产品，2006年8月正式投产，是山东省最大的乳品生产企业。截至2007年底，公司共有44条生产线，日处理鲜奶750吨，日产液态奶500吨、酸奶100吨、冷饮150吨，品种达60余种。企业在当地吸纳1500余名劳动力就业，并积极扶持当地及周边地区农户建设奶牛养殖小区51个，提供就业岗位4000多个。

2.济南济锅华源锅炉有限公司。该公司是济南市著名的大型锅炉生产厂家，发挥自身雄厚的资金、技术、市场优势，充分利用平阴的优惠政策，投资5000万元，建造锅炉配件分厂，2004年5月投产运营。企业占地面积5公顷，建筑面积1.86万平方米。2007年12月，通过国家质量监督检验检疫总局的A级锅炉部件制作许可鉴定评审。

3.山东越宫钢构件有限公司。该公司于2002年7月进驻开发园区，占地面积10公顷，总投资5000万元，厂房面积4万平方米。企业生产的轻钢结构件是继砖木混凝土建筑之后的第三代建筑材料，其结构牢固、可靠、环保、抗震、跨度大、建筑周期短，具有广阔的市场前景。2007年，公司新投资5800万元进行项目扩产，建设二期管桁架及重钢结构生产项目工程，年生产能力达3.8万吨。

4.济南弘呈机械配件有限公司。2003年引进的台商独资企业，由台湾弘济股份有限公司投资建设，项目总投资200万美元，占地面积2.2公顷。主要生产汽车、摩托车铸造毛坯件及相关部件，于2004年4月投产。

5.济南格蓝压缩机有限公司。2002年引进的一家民营股份制企业，占地面积1.5公顷，建筑面积1.2万平方米，有员工600余名，生产设备280台套，主要生产各类压缩机及配件。

6.济南玛钢钢管有限公司。2001年由济南玛钢股份有限公司投资建立的股份制子公司，占地面积8公顷，员工200余名。主要生产“迈克”牌D219—D1220双面埋弧焊螺旋钢管，年生产能力10万吨。公司拥有4条专用生产线，引进8台美国先进的林肯自动焊机，2005年10月“迈克”牌螺旋钢管被评为“山东名牌”产品。2006年12月获得美国石油协会颁发的APIQ1质量管理体系认证证书，2008年1月获得美国石油协会颁发的API5L产品认证证书。

（于瑞东　付媛媛）

【济南槐荫工业园区】 2007年，济南槐荫工业园区按照“强化园区意识，强化开拓意识，加快经济总量膨胀，加快园区城市进程”的要求，园区发展呈现出快速发展的态势。年内完成固定资产投资6亿元，招商引资9.2亿元，其中注册类完成3.2亿元；引进各类项目51个，其中工业项目20个、商业项目31个，引进济南泓泉制水有限公司、山东世纪江山再生资源有限公司以及山东海那产业有限公司3个投资超过1000万元的工业项目。园区企业累计达406家（其中规模以上工业企业29家），实现工业投入3.8亿元，实现增加值6.76亿元。规模以上工业企业实现销售收入23.91亿元，比上年增长73.4%；利税2.32亿元，比上年增长211%；税收9800万元，比上年增长30.7%。园区有省、市高新技术企业38家，市级以上高新技术产品43项，形成了以小家电、新材料等为产业特色的科技企业聚集区。实际利用外资727.9万美元，实现出口创汇687万美元。继续加强以创业园和孵化器为主体的载体建设，强化服务，帮助济南福能达水技术、银丰硅制品等5家企业完成申报科技立项计划，企业由此获得必要的资金支持。积极开展送法律服务到企业活动，走访重点企业，解决法律纠纷。2007年被济南市政府评为经济发展优秀单位，工业园区孵化器被济南市委、市政府评为文明工作单位。（陈　玲）

【重点项目】 1. 山东海那产业有限公司。总投资15亿元，注册资本1亿元，规划占地面积98.53公顷，建筑面积约95万平方米，项目是由国家发改委批准立项的全国骨干农产品加工流通平台。项目分三期建设，其中一期工程占地60公顷，集加工配送、农技推广、市场交易、仓储物流、农产品期货、农艺景观等功能于一体，并将建成省内第一个农业文化博览馆和国际农产品采购中心。整个项目计划3年完成，建成后可每年形成销售收入50亿元，利税3亿元，提供就业岗位5000个。

2.山东九阳小家电有限公司。规划占地面积约6.67公顷，作为国内知名小家电生产商，在多个产品领域中位居全国前列。公司正积极准备推动上市，同时计划吸纳国内相关配套生产商，努力建成江北最大的小家电生产基地，进而打造中国小家电第一品牌。

3. 星火科技园—VOLVO工程机械研发中心。总投资3000万元，规划占地面积约3.33公顷，建筑面积约1600平方米。项目主要由北京航空航天大学汽车系和山东交通学院机械系提供技术支持，建设工程机械、重型汽车配件研发生产基地，产品将全部进入VOLVO全球零部件采购体系，产业化后可实现年销售收入2亿元，利税3000万元，出口创汇1500万美元。

4. 山东普瑞聚能达有限公司。该公司是一家中法合资企业，总投资440万美元，规划占地面积约0.4公顷，建筑面积约3000平方米。主要依靠引进国外先进技术，生产填补国内空白的高性能弹性体制品，项目产值可达3亿元。

5. 济南世纪江山再生资源技术开发有限公司。总投资3000万元，规划占地面积约0.53公顷，建筑面积约4000平方米。是一家专门从事资源再生利用的科技公司，主要开发ECT固体废弃物生态化再循环清洁处理技术，由香港和内地两家公司投资建立。项目一期计划达到每年1500吨的处理能力，可年产1万吨精制有机肥。

（陈　玲）

【济南化工产业园区】 2007年，园区招商引资实现新突破。共引进18家企业、22个项目，总占地面积266.7公顷，总投资50亿元。根据工作实际，园区管委会把加快入园企业尤其是裕兴化工迁建项目开工建设作为中心工作，全力以赴为入园企业做好服务。使企业能够“来得了、建得成、运转好、收益高”，使园区的招商引资工作逐步走上“以商招商、以商引商”的健康发展之路。①济南裕兴化工厂迁建项目。该项目总占地78公顷，一期年产10万吨钛白粉装置及配套工程将于2009年6月份完成设备安装调试，正式投产运营。一期可年产钛白粉10万吨，预计年销售收入30亿元；二期新建年产20万吨钛白粉装置及配套工程，项目建成后可年产30万吨钛白粉、90万吨硫酸，成为钛白粉行业全球第三大生产企业。②济南皇冠油墨有限公司项目。该项目现已正式投产运营，2008年可产高档油墨8000吨，实现年销售收入1亿元，进入国内油墨行业八强；2009年可产中高档油墨1万吨，实现销售收入2亿元，进入国内油墨行业五强。其他入园企业项目有舜立新型墙体保温材料、宣威涂料、百福特制冷设备、银丰化工等。

加快基础配套设施建设步伐。为满足入园企业特别是裕兴迁建项目的生产生活需要，园区经多方协调、多措并举，加快铁路专用线、供电线路、天然气、污水处理厂及外排管道等重点基础配套设施的建设步伐，提升园区的吸引力和竞争力。①铁路专用线工程。在前期工作的基础上，通过了省发改委的立项审批、省环保局的环境影响评价，省国土资源厅已出具征地预审意见，济南铁路局出具同意接轨意见，并将建设申请书上报到铁道部。②天然气工程。由港华燃气公司承担的园区天然气工程，包括输气干管、支管及气站三部分，其中中压管道2.1公里、高压管线（齐河表白寺阀室至园区横五路门站）4.6公里，已完成管道铺设。③供电工程。完成园区内73公里的10千伏供电线路铺设，正积极协调省、市电力部门尽快建设220千伏变电站，以满足入园企业特别是裕兴化工等大项目双回路生产用电的要求。④污水外排管道工程。工程已经办理立项，正在进行初步设计，并和投资商详细洽谈投资建设事宜，该工程将于2009年6月底前竣工。⑤消防站工程。消防站建设按照一级站标准设置，占地1.2公顷、建筑面积3000平方米，已完成选址工作。（陈佩友）

责任编校　王　洋

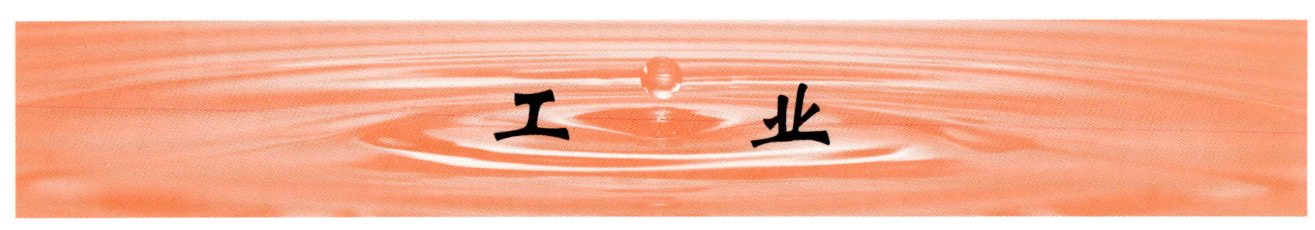

工　业

工业综述

【概况】 2007年,全市国有及年销售收入500万元以上非国有工业企业1871个(以下称规模以上企业),比年初增加127户;全部从业人员年平均40.41万人。规模以上企业中,按隶属关系分,中央企业32个,省属企业79个,市属企业240个,县(市)区属企业131个,乡镇属企业15个,其他企业1374个;按轻重工业分,轻工业企业621个,重工业企业1250个;按企业登记注册类型分,国有企业79个,集体企业122个,股份合作企业19个,股份制企业1067,外商及港、澳、台商投资企业226个,其他企业358个;按企业规模分,大中型企业182个,小型企业1689个。在规模以上企业中,营业收入过亿元企业415个,同比增加49家;亏损企业249个,同比减少8.5%。全市规模以上工业企业资产合计2333.25亿元,同比增长15.3%;负债合计1407.77亿元,同比增长12.4%;所有者权益925.47亿元,同比增长20%。企业固定资产净值年平均余额740.14亿元,同比增长14.2%;工业流动资产平均余额1166亿元,同比增加19.2%。全市完成第二产业增加值1153亿元,是2002年的2.3倍,年均增长14.9%;二产占GDP的比重为45.5%,其中工业占39.1%。全市规模以上工业企业完成工业增加值930.3亿元,同比增长17.5%。

1.效益明显提高。全市规模以上工业企业实现利税332.3亿元,同比增长27.9%,比2002年增加239.3亿元;实现利润178亿元,同比增长30.8%,比2002年增加145.9亿元;利税、利润分别是2002年的3.6和5.5倍。工业经济效益综合指数达到260%,比2002年上升124个百分点;全员劳动生产率由2002年的8万元/人提高到22.5万元/人。

2.外向度提升加快。全市工业品出口实现29.5亿美元,同比增长23.8%,占全市出口总额的96%。其中,机电产品出口完成18.5亿美元,同比增长62.8%,同比提高13.7个百分点。重点企业出口拉动作用强劲,重汽集团、省电建集团、中电山东公司和济钢集团等4家大企业出口15.24亿美元,拉动全市出口增长20.3个百分点。

3.投资力度加大。全市完成工业固定资产投资386.7亿元,同比增长10.7%,重点投向高新技术产业和先进制造业领域;工业投资由2002年的101.5亿元增加到2007年的348亿元,5年工业累计完成投资1494.5亿元,年均增长31%;高新技术产业投资力度加大,5年高新技术产业完成投资达287亿元,所占比重由2002年的16.4%提高到2007年的28.2%。

4.注重节能减排。济南市万元GDP能耗为1.178吨标准煤,同比下降4.635%,完成与省政府签订的责任目标任务。全社会能源消耗总量为2957.45万吨标准煤,较上年增加10.35%。在能耗总量中,工业能耗总量1734.14万吨标准煤,降低0.68个百分点;规模以上工业万元增加值能耗为1.81吨标准煤,下降7.05%;规模以上工业万元增加值取水量19.6立方米,下降4.27%;规模以上工业用水重复利用率91.62%,同比上升0.5%,升幅比省平均水平低0.4个百分点。

5.结构布局优化。全市三次产业比例为5.87:45.07:49.06。第二产业传统工业向现代制造业转化步伐加快,高新技术产业比重由2002年的24%提高到35.3%,5年提高了11.3个百分点。全市规模以上工业高新技术产业总产值1151.18亿元,同比增长36.03%,占规模以上工业比重为35.4%,产值首次突破千亿元大关,各项指标均创历史新高。全市非公有制工业经济比重达到39.8%,提高7.8个百分点。其中,规模以上民营工业经济实现营业收入1239.2亿元,完成增加值365.7亿元,实现利税145.1亿元,同比分别增长27.3%、18.8%和38.3%。以章丘、历城、长清、济阳、高新区为主体的近郊区,以园区为载体大力发展工业经济,形成一批现代工业集群,新型工业化格局初步形成。近郊区规模以上工业企业个数达到1045家,同比增加47家;产品销售收入达到1845亿元,同比增长24.9%,占规模以上工业的比重为60.7%。

【技术创新】 2007年,济南市实现规模以上高新技术产业产值1151.18亿元,占规模以上工业产值比重达到35.38%,比年初增长3.1个百分点。专利申请量、授权量、发明专利申请量、授权量四项指标均居全省第一,实现历史性突破。全市共取得重要科技成果400余项,共争取国家、省各类科技计划项目199项,经费1.3亿元。获得“全国科技进步先进城市”和“国家知识产权示范城市”称号。

1.高新技术产业快速发展。济南市充分发挥省会的科技资源优势,加快运用高新技术改造传统产业,在六大产业集群的基础上,突出发展以集成电路、软件和新型元器件为重点的信息产业,以太阳能光伏光热为重点的新能源产业,以有机高分子材料、高性能金属材料、电子发光材料、环保节能建筑材料为重点的新材料产业，以清洁能源轿车和重型汽车为重点的交通装备产业，以光机电一体化产品、柔性加工中心为重点的机械装备产业，以汽轮机、变压器为重点的电力装备产业，以中药、生物制药为重点的医药产业，提高研发能力，延伸产业链条，推动传统支柱产业、骨干企业和重点产品向产业链高端集聚。

全市高新技术产业产值同比增长36.03%，首次突破千亿元大关，占规模以上工业产值比重为35.38%，同比提高3.1个百分点。新认定高新技术企业168家，全市高新技术企业达1011家（省级506家），其中产值过亿元高新技术企业160家，过10亿元9家，过百亿元2家。新认定高新技术产品255个，高新技术产品总数达1209个。

2.建设创新体系，增强创新能力。2007年，浪潮"高效能服务器和存储技术实验室"被科技部批准为首批企业国家重点实验室，成为国内高效能服务器和存储技术领域的唯一一家企业国家重点实验室；山东中烟工业公司被认定为国家级企业技术中心；济南趵突泉酿酒有限公司、济南时代试金仪器有限公司、山东九阳小家电有限公司、章丘市炊具机械总厂4家企业被认定为省级技术中心；认定市级技术中心29家，新认定省级工程技术研究中心19家，全市各级企业工程技术研究中心达59家。截至2007年底，全市市级以上企业技术中心达到148家，形成以9家国家级技术中心为龙头、37家省级技术中心为骨干、102家市级技术中心为基础的企业技术研发体系。

全年取得重要科技成果400余项，获得2007年度国家、省科技奖励49项，其中，获国家科技进步二等奖1项，山东省科学技术最高奖1项，山东省科技进步一等奖4项。全市共完成技术创新项目1200项，实现新产品销售收入912亿元，同比增长23%，新产品利税109亿元，同比增长31.6%，新产品销售比率达到30%。年内，全市新认定中国驰名商标3件、省著名商标33件、市著名商标65件。新认定中国名牌产品8个、省名牌产品24个。

3.质量管理上新台阶。"济南市2007年度群众性质量管理活动经验交流会"评选出市级优秀QC成果120个，其中一等奖40个、二等奖51个、三等奖29个，市级信得过班组23个，市级优秀质量管理工作者52人。经评审推荐，全市获全国优秀QC小组6个，质量信得过班组2个，获省级优秀QC小组34个，质量信得过班组3个，21人被评为山东省优秀质量管理工作者。

由山东省经贸委、省总工会、团省委、省科协、省质协共同主办，省质协承办的"山东省第27届群众性质量管理活动经验交流会"，从全省17地市推荐的200多成果中选出48个优秀QC成果进行发布。济钢集团、重汽集团、力诺集团、黄台电厂、济南市电力公司等8家单位的9个QC成果在会上进行发布，其中黄台电厂等4家单位的4个QC成果进入前18名，获得推荐评选国优成果资格；济南质量管理协会获"2007年山东质量管理工作最佳组织"奖；国家质检总局公布2007年度荣获国家免检资格的产品及企业名单，济南市6家企业的7个产品榜上有名。国家自2001年实施"国家免检产品制度"以来，截至2007年底，全市共有21家企业的27种产品获得国家免检产品资格，获得国家免检产品资格的产品在3年有效期内免于各部门、各地区、各种形式的监督检查。济南市已启动对食品生产加工企业的视频监管，食品生产企业使用食品添加剂的情况将被质监部门在第一时间视频监控。

4.实施名牌、专利、标准带动战略。2007年，全市共有7家企业的8个产品获得"中国名牌"称号，21家企业的24种产品获得"山东名牌"称号，2家企业获得山东省服务名牌称号。全市共有17个中国名牌产品，117个山东省名牌产品，市名牌188个；全市拥有驰名商标11件、省著名商标120件、市著名商标65件。初步形成了名牌带动、群体跟进、全面发展的态势。

企业作为职务发明专利的主力军，创新主体作用更加突出。企业专利申请总量较上年同期增长18%，占职务申请量的68.4%，企业专利授权总量较上年同期增长48.5%，占职务授权量的69.4%，涌现出济南地维医药、蓝金生物、圣泉集团等一批注重发明专利产出的优势企业。发明专利年申请量超过30件的有5家，其中发明专利申请量过百件的5家，年发明专利申请量最高达159件。在受到市委、市政府奖励的244个项目中，26项专利专案获济南市第二届专利奖，得到奖励73万元。其中，中国重型汽车集团有限公司的"重型载货汽车平衡悬架用的橡胶支座总成"项目获一等奖，奖励8万元；凌沛学的"含有玻璃酸钠的滴眼液及其制作方法"等5项专利项目获二等奖，分别奖励5万元；济南金钟电子衡器股份有限公司的"数字防爆电子衡器系统"等20项专利项目获三等奖，分别奖励2万元。历下区专利申请、授权列全市第一，15个项目获得233万元资金支持，项目数量和资金总额在全市10个县（市）、区中均居首位。其中，山东中创软件工程股份有限公司"新一代银行核心业务系统"、济南鼎成科技有限公司"鼎成通用型手持终端设备与系统的研制与开发"、济南市半导体组件实验所"高可靠JW1083型三端可调正输出电压调整器研制"被列入重点项目。平阴县对企业新创一项国家级、省级、市级名牌产品，分别给予10万元、5万元、2万元的奖励；企业创立技术中心达到国家级、省级、市级标准的，分别给予10万元、5万元、2万元的奖励；县里每年排出10~20个重点技改项目，实行县级领导包挂责任制，负责协调解决企业发展中遇到的各种困难和问题。

市政府主管部门积极鼓励全市机电一体化、计算机、钢铁、汽车、太阳能、石化等优势企业积极参与国家、国际标准的制修订活动，组织大中型企业申报2007年国家标准项目25项，山东省地方标准计划项目9项。国家标准已发布、实施18项，山东省地方标准发布实施4项。浪潮集团牵头起草的《信息安全技术—服务器安全技术要求-GB/T21028-2007》被国家标准化委员会正式公布为国家标准。浪潮集团通过实施标准战略，逐步建立了科学规范的标准创新体系（包括管理体系和标准开发团队），围绕核心技术和产品积极开发或参与各类标准工作，已在服务器、软件、税控机领域牵头制定了8个国家标准。济南重工制订脱硫磨、凿井绞车、天井钻机等3项国家和行业标准，另有多项标准正在修订中。

5.产学研合作取得新的成效。济南市通过科技成果展交会、科技成果转化平台、签订全面合作协议等形式，加强企业与高等院校、科研院所之间的交流与合作，1000多家企业与省内外高校院所建立了科技合作关系，340多项优秀科技成果在全市得到转化利用，带动企业投入资金62亿元。年内，济南市第四届中国·济南高校、科研院所科技成果和专利技术展示交易会在济南舜耕国际会展中心举行。国内30家知识产权局、10家科技中介服务机构、济南232家企业参展，参展专利技术和成果达到10000余项。市政府与中科院沈阳分院签订全面合作协议，济南企业与参展高校、科研院所及专利持有人达成合作协议和意向330余项，技术转让交易额达12.8亿元。校企连手，实现优势互补，山东福胶集团与山东师范大学连手建立的科研基地、实践教学基地正式揭牌，山师大雄厚的科研实力将为老字号企业福胶集团注入新鲜活力。济南职业学院与济南一机床集团签署共建生产型实训基地协议，校企"联姻"，企业的车间"搬"进高校。力诺集团与山东建筑大学合作开设国内首个太阳能与建筑一体化专业，为太阳能与建筑一体化发展培养高端人才；与清华大学合作成立清华力诺能源光电子研究所，聘请中国真空镀膜管创始人、清华大学教授殷志强担任所长，研发太阳能中高温集热技术；与德国JSJ和索尔格公司合作研发太阳能玻璃材料；与山东大学合作研发太阳能薄膜电池；与比利时矽比科公司合作开发石英砂新产品等项目。力诺瑞特推出的新一代Aqua分体式热水系统，推动中国太阳能行业跨入3.0新时代。

6."济南制造"成为优质产品标志。济南市机械工业企业中，占据行业龙头地位的数控机床、压力机、试验机、重型汽车、循环流化床锅炉、柴油机、鼓风机、电机、气动组件等生产企业已成国内行业排头兵。大型数控机床、加工中心、柔性系统国内市场占有率达30%，高效全功能大型机械压力机国内市场占有率90%，在全国同行业位居第一。高性能、低污染、大型化循环流化床锅炉国内市场占有率40%，在全国同行业居首位。石油钻探用柴油机市场占有率90%、微机控制电子万能试验机和微机控制电液伺服动静万能试验机市场占有率全国同行业第一。重汽、二机床、试金等企业的技术水准基本代表了国内同行业技术水准。①在2007年中国名牌产品表彰大会上，中国重汽集团公司的"重汽"牌载货汽车产品获中国名牌产品称号。中国重汽申报的《自主品牌重型汽车数字化设计制造集成平台研发与实施》和《汽车零部件再制造关键技术与应用》项目分别列入"十一五"国家科技支撑计划"重大产品数字化综合集成技术开发与应用"专项和"绿色制造关键技术与装备"专项。中国重汽已承担三项国家级科技计划，实现了中国重汽科研工作历史上的重大突破。济南市发改委、经委、科技局、国资委、科协联合评定并表彰奖励济南市"讲理想、比贡献"优秀科技项目成果，中国重汽科协推荐的16个项目受到表彰奖励，其中《HOWO驾驶室开发设计》和《ZQS500L在重卡车架上的应用研发》2个项目获一等奖；《TPS创新工程》等5个项目获二等奖；《端面齿轻量化系列传动轴的开发》等9个项目获三等奖。中国重汽与中国农行山东分行举行全面合作协议签字仪式，农行山东分行将向中国重汽集团公司提供总额18亿元信用额度，是中国重汽重组以来所获最大一笔银行授信额度。②2007年，济南二机床在迎来建厂七十周年的同时，企业主要经济技术指标再创历史最好水平，工业总产值、工业增加值、实现销售收入、实现利税分别较上年增长36.7%、38.6%、24.3%、24.6%；研制成功首条国产大型机器人自动化冲压生产线等一批高精尖产品，囊括国家科技进步二等奖、山东省科技进步一等奖以及济南市科技最高奖等多项奖项，企业发展跨上新里程。③神思公司产品在全国30个省市区推广使用。截至2007年，神思公司开发自主创新产品已达20余项，半数以上投入批量生产。其中，公司主导产品"二代身份证验证机具"及其相关应用系统已在北京、上海、天津、重庆、山东、广东、浙江、江苏、四川、辽宁等全国近30个省市推广使用，涉及工行、农行、中行、建行、商业银行、兴业银行、农信社、邮政储蓄等省市级银行以及公安、电信、邮政、宾馆等诸多领域，为企业创造良好经济效益，也为识别虚假证件、防范金融犯罪作出重要贡献。山东神思电子系统有限公司研制的新产品—"S-19银行客户身份认证系统"开始推广，并迅速在济南、德州、日照、莱芜等地的国有银行得到应用。④"济南造"助推"嫦娥"奔月。"济南半导体四厂、济南市半导体组件实验所、中国兵器工业集团第五三研究所、济南无线电九厂等济南企业，参与了长征系列运载火箭、神舟飞船、嫦娥一号绕月卫星研制等航天工程。"嫦娥一号"卫星和运载火箭等大量使用济南半导体四厂生产的二极管。每个二极管在出厂前都会经过至少30遍反反复复的测试、筛选、试验，每个过程都记录在案，一旦有一件产品出现性能不稳状况，整批产品都将接受苛刻的再检验。"嫦娥一号"工程还使用了济南市半导体组件实验所生产的数千件二极管、三极管，多用在关键部位。山东精久科技有限公司，是一个专门生产电源类产品的企业，参与制造"嫦娥一号"的配套仪器设备。该企业曾为"鑫诺三号"卫星生产配套设备。2005年，该企业设备从全国范围内的同类产品中脱颖而出，并成为"嫦娥一号"配套设备成产厂家。⑤鲁能智慧与北京电力公司签署合同，向北京航天城110千伏变电站工程提供自主研发的高频开关直流电源设备。北京航天城是中国空间技术研究院、北京航天指挥控制中心所在地，承担中国载人航天飞行任务的指挥调度、飞行控制等工作，新建110千伏变电站工程因此受到各级领导的高度重视，工程要求极为严格，鲁能智能凭借优异的产品质量和良好的工程业绩一举中标，为中国航天事业贡献力量。⑥济南二机床产品服务航天。济南二机床是国内重要的重型数控机床制造基地、中国锻压行业排头兵、号称“汽车工业装备部”。该企业的高架式五轴联动高速镗铣加工中心、数控落地铣镗床、大扭矩机械传动五轴联动数控铣头等产品，是国民经济发展中急需的重大基础装备。该企业掌握重载静压导轨技术、五轴联动、双龙门移动等多项具有世界先进水平的核心技术，承担涉及南水北调、航空（军工）、汽车等重点领域的3项国家“863计划”项目。已经发射成功的“神六”飞船和将要发射的“神七”飞船，其中不少零件是由济南二机床输出的设备生产。年内，企业已积极为“神八”做准备。⑦章丘制造托起南海一号。“南海一号”是当今世界发现年代最早、保存最完整的宋代远洋贸易沉船，保存有6~8万件文物，为使总重量达5000吨的沉船安全着陆，并将古船平移365米进入“水晶宫”，有关部门最终确定采用气囊滚动技术对古沉船进行保护性开发，并面向全国招标气囊生产厂家。山东海诺尔橡胶有限公司从近百家竞争企业中脱颖而出，与广州打捞局签订“南海一号”专用的气囊生产合同。公司发挥自身技术优势，生产26条以橡胶和钢丝线为原料，直径为1米，长15米，净重1吨的大型助浮气囊，每个气囊的设计承受压力达500~600吨，为“南海一号”的顺利打捞发挥重要作用。⑧济阳制造走进奥运“鸟巢”。由济南金力液压机械有限公司自主设计、自主开发制造的16台剪叉式液压高空作业平台进入北京2008年奥运会主体育场——“鸟巢”工程现场。“济阳制造”在全国50家高空作业平台企业竞标过程中脱颖而出，共有46台剪叉式液压高空作业平台中标，其中包括进入“鸟巢”作业平台和供特奥委会记者拍摄及电视转播用的升降台。济阳县机械行业有20多家升降台生产企业，年产量2000多台，6大系列15个品种走俏市场，是国内最大升降平台生产基地。企业产品在航天、西气东输、故宫维修、奥运体育场馆、重汽生产等建设领域发挥作用。济南金力液压机械有限公司与国家航天部502所“联姻”，产品广泛用于航天工程。

2007年，在市委、市政府召开的全市科技进步表彰暨创新型城市建设大会上，济南二机床集团研究员江秀花获济南市科学技术最高奖；“440吨/小时（135兆瓦）超高压再热循环流化床锅炉”等8项成果获得济南市科学技术进步一等奖；“500千伏复合绝缘SF6电流互感器”等30项成果获得济南市科学技术进步二等奖；“配电网单相接地故障自动选线及定位系统”等58项成果获得济南市科学技术进步三等奖；“重型载货汽车平衡悬架用的橡胶支座总成”专利获得济南市专利一等奖；“含有玻璃酸钠的滴眼液及其制作方法”等5项专利获得济南市专利二等奖；“数字防爆电子衡器系统”等20项专利获得济南市专利三等奖；国家动漫产业发展基地等3家基地各获得奖励200万元；“浪潮牌ERP管理软件”等6个中国名牌持有单位各获得奖励100万元；“济重牌脱硫球磨机”等13个山东省名牌持有单位各获得奖励20万元；“康巴丝”等3个中国驰名商标持有单位各获得奖励100万元；“福瑞达”等33个山东省著名商标持有单位各获得奖励20万元；山东中烟工业公司国家级企业技术中心获得奖励300万元；济南趵突泉酿酒有限公司等4家省级企业技术中心各获得奖励100万元；高效能服务器和存储技术国家重点实验室获得奖励300万元；山东省电气自动化教学装备工程技术中心等18家省级工程技术研究中心各获得奖励100万元；浪潮电子信息股份有限公司等9项国家标准起草单位各获得奖励100万元；山东三联电子信息有限公司等10家企业成为“济南市创新型企业”；浪潮齐鲁软件产业有限公司等10家企业成为“济南软件十强企业”。

在济南高新区召开的创新创业发展暨科技奖励大会，浪潮集团、齐鲁制药、法因子控、鲁能智能等单位和个人分得930万元奖金；对获得国家级企业技术中心的齐鲁制药有限公司、浪潮集团有限公司2家企业，各奖励100万元；对获得山东省企业技术中心的济南大陆机电有限公司、济南宏济堂制药有限责任公司2家企业，各奖励50万元；对获得山东省工程技术研究中心的山东天力干燥设备有限公司、济南开发区星火科学技术研究院、山东山大奥太电气有限公司、山东鲁能智慧技术有限公司、山东华光光电子有限公司、济南蓝动激光技术有限公司、济南四机数控机床有限公司7家企业，各奖励50万元。另外，表彰了获得驰名商标、名牌产品、海外上市、快速膨胀发展、通过CMM认证的企业；表彰了获得国家级、省级创新基金项目，国家、省市科技进步奖、专利奖的企业，对作出突出贡献的企业负责人进行了奖励，并授予山东蓝金生物工程有限公司等6家企业“专利申报先进单位”称号。

【结构调整】 2007年，全市规模以上工业企业完成工业投资386.7亿元，比上年增加38亿元，同比增长10.7%，占全社会固定资产投资33.6%，同比下降3.3个百分点。工业企业完成技术改造投资255.2亿元，同比增长29.3%，占全部工业固定资产投资的66%，同比增加9.5个百分点，占全市固定资产投资的22.2%。市属以上企业完成投资75.7亿元，占全市完成投资额的19.6%，县及县以下企业完成投资310.9亿元，占全市完成投资额的80.4%。

2007年，市政府公布42个重点建设项目，其中工业项目15个，其中包括中国重汽集团济南有限公司（章丘）整体搬迁建设、济南青年汽车有限公司（高新）轿车生产建设、青岛啤酒股份有限公司（高新）项目等。济南市通过实施“四个一批”，促进工业投入。①实施一批高新技术产业化项目，如浪潮集团科技园等项目建设。②实施一批先进制造业基地建设项目，提高全市装备制造业的规模和效益。包括重汽集团年产重型车12万辆及相应零部件配套能力、齐鲁电机汽轮机生产技术改造等项目。③实施一批节能环保项目，促进全市工业节能减排目标任务完成。鼓励圣泉集团实施以玉米秸秆为原料生产糠醛、糠醇、呋喃树脂及秸秆渣综合利用热电联产项目，裕兴年产8万吨铬渣综合治理项目，平阴山水纯中低温余热发电技改工程等项目。④实施一批改革重组企业技术改造项目，充分利用国内外知名企业的技术优势和融资渠道，做好重组后技术改造项目实施。济南锅炉集团与鲁能集团重组后，实施生物质燃料发电锅炉和30万千瓦电站锅炉项目，提升济南电力装备生产和配套水平；实施济南轻骑股份与法国标致联合建立济南轻骑标致摩托车有限公司项目，实现年产30万辆摩托车规模；吉利汽车、青年汽车、浪潮产业园、浪潮科技园、轻骑铃木、轻骑标致、同欣电子、重汽集团、力诺集团、明水大化、鲁联等企业亿元以上大项目相继开工，拉动全市工业投资增长。

1.工业投资结构优化趋势明显。2007年，企业内含扩大再生产为主的技术改造投资同比增长29.3%，高于全市平均增幅18.6%。高新技术产业投资同比增长34.5%，利用高新技术和先进适用技术改造提升传统产业投资占全市工业投资的55.8%。优势产业投入加强，全市六大支柱产业投资增长18.8%，高于全市工业投资增幅8.1个百分点，占全市工业投资68.5%，同比增加6.4个百分点。其中交通装备、机械装备、石化化纤、电子信息等行业投资分别增长15.3%、29.9%、22.0%、29.3%。济南市积极贯彻落实国家“有保有压”的宏观调控政策，国家重点控制的行业投资得到控制，钢铁冶金、建材、电力等资源消耗类产业投资均呈负增长，电力生产和供应业投资下降44.3%。

2. 济南成为全国电力设备制造基地。随着工业强市战略的实施，济南已发展成为全国电力设备制造业重要集聚地，电力设备制造产业链已具雏形。济南的电力设备制造企业已逾百家，年销售收入、利税均占规模以上工业的3.2%左右。其中年销售收入过10亿元的企业2家，5~10亿元的企业3家。产品涵盖从发电设备、输配电一次设备到输配电二次设备和电力节能环保设备等子行业，并拓展到为之配套服务的软件等领域。在发电设备制造领域，齐鲁电机制造有限公司同行业排名升至国内第4位，成为国内最大单机容量空冷汽轮发电机制造企业；济南锅炉厂的循环流化床锅炉国内市场占有率连续8年超过50%；鲁能恩翼帕瓦电机有限公司与国内另两家合资企业在500千伏GIS产品领域占据绝大部分市场份额；在输配电二次设备领域，地市级电网调度自动化系统是积成电子股份有限公司主导产品，国内市场占有率达30%，配电自动化系统和Base2000系统的市场占有率居国内首位。在配套产品领域，济南重工股份有限公司主导产品钢球磨煤机市场占有率已占到国内市场的70%。

济南电力设备制造业借助省会的优势，形成较强的技术研发能力。在电力一次设备领域，济锅、齐鲁电机、志友集团等企业都拥有省级技术开发中心，其中济锅率先在全国锅炉行业建立首家中国科学院工程热物理研究所中试基地；在电力二次设备领域，由齐鲁软件园32家电力软件企业自愿组建“齐鲁软件园电力软件企业联盟”，联盟会员企业集聚一批电力二次设备研发人才；在电力环保设备领域，山大华特环保工程有限公司拥有国际一流水平烟气脱硫研发中心，是国内重要烟气脱硫设备生产基地。

3.工业园区建设保持较快发展势头。各园区不断完善基础设施建设，加快提高产业集聚水平，优化招商引资环境，园区建设保持较快发展势头。①工业园区基础设施建设不断完善。1992年以来，济南市经山东省政府批准先后设立山东明水经济开发区、济南经济开发区、济南槐荫工业园区、济南化工产业园区、济南临港经济开发区、山东济北经济开发区、山东平阴工业园区、山东商河经济开发区等8个省级经济开发园区。批准规划面积52.7平方公里，建成区面积44.6平方公里。园区基础设施建设累计投入资金80.3亿元，规划到2010年完成基础设施投入207.8亿元。县(市)、区注重整体规划、分步实施，积极推进园区基础设施建设。山东明水经济开发区基础设施建设累计投入资金21亿元，计划到2010年完成投入40亿元。园区内基本实现水、电、暖、汽、天然气、通讯、网络、有线电视、道路、排污和场地“十通一平”，“八横十四纵”道路框架已基本形成，绿化率超过40%，成为章丘市主导产业集聚区、生态建设示范区、对接济南新城区、体制创新先行区。②工业园区成为高新技术产业发展平台。园区注重引进发展产业带动型、资源节约型、生态环保型高新技术龙头产业项目，做大优势产业、做强主导产业、培育新兴产业，不断增加高新技术含量。8个园区共有高新技术企业145家，占区内企业的11.5%；高新技术产值总量102.5亿元，占园区内企业主营业务总收入34.3%；规划到2010年高新技术产值415.8亿元。园区共引进国内研发机构22个，引进国外研发机构4个；省级技术中心4个，市级技术中心14个；著名商标14件，驰名商标3件；中国名牌6个，省级名牌16个，市级名牌18个；培养中级职称以上人才7251人，引进国内外中级职称以上人才分别是1083人、77人；从业人员95317人，研究生学历以上912人，专科学历以上42394人。济阳县在济北开发区内设立“山东(济北)电子信息产业园”，被省信息产业厅认定为省级电子信息产业园区，在园区落户的华硕电子、界龙电子、朗硕电子、易得电子、通达网络、驰波信息工程等一批高新技术企业26家，占区内企业总数8.9%，在省级经济开发区综合排名中，高新技术产业发展指标全省排列17名，园区成为高新技术产业发展主要平台；山东明水经济开发区近年来引进国内研发机构8个，引进国内外中级职称以上人才820人，建立省市企业技术中心10个，引进高新技术企业45户，占区内企业的19.40%，全年完成高新技术产值51.6亿元，占全区的53%，比上年增长70%，高新技术效益初步显现；济南槐荫工业园与山东省科学院正式签定科技合作协议，重点在金属材料、非金属材料、自动化仪器仪表、生物新技术、新能源节能技术、计算机应用软件、化学化工、食品发酵等领域进行新产品的研究开发和成果产业化8个领域进行合作，工业园已引进“九阳”小家电等431家企业，其中工业企业280余家，规模以上工业企业35家，全年实现技工贸总收入38亿元，规模以上工业企业实现销售收入23.91亿元，利税2.32亿元，同比分别增长73.4%和90.4%，指标增幅位于全市开发区前列。③园区成为招商引资重要基地。截至2007年，全市工业园区共引进企业1418个，其中规模以上企业333个，销售收入过亿元企业134个，引进资金到位456.9亿元，其中内资409亿元，外资62077万美元。各县（市）、区注重优化工业园招商引资环境，完善招商机制，创新招商方式，将工业园区建成招商引资的重要基地。济北经济开发区自1996年建成以来，作为全县经济“特区”和招商引资主战场，不断加大资金投入，完善基础设施，使济北开发区迅速发展壮大。实现了水、电、路、气、热等“九通一平”。该县先后成立山东省（济北）台湾工业园、韩国工业园、华侨工业园和山东（济北）电子信息产业园，形成“一区四园”的发展格局。台湾工业园落户台资企业34家，实际利用台资1.54亿美元，其中旺旺集团在工业园内企业8家，项目全部达产后可实现年产值20亿元，实现利税3.2亿元，成为旺旺集团在大陆规模最大的生产基地；韩国工业园规划面积5平方公里，根据行业类别、科技含量等划分为生物医药、食品饮料、玩具服装、IT电子、机械制造等5大产业区，其中总投资2200万美元的康寿美项目落户园区；华侨工业园先后有来自美国、日本、加拿大等国家16家侨资企业落户，总投资2000多万美元，以捷阳纺织、润佳纺织、克莱特服饰和爱得思服饰为依托的纺织服装产业，以新得康胶囊、三源生物为依托的医药产业初具规模，效益不断攀升；山东（济北）电子信息产业园园区规划面积10平方公里，园区有华硕电子、界龙电子、朗硕电子、易得电子、通达网络、驰波信息工程等多家IT企业入驻，将形成以华硕电子为主体，销售收入过百亿的电子信息产业基地。④工业园区成为新的经济增长点。2007年，省级经济开发区完成主营业务收入551亿元，同比增长9.5%，占全市规模以上工业17.7%；工业增加值168.3亿元，同比增长31%，占全市18.1%；利税61.5亿元，同比增长21.4%，占全市18.5%；固定资产投入63.6亿元，同比增长27.0%，占全市16.4%。平阴工业园引进规模以上企业56家，完成销售收入2.6亿元、工业增加值8.8亿元、利税1.3亿元，分别占园区总量91%、93%和96%，规模企业成为促进园区经济发展的支撑点，年内引进投资3亿元的江西福华汽车发动机、投资1.2亿元的博奥机电、投资1.1亿元的越宫钢构等一批项目。平阴工业园已经拥有以摩托车配件、压缩机、锅炉管系、钢管等为主的机械加工业；以齐发药业、鲁西化工、鸿瑞化工为主的医药化工业；以伊利乳业、阿胶制品、董老大食品、玫瑰花加工为主的食品加工业；以山水集团为主的新型建材业；以汇九集团为主的装备制造业。形成产业聚集、各具特色、集群发展的新格局。济南伊利乳业、鲁西化工、弘正科技、玛钢钢管等一批骨干企业成为平阴县新经济增长点和财源。⑤工业园集聚效应延长产业链。章丘市依靠区位优势通过园区集聚效应加大招商引资力度。2007年3月，国内食品饮料领头企业娃哈哈集团投资2亿美元的杭州宏胜饮料项目正式落户章丘，明水经济开发区已汇集可口可乐、娃哈哈、康师傅、银鹭、龙大、欣和、宏全等知名企业，食品饮料产业链正在形成并成为当地经济发展主导产业之一；银鹭集团项目总投资5.5亿元，投资3.7亿元新上利乐包、水生产线；康师傅福满多食品有限公司2006年底投产，二期工程2007年6月开工；可口可乐有限公司已有两条生产线；娃哈哈总投资2亿美元，全部投产达效后年产值20亿元。大型企业落地，带动配套产业发展，延长或扩展产业链，章丘市食品饮料产业将占全市工业销售收入1/5，成为继交通装备、机械制造、化工之后的第四大产业链。

4.4大主导产品推动高新区产业发展。2007年，济南高新区生产的652种产品，相对集中在电子信息、机电一体化、生物医药、新材料4大技术领域。年销售收入过亿元的产品有42种，其中电子信息领域有浪潮集团服务器、手机、计算机、行业软件和系统集成，中创软件公司高速公路信息管理系统和金融信贷风险管理系统，山东松下电子信息公司彩色电视机系列；生物医药领域有齐鲁制药公司盐酸特比萘芬原料及制剂，山东博士伦福瑞达集团润洁滴眼液、润舒滴眼液；新材料领域有力诺集团太阳能真空玻璃管、医药玻璃管，济南台有玻璃制品公司玻璃器皿；光机电一体化领域有山东法因数控机械公司铁塔加工成套数控设备，山东山大奥太电气公司逆变式弧焊机，济南四机数控机床公司万能磨床，山东齐鲁电机制造有限公司汽轮发电机WX和QF系列，济南优耐特电子科技公司智能车身及数字化仪表系统；新能源领域有力诺集团、山东力诺瑞特新能源公司和山东桑乐太阳能公司太阳能热水器。出口创汇过1000万美元的产品，有浪潮集团手机、山东松下电子信息公司彩色电视机、山东冠世时装加工公司棉纺织品、济南台有玻璃制品公司玻璃器皿、力诺集团公司太阳能光伏电池片、山东大正实业（集团）公司特种电缆线等6种。国际领先及国际先进的产品有110种，占产品总数16.9%；国内领先及国内先进的有447种，占产品总数68.6%；省内先进的95种，占产品总数14.6%。产品中有211项（类）分别列入国家、部门、地方各类计划，其中国家“863计划”7项。质量标准中使用国际标准的54种，国家标准的196种，行业标准的193种。190项（类）产品获得专利授权，其中发明专利59项，实用新型107项，外观设计24项。

【出台加快工业园区发展的若干政策】 8月28日，济南市颁布《济南市加快园区经济发展若干政策》，在发展工业经济政策层面实现重大突破。依据该《政策》，济南市设立园区经济发展专项资金，并以返还部分税收方式加大对园区扶持，各项报批手续可直报市政府有关部门。《政策》规定每年由市财政安排资金作为全市园区经济发展专项资金，加大对园区及企业扶持力度，同时承担部分建设及招商引资成本。济南市园区经济发展专项资金重点用于鼓励园区加大基础设施投入，对县级财政给予园区基础设施建设投入补贴；对园区新引进符合国家产业政策、合同投资额达5亿元以上的高新技术、先进制造业重点项目给予资金扶持；对园区内企业实行技术改造、推进节能减排、发展高新技术的重大工业项目给予资金扶持；对园区引进的投融资机构、担保公司、风险投资公司给予资金扶持；对园区引进或筹建具有自主创新能力重点产品研发推广机构给予资金扶持。创新园区服务管理，对园区内各项收费进行清理；对有裁量权的收费，一律暂按最低收费标准执行；鼓励园区对园区内企业注册和年审等一般性服务收费实行园区代为支付；园区内新注册企业或新上项目，凡是需要前置审批的，一律由园区专业服务机构限时无偿代理服务；坚决杜绝索、拿、卡、要和乱收费、乱摊派、乱罚款行为。《政策》规定，举全市之力支持济南高新区发展，赋予高新区市级管理权及规划、房产、土地管理权，加大财政支持力度。

【外经外贸】 2007年，全市完成工业品出口29.5亿美元，同比增长23.8%，占全市出口总额96%。其中，机电产品出口完成18.5亿美元，同比增长62.8%，占全市出口总额60.4%，同比提高13.7个百分点，机电产品出口占全市比重高出全省平均水平23.5个百分点；高新技术产品出口3.03亿美元，增长18.5%；纺织服装出口1.9亿美元，增长3.5%。济南产品出口的国家和地区前五位是伊朗、印度、美国、日本和韩国，占全市出口总额近四成。出口企业前五位是济钢集团、重汽集团、省电建、中电山东、玫德铸造，占全市出口总额的48%。出口商品前五位是钢材、汽车及配件、机械设备、电子电器、金属制品，占全市出口总额的65%，其中，钢材出口占总额1/4。内资企业出口占78.1%，增长43.6%；外资企业出口占21.9%。

1.扩大对外交流活动。济南市政府经贸考察团在韩国成功举办“中国济南(首尔)企业节能降耗合作项目说明会”，参会30余家企业与外方达成节能协议4项、意向7项，投资合作额10亿元。工业企业先后组团赴美国、南美、欧洲、韩国、日本等国家和地区，与当地企业和商会洽谈，取得良好成果。全年接待外商考察团6个、40余人。全市近百家企业积极参加有关投资洽谈和商贸会，宣传企业出口业绩，实地进行参观考察，与外商广泛交流，促进济南工业外向度提高。

2.机电产品进出口高速增长。2007年，全市机电产品出口完成18.5亿美元，同比增长62.8%，高于全省机电产品出口平均增幅13个百分点，创历史最好水平；机电产品进口10.5亿美元，增长52.1%。济南市集中力量发展汽车、机械、家电、电子信息4大类产品出口，加大重点产业技术改造和产品研发投入。在全市实现的7.6亿美元出口增量中，机电产品出口增量7亿美元，对外贸出口的拉动作用增强。

3.工业品出口结构优化。高新技术产品出口大幅度增长，出口结构逐步优化。汽车、家电、机械、电子信息等4个重点产业出口增势强劲，其中汽车4.5亿美元，增长40.6%；机械设备出口4.26亿美元；通讯产品、计算机设备出口3.03亿美元。传统大宗出口商品中钢材出口7.65亿美元，增长42.5%；机械设备出口4.26亿美元，增长38.4%；牵引车出口2.75亿美元。重汽集团、济钢集团、省电建集团、中电山东公司4家大企业出口15.24亿美元，增加出口4.95亿美元，拉动全市出口增长20.3个百分点。

4.争取国家扶持资金。落实国家优化机电和高新技术进出口结构资金政策，重汽集团、二机床、晶恒公司等企业争取国家财政拨款260万元。按照国家关于鼓励进口先进技术和设备暂行规定，济南市将16个企业、36个项目进口先进技术设备共3550万美元报国家商务部，争取国家财政补贴。

5.积极吸引外商投资。2007年，全市新批第二产业外商投资项目62个，合同外资额52796万美元，占全市新批外商投资总额的50.9%，其中制造业项目合同外资额42775万美元，实际使用外资37397万美元。

6.出口队伍不断壮大。截至2007年底，全市机电产品出口业绩过百万美元企业69家，同比增加6家，重汽集团、玫德集团、轻骑集团、省电建4家企业出口超过1亿美元，合计出口9.2亿美元，占机电产品出口的49.7%。随着国家外贸进出口经营权审批的放开，全市机电产品出口企业数量增加，队伍不断壮大。

【节能降耗】 全市完成年度节能降耗目标任务。2007年，济南市全年万元GDP能耗为1.178吨标准煤，与全省平均水平大体持平，较2006年下降4.635%，完成了与省政府签订的责任目标任务(降幅好于省平均水平近0.1个百分点)。全市实现节能量143.91万吨标准煤，比上年多节能35.17万吨标准煤。随着生产的发展，全社会能源消耗总量为2957.45万吨标准煤，较上年增加10.35%，第二产业能耗总量1834.27万吨标准煤，占62.02%，降低0.75个百分点。其中，工业能耗总量1734.14万吨标准煤，占58.64%，降低0.68个百分点；第二产业万元增加值能耗1.56吨标准煤，下降6.1%；全市万元GDP电耗为759.57千瓦时(低于省平均水平309.44千瓦时)，下降3.95%(降幅好于省平均水平3.95个百分点)；规模以上工业万元增加值能耗为1.81吨标准煤(低于省平均水平0.08吨标准煤)，下降7.05%(降幅好于省平均水平0.57个百分点)；规模以上工业万元增加值取水量19.6立方米(低于省平均水平5.5立方米)，下降4.27%(降幅低于省平均水平0.66个百分点)；规模以上工业用水重复利用率91.62%(好于省平均水平3.08个百分点)，上升0.5%(升幅比省平均水平略低0.4个百分点)。

全市高新技术产业的发展和对高耗能产业过快增长的控制促进节能降耗。2007年，全市高新技术产业总产值增长36.03%，高出规模以上工业产值增幅11.83个百分点，占规模以上工业比重同比提高3.1个百分点。济南市全面落实节能评估、超能耗加价、差别电价、淘汰落后产能等重点工作，关停4台装机容量14.5万千瓦小火电机组；淘汰7条产能73万吨水泥立窑生产线；拆除300立方米以下炼铁小高炉5座、炼钢小转炉2座、小电炉4座，淘汰落后炼铁能力83万吨、落后炼钢能力120万吨；关停小锻造窑炉、砖瓦窑272台(座)，有效遏制高耗能行业过快增长。

1.提前完成省政府下达淘汰落后产能计划。为确保实现“十一五”环保规划，市政府将污染物渐排任务分解到10个县(市)、区政府，9个市直部门及高新区管委会和16家重点企业。各县(市)、区政府又将减排任务分解落实到95个办镇、107个相关部门和259家企业。章丘市大星水泥厂、济南鲁建水泥有限责任公司、山东明水集团明泉水泥有限公司3个单条普通水泥立窑生产线关闭,完成淘汰单条立窑生产设施工作。3个单条立窑拆除以后,年可减少能耗3万吨标准煤,减少电耗2640万千瓦时,减排二氧化碳140吨。12月29日,济南市对水利水泥厂熟料产能15万吨的立窑水泥生产线实施爆破,标志全年淘汰落后产能任务全面完成。济南市水利水泥厂系长清区属国有小型企业,按照国家产业政策和济南市"十一五"淘汰落后产能计划,此次实施爆破拆除的为该企业机立窑水泥熟料生产线,共淘汰熟料产能15万吨。

2.加大结构污染防治力度。国家和省确定的11个高耗能、高污染行业中,济南市涉及钢铁、水泥、电力、焦炭、造纸、烧碱6个行业、92家企业。其中,钢铁行业17家、水泥行业34家、电力行业17家、焦炭行业2家、造纸行业19家、烧碱行业3家。经检测,已实现污染物达标排放86家,污染物超标排放2家,已被责令限期整改并在此间限产限排。2007年,严格控制高耗能、高排放行业过快增长,停批和限批18个项目,关停并拆除平阴鑫源钢铁30万吨炼钢生产设施和4条立窑水泥生产线。市级财政共安排节能专项资金600万元、环保资金8000万元,支持节能项目18个、环保项目40个。各级政府资金支持项目拉动节能投入24.3亿元,年可实现节能量52万吨标准煤。近年来,市环保部门在市区淘汰6吨以下燃煤锅炉28台,关停万吨以下废纸造纸企业4家,向14家重点工业污染源下达21个限期治理项目。积极推进烟气脱硫治理,全市"十一五"应建烟气脱硫设施的44台火电机组已完成28台,关停3台,其余进入论证或建设阶段。山东黄台火力发电厂2台300兆瓦机组烟气脱硫工程通过验收;华电章丘发电有限公司2台145兆瓦机组脱硫工程开始试运行;济钢集团焦化厂焦炉煤气脱硫改造工程建成投运;山东塑料实验厂污水循环利用等一批水污染治理项目相继投入使用;济钢集团1.5万吨/日污水处理工程已试运行。开展污染源在线自动监控系统建设,对电力(热电)、钢铁等行业31家重点污染源安装34套烟气自动监控装置,对造纸行业15家重点废水污染源安装16套废水污染源自动监控装置,建成污染源自动监控系统并投入运行,实现重点排污单位实时监控。

3.重点用能企业节能降耗出成效。济南市进一步规范重点用能工业企业节能降耗工作,加强企业监管,强化能源计量、统计、定额管理,开展能源审计,编制企业节能规划。重点考核的工业用能企业实现节能68.3万吨标准煤,占全市节能量47.5%,重点耗能企业19项单位产品能耗指标中,下降的占84.2%。

4.发展散装水泥三项指标创新高。济南市按照国家政策,大力发展散装水泥,促进节能减排。全市推广散装水泥1302万吨,完成计划137%,比上年同期增加215万吨;专项资金征收779万元(不包含县、区),完成计划142.3%;水泥散装率59.9%。,同比增长5.1个百分点;散装水泥推广量、专项资金征收和水泥散装率三项指标创历史新高。全市已有散装水泥发放库103座,散装水泥车426部,散装水泥流动罐1085个,固定接收库402处,农村散装水泥销售网点337处。全市商品混凝土快速发展,建立混凝土搅拌站29家,全年生产应用商品混凝土806万立方米,使用散装水泥304万吨。全市有混凝土搅拌车686部,混凝土泵车26部,散装水泥仓281座,设计搅拌能力1948万立方米,预拌混凝土和城区预制构件用散率100%。济南市依据国家节能减排产业政策,对重点企业投入专项资金扶持,使多家水泥企业迅速发展。章丘华明水泥有限公司万吨散装水泥仓和散装水泥钢板流动罐建成使用及设施、设备更新改造,带动县域散装水泥快速发展。章丘市刁镇建材市场一期工程初具规模,占地40余公顷,80家预制企业进入,产品20多种,年销售收入过亿元,年推广散装水泥30万吨,实现利税600万元,安置1000人就业,该市场成省内外最大的农村推广散装水泥示范园区。济南市散装水泥事业加快发展,创造显著的社会经济效益和环境效益,按全年推广散装水泥1302万吨计算,节约水泥包装袋2.6亿个,折合优质木材43万立方米,节水1953万吨,节电9374万度,节煤10.2万吨,节约烧碱2.9万吨,减少水泥损耗58.6万吨,减少粉尘排放5.5万吨,创综合社会经济效益5.9亿元。

5.济南(首尔)企业节能降耗合作项目说明会在韩举行。由济南市人民政府主办、韩国节能专门企业协会协办的"2007中国济南(首尔)企业节能降耗合作项目说明会"于6月15日在韩国首都首尔举行。说明会介绍了济南市百余个节能合作项目,韩国4家知名企业介绍了节能降耗经验。说明会共签约合作项目11个,总投资8500万美元。

6.山水集团积极探索资源综合利用新途径。山东山水水泥集团是以水泥为主导产业的大型企业集团。2007年,山水集团累计节约标准煤6.5万吨,年消化工业废渣600万吨,连续两年超额完成省政府下达的节能目标,煤耗、电耗、粉尘排放等指标达到国内先进水平。山水集团实施节能改造综合利用工程,企业针对设备空运转或不能满负荷运转造成的能源浪费,建设水泥余热发电项目,企业利用10条熟料生产线投资4.5亿元建设7个余热发电站项目,年发电能力达到3.8亿千瓦时,年均创利5000万元,年节能5万吨标准煤。企业新建水泥粉磨生产线,全部采用辊压机创新技术,每台时产量提高80%,每吨水泥节电20%以上。引进合同能源管理模式取得显著成效,新型干法水泥生产线中大量风机耗电量占生产线用电的40%,引入高压变频装置有很大的节电空间,9月份开始对熟料及水泥生产线风机类电机实施高压变频节能改造工程项目,项目总投资7582万元,节电率达到25%,年节电9760万千瓦时,节约5075万元。山水集团高压变频改造项目累计总装机容量41960千瓦,项目完成后实行合同能源管理,技术改造资金由天成公司投入,山水集团不投入一分钱,就能按比例获得节电收益。

7.铬渣处置日均突破700吨。为确保完成20万吨烧结炼铁铬渣任务,济南市烧结炼铁铬渣处置线已增至4条，日均处置突破700吨。日均转移铬渣22.6车次，日均转移处置量716.35吨。2006年4月，济钢开始利用烧结炼铁技术处置裕兴化工厂堆存的铬渣，2007年济钢不断提高处置能力，每天铬渣处置量保持在370吨左右。济钢第二烧结厂正式投入使用大型烧结炼铁铬渣处置线，每天处置铬渣200吨左右，年计划处置铬渣4万吨。市政府有关部门积极寻求其他处置途径，先后与泰山生力源玻璃有限公司、山东球墨铸管有限公司、泰安肥城市石横特钢股份有限公司等4家企业建立铬渣安全处置关系。

8.兴业银行济南分行10亿元贷款支持节能减排。兴业银行济南分行推出能源效率项目贷款业务，中小企业节能降耗项目可获最长5年期贷款支持。该贷款针对中小企业节能项目设计，主要是对焦化厂煤气发电、水泥窑余热发电、发动机缸体生产线技改、化工产品处理等节能环保领域。兴业银行是全国首家推出此项业务的商业银行，在通过该行及国际金融公司评估审查后，借款人可适当降低担保门槛，并获得最长还款期为5年的贷款，具体还款期限与项目回收期相匹配，贷款资金采取封闭运作，确保用于节能降耗项目。

9.高新区崛起“太阳能城”。投资2.5亿元、占地12万平方米的高新区山东华艺集团太阳能高科技产业园投入使用。该产业园以自动跟踪太阳能发电站、玻璃幕墙式光伏组件和高效太阳能路灯为主要产品。太阳能路灯直接用于照明，楼顶的玻璃幕墙光伏组件发电则直接并入电网，整个园区太阳能年发电30万千瓦时。在这个被誉为济南高新区“太阳能城”中，社区、庭院照明不用电，城边干线用太阳能路灯。华艺集团是国内唯一比较完整掌握聚光发电核心技术的企业，其太阳能发电站自动随太阳转动，比固定安装的太阳能光伏发电量提高40%，成本下降30%以上。该企业研发的LED高效太阳能路灯，耗电仅为普通白炽灯的1/10，而寿命却可延长100倍。

10.力诺集团积极发展太阳能产业。利诺集团高度重视国家节能减排工作，突出发展太阳能产业。力诺集团为国内太阳能行业提供60%的高硼硅管以及70%的中高端太阳能集热管，已累计生产用于太阳能热水器的高硼硅3.3玻璃约40万吨，真空集热管约2.2亿支。太阳能热水器产品每年为社会节约346万吨标准煤，减少二氧化碳的排放约762万吨。通过不断降低成本，使太阳能普及到千家万户。力诺集团实施“万户阳光屋顶计划”，在济南周边农村安装3万台太阳能热水器，仅此一项每年节约近9000吨标准煤，减排2万吨二氧化碳，少砍伐24万棵树。位于济南市区东部的力诺瑞特唐冶新城工程正式启用，被媒体誉为“江北最大的太阳能照明生态小区”。工程全部采用力诺瑞特太阳能光热、光伏综合应用系统，小区路灯照明和居民用热水全部利用太阳能，是国内少见的集太阳能光热、光伏综合利用与建筑一体的居民小区。该项目全部完工后，每年可节省3000吨标准煤，减排6780吨二氧化碳。商河县与力诺集团合作，建成国内最长的太阳能路灯照明工程，在其境内20公里的248省道上全部采用太阳能路灯照明，每年可节约电力约355875千瓦时，相当于每年节省标准煤约128.25吨，减排灰渣约33.18吨、二氧化碳约56.85吨、二氧化硫约2.37吨、氮氧化物约14.22吨、粉尘约1.4832吨，该路灯使用寿命能达到25年以上。力诺太阳能电力墙体发电填补省内空白。置于力诺集团办公楼玻璃顶棚的省内首例太阳能玻璃幕墙发电工程顺利安装，该项目系力诺太阳能电力工程有限公司自主研发的30片2米×2米光电幕墙玻璃，每年发电9000千瓦时。

11.济钢被国家列为重点建设的循环经济示范单位。济南钢铁集团总公司是国有特大型钢铁企业，是国内最大的中厚板生产、出口厂家。2007年，生产钢1212万吨、钢材1225万吨，实现销售收入502亿元，实现利税60亿元、利润31亿元；利用余热余能发电25亿千瓦时，是上年的2.3倍；每吨钢综合能耗583千克标煤，比行业平均水平低30千克；每吨钢综合耗新水降到3.36立方米，比行业平均水平低近40%；每吨钢转炉煤气回收超过100立方米，焦炉煤气实现“零”放散。济钢集团坚持实施源头削减、过程控制，实行清洁生产，促进节能减排，充分利用炼铁工序消化污染物和废物。高炉每月消化各种污泥2.5万多吨，消化除尘灰1.2万多吨，铬渣7000余吨。先后建成投运大型环保设施31套，小型就地式消尘器51台，炼铁生产流程645个扬尘点得到全面控制。实施余热取暖工程，由蒸汽取暖改为余热水暖，既解决全厂16000平方米取暖，又节约蒸汽，每年节支220万元。济钢集团通过国家环保总局技术核查，被列为国家重点建设循环经济示范单位，在发展循环经济中走在全国先进行列。济钢燃气—蒸汽联合循环发电CDM（清洁发展机制）项目年内在联合国注册成功，首开国内冶金行业先河，也是目前世界冶金行业注册成功的CDM项目中二氧化碳减排量最大的。该项目利用富余的中低热值的高炉、焦炉混合煤气发电，综合热效率为50.11%，年可减少一氧化碳排放50亿立方米，年减排二氧化碳约130万吨。按照项目计划，到2012年前，通过出售二氧化碳减排指标，济钢每年可获得约1亿元的纯收益。

12.电力设备制造行业研发储备节能环保新产品。山东齐鲁电机制造有限公司已着手引进具有国际先进水平的阿尔斯通10万~30万千瓦容量等级汽轮机设计制造技术，达产后可新增销售收入8.9亿元、利税1.55亿元；济南锅炉集团与中科院签订技术合作协议，着手30万千瓦循环流化床技术准备，与丹麦合作的高温高压燃生物质发电锅炉处于国内领先地位；山东鲁能瑞华电气公司与日本日立公司合作生产节能非晶变压器，其技术性能达到世界领先水平；济南大陆机电公司自主研发造纸黑液处理的酸析木素环保新技术具有国际先进水平；彼岸电力科技公司与西门子合作研发的电机调速节能产品具有良好的发展前景；济南重工采用美国技术开发国内第一台环保节能球磨机，技术指标达到世界一流水平，另一主导产品脱硫石灰石浆液设备市场占有率达到60%以上。

13.济南4家企业入选省环保产业骨干企业。根据《山东省人民政府关于加快发展全省环保产业的通知》要求，为积极研发先进适用的环保技术和设备，大力发展环保产业，山东省科技厅、山东省经济贸易委员会联合确定一批环保产业骨干企业。济南4家企业入选，分别是山东十方圆通环保有限公司、济南哈勒汽车制造有限公司、济南二机床集团有限公司、济南久荣水处理工程有限公司。其中，山东十方圆通环保有限公司EGSB、UASB反应器在高浓度有机废水处理方面达到国内领先、国内先进技术水平，BAF技术在生活污水治理方面达到国内领先水平；济南哈勒汽车制造有限公司挤压式垃圾车、真空吸污车和高压、冲洗、抽吸组合车达到国际20世纪90年代末水平；济南二机床集团有限公司粗、细格栅、中心传动刮吸泥机、周边传动刮吸泥机等在污水处理方面达到国内先进、省内独家水平；济南久荣水处理工程有限公司PB1450型氧化沟盘式曝气机、UASB高效厌氧污泥床反应器、JFW型共聚气浮污水处理装置等在废物处理方面达到国内先进水平。

14. 济南友邦恒誉公司国内首创废旧轮胎资源化利用新途径。2007年度国家级新产品计划下达，济南友邦恒誉科技开发有限公司的《全自动工业连续化废橡胶裂解油化装置》等15个项目入选。济南友邦恒誉科技开发有限公司董事长牛斌，是“工业连续化废轮胎裂解油化与净化工艺技术”的发明人。2007年4月，裂解技术和工艺通过国家科技成果鉴定，达到国内和国际领先水平。他自主研发的橡胶催化裂解设备已通过SGS排放气体检测，达到美国EPA标准，并拥有15项国家发明、实用新型专利及4项国际PCT专利保护。通过“全自动工业连续化废旧轮胎裂解装置”加工，100公斤废旧轮胎能产生45~50公斤燃油、36~38公斤炭黑、11~13公斤铁丝、3~5公斤可燃气体。可燃气体净化后再给裂解反应罐加温，无污染无浪费。5年来，友邦恒誉已向马来西亚、美国、加拿大、日本、泰国等19个国家和地区出口40多套橡胶催化裂解设备。年内，该企业订单金额1.8亿元，订购意向超过10亿元。

15. 济南天成节能工程公司致力变频节能技术改造，年节电1亿度。济南天成节能工程有限公司是从事节能项目开发、研发、投资、销售和服务的专业公司。公司先后在山水集团、明化集团、唐钢、烟台热电、胜利油田等几十家企业进行大功率变频为重点的节能技术改造，进行大功率变频改造的企业不需要投入资金，不承担风险，却能收到良好的经济效益和社会效益，年节电1亿度以上，节约经费2亿元。

【市场整顿规范】 2007年，济南市深入开展食品药品安全、打击商业欺诈、保护知识产权等一系列专项整治行动，严厉打击各种制售假冒伪劣商品行为，积极推进“诚信济南”建设，取得明显成效。

1.党委政府高度重视，加强对整顿规范工作的领导。市委、市政府高度重视整顿和规范市场经济秩序工作，多次专题研究、安排部署市场经济秩序专项整治工作，注重长效机制建设，强化治本措施。市政府先后出台《关于进一步加强食品安全工作意见》、《关于加强农村食品安全工作意见》，在全国率先颁布实施《济南市餐饮垃圾管理规定》，将《济南市农药管理条例》等列入地方性法规调研项目。有关部门制定完善《济南市互联网上网服务营业场所连锁经营管理暂行办法》、《济南市电子游戏经营场所管理暂行规定》、《济南市电子游戏经营场所审批实施细则》等规范性文件，健全完善信用激励、市场准入、经营行为规范等制度，强化企业自律意识。市及各县、区成立由24个成员单位组成的市食品药品安全协调委员会或相应协调机构，确保专项整治工作取得实效。执法行政部门从健全内部制约和外部监督入手，实行检查、审批、执行程序分离，定期轮岗，初步形成比较完善的执法权力制衡机制。通过实行廉政回访制度、聘请特约廉政监督员等方式，加大社会监督力度，规范执法行为，提高执法效率。

2.加大执法力度，查处大案要案。全年共受理经济犯罪案件760起，破案664起，涉案金额19.76亿元，挽回直接经济损失2.26亿元，抓获犯罪嫌疑人347人。成功侦破在全国有较大影响，被省委、省政府列为全省七大不安定因素之一的“11·11”济南南洋学校特大非法吸收公众存款案，涉及受害群众4000余人的“4·12”哈尔滨钜科电子有限公司特大非法吸收公众存款案，“1·10”轻骑集团对外贸易公司特大信用证诈骗案以及“12·12”金融票据诈骗系列案等一大批大案要案，有力地维护了经济秩序和社会稳定。

3.专项整治成效明显，维护市场经济秩序。济南市产品质量和食品安全专项整治行动取得明显成效，全市先后查处案件3000余起，取缔无证照经营主体1181家。农业、工商、卫生、质监、食品药品等主要监管部门制定专项整治方案。各部门联合出击，对农村和城乡结合部的“五小”生产经营单位实施重点整治，加强农资、烟草、建材、物价、税收等方面的专项整治。在农资打假“绿剑护农”行动中，全市检查生产、经营业户1万余家（次），立案检查种子、农药、肥料、农产品质量安全、农业转基因生物产品案件300余起，受理举报百余起，查处违法货物800余吨，为农民挽回经济损失5000余万元。在烟草市场整治中，全市共查获各类制假售假案件3652起，假冒烟标值1807.39万元，查处大案要案154起，涉案人员判刑12人，拘留24人。继续清理收费项目，查处违价案件64件，查出违价金额3185.8万元，退还消费者29万元。

4.食品药品安全状况持续好转。全市蔬菜农药残留超标率继续保持较低水平，在全国37个重点城市例行检测中合格率名列前茅，食品流通秩序进一步规范，进货检验、索证索票、质量追究等制度建设日趋完善；全年有关部门抽检市场1044处（次）、超市540处（次），抽检样品15792个，合格率90%；全面推行食品卫生监督量化分级管理制度，学校食堂实施卫生监督量化分级管理达100%，大型食品生产企业和餐饮单位达95%以上；全市农村药品监督网络和供应网络已覆盖100%乡镇和行政村，群众用药安全得到有效保障；济南市大力推行农村食品市场监管“四项制度”，探索建立食品安全监管长效机制。积极引导、指导全市农村流通环节食品经营者建立落实“食品经营一户多档”、“食品经营从业人员实名登记”、“集市熟食制品证明登记”、“散（裸）装熟食制品标牌公示”四项制度。已有7162户经营业户和1312个集市基本建立和落实四项制度，建制率达到87%。国家工商总局有关领导视察济阳推行四项制度的工作，对这项工作给予充分肯定。

5.打击商业欺诈取得新进展。全年共立案查处虚假违法广告案件232件，立案查处非法行医等医政案件166起，行政处罚近108万元，没收药品、器械价值10万余元，有效遏制非法行医蔓延势头。二级以上公立医院基本杜绝出租承包科室，民营医院规范执业情况不断好转，医疗服务秩序显著改善。加大打击传销力度，全市立案查处传销案件8起，涉案金额5729万元，取缔传销窝点8个，移送司法机关2人，接待消费者投诉、咨询80余人次，劝阻欲参与传销的人员40余人，遣返参与传销人员68人。

6.知识产权保护能力和水平提高。全年查办各类商标侵权案件425起，捣毁制假销假窝点97个，没收、销毁商标标识14.5万余件，涉案金额108万元。通过对商标知识产权的宣传，提高社会对商标知识产权的认识，商标注册量明显上升。全市开展专利行政执法活动60余次，检查商场325余家（次），出动执法人员720余人（次），跟踪检查标注专利标识产品3000余件，查处冒充专利案件41起。济南市“横向互动、上下联动”专利行政执法体系，得到国务院领导的高度评价。全市共查缴各类盗版、非法出版物20万余册（盘），其中书报刊17万余册（份）、盗版软件2万余张（盘），打掉地下出版物非法批销窝点7个，取缔非法游商和无证经营摊点130多人次，维护版权所有者利益。

7.诚信济南建设步伐加快。企业信用监管力度不断加强，济南市工商、质监、食品药品、卫生系统建成相对完善的企业生产经营和质量管理信用状况信息系统，国税、地税、海关、烟草、建设等系统的企业信用状况查询系统已基本形成，在市场监管中发挥作用。各主管部门通过开展食品安全信用体系建设试点、开展专项整治、制定具体监管措施、建立监管对象信用档案、依法公布失信企业和单位名单等措施，进一步发挥褒扬守信和惩戒失信的市场机制作用。各职能部门通过开展向纳税人和社会公开服务承诺活动、举办培训班、典型案例分析等形式提高执法人员素质、服务质量和执法水平。

【济南20家企业被评为中国工业行业排头兵企业】 在2007年中国480个工业行业“排头兵企业”评选中，济南共有19个工业行业的20家企业榜上有名：长清区归德木材厂（木容器制造）、济南巨源游乐设备制造有限公司（露天游乐场所游乐设备制造）、济南裕兴化工有限责任公司（无机盐制造）、大化集团有限责任公司（氮肥制造）、山东省胜帮绿野化学有限公司（生物化学农药及微生物农药制造）、山东齐发药业有限公司（兽用药品制造）、山东山水水泥集团有限公司（水泥制造）、济南市天桥天大实业公司（砼结构构件制造）、济南市青华山花岗集团公司（建筑用石加工）、山东水龙王集团有限公司（金属压力容器制造）、济南玫德铸造有限公司（建筑装饰及水暖管道零件制造）、济南二机床集团有限公司（金属成型机床制造）、山东博远物流发展有限公司（金属加工机械制造）、济阳县济北石化有限责任公司（机械零部件加工及设备修理）、济南永君物资有限责任公司、信义集团公司（锻件及粉末冶金制品制造）、章丘市炊具机械总厂（食品、饮料、烟草工业专用设备制造）、山东中创软件工程股份有限公司（计算机网络设备制造）、济南试金集团有限公司（试验机制造）、山东电力集团公司（电力供应）。

（邹保平 尹衍忠 黎 毅 刘志鹏）

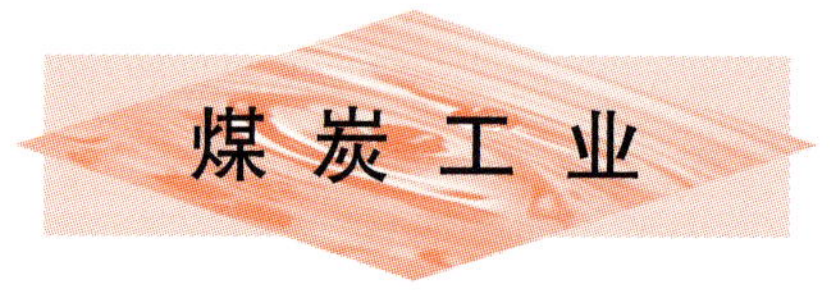

煤炭工业

【概况】 截至2007年底，济南市共有煤矿18处，其中地方国有煤矿16处、乡镇煤矿2处，总核定生产能力266万吨/年。全年生产原煤205.8万吨，实现销售收入6.9亿元，利税2.26亿元，利润总额1.31亿元。全市煤矿发生死亡事故2起，死亡3人（在控制指标以内）。

1.认真履行行业管理职能，加强煤炭生产许可证的监督管理及对煤矿生产能力的管理。依法对全市煤矿煤炭生产许可证进行年检，对批准技术改造的矿井集中进行审查，对全市煤矿生产能力进行复核。认真贯彻上级有关煤矿资源整合、技术改造和整顿关闭的部署和要求，始终坚持“先关闭后整合，以关闭促整合”的工作方针，按照有利于煤炭资源合理开发利用、有利于安全生产和有利于煤炭经济可持续发展的原则，通过资源整合、扩层扩界、技术改造和限期关闭等措施，确保2008年以前全市所有煤矿的生产能力达到国家规定的标准以上，达不到规定的予以关闭。截至5月中旬，省政府下达给济南市的2006~2008年15处煤矿关闭任务已全部完成，提前完成工作任务。

2. 始终把安全生产摆在高于一切、重于一切、先于一切的位置，抓好安全生产工作。①全面落实各级安全生产责任制。坚持“谁主管、谁负责”的原则，进一步增强企业法人代表、单位一把手安全生产第一责任人的安全意识。各煤矿都根据自己的实际，认真落实安全生产责任制，制定严格的考核标准和奖惩办法，形成一级抓一级、一级对一级负责的工作局面。②开展煤矿安全生产隐患排查治理专项行动。从2007年5月底开始，在全市开展煤矿安全隐患排查治理专项行动，并根据实际情况制定《济南市煤矿安全生产隐患排查治理专项行动工作方案》。专项行动期间，全市煤矿共自查隐患709条，整改隐患682条，整改率96%，落实治理资金1500余万元。③以“双基”建设为总抓手，推进安全质量标准化建设活动。各煤矿企业按照达标目标和具体的验收标准，扎扎实实开展工作。章丘继续坚持召开现场会强力推动煤矿质量标准化建设工作，全年先后召开了6次现场会，强力推动，典型引领，取得很好的效果。李福煤矿狠抓基础质量和动态施工质量，坚持从设计到施工，从地面到井下，每个环节、每道工序都要高标准、严要求，严把质量关。每月10、20、30日组织全矿范围内的工程质量大检查，强化工程质量管理。民泰煤矿的安全质量标准化建设工作也很有特色，努力在全矿职工中树立三个观念，即质量标准化必须在动态中保持、动态中提高，全员参与的观念；质量标准化建设是实现安全生产奋斗目标基础的观念；质量标准化建设是打造本质安全型矿井基础的观念。④加强基础技术管理，提高业务保安能力。组织全市煤矿进行2006年度瓦斯等级和二氧化碳鉴定工作；对部分通风线路长、通风困难和通风系统有变化的矿井组织通风阻力测定和主通风机性能测定工作；及时组织煤矿进行通风能力核定；督促矿井配备安全监控系统。对全市煤矿采掘工程部署进行集中审查，严格矿井采掘工程部署，调整采掘关系，科学计划"三量"，实现正规开拓，避免出现盲目开拓、胡扒乱采、随意增头增面突击生产和超能力生产的行为。⑤加大安全投入，提高装备水平。全市煤炭企业淘汰木支护、装备单体液压支护工作面18个，采用刮板运输机工作面21个；新增扒装机掘进工作面16个，实现掘进机械化零的突破；完成锚喷巷道19000余米，更换淘汰设备，累计投入资金1.4亿元，提高了全市煤矿的安全装备水平。

3.坚持以人为本，提高职工队伍整体素质。为提高煤矿干部职工的整体素质，采取委托培养、专业培训、高薪聘任等措施，培养、轮训、吸引一批急需的各专业技术人才。同时加大培训资金投入，新建、改建培训教学实验室，改善办学条件，提高培训质量，对煤矿管理人员、特种作业人员、职工进行梯次教育培训。章丘市年初对第一批参加"全面提升煤矿管理干部队伍整体素质"活动的130名副矿长和副经理进行考核，合格率达到93%。

（李迺峰）

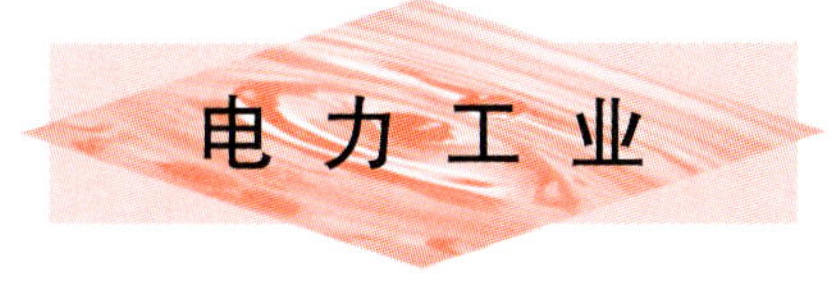

电力工业

【电力生产概况】 2007年，黄台电厂完成发电量50.06亿千瓦时，比年初预算指标多发3.42亿千瓦时；厂用电率完成7.11%，比年度计划降低0.69个百分点；供电煤耗完成379.35克/千瓦时，比年初合同高7.49克/千瓦时；主业实现收入13.89亿元，发生成本13.62亿元，上交税金1.42亿元。多种产业实现收入3.96亿元，利润2101万元，上交税金2516万元。

1.上大压小项目获核准。2007年12月18日，电厂上大压小城市供热工程(2300兆瓦)顺利通过国家发改委的核准。这是济南市电力工业发展史上的一件大事。1990年至2007年，电厂无新扩建项目，机组超期服役、设备严重老化困扰着企业的经济效益和安全生产。2003年，电厂以济南市东部新城区建设为契机，提出上大压小城市供热工程。为推进项目前期工作，电厂成立专门的工作机构，使项目最终获得核准。上大压小项目解决了黄台电厂的生存问题，标志着济南电力工业发展翻开崭新的一页。

2.安全生产相对稳定。全年下达安全文明生产整改通知单1751条，整改率达到96%以上；及时发现和处理重大设备缺陷、异常情况104次；认真执行重大操作到位制度，完成机组启停共计103次，启停成功率100%；圆满完成6号机组、8号机组大修改造等任务，8号机组顺利替代1~4号机组供热；高度重视防汛工作，经受住了"7·18"特大暴雨的考验；6月2日实现安全生产六周年，截至10月2日，实现安全生产2314天，创建厂以来最高安全纪录。2007年获济南市安全生产先进单位称号。

3.经营管理得到加强。成立煤质监督中心，对入厂、入炉煤进行24小时监督。发现掺假供煤户10多批次，挽回经济损失200余万元。加强与省经贸委、山东电力集团的联系沟通，追加电量计划3.2亿千瓦时，增加效益3000余万元。优化发电结构，大机组发电比完成70.01%，比省经贸委计划提高3.76个百分点。7号机组代发1~4号机组上网电量0.77亿千瓦时，7号机组代发8号机组电量1.2亿千瓦时，网上交易发电量3400万千瓦时。通过代发电量节约燃煤近1万吨，增加效益500多万元。加大融资力度，克服资金困难，确保生产物资供应。加强教育培训和岗位练兵，组织厂级技术比武7次，部门级比武22次，生物发电仿真培训14期363人。

4."走出去"发展不断巩固。整合全厂人力资源，壮大检修公司，成立运营公司，后勤系统实现服务与经营的分离，电厂检修、运营、多产、物业4大板块已经形成。驻外职工圆满完成滇东、王曲电厂4台60万千瓦机组维护工作，参与完成滇东电厂1、2号机组大修、王曲1号机组大修、河曲2号机组大修等检修任务；晋北项目部提前45天完成全年发电任务；成安项目完成全年发电任务，并创全国生物发电厂日发电量最高纪录，成安、威县项目部都圆满完成国能公司抢发电量任务；派出职工15人，新开辟陕西府谷运行调试项目。

5.企业改革稳妥推进。①剥离企业办社会职能取得阶段性进展，继2002年撤销子弟小学、2006年实施公车改革后，年内又撤销幼儿园，停运职工班车。逐步剥离企业不该承担的社会职能，累计压缩成本621万元，有效增加了经济效益。②实施暗补变明补。对宿舍区进行智能水电表改造，共更换安装电表1821块、冷水表2358块、热水表2223块。③企业用工管理得到规范。按照新的《劳动合同法》，规范用工管理，压减临时用工179人，依法规避用工风险。④一区搬迁工作进展顺利。绝大多数一区居民大力支持企业的发展，341户一区居民中334户已经搬迁完毕。

6.多种产业规范发展。①下大力气推进清欠工作，回收应收账款1200万元。②供热产业健康发展，全厂对外供热量374万吉焦，回收热费1.28亿元，实现热费回收率100%，热费外收入1100万元，争取政府财政补贴609万元；全年签订开户合同30万平方米，达成供用热意向17.5万平方米，完成奥体中心、幸福柳、还乡店等片区热力工程建设；领秀城供热锅炉房建设接近尾声。③加大房地产开发力度，山师附中幸福柳分校一期工程全部交付使用，黄泰集团控股35%当年收益200万元；4栋小高层按时启动，新开发地块已列入济南市2007年用地指标。④电子标签项目顺利投产，上海中卡销售身份证3150万张、社会卡270万张，实现收入6900万元，实现利润1900万元。⑤诺尔公司顺利完成莱芜脱硫总包项目，参与并完成贵州凯里、湖北荆门等25个脱硫调试项目。⑥管业公司新上沼气管材生产线，形成年产10万套的生产能力；粉煤灰公司、修造公司、新型建材公司、信通公司、厦门公司取得较好的经营业绩。⑦物业管理中心定位进一步明确，加快走出去步伐，餐饮公司、职工医院、绿化公司对外经营呈现"多元化"局面，圆满完成全年创收指标。

2007年，黄台电厂获中国企业文化先进单位、中国电力行业企业文化建设最具社会责任感企业、全国厂务公开先进单位等称号。（温士江）

【电力供应概况】 2007年，济南供电公司加快电网建设，提升服务水平，实现全年安全生产无事故，圆满完成济南电网迎峰度夏任务，为济南市经济社会发展创造良好的供电环境。全市年社会用电量达190.77亿千瓦时，同比增长11.15%，其中工业用电量126.67亿千瓦时，同比增长9.68%。

1.加快电网建设。2007年，市政府与山东电力集团公司签订《济南电网"十一五"发展会谈纪要》，政企联手共同推进电网协调、快速发展。济南供电公司围绕济南市经济增长目标和社会发展规划，共投资18亿元，完成输变电工程18项，增加容量127.3万千伏安，开工输变电工程5项，开工容量204万千伏安，投资规模、建设规模和投运容量均创历史最高水平。电网建设明显提速，仅用3个多月时间建成投运为奥体片区供电的110千伏全运变电站，用5个多月时间建成投运保障孙村片区电力供应的220千伏大正变电站，均创造同类工程的最快建设速度。在市直有关部门和地方政府的支持帮助下，完成十六里河变电站输电线路、经一路变电站等老大难工程，缓解部分地区的供电紧张形势。城市供电能力进一步提升，在7月18日高峰负荷和特大暴雨袭击的双重考验面前，济南电网没有发生大面积停电，保持安全稳定运行，为全市抢险救灾起到重要的保障作用。

2.加强供电软环境建设，服务全市经济发展和民生改善。围绕全市经济发展，对28户投资千万元以上的重点招商引资项目进行跟踪服务，大力推行带电作业，调整业扩权限，业扩报装周期同比缩短12天。其中，按照特事特办的原则开展济南将军集团供电工作，从设计到施工仅用13天，提前11天完成这项全市重点招商引资项目的供电任务。充分发挥山东省建设工程招标中心电力事业部和电力物资超市的综合服务功能，由客户自愿委托招标中心组织设备招标，投标设备厂家和中标厂家由客户自由选择确定，使工程的施工、采购和设备招标更加透明、公开。先后代理山东大学齐鲁医院、山东明水化工厂等单位的电力设备采购招标业务，提高产品质量，降低客户负担，得到电力客户的好评。全年10千伏配电线路带电作业365次，减少线路停电262条次，避免近3000个单位和20多万户居民停电。对各类重大社会活动进行保电，完成省市"两会"、中高考和"十七大"等重要活动期间的保电任务34次209天。

3.全力支持重点工程建设。紧密配合奥体片区建设和北园高架路、西客站等重点工程，累计新建、迁移改造10千伏及以上线路46条，敷设电缆68公里。投资6.6亿元实施邢村、贤文、全运、奥体变电站等电网配套工程，加快章丘电厂2台30万千瓦机组并网线路建设，为十一届全运会场馆及周边设施提供可靠的电力保障。

4.关注民生、保障民生、改善民生。认真执行全市城乡同网同价政策，农村用电到户价平均降价幅度达23.64%，全市农村减少电费支出达8700余万元。投资3200万元对市区272个低压公用区进行供电设施改造，提升3.4万户市民的用电水平。为方便居民就近交费，济南供电公司与银行签订代收手续费协议，提高银行网点代收电费的积极性。开通社会化代收电费业务，进一步消除局部地区居民客户交费难的问题。拓展95598热线服务功能，通过电话、短信向电力客户发送电表起止码、交费金额、交费时间等提示信息，使居民放心交费、明白交费。建立特殊客户服务档案，与3090户结成供电服务对子，为残疾人、弱势群体提供上门服务，以实际行动落实市委、市政府对电力企业提出的"各项措施都要顺应民心民意"的总体要求。

2007年，济南供电公司获全国精神文明建设先进单位、全国"五一"劳动奖状、全国首届劳动关系和谐企业、全国安康杯优胜企业、国家电网公司文明单位、山东电力集团公司2007年度先进企业等称号。（王　芳）

冶金工业

【济南钢铁集团总公司】 2007年，济南钢铁集团总公司（以下简称济钢），总资产416亿元，在职职工4.1万人，产品以中板、中厚板、热轧薄板、冷轧薄板为主，已发展成为全国最大的中厚板生产、出口龙头企业。非钢产业主要有机械加工制造、冶金建设、现代物流、新型建材、耐火材料、冶金炉料（辅料）、钢结构加工、电气自动化、球墨铸铁管及铸件、房地产开发、工业气体和商业贸易等12大非钢骨干产业。济钢全年生产钢1212万吨、铁1083万吨、钢材1225万吨，分别比上年提高8%、14%、12%；继2006年锅炉容器钢板被评为中国名牌产品后，2007年高强度建筑结构用中厚钢板再次登上中国名牌榜；实现销售收入502亿元、利税60亿元、利润31亿元，分别比上年提高13%、36%、42%；出口钢铁产品142万吨，创汇8.1亿美元，比上年提高22%。

1.培育绿色品牌。济钢把2007年确定为"绿色品牌年"，由关注产品的竞争力转变为关注企业品牌和综合实力的竞争力，由关注市场竞争力转变为同时关注可持续发展能力，重点在深化循环经济和提升质量品种方面实现重大突破，引领济钢沿着正确的方向发展。围绕"绿色品牌年"的工作主线，大力推进品牌建设，质量品种优势进一步显现。济钢从品牌价值特征出发，将造船板、锅炉容器板、低合金高强板作为中厚钢板的代表性产品，提高产销量，扩大优势，三大品牌产品市场占有率居国内第一位。特别是造船板产销量连续两年翻倍增长。具有自主知识产权的大线能量焊接用高强钢板实现批量供货，济钢成为国内向国家战略石油储备工程整体供货的四家企业之一。越来越多的高技术含量、高附加值产品广泛应用于国家重点工程和国内外知名制造企业，使济钢的差异化竞争优势明显增强，济钢产品品牌的市场认同度快速提升。

2.发展循环经济。济钢大力提高已投用循环经济项目的运行水平，能源资源高效清洁利用，余热余能发电量大幅度增长，全年发电量超过25亿千瓦时，是上年的2.3倍。加大自主创新，320平方米烧结机和炼钢余热发电项目建成使用，炼焦煤气流分级干燥项目研发建设成功，标志着济钢在循环经济技术开发方面达到了新的高度。加快技术改造，100吨干熄工程的建成，实现焦炭全干熄。关注社会责任，加大消化处理济南裕兴化工厂铬渣的工作力度，累计处理铬渣16万余吨。在企业内部层层签订落实节能环保责任书，降低能耗物耗，提高生态环境保护水平。一炼钢吨钢转炉煤气回收超过100立方米，三炼钢超过110立方米，焦炉煤气实现"零"放散，高炉煤气放散率降到5%。加大节能清洁自主产权技术输出，在柳钢建设的150吨干熄焦工程顺利投产。山东省发展循环经济工作会议在济钢召开，济钢成为科技部"产业技术创新战略联盟——新一代可循环钢铁流程工艺技术"项目签约者。

3.推进创新，深化改革。①以卓越绩效模式为总抓手，提高综合管理水平。在持续改进的基础上，形成以战略创新为引擎，以和顺文化为灵魂，以顾客价值创新工程、供应商满意工程、凝聚力工程和发展循环经济为支柱，以"六西格玛+标准化"过程精准管理为基础，以济钢质量管理奖为驱动力的特色管理模式。②坚持"系统优化、均衡稳定、运行高效"的原则，提高过程保障能力。探索建立"生产管理绩效评价系统"，通过系统绩效评价，提高生产运行掌控能力，保证生产经营稳定、协调运行。加强信息自动化工作，完善产销一体化管理和数字化质量管理体系，优化产销业务流程。强化基层管理，杜绝各类重特大事故。树立系统观念，优化铁前原料、炉料结构，稳定高炉操作，降低消耗；强化物流管理，提高铁路运输比例；开展典范借鉴活动，改善技术经济指标。全年成本降低总额超过10亿元。③开展战略合作，打造产业链竞争新优势。以"可尊，可信，共创，共赢"的企业核心价值观为平台，扩大战略合作，在原料采购、产品销售、技术合作等方面建立稳定的供应链体系。与国内外大型原燃料供应商签订战略合作协议，国内战略合作伙伴数量达到29家，国外战略合作伙伴关系达到10多家。强化营销战略合作，培育忠诚的客户群，战略合作用户增加到47家，产品直供比例达到65%，比上年提高25个百分点。以资产合作为纽带，联合经销商和终端用户，建设加工配送中心，优化市场占有结构，确保济钢在复杂多变的市场形势下健康稳定发展。④坚持以企业为主体、市场为导向，加强产学研联合。济钢进入国家科技支撑计划和国家高技术产业发展项目队伍。与高等院校和科研院所建立战略创新联盟，在赤泥综合利用、煤调湿、煤机用高强度中厚板技术开发、炼钢转炉干法除尘及余热回收发电新工艺技术开发等方面进行联合开发，提高企业自主创新能力。⑤积极推进改革创新体制机制，积极推进改制工作。钢铁股份公司规范运作，公众形象不断提升，获蓝筹公司高成长金鼎奖、中国上市公司百强企业和最佳董事会金圆桌奖。各子公司以改革改制为动力，开阔发展思路，经营质量和绩效提升，全年实现销售收入249亿元，实现利润10.3亿元。

【中厚钢板登上中国名牌榜】 在2007年9月11日召开的"中国名牌产品暨中国世界名牌产品表彰大会"上，"济钢"牌高强度建筑结构用中厚钢板获2007年中国名牌产品称号，这是济钢继锅炉压力容器用钢板后获得的第二个中国名牌。济钢高强度建筑结构用中厚钢板市场销量一直保持国内领先地位，产品覆盖全国工程机械建筑用钢领域的知名企业，应用于"鸟巢"、"水立方" 等北京奥运工程以及中央电视台新台址、北京国贸三期、上海环球金融中心、包西铁路包头黄河大桥、济南黄河三桥、广州歌剧院等一系列重点工程。伴随着济钢牌锅炉压力容器用钢板、高强度建筑结构用中厚钢板以及造船用钢板、管线用钢板等一批高附加值、高技术含量产

济钢冷轧产品 （济钢供稿）

品的品牌培育，济钢产品在顾客、市场和社会上的影响力进一步扩大，“高强、耐磨、耐腐蚀”板材产品的特征日益鲜明，济钢品牌知名度不断提升。

【济钢关停淘汰落后产能】 12月24日，济钢召开关停淘汰落后产能工作会议，宣布第二小型轧钢厂、第一炼钢厂和炼铁厂所辖二区生产单位、能源动力厂所辖二区部分单位以及三区小高炉于12月25日停产。关停淘汰落后产能是济钢贯彻中央科学发展观、服从国家宏观调控政策的实际行动，是济钢全面实施“十一五”规划的前提条件，是济南市经济社会发展和环境治理的需要，也是济钢自身结构调整的要求。济钢积极稳妥地处理好停产的相关工作，实现了平稳停产过渡。

（陈双玲）

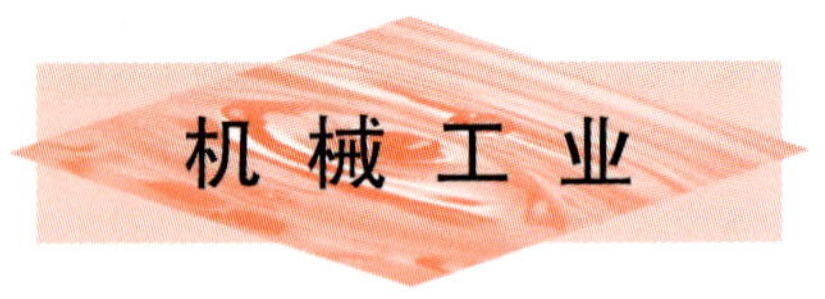

机械工业

【导师带徒协议书签订仪式在重工股份公司举行】 11月16日，济南重工股份集团有限公司举行导师带徒协议书签订仪式。市劳动和社会保障局、市经委、市企业高技能人才管理协会的有关负责人参加签订仪式。

济南重工组织这项活动是按照市劳动局、经委等七部门联合下发的《关于开展“技能月”活动的通知》要求开展的，其目的在于树立典型，推进整体，引导广大职工学技术、强技能，全面提高职工队伍整体素质，形成人人重视技能、尊重技能人才的良好氛围，进而加快工业系统高技能人才队伍建设。经民主评议、推荐选拔了一批作风过硬、技艺精湛又具备专业理论知识的技术能手担任导师，通过“传、帮、带”将其技术、知识、职业道德传授给其他员工，为企业快出人才、出好人才创造条件。签订仪式上，获得“山东省首席技师”称号的镗工技师柴胜利、获得“济南市突出贡献技师”称号的铆工高级技师梅如刚，钳工高级技师冯连生、李德山和车工技师刘廷武等5位导师和他们的10位徒弟分别签署了协议书。

（徐　钢）

【济南德佳机器有限公司一新产品通过省级鉴定】 2007年9月25日，召开济南德佳机器有限公司新产品鉴定会，对由济南德佳机器有限公司承担的山东省重点技术创新项目“SHP4-CNC-3000H塑料门窗数控多层平行四角焊接机”进行了新产品鉴定。“SHP4-CNC-3000H塑料门窗数控多层平行四角焊接机”采用角焊接同步进给装置、先进的上下同步夹持精密定位装置、多层焊接机构、多层工件同时移出机构以及与之相关的制造工艺采用了国际先进的数控系统、伺服驱动系统及方形直线导轨副等进行传动和自动控制，使整机在工控电脑的操控下能够自动完成多层塑料门窗的四角焊接工作，显著提高塑料门窗的焊角强度，保证门窗焊接精度，生产效率得到显著提高。

（徐　钢）

【济南重工股份公司273毫米新型狄塞尔热轧无缝钢管机组改造项目进展顺利】 济南重工股份公司273毫米新型狄塞尔热轧无缝钢管机组改造项目实施一年来取得良好进展，即将进入收尾阶段。该项目总投资4874万元，经此次改造后，可形成轧管机生产线成套设备加工能力，国内市场占有率大幅提升，并替代进口。该项目四大主机中的轧管机机组已顺利发货，穿孔机机组的总装工程顺利完成，定径机和矫直机等其他主机的加工和装配工作也已取得明显进展，矫直机、穿孔机、定径机也将完成并陆续发货，为发展该项目而购置的数控龙门镗铣床预计将在2007年8月底竣工。

（孙长征）

【济南重工采用新设备提高节能降耗水平】 8月16日，济南重工集团公司安技动力处与无锡天马环保机械制造有限公司签订了煤气发生炉供货合同，在锻造厂厂房东侧新上两台φ2.6米煤气发生炉，以缓解因天然气涨价给公司带来的经济损失。煤气发生炉每吨耗煤市场价在700元左右，2公斤能产生6.5立方米煤气热量，相当于1立方米天然气，燃料费1.6元，另外加上人工、管理费及设备折旧费等，合计2元左右。如按每月使用60万立方计算，煤气的成本比天然气可降低48万元，投产2个月就可收回成本。

（孙长征）

【济南二机床大型压力机获国家科技进步二等奖】 在2007年国家科学技术奖励大会上，由济南二机床集团有限公司独立完成的“LS4B-2500型2500美吨闭式四点多连杆压力机”项目获国家科技进步二等奖，是济南市在本次科技大会上获得的最高奖项。

此前，“LS4B-2500型2500美吨闭式四点多连杆压力机”项目已先后获得济南市和山东省科技进步一等奖。由两台LS4B-2500型2500美吨闭式四点多连杆压力机双机联动组成的5000吨多工位压力机已于2006年出口到美国高端市场。这台产品适用于当代汽车制造业中大型薄板件的拉伸、弯曲、冲裁、成型等各种冷冲压工艺，集机械、电子、控制和检测技术为一体，实现冲压生产的高速、高精度和全自动化。采用电控同步技术、电子伺服三坐标送料技术、多连杆技术、全自动换模技术、模具保护技术以及现场总线控制技术等多项国际先进技术，具备远程诊断、远程控制和网络通讯等多种自动化功能。可一次实现从金属板料到成型零件的所有工序，生产效率为常规全自动冲压生产线的2至3倍，是国内锻压行业迄今为止吨位最大、技术含量最高、自动化程度最高的成套锻压设备。

济南二机床集团多年坚持自主创新，按饱和投入原则，不断加大技术开发投入。近4年来共投入技术开发费22639万元，平均占到销售收入的6.9%，仅2006年就投入7145万元用于技术开发，开发费占到销售额的7.1%。共完成开发项目206项，其中承担国家、省、市攻关项目58项，获省、市科技进步奖24项，申请专利35项，有效提升了企业自主创新开发能力。

（戚桂林）

【济锅顺利通过A级锅炉部件制造许可鉴定评审】 由国家质量监督检验检疫总局中国特种设备检测研究院组织的特种设

备制造许可鉴定评审组一行3人，对济南济锅华源锅炉有限公司进行现场评审，最终济南济锅华源锅炉有限公司一次性通过A级锅炉部件制造许可鉴定评审。获得A级锅炉部件(锅筒除外)制造许可证后，济南济锅华源锅炉有限公司可独立进行除锅筒外的所有锅炉部件的销售、设计、制造、检验和售后服务工作。（戚桂林）

【“重工改装车”打开西北市场】 济南重工与重汽西宁分公司签订了一份18辆自卸车的合同，这是济南重工与中国重汽又一次较大规模的合作。济南重工曾在2007年11月份为重汽生产过10辆同类型的汽车。（戚桂林）

【大陆机电在印度尼西亚连中三标】 济南大陆机电股份有限公司在印度尼西亚PT Indominco Mandirl Bontang三项合同招标中连中三元，承揽全部项目，总工程额为355万元人民币。项目内容包括：DCS自控系统仪表成套变频设备，电话系统、广播系统、电视监控系统及相关设备。（戚桂林）

【二机床集团成功研制出国内首台双龙门移动式机械五轴联动数控镗铣床】 二机床集团研制成功了国内首台双龙门移动式机械五轴联动数控镗铣床。五轴联动数控机床代表了数控机床技术的制高点。我国机床厂生产制造的五轴联动数控机床，以电主轴作为主轴头，输出扭矩小，主要应用于有色金属的小型零件加工。而大型水泵叶片、轮船螺旋桨、飞机螺旋桨、水轮机转组的叶片等加工件，直径大、加工面积大、加工余量多，必须采用机械传动式五轴联动铣头。如国家重点投资项目南水北调、三峡水利、西气东输基础装备的关键零件加工精度和可靠性保证，都离不开五轴联动加工机床。开发研制具有完全自主知识产权的大扭矩机械传动五轴联动数控镗铣床设备已成为国家的当务之急。济南二机床在机械五轴联动数控机床方面开展技术攻关，经过努力，终于取得突破。该机床是国内第一台机械五轴联动数控镗铣床，满足了我国三峡工程以及重大发电、船舶、军工行业的需求，摆脱了对国外的依赖，同时也显著提升了二机床在数控机床方面的市场竞争力。（吴艳玲）

【二机床集团制造完成国内首条全自动重型高速送料冲压生产线】 济南二机床集团为沈阳华晨金杯汽车有限公司提供的拥有完全自主知识产权的全自动重型高速送料冲压生产线研制完成。这是我国自行研制生产的第一条全自动重型高速送料冲压生产线，打破了国外企业在该领域的技术垄断。

这条生产线由一台多连杆2400吨压力机、四台销轴式1000吨压力机以及高速送料机构组成，在5000毫米×2600毫米的大台面上可实现12次/分钟的生产节拍，比普通自动化冲压线提高效率50%。这条冲压线配备了世界先进的数控液压拉伸垫，且吨位达600吨，可大大提高拉伸件的质量。该项目将用于沈阳华晨金杯的宝马汽车、中华汽车大型覆盖件的生产。

2007年初，济南二机床创新集成高速自动化送料和数控液压气垫先进技术，以项目总负责方式，签订了沈阳华晨金杯汽车公司宝马汽车项目64000千牛全自动高速送料冲压生产线供货合同。随后，二机床还赢得了通用五菱青岛项目高速冲压线的订单。（戚桂林）

【济南重工德国FAM项目一次性通过验收】 济南重工为德国FAM公司加工的球磨机配件完成了2件4.5米大齿轮、10件筒体、20件端盖的制造加工。11月13日，外方质检人员专程来公司检查最后1件大齿轮的加工质量，一次性通过验收。该大齿轮材质为34CrNiMo6，由于直径大，且属于高品质合金钢种，生产制造难度很大，而且外方要求质量高，所以从毛坯制造到粗加工、精加工滚齿，生产、技术部门都非常重视，不断改进工艺、提高效率，把一切可能影响最终质量的因素尽量消除在生产前。这次合作的成功标志着公司在外贸出口方面取得了新的进展，为双方下一步在更广阔领域的合作奠定了良好的基础。（戚桂林）

【法因研制出新型数控冲割复合机PPC117】 法因数控公司自主研制的新型数控冲割复合机PPC117调试完毕，正在准备最终的入库验收工作。

数控冲割复合机是一种新型的中厚板材加工设备，该设备最大的特点是多功能的复合化，就是在一台主机上面涵盖了冲孔、切割和打标三种功能。如果一个零件上面有孔、轮廓边，采用传统方法往往需要经过几种不同设备才能完成，而复合机能够实现一次板材装夹就加工出整个零件，同时通过CAM软件自动实现优化套排料，最大程度地提高材料的利用率，降低板材零件制造商的生产成本。数控冲割复合机可以广泛应用于汽车、矿山机械、农业机械、造船和钢结构等加工制造领域。法因公司现已设计生产了PPC15和PPC117两种型号规格的数控冲割复合机，分别应用于不同的市场用户。

（戚桂林）

【济南重工用自主创新技术打开国际市场】 11月18日，济南重工根据日本藤崎公司要求自主研发、设计、制造的棒磨机正式发货。公司设计研究院在独立研发、设计该项目时，结合外商要求，在公司中国名牌“钢球磨煤机”的设计基础上，充分考虑工艺和施工过程中的特点，在该磨机的设计中充分体现了动力强、运转平稳、性能稳定、使用安全、节能降耗等优点，受到外商和同类企业的一致好评。

（戚桂林）

【法因数控高端机床正式大规模进入欧盟】 意大利菲赛普公司董事会主席Ezio Colombo及总经理Edoardo Fusi一行6人，对法因数控进行为期4天的友好工作访问。菲赛普和法因数控的高层就双方合作的重大事项进行充分的磋商，并达成共识。双方签订了300万欧元的合约，内容涉及菲赛普和法因数控的合作产品及大部分法因数控自身的独立知识产权产品。这标志着法因数控制造的高端数控机床正式大规模地进入欧盟市场，这充分体现了法因作为高科技装备企业的优势作用，也显示出国际资源互补所带来的收益。（戚桂林）

【济南市时代试金仪器有限公司被认定为弹簧测试技术工程技术研究中心】 济南市弹簧测试技术工程技术研究中心依托济南市时代试金仪器有限公司组建，以产业化、工程化为目标，不断完善相关理论与技术，实现了该领域的新突破。于2007年5月份被济南市科技局批准认定为2007年第一批市级工程技术研究中心。

（戚桂林）

【恩翼帕瓦电机有限公司550～1100KVGIS生产线启用】 山东鲁能恩翼帕瓦电机有限公司550~1100KVGIS（气体绝缘组合电器设备）生产线正式启用。恩翼帕瓦有限公司主要从事变电、受变电、配电设备、机器的研究、开发、设计、制造、工程、销售、安装和维修服务，它是由日立制作所、富士电机、明电舍三家公司组成的合资企业。GIS组合电器是电网建设的主要设备，具有占地面积小、供电可靠性高、安装简便、日常维修量少以及检修周期长等特点。该公司生产的GIS产品是采用日本AE帕瓦株式会社根据多年成熟的运行经验开发研制的最新产品，该产品已经在山东、北京、河北、广东、江苏、天津、贵州、浙江、上海等地投入运行，部分产品还出口到日本、香港、伊朗、阿曼等国家和地区。

（戚桂林）

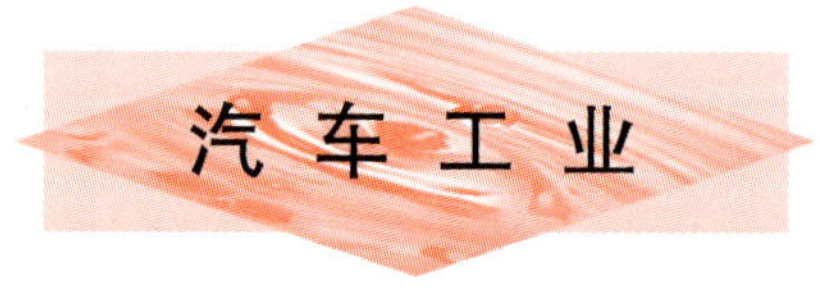

【中国重型汽车集团有限公司】 2007年，中国重汽集团坚持科学发展、理性经营、精心操作、追求最佳效益，各项工作取得丰硕成果。

1.生产经营实现又好又快发展。全年产销重型汽车100619辆，同比增长65.99%；实现销售收入377亿元，同比增长68.8%；实现利税28亿元，同比增长30.8%；实现利润17.3亿元，同比增长123.5%；整车出口超过14000辆，同比增长125.2%；创汇5.15亿美元，同比增长140.39%。各项指标再创历史新纪录，位居国内重卡行业之首，产销规模进入全球前五大重卡制造商之列，企业运行质量和经济效益较往年有较大幅度的提高。

2.自主创新能力进一步增强。技术研发部门进一步加大新产品开发力度，实施270余项技术开发项目，投入技术研发费用18.6亿元，技术创新工作取得新的成绩。①新产品开发工作呈现前所未有的活力，新产品投放市场得到用户的广泛青睐。其中工程自卸车质量水平大幅度提升，适应性开发取得明显效果，自卸车在全国占到近60%的市场份额，稳居同行业第一位。②中国重汽低排放、节油型发动机研发取得重大成绩，12升大马力发动机、国III发动机生产形成规模。车桥总成的工艺改进、制造水平提升和变速箱总成研制成功，进一步增强企业的核心竞争力。达到国际先进水平的新一代重卡N07系列产品已经有突破性进展，将择机推向市场。③不断加强知识产权保护工作。企业已有授权专利786项，积极推进国家863计划和科技支撑项目计划，为企业发展提供技术储备和技术支持。④加强技术改造工作。经过努力，济南章丘生产基地、杭州萧山发动机生产基地规划建设已经形成规模，中国重汽在整车和关键总成生产方面具备新的优势，2008年，集团整体将形成500辆/天的下线能力，发动机形成年产20万台的能力，为企业今后的发展打下坚实基础。

3.国际化战略取得新突破。通过调整出口单位组织机构和扩大销售队伍，国际市场开拓取得重大进展。通过开展扎扎实实的市场营销工作，境外部分区域市场产生较为明显的经济效益，其中中东市场、东南亚市场、俄罗斯市场和非洲市场都取得较好的经营效益，为公司全年效益的提升提供有力的支持。国际市场营销网络进一步扩大，产品已经销往50多个国家和地区，在境外建立70多个营销服务网点。CKD境外组装业务已经开始实施，生产规模逐步扩大。继续加快与国际知名企业的技术交流与合作，在与ZF公司继续保持良好合作关系的基础上，德国VOSS公司在济南建厂投产开始直接为中国重汽生产供应重要零部件。

4.质量工作有新的提升。全面加强质量体系建设，推行PPM指标体系，主要生产企业均已通过TS16949体系认证，集团公司通过3C产品认证和国军标认证，主要车型的首次故障里程平均达到1万公里，售后服务主要故障率降低40%以上。中国重汽产品获得国家质检总局颁发的“中国名牌”称号。

5.节能减排、节约增效工作取得较好成绩。始终坚持技术领先战略和高质量、低成本战略，靠技术创新和有效利用能源应对和抵消钢材、水、电、煤、油、气等资源的价格上涨因素。深入开展“万人节约增效”活动，万元产值能耗平均每年下降10%以上，连续3年每年单车成本降低1万多元。集团公司完成全年节能指标，被评为全省节能先进企业。万元工业产值耗能、耗水分别同比下降33%和31%，万元产值综合能耗消费量为0.037吨标煤，重复用水率达到91.6%，节能降耗指标完成情况居全国重卡行业领先水平。与英国李斯特-派特公司合资建成的济南复强动力公司被国家列为全国循环经济示范企业。

6.企业管理水平有新的提高。①按照现代企业制度和公司法人治理结构要求，逐步完善科学的决策机制和决策程序。②建立经营责任考核制度，并按照“一岗双责”的要求，与二级单位领导班子成员签订党风廉政建设责任书，明确工作任务和目标要求，加强对责任单位和主要领导落实党风廉政建设工作的监督检查和考核。③按照上市公司要求，全面加强企业内控制度建设。聘请独立第三方的国际管理咨询机构，按照国际惯例对公司的管理架构进行诊断和改善，引入先进的管理理念和方式，有效提升公司的管理水平。④积极实施企业总法律顾问制度，提高法制化管理水平。集团公司大多数二级法人企业都推行总法律顾问制度，逐步扩大企业的法律人才队伍，法律监审部门参与重大合同评审、招标采购、生产销售等经济活动，保障国有资产保值增值。中国重汽作为大型企业风险防范体系建设和效能监察的先进典型，受到国家监察部的表彰。

（戚桂林）

【全国制造业首支红筹股——中国重汽在香港成功上市】 11月28日，中国重汽(香港)有限公司在香港联交所主板成功上市，面向全球公开发售，得到境外各大投资机构的青睐和关注。首期融资99.5亿港元，资金将主要用于产品开发和装备的提升。这是中国制造业第一支上市的红筹股，也是2007年在香港联交所上市的最大的红筹股。企业获得极其难得的发展契机，建立起国际化发展平台，也为山东省和济南市赢得荣誉。通过上市促进企业工作全面提升：①资产质量得到根本改善，进一步扩大资产规模。②企业科学管理水平有新的提升，内控制度建设进一步加强，有效防范各类经营风险的能力有新的提高。③真正搭建起企业的国际化平台，推进品牌国际化进程，为产品加快进入国际市场提供良好契机。④企业员工队伍的素质得到全面提升，发展视野更加开阔。中国重汽以红筹形式在香港联交所主板上市，既是引领公司走向国际资本市场的起点，也为中国重汽的未来发展开辟广阔的空间。重汽将凭借这个崭新的平台，进一步提高企业的核心竞争力，规范运营，科学发展，尽快实现国内不可替代、国际知名重卡企业的战略目标。 (戚桂林)

【中国重汽第10万辆重型汽车下线】 12月19日，中国重汽集团第10万辆重型汽车在济南商用车有限公司的新厂区下线。全年产销重型汽车突破10万辆，其中整车出口突破14000辆，创汇5亿美元，全年销售收入377亿元，实现利税28亿元以上，超额完成年度目标，各项指标继续稳居行业首位。企业运行质量和经济效益较往年有大幅度的提高。 (张文艳)

【2007济南国际车工业博览会开幕】 4月27日，“2007济南国际车工业博览会”在济南国际会展中心开幕。本届车工业博览会有近200家企业参展，展出各种专用汽车近50种、汽车零部件近5000种。中国重汽、长春一汽、青岛一汽解放、东风扬子江、北汽福田、五十铃、江淮汽车、包头北方创业、上海东芙冷段、福建冠良汽车配件工业有限公司等省内外众多知名企业在博览会上推出全新车型和零部件，展出的汽车车型能代表国内汽车工业最新制造水平。 (戚桂林)

【中国重汽与爱尔兰TIMONEY公司签订合作协议】 4月16日，中国重型汽车集团有限公司与爱尔兰TIMONEY公司合作项目签约仪式在山东大厦举行。爱尔兰TIMONEY技术有限公司专门从事机动车辆独立悬架系统研发制造。配置独立悬架系统，可使机动车辆具备高机动性、高越野性和良好的操控性能。TIMONEY公司早在1970年就开发出世界第一个重型汽车独立悬架系统，用于美国机场救援车。在随后的几十年里，该公司的独立悬架技术在国际上一直处于领先地位，广泛应用于重型汽车、大客车和特种车辆。

中国重汽与TIMONEY公司的合作项目为，共同开发满足中国重汽需要的独立悬架系统，投资1亿元人民币建立独立悬架系统生产基地。生产的产品除满足中国重汽自身需求外，同时销售给TIMONEY公司。中国重汽拥有该核心技术后，所生产的非公路用车产品将具备世界最高水平的高机动性、高越野性和良好的操控性能，对建立矿山、油田和各种工程作业用车的竞争优势起到非常重要的作用。 (孙长征)

【中国重汽月产销过万辆】 3月31日，中国重汽实现单月产销重型汽车10000辆的历史性突破。该企业从重组前的2000年年产销3800辆，到重组当年2001年的年产销7800辆，再到2006年产销突破6万辆，再到2007年的单月产销过万辆，发展步伐不断加快，6年多产销增长超过20倍，成为国内乃至世界重卡行业增长最快的企业之一。

6年间，中国重汽相继获得“全国企业文化建设先进企业”、“全国五一劳动奖状”、“全国先进基层党组织”等诸多称号。“中国重汽”在连续两年摘取国内重卡第一品牌的桂冠之后，又夺得“中国十大世界影响力品牌”大奖。 (孙长征)

【中国重汽天然气发动机已具备批产能力】 由中国重汽与美国EControls公司合作开发的WT615系列国III天然气发动机已经研发成功，并通过严格的发动机可靠性试验和整车道路试验，已具备批量生产能力。

WT615系列国III天然气发动机是根据国内外市场需求和发动机技术发展趋

2007年12月19日，中国重汽第10万辆重型车下线，当年产销重卡超过10万辆。

(中国重汽供稿)

势，在原WD615系列国Ⅲ柴油机的基础上研发的具有当代先进水平的新一代电控、稀燃、四气门天然气发动机。

WT615系列国Ⅲ天然气发动机有230Hp、266Hp以及290Hp三个功率段的产品，可充分满足中型、重型载重车及各类客车的配套需求。其主要配套件选用国际、国内一流供应商产品，同时又以先进的生产工艺装备保障了零件加工和装调质量。该发动机在保持与WD615国Ⅲ柴油机大部分零部件通用的基础上，重点对进排气系统、缸盖、活塞、活塞环等进行了重新设计，重新设计的发动机完全适合天然气的燃烧特性，整机的动力性、可靠性以及经济性指标均优于国内同类产品。

（戚桂林）

【中国重汽码头低速牵引车大批量抢滩上海】 9月27日，中国重汽集团公司又一批54辆码头低速牵引车在上海洋山港区作业现场顺利交车。中国重汽码头低速牵引车历经10年研发提升填补国内空白，并大批量抢滩上海。

中国重汽集团特种车公司1998年起在国内率先研发港口低速牵引汽车，2000年4月试制成功，并于当年率先投放市场。经过对几年的市场调研，中国重汽在低速牵引车关键技术上进行大量的改进与提升，使低速牵引车更适合中国市场，从而得到了中国各大港口的青睐。该车的开发填补了国内空白，是目前国内主要性能指标唯一达到国际同类产品水平的低速牵引车，具备了目前世界同类低速牵引车的视野开阔、转向灵活、起动平稳、自动换挡、摘挂方便等特点，能够满足港口码头、堆场、机场、钢厂、地下矿区、物流园区、基础设施建设等低速、短距离、超重载荷、连续作业运输能力要求。

中国重汽码头低速牵引车现已形成3个系列12个车型，年生产能力已达2000辆。该车先后进入广州港、珠海港、深圳港、青岛港、上海港、宁波港、温州港、烟台港、天津港、营口港、南京港、张家港、南通港、海口港等。并已实现批量供货，全国沿海70%的港口已经使用了重汽的低速牵引车。中国重汽的低速牵引车还走出国门，实现了小批量出口。

（李　欣）

【吉利汽车济南基地项目开工】 8月23日，由浙江吉利控股集团投资兴建的吉利汽车济南基地项目，在济南高新区东部新区举行开工仪式。该项目建成后，将成为吉利控股集团规模最大、设计最先进的集汽车设计、研发、试制、试验、整车生产制造为一体的综合性集成产业园区。

“十一五”期间，吉利控股集团将积极参与沿海经济区进一步发展和环渤海湾经济圈的开发，基本完成汽车产业的生产布局和产能提升，提出了“2010年实现100万辆、2015年实现200万辆产销和三分之二出口”的目标。吉利汽车济南基地项目就是吉利控股集团实现上述战略目标的一个重要步骤。吉利汽车济南基地将生产完全拥有自主知识产权的数款高技术含量的中高档轿车，制造工艺水平达到国际领先，设备自动化水平达到国内一流，同时还将建成具有国际化水平的设计研发、试制试验的全功能研发中心。

（戚桂林）

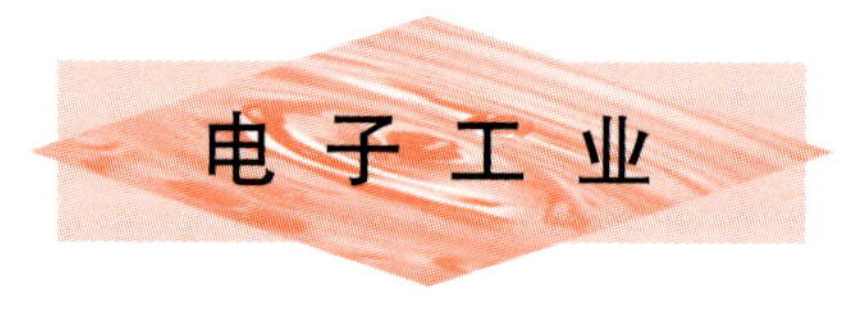

电子工业

【浪潮研发出拥有自主产权的SOC芯片】 11月初，浪潮自主研发设计的32位SOC芯片获得成功。经权威机构测试，其性能指标完全符合设计要求，芯片实现的功能和其关键指标处于国内同类产品的领先水平，在电子信息产业领域具有很强的应用与推广价值。

SOC（数字集成系统芯片）是微电子与集成电路领域的一项尖端产品，它能够将用于完成复杂信号处理的多个微处理器（MCPU）、数字信号处理器（DSP）、存储器、模拟及射频等电路集成在同一芯片上。SOC芯片已经成为提高移动通信、网络、信息家电、高速计算、多媒体应用及军用电子系统性能的核心器件。浪潮32位SOC芯片除拥有自主知识产权之外，还同时获得“税控数据可靠存储”等多项国家级发明专利。

（戚桂林）

【2007年浪潮服务器两倍于业界增长】 浪潮服务器2007年显示出强劲的增长态势。除牢牢把握政府和教育这两个传统优势行业之外，还敏锐地捕捉行业新兴增长点——WEB2.0和政府公共事业，政府行业总体增长35%，互联网行业增长100%，整体业绩同比增长超过40%，双倍于业界平均增速。

中国服务器行业发展面临巨大困境，国外品牌加紧从高端向中低端市场渗透，国产品牌生存空间压缩。2007年，浪潮以四核战略和占领新兴市场为契机，建立横向资源整合，从产品、技术、市场等各个角度全面构筑竞争力的模式，锁定浪潮2007年领先地位，也为树立持续竞争优势奠定良好基础。

（戚桂林）

【浪潮服务器被国家质检总局列为国家唯一免检服务器产品】 12月14日，国家质检总局将浪潮服务器列为国家唯一免检服务器产品。浪潮是中国最早涉足服务器领域的国产品牌，始终坚持以客户为导向，致力于将先进的IT技术应用到国内信息化建设中，获得用户和市场的认可。

（戚桂林）

【浪潮携手中央财经大学共建电子政务联合实验室】 12月27日，浪潮集团与中央财经大学在京签订合作协议，共同设立电子政务联合实验室。双方宣称，实验室将以电子政务、政府战略管理及其信息化为核心研究内容，充分发挥中央财经大学在电子政务方面的教学、科研力量和浪潮集团多年来在电子政务产品研发、电子政务建设方面的知识积累，总结、提炼适合中国政府部门应用的管理模式、管理方法和管理手段，推动中国电子政务信息化和政府管理水平的全面提升。

根据双方协议，实验室将由中央财经大学牵头进行建设，由浪潮集团无偿提供具有自主知识产权的政务行政审批平台（ECGAP）软件一套（含70个站点），价值518万元，并提供相应的软件技术方面的支持。双方的合作还包括共同设立电子政务案例库，具体由中央财经大学政府管理学院负责建设，并在浪潮集团设立“中央财经大学教学实习基地”，进行学术交流与人才培养，必要时筹备组建由政府主管单位、高校、信息化研究机构共同组成的电子政务学术顾问小组等方面的内容。政府管理学院已将电子政务作为近期学科建设的重点项目，与浪潮集团全面展开电子政务领域的合作。为了保证合作的深入，双方还将建立日常沟通机构，推动相关工作的落实。

本次合作中由浪潮集团提供的浪潮政务审批平台(ECGAP)是浪潮依靠深厚的技术根基和10余年政府领域信息化建设经验，充分结合《行政许可法》、《政府信息公开条例》等法律、法规而自主研发的，能够满足政府行政审批的各种应用模式和管理模式。自2005年以来，该产品已成功地应用于北京、青岛、广州等全国几十个市、区县的网上审批系统。

（戚桂林）

【浪潮存储喜获两项行业权威大奖】 12月24日，在2007年度存储峰会上，浪潮存储共获“2007年度中国创新存储企业”、“2007年度中端磁盘阵列新锐产品”两项大奖。

作为浪潮存储产品的代表，AS400融合了两种领先技术的优势，使用户在体验4Gb带来的高速传输和高可靠性的同时，还能获取SAS技术更佳的带宽和扩展性；独特的绿色智能设计，利用内置的环境监控系统，可以动态实时监控电源、风扇、CPU等系统各部件的工作状态；系统的风扇采用智能设计，有效节约电能和降低系统噪音。在软件方面，AS400系统可配置路径冗余软件、快照、Mirror等用户增值软件，远程复制功能也变为现实。通过ASManager管理软件支持远程管理操作，方便系统管理维护。（戚桂林）

【浪潮“稳定之星”NF280D迎来45纳米时代】 浪潮的主力产品——“稳定之星”NF280D完成45纳米平台升级。据浪潮技术人员介绍，现在出货的所有NF280D都可以支持45纳米平台，而且采用45纳米技术的NF280D在基于vConsolidation基准的虚拟化测试中，功耗基本不变的情况下，性能提高超过20%。

NF280D基于浪潮最新的“IFA效能动三角”技术理念设计，是一款高可靠性、易扩展的2U的机架式服务器，智能散热系统和增强型RAID等技术让NF280D在稳定性和保证数据安全方面表现更出色，完全胜任电信、金融、能源等大中型企业、政府及高校的关键应用。（戚桂林）

【北航与浪潮共同开启高性能应用新模式】 北京航空航天大学承担的国家自然科学基金重大项目和国家科技部国际合作项目取得了重要研究成果，并推出了服务网格中间件平台CROWN。基于CROWN平台，浪潮集团和北京航空航天大学联合实施了“新一代高效能服务网格计算平台”研发计划，并成功推出商业化的虚拟集群软件平台—CROWN Virtual Cluster。9月28日，双方在北京联合举行了新产品发布会，并签署了项目成果产业化合作协议。中科院资深院士张效祥，国家发改委高技术产业司、科技部高新技术发展及产业化司、信息产业部电子信息产品管理司和国家自然科学基金委信息学部等有关负责人，以及来自高校、研究院所和产业的代表出席了会议，北京航天航空大学常务副校长怀进鹏教授、浪潮集团高级副总裁王恩东等出席发布会并讲话。

CROWN相关技术的大规模应用将有效减少IT重复建设投资，节能降耗，符合国家建设节约型社会的总体要求。现在我国高性能计算存在一种现象，一方面，一些复杂的应用场景缺乏足够的计算资源支撑；另一方面，部分高性能计算资源仍存在闲置现象，CROWN Virtual Cluster可将分散在互联网上的高性能资源聚合起来，实现计算、存储、数据等资源的共享与协同，不仅有效提高了资源利用率，也为大型项目的资源需求提供支持。Crown Virtual Cluster具有友好的WEB界面和图形显示方式，解决了高性能计算中操作命令难记、界面难懂、结果难看等诸多问题，降低了高性能应用门槛，使操作者可以从复杂操作中解放出来，更加专注于自身的专业研究。（戚桂林）

【浪潮第四次超越世界纪录】 8月2日，国际权威测试组织SPEC在其官方网站上发布了由浪潮完成的、全球第一个基于Intel四核平台的SPECjAppServer2004基准测试结果，成绩为1538JOPS(每秒处理的事务数)，超越了此前国际品牌小型机保持了7个月之久的双路平台最好纪录，并超出了原纪录水平20%以上。这是浪潮服务器自2004年以来第四次打破世界纪录，同时也是中国厂商在国际服务器双路四核领域创立的第一个SPEC世界纪录，显示了国产服务器与国际厂商在技术上的角逐正在升级。

SPEC(the Standard Performance Evaluation Corporation标准性能评估机构)是一个全球性的权威第三方应用性能测试组织，它旨在确立、修改以及认定一系列服务器应用性能评估的标准，被国际金融、电信、证券等关键行业用户选择IT设备采购选型时广泛采纳。该测试是目前业界最标准、最权威的基准测试之一，得到众多国际软硬件厂商如因特尔、甲骨文、BEA、IBM、SUN等的支持和参与。

此前浪潮曾3次在国际权威测试中打破最高纪录：2004年4月，浪潮天梭20000高性能服务器刷新商业智能计算TCP-H世界纪录；同年，首次打破SPECjAppServer2002世界纪录；2006年12月，浪潮双路双核服务器打破SPECjAppServer2004世界纪录。此次浪潮双路四核服务器的测试意义非凡，这是中国人在国际服务器双路四核领域创造的第一个SPEC世界纪录，也是第三次打破SPECjAppServer2004测试的世界纪录。测试结果显示，与双核服务器相比，浪潮的四核服务器单机性能提升超过100%，采用浪潮四核服务器搭建IT系统，服务器数量和总体功耗均可降低50%左右，考虑软件成本、维护开支等其他因素，粗略估算，总体拥有成本可降低40%以上。

（戚桂林）

【电子百强新排名浪潮集团位列IT企业前三甲】 6月11日，中国电子信息百强企业发布会暨2007年电子信息产业结构升级工作会议召开。在本次大会上，信息产业部公布了2007年（第21届）电子信息百强企业名单，浪潮集团以年营业收入152亿元的佳绩，位列IT企业前三甲，排在百强企业第14位，位次比上一届前移3名。

本次会议由信息产业部主办，国务院办公厅、国家发改委、财政部等各机关，全国各地区信息产业方面的领导以及相关企业的代表出席了本次大会。第21届电子信息百强企业营业收入合计11236亿元，比上届增长16.9%，占全行业总量的23.7%。电子信息百强企业已成为中国实施“电子强国”的主力军，是提升民族电子信息产业竞争力的排头兵。 （戚桂林）

【中创软件工程股份有限公司】 中创软件工程股份有限公司（以下简称“中创软件”）创立于1991年4月，是国家重点软件企业、国家火炬计划重点高新技术企业、国家火炬计划软件产业基地骨干企业、国家“863计划”成果产业化基地、中国软件欧美出口工程A级示范企业。2007年，中创软件在解决方案、软件产品和IT服务三大业务成功实现新的突破，全面提升了中创软件的市场领导力和核心竞争力。

1.解决方案行业领先。继续巩固在交通、金融、政府及公共服务领域的领先优势。在高速公路领域继山东、广州、青海等之后，又承担江西全省和陕西、四川、香港等地高速公路项目；在信贷风险管理领域与建设银行总行、交通银行总行、民生银行总行、广东发展银行总行、中国进出口银行深入合作，拓展区域商业银行市场，积极进军担保行业项目领域；在海事、中铁项目领域持续拓展；在税务项目领域进一步确立税收数据分析与决策支持系统提供商地位，深入进行金税工程建设。

2.软件产品开拓创新。研发出具有自主知识产权的Infor系列中间件产品，已在全国金融、政府、交通、能源、新闻出版、科教、电信等行业领域成功应用，并推广至中国香港、台湾地区。拥有全国人大、中央党校、公安部、科技部、信息产业部、国家税务总局、首都机场等一批高端客户，实现经济效益及社会效益过百亿元，被中国软件行业协会评为“中国软件二十年最具应用价值的软件产品”，成为国产中间件的著名品牌。获得国家涉密甲级资质和武器装备科研生产许可，为在政府、军工、安全等领域的市场开拓奠定坚实基础。中创软件中间件公司作为中国唯一的企业会员单位，积极参与发起成立国际最大的开源中间件联盟OW2，得到欧盟第六、七框架支持。持续提升服务水平，开设服务热线400-618-6180。

3.继续开拓IT服务项目。在国内外软件外包市场领域，承担来自美国、加拿大、瑞典、法国、澳大利亚等国家的外包业务，并成为华为外包服务正式供应商，实现商业模式新突破，承接昆山市民卡建设和IT运营服务项目，带来广阔的潜在商机。 （林晓兰）

【中创软件中标承担国家“863计划”重点项目】 10月，由中创软件商用中间件股份有限公司与国防科技大学、北京大学、北京航空航天大学、中科院软件所组成的投标联合体中标承担国家“863计划”重点项目“高可信软件生产工具及集成环境”，划拨经费6813万元。

“高可信软件生产工具及集成环境”是基础软件的重要组成部分，既是软件技术发展的技术制高点之一，也是我国软件产业发展的关键基础。本项目的目标就是建立可信的国家软件资源共享与协同开发环境，产生一批软件资源，形成一个开放、共享的软件生产环境，与自主产权的软件运行平台一起构成我国基础软件体系，提高软件产业的核心竞争力，从而为国家经济、社会和国防信息化等重要领域提供技术支撑。

作为此次投标联合体中唯一的企业单位，中创软件中间件公司将与我国顶级高校与科研机构一起承担这一关系到国家基础软件发展的战略性项目，参与原创技术研究，并负责牵头组织项目成果的产业化工作。 （戚桂林）

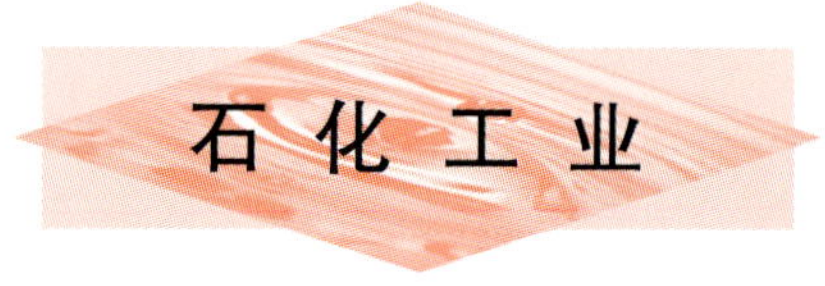

【山东明水大化集团52万吨尿素改造一期工程竣工投产】 7月，山东明水大化集团52万吨尿素改造一期工程顺利竣工投产，标志着山东明水大化集团经济规模又上了一个新的台阶。52万吨尿素生产线采用国内最先进的设备、工艺和技术，达到了节能减排、提高效率、保护环境的目的。尿素生产采用荷兰先进的大颗粒技术，提高了产品附加值，增强了企业核心竞争力。整个工艺流程操作采用DCS自动控制系统，提高了劳动生产率，大大降低了劳动强度。在引进先进技术的同时，企业自主创新研究设计了脱硫气还原媒法、氨库抽负压充氮转换法等新技术，充分体现了明化集团的技术创新能力。工程从开工到调试出产品仅用了11个月的时间，创下了全国同类工程建设工期最短的纪录。

【圣泉集团糠醛生产实现废水“零排放”】 圣泉集团先后投资150万元研发糠醛生产新技术，成功开发出糠醛废水闭路循环工艺技术。3月，国家知识产权局对该技术发明专利发布公告，标志着圣泉集团在国内率先实现糠醛废水循环利用新突破。该项处理技术具有投资少、运行成本低的特点，原处理废水的成本为20.93元/吨，而闭路循环处理的成本仅为4.11元/吨，废水处理工艺技术达到国际领先水平。按照集团年产糠醛1.8万吨、每吨糠醛产生15吨废水计算，每年可节约资金180万元，减少COD排放32.4吨，节水27万立方米。

（宁保廷 张 巍）

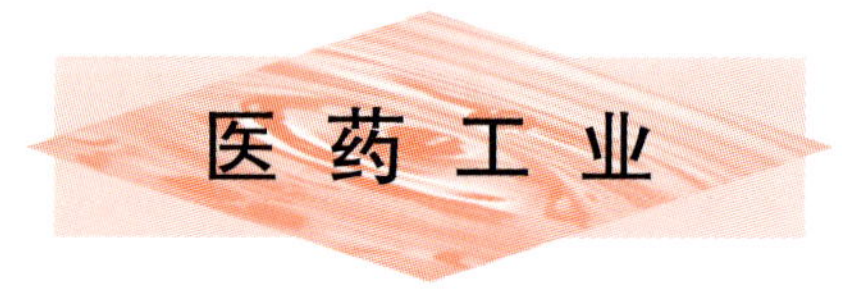

【福胶集团联手山师大建立科研基地】 2007年5月，山东福胶集团与山东师范大学联

手建立的科研基地、实践教学基地正式揭牌。两大基地建立后,将为阿胶产品的深度研发、工艺改进、延伸产业链以及技术人员的培训提供平台,为百年老字号福胶集团注入生机活力。

【福胶集团全市第一家通过保健食品QS认证】 12月,济南市质量技术监督局QS认证专家组对福胶集团进行了保健食品生产许可QS验收。专家组采用查看现场、审查材料、抽查提问等方式,对厂房设施、原材料、生产、仓储、销售的各个环节进行了认真细致的检查验收。专家组最后宣布福胶集团五大系列17个品种的食品、保健食品(糕点类、蜜饯类、配制酒类、蒸煮类糕点和饮料类)全部通过了QS认证,取得市场准入通行证。

【力诺集团科源制药格列齐特通过欧洲COS认证】 10月,力诺集团科源制药格列齐特原料药产品正式通过了欧洲COS认证,获得欧洲药品管理当局(EDQM)颁发的COS证书(证书号为:RO-CEP2006-007-Rev),该产品已取得了合法进入欧盟市场所有成员国的通行证,将在欧洲高端市场占有一席之地。

【福牌阿胶、宏济堂入选第二届中华老字号品牌价值百强】 7月,中国品牌研究院公布"第二届中华老字号品牌价值百强榜",济南市福牌阿胶、宏济堂榜上有名。在本次评出的百强榜中,山东省共有福牌阿胶、青岛啤酒、张裕、即发、利群、崂山、宏济堂等7家老字号榜上有名。

【齐鲁制药多西他赛通过鉴定】 6月,齐鲁制药有限公司申报的山东省技术创新项目"多西他赛(多帕菲)的产业化研究"顺利通过专家的鉴定。

多西他赛是在天然抗肿瘤药物紫杉醇的基础上,经结构修饰后获得的一种新的抗肿瘤药物。其抗肿瘤谱与紫杉醇类似,作用机制是促进微管蛋白聚合和阻止微管解聚,从而抑制癌细胞的有丝分裂和增殖。经过对多西他赛原料药的特点以及国外制剂处方优缺点的分析,齐鲁制药有限公司对多西他赛的制剂处方重新进行了设计,制成了可直接使用的单西林瓶装多西他赛注射液,可直接溶解到输液中进行滴注。这种设计一方面使操作更为简便,另一方面减少了二次污染的机会。经稳定性考察比较证明,其稳定性优于同类进口产品。

(戚桂林)

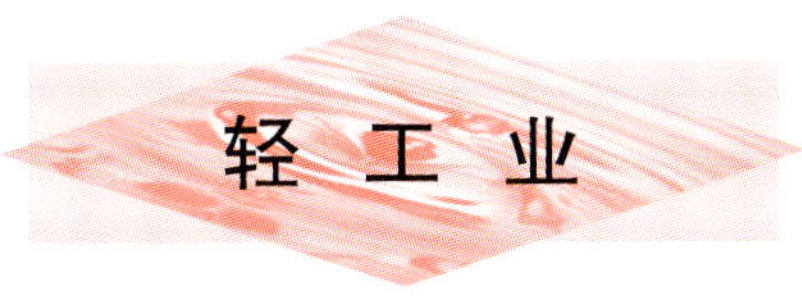

轻工业

【力诺新材料公司的新产品被评为国家级重点新产品】 力诺新材料有限公司的新产品"热管太阳能集热器"获国家科技部、商务部、质监总局、环保总局联合颁发的国家重点新产品证书。"国家重点新产品"每年评审一次,获该称号的产品均为行业内最新科技,具有独立知识产权、巨大市场效益和发展潜力的新技术产品。

【力诺集团章丘工业园隆重举行奠基仪式】 1月9日,力诺集团章丘工业园举行奠基仪式。力诺集团章丘工业园占地面积31.33公顷,总投资6亿元,工程分三期建设。一期工程为太阳能玻璃管材项目;二期工程为真空集热管项目;三期为硼酸项目。2009年三个项目全部投产后,可实现销售收入10亿元,税收过1亿元,将成为力诺集团太阳能产业新的经济增长点。

【力诺集团墙体发电项目填补省内空白】 9月,省内首例太阳能玻璃幕墙发电工程落户济南,安装在力诺集团办公楼玻璃顶棚项目中。该项目采用山东力诺太阳能电力工程有限公司自主研发的30片2米×2米光电幕墙玻璃,可以为大楼提供6000瓦电力,每年合计发电9000千瓦时。该项目各项指标已经达到技术标准要求,填补了山东省空白。光电玻璃幕墙(屋顶)是将传统玻璃幕墙(屋顶)与光生伏打效应(光电原理)相结合的一种新型建筑幕墙(屋顶),该公司还将进一步开发光电中空玻璃幕墙和调光光电玻璃幕墙等一系列产品。

【力诺太阳能电力公司援助新疆太阳能产品】 8月,由力诺太阳能电力工程有限公司提供的100套太阳能发电户用系统,在新疆喀什地区岳普湖县进行安装调试后,已全部送到了偏远山区无电户家中,为当地人民解决了几十年来用电难的问题。这是自2006年山东省政府援助西藏6000多套力诺太阳能光伏产品以来对边疆地区的又一次重要援助。

【力诺瑞特中标我国最大壁挂式太阳能工程】 力诺瑞特成为我国太阳能行业唯一的国家住宅产业化基地,并在世界太阳能热利用大会上展出了太阳能与建筑一体系列工程和中高温集热等先进技术,受到国内外客户的关注。许多大型房地产商及设计院纷纷前来洽谈合作。6月,力诺瑞特再传喜讯,中标全国最大的阳台壁挂式太阳能热水工程。秦皇岛某房地产公司经过一段时间的考察,与力诺瑞特签署了总量上万台的合作协议,这是迄今为止国内签署数量最大的阳台壁挂式太阳能热水工程。

【金钟衡器公司被确定为山东省第一批知识产权试点企业】 3月,为了进一步提高山东省自主创新能力,努力建设创新型强省,山东省知识产权局通过对各市推荐的企事业单位进行综合考核评价后,批准38家企事业单位和大专院校为第一批知识产权试点企事业单位。鉴于企业领导对知识产权工作的重视且知识产权工作开展良好,专利获权量名列济南市前茅,金钟衡器有限公司被确定为试点企业,也是济南市企业中唯一的一家。试点为期三年,试点期间,山东省知识产权局将对试点企业提供相关政策上的支持,有益于企业创新意识的提高,进一步促进企业的发展。

【山东银鹭食品有限公司开工建设】 由中国民营企业500强之一的厦门银鹭集团投资建设的"山东银鹭食品有限公司"于6月下旬在章丘市明水经济开发区开工建

设。山东银鹭食品有限公司是章丘市引进的一家大型食品饮料项目，项目计划投资5亿元，其中台资占投资总额的40%以上。该项目下设饮料厂、纸箱厂、制罐厂，主要生产花生牛奶、八宝粥、矿泉水、纯净水等产品。

【福胶集团食品生产基地建成电子监管系统】 福胶集团在食品生产基地建立了电子监管系统，把食品生产现场的视频信号上传到省质监局以便于监督管理。为便于公司加大自我监管力度，集团决定除按省质监局要求建立“化验现场”、“仓储现场”、“重要生产过程”3个监管点外，还多设了6个监管点。8月12日，整个食品生产监管系统顺利建设调试完毕，需上传的3个视频点信息也顺利上传到省质监局。

（戚桂林）

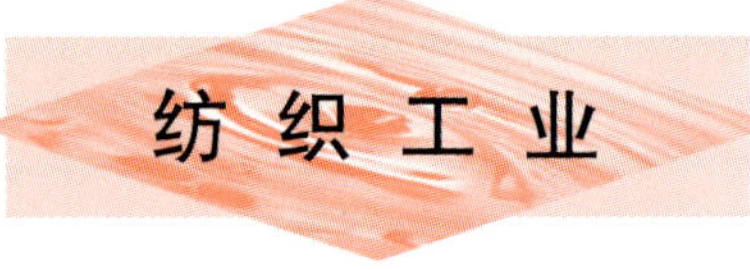

纺织工业

【章丘安莉芳针织服装项目开工建设】 2007年3月，总投资8500万元的香港安莉芳（山东）服装有限公司项目在明水经济开发区开工建设。计划投资6500万元，其中一期工程规划总建筑面积3.6万平方米，厂房主体全部采用新型密勒梁结构形式，属于新工艺、新材料、新技术；外墙保温全部按照国家下达的外墙节能标准设计，厂房建筑节能保温标准为50%；所需制冷/供暖系统采用国家提倡的“节能、环保型地源热泵中央空调系统”，与普通中央空调系统相比节能25%。年内，厂房A区已验收交付，B区安装工程进入收尾阶段，C区、D区、E区正进行安装施工。餐厅及宿舍施工进入收尾阶段。

【齐鲁宏业纺织集团有限公司实施节能改造工程】 齐鲁宏业纺织集团有限公司实施“低压用电系统节电改造项目”收到明显成效，项目完成后，年耗电量将由改造前的8813万千瓦时降至改造后的7303万千瓦时，年总节电量达到1510万千瓦时，实现利润852万元，税金213万元。该项目是对企业总负荷12000千伏安（有功功率和无功功率的和）的用电设备进行节能改造，在公司低压用电系统中，接入具有世界先进水平的POWERMEX-MRDVC节电系统，改善电力品质。同时对60台国产自动络筒机，在保证工艺、质量等因素不变的情况下，引用变频加传感器新技术，通过传感器变更频率，视需要的风压和风量而实现动态耗能，形成合理供能的设备运行模式。

（戚桂林）

食品工业

【概况】 2007年，全市规模以上各类食品工业企业达到176家，产品已形成食品加工、食品制造、饮料制造和烟草制造4大门类、18中类、40小类、6500多个品种的生产体系。完成年工业总产值166.5亿元，比上年增长22%；销售收入156.6亿元，比上年增长24%；实现利税45.7亿元，比上年增长30%，过亿元食品工业企业已达到17家。已有国家名牌产品3个，国家驰名商标2个，省名牌18个，市名牌38个，另外还有省著名商标和获国家、省免检产品称号的产品。名优食品总量已占全市食品工业产品的70%以上。招商引资工作成果显著，青岛啤酒有限公司等一批国内外食品企业来济南建厂。

食品工业企业普遍重视技术改造，年内完成或开工一批新项目：①山东稻香园食品有限公司近6000平方米的新厂房；②济南圣康食品有限公司新建厂房2000平米，并引进新的设备；③济南美心食品有限公司新建厂房6000平米，投资1000万元。

不少食品企业，在发展主业的同时，向多领域发展并取得显著成绩。①济南趵突泉酿酒公司在做好白酒生产的同时，积极向包装行业发展，旗下的泉华包装制品公司2007年销售收入6000万元，利税500万元；②济南群康食品公司30余层的群康大厦已经基本竣工，在开发房地产中取得很好的效益；③济南益康集团在搞好食品生产、超市的基础上，向房地产业进军，开发33.33公顷土地项目，8万平方米首期工程已完工。

开展一系列食品质量鉴评、监督活动，促进产品质量的不断提高。召开冷食感官质量鉴评会，评选出并向社会推荐当年的冷食精品。对上年评出的食品安全放心品牌进行复查，对合格的继续予以确认公布。在中秋节前，市食品协会与市消费者协会共同召开全市月饼感官质量鉴评会，对全市月饼生产企业46种月饼进行鉴评，共评出金星月饼8种，年度行业精品15种，行业优质品10种，创新月饼2种。

9月16~25日，市食协与省食协联合在省体育中心举办为期10天的第二届山东（济南）名优仲秋月饼、食品、礼品展销会，有30余家本地企业参加活动，对济南月饼起到良好的宣传效果。

为进一步提高食品企业技术工人的技术含量，市食协又组织企业对各专业技术工人进行技术比武。年内又有6人被评为山东省高级技师，有2人获济南市突出贡献技师称号并享受特殊津贴。

（李元锋）

烟草工业

【济南卷烟厂】 济南卷烟厂创立于1928年，距今已有80年的历史。作为山东中烟工业公司的直属厂，是山东省唯一一家实现质量、安全、环境管理体系“三证一认”目标的烟草企业，是山东省质量管理奖第一名获得者、4A级信用等级企业。为全国4家定点雪茄烟生产企业之一，雪茄烟生产线正在安装调试中，形成生产能力后将成为新的效益增长点。2007年实现销售收入54.09亿元，同比增长12.88%；实现利税35.3亿元，同比增长22%；利润8.3亿元，同比增长67%。

济南卷烟厂重点生产将军品牌卷烟，将军品牌是全国36个名优卷烟之一，入选“中国卷烟百牌号”名录，被评为中国驰名商标。将军品牌2007年产销量达到55.89万箱，产销量居行业百牌号第23位，比2006年上升14位，呈现出良好的发展势头。将军卷烟的品牌建设步入一个崭新的发展阶段。

新厂于2005年11月18日破土动工，2007年11月18日实现各单体的正常运行。新厂建设体现“六个一流”(设计一流、施工一流、工艺一流、设备一流、管理一流、效益一流)的标准。通过易地迁建引进国际先进的卷烟生产设备，生产制造能力和技术装备实力得到较大提升，建成占地66.67公顷的现代化工业园区。

济南卷烟厂以其对国家和行业的突出贡献，先后获得“全国烟草行业先进企业”、“全国名优产品售后服务行业十佳单位”、“全国优秀政工企业”、“全国纪检监察系统先进集体”、“全国设备管理先进企业”等称号。

1.深入开展用工分配制度改革。按照“分类管理、科学设岗、明确职责、严格考核、落实报酬”的总体要求，制定《关于贯彻落实山东中烟工业公司收入分配制度改革方案的实施方案》，积极开展定岗定员、岗位类别序列划分、岗位测评等工作。按照山东中烟工业公司职称改革工作要求，完成相关专业技术职务任职资格的报评(考)工作，6人取得高级专业技术职务任职资格，15人取得初、中级专业技术职务任职资格。制定《济南卷烟厂专业技术职务聘任工作实施办法》，为拓宽人才选拔渠道打下基础。认真贯彻落实《劳动合同法》，开展劳动合同签订工作，保障职工合法权益。组织专人对企业4000余份人事档案进行审核整理，完成1450人的人力资源数据信息采集工作，使企业人力资源工作更加制度化、规范化、信息化。全年共举办和参加各类培训班132期，完成岗位技术培训2856人次，其中内培2468人次，外培388人次，员工队伍的整体素质和技术水平得到明显提高。在“泰山杯”山东中烟第二届烟机设备维修职业技能竞赛中，17人参赛12人获奖，其中3人分获各机型第一名，企业获得优胜承办奖；在2007年山东烟草技师资格鉴定中，11人参加鉴定考核，10人取得烟机设备修理技师资格；在山东中烟工业公司技艺展示活动中，1人获得计算机操作比赛第一名。2007年，2人获“全国烟草技术能手”称号，3人分获“山东省首席技师”、“济南市首席技师”、“济南市突出贡献技师”称号。

2.信息化建设逐步深入。根据山东中烟工业公司总体规划和新厂建设需要，进行MES、ERP、卷包车间数采、能源动力管控、制丝监控、物流系统、安防消防控制系统、应用集成等多个信息化系统项目的研发和实施工作。成立信息系统项目整体进度协调工作小组，制定并实施《济南卷烟厂信息化项目协调管理办法》和《项目整体进度协调小组工作方案》，正式启用项目整体进度协调平台，通过各种方式跟踪和保证信息化系统项目的进度和质量。包括备件库、掺兑库、成品库、材料库、配方库、嘴棒库等仓库管理系统在内的物流项目全部完成联调并投入正常运行。MES系统于2008年1月1日正式上线运行。卷包车间数据采集项目、能源动力管控项目将于2008年3月正式运行。按照山东中烟工业公司ERP系统上线要求，通过对各接口软件和业务数据的集中测试，顺利完成项目准备、系统培训、静态数据、动态数据上线准备等工作，建立起高效的企业现代化信息管理平台，该平台于2008年1月1日正式上线运行。

3.综合管理水平不断提高。①财务管理监督工作。制定并实施《济南卷烟厂报销管理规定》、《资金平衡管理办法》、《济南卷烟厂代垫生活能源费支付管理规定》，使财务会计工作更加制度化、系统化。严格按照“自上而下、自下而上、上下结合、分级编制、逐级汇总”的原则进行预算编制，更好地发挥预算的宏观调控作用。②规范体系与标准化管理。针对企业质量、安全、环境“三个体系”部分要素缺失、新增工作接口等突出问题，积极组织“三个体系”的内审、外审和管理评审工作，受到上海质量体系审核中心的高度评价。结合组织机构、部门职能、业务流程、生产工艺的变化情况，对各部门600多个标准化文件和50多个规章制度逐个进行审查，确定评审意见。2007年，新一届标准委员会共修订、审查、批准企业标准31项，其中管理标准20项、技术标准11项。③工艺研究工作。完成叶丝线、梗丝线、膨胀线、白肋烟线、中试线等制丝生产线的工艺调试、工艺验证，为设备搬迁和调试的顺利进行提供保障。进行切丝宽度试验研究、FBD工艺试验研究和新厂工艺合理性研究，取得良好效果。健全和完善车间温湿度控制与管理，为新厂迁建工作提供良好的技术准备。在省工业公司技术中心济

将军品牌卷烟第50万箱下线 (济南卷烟厂供稿)

南研究所的指导下，对部分牌号的烟支圆周、嘴棒长度进行改造，实现经济效益近1000万元。完成特殊丝束的研究和使用工作，将滤棒规格由过去的16个精简为8个，提高滤棒生产效率，降低卷烟机的调整频率。④创新工作。注重管理与技术创新，营造全员参与创新的良好氛围，促进企业发展。根据创新基金委员会理事会的工作部署和要求，对创新成果和职工合理化建议进行评审，共评出获奖创新成果145项，获奖合理化建议38项。做好QC成果评比工作，全年评选QC成果33个，其中1个被评为行业一等奖，1个被评为山东中烟工业公司一等奖，8个被评为济南市一等奖。创新成果《信息化建设与ISO9000族思想相结合的高效精细生产模式》被评为济南市企业管理现代化创新成果一等奖。⑤质量管理工作。以强化过程控制、实施质量改进为重心，不断提高产品质量。通过质量月活动、黑板报展评、专题培训、优秀机台评选、产品对比评价、质量分析会、市场走访等形式，提高全员质量意识，加强质量管理。全年产品质量一、二级站抽检合格率100%，三级站检验合格率100%，一类品率99.66%。

4.安全管理进一步加强。全面贯彻落实安全生产责任制。通过签订安全责任书、修订管理制度、全员安全承包、调整安委会人员、定期召开安委会会议、安全责任分解、重大节日安全大检查等措施，形成"横向到边、纵向到底"、"时间、空间不留任何空档"的安全监管体系。认真落实搬迁安全责任，实施建设项目"交钥匙工程"，确保实现搬迁工作安全目标。广泛开展各种形式的安全教育活动，通过安全生产黑板报展评、"119"消防宣传、应急预案演练、安全生产月活动、安全技术比武等多种形式全面提高员工的安全意识。全年事故隐患整改率100%，没有发生一起安全事故。在济南市第二届电工安全技术比武中，3人参赛并获大赛电工组的前三名，被授予济南市"五一劳动奖章"、"济南市技术能手"称号。企业被评为全国"安康杯"竞赛优秀企业、济南市安全生产先进单位、消防安全先进单位、职业卫生工作标准化企业。

【济南卷烟厂易地迁建基本完成】 新厂建设以2005年11月18日破土动工和2007年11月18日综合楼正式启动为标志，完成综合楼、联合工房、动力中心、香精香料库、废品库、中水处理站等共计16万平方米的土建及装饰施工，所有单体全部正常运行。完成制丝线、条烟输送系统等350多台专用设备，锅炉、空压机等280多台公用配套设备及650多台物流系统设备的安装、调试和生产。老厂设备主要搬迁任务从2007年8月20日至12月3日，分三个阶段完成集中搬迁任务。通过制定搬迁工作"三步走"计划和设备搬迁、两地生产组织、人员安排等"倒步"计划，保证两地生产的正常进行。共搬迁制丝生产线2条、卷包生产线23条，以及各类配套设备，合计300多台(套)，设备价值约11亿元。在设备和办公家具设施的搬迁中，共运输410多车(次)。整个搬迁工作实现"机不掉漆、人不掉皮、精心组织，确保生产、搬迁两不误"的目标，保证生产经营及各项工作的平稳过渡。

(郭　勇)

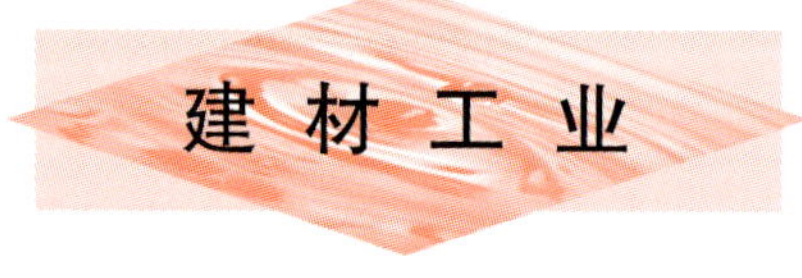

建材工业

【水泥行业全面完成当年淘汰落后产能任务】 2007年12月29日上午11时，济南市对水利水泥厂熟料产能15万吨的立窑水泥生产线实施爆破。随着生产线主体框架轰然倒地，标志着2007年济南市水泥行业淘汰落后生产能力、实施节能减排、促进产品结构优化升级任务的全面完成。也为全市节能减排目标的全面实现打下坚实的基础。

依据国家产业政策及全省重点淘汰的落后工艺技术、装备及产品目录，济南市对淘汰落后生产能力进行专项整治，制定"十一五"期间关停淘汰落后产能分年度的具体工作方案，并积极做好组织落实工作。全市已关停并拆除了6家水泥企业7条立窑水泥熟料生产线，共计淘汰水泥熟料产能73万吨。到2010年底前，将确保关停并拆除淘汰16条立窑水泥熟料生产线，淘汰熟料产能160万吨，力争关停并拆除全部26条立窑水泥熟料生产线，淘汰熟料产能262万吨，实现全市无立窑水泥生产企业的目标。

(陈学师)

【山东山水水泥集团有限公司】 2007年，山水集团节能减排成效显著，截至2007年底，山水集团共建成7座余热发电站，年节电可达4.2亿度，年节约标准煤5.16万吨，减排二氧化碳33万吨，新增利税约1.5亿元；通过引进国内先进的高压变频技术，对大型风机实施变频改造，年节电达7220万度，减少循环冷却水300万吨，有效降低噪声污染；通过发挥新型干法工艺优势，每年消化各类工业废渣600万吨，有效缓解了环境压力。山水集团通过实施一系列技术革新，一年节电约5亿度，可以满足全济南10天左右用电，山水集团煤耗、电耗、粉尘排放等指标均已达到国内领先水平。截至年底，集团水泥熟料产销量达到2701.27万吨，销售收入70.1021亿元，实现利润2.9144亿元。山水集团以出口创汇总额6600万美元获得2006年济南市"外贸出口先进企业"和"外贸出口星级企业"称号。9月15日，国家人事部、中国建筑材料联合会作出决定，对2007年度在调整优化产业结构、建设节约型社会、发展循环经济、增强自主创新能力等工作中，作出突出成绩的先进模范人物和先进集体进行表彰。山水集团获"全国建材行业先进集体"称号，潍坊公司副总经理齐文梯、青岛分公司总经理李荣金获"全国建材行业劳动模范"称号。

(陈学师)

【山水集团被列为国家重点支持水泥工业结构调整的大型企业(集团)】 1月17日，国家发改委、国土资源部、人民银行联合下发通知，确立60户大型水泥企业(集团)为国家重点支持水泥工业结构调整的企业。其中山水集团等12户为全国性重点企业，48户为区域性重点企业。国家对列入重点支持的企业在开展项目核准、土地审批、信贷投放等方面予以优先支持。

（陈学师）

【山水集团完成四笔重大收购】 2007年国庆前夕，山水集团收购烟台东源水泥集团（含烟台东源水泥公司和枣庄东源水泥公司）和烟台康达（山东）水泥公司，11月份，又收购辽宁地区最大的水泥企业——辽宁工源水泥（集团）有限公司，以及辽阳千山水泥有限责任公司。四笔重大收购使山水集团下属子（分）公司达到27家。

（陈学师）

【山水集团实施高压变频节能改造工程】 为贯彻国家节能减排政策，减少能源损耗，降低生产成本，提高企业经济效益，山东山水水泥集团有限公司9月份开始对熟料及水泥生产线风机类电机实施高压变频节能改造工程。该项目采用节能效果好的高压变频器代替传统的挡板阀门调节或液力偶合器调节，对集团现有11条水泥熟料生产线、15条水泥粉磨生产线及水泥磨机等高耗能大功率风机进行改造，并与中控DCS系统连接，从而达到更好的节能降耗效果。该项目总投资7582万元，项目完成后，节电率达到25%，年可节电9760万度，年节约购电费用5075万元，年节约标煤3.57万吨，每年可实现利润4000万元，税金1876万元。（戚桂林）

集团公司选介

【力诺集团有限责任公司】 2007年，力诺集团在经济指标、自主创新、品牌建设和市场营销等方面实现新的突破。

1.经济指标实现突破。力诺集团各公司实现产值、销售和经济效益同步增长，其中力诺瑞特回款较上一年同期增长59%；力诺光伏回款增长126%；太阳股份回款增长26%，整个太阳能产业回款同比增长40%以上，成为国内最具影响力的品牌企业；武汉力诺化学集团经营指标不断增长，销售回款同比增长18%以上；玻璃制品集团销售回款同比增长16%，经济效益有新的提高；药业产业销售收入同比增长17%。由于集团各项经济指标实现新的突破，集团进入中国制造业500强。

2.市场营销再创新高。2007年，力诺集团营销团队建设得到加强，策划水平进一步提高。力诺瑞特借助世界太阳能大会、国家住宅产业化示范基地授牌仪式等活动，产品销量得到快速增长。在搞好热水器销售的同时，还在上海、浙江、济南等大中城市新上一批具有标志性的太阳能样板工程，进一步拓展发展空间。力诺太阳实施区域化战略布局，已形成山东莘县、河南濮阳、江苏淮安和浙江海宁等4个生产经营基地，并坚持差异化领先市场，低成本确立优势，积极推行价值营销，不断拓展外经贸业务。力诺光伏公司克服原料短缺等困难，采取互助共赢等多种措施，全年回款创历史最高，并在国际市场中逐步树立自己的品牌形象。光伏电力工程公司积极开拓国内工程市场，成功竞标山东科技大厦和济南市政大厦等光伏发电工程，并将业务拓展到西藏、新疆和云南等地区。力诺集团2007年进出口总额也取得历史性突破，首次超过1亿美元。太阳能电池、玻璃管材、真空集热管、集热器和原料药、药用玻管等产品出口量位居国内同行业前列，在国际市场上的影响力也进一步加强。

3.自主创新成果显著。力诺集团与山东建筑大学合作成立国内首个太阳能本科专业班，与清华大学联合成立“清华力诺能源光电子研究所”，聘请中国真空镀膜管创始人、清华大学教授殷志强担任所长，重点研发太阳能中高温集热技术及光伏应用。根据集团发展战略和市场需求，开工建设年产300兆瓦太阳能光伏电池片一期工程和年产18万吨太阳能玻璃管材及2400万支太阳能集热管光热基地工程等重点项目，成为集团新的经济增长点。

2007年，取得一大批科技创新成果。力诺瑞特新上世界最先进太阳能集热器自动化生产线，将使人均劳动生产率提高到400万元以上；推出的新一代Aqua分体式热水系统，推动中国太阳能行业跨入了3.0新时代；山东力诺光伏工程公司开发的省内首例太阳能玻璃幕墙发电工程运行良好，已成功申报国家发明专利；东营力诺6.0药用中性玻璃管开发项目填补了医药包材领域的国内空白，技术指标达到国际领先水平；武汉化学集团汽涂公司自主研发的“TT底面合一阴极电泳涂料”荣获“武汉市科技进步一等奖”；申请设立山东省泰山学者光热与光伏岗位，通过省委组织部和省经贸委的联合审查；集团设立博士后流动站，积极为科技带头人提供科研、工作和生活条件，对吸引人才和科技创新发挥了积极作用。

4. 现代企业管理模式逐步建立。①2007年，集团提出管控模式的根本转变，即由过去的运营管控模式转向战略管控模式。集团公司围绕资产收益权、重大决策权、选择管理权和财务监控权4项基本权利，把工作重点由过去注重运营，转向注重战略规划、干部配备、业绩考核、资本运作和文化推行上来。为适应这一战略转变的根本要求，力诺集团有限责任公司改为力诺集团股份有限公司，并成立董事会办公室，召开股份公司成立后的首届董事会，明确集团管理层和监督机构，进一步完善集团法人治理结构，形成四权分离、相互激励、相互制约和相互监督的制衡机制。集团对分管领导进行业务分工，对总部各职能中心的职责进行重新定位，对各企业的管理职能也做出相应的调整和加强，从组织上保证职责明确、管理规范、运行流畅和效率提高，为建立现代企业制度和与国际接轨打下良好基础。②集团基础管理得到进一步加强。集团和各公司坚持以财务管理为主线，认真落实“数字化、流程化、制度化”要求，促使企业管理理念、管理基础和管理水平得到很大提升。集团财务管理通过外部招聘、内部培养和提拔，学历结构得到优化，综合素质得到增强，工作效能得到提高。在保证资金供应、优化负债结构、搞好资金预算和加强财务监督等方面都取得优异成绩。集团进一步规范合同管理，注重法律咨询，依法治企，推动企业管理向法制化发展。为适应国际化、现代化发展要求，集团运用领先的网络技术，新上OA协同办公系统，实现信息高速传输和无纸化、远程移动办公，既提高了工作效率，又提高了决策和监督水平，实现集团管理手段和管理技术上的一次革命性变革。③各公司在规范企业管理、夯实管理基础方面都迈出新步伐。永宁公司通过加强基础管理，大输液生产线一次性通过GMP认证，产量、销售和职工收入都有较大提高。科源制药格列齐特原料药产品也一次性通过欧洲COS认证，同时还通过国家环保项目验收，为进入欧洲高端市场拿到绿色通行证。

5.品牌建设取得新进展。力诺集团各企业在苦练内功、狠抓产品质量、提高企业整体素质的同时，注重宣传策划和品牌营销工作，使集团的品牌知名度、美誉度和影响力进一步提升。在省、市政府的支持下，积极参与申办2007(济南)世界太阳能热利用大会，形成"世界太阳能看中国，中国太阳能看山东，山东太阳能看济南，济南太阳能看力诺"的共识，起到巨大的宣传效应。力诺瑞特被国家建设部授予太阳能行业唯一"住宅产业化基地"，太阳能与建筑一体化列入"中国企业十大绿色新闻"。

9月28日，集中华老字号、驰名商标于一身的宏济堂制药公司度过了百年华诞。集团决定在力诺科技园建设济南宏济堂中药生产研发基地，以明清仿古建筑和现代园林风格相结合，集中展示中药文化和提供中药标本，使其成为中国中药文化科普展示中心。

中德太阳能研究院被评为省级工程技术研发中心。太阳能热利用系统和热管太阳能集热器分别被评为国家火炬计划项目和国家重点新产品。与省建设厅联合制定的太阳能建筑一体化技术标准正式颁布实施，结束了我国在这一领域没有技术标准的历史。"力诺"、"宏济堂"和"双虎"等著名商标获得"全国重点保护品牌"称号，双虎汽车漆也被评为湖北省省级名牌产品。

6.团队建设得到加强。2007年对永宁、科峰和科源公司进行整合，组建力诺药业控股集团，还将济南力诺医药和长清、章丘、平阴等医药公司并入宏济堂，并加强宏济堂的经营层力量，使宏济堂和医药商业有新的发展。在市场环境十分困难的情况下，力诺药业经受了严峻的考验，已经走出低谷，迈向健康发展之路。济南力诺、光伏产业和物业公司在领导班子充实和组织结构调整上也都迈出了新的步伐。

(高丕田)

【力诺瑞特成为我国太阳能行业首个国家住宅产业化基地】 4月19日，力诺瑞特国家住宅产业化基地授牌仪式举行。国家建设部副部长齐骥，中国企业联合会副会长、中国名牌战略推进委员会副主任艾丰，山东省副省长郭兆信，山东省建设厅厅长杨焕彩，济南市委副书记杨鲁豫等有关方面负责人，出席新闻发布会及授牌仪式。国家建设部经过前期的评估和验收，确认力诺瑞特发展起点高、技术超前，具备大型住宅部品生产企业规模和条件，把太阳能行业唯一一个国家住宅产业化基地授予力诺瑞特。在该公司建立国家住宅产业化基地，将会对国内3000多家太阳能生产厂家起到示范和辐射作用。产业化基地建成后，将主要生产太阳能热利用系统、太阳能热水中心、工程化太阳能产品、太阳能集热器、太阳能储热单元及装配构件部分，每一部分都是住宅建筑结构中的一个独立单元，太阳能利用技术和材料将实现系列化开发、集约化生产、配套化供应、装配式现场施工。济南届时将成为全球最大的与住宅配套结合的太阳能热利用产品生产基地。

(高丕田)

【力诺集团与山东建筑大学共同创办太阳能本科班】 8月29日，力诺集团与山东建筑大学签订协议，双方决定设立我国第一个太阳能与建筑一体化专业本科班。第一批40名该专业的本科大学生将开始专修建筑与太阳能设计、施工等专业知识。我国太阳能市场以年增长20%~30%的速度递增，建设部已将太阳能应用产业列为重点支持的新能源产业之一，但是太阳能在与建筑结合的开发与推广技术方面还比较落后，主要原因在于太阳能与建筑结合方面还存在很多缺陷，核心需要解决的问题就是，太阳能必须纳入建筑的设计当中，统一规划、同步设计、同步施工，与建筑工程同时投入使用。未来我国太阳能建筑技术的发展，不但要关注建筑环境和能源，还要解决与之相关的建筑维护技术。太阳能和建筑结合会加速太阳能热水器技术进步，这是推动行业发展的必然选择。随着我国太阳能行业与建筑行业的快速发展，太阳能建筑一体化技术要求越来越高，其进程中的高、急、冷人才需求日趋增长，高效、优质地培养该领域高技能人才成为太阳能行业亟待解决的问题。力诺集团这次与山东建筑大学的合作，联合办学培养"太阳能建筑一体化方向"人才，填补了这一空白。

(高丕田)

【力诺集团与清华大学合作建立光电子研究所】 12月27日，清华大学、力诺集团能源光电子研究所成立签字仪式在清华大学举行。

这次双方签署合作协议，成立清华力诺能源光电子研究所，旨在依托清华大学在理论研究、科研创新、技术实力以及力诺集团在太阳能领域积累的专业经验及在品牌等方面的实力，针对太阳能热利用的整个产业链，开发国际最高端的太阳能热利用技术，重点在太阳能中高温集热技术的研发及光伏应用，将原材料、毛坯管、镀膜管、太阳能光热光伏等作为重要研究内容，实现全面发展。并做最前沿的太阳能应用技术研发机构，探索新的太阳能光电转换技术与工艺，推动我国太阳能产业技术的升级换代，推动行业发展，体现社会责任。力诺集团将利用研究所这个平台，定期召开全球性的太阳能应用学术交流论坛，形成全球"定期性高端学术交流平台"。

(高丕田)

【山东佳宝集团有限公司】 2007年，集团拥有资产10亿元，员工6000余人。为"全国农业产业化龙头企业"、"全国守合同重信用企业"、"农业部肉类水产批发定点市场"，佳宝乳制品、维尔康生鲜肉均获得"中国名牌"称号。

1.宠物食品产业迅速壮大。作为维尔康公司的控股企业，济南联美宠物食品有限公司为国内宠物食品产业的领军者。产品主要出口美国、欧盟、日本等国家和地区，公司已通过HACCP食品安全体系认证、国家出入境检验检疫局出口卫生注册、美国FDA注册和国际SGS认证。公司目前下设5个出口生产厂，主要产品有：系列风干肠、系列烘干鸡小胸、烟熏鸡小胸、蒸煮鸡小胸、系列火腿肠、系列烘干鳕鱼、牛羊禽罐头系列产品等几十个品种。年生产能力达2万吨，年出口额达1亿美元。

2. 维尔康冷鲜肉获得"中国名牌"称号。维尔康公司依托原济南肉联厂的先进生猪屠宰设备与管理技术，先后在阳谷、聊城控股成立两家合资公司，形成高起点、上规模、现代化的肉类加工基地，通过冷链生产、冷链配送、冷链销售、连锁经营，大力推广冷鲜肉的品牌化经营，产能和市场占有率得到大幅度提升。先后通过ISO9000、ISO14001、HACCP等体系认证，保障了产品质量。2007年9月，维尔康冷鲜肉被评为"中国名牌"。

3.储备猪肉，稳定市场供应。2007年随着生产资料价格的全面上涨，猪肉饲养价格不断攀升，加之生猪蓝耳病疫情全国蔓延，生猪存栏量迅速下降，猪肉供应出现紧张局势。维尔康公司依托在阳谷、聊城的大型肉类加工基地，争取省、市政府猪肉储备3000吨，为稳定省城生鲜猪肉市场、保障市民"菜篮子"供应，起到了良好的带动作用。

4.佳宝公司获得"全国守合同重信用企业"称号。经国家工商行政管理总局批准，2007年8月，佳宝公司获2006年度"全国守合同重信用企业"称号。

5.佳宝公司成为山东省自主创新成果转化重大专项《标准系列新生牛血清产业化开发》合作单位。2007年12月，佳宝公司与山东省医学科学院、山东省畜牧兽医总站三家单位就《标准系列新生牛血清产业化开发》合作项目签署合作协议书，课题的主要任务是，血清的精制加工和血清下游质量的控制，建立系统的血清筛选方法，并应用于高端新生牛血清的生产过程和分类过程，形成系统的生产工艺和质量保障体系。建设以多功能GMP车间为主体的生产体系，完成规模化试生产、生产，实现产业化开发。项目的周期为3年，计划到2009年12月底完成申报验收。

6.佳宝公司被农业部认定为现代农业产业技术体系综合试验站建设依托单位。为加快农业科技创新步伐，为现代农业和社会主义新农村建设提供强大技术支撑，农业部决定在水稻、玉米、小麦、大豆、油菜、棉花、柑橘、苹果、生猪、奶牛10个农产品中开展构建现代农业产业技术体系试点工作。每一个农产品设置一个国家产业技术研发中心，在主产区设立若干综合试验站。在综合考虑产学研合作方面的成就、学术威望、统筹能力和工作作风等因素的基础上，经相关专家代表推荐排序、讨论并征求相关院士意见后，农业部筛选出现代奶业产业技术体系首席科学家和全国30家奶牛良种扩繁综合试验站，佳宝公司被认定为中原地区良种奶牛扩繁综合试验站建设依托单位。

7.佳宝公司入选中国青年公牛联合后裔测定工程项目。2007年12月，中国奶业协会组织的全国青年公牛联合后裔测定工程山东省测试奶牛场在佳宝公司揭牌。此工程落户佳宝公司国家级高科技示范牧场，有利于山东及华北地区进一步加强奶牛良种繁育，加大良种推广力度，优化奶牛群体结构，不断提高奶牛单产水平。

8.佳宝公司顺利通过"标准化良好行为AAA级暨食品安全标准化示范单位"认证，成为山东省第一批标准化良好行为示范单位。在2005年进行立项，并经过两年标准化体系运行之后，于2007年11月顺利通过"标准化良好行为AAA级暨食品安全标准化示范单位"的专家组认证，是佳宝公司在继ISO9001（质量管理体系）、HACCP（食品安全管理体系）、ISO14001（环境管理体系）和OHSAS18001（职业健康安全管理体系）的"四合一"管理体系认证和定量包装商品计量"C"标志五项认证之后，取得的又一项权威认证。

（张巨恒）

【山东齐鲁电机制造有限公司】 山东齐鲁电机制造有限公司位于济南高新技术开发区，是集发电设备科研开发、生产制造、产品销售和配套服务于一体的国有独资企业。三大主导产品为汽轮机、发电机和大型交流电动机。1994年被省科技厅认定为"高新技术企业"，1997年经国家经贸委批准获得进出口经营权。拥有通过引进世界500强ALSTOM公司技术制造的WX6千千瓦~33万千瓦空内冷汽轮发电机，以及传统的QF（QFW）系列1千~3万千瓦汽轮发电机等100余个品种规格，电动机产品有Y（Y2）、YR系列交流电动机和TK系列6千伏、10千伏同步电动机等7大系列、千余个品种。

2007年，面对国家政策调控力度加大、原材料价格上涨、产品价格下滑等不利的局面，公司加大市场开发力度，推动技术创新步伐，提高基础管理水平，保持生产总量、经济效益的稳步增长。全年实现工业总产值10.45亿元、销售收入10.5亿元、利润1.367亿元，被济南市评为"2007年度工业发展先进企业"，连续3年获"济南工业50强企业"称号，连续16年保持"省级精神文明单位"称号。

为应对竞争激烈的发电设备市场，公司一方面注重开发新的市场领域，在发电机销售方面，与国能生物发电有限公司结成长期战略合作伙伴，在秸秆发电领域站稳了脚跟；在电动机销售方面，拿下武汉龙净环保项目，为在脱硫环保领域中占领大的配套市场开了个好头。另一方面着重改进和加强售后服务工作，赢得用户对公司产品和企业的信任与支持。全年共新签发电机合同236台/636.1万千瓦、电动机合同482台/30.2万千瓦。公司一贯注重技术创新，不断增强企业核心竞争力。全年设计开发32个规格的发电机、21个规格的电动机新产品及10个储备产品，完成48个规格的发电机、17个规格的电动机新产品工艺设计，共实现新产品产值3.56亿元，新产品产值率为34.08%。以22万千瓦发电机国产化攻关为重点，投入2600余万元实施技改项目60余项，建成大型超速动平衡实验室，提高大型发电机的试验能力，完成22万千瓦发电机完全自制产品3台。加强公司知识产权保护，年内申请专利51项，获得授权12项，成为济南市知识产权试点企业，被评为全省机械工业自主创新先进单位，获济南市创新企业奖，“齐鲁”牌发电机连续10年保持“山东名牌产品”称号。强化企业基础管理，加强质量管理，强化一线人员技能培训，全年组织发布QC成果48项，其中7项分别获省、市优秀QC成果奖，三个QC小组获“山东省优秀QC小组”称号。加强生产现场“5S”管理，开展现场管理集中整治活动，各车间现场面貌得到较大改观，生产水平得到提高。加大企业信息化建设力度，PDM项目进展顺利，两个电动机典型产品的录入测试工作已完成。加强管理效益审计监督，促进增收节支1400余万元。建立节约目标管理体系加强能源管理，全年实现万元产值综合能耗0.034吨标准煤，万元产值耗电122千瓦时。

为实现企业规模化发展，公司自2004年起新上汽轮机项目。引进阿尔斯通公司10万~30万千瓦容量等级汽轮机设计制造技术，实现汽轮机与空冷发电机的配套生产，满足国内外对节能、热电联产、废气废热综合利用、调峰及联合循环电站等汽轮机市场的需求。项目投资预算5.8亿元，分三期实施，计划2010年全部完成。届时企业将达到年产汽轮机260万千瓦的能力，年新增销售收入20亿元，利税3亿元以上，以单机容量大、配套能力强、产品技术先进等特点，将成为位列哈尔滨电机、东方电机、上海电机等大型动力集团公司之后的第四家大型发电设备制造企业。已完成投资1.8亿元，建成1.7万平方米的生产车间和1.5万平方米的研发大厦并投入使用。公司创新科研开发工作机制，在北京成立汽轮机设计室，通过“借脑”、“借手”提升公司汽轮机开发能力。供货的首台15万千瓦汽轮机2006年在山东晨鸣集团安装调试后，顺利经过1年的质保期，用户非常满意。在消化吸收引进技术的基础上，正自主开发具有国内先进水平、拥有自主知识产权的双抽5万千瓦汽轮机。汽轮机技术项目的实施，可实现与济南锅炉、济南变压器等发电设备成套供应厂家的强强联合，有利于打破外省相类企业构置的“配套壁垒”，实现省内发电设备的产业化、专业化、集团化运作，同时还能够直接带动省内风机水泵、电器控制、重型磨煤设备以及其他机械加工制造业的发展，形成较强的市场竞争力，为济南乃至全省装备制造业创造新的增长点。（孙　菁）

责任编校　王　洋

潭西泉　（王　琴　摄）

农业

综述

【概况】 2007年，全市各级党委、政府认真贯彻"工业反哺农业、城市支持农村"和"多予、少取、放活"的方针，以科学发展观为指导，以发展现代农业为突破，以调整结构为主线，以农业增效和农民增收为中心，全面加强农业和农村经济工作，形成种植业稳步发展、畜牧业势头良好、生态建设强势推进、生产条件不断改善、农民收入较快增长的局面。年末，全市农业总产值实现265.5亿元，比上年增长7.2%，比2002年增长58%。自来水入村率达到90.9%，行政村通沥青(水泥)路率98.9%，村内主干街道硬化率91.8%。参加新型农村合作医疗农民达到306.9万人，参合率96%。有6.8万人享受农村低保，全部达到人均960元以上的要求；47处敬老院建设项目已完工31处、在建12处，农村五保户集中供养率达到70%。建立了农村义务教育经费保障机制，对农村贫困学生免费提供教科书、发放寄宿生生活补助费；农村教师工资全额纳入县(市)、区财政预算并实行统一标准发放，农村中小学办学条件得到进一步改善。建成市级配送中心1处、县级配送中心3处、乡镇驻地综合超市8处，提升改造农产品批发市场3处，建设标准化农家店608家。

1.农民收入明显增长。积极推进新农村建设"农民增收行动"，农民收入结构日趋合理，增收指标超额完成，增收基础稳固、政策支持到位、增收渠道多元的农民稳定增收机制初步形成。年末，农民人均纯收入6300.10元，比上年增长15%，比2002年增长87.7%，连续4年保持两位数增长幅度。

2.农业综合生产能力明显提高。农业产业化经营体系不断完善，基地建设步伐加快，实现农产品总量、质量和效益"三增"目标，粮食生产连续5年实现总产和单产双增。农业龙头企业、农民合作组织发展较快。年末，全市年销售收入500万元以上的农业龙头企业205家，其中过亿元企业27家。农民合作组织达到1078个，全市45%以上的农户纳入产业化经营范围。农业科技不断进步，主要农作物良种普及率达到98%以上。农业标准化有序推进，农产品质量安全水平稳步提高。

3.基础设施建设明显加强。全年水利投资近6亿元，完成各类工程3400多项，改善灌溉面积1.57万公顷，发展节水灌溉面积0.68万公顷，治理水土流失面积85.72平方公里，农村自来水入村率达到90.9%。腊山分洪工程开工建设，城乡防洪体系进一步完善。引黄蓄水力度加大，人工影响天气与气象综合保障能力明显增强。

4.农业生态环境明显改善。按照南护水源、北治风沙和建设生态城市的总体要求，依据一区(南控区)、一带(沿黄防护林带)、一网(道路、水系绿化网)、一体(森林资源管护体系)的总体规划，全面实施造林绿化行动，森林覆盖率达到26.6%。按照"一建三改"(建沼气池、改厕、改厨、改圈)

2007年济南市农副产品产量

品种	单位	产量	品种	单位	产量	品种	单位	产量
小麦	万吨	114.6	蔬菜	万吨	691.8	肉类	万吨	40.3
水稻	万吨	8.2	水果	万吨	44.9	其中:猪肉	万吨	23.5
谷子	万吨	2.3	其中:苹果	万吨	26.0	禽蛋	万吨	48.4
玉米	万吨	125.4	梨	万吨	3.6	奶类	万吨	30.1
高粱	万吨	0.4	葡萄	万吨	2.7	猪年末数	万头	205.3
豆类	万吨	3.6	桃	万吨	4.7	羊年末数	万只	179.0
地瓜	万吨	13.5	杏	万吨	2.0	大牲畜	万头	94.4
棉花	万吨	3.6	枣	万吨	1.4	其中:役畜	万头	23.1
油料	万吨	5.8	柿子	万吨	2.6	家禽年末数	万只	4288.0
其中:花生	万吨	5.5	山楂	万吨	1.2	水产品	万吨	4.0

(刘方洲)

的要求，加快农村新能源建设，新建沼气池5.29万个，沼气协会等服务组织100多处，被评为"全省农村户用沼气项目建设先进市"。

5.农业增长方式明显转变。坚持稳定粮食生产、发展现代农业的思路，积极引导农业结构调整，转变农业增长方式。以高效经济作物为重点，调整种植业结构；以食草畜禽为重点，调整养殖业结构；以优质、优势、名牌为重点，调整产品结构；以产业扶贫为重点，调整农业增收结构。畜牧业占农业产值的比重达到34.6%，蔬菜、林果、水产生产稳定增长，农产品优质率、商品率、加工率和生产集中度进一步提高。

6.农业发展活力明显增强。支农惠农力度进一步加大，粮食直补、良种补贴、农资综合直补、农机购置补贴资金比上年增长46%，极大地调动了农民的种粮积极性。深入开展农村土地突出问题专项治理，农村基本经营制度得到巩固完善，引导农村土地适度规模经营，促进土地依法流转。加大执法力度，深化"绿剑护农"行动，强化农业投入品市场监管，维护农资市场经营秩序。（黄廷仁 刘方洲）

【新农村建设"十大行动"】 市委、市政府在深入调研、充分论证的基础上，确定"十一五"期间，从农民增收、城镇建设、道路畅通、饮水安全、生态富民、造林绿化、医疗惠民、教育振兴、弱势保障和市场拓展10个方面入手，实施新农村建设"十大行动"，扎实推进全市社会主义新农村建设。

1.农民增收行动。"十一五"期间实施"1164增收计划"，即通过推进现代农业发展，农民人均增收1000元；通过发展二、三产业和县域经济，就地转移劳动力增收1000元；通过向县域外输出劳动力增收600元；通过支农惠农政策增收400元。农民人均纯收入增长额度力争比"十五"期间翻一番，人均增收3000元以上，年均增长10%，力争"十一五"末农民人均纯收入达到7800元。

2.城镇建设行动。主要搞好除中心城区和县城规划范围外38个小城镇的规划建设，采取申报评选的方式，每年选择1/4的小城镇，每个乡镇由市财政安排500万元，搞好路网、给排水、绿化、路灯等基础设施建设和二、三产业布局，促进人口、产业、消费向小城镇集中，培植镇域经济发展新的增长点。

3.道路畅通行动。在全面完成村村通沥青(水泥)路和通客车的基础上，推进其向村内延伸，到2008年，全市行政村通沥青（水泥）公路率达到100%，行政村村内主干街道沥青（水泥）路面硬化率达到100%。

2007年2月5日，全市农村工作会议在舜耕山庄召开。（市委农办供稿）

4.饮水安全行动。实施"村村通自来水工程"，"十一五" 期间完成2078个村、129.56万人自来水工程建设任务，完成959个村、74.63万人的已建自来水工程改建、提高任务。到2008年，全市农村自来水入村率达到95%以上，到2010年全面实现自来水村村通，基本实现户户通，饮用水水质全部达到国家规定标准。

5.生态富民行动。以"一建三改"为主要形式，发展农村清洁能源，争取到"十一五"末，全市"一建三改"户达到40万户，占适宜农户的65%以上。

6.造林绿化行动。重点在南部山区实施荒山造林、退耕还林。山区造林绿化与林权制度改革相结合，高标准规划，实施工程造林，实行招投标项目化管理，提高南部山区林木覆盖率和水涵养能力，为泉水持续喷涌创造条件。

7.医疗惠民行动。以构建农村基本医疗保障体系和建立新型农村合作医疗制度为重点，"十一五"期间全面完成乡镇卫生院改扩建任务，全市75所乡镇卫生院的医疗条件和服务功能得到显著提升；到2009年，完成1258个甲级村卫生室和1669个一般卫生室的标准化建设。2007年，全市新型农村合作医疗农民参合率达到96%，人均筹资水平达50元，并随着全市经济社会发展，逐年提高筹资水平。

8.教育振兴行动。推进农村义务教育管理体制改革，加快完善"以县为主"的义务教育管理体制，加大农村教育经费投入，统一县（市）、区域内中小学教师工资标准并全额纳入县（市）、区级财政预算，逐步提高农村义务教育阶段中小学公用经费保障水平并全额纳入县（市）、区财政预算。从2007年起，农村义务教育阶段全面实施"两免一补"政策，优化农村中小学布局，实施农村基础教育提升工程和学校标准化建设，提高农村教育质量。

9.弱势保障行动。落实好农民最低生活保障和五保户集中供养。制定合理的农村最低生活保障标准，低保农民实现应保尽保，按照经济发展水平，建立低保标准的自然增长机制。合理确定敬老院建设布局，加快敬老院改建、扩建，提高敬老院建设标准，逐步提高五保对象供养标准，到2010年基本实现五保对象集中供养。

10.市场拓展行动。围绕扩大农村消费市场，提高农民消费水平，推进"万村千乡市场工程"的实施。运用市场运作方式，调动大中型流通企业向农村延伸，在农村建设配送中心和连锁经营网点，建设改造规范化"农家店"，建设、提升、改造农村农产品批发市场，增强市场辐射功能，扩大农村服务网络。 （黄延仁 刘方洲）

【首批农民专业合作社挂牌】 7月1日，《中华人民共和国农民专业合作社法》颁布实施。7月22日，济南市首批苗木花卉专业合作社和无公害山药专业合作社注册成立；8月4日，首批农民专业合作社成立揭牌仪式在长清举行，这标志着济南市农民合作经济组织发展进入一个全新的历史阶段。全市成立各类农民专业合作社323家，拥有社员2.77万人，涵盖种子、蔬菜、林果、畜牧、水产多行业及种、养、加工、销售和技术服务多领域。基本形成每个主导产业都有龙头企业带动的格局，53%的农户纳入产业化经营范畴。专业合作社作为独立的经济体，可以进入市场进行经营活动，同时又能为成员提供市场信息、生产资料、引进品种、统一管理、统一销售等服务，农民也可以通过生产资料、土地、技术等各种方式加入合作社，直接受益。

（马美英 石玉萍）

【推进城郊型新农村建设】 全市推进以"六区一市"（历城、槐荫、市中、历下、天桥、长清六区和章丘市）为重点的城郊型社会主义新农村建设，取得初步成效。主要采取5种模式：①城镇带动型。此类型的村1300个，占全市城郊型乡镇总数的52%，突出为民办实事、以城带乡加快新农村建设步伐，30%以上农户建起沼气池，配套设施建设完善。②企业带动型。此类型的村250个，占10%，主要是以工补农，发展现代农业，搞好规划，建设新村庄，大力发展社会事业。③生态带动型。此类型的村310个，占12.4%，主要通过发展"豆(渣)—猪—沼—果"等循环生态农业，带动农村发展和农民增收。④市场带动型。此类型的村80个，占3.2%，全市城郊各类农产品批发市场有50余家，年交易量近5亿吨，交易额30亿元。⑤规模基地带动型。此类型的村560个，占22.4%，建设了一批农产品生产基地和专业乡镇、专业村，覆盖10多个产业，形成较为明显的城郊区域特色。 （马美英 石玉萍）

漂亮的小城镇 （市委农办供稿）

【第五届中国国际农产品交易会在济召开】 10月13日，第五届中国国际农产品交易会在济南开幕，中共中央政治局委员、国务院副总理回良玉，农业部部长孙政才，中共山东省委书记李建国等参加开幕式并参观山东展区。

来自各省(区、市)、新疆生产建设兵团和台湾地区的33个展团参加展示和交易，有1600余家企业参加展示，416家企业参加销售；来自日本、法国、英国、荷兰、俄罗斯、德国等19个国家的近90家企业参加了交易会，36个国家和地区的380多家采购商前来参观洽谈。本届农交会贸易成交金额345亿元，意向合同金额372亿元，均比上届增长20%以上。农交会销售区实现销售额6720万元，比上届增长7%。在农交会期间，济南市展区平均日客流量5万余人次，30余个项目签定了贸易合约，11个项目达成合作意向，贸易成交额5.8亿元，创历届农交会济南贸易额之最。

（马美英 石玉萍）

种植业

【概况】 全市农作物播种面积62.03万公顷，比上年减少1.01万公顷。粮食面积44.2万公顷，比上年减少0.14万公顷。夏粮（小麦）面积20.05公顷，比上年减少0.13万公顷；秋粮面积24.14万公顷，比上年减少0.3万公顷，其中玉米种植面积18.92万公顷。油料作物面积1.59万公顷，棉花面积3.10万公顷，蔬菜面积11.38万公顷。粮食总产268万吨，比上年略有增加，平均单产404.3公斤，比上年增加1.5公斤。夏粮（小麦）总产114.61万吨，比上年减少2.3万吨、减幅2%，单产平均380.9公斤，比上年减少5.3公斤、减幅1.4%；秋粮总产153.39万吨，比上年增加2.38万吨、增长1.5%，平均单产423.7公斤，比上年增加7公斤、增长1.6%，其中玉米总产125.36万吨、稻谷总产8.17万吨、谷子总产2.28万吨、高粱总产0.35万吨、豆类总产3.56万吨、薯类（地瓜折粮数）总产13.48万吨。油料作物总产5.81万吨，比上年增加0.1万吨。棉花总产3.56万吨，比上年增加0.2万吨。蔬菜总产691.82万吨，比上年减少18万吨。

重点发展粮、棉、菜、瓜、菌、药、渔、种8大产业，着力建设30处特色品牌基地，构建具有省会特色的优质、高产、高效、生态、安全的现代农业新格局。引导农业结构调整，推动特色产业向优势区域集中，实现农产品总量、质量和效益“三增”目标。主要农作物良种普及率达到98%以上，20万公顷农作物采用测土配方施肥，粮食生产连续5年实现总产和单产双增。全市建成北部13.33万公顷优质专用小麦和粮饲兼用玉米产业带，沿黄1.33万公顷优质水稻和淡水鱼养殖产业带，近郊0.67万公顷“四鲜”产业带以及南部山区观光旅游农业产业带。形成各类农产品专业生产乡镇28个、专业村2000多个、专业大户5万户。（马美英　石玉萍）

【市农业质量检测中心晋升为国家认可实验室】 10月17日，国家认可委对市农业质量检测中心申报的评审材料进行再次评定，认定符合国家实验室认可的要求。10月18日，发放国家实验室认可证书和标牌，市农业质量检测中心正式晋升为国家认可实验室。10月30日，举行国家实验室认可揭牌仪式，济南市副市长赵文朝为中心揭牌。年末，全国农业系统通过国家认可的实验室有40家，全省农业系统仅有2家通过国家认可的实验室，说明济南市在农业检测方面达到全国同行业先进水平，标志着该实验室获得了与中国合格评定国家认可委员会签署互认协议的43个国家和地区实验室认可机构的承认。

实验室建筑面积1500平方米，拥有各种仪器设备150余台，其中重要精密仪器80余台，价值1500余万元。主要承担山东省蔬菜质量例行检测、济南市蔬菜质量例行检测、全市土壤平衡配方施肥检测、济南市农业监察支队委托检测、济南市工商局委托检测和有关科研项目的实施等工作任务。对农产品生产和销售单位进行检测监控，保障农产品质量安全，公开发布农产品质量检测信息，使人们及时了解农产品质量状况，维护市民知情权。

（马美英　石玉萍）

【棉花生产】 棉花种植面积3.10万公顷，比上年增加0.04万公顷。平均亩产皮棉76.5公斤，比上年减少2.2公斤，总产3.56万吨，比上年减少0.15万吨。地膜覆盖棉面积2.74万公顷，营养钵育苗移栽533.3公顷。机播面积2.15万公顷，占播种总面积的67.8%。棉花生产呈现面积增加，单产、总产减少的特点。①棉农植棉积极性较高，植棉面积有所扩大，虽然上年棉花收购价格有所降低，但与种粮相比，植棉效益仍较高，而且植棉收入是棉区农民重要的经济来源。②植棉科技含量高，播种质量好。抗虫杂交棉种植面积达到6000公顷；地膜覆盖棉面积和营养钵育苗移栽面积大，占播种总面积的88%以上；机械播种面积扩大，面积和所占比例均超过上年。推广了常规抗虫棉简化增效栽培、抗虫杂交棉精播高产栽培和棉花病虫害综合防治等技术。③棉花生产季节前期遇到干旱，中、后期遇到多年不见的连阴天，造成严重病虫灾害，是棉花减产的主要原因。

（马美英　石玉萍）

【蔬菜生产】 蔬菜种植面积11.38万公顷，总产691.82万吨，种植面积和总产比上年略有减少，占第一产业的33%，是农民增收的主要渠道之一。

新建冬暖式大棚7000多个，有蔬菜生产专业村1200多个、专业户5万多户。全市品牌基地面积6万公顷，其中蔬菜标准化生产基地4万公顷。被认证为无公害、绿色、有机农产品达80余个。推行标准化生产规程和生物防治病虫害技术，累计推广杀虫灯3200只、防虫网大棚230多个、杀虫黄蓝板3000多张，防杀面积1.33多万公顷，减少了农药用量和污染，降低了农药残留。食用菌生产稳步发展。新鲜菇类产品远销韩国、日本、香港和台湾等国家和地区，年出口200吨、创汇20万美元；菌种也销往河北及本省的十几个地(市)，年销量300多万瓶(斤)。（马美英　石玉萍）

【农业机械化概况】 在国家农机购置补贴等支农惠农政策的推动下，全市农机化发展迅猛，农机总动力446.5万千瓦，农机总值23.43亿元，实现农机经营服务收入21.3亿元，分别比上年增长3.94% 、14.46%和2.84%。农业机械化直接为农民人均增收353元。农机装备结构进一步优化，拖拉机保有量5.74万台，其中大中型拖拉机11707台，比上年增长16%；联合收获机保有量4248台，比上年增长13.16%，其中自走式占36%；玉米收获机保有量726台，比上年增长48.5%，农机具配套比为1:1.44，配套结构趋向一机多能。完成机耕作业面积33.58万公顷、机播作业面积35.25万公顷、机收作业面积23.91万公顷，分别比上年增长2.01%、13.88%和8.68%，其中联合机收面积增长17.26%，农业生产机械化程度显著提高。全年安排农机购置补贴资金580万元，比上年增长25%，拉动农民购机投入3540万元，受益农户1065户，调动了农民购机用机的积极性；农机作业补贴资金666万元，比上年增长122%；补贴秸秆机械化还田保护性耕作面积1.5万公顷，促进了重点区域秸秆综合利用工作的开展。农机服务体系日趋完善，服务功能不断增强。有各级农机服务组织439个，农机协会27个，农机化专业户18011个，农机维修网点1466个，农机服务从业人员2.94万人，实现农机经营收入3.5亿元。农机教育培训、科技推广、供应、维修、安全监督管理、工程开发等贯穿农业生产的全过程和农村经济的诸多领域。

（乔庆勇　王宏强　江绪坤）

【平阴农用机场首次进行异地灭蝗作业】 济南平阴农用机场是全国首批3家农用航空示范服务基地之一。2006年12月28日，平阴农用机场取得民航华东管理局颁发的“非经营性通用航空登记证”，主要承接飞机播种、空中施肥、空中喷洒植物生长剂、空中除草、防治农林病虫害、空中巡查和空中拍照等业务。6月15日~7月1日，受省政府派遣，平阴农用机场一架N5A型飞机赴东营垦利执行灭蝗任务，共起降92个架次，飞行85小时30分，灭蝗4.73万公顷，及时有效地控制了蝗灾的蔓延，发挥了现代农业高科技装备的巨大威力。（乔庆勇　唐　玮）

【水稻生产机械化实现零的突破】 长期以来，济南市水稻生产一直沿用手工作业。10月16日，在历城区遥墙镇举办了水稻收获机械化现场会，久保田、洋马等4个厂家的近20台水稻生产机械参加展示和现场作业演示，水稻产区的农机部门负责人、乡镇农机站长、水稻种植大户、农机大户、新闻记者及当地农民群众近300人参加了现场会，标志着济南市水稻生产机械化实现零的突破。 （乔庆勇 江绪坤）

畜牧兽医

【概况】 全市肉蛋奶总产118.90万吨，其中奶类总产30.20万吨，比上年增长12.56%。实现畜牧业总产值90亿元，比上年增长6.2%，占农业总产值的35.16%，同比增加0.88个百分点。全年无重大动物疫情发生，畜产品质量安全水平进一步提高。全市有各类饲养小区1285处，存养各类畜禽4700多万头（只）；各类畜禽标准化基地发展到100余处，新增奶牛标准化小区20多处。规模以上畜牧龙头企业达到36家，占全市规模以上农业龙头企业的30%以上。以伊利、佳宝、维维、旺旺为龙头的乳品加工群体，以维尔康、万润、鑫意、长荣、绿安为龙头的肉制品加工群体和以百乐沃、宇飞、六和双利为龙头的禽类产品加工群体，构成全市三大畜产品加工产业体系，形成100万吨奶类、200万头生猪、180万只肉羊、30万头肉牛、3500吨蛋粉和3000万只肉鸡（鸭）的加工能力，吸纳带动70%以上的养殖小区和专业户进入畜牧产业化经营范围。

全市落实扶持资金3000多万元，各项扶持政策和资金及时到位，对促进生猪生产，稳定市场供应起到关键性作用。年末，全市生猪存栏205万头，接近上年同期水平；能繁母猪存栏24.46万头，比上年增加0.70%。

加大对重点市场、重点区域、重点生产企业的监管执法力度，依法处理产品不合格单位39家，严厉打击了制售假劣产品的不法行为。继续施行《入济动物产品质量安全责任书》制度和检疫员派驻制度，加强对规模饲养场、屠宰场和市场的监管，屠宰检疫率达到100%，有效杜绝了疫情输入，保障了动物源性食品的质量安全。以畜产品质量安全监测中心为依托，积极构筑畜产品质量安全监测体系。畜产品质量安全监测中心已全面通过兽药、饲料、畜产品检测项目的计量认证工作，全年检测检验各类兽药、饲料、畜产品500多个批次，在实施畜产品的质量监管方面发挥了重要作用。

【建立动物标识及疫病可追溯体系】 3月份，按照农业部、省畜牧办的统一安排部署，济南市成立动物标识及疫病可追溯体系建设工作机构，明确职责及工作人员，并对相关人员进行培训。力争用4年时间，逐步建立既适合全市市情，又与国际通用做法接轨的动物标识及疫病可追溯体系。

【养犬管理】 3月21日，济南市人民代表大会常务委员会发布了《济南市养犬管理规定》，自2007年5月1日起施行。市畜牧办协助公安部门，对登记犬只植入芯片、实施狂犬病疫苗接种，截至年末共对31000只犬进行了登记和免疫注射。

【举办高致病性猪蓝耳病防控技术培训班】 8月6~11日，市畜牧办举办了高致病性猪蓝耳病防控技术培训班，有关专家进行讲座。培训班重点对县（市）、区畜牧局兽医技术人员、乡镇兽医站动物防疫人员、规模养猪场技术负责人进行了培训，讲授的主要内容有高致病性猪蓝耳病的危害、流行病学特点、临床诊断要点、病理解剖典型症状、高致病性猪蓝耳病灭活疫苗使用的注意事项及高致病性猪蓝耳病的综合防治措施。

【畜牧业污染源普查准备工作】 国务院决定自2008年1月1日起，对全国工业、农业、生活源等污染源进行一次全面普查，其中畜牧业污染源是农业污染源的重要组成部分。按照省畜牧办《关于印发〈山东省畜牧业污染源普查方案〉的通知》和济南市人民政府济政发〔2007〕40号《关于开展第一次全市污染源普查工作的通知》的要求，2007年12月，市畜牧办成立了济南市畜牧业普查领导小组，同时制定了适合全市畜牧业普查工作的实施方案，组织相关人员参加培训，做好普查准备工作。

（王永祥）

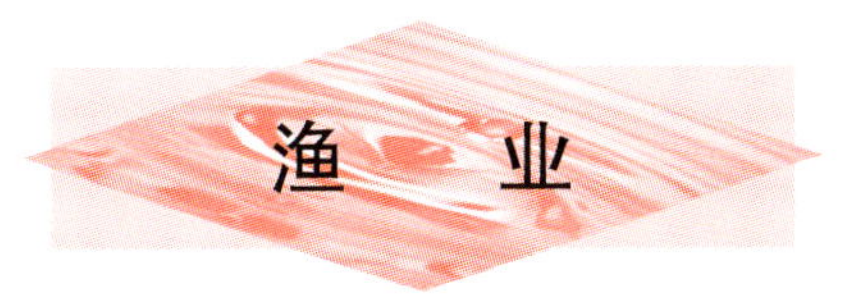

渔 业

【概况】 全市水产养殖总面积7692公顷，比上年增长1%，其中池塘5873公顷、湖泊140公顷、水库1549公顷、河沟130公顷。水产品总量39758吨，比上年增长7%，其中捕捞产量2627吨、养殖产量37131吨。养殖产量中，鲢鱼6600吨、鳙鱼2982吨、鲤鱼14064吨、草鱼8880吨、鲫鱼2310吨、鳊鱼53吨、罗非鱼703吨、观赏鱼75万尾。渔业总产值4.94亿元、增加值2.09亿元，分别比上年增长6%、6.7%。

1.渔业基础设施建设。成为省首批池塘标准化整理改造试点城市，制定了《济南市池塘标准化整理规划》。完成"济南市淡水养殖科学研究所低标准池塘标准化整理"项目，投资151.6万元，整理池塘28.67公顷；完成"商河县标准化生态鱼塘整理工程"项目，投资350万元，整理池塘226.67公顷。投资151.9万元，建设章丘市水生动物疫病防治站。

2.渔业科技发展。引进开发水产名优新品种8个，章丘市白云湖特种水产养殖有限公司与中国科学院海洋研究所合作完成的"保健甲鱼暨甲鱼、草鱼品质改良关键技术开发"项目应用面积达到29.33公顷，经专家鉴定达到国际先进水平，获市科技进步三等奖；济南市水产技术推广站完成的"济南市大面积水产名优良种繁育与高效养殖技术推广"项目推广面积327.47公顷，获省农牧渔业丰收三等奖。

3.水产品质量安全工作。出动渔政执法人员230人次，检测车辆10台次，开展"五一"、"十一"期间水产品质量安全专项整治及3次联合整治活动。9~12月开展水产品质量专项整治行动,监控超市、养殖企业、批发市场的水产品药物残留6次,抽样66个、24个品种,抽样合格率100%。推动3家水产品批发市场建立自检实验室,全面实施入场检测制度。新认证无公害水产品8个、产地200公顷。

4.渔政工作。开展2次水生野生动物专项执法行动,新办理水生野生动物经营利用许可证12本。开展渔政法律法规宣传3次,发放宣传明白纸4000份。查处水域污染案件1起,为渔民挽回经济损失50万元。

(崔迎松　王宏强　唐　玮)

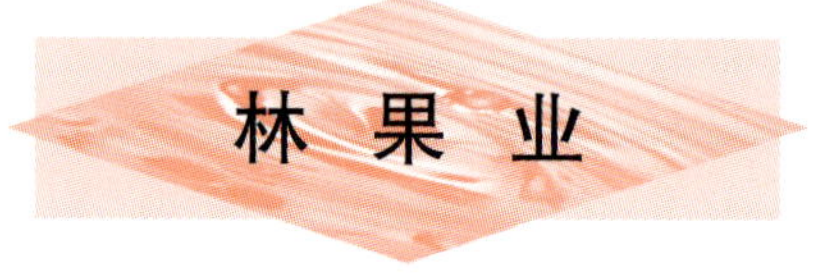

林果业

【概况】　全市完成造林面积1.05万公顷,占计划的113%;新建、完善农田林网1.91万公顷,占计划的287%;新育苗0.12万公顷,占计划的123%。果品产量53.9万吨,占计划的108%。林业总产值32亿元,比上年增长1.9亿元,林业产业为农民人均增收81元。年末,全市有林地面积16.03万公顷,活立木蓄积量738.8万立方米,森林覆盖率提高到26.6%。

1.生态林业建设。科学编制"造林绿化行动"规划方案,并按规划组织实施。对规划区域中24个小流域进行综合治理,完成荒山绿化3267公顷,全市完成荒山绿化5467公顷,成活率在90%以上。对25度以上坡耕地和水土流失、沙化、盐碱化、低产农田等生态脆弱区域开展退耕还林(果),南控区范围内完成退耕还果1333公顷,带动全市退耕还果2400公顷。以农田林网为主体,以沿黄沙化土地治理为重点,继续构建平原防护林体系,植树1100余万株,为市区打造起一道防风固沙的生态屏障。重点对济莱、济菏高速公路两侧可视荒山实施绿化,完成绿化面积1333公顷;完成县、乡村道路绿化1600公里,植树20余万株。有3个村、30家农户获"全国绿色小康村和绿色小康户"称号,有3个乡镇、57个村达到"省级绿化示范村镇"标准。

2.林业产业体系建设。引导发展名特优经济林、苗木花卉、速生丰产林、森林旅游等四大产业,全市经济林面积达到5万公顷,有木材加工企业千余家,建立起比较完善的生产、加工、销售产业链条,促进和带动农民增收作用日益明显。开展退耕还果,通过实行区域化布局、专业化生产、集约化经营,形成薄壳核桃种植区域、高光效苹果种植区域等,南部山区各乡镇人均果品面积超过0.13公顷。

造林绿化行动使荒山披绿装。　(市委农办供稿)

3.森林资源保护。依法行政切实保护森林资源,严厉打击乱砍滥伐林木、违法运输和经营加工木材、违法征占用林地、非法生产经营林木种苗等不法行为,全年查处林业行政案件511起。做好林业有害生物预测预报、林业植物检疫工作,发布病虫害预报55期,监测准确率96.2%;开展美国白蛾普查和防治工作,遏止大面积成灾势头;开展候鸟疫源疫病监测工作,无候鸟疫源疫病发生。建立健全森林防火责任制,强化野外用火管理,有生态公益林专职护林员1170名、森林消防队伍46支,形成市、县、乡、村四级森林防火、扑救网络。在重点林区景区,建立林火微波监控网,新建13处防火瞭望台,全年未发生森林火灾和人员伤亡事故。

4.林权制度改革。探索集体林权制度改革新机制,推行林地使用权拍卖、大户承包和股份合作开发,拓宽社会化办林业的路子。全市林地使用权改制面积5.33万公顷、改制林带670万米,参与拍买、承包的单位和个人2.4万户,其中承包面积超过33.3公顷的上百户。建立与市场经济相适应的造林营林新机制,全市林权证发证总数达2万份,确权发证林地面积达9.4万公顷。探索国有林场苗圃管理体制改革新路子,通过合资、合作、入股等形式,开发经营森林资源、发展森林旅游业,全市有森林公园13处,年旅游人数达150多万人(次),营业收入1500多万元,使森林资源管护和场圃职工收入实现双增双赢。

5.科技兴林。选育、引进新品种22个,推广应用高光效苹果整形修剪、生物防治病虫害、容器苗造林、嫁接改良等新技术13项,取得林业科技成果18项。充分利用47处科技示范园、标准化生产基地示范、带动、辐射作用,提高标准和科技含量,全市标准化生产基地达到1万公顷。承担完成的"良种核桃快繁及标准化生产技术集成与示范"和"酸枣鲜食新品种高维C甜酸枣的选育"成果分别达到国内领先和国际先进水平,"北方龙柏快繁技术研究与开发"科研项目获2007年度市科技进步二等奖。自主选育出的济南"'脆'酸枣"和"'红双星'葡萄"已通过省林木品种审定委员会的审定命名。加强科技服务和科技下乡活动，利用“林业信息网”、“绿色服务快线”、深入村户现场示范、解疑释惑等形式，为林农、果农、花农提供产前、产中、产后系列化服务。全年举办科技下乡17次、技术培训52期，培训林农、果农近万人(次)，发放科技手册、明白纸近10万份。

【参加2007中国国际林业博览会】 12月20~23日，济南市参加了在北京举办的2007中国国际林业博览会，参展的蝴蝶兰(清香美人)获金奖，山楂核烟熏香味料、玫瑰精油、红掌(祝福)获银奖并被评为“2008奥运推荐果品”。济南市林业局、历城区林业局、平阴县林业局受到通报表彰。

(赵金路)

【水利事业概况】 全年开工各类水利工程3432项，动用土石方3085万立方米，完成工日1338万个，完成各类投资5.92亿元。农田水利建设方面，发展灌溉面积0.13万公顷，改善和恢复灌溉面积1.57万公顷，改善和发展节水灌溉面积0.68万公顷，分别完成年计划的100%、117.5%和102%。各类水利工程安全度汛，特别是经受住了“7·18”暴雨洪灾严峻考验。治理水土流失面积85.72平方公里，完成年计划的107%。全市农村自来水村外主体工程投资2.89亿元，实施完成农村通自来水工程85处，新增农村自来水902个村、61.53万人，改善提高366个村、25.3万人，全市农村自来水入村率达到90.9%。加大引黄灌区工程建设力度，完成田山灌区续建配套与节水改造年度计划、邢家渡干渠衬砌0.8公里、胡家岸引黄灌区续建配套与节水改造项目实施的前期准备工作；进行徒骇河部分危桥改造，实施营子闸二期改造工程第二标段建设；新打机井1000余眼，新建小塘坝、小池窖、河道拦蓄等小型蓄水工程800多处，引黄河道清淤治理110余公里；推进小流域综合治理，开工治理小流域工程12项。水政执法能力加强，查处卧虎山水库大坝下游违规建设等26起违法案件，查处破坏水土保持建设项目20余项，查处各类私采地下水案件190余起；严格执行取用水许可制度，对173家单位下达《2007年度取水计划》，完成石横电厂四期、济阳新能源、济南化工PTA等项目的水资源论证工作。启动水源地水质监测工作并做好城市原水供应，全年供原水1.9亿吨，日均供水54.47万吨；加强水资源监测，完善城市供水水源地和自备井单位供水量自动监测系统，在趵突泉、黑虎泉出流的3个断面安装流量自动监测系统，实现供水量和泉流量的自动实时监测。 (董　宏)

【腊山分洪工程】 腊山分洪工程是小清河干流治理的关键工程和济南市城市防洪体系建设的重要内容，目的是拦截小清河上游山洪，分导入玉符河、再入黄河，防洪标准为百年一遇，实现高水高排，截流分导，减轻市区洪水威胁及小清河干流洪水压力，是一项跨流域分洪工程。工程东起兴济河京沪铁路桥、西至北店子入黄河口，全长16.85公里，分洪流域面积159.5平方公里，设计流量604立方米每秒。主要建设内容有3项：一是新辟长7.85公里的腊山分洪道，包括河道开挖及堤防建设；二是新筑长7.0公里的玉符河左堤，疏通玉符河下游9.0公里的河道；三是截污管道，沿线铺设截污管道9.7公里。工程估算总投资6.47亿元，主体工程计划于2009年6月30日前完成。年内完成了立项工作，11月28日玉符河实验段正式开工，到12月25日实施完成。 (董　宏)

【东联供水工程】 东联供水工程是省重点建设项目，是济南市实施“节水保泉，分质供水”战略和加快东部地区水源地置换进程的一项重要工程。该工程主要是利用管道将鹊山、杜张、朱各务水库连通，以黄河水、地表水、明水泉水为水源联合向东部地区重点用水大户供水，从而逐步达到封闭该工业区的自备井，减少地下水开采，涵养和保护地下水源的目的。远期目标将与南水北调东湖工程联结，实现黄河水、长江水、地下水的联合调度。管线总长51.3公里，概算总投资1.97亿元，日供水能力24.4万吨，工程主要包括引水泵站和输水管道两部分。输水管道大体分三段，分别为：西段，即鹊山水库至济钢段，长20公里；东段，即朱各务水库至章丘电厂段，长8.2公里；中间连接段，即济钢至章丘电厂段，长23.13公里。东段已建设完成并向章丘电厂通水运行；9月16日正式开工建设工程西段即鹊山水库至济钢段，主要由泵站和输水管线组成，采取市场化运作，计划于2008年6月底前完工，年内完成总投资的35%。 (董　宏)

【病险水库除险加固】 从2004年开始启动小型水库应急除险工程以来，市级财政共投入2600万元，累计完成130座小型病险水库应急除险加固工程，有49座小型水库达标。按照省水利厅的统一部署，完成1座大型水库、2座中型水库、173座小型水库的安全鉴定工作。年内，完成长清崮头和章丘杜张、大站等3座中型水库除险加固，崮头水库累计完成投资4225万元，基本完成建设任务；杜张水库相继完成大坝加固、溢洪闸改建、放水洞改建等建设内容，主体工程已全部完成，并于8月30日通过验收，工程质量达到优良；大站水库除险加固工程是济南市第一个实行市场化运作的水库工程项目，总投资1.29亿元，已相继完成西副坝坝基混凝土防渗墙、坝坡干砌石护砌、溢洪闸改建、溢洪道上游护砌及防汛自动化等多项工程。 (董　宏)

【“7·18”防汛救灾】 7月18日，济南市大部分地区普降特大暴雨，洪涝灾害给全市造成直接经济损失约13.2亿元。气象部门发布重要天气预报后，市委、市政府立即召开紧急会议，研究防汛救灾措施，启动防汛预案，组织人力、物力和财力，做好防汛救灾准备工作，通过广播、电视、信息等多种媒体向全市发出雷电暴雨黄色预警。18日晚，市委、市政府成立抢险救灾指挥部，按照既定的防汛应急预案，防汛指挥系统迅速启动，抢险救灾人员迅速调动，社会力量迅速发动。特大暴雨灾情发生后，市委、市政府部署灾后恢复自救工作，组织电力、通讯、供水、供气、交通等部门抢修损毁的设备设施，及时恢复供电、供气、供水和保证通讯、交通畅通。对因灾死亡人员，市里每人给予2万元抚助，对因伤住院人员，组织专家组精心救治；为防止灾后疫情发生，印发了《灾后疫病预防常识》，组织121支小分队对公共场所和重点灾区进行消毒灭源；对低洼居民房屋进行拉网式检查，及时修缮受损房屋；做好农副产品的生产、调运、供应、检测和物价稳定工作，保证城乡人民生活。（参见“农业·气象业”分目〖“7·18”特大暴雨雨情及成因分析〗条） （董　宏）

【黄河治理概况】 2007年，黄河为枯水枯沙年。汛期报汛值(7~10月)花园口站来水总量124.19亿立方米、来沙总量0.63亿吨，分别较多年平均值偏少43.42%、92.22%；进入济南市泺口站的总水量131.83亿立方米、总沙量0.99亿吨，分别较多年平均值偏少36.02%、84.93%。花园口站最大流量4290立方米/秒，相应水位92.86米。7月1日，泺口站最大流量3900立方米/秒，相应水位31.20米。由于流量较小，汛期黄河未出现大的险情。

防汛工作。①以防御建国以来最大洪水为目标，开展工程普查、河势查勘等防汛基础工作。继续落实以行政首长负责制为核心的各项责任制，签订各类防汛责任书1948份。②落实各类防汛队伍37.41万多人，组建810人的民兵黄河抢险队。加强防汛抢险技术培训，一线防汛队伍培训面达到65%。③落实国家常备物资石料24.08万立方米、铅丝205吨、麻料154吨、发电机组504千瓦等，做到料物品种、数量、联系人、存放地点、运输方式五落实。④针对近年来新建工程多、防汛基础数据变化大的问题，对防洪基础资料进行完善，修订防洪预案、滩区运用预案和工程抢险方案。⑤积极应对防汛突发事件，济南“7·18”特大暴雨之后，修订了黄河防汛应急预案，完善应对防汛和安全突发事件的快速反应机制。在8月中旬的大汶河抗洪抢险中，济南河务局组织抢险专家组，紧急调用天桥省属第二专业机动抢险队，连夜奔赴现场参加抢险，在决口堵复中发挥了重要作用，受到山东黄河河务局嘉奖。

治黄工作。①第二期标准化堤防工程建设进展顺利。章丘黄河二期标准化堤防工程是2007年济南黄河防洪工程建设的重点工程，主要有堤防帮宽、放淤固堤、堤防道路3项，工程建设长度27.08公里，设计工程土方308.37万立方米，永久占地31.45公顷，临时占地112.17公顷，总投资1.02亿元，堤防帮宽工程除堤顶行道林外其他已全部完成，放淤固堤工程完成年度施工任务。②工程管理水平提高。制定了《关于完善工程管理运行机制的意见》，明确市局有关部门、水管单位、供水单位和维修养护单位的职责，建立工作协调机制和责任追究机制，使工程管理工作更加规范。③引黄供水工作。在黄河来水较往年偏枯的情况下，完成引黄供水4.32亿立方米，其中非农业供水1.75亿立方米，比上年增长43%，保障了城市供水和泉群喷涌。

（张需东　朱兴国）

【济南黄河标准化堤防工程获大禹奖】 12月19日，国家大江大河重点治理工程——山东济南黄河标准化堤防工程获“中国水利工程优质(大禹)奖”，这不仅是济南市的水利工程首次获得该奖项，亦是山东黄河历史上水利工程获得的最高奖项。“中国水利工程优质(大禹)奖”是水利工程行业优质工程的最高奖项，由中国水利工程协会组织评选。山东济南黄河标准化堤防工程，是集“防洪保障线、抢险交通线、生态景观线”于一体的综合性水利工程，自2002年11月开工，至2004年12月竣工，工程长度66.55公里，主要包括大堤加高帮宽、堤防道路建设、放淤固堤、险工改建等4大类、35个项目，工程总投资4.45亿元。该工程不仅是济南黄河防洪的重要屏障，而且成为独具特色的旅游景观带，带动了济南沿黄地区的经济发展，被水利部命名为“国家水利风景区”。 （张需东　朱兴国）

【济南黄河千亩银杏园成为全国银杏标准化示范基地】 济南黄河千亩银杏园被中国林学会银杏分会命名为“全国银杏标准化示范基地”，并于8月10日在济南黄河银杏基地举行揭碑仪式，该银杏园不仅是济南市，亦是黄河流域第一个被命名为“全国银杏标准化示范基地”的人工银杏片林。济南黄河第一片银杏林始建于1996年3月，位于济南市槐荫区吴家堡河段上首的黄河淤背区内，种植银杏面积5.47公顷，共13万株幼苗。经过10余年的辛勤培育，种植规模不断扩大，银杏产业得到长足发展，槐荫、天桥淤背区已形成长15公里、宽100米，占地140公顷，共33万株的银杏基地，该片银杏林带是目前黄河流域最大的人工银杏林。银杏基地的规模化种植，不仅使济南黄河标准化堤防生物防护工程更加完善，而且形成省会济南北部防风固沙、涵养水源、优化环境的绿色风貌带和生态景观线。 （张需东　朱兴国）

【济南建邦黄河公路大桥签署托管合同】 为适应新的城市规划布局要求，加快济南城区“北跨”发展步伐，改变黄河两岸交通不畅现状，促进区域经济和社会协调发展，济南市人民政府确定在二环西路北端建设一座黄河公路大桥。该桥梁由山东建邦集团承建，建成后将委托给济南黄河西外环浮桥有限公司进行管理，并于2007年3月25日签署委托管理协议。

即将建设的济南建邦黄河公路大桥位置是正在运行之中的济南黄河西外环浮桥桥位，北起黄河北岸天桥区桑梓店镇丁庄村，接309国道，向南跨越黄河，止于黄河南岸的新徐庄，接市区二环西路，全长5278米，其中黄河大桥长2120米，两岸接线3158米。全线采用双向六车道一级公路标准建设，设计时速为80公里。工程注册资金3亿元人民币，预算总造价9亿元人民币，工期3年。 （张需东　朱兴国）

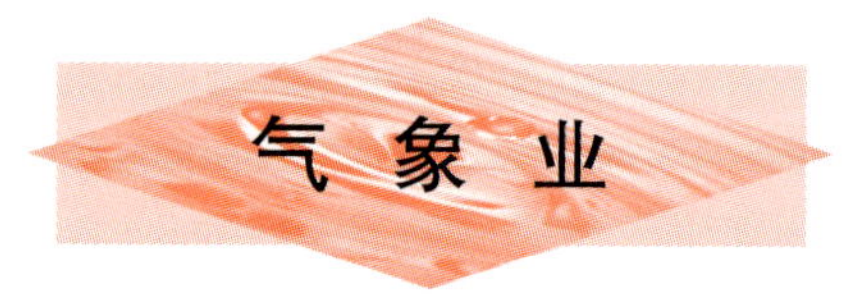

【概况】 1. 提高服务覆盖面和满意率，公共气象服务成效明显。制定并逐步完善气象灾害防御工作机制、应急服务体系和应

急预案，在突发气象灾害来临前及时启动。气象灾害预报预警信息发布渠道不断拓展，通过广播、电视、网络、手机短信等渠道及时发布气象灾害预报预警信息。重大气象灾害预警决策短信服务平台手机号码增加到8000多个，发布短信24万余条；制作呈阅件3期，发布气象灾害预警信号59次、重要天气预报22次、高森林火险预警40次。制作《气象科普知识》、《暴雨洪涝灾害防御》、《雷电灾害防御》、《暴风雪应急防御》等专题宣传材料，加强气象科普宣传工作，提高市民自我防御气象灾害能力。为新农村建设提供气象服务，建立干旱监测和影响评价业务系统，发布土壤墒情监测信息41期，麦收期间天气预报等专项气象服务85期。

2.提高预报预测准确率、精细化预报水平和灾害天气预警能力。分县24小时晴雨预报Ts评分90.96%，比上年提高0.42%，高出省气象台指导预报评分2.54%；城镇站点温度24小时预报(±2℃)准确率63.9%，高出省气象台指导预报准确率27.8%；紫外线指数预报质量综合评分90.20%，首次超过省气象局达标要求。成功发布暴雨预警信号2次、大雾预警信号27次、高温预警信号5次、大风预警信号7次、道路结冰预警信号2次、雷电预警信号11次、寒潮预警信号2次、雷雨大风预警信号2次、冰雹预警信号1次，重大气象灾害无一漏报。

3.人工影响天气基地基本建成，规模效益初步显现。2007年，市政府将“增雨”列为济南保泉长效工作机制的首要举措，累计投资1800余万元，建成坐落在卧虎山水库北岸面积1000多平方米的人工影响天气指挥中心，在南部山区3300平方米范围内，设置27个固定作业点，机动作业火箭11部、火箭炮54部，自动气象站、作业视频监控和数字化指挥系统投入使用。全年组织增雨作业21次，发射增雨火箭弹1291枚，在夏季和秋季增雨保泉作业中发挥了重要作用。

4.加强气象现代化建设，推进信息系统共建共享。与市测绘院合作共建“连续运行卫星定位服务系统”，该系统可对大气水汽、电离层、空气密度等要素进行连续观测，了解大气水汽分布、演变对天气气候变化的影响，获得高时空分辨率的GPS/PWV及电离层状况监测资料，提高天气预报的准确率和防灾减灾的气象服务能力。开通气象局至水利局2M专线，实现降水资料共享。与高新区合作开发天气预报预警显示屏系统，拓宽气象预报预警发布渠道。

5. 推进科技创新和人才体系建设。全年发表技术论文20篇，其中核心期刊2篇、中高级刊物13篇、技术文集5篇，是建局以来科技论文发表最多的一年。《济南市城市暴雨积涝仿真系统》等6项科研项目在省局立项，与市林业局合作的《济南市森林火险预警系统技术研究》课题获济南市2007年科学技术发展攻关项目立项。邀请省气象局专家，对10项市气象局自立课题进行成果鉴定，其中2项课题研究成果被确定为同类研究国内先进水平。

【“7·18”特大暴雨雨情及成因分析】 2007年7月18日发生的“7·18”特大暴雨洪灾，是济南市历史上破坏性最大的自然灾害之一，由于此次特大暴雨过程时间集中、强度大、范围广、积水深，又恰逢人们下班高峰期，造成生命财产重大损失。全市查实因灾死亡37人，其中溺水死亡26人、降雨导致墙体倒塌砸死5人、触电死亡6人，171人受伤，约33.3万群众受灾。倒塌损坏房屋1805间，市区内受损车辆802辆，140多家企业进水受淹。城市基础设施遭受重大损失，毁坏市区道路1.4万平方米，冲失井盖500多套，26条线路停电，市内交通一度处于瘫痪状态。农作物受灾面积26605公顷，农作物绝产面积7112.7公顷。洪涝灾害给全市造成直接经济损失约13.2亿元。

1.雨情分析。18日14时至19日06时，济南全市测站资料（含水利部门自动站资料共计156个）平均降雨量为82.3毫米，济南市区和历城区平均降雨量均超过100毫米，分别为142.2毫米、116.7毫米。除平阴县降中到大雨外，济南市其他县（市、区）均降暴雨、大暴雨或特大暴雨。济南市区强降雨自17时20分左右开始，至21时左右减弱，在3个多小时的时间内，市区（21个自动雨量站）平均降雨量达到134毫米，市政府测站1小时（17时20分至18时20分）最大降雨量达到151.0毫米，理论发生概率为200年一遇，是1987年“8·26”特大暴雨1小时最大降雨量（101.9毫米）的近1.5倍。

2.降雨特点。①强度大。这次特大暴雨强度之大历史罕见，降水主要集中在2个小时内（17时20分~19时20分），市区1小时最大降雨量151毫米，两小时降雨量167毫

新建成的人工影响天气基地

（济南市气象局供稿）

"7·18"特大暴雨一瞥　（济南市气象局供稿）

米，均是1958年有小时降水量记录以来历史最大值。②范围广。这次特大降雨覆盖全市各个县（市）区，特别是市中区、天桥区、历下区、槐荫区，3个多小时降雨量均超过110毫米。③增幅快。这次降雨过程虽然是全省性大范围降雨，但进入济南市尤其是进入市区后突然迅速增强，移出市区后又明显减弱。从全省降雨量分布图看，济南市是全省强降雨中心，且降雨量超出济南市周边其他地市1倍以上。

3.特大暴雨及灾害成因。①本次降雨是受北方冷空气和强盛的西南暖湿气流共同影响，出现的历史罕见强降雨过程，并伴有雷电及短时大风。在3个多小时内，市区平均降雨量达134毫米，1小时最大降雨量151毫米（中国气象局调查组认为，这种情况理论发生概率为200年一遇），2小时最大降雨量167.5毫米，3小时最大降雨量180毫米，均为有气象记录以来历史最大值。这一极端天气事件是气候异常造成的突发性、小概率气象灾害，是有高空、地面、卫星、雷达等综合气象观测资料以来在济南市历史上首次出现。②特殊的地形环境。济南市区地势南高北低，南部坡度较大，南部山区及主城区汇流面积415平方公里降水总量约6000万立方米，短时间内大量超出设施排洪能力的洪水形成道路行洪，其中南部山区110平方公里面积的下泄洪水，集中在英雄山路、舜耕路和二环东路等城区道路，流速极大，来势凶猛，个别地段最大流速达3~4米/秒。突发、短历时、降雨量集中造成类似山洪的街道洪水。③有限的泄洪能力。小清河是城区唯一外排河道，规划防洪标准百年一遇。但现状河道狭窄，坡降平缓，防洪能力仅为20年一遇，不能满足防洪要求。本次洪水最高水位达到24米时，对城区河道产生顶托。主城区其他河道尚未达到规定防洪标准，过水断面小，排洪能力低，造成河水漫溢，形成内涝。城区雨水管网系统不完善，管道断面小、老化严重、标准低。④特定的发生时段。暴雨时正值下班交通高峰，车流、人流密集，其间共有15.8万辆机动车参与交通，全市51处路口、路段出现严重积水断绝交通，造成3.8万辆机动车滞留在市区道路。据估计，当特大暴雨来临时，因积水滞留在道路上的人员大约100万人，绝大多数因灾死亡的事件发生在户外和街道上。（参见"农业·水利治黄"分目〖"7·18"防汛救灾〗条）

（刘　昕）

责任编校　王　炜

国内商贸服务业·旅游业

商贸服务业综述

【商贸服务业概况】 2007年，全市贸易服务业发展加快，经济结构进一步优化，发展活力明显增强，服务社会民生、服务产业发展的能力显著提高，对全市经济发展和城市整体功能的提升起到了重要的拉动作用。全年实现社会消费品零售总额1103.1亿元，同比增长17.4%，比上年增加1.1个百分点。全市批零贸易住宿餐饮业实现增加值312.2亿元，同比增长16.1%，分别占全市GDP和第三产业增加值总量的12.2%和25.2%；完成投资67.4亿元，同比增长37.3%，占全市服务业投资总量的9.5%，同比提高0.5个百分点；上缴各项税收37亿元，同比增长25%，占全市服务业上缴总量的21.4%，比上年提高1.2个百分点。骨干龙头企业支撑带动能力日益增强。全市限额以上批零贸易企业实现零售额363.4亿元，同比增长18.1%，高于全市平均增幅0.7个百分点，占全市总量的32.9%，比上年同期提高0.2个百分点，拉动全市社会消费品零售总额增长5.9个百分点。商务部重点监测的39家批发零售餐饮企业共实现经营收入376.5亿元，增长24.4%，其中23家零售企业完成销售额318.8亿元，增长26.7%。全市批零贸易住宿餐饮业从业人员达到22.4万人，占全市服务业从业总人数的30%以上，对经济社会发展的贡献能力进一步提升。

现代物流业迅速发展。2007年，全市物流及相关行业实现营业收入1042.4亿元，增长16.5%；完成增加值178.9亿元，增长17.5%。盖家沟7万平方米仓储、3万吨冷库项目和泉胜物流7万平方米的二期工程竣工投入运营；现代物流园区一期工程、力诺物流中心等重点项目的建设和郭店物流园区、临港物流中心的规划稳步推进。济南市北部十大物流、仓储中心已汇集国内外上千家物流、货载企业，城际物流货运专线达1500多条。盖世集团、山东佳怡、鲁能帆茂、山东交运、三联集团、山东中邮等6家企业跨入全国物流百强企业。现代物流带动了商业连锁经营等现代流通方式的加快发展，全年新增连锁网点42个，总数达1901个，经营面积167.9万平方米。

会展经济快速成长。2007年，全市举办各类展会120个，展位总数3.7万个，展览面积88万平方米，同比分别增长26.3%、23.3%和10%；参会参展企业人数380多万人次，增长8.6%；实现成交额620亿元，拉动相关收入67亿元，分别增长12.7%和3.1%。展会规模档次明显提高，医疗器械展、茶博会、农交会等10多个展会展位都在500个以上。部分有特色的地方展会基本形成了固定品牌展，并涌现出一批适应现代家庭和产业发展方向的童博会、节能展、齐鲁家具展等新型展会。

住宿餐饮业健康发展。2007年，住宿餐饮业实现零售额173.5亿元，同比增长23.5%，占全市社会消费品零售总额的15.7%，贡献率达到20.3%。以鲁菜海鲜菜、济南菜为主营菜系的大店名店不断发展壮大，鲁菜经营占全市餐饮市场份额的70%以上。济南市酒家酒店评委会办公室成为继北京、天津之后全国第三家拥有国家一级酒家自主评审权的地方评定机构，全年新评国家特级和一级酒家5家。振兴“老字号”工程进展顺利，继6家企业获首批“中华老字号”认定后，济南市13家企业获首批“山东老字号”认定，聚丰德、泰丰园、燕喜堂二店等有代表性的“老字号”餐饮企业以崭新的机制和面貌回归市场。特色餐饮发展取得实效，310款“济南名优风味小吃”被重新认定，芙蓉街、大观园、中华名优小吃城成为济南市特色街（美食城）建设的亮点。

社区服务业加快推进。社区商业示范社区创建活动深入开展，历下吉祥苑社区被评为国家级社区商业示范社区；市中舜玉、历下千佛山、历城华龙路、天桥黄台等4个社区被评为省级社区商业示范社区。室内副食品市场建设步伐加快，历下区棋盘街室内肉菜市场、十里河科苑社区副食品市场、甸柳新区吉祥苑副食品市场建成开业。便民早餐网点建设扎实推进，金德利、微山湖鱼馆等重点早餐企业经营规模不断扩大，新增早餐经营网点80个，改造规范了甸柳新区和制锦市早餐一条街。7月，商务部在济南市召开全国发展大众化餐饮现场经验交流会，济南市发展大众早餐工作受到与会领导和代表的高度评价。广泛开展“把服务送进社区，把温暖送进万家”活动，新增社区家政服务站40个。完善职业技能培训体系，全年培训家庭服务业人员6000余人，完成职业鉴定1000多人，行业整体素质不断提高。2007年，全市居民服务业实现营业收入55亿元，增长7%；安置就业7000余人。

“万村千乡”市场工程成效突出。全年提升市级配送中心1个；建成县级配送中心4个、乡镇驻地综合超市6处；提升改造农产品批发市场3处；建设标准化农家店1028家，全市农家店达到2160家，覆盖6个县(市)、区行政村的49.9%;实施店长培训1280人次;争取商务部、省扶持资金265.5万元。全年农家店销售额达4.7亿元,拉动农村社会消费品零售额2.5个百分点;安排农民就业近3000人,为带动农村消费增长、拓宽农村就业渠道发挥了重要作用。同时,初步建立了市、县、企业三级督导管理长效机制;与联通公司联合探索建立了"市场拓展行动"信息网络平台,提高了农村现代流通体系信息化水平。

商品市场提升改造不断加快。全年完工、在建的市场26个,总投资额54亿元,商品交易市场达到796个,年成交额804亿元。落实国家《农产品批发市场管理技术规范实施细则》,七里堡蔬菜综合批发市场、堤口路果品批发市场、曲堤蔬菜批发市场、刁镇蔬菜批发市场等配套建设了农残检测中心、信息中心、收费系统、电子监控系统及交易大棚、冷库等设施,整体功能进一步增强。济南茶叶市场、盖世物流农贸大市场、济南国际农产品加工贸易中心等通过建设改造,规模、档次进一步提升;堤口路果品批发市场等16个市场入选全省十四类十大专业商品交易市场;海鲜大市场等3家市场被认定为首批省级标准化农产品批发市场;5家市场入选全国农产品批发市场百强;2家市场进入全国"双百市场工程"。

重点项目建设进展顺利。2007年,全市完工、在建、签约、在谈投资千万元以上建设项目共150个,总投资额475.7亿元,建设面积2329.5万平方米。其中,过亿元项目70个,投资额441.5亿元,占总投资额的92.8%。全年完工项目40个,总投资32.5亿元,建设面积159.5万平方米;在建项目72个,总投资291.2亿元,建设面积1429.2万平方米。安排贸易服务业发展引导资金2000万元,对38个在建项目给予了重点扶持。赴深圳、哈尔滨、温州等地举办的商贸招商引资项目推介会签订协议、意向项目30个,总投资68.35亿元,发展后劲不断增强。

行业监测监管力度不断加大。贸易服务业市场动态快速反应系统进一步完善,实施了对全市商品市场的实时动态监测。高度重视生猪产品质量安全,在2007年组织开展的专项整治中,对全市65个生猪定点屠宰厂(站)实施分级管理、分类指导,拨付专项资金50万元,为屠宰企业配备了必要的检测设备;全年进点屠宰生猪120多万头,无害化处理率100%;出动执法人员3万余人次,铲除非法屠宰窝点18个,查扣非法屠宰肉品6680公斤。实施零售企业分等定级,有8家百货店被评为达标店,其中,银座商场、贵和购物中心、嘉华购物广场被推荐为"金鼎百货店"。认真实施《酒类流通管理办法》,全市70家大型商场、超市和151家酒类批发企业实施了备案登记和使用随附单。煤炭、成品油、报废汽车回收拆解等行业的监管得到进一步加强,商务领域节能降耗和再生资源回收等工作全面展开。

【济南(深圳)商贸项目招商推介会】 4月26~29日,市政府副秘书长孙元文率济南市商贸代表团赴深圳市举办了济南(深圳)商贸项目招商推介会。此次招商引资项目推介会,签约项目10项,总投资额13.25亿元。其中,章丘市五星级大酒店项目总投资达6亿元,润华广场开发建设项目总投资2.8亿元,市中区物流中心项目投资额2.8亿元,平阴市场改造项目投资额8000万元,济南堤口果品连锁配送超市项目投资额为6000万元。

【济南(哈尔滨)商贸项目招商推介会】 6月10~13日,市贸易服务局局长张本胜率济南市商贸代表团一行20多人,赴哈尔滨举办了济南(哈尔滨)商贸项目招商推介会,取得丰硕成果。在本次招商推介会上现场签约项目6项,总投资额4.6亿元,同时还达成了一批合作意向。其中,天桥商贸局与哈尔滨马迭尔集团的济南鲁丰文化休闲娱乐市场项目,总投资达1000万元;历城区贸易服务局与哈尔滨马迭尔集团的空港项目,总投资4000万元;历下区贸易服务局与黑龙江广厦伟业集团的圣凯财富广场项目,总投资2.5亿元。

【温州商贸招商引资项目推介会】 9月15~16日,市政府副秘书长孙元文率济南市商贸代表团赴温州举办商贸招商引资项目推介会。此次招商引资活动由市政府主办,市贸易服务局、市旧城改造投融资中心承办,济南市温州商会协办,市直有关部门、各县(市)区商贸主管部门、招商项目单位负责人及市主要新闻单位记者等40多人参加。经过各方努力,签订合同、协议、意向项目14项,投资总额50.5亿元,招商引资活动取得圆满成功。

【参加第八届中国美食节暨第六届国际美食博览会】 在5月15~18日召开的第八届中国美食节暨第六届国际美食博览会上,济南代表团获得各类奖项20项,参展企业获奖率达到100%。济南燕喜堂饭庄、山东翰林大酒店获"中国十佳鲁菜馆"、"全国十佳婚宴接待单位"称号,山东金德利集团快餐连锁有限公司获"2007全国十佳月饼品牌企业"称号。参展的名宴名菜名点中有2桌获"中国金牌婚宴"称号,7款名菜(点)获"中国名菜(点)"称号,其中1桌名宴、2款名菜获全国餐饮业最高奖"金鼎奖",为济南市餐饮业赢得了荣誉。另外,2名烹饪大师分获"国际美食评委"和"国际烹饪艺术大师"称号。总的获奖数量在全国名列前茅,同时获"最佳组织奖"。

【参加第三届跨国零售集团采购会取得良好成果】 由商务部主办的第三届跨国零售集团采购会暨首届全国农村商品对接会,于6月16~18日在江苏南京国际展览中心举行。副市长刘善鹏率50人的济南市代表团参展参会。以济南民天面粉、趵突泉酿酒、九州玫瑰、济南康泰、德馨斋食品、山东福胶等为代表的济南名、优、新、特商品在这次国际性采购会上集中展示,与国内外数千家零售商面对面交流、近距离对接。成交总额840万元,其中,合同成交80万元。统一银座和济南华联等"万村千乡市场工程"试点企业、"双百市场工程"承办企业全部到会采购,采购商品510万元,并与大批国内外知名企业进行广泛接触交流,达成了进一步合作洽谈的意向。

【参加第三届中国城市商业规划和商业地产展览会】 由中国商业联合会主办的第三届中国城市商业规划和商业地产展览会于8月8~11日在上海隆重开幕，市贸易服务局、历下区商贸局组团参加了这次展览会。在中国商业联合会和组委会组织的2007年度中国商业地产评选活动中，济南汇泉新世界置业有限公司投资设计开发的汇泉地王广场项目获“2007年度中国商业地产创新组合金奖”，济南市贸易服务局获第三届中国城市商业规划和商业地产展览会组织工作奖。

（邱美艳）

国内贸易

【粮油供应概况】 2007年，济南市属粮食生产经营企业首次实现全面扭亏为盈，经济运行呈现出效益较好、速度较快的基本态势。

1.金德利集团一体化进程加快。金德利集团按照一体化发展的要求，努力向产品质量标准化、配方科学化、生产工业化、服务规范化方向发展。截至2007年底，全市金德利经营网点已达140余家。年内新增和改造快餐店37家，同比增长30%。分别在淄博、潍坊、聊城、日照、章丘、长清等地开设分店11家，金德利集团开发省内外市场的步伐进一步加快。全年完成销售收入2.5亿元，同比增长31.6%，实现食品快餐利润2300万元,同比增长30%。金德利快餐方便快捷、营养卫生、质优价廉、品种多样，为市民生活提供了方便，也得到了社会的认可，被评为“中国十佳品牌月饼”生产企业和消费者信赖的“中国十大快餐连锁服务质量品牌”。在第二届全国饭店系统服务技能比赛总决赛中，获得团体金奖。

2.粮食加工企业发展势头良好。2007年全系统完成工业总产值4.33亿元，同比增长8.9%；完成产品销售收入4.3亿元，同比增长10.13%。民天公司在做大做强面粉主业的基础上，大力发展食品产业，实现了面粉、食品两大主业共同发展。在上半年获“3A级标准化良好行为企业”、“全省放心粮油进农村先进单位”、“济南市劳动关系和谐企业”等荣誉称号后，下半年，民天面粉又获“中国名牌”称号，标志着民天公司的技术水平、经营管理水平和品牌竞争力上了一个新的台阶。粮油包装公司自8月份开始，实现扭亏为盈，全年减亏150万元，生产的“白雪”牌大桶获“济南名牌”称号。章丘市粮食局荣元公司的荣元面粉、历城区粮食局金粮公司的金粮面粉，产量、质量和市场占有率越来越高。

3.军队粮油供应工作迈上新台阶。军队粮油供应中心积极创新，丰富了“三大转变”内容（即变坐等部队提粮为送粮上门、变供应生粮为生熟兼供、变单一供应为全方位服务），建立了适应战时需求的应急保障机制。及时组建了野战军供站，保障了2007年7月份济南军区举行的“信息化条件下岗位练兵成果观摩活动”的粮油及副食品供应，大大提高了全市军供部门应急保障能力。积极开展了争创“山东省规范化管理示范站”活动，并以98.5分的高分，顺利通过了达标验收。

4.粮食购销储备体系建设取得新进展。充分发挥国有粮食购销企业主渠道作用，认真落实最低收购价政策，最大限度地掌握粮源，夯实济南市粮食安全的基础。2007年，全市共收购粮食45.437万吨，其中，国有粮食经营企业收购30.937万吨，占68.1%。抓住有力时机，把握轮换节奏，圆满完成了7.4895万吨地方储备粮轮换计划，使储备粮轮换更好地适应粮食调控的需要，并取得了较好的经济效益。建立了成品粮、食用油储备。2007年上半年，在原粮储备基础上建立了5000吨小麦的成品粮、400吨食用油地方储备。认真做好地方储备粮管理工作，使储备粮库的“一符四无”（即账实相符；无害虫、无霉变、无鼠雀、无事故）粮仓率始终保持在100%。开展了地方储备粮规范化管理活动，职工素质和科技保粮水平不断提高。9月份，济南市在全省粮食保管员、质检职业知识和技能比武中，获得全省团体总分第一名的优异成绩。全市采用“微机粮情测控、机械通风、环流熏蒸”等3项储粮新技术的储粮仓房容量已达33万吨，占全市有效仓容的43%，其中市直地方储备粮库达到19.5万吨，占仓容的72%。加强地方储备粮信息化建设，不断将地方储备粮规范化管理推向深入。章丘市粮食局较好地开展了代农储粮业务，建起了“粮食银行”，有效规避了风险，并在全市设立上百个放心粮油兑

济南市认真落实惠农政策，调动了广大农民种粮售粮的积极性。图为在2007年的夏粮收购中，济南第三粮库正在组织小麦入库。 （市粮食局供稿）

换点，普遍开展代农储粮和粮油兑换业务，实现了为农民的零距离服务，深受群众欢迎。

5.粮食基础设施建设步伐加快。金德利集团投资1000多万元，新开和改造快餐店37家，新增营业面积5000多平方米。第二粮库迁建工作进展顺利，新建粮库占地9.2公顷，规划建设仓容10万吨。一期工程投资6000余万元，建设仓容5万吨，已全面竣工。二期5万吨仓容工程已于11月7日正式破土动工。老库区土地出让工作已全面完成。第三粮库济阳分库仓容扩建项目已经完成了工程设计和工程造价测算等。

6.积极推进粮食产业化进程。一是向上游延伸，大力发展订单农业。全市粮食企业订单粮食已发展到26600多公顷，购销量达6万多吨，订单农户近5万户。二是努力做好产业化发展。充分发挥金德利、民天两个龙头企业的带动作用，全力促进收储、加工、供应三大支柱产业共同发展，推进了粮食产业化进程。三是向下游延伸，大力发展食品生产，努力做好产品深加工。（杨世利）

【粮食流通监督检查】 粮食是民生之首，粮价是百价之基。确保粮食供求总量平衡和价格基本稳定，关系国计民生和经济社会发展全局。全市各级粮食部门充分发挥粮食行政管理职能，加强粮食宏观调控，确保了粮食安全。济南市粮食局获2007年度“全国粮食流通监督检查工作先进单位”称号。

1.加强宏观调控力度，维护粮食市场秩序。一是健全完善执法体系。市粮食局设立了调控监督处，组建了粮油质量检测站；各县（市）、区粮食局建立健全了一局一科一队一站一车“五个一”粮食执法工作网络；同时，市局和各县（市）区粮食局统一购置了执法车辆、执法设备，为全市粮食流通执法工作奠定了坚实的基础。二是建立健全市场监测网络，建立了20余处粮油市场价格监测点，在粮油价格出现波动期间，实行粮油价格变化信息日采集制度，随时掌握全市粮食购销、库存和市场粮价的变动情况，及时收集国内外、省内外粮食供求和价格信息，切实做好粮食预警和监测工作。三是加强监督检查，严格执行《粮食流通管理条例》及有关法律法规，进一步加大了粮食监督检查力度。结合年检、换证，对获得“粮食收购许可证”的200家粮食收购业户进行资格审查，会同有关部门严厉查处扰乱市场秩序的不法行为，维护了粮食市场秩序。四是继续督促指导粮食批发商、成品粮加工企业、连锁超市等粮食经营企业，积极组织货源，加强物流配送，满足粮油供应，确保价格和质量稳定，确保数量和品种充足，确保不脱销不断档。五是注重提高全社会粮食流通统计水平。年内，全市已有224家粮食加工、经营及转化用粮企业纳入统计范围，为宏观调控、平衡市场提供了有效数据。六是在全市范围内开展了粮食经营诚信企业评选活动，引导企业守法经营。

2.加强粮油质量监管。市粮食局先后投资100余万元用于购置检测设备，质检水平逐步提高。2007年2月，质检站被国家粮食局批准为第一批国家粮食质量监测机构。按照国务院、省市政府的统一部署，认真开展粮油质量安全专项整治行动；加大了对储备粮、军供粮等政策性用粮以及附营企业粮食质量的检测力度，确保粮油质量安全。

3.完善粮食应急管理机制，提高应对突发事件能力。认真落实《济南市粮食应急预案》，建立健全粮食应急工作指挥体系以及应急加工、供应、储备网络等应急保障系统。确定济南民天面粉公司、山东荣元粮油公司等5家企业作为济南市应急加工指定企业；140余家“金德利”快餐网点、150余家民天面粉专卖店、各县（市）区遍布城乡的粮油购销网点以及部分大型超市作为济南市应急供应网络。一旦出现异常情况，将全面启动覆盖全市的粮油供应网点，确保粮油应急需要。

（杨世利）

【4区粮食分局实施公司化改革】 济南市粮食局根据济南市人民政府《关于深化国有粮食企业改革的意见》的文件精神，扎实推进企业体制机制改革，在完成了购销企业改革、民天集团重组的同时，对市区4个粮食分局实施了公司化改革。经过资产评估、财务审计、土地房产确权等一系列前期准备工作后，经市国资委批准于2006年12月26日在工商部门登记注册，山东金德利集团快餐连锁有限责任公司成立。

2007年5月，市粮食局根据市国资委《关于济南市粮食局槐荫分局等企业改制有关事项的批复》的文件精神，以山东金德利集团快餐连锁有限责任公司为国有投资主体，吸收企业经营层和职工入股，将济南市粮食局槐荫、市中、历下、天桥4个粮食分局分别改制为山东金德利集团快餐连锁有限责任公司的控股子公司：山东金德利集团槐荫、市中、历下、天桥快餐连锁有限责任公司。上述企业改制后，山东金德利集团市内4区的快餐连锁有限责任公司注册资本金分别为：槐荫公司2473.75万元、市中公司2112.86万元、历下公司1329.33万元、天桥公司1173.51万元。市内4区粮食分局改制更名后，于2007年5月28日经济南市工商局批准设立，领取了工商营业执照。按照《集团公司各子公司改革改制实施方案》建立投资主体多元化的有限责任公司的要求，共吸收“金德利”范围内的经营层和职工入股1704万元，并于2007年7月中旬向每名投资者发放了“出资证明书”。按照现代企业制度要求，建立和完善了企业法人治理结构。至此，一个平时以城镇居民快餐经营为主，应急可做城市粮油供应网点，保证军需民食的，按照现代企业制度规范运营的快餐连锁公司在市内4区各粮食分局改革完成。

（杨世利）

【盐业概况】 2007年，济南市盐务局（盐业公司）认真做好食盐专营各项工作，盐政执法成效显著，行业管理水平不断提高，防治碘缺乏危害工作进一步巩固，经营管理目标责任制得到有效落实，各项工作均取得了新的成绩。年内被评为山东省盐业系统“先进单位”和“思想政治工作优秀企业”，并当选中国盐业协会常务理事单位。全年销售食盐49931吨，完成年计划的114.78%；销售小包装食盐23314吨，完成年计划的103.62%；销售小工业盐19014吨，完成年计划的158.45%。实现销售收入

9559万元，同比增加431万元；实现利税1353万元，同比增加171万元；实现利润524万元，同比增加118万元；上缴税金829万元，同比增加53万元。

积极履行社会责任，食盐专营工作取得新成绩。始终把全面贯彻落实与省局签订的经营管理目标责任制，确保完成省局下达的食盐调拨计划，保证合格碘盐的普及和供应作为全年工作的重中之重。年初分别与分公司签订目标责任书，并制定详细的考核管理办法作为年底考核奖励的依据。严格食盐计划的申报和执行，对各单位的计划完成情况，每月考核通报。对经营的食盐品种要求高、中、低档齐全，特别强化了纸塑包装精制盐和多品种营养盐的销售，满足市场需求，提高企业经济效益和社会效益。加强食盐营销网络建设，在全市推广普及平阴网点建设经验，进一步规范食盐零售许可证的管理。按照“统筹规划、合理布局、方便群众、辐射到位、便于管理”的原则，重新规划设置食盐零售网点，并签订配送协议，使网点布局更加科学，管理服务更加规范。2007年，全市食盐专营计划完成率、碘盐覆盖率、合格碘盐食用率均比上年有所提高，达到或超过了国家规定标准，为保障人民群众身体健康和生活需要作出了重要贡献。

盐政管理成效显著，打击涉盐违法犯罪取得重大成果。大力提高盐政执法人员素质，加强执法知识和业务知识的学习培训，在全市开展了在岗执法人员教育整肃活动，参加考试的135人全部合格，执法人员素质明显提高。逐步健全和完善盐政执法体系，加大盐政执法力度。与公安、卫生以及法院、检察院等有关部门开展联合执法，对全市的大小超市、商店以及餐饮服务、酿造腌制、食品加工等用盐单位进行全面检查。加强对重点市场的监管，制定应急预案，保证了节日食盐市场的平稳和安全。与市公安局经侦支队密切配合，采用高科技侦查手段和要害控制的侦查策略，对全市盐业市场进行了重点整治，成功侦破多起涉盐共计千余吨的重大团伙犯罪案件，10余名犯罪嫌疑人全部被刑事拘留并批准逮捕，极大地震慑了涉盐违法犯罪分子，盐政稽查支队因此被济南市政府记集体二等功。2007年，全市共查办涉盐案件2493起，查获非法盐产品1043吨，捣毁制售假盐窝点23个，罚款总额达89万元，移送司法机关处理案件18起，治安拘留4人，刑事拘留16人，其中判刑2人。

行业管理和企业内部改革取得新进展。进一步加快全市盐业集团化建设步伐，加大对县盐业公司的改制工作力度。7月7日，济南盐业公司(盐务局)济阳分公司(分局)正式挂牌成立后，仅剩商河盐业公司的改制工作未完成。对部分县局(分局)的领导班子和市局中层干部进行调整和交流，充分调动了干部职工干事创业的积极性，进一步增强了企业活力，有效促进了各项工作的顺利开展。各县局(分局)也根据自身不同情况，不断加大企业改革力度。章丘分公司推行了三项制度改革，中层干部竞争上岗，职工岗位双向选择，建立了岗位绩效工资制，分流安置富余人员，调动起干部职工的工作积极性，促进了企业效益的提高。济阳分公司针对食盐流通特点，精简组织结构，实行工效挂钩，对原分流人员实行竞聘上岗，并抽调精干力量充实到稽查队，促进了企业的稳定和发展。（吴孟强）

【烟草专卖概况】 济南市烟草专卖局(有限公司)组建于1984年，下辖历下区、槐荫区、天桥区、历城区、章丘市、长清区、平阴县、济阳县、商河县9个县级烟草专卖局(营销部)。2007年，共销售卷烟21.98万箱、109.9亿支，同比增加1.81万箱、9.05亿支，增长9.0%。其中销售一类卷烟1.13万箱、5.65亿支，同比增长5.1%；二类卷烟0.55万箱、2.75亿支，同比增长2.5%；三类卷烟3.07万箱、15.35亿支，同比增长14%；四类卷烟10.24万箱、51.2亿支，同比增长46.6%；五类卷烟6.98万箱、34.9亿支，同比增长31.8%。实现销售收入23.47亿元，同比增长28.81%；实现利税5.3亿元，同比增长39.31%，其中利润4.18亿元，同比增长45.31%。

狠抓商河、济阳卷烟打假防反弹工作，巩固卷烟打假成果。继续做好转移烟机的追缴工作，于2007年3月和5月两次从德州乐陵缴回大型烟机6台。充分发挥稽查支队职能，成立市场监管大队，督办各类大要案件317起，破获达到省局网络标准案件1起、达到国家局网络标准案件2起。增设法制科并建立运行专卖管理所31个，加强对市公司卷烟经营业务和济南卷烟厂、泉永印务公司的同级监管，对济南卷烟厂机械设备搬迁和淘汰过程进行全程监管。构建完善零售许可管理机制，修订《零售点布局标准》并举行听证会。

2007年，共查获各类涉烟违法案件9163起，查获各类违法违规卷烟5753.45万支，收缴卷烟制假设备7台，涉案总值2710.10万元，上缴财政罚没收入216.67万元。抓获涉案人员121人，移送涉案人员25人，拘留25人，逮捕11人，判刑16人。2007年，济南市烟草专卖局(有限公司)被山东省烟草专卖局、山东省公安厅评为全省卷烟打假先进集体。

深入开展“零售终端建设年”活动，零售网络建设水平有新提高。客户信息维护面达到98%以上，客户经营指导面达到90%以上，累计培训零售户3472户次。新建“中国烟草”网络形象店22个，发放卷烟零售标价签68万张。局领导和机关部门对口挂靠县级营销部，加强经营指导，逐步缩小县区发展的不平衡。进一步整合物流资源，单箱物流费用由上年的114元下降为112元。

深入推进“订单供货”工作，经济运行质量稳步提高。继续把“订单供货”作为工作的重中之重，建立“四维四层、纵横互动、立体预测”的需求预测体系；依托工商协同信息平台，组织有效货源，努力满足市场需求；完善品牌培育规划，明确重点培育品牌，开展终端导购，强化上柜考核，推动“订单供货”向更高层次、更高水平迈进，做到了“市场需求基本满足、零售客户有所选择”。

不断加强内部管理监督。开展“整顿规范年”活动，全年新建制度29项；加强财务审计和考核管理，提高企业基础管理水平。开展清产核资工作，加强资金管理和投资管理，被济南市地方税务局评为2007

年“个人所得税自行申报工作先进单位”;开展2006年同级审计,对11个基层单位的负责人进行了离任审计;加强日常审计管理,全年实施物资采购审计67项、基建工程审计41项、经济合同审计101项,审计管理监督职能得到充分发挥。

信息化建设不断推进。对全市549台PC机、31台服务器、168台打印机、27台网络设备建立资产档案;共更新发布浪潮程序4次,改进软件6次,修改数据库和数据接口视图8次,提供数据20次,新增报表5张,完善报表5张;完成主干网络线路升级和路由设备安装及机房改造工程;所有出库卷烟实现32位打码要求;“万店通”项目顺利实施,全市共安装629户;组建市局(有限公司)视频会议系统;解决软件故障16次,完成网络故障排除和新增网络24次,加强病毒防治5次,为生产经营提供了技术保障。

科技创新工作继续深入。全市办公自动化系统顺利运行,工作效率进一步提高;物流仓储管理无限射频识别技术项目达到国际先进水平;《企业系统优化管理》获省局(公司)管理创新成果一等奖和山东省企业管理创新成果奖,论文《优化管理的思考与实践》被收入《2007中国烟草自主创新高层论坛》;智能终端信息采集系统等3个项目通过省局(公司)成果鉴定。通过推进自主创新,企业经济运行质量不断提升。2007年,国有资产保值增值率达到129.9%;总资产贡献率为68.72%,同比提高1.38%;成本费用利润率为21.9%,同比提高17.45%。(周 倩)

【石油供应概况】 2007年,济南石油分公司共计销售各类油品86.69万吨,其中成品油75.03 万吨,零售48.47万吨,直销分销26.56万吨,润滑油2.06万吨,燃料油9.6万吨。

1.多措并举,经营质量不断提高。加强市场分析,提高应变能力,合理调度资源,确保油品供应。根据每月经营形势的不同,分别制定促销办法,加大奖罚力度,开展了“加好油,赠好报”等活动。通过月度经营会议的通报和分析,加大横向纵向对比,引导市、县片区挖掘内部潜力。狠抓优质服务,通过提高服务水平,树立品牌形象,提升销售量,年内创建五星级加油站1座、四星级4座、三星级9座。优化客户经理队伍,直销分销水平得到提高。切实关注“三夏”保供工作,积极开展“送油到田间”活动,在保证“三夏”期间用油供应的同时极大地开辟了农村市场,增加了销售量。制定资源调度应急预案,并在紧急情况下及时启动,打破常规运输方式,实行临时配送、跨区域配送。完善库存预警体系,设置合理库存线,及时反馈信息,补充资源。

2.完善内控制度,管理水平不断提高。按照总部新版内控手册和省公司的要求,紧密联系公司的经营管理实际,从规范流程、强化基础抓起,将内控制度与日常工作有机结合。一是高度重视,成立专门机构。成立以党政一把手任组长、分管经理任副组长的领导小组,各职能部门设有专职的内控工作人员,确保内控制度得到有效实施。二是合理确定业务流程。根据2007年新版内控手册,结合济南公司实际,按照“个性必须符合共性、做加法不做减法、原则性与灵活性相结合、具有可操作性”的原则,确定了适用业务流程18个,共266个控制点。三是强力推进内控工作。定期检查,狠抓整改,严格考核,组织召开多次专题会议,针对执行中存在的问题提出解决意见。通过以上措施,该公司在集团公司组织的内控制度检查中取得了优异的成绩。

3.加强安全管理,实现全年安全经营。一是加大人为隐患的检查和治理,注重对安全责任人的培训,强化风险管理,推进HSE(健康、安全和环境)管理体系。二是全面加强加油站、油库、施工场所安全现场管理,确保施工安全。三是强化“三基”工作,提高员工素质。四是加强设备管理,保障设备安全运行。五是抓好雷雨季节的防雷防汛工作,落实防盗抢措施,减少人员伤亡和财产损失,确保加油站安全经营。六是全力贯彻省公司组织开展的消防会操活动,结合单位实际,编制具有针对性、科学性和可操作性的会操实施方案,动员全体职工投身到消防训练中去。

4.加强网点建设,构建加油站为主、加气站为辅的网络格局。一是继续加大加油站收购、租赁力度,在城市中心、高速路口、重要道路上抢滩布点,共收购租赁加油站5座。二是根据省公司的要求,积极推进加油站形象改造工作,全年共完成29座加油站的形象改造。三是积极申请资金,解决加油站经营中的问题。全年共投入230多万元对加油站进行零星维修,基本解决了因设施设备影响加油站经营的问题。四是积极推进IC卡四期工程建设,新增IC卡加油站29座。五是对历史原因造成的歇业站和关停站,逐一分析,对扭亏无望或确无潜力继续经营的,研究制定了关闭退租及关闭外租场地等政策,以提高加油站在营率,规避经营风险。

(路 峰)

供销合作商业

【概况】 2007年,市供销社系统全年实现销售收入38亿元,同比增长8%;实现利税6270万元,同比增长15%;实现利润817万元,同比增长69%。市供销社获全国供销社系统综合业绩优胜单位二等奖。截至年底,全系统资产总额17.9亿元,负债13.3亿元,净资产4.6亿元,在册职工人数10957人。

市供销社系统所属15户直属企业,2007年实现销售收入16.1亿元,同比增长1.3%;实现利税453.8万元,同比降低12%。完成招商引资1663万元,盘活企业资产1200万元,实现减债减负1770万元,完成基本建设投入1256万元,新建和改造各类营业设施1.9万平方米,实现市场交易额14.1亿元。截至年底,直属企业资产总额4.1亿元,负债3.47亿元,净资产0.63亿元,在册职工人数1290人。

市供销社系统辖属章丘市、长清区、历城区、济阳县、商河县和平阴县6个县(市)、区供销合作社,49个县属公司,93个基层供销社,57个专业合作社,35个行业(专业)协会,40处农村村级社区综合服务中心，2336个基层经营网点。全年实现销售收入21.9亿元，同比增长8.6%；实现利税5817万元，同比增长18%。供应各类化肥56.4万标准吨、农药1377吨、农膜2930吨，分别比上年同期增长17%、32%和60%；实现农业生产资料销售额5.8亿元，同比降低17%；实现生活资料销售额9亿元，同比持平。实现农副产品收购额3.6亿元，同比增长30%。全年完成基本建设投入5658万元，完成新建和改造各类营业设施5.3万平方米。截至年底，6个县(市)、区供销社资产总额13.8亿元，负债9.8亿元，净资产4亿元，在册职工9667人。

1.深化供销社改革。市供销社积极参与全省"一个网络、两个平台"建设和全市"新农村建设十大行动"，争取省、市支农惠农政策支持，调动了各县、区供销社的工作积极性。发挥传统资源优势，通过联合合作、租赁承包等方式，全系统引进资金4863万元。其中，各区、县供销社引进资金3200万元，市属企业引进资金1663万元。利用各种政策化解债务包袱，先后甩掉历史包袱4330万元。其中，各区、县供销社减债减负2560万元，市属企业减债减负1770万元。盘活社有资产3860万元，优化了资产结构，提高了资产质量。其中，各区、县供销社盘活资产2660万元，市属企业盘活资产1200万元。发挥供销社组织和经营优势，吸引农村"能人"和返乡致富能手加入供销社队伍。领办、参办了30%的农村社区服务中心和各类专业合作社、协会，加快了供销社人才队伍建设。

2.推进农村新型经营服务体系建设。①建设农村现代流通服务网络。各级供销社开展创新经营，盘活传统资源，积极参与和推动"万村千乡市场工程"、"新农村现代流通网络工程"建设，全年建成商品配送中心3处，完成项目投资额1000万元，新建和改造各类营业设施1.2万平方米。建成村级便民服务超市366个、乡镇中心超市6个，完成项目投资额900万元，新建和改造各类营业设施2.4万平方米。其中，在全市开展的"万村千乡市场工程"中，供销社改造传统网点293个，占全市总数的56.2%。②建设农村社区综合服务中心。按照党委政府领导、供销合作社主办、多方参与、市场化运作的原则，完善农村社区综合服务中心建设规划，发挥基层供销社资源优势，通过招商引资、盘活资源、联合合作等方式，推动农村社会化服务体系建设。全年建成5处社区服务中心，完成项目投资额950万元，新建和改造各类设施8000平方米。③发展农村合作经济组织。依托各级农村合作经济组织联合会和基层供销社，以助农增收、提高农民组织化程度为目标，围绕农村优势产业和特色农产品的标准化生产，领办和参办农村各类专业合作社和专业协会。全年发展农村合作经济组织20个，全系统各类合作经济组织达到92个，在引导农民共同进入市场，积极参与全市现代农业建设上发挥了积极作用。④强化农资经营管理。在《济南日报》上公开承诺"销售农资无假货"，全年没有收到1例投诉，提高了供销社品牌的含金量。长清区供销社与工商部门密切配合，成立了长清区农资协会，建立健全了化肥检测、贴标、备案制度，严把农资市场准入关口，从源头上杜绝了假冒伪劣产品。同时，建立农资连锁配送中心，实行集中采购、统一配送、统一价格、统一服务，发展连锁网点170个，销售各类化肥6万标准吨，占当地市场需求量的70%以上。

3.参与城乡市场经营体系建设。市供销社引导直属企业按照"建设大市场、构筑大流通、发展大贸易"的要求，加大基本建设投入，扩大市场宣传，提升核心竞争力，促进了企业较快发展。一是加快基本建设进度。邀请专家对济南茶叶市场、英雄山文化市场等企业的发展建设进行科学规划，全年完成基本建设投入1256万元，新建和改造各类营业设施1.9万平方米。其中，济南茶叶市场完成基本建设投入450万元，改建营业设施4500平方米；英雄山文化市场完成基本建设投入240万元，改建营业设施5500平方米。二是优化市场布局，调整经营结构。突出市场的经营特色，提升服务功能，增强市场的凝聚力和辐射力，全年实现市场交易额14.1亿元。其中，济南茶叶市场完成8.8亿元，英雄山文化市场完成5.3亿元。三是成功举办了中国·济南第四届茶博会。在展会期间，云南、广西、福建等省内外的1000多名茶商、2万多名各界人士参展和参会，进一步宣传了济南的泉文化，形成了济南市特有的茶文化，打造了济南茶博会会展品牌。四是提升市场核心竞争力。围绕市场品牌、企业文化、配套服务、细节管理等工作重点，引导企业开展了"提升市场形象、打造核心竞争力"系列活动，市场的整体面貌和服务的规范化、标准化水平有了新的提高。

4.启动再生资源回收网络体系试点建设。认真贯彻国家《再生资源回收管理办

改建后的英雄山文化市场具有明清风格的垂花门　　(市供销社供稿)

法》,抓住济南市被列入全国26个和全省5个再生资源回收体系建设试点城市之一的发展机遇,整合传统资源,启动全市再生资源回收网络体系建设。编制了《济南市再生资源回收体系建设方案》,并通过国家商务部组织的专家评审,为下一步争取各级政策支持奠定了基础。完善再生资源回收经营者备案登记制度,对350家符合条件的经营者进行了登记,促进了行业的有序发展。对再生资源基层回收网点进行整治和规范。依托市再生资源行业协会,发展会员525个,对天桥区的社会收购网点统一悬挂"再生资源"标志,统一了服务规范。联合公安部门,在市中区推广规范流动收购车辆的经验,进一步完善规范化管理的运作机制。

5.做好社有资产管理工作。与企业签订经营管理目标责任状,严格把关社有资产处置,强化企业内部审计,盘活闲置资产1200万元,确保社有资产的保值增值。引导企业转变经营理念,通过资本运营、债务重组等方式,优化资产结构,提高资产利用率,全年增加收入1000多万元。利用国家政策,化解历史包袱1770万元,保持了社有资产的完整性。加快基础设施改造,全年完成项目投资1256万元,新建和改造各类营业设施1.9万平方米,提高了社有资产质量。

6.抓好烟花爆竹经营管理和防汛救灾物资储备工作。市供销社系统成立了6个烟花爆竹协会,辖属2个烟花厂,发展经营网点2100多个,积极配合安监、公安等有关部门做好烟花爆竹的经营管理工作。认真安排防汛救灾物资储备工作,全年储备各类防汛救灾物资价值300多万元,包括编织袋、麻袋、苇席、竹竿、塑料布、篷布等20多个类别的防汛救灾物资。

【中国·济南第四届国际茶博览会】 5月25~27日,中国·济南第四届国际茶博览会在济南茶叶市场成功举办。本届茶博览会由中国茶叶流通协会、山东省茶文化协会、山东省供销社、济南市人民政府主办,济南市供销社、槐荫区人民政府、济南市茶叶行业协会、济南茶叶市场承办。来自省内外各产、销茶省及各界人士6000余人参会参展,其中各地政府代表团和大型茶品牌企业集团代表团有60余个,近万名茶商及各界人士参加茶博会开幕式。本届茶博会的主题是:弘扬茶文化,饮茶保健康。展会参展内容包括:国内外绿茶、花茶、红茶、黑茶、白茶、乌龙茶等6大类、1000多个品种的茶叶,以及茶饮料、茶食品、茶保健品、茶具、茶书、茶叶生产加工机械等。展会组织了茶品牌推广、名茶评比、祭茶祖仪式、茶艺表演、民间斗茶赛、名泉泡名茶等活动,免费为广大市民开展茶叶检测服务、举办茶知识讲座等。济南茶叶市场160个国际标准展位全部订满,展会期间参会的客商和泉城市民超过20万人次,签订意向合同1000余份,达成意向成交额1亿余元,仅普洱茶一项,参展的九大普洱茶品牌企业意向成交额都达到了100余万元。5月25日,中国茶叶流通协会在济南茶叶市场设立联络工作站,并举行授牌仪式,这是中国茶叶流通协会在国内设立的第一个分站,进一步巩固了济南茶叶市场在国内茶界的地位。

【历城区供销社实施超市进乡镇工程】 2007年,历城区供销社以唐王新合超市公司为龙头,先后投资700余万元,在彩石、崔家、郭店、仲宫、王舍人、遥墙、大桥等乡镇驻地建起了400~6000平方米的超市10家,总营业面积达到23000平方米,经营品种近34000个,推动了当地农村的市场经营体系建设。同时,以十六里河镇、仲宫镇、柳埠镇三点为一线,先后投资33万元,在十六里河吴家村、仲宫穆家村、柳埠窝铺村改建了3处农村社区综合服务中心,在搞好日用品和农资超市的基础上,增加了阅览室、活动室、体育器械等公益服务项目,拓宽了供销社的经营领域和服务领域。

(刘建军)

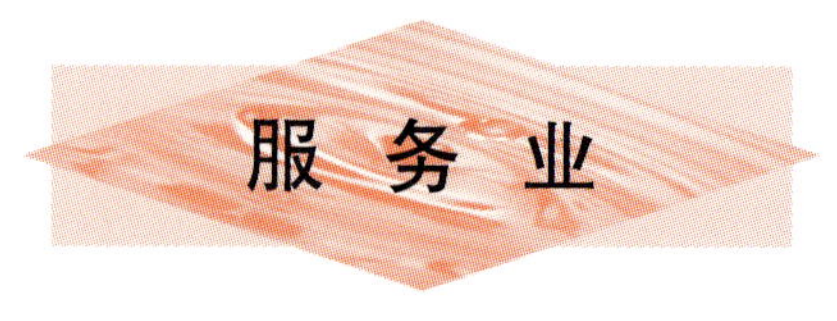

服务业

【山东盖家沟国际物流有限公司被命名为"中国物流示范基地"】 中国物流与采购联合会公布了"2006年中国物流示范基地"名单,济南市盖家沟国际物流有限公司名列其中。这是盖家沟国际物流有限公司继2007获得物流企业国标最高级"5A级物流企业"和"2006年全国物流百强企业"后获得的又一殊荣。此次公布的物流示范基地共有6家企业。 (邱美艳)

【5家农产品批发市场进入全国百强市场之列】 9月5日,全国城市农贸中心联合会召开"2007年中国农产品批发行业年会",对2006年度全国农产品批发市场百强评选结果进行了发布及授牌。济南市5家农产品批发市场跻身全国百强行列:山东盖世物流农贸大市场进入全国农产品批发市场综合百强,排第17名;济南维尔康肉类水产综合批发市场进入全国水产品20强,排第2名;堤口路果品批发市场进入全国果品20强,排第8名;章丘刁镇蔬菜批发市场、济南饮马盛发综合农贸批发市场进入全国蔬菜50强,分列第43名和48名。

(邱美艳)

【"万村千乡"市场工程7个试点县(市)区及8家承办企业获商务部核准】 "万村千乡"市场工程是商务部正在全国推行的建立和发展农村现代流通体系的一项工程,2005年2月起在全国进行试点。工程提出从2005年开始,用3年时间,在试点区域内培育出25万家左右"农家店",形成以城市店为龙头、乡镇店为骨干、村级店为基础的农村现代流通体系,逐步缩小城乡消费差距。2007年,济南市申报的"万村千乡市场工程"试点县(市、区)及承办企业获商务部核准,7个试点县(市、区)是:槐荫区、历城区、长清区、章丘市、济阳县、商河县、平阴县;8家承办企业是:济南华联商厦集团股份有限公司、济南社兴供销有限责任公司、济南金合作商贸有限公司、济南康泰有限公司、济阳三联家电有限责任公司、商河县宏盛购物广场有限公司、平阴县百货大楼有限责任公司、济南济北农资连锁经营中心。 (邱美艳)

【13家企业被认定为"山东老字号"】 3月

26日，首届“山东老字号”评审论证会在济南珍珠泉宾馆举行。全省共有79家企业申报，42家企业通过认定，济南市申报15家，13家企业榜上有名，分别是：济南燕喜堂饭庄、济南趵突泉酿酒有限责任公司、济南宝明斋眼镜有限公司、济南饭店、一大食物有限责任公司、济南药业集团有限责任公司、老玉记扒鸡店、济南市市中饮食公司草包包子铺、济南精益眼镜连锁有限公司、济南亨得利钟表眼镜有限公司、济南亨得利钟表股份有限公司亨达利分公司、济南泰康食物公司、济南时装总公司普华鞋业公司。首批通过认定的13家“山东老字号”将全部被推荐申报商务部第二批“中华老字号”。（邱美艳）

【9家贸易服务业企业被确定为山东省服务标准化试点单位】 为充分发挥标准化在发展服务业中的技术支撑作用，省质检局审查确定69家贸易服务业企业为“2007年山东省服务标准化试点单位”，济南市有9家入选，分别是：济南零点物流港有限公司、山东佳怡物流有限公司、济南华联、银座商城、贵和购物中心、山东新梅园大酒店、舜耕山庄、良友金都美食城有限公司和阳光大姐服务有限公司。其中，阳光大姐服务有限公司是全省确定的唯一的家政服务标准化试点单位。（邱美艳）

【第三届“济南名优风味小吃节”】 “五一”黄金周期间，由市贸易服务局主办，大观园商场承办，市饮食业协会、市饭店业协会协办的第三届“济南名优风味小吃节”在大观园隆重举办。本届小吃节共设45个展位，近200款“济南名优风味小吃”和“山东名小吃”进场参展。小吃节7天时间客流量超过40万人次，日均营业额65万元左右，均比上年增加三成以上。

（邱美艳）

【10家单位被中国家庭服务业协会授予“先进单位”称号】 中国家庭服务业协会第三届第四次代表大会于10月26~28日在江苏扬州召开，来自全国各省市家庭服务业协会、各类家庭服务企业的300多名代表参加会议，济南市家庭服务业协会共组织会员单位代表24人参加了大会。济南市家庭服务业协会、济南大家园家政服务中心、济南历下阳光大姐服务中心、济南市中区热心大嫂服务中心、济南阳光大姐有限责任公司、济南连心物业有限公司、济南社区服务中心心连心家政、山东天地人礼仪庆典有限公司等8个单位被评为“先进服务单位”，济南市中区二七新村街道社区服务中心被授予“先进服务社区”称号，济南神韵职业技能培训学校获“先进培训单位”称号，此外11人被评为“先进工作者”，12人被授予“优秀服务员”称号。（邱美艳）

“五一”黄金周期间，第三届“济南名优风味小吃节”在大观园隆重举办。

（市贸服局供稿）

【两市场进入全国“双百市场工程”】 为加强农产品现代流通体系建设，提高我国农产品的国际竞争力，商务部从2006年起在全国实施“双百市场工程”，重点改造100家大型农产品批发市场，着力培育100家大型农产品流通企业。2007年，济南市七里堡蔬菜综合批发市场、堤口路果品批发市场通过商务部“双百市场工程”验收，获得项目补贴资金360万元。（邱美艳）

【第二届全国饭店系统服务技能比赛再传捷报】 11月23~24日，由中国饭店协会、中国就业培训技术指导中心等部门共同举办的“厨工杯”第二届全国饭店系统服务技能比赛在淄博（华东赛区）举行，本赛区云集了山东、上海、江苏、浙江、安徽、江西等5省1市的饭店餐饮业优秀选手100多名。济南市共60余人参加了这次盛会，参赛选手21人，取得了11金、4银、3铜的优异成绩；银座索菲特大酒店的2名选手参加了在天津赛区进行的西餐技能比赛，分获西式烹调和西餐宴会服务金奖；金德利集团荣获全国饭店系统服务技能大赛团体金奖，为济南市餐饮行业赢得了荣誉。

（邱美艳）

【济南舜耕山庄集团】 2007年，舜耕山庄集团保持了良好的发展势头，发展的协调性和可持续性进一步增强，舜耕品牌更加响亮，各项工作又迈上一个新台阶。

集团营业收入突破1.6亿元，多项指标创历史新高。舜耕山庄集团以市场为导向，发挥资源优势和品牌优势，不断创新，集团经济保持了平稳快速发展。全年实现营业收入16006 万元，同比增收578万元，增长3.75%，再创历史新高，名列全市第一，上交税金1467万元，创舜耕山庄历史之最。

社会美誉度进一步提升。“全国旅游系统先进集体”是旅游业内最具权威、规格最高的奖项，2007年，作为山东省唯一一家获此殊荣的星级饭店榜上有名，济南舜耕山庄为山东旅游业和济南市增光添彩。年内，集团还先后获得“全国餐饮业优秀企业”、“全国巾帼文明岗”、“山东十佳星级酒店”、“山东省诚信旅游示范单位”等全国和省、市级荣誉称号30多项。1月，全国旅游工作会议在舜耕山庄召开，舜耕山庄的管理服务得到了与会代表的高度评价，舜耕品牌的知名度、美誉度进一步提升。

规范管理，在实践中深入推进“六常管理法”。在集团的规范管理下，创建绿色饭店工作扎实开展，舜耕山庄顺利通过ISO9000质量管理体系监督审核和ISO14000环境管理体系三年复评，被评为“金叶级”绿色饭店。年初，《中国旅游报》专题介绍了舜耕山庄“六常管理法”的成功经验，把舜耕山庄的“六常管理法”工作推向了全国。为了将“六常管理法”推向深入，集团总结出“六常法”共性经验23条，要求各单位、各部门对照报纸中的自己寻找差距、制定措施、提升水平。年内，各单位、各部门按照集团统一要求和安排，跳出“为六常而六常”的工作思路，与实际工作紧密结合，涌现出许多新的做法和经验。“六常管理法”工作在巩固的基础上得到了进一步完善和提高。

大力提高服务水平。集团进一步加大了对宾馆设施的投入力度，投资200余万元，对宾馆大堂全面装修改造。同时，对三区客房、二楼部分宴会厅、商务中心等设施进行了更新改造，进一步提升了接待档次。为提升自身服务质量、提高员工素质，舜耕山庄每个季度开展为期一个月的以“谁的微笑最动人”为主题的“微笑之星”评选活动。员工配戴“微笑徽章”上岗，让宾客通过填写选票的方式参与到对员工服务质量、服务态度的评价活动中。活动期间，集团共收到选票两万余张，近两百名员工被提名。此项活动进一步提升了广大干部员工的职业素养，使员工们切实领会到“微笑的舜耕山庄欢迎您”这一服务品牌的实质和内涵。

会展中心办展数量继续高居全省会展业榜首。按照“营销创新、经营市场”的经营理念，坚持“以场地营销为腹地，展览展示为突破口”的经营战略，会展中心深入挖掘展会附加值，大力开展多元化经营，提高了展馆的利用率，办展数量和经营收入均保持良好的增长势头。全年共举办展会101个，办展数量名列全省同行业第一。会展中心被评为“2006年度中国(管理水平)最佳会展场馆”，并当选为中国会展经济研究会第一届理事会理事单位和山东省会展业协会副理事长单位，经济效益和社会效益进一步提高。

（高　群）

全面改造后的舜耕山庄大堂焕然一新　（舜耕山庄供稿）

旅游业

【概况】 2007年，全市旅游系统深入开展“泉城和谐城乡游”活动，大力推进“泉水之都”旅游目的地建设，积极开发旅游大项目，进一步完善旅游服务设施，加强国内外旅游市场促销，努力提高旅游产业素质，全市旅游业实现了又好又快发展。全年接待旅游者2005.8万人次，实现旅游总收入177.87亿元，同比分别增长16.5%和21.5%。其中接待入境旅游者16.06万人次，旅游创汇7075.3万美元，同比分别增长18.2%和33.1%。全面完成各项目标任务，创历史最好水平。

1.加强旅游大项目开发，进一步优化旅游资源。推进旅游规划的编制工作。长清区《五峰山省级旅游度假区崮云湖区域9.6平方公里规划》编制完成，进入审批程序。《五峰山省级旅游度假区总体规划》初步编写完成。

积极开展招商引资，推动旅游大项目建设。整合特色旅游资源，编印了《济南旅游对外招商项目册》，组织县(市)、区旅游局和企业对外招商融资。崮云湖18洞国际高尔夫球场全部建成开业。章丘清照词园、莲华山景区、历城九如山风景区、水帘峡二期工程等一批旅游项目建成开放，实施了环城河通航工程，实现了游船通航，增添了泉水旅游新产品。全市在建旅游项目25个，其中投资过亿元的大明湖综合扩建工程、鹊山龙湖工程、平阴玫瑰湖湿地公园、县西巷旅游购物商业街等较大规模的项目积极推进，部分项目2008年将建成开放。济南植物园举办了第二届山东省城市园林绿化博览会，为申办世博会创造了条件。2170平方米的济南旅游集散中心7月份建成投入运营，取得较好的社会和经济效益。

进一步推动A级景区创建工作。济南植物园建成3A级景区。旅游景区厕所创星级活动取得新进展，绝大部分景区都新建或改建一处星级厕所，共新建、扩建和改建星级厕所58处。景区综合整治取得新成效，重点整治景区（点）“三乱”现象，环境秩序大为改观。积极发展工农业旅游示范点。平阴胡庄农业观光示范园被评为省级农业旅游示范点，平阴伊利乳业有限公司被评为市级工业旅游示范点。积极开展农家乐示范工程，全市已发展农家乐近千户，农家乐从业人员5000余人。

2.多层次开展宣传促销，深入开拓国内外市场。进一步突出泉城特色，整合泉水、文化、生态、休闲等旅游资源，积极开展观泉赏泉游、历史文化游、生态休闲游、会展商务游、古城老街游、高尔夫旅游，努力打造“泉水之都”旅游品牌，扩大泉城旅游的知名度和影响力。

进一步发展入境旅游。赴韩国首尔、日本东京和香港地区开展了面向公众的“泉水之都”广场宣传促销，提升了济南市的影响力和吸引力；赴西班牙拜访世界旅游组织，就泉水文化旅游合作进行洽谈，达成了共同举办泉水旅游活动的意向；在法国巴黎开展旅游文化促销，引起较大反响。针对韩国游客，在青岛、烟台、威海举办了济南“高尔夫之旅”旅游推介会，得到了韩国客商的积极响应。组团参加了泰国旅游交易会、印度尼西亚旅游博览会。市旅游局还接待了韩国中学校长团、韩国旅游业考察团、俄罗斯记者考察团、俄罗斯旅游考察团、台湾考察团等团组来济南考察修学旅游、高尔夫旅游、温泉旅游等特色产品，推动了入境市场的深度开发。

加强区域联合，扩大对外促销，稳固发展国内旅游市场。继续巩固发展与泰安、曲阜建立的联合促销机制，加大对中、远程国内旅游市场的宣传促销力度。重点对西安、宝鸡、兰州、西宁等西北地区开展“山水圣人”旅游线促销，与当地旅行社达成了一批合作意向和协议，扩大了西北市场的影响力。联合泰安、济宁、淄博旅游局，赴东北地区开展大型宣传促销，提升了“齐鲁文化之旅”的知名度和美誉度。举办了第七届山东省周边省市旅游业务洽谈会，来自省内以及河北、河南、安徽等周边省市的200多家旅游企业的400多名代表参会，取得了较大成果，加强了与周边省市旅游企业的合作发展。举办了“6+1”省会城市经济圈旅游景区风光展，联合推介济南都市圈旅游资源。组织旅游企业参加了第三届中国（西安）旅游博览会，中国国内、国际旅游交易会，新丝绸之路—黄河经济协作区旅游合作会等专业会展活动，积极招徕客源，取得了富有成效的合作成果。

大力加强媒体促销。在中央一套和四套播放济南旅游宣传片，在山东卫视播放黄金周专题广告片。抓住2007全国旅游工作会议在济南召开的契机，在中央、省、市主要媒体开辟专题、专栏、专版，增加动态新闻宣传报道，在《北京新旅游交通手册》等专业刊物进行广告宣传。全面改版济南旅游网，丰富了网站信息，增加了商务服务项目，网站利用率明显提升，被评为“济南优秀网站”。与《济南时报》联合举办了4期泉城旅游发展论坛，加强了业界的交流合作。

积极开展旅游节庆活动，发展节庆会展旅游。举办了2007济南民俗风情旅游节、第七届中国（济南）国际旅游交易会、国际艺术歌会、辉煌中国——老爷车济南行等活动。“2007济南民俗风情旅游节”推出了泉城广场民俗文化展示、大明湖文化旅游庙会、趵突泉灯会等一系列民俗活动，成为济南市春季大型品牌旅游活动。国际旅游交易会设展位500多个，参展企业近1200家，其中国际展位113个，国际展位数量和档次创济南市历届旅交会之最，取得了丰硕成果。黄金周期间，组织各景区（点）举行丰富多彩的旅游活动，推动了假日客源市场的兴旺火爆。各县（市）、区还举办了平阴玫瑰节、第二届郁金香节、红叶节、长清玉杏采摘节、历城春季赏花会、千佛山会等特色旅游活动，促进了城乡和谐游的深入发展。鼓励发展影响大、档次高、效益好、对旅游业拉动性强的大型会展，制定了会展奖励政策，全年全市共举办各类会展100多个。进一步修订完善了对旅行社的奖励办法，鼓励旅行社扩大境内外客源。

3.加强行业建设，进一步提升产业素质，加强行业队伍建设。积极壮大星级饭店队伍，新批星级饭店11家。全市星级饭店数量已达86家，其中五星级3家、四星级17家、三星级34家。开展旅游星级餐馆试点工作，全年共发展13家，其中五星级餐馆1家，四星级餐馆3家。截至年底，全市共有星级餐馆17家，其中五星级1家、四星级4家、三星级8家。绿色饭店建设取得明显成效，全年共批准28家绿色饭店，绿色服务成为饭店的新亮点。新成立旅行社18家，引进全国百强社港中旅和南京大华旅行业在济南设立分支机构，增强了济南市旅行社的竞争实力。截至年底，全市共有旅行社208家，其中国际社24家、国内社184家。深入开展创建“十佳旅行社”和“二十强旅行社”活动，旅行社的接待服务和经营收入明显提高。

大力提高旅游队伍素质。深入开展诚信旅游建设和细微服务活动，积极开展精神文明建设和创建“青年文明号”活动，旅游服务再上新台阶。旅游示范企业达到20家，细微服务达标率达到80%以上，青年文明号岗位达到41个。制定了《济南市旅游局关于进一步加强全市导游队伍建设的意见》，改革导游年审办法，对导游员开展了上岗前培训、“济南一日游”和济南市情培训，导游队伍的服务水平有了新的提高。建立了齐鲁导游服务中心人才网，加强社会兼职导游队伍管理。积极倡导文明旅游，发放了上万册《中国公民出境旅游文明行为指南》和《中国公民国内旅游公约》，组织志愿者在景区劝阻不文明行为，文明旅游日益深入。

加强旅游市场秩序整治工作。联合公安、工商、物价、质检、交通、卫生等相关部门和新闻媒体对全市旅游市场进行了一系列检查，重点检查旅行社超范围经营、无证无照经营、承包挂靠、非法转让经营权等问题，进一步规范了旅游市场秩序。坚持加强旅游安全工作，行业单位全部建立了安全工作制度及安全事故应急预案，节假日坚持对旅游市场进行安全大检查，确保各项工作安全有序。

（董建国）

责任编校　张　阳

对外经济贸易

对外贸易与对外经济技术合作

【对外贸易概况】 见“济南概貌·改革开放”分目

【外企服务成效显著】 2007年，全市有40家外资企业实现增资扩股，增加外资2.59亿美元，外商投资企业增资占全市实际利用外资总额的54%。外商投资企业出口创汇7亿美元，占全市出口创汇总额的22%，交税60亿元，同比增长40%，从业人员超过11万人，占全市企业就业人数的8.5%。在济工作的外籍人员达1050人，比上年增加135人。

（胡安健　胡家华）

【外企在济发展环境变化明显】 2007年，市外经贸局对全市100家重点外商投资企业进行上门调查服务，摸清企业在生产经营中遇到的困难和问题，逐一进行协调解决。组织召开了市长与跨国公司总经理座谈会，听取外商对济南市发展的意见和建议。组织举办了由全市35个职能部门、10家500强外企和20余家重点外企参加的“济南市优化投资环境宣传日”活动，现场接受外企投诉，提供政策咨询。组织第二届外企文化节，举办了一系列文化活动。全年办理代办事项230余件。接待受理投诉100余件，立案受理32件，处理解决31件，处结率97%。对全市优秀外商联络代办员进行了评比表彰。“外商服务月”被评为“精神文明创建活动著名品牌”。

（胡安健　胡家华）

【国际贸易促进工作】 2007年，济南市贸促系统紧紧围绕全市经济发展战略，充分利用自身职能和外联优势，为全市外向型经济发展服务，在促进国际经济合作、国际贸易发展等方面，取得了显著成绩。

1.招商引资。全年接待10余批来自台湾、香港和福建的客人，对济南市历城区、天桥区、市中区、槐荫区、章丘市等县(市)、区进行实地考察；引进外资项目2个、内资项目3个，合同、协议总投资额100多亿元，实际到位资金20多亿元。

2. 国际联络。接待境外来访团组9个、62人次；与美国、印度、法国等7个国家驻华使领馆、商参处保持着经常性联系；与14家境外贸易促进机构或商协会签订了长期友好合作协议；与27家境外商协会联系紧密、交流合作频繁；带领企业赴北京参加了一系列高层次的经贸活动，其中，参加“2007中法企业论坛暨经贸洽谈会”取得成绩尤为显著，达成合作意向4份，涉及金额2800多万欧元；在济举办了5场经贸洽谈会，组织86家对口企业参加了洽谈；组织4个经贸代表团出访，达成7个合作意向，落实260万元订货合同。

3.国内展览。在济南市共主办或承办了10个大型展览会，累计5500个展位，参会观众49万人次，现场交易6.8亿元，意向成交31亿元，带动其他相关产业收入约18亿元；组织27家企业以济南展团形式赴上海、青海、太原等国内其他城市参展，帮助企业更好地发挥比较优势，开拓新市场、结识新客户，共达成11个合作意向，现场成交金额260多万元。

4.国际展览。组织企业赴境外参加了16个国际展会，共帮助企业结识专业客户775个，现场成交345万美元，贸易成交合同金额1500万美元，达成了一批出口意向。其中，在“2007哥斯达黎加中国贸易展”上，市贸促会共申请18个展位，是全国参展团组中申请展位最多的组织单位，在来自北京、重庆、山东、江苏等8个省市的众多参展企业中，市贸促会带领的济南展团表现突出，受到中国贸促会的表扬，《人民日报》进行了报道。

5.出证认证。全年共签发原产地证明书2926份，认证涉外商业单据310份，办理国际商事证明书197份，代办领事认证193份，同比分别增长47%、187%、70%和44%。

6.会员事务。经过多年不懈努力，覆盖全市的贸促工作网络初步形成，全市10个县(市)、区全部成立了贸促支会和国际商会。其中，市中区、历下区、长清区、天桥区、槐荫区、商河县等6个区、县明确了独立编制，配齐了班子人员，行政经费、办公用房等得到了充分保障。编印《济南贸促通讯》5期2000多份，宣传贸促会的业务职能和重大活动，帮助各县(市)、区贸促支会扩大影响、增强作用。

7.信息服务。积极筹建“济南市企业国际化经营信息数据库”；依托济南国际贸促信息网的服务器平台，帮助长清和平阴贸促支会设计、建设了自助网站；以福州商会为主，开展了团体会员网站建设调研工作；配合国家贸促会驻新加坡首代履新，对新加坡及其他东盟国家在济投资情况进行调研，并广泛征求全市企业对加强与东盟国家经贸往来的意见；济南国际贸促网综合指标在全国贸促系统各分会中位居前列，济南童博会官方网站获选济南市十佳商务网站。

（赵常昭）

【2007中国(济南)儿童用品国际博览会】 7月6~8日,由中国国际贸易促进委员会、济南市人民政府、中国青少年协会主办,中国国际贸易促进委员会济南市分会承办的"2007中国(济南)儿童用品国际博览会"在济举行。本届展会共有国内外参展企业190家、展位438个,室内外展出面积共计2.3万平方米,规模在全国同类展会中位居前列;参会观众30多万人次;国内外2000多名专业采购商参会,现场订货及销售额达3000多万元,签订各种销售协议和意向300多项,金额达3亿多元;国际化程度比首届展会有较大突破,来自境外的有韩国和美国的6家企业11个展位,来自境内的有19家外资和台资企业81个展位,占总展位数的21%。同时,丰富多彩的活动也成为展会的一大亮点。ABC童装儿童模特秀、金宝贝早教课堂等活动吸引了大量观众。童博会在一定程度上已经成为全市一项大型的公益性活动。 (赵常昭)

【概况】 2007年,济南海关累计监管进出口货物596万吨,货物总值25.4亿美元,同比增长84.7%;审核报关单2.36万票,增长36.8%;税款入库9.07亿元,增长6.9%;减免税款5.1亿元,增长50%;加工贸易实际进出口值4.7亿美元,增长26.6%;全年监管进出境航班2733架次、进出境人员13.6万人次,分别增长27.7%和17.3%;监管进出境邮递物品145.5万件,增长40.9%;完成罚没收入902万元,完成全年任务的150%。

1.税收征管。一是推动平均审价向分类审价转变,各月价格水平均在0.95以上,全年审价补税1060万元,审价补税率1.17%,创历史最高水平;二是加强商品归类审核管理,申报规范率和归类质量进一步提高;三是严格减免税收审批和后续管理,防止税款跑冒滴漏,税收入库及时率达99.9%;四是不断提升审单工作质量,大力推行"报关单复核"和"日清日结"制度,滞报金规范审批率为100%;五是发挥稽查对税收的后续保障作用,通关、稽查联合后续补税5起,补税额813万元,两项指标分列关区第1和第2位。

2.查缉走私。规范缉私部门与其他业务现场的联系配合办法,集中力量打击偷逃税款多、性质恶劣、社会影响大的走私犯罪活动,在货运、减免税等重点渠道,关警协同作战能力明显增强。全年刑事立案5起,移送起诉2起,抓获犯罪嫌疑人12名,刑事执法完成全年任务的138%;发挥情报工作主导作用,通过情报自侦,查发案件,完成罚没收入740万元,占全年罚没收入总数的82%;行政立案31起,案件审结率、执行率均为100%,办案周期从上年的36.2天降低到11.7天,无复议、诉讼案件发生。

7月6~8日,2007中国(济南)儿童用品国际博览会在济举行。图为开幕式现场。
(市贸促会供稿)

3.监管通关。充分发挥风险管理对监管通关业务的支持作用,强化选择查验工作,查验率、查获率分别达4.7%和9.4%;风险识别作业有效率达1.8%,超过年初1%的目标;风险信息采用率为98%,信息应用实现补税317万余元。邮递物品监管保持关区领先,案件查获比率等4项工作质量指标均列关区首位。旅检工作质量不断提升,查获限制进出境物品总值354万元,移送案件比率为100%。在济南国际机场开工建设海关集中监管仓库,实现空运货物移动、装卸、存储等全天候、全过程的集中监控。出口加工区监管货运量10751.2吨,同比增长82.6%;进出口总值为9967.4万美元,同比增长136%,海关驻区监管工作逐步走上了良性快速的发展通道。

4.加工贸易监管。积极应对国家加工贸易政策调整,举办加工贸易政策培训班、宣讲会7次,辖区加工贸易企业培训覆盖率100%。把杜绝加工贸易业务差错、提高工作质量作为重中之重,形成操作规范、控制有力的加工贸易监管机制。加工贸易手册报核及时率、结案及时率、超期手册清核率均为100%,进出口总值倒挂率为0。

5.海关稽查和企业管理。在全面排查辖区企业生产经营状况的基础上,确定稽查重点,开展专项稽查联合行动。全年共稽查企业82家,后续核查减免税企业147家。稽查移交案件10起,查发追补税情事33起。稽查补税实际入库1537万元,其中特许权使用费稽查补税377万元,再创历史新高;对版权使用费的稽查补税实现了青岛关区零的突破。企管工作不断加强,辖区内新增5家诚信企业。报关员记分、培训、考核和监控分析工作不断加强，报关质量稳步提升。

6.积极支持和服务地方经济发展。一是积极配合总关领导济南现场办公取得成功。事前与市外经贸局联合发布《关于征集对海关工作意见和建议的通知》，配合总关广泛征集地方政府、外经贸主管部门和企业对海关工作的意见和建议以及在进出口过程中遇到的问题和困难，增强现场办公的针对性和实效性，做好前期准备。事中为恳谈会、企业现场办公提供周到严密的组织协调和服务保障。事后对所有答复问题进行分类梳理，集中解决企业的实际困难，并及时向政府和有关企业反馈结果，确保问题件件有回音、事事有落实。现场办公会在济南社会各界牢固树立了海关心系经济发展、真诚服务社会的良好形象。二是积极实施诚信企业管理。选择钢铁、制药、汽车、电子等行业的12家重点大型进出口企业，实行"即报即放、先放后税"的信用通关模式，支持辖区外贸骨干企业做大做强。三是采取实际措施支持软件外包出口。为支持济南市"软件城"建设，成立海关工作小组，召开业务推介会，试点运行了软件出口监管业务，力推无纸通关等优化软件出口通关环境的便利措施。全年共监管出口软件价值982.5万美元，比2006年翻了一番。四是全力推广"多点报关、口岸验放"监管模式，确保辖区企业全方位、多层面地享受到虚拟港口的快捷通关便利。全年增加"多点报关、口岸验放"企业72家，占现场审核报关单的97%，同比增长25%。五是大力推动电子海关建设。全年网上付税税单比、税款比均达到98%以上，比上年增加21个百分点，无纸通关交单及时率达99.99%；加工贸易联网监管企业43家，联网监管覆盖率为84%，列关区第3位；无纸报关单量增长了565%。六是着力提高服务，优化通关环境。将机场通关现场的上班时间提前1小时；顺应国际物流运作和企业即时生产需要，实现全天候、无假日通关；采取联合下厂的方式，整合稽查、减免税中期核查等检查任务，尽最大可能减少对企业生产经营的影响。七是创新保税仓库监管模式。为山东太古公司"量身定做"监管模式，紧紧依靠中国电子口岸、总关加贸处等单位的大力支持，移植正在首都机场海关运行的"中国电子口岸保税仓库管理系统"，并完成程序修改和系统测试，基本满足了山东太古公司飞机保税仓库的业务需求。

（于　鹏）

出入境检验检疫

【概况】 2007年，出入境检验检疫部门共检验检疫出入境货物12047批、货值13.23亿美元，同比分别增长15.96%和30.53%；检疫查验出入境人员130933人次，同比增长6.29%。在完成检验检疫中心任务的同时，各项工作都取得较好成绩。

1.大力加强产品质量和食品安全监管工作。认真贯彻落实《国务院关于加强食品等产品安全监督管理的特别规定》和上级部门的一系列工作部署，加大检验检疫监管力度，努力构建工作质量长效机制。积极开展食品农产品专项整治活动，先后3次召开重点进出口企业负责人会议，并发出《致济南市进出口企业负责人的一封信》，宣讲专项整治的要求。对全市进出口企业进行拉网式大检查。其中清查出口食品农产品原料基地20个，取消备案基地资格10家，清查率100%；清查出口食品卫生注册登记企业26家，清查率100%；清查肉类产品储存企业，济南口岸无肉类等产品进口，清查率100%；清查空港食品生产经营单位29家，限期整改27家、查封2家，清查率100%；清查出口宠物食品和饲用剂企业各1家，出口产品100%来自注册登记企业；清查出口水果基地4家以及为其提供包装的企业3家，清查率100%，出口水果100%来自注册登记企业；清查出口摩托车、小家电、沙滩车等企业6家，取消1家企业的沙滩车出口质量许可证，清查率100%；清查备案进口废物原料登记企业5家，企业将进口废塑料100%交付备案加工企业使用；清查输往有关敏感国家的食品4批，清查率100%；清查代理报检单位6家，限期整改1家，清查率100%；清查出口非法定检验产品企业44家，清查率26.6%。

2.积极促进工业品出口。济南市出口产品结构不同于省内其他地区，以工业品为主。检验检疫部门采取措施，有针对性地开展工作。一是制定《机电产品出口企业监管工作制度》，为重点出口企业因地制宜地制定年度监管审核计划，确保日常监管工作有章可循。全年检验出口机电产品价值6.15亿美元，同比增长99.56%。二是加快推进电子执法工程建设，全市实现检验检疫电子监管数据监控的出口企业达到59家。三是认真落实出口工业产品、高新技术产品"百家企业帮扶计划"，积极帮助重汽集团开展国际认证，使近千辆获"三C"认证的汽车顺利出口，为其产品大批量进入俄罗斯市场铺平了道路，全年检验重汽集团出口汽车价值2.62亿美元；帮助济南二机床集团有限公司实现具有完全自主知识产权和自主品牌的重型锻压设备首次向澳大利亚出口。

3.创建国际卫生机场工作通过国家质检总局考核验收。检验检疫部门在前期工作基础上，强化空港卫生监督管理，与各餐饮服务单位签订《口岸食品卫生安全承诺书》，指导帮助全部3家航空配餐企业通过了ISO9000质量体系认证，并对这3家企业全部开通视频监控系统。6月下旬和10月中旬，国家质检总局两次对济南机场创建国际卫生机场工作进行督导。9月，省政府召开济南机场创建国际卫生机场工作现场督导会议，对下一步的创建工作提出了要求。检验检疫部门和机场主管部门高质量完成了"创卫"总体工作报告和13个专业技术报告以及其他相关工作。12月2日，作为济南"创建文明城市"2007年百件实事之一的济南机场创建国际卫生机场工作，顺利通过国家质检总局考核验收。济南机场成为继深圳、北京、上海、海口、南京、广州、成都机场之后第8个通过国家级考核验收的国际卫生机场。

4.科研工作有新进展。年内有4项科研成果通过鉴定，其中有2项获国家质检总局科技兴检三等奖，同时获山东检验检疫系统科技进步一等奖，另有1项获山东检验检疫系统科技进步二等奖。

5.精神文明建设取得好成绩。全面推进机关精神文明建设，积极参加“创城主题行动”，1个部门被表彰为“济南市创城主题行动基层先进单位”，1个部门新获省级“青年文明号”称号。济南出入境检验检疫局被山东省精神文明建设委员会评为“省级文明机关”。

【进出口商品检验鉴定监管】 2007年，济南地区进出口商品检验量增长幅度较大，共计检验10714批，货值12.7526亿美元，同比分别增长14.34%和29.77%。其中检验进口商品1749批，货值2.6745亿美元，同比批次下降2.78%，货值增长43.06%；进口商品检验合格1709批，货值2.6536亿美元，合格批率为97.71%；不合格40批，涉及货值209万美元，不合格批率为2.29%。检验出口商品8965批，货值10.0781亿美元，同比批次、货值分别增长18.41%和26.16%；出口商品检验合格8945批，货值10.0213亿美元，合格批率为99.78%；不合格20批，货值568万美元，不合格批率为0.22%。完成外商投资财产价值鉴定5起，总报价369万美元，鉴定价369万美元。完成出境危险货物包装鉴定和出境一般货物包装鉴定910批。签发出入境检验检疫证单总计17527份，其中进出口商品通关单9021份，同比增长12.24%。签发普惠制原产地证书2637份，签证金额17076万美元，同比分别下降42.81%和45.14%。签发一般原产地证书2054份，签证金额7493万美元，同比分别下降29.22%和16.61%。

加强对进口废旧物品的检验监管工作，从22批进口旧机电产品中检出有问题的产品3批，依法监督有关单位退运出境或销毁处理。检出2批不合格进口废纸。加大执法力度，严厉查处进口商品逃避商检的违法行为，年内共对8起违法行为依法进行了查处。

【进出境动植物检疫】 共检疫进出境动植物及其产品1333批，货值4774万美元，同比分别增长30.55%和54.87%。其中检疫进境动植物及其产品388批，货值2277万美元，同比分别增长66.52%和279.50%；检疫出境动植物及其产品945批，货值2497万美元，同比分别增长19.92%和0.58%。检疫进境集装箱1495标箱，同比下降16.11%；卫生除害处理475标箱。检疫进出境货物木质包装2012批、53921件，同比分别增长62%和167.61%。其中检疫进境货物木质包装1257批、14087件，出境货物木质包装755批、39834件。从进境木质包装中截获有害生物3批；检出不合格进境水产品2批；从2批由印度输入的棉花中检出有害生物和杂草种子；从空港入境旅客携带物中检出有害生物6种，其中截获锯胸叶甲在我国国境口岸尚属首次。认真做好第五届中国国际农产品交易会的进境食品农产品检验检疫工作，对参展的19个国家和地区的食品、农产品进行了现场检疫监管，按规定处理了展后水果和检出的有害生物。加强实蝇监测，年内布设实蝇监测点65个，监测实蝇2种，诱捕实蝇44头，同比增加33头。

【国境卫生检疫】 2007年，济南国际空港出入境人员继续增加，共检疫查验130933人次，同比增长6.29%，其中检疫查验出境人员66278人次，入境64655人次，同比分别增长3.73%和9.81%。出入境人员健康体检10338人次，同比增长19.13%；检出性病、乙型肝炎等各类疾病3290例，同比增长22.08%；问题检出率为31.82%。从入境人员中检出2名艾滋病病毒感染者。出境人员预防接种11897人次，同比增长16.35%。检疫出入境飞机1398架次，同比减少8.21%，其中检疫出境飞机700架次、入境飞机698架次，卫生消毒处理出入境飞机337架次。从空港进境旅客携带物中截获禁止进境物186批，同比增长46.46%。加强国际空港的卫生监督，对机场内餐饮业从业人员体检807人次，发放从业人员健康证795份，签发机场食品生产经营单位卫生许可证5份。

对出入境食品、化妆品实施卫生检验监督558批，货值2423万美元，同比分别增长15.77%和3.35%。其中出境食品、化妆品465批，货值1698万美元；入境食品、化妆品93批，货值725万美元。检出总糖超标及含量实测值与标签标注不符的进口葡萄酒7批，销毁不合格进口奶酪1批。

【农产品检测】 山东出入境检验检疫局农产品检测济南分中心共计完成检测任务14988批次、42646项次，同比分别下降19.27%和增长59.79%；检出各类阳性结果108批，主要有农兽药残留、有毒有害物质、植物病虫等，同比增长100%。在做好日常检测工作的同时，完成覆盖山东中西部9个市的农兽药残留监控任务1612批次。继续承担了出口鱼类鲤春病毒病和锦鲤疱疹病毒病疫情调查工作，并完成鱼病检测任务720批次。完成进口棉花实验室检测383批，不合格174批，批次不合格率为45.4%。年内新开发检测项目45个，建立了气质联用测定蔬菜、水果中36种农药残留的快速检测方法。较出色地完成了出口宠物食品中三聚氰胺、进口蜜饯和口香糖中甲醛含量的检测任务。参加了国际国内实验室水平测试和能力验证活动，涉及农药残留、兽药残留、食品添加剂、常规理化、微生物等20余个项目。

（王　沂）

责任编校　张　阳

财税审计

财政

【概况】 2007年,济南市财政局不断推进改革创新,强化服务意识,改进工作作风,大力培植财源,狠抓增收节支,全年完成地方财政收入157.02亿元,增长22.25%。财政支出着力改善民生,注重解决人民群众最直接、最关心、最现实的利益问题,为促进全市经济发展,构建和谐济南作出了新的贡献。 (刘宗海)

【发挥财政政策和资金导向作用】 1.工业经济发展引导资金导向作用明显。为提升济南市传统产业技术含量,加快企业产品更新换代步伐,实现经济发展方式的转变,市财政为29个技术改造项目企业、20个自主创新企业、20个中小企业,安排工业经济发展引导资金6000万元。安排财政资金983万元,支持16个科技型中小企业的技术创新和高新技术成果产业化。

2.增设服务外包产业发展专项资金。为抢抓以服务外包为主的世界新一轮服务产业转移的战略机遇,加快济南市服务外包产业的快速健康发展,在往年安排1000万元外经贸发展专项资金的基础上,从2007年开始,市财政加大了对服务外包产业的扶持力度,设立了2000万元的服务外包产业发展专项资金,全年拨付1077万元,专项用于引导、扶持服务外包产业的发展。

3.积极支持济南卷烟厂易地扩建。为支持济南卷烟厂易地扩建,巩固培植财源,根据2003年第15次市长办公会议纪要精神,市政府对济南卷烟厂迁建给予2亿元的土地补偿和8000万元的建设配套费返还。2007年又预算安排5000万元资金,专项用于支持济南卷烟厂易地扩建工程,保证了项目建设得以顺利实施。

4.优化金融发展环境。本着积极培植财源、不断壮大财力、充分调动金融企业积极性的原则,制定了《关于对金融业纳税大户进行奖励的建议》,配合市金融办拟定了《济南市人民政府关于促进金融业发展的若干意见》,并每年安排1000万元作为金融业发展基金。

5.认真做好财源建设工作。为进一步加强财源建设,优化财源结构,促进地方财政收入规模和质量稳步提高,按照市委、市政府的部署要求制定了《济南市人民政府关于支持财源建设工作的意见》,同时,市财政局下发了《关于加强财源建设工作的实施细则》,从2008年开始,每年预算安排8000万元财源建设专项扶持资金,专项用于对财源大户和成长性好、发展快的财源单位的扶持以及对贡献大户法定代表人和县域财源建设单位的奖励。

6.积极利用政府外债支持地方经济建设。截至2007年底,济南市共利用国际金融组织和外国政府贷款项目33个,累计利用外债13.11亿元人民币,在全省17个地市中列第4位,外债项目涉及工业、农业、教育、电信和环保等领域。在33个外债项目中,已执行完毕的有19个,正在实施的有14个。重点支持了商河县利用亚行贷款658万美元建设污水处理厂项目、济南市城市交通发展、北郊热电厂、"120"急救网络项目和济阳县医院医疗设备项目。

7.发挥公共财政职能,确保公用事业正常发展。2007年,为实现公共交通优先发展战略,拨付财政专项补助2.11亿元;组织专人对燃气企业全年燃气供应情况进行调查测算,拨付燃气企业财政补贴资金3291万元,保证了燃气价格的稳定;为稳定居民冬季取暖价格,保证热电企业连续生产,财政共拨款1.02亿元。

8.积极支持企业发展。①利用财税政策减免企业税款,优化发展环境。为重汽等35户企业改制中土地房产权属过户减免契税,减免金额4164万元,为企业重组和上市创造了条件。对困难居民住房落实减半征收契税政策,减免契税1.29亿元。②积极筹措资金,支持国有企业改革、改制及结构调整,全年拨付资本收益和土地出让金3.03亿元。③对中小企业担保专户资金实施监管,确保担保资金安全性。根据《济南市中小企业担保资金管理暂行办法》规定,对中小企业担保中心的担保资金设立专户,对担保中心提出的每一笔担保业务,认真审核,确保担保资金安全性。2007年,担保中心共为36家企业的45笔业务提供了担保,担保金额达1.2亿元。

9.加大科技投入力度。整合资金1.2亿元,用于支持"双高人才"培训以及拔尖人才、青年科技创新人才的选拔、培养和管理,支持高层次人才的引进;支持企业技术改造、技术创新和新技术开发,提高了企业自主创新能力和综合竞争力。为进一步推进创新型城市建设,统筹专项资金5660万元,用于奖励获得全市科学技术奖、专利奖、名牌产品奖等10大类199个奖项的先进单位和个人。 (刘宗海)

【大幅提升财政收入】 1.依法征收,均衡入库,实现财政收入较大幅度增长。根据市委、市政府2007年对财税工作的要求，在与市国税局、地税局等征管部门协调落实本级任务的同时，及时向他们通报各县(市)、区政府的预算安排意见，通过有效措施确保全年收入任务圆满完成；适时分析全市经济运行情况和财政收支预算执行中存在的矛盾和问题，及时提出建议和修订措施，确保了各项财政收入任务的完成。加强调度分析，强化均衡入库和应收尽收，坚决不收过头税，积极处理个别县、区收入中的不合理因素，提前21天超额完成市人代会批准的148.99亿元的收入任务，收入规模再创历史新高。全市契税、耕地占用税实际入库8.36亿元，比上年增加8100万元，增幅11%。其中，市本级契税完成3.13亿元，比上年增加2900万元，增长10.21%；耕地占用税实际入库9331万元，比上年增加2031万元，增长27.8%。

2.建立健全规范的非税收入管理体系，非税收入实现快速增长。进一步加强和完善非税收入征管措施，强化非税收入征管手段，加强非税收入源头管理，突出以票管收，源头控收，全年全市实现非税收入195.12亿元，增长48.1%。其中，市本级非税收入实现155.1亿元，占总收入的79.49%，较上年同期增加58.6亿元，增幅为60.6%。征收污水处理费9267万元，安排支出6713万元，保证了全市污水处理企业的正常运行。

3.全面规范土地收支管理，土地收入大幅增长。全面落实中央及省规范国有土地收支管理改革规定，深化收支两条线管理制度，加强资金收支监管，土地出让收支均大幅度增长。2007年，市本级土地出让收入上缴国库110.34亿元，较上年增加50.1亿元，增幅为83.17%；成本支出64.2亿元，较上年增加40.5亿元，增幅为171%；实现土地纯收益36亿元，较上年增加5.8亿元，增幅为19.21%。2007年，全市福利彩票销售收入突破7亿元大关，比上年同期增长40%；体育彩票销售收入突破3亿元，比上年同期增长11%。

4.加强住房资金管理，确保资金保值增值。加强住房资金管理，切实做到统一管理、专户存储、分类核算、专款专用、安全运营、服务于民。2007年济南市全辖归集公积金30亿元，比上年同期增长11%；全辖发放住房公积金个人购房贷款20亿元，比上年同期增长74.6%；共为10300户职工家庭解决了购房资金需求，实现增值收益6125万元。 （刘宗海）

【支持新农村建设】 把“三农”工作作为重中之重，以“十大行动”为抓手，加大支持新农村建设力度，把支农惠农政策落到实处，积极筹措资金，确保了各项行动的顺利实施。2007年全市支持新农村建设“十大行动”资金总计17.7亿元，其中市本级财政安排的资金11.7亿元。分别为：“农民增收行动”8.72亿元，“城镇建设行动”4200万元，“道路畅通行动”1.57亿元，“饮水安全行动”1.65亿元，“生态富民行动”6611万元，“造林绿化行动”1.02亿元，“医疗惠民行动”8119万元，“教育振兴行动”2.43亿元，“弱势保障行动”3216万元，“市场拓展行动”929万元。

1.全面落实支农惠农政策，支持发展优势产业。以农业增产增效、农民增收、农村稳定为中心任务，继续坚持“多予、少取、放活”的工作方针，加大支农投入，优化支出结构，突出支持重点。一是积极争取中央、省财政的扶持，争取上级扶持资金1.9亿元，加大了济南市农业发展的投入总量。二是投入资金1800万元，实施了农作物良种、农机具购置等补贴。对全市约113333.3公顷优质专用小麦、玉米良种给予补贴，受益农户达36万余户；对616家农户和农机合作组织新购置的894台农机具给予补贴，带动社会投资2045万元；安排资金973万元对全市15.75万头能繁母猪按每头50元进行补贴，对220万头存栏生猪进行强制免疫，生猪存栏量明显回升，稳定了猪肉市场价格。三是安排资金2075万元，新建改建优质农产品基地80余个；安排资金672万元，支持农产品质量标准、检测和认证3个体系建设。四是采取财政贴息、财政补助等形式安排资金2586万元，对45家农业龙头企业的技术改造和规模扩大给予专项扶持。

2.支持农业基础设施建设，构建现代农业生产体系。一是安排资金1.3亿元，支持中、小型水库除险加固、河道治理等水利骨干工程建设。重点支持了腊山分洪工程、51座病险水库除险加固、60个水毁工程项目修复和5条骨干河道治理。二是安排农业综合开发和整理项目资金积累4140万元，进行水、土、田、林、路综合治理。三是采取以奖代补、奖补结合的方式，引导各县(市)、区加大投入力度，加快“村村通自来水”工程建设进度。市以上财政投资1.2亿元，新建农村自来水工程85处，新增受益人口61.53万人，全市农村自来水入村率达到90.9%。四是继续实施节水灌溉和“两湖一河”流域农业面源污染治理项目。安排资金363万元，新增节水灌溉面积1333.33公顷；安排资金4420万元，大力实施“生态富民行动”，支持全市新建农村户用沼气池5万户；安排资金400万元推广实施测土配方施肥面积达20.8万公顷，并向30万农户免费提供技术服务，促进节本增效1.2亿元；安排资金970万元支持秸秆综合利用和秸秆还田，全市秸秆综合利用率达到80%以上，初步解决了因秸秆焚烧造成的环境污染和影响交通安全问题。五是安排资金4812万元，支持绿色通道、封山育林、荒山绿化等工程建设。全市新增造林合格面积约1.05万公顷，森林覆盖率达26.6%，创历史最高水平。六是加快小城镇建设。投入5000万元土地出让金用于城镇建设行动，一批生态型、特色型小城镇的建设，明显增强了小城镇对新农村建设的辐射拉动作用。

3.积极做好种粮农民直接补贴发放工作。建立“粮食直补动态数据库”，将种植面积、人员、开户银行等信息纳入计算机系统，采取实名存折“一卡通”制度，实行动态管理。全市共发放种粮农民直接补贴资金5183万元，农资综合直补资金1.13万元，补贴小麦种植面积24.67万公顷，补贴农民88万多户，受益人口308万人，极大地调动了种粮农民的积极性。

4.全面做好成品油价格改革补贴兑付工作。由于国际市场的变化，国内成品油价格大幅上涨，为了不使群众利益受损，中央及时出台了对成品油价格进行改革的办法，涉及渔业、林业、城市公交、农村道路客运、出租车、农村水路客运等。根据中央精神，市财政局制定了科学的补贴方案，界定了补贴范围，及时解决补贴中存在的问题。2007 年全市两次兑付成品油价格补贴资金共计 1.02 亿元。其中，对农村客运（出租）发放补贴 2939.9 万元，受益车辆达 18086 辆次。

5.积极实施“万村千乡”市场工程，支持农村现代流通网络体系建设。为搞活农村流通市场，改变农村市场发育不完善、农民卖难买难的状况，按照全市“市场拓展行动”统一部署，安排资金 200 万元，专项用于农村现代流通网络建设；安排专项资金 603 万元，专项用于扶持建设“农家店”1000 个、县级配送中心 3 处、乡镇驻地超市 6 处。

6.整合资金，少取多予，把党的温暖送到千家万户。一是继续推行医疗惠农行动。按照各级财政对参合农民每人每年的补助不低于 40 元的要求，重新调整了财政补助标准，投入 3875 万元，使全市 309 万人参加了新型农村合作医疗，参合率达 97%；投入 4244 万元，完成 32 所农村卫生院建设，达到了机构布局合理、基础设施齐全、管理体制完备的“多层次、一体化”农村卫生服务网络要求。二是全面启动农村低保制度。市政府决定，2007 年把年人均纯收入低于 800 元的农村困难居民纳入低保范围。市财政投入 612 万元，解决了 6.38 万农村困难群众的生活问题。三是实施农村五保人员财政供养政策。按照市、县（市）区、乡镇三级联保的原则，结合济南市的经济发展水平和各县（市）区财力、保障对象等情况，确定了供养标准和分担比例，投入 887 万元提高了 17206 名五保老人的生活水平。投入福利彩票公益金 7790 万元，用于 53 个乡镇新建改扩建敬老院、福利企业残疾职工生活补助、农村五保户供养和农村老年活动基地建设，促进了社会主义新农村建设。

7.积极支持农村学校的建设和发展，进一步改善农村学生的就学环境。安排资金 5616 万元，全部免除了农村义务教育阶段学生杂费；安排 2000 万元，用于农村中小学校舍升级改造工程，新建、改建、扩建校舍 10~12 万平方米，加快了农村实验室设备、仪器的标准化配备，使农村中小学实验室和功能教室建设逐步达到国家一类配备标准；安排 668 万元用于支持农村学校取暖工程，使全部中小学校实现“单元式集中取暖”；安排 330 万元，继续支持课桌凳更新配备工程，集中采购 5 万套课桌凳，对严重破损的课桌凳进行了部分更新；安排 2295 万元用于农村职业教育、农村中小学校园文化建设、现代远程教育和农村示范乡镇补助。（刘宗海）

【发挥公共财政职能】坚持以人为本，着力改善民生，全年社会保障投入共计 16.29 亿元，增长 31.69%。

1.实施更加积极的政策推动就业再就业工作。以援助就业困难人员为重点，全面落实就业再就业政策。投入资金 5181 万元，落实了 7752 名就业困难人员岗位和社保补贴，1130 名零转移困难家庭成员培训补贴，4770 名农村协理员补助金，34500 名进城务工人员的职业介绍补贴，2.6 万名下岗、失业和农村劳动力人员的职业培训补贴。

2.积极筹措资金，做到“应保尽保”。一是确保企业离退休人员养老金的按时足额发放。2007 年，济南市企业养老保险金实际缺口 2.25 亿元，市财政及时调剂资金转入财政专户，确保全市 24.6 万名企业离退休人员养老金的足额发放。二是扎实做好困难企业军转干部解困工作。自 2007 年 1 月 1 日起，提高了企业军转干部各项解困补助标准。及时筹拨解困资金 3800 余万元，切实保障了 5042 名困难企业军转干部的基本生活。三是全面推进双拥工作。按照市委、市政府认真做好退役士兵安置工作的要求，安排资金 2511 万元，为安置和培训退役士兵、走访慰问驻济部队、开展双拥共建活动提供经费保障，为济南市荣获“双拥模范城”六连冠作出了积极贡献。四是努力做好灾后救助工作，确保受灾群众生活安定。济南市遭遇“7·18”特大暴雨后，按照市委、市政府决策，坚持“急事急办、特事特办”，及时将筹集的 3120 万元资金用于受灾群众的生产、生活补助，受救助家庭达 31224 户。五是多方筹措资金，保障离休干部待遇落到实处。为解决部分差额和自收自支事业单位离休人员因统发补贴未能落实而不断上访的问题，自 2007 年 1 月 1 日起，安排资金 1200 万元，对这部分离休人员的统发补贴，市财政全部负责解决。至此，济南市市级 5389 名离休干部统发补贴所需资金全部纳入财政支出范围。

3.关注民生，将财政资金更多地向困难群体倾斜。一是提高了城市低保的保障标准。拨付 6427 万元城市居民最低生活保障金，受益对象 26.26 万户次、50.2 万人次；筹措资金 600 万元，用于“两节”期间为全市城市低保对象买煤送温暖。二是提高了社区居委会专职干部补贴标准。按照市委、市政府《关于进一步加强社区建设的意见》规定，共安排生活补贴及工作经费 2573 万元，使 2120 名居委会干部待遇得到大幅度提高。三是对建国前老党员实行固定补贴和对在乡老复员军人进行生活及医疗救助。安排资金 972.8 万元，保障了 286 名抗日战争时期老党员、2321 名解放战争时期老党员及 12048 名在乡老复员军人的晚年生活。四是支持残疾人事业发展。财政筹集资金 1500 万元，主要实施了对贫困残疾人、贫困残疾学生的救助，受益者 1222 人次；为 500 户农村贫困残疾人修缮、新建了住房，并对 1000 户贫困残疾人家庭实施了“一建三改”工程；支持开展了“‘我的兄弟姐妹’万人康复救助行动”，使 46000 名残疾人得到不同程度的康复。五是支持老龄事业发展。财政积极响应开展“爱老奉献年”活动的号召，筹措老龄事业发展经费 240 余万元，较大幅度地提高了支持力度。

4.推进医疗卫生事业和食品药品监管体系健康发展。一是积极探索卫生经费投入结构和方式的改革。将补助资金变“口粮”为“种子”，以调动医疗机构自我发展的动力和能力，投入资金 1000 万元，提升“120”急救中心、“冷链”运输及艾滋病防治等的装备水平。二是加快食品药品安全体系建设进程。安排专项经费 800 余万元,支持更新药检抽验设备、加强食品安全执法办案、构建药品监督系统网络等建设。年内,济南市的农村药品监督网和供应网覆盖面分别达到100%和95%,使农村药价平均降低了15%。在国家对31个省会城市进行的食品安全评比检查中,济南市获全国第一名,"财政投入"一项取得满分。

5.实施政策资金支持,改善低收入家庭居住条件。投入4116万元土地出让金用于城市低收入家庭廉租住房保障,其中3716万元用于收购161套廉租住房实物配租房源,400万元用于发放廉租住房补贴,改变了符合条件的低收入住房困难家庭的生活环境。 (刘宗海)

【支持重点事业发展】 1.加大城市基础设施投入。2007年,市财政投入城市基础设施建设资金5.63亿元,其中城市建设维护费1.29亿元,城市建设配套费3.99亿元,公用事业附加费3448万元。一是重点支持建设了历山路、玉函路、七里山路、建设路、二七南路等市区道路改造工程,提高了市区道路通行能力,提升了省会城市形象。二是继续支持市区河道截污工程。集中整治了柳行河、全福河、兴济河、腊山河、北太平河等城区河道截污整治及管网配套建设,通过完善河道周边排水管网、建设中水处理站等工程,做到截污、治污、造景统筹考虑,达到生态长廊的景观效果。进一步提高了城市环境质量,改善了市民的居住环境。三是返还市供电局公用事业附加费3448万元,主要用于重点道路电缆沟改造项目。

2.支持重点项目建设。投入9.93亿元用于大明湖整治、北园路等重点工程建设,返还各区土地出让金14.77亿元,用于各辖区内重点工程和片区的基础设施建设,大大提升了城市综合服务能力,增强城市发展后劲。土地出让金支出继续向改善环境、保障民生倾斜,投入16.57亿元用于4片棚户区、3片旧城区改造,济南的老城区面貌将发生巨大变化。安排1.7亿元全力保障济南市三大攻坚战之一的破损山体整治工作,对奥体中心片区、旅游路等重点区域的58座破损山体进行整治。继续做好政府投资项目拖欠工程款清欠工作,在市政府的统一部署下,市财政积极筹措资金1.53亿元,分别于春节前、中秋节前重点解决了顺河高架路工程、二环路维修工程、玉绣河整治工程、经一路改造工程、清河北路、工业南路及河道清淤治理项目等部分政府投资城建项目拖欠工程款问题,确保资金及时拨付到农民工手中,有效保障了农民工的合法权益,维护了社会稳定。安排市筹基本建设支出1亿元,重点保障了济南市地震局数字地震监测台网建设、济南监狱狱政设施改造、市委党校教学综合楼、市卫生和体育系统业务用房维修改造、青少年宫、职业教育、公安等社会公共事业项目的建设。

3.大力支持教育经费保障机制改革。安排资金7180万元,支持济南一中、三中、特教中心等市区学校的新建和改扩建工程,进一步改善城区学校办学条件;安排资金3198万元,积极支持普通高校和中等职业学校对家庭经济困难学生的资助政策,全面建立了普通高校和中等职业学校家庭经济困难学生资助体系,使家庭经济困难学生能够上得起大学、接受更好的职业教育;安排资金2715万元,免除了城市义务教育阶段学生杂费。

4.积极促进文化、体育事业健康发展。安排3000万元,重点支持了以下方面:一是大幅度增加艺术创作经费,支持文化艺术精品的创作和生产,调动了艺术创作人才的积极性,进一步繁荣了济南的文化艺术。二是支持全市文化信息资源共享工程建设,大力开展共享工程进校园、社区和企业等活动,初步建成了覆盖全市的文化信息服务网络,进一步满足了广大群众的文化生活需求。三是进一步支持重点文物的修复和保护工作,支持开展非物质文化遗产的普查、挖掘、整理工作。四是重点支持了济南市运动员参加第六届全国城市运动会和第四届青少年运动会。

5.加大节能减排和环境保护投入,促进生态城市建设。安排资金2180万元,用于节能减排、生态保护、污水治理、废物处理及综合利用、监督能力建设31个项目。安排资金1421万元,用于市环保局8个监测子站建设、济南金鼎环保设施运营有限公司重点污染企业烟气和水质在线监测装置的运行费用、污染减排检测与执法体系建设及环境污染事故应急处置中心建设。安排资金600万元,建立了节能专项资金,专项用于支持全市重大节能项目、节能监测和技术服务体系建设以及对节能降耗、发展循环经济作出突出贡献的先进单位、先进企业、优秀成果和个人的表彰奖励。

6.加大投入,促进"平安济南"建设。安排资金6200万元,加大公、检、法投入,促进"平安济南"建设。积极支持实施金盾工程和科技强警战略,进一步加强基层公安装备建设和办公设施维修改造工作;增加办公办案经费,增强了公、检、法部门的侦查办案能力;大力支持普法宣传以及社区矫正、安置帮教工作,支持法律援助以及对人民法院特困执行人进行救助等工作,维护社会公平和正义。同时,在信访、综合治理、民族宗教、反邪教等方面给予经费倾斜,提高了济南市应对社会安全事件的快速反应和处置能力。 (刘宗海)

【积极推进财政改革】 指导县、区推进国库集中支付制度改革,成效明显。按照中央和省里的要求,在历下区、市中区、长清区和平阴县进行了国库集中支付制度改革试点,取得了良好效果。一是提高了预算约束力,为专项资金专款专用提供了制度保证。部分专项资金实行直接支付后,资金不再拨付到单位,有效防止了随意调整甚至挪用现象的发生。二是提高了资金使用效率,库款明显增加。三是提高了单位用款计划性,促进了单位财务管理规范化。

建立科学的预算指标管理系统,规范财政支出管理,建设透明财政。一是建立预算指标管理系统,进一步规范了预算执行管理,增加了预算执行的透明度。二是总会计软件实现网络化。为适应财政精细化管理的需要,提高总预算会计工作效率和质量,于1月1日正式启用总会计2005网络版软件,根据政府收支分类科目和业务需求建立新账，与指标管理系统建立了接口，实现指标管理和拨款的一体化管理，极大提高了拨付资金的效率和准确性，节省了指标和拨款之间大量的人工对账工作，规范了财政资金的拨付。

健全财政监督机制，“大监督”格局初步显现。建立健全财政监督机制，开展了非税收入检查、会计信息质量检查、内部监督、土地售出交易行为全过程监督、预算监督等专项监督工作，查出会计信息不实金额为1.51亿元，应缴未缴各项财政收入5.4亿元，欠缴税款3.06亿元，审查返还土地收储成本18.3亿元。

建章立制，进一步做好工资统发工作。为进一步规范工资统发工作，在充分调查研究的基础上，建立和重新修订并下发了若干项规章制度。年内统发工资单位328个，其中行政单位107个，事业单位221个，共计25000人，做到了无一差错，确保了全市行政事业单位工资的正常发放；在调整工资任务下达后，及时将工资变动信息及补发额导入统发系统，如期完成了调整工资任务。

充分发挥财政评审职能，节约财政支出。积极主动地开展财政投资评审工作，加大了对“三农”、教育、公用事业、卫生等重点领域的财政投资项目评审力度，取得了较好的工作成绩。评审中心共完成市本级评审项目112个，项目送审总值20.16亿元，审定总值18.36亿元，审减率为9%，节约财政资金1.8亿元。

进一步完善行政事业单位国有资产管理制度，确保国有资产保值增值。一是对行政事业单位国有资产收益收支的范围、内容及程序进行了规范，拟定了《济南市市级行政事业单位国有资产收益收支暂行办法》。二是开展对行政事业单位资产清查工作。全市共清查出待处理及有问题资产19.37亿元。其中：待处理流动资产1.41亿元，待报废、报损固定资产17.92亿元，有问题对外投资0.04亿元，市直行政事业单位待处理及有问题资产13.16亿元。三是提高行政事业单位国有资产使用效率。调拨交通工具、办公设备等价值893万元，涉及50户单位；报废报损资产5067万元，涉及74户单位；转让资产558万元，涉及4户单位。

全面做好城区公安分局财务上划工作。根据市委、市政府关于加强和改进公安工作的指示精神，城区公安分局的财务管理划归市公安局垂直管理。市财政局进行了认真分析和测算，制定了《城区公安分局财务上划实施方案》，于2008年1月1日起实行。上划后每年市财政增支0.93亿元。城区公安分局上划涉及18个单位，其资产上划工作，按有关规定办理相关移交手续。

积极推进政府采购工作。实行“管采分离”，完善政府采购管理体制，扩大采购范围和规模，方便采购单位，增加政府采购工作的透明性。2007年，全市实际完成采购金额9.78亿元，较上年同期的11.86亿元下降17.57%；比政府采购预算10.94亿元，节约资金1.16亿元，资金节支率为10.61%。

不断规范会计管理。一是做好会计从业资格注册换证工作。全市共涉及原持证会计人员8.6万人，2006年已完成81%，截至2007年8月，全市换证工作全部结束，共完成注册换发新证和IC卡7.1万余人。二是认真组织会计从业资格考试工作。全市共报名25196人，参考人员23450人，参考率为93%。

全面提高教学质量，为社会培养人才。财政学校在各个部门的共同努力下，顺利完成了全年的教学和培训任务。一是财会中专学历共招收73人，在校生共计121人；会计证考前辅导班招生392人；会计职称考前辅导班394人，其中初级职称204人，中级职称190人，会计电算化150人。二是全力做好乡镇财政干部培训。对49名乡镇财政干部进行了培训，提高了整体素质。三是开展公益助学实用技能培训。免费培训济南市下岗失业职工及困难家庭子女55人，进行现场招聘，有40人与济南银座购物广场等6个商场达成就业意向。（刘宗海）

【政府资金集中结算】 2007年，市政府资金结算中心进一步规范核算，强化监督职能，各项工作水平得到全面提升。全年共为287个结算单位（其中协会、学会51个）设立会计账套492个，编制会计报表12598份，受理资金结算业务12.35万笔，审核原始凭证134.92万张，核算资金340亿元，事前纠正单位不规范会计事项249笔、9870万元，提示不合理会计事项87笔、8860万元，装订会计凭证6986册。

按照政府收支分类改革要求，改革完善集中结算统一核算工作。2007年是政府收支分类改革实施的第一年，预算单位收支科目从几十个增加到一千多个，对政府资金集中结算统一核算工作提出了更高的要求。从2006年下半年开始，市政府资金结算中心认真研究政府收支分类改革的有关政策，按照新的政府收支分类全面修订会计科目，搞好业务培训。2007年初，认真做好账务结转和新账簿设置工作，实现了新旧制度的顺利转换。在此基础上，组织人员分析研究新制度执行中的难点和问题，全面修订了《政府资金集中结算统一核算业务规范》，进一步完善有关制度，确保为结算单位提供更加优质高效的服务。

依托质量管理体系，提高结算工作质量。紧紧围绕结算服务和审核监督的工作职能，完善ISO9000质量管理体系文件，通过调整评价指标、改进工作流程、细化岗位职责等工作，使中心实际工作与质量管理体系更加有效地融合，10月份顺利通过国家认证机构外部监督审核。质量体系的保持和持续改进确保了中心各项工作水平提高，结算单位对结算服务的满意率达到99%。

完善监督机制，发挥监督职能作用。作为市纪委“惩防”体系建设的重点单位，市政府结算中心承担14项牵头和配合任务，全年为纪检和审计机关办案提供了大量数据。形成了以业务处自查、中心内部审计和审计部门外部审计相结合的审计监督体系。全年业务处自查结算单位264个，检查记账凭证36950张、原始凭证249304张、报表1646套。内部审计检查单位237个，审核会计凭证1.95万张、原始凭证21.47万张、会计报表801套。在审计部门历次审计和纪检、监察查办的案件中,纳入集中结算的单位未发现违规违纪问题。

加大力度推行公务卡结算,提高资金结算效率。在政府部门公务活动中实行银行卡结算是财政部、人民银行等8个部门大力推广的一项工作,是提高公务支出透明度和资金使用效率的重要措施,在2006年试点的基础上,结算中心印发《济南市公务卡结算财务管理暂行办法》,在结算单位推广公务卡结算方式。截至年底,实施单位32个,发卡1951张,结算资金达到1718万元。

加强廉政建设,进一步做好超市供应工作。7月份,为贯彻落实中央纪委《关于严格禁止利用职务上的便利谋取不正当利益的若干规定》,切实防止政府采购工作由分散腐败变成集中腐败现象的发生,结算中心与36家超市供应商签订了廉政公约,分别对结算中心工作人员和超市供应商规定了六条纪律,同时廉政公约还就监督管理和违约处罚作出了具体规定,此项新举措的推行对于进一步加强超市管理和供应服务水平起到了积极的推动作用。年内,超市供应种类11个、230余个品种、1.8万余个规格型号,供应金额达3000万元。

信息化管理系统全面升级,提高结算服务水平。为搞好新系统开发工作,制定详细的信息化管理系统开发工作方案,聘请专业技术监理公司共同对软件开发中的步骤进行审核把关。多次组织业务需求调研,邀请信息产业局、银行、用友公司、监理方和业务处室召开业务调度会,对开发项目进展情况和开发过程中遇到的问题进行研究协调并及时加以解决。通过对新系统的反复测试,各项功能逐步完善,结算单位可在网上实现远程报账、查询和采购。

充分发挥特殊事项审议会议作用,确保改革顺利进行。年内,由财政、审计、监察、人事及结算中心等部门组成的特殊事项审议小组多次召开会议,分别就移动通讯补贴发放、特殊岗位补贴、干部异地调动租房费用、规范补贴发放办法等问题进行研究,确定统一的处理办法,及时解决了集中结算中遇到的新情况、新问题,促进了工资改革等工作的顺利进行。

(潘荣庆　田　青)

【住房公积金管理】 2007年,济南住房公积金管理中心不断扩大住房公积金制度覆盖面,加大个人购房贷款规模,强化资金安全运行,住房公积金事业又迈出了新的步伐。全年全辖住房公积金归集额完成31.61亿元,比上年同期增长13.79%。全辖公积金支取17.12亿元,比上年同期增长39.2%。全辖住房公积金个人购房贷款完成20.64亿元,比上年同期增长80.2%,共为10304户职工解决购房资金需求。全辖住房公积金实现增值收益5855.4万元,管理中心本部为市本级提供廉租住房建设补充资金3400万元。

以加强制度推行为重点,业务规模实现快速增长。一是依法检查,提高覆盖面。管理中心在广泛深入调查摸底的基础上,以民营企业为重点,逐户上门,严格按照执法程序,依法检查。年内共检查1845户,新开户806户,新增缴存人26947人。认真接待处理上访投诉,切实维护职工权益,全年共接听投诉电话760余次,接待上访群众90余次,全部在5个工作日内办结并反馈给投诉人。二是强化催缴,提高实缴率。制定了《住房公积金催缴管理暂行办法》,明晰了受委托银行的催缴责任,加强了对银行催缴工作的考核检查。全年催缴1400多个单位,其中800个单位恢复了正常缴交,补缴9000万元,维护了职工住房公积金缴交权益。在严格支取审批的同时,以人为本,适度放宽了支取审批条件,增加了住房公积金济危扶困的作用。2007年,共有4000多名职工受益于放宽政策提取公积金近7000万元。继续做好查询折发放工作,截至年底,已累计向3939家单位、52.74万人发放了查询折,方便了群众住房公积金缴存情况的查询。三是抓大扶强,加快贷款发放。按照"紧抓大银行、大企业、大楼盘,快速拉动贷款发放"的工作要求,在服务"大房产企业"上做文章,紧盯开发楼盘,及时推介,及时跟进。年内共为131个项目、986个楼盘开办了公积金贷款业务。与有关银行合作,开办商业贷款转公积金业务,全年为78名已使用商业购房贷款的职工转办公积金贷款1600万元,使更多职工可以享受公积金贷款的优惠政策。四是加强风险防范,实现资金安全。以确保住房公积金资金安全为目标,规范账务设置及操作流程,强化内控外防,建立了有效的风险防范机制。进一步加大网络建设力度,通过升级优化住房公积金业务网络系统功能,提升了资金的安全性,提高了科学化管理水平。

以拓展媒体平台为手段,加大住房公积金政策宣传推介力度。为使公积金宣传层次更深,宣传范围更广,管理中心加强了对宣传工作的领导和策划,制定了宣传方案,加强了对各处室报送稿件的考核,调动了处室积极性,使宣传工作提高到了新的层次,被市委宣传部评为新闻报道先进集体。2007年,管理中心充分运用新闻媒体,及时报道住房公积金方面的重要活动、重要政策,在各类媒体刊登稿件300多篇,其中省级以上135篇。搞好新闻动态宣传的同时,在济南人民广播电台"新闻60分"栏目连续播出住房公积金政策性公益广告;在济南电视台"金融视窗"栏目播出公积金相关政策,在《济南日报》开辟专栏,定期报导住房公积金管理动态、政策变化。围绕《住房公积金管理条例》修订颁布5周年,在济南各大报纸、电台、济南政务信息网和济南百灵网"热点问题"栏目集中宣传政策,解答问题,形成宣传高潮。在济南市机关、事业、国有企业、民营企业等各类单位中开展了住房公积金职工万人调查活动,收回问卷10000余份,有效扩大了住房公积金制度在各类职工中的影响。

(徐雁飞)

【济南市政府投融资体制改革】 为加强政府投融资管理,提高资金使用效益,防范财政风险,济南市政府出台《济南市人民政府关于政府投融资管理体制改革的意见》,对政府投融资体制做了积极的探索。

改革的总体思路是按照完善社会主

义市场经济体制的要求，本着“决策、执行、监督”相对独立、相互制约的原则，逐步建立程序科学、运作规范、监管严格的政府投融资管理体制；有效整合政府资源，着力打造运转高效的投融资平台，形成“借、用、还”良性循环机制，提高资金使用效益，逐步增强政府投融资实力；健全责、权、利相统一的管理制度，降低政府债务占财政收入的比重，防范财政风险；最终形成政府主导、市场运作、社会参与的多元化投融资格局，推动全市经济和各项事业持续健康协调发展。

改革的基本原则是立足现实，改革创新；完善机制，规范运作；优化配置，提高效率；统借统还，风险控制。

改革的主要内容有：①建立政府投融资审批制度，健全决策机制。成立市政府投融资管理领导小组，由市政府主要领导任组长，市财政局、发改委、审计局、监察局和融资平台主要负责人为成员，作为投融资管理的决策层。领导小组的主要职责是审批政府投融资资金平衡计划，确定政府建设资金的投向和融资方案，决策政府投融资工作中的重大事项。领导小组办公室设在市财政局，负责日常工作。②建立政府投融资平台，健全资金运行机制。成立“济南市政府投融资管理中心”，作为政府投融资管理的执行层。其主要职责是按照市政府投融资管理领导小组批准的政府投融资计划，管理政府项目的投融资业务；编制年度计划，落实用款单位责任，为政府确定的承担投资、建设、管理和经营任务的单位统一对外融资、归还借款；根据批准的融资方案，承担保值增值责任，代表政府行使国有资产出资人收益权；办理领导小组交办的其他事项。③加强资金监管，健全政府监督机制。财政、监察、审计部门作为政府投融资管理的监督层，依据职能分工，加强对政府投融资的监管。财政部门作为行政事业资产管理职能部门，要建立政府投融资项目绩效评价制度，对投融资中心资产运营，政府债务的借、用、还和偿债资金的使用进行全过程监管，以提高政府投融资管理水平和效益。监察、审计部门建立政府投融资责任追究制度，依法对政府投融资行为进行监督。

按照改革的要求，2005 年 8 月 1 日，济南市政府投融资管理中心正式成立。同时，由市财政局出资成立的济南市国有资产运营有限公司依法规范地完成了注册工作，于 2005 年 8 月 18 日领取营业执照。该公司与济南市政府投融资管理中心实行一套机构、两个牌子的管理模式，代表市政府统一对外融资、归还借款，管理政府项目的投融资业务，防范财政风险，确保政府信誉，同时从事政府授权范围内的国有资产运营，承担保值增值责任，行使国有资产出资人收益权。

政府投融资管理体制改革是济南市自 2005 年始着力推进的一项重大改革，是按照完善社会主义市场经济体制的要求，本着“决策、执行、监督”相对独立和相互制约的原则，逐步建立起的程序科学、运作规范、监管严格的政府投融资管理新模式。济南市政府投融资管理中心按照市委、市政府的要求和工作部署，积极稳妥地推进改革，截至 2007 年底，新的政府投融资管理体系框架基本确立，政府重点建设支出的保障能力大大增强，债务风险得到有效控制和化解，达到了改革的预期目标。

（王琮琮）

【政府投融资管理】 济南市政府投融资管理中心按照市委、市政府的要求和工作部署，经过两年多的运作，建立起“自求平衡、滚动发展、良性循环”的运作机制，实现了“精干高效、规范运作，保障有力、风险防范”的目标，进一步保障了全市重点建设支出，政府资金使用效益明显提高，债务风险得到有效控制和化解，政府投融资管理工作保持了稳步发展的良好势头。

1.政府投融资投入大幅增长，重点建设支出保障有力。截至 2007 年底，市平台累计筹措资金 1922300 万元，累计向各平台投放建设资金 1538739 万元，各项目单位实际支用 1452650 万元。资金主要用于奥体文博区、场馆及群体设施，泉城特色标志区，户区改造等项目的建设，确保了市重点工程和各片区项目建设资金及时到位。

2.合理调剂资金余缺，政府投融资资金使用效率明显提高。通过积极协调银行，加快资金支付速度，科学编排用款计划和用款时序，资金支用率由 2005 年末的 73.34%上升为 2007 年末的 93.79%。同时对于闲置在各平台的资金，根据工程实际进展情况进行合理调剂，支持各建设平台尽早实现“自求平衡、滚动发展、良性循环”的目标，按期回收占用资金，加快资金周转，相应地增加了资金供应头寸。

3.城建债务监管进一步加强，政府债务风险得到有效控制和化解。一是理清城建债务家底。将开行贷款变更承贷主体，统一到市平台管理；将分散在其他部门的债务统一建立城建债务台账，分清主体，落实责任；从资金来源和债务主体两个方面定期反映全市城建债务增减情况并向领导小组报告。二是牢牢把握自求平衡的经营理念，建立投入产出新机制。对纳入政府投融资体系管理的项目，从计划编制开始，反复测算，严把平衡关，个别项目本身不能平衡的则提报领导小组批准纳入市平台平衡，变过去“重投入，轻产出”为投入产出一并纳入考核，从源头上防范政府风险。三是优化债务结构。以长期的政策性贷款为主，短期资金作调剂补充，均衡债务资金链，减轻集中偿还压力，同时加大协调还款力度。截至 2007 年底，全年累计归还银行贷款本金 262000 万元，利息 106811 万元，本息共计 368811 万元，其中，2005 年以前的老债务本息 228612 万元。

4.主动配合各级审计监察部门的检查指导，努力推进政府投融资工作规范运行。一是主动配合国家审计署对市平台的延伸审计工作，济南市政府投融资运行规范受到好评。2007 年，国家审计署对开发银行山东分行进行了历时半年的审计检查，对山东分行在济南、青岛、烟台、威海等地的政府城建贷款情况进行了延伸审计。审计组认为“济南模式”程序科学严谨，运作规范高效，注重债务风险防范和监督关口前移，具有鲜明创新特点。二是推行“事前、事中、事后”全过程审计监督，切实提高资金使用效益，预防违法违纪事件发生。在联合建立政府投融资建设项目审计机制的基础上，派员与市审计局联合成立投融资项目办公室，制定内控制度，加大了重点项目的审计监督力度。2007 年共完成建设项目审计 19 个，涉及审计资金 50.3 亿元，查出违规资金 27.4 亿元，审减进度款 3.7 亿元，通过合理化建议节约投资 1.04 亿元。

5.积极推进政府投融资管理创新模式研究。与中南财经政法大学合作，就政府投融资管理制度和运行模式进行了专题研究，济南市政府投融资管理模式受到了财政部专家的高度评价。

6.强化制度建设，规范投融资运行。按照市政府投融资管理领导小组的要求，着力构建科学化、规范化、制度化的管理和运行机制，以保证新体制健康有效运行。除印发《济南市利用国家开发银行贷款资金管理办法》外，又先后出台了以《济南市政府投融资计划管理办法》、《济南市政府投融资建设项目审计监督办法》、《济南市政府投融资资产管理办法》为框架的一系列规章制度，对项目审批、资金运行、工程建设、内部控制等各个环节做了详细规定，从源头和程序上堵塞了旧体制管理方面的漏洞，保证了新体制的顺利运行。

7.注重发挥“两个体系”的基础作用，在实践中不断总结提高。为切实加强政府投融资运行管理，从基础入手，创建了济南市政府投融资统一会计核算体系和济南市政府投融资投入产出资产统计评价体系。统一会计核算体系明确了核算主体，制定了统一的核算标准和方法，既满足了各平台日常核算的需要，又达到了市平台实时监控资金和控制风险的要求；资产统计评价体系全面反映了政府投融资投入形成的固定资产、储备土地以及与之相对应的债务情况，为科学评价政府城市基础设施投入绩效提供了依据。

（王琮琮）

【国税征管】 2007 年，济南市国家税务局大力实施管理强税和素质兴税战略，全面构建和谐的税收经济关系、税收征纳关系、内部工作环境和外部工作环境，开创了各项工作又好又快发展的新局面。

1.税收收入迈上新台阶。全年税收收入规模首次突破 200 亿元大关。全口径税收收入完成 228.99 亿元，同比增长 21.68%，增收 40.8 亿元。分级次分析，中央级收入完成 169.48 亿元，同比增长 20.14%，增收 28.41 亿元；省级收入完成 25.9 亿元，同比增长 26.25%，增收 5.38 亿元；市以下级收入完成 33.61 亿元，同比增长 26.33%，增收 7 亿元。市以下级收入中，市本级收入完成 17.13 亿元，同比增长 27.04%，增收 3.65 亿元；区县级收入完成 16.49 亿元，同比增长 25.6%，增收 3.36 亿元。分税种分析，增值税完成 99.01 亿元，同比增长 18.13%，增收 15.19 亿元；消费税完成 24.19 亿元，同比增长 7.43%，增收 1.67 亿元；内资企业所得税完成 47.78 亿元，同比增长 50.81%，增收 16.1 亿元；涉外企业所得税完成 38.63 亿元，同比增长 16.56%，增收 5.49 亿元；储蓄存款利息个人所得税完成 3.92 亿元，同比增长 12.38%，增收 0.43 亿元；车辆购置税完成 7.47 亿元，同比增长 20.88%，增收 1.29 亿元；海关代征增值税和消费税完成 8 亿元，同比增长 8.54%，增收 0.63 亿元。各项税收优惠政策及时兑现。全年共兑现 49.9 亿元，同比增长 32.2%，其中出口退免税 17.3 亿元，所得税税前扣除 19.43 亿元，高新技术减免 2.23 亿元，民政福利减免 5528 万元，再就业减免 2721 万元，有力促进了地方经济发展。

2.征管效能实现新提升。一是试点和推行税收分析预警系统。圆满完成了在章丘市局和经济开发区局的试点工作，8 月起在全市运行。全年累计评估增加税款 2.05 亿元，居于全省首位。二是建立“析评管查”四位一体互动机制。以税收分析为切入点，以分析结果和预警信息为纽带，带动纳税评估、税源管理、税务稽查等管理环节，建立分级分析预警、左右职能互动、市区两级联动的工作机制。三是推行跨区域大企业市县共管。在全市年纳税千万元以上的 102 户大企业中，全面推行进驻管理，实行贴近式管理、全方位监控、零距离服务。在此基础上，对跨区域经营的大企业，实行市局和区县局两级共管模式，区县局实行进驻管理，市局重点开展跨区域综合分析预警。市局监控的 37 户重点税源全年完成税收 140 亿元，增长 20%。四是加强所得税管理。加大核定征收力度，加强重点行业、薄弱环节查账征收，企业亏损面大幅度降低。反避税工作实现新突破，调查了 19 户企业，调增应纳税所得额 2.5 亿元，调增所得税 2640 万元。五是加强流转税管理。开发了废旧物资和农业产品收购发票信息管理系统，补税罚款 1150 万元。开展了福利企业、大型商贸企业、专用发票滞留票、部分行业消费税等专项评估检查，补税罚款 2829 万元。推行公路内河货运发票认证系统，将全部废旧物资经营企业纳入了防伪税控系统管理，增值税纳税申报“一窗式”比对系统顺利升级。加强个体和集贸市场管理，开始推行个体计算机定额核定系统。推行了新版车购税征管系统和汽车经销企业发票二维条码打印系统，车购税征税业务顺利下放到各市、区局办税服务厅，全年办理各类新车征税 8.4 万辆，征税 7.5 亿元，同比增长 20.9%。六是加强出口退税管理。下放出口退税审核审批权限，落实出口退税率调整政策，全年办理出口退免税 17.3 亿元，同比增长 15.1%。规范退税审批流程、函调管理和证明管理，开展了取消纸质核销单试点。出口退税应用管理系统开发完成并在全省推广，依托该系统强化征退税衔接和预警评估，开展进料加工、备案单证、农产品出口等专项检查，增加税款 1160 万元。

3.纳税服务实现新突破。一是精简取消报表资料。在全国率先依托 CA 数字认证，引入电子签章技术，建立具备正式法律效力的纳税人电子档案库，实现了数据信息的一次性无纸化采集，精简取消了纳税人 316 项报表资料，采用电子签章的纳税人已经达到 1.4 万户。二是统筹合并调查事项。在税务登记环节，本着调查事项前置的原则，对税种认定、出口退税资格、普通发票领购资格等7项涉税调查事项进行合并，实行一次下户、统查统办。全方位加强与地税机关的协调配合，联合办理税务登记、开展评估检查、评定信用等级、核定个体税额等，受到了纳税人普遍好评。三是创新电子办税手段。在全国首家研制开发自助办税终端（ARM），纳税人可以自助办理发票认证、IC卡报税、纳税申报、验旧售票、涉税咨询业务，提供了一条24小时全天候办税渠道。全面拓展网上办税，新开发了网上登记、网上审批、网上抄报税、网上购买普通发票功能，纳税服务短信平台基本开发完成。四是探索向现代纳税服务转移。部署了6大方面的25项试点工作，制定了量化考核、分类辅导、办税公开、税务代理、网上办税等“四个办法、四个规程”，初步形成了向现代纳税服务转移的制度体系。

4.依法治税取得新进展。一是加强政策调研宣传。开展两法合并、出口退税率调整、县域财源建设、宏观税负变化、房地产和建筑安装企业税收管理、水电气发票使用等专题调研。开展第16个税收宣传月活动，承办了中国税务学会“税收负担专题研讨会”，《泉城税收与生活》电子杂志顺利创刊。二是加大税务稽查力度。全面加强大案要案查处、举报案件查处、发票协查和查管互动等工作，全年检查企业1669户，查补税款1.9亿元。组织了对房地产业及房地产关联行业、农副产品为主要原料的生产加工企业、石油石化企业、大型连锁零售企业、食品药品生产企业等5个行业的专项检查，检查企业799户，查补税款5100万元。对40户企业实施了国地税联合稽查，查补税款2190万元。移送司法机关案件41起，查补税款1560万元，判刑或刑拘4人，有力震慑了涉税违法犯罪行为。

5.科技兴税取得新成效。一是推广综合应用平台。市局综合应用平台4月正式运行，通过外部纳税服务平台、内部综合管理平台与市级应用数据库之间的有机结合，运用单点登录的方式，对现有软件系统实施一体化管理，实现了数据实时交换和业务无缝衔接。外部信息应用管理系统顺利开发完成并在全省推行，国地税联合办证系统全面启用，外部互联网站实现了省级集中。二是加强数据处理分析。实行报告选题市局审批制度，对分析工作实施流程化控制和实时监督，分析指标体系扩展到6大类、161个指标。全年撰写发布了执法管理信息系统运行、商业连锁企业、财务报表指标分析等96期数据处理分析报告。三是加强信息安全管理。完成了税务系统二期网络与信息安全防护体系部署，全面运行了网络卫士安全审计系统和桌面安全防护系统。

6.行业作风展现新气象。大力推进国税文化建设，先后开展了“强化责任意识、构建和谐国税”、“事业、责任与荣誉”大讨论，举办了文化长廊建设、青年文化艺术节、秋季运动会等活动。在全系统组织开展“正作风、树形象，带队伍、促和谐”主题教育活动和创建“四无执法岗位，四无服务窗口”活动，行风评议名列全市行政执法单位第二名。市局连续5年保持全市“文明行业”称号，连续4年保持省级“文明单位”称号，市局班子获得全省国税系统先进领导班子称号，“服务纳税人，奉献全社会”活动和12366咨询热线被评为泉城精神文明建设著名品牌。

（程　果）

【地税征管】 2007年，济南市地税局紧紧围绕依法组织收入这个中心，一手抓规范管理，一手抓创新服务，地税各项工作实现又好又快的发展。

1.地税收入实现高速增长。2007年，全市地域各项地税收入1308405万元（含代征残疾人就业保障金3595万元以及省地税局直属分局征收入库187430万元），同比增收306593万元，增长30.6%。其中：中央级收入完成270876万元，同比增收86522万元，增长46.93%；省级收入完成191188万元，同比增收46155万元，增长31.82%；市本级收入完成403753万元，同比增收88108万元，增长27.91%；区县级收入完成438993万元，同比增收84889万元，增长33.64%。2007年，地税收入主要呈现出“四高”的特点：一是收入规模创新高。总量突破130亿元，接近“九五”时期的收入总量，是1994年收入的13.8倍，是2000年收入的2.6倍。二是收入增幅攀新高。增幅达到30.6%，在全省

济南市国税局与浪潮集团合作，在全国首家开发了自助办税终端系统（ARM），为纳税人提供24小时自助办税服务。

（市国税局供稿）

地税系统位居第4位，超出全省平均增幅3.82个百分点；在全国副省级城市地税局中位居第6位，超出副省级城市平均增幅2.02个百分点。三是“两个比重”明显升高。全市地税收入占GDP的比重为5.1%，同比提高0.53个百分点；市以下级一般预算收入占全市财政收入的比重达到52.95%，同比提高1.85个百分点。四是收入质量稳步提高。深入推行税收执法责任制，强化执法监控考核，促进了税收执法的进一步规范；各月、各季度进度均衡稳定，各月增幅基本保持在25%~30%之间，实现了经济发展与税收增长的良性互动。

2.税收征管进一步加强。一是大力推进房地产税收一体化管理。在房屋出租税收管理方面进行重点突破，在历下区试点建立了政府主导、部门参与、街办成立专业管理队伍、社区综合治理的新模式。历下区建立了出租房屋管理服务中心，不仅完善了税收征管，解决了社区建设财力不足的难题，还向治安、消防、计生等社会综合治理层面延伸，促进了和谐社区建设。二是强化重点税种管理。在营业税管理方面，继续加大对饮食业等服务性行业使用税控收款机的推行力度，截至2007年底已推广近2万台；全面推行货运税控系统，强化“以票控税”；在全省率先启用营业税分税目明细申报系统，强化税源基础信息采集和监控。在企业所得税管理方面，加强汇算清缴检查，全年共检查企业2711户，查补各项税收10367万元；强化中小企业核定征收，全年共对6472户纳税人进行了所得税核定征收，占现有控管户数的49.1%。在个人所得税管理方面，集中力量做好首次年所得12万元以上纳税人自行纳税申报工作，全市共受理个人自行纳税申报17552人，申报人数占全省申报总数的24.5%，申报税款48015万元，补缴1976万元；大力推行网上全员全额明细申报，全市16500户企业通过网上报税系统实现明细申报，共采集68.8万名纳税人的700多万条基础信息和收入及纳税信息，申报税款占当期申报个人所得税收入的80%以上。三是认真开展税源普查。完成81户企业的二三产剥离工作，清理未办税务登记和未纳入税务管理的768户，清理出不符合享受涉外税收优惠政策的外商投资企业11户，增加自有房产原值445.3亿元，增加应税土地面积13.2万平方米，全市累计增加税收2亿多元。四是深化社会综合治税。年内市政府召开两次综合治税工作会议，全年通过综合治税增加税收1.06亿元，同比增长39%。五是加大专项检查和稽查力度。组织开展了对重点行业、重点纳税大户的税收专项检查和重点区域的整治，特别是对历下区住宿餐饮业进行重点突破，该区住宿餐饮业税收同比增长25.95%，高于全市该行业平均增幅9.26个百分点。继续实行“稽查预告、自查自纠、重点约谈、分析评估、筛选稽查”工作方式，对838户纳税人实施了查前评估，评估入库税款11054万元；专项检查纳税人2978户，查补各项税款6125万元。调整理顺稽查查补税款执行方式，由过去的各区局分散属地执行改为稽查局集中执行，加大清欠力度，清理稽查历史欠税3000多万元。

3.服务效能实现新提高。一是认真执行各项税收政策。全年共为12735户纳税人落实减免税优惠政策，减免税款6.9亿元。二是切实为纳税人减负。全市网上报税用户新增1.5万户，达到5.1万户，全年入库税款72.26亿元，占总收入的64.51%；与国税部门联合办理税务登记证，全年办理登记证2874件。三是进一步创新服务方式。济南地税网站累计访问量达到近300万次，在全市政府系统网站绩效评估中列第3名；“12366”纳税服务热线电话达到11万个，占全省总受话量的一半以上；依托纳税呼叫服务系统提供高效的宣传及提醒服务，年内共向全市2.4万余户纳税人发送了近9万条提醒信息，此项工作被市政府列为全市“创城百件实事”之一；举办以“向纳税人报告”为主题的地税开放日活动，在社会各界引起强烈反响。

4.信息化建设实现新突破。作为全省地税系统省级“大集中”工程试点单位，9月1日，核心征管信息系统成功上线，为全省其他地市的推行工作提供了借鉴。为做好试点工作，市地税局建立健全了上下贯通的协调指挥机制，强化组织领导和调度指挥。抓好基础数据质量和数据清理。全年共对税务登记、财产登记、税种认定等79项信息数据进行了清理，修改空项、

综合治税工作的深入开展，提高了税源监控质效。图为市政府召开全市社会综合治税会议。（市地税局供稿）

错误数据95.8万条；对企业历史欠税数据，先后经历了5个版本的清理核实。抓好软件应用和系统运行。积极做好“大集中”征管信息系统的推广应用，扩展了行政管理、查询系统、监控系统等原有系统的接入运行，充分发挥现代管理手段在数据采集、业务处理、税源监控等业务上的支撑作用。（于光远）

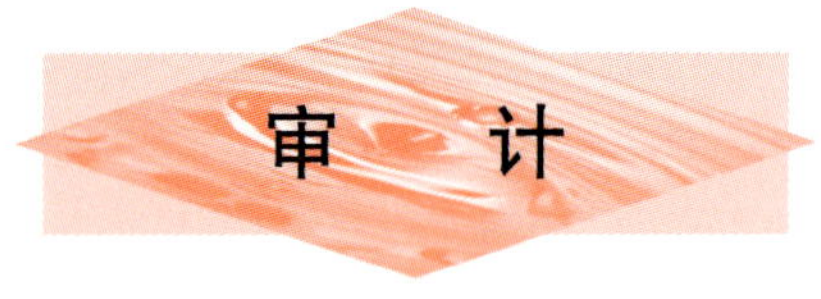

审计

【概况】 2007年，济南市审计局完成审计或审计调查项目59个，查处各类违规金额15103万元，应上缴财政9947万元，已上缴财政7920万元，归还原渠道资金4918万元；向司法、纪检监察机关移送案件线索30起；提交审计报告、信息283篇，被批示采用170篇。“济南市粮食局原局长经济责任审计项目”获全省优秀审计项目第一名，同时被评为全国地方“十佳”优秀审计项目并受到表彰。精神文明建设取得丰硕成果，被评为省级“文明机关”。

1.预算执行审计。对市级预算收支情况、市地税系统税收征管情况以及市教育局等7个市直部门的财政财务收支情况进行了审计。审计中，坚持把揭示问题与规范管理、促进改革结合起来，注重从体制、机制、制度建设和管理层面分析原因、提出建议，促进了政府部门依法行使权力和公共财政制度的建立与完善。预算执行审计取得“四个新突破”：一是在综合预算着眼点上取得新突破。在财政预算管理方面，首次从财政资金一体化角度着眼分析市级财政综合预算编制、分配的合理性及透明度，揭示了市级财政预算编制不完整等问题。2006年度市级预算实际支出871726万元，而预算安排支出为720163万元，占实际支出的86.61%。二是在收支结构分析上取得新突破。通过对财政总收入与总支出的结构分析，发现市级税收收入增长较慢及对教育、农业、科技、社保等关系人民群众切身利益领域的投入仍需加强等问题。三是在预算管理切入点上取得新突破。以财政结余资金、追加预算资金审计为切入点，反证市级预算约束力不够及资金缺乏监管等问题。四是在税负剖析上取得新突破。在地税审计中，通过对比分析行业整体税负水平等量化指标，挑选出税负异常的企业，查找企业在纳税过程中存在的问题，反证税务机关的征管质量。在2006年全市地税系统12个单位和33户纳税单位审计或审计调查中，查处当年少征税款2612万元。同时，针对市级预算执行和其他财政收支及专项资金审计中存在的问题，提出了进一步深化财政预算管理改革、切实落实专项资金管理制度、完善社保资金管理体系等加强财税管理与监督的审计建议。

2.政府投资审计。注重从建章立制入手，规范审计操作程序。制发了《济南市政府投融资建设项目审计监督办法》、《聘用外部人员及中介机构管理办法》等3个文件，出台了《济南市政府投融资建设项目跟踪审计操作规程（试行）》等审计实施细则，初步建立了政府投资审计的新机制。紧紧围绕全运会项目建设积极开展跟踪审计，组织对招投标文件、草案、合同初稿中的经济条款、投标资料真实性以及中介机构履行职责情况审计，针对发现的问题，及时提出合理化整改建议324条，节约工程投资1335万元；对工程设计变更、材料采购、工程签证等环节审计，节约投资8644万元；对奥体中心、北园路、大明湖扩建和棚户区改造等项目实施重点审计，审计资金52亿元，查处涉嫌非法转包工程和乱收费等违法违规问题2.5亿元，移送案件线索2起；为做好小清河治理、西客站、腊山分洪和外环东路改造等工程跟踪审计，通过公开招标，选择了12家社会中介机构，采取事前介入等方式，做到审计关口前移，使审计职能贯穿于工程招投标、设计、施工、监理、材料供应全过程，实现了政府审计与社会审计的有机结合。

3.经济责任审计。对10个县（市）、区法院院长和对外贸易经济合作局所属18个企业进行了系统（行业）审计或审计调查，发现和揭示了法院系统普遍存在的将预算内资金缴入预算外账户，超标准、超范围违规收费，挤占挪用当事人过付款等突出问题，并有针对性地提出审计建议，促进了全市法院系统财政财务管理的规范。结合对市对外贸易合作局局长经济责任审计，对该局所属的18个国有外贸企业的延伸审计或审计调查，发现和揭示了全市国有外贸行业普遍存在进出口贸易额大幅下降、亏损严重、经营现状堪忧等问题，及时向市政府分析提出了审计建议，引起了政府及相关部门的重视。通过开展系统（行业）审计，把整个系统（行业）的领导干部置于相同的时间和空间，按照相同的标准去衡量经济责任履行情况，更加客观公正地评价了领导干部的经济责任，为组织部门考察使用干部提供了更具可靠性的参考依据。对市畜牧办公室原主任等8名局级领导干部进行了经济责任审计。在市畜牧办公室原主任王永臣经济责任审计中，查处低价购置单位住房、挪用专项资金等问题，相关人员已移送司法机关处理。对济南一建集团总公司总经理、山东建设机械股份有限公司董事长等4名国有企业领导人员开展了经济责任审计。在山东建设机械股份有限公司董事长经济责任审计中，查处该企业在改制过程中违规核销资产4375万元，应缴未缴国有资产收益2873万元，以及由于管理不善形成不良资产5880万元等问题。轻骑集团原董事长张家岭的任期经济责任审计项目，是该局建局以来规模最大、审计时间最长的项目。经过19个月的审计，查处轻骑集团因盲目扩张和兼并、疏于管理，造成国有资产巨大损失；企业经营管理混乱，监管监督无力，导致企业违法违规问题频繁发生等重大违规违纪问题。

4.社保民生资金审计。对新型农村合作医疗基金、农村养老保险基金等社保民生专项资金的收支、管理情况进行了审计或审计调查，揭示了资金筹集、管理、使用中存在的突出问题，从社会保障制度、涉农资金管理体制和资金运行机制等方面提出了符合当地实际、便于操作的意见和建议60余条，为地方党委、政府的宏观决策提供了有效服务，起到了监督、防范和预警的作用。

5.计算机审计网络建设。计算机联网审计系统顺利通过市级科技成果鉴定，通过联网审计系统，济南市审计局对40多个预算部门单位、80多套财务账目电子数据进行了采集和转换。审计人员足不出户就可以对纳入市结算中心管理的276个行政事业单位实施审计监督。在对基本医疗保险基金项目审计中，运用计算机审计技术，在较短时间内对涉及1万多个单位、83万人、2967万条记录、24G的电子数据进行了采集、查询和分析，审计资金量达10多亿元，大大提高了工作效率。

6.内部审计工作。各级内审机构和广大内审人员，积极探索管理审计和效益审计的新思路，共审计3943个项目，查出损失浪费1.61亿元，审计意见和建议被采纳3241条，促进增收节支5896万元，移送司法机关处理1人。为适应形势发展要求，济南市审计局举办内部审计培训班9期，组织参加省协会培训班4期，813人次参加了培训，118人经过考试获取了岗位资格证书。

【新型农村合作医疗基金审计调查】
2007年6~8月，济南市审计局对全市2006-2007年上半年新农合制度建设情况进行了专项审计调查。全市新农合试点工作从2003年开始。2007年，除历下区以外，平阴、章丘、长清、历城、商河、市中、槐荫、天桥、济阳9个县(市)、区先后纳入省级试点。根据调查，2006年，全市纳入省级试点的平阴、章丘、历城、长清、商河等县(市)、区参合人员294.75万人，占全市农业人口的91.54%，高于全省88%的参合平均水平；筹集新农合专项基金9659.98万元，医药费报销支出6310.31万元，140.86万人次受益。

这次审计调查，济南市审计局把章丘市和历城区作为审计调查的重点对象。共涉及12个乡镇、36个行政村、34个村级卫生室、2个县直医院和11家民营药店，并对343位参合农民进行了面对面问卷调查。调查采取审核会计资料、随机抽查报销单据、走村串户问卷调查、召开座谈会、实地考察和综合分析等方式方法，比较全面地掌握了章丘市和历城区新农合制度的建立及机构设立情况，基金拨付、筹集、管理和使用情况，医疗服务收费及药品价格情况，定点医疗机构建设和管理情况等。同时，也发现新农合制度运行中存在的不足和问题：一是试点县(市)区的乡镇新农合办公机构缺乏独立性；二是县(市)区新农合办公经费不足；三是个别市区未制定完善医疗救助制度，医疗救助未与新农合制度衔接，救助资金也未纳入专户管理；四是县、乡两级新农合定点医疗机构均不同程度地存在无依据、超标准、超范围收费，药品加价过高；五是有的乡镇违犯政策规定，将城镇职工和部分双职工子女91人纳入参合范围；六是部分村卫生室建设、新农合基金管理使用不够规范；七是所调查乡村均没有严格执行《省新农合基本药物目录》。审计机关提出理顺关系，使管理机构与医疗机构相分离；加强基层卫生院(室)建设，进一步改善农民就医环境；不搞一刀切，对贫困地区给予重点扶持和加强医疗收费管理，逐步规范药品市场的审计建议，引起了市领导和主管部门的重视，各县(市)、区及时进行了整改，为推动全市新型农村合作医疗工作的健康发展发挥了积极作用。

【跑马岭野生动物世界资产负债审计】
2007年5~6月，济南市审计局对济南跑马岭野生动物世界股份有限公司2007年1月底以前的资产、负债及所有者权益进行了清查审计。截至2007年1月底，该公司资产1.27亿元，负债5893万元，所有者权益6793万元。审计发现的主要问题：一是违反财经纪律，虚设小流域综合治理工程，骗取省级财政专项资金40万元；擅自变更已批准立项工程，弄虚作假挪用专项建设资金110万元。二是公司账面净资产不实潜亏2985.8万元；往来款项清理不及时，账实不符。三是公司负债总额5893万元，资产负债率为55%。四是野生动物品种已由200多种减少到90多种。五是公司经营长期亏损，动物笼舍、园内道路、游览车辆等基础经营设施陈旧、老化，已形成安全隐患。六是公司股权没有理顺，土地未办理过户手续，注册资金不到位。济南市审计局提出了强化管理、拓宽营销渠道、寻求资源整合和增加政府财政投入、解决公司生存问题等4项审计建议，受到市政府及相关部门的高度重视。

【轻骑集团原董事长经济责任审计】
2006年5月至2007年9月，济南市审计局对中国轻骑集团有限公司(以下简称轻骑集团)原董事长张家岭1998年至2005年任期经济责任进行了审计。审计涉及轻骑集团本部及所属单位44个，审计财务账册55套。查处了轻骑集团因盲目扩张和兼并，疏于管理，造成国有资产巨大损失；企业经营管理混乱，监督监管无力，导致企业违法违规问题频繁发生；对外合资合作中违规运作信用证业务，诈骗银行资金，造成国家资产巨大损失；企业内部控制制度执行不力，对集团及所属单位财务管理缺乏监督和控制，导致资产资金管理混乱，随意处置转移企业资产，私存、挪用企业资金等重大违规违纪问题。济南市审计局提出了轻骑集团要成立资产清理专门小组，对所属单位的资金、资产情况逐户进行清理和回收，把国有资产损失减少到最低限度和加强会计资料的清理归档工作等审计建议。截至2007年底，已有包括轻骑集团原董事长张家岭在内的19人被批捕，19人正在被有关部门立案侦查。

【法院系统经济责任审计】 2007年5~9月，济南市审计局对10个县(市)、区法院院长进行了任期经济责任审计。审计发现的主要问题：一是法院系统将部分诉讼费、执行费12683万元未通过法院“非税收入”征收管理系统直接缴入区财政预算外财政专户。二是部分基层法院超标准收取执行费用1443万元。三是某基层法院收取的11家破产企业诉讼费和执行费424万元，未纳入预算管理上缴国库，直接用于审判楼基建项目支出。四是有的法院收取诉讼费438万元未及时上缴财政。五是个别法院先使用非专用票据预收诉讼费，待案件结案时再按实际收取的诉讼费开具专用票据分级入库。六是某基层法院经个别院领导批准缓缴诉讼费，至案件终结尚有 47 万元诉讼费用未收取。七是部分县、区法院占用过付款 6905 万元，用于弥补建设资金及日常经费不足。八是部分基层法院未实行“罚缴分离”，收取罚没款 1976 万元。九是个别基层法院无收费许可证，收取鉴定费和送达费 628 万元。十是某基层法院未经国有资产管理部门批准和相关机构资产价值评估，违规转让法庭房产，房产价值 227 万元。十一是某区法院未经国有资产管理部门批准和相关机构评估，违规出租单位房产 4920.54 平方米。十二是部分法院所购置资产均未实行政府采购，涉及金额 1149 万元。济南市审计局分析提出了增强依法行政意识，完善制约机制，不断规范收支行为；加强过付款管理，完善内控制度，提高管理水平和进一步增强监督合力的建议。对规范全市法院系统财政财务管理工作起到积极的促进作用。

【政府投资重点工程项目审计】 2007 年 5~9 月，济南市审计局组织槐荫、市中、天桥、历下和历城审计局对经一路建设项目进行了审计。经一路建设项目是济南市交通路网建设的重点建设项目，为城市主干道。西起经六路与槐树街交叉口，东至正丰路，途经槐荫、市中、天桥、历下和历城区，全长 14.70 公里，道路断面宽度分别为 40 米、45 米和 50 米。该项目批复总投资 187836 万元，包括道路建设 14.70 公里、房屋拆迁安置 36.652 万平方米以及桥涵建设和道路两侧环境整治等，所需资金通过银行贷款和建设单位自筹解决。审计发现的主要问题：一是部分区将经一路建设资金用于其他道路和拆迁等，挪用项目资金 18718.48 万元。二是市城建投资公司委托山东立信和山东启新两家造价咨询公司审定工程结算值 25456.46 万元。经济南市审计局复审后审定工程结算值 24399.98 万元，净审减 1056.48 万元。三是市城建投资公司垫付贷款利息 18688.10 万元。四是除化纤厂路至正丰路 1.85 公里未竣工外，其余路段均未进行竣工决算。五是项目建设资金由多部门管理使用，财务核算与材料管理脱节。六是各区工程建设指挥部没有对档案资料进行统一管理，分散于各单位和部门，为以后工程管理留有隐患。审计机关分析提出了加快项目竣工财务决算编制和重视项目档案管理的审计建议。

【环保专项资金审计调查】 2007 年 6~8 月，济南市审计局对全市 2005 年至 2006 年排污费征缴和环保专项资金分配、拨付及使用效益情况进行了审计调查。调查涉及市本级及所属 10 个县(市)、区的环保、财政等部门以及污染防治项目实施单位 39 个，抽审项目 29 个，占项目总数的 33%；审计资金总额 41560 万元，查处各类违规金额 15167 万元，占 36.5%。发现的主要问题：一是平阴县环境保护局擅自免征县污水处理厂应缴纳排污费 60 万元等，济南市环境保护局欠征济南北郊热电厂等单位排污费 4340.82 万元，长清区环境保护局欠征排污费 30.24 万元；商河县环境保护局征收潍坊输油处等单位排污费 35 万元上缴财政专户不及时；个别区财政局排污费财政专户分别结存 32.06 万元和 11.65 万元，未及时缴入国库。二是历下、市中区财政部门将环保专项资金 528 万元用于平衡财政预算，章丘市等 10 个县(市)区财政部门将环保专项资金 4546 万元用于环保部门经费补助。三是长清区环冠设备公司“废气治理”、武庄乡政府“生态示范乡建设”和“北沙河流域综合治理”等项目环保补助专项资金 66 万元未拨付到项目单位；历城区环境保护局将“环境优美乡镇规划”项目资金 16.6 万元滞留在本单位，致使该项目开展工作无法进行。四是商河、济阳县环境保护部门未设专账单独核算环保专项资金；济阳县环境保护局随意变更会计处理方法，在往来科目中列收列支，年终将环保补助专项资金结余一并转入“事业结余”账户。五是在抽审的 29 个项目中，未按计划竣工项目有 12 个，占抽审项目的 41.4%。六是城区河道截污整治工程截污整治效果大打折扣。主要原因是自筹资金比率过高，企业难以承受；部门利益驱使，设计监理垄断市场；河道整治人为分割，整体效益不能相顾。审计机关分析提出了统一思想认识，切实增强执行规定的自觉性；强化管理措施，努力提高资金使用效益；核定人员编制，依法保障环保执法经费；突出重点，逐步加大污染治理力度和理顺管理体制，进一步加强河道整治的审计建议。

【工商系统财政财务收支审计】 2007 年 7 月，济南市审计局组织县(市)区审计局对全市工商系统 2005 年至 2007 年 6 月财政财务收支情况进行了审计，延伸审计了 72 个工商所、36 个协会和 14 个经济实体。截至 2007 年 6 月底，全市工商系统编制 2715 人，实际在职人员 2609 人，工商所 129 个，协(学)会 36 个，企业性质的工商咨询中心(事务所)14 个。经费收入、支出、结余情况：期初结转-10596.28 万元，总收入 50659.60 万元，总支出 51478.85 万元，期末结转-11345.49 万元。行政性收费及罚没款情况：实现收入 39716.89 万元，上缴上级及本级财政 37315.35 万元，期末欠缴 2401.54 万元。实现行政处罚及没收变价款 10686.13 万元，上缴本级财政 10679.37 万元，期末欠缴 6.76 万元。债务情况：工商部门账内、外负债总额 9381.31 万元。审计发现的主要问题：一是某分局应缴未缴企业（新世界商城）改制款 618.58 万元；市、县两级历年应缴未缴上级行政性收费 9113.95 万元；无预算支出挤占公用经费 904.68 万元；个别分局房屋出租收入 66.15 万元未上缴财政。二是某分局超出“收费许可证”范围收取 2006 年评定“重合同守信用”牌匾费 7.59 万元。三是工商系统购置资产 207.46 万元未实行政府采购；个别分局用协会会费违规发放机关人员奖金福利 66.64 万元；招待费超支严重，涉及金额 102.02 万元；固定资产管理较为混乱，涉及金额 2063.38 万元。四是往来账款长期挂账清理不及时，涉及金额 772.32 万元；资金收支活动未纳入财务管理，涉及金额 54.15 万元；未按规定清理所办经济实体，存有部分局机关工作人员兼职现象。审计机关及时提出了严格执行《预算法》以及国家关于行政事业性收费等政策规定；进一步深化机构改革，坚决落实国家关于清理机关办实体的规定；完善经费包干制度，实行更为科学合理的增收节支措施；加强固定资产管理，对固定资产要进行定期盘点和认真研究改进系统核算办法，促进局机关及下属单位会计核算更趋清晰、合理、规范的审计建议。对规范全市工商系统财政财务收支管理工作起到了积极的促进作用。

【商业银行资产负债审计调查】 2007年9~10月，济南市审计局对市商业银行股份有限公司（以下简称“市商业银行”）2006年度资产负债损益情况以及有关经济活动进行了审计调查，对重要事项做了必要的延伸和追溯。截至2006年末，市商业银行资产3240860万元（含贷款2174108万元），负债3055946万元（含各项存款2689004万元），所有者权益186332万元（含实收资本150000万元）。2006年度，收入151048万元，支出95269万元，实现经营利润55779万元，税后净利润14274万元。按五级分类，该行不良贷款为34153万元，不良贷款率1.57%，此外，还有尚未处置的抵债资产9594万元。审计发现的主要问题：一是信贷业务管理不到位，有34333万元的流动资金贷款被改变使用用途，形成不良资产，并造成部分损失；违反公平、平等原则发放贷款75697万元；违规向行政事业单位贷款24000万元。二是贷前调查不详实，对收入证明核查不充分；贷中审查不严格，部分信贷保证业务存在潜在风险；贷后检查不到位，尤其是对一些大客户办理的票据业务放松管理，形成垫款1200万元。三是购建办公楼部分环节操作不规范；房产手续不完备，造成24万元固定资产未及时入账。四是股份权属不清晰，部分股东变更不及时，与实际情况不相符；法人股转让变更登记不及时，导致股东结构登记状况与财务报表不符1238.16万股。五是部分不良资产清理不及时，形成潜在亏损5070万元。审计机关提出了树立合法经营、防范风险、以效益为核心的审慎经营理念，克服片面追求规模扩张；完善贷款管理和内控机制等审计建议，对规范商业银行执业行为起到了积极的促进作用。

【济正公司财务收支专项审计】 2007年11月至2008年1月，济南市审计局对山东省济正保健品有限公司（以下简称济正公司）非法吸收公众存款及下属单位财务收支情况进行了专项审计。济正公司成立于1996年7月，注册资本730万元，其中山东省经济贸易公司投入345万元，沈阳起龙经济技术总公司投入385万元。2000年10月，沈阳起龙经济技术总公司将其股权385万元转让给龚印文（系山东省经济贸易公司负责人）。2005年10月，注册资本变更为8016万元，其中龚印文7111万元，出资比例88.71%；范洁聪（系龚印文夫人）560万元，出资比例6.99%；山东省经济贸易公司345万元，出资比例4.3%。总公司下设山东济正保健品连锁销售有限责任公司（济南分公司）、枣庄科技分公司、山东宁华园林艺术有限公司、西安分公司、上海分公司以及隆宝堂经营分公司等单位。在会计资料多、资料残缺不全的情况下，济南市审计局通过梳理、归类与汇总，基本确认了济正公司非法吸收公众存款的规模、现金净流量以及犯罪嫌疑人实际占有的资金量，为市领导科学决策提供了依据，受到上级领导的肯定。

（白俊国）

责任编校　张　阳

金　融

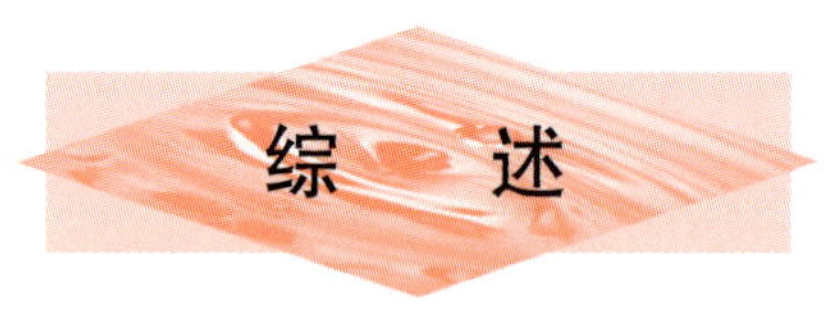

综　述

【金融业概况】 2007年,济南市金融业健康快速发展,业务规模不断扩大,组织体系不断完善,区域辐射带动作用不断增强,济南区域性金融中心雏形初步确立,金融业已发展成为济南市的重要产业和第一大纳税行业。

1.实现增加值快速增长,金融业成为重要产业之一。2007年,全市金融业实现增加值达153.5亿元,比上年增加30.67亿元,增长24.97%,占全市GDP的比重为6%,占全市第三产业的比重为12.23%,分别比上年增加0.38和0.40个百分点。

2.实现财税收入快速增长,金融业成为第一大纳税行业。全年金融业实现税收总额31.28亿元,比上年增加8.87亿元,增长39.58%;实现市及市以下级地方税收17.13亿元,比上年增加4.76亿元,增长38.48%,占全市地方税收总额的14.05%,占地方财政收入的10.91%,金融业成为第一大纳税行业。

3.组织体系逐步完善。全市共有银行19家,农村信用联社6家,资产管理公司3家,信托投资公司2家,财务公司1家,包括营业网点在内的银行业金融机构达955个;保险公司38家(含在筹),专业保险中介公司及兼业代理机构1600多个;证券公司及营业部35家,期货经营机构4家。

4.银行业存贷款规模不断扩大。2007年末,全市银行各项存款余额4062.4亿元,比年初增加38.8亿元,增长1%。各项贷款余额3678.3亿元,较年初减少110.2亿元,减少2.9%。按可比口径计算,全市各项存贷款实际分别比年初增加454.2亿元和293.2亿元,分别增长12.6%和8.7%。

5.企业上市工作取得进展,证券市场交投活跃。在时隔5年之后,济南市又有一家企业实现首发上市,东港安全印刷股份有限公司于3月2日在深圳挂牌交易。证券市场交投活跃,证券机构经营效益大幅提升,纳税额大幅增加。

6.保险市场步入新的发展阶段。全年实现保费收入66.84亿元,同比增长25.05%。保费规模和增速均居全省第一。

【济南市政府金融办公室】 1.正式出台《济南市人民政府关于进一步促进金融业发展的意见》。按照市政府指示,在学习借鉴外地城市有关促进金融业发展的政策和做法的基础上,代市政府起草了《济南市人民政府关于促进金融业发展的若干意见》。在分管领导带领下,先后20多次进行讨论和修改,反复与市直相关部门研究、磋商,并认真征求人民银行济南分行及山东银监局等监管部门的意见,文件以济政发[2007]18号文正式印发。

2.向市人大作《关于全市金融业发展情况的报告》。5月30日,市第13届人大常委会第32次会议听取和审议了市金融办代市政府所作的关于全市金融业发展情况的报告。报告得到了人大代表的高度评价,并以书面形式反馈了意见。为学习借鉴外地经验,进一步做好金融工作,市金融办还与市人大财经委联合组成考察组,在市人大副主任李德强带领下,赴外地进行了考察、学习,并写出考察报告呈报有关领导参考。

3.积极做好维护社会金融稳定工作。认真做好市处置非法集资部门联席会议暨打击非法证券活动领导小组办公室的日常工作,加强与市直有关部门和金融监管部门的联系,有效避免了社会不稳定因素的扩散。

4.参加首届全国中心城市金融办工作联席会议。11月5~9日,首届全国中心城市金融办工作联席会议在深圳、广州举行,全国12个副省级城市金融办参加了会议。市金融办参加会议并在会上介绍了济南市金融业发展情况、市金融办的职能和内设机构以及成立以来的工作经验。

5.举办银企项目对接活动。5月24日,市金融办牵头组织召开了“2007诚信济南银企合作推进会”,驻济金融管理部门和省、市两级银行行长,各县(市)区、市直有关部门以及部分重点企业的负责同志共300多人参加了会议。银行与企业共达成合作意向50项,其中授信金额41亿元、贷款金额49亿元。为加强银政合作,搭建银行与地方合作平台,市金融办还与槐荫区政府联合举办了银政合作(槐荫区)座谈会,组织8家驻济主要银行与槐荫区政府及部分重点企业进行了交流沟通,密切了银政、银企关系。

6.大力强化企业上市工作。东港安全印刷股份有限公司于2007年3月2日在深圳证券交易所挂牌上市。东港股份的成功上市,基本消除了济南市多年来市属上市公司全部ST的负面影响,为下一步推进企业上市融资,发展资本市场打开了局面。继东港股份成功上市后,济南市又有4家企业进入上市辅导并通过山东证监局验收,其中3家企业进入申报程序。市金融办大力推进企业申报股份报价转让试点工作,进行资源调查,辅导企业改制,引进中介机构，已有3家企业完成申报的基础性工作，8家企业启动了企业尽职调查，并储备了41家后备资源企业。同时，针对企业上市后备资源不足的情况，加强上市企业后备资源的挖掘和培育工作，对已进入企业上市后备资源库的企业，及时掌握发展情况，认真协调解决相关问题，促使企业尽快进入上市程序。

7.加大了引进外资银行工作力度。先后赴上海、香港拜访花旗银行、东亚银行、汇丰银行、恒生银行以及德富泰银行等，与外资银行进行沟通、交流。为推动全市金融业对外开放，协助省金融办举办了“对话山东——山东国际金融工作研讨会”，与部分外资金融机构的代表进行深层次的接触和交流，收到了较好效果，为其早日入驻济南打下了良好基础。

8.济南地区金融工作联席会议制度和济南市金融业统计分析体系不断完善。全年共组织召开了4次济南地区金融工作联席会议，与金融机构管理部门一起交流情况，分析研究济南市金融业运行中存在的问题，提出解决问题的办法供领导参考。全年编发《济南市金融运行分析报告》4期，重点对金融运行情况进行了统计分析，为市领导决策提供了依据。

9.加大协调服务力度，大力发挥保险的作用。组织人员协调解决了中国银行、工商银行、农业银行、华融资产管理公司等金融机构遇到的问题和困难，并帮助机床二厂等企业解决了贷款担保问题。积极协调保险公司做好“7·18”水灾保险理赔工作，使受灾企业和个人及时得到保险赔偿，尽快恢复生产经营和正常生活，并召开了全市保险系统“7·18”水灾理赔工作表彰大会，对在救灾工作中作出突出贡献的保险行业先进单位和个人进行了表彰。大力推进政策性农业保险试点工作，全市共承保小麦7066.67公顷，承保奶牛958头。积极做好能繁母猪政策性保险工作，全市共承保能繁母猪47433头。

10.积极做好信息宣传和调研工作。全年共编发《济南金融信息》50期，其中参阅件11期。信息被市委《每日信息》采用10条，市政府《政务信息》采用15条。另外，与济南日报社联合编发《济南日报》财经周刊金融专版52期。在市优秀网站评选中，济南金融信息网获“公益性服务类优秀网站”称号，位居第六位。同时，在全市优秀调研成果评选中，《关于金融服务全市新农村建设情况的调查》获二等奖，《关于川、陕、黔等地小额贷款组织情况的调查报告》获三等奖。

（刘　沂）

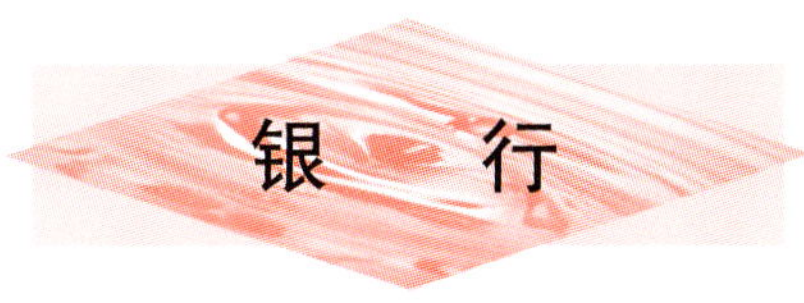

银　行

【概况】 2007年，全市银行业金融机构紧密结合省会实际，认真贯彻落实国家各项宏观调控政策，大力优化信贷结构，保持了货币信贷的合理增长，实现了全市金融业的平稳健康运行，为促进全市经济社会又好又快发展创造了良好的金融环境。

1.存款稳定增长，银行资金实力进一步增强。2007年末，全市银行业金融机构本外币各项存款余额4104.2亿元，按可比口径比年初增加457.4亿元，增长12.5%，同比多增37.7亿元。其中，人民币各项存款余额4062.4亿元，按可比口径比年初增加455.2亿元，增长12.6%，同比多增31亿元。存款余额和增量分别占全省的18.4%和15.9%。①企业存款稳步增长。2007年末，企业存款余额1567.2亿元，比年初增加273亿元，增长21.1%，同比多增28.2亿元。②储蓄存款分流趋势明显。2007年末，储蓄存款余额1266.7亿元，比年初增加84.2亿元，增长7.1%，同比少增74.2亿元。③外汇存款略有增加。2007年末，全市金融机构外汇存款余额5.7亿美元，比年初增加0.65亿美元，增长12.9%，同比多增1.05亿美元。

2.各项贷款适度增长，保持了对经济发展的支持力度。2007年末，全市银行业金融机构本外币各项贷款余额3762.5亿元，按可比口径比年初增加435.8亿元，同比多增146亿元。全市贷款总量列全国15个副省级城市第8位；贷存款比例为93%，高于全省约10个百分点，列全国15个副省级城市第4位。①人民币贷款稳定增长。2007年末，全市银行业金融机构人民币贷款余额3678.3亿元，按可比口径比年初增加293.2亿元，增长8.7%，同比少增113.5亿元，余额和增量分别占全省的21%和13.1%。②短期贷款和中长期贷款增势良好。2007年末，对实体经济的短期贷款余额1618.7亿元，比年初增加201.6亿元，增长14.2%，同比多增31.1亿元，支持了企业生产经营合理的流动资金需要；中长期贷款余额1805.8亿元，比年初增加253.5亿元，增长16.3%，同比多增105.7亿元，支持了全市重点项目建设。③外币贷款止降回升。2007年，全市外币贷款一改2005年以来的下降趋势，年末余额11.5亿美元，较年初增加4.2亿美元，增长57.5%，同比多增6.2亿美元。

3.贷款结构在“有保有压”中进一步优化，适应了省会经济社会发展的要求。①县域贷款、支农贷款和中小企业贷款保持快速增长。2007年末，全市县域贷款余额141.1亿元，比年初增加27.8亿元，是上年同期的2.8倍。农业贷款余额108.4亿元，比年初增加18.3亿元，是上年同期的1.7倍。同时，人民银行发放支农再贷款5.4亿元，引导辖内农村信用社累计发放农户贷款122.3亿元，同比增加15.4亿元。私营企业及个体短期贷款余额29.4亿元，比年初增加9.6亿元，增长48.5%，同比多增3亿元，中小企业和非公有制经济资金紧张的状况进一步得到缓解。②个人消费贷款和困难群体贷款大幅增加。2007年末，个人贷款余额304.6亿元，比年初增加64.7亿元，增长27%，同比多增21亿元，主要是个人住房贷款比年初增加37.4亿元，同比多增34亿元。全市下岗失业人员小额担保贷款比年初增加2524万元，增长2.35倍，列全省第2位；国家助学贷款比年初增加3130万元，增长16.6%，列全省第1位，促进了扩大内需政策的落实和民生的改善。③产能过剩行业和“双高”企业贷款控制取得积极效果。据调查统计，2007年末，对11个产能过剩行业贷款余额为762.4亿元，较年初增加86.6亿元，同比少增21亿元；对高污染、高能耗的“双高”企业贷款余额418.4亿元，较年初增加12.4亿元，同比少增48.8亿元。

4.金融机构经营效益大幅增长。2007年，全市银行业金融机构人民币业务累计盈利69.2亿元，比上年增盈22.3亿元，增长47.5%。

5.现金投放回笼情况良好。全市金融机构年累计实现现金收入5998.4亿元，现金支出5893.2亿元，年累计净回笼105.2亿元，同比少回笼3.4亿元。（薛　景）

【中国人民银行济南分行营业管理部】2007年，中国人民银行济南分行营业管理部认真贯彻落实货币信贷政策，努力改进金融服务，积极推进金融生态环境建设，保持了辖内金融业的平稳运行，有力地推动了全市经济社会又好又快发展。

1.强化货币信贷政策“窗口指导”，努力保持货币信贷合理增长。结合济南市经济和社会发展重点，制定了《关于贯彻落实稳健的货币政策促进济南市经济又好又快发展的指导意见》，引导辖内金融机构突出信贷支持重点，优化信贷结构，合理把握贷款节奏。该意见被市政府批转各县(市)、区人民政府和市直有关部门贯彻落实。不断深化银企合作，组织辖内银行业金融机构与济南市重点项目进行了对接，会同政府有关部门承办了“2007诚信济南银企合作推进会”，召开了市中区、槐荫区、历下区、匡山钢材市场和食品行业等5个专场中小企业项目推介座谈会，共推介项目179个，达成协议或意向贷款298.3亿元。同时，积极推进企业扩大直接融资渠道。全市已有8家企业累计发行短期融资券151.1亿元，为企业节约财务成本3亿多元。其中，新批准4家企业发行短期融资券额度93.3亿元，新发行短期融资券70亿元，同比多发行14亿元。全市获准短期融资券发行企业、发行额度和实际发行额均居全省首位。

2.大力推动农村信用社改革，做好央行票据兑付考核工作。继续加强对农村信用社改革的监督和指导，督促农信社及时将改革重点转移到健全法人治理结构、转换经营机制、增强支农服务功能等方面，真正实现“花钱买机制”的改革目标。全市7家信用社4.75亿元的专项中央银行票据全部兑付完毕，兑付家数列全省第5位，增强了农村信用社支农资金实力，促进了农村信用社经营管理的改善，提升了可持续发展能力。

3.以科技创新为动力，进一步提升金融服务水平。①积极推进支付清算体系建设。顺利上线运行了支付管理信息系统、账户管理系统、支票影像交换系统等现代化服务系统，全市资金汇划速度进一步加快。进一步完善财税库行联网系统功能，扩大联网覆盖面，开通了三峡移民扶持资金国库直通车，为辖区24320名三峡移民直接拨付资金1515.9万元。②信用体系建设不断完善。在全省率先实现了企业拖欠工资信息和存款人签发空头支票信息进入信贷征信系统。加快建立健全中小企业信用档案，已采集入库4766户无贷款中小企业的信用信息，全年新增2200余户企业进入信贷市场。不断提高企业和个人信用信息系统资源应用程度，先后依托系统就农村信用体系建设、公积金信息采集、金融支持高新技术产业等情况进行了全面调查，并依法协助公安局、检察院等部门进行企业和个人信用报告司法查询，全年提供查询125次。③合理调整券别结构，确保全市现金供应。全年共调拨发行基金932亿元，累计投放货币251亿元、回笼货币352亿元，满足了全市商品流通和交换需要。充分发挥钞票处理系统功能，加快残损币回收，提高了人民币的票面整洁度。中国人民银行济南分行营业管理部以支付清算、票据清分、征信管理、钞票处理、财税库行联网等“五大现代化金融服务系统”为主要内容的“金融高速公路”工程，在济南市精神文明创建活动中，被评为优秀品牌第一名。

4.积极推进辖区金融生态环境建设，促进全市经济金融和谐发展。按照“政府主导、央行参谋、部门配合、社会参与”的工作思路，配合市政府制定了《济南市人民政府关于促进金融业发展的政策意见》，提出了实施金融扶持政策、积极支持金融改革、防范化解金融风险、加快信用体系建设、创造良好的金融发展环境等若干政策措施。协调劳动保障、财政、担保中心等部门，积极推进“信用社区”建设，通过媒体、网络、现场宣传等方式加强征信、反假货币、反洗钱等金融知识宣传，并与市中区政府联合，举办了直接面向市民的“金融知识进社区”活动，提升了全民信用意识和风险意识，提高了社会对金融知识的认知度和金融宏观调控政策的认同度，进一步优化了辖区金融生态环境。

5.坚持依法行政，为辖区经济、金融发展创造良好环境。①加强支付结算管理，制定了《济南市支付结算工作考核办法(试行)》，在全省率先自主设计开发并运行了“签发空头支票行政处罚系统”，提高对签发空头支票存款人的经济处罚效率，对670起签发空头支票行为进行了行政处罚，有效维护了辖区支付结算秩序。②加大反洗钱工作力度，与济南市公安局联合制定了《反洗钱可疑交易核查工作合作办法》，率先开发了“反洗钱管理信息系统”，实现了反洗钱工作网络跟踪监测。调查发现的一项可疑交易被列入人民银行总行“天网行动”督办案件，协助公安部门成功破获了一起非法集资案件。③加强人民币流通管理，对辖内金融机构人民币收付业务、企业经营和装帧流通人民币业务等进行了专项检查，维护了人民币信誉。

（薛　景）

【中国工商银行股份有限公司山东省分行营业部】2007年，中国工商银行股份有限公司山东省分行营业部围绕强化市场营销、提升服务水平、推动经营转型等中心工作，积极转变经营理念，着力加强机制建设，科学制定经营方略，不断强化基础管理，经营、管理、改革、发展、服务等各项工作逐步走向规范，发展后劲不断增强。

1.以市场为导向，以效益为目标，实现了规模与效益的全面增长。该行实事求是地分析经营管理中面临的形势任务、机遇挑战，注意研究新情况、新问题、新要求，调整策略，把握重点，狠抓落实，确保各项业务始终保持良好的发展态势。一是积极扩大负债业务规模。12月末，该行各项存款余额679.07亿元，较年初增加85.02亿元，增幅14.31%，同比多增25.35亿元。加强系统大户和新账户营销，12月末，公司存款较年初增加18.3亿元，增幅14.6%；机构存款较年初增加37.2亿元，增幅19.6%；同业存款较年初增加27.3亿元，增幅341.7%。加大基金、保险、国债、理财产品的组合销售力度，销售4项理财产品54.5亿元，同比增加40亿元；第三方存管辖内管理客户数达到12.8万户，济南市24家券商已全部在该行开通第三方存管业务；基金定投累计开户数达到2.8万户。二是强化优质贷款市场营销。截至12月末，该行各项贷款余额587.24亿元，较年初增长51.88亿元，增幅9.69%，同比多增7.59亿元。重点加大对交通、电力等基础设施项目以及行业排头兵企业的支持力度，累计发放项目贷款65.03亿元，新增贷款100%投向了AA级以上企业；累计发放流动资金贷款187.71亿元，同比增加48亿元，新增流动资金贷款100%投放到支持类和适度支持类客户；累计发放小企业贷款151户、13.11亿元，同比增加6.93亿元；累计发放住房开发贷款18.3亿元，同比增加6.7亿元；累计发放个人住房贷款15.5亿元，同比增加4.7万元。三是推动中间业务快速发展。电子银行业务继续保持较快增长，网上银行新增个人客户18.5万户，新增企业客户2306户，累计实现网上银行交易金额6150亿元；银行卡发卡量迅速膨胀，总卡量达到17.2万张，较年初增加6万张，累计实现消费额10.5亿元，同比增长2.85亿元；实现国际结算量11亿美元，同比增加2.67亿美元；实现结售汇业务量4.5亿美元，同比增加1.5万美元，办理贸易融资4625万美元。全年共实现中间业务收入2.35亿元，同比增加0.89亿元，增幅60.6%；人均中间业务收入5.19万元，同比增加2.05万元；中间业务收入占比7.78%，同比提高1.4个百分点。四是经营效益基础进一步夯实。全年实现拨备前账面利润17.15亿元，同比增加4.3亿元，增幅33%；在提取风险拨备3.17亿元的基础上，实现拨备后账面利润13.97亿元，同比增加4亿元，增幅40.27%；人均净回报35.87万元，同比增加11.07万元，增幅44.64%。

2.以规范化、标准化服务为切入点，服务水平有效提高。一是组织开展了"擦亮大观园服务品牌，重塑济南工行服务形象"活动，以擦亮大观园品牌为突破口，以典型推动、创新服务、建立优质服务长效机制为重点，提高服务理念和服务意识，全行整体服务质量、效率和水平进一步提高。二是大力提升标准化和规范化服务水平。推行网点服务管理达标工程，制定了《网点服务管理达标实施意见》并在部分网点开始试点，促进网点服务环境、服务行为、服务质量、服务效率、服务技能水平大幅提升。三是完善服务工作考核办法，加大服务检查力度。以"服务环境及设施、服务态度、服务效率、服务质量"为主线，实行量化考核，使服务考核工作更切合实际，激励作用更加明显。四是加大网点改造力度。结合济南城区建设，对全辖网点进行重新规划，对功能不完善、形象不佳的网点有计划地进行装修改造，使布局更加合理，提高了网点服务形象。

3.以精细化管理为依托，管理基础不断夯实，发展后劲不断增强。一是强化绩效目标合约管理。明确各级管理人员年度目标任务、权力及奖惩，同时按照"两个序列、一条主线"的模式，横向分为本部部室和支行两个序列，纵向分别垂直到对每名员工建立年度(季度、月度)绩效合约并以此进行考核，真正建立人岗匹配、以绩定酬的激励分配机制。二是全面实施员工素质提升项目。不断建立健全培训工作的保障机制，全面落实培训效果的事后考核，将培训结果与绩效挂钩，以考核促培训、以培训促发展。严格落实岗位资格认证制度，统一组织了大堂经理、客户经理和柜员的岗位资格认证考试，员工的自我加压意识不断提高，形成了较为浓厚的学习风气。三是创新发展成效显著。积极研究探索业务创新，"厂商银"提货单质押融资和"经营厂房按揭贷款"获得了总行业务创新三等奖；对全辖网点的空白重要凭证实施集中管理配送，减少凭证流通环节，消除了安全隐患，降低了运营成本；实施办公用品、耗材和油料集中使用管理，经营成本大幅降低。

4.以扁平化、集约化管理为手段，各项改革稳步推进，整体运行效率大幅提升。一是稳步实施个人业务改革。在零售银行业务保持现有整体组织架构的基础上，建立零售银行业务"一纵、二横、三条线"的整体管理体系，逐步构建起个人金融业务的统一营销平台和统一考核平台，零售银行业务的市场竞争力得到有效提升。二是积极推进机构扁平化改革。大力推行"分行—支行"两级机构管理模式，稳步实施城区支行扁平化管理工作，已对7个符合条件的城区二级支行由营业部实行直接管理。三是稳步实施扁平化改革。制定《扁平化管理框架总体方案》，进一步加大对各级机构、各类业务的直接管理、调度、监督、考核和控制力度，逐步建立起立体式、分层次的市场营销体系，集中统一的财务会计核算体系，多角度、全方位、穿透式的绩效管理体系，独立、集中相结合的运行管理体系，集中式审批、区域化操作、垂直化管理的风险管理体系，标准化、专业化、规范化的服务保障体系，扁平化、集约化、精细化的综合管理体系，真正构建"大营销、大监管、大核算、大综合、大保障"的经营管理机制，从而达到减小管理半径、缩短管理链条、提高管理效率、深化集约经营、降低操作风险、促进资源共享、强化营销服务功能、提高市场反应速度和综合竞争力的总体目标。

5.以加强内控体系建设为保障，狠抓从严治行，安全运营意识和运营质量进一步提高。一是制定并全面实施了《员工违规违章积分管理办法》，并将该办法的宣传、落实与《业务操作指南》的推广应用以及对支行、网点内控考核相结合，收到了较好效果。建立了员工积分管理档案，对制度执行不力、违规违章操作人员及直接管理人员实行积分处罚和问责，切实增强了员工的遵章守纪意识。二是深刻分析了全国金融行业案防形势，对开展"案件就在身边"主题警示教育活动情况、员工行为动态分析排查情况进行通报，对16个风险点的防控情况及易发事故案件的部位进行分析部署，促进了全行案防水平的提升。三是加强员工行为动态管理。开发了行为动态管理信息系统，建立了行为动态管理电子档案，深入细致开展排查分析，做到问题早发现、案件早预防，将防范案件责任制落到实处。（冯　可）

【中国农业银行山东省分行营业部】 2007年，全口径存款增加76.9亿元，各项贷款实际增加44.5亿元，实现经营利润9.69亿元。该部被山东省人民政府授予“金融创新奖”，被山东省总工会授予“职工体育工作先进单位”，被山东银监局表彰为“良好银行”，被农业银行总行授予“学习型组织标兵单位”。连续两年被山东省文明委命名表彰为“省级文明单位”，连续4年保持了济南市“十大文明行业”称号。该部还获得了农行山东省分行“创建‘四好’领导班子先进集体第一名”、“综合绩效考核第二名”和“综合绩效考核进步分第三名”三项殊荣。该部辖属的银河支行还获中国银行业“文明规范服务示范单位”称号。

1.各项业务又好又快发展。一是各项存款持续稳定增长。年末，全口径存款余额507.1亿元，比年初增加76.9亿元。存款增量继续列济南市4家大型银行第一位，全年平均增量居19家金融机构之首。二是贷款结构不断优化，有效支持了地方经济发展。认真贯彻落实国家宏观调控政策和有关信贷政策，坚持有所为，有所不为，全年投放优质客户贷款53亿元，加大对电力、能源、交通等行业的贷款投放，重点向高新技术产业、重大装备和先进制造业倾斜，向自主创新、节能降耗和环保领域的企业倾斜。积极支持社会主义新农村建设。集中资金支持农村电网改造建设，加快改善济南农民用电环境；加大农业产业化龙头企业和规模农资流通企业的贷款投放，并把与农业生产密切相关的涉农企业列入信贷支持重点。重点支持中小企业发展，尤其是符合国家产业政策要求、有一定科技含量、有良好发展前景、产权明晰、经营者水平和能力较强的中小型企业。大力支持济南城市建设和房地产开发，改善城市面貌和市民居住条件，为节能减排、提升济南形象做出了积极努力。三是赢利水平不断提高。实现中间业务收入1.3亿元，同比增收3400万元；实现经营利润9.69亿元，同口径同比增盈9031万元。

2.网点转型在全国农行系统创造了成功的经验。顺应国内外银行业“网点复苏”、“网络价值发现”的潮流，对网点资源重新审视、重新定位，前瞻性地实施了网点转型。组织编写了《网点转型指引》教材、网点转型宣传片和《网点标准化手册》，全面导入以“网点精神、客户满意度、营销至上、员工满意度”为主要内容的新理念，推进功能分区，优化业务流程，实行组织变革，重构绩效评估体系，落实客户满意度解决方案，举办了专题培训，公开选聘大堂经理和个人客户经理，集中专项费用配套实施了网点“净化、美化、亮化”三大工程。该部的转型网点初步实现了“六变六不变”，即人员不变观念变，机构不变功能变，岗位不变角色变，产品不变流程变，职责不变内涵变，客户不变服务变。农业银行总行以《简报》的形式，在全国推广该部的做法。

3.企业文化建设成效显著。坚持以人为本的办行理念，深化企业文化建设，在全行员工中形成了统一的价值理念、思维方式和行为准则；把创建学习型银行作为内在动力，深入开展“学习月”活动，鼓励员工参加各种培训和教育；着力解决员工工作和生活中的实际问题，新增工资资源大部分向基层员工倾斜，节日定期走访困难员工，对特困员工及时实施救助；加强小伙房、小娱乐室建设，经常性地开展员工喜闻乐见的文体活动，增强了团队的归属感和向心力，该部企业文化建设的先进经验被农业银行总行推广。

4.优质文明服务硕果累累。认真履行国有大型银行社会责任，以网点转型为契机，不断满足客户需求。以“创服务品牌、树行业新风”活动为契机，在全辖开展了争当“服务明星”，争创“零投诉员工”、“零投诉网点”、“零投诉支行”活动和以“服务无小事服务是天职”为主题的大讨论，增强了员工关注服务、重视服务的积极性和主动性。为有效解决客户排队问题，出台了动态调整营业窗口、增加自助网点和自助设备、大力宣传营销电子银行产品等10项措施，提高了客户满意度，得到了政府部门和监管部门的高度评价。在农行山东省分行95599受理的表扬中，该部占到了94%。（陈东林）

【中国银行股份有限公司济南分行】 截至2007年末，中国银行股份有限公司济南分行人民币一般性存款较年初新增40.99亿元，其中公司存款新增37.25亿元，储蓄存款新增3.74亿元。人民币一般性存款余额市场占有率5.47%，较年初提高0.97个百分点。人民币金融机构存款新增49.20亿元。由于人民币升值等因素影响，外币存款有所下降。本外币授信资产较年初新增13.32亿元。资产质量有所上升，不良资产余额较年初减少1.29亿元，不良率下降1.49个百分点。全年实现中间业务净收入9387万元，同比增加3336万元，增幅55.14%；收入占比13.86%，较年初提高1.85个百分点。实现利润25797万元。

1.积极转变增长方式，促进各项业务又好又快发展。①抢抓市场机遇，做强个金业务。以VIP客户营销为重点，大力发展个人负债和理财业务。加大中、高端客户的营销力度，积极争揽储蓄存款。通过为客户提供一揽子金融服务，深入挖掘客户潜力和市场潜力，扩大中高端客户群体。年末，50万元以上VIP客户总数4094户，新增2024户，较年初增长98%。积极提供专业化服务，实现特色化经营。进一步规范业务流程，全辖20个网点开通了个人贷款服务专区，配备专业人员提供服务，出现了6个各具特色的个人贷款中心。加强与房产开发商、汽车经销商、中介公司的联络和沟通，加大“直客式”营销力度。成立专业的中银汇兑团队，有7个网点开通了中银汇兑专区，积极营销因私汇款、结售汇等业务。推广出国金融专家服务，努力拓展出国留学贷款。共计新增消费贷款7.40亿元，同比增加1.83亿元，有效减轻了公司贷款发展压力。②加快调整结构，做精公司业务。公司业务继续贯彻落实大客户战略，在稳固与传统大客户关系的同时，成功拓展了一批新的优质客户。年内，公司业务克服种种不利因素，人民币公司存款新增37.25亿元，公司业务贷款增加16.66亿元；实现企业网银交易量737.15亿元，同比增加515.43亿元；拓展了财务顾问、代理保险等新的收入来源。抓住股市活跃的有利时机，与齐鲁证券等15家证券公司、31个营业部开通第三方存管系统，人民币同业存款创历史新高。③推进服务创新，做大中间业务。发挥传统业务优势，增加中间业务收入。加强上下联动、条线互动，突出外汇业务优势，大力发展国际结算业务，年内完成国际结算业务量14.79亿美元。银行卡业务在完成新增发卡量的基础上，重点加强银行卡激活工作，增加有效卡数量；努力拓展商户和收单市场，不断提高市场竞争力。中银信用卡新增有效卡20611张，完成银行卡直消额11.88亿元，新增签约商户302家。加大产品创新力度，拓宽收入来源。抓住股市火爆的有利时机，努力发展基金代销、理财、奥运特许商品等业务，共代理销售基金12.78亿元、保险1.17亿元，分别是上年的4.26倍、3.20倍。积极推广财务顾问、融易达业务等新业务，营销资金管理等业务3.78亿美元，保函业务也取得较大突破。

2.加强集约化经营，提高精细化管理水平。①优化资源配置，构建集约化经营模式。根据“经营集约化、管理扁平化、处理集中化和业务一体化”的要求，加强了条线管理。一是进一步整合公司业务条线资源。完善城区公司业务管理体制，形成以客户分层为基础、分工负责的三级客户营销管理体系。二是整合网点资源。撤销两家业务规模和发展潜力较小的郊县分理处，将人员调剂到支行本部和城区网点。三是将理财中心由营业部划归个人金融部管理，加强对高端客户的维护。四是扩充银行卡直销队伍。增加银行卡直销人员，提高营销的专业化水平。五是实施中后台集中化管理。对全辖押品统一管理，城区网点现金调拨统一运作，城区支行物资统一采购、配送，合理配置资源，降低运营成本。②完善风险管理，不断提升资产质量。认真分析研究经济形势及宏观调控政策的变化，将持续改善授信资产质量作为全行的重点工作。调整风险管理模式，完善政策制度体系，强化主动风险管理，进一步做好集团客户管理工作；引入经济资本占用概念，全面计量风险收益，并根据总行新的授权管理办法，调整了公司业务授信审批流程。对授信发放流程进行整合，增强授信发放审核的专业性和独立性。在下半年宏观调控趋紧的情况下，及时向全辖发送风险提示，开展“贷后三查”工作，最大程度地防控信贷风险。继续加大清收压降力度，不良余额和不良率双双降低。③从细节入手，大力夯实基础管理。加强对产品、市场、客户、同业的调查研究，加强对运营过程、结果的量化分析，把握规律性，提高前瞻性；改变简单化的管理方法，杜绝粗放式经营。进一步规范各项工作流程，严格按规则办事、按程序办事。健全晨训例会制度，组织员工对自身的岗位职责及风险点进行梳理，不断提高工作效率。梳理出纳业务管理流程，对尾箱管理、现金调拨等业务流程进行细化，对全行凭证分库进行全面清理、规范。加强应急管理，在“7·18”特大暴雨灾害中，将损失降到了最低限度。

3.打造长效发展机制，提升核心竞争力。①深化渠道建设，继续推进战略转型。在省行的人力支持下，继续加强渠道建设，对6个网点进行迁址、改造，进一步向高档住宅区、高档社区和商业区集中营销资源，分行理财中心私人银行部也正式投入运营。积极推进向标准化网点转型，在对各网点业务结构、流程梳理的基础上，确定了年底前完成10家全功能型网点、23家销售服务型网点和31家简单交易型网点转型的第一阶段目标。同时，加强个人金融业务队伍建设，选拔优秀员工充实到个金队伍，提高对客户服务水平。全辖专职理财经理24人，其中取得金融注册师、国际金融注册师资格证书的有11人，专职大堂经理37人，个金条线专职消费信贷经理56人，银行卡直销人员增加到30人。年内，战略转型取得初步成效，个金条线成为中间业务净收入第一来源，贡献度达40.85%，同比提高11.03%。②加强考核管理，完善激励约束机制。对核心指标考核体系进行调整，增强考核的个性化和弹性化，明确了支行、网点的特色化经营导向。落实机构成长机制，实行弹性费用管理。加强目标管理和标准化管理，建立薪酬调控机制，突出业绩导向，将经营业绩与个人考核紧密结合，激励员工通过创造优良业绩实现个人进步、获得收入，真正体现“机构挣费用，员工挣工资”的原则。③重视人才培养，打造“三支队伍”。一是经营管理人员整体水平有了较大提升。以建设“四好班子”为目标，按照“谁用人、谁聘任、谁管理、谁负责”的原则，对现有管理层进行改造。通过挂职锻炼、动态管理、重点培养，一批候补管理人才得到快速成长。二是专业技术人才队伍不断壮大。建立专业技术人才库，实施核心人才选拔制度，引入了资格认证制度，各条线人员素质普遍提高，更多的专家型人才脱颖而出。三是业务操作人员服务更加专业化。积极打造学习型银行，通过强化培训、竞赛、达标、岗位练兵、检查等多种形式，规范业务操作人员的服务标准，提高他们的职业素养和操作技能。

4.完善内控管理机制。①完善组织建设。成立两个内控审计团队，专职履行内部控制、管理和对第一道防线的指导、检查、监督和评估职责。加强事中监督人员统一管理，推进全辖轮岗制度，提高内控防范能力。根据省行统一部署，实施营业主管派驻制，切实发挥营业主管的内控监督作用。进一步规范金库管理、尾箱管理，制定突发事件预案，排查风险隐患。②加大检查监督力度。加强人民币结算账户管理，逐户进行检查，规范档案资料。建立日结监控人制度，对各网点日结、过渡性科目进行日监控，实行扣点处罚制。加强银企对账工作，加大各类检查的力度和频率，组织经常性的营业网点突击查库，对现金大库及所有的柜员尾箱、ATM机现金、重要空白凭证进行拉网式同步突击清查，确保账实相符。③强化全员合规经营意识。在全辖开展以“讲认识、讲职责、讲问题”为主题的内控三讲活动，提高员工对内控重要性的认识。出台《员工八小时之外教育监督实施意见》，要求各单位对重点岗位、重点人员加强监控。组织员工观看《赌之害》等案例宣传警示片，坚决抵制不良风气。④严格问责。对各类违法违规人员，从严、从重、从快严肃处理，并限期进行认真整改。

5.狠抓优质服务，提升社会形象。抓住“奥运服务月”等机遇，树立“服务创造价值”的理念，实施温情服务、差异化服务，积极打造服务品牌。通过集中培训、岗位练兵技能测试、星级柜员评定等多种方式，提高员工的业务素质和服务技能。拍摄并组织观看《服务礼仪》教学片，不断提升服务质量。充分发挥作为2008年北京奥运会唯一银行合作伙伴的优势，以代销奥运门票和奥运倒计时一周年及300天等为契机，加大宣传力度，利用电台、报纸、车体及站牌等，积极推介业务及产品，扩大了社会影响力。结合网点改造，实施“亮化工程”，社会形象不断提升。

（张法海　庄卫东）

【中国建设银行股份有限公司山东省分行（济南地区）】 2007年，中国建设银行股份有限公司山东省分行济南地区各支行认真贯彻落实省行各项工作部署，紧紧围绕“又好又快全面发展”的总体要求，各项工作取得全面进步。截至年末，该行济南地区各支行各项存款余额664.5亿元，各项贷款余额336.1亿元。五级分类不良贷款余额14.5亿元，不良率4.33%。实现中间业务收入23903万元，实现拨备前考核利润126394万元。

1.服务中心工作，积极支持经济建设。一是稳步发展对公业务。准确把握国家宏观调控政策和总行、省行的业务发展导向，科学把握信贷投向，充分发挥信贷投放对经济发展的支持作用。整合营销资源，为大型集团客户或重大项目组建任务型团队，全面提升服务水平。加强产品创新，积极为优质客户提供理财服务。加强与海外机构的联动，推进中国重汽在香港上市。加强与系统内兄弟行的联动，在山东航空等重大项目中组建内部银团。同时，加大房地产开发贷款投放力度。年末，住房公积金贷款余额12.58亿元，新增3.96亿元；房地产金融客户贷款余额22.23亿元，新增2.15亿元。

2.落实以人为本，积极支持民生建设。一是积极提供个人贷款服务。在理顺个贷业务管理体制、推广新个贷系统的基础上，积极拓展个人信贷业务，促进居民生活的改善。到2007年末，个人贷款余额46.09亿元，新增3.6亿元。二是积极提供个人理财服务。年内，济南地区销售基金57.67亿元，完成计划的418%，销售量居同业首位，获“百姓最喜爱的基金代销渠道”称号。发行利得盈理财产品4.87亿元；发行汇得盈个人外汇结构性产品2.29亿元，居四大银行第一位。三是积极提供新的服务渠道。大力发展银行卡业务、网上银行、电话银行、手机银行等电子银行业务，大力发展自助设备，为济南地区的网点全部配置了95533直通电话和网银演示终端。

3.强化基础管理和内部控制，确保依法合规经营。一是稳步推进济南地区经营管理改革。为加强对济南地区各支行的管理，提高综合竞争力，省行成立济南经营管理部，明确济南地区发展责任主体，细化岗位职责，制定内部工作流程。完善了前、中、后台的沟通协调机制，建立了济南地区平行作业调度会议制度。二是加大案件防控及合规文化建设力度。开展员工行为排查，强化对重要岗位员工的监督制约。在全行开展合规文化建设主题活动，评选了合规标兵，全员的合规操作意识进一步增强。三是加强风险管理。继续深化风险管理体制改革，积极推进大型企业项目平行作业，实现济南地区风险集中管理。规范操作风险管理的体制、机制、职责和报告路线，建立起风险经理、委派会计主管、纪检监察特派员齐抓共管的管理平台。四是加强安全保卫。组织开展各类安全教育培训，充分发挥远程集中监控系统的监督检查作用。强化应急管理，全行组织各类应急预案演练。积极推进守押社会化改革，长清、济阳支行成功实现守押社会化，进一步降低了风险隐患。

4.加强企业文化建设，积极推进和谐建行建设。一是加强企业文化建设。积极开展丰富多彩的文体活动，切实关心员工生活，在全行营造出和谐进取的良好氛围。“何晓工作法”服务品牌被中央电视台宣传报道。济南大观园支行、开元支行获中国银行业协会评选的“文明规范服务示范单位”称号。二是加强网点服务建设。认真组织开展“星级网点创建”暨柜面业务竞赛活动，加大“神秘人”检查力度，不断提升客户满意度。济南地区47个网点实现转型，网点的营销、服务能力大幅提高。三是加强员工队伍建设。强化员工培训，使员工整体素质得到有效提升。推进民主管理，设立员工信箱，切实维护广大员工的合法权益。四是积极参与社会公益事业。积极参与“慈心一日捐”等社会公益活动，开展“建设未来——中国建设银行资助贫困高中生成长计划”，资助贫困高中生。

（窦永密　王倩倩）

【交通银行济南分行】 2007年，交通银行济南分行认真落实国家宏观调控政策，积极支持地方经济建设，着力提高发展质量，不断调整优化结构，严密防范经营风险，各方面工作均取得较好成绩。

深入贯彻科学发展观，着力提高发展质量。截至2007年末，全辖人民币各项存款余额达452.09亿元，比年初增长43.79亿元。对公重点客户营销实现新进展，合作进一步深化，在短期融资券项目、企业年金业务等重点项目营销方面取得突破性进展。国际业务快速发展，国际结算量同比增长65.88%，完成总行计划的142.42%，“满金宝”交易量达到52189万美元，累计收益21万美元，完成总行计划的140%。转型业务稳步提升，全辖自营性个贷余额较年初增长10.06亿元，增幅29.93%，完成总行计划的111.78%；发行双币贷记卡84643张，完成总行计划的125.4%；个金优质客户不断增长。全辖沃德财富客户较年初增长2567户，完成总行计划的128.35%；企业网银和个人网银注册客户大幅度增加，均超额完成总行计划。中间业务态势良好，中间业务收入比上年增长46.71%，完成总行计划的108.7%。经营效益大幅提高，2007年，全行账面税前利润同比增加33240万元，增长57.50%。不良资产清收效果显著，全行清收压缩各类不良资产45006.82万元，其中不良贷款清收压缩

26006.82万元，完成总行计划的144.48%；非信贷不良资产清收压缩19000万元，完成总行计划的100%。

认真落实国家调控政策，持续优化业务结构。信贷投向持续改善，增量贷款主要分布在石油化工、钢铁、汽车、服务业等行业。中长期贷款不断增长，全辖本外币对公中长期贷款余额较年初增加16.02亿元，占比提高4.34个百分点，信贷资产的稳定性不断增强。客户结构持续改善，2007年，全行1~5级客户贷款余额较年初增加18.46亿元，7~10级客户贷款余额较年初下降0.44个百分点。资产负债结构持续改善，全行承兑保证金存款余额比年初下降23.70%，票据融资占比较年初下降1.55个百分点。全行人民币存款平均利率比上年上升0.37个百分点，人民币正常类贷款平均利率比上年上升0.6个百分点，全行利差率同比提高13.64%。

稳步推进改革创新，不断夯实管理基础。按照总行流程银行建设的总体要求，对营销和管理体制进行改革，初步建立了以条线业务单元纵向为主、矩阵式的管理模式，增强了公司、个金、会计三个条线的垂直管理功能。完善考核激励模式，推出经营和管理"双百制"考核机制。会计条线实施垂直化管理后，建立了条块结合的考核体系，实现了风险控制、核算质量、工作强度、服务质量、交叉销售等方面的综合量化考评。加快网点布局结构调整，年内撤销2家支行，新投放82台自动取款机、18台存取款机，新建18家在行自助银行、11家离行自助银行，新增21个ATM单点，装修改造网点32个，并在章丘市设立异地支行。加强对重大信贷风险预警信号的关注，通过各种渠道获取和下发风险提示、督办单和质询函，提高风险预警能力。加大检查频度和力度，积极开展不正当交易行为自查自纠、现金业务自查自纠等多次专项检查，深入推进道德风险排查、案件专项治理和商业贿赂治理，对查出的问题，加大责任追究力度，制订有针对性的整改措施，并成立督察组，强化督查、验收和考核，确保整改措施落实到位，有效巩固了风险管理控制基础。（白　凌）

【中国农业发展银行山东省分行营业部】2007年，中国农业发展银行山东省分行营业部在认真履行国有政策性银行职能，加大支农信贷投放，全力支持社会主义新农村建设的同时，按照打造现代银行的要求，以健全内控制度和精细化管理为基础，以新业务拓展和国际业务开办为突破口，着力强化市场营销，健全服务功能，发展速度、经营效益、管理水平和队伍素质均明显提高。截至年末，各项贷款余额537861万元，同比增加35757万元。各项存款余额207264万元，同比增加52407万元。办理国际结算业务2245万美元，同比增加2245万美元。实现中间业务收入103.91万元，同比增加61万元。实现账面利润16507万元，同比增加9164万元。

1.全力开拓信贷市场，加大信贷支农力度。立足于济南市涉农企业资源相对匮乏，而作为全省农副产品的主要集散地和消费市场，大型商贸流通企业集中的独特的经济特色，把业务发展的方向定位于服务"城市三农"，即以重点支持大型流通企业为载体，全面支持农副产品进城、农业生产资料下乡和农业科技推广，在推动以城带乡、以工促农和城乡一体化的进程中支持农业、农村经济发展和农民增收。按照这一思路，实施了区别对待、大小兼顾的营销战略，即县、区支行重点营销农业中小企业客户，城区重点发展大型流通企业客户。全年调查企业近百家，范围涵盖了农、林、牧、副、渔各业和农村水利工程、道路等基础设施建设项目。新拓展客户6个，增加贷款投放1.6亿元。在大力营销新客户的同时，对近年来培育起来的市区大型流通企业等老客户，全力以赴进行客户关系维护，从部领导、业务部门领导到客户经理，坚持深入客户定期走访，及时掌握客户的服务需求、满意度，了解客户的主要经营策略、经营目标，有针对性地提供金融产品和个性化服务。全年累计向老客户投放贷款24.28亿元，较上年增加4.2亿元。还办理银行承兑汇票2亿元，满足了客户多种方式的融资需求。在支持客户有效发展的同时，该部贷款投放总量不断增加，结构不断改善。一是商业性贷款占比大幅提升。全年商业性贷款投放量占全部贷款投放的比例较上年提高14%。年末商业性贷款余额占全部贷款余额的比例较上年提高3个百分点。该部依靠政策性贷款生存的格局进一步改变。二是信贷产品和贷款种类不断拓展。除成功办理银行承兑汇票业务外，贷款种类在上年的基础上，新增了农业科技贷款、糖料贷款、林业贷款，信贷支农的领域有了新的突破，农发行在支持新农村建设中的品牌形象越来越鲜明。三是政策性金融职能作用继续发挥。在2007年小麦最低价收购预案未启动的情况下，累计投放政策性及准政策性贷款39232万元，全力支持中央和省、市级储备企业增加粮食储备和轮换收购业务，积极支持粮棉油企业按市场价随行就市收购，农发行在市场经济条件下支持粮棉油购销的主体地位得以巩固。

2.狠抓各项存款组织，负债结构不断优化。2007年，该部各项存款余额20.73亿元，同比增加5.24亿元，占负债总额的39%，同比上升8%。从结构上看，全年企业单位存款稳步攀升，年末企业单位存款余额9.27亿元，同比增加3.18亿元。财政性存款稳中有升，年末财政性存款余额11.17亿元，同比增加2.04亿元。一是积极创新服务方式和手段，开办定期存款、协定存款、银行承兑汇票保证金存款等业务，拓宽了存款范围。二是加强贷款客户的存贷比管理。建立贷款客户存款监测台账，与客户签订货款回笼管理协议，对重点客户按旬计算、监测、分析货款回笼率和存贷比。三是开拓营销思路，以真诚、优质和个性化的服务成功营销并巩固了非贷款客户的存款，拓宽了企业存款增长的渠道。四是不断完善存款考核办法。对同业存款、贷款企业存贷比、非贷款企业存款增加等实行专项奖励考核，充分调动了基层行全方位、多层次抓存款的积极性。

3.积极开办国际业务，服务功能不断完善。2007年，针对贷款客户中大部分具有进出口经营权的实际，确立了重点突破国际业务、尽快完善服务功能、满足客户进出口业务服务需求的思路，在时间紧、任务重、人员缺的情况下，克服困难，精心筹备，及时完成了组织机构的报批设置，营业场所、设备网络的装备、人员的配备培训等，于8月31日正式开办了国际结算业务。开业后，坚持国际业务与信贷业务一体营销的战略，广泛开展业务需求调查，加大宣传和营销力度，短期内实现了国际业务的快速发展。到年底，营销客户46家，办理业务结算量2245万美元，业务种类涉及汇入汇款、汇出汇款、出口信用证、进口信用证。业务种类和数量在全国系统内12个国际业务网点中均居第一位。

4.加强风险管理与内部控制，各项业务运营稳健。始终坚持理性、稳健、审慎的经营原则，把防控风险作为业务发展的生命线，全面落实各项风险管理要求。在信贷管理方面，规范贷款操作规程，严格准入条件，高度重视大客户的风险管理和预警分析，逐户制定有针对性的动态监控制度和个性化贷后管理办法，确保各项贷款的按期收回。在防控新增贷款风险的同时，采取出租转让、并购盘活、支持与清收相结合、加强部门协作等多种措施，大力清收处置不良贷款。全年不良贷款比例下降0.68个百分点，消化了一部分多年来形成的贷款风险。在财会管理方面，以落实会计检查辅导、会计坐班主任异地短期委派交流、强制休假等制度和分级监督办法为主线，狠抓各岗位职责的落实和重点部位、关键环节的监督控制，有效防控了操作风险。充分发挥内部审计的职能作用，积极开展专项审计和非现场监管工作，全年顺利迎接了总行3次专项审计，促进了制度落实和内控机制的完善。

5.加强精细化管理，管理水平和经营效益大幅提高。2007年，该部把精细化管理作为促进有效发展的手段，制定各专业工作质量考核办法，完善工作分析例会制度，加大了内部监督考核和业务管理指导的力度。积极适应“分类管理、规模调控”的资金计划管理办法，最大限度地满足了业务发展的信贷资金需求，资金计划编制和执行的准确率也逐步提高。加强部门联系，财补资金综合拨补到位率达98%，5个支行实现了地方粮食挂账利息按季或半年拨补到位，该部综合收息率达100.61%。突出发展和效益优先的原则，全年对主要经营情况和业务数据进行细算，各项指标考核分解落实，努力增收节支，确保了效益最大化。全年实现账面利润1.65亿元，同比增加9164万元。（赵春青）

【中信银行济南分行】 截至2007年末，中信银行济南分行全辖资产总额253.09亿元，同比增加51.84亿元；存款余额合计225.04亿元，同比增加36.84亿元；贷款余额合计169.89亿元，同比增加15.95亿元；全年实现利润2.33亿元，同比增加0.64亿元。

不断加强资金管理。一是加强流动性资金的日常管理，通过逐日监控承兑和贷款到期情况、客户大额存款变动管理等措施，坚持资金流量与资金需求协调管理，提前掌握资金动向，提高了资金调度的准确性和时效性。二是发挥票据融资业务的灵活性，引导票据贴现业务稳步发展。加强贴现中心的建设，充分发挥其职能，采取集约化管理模式，节约人员成本，提高工作效率。三是按照资本占用的高低，划分不同的贴现利率档次，实行差异化管理。四是加强利率指导的服务功能。根据中信总行要求和市场行情变化，主动调整贴现收购利率与直贴指导利率报价。五是根据中信总行下达的新版票据管理办法，进一步完善票据业务规范性管理，并开展银票贴现竞赛活动，调动客户经理拓展票据贴现业务的积极性，使贴现业务得到稳步发展。

零售银行业务取得快速发展。管理资产超过70亿元，完成全年计划的180%，实现了历史性的突破。一是逐步确立“理财银行”的形象，“中信理财”品牌在本地区深入人心，出国金融的市场影响力日益扩大，推动了核心竞争力和市场美誉度的稳步提高。二是围绕“获取客户、经营客户、提升客户”三个环节，强化有效营销。积极组织各项营销活动，高度重视交叉营销，全面提高整体营销水平，使经营客户的能力大幅度提高。三是通过形式多样的培训，增强队伍的专业素质，提升客户经理和大堂经理的专业技能。四是对服务品质管理长抓不懈，逐步从粗放式管理向精细化服务转变。加大对营业厅软硬件环境的建设，制定营业厅服务应急预案，大力推广电子渠道，节省柜台资源，为客户提供了更好的服务。

大力发展公司业务。一是加强系统营销。对全行的公司业务进行统一管理，对产品进行统一推广、统一创新，实行“以点带面、以部门辐射全行”的技术传导策略。二是完善机制建设。设立机构业务部和资金资本市场部，加强了公司业务主线的专业管理。完善公司客户经理队伍建设，为公司队伍的持续进步和业务的持续发展奠定了素质基础。三是实施结构性调整。在对公司授信客户和业务的选择上引入了准入管理和星级评定，通过明确授信客户准入标准和流程，严把授信客户和项目的准入关，加强对信贷政策、产品定价的落实以及业务进程的推动，促进了公司业务客户结构、收入结构、资产结构的持续优化。同时加大对非授信的工作力度，并将之培育成为公司业务的又一新亮点。

全力做好国际业务的营销推动工作。一是强化国际业务部对全行国际业务发展的服务和支撑职能。进行大量的调查研究和数据采集，协助客户经理选择、维护客户，在日常工作中加强与中信总行的沟通、协调，保障了各项业务顺畅地开展。二是加强产品创新和服务创新。对人民币升值、利率上升等市场变化和客户需求，推出人民币与美元相结合的理财产品，收到了吸收存款并为客户提供理财增值服务的多重效果。积极有效地推广国际业务网上银行，及时将中信总行国际业务网银操作规程及推广营销安排传达到各机构，利用网上银行提高服务时效。三是积极开展业务指导、交流和培训。组织客户经理进行国际业务产品培训，同时邀请中信总行专家前来授课。四是加强内部管理，保证各项业务有序开展。针对国际业务部人员变动较大、新员工多的情况，合理调配分工，并适当安排加班工作，确保工作平稳、安全运转。五是做好短期外债指标控制工作。2007年，外汇局对银行短期外债指标的压缩力度加大，该行推出多项举措，尽量减少因短期外债指标压缩对客户的影响。

加强风险控制。一是充分发挥风险管理委员会的领导作用和决策职能。坚持信审会审查和审批制度，以创新产品打造业务发展平台。二是完善机构、机制设置。成立放款中心，对授信档案进行集中管理。继续推行行业审贷，进一步提高信审人员专业化审查水平，同时从"配备人员、明确职责、重点监控、严格考核"四个层面加强贷后管理工作。三是坚持中信总行的"双优双主"战略，优化授信结构。对新客户提高准入门槛，确保高质高效，对存量客户严格考察排队，实施动态调整。四是以中信总行信贷大检查和审计署检查为契机，对信贷管理工作进行了全面的检查和梳理。五是多种形式开展业务培训，提高风险管理水平和技能。

加强财务管理。一是加强资产负债管理。优化资产负债结构，要求辖内各经营单位注重对自身资产结构进行调整，注重风险与收益的匹配关系，达到效益、质量、规模的协调发展。二是组织进行全面预算管理，跟踪预算执行进度。结合自身实际，使全面预算的理念深入到经营管理的每个环节中，发挥全面预算对经营管理的推动作用。三是组织信贷规模调控。协调和调度规模，及时有效地周转票据贴现业务，最大限度支持业务发展的需要。同时组织日常资金头寸和结售汇等报价管理，随时为业务部门提供定价支撑。四是明确经营导向，完善考核机制。调整费用投入比率，提高资源配置效率，充分发挥了机制的引导性作用。五是规范财务运作，注重流程控制和权限管理。在年内的财务检查中，制订了详细的检查方案，边检查、边整改、边规范，收到了良好的效果。六是认真履行相关财务工作职责，配合中信总行股改和上市。七是针对统计工作内容日渐宽泛、统计分析任务不断增加的现实，抓好培训工作，不断提高统计人员的业务素质。全年统计工作时效性增强，统计分析质量明显提升。

加快会计管理集约化管理步伐。做好全行会计系统三代数据大集中工作，确保系统平稳运行。系统上线后，会计管理部全力做好所有分支机构会计运营支持工作。一是有效推进全行资产业务会计集中核算工作。二是充分发挥考核机制和管理模式的推动作用，提升会计管理专业水平，专业支撑及服务作用得到进一步发挥。三是发挥会计检查对规范业务、防范风险的作用，增强柜员遵章守纪、规范操作的意识。四是规范柜台业务操作，完善会计风险防范体系，确保安全运行。对检查中出现的具体问题，逐项整改，使其在后续检查中不再出现。五是有计划、有步骤地实施支行营业部经理、主管等重要岗位的轮换工作，加强对重要会计岗位的监督与管理。

不断完善电子化建设。根据中信总行会计系统三代大集中的要求，改造了中信济南分行报表、考核、计财统计数据采集等系统，提升了处理应急事务的能力。同时，对柜面通系统进行了标准化处理，使中信济南分行特色业务纳入了中信总行标准版。按照中信总行电话银行的功能及流程，开发新版本多媒体自助机系统，增加了贷记卡服务系统。根据人民银行的要求，中信济南分行"人行联网核查身份证系统"成功上线，并正常运转。完成人行"大、小额支付系统"的换版升级和票据影像系统上线工作。安装调试第三方存管系统，并对相关业务人员进行业务培训，有效配合了第三方存管业务的开展。配合中信总行网银升级改造，对所辖各营业部柜员终端进行了重新调配，进行了软件升级，并对各柜员进行了系统培训。

（郝文刚）

【中国光大银行济南分行】 2007年，中国光大银行济南分行突出抓好业务发展，积极推进运营机制改革，深入进行业务调整，全面开展业务拓展，认真抓好案件专项治理和商业贿赂治理工作，坚决防范和化解各类风险，各项经营管理工作得到平稳健康有序发展。一是贷款总额保持稳定增长，贷款的稳定性增加，贷款利息大幅度增加，贷款收益率提高。二是资产质量进一步提高，不良资产率和不良资产余额实现双降。三是中间业务取得新突破，中间业务收入来源多元化，创新业务产品成为新的利润增长点。四是资本节约型业务发展较快，低风险资产占用贷款增加，资产结构得到优化。

在优化调整中发展对公业务，促进对公业务的稳步、良性增长。坚持把公司业务作为业务主体和其他业务发展的基础，围绕这一思想，在对公业务上，注重加大营销力度，制定完善了一系列营销考核激励办法，成立了对公业务营销协调领导小组，采取多种措施调动全行上下营销对公业务的积极性。一是在对公贷款业务上，着力进行客户结构调整。先后压缩退出了一批质量不高的客户，新开发了一批成长性好、有较大合作潜力的客户。同时，积极组织参加了银企合作洽谈会，营销各类贷款项目，使对公贷款结构得到进一步优化。二是在同业合作上，进一步扩大与国开行、进出口银行和有关信托、证券公司的合作范围。不断加强与国开行的沟通联系，在业务合作的深度和范围上有了新的突破，合作的业务品种也不断丰富。办理国开行委托贷款15.04亿元，不但增加了中间业务收入，而且为以后更深层次的合作奠定了基础。与国家进出口银行山东分行达成业务合作，成为其结算代理行，并代理结算1亿元，增加了该行的存款1亿元。经过与山东省国际信托公司的多次协商，双方在信贷资产转让业务方面形成合作，办理信贷资产转让业务1.22亿元。下半年，通过大力营销第三方存管业务，与多家证券公司形成业务合作，稳定扩大了客户基础。三是在对公新产品业务的营销上，注重加大推广营销的力度。着重做好总行新推出的企业年金、链式融资、银关通等业务的营销组织、推广，并取得了初步成效。其中销售对公T计划产品3400万元，实现了零的突破。四是积极开展分层次联动营销，加强对重点客户的攻关。行领导带领有关管理部门负责人、经营单位负责人、产品经理、风险经理、客户经理组成营销团队，共同开展营销活动，逐户分析合作潜力，确定增存目标，明确责任人，仔细研究分析客户特点和业务需求，一户一策，制订不同的产品组合。对于重点客户，深入分析其业务特点和业务需求，积极跟进、不懈攻关，取得了明显成效。该行成功营销了中国重汽集团票据包买业务5.5亿元，实现中间业务收入334万元。

突出抓好营销拓展，推动零售业务健康发展。一是着力抓好重点零售业务的营销和推广工作，强化市场营销效果。加大个贷、理财产品、出国金融、基金代销、阳光卡发行等方面的营销，努力扩大客户业务基础和规模，促进了零售业务的全面发展。二是进一步加强零售业务组织架构、队伍和环境建设。积极建立和完善零售业务的营销团队，初步形成了包括前台柜员、对私客户经理、大堂经理的营销结构；积极引进优秀的客户经理，不断充实和加强对私业务营销队伍；注重加强对私业务人员的培训，提高了其专业素质和市场营销能力。同时，为了改善部分支行的经营条件和环境，积极做好历山路支行和山大路支行的迁址、装修工作以及部分支行营业大厅环境的改造工作，为下一步零售业务的发展打下了基础。三是在条线管理上，完善了考核评价激励机制。加强费用支持，重点对零售业务给予倾斜；强化激励措施，加大了对私业务的奖励力度；以平衡计分卡和个人营销业绩评价为核心，建立完善零售条线激励约束机制，对私客户经理实行等级管理和业绩主导评价，建立对私客户经理等级制，引导支行和对私客户经理紧紧围绕总、分行战略转型做好经营和营销工作，促进对私业务的快速发展。四是大力抓好产品宣传和推介工作，加强零售业务品牌建设。举办“五月宣传月”、“六月中高考”以及“济南金融知识巡展”业务宣传活动，组织了“出国金融”、“随心还贷款”、“大同中国理财产品”等新产品推介会，召开了系列投资理财报告会；同时，通过加大媒体宣传、短信宣传、社区宣传、网点宣传和产品推介的力度，大力宣传零售业务的产品特色、业务特色，培育和增强了市场竞争优势。五是开展多种形式的营销活动，强化零售业务市场营销拓展力度。先后组织了“信用卡百万营销精英赛”、“跨越百万、精彩无限”、“薪资理财、规划一生”、“特惠商户”体验、“阳光伊人卡”和“阳光行车卡”促销等一系列的营销竞赛活动。尤其是一季度和四季度，通过组织“迎新春、创佳绩、首季开门红”劳动竞赛和“决战四季度，坚决全面完成零售业务全年任务目标”集中营销活动，在行内营造了零售业务营销的浓厚氛围，对稳定储蓄存款起到了重要作用。

着力发展中间业务，提高非利息收入的占比。坚持以资本约束为前提，以少占用资本金的业务为重心，积极调整业务增长的方式，努力走资本消耗低、产出效益高的路子。在具体的政策措施与策略上，对公业务重点是发展贸易融资、票据包买、委托贷款、资产转让、国际结算与结售汇、企业年金等；零售业务重点是发展各种理财、基金代销、代收代付等中间业务。在贸易金融产品推广中，针对济南地区经济外向度较低、银行竞争激烈的实际，明确提出了发展贸易金融业务要贴近市场，把品种结构的调整作为拉动贸易金融业务发展的重要手段，坚持国际结算业务与贸易融资业务两条腿走路的方针等政策措施，并出台了相关考核激励办法，调动全行营销贸易金融业务产品的积极性。在实际营销过程中，重点推广保理、出口信保融资、押汇、福费廷等业务新品，注重运用贸易融资新品为客户提供支持手段，抢占市场份额，赢得更多客户，有力促进了贸易金融业务的快速发展。中间业务产品的营销推广扩大了该行的收入来源、改善了收入结构，提高了非利息收入的占比。

切实强化风险管理，严格防范和有效化解信贷风险。一是加强授信业务操作和风险管理培训，提高防范和化解风险的意识和能力。重视对风险管理各中心员工的授信风险管理、业务操作规程和相关规章制度的学习培训，强化风险意识和责任意识，提高其业务操作能力和水平。在此基础上，结合授信业务实际和工作中的薄弱环节，重点组织了对公客户经理调查环节注意事项培训、放款手册和出入库管理流程培训、工程机械贷款和小企业主贷款业务培训，进一步提高了客户经理授信业务规范操作的水准，为防范和化解风险奠定了基础条件。二是落实责任制，认真抓好风险拨备控制工作。对风险拨备控制指标分解下达到各条线，和平衡计分卡挂钩，由公司、零售和资产保全部门各负其责，严格控制不良贷款拨备的增加。由于措施得力，该行贷款拨备率控制大大好于往年。三是严格放款审核操作，切实防范操作风险。严格落实授信前提条件，注重重点客户贷款方案及风险防范的设计工作，较好地帮助客户经理和行业部门做好信贷项目的材料整理、编报和送审，有效防范了业务操作风险和法律风险，提高了审查审批工作的质量和效率。同时，在信贷审查中，增强了风险预警的广度和深度，提高了放款审核质量。四是抓好授信后管理和风险预警工作。采取定期检查和非定期检查、现场检查和非现场监控检查、全面审计和稽核检查、经常性和专项检查相结合等多种形式，做好了贷后检查工作。在对公贷款贷后管理上，注重优质贷款客户项目和关注类贷款客户项目以及新增贷款资金用途和流向检查的专项检查和分析；在个贷业务上，重点进行了存单质押、理财产品质押、零售业务转授权等专项检查和贷后分析，通过检查形成了案例分析和个贷业务整体情况的分析报告，把贷后检查工作落到了实处。通过加强贷后检查，全面深入地了解客户的经营状况以及信贷资金的使用情况，对客户及业务操作做出再分析、再评价，及时识别和发现风险，及时进行风险提示和预警。全年召开风险预警会12次，及时提出了预警报告和合理化解方案，有效地控制、防范和化解了各类风险。五是认真落实风险分类认定，做好不良预计及损失测算工作。在五级分类中对发现的可能发生迁徙的客户以及低质量客户及时提示，为风险管理控制和信贷结构调整提供依据和参考。尤其是对历史遗留的不良贷款，逐笔核对预计损失，并进行多次测算和上报，确保了系统内的预计损失数据与毕马威审计结果保持一致。

积极推进业务运营和流程改革，健全完善适应现代银行要求的业务运行机制。按照总行的统一部署和安排，逐步进行了业务运营，特别是公司业务集约化经营和支行转型等方面的改革。建立和完善了对公、对私两个运营条线；先后成立了个贷审批中心、对公结算业务处理中心和运营管理部，逐步建立完善了相关业务操作流程。通过这些改革，搭建起新的业务运营组织架构，业务运作体系更加完备。

（陆德军　许　松）

【华夏银行济南分行】 2007年，华夏银行济南分行（以下简称“华夏济南分行”）认真贯彻落实国家宏观调控政策和总行工作部署，以客户为中心，继续深化结构调整，大力推动集中营销和经营转型，整体运行质量进一步优化提高，较好地完成了各项经营任务。截至年末，一般性存款余额比年初增加55.3亿元，完成计划的103.8%；储蓄存款余额比年初增加7.75亿元，增长21.0%；全年实现利润同比增加1.57亿元，完成计划的115.7%。

2007年，华夏济南分行业务发展呈现三个特点：①集中营销取得明显成效。2007年初，分行提出并大力组织实施集中营销，在分行层面成立了15个营销部，负责区域重点客户的开发与服务，引导全行向集约化经营模式转变，有力促进了全行各项任务的完成。年末，各营销部一般性存款余额较年初增加37.8亿元，占公司业务增量的94.5%。②盈利能力得到明显提高。一是全面实施模拟利润考核，引导全行以质量和效益为中心开展工作。全年贷款收益率同比提高1.41%，风险资产收益率同比提高0.13%。二是加强资金营运。通过采取加快票据流转速度、加大票据买入返售力度等措施，全年票据业务实现利息收入同比增长119.76%。三是强化管理，夯实财务基础。2007年，营业利润变动费用率同比下降3.79%，全年计提拨备1.35亿元，拨备覆盖率达到101%。四是加快中间业务发展，拓展新的效益增长点。在继续巩固传统业务的基础上，大力拓展短期融资券代理业务，全年中间业务收入同比增长42.5%。③资产质量得到明显改善。加快推进历史遗留集团客户不良贷款的清收化解工作，展转贷款压缩工作成效明显。将收回不良资产腾出的信贷空间用于高收益贷款投放，同时清收表外欠息4000多万元，直接增加了利润。

1.公司业务实现稳步快速发展。大力推进客户结构调整。严格授信准入，大力优化客户结构，同时，注重客户授信方案和服务方案的调整优化，促进全行客户结构继续向符合国家产业政策的方向优化调整。积极搭建产品营销平台，大力推动物流金融和现金新干线产品的营销。指定人员兼任物流金融业务货押中心综合员、价格专管员及巡库员，并配备了专职产品经理，推动物流金融业务快速发展。在分行层面成立了现金管理产品开发协调小组，全力支持、指导各经营单位开展营销工作。完善营销管理体制。在对营销目标地区经济状况、经济特点及客户进行充分调研的基础上，瞄准目标客户，加大营销力度，及时协调解决实施过程中出现的问题，存贷款规模进一步扩大，各项业务继续保持良好的发展势头。

2.个人业务发展速度和质量明显提高。强化网点阵地营销，不断提高服务水平和质量。进一步明确营业网点的功能定位，初步建立了专业化的个人客户经理队伍。结合劳动节、国庆节、母亲节、儿童节等节日，开展营销活动150余次，有效促进了理财产品的销售。开展华夏银行卡持续营销，提升华夏银行卡品牌形象。开展了“华夏卡邀您香港游”、“消费积分换礼” 等活动，与山东鲁能泰山足球俱乐部联合开发推广了华夏球迷卡，同时加强用卡环境建设，促进了银行卡业务的有效增长。加大个贷产品营销力度，大力发展个贷业务。以私营业主贷款、华夏卡自助贷款、房屋按揭贷款为重点，进一步加大营销力度。截至年末，全行个贷余额同比增长122%。强化理财培训，全面启动理财业务。全年共组织大型基金理财培训8次、外汇理财培训2次，代销了诺安中短债基金、德盛精选基金、长城安心回报基金、益民成长基金等产品，初步建立了理财增值型的客户服务模式。

3.国际业务积极稳步推进。充分发挥贸易融资授信的拉动作用，进一步夯实客户基础。突出重点产品，着力打造“欧元即时达”、“出口票证通”、“进口代付”、“汇款项下发票融资”等业务品牌。在国际业务部增设了专职产品经理，与各经营单位一起营销客户，策划营销方案，全程专业指导、跟踪服务。对国际业务内部操作流程进行了再造，并先后出台或转发了《外汇业务基础工作评价体系》、《同城支行进口代付向下假远期信用证操作规程》等28项制度。规范贸易融资风险管理，实行信用证付款资金“双向管理”，进一步加强对贸易融资尤其是进口开证业务的后续管理，进一步提高了全行外汇业务操作的规范化水平。

4.风险管理机制进一步完善。坚持以信贷风险管理为重点，通过不断强化过程管理，使全行风险识别、计量和管控水平有了新的提高。建立放款审查重大问题报告制度，对放款操作环节存在的问题进行认真分析和改进，降低了法律风险和操作风险。根据宏观经济形势变化情况，及时发布风险预警信息，指导经营单位调整客户结构，对防范信贷风险发挥了重要作用。

5.企业文化建设取得新进展。全年重点组织举办了和谐银行创建活动，开展了丰富多彩的文体活动，如乒乓球比赛、第五届运动会、英语演讲比赛、登泰山比赛等；编纂了《企业文化手册》（礼仪服务篇、攀登篇），开展《企业文化手册》系列学习活动；参加人民银行和山东省政府联合主办的金融知识巡展，受到广大市民的欢迎；举办“国研斯坦福论坛”，一次性发展高端客户30余户；以十一周年行庆为契机，组织开展大型新产品推介和客户答谢活动。通过以上活动，进一步增强了凝聚力和向心力，营造了良好的发展氛围，为构建和谐银行进一步夯实了基础。

（尤元宝　熊　芊）

【招商银行济南分行】 2007年，招商银行济南分行深化管理，积极营销，较好地完成了各项工作任务。截至年底，全折资产总额334.0亿元，新增83.4亿元；全折自营存款240.2亿元，新增14.3亿元；全折自营贷款312.8亿元，新增67.7亿元；实现中间业务收入1.7亿元，同比增加1亿元；实现利润7.9亿元，同比增加2.3亿元。全年未发生任何重大案件和重大差错，实现了安全运营。2007年，该行连续第七年被总行评为系统内“优秀分行”。

在各项业务快速发展的同时，该行业务结构进一步优化。个贷业务实现突破性增长，年末占自营贷款的比重达11.8%，提高3.9%；中间业务继续跳跃式发展，收入占比为11.8%，同比提高5.1%；表外高风险资产增势趋缓，加权风险比例达到73.2%，比年初下降13%；实现经济增加值5.2亿元，同比增加1.6亿元，经风险因素调整的经济资本回报率为40%，同比增长4%。

1.加大市场拓展力度，批发银行业务增势良好。积极创新营销方式。借助以跨银行资金管理平台为主要内容的特色方案，成功取得山东省社保基金存管银行资格。推出“浙商齐鲁行”服务品牌，制定个性化方案，在商业地产开发、供应链融资等方面达成了合作意向。举办“走进大王”全方位金融服务推介会，向广饶县大王镇的30多家优质中小客户推介点金理财、无本金交割远期外汇交易业务和个人财富管理业务，为该行地区品牌营销开辟了一条新路。根据重汽集团产业链融资需求，研发了针对经销商和购车用户的多项服务模式，为发展中小企业积累了经验。新开网上企业银行567户；“银关通”累计交易笔数与支付金额同比分别增长29.4%、22.4%，在济南市场占有率超过90%。

加大对重点客户的营销力度。继续加大对潍柴动力、招金集团和东港印务等企业的营销力度，累计增存近5亿元。进一步密切与省级国库集中支付单位的业务合作，新增省级集中支付单位29家，财政性存款达10亿元。集中对晨鸣集团、淄矿集团等重点客户开展了多层次营销，重点客户在该行的业务份额显著提高。

国际业务保持快速增长。坚持对大客户、新客户重点倾斜和抓大不放小的策略，该行济南地区新增国际业务客户106户，增幅43.8%；大客户、支柱型客户单户结算规模大幅增长，前20名大客户对国际结算的贡献率已达48.2%。经过近两年持续执着营销，成功使中国重汽在香港上市募集的50亿港币存入招商银行香港分行。在外汇资金交易、远期结售汇、国际保理等方面也取得了新进展。

2.以产品和营销为手段，进一步发挥零售银行业务优势。一是理财产品销售实现超常规发展。紧紧抓住资本市场快速发展的历史机遇，大力开展以基金、理财计划、保险为核心的产品营销。一方面，联合《齐鲁晚报》等多家媒体展开营销攻势，着力打造“基金超市”、“保险理财”、“金葵花理财”等零售品牌。另一方面，开展了贯穿全年的“春播100”、“理财进万家”、“理财公益行”等营销宣传，组织服务进社区、客户联谊活动等近150次。到年末，实现基金和理财产品销售56亿元，保险销售2亿元。

二是新客户开发成效显著。选择优质券商作为突破口并坚持长期驻点，全年新增第三方存管客户17588户。注重电子类银行产品营销，新增网银专业版用户46014户、快易理财用户28352户。进一步深化公私联动、三级营销的代发业务开发机制，代发新增客户2.26万人，全年代发金额达51.6亿元，再创历史新高。

三是个人资产业务保持强劲增长势头。通过有效的宣传引导和内外部营销，不断强化“易贷通”的影响力，全年新增同名转按资金突破8亿元。同时，在一手楼营销方面继续坚持长抓不懈，成熟一个、开发一个的原则，全年新增一手楼盘20个、发放按揭贷款16亿元。

四是信用卡业务领先优势进一步巩固。以信用卡发卡突破千万为契机，积极开展各项业务竞赛活动，连续3年顺利在9月底完成全年计划。截至年底，实现信用卡新增19万户、36.6万张。

3.做好组织推动，实现中间业务的快速发展。加大理财产品营销，零售中间业务手续费收入突破5500万元。以各类联名卡为主题，大力开展信用卡刷卡促销活动，并首创寻找“卡王”有奖刷卡的金融—商业组合营销模式，全年POS交易笔数累计574.1万笔，交易金额40.4亿元，增幅均超过200%。注重产品创新，开发了“机票易”、“车购易”等新型业务品种，商户开发和经营扎实起步。

公司中间业务方面，加大了同券商、信托公司的业务合作，自主研发首只对公理财产品“点金7202”，圆满完成4亿元的销售任务。克服市场大幅波动带来的压力，全年累计办理票据贴现237.1亿元，实现内部资金转移定价净利息收入7951万元。成功取得鲁信集团等6家企业的账户管理人和基金托管人资格，年金业务稳步发展。担任“华电国际电力”短债副主承销商，短期融资券承销业务实现零的突破。

国际中间业务方面，抢抓机遇，大力发展境内外联动业务。在系统内首单叙做与CMS以及与香港联系汇率制挂钩的“减负产品”；通过境内外资金联动，实现记账中间业务收入122万美元；成功转开香港本地信用证13笔，金额1800万美元，笔数和金额在系统内均居首位。

4.狠抓风险管理，业务发展健康有序。高度重视信用风险防范工作。年初就召开2次行长办公会，专题对信贷管理和资产质量问题进行研究，制订了退出计划，全年退出金额8.1亿元，是该行成立以来力度最大的一年。加大行业调研力度，开展造纸、石化、纺织、煤炭、钢铁等重点行业的调研，对信贷资产实施行业和客户结构调整。完成了620余户一般法人企业信用评级工作。设置集团客户统一授信专岗，对35家集团客户进行集团授信管理，涉及贷款占所有集团授信客户贷款金额的91.6%。选择纺织、煤炭、化工等6个授信客户相对集中的行业，实行行业分工审贷。强化清收力量，当年现金回收不良贷款1237.7万元。加大市场风险管理力度。制订并下发《招商银行济南分行外币存贷款利率管理实施细则》，进一步完善利率审批流程；加强对分支机构的利率指导和内部资金转移定价辅导，提高客户经理的产品定价能力。

5.坚持依法合规经营，努力夯实发展基础。梳理全行有效制度，有力提高了规章制度的有效性，增强了制度执行力。提出更严格的印章管理要求，有效防范了用印风险。完善内控评审会制度，注重实效，在不断发现问题与解决问题中推进业务发展。深入开展合规守法教育活动，在全行聘任了首批28名合规督导员；开展了“珍惜前程、珍惜自由”为主题的大讨论。

按季组织召开反洗钱工作例会，完成反洗钱新系统上线工作。通过以上措施，进一步强化了员工守法合规经营意识，增强了防范操作性风险和道德风险的自觉性。

6.做好支持保障工作，增强持续发展能力。一是大力开展机构建设和营业厅改造工作。顺利完成分行办公楼的迁入工作。按期完成网点新建任务，筹建同城支行2家、自助银行3家，在烟台设立支行1家、自助银行3家。全面展开网点升级工作，对朝山街、经三路等6家支行进行装修改造，加速网点功能转型；对槐荫支行和3家自助银行进行了迁建装修。二是开展文明优质服务竞赛。组织开展了持续5个月的文明优质服务竞赛活动，从细节入手，深刻查找服务中存在的问题并加以整改，员工的服务意识和技能有了显著提高。三是改进和强化人力资源管理。制订了《人员准入管理办法》等一系列制度，不断完善人力资源管理体系。组织了首次中层后备干部竞聘，建立起后备干部的储备库。强化对新入行员工和中高级管理人员的培训，全年开办各类培训班65期，参训人数达3727人次。（逄　钢）

【兴业银行济南分行】 截至2007年末，兴业银行济南分行本外币存款余额150亿元，含一般性存款120亿元；本外币资产总额达到203亿元，同比增长7.5%，其中贷款余额121亿元，同比增长18%，当年实现利润2.1亿元。

经营管理组织架构改革继续推进。为更好地适应新形势下激烈的市场竞争，深化内部营销组织架构改革，打造以产品中心为核心的全新营销服务组织体系，在从“部门银行”向“流程银行”的转变上取得了实质性突破。建立由行业经理、产品经理、营销经理、前台服务经理和风险经理组成的“五位一体”的专业化服务平台，涵盖以客户为中心的银行全方位服务流程，按照产品线建立了贸易融资、国际业务、信贷融资、网银、个贷、理财、银行卡、票据、投行等十大产品中心，对其按照管理中心、利润中心、风险控制中心进行定位和考核，并赋予各中心独立的财物配置、人员管理、考核激励等权力，从而实现了责、权、利的高度统一，形成了对外快速反应、内部高效运转的新型经营组织体系，促进了新型业务的快速发展。

资产负债比例管理能力和资金运作水平不断提高。一是合理调整资产负债比例和结构，在推动业务发展中争取主动。一方面通过调整行内资金市场利率水平，调低贷款的模拟利润，有针对性地压缩贷款需求，引导经营单位转变经营思路，加大信贷资源占用率较低业务的开拓力度，推进全行业务的综合发展；另一方面，积极寻找资产出口，为零售信贷业务及其他有利于经营转型的导向业务发展提供必要的信贷资源支持，成功向兴业银行总行资产证券化资产池输送贷款项目8.2亿元。二是加强资金和利率管理，提高资产收益水平。加强对下属各经营单位的指导，帮助经营单位在业务营销中提高资产定价能力和水平；实行下柜业务预约制度，指导经营单位优化客户授信产品组合，最大限度地提高资产收益水平。同时，结合市场利率水平，合理控制负债成本，对同业负债逐笔核定利率水平，逐步下调同业存款的利率。另外，科学处置流动性过剩与信贷紧缩的矛盾，在资金运用上，灵活调度资金头寸，密切关注市场和系统内资金利率，争取增加上存利息收入。三是完善考核激励制度，加强财务管理。采取双线费用政策，充分利用板块费用推动业务发展，提高了费用资源的使用效率。完善资产减值准备管理办法，有效引导和促进了经营单位提高资产质量，盘活了存量不良贷款。同时，认真执行各类报销制度，完善了财务管理制度，加强了对经营单位费用列支的监督和指导。

风险管理水平进一步提升。①推进信用审查规范化和专业化建设，严格风险准入关口。一是配合业务流程再造，对信贷审查流程进行认真梳理，建立了客户经理约见访谈和审查人员授信后回访制度，对信审会工作规则进行了全面修订。二是与两家中介机构建立固定的信息服务关系，有效解决信用审查过程中决策支持信息来源不充分的问题。三是做好尽职调查工作，增强对信用项目的风险把握能力。全年对30余家客户进行了贷前实地尽职调查，为审查审批决策及业务合作方案设计提供了有价值的参考资料。四是有效控制放款环节操作风险。认真执行规章制度，严格审查每一笔业务的授信额度、相关贷款规模和有关法律手续，切实发挥放款中心风险防范作用。五是充分发挥风险经理在各项业务推进中的风险把关作用。风险经理既对信用业务的准入及风险的控制作出判断，参与新业务的推广方案和流程设计，又对营销经理的尽职情况进行监督。六是加大检查力度。对发现风险信号的信用项目实行单报单批，促进风险控制关口前移。进一步加大对各类信用业务的检查力度，全年组织了4次大规模检查，发现了风险隐患，并及时采取了应对措施。②强化现场与非现场双线贷后检查，及时发现和化解信用风险隐患。一是不断改进、创新贷后检查的方式方法，切实提高贷后管理实效。建立差异化的贷后检查制度，将全部授信企业划分为优良、风险可控和风险较高三类，将双线贷后检查与客户经理的尽职情况、企业的后评价、风险分类与责任追究进行全面结合。二是点面结合，突出重点，扩大贷后管理覆盖面。要求经营单位每季度开展一次贷后检查，分行层面则强化双线跟踪检查力度，全年共对139户企业进行了现场贷后检查，对32户企业进行了非现场检查，贷后检查覆盖率达到100%；根据监管部门要求、山东经济特点和客户结构，认真开展了对集团授信客户的贷后检查评价工作，对已授信的10大系列集团、38家借款主体企业进行了检查，涉及风险敞口余额52.11亿元。三是及时跟踪检查，做好新业务品种的风险控制工作。配合控货融资、票易票、保理等新业务的开展，对新业务流程进行全面风险评估，确保创新业务的健康发展。2007年，在控货融资业务风险控制检查中，采取了先行内流程后企业现场的检查方式，检查涉及企业13户，授信敞口10330万元。③完善合规工作体系，强化内控风险管理。设立独立的法律与合规部，明确了部门的工作职责和规程，年内，法律与合规部制定并下发了《兴业银行济南分行全面风险报告制度》，内部风险管理和报告路线更加清晰；实施了风险控制第一责任人制度，明确规定了各单位负责人、各产品中心负责人为本单位、本中心的风险控制执行第一责任人，与业务经办人员共同承担第一顺序责任。按照监管部门的要求，组织各部门对现行的规章制度进行了梳理，明确了它们的范围。加强对全行内控风险管理的指导和检查监督，针对安全保卫、会计结算、网银、计算机管理、票据业务、信贷资金流向、证券公司外派机构运营等的内控工作，全年共组织开展专项检查11次。加强合规知识培训，积极倡导创建合规文化，通过组织重要岗位人员参观山东省监狱，提高了全员依法合规经营的自觉性。

零售业务继续保持快速发展，市场占有率和品牌影响力不断提升。①个贷业务继续快速增长。完善零售信贷中心的组织架构，加强各岗位环节的风险梳理，满足个贷业务集中管理、专业化操作的要求，中心各岗位工作职责明晰，业务处理流程更加顺畅。在持续开展一手房按揭业务营销的同时加强与中介公司的合作，二手房个贷业务全面展开，通过提供增值服务提高住房按揭贷款业务的市场吸引力。全年发放个人住房贷款11.41亿元，是上年全年发放额的3倍，余额达到12.5亿元，同比新增8.4亿元，住房按揭贷款济南市场新增占有率达到20%。②银行卡业务实现快速发展。成功建立了济南同业中第二大营销团队，截至年末，零售直销团队已达到112人。加强对委外信用卡公司的管理，建立了定期沟通制度，外部销售渠道为信用卡营销贡献不断增加，委外机构的业绩占比大幅提高，达到20%。2007年，信用卡发卡新增7.75万张，是2006年发卡量的3.39倍，计划完成率141%；储蓄卡发卡新增6.53万张，计划完成率204%；银行卡刷卡交易量达到9亿元，是2006年的6.5倍，日均刷卡量突破300万元。③理财产品销售量快速增长。加大市场宣传力度，积极与当地有影响力的报刊、电视台等媒体合作，努力提高宣传材料质量和媒体报道密度，“A+3特别理财”、“基金超市”、“实物黄金投资”、“港股直通车”等产品知名度大幅提升。与此同时，增强了与客户的联谊互动，通过增值服务吸引客户，全年举办各类投资报告会十余次，累计到场人次达6000多人。加强专业理财人员的培育力度，全年共有7人参加并通过了专业理财规划师考试，全行理财规划师队伍达到9人，逐步打造出一支业务知识广、专业能力强的理财拓展队伍。2007年共销售各类理财产品72期，销售额达到19.35亿元，是2006年销量的2.3倍，黄金交易量完成5161万元；外汇实盘买卖交易量实现8000万美元。

公司创新业务产品推广成效显著，业务整体稳步转型。①贯彻国家宏观调控政策，正确引导信贷投向。紧扣国家宏观调控脉搏，结合山东工业经济发展的特点，集中资源深化与主流行业龙头企业的合作，积极培育优质资产客户，并围绕核心客户进一步拓展贸易融资业务，优化资产业务结构，合理利用信贷资源，有策略地提升中间业务收入和综合效益，实现利润最大化。②加强核心客户培育工作，确保公司客户结构的稳定和业务的健康发展。大力推进控货、保理、能效、经营性物业贷款等创新产品，实现信贷资金与企业物流、资金流的结合，增加企业结算资金在该行账户的流转和沉淀，通过创新产品拓展核心客户20户。同时推进第三方存管业务，对客户实施“跟踪管理”，对照核心客户的标准对经营单位进行“动态提示”，引导经营单位有的放矢地做好核心客户培育工作，提高了核心客户营销的成功率。2007年，兴业济南分行控货融资业务开票总额突破10亿元，带动结算资金增长7.6亿元，存款增长4.6亿元；票易票业务累计完成9亿元，带动存款增长3.2亿元；保理业务完成6810万元。③国际业务实现新跨越。全年国际结算量突破12亿美元，完成计划的269%，在济南同业中市场占有率达15%，市场占有率在兴业银行总行系统内排名第一。核心存量客户的业务量进一步增长，同时成功培育了一批优质中小型客户。外汇同业合作也取得重要突破，与莱芜商行签署了代开证协议，成为总行系统内首家开办同业客户代理开证业务的分行，与临沂商行、淄博商行建立了外汇业务合作关系，为潍坊商行、广饶农村合作银行累计办理1200万美元的资本金购汇业务，成功代理进出口银行对中国重汽集团济南卡车股份有限公司独联体国家的出口卖方信贷业务。④能效项目贷款推广成效显著。加强与政府相关部门的沟通合作，搭建节能项目合作的银政平台。紧密跟踪国家发改委对CDM（清洁发展机制）项目的审批情况，及时掌握省内节能项目清单，与省政府节能办公室联合举办了能效贷款项目推介会，邀请全省具有能效项目的40多家企业参加，得到了社会各界的肯定和关注。全年为12个能效项目发放贷款20560万元。⑤网银业务实现量与质的同步提高。全年新增网银客户263户，计划完成率达到175%，新增网银笔数182283笔，网银结算量达506亿元，同比增长110%，网银各项指标综合排名位居总行系统内二类行第一位。

同业合作不断深化，实现了与金融同业的共赢发展。①首创技术服务输出合作模式，大力推广银银平台业务。利用兴业银行的技术、产品研发和品牌优势，帮助金融同业客户提高经营管理能力。与东营商行合作，在全国首创技术服务输出合作模式，将兴业银行的先进业务系统移植至东营商行并成功上线，其综合经营管理能力显著提高。年内，兴业银行济南分行与省内6家金融同业签署了银银平台合作协议，其中4家已经完成系统上线或正在准备上线。②开创全新的同业合作模式，同业代理业务全面展开。积极推进同业网点资源共享，实现了该行有形网点的间接延伸，为下一阶段中间业务和转型业务的发展开辟了广阔的市场空间。与同业合作开展信用证代开、进口代付、资本金代理购汇等多种外汇代理服务，完成了系统内首单代理福费廷同业包买业务，满足了城市商业银行等同业客户多元化的金融服务需求。与同业客户广泛开展信贷资产转让、担保、外币互存等全新业务品种合作。基于银银合作平台，在系统内率先开展了理财代销、代理第三方存管等同业代理业务，不但扩大了该行的销售渠道，也弥补了代理金融机构的金融理财产品空白，满足了当地居民零售理财金融服务需求，通过同业代销理财产品超过1亿元。③票据业务继续保持快速发展。累计办理票据贴现90亿元，比上年增长15%，票据累计贴现量居兴业银行总行系统二类分行第3名，全行第5名，在当地股份制商业银行中居于前列。票据转贴现业务取得突破，总贴现量达375亿元。④银证合作与投行业务稳步推进。迅速抢占第三方存管业务市场份额，与当地20家证券公司29个营业部建立合作关系，进驻24家证券公司营业部进行驻点营销，个人第三方存管签约客户达到30414户，完成总行计划任务数的6倍多，拉动储蓄存款增长1.2亿元，机构第三方存管客户396户。

会计结算质量继续保持优良。一是优化业务流程，提高柜面工作效率。在遵守会计核算纪律的前提下，对个人结算账户跨行转账、单位户向个人户付款等业务处理手续进行简化，推进专业处理中心建设，将银企对账上收集中处理。二是合理调配网点资源。增加柜面人员配备，设立弹性服务窗口，出台柜面服务的应急预案，积极引导客户使用自助服务、网银等服务渠道，有效缓解客户等待时间长的问题。三是强化会计内控管理。一方面加强内控检查，在开展常规检查辅导工作的基础上，针对前台重要岗位、敏感部位和关键点组织了多次专项及突击检查，全年共组织常规检查34次，开展突击、专项检查12次；另一方面，实行营业厅晨会制度，开展柜员班前风险警示教育，组织柜员学习风险案例，加强对柜员的警示教育。通过以上措施，会计结算风险的预防和控制能力显著提高，成功防范堵截金融诈骗案件2起，为客户挽回直接损失49万元。四是加强对会计人员的专业培训。全年共组织13次专题业务培训，参训人数330余人次；组织第六届业务技术比赛，强化柜员业务练兵，会计核算质量进一步提高。2007年，在柜面业务量同比增加46%的情况下，综合差错率仅为0.7，同比降低31%。

（耿 伟）

【上海浦东发展银行济南分行】 2007年，上海浦东发展银行济南分行（以下简称“浦发银行济南分行”）以发展和调整为主线，以体制机制建设为支撑，以风险管理和内控建设为抓手，各项业务继续保持了健康稳健的发展。截至年末，浦发银行济南分行实现各项收入13.56亿元，实现账面利润5.23亿元，同比增加1.87亿元，增幅55.65%；一般性存款余额达到193.74亿元，同比增长35.14亿元；一般贷款余额193.19亿元，同比增加16.45亿元，同比少增23.36亿元；实现中间业务收入4541万元，同比增长71.35%；完成国际结算量6.43亿美元，同比增长1.92亿美元。全年安全经营无事故。

1.公司银行业务在调整中平稳发展，发展内涵不断丰富。认真贯彻浦发总行提出的“求突破、勇创新、抓落实，坚持不懈地打造公司银行业务持续发展的竞争能力”的要求，切实履行职责，较好地推动了公司银行业务的发展。截至年末，该行对公存款余额达到177.44亿元，同比增长33.3亿元；对公贷款（不含贴现）达到179.34亿元，同比增长29亿元；国际结算量达到6.43亿美元，同比增长1.92亿美元；实现中间业务收入3500万元，同比增长1000余万元。①切实推进结构调整。一是调整客户结构。该行依据浦发总行“抓两头、促中间”的客户经营策略，着力提高大中型客户的综合收益率，加快发展中小型客户业务。一方面，加大“利多多”、公司网银等产品的营销，整合产品，强化服务，有效提高集团大客户的回报率；另一方面，发挥供应链、产业链效应，将大型客户的上下游优质中小客户纳入到该行业务合作领域中。二是调整收益结构。一方面，树立综合营销理念，强化资产业务发展，提高传统业务收益率；另一方面，加大中间业务推动力度，在考核方面给予倾斜，提高中间业务收益占比，保证公司银行业务持续健康发展。三是调整产品结构。该行改变以往单纯营销资产业务的营销方式，立足于为客户创造价值，挖掘企业需求，鼓励营销现金管理、中间业务等相关产品，通过多层次、覆盖面广的产品组合，在提高客户综合回报率的同时提高了客户忠诚度。②中间业务推广成效显著。一是离、在岸结算超额完成全年任务。截至年末，浦发银行济南分行共实现离、在岸外汇结算6.43亿美元，较上年增长42.57%，提前完成年度指标，尤其是离岸结算和离岸存款在浦发系统内增幅排名第一，离岸业务收入较上年翻了5番。二是融智型投行类业务和贸易链融资业务推广取得成效。2007年，浦发银行济南分行承销潍柴动力、魏桥集团、山东高速短期融资券19000万元，为南山集团、莱钢集团发行短期融资券37亿元，实现承销收入1328万元；成功与新矿集团签署企业年金账户管理协议，年金账户管理人数达到4.5万户；为中电山东公司办理船舶出口项目预付款退款保函5000万美元。此外，财务顾问、B2B战略合作协议、银关通等业务也得到切实推广。三是方案式营销取得了良好效果。浦发银行济南分行采取一户一策的方式，从客户现实及潜在需求出发，先后为济钢、莱钢、重汽等大集团客户量身打造了服务方案，满足了客户需求，拓展了业务合作。③队伍规模不断壮大，整体素质不断提升。实行引进、培养并举的方法，不断壮大营销人员队伍，全年共引入客户经理16人，营销人员总数达到112人；在做好客户经理岗位资格考试的组织和客户经理评定与聘任工作的同时，注意加强培训和教育，组织“客户经理训练营”等活动，有效提升了客户经理业务水平，提升了营销团队的整体合力。

2.个人银行业务取得较大突破，发展基础不断夯实。①多项业务取得重大突破。截至年末，浦发银行济南分行个人贷款余额达到2.9亿元，比年初增加1.35亿元；个人网上银行有效户新增11589户，提前超额完成年度计划，完成率达到110%；新增理财类中间业务收入620万元，完成年度新增计划的310%；信用卡有效进件新增3387件，完成年度新增计划的125%。②营销团队初具规模。该行为下属8家机构都配备了个金主管行长、个金客户经理、理财经理和大堂经理，全辖个金客户经理已达33人，理财经理达到24人。营销团队组建后，在项目营销、社区宣传、支行公私业务联动、理财产品销售、客户维护等方面发挥了显著作用。③品牌宣传和营销策划取得良好效果。该行在业务宣传中突出亮点和特色,在以“轻松理财”为主打品牌的基础上,结合浦发总行推广的“轻松理财知性卡”、“基金精品屋”、“汇理财”、东方卡综合积分等活动,宣传品牌,支持营销。

3.持续改进和提升内部管理水平,支撑服务能力明显增强。①完善组织架构改革,明确部门职责定位,不断优化、理顺业务流程。根据总行的部署,浦发银行济南分行继续在风险、运营、资金条线推进组织架构改革,全行扁平化、矩阵式的架构已经成型。同时,在全行树立和强化“后台为前台服务、二线为一线服务、分行为支行服务”的理念,用正确的理念统一思想、提高认识;下发《上海浦东发展银行济南分行部门工作职责及岗位职责(修订)》,对全行的部门职责和岗位职责进行了明确界定,较好地解决了职责不明和重叠交叉的情况。②进一步梳理和完善风险管理体系,为业务发展保驾护航。相继制定并下发了《授信风险责任认定与追究办法》等19项规章制度,建立健全了授信担保、授信尽职问责等机制;对重点调控行业的60余户授信企业进行了现场检查,压缩退出13户授信客户,有效降低了授信风险;加强不良资产的清收和化解,全年共清收现金5592.16万元,以重组方式化解不良贷款857万元,共压缩不良贷款6449.12万元。③立足运营保障,促进全行业务稳健发展。一是精心组织集中业务系统上线。浦发银行济南分行运营流程再造项目——集中提回业务集中系统于3月份投产运行,8月份在全辖8个网点成功上线,11月份信用运营集中项目也成功上线运行。与此同时,不断修订完善已有的岗位分工、操作流程及应急处理方案,业务流程得到进一步优化。随着集中业务系统的上线运行,业务处理效率大幅提高,对业务发展的支撑能力明显增强。二是积极推广6S管理,统一标准,规范行为。为保证6S管理得到有效推广,浦发银行济南分行制定了《办公区6S职责划分》,对具体细节进行了明确规定。通过持续不懈的努力,办公环境有了较大改观,初步显现出6S管理的效果,为全面推广6S管理打下了基础。④加强资金管理、预算管理,强化服务意识,为业务发展提供决策支持。一是坚持以效益为中心,加强资金管理,降低融资成本。通过强化资金预报预测,及时准确地把握资金变动,在保持较低备付率的情况下,保证了正常支付。二是加强预算管理,强化预算的执行与监控。全程监控全行业务预算和财务预算的执行情况,定期进行差异性分析和总结,适时提出改进意见和建议,促进全行业务发展和财务效益按照分行制订的预算执行。三是加强对支行、营销团队的服务,向经营单位提供收益考核、费用办法、利率、费率定价、特殊业务的收益测算等专业支持。⑤稳步推进全面内控体系建设,搭建起内控体系的基本框架。召开内控体系建设动员大会,两次邀请总行专家进行内控体系建设项目培训,制定内控体系建设实施方案,组织各部门对291份内控体系文件进行差异化分析,完成分行内控体系框架的设计和180份内控体系文件的编写,分行内控体系的基本框架已经建立起来。

4.不断推进科技创新。完成了高新区“一卡通”、移动实时代收费、广电实时代收费、流程再造项目、公司银行考核系统开发、人行票据影像系统测试和上线以及6家自助银行及槐荫支行电子化建设等工作。各种办公系统、业务系统、网络通信系统全年稳定运行,信息技术系统的安全性、可靠性和有效性得到充分保障,有效促进了分行各项业务的发展。

(燕　峰)

【中国民生银行济南分行】 2007年,中国民生银行济南分行各项业务快速发展,风险控制逐步加强,增长模式不断创新,团队建设与专业化经营初见成效,民生银行在山东地区的品牌优势已逐渐形成。截至年末,各项存款余额183.7亿元,各项贷款(不含贴现)余额159.7亿元,在提取呆账准备金8578万元的情况下,全年实现考核税后利润1.68亿元。

大力拓展存款市场。2007年,民生银行济南分行以对公业务为支撑,带动国际业务、中间业务等相关业务全面发展,存款余额屡创新高,为资产业务的营销和全年利润计划的实现提供了强有力的支撑。一是按照自下而上的原则,本着“有所为、有所不为”的指导思想,制定了分行公司业务发展规划,以规划统领改革和发展的大局,指导业务发展。二是实施战略调整和业务转型,专业化管理与专业化营销向纵深发展,大客户深度开发策略初见成效。认真研究山东省的经济特色和行业优势,以行业性质重组客户资源,确立了交通、冶金、化工、造纸、建材等重点发展行业,成功地深度开发了济钢、莱钢、重汽、潍柴、兖矿、新矿、山东黄金、招远黄金、日照港、海化等十大重点集团客户。三是加强新产品研究和综合运用,提高金融创新能力,改变业务增长方式。成功办理了第一笔信托理财业务、融资租赁项下的保理融资业务、个人出境保函业务等。四是同业存款营销推动取得突破性进展。同业存款屡创历史新高,最高时达35亿元,全年日均14亿元,在当地同业保持领先水平。五是充分利用资本市场活跃的有利形势,营销水平和效果逐步提升。成功发行民生直通车联名卡,加大第三方存管营销力度,第三方存管签约客户达2万余户,市值达20亿元,在当地股份制银行中名列前茅。六是确保资金流动性。面对2007年10次上调存款准备金率、市场波动剧烈、波动频率加快等不利因素,该行密切联系多家金融同业客户,扎实做好“流动性互保”,同时前瞻性地考虑应对预案,全年流动性管理未出任何问题,获得总行颁发的“资金管理优秀分行”称号。七是合理布设机构网点,扩大业务覆盖领域。年末营业机构达9家,自助银行达38家,离行式自助银行保有量在当地银行中名列前茅。自助设备开机率达到99.15%,在民生银行系统内位居前列,喜获中国银联山东分公司颁发的“2007年度银联卡交易质量奖”。八是扎实开展优质文明服务规范活动并取得显著效果。分行获得“山东省银行业文明规范服务系列活动组织奖”,辖内各支行获得“中国银行业文明规范服务示范单位”、“山东省银行业文明规范服务示范单位”、“中国民生银行系统文明单位”、济南市“文明诚信单位”等称号，并涌现出一大批服务明星和先进个人，推动了存款业务快速发展。截至年末，各项存款余额183.7亿元，同比增长49%，存款增量在当地银行中和民生银行系统内均排名第一。各项存款余额在当地股份制银行的排名由年初的第7名跃至第3名。

认真落实宏观调控政策，积极支持地方经济建设。坚持风险防范与业务发展的协调统一，不断完善授信操作流程，优化贷款投向，逐步建立授信风险管理体系。各项贷款余额在当地股份制银行中排名第三，市场份额由年初的2.9%提高到4.3%；公司贷款增量在股份制银行中排名第一。年初，全行克服贷款规模小的不利因素，准确定位，制定《2007年客户整合及交叉销售管理办法》，加强贷款营销力度，完善业务考核机制，保证了总体规划、行业规划与授信政策的顺利对接。同时，加强新产品研究和综合运用，积极探索大型客户的链式开发模式，策划实施县域电网“蓝海取宝”行动；积极营销股指期货业务、第三方存管等业务，不断深化专业化营销和专业化管理，提升核心竞争力，经营管理水平显著提高，各项业务取得新突破。年内，成功叙做民生银行第一单信托项下财产托管业务，成功营销了鲁能发展保理、济钢和新矿融资租赁、福田雷沃回购租赁、重汽信保保理、亚光毛巾订单融资、济钢经销商动产融资等多项新产品、新业务。融资租赁业务在山东区域一枝独秀，总额达10亿元，重汽集团信保保理业务、鲁能发展集团以未来应收账款做保理业务均属总行创新产品。分行的金融创新得到上级部门和单位的高度认可，获山东省人民政府、中国人民银行济南分行联合颁发的“金融创新奖”，获总行颁发的“期货业务营销组织推动先进分行”、“短期融资券先进分行”等称号。

强化内部管理，加强合规建设。该行始终高度重视风险防范与合规经营工作。年初，将内部管理软任务与业务经营硬指标一起部署、一起落实。4月，召开以“筑起风险防范的坚固长城”为主题的合规誓师大会，进行以案说法教育。三季度，在全辖开展“合规经营风险防范月”活动，要求做到全员、全方位、全过程防范风险，得到了山东银监局及总行稽核中心的指导和认可。建立合规经理和纪检监察员两支风险防范队伍，分别从业务和人员两方面把控风险。对历年的业务流程及规章制度进行梳理，首次编写规章制度选编。在业务高速发展的同时，内控制度建设得到了加强，合规文化逐步深入人心。

加强职工教育，打造核心团队。坚持德才兼备、按需引进、宁缺毋滥、合理安排的原则，大力引进优秀市场人才，专业化管理取得可喜业绩。2007年，共引进市场人员56人、专业技术人员27名，人员结构得到进一步优化，对专业化改革构成了强有力的支撑。全面提高员工综合素质，大力开展岗位练兵、技术比武、培训达标等活动，先后举办了济南分行首届公司业务客户经理峰会、公司业务核心产品培训会、个人出国金融服务研讨会、动产融资专题研讨会、中小企业融资咨询会、理财产品培训会等，使经营管理水平有了较大提高，专业化程度、银行职业感进一步加强，逐步实现了较好的人员配置，探索出“行业带头人+客户经理+产品经理+风险经理”有机组合的“钢筋混凝土”团队模式，推动了业务发展，提升了核心竞争力。

（何方平）

【深圳发展银行济南分行】 2007年，深圳发展银行济南分行经营管理呈现良好的发展态势，主要业务实现大幅度增长，超额完成总行下达的各项预算指标。截至年底，各项存款余额76.55亿元，同比增加12.04亿元，增幅18.66%，在济南同业列第三名。各项贷款余额64.84亿元，同比增加14.77亿元，增幅29.5%，在当地同业名列第二名。完成不良贷款清收160万元，完成总行清收计划的326.53%。实现考核利润17043万元，比去年增加3832万元，增长29%。该行下辖5家支行和1家营业部；拥有员工230人，其中大专以上学历220人，占比95.65%，中级以上职称71人，占比31%。

1.公司业务稳步增长。该行严格按照年初制定的“存量优化、增量转型、均衡增长”授信政策基本思路及“面向贸易融资、面向中小企业”的市场定位进行市场开拓，以利润为中心，努力做大客户数量规模，突出贸易融资特色，业务结构得以进一步优化。

坚持积极支持国控行业中的优质龙头企业、择优支持省内传统优势行业的发展思路，大力开拓济南市本地业务，稳步发展贸易融资业务和中小企业客户。全年新增授信客户中，贸易融资客户20户，占比24%；授信敞口4.45亿元，占比15%。中型企业客户43户，占比52%；授信敞口8.81亿元，占比29%。全年新增授信客户中，济南市本地客户20户，占比24%；授信敞口12.59亿元，占比42%。同时，对于一些国家宏观调控行业中竞争力一般或存在潜在风险因素的客户，实施了有计划、有步骤的退出策略。全年退出授信客户97户，其中，退出“两高”、“过剩”行业中竞争力一般或存在潜在风险因素的客户19户，占退出客户总数的20%。

建立了总、分、支行联动营销机制。总、分行领导及总、分相关部门多次深入一线现场营销、走访，收到良好的效果。2007年12月17~18日，深发总行行长肖遂宁赴济南中国重汽集团、山东黄金集团进行客户拜访，指导并协助深发济南分行开展重点客户营销工作，极大鼓舞了全体员工的士气。

推动产品经理制，提升营销的专业水准。“产品经理+客户经理”是该行2007年对公业务发展的一种重要推进模式，代表了公司业务营销向专业化发展的方向。分行已有13位产品经理通过总行的资格认证，公司业务整体营销能力逐步提升。

继续加大公司业务营销宣传力度。举办了出口应收账款池融资业务新闻发布会、进出口型企业贸易融资业务研讨会等活动，以新闻宣传、广告投放为手段，以专题推介、区域性业务推介、新产品推广、银企洽谈会等各种银企互动活动为依托，提升该行公司及贸易融资业务的影响力。

2.零售业务实现飞跃性发展。一是完

善零售业务基础平台建设。实施了个贷业务集中化操作模式，优化了操作流程，提高了个贷整体运营效率和风险防范水平。组建零售银行部市场营销中心，实施全行零售业务市场的营销、推广、策划集中管理工作。进一步明确责任，在各经营单位配备专职零售负责人，已有专职个贷客户经理15名、专职理财客户经理10名。系列措施使零售业务实现了快速增长，二、三季度获得系统内零售业务五星分行的荣誉称号。二是依托特色产品，实现了个贷业务的快速发展。加大双周供、循环贷、存抵贷、转加按、气球贷、按揭信用卡等个贷产品的宣传力度，在济南市场初步打造起深圳发展银行房贷专家银行形象。同时，加大历史不良清收力度，个贷不良贷款由原来的3笔减少为1笔，不良率降低为万分之二点四，为全系统内最低。三是加大理财业务的营销力度，理财产品销售额完成计划的181.55%。四是抓住证监会要求实施证券交易结算资金第三方存管的契机，周密部署，快速反应，组织了劳动竞赛。完成总行计划指标104%，在总行的三方存管劳动竞赛中，取得了第四名的好成绩。

3.内部管理水平进一步提高。一是强化业务管理。加强业务检查，先后开展了会计业务、票据业务、法律风险、贸易融资、公司信贷、个人信贷、房地产贷款、安全保卫、信息技术管理、反洗钱等检查和自查10多项，机构重点业务和关键岗位检查覆盖面达到100%，有效防范了操作风险。在信贷业务方面，随着国家宏观调控政策的陆续出台，考虑到各商业银行都在压缩信贷投放，为避免授信客户出现资金链断裂风险，该行加强实地监测，对中小企业、两高、过剩行业企业、年底前到期客户、在该行前期出现风险预警信号的企业进行了重点实地检查，通过各种手段，防范和化解信贷风险。在会计结算管理方面，强化制度的落实，由于深发济南分行会计基础工作扎实、风险防范措施有效，会计管理工作获得深发总行肯定，成为2007年首批5家会计风险评级二级单位之一。二是加强制度建设。全年共新建制度17项，完成全年规划的100%；修订制度7项，完成全年规划的100%。三是认真落实交流、轮岗和强制休假制度。全年实施岗位轮换23人次、强制休假180人次。其中，支行行长岗位轮换3人次。

4.人力资源工作进一步加强。一是通过各种方式引进人才，促进现有人才成长，壮大干部队伍。加强现有人才的培养。对表现优秀的年轻干部主动压担子，促其尽快成长，全年共提拔使用干部50人。加强人员的引进。全年引进大学毕业生33名，从其他银行机构引进人员10名，进一步充实干部员工队伍。引进竞争机制，对经营单位零售负责人实行全行竞聘，17人报名参加，7人竞聘成功。二是抓学习和岗位练兵，不断提高全行员工素质。积极倡导建立学习型组织的良好氛围，鼓励职工利用业余时间进行法律、法规及经济、金融专业知识的学习。组织会计技能比赛，掀起了全行员工大练业务技能的高潮，在全行逐渐形成了"学业务、练技能"的良好风气。对全行员工进行业务培训，先后进行专题培训80余次，组织零售业务柜面营销知识等方面的业务考试10余次，参训人员达1000余人次。系统学习本行、监管部门有关文件、制度、办法和规章，一定程度上提高了广大员工用决策理论指导实际工作的能力。（李俊云　李　璐）

【济南市商业银行】 截至2007年末，济南市商业银行（以下简称"济南商行"）总资产达到378.43亿元，同比增加53.97亿元，增长16.63%；本外币存款余额达到316.69亿元，同比增加47.79亿元，增长17.77%，市场份额达到7.76%，比上年提高1.1个百分点；各项贷款（含贴现47.72亿元）余额为250亿元，同比增加32.6亿元，增长14.99%。实现经营利润8.03亿元，同比增加2.38亿元，增长42.21%；实现账面利润4.04亿元，较上年增加1.47亿元，增长57.46%；上缴各项税金30068.73万元，比上年增加5905.13万元，增长24.44%，人均创税20.44万元。全年累计发放贷款225亿元，80%以上的贷款投向了中小企业，为地方经济发展作出了积极贡献。2007年，被省政府授予"山东省金融创新奖"，获得了"山东省富民兴鲁劳动奖状"，被市委组织部授予"四好"领导班子，被中国银监会、山东银监局授予"中小企业贷款先进单位"。在2007年3月召开的第三届中国金融（专家）年会中被评为"2006中国最具竞争力30家金融机构"之一。

2007年，济南商行各项工作凸显4大"亮点"：一是战略转型开始破题。业务结构持续优化，按照建立准事业部制的要求创新了组织架构，推进了流程建设。二是业务创新成效显著。全年开发新产品30个，发起成立了济南市银企协会，创新了服务手段和模式，成为济南银行业竞争的亮点。三是经营成果较为突出。通过实施以风险调整后的利润考核办法，指导全行科学经营、集约经营、稳健经营，充分调动了全行增收、节支、防险的积极性，取得了较好的经营成果。四是跨区域发展取得实质突破。聊城分行的筹建已获银监会批准，标志着济南商行跨区域经营迈出了实质性步伐。

1.推进战略转型，质量结构显著改善。经过充分的思想发动和有效的组织准备，战略转型作为全年工作的主线，其理念已在全行范围内深入人心，并形成了自觉行动。一方面，通过调研破题、全面筹划、制订方案，形成了较为清晰的线路。年初按照转型方案，再造组织架构，整合总行部门，初步搭建了市场营销、支持保障、风险控制三条线。全年过渡平稳，运行良好，效率提高。另一方面，按照转型要求，以二级行标准为标杆，以风险调整后的利润考核为导向，优化资产负债结构，促进了质量效益的显著提升。

2.完善机制建设，公司治理逐步规范。按照法律法规和监管要求，济南商行公司治理各主体不断加强实践创新，股东大会进一步规范，董事会充分发挥在决策中的核心作用，监事会持续强化监督功能，经营管理层不断提升经营能力和水平，全行公司治理逐步规范。一是完善决策机制。圆满完成董事会、监事会换届工作，增设了独立董事和外部监事，强化了执行董事，新一届董事会、监事会结构更为合理、科学。二是强化治理架构。全面修订了公司章程，完善了专门委员会，董事会增设了审计委员会，监事会增设了风险监督、财务监督两个委员会，经营层相继成立了创新管理委员会、服务管理委员会、资产负债管理委员会，明确了职责，规范了流程，出台了一系列卓有成效的措施，促进了全行管理水平的有效提高。三是强化激励约束机制建设。按照可操作性原则创新考核方式，研究制定高级管理人员股权激励办法，同时强化外部约束，不断提升信息披露的广度和深度，公司透明度进一步增强。四是编制了2008~2010年新的三年发展规划并经董事会审议通过，明确了未来三年经营工作的方针、目标、计划和战略，为全行持续发展指出了明确的方向。

3.加快创新步伐，市场竞争能力逐渐增强。按照以客户为中心的经营理念，初步建立起一套系统的创新组织、制度和流程，促进了各项业务的层层展开和新产品的全面开花。一是完善创新机制，产品研发取得突破。成立创新管理委员会，领导、规划和推进全行的创新工作。年内先后召开10次创新工作会议，实现各类创新57项，全年开发新产品30个，创建行11年之最，尤其是理财产品实现零的突破，拓展了个人业务市场。二是创新市场营销模式。发起成立银企协会，有效助推了营销工作，已成立了11家分会，会员单位由成立时的87家发展到459家。三是创新产品推广方式，注重品牌建设和推广，招标确定了广告策划公司，对各项业务和产品进行总体营销策划，提高了品牌宣传效果，增强了客户认知度和影响力。

4.加强风险管理，合规意识和风控能力全面提升。围绕建立全面风险管理体系的目标，强化合规意识，完善管理体制，推进风险管理架构实施，在切实提高运行质量方面取得了一定的成效。一是健全风险组织框架，明确了信用、市场、操作、信息等各类风险的管理部门，对各环节职能进一步细化，明确了风险管理政策、操作程序、工作流程及“四横三纵”的组织架构模式；二是加强对信用风险的识别、计量和监控，信贷风险管理信息系统顺利上线，客户信息数据质量有效提高，并进行了4次全行范围的贷后检查，有效提示了全行风险；三是强化内控，严控操作风险，推进合规管理，细化授权，加强监督检查，全年开展了5项基于风险的审计项目，以查促改，对关键风险进行了有效防范和控制；四是强化流动性管理，28次调整贴现及上收利率，5次调整系统内资金上存、拆借利率和4次调整同业存款利率上限，抵御市场剧烈变动带来的风险；五是对不良资产进行集中管理，提高了配置效率；六是开展了信息安全管理年活动，利用各种渠道宣传信息安全知识，对计算机应用状况开展全面普查和自查自纠，有效规避信息风险；七是强化安全保卫，完善了各项安防设施，定期排查，按期整改，全年没有发生重大安全事故和案件。

5.上下综合联动，服务水平和质量明显提高。以提升客户价值为宗旨，全面改进服务工作，总行服务基层、基层服务一线的意识普遍增强，上下联动，进一步强化渠道、科技建设，服务功能及效率不断加强和提高。一是规范提升柜面服务。成立服务管理委员会，扎实开展了一系列文明优质服务活动，加快服务网点综合化改造，改善服务环境，完善服务设施，规范礼仪举止，全行服务意识、服务质量有了新的提升。二是强化营销服务。多次举办客户经理业务培训和经验交流，提高其业务素质和服务能力，同时邀请专家学者先后为客户进行了房地产政策培训、UCP600大型培训等等，在增强现有客户忠实度的同时也吸引了大批潜在客户。三是加强渠道建设。引入中国银联互联网安全支付服务平台，成功推出“基金直通车”网上直销基金业务，同时进一步提高ATM运行效率，完善96588客服热线功能，在延伸服务、方便客户等方面起到了积极作用。四是强化科技对业务的支持。在系统建设方面加大投入，KD项目一期顺利上线，大总账项目按期推进，自主开发了多项业务支持系统，个贷业务实现网上审批，根据业务需求对综合业务系统进行修改和完善，确保了业务的平稳、高效运营。五是延伸拓展服务区域。积极推进聊城分行的筹建，为济南商行提升服务功能和辐射力奠定了较好的基础。

6.深化对外合作，人才效能得到进一步发挥。继续深化与CBA的合作交流及成果转化，促进了人才效能的充分发挥和管理水平的持续提高。双方高层定期互访，保持了较好的往来关系；引进了业务运营计划、领导力研习项目，为规划管理、领导力技能注入新的理念和方法；加大人才引进力度，年内先后引进7名外方专家加盟KD项目办公室、计财部等部门，直接参与济南商行日常经营管理。面向社会招聘各类人才110余人，及时满足了不同专业的需要。全面开展学习型银行建设，以内部培训为主，辅以外出考察、外派学习、专题讲座、研究生课程研修等多种形式，全年举办各级各类业务、管理培训班40余期，参训7700余人次，并与山东大学联合建立教学实践基地，拓宽了人才培养渠道。大力推行干部交流与后备干部储备，对15名支行行长进行了交流，对总行50多名中层干部实行公开竞聘上岗，不断完善绩效考核机制，基本实现了客户经理、综合柜员的同工同酬，调动了干部员工的积极性。

（张　腾）

【山东省农村信用社联合社济南办事处】 2007年，山东省农村信用社联合社济南办事处积极深化改革，创新经营思路，完善工作机制，确保措施落实，各项业务取得持续健康发展。

1.央行专项票据全部兑付。继续把人民银行专项票据兑付作为核心工作，加强指导服务，强化协调沟通。认真研究分析票据兑付工作中存在的问题，做好有关数据监测和检查督导。与人民银行和银监部门加强交流，召开专项票据兑付专题会议，共同研究解决问题的措施。办事处3次会同济南分行营业管理部向市委、市政府汇报改革工作，多次到县(市)、区与各级部门协调工作。在解决章丘联社历史包袱问题上，办事处在省联社的领导和济南市委、市政府有关部门的支持下，经过不懈努力最终达成不良资产处置协议。全市6家县级联社和润丰农村合作银行共计4.75亿元专项票据全部兑付，兑付率达100%。

2.各项业务稳步发展。一是存、贷款大

10月17日，济南市历城区农村信用联社"村大联保体"贷款启动仪式在历城区唐王镇娄家村举行。（省农信社济南办事处供稿）

幅度增长。至2007年末，全市农村信用社各项存款余额为263.4亿元，居全市同行业第五位，当年增加24.6亿元，存款余额市场占有率为6.48%。各项贷款余额213.2亿元，当年增加32.9亿元，贷款余额市场占有率为5.8%。二是经营效益稳步提高。实现账面收入18.67亿元，比上年增加3.98亿元；实现账面利润1.9亿元，经营利润7.24亿元，是上年的1.27倍。三是资产质量逐步改善。不良贷款余额和占比大幅下降，全市资本充足率不断提高，风险防范和可持续发展能力明显增强。四是中间业务发展步伐加快。开办了"惠农一本通"、"齐鲁乡情卡"、农民工特色取款、代售分红型保险等业务，信通卡有效发放量40.7万张，卡存款余额10亿元。

3.大力支持新农村建设。高度重视社会主义新农村建设支持工作，立足实际，优化贷款投向，保证了支农措施、人员、资金到位，重点支持个体工商户和中、小民营企业发展。继续开展信用乡镇、信用村、信用户评定工作，推动农村信用工程建设。全年累计发放农业贷款142亿元，年末农业贷款余额103.9亿元，当年增加17.8亿元；农业贷款余额和新增额分别占全市金融机构总额的96%和97%。农户贷款证贷款余额69亿元，较年初增加14.4亿元，持有贷款证的农户41.3万户，覆盖面为46%；联户联保贷款核定9013组、3.6万户，余额为4.9亿元；评选信用乡镇12个、信用村1602个、信用户40万个。各单位还结合经济特点开展业务创新。济阳、商河联社通过开发"捷贷宝"业务，加大对"公司+基地+农户"产业链的支持。历城联社作为全省试点积极开展"村大联保体"业务，成效非常显著，中央电视台经济频道和中央人民广播电台进行跟踪报道，引起社会各界高度关注。润丰合作银行推出"中小企业成长之路"系列信贷产品，为中小企业融资构建了"绿色通道"。

4.强化风险管理。秉承风险防范优先的理念，组织全体员工开展了"签订岗位履职责任书"、"职业道德教育和规章制度学习"及"剖析案件、吸取教训、规范操作、堵塞漏洞"三项活动；四季度组织开展了"信贷专项大检查"和"专项教育活动"。实行会计主管委派制度，加强稽核监督，各级信用社均与公安机关成立了案件联合防范办公室，377个营业网点安全防范设施全部达标，成为全省第一个全部达标的地市。

5.努力创新经营机制。从劳动用工、形象宣传、网点建设、企业文化等方面入手，引入激励机制，增强经营活力。深化劳动用工改革，建立考核机制，规范用工制度。积极推行岗位轮换、强制休假、亲属回避、干部交流等"四项制度"，加强网点规范化建设，按照扁平化管理和"四个统一"的标准，制定网点发展规划，更换形象标识，对陈旧网点进行了统一装修。组织开展"文明服务月"和"集中宣传月"活动，共组织大型宣传活动14次，悬挂宣传横幅760条，分发宣传材料9万份，在各级新闻媒体刊登稿件200多篇。（张　策）

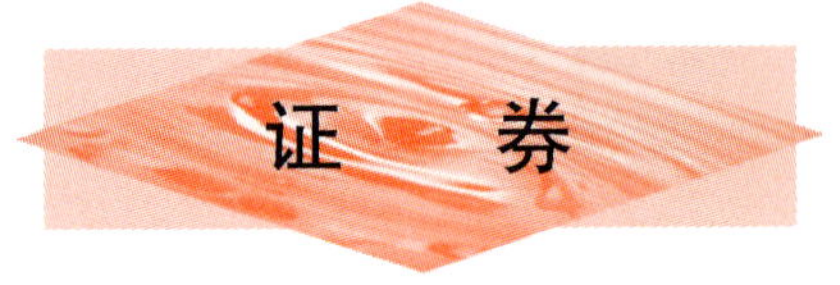

【概况】 随着国家资本市场发展的一系列政策措施的出台和股权分置改革的顺利实施，影响资本市场发展的制度性障碍得以逐步解决，企业上市的环境更加宽松，企业上市积极性进一步高涨。截至2007年底，济南市有21家上市公司，境内上市公司19家，境外上市公司2家（浪潮国际、中国重汽在香港上市）。23只股票中，A股18只股票，H股2只，B股3只。

1.大力发展资本市场，积极推动企业上市。东港安全印刷股份有限公司经过两年多的努力，公司股票于2007年3月2日在深圳证券交易所成功挂牌上市。公开发行股票2800万股，筹集资金达2.88亿元。东港股份是全流通后济南市第一家上市公司，它填补了济南市资本市场6年未有企业上市融资的空白，对济南市利用资本市场支持社会经济建设，引领更多企业通过资本市场融资产生了强大的示范效应。继东港之后，济南市的企业上市进程加快，2007年11月28日，中国重汽(香港)有限公司在香港联交所正式上市，成为中国制造业首只在香港上市的红筹股。发行股票7.02亿股，募集资金达99.5亿港元。实现我国制造业境外上市第一，也创下了山东企业募资之最。同时，济南市中小企业上市融资开始呈现良好发展势头，圣泉化工、山东九阳、法因数控、积成电子4家股份公司发审材料均已上报证监会。

2.上市后备资源队伍明显壮大。2007年,企业上市积极性进一步高涨,上市后备资源队伍进一步壮大,后备资源培育工作呈现良好的发展势头。一是全市各县(市)、区全面推进。全市共有上市后备资源53家,遍布所有的县(市)、区,改变了过去大部分县、区没有上市后备资源的状况。二是拟上市企业数量不断增加。全市有20家企业有上市打算和愿望,其中:天力干燥设备、山东奥太、山东中德、中浮实业、大陆机电、宏业纺织等6家企业与中介机构已签订了上市辅导合作协议,迪生电子、奥海炭素、山东星科、济南二机床等4家企业正与中介机构就上市辅导问题进行洽谈,有望尽快签署协议,天力干燥设备公司已进入上市辅导程序。三是拟上市企业影响力增强。后备企业中,不少都是行业内的重点骨干企业,有的还是行业的龙头老大,这些企业的上市将对济南市区域和行业的提升及经济发展发挥重要带动作用。

3.申报股份报价转让试点工作进展顺利。济南高新区股份报价转让业务试点申报工作自2007年7月份提出后,在市委、市政府领导下和高新区及市直有关部门的积极配合下,在较短时间内完成了资源调查,辅导企业改制,引进中介机构对企业进行尽职调查工作,同时高新区加大了政策扶持力度,确保改制和尽职调查工作按期完成。年内,山东宏业纺织股份有限公司、济南大陆机电股份有限公司,山东中孚信息产业股份有限公司已完成申报的全部基础性工作,山东紫光比威网络技术有限公司等8家企业尽职调查工作已启动,同时储备了山东彼岸电力科技有限公司等41家有意向参与挂牌的后备资源。

(刘　沂)

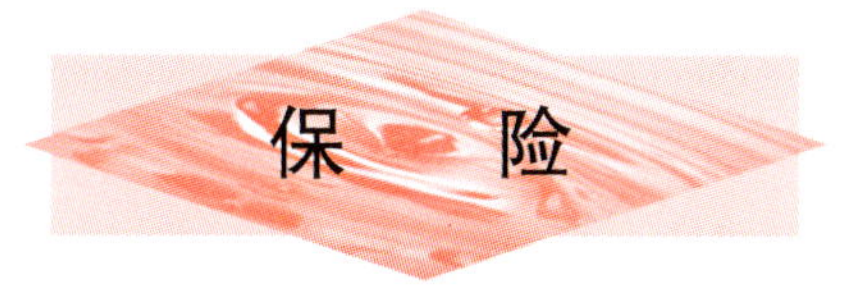

保　险

【概况】 2007年,济南市保险业实现快速发展。全年实现保费收入66.84亿元,同比增长25.05%,保费收入和增速均居全省第一。其中财产保费收入为16.77亿元,同比增长48.44%;寿险保费收入为50.07亿元,同比增长21.82%。全年赔款与给付18.12亿元,同比增长37.68%。其中财产险赔付7.81亿元,同比增长-1.29%;寿险赔款10.32亿元,同比增长96.39%。

至2007年底,入驻济南市的省级保险机构38家,其中财产险公司17家、寿险公司21家。仅2007年就引进保险公司8家。

(刘　沂)

【济南市保险行业协会】 2007年,在全体会员的大力支持下,济南市保险行业协会切实加强行业自律、服务及协会自身建设工作,初步实现了济南市机动车保险市场特别是新车保险市场的自律规范工作,促进了全市保险业务又好又快发展。协会29家会员公司2007年全年保费收入64亿元,同比增长27%。全年累计支付保险赔(给付)款18亿元,同比增长38%,较好地体现了济南保险业的经济补偿、资金融通和社会管理功能。

1. 建立济南市机动车辆保险服务大厅,强力开展机动车保险自律与协调工作,车险市场秩序明显好转。经过积极筹备,以承保新车交强险和商业险为主要承保内容的,与市、区、县车管所配套建立的济南市机动车保险服务大厅及其12个车险服务网点,于2007年1月19日顺利开业,至年底,共承保新车7万辆。较好地规范了新车保险市场秩序,方便了客户就近投保挂牌,新车保险展业成本明显降低,新车车均保费明显增加,全行业车险经营效益显著提高。

协会于7月1日出台了《济南市保险行业协会关于进一步规范济南车险市场秩序的工作意见》,采取季度常规检查和日常举报检查等措施,进一步加大对车险违规违约行为的查处力度。对违反保险规约的单位和责任人依约严肃处理,对屡次违约者建议监管机关严肃处理。这些举措为全面规范济南市机动车辆保险市场秩序,遏制违规违约经营和恶性竞争行为,进一步奠定了扎实的思想、组织和行动基础。

积极扎实地开展全市车险业务的内外协调和自律检查工作。全年协会组织了10余次机动车保险管委会协调会议,及时研究新车保险大厅遇到的新情况和新问题,商定解决方案,较好地解决了诸如大厅依法代收车船使用税及配合市政府决策开辟新出租车绿色承保通道等问题,确保了大厅新车承保业务扎实有效地开展。共组织3次较大规模的车险专项自律检查和4次举报专项检查,对全部签约的16家财险公司及其所属分支机构的车险承保

9月5日,济南市保险行业协会与市政府金融办公室联合召开“7·18”雨灾保险理赔表彰大会。图为会议现场。

(市保险协会供稿)

业务依约进行了认真检查，共依约查处违约案件18起。济南市车险市场秩序得到很大改善，车险经营效益明显提高。

2.积极配合、宣传各保险公司高效开展济南“7·18”雨灾理赔工作。2007年7月18日，济南市遭遇百年来最严重的强暴雨袭击，给人民群众生产生活造成重大损失。灾害发生后，协会及时向各保险公司编发保险行业开展“7·18”理赔工作的动态信息，要求各保险公司发扬“服务大局、为民分忧、团结协作、勇担责任”的行业精神，充分发挥经济补偿职能作用。济南市保险业仅用了一个多月的时间，就及时支付了保险赔款和保险金1.05亿元，结案率高达99%，未接到1起理赔投诉，彰显了济南市保险业优质高效的服务水平。为表彰先进，宣传保险，9月5日，市保险协会与市金融办联合召开济南市保险业“7.18”雨灾理赔工作总结表彰大会。在“7.18”抢险救灾和保险理赔过程中涌现出的济南市人保公司等16个先进单位和史永进等30名先进个人受到了隆重表彰。《济南日报》以一个整版的篇幅，刊登了受表彰的先进单位和先进个人的名单和照片，收到良好的保险宣传效果。

3.积极组织开展群众性的行业诚信演讲比赛活动，切实把保险诚信建设工作不断引向深入。为进一步普及保险诚信教育，不断提高新、老保险从业人员的诚信意识，协会于10月12日开始，在全市29家保险公司的近20000名从业人员中广泛开展了群众性的“济南市保险业‘使命、诚信、敬业’主题演讲比赛”活动。各公司积极组织了选拔赛，协会及时组织了复赛，并于11月17日在山东省科技馆隆重举行了决赛暨颁奖大会”。此次比赛历时一个多月，达到了在济南保险业深入开展诚信教育、进一步增强从业人员诚信服务观念的目的。

4.积极组织保险高管人员和保险仲裁员培训活动，不断提高保险高管及专业人员整体素质，努力促进保险业健康发展。2007年，保险协会与济南仲裁委联合在济南市保险行业协会成立的保险仲裁机构升格为“济南仲裁委员会保险纠纷仲裁调解中心”。这次升格，不仅将保险纠纷的调解纳入到机构的工作内容中来，还进一步加大了协会保险调解、仲裁的自主权，真正实现了咨询投诉、纠纷调解和法律仲裁的无缝隙链接。为进一步做好保险纠纷调解仲裁工作，协会于9月12~14日为驻济各公司近60名拟聘仲裁员和投诉岗专职员工免费举办了为期3天的保险纠纷仲裁调解业务培训班。

5.圆满完成首次在济南举行的国际保险论坛活动的承办工作，促进了济南市保险业与国内外保险业的交流。为扩大保险在济南的影响，不断增强济南的保险意识，协会欣然接受了2007亚太国际保险理财与品牌高峰论坛暨首届“九鼎奖”颁奖仪式承办工作任务，及时向市政府上报了《济南市保险行业协会关于参加承办“2007亚太国际保险理财与品牌高峰论坛”的报告及邀请函》，积极向市台办、外办呈送有关会议及台湾、外国保险专家的详细资料，主动协调内外关系。8月4~5日，2007亚太国际保险理财与品牌高峰论坛暨首届“九鼎奖”颁奖仪式在济南顺利举行，中国保监会、山东保监局有关领导、国内十几家保险公司的总经理以及台湾和美国、法国、泰国、新加坡的保险知名专家、精英等应邀出席，驻济2000名保险从业干部员工参加了大会。会上，国内外著名经济、保险专家发表了精彩的演讲，隆重举行了“九鼎奖”系列之“品牌营销团队奖”、“品牌营销精英奖”的发奖仪式，同时进行了CEO、业务销售、组织经营、理财和财险等5个专场的保险论坛活动。整个大会内容丰富、规模浩大，取得了圆满的成功，促进了济南与国际的保险交流，提升了济南的国际知名度，也开创了济南协会成功承办国际性保险论坛活动的先例。

6.切实做好协会自身建设和各项日常服务工作。一是认真组织并圆满召开协会第五次会员大会，顺利完成了协会理事会换届工作。4月29日，协会第五次会员大会在舜耕山庄隆重召开，28家理事会员公司的总经理和37家非理事会员（区、县支公司）的经理共计65人参加了大会。大会通过了协会第四届理事会的工作报告、财务收支报告、关于修改协会章程的建议，选举产生了第五届理事会组成人员。召开了协会第五届理事会第一次会议，选举产生了新的协会会长、副会长，首次增设了常务理事会并选出了常务理事会组成人员。会议选举太平洋产险公司总经理黄从双出任协会会长，选举原济南市副市长杨佩钦出任协会秘书长。协会于5月18日和9月11日分别召开了五届一次、二次常务理事会议，集体研究议定协会日常重大工作事宜，确保了日常各项工作的顺利运行。二是进一步加强协会换届后的秘书处自身建设工作。协会换届后，及时召开专、兼职副秘书长联席会议，31名专、兼职副秘书长出席了会议。会上通报了驻会专职秘书长、副秘书长工作分工，进一步阐述了协会及秘书处工作的指导思想，明确了工作依据、工作内容、工作目的和工作重点。根据新形势的要求，协会秘书处认真修订完善了各项制度和职责，使工作制度进一步清晰规范、岗位职责进一步明确。年底完成秘书处专职工作人员的劳动合同签订工作，为聘用人员办理了全面的社会保险，使其服务意识明显增强，工作效率显著提高。三是积极做好日常服务工作。全年协会共受理21件投诉举报案件，均圆满调处，较好地维护了保险人和被保险人的合法权益，基本做到公司、客户、协会、监管机关四满意。全年共向会员编发《保险同业信息》快报74期，编发《每周信息参考》41期，每月汇总反馈济南保险业各项具体业务经营数据，为会员公司提供了较为及时的决策参考信息。受监管机关委托，全年共组织了289场保险代理人基本资格考试，参考总人数为22526人次，同比增长55.90%，15439人考试合格，合格率为69.85%，及时为合格者办理资格证书和展业证书，有力促进和支持了全市保险代理人的持证上岗工作。（丁　群）

【中国人民财产保险股份有限公司济南市分公司】 2007年，中国人民财产保险股份有限公司济南市分公司（以下简称济南人保财险）坚持效益第一，坚持可持续发展，坚持规范经营，全力配合推进社会主义和谐社会的发展进程，为全市经济社会发展提供了坚实的保险保障。全年实现保费收入5.82亿元，承担风险金额达3165.12亿元；全辖已决赔款支出3.54亿元；上缴税金3089万元。截至年末，济南人保财险市场份额为36.89%，继续保持济南市财险市场主导地位。

各项业务齐发展，继续保持市场优势。新车共保、续保考核、维系市场三管齐下，推动业务签单、实收实现同步正增长；加强渠道公关，大力发展责任险、综治保险、政策性农业保险和商业性农险业务，重点发展奶牛、能繁母猪险，积极探索村民意外农房险的发展思路；实施区域市场拓展，强力推进城网、农网和销售队伍建设，探索与地方政府建立战略性合作关系，积极参与新农村建设；组建大学生团队，探索社区营销服务模式；重组并新建了6处市区经营网点，开拓了新车维护、4S店、邮政等渠道业务。

落实"管理质量年"活动，全面加强基础管控。进一步完善承保中心、理赔中心、财务中心建设，不断完善制度建设，不断强化管理职能，积极发挥基础管控作用，三个中心运营效能显著提升。承保方面，加强与业务部门及基层展业单位的合作和沟通，配合出台了适销对路的承保政策，合理控制了理赔风险；理赔方面，以"降报案、挤水分、减成本"理赔竞赛活动为龙头，以"加强打假岗、切断修理厂、区分前后台、数据常回访"为具体措施，加强理赔队伍考核力度，增强赔案的公开性和真实性，公开监督电话，联合刑警办公，在制度方面加强对理赔纪律、理赔人员的管理约束；财务方面，落实新会计准则，确保新旧会计制度的顺利接轨，认真推行"一本账"管理，加强了分险核算有关工作。

充分发挥经济补偿功能，认真开展"7·18"水灾理赔工作。7月18日，济南遭受了有史以来最大的暴雨袭击。在突如其来的天灾面前，济南人保财险以快速、有力、高效的服务水平和补偿能力，认真履行了"人民保险为人民"的庄严承诺。暴雨发生的3天内，济南人保财险先后向受灾严重的银座地下购物广场、人民商场、建联中药有限公司、济南药业集团等企业预付了赔款。截至8月17日，济南人保财险累计支付赔款6887万元，为帮助受灾企业、家庭、个人减少灾后损失，尽快恢复正常生活秩序、经营秩序作出了突出的贡献。史永进等6名员工得到了市保监局的通报表扬，济南人保财险也被市政府评为"抢险救灾先进单位"。

积极开展企业文化建设，推动公司和谐发展。围绕创建"人文关怀，和谐沟通"的文化氛围，积极开展凝心聚力、丰富健康的企业文化活动。多次组织新员工及营销代理人员召开恳谈会，了解员工的思想状态和工作想法；举办"泉城人保大讲堂"系列活动，围绕公司的经营管理、发展目标，开展主题演讲报告、交流座谈，加强沟通交流；筹建"泉城人保书库"，购买各种书籍，供全体员工借阅；建立篮球队、足球队，丰富员工业余生活。 （宋景旭）

【中国人寿济南市分公司】 2007年，中国人寿济南市分公司积极应对市场竞争，扎实推进公司各项建设，较为圆满地完成了年度各项工作任务，各项工作取得了新的成绩。

1.业务发展稳步推进，组织建设不断加强。全年含集团业务实现保费收入18.46亿元，增长7.4%，高于全省增幅2.2个百分点。其中，股份业务实现保费收入17.50亿元，增长9.58%，分别高于全国和全省增幅1.08和0.53个百分点。市场份额继续保持领先优势达38.31%，高于主要竞争对手19个百分点。按照渠道分类业绩统计，个人销售渠道实现保费收入8.02亿元，增长10.46%，高于全省增幅6.49个百分点。中介销售渠道和团体销售渠道分别实现保费收入7.35亿元和1.64亿元，增幅分别达49.76%和22.61%。中介一部、中介二部、章丘市支公司、历城区支公司中介保费突破亿元。短期险业务实现8771万元，增长13.60%。其中，意外险保费收入3995万元，增长15.65%，高于全国增幅8.75个百分点；短期健康险保费收入4776万元，增长11.95%。年末，销售人员共计5399人，其中个险销售渠道4823人（含收展），团险销售渠道126人，中介销售渠道专管员280人，理财经理170人，持证率达100%。

2.结构调整卓有成效，发展后劲持续增强。全年风险型保费及投资型管理费收入实现8.65亿元，增长14.37%，高于全省增幅1.03个百分点。寿险首年保费10.69亿元，增长12.86%。寿险首年期交保费实现2.48亿元，增长17.41%,高于全国增幅1.21个百分点，高于首年保费增幅4.55个百分点，在首年新单保费中的占比达23.20%。剔除同业万能、投连因素，个险新单期交和续期保费市场份额分别为53%和43%。10年期及以上首年期交保费1.09亿元，增长9.9%，在首年期交中的占比为43.88%。个人代理渠道实现寿险首年新单保费2.07亿元，首年期交保费2.01亿元。中介代理渠道实现首年新单保费7.19亿元，首年期交保费2476万元，分别增长33%和211%。团体寿险渠道实现首年保费1.69亿元，首年期交保费1245万元，增长175%。中介和团险销售渠道首年期交保费在期交业务占比达18.4%，高于全省平均水平9.2个百分点。短险赔付率48.59%，较上年同期下降6.72个百分点，低于全省平均水平4个百分点，实现短险考核利润2098万元。险种可提费用较上年增加2645万元，增幅25.56%。佣金较上年增加683万元，增幅6.82%。

3.统筹区域协调并进，城乡发展变化显著。充分利用城乡两种资源，开拓城乡两个市场，统筹区域发展的机制逐步完善，优势互补、协调推进的格局初步形成。按照省公司统计口径，城区业务保费收入15亿元，增长8.17%，高于全省增幅1.13个百分点，占总保费的85.61%。农村业务保费收入2.52亿元，增长20.36%，高于全省增幅2.5个百分点，占总保费的14.39%。城区个险人力2820人，首年期交保费1.04亿元。农村2003人，首年期交保费6957万元。县域公司发展实力进一步增强，6个县域公司业务总量达8.08亿元，占全部业务的46.16%。章丘市支公司、历城区支公司继续领跑县域公司发展，分获全省系统"做大做强"突出贡献奖金奖和铜奖，其中章丘市支公司在全省县域考评中囊括综合考评、总保费、期交、十年期、短险多项指标桂冠。长清区支公司、商河县支公司分别跻身综合排名前30强和经济中等县域前10强，位列综合排名第20位和第28位，位列经济中等县域排名第4位和第7位。济阳县支公司综合排名较上年提升9位，获得“奋发图强”先进集体称号。商河县支公司通过扎实开展“保险先进村”建设活动，已初步建成40余个保险先进村，引起系统内外广泛关注。全市71个农村营销服务部人力规模达2003人，实现寿险首年期交保费6957万元，有29个农村营销服务部寿险首年期交业务突破100万元，较上年增加7个，其中双百万网点6个，较上年增加2个。全年累计投入400余万元用于营业单位、农村营销服务部建设。

4.经营管理明显改善，内控水平逐步提高。深入开展404项目日常化遵循工作，财务、业务、审计、监察职能作用有效发挥，依法合规经营主题教育活动、商业贿赂专项治理和反洗钱专项工作进展顺利，各级依法合规经营意识得到明显增强，各类风险隐患和薄弱环节得到及时防范和纠正。切实加强业务管理体系建设，健全完善考核机制，规范处理操作流程，业务管理工作质量得到有效提升。重视理赔时效和质量管理，推进理赔集中管理进程，实行小额理赔限时给付、大额理赔上门服务，理赔时效和质量管理得到全面加强。严格落实回访制度，改进投诉督察工作，妥善处理各类问题和纠纷，有效遏制了违规现象的发生。扎实开展满期给付和转保工作，累计办理鸿泰满期给付28182件，给付满期保险金5.07亿元，转保1542万元，其中期交156万元。银行转账收付费试点工作成效明显，转账金额8254.91万元，长险新单银行转账率达到90%以上，城区非现金收付率66.11%。标准化、规范化柜面建设持续推进，VIP俱乐部组建工作取得新进展，“牵手中国人寿，共建和谐生活”系列活动富有成效，客户服务整体水平进一步提高。

5.品牌宣传深入推进，社会形象快速提升。积极创新宣传模式，拓宽宣传思路，借助公司A股成功上市、集团资产过万亿元、首届客户服务节、跻身世界双500强、签约姚明为全球形象代言人等有利时机，充分利用报纸、电视、广播、车体、户外广告等宣传载体，展开声势浩大的品牌宣传工作，全年累计投入宣传资金600余万元，促进了公司影响力的提升。持续推动宣传重心下移，加大对基层营业单位的宣传支援力度，扩大了宣传覆盖面。切实加强媒体沟通，坚持开展日常媒体监测，积极稳妥地做好各类危机公关工作，有效减少和避免了负面报道的发生。注重强化“企业公民”意识，广泛参与社会公益活动。特别是在“7·18”特大暴雨灾害中，勇担社会责任，为9名遇难遇险客户快速理赔给付，支付保险金33.87万元，受到各级政府和部门的高度肯定，公司社会地位明显提升。

（杨　光）

【曹纪平喜获首届“九鼎奖”】 8月4日，2007亚太国际保险理财与品牌高峰论坛暨首届“九鼎奖”颁奖仪式在济南举行，9位华人保险精英荣获“九鼎奖”，其中包括中国人寿济南市分公司的保险代理人曹纪平。“九鼎奖”是国内首届保险诚信服务大奖，该奖项以“品质服务、诚信天下”为宗旨，评奖标准包括客户拥有量、从事行业时间、投诉率、收入等综合指标，其中诚信服务指标是该奖项的主要衡量指标。“九鼎奖”为系列奖项，包括“品牌营销精英奖”和“品牌营销团队奖”。“品牌营销精英奖”的参评业绩条件是，营销精英首年度个人新保佣金收入为90万元以上。

（杨　光）

【“山东保险第一村”周年庆典】 9月28日，中国人寿济南市分公司“山东保险第一村”周年庆典在商河县瓦东村隆重举行。商河县政府、乡镇领导及市、县、营销服务部员工代表出席了此次庆典。截至2006年9月，瓦东村投保率达到60%以上，成为名副其实的“保险村”，2006年9月20日，瓦东村作为“山东保险第一村”正式举行挂牌仪式。之后，玉皇庙、怀仁、尹巷等多个保险村陆续挂牌成立。2007年，经过长期经营与不懈努力，商河玉皇庙保险村共实现长险保费收入83.29万元、短险保费收入8.35万元。保险村建设改善了营销员与老百姓间的关系，为更好地服务三农、构建和谐乡村打下了坚实基础。

（杨　光）

【中国太平洋财产保险股份有限公司山东分公司营业部】 2007年，中国太平洋财产保险股份有限公司山东分公司营业部坚持以效益为中心，锐意进取，稳健经营，超额完成各项计划指标，喜获规模与效益双丰收。

业务规模实现新突破。截至年底，共实现保费收入2.06亿元，同比增长14.44%，完成年度计划的106.5%，市场份额稳居全市第二位。赔付率为56.15%，全面完成分公司下达的1140万净利润的考核计划。全年业务规模首次突破2亿元大关，业务规模及利润均创历史最好水平，在全省各中心支公司业务规模排名中稳居首位。

非车险业务成为新亮点。始终把推动非车险业务作为业务发展的重点进行部署，成功新保了鄄城-菏泽高速公路、南京盾构机等较有影响的大项目，续保了一批较大项目。截至年底，共实现非车险保费收入4013万元，同比增长23.04%，完成分公司年初下达的3300万元保费计划的121.6%，真正实现了非车险业务的突破性发展。在非车险业务中，水险业务呈现翻番式增长，保费收入848万元，同比增长377.6%；意外险、责任险业务成为非车险业务发展的亮点，意外险保费收入826万元，同比增长83.2%，责任险保费收入546.2万元，同比增长74.3%。

车险业务保持稳定发展。充分考虑济南市新车共保、交强险费率下浮、车船税代收代征等因素，认真分析面临的形势，明确车险业务的发展思路。开展“突破两个亿飞向夏威夷”全年业务竞赛活动，极大提高了广大员工的积极性。仅上半年，就完成车险保费9937万元，同比增长61.62%，完成全年车险计划的62.11%，为确保全年经营目标的顺利达成奠定了坚实基础。下半年，面对变化了的车险市场环境，及时调整经营思想，采取积极的应对措施，坚持依法合规经营，积极实施车险专业化管理，延续扶持4S代理车险业务的各项政策，经受住了市场急剧变化的考验。截至年底，共实现车险保费收入16538万元，同比增长12.16%，超额完成了年初下达的1.6亿元的车险计划。

经营管理水平明显提高。采取增置理赔查勘用车、更换电脑设备、完善各种基础规章制度、开展优质服务100天活动等措施，加强了公司基础管理，提高了对客户及业务一线的服务水平。通过加强单证管理、核保出单管理，进行理赔整治，加大应收保费的清收力度，提高了财务管控能力，理顺了业务及管理流程，降低了业务经营成本，有效提升了内部管控能力。截至年底，全面达成了分公司下达的考核利润计划，赔付率、费用率均控制在分公司下达的指标之内。 （李　婷）

【中国太平洋人寿山东分公司营业部】 中国太平洋人寿保险山东分公司营业部(下简称“营业部”)是济南地区一家大型的综合性寿险公司，下辖22个管理、展业单位和22家乡镇营销服务部，员工1500余人。业务涵盖个险、团险、银保三大门类，新老个人客户累计近20万人。业务规模已连续3年实现了超过50%的增长，标准保费增速达到80%，在2007年山东分公司系统内位列第二名，并成为济南市场仅有的3家市场占比正增长的公司之一。2007年，营业部实现保费收入3.58亿元，完成年度计划的130%，同比增长59%；新保标保2.47亿元，居系统内全省第二位，同比增长79%，市场份额也有了进一步提升。

个险业务方面，营业部继续把个险业务的发展作为重中之重，初步组建起了一支由主管、部经理组成的城区营销骨干力量，筹备了槐荫、市中两家城区支公司，建成了10个业务部、50个业务室，约150人的营销队伍。同时，积极筹备区域拓展队伍，将区域收展的先进管理模式加以推广，以“区域进驻，定向服务”的经营模式开启了城区个险业务发展的又一扇大门。为实现资源的高效整合与服务的全面系统，11月，公司启动产寿险交叉销售工作，全面启动财产险代理业务，给新老客户对产品与服务的选择提供了前所未有的广阔空间。“以政策引人，以文化育人，以业绩留人”是2007年营业部营销队伍建设的写照，坚持外部引进与内部培养相结合，把企业文化的精髓在潜移默化的培训中加以灌输，促进团队以高效优质的业绩保持稳定。截至年底，全辖营销人力进一步夯实，系统人力净增长率达40%左右。

团险业务方面，以效益与规模的同步发展为重心，重点主抓效益型险种意外险的销售与渠道维护。意外险全年共实现保费收入3604万元，同比增长超过42%，以43%的市场份额占据济南市场第一位。加大直销队伍培养力度，实现直销队伍建设突破。基础管理水平有效提升，内部管理制度不断健全完善，促进了团险业务的良性发展。

银保业务方面，以规模和效益的同步发展为中心，以险种的结构调整和市场规模的提升为两个重点，不断提升业务平台与市场占比，实现了保费规模系统内全省第一、达成率第二的优异成绩。另外，在人均、网均产能和队伍素质三个方面有了进一步的提升。人均保费较上年提高118.7%，网均保费较上年提升81.1%。

续收业务方面，以业务支持为日常管理重点，及时做好信息处理与外部关系协调。重视队伍建设，规范业务流程操作，控制风险点。通过定期封闭式集中培训，提升专员技能，熔炼团队精神，将团队文化、执行文化贯彻到位。

不断推进内控建设，提升企业的核心竞争力和市场美誉度。完善薪酬体系进行，加强考核力度，优化了薪酬评价体系；撤销县、区财务内勤，将财务预算职能上收至计划财务部，对区、县机构实行五条线垂直管理，按条线、按人员核算办公费用，加强费用管控、节支，控制办公成本；按照分公司的统一要求，将客户服务部与核保核赔部进行合并，成立营运中心，进一步整合公司资源，提升了运营效能；加大对外宣传投入。这一系列措施使公司的运营水平和核心竞争力有了进一步提升。

（韩　轲　王万红）

【中国平安财产保险股份有限公司山东分公司】 2007年，中国平安财产保险股份有限公司山东分公司以利润为导向发展方针，优化险种结构，提升经营品质，实现了承保盈利，成为山东市场上唯一一家盈利的产险公司。截至年末，共实现保费收入4.8亿元，同比增长26%。

大力加强队伍建设。建立自我学习机制，将学习培训制度化，提升各级干部的领导能力和员工的素质。强力推进前、后线员工岗位职能建设，对其分级分类，分别提出各自岗位专业技能提升要求。注重过程管理，开展岗位练兵比武，加强问责考核，明确各层级目标、考核指标，促进队伍整体素质的提高。

坚持利润导向，多种措施促发展。全面提升选择市场的能力，在全辖各层级推行营销规划，明确市场定位。建立行业专员和行销专员制度，大力拓展包括各类责任险在内的财意险市场。解剖车险经营的价值链，进一步建立和完善防范车险经营风险的制度和流程，同各类诈保骗赔的行为做斗争，维护行业和公司利益，同时进一步建立各层级对市场风险的识别和分类管控能力，努力在服务客户的同时为公司创造价值。实施二元化战略，在发展中心城市的同时，积极拓展县域市场，支持三农建设，增加对县域机构的资源投入，从组织架构、人员编制、薪酬待遇和硬件配置等方面予以适当倾斜。

全面提升基础管理水平。完善各项制度平台建设，切实发挥稽核部作用，除日常审计外，组织开展财务费用、理赔管理、四级机构建设等方面的专项稽核，同时每周以短信方式向全辖中层干部发送廉政警语，使廉政规范教育日常化、制度化。推进执行力建设，对保监局、行业协会和总公司等的各项要求逐一落实，大力提升四级机构、团队和业务人员的执行力建设，做到合规经营、理性发展。

不断改善服务。积极开拓渠道创新及产品创新，年内正式推出电话销售业务，在国内属于首创。树立理赔服务从简从速的服务理念，极大提高了理赔时效。推行信任文化，开展诚信大讨论，不许弄虚作假，尤其是在销售环节不得误导客户。

服务地方经济和社会发展。承保方

面，承保中国石化胜利油田分公司海洋采油厂财产综合险，保额32.67亿元，保费收入为744万元；承保PirelliTyreCo.,Ltd.倍耐力财产一切险，保额9.38亿元，收费收入为85.5万元。理赔方面，胜利油田海洋采油厂遭受飓风受损，公司赔付人民币211万元；张贵宣吊车一案，公司赔付人民币61万；"7·18"特大暴雨后，针对受损企事业单位及个人，公司在第一时间送上赔款金；"8·17"新泰张庄煤矿溃水事故发生后，公司向华源矿业公司捐赠10万元用于抢险施救，较好地履行了保险企业的社会职责。

（赵　明）

【中国平安人寿保险股份有限公司济南分公司】 2007年，中国平安人寿保险股份有限公司济南分公司贯彻落实科学发展观，持续坚持专业化运作，做大做强，在促进全市经济发展、建设和谐社会、保障人民群众安居乐业等方面发挥了积极作用。

1.业务规模健康快速发展。不断改善经营管理模式，按照统筹协调、稳健发展的原则科学布局分支机构，已开设德州、济宁、泰安、聊城、枣庄、菏泽、莱芜等7家三级机构，为当地居民提供了有力的保险保障。2007年，平安人寿济南分公司实现保费收入9.2亿元，同比增长5.7%，其中个人寿险实现保费收入8.1亿元，同比增长9.5%。

2.加强销售管理，保障客户权益。推出一系列客户服务活动，改善保险服务质量，不断提高服务水平。为加强销售过程管理，利用网络、电话、人工等形式扎实推进寿险投保提示工作，帮助消费者准确理解保险产品，认真落实新单业务犹豫期内100%回访要求。同时加强信访投诉工作，严肃查处欺诈误导、无理拒赔等违法违规行为，认真做好信访投诉回访工作，切实维护被保险人合法权益。

3.以提高客户满意度为导向，全面开展服务客户活动。以"微笑、鞠躬"为核心内容的平安礼仪为客户营造了温馨氛围，提升了客户的服务感受度。在柜面及时更新集团、公司的各种服务或产品信息，对有疑问的客户安排资深业务经理专人讲解。2007年6月，成功举办以"健康人生，平安家园"为主题的第十二届平安人寿济南分公司客户服务节，期间开展了平安大使送健康大型专家巡讲、开幕式主题活动、两大系列少儿比赛、闭幕式夏令营等多项活动，活动在济南阳光100、开元山庄等20个大中型社区同步开展，累计参与客户达8万人次。

4.全面推动P-STAR五星级服务，秉承用心服务的理念，不断检视客户服务过程中的每个环节，强化基础服务，努力提升服务品质，在业界首家提出P-STAR五星级服务理念，致力于为客户提供主动(Proactive)、简单(Simple)、及时(Timely)、方便(Accessible)、可靠(Reliable)的服务体验。全年总计支付保险金1.48亿元，其中赔款支出4800万元，生存给付1亿元，10日内结案率达到96%以上。因"7·18"暴雨保险理赔工作的出色表现，被市金融办和市保险行业协会联合授予"先进单位"称号。

5.积极开展公益活动，践行企业公民之路。2007年8月，公司获悉济阳县一名贫困学生因交不起学费而无法上大学的消息后，立即开展"让你我献出爱心，帮助他改变命运"的募捐活动，倡议员工奉献爱心，仅在两天时间就捐出5000多元，成功帮助学生渡过难关。

自2003年开始的"中国平安精英大学生励志计划"是平安举办的一项公益活动，目的是为在校大学生提供一个展示个人才华的舞台，鼓励学术创新。在2007年度中国平安精英大学生励志计划中，山东各大高校的18篇参评论文中有8篇获奖，山东省成为北京、上海地区之后获奖最多的省份。

（马跃坤）

【太平人寿保险有限公司山东分公司本部】 2007年，太平人寿保险有限公司山东分公司本部秉承"用心经营，诚信服务"的经营理念，坚持专业化经营模式，业务规模快速增长，业务品质持续提升，客服水平再上新台阶，实现了规模与效益的同步增长。

1.业务规模保持快速增长，业务结构比较合理。2007年，累计实现原保费收入13367万元，同比增长83.85%。其中寿险保费收入11210万元，同比增长113.49%；健康险保费收入1873万元，同比增长7.73%；意外险保费收入284万元，比2006年提升1.13个百分点，增长势头比较显著。在保费收入快速增长的同时，业务结构也得到较好的改善。其中，个险新契约期缴占比达99.2%；银保在投资市场带动下，不但实现趸缴保费规模的快速增长，同时也使期缴平台稳步上升；团险效益型短险业务比重比较合理。保费收入的快速增长以及产品结构的调整，使分公司本部在市场份额快速提高的同时，实现了业务品质的提高和公司效益的增长。

2.打造诚信高效服务品牌，服务品质持续提升。为了更好地服务客户，最大程度地保障客户利益，公司为客户提供生日问候、续期收费提醒、转账不成功提醒、保费到账确认等第一时间短信告知服务，开通了95589全国统一客服热线，并且推出一系列客户服务新举措，例如理赔接报案24小时受理制度、理赔客户住院探视制度、周六柜面值班制度、印制宣传手册、推广自助互动短信平台等。此外，为更好地推行100%电话回访制度，公司实现了电话回访上收总公司。同时严格加强内部控制，对宣传材料、销售行为进行不定期的抽查暗访，切实维护消费者利益。持续优化的服务，使得公司更加深入人心。

3.提升理赔时效，服务地方经济。2007年，山东分公司本部累计赔付794万元，较好地维护了客户的利益，充分发挥了保险作为社会稳定器的作用。为进一步提升理赔时效，使客户利益最大化，实行理赔全省集中审核签批，简化了理赔流程，提升了理赔时效。

4.关注公益事业，共建和谐社会。2007年6月，太平人寿与中国红十字基金会下设的专门救助我国贫困白血病儿童的"小天使基金"合作，设立"太平人寿天使基金"，公司承诺每承保一份"太平阳光天使2007少儿保障计划"，即向红十字基金会"小天使基金"捐赠10元人民币，累计捐赠不少于100万元。设立当天，由太平人寿募集的20万元首期捐赠款正式划拨至"小天使基金"。分公司本部作为督导和指挥全省工作的中枢和大本营，在此次捐赠活动中，更显示出模范带头作用，分公司本部的各层级员工，积极响应总、分公司的号召，开展了“让爱证明天使同在”大型公益活动，宣传慈善事业，救助白血病患儿。2007年11月下旬，分公司本部还陆续开展了“送温暖，献爱心”活动，救助贫困家庭，为他们送去衣物和救助金，用实际行动响应了“共建和谐社会”的号召，体现了极强的社会责任感。（王海霞　刘　明）

【天安保险山东省分公司营业部】 2007年，天安保险山东省分公司营业部坚持做强战略不动摇，以规范经营为原则，坚持改革和创新，加强各条线基础工作，全面提高各部门的综合能力，共实现保费收入5509万元，支付赔款总计3890.3万元。

1.全面深化销售体制改革，提高销售能力。认真落实分渠道管理、分险种核算，以雇员直销渠道和个人代理渠道建设为重点，抓代理人团队建设。代理人考试通过率达到86%以上，代理人持证率达到100%，建立了稳定的代理人队伍。强化销售费用的调控功能，坚持以效益定费用的销售费用核算原则，合理配置费用资源，支持效益险种发展。

2.制定有效措施推动业务发展。制定《业务竞赛方案》，组织策划各类营销活动，督促各渠道销售指标的达成。组织开展了“春蕾行动、开门红业务竞赛活动”、“开门红冲刺阶段业务推动”、“金猪贺岁、吉祥三宝”人身险组合产品销售活动及“迎司庆、双过半”竞赛方案等一系列的业务推动活动。

加大市场开发力度，积极提升车险经营品质。抓住车险主险产品同质化、附加险趋同、价格竞争压力减缓的契机，加强市场调研，细分客户及标的，通过制定科学的销售计划，为业务员开展业务提供系统的销售指导，拓宽了非营业车等优质险种的销售渠道。

促进销售团队对自身业务销售状况进行有效的管理，包括业务员每天的工作量和工作安排、时间的分配、潜在客户资源的挖掘等。加强续保业务的管理，积极跟踪，提高续保率，巩固直销优质客户，积累优质的中长期客户。建立管理岗、业务岗定期培训制度，采取灵活多样的教学方式，切实提高培训效果；充实培训内容，把法律法规、销售技巧、理赔流程、客户服务举措等与销售息息相关的内容作为重要组成部分，提高干部管理水平和员工综合素质。

3.强化财务管理，切实防范财务风险，降低经营成本。大力控制管理机构费用，支持营业机构的业务发展；加大成本费用管控力度，保证各项费用支付合理以及费用反映的真实性；按产品、分渠道对成本费用进行核算与管控，合理降低营运成本。加强税务管理，增强依法纳税意识，学习、掌握最新税务法规，最大限度地防范税务风险。

4.理赔工作专业化，理赔管理专门化。加强理赔队伍建设，打造高素质理赔队伍。建立车险核价、医药核价、核赔、查勘定损4支专业队伍，并强化学习培训，提高队伍的专业化水平；严明工作纪律，统一服务标准，严格落实“十条禁令”，坚决杜绝理赔人员的违法违纪行为，维护公司利益。实现理赔精细化管理，采取有效的管控措施和创新手段，强化流程管控，严格执行小额案件的快速理赔制度，提高服务水平。积极进行理赔改革，建立相对独立、垂直化管理、专业化运作的理赔经营管理体系，促进业务发展。建立新的客户服务部，从全体正式员工中选拔业务熟练、综合素质高的员工，组成新的客户部。

5.服务群众，回报社会。2007年，济南遭遇了百年不遇的“7·18”雨灾，天安保险公司承保的银座地下购物广场遭受了严重的损失。洪水无情人有情，为最大限度地减少损失，保证理赔到位，充分发扬“化险为夷、补天爱人”的企业精神，分公司立即成立了以总经理孙士武为组长，总经理助理张智、彭新刚为副组长的事故处理领导小组，事故损失清点工作以营业部为主，总、分公司进行技术指导，并从全省抽调了10名理赔骨干赶赴济南协助进行事故处理，积极帮助银座尽快恢复营业，并先后分两次付清了银座集团的赔款共计2600余万元。营业部用实际行动向全省人民展示了专业、到位的理赔服务，在社会上引起强烈反响，受到了表彰，全面提升了公司的品牌知名度、美誉度和影响力。（冯　坤　周　莹）

【长城保险山东分公司】 2007年，长城保险山东分公司以业务发展为主线，强化管理，改善服务，稳步推进机构建设，运营成果显著。

各项业务扎实推进，目标达成情况良好。2007年，长城保险山东分公司在强化基础管理的同时，扎实推进各项业务稳健发展，市场占有率稳步提升，较好地完成了总公司下达的任务。个人保险累计承保标准保费1446万元，达成率为133.3%；银行保险累计承保规模保费11738万元，其中趸交保费11444万元，期交保费294万元，综合达成率为106%；团体保险累计承保标准保费412万元，达成率为82.4%。

机构发展扎实稳健。依据总公司稳健铺设机构的战略部署，经过周密调研和精心筹备，山东分公司在2007年成功设立了历下、泰安、沂源、荣成、文登、桓台、博山、新泰等8家营销服务部。已开设的机构内部管理规范、业务发展良好、人力增长迅速，为长城保险山东分公司在全省范围内进一步铺设机构奠定了良好的基础。

经营管理水平迈上新台阶。严格按照总、分公司规章制度办事，推进依法合规经营并不断强化内控管理。同时，持续密切关注监管动态，根据监管动向自觉地在内部开展自查自纠，并增设法律合规岗等进行风险防范，防患于未然。年内，总公司联合华融审计对山东分公司进行检查，山东分公司的经营管理成果得到了检查组的一致肯定。

品牌塑造初见成效。在济南市繁华路段投放40块灯箱广告、9台车体广告、2块电梯广告、25辆车的车内灯箱及拉手广告；对外发布宣传稿件203篇，对内发稿98篇，多次在《齐鲁晚报》投放招聘及产品广告，取得了良好的社会反响。年内，获“2007鲁商诚信企业”、“2007鲁商创新品牌”、“2007鲁商最具影响力品牌”及“最具爱心企业”等称号。

运营成果显著。2007年,全省新契约预收合计9946件,保费15425.49万元。个险保全2944件,团险保全241件。全省理赔处理1058件,赔付金额190.07万元。其中成功处理长城保险成立以来最大的一宗理赔案,获得客户的好评。现有同步数字体系专线4条,其中连接总公司的有两条,连接淄博中支和威海中支的各1条;虚拟专用线12条,其中2007年新增8条。

严格贯彻执行保监局和保险协会各项政策。根据监管要求,在公司内部开展《反洗钱法》的学习,指定专门的负责部门和联系人以保证工作落实到位;由运营服务部牵头,联合各业务部门开展保险业矛盾纠纷集中排查调处活动;大力开展商业贿赂治理活动;在济南"7·18"暴雨发生后,迅速启动应急预案,开辟绿色通道,主动寻找出险客户,山东分公司的快速反应得到山东保监局的肯定。 (王俊峰)

【海康人寿保险有限公司山东分公司】 海康人寿保险有限公司由荷兰全球人寿保险集团(荷兰AEGON保险集团)与中国海洋石油总公司于2002年5月各出资50%共同组建,2003年5月正式获得营业执照,注册资本为8亿元人民币,总部位于上海。已在北京、江苏、山东、浙江和广东设立省级分公司,服务覆盖2亿人口。

海康保险山东分公司于2006年9月21日在济南成立。通过代理人、银行、经纪代理、直效营销4个渠道为山东消费者提供纯保障型保险、两全保险、年金保险、投连险、健康险及意外险,帮助中国家庭安全保障需求的规划、子女教育基金的准备和医疗费用的分摊等。2007年,海康保险山东分公司共实现保费收入1.16亿元,赔款给付78.51万元。新设潍坊营销服务部和烟台营销服务部两家分支机构。

不断追求服务创新,为客户提供舒适的环境和优质的服务。公司倡导为理赔而存在、为消费者提供360度完善的服务,面对客户进行售前、售中、售后全方位的服务。特别是在防灾救灾工作方面,充分发挥保险的经济补偿功能。2007年7月18日,济南遭受暴雨袭击,造成重大人员伤亡,分公司立即成立救灾理赔工作小组,开通救灾绿色通道,并向海康客户寄送了慰问信,对客户的合理需求及时予以理赔。

倡导和宣传社会关爱与和谐,积极参与社会公益事业活动。2007年4月22日,海康保险山东分公司在泉城广场举行了"让保险深入生活"的主题宣传活动。采取请市民填写调查问卷、现场咨询等方式,宣传《国务院关于保险业改革发展的若干意见》,传播保险知识与保险理念。5月8日,公司"爱心基金会"组织70余名代理人在泉城广场举行了"无偿献血爱在海康"活动,倡导大家奉献爱心、回馈社会,为共建和谐社会贡献一份力量。2007中超赛季,向鲁能泰山足球俱乐部全体教练员、球员赠送了近千万元的海康意外伤害险。2007年11月,启动"海康保险博爱卫生站援建计划",投资10.6万元,分别在潍坊临朐城关街道田村集、济南天桥区药山丁庄村各捐建一所农村博爱卫生站。2007年底,在由山东省委宣传部、大众报业集团联合主办的2007企业社会责任评选中,获"2007山东十大最佳公民"称号。

(海康保险办公室)

【中华联合财产保险公司】 前身是新疆生产建设兵团保险公司,始创于1986年7月15日,是我国成立的第二家保险公司,也是唯一一家以"中华"冠名的全国性保险公司。总部设在新疆乌鲁木齐,行政隶属新疆生产建设兵团,注册资本15亿元。

2002年,公司实施东扩南进的发展战略,更名为"中华联合财产保险公司",业务经营区域迅速扩大,由区域性保险公司成长为全国性的保险公司,市场份额稳居全国第四,成功跻身于中国保险第一集团军的行列。2004年9月,中华联合股改方案获得国务院批准,2006年6月11日,由原中华联合财产保险公司整体改制设立的"中华联合保险控股股份有限公司"在乌鲁木齐正式揭牌成立。这标志着我国最后一家国有独资商业保险公司的股份制改造完成,将形成中华联合控股旗下分设"中华联合财产保险股份有限公司"和"中华联合人寿保险股份有限公司"两大独立法人子公司的"一改三"格局。

中华保险山东分公司于2004年10月18日正式挂牌营业,享有总公司在资金、人才、技术、服务机构等各方面的资源优势。济南中心支公司作为全省第一批开业的公司之一,始终坚持"稳健、创新、持续、高效"的经营理念,秉承"服务至上、信守承诺、回报社会"的服务宗旨,以雄厚的资本实力、创新的产品技术、优秀的人才队伍和优质的客户服务在济南保险市场上树立"中华保险"的品牌。自开业后,公司每年以40%以上的增长速度保持了快速发展。2007年,全市累计实现保费收入1.52亿元,完成分公司下达年度计划的100.03%,同比增长44%,市场份额达到11%,在济南财产险市场稳居第四。理赔工作进一步改进,服务成效显著提高。全年共处理各类赔案50433件,结案率达到90%以上,特别是在"7·18"济南特大暴雨水灾中,公司积极、主动、准确、合理地履行了保险的经济补偿职能,实现了良好的社会效益,被济南市人民政府、济南市保险行业协会授予"先进单位"。重视网点铺设和机构建设工作,济南公司的经营网点机构已达近20个,遍布济南的各个县(市)、区,极大方便了客户投保和理赔。公司坚持以人为本,以"公司是学校,教人要育;公司是军队,治司要严;公司是家庭,同仁要爱"的独特企业观,吸引并培养了一大批优秀人才,2006年,有1位员工入选首届"济南市金融系统十大杰出青年"。2007年,章丘支公司和平阴支公司双双被济南市政府授予"文明诚信经营单位"称号。社会知名度、美誉度得到提升。

(曲 平)

责任编校 张 阳

交通·信息

铁路运输

【概况】 济南铁路办事处按照济南铁路局工作部署，围绕确保第六次大提速调图和安全生产任务，发挥办事处区域优势和安全监督检查作用，开展了安全隐患排查、“40天安全专项督察”等安全专项检查活动。年内，安全监察人员深入作业现场3.73万小时，对违章作业和不安全隐患发出监察通知书968张、指令书14张，对276处提速设施和29处胶济线客运专线施工全面实施现场作业安全监控，保证了施工安全。做好离退人员管理工作，走访慰问老同志421人次，组织老同志活动70余场次，老同志满意率100%。完成基本养老保险157人、294.6万元，补充养老保险103.5万元，基本医疗保险和工伤保险104.8万元，办理医疗费报销587人次、403.5万元。

【实施第六次提速调图】 4月18日零时起，济南铁路局正式实施第六次大面积提速调图，时速200公里及以上国产动车组首次在济南局京沪、胶济线登场，最高时速250公里，是当今世界既有线提速最高值。济南至北京只需3小时24分，比原来压缩1小时零4分；济南至四方2小时24分，比原来压缩54分。

本次提速调图，全局安排客车167对（含动车组25对），比原来增加24对，使旅客出行更舒适、更方便、更快捷。货物运输能力提高，列车运行速度突破80公里/小时，主要干线开行时速120公里的重载货物列车和双层集装箱列车。提速后，济南局时速120公里及以上提速线路达3110公里，占全局新图正线延展里程的54.4%，其中时速200公里及以上提速线路690公里，局管内线路平均允许速度由111.8公里/小时提高至129公里/小时，客货运输能力分别提高22.7%、4.7%。

【胶济客运专线工程开工建设】 胶济客运专线工程是国家“十一五”重点工程，是按照政府主导、多元化投资、市场化运作方式，部、省共同筹资建设的重大基础性建设项目，工程总投资110亿元，包括高密至济南东段客运专线和青岛新客站两部分。其中，高密至济南东段客运专线初步设计批复概算总额为95.8亿元。

胶济客运专线工程东起青岛，经潍坊、淄博至济南，正线长362.5公里，其中新建客线180.5双线公里、利用电气化运营线182双线公里；货运正线长380.84公里，其中新建货运双线68.84公里、利用电气化运营线263.17公里、利用电气化废弃线48.8公里。客运专线设青岛、胶州北、高密、昌邑、潍坊、昌乐、青州北、临淄、淄博、周村东、章丘、济南东、济南13个客站。

年末，累计完成投资70亿元，完成年计划的100%。征地拆迁涉及沿线5个市及所辖20个市（县、区），完成征地644.07公顷。全线设计批复新建客线180.5双线公里，已有165.3公里全面施工；新建货线68.84双线公里，已有46.92公里全面施工。

（蒋汉生）

公路运输

【概况】 年末，全市有营业性公路客运车辆12358部、142705个客位，分别比上年增长2.72%、14.06%。其中，大型客车1684部、63419个客位，分别比上年增长58.42%、39.31%；中型客车1693部、42487个客位，分别比上年增长-5.31%、1.67%。全年完成客运量5861万人次，客运周转量590764万人公里，分别比上年增长5.78%、2.82%。有443条客车营运线路，其中省际线路127条、市际线路192条、县际线路124条。

纳入交通部门管理的营运出租车8452部、34320个客位，分别比上年增长-0.53%、0.04%。完成客运量6768.6万人次、客运周转量75292万人公里，分别比上年减少0.2%、0.35%。营业性载货汽车45601部、156060个吨位，分别比上年增长2.17%、8.39%，其中普通载货汽车43941部、137593个吨位，分别比上年增长2.25%、9.05%。轮胎式拖拉机5457部、6305个吨位，分别比上年减少9.02%、10.55%。其他机动车17900部、12943个吨位，分别比上年增长6.5%、7.65%。全年完成货运量9398万吨、货运周转量610360万吨公里，分别比上年增长6.99%、8.16%。

全市公路通车里程（含村路）10273.1公里，比上年增长4.47%。公路密度为每百平方公里125.63公里，比上年增长4.47%。高速公路通车里程310.1公里，比上年增长59.85%；一级公路通车里程384.6公里，比上年增长11.38%；二级公路1068.7公里，比上年增长0.67%。全市国道、省道综合好路率94.18%，县道综合好路率82%，乡道综合好路率67%。

纳入行业管理的机动车维修业户1808家，其中一类业户142家、二类业户385家、三类业户1281家。

全市道路专业运输企业没有发生重特大安全责任事故，水上运输生产实现零死亡，交通行业安全生产保持持续稳定局面。

【济南至菏泽高速公路建成通车】 9月28日，济南至菏泽高速公路建成通车。济南段全长76.7公里，途经市中、长清、平阴，全线采用双向六车道高速公路标准建设，设计行车速度120公里/小时。全线设互通式立交4座、高架桥1座、大桥9座、中桥20座、分离式立交26处、通道159道、天桥12座。工程概算总投资22.39亿元。

【济南至莱芜高速公路建成通车】 12月22日，济南至莱芜高速公路建成通车。济南段全长39.5公里，途经历城、章丘，全线采用双向六车道高速公路标准建设，设计行车速度100公里/小时。全线设隧道5处、特大桥1座、大桥14座、互通式立交5座、分离式立交2处。工程概算总投资25.8亿元。

【部分省道建成通车】 10月21日，省道249线济阳至临邑公路建成通车。该工程东起省道248线，西至临邑交界止，途径垛石、新市两镇，全长21.64公里，采用平原微丘区二级公路标准建设，设计行车速度60公里/小时，路基设计宽度18米，路面宽12米。全线设大桥1座、中桥3座、小桥2座、涵洞54道。

10月22日，省道321线邹平界至胡家岸公路建成通车。该工程东起章丘、邹平交界，向西经刁镇、水寨镇、小清河、高官寨乡，终点止于黄河大坝胡家岸渡口，全长36.02公里，采用平原微丘区二级公路标准建设，设计行车速度80公里/小时。全线设大桥1座、中桥1座、小桥4座、涵洞134道。

10月30日，省道102线韩仓至龙山公路建成通车。该工程西起历城区韩仓桥，向东经过韩仓，下穿郭店立交桥，经郭店街、曹家村、十里堡村，终点止于龙山镇，全长16.56公里，采用一级公路标准建设，设计行车速度100公里/小时。全线设大桥1座、中桥2座、涵洞13道。

【济南市机动车驾驶培训行业协会成立】 6月29日，济南市机动车驾驶培训行业协会成立，有单位会员46个、个人会员74名。年末，全市纳入行业管理的机动车驾驶培训机构有46家，教练车2056辆，年培训驾驶员近10万人。

（康学兵）

2007年9月28日，济南至菏泽高速公路建成通车。 （济南市交通局供稿）

航空运输

【概况】 济南国际机场全年完成旅客吞吐量436.3万人次、货邮吞吐量4.49万吨，分别比上年增长18%、17.7%，比全国民航机场平均增幅分别高出2个和4个百分点，旅客吞吐量排名提升到全国第24位。通过落实安全责任制，强化现场监督检查，完善安全管理长效机制，机场安全保障能力不断提升，通过了国家民航总局航空保安审计。全年安全保障飞机起降4.64万架次，比上年增长10.6%；安检旅客199.52万人次、行李166.97万件，查出各类违禁物品976件；监护飞机2.7万架次，发现并排除航空器故障29起。

【济南国际机场获“全国文明机场”称号】 投资1200万元优化升级服务保障设施，加强机场门户网站和机场“96888”呼叫中心等服务“窗口”建设，适时推出规范服务新举措，努力营造和谐、温馨、舒适的候机环境，赢得中外旅客和社会各界的普遍好评。9月26日，济南国际机场被国家民航总局授予“全国文明机场”称号，并囊括全国“最佳服务质量机场”、“最佳候机环境机场”、“最佳餐饮服务机场”、“最佳购物服务机场”4个单项奖。

【市场开发成效显著】 全年新开航线16条，恢复和加密航线12条。新引进西部航空、大新华航空、香港航空3家航空公司，新开珠海、宜昌2个通航点，争取到7家全货机公司代理权。10月30日和12月16日，泰安、淄博两地城市候机楼相继启用。直达淄博、东营、泰安、济宁等城市的旅客班车先后开通，深航济南基地已经挂牌。截至12月，济南机场共开辟81条正班航线，平均每周进出港1100个航班。

（张晓腾）

邮政业

【概况】 全市邮政业务总量累计完成4.4亿元。其中,函件业务量完成6906万件,包裹业务量完成75万件,邮政汇兑业务量完成108万件,报纸业务量完成12759万份,杂志业务量完成902万份,速递业务量完成289万件,邮票业务量完成195万枚,邮资票品制作量完成45万册。邮政物流业务量完成1.4万吨,其中农资分销配送量完成1万吨。全市邮路总长度达到38033公里。

1.增强邮政网络支撑功能。进一步优化投递网,完善分层分网投递作业组织,重点对商业信函、账单、邮送广告等竞争性业务处理流程和标准、质量、时限进行规范,保证投递时限和质量。调整速递网络资源,开通济南—长清—平阴、济南—章丘、济南—济阳—商河3条县域快速邮路,提高全市县域及周边市进出口邮件邮运时限和投递时限。做好济南民航邮运航站管理职责和邮件处理流程,保证邮运航站顺利接收和网络正常运行。根据《邮政法》和《山东省邮政条例》,推进信报箱建设,银丰山庄、阳光100等住宅小区安装信报箱近3万户,全市信报箱入户安装总量达16万户,缓解了小区居民通邮问题。针对市民用邮反映意见大的问题,自筹资金新建6处营业网点、3处投递网点,方便群众用邮。

2.拓展邮政服务领域。成立直复营销中心,把商业信函、账单、邮送广告、邮资明信片等系列邮政产品统筹到这一平台,通过召开直复营销论坛会,研讨利用邮政资源推进中小企业发展思路和途径,广大中小企业和社会各界通过使用数据库商业信函起到宣传企业形象、推介企业产品、拓展市场渠道等效果。利用邮政金融信息网络资源,推出商务汇款、入账汇款等邮政汇兑产品,加快资金汇付效率。增强邮政报刊发行能力,接办发行《山东交通报》等4种报刊,成为《幼儿画报》等22种报刊全省区域代理。提升EMS服务形象,加快邮件传递时限。国际速递业务重点借助"卡哈拉"国际速递业务运行组织体系,加快对日本、韩国、香港及欧美等国家和地区的进出口邮件传递;国内异地业务利用邮政行业"全夜航"邮件处理作业要求,缩短济南航空速递邮件与其他省市的传递时限;国内同城业务通过建立以济南为中心、辐射周边地区邮运网络为支撑,提高省内邮件处理效率。

3.做好服务"三农"工作。规范建设三农服务站3709个,村级农家店覆盖率达100.11%,为农民群众配送优良优质种子、化肥等农资产品和日用生活品,架起农资消费"绿色通道"。开展"邮政惠三农、贷款助发展"活动,自2006年底开办邮政储蓄小额质押贷款业务以来,累计放贷6352万元,85%左右的贷款用于服务"三农",缓解了农村地区信贷资金紧张和农民贷款难问题。开展"邮政惠三农、科普助发展"系列活动,通过聘请农技专家、大力宣传科普知识、推广试验田等方式,帮助和指导农民走科学养殖、科学种田的致富路子。全年开展各类服务三农活动754次,参加活动人员5.3万人次,建设邮政农业试验田10处,累计达600处。

4.推进邮政信息化进程。进一步提升邮政综合信息服务平台支撑作用,增强11185服务热线呼叫功能,加快"空中信息"传递、处理和反馈时限。相继开通省、市、县邮政视频会议系统,对报刊收订统一版本进行升级。发挥邮政信息网优势,发展电子商务,拓展代理票务、代收货款、E邮宝等网上业务。提高邮政金融网络服务能力,拓展代发工资、养老金,代扣电费等邮政金融中间业务;加强与热电公司、电信运营商合作,扩大邮政代收采暖费、通信费等服务领域;联合济南长途客运有限公司开发邮政绿卡·长运联名卡业务,持卡人可在邮政网点预购车票。

5.优化邮政服务环境。加大营业和投递终端服务投入,对27处网点进行装修改造并配套更新80余套营业终端,提高对外服务效率和技术水平。进一步规范投递服务标准和作业流程,完善业务检查和质量监控体系,加大商业信函、对公账单、个人消费账单投递等的检查力度,保证邮件妥投率和邮政安全生产。采取理论学习、技能比武、规范服务、转变作风、专家授课等形式,提升员工综合素质。继续保持省级"文明单位"和省市两级"思想政治工作优

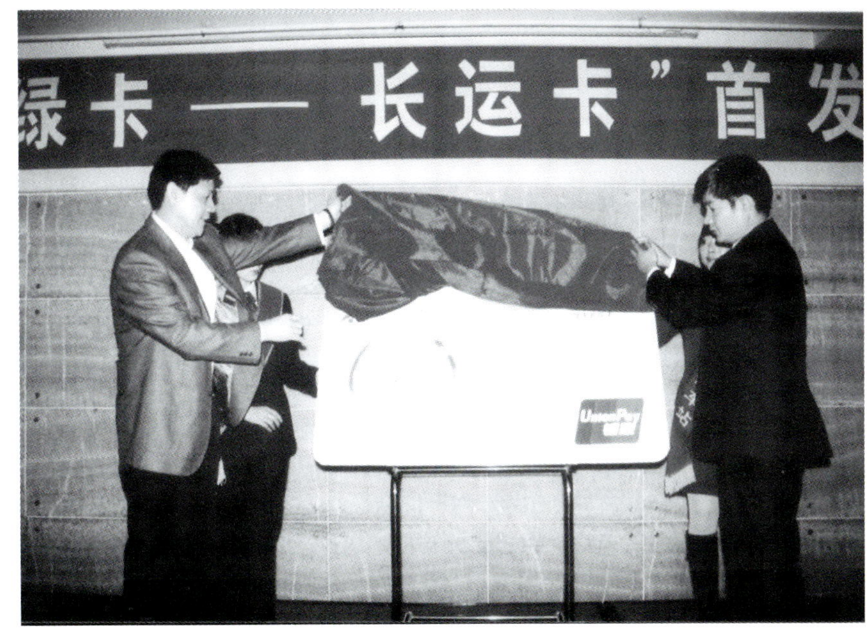

2007年11月22日,济南市邮政局在明珠怡和国际酒店举办邮政"绿卡·长运卡"首发式。图为济南市副市长刘善鹏(左)、山东省邮政公司副总经理韩广岳(右)为"邮政·长运卡"揭牌。

(济南市邮政局供稿)

秀企业”称号，连获市级“文明机关”和“文明行业”称号。

（陈　军）

电信业

【中国电信集团公司山东省济南市电信分公司】 中国电信集团公司山东省济南市电信分公司以支局为基本业务单元开展精细化营销服务，调动一线员工积极性，人力资源优势得以发挥，超额完成各项经营指标。全年实现业务收入1.2亿元，比上年增长23.47%，非语音业务收入5864万元，占全部业务收入的49.8%，比上年增长5.34个百分点。开展网络优化，确保网络运行安全稳定。交换接入网络（160以上模块）可用率99%，传输交换网络（2M电路）可用率99%，用户故障处理及时率99.79%。ADSL异常掉线率由年初的9.7%下降到5.2%，宽带用户故障率由年初的2.3%下降到1.1%，宽带用户网络质量抱怨率持续降低，所有指标在全省均名列前茅。

实施客户分级服务和服务投诉责任追究制度，注重提高客户可感知的服务满意度。开展岗位技能比武和各种形式的练兵活动，增强员工服务意识，提高服务水平，在服务礼仪、服务技巧、服务规范等方面有很大改进。客户服务满意度有较大提高，各项服务指标均有较大提升，大客户端到端故障处理及时率100%，大客户接应及时率100%，3天装机及时率97%，2天装机及时率80%。在集团公司满意度测评中，取得北方9省家庭客户满意度排名第一、政企客户满意度排名第二的成绩。2007年，趵北路营业厅被团省委和省通信管理局授予“青年文明号”称号，槐荫和章丘公司被团市委授予“青年文明号”称号，历下千佛山营业厅和历城山大北路营业厅被市文明办授予“文明窗口”称号等。

（刘　斌）

【电信新业务】 全球眼是中国电信推出的一种依托于宽带网络实现图像信息远程传输，帮助客户实现图像资源跨地区、大范围远程集中管理的新型增值业务。该业务适用于银行、保险、公安、交通管理、超市以及大型社区等行业或区域，具有实时清晰、直观无误、方便灵活、安全可靠、组网经济等特点。

（刘　斌）

【中国网通（集团）有限公司济南市分公司】 宽带发展速度逐步加快，启动“全民上网”工程，丰富宽带产品体系，设计宽带接入与增值业务捆绑产品，加大宽带普及推广力度。加快党员远程教育网络建设，开通3647个信息点；建设农村网站310个，加快“三农”服务热线和12316热线建设。以行业应用为突破点，大力推进“宽视界”视频监控，与公安、安监等单位签约监控点1180个。完成城域网扩容、传输网扩容、IDC中心建设等工程，全年完成建设项目5531项，新建综合接入点201个。对宽带城域网、小灵通网络进行重点优化，对通信机房、主干电缆、交接箱、跨路高度等进行标准化整治，提高网络运行保障能力。开展“优质服务年”和“诚信服务、放心消费”活动，对分公司和营业窗口进行专项服务质量监督检查和问题整改。公司继续保持“全国精神文明建设工作先进单位”等称号，创建成为“中国诚信万里行全国优秀诚信单位”和“山东省劳动关系和谐企业”。

（刘　怡）

【网通新业务】 1.宽视界业务。面向政府、企业客户，提供高清晰度、高质量数字化远程图像监控及看护功能。在安全生产监督管理系统、公安系统、环保系统、建委系统、房地产行业、酒店行业等得到广泛应用。

2.居家卫士业务。是面向广大中小型客户及家庭用户，提供低成本、高可用性数字化远程图像监控及看护功能。

3.“企业短信通”业务。是面向超市、商家、汽车卖场等实行会员制或有自身用户登记资料的企业，有固定关系客户的企事业单位、团体建立的个性化短信群发平台。

4.亲情在线业务。是济南网通专为家庭客户提供的“固话、宽带组合优惠套餐”，客户办理亲情在线套餐指定1部后付费固话和1条后付费宽带合账交费，可以享受固话免月租套餐和宽带产品包月优惠，还可享受亲情号码等超值优惠。

5.“宾馆电话随心打”业务。主要针对具有较好入住率的小型宾馆、旅店、招待所推出的一种资费低廉、使用方便的电话通信产品。

6.“短信搜”业务。是济南网通2007年全新推出的短信搜索服务，客户只需在小灵通上编辑短信（如“烧烤”）发送至114，即可轻松查询各类本地餐饮、本地娱乐、列车时刻和票价等12项信息内容。

7.总机服务业务。是中国网通面向商务客户推出的具有语音导航、号簿存储、号码查询、呼叫转接等功能的一项增值服务产品。

（刘　怡）

【中国移动通信集团山东有限公司济南分公司】 全年新增交换机数十台，累计完成工程及建设投资超过6亿元，扩容载频比上年增长近40%。完成无线指标自动监控、传输网与基站联动告警等20项网络智能化创新项目，《小区切换关系自动优化》项目获全省一等奖。开展基站防雷、防盗技改工程，基站雷害率下降60%，基站盗窃损失率降至近年来最低。实施12次全面网络测试，总里程超过20000公里，测试点次400余个。针对客户反映的高拥塞小区及热点区域，投入专项优化资金近2000万元，通过基站调整、参数优化、专项工程等手段予以解决，小区日忙时拥塞率始终低于0.3%，高拥塞小区比例低于0.2%。拓展新业务、新产品，形成产品立体分布。新增城区自办营业厅4处、合作营业厅100余处，加大24小时服务网点建设，推广自助设备、短信营业厅、网上营业厅等电子渠道，为客户提供便利、快捷服务。参与社会主义新农村建设，推广农业信息化应用，建设“农信通”业务平台，满足农产品产供销、农村政务管理以及农民关注的民生问题等信息化需求。借助最新移动信息技术成功构建济南市出租车定位调度平台以及济南市BRT快速公交智能信息化系统，提升了城市公用事业信息化水平。全年上缴利税3.2亿元,为全市移动通信保障起到良好支撑作用。

开展"满意100"系列服务活动,打造窗口服务亮点工程,每万名客户投诉比由年初的8例下降至1.4例,投诉现场解决率较上年大幅提升近20个百分点,投诉客户满意度由年初的85.8%提升至93%。落实政协济南市委员会《尽早防范利用短信传播淫秽等不健康信息》提案,规范管理体系,拓展举报渠道,加强技术监控,促进短信文化健康发展。公司连续保持"山东省通信行业文明单位"、"山东省消费者满意单位"、"济南市消费者满意单位"等称号,名列"济南消费品牌二十强",获"百姓口碑最佳荣誉单位"称号。 (杨　森)

【移动新业务】 1.LBS定位-"易搜"业务。是利用LBS定位平台,结合互联网共享资源开发的一项手机定位类产品,让客户通过"一对多"或"多对多"方式对被定位号码进行全国范围位置管理,使客户随时能够看到要管理目标在地图上的位置。

2."彩铃++"业务。是彩铃业务的一项新功能,即在主叫客户听到的原彩铃音前先播放"彩铃++"铃音,客户可以通过多种方式编辑、设定"彩铃++"铃音,如个性化音乐、音效、语音片断等。

3.音乐随身听。是无线音乐俱乐部会员新增特色服务,通过客户端软件方式,向客户提供海量音乐在线听歌、全曲下载和便捷的彩铃订购、振铃下载、音乐搜索等服务。

4.泉城美食。以二维码形式为客户提供餐饮联盟商户折扣或代币优惠,为客户提供折扣商户信息,并介绍特色餐饮。客户可凭二维码折扣优惠券或代币券到指定商户就餐享受优惠。

5.《齐鲁晚报》手机版——晚报精华掌中看。是中国移动山东有限公司联合大众报业集团大众网共同打造的手机报。

6.ADC类行业应用项目。也称蓝海商务平台,是面向中小企业的信息化统一平台,在平台上承载有企信通、商信通、企业邮箱等多种业务。

7.校讯通。是面向学校推广的教育信息化产品,学校可以通过校讯通系统及时将学生的在校情况等信息发送到家长手机上,还可通过学生到(离)校刷卡将学生到(离)校的信息发送到家长手机上。

8.银信通。是银行等金融行业客户提供的移动信息化产品,银行通过银信通平台可以向储户提供银行卡到账通知等信息。 (杨　森)

【中国联通有限公司济南分公司】 2007年,济南联通投资2.6亿元加大网络建设优化和营业场所建设。建设通信管道103.2公里、光缆线路450.2公里,新增省际骨干网、省内骨干网、本地网设备100余套。济南传输网已建成传输光缆6500余公里,拥有省际传输设备37套、省内传输设备85套,独立拥有济南联通G、C两网和数据互联网的全部电路。新建长清、平阴、济阳3处营业办公楼,县级分公司全部实现拥有自己的营业办公楼、员工集体宿舍和文体健身场所。为改善网络覆盖,提升联通移动网通信质量,GSM移动通信网经过第十一、十二、十三期工程建设,新开通和扩容基站219个,新增网络容量8万门;安装CDMA移动通信网直放站10套,新建CDMA基站8个,完成集团大客户专线接入项目70个。对GSM移动通信网和CDMA移动通信网分别进行专题优化,网络质量得到全面提升,G网的话音质量较优化前提升30%,G网接通率99%,掉话率0.26%;C网接通率99.4%,掉话率0,均达到或超过同行业先进水平。重视客户服务和客户投诉工作。开展自有营业厅"联通10010"服务品牌达标活动,有19个营业厅达标。强化从业人员培训和业务技能提高,服务质量稳步上升。济南联通继续保持省级"文明单位"、省级通信行业"文明单位"和省级"消费者满意单位"等称号。 (张善兵)

【联通新业务】 1.手机上网。是一种新型的手机无线上网业务,支持并开通GPRS功能的联通GSM网络(130、131、132、156号码)用户,可以直接访问中国联通WAP门户网站或其他WAP网站,下载精美铃声、图片和游戏,浏览新闻、体育、财经、娱乐信息和网络小说等。

2.彩信业务。又叫多媒体短信业务,是通过GSM手机发送和接受包括文本、图像、声音和视频等一种或多种媒体内容的短信业务。

3.联通手机报。是济南联通推出的手机版新闻资讯业务,有"齐鲁要闻"、"新华快讯"、"英语新闻"、"农信通" 等频道,可提供短信和彩信两种服务形式。

(张善兵)

【中国铁通济南分公司】 中国铁通济南分公司市场经营收入比上年增长2.1%,固话装机保持同步净增长趋势,宽带装机比上年增长24%,新业务收入比上年增长84.2%,员工收入比上年增长12.2%。通过开展增收节支、资源盘活等活动,不断提高网络支撑能力。开展"诚信服务、放心消费"活动,完善客服管理体系,成立大区服务中心,对基层客服工作进行监督考核、协助管理和协调沟通。以免费电话咨询方式设立互联网专家座席,帮助解决一些简单易操作的故障,网络用户故障派单率下降50%左右、延时率下降70%。加强投诉管理,并及时回访,对处理不及时的部门进行严格经济考核。加强员工培训,先后组织了互联网知识、互联网维护技能、业务知识和服务礼仪等多层次培训。2007年,获"中国企业文化建设示范基地"、"中央企业五四红旗团委"两项国家级荣誉,被山东省通信管理局评为"应急通信先进集体"。 (樊晓杨)

【做好济南空军号码升位工作】 1月12晚,济南空军电话号码全面升位,升位后采用全新号码资源。作为济空通信服务提供商,中国铁通济南分公司做了大量工作,从智能平台的更改,到后期用户资料的查询,力求做到准确、细致、翔实,升位工作顺利完成,受到济空广大官兵的赞誉和好评。 (樊晓杨)

【96716铁路信息查询定时播报车况信息】 96716铁路信息查询热线是山东铁通与济南铁路局合作推出的铁路信息电话自动查询系统。2007年,铁通济南分公

司与山东交通广播联手推出定时车况信息播报，每天上午8点半、10点半，下午16点半准时放送。由于播报定时、信息准确，为广大听众提供了方便。（樊晓杨）

【铁通新业务】 1.“信息化快车”业务。根据企业客户自身情况和需求不同，提供理想的虚拟专网解决方案，帮助中小企业实现安全组网、信息资源共享，并搭建信息化基础网络平台，将多种业务整合到虚拟专用网(IP VPN)上。

2.“传真通”业务。客户通过互联网，使用浏览器来收发、管理传真，并实现电子签章功能。它实现大量传真的群发、接收，能够满足企业日益增多的移动办公和无纸化办公的需求。

3.空中会议室业务。是多方电话会议业务，与会人员可以在全国范围内任何地方，通过任意一部固定电话、小灵通、手机加入电话会议。

4.“全视通”业务。为客户提供一种集视频、音频、数据为一体的点对点或多点交互的多媒体通信方式。“全视通”业务不仅可以协助企业将传统会议升级为可视会议，而且打破传统视讯网络专网专用的限制，使越来越多的人可以通过互联网享受远程通信、远程教育、远程医疗的乐趣。

5.诚信总机业务。山东铁通与山东省经贸委信息中心合作，为山东范围内所有企业打造“诚信总机”综合信息服务。山东铁通为诚信总机提供4007080808全国接入号码，由省政府和山东铁通统一管理并宣传，依托“诚信山东”服务体系建设，结合山东铁通电信运营商优势，向诚信会员企业提供综合信息服务。

6.96716铁路热线。山东铁通与济南铁路局合作推出96716铁路信息热线，可查询全国最新列车时刻信息、济南铁路局内列车正晚点信息并可购买济南铁路局发售的3~5日内车票，方便出行旅客及时、准确地获取铁路列车信息。（樊晓杨）

【中国卫星通信集团公司济南市分公司】 济南卫通发展以数字集群为重点的主营业务，完成卫星导航定位、卫星移动通信等传统业务，在一些重点项目上取得突破，在网用户有较大攀升，经济效益明显提高。

1.重点建设项目实现突破。以济南市数字集群通信网为基础平台，配合省公司实施山东省监狱数字集群专网项目，与山东省监狱管理局签订建设数字集群专网合作协议，计划投资1300万元，在全省13个地市监狱建设24个800兆数字集群基站。年末，已完成22个建设合同，开通监狱系统23个网络，其中济南市开通3个。通过指挥中心配备的数字集群调度平台，全省监狱系统实现一体化指挥调度管理，提升了全省监狱管理系统的现代化通信手段。

2.改善服务，拓展市场份额。加强售后服务，完善技术平台，借助自行研发的营账系统，对前期发展业务进行再整理，制定更加贴近市场实际的营销策略，为公安、金融、物流等重点行业提供良好服务，全市卫星导航定位业务稳定发展。探索业务创新和渠道创新，推进与农行、农信社等金融系统业务合作，取得较好经济效益。

3.企业全面建设成效明显。完成公司机构调整改革工作，成立山东数字集群通信事业部济南经营中心，为加快济南数字集群业务的发展打下了基础。落实企业管理现代化创新活动，参与研究创新成果《通信企业借力发展的渠道营销管理》，先后获中国通信企业协会主办评选的“通信行业企业管理现代化创新成果”三等奖、“国家级企业管理现代化创新成果”二等奖。（高君亭）

【为大型会议提供通讯保障】 10月13~16日，第五届中国国际农产品交易会(简称农交会)在济南举办。来自全国各地及海外的3500多家客商云集济南高新区会展中心，辐射全城，客流量巨大，会场安全管理工作任务繁重。担负会场管理任务的济南市城市管理行政执法局，应用济南卫通提供的“一键行”数字集群通信系统，作为展会唯一指定的指挥调度、通讯联络工具，先进、快捷、高效的数字集群指挥调度系统提供了有效的通讯保障。

10月24~25日，第四届中国济南高校、科研院所科技成果及专利技术展示交易会(简称展交会)在济南舜耕国际会展中心举办，此次展交会规模空前。济南卫通作为展会指定的唯一调度通信赞助商，为展交会组委会提供30部“一键行”数字集群终端，主要用于展交会的前期准备、布展、开闭幕式、会场秩序维持、保安等的指挥调度，取得良好效果，得到展会组委会好评。

（刘晓峰　中　合　尹丽丽　贺峰）

信息化建设

【概况】 全市信息产业实现销售收入619亿元，比上年增长20.1%。其中，电子信息设备制造业223亿元，比上年增长22.3%；软件与计算机服务业162亿元，比上年增长28.9%；电子信息设备销售与租赁业157亿元，比上年增长7%；网络信息服务业48亿元，比上年增长9%；其他相关信息服务业29亿元，比上年增长13%。软件与信息服务外包业收入5080万美元，比上年增长63%。信息产业万元增加值能耗为0.12吨标准煤，同比下降5%，是全市工业平均能耗的10%，较全国信息产业平均能耗水平低29.4%。全市电话交换机总容量224.5万门(含接入网设备)，比上年下降11.5%；固定电话用户243.2万户，比上年下降0.29%，其中市话(含小灵通)194.9万户、比上年增长0.5%，农话48.3万户、比上年下降3.2%；移动电话用户407.8万户，比上年增长17.9%。互联网用户82.6万户，其中宽带用户81.2万户，比上年增长45.0%。

1.软件产业发展环境进一步优化。9月4日，首次召开全市软件产业工作会议。软件与信息服务外包出口绿色通道建成使软件出口业务流程由50天缩短到10天，《济南市进一步加快软件产业发展的意见》、《济南市软件外包骨干企业认定管理办法》等文件先后出台，营造出重视软件业、发展软件业的浓厚氛围。产值过亿元软件企业13家，新增5家；过千万元软件企业98家，新增 28 家；新认定软件企业48家，达200家；新认定软件产品160个，达1385个；23家软件企业通过CMM/CMMI认证。软件企业争取资金项目56个，累计金额3805万元，其中有31个项目获得全省计算机优秀成果奖，占全省获奖成果的45%。

2.RFID（射频识别）、半导体照明、集成电路等新兴信息产业蓬勃发展。全市从事RFID研发、应用及产业化的相关企业和研究机构30多家，6月26日，“山东省RFID产业发展座谈会”在济南市召开，并于11月13日召开了济南RFID产业联盟筹备会议，争取通过联盟和政府有关部门合作，推进行业应用，制定RFID发展规划，加强重大项目招商和产业基地建设，争创国家级RFID基地城市。直接从事半导体照明企业6家，从业人员2500多人，在半导体照明、太阳能照明产品的研发、生产和销售上具有一定优势。11月5日，浪潮集团投资控股山东瑞森华光光电子公司，一期投资1.15亿元，预计年销售收入20050万元，利润3530万元。力诺集团与荷兰苏兰德公司合作，投资18亿元，建设光伏电池片项目，将形成年产光伏电池片300MW，销售66亿元的能力和规模。集成电路是济南市重点发展的高新技术产业，已开展8英寸与12英寸集成电路项目的招商引资工作，与包括美国AMD公司在内的多家国内外集成电路知名企业进行项目洽谈，并在产业配套设施建设，土地、人才和技术储备方面进行准备，力争打造成全国重要集成电路产业基地。

2007年9月4日，济南市首次软件工作会议在舜耕山庄重华堂召开。

（济南市信息产业局供稿）

3.信息技术应用深入推进。已有300多家单位接入市公用信息平台，80家单位通过平台统一出口接入因特网，79个网站在平台托管，59项应用系统依托平台开展。跨部门信息共享应用项目成效明显，财税增收工程实施以来累计增加财税收入3.8亿元，网上审批系统实现21个部门的54项审批项目在线申报与预审批，网上超市实现40多家供应商2万多品种办公用品的网上查询、订货和结算。全市电子政务内、外网平台逐步建成，80%以上的部门和区、县建立了内部办公网和区县网络平台，所有县（市）、区政府和85%的市直部门已建立网站，成为政务信息公开和公共服务的重要窗口。以“便民服务”为主要内容、以通过市场机制“不花社区一分钱”为建设方式、以信息化手段为居民提供便捷服务的社区信息化试点工作进展顺利，先后在槐荫区绿园社区，历下区燕山办事处、大明湖办事处和千佛山办事处，市中区舜耕办事处的6个社区居委会建立社区信息服务站，实现居民在居委会就可办理缴纳网通、移动、有线电视、电费，定机票、汽车票等事项。建成农村信息服务站10个，累计开发60多个农业数据库和167个网站，开通“农业新时空”信息平台，“市、县、乡、村”四级信息联动网络初步建立，为农业增效和农民增收提供了现代化手段。

4.通信与互联网络健康发展，社会效益明显。通信企业不断优化网络结构，提高网络性能，改进服务质量，客户满意度达90%以上。全市有互联网网站6700多家，涌现出“济南人事”等10大优秀政务网站、“舜网”等10大优秀公益服务网站、“齐鲁热线” 等10大商务网站、“济南公交”等10大企业网站。互联网违法与不良信息举报平台发挥作用，全年受理处理违法和不良信息20件、网吧违规接入30件，维护了网络环境。5月，在全省率先组建网站监督员队伍，对100个重点网站进行日常监督。市政府制定颁布《济南市应急通信预案》和《济南市应急通信保障制度》，并在市信息产业局设立应急通信保障指挥部，对应急通信队伍建设、应急物资保障、应急信息上报、应急演练、应急通信保障工作提出具体要求，建立健全相应工作制度，组织各通信运营企业完成“防汛”、“森林防火”等通讯保障任务。

5.信息技术人才培养取得新进展。济南市政府与浪潮集团、日立系统和服务株式会社共同建立“济南软件外包人才实训基地”，在山东经济学院、山东财政学院、山东大学软件学院和济南大学挂牌设立“济南软件外包人才实训基地核心基地”，全年培训软件外包人才900多人次。在浪潮集团培训学院挂牌成立“全国信息技术人才培训基地”，开展国家信息产业部各类技术认证考试培训工作。

【“济南—中国软件城”亮相软博会】 6月14~16日，29家软件企业以8个产业联盟（国际合作联盟、电力行业联盟、信息化联盟、动漫游戏联盟、中间件联盟、信息安全联盟、嵌入式软件联盟）的形式参加第十

2007 年 4 月 12 日，中共山东省委副书记姜大明（左一）视察济南动漫产业发展情况。
（济南市信息产业局供稿）

一届“中国（北京）国际软件博览会（简称软博会）”，这是济南市软件行业首次组团亮相国内展会。结合对济南市“国家软件产业基地城市”、“国家信息通信国际创新园”、“中国服务外包基地城市”、“国家软件出口创新基地”的宣传，济南代表团参展企业数、参展人数和整体实力及展示效果均居前茅，成为本届软博会最精彩的展台之一。

【中国国际软件与信息服务外包（济南）高峰论坛】 11月15~16日，以“发挥区域特色，做大做强中国外包品牌—金融资本与企业发展”为主题的“中国国际软件与信息服务外包（济南）高峰论坛”在济南召开。来自日本、加拿大、美国、香港、台湾等地区国际知名行业机构、国际权威咨询机构、世界跨国公司的业务高官、知名投资公司和企业，20个省市的行业主管部门、协会组织、国内外软件外包行业精英300余人参加会议，围绕如何承接国际服务外包转移，做大做强软件与信息服务外包产业，打造“中国服务外包”（ChinaSourcing）品牌进行深入分析与探讨。会上由中国软件行业协会、中国软件与信息服务外包产业联盟、山东省软件行业协会、济南市软件行业协会共同发起的软件与信息服务外包企业社会责任（济南）倡议书，得到各省市行业协会和重点外包联盟成员单位的积极响应。

【动漫游戏产业发展迅速】 济南市拥有动漫游戏企业70多家，全年销售收入超过3亿元，动画片年生产能力超过7000分钟，相关从业人员4000余人。主要业务涉及2D/3D动画电影制作、动漫图书、手机动漫、音像制品、人才培训、网络游戏研发与运营以及与动漫游戏形象有关的服装、玩具等衍生产品的生产和经营。涌现出东方天健、游戏工厂、浪潮欢乐城、三联电子、沃土天人、蓝点传媒、中迪多媒体、呀咔咔动画、海水科技等一批优秀动漫游戏开发和制作企业。1月8日，济南动漫游戏行业协会成立，有个人会员221人、单位会员89家（含动漫游戏企业与相关培训机构等），结束了动漫企业分散经营、各自为战的局面，充分发挥企业、政府之间桥梁和纽带作用和行业自律职能。按照“政府主导、企业参与、市场运作”的发展模式，济南市积极推进动漫产业发展基地建设。9月4日，山东动漫游戏产业基地正式揭牌；11月10日，济南国家动漫产业发展基地正式揭牌，标志着济南市动漫游戏产业进入新的发展阶段并成为国家发展动漫产业的重点布局城市。《济南动漫游戏产业发展规划（2008~2012）》拟定出台，规划到2012年，济南动漫游戏企业达到500家，其中500人以上企业20家，实现动漫游戏产业产值20亿元，带动相关产业收入200亿元，打造具有较大影响力的“动漫泉城”品牌，使动漫游戏产业成为现代服务业的生力军，成为国民经济新的增长点。

【“银泉杯”中国机器人大赛暨RoboCup公开赛在济举办】 10月26~28日，由中国自动化学会机器人竞赛工作委员会、科技部高技术研究发展中心和济南市人民政府共同主办的2007“银泉杯”中国机器人大赛暨RoboCup公开赛在济南市长清大学科技园举办。大赛设9个大项、34个小项的比赛，来自国内外226个学校的413支队伍参赛，参赛队员1245人，接待观众13000人次，为历届比赛之最。大赛期间举办了全国机器人技术研讨会、全国机器人竞技专业委员会年会、RoboCup青少年组自由论坛等专业会议、学术报告和技术论坛20场次，包括吴宏鑫院士在内的180名来自全国重点高校的专家、教授参加了各类会议和学术活动。

（崔旭峰）

责任编校　王　炜

城乡建设·环境保护

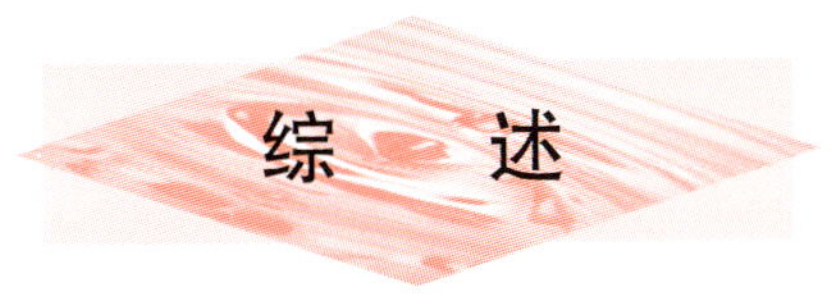

综述

【城乡建设概况】 2007年,全市城市建设和管理工作实现了又好又快的发展。

1.全力推进重点工程建设,城市综合服务功能进一步提升。围绕省委提出的奋战两年,实现济南城市规划、市政建设、市容市貌和城市载体功能有一个大的提升的奋斗目标,根据市委、市政府的总体部署,市建委高标准策划编制完成了2008~2009年两年的全市重点工程和综合整治任务推进计划。2007年,济南市重点工程建设继续向前推进。奥体中心体育场、体育馆、游泳馆、网球馆及场馆区道路建设总体进展顺利,奥运村及配套的奥体酒店奠基开工;北园大街、历山路BRT系统建设全力推进;大明湖扩建整治工程加快了拆迁进度,工程整体进展良好;小清河综合整治工程、西客站区片及张庄机场迁建工作正在加快推进;启动了18个棚户区改造;对84条道路、37万平方米人行道进行改造整修;对历山路、建辛路等12条道路实施了建设、改造。

2.建筑业发展保持良好态势,质量和效益进一步提高。全市资质企业实现建筑业总产值325亿元,比上年增长12%;实现建筑业增加值100亿元,增长11%;实现利税16.5亿元,增长13.8%;外出施工企业210家,完成建筑业产值67亿元,增长11.7%。产业结构调整取得明显成效,对经济社会的贡献日益增强。初步形成大、中、小结构较为协调,总包、专业承包、劳务分包配套成龙的产业结构体系,全市建筑业总产值过亿元的企业有23家,其中超20亿元的企业1家,过10亿元的企业10家。2007年,全市建筑业实际上交税金12.86亿元,其中地税12.4亿元,占全市地税总收入的9.45%。建立健全工程质量动态监管体系,工程质量继续保持全国先进水平。强化施工图审后监管和建筑节能质量监督,主体结构工程和竣工工程优良率分别达到60%和40%。安全生产监管体系日益健全,建筑安全生产形势平稳运行。健全防欠长效机制,维护农民工合法权益。实施农民工工资应急储备金制度,解决拖欠农民工工资2437万元,办结率100%。进一步规范有形建筑市场秩序,工程项目招标做到公正透明,保障了招投标双方的合法权益。办理工程项目交易866项、1075万平方米。深入开展建筑市场专项稽查活动,实现了工程建设实施阶段的闭合管理和联动执法,有效遏制了工程建设违法违规行为。

3.贯彻国家调控政策,房地产业稳步发展。全市房地产开发完成投资193.2亿元,同比增长20.7%;施工面积1218.8万平方米,同比增长13.8%;房地产业实现税收共计23.65亿元。严格控制新建住房结构比例,90平方米以下套型面积占总面积的69.5%以上。大力开展房地产市场秩序专项整治。按照建设部等八部委和省建设厅等十部门的工作部署,大力开展房地产市场秩序专项整治工作。对参与违法旧村改造的房地产开发企业,拟取消其房地产开发资质;对中心城范围内的416项、1670余万平方米在建工程规划手续的合法性进行了检查,对其中200余项未取得建设工程规划许可证的工程进行了查处。强化商品房预售款监管,这一监管模式受到建设部的高度评价。不断完善房地产信息披露制度。进一步完善了济南市房地产开发与商品房预(销)售管理系统,新建商品房所有信息一律在网上公示,并以商品房销售合同备案为关口,制定并下发了《关于加强商品房网上预售管理的通知》,网上房屋销售量达到在售商品房销售量的90%以上。

4.深入开展城乡环境整治,城乡面貌显著变化。"八乱"整治效果明显。共拆除各类违章建筑、乱搭乱建8612处、50.4万平方米,清理占道经营3.3万处;清理乱贴乱画23.9万处;绿化提升351处、102.8万平方米,粉刷墙体421处、20.3万平方米。夜景亮化取得突破性进展。完成了顺河高架桥、经十路、泉城广场、燕山立交等重点部位夜景亮化设计方案。完成了泉城广场夜景亮化改造,马鞍山路、大明湖公园、趵突泉公园、五龙潭公园各出入口及护城河通航段、解放阁的亮化工程;展开了顺河高架桥及两侧重点楼体、燕山立交桥、玉函立交桥、八一立交桥、3520铁路桥夜景亮化建设。道路环境整治全面展开。整治主要分为样板路整治、全面整治、巩固提升三个阶段,各区首先分别打造一条主干道和次干道样板路,少年路、历山东路等道路整治进展良好。和平路、泺源大街、经七路、南辛庄街、济泺路、花园路等主干道样板路已相继展开。广告管理规范有序。大力实施户外广告牌匾专项整治。对历山路、英雄山路、经一路等60条道路进行广告牌匾整治,共整治广告牌匾21235块、12.2万平方米,其中拆除大型户外广告56块、约1万平方米,整改新上牌匾2100余块。制定和完善户外广告设置规划,通过招标方式编制户外广告总体规划,完成了泺源大街等道路的户外广告设置详规。积极推进户外广告资源有偿使用，制定并下发了《济南市户外广告资源有偿使用办法》。数字化城管系统建设进展良好。市级数字化城管系统平台建设基本完成，提出了城管责、权、利划分的初步实施意见，拟定了监督员、督查员和指挥中心工作人员三支队伍的组建方案，各区在领导小组办公室的调度指挥下，全部落实了场地，装修工作正逐步展开。

5.坚持依法拆迁、和谐拆迁、阳光拆迁，为全市重点工程和旧城改造作出了积极贡献。全年共实施拆迁冻结49项，颁发拆迁许可证17个，动迁居民户数19511户，拆迁面积185.25万平方米。完成了《济南市城市房屋拆迁管理办法》的修改，出台了《〈济南市城市房屋拆迁管理办法〉实施细则》。严格做好拆迁项目审批，使拆迁工作更具人性化、更富透明性，确保重点工程和棚户区改造顺利实施。按照新模式认真组织好拆迁评估，确保拆迁评估的公开、公平、公正。通过公开透明的方式择优选定评估机构，建立评估结果现场公示和评估救济制度，有效解决了拆迁估价纠纷。认真做好享受最低套型面积保障的拆迁户认定工作，让被拆迁住房困难群体共享改革发展成果。积极做好棚户区改造和重点工程的拆迁工作。发祥巷、振兴街、大明湖二期、魏家庄等14个棚户区改造项目已颁发拆迁许可证，拆迁工作有序展开。小清河、东二环、胶济客运专用线等国家、省、市重点工程已完成前期策划工作。

6.实施城镇建设行动，新农村建设取得新成效。继续推进城镇建设行动，加大村镇环境整治力度，村镇居民生产生活环境进一步改善。加大投资力度，首批试点镇建设进展良好，其中商河县怀仁镇试点工作取得显著成效，受到省市领导的肯定，其经验在全市进行推广；围绕支持社会主义新农村建设和帮扶困难群众工作，开展了"城乡互动、结对帮扶"活动，组织完成了"济南新农居"优秀设计方案征集及施工图设计编印工作；继续开展"十百千"村庄整治示范活动，选取了25个村庄进行整治，村庄面貌得到提升，农民生产生活环境明显改观。

7.加大监管力度，建筑设计、节能工作取得明显成效。规范勘察设计市场，积极开展施工图审后监督检查，对违反施工图审查规定、勘察设计招投标规定和超越资质等级范围从事设计的多家单位依法进行处理，促进了勘察设计市场的健康发展。强化对建筑节能工作的全过程监管，在施工图审查、施工许可、质量监督、竣工验收备案等关键环节严格把关。

8.城市建设规费征收力度进一步加强。2003年5月，市政府授权市建委作为城市建设综合配套费征收主体后，配套费征收额度连年大幅增长，从2003年的2.4亿元增至2007年的12.84亿元，首次突破12亿元大关，再创历史新高。　（宋月友）

【勘察设计管理】　2007年，全市勘察设计行业发展迅速。市属勘察设计企业全年共完成工程设计投资额145.4亿元，其中施工图完成投资额136.9亿元，初步设计完成投资额8.5亿元；全行业营业收入合计154317万元，其中工程设计收入38324万元，工程勘察收入3447万元，工程技术管理服务收入564万元，工程承包收入93077万元，其他收入18905万元；人均营业收入35.7万元；实现利税5977万元。全年共完成施工图设计1098万平方米。截至年底，勘察设计企业资产合计146869万元，负债100320万元，净资产44701万元。市属勘察设计企业93家，在职职工4318人。

勘察设计行业发挥自身技术优势，为社会主义新农村建设提供技术支持。开展"济南新农居"优秀农村新型住宅设计方案征集活动，所选方案力求符合新农村特点，同时坚持落实国家节能、节水、节材、节地、抗震、安全、资源综合利用等政策要求，分别进行了施工图设计，编印成册，免费发放到全市各县(市)乡镇、农村，对提高农村住宅建设质量，引导农民转变生活方式，改善居住环境，提高生活质量发挥了积极作用。

加强勘察设计招投标管理，突出为重点工程服务。坚持国有投资或国有控股的大中型工程建设项目必须按照国家相应要求进行勘察设计招投标，引入竞争机制，提高了方案设计水平。2007年完成了全运会场馆二期工程、省档案馆等32项工程的勘察设计招投标工作。

加强施工图审查和审后监管，促进市场健康发展。坚持施工图审查市场开放与行政调控相结合，使全市施工图审查走上了适度竞争、良性发展的道路，为全省建立良好的施工图审查市场秩序做出了榜样。2007年共审查建设项目施工图367项，建筑面积1236.1万平方米；市建委作为建设行政主管部门牵头组织市政府8个部门开展施工图联合审查工作，提高了行政审批效率。加强施工图审后监管工作，将其作为确保工程勘察设计质量和工程质量的重要措施，纳入基本建设程序，进一步加大执法力度。推进建筑节能工作，将其作为施工图审查和审后监管的重要内容，对达不到节能要求的设计实行一票否决，不得进入实施阶段。2007年，对推广使用太阳能热水系统进行了广泛深入的调研，拟在全市住宅中逐步推广使用太阳能热水系统。

组织开展各类评优工作，推进勘察设计技术进步。2007年全市年度优秀勘察设计评选活动评出一等奖16项，二等奖16项，三等奖22项。组织参加全省"力诺瑞特杯"太阳能建筑一体化住宅建筑设计方案竞赛，获得一等奖1项，二等奖1项，三等奖2项。在全省"十佳"注册师和"百优"注册师评选中，全市有4人获得"十佳"注册建筑师、6人获得"十佳"注册结构工程师称号，有3人获得"百优"注册建筑师、5人获得"百优"注册结构工程师称号。

开展勘察设计市场专项检查。从市场监管角度，将省直驻济建筑设计单位逐步纳入监管范围。2007年首次实行了建筑智能化、消防设施、建筑装饰装修、建筑幕墙4个专业的设计与施工一体化资质审批。加强执业注册师管理。首度开展执业注册专项检查，对全市勘察设计执业情况进行摸底。2007年新增环保工程师、土木工程师(水利水电)两类工程师。

加强抗震设防的监督与管理。将工程

抗震设防审查作为政府行政性审查管理的重要内容,在施工图审查监管中严格把关。进一步修订了《济南市建设系统地震应急预案》。对各县(市)开展抗震工作情况进行专项检查。结合“济南新农居”住宅设计推广活动,推进农村建筑抗震工作。

深化勘察设计行业改革,推进勘察设计质量保险。勘察设计企业对参加责任保险有了主动性,投保率达100%。

(姜　海)

【村镇建设】 2007年,济南市列入村镇统计范围的乡镇55个(其中建制镇44个,乡11个),行政村4147个,村镇人口339.46万人。全市2007年乡(镇)建设总投资443391万元,其中住宅199095万元,公共建筑58260万元,生产性建筑87545万元,市政公用设施98491万元。

1.实施“城镇建设行动”,加快小城镇建设。一是完善组织和技术服务体系。编制济南市《城镇建设行动规划》和《济南市“十一五”期间小城镇建设指导性标准》,制定《济南市“城镇建设行动”工程建设管理办法(试行)》和《济南市“城镇建设行动”第一批试点小城镇申报评选工作意见》;成立市建委牵头,国土、规划、市政、园林、环卫等有关部门参加的“城镇建设行动”工作领导小组;派出了东、北、西线3个工作组,构建了市、县、镇三级联动的组织保障体系。二是选择商河县怀仁镇开展先行试点建设,探索城镇发展新思路。市建委牵头成立了由市财政、规划、环卫、园林、市政、国土等部门和商河县政府、建设局等组成的怀仁试点建设领导小组,并派出工作组常驻怀仁,具体指导试点工作。经过市、县、镇的共同努力,完成了《怀仁镇总体规划》和《怀仁镇村庄布点规划》修编,实施了镇区“三纵四横”的路网体系建设,新建道路和主要道路全部安装了路灯;对中小学、卫生院和敬老院进行提升改造,建设“仁和园”广场,修建“全天候”商贸市场,加强小城镇建设管理队伍建设,小城镇面貌焕然一新。三是圆满完成首批试点镇建设任务,全面提高小城镇的载体服务功能。历城区仲宫镇,长清区万德镇、归德镇,章丘市普集镇、文祖镇,济阳县曲堤镇、仁风镇,平阴县孔村镇和商河县龙桑寺镇在搞好总体规划修编的基础上,结合自身特点,探索城镇发展思路,科学确定“城镇建设行动”工作切入点,加大投入,拉开城镇发展框架,注入城镇发展活力,取得良好效果。

截至2007年底,全市乡镇驻地实有住宅建筑面积1662.89万平方米,本年竣工建筑面积92.94万平方米,人均住宅建筑面积29.63平方米;公共建筑实有建筑面积631.9万平方米,本年竣工建筑面积33.23万平方米;生产性建筑实有建筑面积533.21万平方米,本年竣工建筑面积45.17万平方米。乡镇道路长度1279.52公里(面积929.83万平方米),新增道路长度218.44公里,人均道路面积16.57平方米;道路照明灯14652盏,桥梁658座,防洪堤153.28公里;供水管道1764.06公里,新增498.17公里,公共供水设施132个,年供水总量5222.07万立方米,人均日用水量85.46升,用水普及率93.83%;排水管道342.29公里,新增排水管道52.05公里;污水处理总量54万吨;绿化覆盖面积3207.53万平方米,绿化覆盖率22.84%,绿地面积1682.03万平方米,绿地率11.61%;公园绿地面积245.8万平方米,人均公园绿地面积4.38平方米;生活垃圾年处理量1.839万吨,生活垃圾处理率为84.01%,环卫专用车辆设备325辆,公共厕所578座。

2.扎实开展村庄整治工作。一是扎实推进村庄环境整治试点工作。将市建委领导“包村责任制”扩大到市建委领导和市建委所属4个局的领导“包村责任制”。全年各试点村共投入整治资金2200余万元,维修改造村内道路12500余米,新设路灯600余盏,栽植绿化苗木2万株,建设村内休闲小广场11处,整修河道3000米,粉刷墙壁10000余平方米,修建水冲式公厕15座,建垃圾池65处,整理废弃宅基地10处,清理“三大堆”(粪堆、垃圾堆和柴禾堆)4000余立方米,村庄面貌明显改观。二是有效开展村庄土地整治试点工作。市建委和市财政局牵头,投入900余万元,选择6个试点项目,开展以村庄空闲地整治,桥、涵、路维修改造为重点的村庄土地整治试点工作。全年共拆除无人居住户31处,调运土方10.6万立方米,整治废弃宅基地90余处,复耕土地15.33公顷,清挖疏浚沟渠25200米,埋设排、输水管道1200米,修整生产路7300米,维修桥涵24座。三是加强对农民建房的指导。在全市范围内开展济南市农村住宅优秀设计方案(“济南新农居”)征集活动,并将获奖方案编印成《济南新农居》图集,为农民提供全套施工图纸,免费发放给各县(市)、区、镇(乡)及中心

小马村的居民楼　　(桑梓店镇供稿)

村，供选用和借鉴。

截至2007年底，全市村庄实有住宅建筑面积11341.34万平方米，本年竣工建筑面积425.25万平方米，人均住宅建筑面积40.03平方米；公共建筑实有建筑面积893.25万平方米，本年竣工建筑面积33.21万平方米;生产性建筑实有建筑面积1714.45万平方米，本年竣工建筑面积63.94万平方米。新增供水管道2179.28公里，66.99%的村庄实现了集中供水，用水普及率77.23%，人均日用水量71.53升；新增排水管道544.17公里，5.23%的村庄对生活污水进行处理；新增铺装道路1062.01公里，79.31%的村庄主要道路已硬化；34.41%的村庄建立了垃圾收集池，17.07%的村庄对生活垃圾进行处理。

3.开展城镇化发展水平监测。在搞好基础调研的基础上，市建委和市统计局牵头，构建了济南市城镇化监测评价工作推进机制，统计收集城镇化发展基础数据，进行定量和定性分析，组织撰写了《2007年济南市城市化发展报告》。 （李善坤）

【建筑业管理】 加快结构优化调整，建筑业改革取得新成效。建筑业继续保持较好、较快发展态势。2007年，全市有资质企业实现建筑业总产值325亿元，比上年增长12%；实现建筑业增加值100亿元，比上年增长11%；实现利税16.5亿元，比上年增长13.8%。

建筑业改革逐步深化，优势企业快速成长壮大。截至2007年底，全市共有资质建筑企业1042家。其中：总承包企业231家，专业承包企业690家，劳务分包企业121家；特级企业1家，一级企业49家，二级企业269家，三级企业（含劳务企业）723家，大、中、小结构较为合理，总包、专业承包、劳务分包相对协调的产业结构体系初步形成。2007年建筑业总产值超亿元的企业有23家，其中超10亿元企业10家，超20亿元企业1家。

多元经营发展势头强劲，“走出去”战略迈出坚实步伐。2007年全市建筑业多元化经营产值已达62亿元，比上年增长10.7%；全市外出施工产值达67亿元，比上年增长11.7%。

工程质量水平稳步提升，安全文明生产形势平稳。创出了101个市级、33个省级“质量诚信、用户满意”工程和山东交通学院青年公寓等28个精品工程，16个工程项目获省建筑工程“泰山杯”奖，济南二建集团工程有限公司承建的中房大厦项目获中国建筑工程质量最高奖——鲁班奖。全市创建市级安全文明工地50个、省级安全文明示范工地11个、省级优良工程34个、省级安全文明小区2个，安全生产和文明施工整体水平较往年有了较大提高。

加强市场监管，建筑市场秩序日益规范。招投标监管体系不断完善，监管效能明显提升。拟定了《济南市招标文件示范文本（讨论稿）》，严格实施事前监督、投标保证金集中提交、资格预审公示、开标全程见证服务、合同审查备案等系列制度，有效遏制围标串标、排斥潜在投标人、虚假招标和低于成本价竞标行为。

建立健全准入清出制度，加强企业行为动态监管。推行暂定劳务资质管理模式，加快劳务企业发展，鼓励、支持部分骨干企业提高资质等级。印发《关于2007年整顿和规范建筑市场秩序工作的实施意见》等文件，严格实施工程项目总分包备案制度，进一步规范建筑企业市场行为。

创新监督模式，进一步提升工程质量监督整体水平。依托“济南市工程质量监督集成管理系统”，全面实现监督工作的信息化、科学化、规范化；优化工程监督程序，开展预防性监督、疏导性监督和服务性监督，为参建单位创造良好施工环境；启动住宅工程分户验收制度，大幅度提高群众对住宅工程的满意度。

狠抓制度落实，建筑安全生产形势平稳运行。严格执行建筑施工企业安全生产许可证制度，加强安全生产许可动态管理；积极开展“安全生产文明施工管理年”和“安全生产月”活动，加大专项整治和隐患排查力度，增强从业人员安全意识和自我保护能力；印发了《济南市建筑工程安全施工费提取及使用管理规定》，保障安全生产投入。

以人为本，建立健全防欠长效机制。综合运用经济、行政、法律手段，严格落实劳务工资保证金、商品房预售许可证发放前工程款审核、工程竣工备案前工程款支付审核、建筑企业养老保障金拨付补贴预留等制度，加快构建清欠正常渠道，逐步建立和完善防欠长效机制。

大力推进建设监理、装饰装修、建筑职业技能培训、工程造价改革和建筑企业养老保障金收缴管理工作。截至年底，全市共有监理企业71家，监理员以上的从业人员6000余人；倡导“工厂化装修”，强化装饰装修项目质量安全备案管理；大力创建农民工业余学校，全年培训农民工11712人，培养技师19人、“金蓝领”310人；出台《竹（胶）板模板制作结算办法》等规范性文件，引导和规范工程计价行为；收缴建筑企业养老保障金3.43亿元，向施工企业拨付补贴1.97亿元，维护了广大建筑企业离退休职工的合法权益。

有形建筑市场建设不断加强。2007年全市实际入场交易项目为866个，建筑面积达1075万平方米，交易额达94亿元。

深入开展建筑市场专项稽查活动。设立建筑市场稽查机构，相继开展了在建工程、建设监理、装饰装修、安全文明施工、施工许可、县（市、区）建筑市场秩序等专项检查，有效遏制了违法违规行为，净化了建筑市场环境。

建筑市场信用体系建设稳步推进。建立完善了企业、人员、项目三大数据库，初步实现了数据信息的实时更新；草拟完成了全市统一的信用评价标准和奖惩办法。

（高树金）

【建设科技与建筑节能】 建设科技工作取得丰硕成果。2007年全市被列入建设部科技节能示范工程3项；列入国家级可再生能源建筑应用示范项目3项；列入省墙改节能示范工程5项；列入省建筑业新技术应用示范工程12项，其中4项被列入全国建筑业新技术应用示范工程。

墙改与建筑节能工作取得新进展。通过加强部门联动、督导检查、宣传培训等有效手段，认真落实国家墙材革新和大中城市建设工程禁止使用粘土砖的政策，新型墙体材料普遍得到应用。全市新建建筑全面执行了居住建筑节能 65%、公共建筑节能 50%的建筑节能设计新标准，建成节能建筑 538.96 万平方米。截至 2007 年底，全市累计建成节能建筑 1700 万平方米。可再生能源建筑应用取得突破性进展。太阳能和浅层地能建筑应用在全市得到迅速发展，特别是太阳能开发利用有了很大提高。组织开展的第二批市建筑节能试点示范小区，突出了可再生能源在建筑上的应用示范，其中"山东建大教授花园"、"济南奥体中心"和"山南水北都"3 个项目被列入国家可再生能源建筑应用示范项目。

（李桂珍）

【棚户区改造】 棚户区改造事关民生民意，是构建和谐社会的重要内容，是一项政策性强、涉及面广、社会敏感的综合性工作。市委、市政府站在改善民生的政治高度，从广大人民群众最关心、最直接、最现实的利益出发，于 2007 年 4 月 30 日召开全市棚户改造动员大会，提出了"用三年时间基本完成旧城棚户区改造"的工作任务和目标，打响了棚户区改造攻坚战。

济南市旧城棚户区量大面广，集中连成片的有 38 片，房屋总建筑面积 196 万平方米，涉及约 3 万户、10 万人，群众生活环境差，居住条件亟待改善。棚户区改造涉及调查摸底、规划策划、土地收储、拆迁安置、招商引资、工程建设等方方面面，任务艰巨，责任重大。从前期工作来看，广大人民群众对政府让利惠民的政策、坚持走群众路线的做法给予充分肯定和认可，在实际工作中给予积极的支持和配合，促进了拆迁改造工作顺利实施。一年来，棚户区改造工作高效推进，启动动迁发祥巷、馆驿街西等 21 个项目，完成拆迁居民约 1.2 万户、约 3.8 万人。

1.突出政府责任，强化政府主导运作。棚户区改造不同于常规的城市建设，这些地区低收入住房困难家庭多、建筑密度大、改造成本高。为破解棚户区改造难题，必须突出政府责任，把改善群众生活居住条件和环境作为根本目的。在实际工作中，主要采取了政府主导的工作思路和运作模式。一是主导规划策划。科学制定改造三年规划和年度计划，因地制宜，统筹谋划，利用就近整合、整体捆绑或项目搭配等方式，最大程度地进行集中连片改造。二是主导拆迁安置。政府负责组织拆迁工作的摸底、审核、公示，落实拆迁安置房源，组织居民回迁。三是主导土地熟化。由政府筹措资金，用于统一整理熟化土地，有效破解开发企业追逐利益最大化和运作周期长的弊端。四是主导安置房建设标准。居民拆迁安置房按普通商品房制定统一建设标准，组织项目设计、施工、监理招标，确保工期质量。五是主导市政基础设施建设。强化工程监督，确保公共基础设施配套完善，项目范围外的市政基础设施由政府组织建设。

2007 年，先后筹措 8 亿元启动资金，用于土地整理熟化等前期工作，有效破解了单纯依靠市场化运作带来的运作周期长、资金到位不及时等弊端，起到了通关引路的作用。同时，实施了土地一次、二次挂牌公告措施，调动了房地产企业的积极性，实现了政府主导与市场化运作的有机结合。

2.创新惠民政策，着力为群众谋福利。把尊重群众意愿、维护群众住房权益放在一切工作的首位，制定出台了《关于加快实施旧城棚户区改造的通知》、《济南市城市房屋拆迁管理办法》及实施细则，明确了棚户区改造利民惠民政策。一是棚户区改造拆迁安置房建设用地参照经济适用住房有关政策办理，被拆迁居民对拆迁安置房拥有完全产权。二是棚户区改造以就地安置为主，货币补偿、异地安置为辅，不下达经济指标，不谋求政府收益，不把群众安置在城市的边边角角。合理确定回迁安置房屋的户型、面积标准，保障被拆迁人合法权益。三是改造项目配套完善公建用房，部分由居委会经营，所得收益用于困难居民物业补助，切实解决困难群众既能住得上又能住得起安置房的问题。四是棚户区改造拆迁安置房用地外的经营性用地通过招拍挂方式出让，所产生的土地收益作为专项资金用于棚户区改造的统筹调剂和相关基础设施配套建设。五是对只有一套住宅，且该房屋面积低于国家强制标准规定的住宅设计最低套型面积的拆迁户，按照最低套型面积标准安置或者换算成建筑面积 43 平方米给予补偿。这些政策措施得到了广大棚户区居民的积极拥护。

3.充分尊重民意，坚持阳光操作。坚持走群众路线，充分尊重群众的知情权、参与权、表达权和监督权，激发广大群众参与改造的热情。一是广泛宣传棚户区改造的意义和拆迁安置补偿政策，充分获得广大棚户区居民的理解和支持。二是被拆迁居民推选代表，全过程参与改造中各项事务的研究确定。对回迁安置分配方案、评估机构、拆迁单位选择等重大事项，由居民投票决定。三是坚持公开、公平、公正原则，依法对项目的规划、建设、拆迁、补偿、安置等方案和内容进行公示。四是建立市、区两级信访工作网络，尽最大努力解决群众的合理诉求，妥善处理被拆迁人之间的争议和纠纷。五是统筹考虑被拆迁居民的居住周转、日常生活、子女上学、交通出行等实际问题，对老弱病残等家庭实施特困救助，无偿协助搬家，尽最大努力减少拆迁给群众带来的不便。

4.完善运作机制，形成攻坚合力。一是建立起高层次的工作指挥体系和督察制度。组建了以市政府主要领导任组长、各区及市直相关部门主要负责人参加的市旧城改造工作领导小组，统一负责全市棚户区改造工作的指挥协调、政策制定和棚改专项资金的调配使用。二是建立了运转高效的协调机构和运作平台。组建了市旧城改造领导小组办公室和市旧城改造投融资管理中心，负责棚户区改造的日常组织、棚改项目的策划、设计、拆迁、土地整理熟化、资金的筹集、管理及使用等工作，同时作为市级运作平台直接参与项目运作。通过办公会、调度会、专题业务会等，高效联动，及时研究解决各种问题，形成了以区为主、市区联动、部门配合的工作机制。三是市直各部门全力支持配合，形成了推进棚改的强大合力。市直各相关部门制定科学规范的操作规程，按照"特事特办、急事速办"的要求，为项目规划、拆迁、供地、建设等提供高效服务。市发改委对棚改项目实行集中审核立项。市规划部门提出棚改要符合城市规划、法律法规和行业规范，努力提高土地利用率的原则。市国土部门采取“两次公告”模式对国有土地使用权进行出让，积极引导和促进市场化运作。市建委严格把关，坚持做到项目合法、程序合法、主体合法、补偿合法，补偿安置资金到位和安置房源到位。市房管部门成立专项工作核查小组，启动特殊事项办事程序，及时严格审核被拆迁人房产信息。市公安部门组建棚改专项工作领导小组，全力维护拆迁秩序和社会稳定。市财政部门、市政府投融资管理中心积极协调落实棚改资金，资金返还及时到位，确保了项目资金需求。四是各区精心组织，切实发挥了主力军的作用。各区作为实施主体，切实强化属地管理和责任分工，全面动员部署，组建了专门的组织领导和工作机构，做到了人员到位、任务明确、责任落实。在组织实施、政策宣传、拆迁安置等方面，加强沟通协调，疏导化解矛盾，措施有力，工作到位，推动了棚户区改造的顺利开展。（张　奇）

【城管执法概况】 2007年，全市城管执法部门按照“维护省城稳定、发展省会经济、建设美丽泉城”总要求，围绕中心，服务大局，全市城管执法取得了新的成绩，为构建和谐济南作出了贡献，被评为“全省城市管理行政执法先进集体”和“2005~2007年全省城乡环境综合整治先进单位”。

加强部门联合执法。围绕省会城市管理大局，市城管执法局主动加强部门协作，在工作中寻找部门之间的结合点、平衡点，努力形成合力。已在市建委、市环卫局、市园林局、市房管局设立了4个工作点，建立了部门联合审批执法机制。与市规划局建立了一系列衔接工作制度。各区局主动加强横向联合，与各街居、乡镇建立了多种形式的联席会议制度。年内，按照全市统一部署，积极配合交警、食品、市政公用、园林、教育等40多个部门，开展了30余次专业执法行动。联合市建委，先后查处大型违章广告百余处，拆除面积达2000多平方米。全年共查处违法占绿、毁绿典型案件137起，追缴商品住宅维修基金3.4亿元，依法取缔违章经营燃气站点351家，为济南市“平安济南”建设和“食品放心工程”作出贡献。

创新城管社会宣传。各级城管执法部门不断创新群众参与形式，扩大城管执法社会基础。长清区在继续搞好“城管老年志愿团”的同时，又成立了“城管少年学校”，组建了60人的城管协管员队伍，定期开展城管社会活动，广泛宣传城管方面的法律、法规和规章。章丘市执法局成立了济南市首个城管协会，吸收单位会员60家、个人会员600人，开展了城管法律“五进”活动。槐荫、天桥等各区局也都成立了不同形式的城管志愿组织，在宣传、参与、推动城管执法方面发挥了积极作用。

加强执法队伍建设。狠抓队伍正规化建设，严格落实全员培训制度，局系统全体队员分批分期轮训一遍，培训总人数达1300余人次。加快科技强队建设，广泛推广应用指挥中心新技术，实现了网上办公、网上办案，大大提升了城管执法科技化、信息化水平。认真开展“解放思想大讨论”活动，广泛听取社会各界意见建议，不断加强行风建设，年内参加各类政务热线10余次。积极开展各类城管执法特色创建活动，广大执法队员踊跃参加，涌现出许多“用心执法、用情执法”的感人事迹。历城区执法局和槐荫区执法局分别被评为省级“文明单位”和省级“文明机关”，市中区经十路女子中队被评为市级“三八”红旗集体，市城管执法局督查大队突击队被团省委授予省级“青年文明号”称号，天桥区女子中队被省妇联授予“巾帼文明岗”称号。

开展“城管执法进社区”活动。坚持依法行政、执法为民宗旨，认真把城管执法工作延伸到群众的家门口，为群众解决身边事、眼前事。历城区执法局累计整治小区41个，创建文明示范小区10个，在全市继续保持领先水平。高新区执法局创新社区管理办法，建立了社区城管档案，使社区管理更加细致规范。围绕全市中心工作，各县（市）区城管执法部门，充分发挥自身优势，积极参与了破损山体整治、防治秸秆燃烧、保障农交会等大量临时性、突击性工作。自觉接受社会舆论监督，对于新闻媒体曝光的城管热点难点问题，坚持现场办公，限期解决，及时反馈。高度重视人大建议、政协提案承办工作，共办理省市人大建议、政协提案126件，答复率、满意率均达100%。全市共受理群众举报投诉21605件次，办结率100%，处理来信来访1362件人次，办结率达98%。

（冯　蕾）

【整治“八乱”行动】 积极响应市委、市政府号召，以整治“八乱”为抓手，大力提升省会城市形象。一是整治决心大。全市城管执法部门把整治“八乱”作为一项重点任务，严格落实执法责任制，坚持每月一调度，每季一检查，半年一考核，依法严肃查处乱占道、乱搭建、乱摆放等违法违章行为。全市共清理占道经营2.3万处，拆除沿街乱搭建1230处，清除乱张贴小广告8.8万处，全市85条城管执法示范路、20处示范场所继续保持达标水平，省会城市环境有了明显改观。二是整治力度大，做到了标本兼治、重在治本。市城管执法局督查大队实行错时执法，集中整治露天烧烤，有效控制了占道经营“回潮”现象。市中区执法局对六里山路、玉函路、经八路、民生大街等长期存在的违章门头房，进行了大面积统一拆除，成为全市道路环境整治的样板。槐荫区执法局彻底整治机床二厂路，共拆除关闭门头房153间，统一疏散占道经营业主，从根本上解决了群众反映强烈的城管“老大难”问题。三是整治方法新。历下区执法局创新整治思路，对银座后街占道经营摊点群，实行了“四统一”规范化管理（统一车辆、统一服装、统一定点、统一标准），打造成了“特色小吃一条街”，变单纯取缔为科学规划、规范管理，成为济南市街巷整治的新亮点。历下区甸柳小区是济南市80年代建成的开放式小区，管理难度大。甸柳中队与办事处紧密合作，对小区内早餐点、蔬菜点进行规范化管理，建成了“甸柳小区早市示范街”，规范了吉祥苑农贸市场。天桥区执法局重点对三孔桥农贸市场、东工商河西路等辖区6处占道经营难点路段进行综合整治，协调有关部门,利用沿街闲置厂房,新建了成丰桥农贸市场,有效改善了辖区道路交通环境。章丘市、平阴县、商河县、济阳县执法局大力加强市容整治,城管执法工作各具特色、各有亮点。整治“八乱”得民心、顺民意,得到了全社会广泛支持,有效提升了省会城市形象。（冯 蕾）

【依法整治违法违章建设】 5月7日,市委、市政府召开全市依法整治违法违章建设动员大会,确定力争用两年左右的时间,基本完成绕城高速以内及周边违法建筑整治任务,坚决遏制违法建设行为。此次整治违法违章建设工作总的要求是围绕“维护省城稳定、发展省会经济、建设美丽泉城”中心任务,以“迎和谐全运、创文明城市”为契机,以《规划法》、《土地法》、《建筑法》、《房地产管理法》等法律法规为依据,在市委、市政府统一领导下,结合城乡环境综合整治,动员全社会的力量,迅速行动起来,全面整治违法违章建设,严厉查处一批违法案件,集中拆除一批违法建筑,坚决遏制违法建设行为,健全城市建设管理长效机制,还人民群众一个良好的建设和生活秩序。

整治违法违章建设被列为济南市“三大攻坚战”之一,为省、市领导所关心,社会各界所关注。各级城管执法部门从讲政治、讲大局的高度,忠于职责,依法整治。中央电视台多次给予宣传报道,在全国引起积极反响。年内全市共拆除各类违法违章建筑面积近80万平方米,有效遏制了违法建设蔓延势头。一是坚持科学整治。市领导亲自研究部署整治工作,实施科学指挥调度。为加强整治工作组织领导,成立了全市依法整治违法违章建设领导小组,领导小组下设办公室和8个工作组,实行集中办公制度,有力保证了整治工作顺利进行。各区政府、市直相关部门和社会各界给予了大力支持,促进了整治工作深入发展。二是坚持依法整治。各级城管执法部门采取自拆、助拆、强拆三结合方式,大力推进整治工作。济南市城管执法局与市中区政府、市中区执法局联合,强制拆除了龙栖山庄违法建筑,创出了济南市一次性拆除5座违法建筑的纪录。济南市城管执法局与天桥区政府、天桥区执法局配合,拆除了高达13层的白鹤楼违法建筑,创出了济南市拆除违法建筑高度最高的纪录。槐荫区执法局在区委、区政府的领导下,加大整治拆除力度,年内共拆除各类违法违章建筑达15万多平方米,其中,违法旧村改造工程拆除面积为全市最多。三是坚持和谐整治。各级城管执法部门严格掌握政策,广泛宣传引导,使许多部门和单位自觉拆除了自有违法建筑。市委、市政府办公厅带头拆除沿街门头房,美化绿化城市环境。市园林局、市中区四里村办事处等单位也都积极响应市里的号召,自行拆除了违章建筑。历城区执法局加强执法宣传和法律解释,提前教育引导群众,注重结合片区改造、河道整治等重点工程,开展违法违章建设整治工作,全年没有发生群体性上访事件,做到了安全拆违、和谐拆违。历下区执法局加强与各街道办事处横向联系,开展联合执法达30余次,有力保证了大明湖扩建、历山东路改造等重点工程顺利进展。（冯 蕾）

【综合治理扬尘运输撒漏】 坚持采取教育、行政、宣传和经济等多种方式,综合整治扬尘污染。全年共检查市政、建筑、拆迁等各类工地1460处,责令整改工地867处,为改善城市空气质量作出了贡献。一是实行“城管执法进工地”。以基层执法中队为单位,与建设施工单位签订目标责任书,督促施工单位实行标准化管理,将防治扬尘污染纳入工地经常性管理,实现了对各类建设工地的动态监控。二是狠抓源头管理。联合市建委、公安、环卫部门,积极开展渣土运输集中整治,重点抓好工地路面硬化、完善审批手续、运输车辆棚盖、工地设保洁员等五个环节,做到了全方位执法监督。三是坚持人性化执法,主动上门服务。针对奥体中心、大明湖综合整治等重点工程一时形成的渣土清运不及时、现场硬化不达标等问题,市城管执法局直属大队和相关区局,主动上门做工作,明确整改具体措施,不是简单地“一罚了事”,受到施工单位好评。四是严惩扬尘污染严重企业。对屡教不改、野蛮施工单位,坚决依法从严从重查处、强制停工。（冯 蕾）

【城管警察推行“1221”工作机制】 围绕提高基层执法保障能力,以加强城管警务责任区建设为突破口,积极探索新型勤务模式。深化警务制度改革,在5个区大队全面展开了城管警务责任区建立工作,推行“1221”工作机制(即每周深入警务责任区1次,深入管辖社区2个,走访责任区业户、执法对象和群众不少于2人,解决实际问题和困难1个),建立完善了为民服务、信息主导警务、主动型基层勤务、多警联动协作、内外监督制约5个机制,最大限度地化解矛盾,防范纠纷,减少不和谐因素。2007年,全市共建立责任区11个,责任区民警共深入辖区400余次,法制教育1万余人,给各级党委、政府和执法机关提供情报信息500余条,及时化解消除各类不安定因素1000余起。坚持一行动一方案,注重各警种协调配合,全年共出动警力4.8万余人次,制止阻碍执行公务行为800余起,共处理各类违法犯罪当事人48人,其中,劳动教养3人,逮捕2人,刑事拘留3人,行政拘留18人,行政罚款12人,行政警告9人。市城管警察支队被评为全省“平安济南建设先进基层单位”。（冯 蕾）

城市规划

【概况】 2007年,济南市规划系统紧紧围绕“维护省城稳定、发展省会经济、建设美丽泉城”的总体思路,大力推行科学规划、民主规划、依法规划,圆满完成了各项任务。

1.城乡规划体系基本完善。在济南规划史上首次实现了中心城1320平方公里控制性详细规划全覆盖,取得了具有里程碑意义的重要进展。以提高城市综合服务能力和承载力为目标,在已完成30多项专业专项规划的基础上,编竣了城市综合交通规划和道路红线等“六线”规划成果,相继启动了公共交通、轨道交通、城市防洪、体育设施、文化设施、基础教育、公共卫生、生态水系等专项规划。落实“南控”、“北跨”战略，编制完成了《南部山区保护与发展规划》和《北跨及北部新城区发展战略研究》。全力推进县(市)总体规划修编，章丘市、济阳县总体规划已分别上报省政府、市政府待批，平阴县、商河县的总体规划成果也已通过市规委专家委员会论证。完成了19个试点镇的村庄布点规划和近100个试点村的建设规划，为全面推进社会主义新农村建设规划积累了经验。

2.重点区域和重大项目规划取得突破。集中力量抓好奥体文博片区、泉城特色标志区、腊山新客站片区规划，力争“三大亮点”率先形成规模、形成气势。坚持高起点规划，邀请国内外高水平规划机构，组织了文博中心、新客站核心区规划方案国际招标；完成了奥体中心及相关体育场馆、运动员村、商务区、服务区的规划策划和编制；以“一城一湖一环”为核心，编制了《泉城特色标志区规划》，得到了各方面的认可和肯定；围绕西客站场站区、拆迁安置区和道路、基础设施建设，开展了大量规划工作。完成了经十路规划与城市设计，围绕胶济客运专线、京沪高速铁路、小清河综合整治、腊山分洪工程、铁路沿线综合整治、河道综合治理、国家信息通信国际创新园以及北园大街、历山路等主次干道改扩建工程，做好规划设计与服务，有效加快了重点工程的建设步伐。按照3年完成棚户区改造的目标要求，提前完成了全部棚户区改造的规划策划任务。

3.规划管理职能进一步强化。坚持城乡规划集中统一管理，加强对县(市)行业管理和重点规划的指导，加大对贫困县重点规划的资金扶持力度。深入开展城乡规划效能监察，针对普遍性问题研究采取有效措施，指导各县(市)规划部门抓好整改。以完善城乡规划监管网络为目标，组织开展了镇村规划管理模式调研。加快体制改革步伐，成立高新区规划分局，强化派出规划管理处职能，就近为辖区提供服务。突出重大项目前期工作、规划选址、用地管理、违法建设项目和“双清”项目处理等重点，加强与发改、国土、建设、执法、房管等部门的协调配合，规范办事程序，提高工作效率。开辟绿色通道，一切事关全局的重点项目超常规办理，随到随办，保障了重点工程的建设进展。

4.依法行政水平切实提升。深入贯彻落实《城乡规划法》，完成《济南市城乡规划条例》草案并进行了社会公示。根据全年制度建设计划，对已经颁布的70多项管理规定进行系统梳理，完成了《建设用地容积率管理规定》、《日照分析规划管理暂行规定》等规范性文件的修订，新研究起草了《建设项目交通影响评价管理暂行规定》等10多项制度。按照全市统一部署和“区别对待、分类处理、有情操作”的原则，认真做好依法整治违法违章建设相关规划审查工作。建立规划巡查制度，定期检查项目实施情况，规划批后管理得到加强。自觉接受社会监督，聘请了38名各界代表担任特邀规划监督员，进一步完善多角度、全方位的规划监督机制。

5.规划服务效能不断提高。优化分级分类审查审批制度，完善三级分类、三级决策、三级签批的管理模式，不断提高规划管理的精细化水平。实行办件质量检查制度，针对主要审批环节制定了审查要点。落实一次告知、限时办结、追踪问效等制度，有效防止了迟办、漏办、误办现象的发生。高度重视对外服务窗口建设，制定《服务窗口工作规则》，采取电子报件、处室值班、电话预约等措施，为建设单位和市民群众提供便捷服务。围绕重点工程、大型工业项目、招商引资项目、旧村(居)改造项目，加强对外协调，主动做好服务，有力促进了各类项目顺利实施。全年共研究办理各类项目事项3700多件次，按时办结率达到99%以上。

6.大力实施阳光规划、和谐规划。重点抓好政务公开。修订《服务指南》，把服务事项、办理要求、办事流程、办结时限全部公之于众。落实规划公示和听证制度，全部控规方案和试点村建设规划都进行了社会公示，就涉及群众切身利益的审批事项组织了多次公开听证。全年共办理人大代表建议、政协委员提案230件，满意率达到100%。突出抓好规划宣传。开辟报纸规划专栏专版，编印《泉城规划动态》、《2006年城市规划蓝皮书》、《规划美丽泉城》、《社会主义新农村建设规划优秀方案汇编》，全面介绍规划工作的新进展；扩展规划宣传阵地，完成城市规划展厅一期建设任务，举办专题宣传活动，积极参与“政务监督热线”和“政务面对面”活动；全面改版规划局网站，增设特色频道，加快信息更新，在全市政府网站群测评中名列前茅。大力抓好“和谐规划行动”。在市中心和各区设立了规划宣传专栏；深入开展规划下乡、规划进社区等专题活动，认真听取市民意见改进规划工作，取得了良好的社会效果。

7.基础测绘和信息化建设进展顺利。加强测绘管理，进一步规范项目登记、成果汇交、资质管理工作，组织开展了测量标志普查。根据城市建设发展的需要，完成1:500地形图测绘77平方公里、1:2000地形图修测近320平方公里、水准测量374公里，实现了市辖6区4000多平方公里数字地形图全覆盖。积极提高技术应用水平，完成了济南市连续卫星定位服务系统、城市规划决策管理三维支持系统研发工作，规划管理的准确性、直观性进一步增强。全面推进“一张蓝图”建设，确定了建设工作方案，启动了总体设计招标，基本完成了需求调研、网络设备及安全管理监控系统部署和综合办公系统建设。

【济南市首次实现中心城控制性详细规划全覆盖】 济南市中心城控规编制工作于2006年初启动，经过市规划局和各编制责任主体两年来的不懈努力，于2007年底完成全部编制任务，在济南规划史上首次实现了中心城控制性详细规划全覆盖。这标志着济南市城市规划体系基本完善，规划管理更加规范，规划水平和依法行政水平大幅提升，步入了科学规划、民主规划、依法规划的新阶段，对引领城市建设和各项事业又好又快发展，更好地迎接全运会、支撑发展、服务市民具有重要意义。

【奥体文博片区规划进展顺利】 奥体文

博中心是市委、市政府确定重点打造的三大片区之一，也是迎接全运会的核心地区。奥体文博中心由奥体片区和文博片区组成。为加快推进奥体文博中心规划建设，市规划局先期开展了奥体片区城市设计方案征集，高水平高标准完成奥体东侧18个地块及相关区域的整体策划。为高起点编制文博片区规划，12月14日市规划局与有关部门共同组织了文博片区城市设计方案征集。在方案征集的基础上，将委托高水平规划编研机构，继续做好方案整合、深化、提升工作。

【泉城特色标志区规划取得阶段性成果】 为加快泉城特色标志区的改造提升，市规划局于2007年6月启动编制泉城特色标志区规划与更新整治方案，着力推进大明湖扩建、省府前街两侧改造、恒隆广场等项目规划建设。多次邀请国内知名专家咨询论证，经多轮多方案比选修改，《泉城特色标志区规划与更新整治方案》于2007年9月编制完成，并向省、市领导作了专题汇报。在此基础上，市规划局启动了迎全运近期实施规划编制工作，组织开展了将军庙、芙蓉街、百花洲三片区保护更新策划与概念性规划，邀请清华大学、同济大学、天津大学、东南大学、浙江大学和意匠设计公司等6家国内知名设计单位参与方案编制。实施规划和三片区保护规划将分别用于指导泉城特色标志区的近期建设实施和长期保护更新工作。

【西客站核心区完成国际招标】 为把西客站建设成全国一流的标志性交通枢纽港，把西客站地区打造成富有商贸活力和财富创造力的新城区，按照高起点规划的原则，市规划局和西区投融资管理中心于2007年10月对西客站地区概念规划及站前核心区城市设计方案进行了国际招标。来自美国、英国、德国、法国、澳大利亚、日本、新加坡等国家的21家国内外知名设计机构应邀参征，最终选定东南大学城市规划设计研究院、阿特金斯顾问有限公司、奥雅纳工程顾问有限公司、北京清华城市规划设计研究院、上海合乐工程咨询有限公司、英国工程设计院、香港国际工程设计研究院等7家设计机构承编设计方案。

【棚户区改造规划策划全部完成】 根据市委、市政府提出的"力争三年基本完成棚户区改造工作"的部署要求，市规划局按照"统筹规划、捆绑策划、先急后缓、压茬推进"的要求，坚持"符合城市规划、符合法律法规、符合规范标准，尽量提高土地利用率"的"三符合一提高"原则，精心组织，超前策划，主动服务，于2007年底提前完成了全部棚户区改造规划策划任务。

【济南市社会主义新农村规划试点工作完成】 为贯彻落实中央和省、市三个"一号文件"精神，市规划局组织开展了社会主义新农村建设规划试点工作。坚持"政府引导、群众参与，因地制宜、分类指导，试点先行、整体推进，统一标准、专家咨询"的原则，选择了19个试点镇的近100个试点村，公开征选了10家测绘单位和8家规划编制单位，承担基础测绘和规划编制任务。先后完成了基础地形图测绘、村庄布点规划编制，并进行了专家咨询论证、技术审查和社会公示。2007年10月规划试点工作圆满完成，为全面推进新农村建设工作积累了经验、奠定了基础。

【"南控"、"北跨"规划成果编竣】 6月1日，《济南市南部山区保护与发展规划》和《济南市北跨及北部新城区发展战略研究》专家评审论证会在济南召开，建设部规划司司长唐凯、中国科学院院士陆大道、中国工程院院士金鉴明以及北京、上海、天津、重庆等城市的规划专家对规划方案进行了评审论证。"南控"和"北跨"规划编研工作分别于2006年7月、8月启动，按照"政府主导、市区联动、专家领衔、公众参与、部门协同"的原则，市规划局会同有关区(县)政府，采取竞争性谈判方式，选定北京清华大学城市规划设计研究院、上海同济城市规划设计研究院、北京大学城市规划设计研究中心，分别承担南部山区东片区、西片区保护与发展规划和北跨及北部新城区发展战略研究编制任务。"南控"和"北跨"规划成果的编竣，标志着省会城乡统筹规划取得了重要进展。

【启动教育、文化、体育等专项规划编制】 按照市政府的部署要求，文化、体育和基础教育3个专项规划于2007年9月正式启动。市规划局成立了专项规划编制工作组，制定了详细的工作方案。按照工作计划，先期进行了方案招标，在济南市控规编制单位中选定了8家技术力量强、设计经验丰富的单位参加投标。经过竞争性谈判，2007年11月确定了中标单位。

【济南市城市规划展厅一期工程建设完成】 为全面展现济南市城市规划建设的辉煌成就和宏伟蓝图，进一步扩大规划宣传，拓展公众参与渠道，根据市委、市政府的工作部署，市规划局与有关部门密切配合，积极推进城市规划展厅建设，抽调骨干力量组成工作组，倒排工期，压茬推进，于2007年9月顺利完成了一期工程建设。在此基础上，市规划局继续与有关部门紧密配合，积极推进二期工程建设，预计2008年上半年将完成全部建设任务。

【和谐规划年系列活动取得明显成效】 2007年，市规划局深入开展以"倡导公众参与，共建和谐规划"为主题的"和谐规划行动"，取得了明显成效。在市辖6区及高新区选定广场、街道社区或办事处等人流集中的适宜场所，设置了25处规划宣传专栏，编印发放了《城市规划知识问答》宣传册，宣传规划成就，普及规划知识，得到了广大市民的普遍欢迎。免费向各县(市)区、镇、村发放地形图资料和新农村规划文本与图集，普及农民群众规划知识，对于提高农民群众参与和监督规划的意识、科学指导新农村规划实施发挥了重要作用。

【聘请特邀规划监督员】 10月31日，市规划局召开特邀规划监督员恳谈会，来自省城社会各界的38名代表被聘为特邀规划监督员。聘请特邀规划监督员是市规划局自觉接受社会监督、拓展公众参与渠道、健全规划监督体系、全面推行阳光规划的又一项具体举措,旨在建立完善行政与社会监督相结合的规划监督体系,进一步提高工作水平、行政效能和服务质量。

【创办香港大学—济南市规划局城市规划管理研修班】 10月18日,济南市规划局和香港大学、香港规划署共同创办的第一期"香港大学—济南市规划局城市规划管理研修班"顺利结业。创办城市规划管理研修班,旨在增强与先进城市规划行业的沟通交流,拓宽济南规划工作者的视野,提高规划队伍的综合素质和业务能力。按照学习培训计划,市规划局共组织4期约80人赴香港大学培训,通过学习,全体学员进一步更新了理念,开阔了视野,拓展了思路。

【省政府批复《济南都市圈规划》】 2006年,山东省建设厅委托北京大学城市规划设计研究中心编制了《济南都市圈规划》,规划范围包括济南、淄博、泰安、莱芜、德州、聊城、滨州等7个地级市,总面积52655平方公里。2007年12月,山东省政府正式批复同意实施《济南都市圈规划》。该规划的颁布实施将有利于增强省会城市济南的中心带动作用,对于促进区域一体化协调发展,提升区域整体竞争力,带动全省经济社会科学发展、和谐发展、率先发展具有重要意义。

【完成济南市第五次测量标志普查】 2007年,市规划系统完成济南市域8000余平方公里范围内1129座各类永久性测量标志普查,其中完好496座(占44%),损毁、失迷633座(占56%),维护测量标志38座,对完好的测量标志办理了委托保管书,并建立了测量标志数据库和管理服务信息系统。本次普查是新中国成立后济南市继1962年、1972年、1982年和1989年后开展的第五次普查工作。

【建成济南市现代测绘基准体系】 12月25日,"济南市现代测绘基准体系"项目通过了由济南市科技局组织的专家鉴定委员会成果鉴定,项目整体达到国际先进水平。该体系是覆盖济南全市域的高精度、实时、动态的三维测绘基准体系,由济南市连续运行卫星定位服务系统(JNCORS)、城市高精度GPS网、城市精密水准网和高精度、高分辨率区域似大地水准面四部分组成。该体系综合运用了现代卫星定位技术、计算机和网络通讯技术、现代地球重力场确定理论和方法,建立了一项与国家信息测绘发展战略相一致的成果。该体系是济南市测绘史上的一个重要里程碑,也是山东省现代测绘基准体系的一部分。

【地理信息系统应用】 12月20日,"基于数字技术的城市规划决策管理三维支持系统研究"项目,通过了由建设部组织的项目验收和济南市科技局组织的专家鉴定委员会鉴定,鉴定结论为整体达到国际先进水平。该系统由设计管理系统、网络发布系统和系统维护系统三大子系统组成。其中设计版具有强大的三维城市规划功能,网络版包括规划项目管理展示、三维城市浏览、地名查询定位等功能。年内,该系统已建成济南市20平方公里的虚拟城市景观,24平方公里的重点规划方案和4400平方公里的城市三维地形影像。

【完成济南城市防洪规划对策研究】 为提升城市的防洪排涝能力,济南市规划局编制完成了《济南城市防洪规划对策研究》,深入分析"7·18"暴雨成灾主要原因,并提出了构筑由防洪工程体系和防洪非工程体系组成的防洪规划体系。研究报告在济南市"7·18"特大暴雨洪水灾害专题研讨会上进行了汇报,得到与会专家的肯定。

(市规划局)

市政公用事业

【概况】 2007年,市政公用系统干部职工紧紧围绕筹备全运会这一中心任务,认真履行职责,扎实开展工作,市政公用事业保障能力不断增强,公共服务水平不断提高,为全市经济社会发展做出了积极贡献。全年完成市区50余条道路整修;新增路灯7317盏,全市路灯总数达到52353盏;城市污水集中处理率达到75%;城市万元生产总值新水量19立方米,工业用水重复利用率94%,全年节水总量2950万立方米;自来水户表计量改造完成17.9万户;公交车保有量达到3759部,公交线路达到161条,年客运量6.5亿人次;新增供热面积365万平方米;城市燃气普及率达97.2%。

【城市道路建设】 对历山路、建辛路、腊山河路、七里山路、玉函路、航运路、经十一路、中光明街、旅游西路、纬一路、建设路、历山北路、工业北路等13条道路开始实施改造,完成工程投资约2亿元。纬一路(经八路至经四路)、历山北路和工业北路改造已竣工,历山路实现全线主干道通车,具备施工条件的慢行一体道路管线及结构现已完成60%,计划于2008年6月全部完工。加强二环东路、奥体中路、文化路东延、解放东路、玉函路、奥体西路北延、转山西路、天桥改造工程等第一批"七路一桥"迎全运重点建设项目的前期工作调度,完成前期方案论证工作,进入招标程序。

【市政设施管理】 起草了《济南市城市道路井盖设施管理规定》,由市人大报经山东省第十届人民代表大会常务委员会第二十六次会议批准,于2007年5月1日起施行。由此,济南市成为全国第一个对城市道路井盖设施管理进行立法的城市。完成市区50余条道路整修,修补14万平方米,市区主要道路的状况有了较大提高。投资3000万元,自2007年11月开始,对84条道路的人行道实施更新改造,铺设彩色花砖、更换花岗岩立沿石、安装树池板、增设无障碍设施、改造井盖等,改造人行道面积约38万平方米,年底完成了47条道路的人行道改造工作。对全市

180余座桥梁和86条主次干道杆线进行普查,发现病害严重桥梁40座,提出了结构性检测方案,完成废弃线杆的清理工作。开展整治"八乱"行动,对全市公交站牌和候车廊亭以及万余根灯杆进行集中清洗整治,开展井盖设施专项整治,集中解决了群众反映的道路不平、污水冒溢、井盖设施缺损和河道淤积、道路(桥梁)垃圾死角等问题。

【城市路灯建设】 按照"有路要有灯,有灯要亮灯,亮灯要完好"的原则,完成了二环西路、二环北路、无影山北路、七里河路、港西立交、济微路等28条道路路灯安装及亮灯任务,新增路灯7317盏,全市路灯总数达到52353盏,新增线路365850米,新增变压器40台。全年路灯"三率"(亮灯率、好灯率、事故处理及时率)达99.96%。投资3400多万元对燕山立交桥、玉函立交桥、顺河高架桥、八一立交桥和3520立交桥进行景观亮化。

【城区河道截污整治】 对城区柳行河、北太平河、兴济河、全福河等4条河道实施了部分河段截污整治,完成工程投资5000万元,铺设污水管道5000米,修复沿河道路1300平方米,砌垒河岸3.5万立方米。北太平河截污工程基本完工,该工程投入运行后,光大水务净化二厂日增加污水处理量约30000立方米。柳行河截污工程已处于工程收尾阶段,该工程使光大水务净化一厂日增加污水处理量约42000立方米。加紧实施兴济河(英雄山路至济微路河段)、全福河(二环东路至胶济铁路河段)截污工程,预计2009年6月前全部完工。

【积极筹建水质净化三厂】 采用BOT(建设—运营—转让)方式建设水质净化三厂,厂址初步定于大辛河以东、贤文路以西、距小清河450米处。服务范围西至二环东路,东至绕城高速,北至胶济铁路,南至旅游路,汇水面积126.75平方公里。工程分2期建设,一期设计规模为10万吨/日,二期设计规模为20万吨/日。一期厂区建设和污水管网投资约26779万元。年内,工程建设及管网配套工程立项申报等前期准备工作已展开。

【建设10项城市防汛应急工程】 进一步完善防洪基础设施建设,投入6000万元,对黄台南路边沟、羊头峪东沟、南圩子壕、袁柳河、新生大沟、韩庄河、南大明沟、纬十二路边沟、兴济河、老八里桥边沟、柳行河、济齐路边沟、药泺河、徐李沟、泺林沟、全福河等16条河道实施了两侧护栏加装、河岸坍塌及险情修复、疏浚清淤、行洪瓶颈改造、河道占压棚盖拆除、道路桥梁设施抢修、路面排水设施改造、排水泵站改造、低洼地区改造和洪水监测系统建设等10项防汛应急工程。完成河道护栏安装6103米,坍塌河岸整修1300米,河道清淤约19万立方米,拆除占压河道棚盖12万平方米,低洼地段安装警示标志牌30余处。

【公共交通】 按照全运会前建成"两横三纵"BRT网络体系的要求,加快推进快速公交系统建设。北园大街BRT一号线、历山路二号线通车前的各项筹备工作紧张进行,两条线路BRT站台建设完成主体结构,黄岗、全福立交等场站及各站台配套设施在建设中。公交客运服务功能和装备水平进一步提高。全年新购公交营运车辆456台,全部达到欧Ⅱ以上排放标准,其中388辆为欧III标准车辆,占新增车辆的85.1%;将30路公交线路改造为全市首条天然气绿色环保公交线路;新辟86支、130、132、133、135、136、137、138等8条公交线路,其中135、138路为小区公交线路;公交线路总数达到161条,年客运量达6.5亿人次。市公交总公司被中国质量协会授予"中国用户满意鼎",被中华见义勇为基金会授予"全国十大见义勇为好司机单位奖",是山东省唯一获此殊荣的企业。

【市公交总公司对历城客运进行整合】 为统筹城乡发展,方便郊区市民出行,市公交总公司与历城客运进行了整合。历城区政府不再审批经营辖区内的公交客运线路,历城客运市场交由市公交总公司负责经营,并纳入城市公交序列,历城客运公司及历城公交注销;市公交总公司将突破原来不允许超出高速公路零点运营的限制,在历城区的公路干道、县乡干道等道路上运营,同时承担历城区村村通客车的任务。此次整合历城公交线路27条,整合接收历城客运公交车148辆。截至2007年底,投入运营的郊区线共有58条,公交车达600辆,郊区线年客运量达2726万人次。

【出租汽车退旧更新】 年内,市政公用事业局组织实施了出租汽车退旧更新。对1999年至2001年投入营运的出租汽车,在旧车退出客运市场更新车辆后,授予新一轮经营权,经营期限6年,免收本轮有偿使用金;对2002年后投入营运的出租车,运营期限由8年延至12年,运营期内可更新一次车辆。更新车辆标准为:发动机排量为1.6升以上,尾气排放达到欧III(或国III)标准的三厢轿车,提倡选用中高档轿车,1.8升排量车型所占比例不得低于30%(租价标准与普通车型相同);车辆燃料使用汽油、压缩天然气(CNG)两用燃料;车身颜色使用上下双色,车身上下为银灰色,中间色彩为薄荷青、亚洲黄和康福蓝3种颜色;安装GPS调度安防系统终端。2007年更新车辆1700辆,全部使用双燃料,执行现行运价,使用机打发票、电子营运资格证,车辆运营设施、安全卫生、行业服务状况明显改观。

【首届城市公共交通周及无车日活动】 为宣传公交优先理念,倡导绿色交通出行,按照建设部统一部署,9月16~22日,济南市举办首届城市公共交通周及无车日活动。9月16日,在泉城广场举行以"绿色交通与健康"为主题的山东省暨济南市城市公共交通周及无车日活动启动仪式。公交周期间(9月17~22日),全市市直机关开展以"绿色交通、机关先行"为主题的机关无车日活动,除公务活动和应急事项外,机关党员干部带头乘坐公交车、骑自行车或步行上下班。9月22日为全市无车

9月16日，以“绿色交通与健康”为主题的山东省暨济南市城市公共交通周及无车日活动启动仪式在泉城广场举行。
（市政公用事业局供稿）

日，7:00~19:00组织实施无车日活动。无车区域为东至南门大街、黑虎泉西路、黑虎泉北路，西至趵突泉路，北至泉城路（泉城路完全封闭，禁行一切机动车辆，作为步行街使用），南至泺源大街（泺源大街西至顺河高架桥，东至历山路）。无车区域只对行人、自行车、公共汽车、出租汽车和其他公共交通（校车、通勤车等）以及消防车、急救车、病人搭乘的车辆等开放。无车日当天市直各部门、事业单位按照部署要求，统一封存公务用车。从10月开始，倡导每个月最后一周星期五为机关无车日，除公务活动和应急事项外，市直各机关、事业单位工作人员日常上下班，选用公共交通、自行车或步行等绿色方式出行。

【首届济南市的士文化艺术节】 为丰富活跃出租车从业人员的文化生活，树立行业形象，市市政公用事业局联合市文明办、市文化局、市公安局，于2007年10月28日至11月2日举办主题为“和谐全运、美丽泉城、快乐的士、文明使者”的首届济南市的士文化艺术节。举行了形式多样的文化艺术活动，反映了客运出租行业规范服务、优质服务的风貌和社会各界对客运出租行业的关心、支持，对出租车驾驶员的关爱，增强了客运出租行业的凝聚力和职业荣誉感。

【集中供热】 2007年，新增供热面积365万平方米，集除尘脱硫一体化的丁字山热源分厂工程建成投产后，新增供热能力120万平方米，有效解决了济南城区东、西部供热发展不平衡问题。根据济南气温骤降实际，11月1日开始供暖，比法定时间提前4天。加大对供热行业的监管，开展了供热经营许可审查申报工作。各供热企业以关注民生为出发点，成立了客服中心，提升了供热服务水平和保障能力。

【供热体制改革】 为加快供热企业改革与发展，进一步优化供热企业资本结构，充分发挥现有供热设施能力，合理配置资源，提高规模经济效益和公共服务水平，按照制销分离、主辅分离的改革方针，对原有6家市属供热企业进行整合重组。以南郊热电厂为主，吸收合并北郊热电厂、明湖热电厂，并有省国际信托投资公司和市能源投资公司投资参股，由工厂制改为公司制，成立济南热电有限责任公司；以市热力工程公司为主，吸收合并区域供热公司、开发区热力公司，成立济南热力有限责任公司（国有独资）。热力公司已完成工商注册登记工作，热电公司正在按程序进行改制。

【供热企业节能减排】 热电公司北郊热电厂新建3台130吨/小时锅炉脱硫设备，设计脱硫效率90%，每年可减少二氧化硫排放0.7万吨；南郊热电厂对循环流化床锅炉进行了炉内喷淋脱硫自主创新型改造，脱硫效率84%以上，二氧化硫与污染物排放总量低于国家规定标准；明湖热电厂、北郊热电厂进行了循环水供热工程改造，南郊热电厂利用高温热水网、热水锅炉和汽机凝汽器串联运行，实现了设备及能量的阶梯利用和优化组合，3个热电厂循环水供热、热网优化及汽改水供热总面积达到89万平方米，热利用率提高10%。

【城市燃气】 全年供应天然气约2亿立方米，发展民用户5万户，气化率达到97.2%。加快推进气源供应工程，平安店至担山屯天然气管线工程于2008年春节前全部完工，进一步优化了济南市气源结构，为城市安全供气提供了保障。大力推进CNG加气站建设，建成10座天然气加气子站，形成15万立方米/日的加气能力，有效缓解了出租车加气难状况。为迎接“十一运”召开，确保奥体文博区域内运动场馆及配套设施燃气供应工作，奥体中心计划实施燃气管线铺设11584米，已完成5909米，完成中压铸铁管管网改造10公里。围绕增强城市燃气供给稳定性和应急保障能力，进行了燃气储备设施项目大型LNG储气罐的规划与研究。

【“7·18”特大暴雨袭击济南】 7月18日，济南市遭受百年不遇特大暴雨洪灾，3个多小时内，市区平均降雨量达到134毫米。1小时最大降雨量151毫米，国家气象局调查组认为，理论发生概率为200年一遇；2小时最大降雨量167.5毫米；3小时最大降雨量180毫米，均是有气象记录以来历史最大值。暴雨使市区内工商河、东泺河、西泺河、柳行河、全福河、兴济河等河道排洪水位全部超过安全泄洪水位，其中西圩子壕出现洪水漫溢、小清河出现顶托现象。降雨时市区道路路面行洪现象严重。

市政公用局立即启动应急预案，全力排除积水险情。7月23日开始对市区所有河道进行拉网式全面普查，制定了城区河道防洪除涝应急整治实施方案，从河道护栏加装、坍塌河岸修复、河道清淤整治、行洪瓶颈改造、拆除河道占压棚盖5个方面组织实施水毁设施修复。共加装河道护栏6300米、修复坍塌河岸1536米、清淤19万立方米、拆除河道占压棚盖逾10万平方米，使城区河道的防洪能力得到了提升。

（刘庆祝　郭　捷）

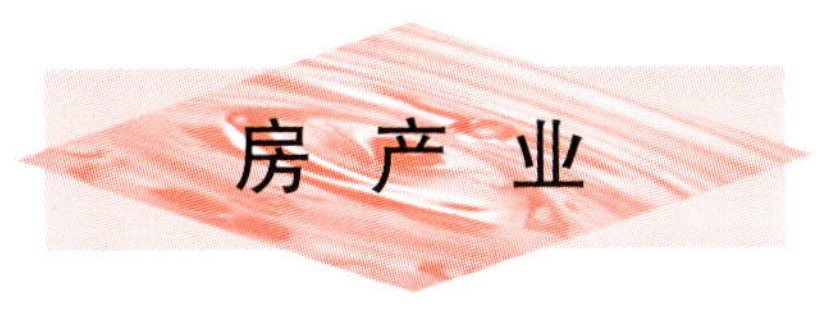

房　产　业

【房产管理概况】 2007年，济南市房产管理事业实现了又好又快的发展。市房管局被授予“全国建设系统先进集体”、“全省建设工作先进集体”等称号。

住房保障体系建设实现新突破。市房管局始终把健全完善住房保障体系，着力解决低收入家庭的住房困难作为工作的重中之重，并全力组织实施，使住房保障工作实现了重大突破。一是较好地完成了城区住房状况和低收入住房困难家庭住房状况的调查任务。对济南市城区住房状况调查数据进行了复核和分析，建立起数据库，撰写了调查报告，初步摸清了城区居民住房状况、收入情况和需求信息。及时组织开展城市低收入住房困难家庭住房状况调查工作，建立起了济南市低收入住房困难家庭住房档案，为解决城市低收入住房困难家庭住房问题提供了基础性数据。还指导各县(市)组织开展了辖区内的住房状况调查工作。二是通过组织开展调查研究、反复论证、积极协调等大量艰苦细致的工作，制定、修改、出台了《济南市经济适用住房管理办法》、《济南市城市低收入家庭廉租住房管理办法》等法规规章和一系列规范性文件，建立起初步的住房保障法规体系，在全省率先实现了保障范围由最低收入家庭到低收入家庭的扩大。三是牵头组织有关部门，精心编制并及时上报了《济南市解决城市低收入家庭住房困难发展规划和年度计划（2008~2010年）》，为开展住房保障工作提供了科学根据。四是按照市政府确定的“廉租房扩大覆盖一批、经济适用房加快建设一批、现有房源收购整合一批”的思路，通过发放廉租住房补贴或实施租金核减、建设适量经济适用住房和廉租住房等措施，分层次、多模式、有重点地解决低收入家庭的住房难题。五是会同有关部门，精心组织，规范运作，严格把关，确保把有限的住房资源和保障资金惠及到真正需要的家庭。年内，认真组织开展了对首批204套经济适用住房的定价，筹集廉租住房161套，对365套保障性住房组织了摇号和选房等工作；对144户特困廉租户实施了实物配租，对136户低收入家庭实行了经济适用住房配售；年内发放租金补贴700万元，已累计发放补贴1441万元，核减租金300多万元，受助家庭累计达7169户次。

住房制度改革工作取得积极进展。制定了棚户区改造工程出售公有住房的有关规定，指导山东东岳公司、中铁十四局等10家企业以不同方式实现了住房货币化分配，帮助济南轻骑集团等9家企业处理了房改售房遗留问题。积极参与部分军队复员干部住房政策的落实工作。全年完成房改售房资料审核5459户，审核归集维修基金4166户、2882万元，审批使用房改售房资金954万元。筹备召开了第九次公积金管委会全体会议，促进了住房公积金的归集、使用和管理。

房地产交易与权属登记管理迈上新台阶。市房管局深入贯彻落实宏观调控各项政策措施，强化房地产市场信息系统建设，改进完善服务举措，推进房地产交易与权属登记规范化管理，有效促进了房地产市场的持续稳定健康发展。一是坚持高水平和适当超前原则，依托自身技术力量，积极筹措资金，开发出测绘成果管理软件，基本完成房产交易与权属登记系统的功能设计和地理信息系统平台的搭建工作，全面实施和完善了商品房预售合同网上联机备案制度，为规范房地产交易与权属登记行为、健全信息发布制度和市场预警预报机制提供了有力支撑。二是深入开展房地产交易与权属登记规范化管理达标工作，召开现场会，推广济阳县的先进经验。章丘市房管局、商河县建设局被省建设厅授予“房地产交易与权属登记规范化管理单位”称号，济阳县房管局被建设部授予“房地产交易与权属登记规范化管理先进单位”称号。加强对初审单位审核工作全过程的指导和监管，健全完善奖励制度和错件追究制度，提高了防范审核业务风险的能力。积极开展房屋权属登记工作调研，为全面落实《物权法》做好了准备。三是加快房屋档案数字化建设步伐，完成房屋档案扫描33.73万卷，整理档案30.34万卷，对当年发生的房产交易和确权登记资料全部实现了数字化管理，提高了房屋档案的管理水平和利用效率。四是不断规范中介市场、房屋租赁和房产测绘管理。年内，完成了127家房地产经纪机构和36家评估机构的登记备案和换证工作。组织开展房地产市场秩序专项整治活动，对845家房地产中介机构进行检查，向其中的198家下达了限期改正通知书，153家非法中介自动停业，有效净化了市场环境；组织开展“十佳中介”评选活动，发挥品牌中介的示范和引导作用；组织开展春季、金秋网上房展及十佳中介房源展，并在报纸上开设精品房源专栏，及时向社会发布房源信息；进一步优化评估机构信用档案系统，初步建立起房地产经纪机构网上备案制度。办理租赁登记9658件，面积122.6万平方米。开展房产测量规范与测绘市场化培训，加强了对房产测绘成果的管理。五是积极配合做好“双清”工作(清理违章建筑和违规建设行为)、资产管理制度改革、企业改革改制等济南市的重点工作，不断加大房产发证历史遗留问题的处理力度。年内，市区共办理房产登记发证97655件；办理房产交易74047件，交易面积1130.50万平方米，交易金额445.86亿元。

物业管理在规范中持续发展。市房管

局从解决群众最关心、最直接的物业企业选聘、业主自治、维修基金等问题入手，积极创新思路，着力破解难题，促进了物业管理工作规范发展。一是不断完善配套政策，着力规范物业企业招投标行为。制定《关于加强新建商品房住宅项目前期物业管理的通知》、《济南市物业管理评标规则(试行)》等配套文件，解决了新建商品房住宅项目开发商无视业主权益随意指定物业企业的问题，规范了物业管理招标备案、合同备案程序和协议选聘物业企业的核准程序，建立了济南市物业管理招投标服务有形市场和专家名册，保证了物业企业选聘工作的公开、公平、公正。年内，完成了6个新建小区的开评标工作。二是不断加大对业主自治工作的指导力度，着力构建和谐社区。先后组织4期培训班，对260余名业主委员会骨干进行物业管理政策培训，着力提高其自治能力；制定《关于印发物业管理有关工作程序的通知》，进一步规范了业主委员会备案程序。年内，指导帮助23个居民小区成立了业主委员会。三是组织开展了济南市物业管理市场秩序专项整顿工作，着力提高物业服务质量。严格物业企业资质管理，新批三级资质企业48家，资质升级25家，完成了资质年检工作；进一步完善市、区两级物业管理投诉处理制度，办理市长公开电话急办件38件，下达物业管理投诉督办件24件，严厉查处物业服务标准降低、乱收费等违规行为；指导各区协调处结了东环国际、汇统花园等11个物业管理项目出现的矛盾纠纷，维护了小区的和谐稳定。年内，有12个物业管理项目被评为省优，1个项目通过了国优初检。四是充分发挥物业管理协会的桥梁作用，着力提高行业自律和服务水平。组建协会秘书处，发展会员单位225家，为强化行业管理搭建起平台；制定物业管理行业自律公约和行业服务规范，编辑刊物，编制岗位技能培训大纲，培训学员570余人次，促进了行业自律和服务水平的提升。五是大力推进维修基金管理模式创新，不断规范完善维修基金管理。印发《关于调整济南市商品住宅维修基金缴存方式的通知》，变过去由开发企业代收代存维修基金为购房人直接到银行缴存，并把维修基金缴存作为房产登记申请的前置条件；严格做好维修基金利息支用管理，审批支用利息180笔、198万余元；会同市执法局成立联合执法组，对2004年以来开发企业代收维修基金情况进行检查，向29家代收单位下达了限期整改通知，申请法院强制执行2家，催缴维修基金3200余万元，较好地解决了维修基金缴存不及时和违规挪用的问题。年内，归集商品住宅维修基金3.06亿元，累计归集商品住房维修基金和已售公房维修基金14.82亿元。济南市物业管理企业已发展到358家，从业人员2.28万人；物业管理总面积达到4780万平方米，其中住宅面积3790万平方米。

房政管理进一步加强。坚持从完善规章制度、增强行政效能、规范运行机制、提高服务水平入手，多措并举，扎实推进了房政管理向纵深发展。一是加大立法工作力度。认真编制年度立法计划，积极协调有关部门出台了经济适用住房管理办法和廉租住房管理办法，大力开展城市房屋权属登记管理办法、城市房地产抵押管理办法等规章的起草、调研、送审等工作，参与了8项地方性法规、规章的修改、会签工作。二是不断改进和完善房管分中心建设。全面梳理分中心的行政审批事项，开展“窗口服务月活动”，着力提高便民服务质量；与市行政审批中心网站建立链接，实现了审批事项的网上公开。完成房产管理的地方性规章、规范性文件的清理上报工作，编制政务信息公开指南和目录，进一步提高了政务公开水平和公共服务能力。全年办理行政审批事项136件，提供咨询服务1800余人(次)。三是严格直管公房产权管理。对5家房产经营单位2006年度受托房产经营各项指标完成情况进行了全面考核，确保国有资产保值增值；采取逐幢、逐户实地核查的方式，开展直管公房核查，基本摸清和掌握了济南市直管公房存量房产及管理现状；严格直管公房接撤管工作，全年接撤管房产建筑面积1.59万平方米；更新完善并换发《直管公房租赁合同》文本，维护了当事人合法权益；组织开展直管公房产权处置、连片改造调研，提出了合理化建议。四是高度重视信访工作，妥善解决房产历史遗留问题。继续坚持局领导接访制度、领导包案制度、值班备勤制度、疑难案例分析制度，成立专项工作组，不断加大信访工作力度，维护了社会稳定大局。全年共接待来访群众2300余人次，受理群众来信53件，办理上级转办、交办55件，答复复查36件；参与行政诉讼55件、民事诉讼71件、行政复议9件，协助执行查(解)封房产2861件。市房管局被评为全省建设系统信访工作先进集体和济南市信访工作先进单位。

直管公房维修经受住特殊考验。为确保群众居住安全，市房管局组织召开房屋维修工作会议，制定年度维修计划，广泛发放房屋维修服务卡、便民服务手册，健全了危旧房普查、定期检查、汛期巡查、房屋报修、质量回访等制度。加强劳模维修热线建设，年内处理房屋报修1.7万余次，抢修9000余次。成立济南市直管公房防汛领导小组，建立应急预案和抢险队伍，实行24小时值班，及时排查险情。在“以租不能养房”的困难情况下，积极筹措资金2400余万元，维修房屋20.3万平方米，确保房屋安全渡汛。在“7·18”特大暴雨中，济南市直管公房没有发生一起塌房伤人事故，得到了市领导和社会各界的充分肯定。

信息宣传和调研工作取得新成绩。通过多种渠道，采取多种形式，及时把房管政策送到千家万户，把房管工作告知社会各界，营造出良好的社会舆论氛围。年内，全系统在各类新闻媒体刊发稿件2600余篇，其中影响较大的专题报道80余篇。调研和理论研究成果丰硕，有23篇思想政治工作论文在省建设系统和市政研论文评比中获奖；24篇工运论文被评为省建设系统优秀论文，占全部获奖论文的24%；撰写了10余篇较高质量的调研报告，有6篇调研报告在全省建设系统、济南市建设系统分别获得一、二、三等奖。全年编发《房管信息》30期，刊发信息258篇(条)，有30余篇(条)被上级部门采用。

【"平改坡"和房屋综合整治工作】 市房管局自觉服从和服务于济南市改革发展工作大局,按时保质完成了市政府部署的各项工作任务。一是研究制定《济南市房屋整治工程实施意见》、《济南市房屋整治工程专项资金管理办法》等配套政策,召开济南市房屋整治工作会议,建立工作机构,切实加快了市区主要干道两侧和重要景观区域周边房屋的"平改坡"与立面装新工作步伐。年内,完成房屋"平改坡"90幢,设计施工图纸120幢。二是组织开展住宅小区的环境绿化、干道整修、排污管道疏通、商业网点和集贸市场整顿等综合整治,累计整治小区153个,有效改善了居民居住环境。三是克服房管部门自身生产经营困难,积极支持企业改革改制。年内与16家企业签订了《直管公房产权划转协议》,划转直管公房30处、建筑面积1.02万平方米。四是认真做好旧城棚户区改造的服务配合工作。对济南市危旧房屋片区基本情况进行了调查摸底,为政府决策提供了准确依据;及时印发《关于暂停办理旧城棚户区范围内直管公房有关手续的紧急通知》,规范了棚户区改造范围内房屋置换、经营管理等工作;组织力量加班加点,按时保质完成了14个棚户区、2个重点工程、6344户被拆迁户住房面积低于43平方米的其它住房情况的核查任务,有力促进了棚户区改造工程的顺利开展。五是继续做好济南市行政事业单位资产管理制度改革的服务工作。完成行政事业单位资产划转281件、建筑面积33.17万平方米,办理房产抵押373件、建筑面积36.05万平方米,房屋鉴定17件、建筑面积4.78万平方米,房产测绘32件、建筑面积10.95万平方米。

【生产经营工作】 面对国家对房地产业趋紧的宏观调控政策、日益激烈的市场竞争和种种不利因素,各生产经营单位迎难而上,努力化解各种瓶颈制约,基本实现了平稳发展。济南市房管局房地产开发新开工6.5万平方米,在建41.5万平方米,竣工4.6万平方米,销售9.7万平方米,经济效益显著提高;多种经营取得积极进展,有效增加了职工收入,拓展了就业领域。公房管修处房地产开发保持了适度规模,更加注重开发效益;物业管理适度发展,管理面积达到120万平方米,实现收入1633万元;房产经营与房屋维修效益持续增长,实现总收入1170万元。房建集团房地产开发、物业管理、工程装饰、汽车修理等都实现了年度创收目标。登记中心大力推进房地产市场信息系统建设,着力提高房产交易与权属登记水平,有效提升了房产管理现代化水平;置业担保公司全年办理住房担保业务370件、商品房预售监管业务77笔、代理业务4620单。设计院全年完成房产测绘1236万平方米,房屋安全鉴定35万平方米,超额完成了年度目标。拆迁办公室积极承揽和实施拆迁工程,大力做好房产经营和清欠工程款工作,实现经济收入120万元。服务中心较好地完成了交办的各项工作任务,开发项目取得积极进展,追回了部分投资款,妥善处理了有关债务问题。济南市房管局继续保持了安全生产的良好局面,没有发生1起安全生产责任事故。

【住宅建设】 2007年,济南市辖六区城镇各类房屋竣工建筑面积427.11万平方米,其中住宅竣工建筑面积228.69万平方米;减少(拆除)房屋建筑面积97.01万平方米,其中住宅66.30万平方米。据统计,截至年底,市辖六区城镇实有各类房屋建筑面积12233.02万平方米,其中住宅建筑面积7713.88万平方米,人均住宅建筑面积27.81平方米,人均住宅使用面积21.00平方米。

【全市房产登记交易量持续增长】 2007年,济南市住房结构性矛盾得到缓解,房价基本稳定,供需基本平衡,交易登记总量持续增长,房地产市场继续朝着宏观调控的预期目标运行发展。全市商品住房成交16516套,成交面积208.61万平方米,成交金额75.04亿元,同比分别增长17.0%、9.0%和26.3%。全市二手住房成交15684套,成交面积133.53万平方米,成交金额38.31亿元,同比分别增长16.4%、13.1%和36.2%。

【商品住宅维修基金缴存方式调整】 1月5日,市房管局依据《山东省商品房销售条例》和《济南市住宅共用部位共用设施设备维修基金管理暂行办法》,决定自3月1日起将由开发企业或物业管理企业代收代缴购房人缴存维修基金的方式,调整为购房人持维修基金缴存通知单直接到维修基金金融业务承办银行缴存。调整之后,对未缴存维修基金的,房管部门不予受理房屋所有权转移登记的申请。市房管局在各小区公示了已缴存维修基金的帐目明细,以便接受业主的监督。

【"农行杯"2006年度济南市房地产服务业"十佳中介"】 3月26日,市房管局组织开展的"农行杯"2006年度济南市房地产服务业"十佳中介"评选活动结果揭晓。通过网站投票、新闻媒体公告和现场勘查,山东昊宇房地产营销策划有限公司、济南百居安房地产咨询有限公司、济南百替房地产营销置换有限公司、济南亿家乐房产经纪咨询有限公司、济南金色家园房地产经纪有限公司、济南万亨房地产经纪有限公司、济南新龙房产策划有限责任公司、济南正源房地产评估事务所有限责任公司、山东新永基房地产评估咨询有限公司、济南中正房地产评估咨询有限公司10家房地产中介机构被评为"农行杯"2006年度济南市房地产服务业"十佳中介"。

【长清区首个经济适用房小区正式开工】 4月30日,长清区首个经济适用房小区——雅居花苑小区举行开工奠基仪式。该小区规划总用地面积19.86公顷,居住用地15.95公顷,规划总建筑面积22.65万平方米,总投资2.5亿元,规划总居住户数1956户。户型控制为中小套型,面积分别为60、80平方米左右,主要满足中低收入者基本居住需求。该工程建设分两期三年完成,一期工程计划年底主体竣工。

【济南市经济适用住房及廉租住房政策出

台并实施】《济南市城市低收入家庭廉租住房管理办法》、《济南市经济适用住房管理办法》已经市政府第50次常务会议审议通过，于8月24日正式公布，9月1日开始实施。8月30日，市政府研究通过了济南市2007年度享受经济适用住房和廉租住房政策有关标准，并向社会公布。调整后的廉租住房政策，扩大了保障范围，提高了保障标准，增加了实物配租保障方式。新出台的经济适用住房政策，规范了济南市经济适用住房的建设、交易和管理工作，明确了经济适用住房的申购条件、申请审核程序、上市交易等问题。住房保障新政出台实施后，市辖六区内的低收入住房困难家庭的住房问题可通过实物配售、廉租住房租金补贴、廉租住房实物配租及廉租住房租金核减等途径得以解决。

【济南市首个经济适用住房小区销售基准价格及同地段商品房价格确定】 济南市第一个经济适用住房项目——“世纪中华城”一期工程的销售基准价格及同地段商品房价格经市政府审议通过，并向社会公布。备受社会关注的“世纪中华城”一期工程的价格认定程序严格执行了《济南市经济适用住房管理办法》的相关规定，其销售基准价格和同地段商品房价格由市物价局会同市房管局、市财政局依据相关政策规定进行核定。在组织召开价格听证会后，9月21日，经市政府签批，经济适用住房“世纪中华城”一期工程最终确定：销售基准价格为2242元/平方米，同地段商品房价格为3100元/平方米。

【济南市经济适用住房部分房源信息正式向社会公布】 11月15日，济南市首批经济适用住房项目世纪中华城的204套房源信息正式公布。本次提供的204套经济适用住房户型均为一室一厅，建筑面积在51.07平方米至63.04平方米之间，楼层为一到六层，销售平均价格为每平方米2242元。其中，最高价为每平方米2380元，最低价为每平方米1932元。济南市首批经济适用住房将采取公开摇号的方式确定买房人和选房顺序。

【济南市首批廉租住房实物配租选房工作顺利结束】 12月18~21日，济南市首批廉租房实物配租选房工作顺利进行。共有144户低收入家庭选中了自己满意的房子，12户家庭由于多种原因放弃了选房机会。剩余的17套房源将予以保留，转入下一次廉租房实物配租房源。

【市房管局组织举办济南市金秋二手房网上房展】 为给济南市棚户区改造、重点工程建设提供优质安置房源，给广大市民提供安全、便捷的二手房交易服务，11月6日至12月6日，市房管局组织房地产服务业“十佳中介”机构开展了为期1个月的“济南市金秋二手房网上房展”活动。此次活动向广大市民提供了低价位、小户型待售房源和租赁房源千余套，各中介机构在网站上发布信息的同时，《生活日报》开辟了房源专版。活动期间，各中介机构承诺对被拆迁安置居民和城市低收入居民实行佣金优惠。

【2007年度济南市物业管理优秀项目】 11月30日，市房管局组织完成了2007年度济南市物业管理优秀项目的达标考评

2007年度济南市物业管理优秀项目名单

项目名称	项目类型	管理单位
龙居华庭小区	小区	平阴嘉宜物业管理有限公司
彼岸新都	小区	深圳市万厦居业有限公司济南分公司
章丘市正大名泉花园	小区	济南正大物业管理有限责任公司
明堂小区	小区	章丘市明堂物业管理有限公司
汇富苑小区	小区	济南汇富物业管理有限公司
环秀山庄	小区	济南环秀物业管理有限公司
锦绣泉城一期	小区	济南齐华物业管理有限公司
龙泉山庄·师大新村	小区	山东中房物业管理公司
齐鲁·涧桥小区	小区	山东安和物业有限公司
银座怡景园	小区	济南银座久信物业管理有限公司
名士阁小区	小区	济南济发物业有限责任公司
齐鲁·花园小区	小区	山东安和物业有限公司
三箭·如意苑一期	小区	山东豪商物业管理有限公司
伟东新都一区	小区	上海诚成物业管理有限公司济南分公司
省高院阳光舜城住宅小区	小区	山东省诚信行物业管理有限公司

续表 1

项目名称	项目类型	管理单位
银丰山庄	小区	山东银丰物业管理有限公司
龙力·天润苑	小区	济南龙力物业管理有限公司
山东省人民检察院办公楼	大厦	山东鲁能物业公司
济南市中区法院综合审判楼	大厦	山东广安物业管理有限责任公司
济南市质量技术监督局办公楼	大厦	济南天建物业管理有限公司
精英爱特公寓	大厦	山东省诚信行物业管理有限公司
齐鲁软件园创业广场	大厦	山东宏泰物业发展有限公司
济南高新技术创业服务中心(生物医药基地)	大厦	济南科瑞华物业管理有限公司
山东省省委党校高层公寓	大厦	润华集团山东物业管理有限责任公司
济南数码港大厦	大厦	山东宏泰物业发展有限公司
山东黄河河务局办公楼	大厦	深圳市国贸物业管理有限公司济南分公司
中银大厦	大厦	济南中银物业有限公司
山东文教大厦	大厦	山东文惠物业管理有限公司
山东省卫生厅办公楼	大厦	济南济发物业有限责任公司
济南市商业银行大厦	大厦	深圳市龙城物业管理有限公司济南分公司
省公安厅指挥中心办公楼	大厦	山东中房物业管理公司

工作,决定授予名士阁小区、山东省人民检察院办公楼等31个项目为“济南市物业管理优秀住宅小区(大厦)”,并向社会公布了评比结果。

(李　岳)

园林绿化

【概况】 2007年,济南市园林事业以建设“生态园林城市”为目标,以迎接第十一届全运会为契机,各项工作取得了又好又快的发展。全年共完成新建绿地426万平方米,栽植乔灌木484万株、垂直绿化苗木17.95万株,建成区绿化覆盖率、绿地率和人均公共绿地面积分别达到36.8%、31.5%和9.5平方米。新建、维修、改造公园景区和景点20余处,完成投资4.73亿元。

1.重点建设工程顺利推进。9月29日,省委常委扩大会后,大明湖综合整治、环城公园通航及景观整治被列为泉城特色标志区建设重点工程,百花公园全民健身中心建设、“十园”亮化、园林绿化提升以及道路环境整治等,被确定为迎“十一运”重点推进项目。在时间紧、任务重、要求高、牵扯面大的情况下,园林局科学规划,狠抓落实,取得了阶段性建设成果。

大明湖扩建改造工程。完成扩建规划的调整完善和一期拆迁工作后,于10月12日正式开工。开工后,主要开展了秋柳园建设和挖湖清淤、湖岸砌垒、苗木栽植等工作。至年底,完成工程投资7.6

10月12日,大明湖扩建改造工程正式开工。图为开工仪式现场。　(市园林局供稿)

亿元。

环城公园通航及景观整治工程。一期建设于4月29日完成，解放阁至五龙潭河段全程2.7公里实现了通航，“船游泉城”成为济南市旅游新亮点。二期工程规划策划已完成，2008年正式开工建设。

园林展会和申办工程。9月16日至11月25日，由省建设厅、市政府主办，市园林局承办的第二届山东省城市园林绿化博览会，在济南植物园举行，全省17地市及国内30多个城市参会，创造了全省园博会有史以来的最大规模和最高水平。积极参加展第六届中国国际(厦门)园林花卉博览会和第九届中国(无锡)菊花展览会，均荣获最高级别奖项。圆满完成了第七届中国国际园林花卉博览会申办工作，成功获得了承办权。

2.城市绿化建设管理水平明显提高。城市绿化工作以突出重点、打造亮点为原则，以“公园建设启动年”为突破口，大力实施了增绿工程，道路绿化、荒山绿化、社区绿化水平得到全面提高。一是实施了城区道路绿化整治提升、龙奥大厦环境绿化、大学科技园绿化三大工程。道路绿化整治重点实施了党杨路等20条道路、七彩广场等11处游园的建设与提升，完成了北园大街绿化设计方案征集和绿化施工单位的招投标工作，开展了英雄山等风景林地的规划建设与综合整治。龙奥大厦绿化工程至年底基本完成。大学科技园绿化工程，主要实施了中心区和道路绿化，实现了园区景观湖的顺利开工。二是大力推进规划建绿，实行“绿线”管制制度。划定了腊山、郎茂山等7处区级公园绿线。三是积极开展“公园建设启动年”活动。实施了郎茂山、腊山、洪山、凤凰山、文昌山区级公园的规划设计和部分基础设施、景点建设。四是实施拆违后的建绿工作，增加绿化面积8.2万平方米。五是广泛开展春季、雨季全民义务植树活动，大力实施近郊可视荒山绿化。着力推进单位庭院、居住区绿化，垂直绿化，拆墙透绿，屋顶绿化，古树名木、绿地认养等社会绿化工作，提高了城市绿视率。六是完成市区“五一”、“十一”节日美化工作，营造了节日喜庆气氛。七是坚持依法行政，完成了行政审批、施工企业管理以及配合行政执法，查处毁绿占绿案件等工作。

3.公园景区建设管理工作迈上新台阶。按照“以人为本、生态优先、因地制宜、文化建园、品位经营”的理念，狠抓景区景点建设和园区绿化改造以及卫生保洁、经营服务等管理工作。全年共调整、栽植苗木18.5万株、水生植物1.2万株，改造、新植地被13.2万平方米。主要完成了趵突泉“五三”纪念堂、千佛山南大门、植物园婚庆园等景点建设和动物园长颈鹿馆、熊猫馆、草食动物散养区及跑马岭野生动物世界基础设施等场馆改造，中山公园、百花公园环境改造，英雄山风景区山体及周边环境系统整治以及泉城公园映日湖、荷花池水质治理等等。开展了国家重点公园申报工作，趵突泉公园被列为国家重点公园，完成了大明湖、千佛山重点公园申报事项。十园亮化工程完成了大明湖南门、西南门，趵突泉南门、北门，五龙潭公园南门，环城公园解放阁，千佛山景区南门、东门等10余处灯亮建设。百花公园全民健身中心完成了工程立项、建筑设计等前期准备工作。全年共举办各类游园活动80余项，创造了良好的经济效益和社会效益。风景名胜区总体规划编制、报批工作也取得较大进展，大明湖风景名胜区的总体规划获省政府批复，重新编制完成了千佛山风景区总体规划。积极落实省、市“两会”人大建议和政协提案，在趵突泉、五龙潭公园新建两处“饮水点”。

4.加大名泉保护管理力度，实现泉水持续喷涌目标。围绕保持泉水持续喷涌这一目标，结合泉水申报国家自然遗产、自然与文化双遗产“申遗”工程，加大名泉保护管理力度。采取实地调研、现场督查，启动应急预案，落实置采、封井、补源、增雨、节水等措施，成功地克服了地下水位一度下降的不利因素，保持了泉水全年持续喷涌。至2007年底，泉水已连续喷涌1500余天，创造了1976年以来持续喷涌的最长纪录。

5.依法整治违法违章建设成效显著。全市依法整治违法违章建设动员大会后，积极响应市委、市政府号召，在充分排查摸底的基础上，坚持整治与提升并重，集中力量实施了园林系统有碍城市景观的违章建筑整治。共拆除各类违章建筑2200平方米，较好地完成了拆除任务。

6.园林生产经营、科研教育等工作取得新成绩。各苗木生产单位引种、繁育、出圃苗木约90万株，各工程建设单位承揽绿化工程实现工程造价2.2亿元。完成了《城市绿化管理办法》的调研报告，发布实

2007年7月19日，千佛山新建南大门建成启用。（吕传泉摄）

施了《济南市"十一五"园林绿化事业发展规划》。开展了多项科技研究,其中,1项被列为市科技攻关项目,1项被推荐申报省级科技成果重点推广项目,1项获市科学技术进步三等奖。 (曹 青)

【济南市名泉保护管理办公室】 济南市名泉保护管理办公室隶属于济南市园林管理局,为全额预算管理县级事业单位,内部设综合科、监察科、技术科,编制15人,实有人数18人。主要职责任务是拟定名泉保护法规、规章,规划论证全市名泉保护实施方案,并组织实施;调查名泉分布情况,建立名泉档案;会同有关部门查处破坏名泉和违章建筑行为;承担济南市名泉保护委员会办公室的日常工作。

1.立法保泉。2005年9月,济南市人大常委会正式颁布实施了《济南市名泉保护条例》。该条例的颁布实施,为名泉保护提供了有力的法律支持和保障。2006年4月,济南市政府制定实施了《济南市保持泉水喷涌应急预案》,对最大限度地减缓泉域地下水位下降速度、延长泉水喷涌时间具有重要作用。

2.多种举措保证泉水持续喷涌。①人工增雨。2006年以来,市政府加大人工增雨投入,在南部山区建立人工增雨(雪)基地,设立了10处人工降水火箭和火炮作业区,27个固定作业点,增雨效果明显。②水源置换。济南市投资20多亿元,先后修建了库容量4600万立方米的鹊山调蓄水库和库容量4850万立方米的玉清湖水库。两座水库设计日供水能力80万立方米,为保持泉水持续喷涌发挥了极其重要作用。③封井保泉。从2003年起,全市共封闭深层井329眼、浅层井2200余眼,年减少地下水开采量近千万立方米。④回灌补源。通过卧虎山水库每年放水近1000万立方米,补给地下水源,为保持市区地下水位稳定起到重要作用。⑤绿化保泉。济南市先后在南部山区实施了绿化保泉一期和二期工程、续建工程和大环境绿化工程,建造森林面积约3333.33公顷,使南部山区森林覆盖率由实施工程前的14.5%增加到40.1%,大大增加了森林涵养水源的能力。

3.积极保护泉文化。对济南辖区范围内泉水的历史、现状、碑刻、周围环境等展开详细调查。经调查,全市共有泉水645处。市政府每年投入专项保泉资金,先后抢救修复了曾被填埋占压的名泉50余处。围绕名泉的抢修、修复和名泉风景区的建设,市政府先后投资5亿多元,实施趵突泉公园、大明湖风景名胜区的扩建和五龙潭公园、黑虎泉的综合整治以及玉绣河建设等工程,大大提升了泉水的景观效果。2005年,市政府投资近亿元,修复建于宋代的"府文庙";改造泉水主要街区芙蓉街,保护街巷、古建筑、泉池、泉渠。先后编写出版了《济南名泉大观》、《济南七十二名泉》大型摄影、书法精装画册和《济南名泉保护战略对策及其措施》、《济南名泉文萃》、《抚今追昔话保泉》等书籍,拍摄电视专题片《泉之城》、《泉情——济南保泉纪实》、《泉城济南》等,制作发行了庆祝泉水复涌首日封及趵突泉复涌的个性化邮票。2007年3月,组织专家学者对《济南新七十二名泉碑记》进行修改审定。

4.泉水申遗工程。2006年6月,市政府在舜耕山庄召开了济南泉水申报《中国国家自然遗产、自然与文化双遗产预备名录》工作会议,年底,正式向省建设厅、国家建设部上报了济南泉水申遗的相关文件。

5.开展名泉保护重大学术课题研究。加强对泉水、泉文化与泉城建设、经济发展和生态环境保护关系的研究,开展泉水历史溯源、济南西郊水源地开发利用、保持泉水常年喷涌等学术课题研究。

(薛在银)

市容环境卫生

【概况】 2007年,全市市容环卫系统按照"维护省城稳定、发展省会经济、建设美丽泉城"的总体要求,大力推进精细工作、精细管理、精细作业、精细服务,各项工作达到了年度目标任务要求。

1.生活垃圾的无害化处理进一步规范。在修复完善运营300吨/日垃圾渗滤液处理设施的基础上,按照省会城市创模标准要求,投资400余万元,增设了膜处理系统,2007年正式投入运行。处理后排放的污水达到国家一级排放标准,截至年底,累计处理垃圾渗滤液污水8.2万吨。垃圾填埋作业进一步规范。严格按照技术标准要求作业,对垃圾按作业单元及时进行填埋、压实、覆盖,全年共卫生填埋生活垃圾77万吨,垃圾无害化处理水平进一步提高。继续对生活垃圾无害化处理厂区进行环境综合整治,并选择专业公司对厂区进行除臭灭蝇作业,有效控制了臭味并降低了蝇密度,厂区环境进一步改善。开始运营垃圾填埋气体发电项目,截至11月底,累计收集填埋气体420万立方米,发电305万度,实现了垃圾处理无害化和利用资源化。12月24日,国家建设部对生活垃圾处理设施运行管理工作进行检查,对济南市采取的垃圾处理厂综合整治措施和生活垃圾处理工作给予充分肯定。

2.城区道路保洁质量不断提高。完成第四批道路保洁招投标工作,并对部分路段保洁标准进行了提升;通过招标和调整,全市道路保洁招投标总面积达到1262万平方米,主次道路机扫率达到55.1%,洒水冲刷率达到95.3%。按照《济南市城市环境卫生管理条例》的有关规定,严格执行环境卫生保洁责任区制度,保持、巩固、提升重点道路、重点区域的保洁水平,强化区、街属地管理责任,督促协调区、街办、居提升街巷等薄弱区域的保洁水平。进一步改进规范作业方式,加大对招标道路的检查、监管力度,切实提高机扫、洒水冲刷实效。加强道路保洁应急处置能力。"7·18"特大暴雨和冬季几次降雪后,及时启动《环卫系统特殊天气工作预案》,尤其是针对大雨后容易产生扬尘的问题,推行了及时适时冲洗、洒水、清淤、冲刷措施,取得良好效果。

3.公共环卫设施建设取得新进展。2007年共新建改建公厕32座、垃圾中转站(箱)22 处,新建改造保洁员公寓 14 处,新增果皮箱 1375 个。日处理 200 吨的城肥处理一期工程建成投入运行,运行效果良好,达到国内先进水平。第二生活垃圾处理厂建设的各项前期工作扎实有序推进。

4.垃圾死角排查清理和渣土综合整治工作向纵深发展。按照市区结合、以区为主的原则,借助集中整治的有利时机,对城区内垃圾死角进行排查,落实责任主体、责任单位,协调督促清理;对无主垃圾,组织专业队伍清理。督促协调区、街办(镇)和村(居)配建设施,完善规范垃圾收集制度,努力遏制垃圾死角回潮。

针对渣土处置现场性、流动性、反复性强的特点和实际,会同建设、城管执法、公安、交警、巡警等部门,按照"抓两头、控途中"的工作思路,实施部门联动,形成合力,对建筑渣土排放实施综合管理、综合整治。一是会同建设、城管执法等部门着力抓好建设工地源头管理,对重点工地实行盯靠管理,采取督促建设单位实施出入口硬化、控制装载量、使用经核准的运输单位、密闭篷盖、冲刷清洗车轮车体等措施,控制撒漏和污染。按照市政府部署,自 2006 年 11 月 8 日开始,市建委、市市容环卫局、市城管执法局等部门联合开展了全市施工工地渣土专项整治集中大检查。采取昼巡夜查和重点监管相结合,上半夜、下半夜定时与不定时检查相结合的方法,以抓源头为主,对重要区域、重要路段、重要时段的重要工地进行不间断检查,共出动车辆 180 余台次,人员 480 余人次,检查施工工地 68 处,重点检查整治 21 处,责令整改 15 处,发出限期整改意见书 16 份,对 6 家建设、施工单位依法进行了处罚。二是会同城管执法、公安交警、巡警等部门着力做好建筑垃圾运输途中的跟踪管理,严控撒漏乱倒行为,加强对重点工地、重点区域、重点路段、重点时段的巡查管理,一旦发现撒漏和乱倒行为立即查处;进一步落实"一盯、二巡、三清"的工作措施,实行驻区管理和社会举报奖励机制,此项工作与交警开展的大货车违法行为专项整治行动紧密结合,取得较好效果。三是推进渣土处置场建设,已协调各区进行了场址初选等前期工作,下一步重点是筹措资金,加快推进实施。

5.着力解决市容环境卫生热点难点问题,为民服务水平进一步提高。一是继续规范垃圾收集和运输。城区各街办严格落实了小袋装大袋、一日两收集和全天巡检的作业制度,全市垃圾袋装收集率达到 85%以上;城区垃圾实现了日产日清,并通过增购密闭运输车辆、取消部分铁质垃圾台等措施,进一步提高垃圾密闭运输率。二是继续推行环卫设施的标准化卫生养护,做到及时清洁养护,提升服务形象和水平。三是大力推进环卫进社区、进村居。推广历城环卫进社区、槐荫环卫进村郊的经验,结合城中村改造,以"城中村环境卫生委托管理"模式推进城中村环卫专业化管理。四是推行更加方便群众的粪便清除工作机制。本着"先解决、后协调、再规范"的原则,对效益差的单位的化粪池进行无偿清挖服务。五是多方筹措资金,增购环卫专用车辆 66 辆,环卫作业机械化水平进一步提高。

6.市容环卫事业科学发展的基础性工作取得新突破。一是编制完成《济南市市容环境卫生事业"十一五"发展规划》,确定了"十一五"时期环卫事业的指导思想和发展目标、具体指标和任务及环境卫生发展规划。二是正式出台并实施了《济南市城市环境卫生管理条例》,为实现市容环卫长效管理提供了法律依据和保障。三是认真总结环卫作业与管理的成功经验,研究细化修订各项作业服务的标准,修订完善了《济南市环卫作业质量标准与考核方法》。

【济南市生活废弃物处理中心成立】 为切实加强济南市生活废弃物处理工作,不断改善市容环境卫生水平,经济南市机构编制委员会办公室同意,撤销济南市无害化处理厂,设立济南市生活废弃物处理中心。该处理中心为济南市市容环卫局所属全额预算管理正处级事业单位,主要职能是负责城市生活废弃物的无害化处理。人员编制为 170 人,内设机构为:办公室、财务科、政工科、基建科、科技科、保卫科、垃圾填埋科、垃圾焚烧科、垃圾制肥科、污水处理科、城肥处理科(城肥处理站)。按有关规定设立党支部、工会、团支部等组织。

【济南市生活垃圾渗滤液处理后达到国家一级排放标准】 9 月 7 日,济南市垃圾渗滤液膜处理项目投产运行,标志着垃圾无害化、资源化处理迈上了新台阶。该项目的投产运行,解决了垃圾渗滤液严重污染周边环境、影响周边群众生产生活的问题,对保护耕地、减少环境污染、保障城乡居民健康将起到极大作用。该项目年内投资 400 余万元,增设了膜处理系统,处理后排放的污水达到国家一级排放标准,截至年底,累计处理垃圾渗滤液污水 8.2 万吨。

【"7·18"特大暴雨应急处理取得显著效果】 7 月 18 日下午,济南突降特大暴雨。按照市委、市政府的部署和要求,市市容环卫系统立即启动《环卫系统特殊天气工作预案》,全力以赴,应对突如其来的暴雨对环境卫生作业的影响。重点实施了道路应急清淤清理保洁、环卫设施检修、垃圾污物及时外运处理等工作,保证了全市环卫设施和环卫作业正常运行。

暴雨即停,全力做好道路清淤清理保洁。济南市的地形容易引起暴雨过后城区道路积存大量泥沙、污物及部分地段严重积水,针对这一问题,全市市容环卫系统及时安排部署,做到暴雨后人员到位、车辆设备到位、指挥调度到位,根据责任分工,立即投入道路清淤清理和保洁工作。自 19 日凌晨始,从市局到各区局、各街道办事处环卫所和各作业公司的领导班子与 5100 名一线环卫干部职工坚守道路工作一线,分工分段负责,通宵跟班作业,全力清除道路淤泥、沉沙和雨流冲击的砖瓦石块。对积淤量较小的地段采取人工清理;对积淤量较大的地段实施装载机并辅以人工清理;对由于山体破损造成的局部大厚度(最厚约 1 米)泥沙实施机械人工不间断清理;对由于路面积水引起的半流体泥浆采用尼龙编织袋收集清理。通过采取有效的应急措施,19日上午城区主要道路交通基本畅通,卫生水平较好。截至22日下午,全市环卫部门共出动各类作业车辆179台套,清理道路淤泥、沙石、砖块共计6100余吨,基本恢复了正常的城市环境卫生水平。

争分夺秒,抓紧修复受损的环卫设施。由于受暴雨强大水流冲击的影响,导致全市多处环卫设施冲毁、进水,影响正常使用。全市市容环卫部门按照责任区划分及时对垃圾中转站、公共厕所等环卫设施进行了全面排查检修,使遭洪水破坏的环卫设施恢复正常。

全力以赴,确保垃圾粪便及时收运和处理。针对暴雨过后桥涵积水引起的车辆通行困难等问题,各级环卫部门通力协作、密切配合,科学调度安排车辆和运输路线,确保全市每日2300吨生活垃圾和440吨粪水的及时收集、运输和处理。

认真总结经验,进一步健全完善全市市容环卫系统抢险救灾应急预案。经过"7·18"暴雨事件,市容环卫系统认真总结经验,在原有的《环卫系统特殊天气工作预案》的基础上,按照市委、市政府的部署和要求,进一步建立健全应对突发事件的紧急处置机制,在组织领导落实责任制度、科学调度安排、及时抢险救助及相关责任追究等方面,结合市容环卫工作实际,进一步做出详细具体的安排,以保证济南市公共基础设施的正常运转,切实维护好全市卫生环境。

(刘　猛)

环境保护

【概况】 2007年,济南市环保工作以保护群众健康为出发点,围绕通过污染减排改善环境质量这一中心任务,努力推进资源节约和环境友好型社会建设,圆满完成年初确定的各项环保工作任务。全市环境质量总体稳定,部分指标有所好转。环境空气质量保持稳定。市区环境空气质量良好以上天数占85.2%,较上年增加1.1个百分点;环境空气三项主要污染物中,二氧化硫、二氧化氮年均浓度达到国家环境空气质量二级标准,可吸入颗粒物年均浓度超标0.1倍。水环境质量有所改善。地下水水质良好;黄河水质达到地表水Ⅲ类标准;鹊山、玉清湖、锦绣川、卧虎山和狼猫山5水库总氮超标,但水质较上年有所改善;小清河源头断面睦里庄水质有所好转,出境断面辛丰庄水质略有下降;徒骇河水质较上年有所好转,但仍有超标现象;大明湖水质呈轻度富营养化状态,较上年有所好转。市区声环境质量总体状况良好,交通噪声为69.6分贝,昼间区域噪声53.2分贝,夜间区域噪声43分贝,均达到国家相应标准。

1.污染物排放总量削减。强化污染减排的组织领导。成立由市长张建国任组长的节能减排领导小组,制定了《2007年济南市主要污染物减排计划》和《济南市节能减排综合性工作实施方案》,市委、市政府多次召开专题现场会议,逐个研究解决减排项目实施过程中存在的问题。各有关部门主要领导亲自抓环保,层层签订目标责任书,形成党委政府领导、环保牵头组织、部门联动配合、企业积极参与、全社会密切关注的节能减排攻坚机制。着力加强对重点污染源和城市污水处理厂的管理,及时消除超标排污因素。建立领导包片负责制,全面实行主要污染物减排动态管理,实行月调度、季汇总、半年通报制度,定期对区域主要污染物总量增减情况进行分析与上报,组织对重点减排项目和减排工作进行督查,建立起污染减排台账制度,确保各项目标任务落到实处。积极推进污染减排工程建设,加强督查推进脱硫设施建设,对进展缓慢的3家企业发出警示通知,督促加紧建设。全年完成2个燃煤电厂脱硫工程、4个非电行业脱硫治理减排工程、4个煤改气(电)项目;5个工业点源废水处理及回用工程建成投用,济钢集团4万吨/日综合污水处理厂基本建成。加快城镇生活污水处理厂建设步伐,高新区中心区污水处理厂、长清污水处理厂和章丘污水处理厂二期工程全部投用,商河污水处理厂正在加快施工,平阴县、济阳县加快污水管网等配套设施建设。全市还建成小型污水处理及中水回用项目88个,日处理能力达到12.4万吨,日回用量6.6万吨。总投资94亿元的小清河综合治理工程于2007年11月6日破土动工,兴济河、北太平河、柳行河等截污工程也取得阶段性成效。强化工业结构调整,山东黄台火力发电厂实施"上大压小",关停1~4号小火电机组;淘汰13台6吨以下燃煤锅炉,关停锻造炉90余台、小淀粉加工企业120多家。淘汰耐火材料竖窑8座,3条水泥立窑生产线相继关停。组织对10家重点企业开展强制清洁生产审核,建成济南钢铁集团总公司、山水集团等一批循环经济试点企业。在全市开展污染源普查工作。市及各县(市)区全部成立污染源普查工作机构,抽调专门人员从事污染源普查工作,市环保局组织对全市1500余名普查员、普查指导员及重点企业环保管理人员进行培训,到年底,全市基本完成污染源清查入户登记和数据录入工作。

2.建设项目环境管理。将总量控制的理念引入新建项目审批,在建设项目环境管理工作中,把清洁生产标准纳入到环境影响评价中,引导企业选用清洁生产技术;切实抓好"以新代老",促使企业对原有污染源进行治理,削减污染物排放量;对不能达标排放或超过污染物排放总量规定的企业,其新上项目坚决不批。大力推进开发区区域环评,积极督促省级开发区开展区域环评工作,并取得了显著成效。济南高新区、出口加工区、明水经济开发区、高新区孙村片区、济北开发区、济南化工产业园的区域环评已经省环保局批复,济南经济开发区、临港开发区、槐荫工业园区、商河经济开发区、平阴工业园区已启动区域环评工作。全年市级初审各类建设项目358个,审批建设项目环境影响评价文件246个,对60个建设项目进行"三同时"竣工验收,对8个项目进行拒批,有效控制新增污染物。

3.固体废物处置。环保部门对全市201家危险废物产生单位进行了现场检查,督促106家单位制定危险废物应急防范措施和应急预案并备案,国家环保总局对济南市该项工作给予充分肯定。对铬渣污染防治进行全过程环境监管，全年共安全处置铬渣近14万吨。督促174家医疗机构参加医疗废物集中处置，全年安全处置医疗废物2400多吨，未出现1起污染事故。组织全市402家单位对2006年度固体废物情况进行申报，摸清全市24家电镀行业现状，并采取针对性措施，督促做好污染防治工作。组织完成全市182家持有放射性同位素和射线装置单位的定期安全现场监督检查及年度专项检查，辐射污染防治工作进一步规范。

4.机动车尾气整治及噪声防治。开展公交车尾气污染专项整治，对群众反映强烈的车况较差且污染严重的客运班车、货物配送车、超市免费购物班车进行重点管理，加大在用机动车年检管理力度。全年共抽检公交车2041辆，年检机动车11万余辆，督促5000余辆机动车进行维修治理，对7辆机动车下达禁止上路通知书。积极开展噪声达标区、安静居住小区创建工作。学生"两考"期间，采取有效措施对考场周围噪声污染进行严格的监督检查，受到市民的广泛好评。

5.生态保护。认真贯彻国家环保总局下发的《关于进一步加强生态保护工作的意见》、《关于加强农村环境保护工作的意见》和《关于加强生态示范创建工作的指导意见》，将农村的环境保护工作作为2007年的工作重点。以开展农村小康环保行动计划为契机，大力解决农村面源污染问题，积极开展规模化畜禽养殖场污染治理工作。大力开展文明生态村、环境优美乡镇、生态示范区创建工作，组织申报12个省级环境优美乡镇和2个国家级文明生态村，济阳县通过国家生态示范区建设省级初审验收。推荐申报2个国家有机食品基地和1个山东省生态旅游示范区。制定《济南市土壤污染状况调查实施方案》，组织开展了土壤环境监测工作。

6.环境执法。环境执法力度进一步加大。全年市级立案处罚环境违法案件158件。严格责任追究，对商河农田污染事件相关责任人移交公安部门的做法，极大地震慑了环境违法行为；对造成高新区环境问题发生的有关责任人进行严肃处理，分别给予行政记大过、撤职等处分。加强检查监测，对污水处理厂每天检查、监测一次，对省控重点污染源每旬检查、监测一次，对市控重点污染源每月检查、监测一次，依法查处违法行为。全年共出动2911人次，检查企业1698家次，查处环境违法行为170余起。继续深化建设项目全过程环境监察机制，认真开展建设项目专项执法检查，全年共检查建设项目287个，对49个违法建设项目进行立案查处。组织完成对农药化工项目的专项检查，集中检查全市范围内40余家农药化工生产企业，查处21个违法农药化工企业。组织开展3次"整治违法排污企业 保障群众健康"环保专项行动，对117家单位进行检查，对14个存在突出问题的单位进行挂牌督办，督办关停100多个"十五土小"、"新五小"项目。充分发挥12369举报热线作用，建立部门联动、案件转送和督办机制，实现有诉必接、接诉必查、查处必果。全市12369受理投诉案件同比下降35%，群众满意度提高到95%以上，全年共受理办结4970件环境信访案件。

7.环境科技及环保资金投入。环境科技工作成效显著。济南市城市饮用水安全对策研究、济南市点燃式发动机在用汽车简易瞬态工况法排气污染物排放限值研究通过专家鉴定并达到国内领先水平，全市环保系统共获6项市级以上科技进步奖。编制完成的省《火电厂大气污染物排放标准》已经发布实施。完成7家单位开展ISO14001环境管理体系认证行为的环境审核。编制《济南市小流域污染治理实施规划》等4项专项规划，完成《济南市小清河综合治理工程水质保障方案》。完成全市持久性有机污染物调查工作，持久性有机污染物减排示范项目获得国家环保总局好评。济钢燃气–蒸汽联合循环发电项目、济南垃圾填埋气发电项目、山东中氟化工HFC–23分解项目等3个清洁发展机制项目在联合国成功注册，济钢废热回收自备发电项目获国家发改委批准。组织实施医用气雾剂行业替代工作，协助企业争取国家蒙特利尔多边基金支持，圆满完成国家验收组对济南市淘汰消耗臭氧层物质工作的检查评估活动。

全市环保资金支持力度逐年增加。2007年中央环保资金支持379万元，实现零的突破；省级环保资金支持5380万元，比上年增加168%；市级环保资金支持2180万元，是近年资金支持力度最大的一年。

8.环保宣传及环境信息。充分发挥市环境监控中心的宣传窗口作用，接待人员900多人次。以"六·五"世界环境日为契机，组织5万多人参加环保奉献日活动，制作污染减排和环境友好型宣传手册3万份、各类宣传画3000套，印制传单10万张。新建市级环境教育基地4处，市环境监控中心被授予首批省级"环境教育基地"称号。在驻济高校中开展2007年度拜耳青年环境特使选拔活动和驻济高校联合环保行动。年内又有2家企业通过省级环境友好企业评审，对55家申报市级安静居住小区进行检查验收，25个学校和10个社区通过省级绿色学校、绿色社区验收，绿园社区被评为国家级绿色社区。

环境信息工作成效显著。完成全市各个流域干支流65个跨界、入河断面点位调查和经纬度核实工作，并建立地理信息系统电子地图数据库。开展了全市饮用水水源地土地利用遥感调查，完成"十一五"期间化学需氧量、二氧化硫减排重点项目分布图和全市水系流域、国控重点污染源、在线监测等分布图制作。济南市环保局连续3年在国家环保总局、省环保局、市政府政务信息考核中名列前茅，被评为全国环保系统、全省环保系统、全市党委系统、全市政府系统政务信息和电子政务信息工作先进单位。

9.环境监测。污染源自动监控系统建设工作成绩显著，将重点污染源与污水处理厂纳入监控网络。已对全市40家重点大气污染源安装54套烟气自动监控装置，对39家重点废水污染源和污水处理厂组织安装46套废水污染源自动监控装置，并与省环保局联网，实现全天候监控。同时强化自动监控数据监管，及时掌握排污企业排污状况，提高现场检查效率、排污申报核定准确度和排污收费额度,自动监控数据应用率达90%以上。建成全市11个环境监控分中心,全年完成例行监测和污染源监督监测任务,取得监测数据210.4万个。建立完善市环境监测站对全市环境质量核查、环境监测数据质量保证、重点污染源监测数据集中核查等三项制度。加强全市污染物减排监测与执法体系能力建设,投入950万元新建8个环境空气质量自动监测子站,对环境空气自动监测站更新改造,投入250万元配套建设全市环境应急处置分中心,为10个县(市)区减排监测与执法体系建设配套资金补助330万元。（康玉杰）

【铬渣环保处置工作成效显著】 济南裕兴化工总厂是济南市的老化工企业,自1958年开始生产铬盐产品,其产生的铬渣除自身消化外还遗留约30万吨,对周围环境和地下水都造成了一定程度的污染。为此,2006年2月,国家环保总局对济南裕兴化工总厂铬渣污染治理挂牌督办。济南市采取积极措施,督促该厂按照国家和省环保部门审定的整改方案加快整改进度,修建了雨水收集池、铬渣围挡墙和导流明渠,并对铬渣堆进行规整、围挡和覆盖,同时加快铬渣湿法还原项目的建设进度,但进展缓慢。为彻底消除铬渣污染,2007年,济南市成立以副市长邹世平为组长的铬渣处置工作领导小组,研究制定铬渣处置工作方案,多方协调、倒排工期,形成日统计、周通报制度,随时掌握处置情况。加强监管,督促济南裕兴化工厂进一步提高铬渣湿法还原生产装置开车率,确保其日处置量稳定在100吨以上。协调钢铁企业利用烧结炼铁方式安全处置铬渣,除协调济南钢铁集团外,还联络莱芜钢铁集团总公司、肥城石横特钢厂、齐河永峰钢铁厂等钢铁企业参与铬渣处置工作,以弥补济南市处置量缺口。同时,积极协调济南市周边有关水泥厂、玻璃厂等企业利用和处置铬渣。由于采取多种途径,在较短时间内日处置铬渣量稳定在600吨以上,全年累计处置14万吨。12月6日,国家环保总局专家组对济南市利用烧结炼铁方式安全处置铬渣进行技术评估,认为该技术是一套已经成熟的铬渣解毒技术,值得推广。（李计珍）

责任编校 张 阳

石门孙村的小桥流水人家（桑梓店镇供稿）

教　育

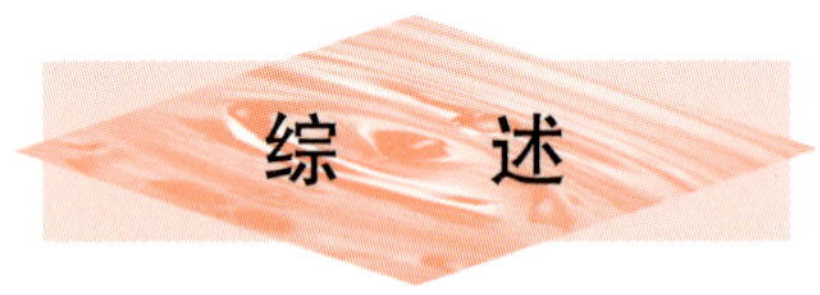

综　述

【教育事业概况】 2007年，在教育均衡发展、农村教育振兴、校园文化建设、社区教育发展及教师队伍建设等方面取得新的突破，教育综合实力不断增强，全市各类教育的入学率、录取率均保持在全省领先水平。全面普及学前一年教育，市区和农村学前三年入园率分别达到95%和85%；适龄儿童入学率、小学毕业生升学率、小学在校生巩固率均达到100%；高中阶段普及率达到90.1%，高出全省平均水平15.81个百分点；普通高考录取率达到76.42%，高出全省平均水平13.06个百分点；2240余名学生在全国、全省学科竞赛和体育、艺术、劳技、电脑制作等各类素质技能展示中获奖，获奖位次和获奖人数均位居全省第一。

1.坚持协调发展，各类教育整体提升。①实施基础教育新课程改革，大力提高基础教育质量和效益。实施“学校课程提升工程”，完善国家、地方和学校课程协调发展的三级课程管理体系，健全对课程评价的检查、指导、协调、反馈、改进机制，实现课程多样化，促进课程建设的良性发展。开展“创新教学模式、推进课程改革”活动，深入推进新课程改革下的有效课堂研究，强化课堂质量监测，从“以教论学”转变为“以学定教”，全面提高课堂教学质量。以考试评价制度改革为导向，以中考改革为突破口，减少考试科目，强化过程管理，实行卷面考试与等级考核相结合、闭卷与开卷相结合等多样化的评价形式，把学生的成长记录作为初中毕业与升学的依据，最大限度地发挥评价机制的激励、导向作用。改革高中招生录取办法，取消普通高中学校录取批次设置，将计划内指标生分配数额扩大到70%，积极探索优秀初中毕业生推荐等多样化的录取方式。改革对教师、学校和区域教育的评价办法，严禁各级教育行政部门和学校以中考成绩为学校和教师排队或只将学生报考某些学校的考试录取结果作为评价和奖励学校和教师的依据，本着“看基础，比发展，看投入，比效益”的原则评价学校，把各县（市）区应届毕业生人数和实际参加考试的应届毕业生人数之比形成的参考率，作为衡量和评价县（市）区工作的指标，素质教育综合评价体系进一步完善。②实施职业教育提升工程，做大做强职业教育。大力实施“农村职业教育振兴五个一工程”，采取优惠政策扶持职业教育。投资1.03亿元，加快职业学校优化整合步伐，职教资源进一步优化。加强实训基地建设，鼓励学校积极主动与企业、工厂联系，建设校外实训基地。强化职业学校软环境建设，广泛开展全市职业学校教师技能大赛和学生专业技能训练、竞赛、展评活动，为学生未来就业打造有利平台。加强专业教师的中、高级培训，全市职业学校“双师型”教师达810名，占专业课教师总数的88%。③大力发展成人教育，满足人民群众多样化的教育需求。全面实施“公益培训进社区”活动，开展各类公益培训23600人次，免费赠送学习读本15000余册，免收培训费金额700多万元，社区居民受教育覆盖率达到80%以上。企业职工教育工作网络不断完善，市属规模以上企业职工培训率达68%以上。组织实施农村劳动力转移培训、农业实用技术培训13.4万人次。济南市在联合国教科文组织召开的“农村社区教育满足社区多元化学习需求”国际研讨会上作了重点发言。④深化高等教育改革，强化学前教育和民办教育规范管理。坚持外延发展与内涵发展并举，深化高校内部管理体制改革，完善专业结构，优化课程结构，改革人才培养模式，大力培养学生的实践能力、就业能力和创业能力。建立完善学前教育管理制度，强化依法办园意识，规范办园行为，幼儿教育施教水平进一步提高。全面推行办学注册资金监管制度，有效防范民办学校办学风险。

2.坚持科学统筹，大力推进教育均衡发展。①农村教育振兴行动有新开拓。继续实施《2005~2007年济南市农村教育振兴行动计划》，在资金投入、项目规划上向农村薄弱学校倾斜。进一步完善“以县为主”的农村义务教育管理体制，扎实推进农村义务教育经费保障机制改革，市与县（市）区分项目、按比例分担的资助保障机制初步建立。大力实施农村中小学校舍升级改造和标准化建设工程，在全省率先落实农村义务教育经费保障机制，校舍改造市级承担资金2521万元，升级改造农村中小学校舍面积21万平方米。推进教学设备无差别配置，更换农村学校严重破损的课桌凳5万套，提升优化实验室设备100套，采购计算机1350台，农村义务教育阶段学校装备水平获得整体提升。投入补助资金668万元，县区按1:1配套资金购置取暖设备，一次性解决287处农村学校单元式集中取暖。深化城乡学校对口帮扶活动，提高对口学校教学质量，打造对口学校办学特色。②教师队伍整体素质实现新突破。创新校长、教师培训模式，实施“名师建设工程”，对300名农村教师、校长实行免费跨级别培训。中国教育干部培训网·济南培训分院正式成立，1000名中小学校长参加远程培训。建立济南市教师英语培训中心，培训英语教师1000名。开展“优质课下乡”、“名师义教行动”、“支教支校”、“教育志愿者”等活动，发挥城区骨干教师的示范辐射作用，带动农村教师队伍素质提升。在义务教育阶段实行区域内教师交流制度，交流教师2319人，占义务教育阶段教师总数的13.3%，进一步优化教师资源配置。③关注弱势群体子女就学，教育公平实现新拓展。全面落实外来务工人员子女就学，符合就学条件的外来务工人员子女接受义务教育的需求全部得到满足。进一步完善“以大多数残疾儿童到普通学校随班就读为主体、以市特殊教育学校为示范、以乡镇中心小学残疾儿童附设班为骨干”的特殊教育办学格局，11所公办特教学校对义务教育阶段的残疾学生全部实施免费教育，有特殊教育需求的义务教育阶段视障、听障、智障适龄儿童少年的入学要求全部得到满足。积极发展民族教育，按标准配齐各类教育教学设施设备，实行照顾少数民族学生择校就读的政策，并在各级各类学校招生中对少数民族考生降低一个分数段录取，增加少数民族学生升学深造的机会。扩大“一免一补”范围，提高经济困难家庭寄宿学生生活费补助标准，对城市居民最低生活保障家庭的义务教育阶段学生免费提供教科书，通过一系列举措救助贫困学生。继续实施“爱心助学”工程，救助学生2473人，发放助学金59.39万元。

3.坚持文化引领，拓展学生思想道德教育途径。以校园文化建设为切入点，以各类校园文化活动为载体，适时地将民族精神、诚信公德、法制安全、心理健康、环保科技等教育纳入德育之中，拓展学生思想道德教育的途径，深入开展“先进文化六进校园”活动，把先进思想理念、现代科技知识、先进人物（事迹）、优秀影像刊物、优秀剧目和国际交流引进校园。全市中小学开展丰富多彩的“阳光体育活动”，全市学生课外活动小组、学生社团达2.6万个，开展特色教育活动1279项，中小学生参加各类社会实践活动达72.3万人次。多彩的活动，多样的团队，为学生搭建动手实践的平台，实现使每一名学生在校期间都能学会一项艺术特长、爱好一项体育活动、获得一次登台表演的机会、留下一件值得回忆的作品、开展一项社区公益活动、做一件有意义的事情“六个一”的校园文化活动普及目标。

4.强化教育管理，塑造高品位教育形象。①全面加强教育行风建设。深化师德教风建设，广泛开展“一述三评”师德述职评价。深入治理教育乱收费，通过创建山东省规范教育收费示范县活动，进一步规范学校教育收费行为。严格控制公办学校招收择校生，出台义务教育阶段择校生不享受中考指标生和推荐生待遇等相关制度。围绕优化教育发展环境，加强教育形象建设，注重舆论导向，开展学校内部整顿，畅通群众投诉渠道，举办学校开放日，设立教育热线，广泛听取社会各界和教育行风监督员的意见，群众投诉办结率达到99%，群众对教育工作总体满意率达到96.26%。全面落实党风廉政建设责任制。实行领导干部重大事项报告制度、述职述廉和经济责任审计等制度，强化对学校领导干部履行党风廉政责任制的监督，对领导干部从政行为实行事前、事中和事后监督。加大预防职务犯罪和治理商业贿赂工作力度，建立工作机制，强化预防措施，加大对教育系统基建工程、物品采购、教材及教辅资料征订等可能产生商业贿赂的部位和薄弱环节的治理力度。②强化安全稳定工作。实行群众工作联络员制度、周报制度和不定期调度制度，及时公开事关群众切身利益的事项。坚持“关爱生命，无险防险，升级防范，常备不懈”的指导思想，构建起以“平安校园”网站为平台、以“两线三级”为组织工作体系的“三维互动、层级调控”学校安全工作格局，学校安全工作标准和评估体系进一步完善。广泛开展多种形式的安全教育活动，全市30多万师生参加突发事件应急自救演练。

【济南市构建家庭经济困难学生资助体系】 9月5日，济南市家庭经济困难学生资助工作会议召开，就建立健全家庭经济困难学生资助政策体系进行部署。会议确定，新的资助政策自2007年秋季开学起在全市实施。按照“政府统筹、部门负责、加大投入、正确导向、公开透明、多元资助、合理分担”的基本原则，建立健全包括国家奖学金、国家励志奖学金、国家助学金、省政府奖学金、国家助学贷款和勤工助学等一系列资助政策在内的家庭经济困难学生资助政策体系。助学政策的覆盖范围，为全日制普通本专科在校生中家庭经济困难学生（含成人高校中的全日制普通本专科学生），中等职业学校所有全日制在校农村学生和城市家庭经济困难学生。民办、企业办学校同时纳入政策实施范围。国家励志奖学金和国家助学金所需资金由省市县按比例分别负担。省属学校（含新建国办普通本科学校）由省财政负担。市属学校国家助学金所需资金由市财政（结合中央、省补助）负担。县（市）区所属学校由市（含中央、省）与县（市）区按比例分担，济南市与历下、市中、历城、章丘按4:6比例分担；市与天桥、槐荫按6:4比例分担；市与长清、平阴、济阳、商河按8:2比例分担。继续开展好生源地国家助学贷款，鼓励、支持其他金融机构开展高校国家助学贷款业务，并给予同等优惠政策。各学校要从事业收入中提取10%的经费，用于学费减免、国家助学贷款风险补偿、勤工助学、校内无息借款、校内奖助学金和特殊困难补助等方面。继续健全高校勤工助学制度，实行新生入学“绿色通道”，并进一步完善鼓励捐资助学的政策措施。新的资助政策和措施落实到位后，济南市2007年用于助学的财政投入达到5563万元，其中省负担2225万元，市负担2682万元，县（市、区）负担656万元，省市负担经费占全市经费需求的比例达到88%。2008年全市用于助学的财政投入将达到11125万元。涉及11所高校和70所中职学校，惠及7.2万高校学生和8.2万中职学生。

【西班牙教育部代表团与济南市签署合作推广西语协议】 5月16日，以西班牙教育部国际司副司长Margarita Mellis Maynar女士为团长的西班牙教育部代表团一行7人对济南市进行友好访问。省教育厅厅长齐涛会见了西班牙客人，市教育局局长刘元刚、副局长陈东生陪同参观并参加会谈。在济南外国语学校开元分校，济南外国语学校校长熊俊文与西班牙驻中国大使馆教育参赞文森特先生签署双方合作推广西班牙语协议。根据协议，西班牙驻华使馆教育处将负责选派西班牙籍教师来济南任教，同时向济南外国语学校提供西班牙语语言文化教学及教辅资料，以推动西班牙语课程的开设与发展。

（成 刚）

基础教育

【2007年全市中小学招生工作改革会议】 4月4日，全市中小学招生工作改革会议在市政府召开。会议确定市区和具备条件的农村地区要确保小学毕业生全部升入初中，努力扩大高中阶段招生规模，大力发展职业教育，农村要采取切实措施，进一步降低学生的入学成本，提高学生入学率，为全面普及高中阶段教育做出积极努力。会议要求各县(市)区按照“淡化户籍、强化居住地、就近从优、控制择校、积极稳妥”的原则，确保每一位适龄儿童依法按时入学。初中学校继续实行“相对就近、整体对口入学”的免试招生办法，招收新生按性别采用电脑随机混编的方法进行编班，不以文化课考试的方式选拔新生或分班。公办学校严格控制招收择校生，自2007年起，小学阶段择校生在中考时同初中择校生一样一律不享受指标生和推荐生待遇。严格控制义务教育阶段学校班额，小学招生每班不得超过45人，初中不得超过50人。会议明确提出进一步改革义务教育阶段毕业及招生考试形式，增强招生考试的科学性、导向性，进一步减轻学生过重的考试负担。义务教育阶段毕业考试及招生考试继续实行卷面考试与等级考核相结合、闭卷与开卷相结合等多样化的评价方法与形式。信息技术采用等级考核评价模式，取消原换算进入中考总分的评价办法，采用按合格与不合格两个等级公布成绩，规定等级考核不合格的考生不得报考普通高中学校。从2008年起，文科综合考试实行闭卷考试，考试成绩按A(优秀)、B(良好)、C(合格)、D(不合格)4个等级公布，考试等级为D级的考生不得被普通高中学校录取。扎实有效地推进高中阶段招生改革。全市普通高中学校计划内招生在确保达到招生总数的70%的基础上，力争适度扩大。加大推荐生试点工作力度，增加济钢高中为推荐生试点学校，规定山东省实验中学、山东师范大学附属中学、山东省济南第一中学、济钢高中4所学校将计划内统招部分的10%用于招收初中推荐生。进一步扩大指标生招生学校，适度增加指标生招生计划，充分发挥指标生制度的导向作用，较上年增加10%的指标生计划，同时增加济南七中、济南九中为指标生试点学校。普通高中学校招收择校生严格执行“三限”(即限人数、限分数、限钱数)政策，班额限制在56人以内。进一步扩大职业学校招生范围。允许职业学校在招收初中毕业生的基础上，招收和培养未升学的高中毕业生。继续推行初三分流试点工作，被职业学校提前注册录取并参加当年中考的初三学生数，纳入各级教育行政部门对初中学校在校生巩固率和高中阶段升学率的评价之中，在招生、收费、就业等方面制定优惠政策，在社会舆论导向上予以鼓励支持，调动各方面的积极性，努力克服各种困难，最大限度地满足人民群众的要求，为当地经济建设服务。

【全市中小学德育工作会议召开】 4月29日，全市中小学德育工作会议召开。会议命名表彰济南市甸柳第一小学等24所学校为济南市首批“校园文化建设示范学校”，通报济南市优秀校训、校标、教育格言、校园歌谣名单，印发《济南市教育局2007年德育工作意见》、《关于进一步加强中小学班主任工作的意见》、《印发关于加强教师职业道德建设的若干规定的通知》等文件。会议确定从五个重点方面进一步加强和改进学校德育工作。①把核心价值体系融入中小学生德育全过程。从小培养中小学生正确的世界观、人生观、价值观、道德观、荣辱观。②加强师德建设。认真落实《关于加强教师职业道德建设的若干规定》和《关于对教师进行职业道德评价的意见》，严格落实教师的“十不准”禁令。完善教师管理制度，定期开展师德评估，以评促抓，努力形成师德建设有目标、有检查、有评议、有考核、有奖惩的管理运行机制。③进一步加强班主任队伍专业化建设。组织班主任岗前培训、岗位培训和提高培训，促进班主任队伍的专业化发展。积极探索建立首席班主任制度，为首席班主任建立工作室，聘任首席班主任作为班主任培训兼职教师，并开展“名师带徒”活动，激发班主任自主发展的内在动力。④深

济南市首批校园文化建设示范学校

历下区	济南市甸柳第一小学
	济南第五中学
市中区	济南市经五路小学
	济南市南上山街小学
槐荫区	济南市机场小学
	济南第十二中学
天桥区	济南市新苑小学
	天桥区实验小学
历城区	历城职业中专
	历城区柳埠镇第一中学
长清区	长清区实验小学
	长清区孝里中学
平阴县	平阴县第一中学
	平阴县孝直中学
济阳县	济阳县济北小学
	济阳县孙耿镇中学
商河县	商河县实验中学
	商河县玉皇庙办事处杨庄铺小学
章丘市	章丘市清照小学
	章丘市明水办事处柳沟小学
高新区	大正中心小学
直属学校	山东省实验中学
	济南第三职业中专
	济南师范学校附属小学

化校园文化建设。要深入开展“先进文化进校园”活动，用人类文明的优秀成果陶冶学生的情操，净化学生的心灵，塑造学生的人格。⑤积极开展学生校外实践活动。探索建立校外活动与学校教育有效衔接的工作机制，充分利用好校外活动场所和百所校外德育实践基地的资源，制定学生参加校外活动的具体方案，切实保证学生平均每周有半天时间参加校外活动，逐步实现每县（市）区都拥有一处学生校外活动场所的目标。积极探索学校教育与社区教育相结合的新路子，深挖社区德育资源，建好校外德育活动基地。聘请社会各界人士担任学校的兼职教师或辅导员，组成一支结构合理、素质较高、覆盖面广的校外德育工作者队伍，不断改进学生校外管理方式，实现校内与校外的有效延伸和对接。

【中国教育学会首家幼儿教师发展基地落户济南】 4月21日，中国教育学会济南实验幼儿园、中国教育学会幼儿教师发展基地项目启动仪式在历城区机关幼儿园举行。该园成为中国教育学会在全国设立的第一家幼儿教师发展基地，山东省第一家中国教育学会实验幼儿园。历城区机关幼儿园自1956年建园以来，坚持“一切为了孩子”的办园宗旨，以“硬件设施现代化、园务管理规范化”为保障，以“开发本园特色课程”为突破口，先后引进承担幼儿艺术特色教育、民间游戏、幼儿和谐英语、幼儿心理健康等省、市多项研究课题，有70余幅美术作品、60余篇论文在省、市评比中获奖，10位教师在全国、省、市、区优质课评比中获奖，被评定为省级示范幼儿园。

【校园开放日活动】 10月21日是市教育局确定的全市学校开放日，39万学生家长走进学校、幼儿园与老师“面对面”。市纪委、市监察局有关领导和省教育厅有关负责人到中小学察看。开放日期间，学校全面开放教育、教学、课堂、生活场馆及设施，充分展示学校、幼儿园近年来在素质教育、课程改革、学生思想道德建设、学生职业技能培养、教师素质提升、校园文化建设和学校安全等方面开展的情况。同时就学生家长和群众关心的教育均衡发展、教育教学质量、学校安全、招生收费等热点、难点问题进行现场答疑和限时办理，并通过问卷调查等形式广泛征求学生家长的意见和建议。开放日当天收回调查问卷27万张，征求意见和建议3.7万条，现场处理1.5万条。

11月16日，济南市首家外来务工就业人员子女寄宿制定点学校–济南市明珠小学揭牌。（市教育局供稿）

【首家外来务工就业人员子女寄宿制定点学校成立】 11月16日，济南市明珠小学成为全市首家外来务工就业人员子女寄宿制定点学校。市教育局拨专款10万元用于学校发展。济南明珠小学位于济南火车站西侧，原为济南铁路第二小学，隶属于济南铁路局管理，2003年1月移交天桥区政府管理并更为现名，是省级规范化学校。学校现有在校生696人，其中外来务工就业人员子女占到一半以上，学校想方设法帮助外来务工就业人员子女创设寄宿条件，解决外来务工就业人员的切身难题，深受好评。

自2003年11月首家外来务工就业人员子女就学专门学校在济南普利中学成立以来，济南市共设立外来务工人员子女就学定点（专门）学校24所。其中，全市小学接收外来务工人员子女21547人，初中接收8338人，分别占小学和初中学生总人数的5.6%、4.5%，共计招生29885人，占全市在读中小学生人数的5.3%。定点学校中，外来务工人员子女所占的比例为42.5%。全市外来务工人员子女接受义务教育的入学率为100%，外出务工人员留守子女入学率100%。为加强定点学校建设，使外来务工人员子女同样享受优质教

第二轮“百校牵手结对帮扶”学校名单

县（市）区	帮扶学校	县（市）区	被帮扶学校
章丘市	章丘市实验中学	高新区	高新区孙村中学
章丘市	章丘市第二实验中学	济阳县	济阳县新市镇中学
槐荫区	济南济微中学	济阳县	济阳县垛石镇中学
槐荫区	济南第二十六中学	济阳县	济阳县仁风镇中学
天桥区	济南第十三中学	济阳县	济阳县崔寨镇中学
天桥区	济南汇文实验学校	商河县	商河县韩庙中学
历下区	山东师范大学第二附属中学	商河县	商河县展家中学
历下区	济南燕山学校	商河县	商河县牛堡中学
历下区	济南东方双语实验学校	商河县	商河县白桥中学
历下区	济南第五中学	长清区	长清区平安中学
历城区	历城第三中学	长清区	长清区文昌街道办事处中心中学
历城区	历城第六中学	长清区	长清区双泉中学

续表 1

县(市)区	帮扶学校	县(市)区	被帮扶学校
市中区	济南第二十七中学	长清区	长清区崮云湖中学
市中区	济南实验初级中学	历城区	历城高而中学
市中区	济南育英中学	历城区	历城绣川中学
市中区	济南第十四中学	章丘市	章丘白云湖中心中学
市直	济南舜耕中学	平阴县	平阴县孔村中学
市直	济南中学	平阴县	平阴县玫瑰中学
市直	济南外国语学校初中部	平阴县	平阴县栾湾中学
高新区	高新区第一实验学校	平阴县	平阴县洪范中学
章丘市	章丘实验小学	高新区	高新区孙村白谷堆小学
章丘市	章丘清照小学	济阳县	济阳县曲堤镇中心小学
槐荫区	济南市营市东街小学	济阳县	济阳县太平镇中心小学
槐荫区	济南市机场小学	济阳县	济阳县崔寨镇中心小学
槐荫区	济南市槐荫实验小学	济阳县	济阳县孙耿镇中心小学
天桥区	济南市制锦市街小学	济阳县	济阳县垛石镇刘营民族小学
天桥区	济南市锦缠街小学	济阳县	济阳县济阳镇稍门小学
天桥区	济南市明珠小学	商河县	商河县韩庙乡朱林小学
历下区	济南市解放路第一小学	商河县	商河县孙集乡后堤小学
历下区	济南市甸柳新村第一小学	商河县	商河县龙桑寺房家小学
历下区	山东师范大学附属小学	商河县	商河县张坊乡希望小学
历下区	济南市解放路第二小学	商河县	商河县郑路镇中心小学
历下区	济南市十亩园小学	商河县	商河县贾庄镇中心小学
历下区	济南市青龙街小学	平阴县	平阴县城西小学
历下区	济南市历下区实验小学	平阴县	平阴县陈屯小学
历下区	济南市大明湖路小学	平阴县	平阴县安城小学
历城区	济南市洪楼小学	平阴县	平阴县玫瑰小学
历城区	济南市实验小学	平阴县	平阴县孝直小学
历城区	济南市洪家楼第二小学	平阴县	平阴县太和小学
市中区	济南市民生大街小学	长清区	长清区张夏镇四禅寺小学
市中区	济南市舜耕小学	长清区	长清区孝里镇马岭小学
市中区	济南市经十一路小学	长清区	长清区五峰镇庄庄小学
市中区	济南市南上山街小学	长清区	长清区马山镇关王小学
市中区	济南市育贤小学	长清区	长清区双泉乡北付小学
市中区	济南市胜利大街小学	长清区	长清区归德镇翟庄小学
市中区	济南市经五路小学	历城区	历城区柳埠大会小学
市中区	济南市纬二路小学	历城区	历城区高而出泉小学
市直	济南外国语学校开元国际分校	历城区	历城区彩石大龙小学
市直	济南师范学校附属小学	章丘市	章丘市高官寨中心小学
高新区	山师大附小雅居园校区	章丘市	章丘市黄河中心小学

育，济南市每年拨付300万元的专项资金用于定点学校建设。2003~2007年，用于定点学校建设的财政资金累计达3133.87万元，其中市本级财政投入728.82万元，县(市)区财政投入2405.05万元。

【启动第二轮“百校牵手，结对帮扶”工作】 12月7日，济南市“百校牵手，结对帮扶”工作调度会暨第二轮帮扶活动启动仪式在济南中学举行。槐荫区教育局、济南中学、历城区高而中学、省实验幼儿园作了大会经验交流。第二轮对口学校帮扶活动同时启动，从2008年到2010年，为期3年，市区内义务教育阶段的50所省(市)级规范化学校，实行对口学校“捆绑式”帮扶责任制，重点从五个方面开展帮扶活动。①更新教育理念。帮助对口学校制定中长期发展规划，通过“送培下乡”、“送教下乡”、“专题培训”等多种形式，提升农村学校办学水平，转变教育观念。②加强队伍建设。建立稳定的干部互派交流制度，由县(市)区教育局统筹协调，每年从帮扶学校中互相选派中层以上优秀后备干部到对口学校挂职锻炼，挂职时间每人不少于一学年。实行导师制，帮扶学校指定1~2名名师或省市级教学能手，与对口学校青年教师确定导师带徒关系，加强教育理论、课堂教育教学、教育科研等全面指导培养。帮扶学校每学年选派3名以上骨干教师赴农村对口学校任教，每期任教时间不少于一学年，每人每周正常授课不得少于10节。农村学校要安排教师轮流到市区对口学校听课、观摩、参加教研活动，进一步提高教师业务素质和教育教学水平，每学期不少于30人次。③深化教学改革。建立学科专业教研组、备课组合作研讨制度、一对一的合作研讨活动和送课、评课制度，帮扶学校每学期到对口学校开展送课、评课不少于2次。④加强校园文化建设。开展德育工作交流，在帮扶期内帮助学校开发1门校本课程，加强城乡学生交流，通过“爱心救助”、“手拉手”和“教材循环使用”等形式，帮助农村学校救助贫困学生。⑤改善办学条件。积极为对口学校捐物捐资，无偿提供实用有效的教学仪器、实训设备、图书资料、教具和其他教育教学必需品等，逐渐使其在帮扶期内办学条件达到市级规范化学校的办学标准。积极探索完善城乡互动、共同进步的模式和途径，使农村薄弱学校整体办学水平有明显提高。会上，济南中学与平阴县玫瑰中学、营市东街小学与济阳县太平镇中心小学等学校签订帮扶协议。

【济南西藏中学获“全国教育援藏先进集体”称号】 在中央统战部、教育部、西藏自治区人民政府联合召开的全国内地西藏班办学和教育援藏工作会议上，山东省济南西藏中学被授予“全国教育援藏先进集体”称号。山东省济南西藏中学是市中区于1992年将原玉函中学撤并，在省、市支持下筹资400万元建设的山东省唯一一所藏族初级中学，也是目前全国22所西藏学校和内地西藏班中唯一一所由区直接管辖的藏族学校。建校21年来，为西藏自治区培养了2100余名合格毕业生，其中1580名学生已完成中专或大学学业，成为建设西藏的中坚力量，多次受到国家教育部、西藏自治区和省、市各级领导的好评。

（成　刚）

中等职业教育

【济南市首家职教集团成立】 4月27日，济南市现代制造业职教集团在历城职专正式成立，这是本市成立的首家职业教育集团，标志着济南市职业教育进入了一个崭新的发展阶段。该集团由历城职专、山东商贸学校、济南二职专、章丘一职专、章丘二职专等10家职业学校和济南重工有限公司、山东巨能数控机床公司等69家企业成员单位组成，历城职专为牵头单位，设理事会负责常务工作。现代制造业职教集团为非营利性社会组织，旨在构建现代职业教育体系，促进资源整合、资源优化、资源共享。组建集团后，合作办学的企业将参与成员学校专业设置、课程建设、职业资格证书考核、招生就业等人才培养的过程，实施“订单式”人才培养，全面深化校企合作，给职业教育发展注入了活力。

【平阴县职业教育中心成立】 9月19日，平阴县职业教育中心举行落成剪彩暨揭牌仪式。中心整合了分属于教育、卫生、农业、劳动等部门管理的县职业中专、教师进修学校（成人中专）、卫生学校、省农广校平阴分校、劳动技校等5所学校，占地16公顷，投资700多万元新建实验实习室30个，于2006年初开工建设，2007年8月一期工程交付使用，9月1日首批新生入校学习。职教中心下设职教部、教培部、医护部、成教部，根据市场需求开设数控机床、机电、汽修、服装、医护、焊接、机械制造等20多个专业。在职教职工227人，其中“双师型”教师110人，占专业教师的90%。学校共有在校生1927人，设36个教学班。

（成　刚）

成人教育及民办教育

【规范民办教育管理】 为加强民办教育管理，2007年市教育局推出六项举措：①严格准入条件。重新修定《济南市民办学校管理暂行规定》，规范各个办学管理环节。适度提高开办资金标准，中等以下非学历学校由原8万元提高为20万元，非学历高校及原已租赁校舍设立的中、初等学历教育学校开办资金明确为50万元。逐步试行办学资金承诺监管制度，凡租赁校舍办学或校舍产权不在学校名下者，其注册资金的50%以学校承诺书形式存入审批机关认定的银行专户，本金及利息属学校所有，其使用受审批机关监督。②强化办学风险防范。严把招生宣传关、年检关、变更事项审批关、财务审计关，完善招生广告省、市、区（县、市）三级备案制度，完善民办学校变更事项审批（备案）制度，严格按照《民办学校办学情况报告书》对民办学校进行年度检审，不符合要求者一律取消办学资格。制定《关于加强民办学校财务审计工作的意见》，每年招标委托中介机构，对民办学校逐校进行财务审计，使民办学校财务审计工作常态化、规范化。③理顺管理职能和权限。进一步明确审批权限，对新设置的初中以下学历教育学校、中等以下非学历教育学校、学前教育机构，由原来的市、县（市）区分别审批，改为均由各区（县、市）审批，非学历教育学校初中、小学及学前教育机构移交各区（县、市）管理。充实区（县）民办教育管理机构和人员，统一工作规范，完善学校设学、招生、变更事项、跨区设置教学点等多项市级备案制度和应急预案制度。④加强行政执法。重新建立市、区（县、市）两级兼职行政执法队伍，并组织专项培训及执法程序示范。全市民办教育持证执法人员达29人。在部分区进行民办学校风险群防试点和从社区聘请民办教育监督员的探索工作。依法制定相关执法文书，并统一印发。⑤强化民办学校自律意识。通过组织法规培训、举办专题讲座、组织外出学习考察、利用外地民办教育考察团组来济机会组织学校对口交流等形式，有效提高管理者的素质和水平。先后组织以为下岗职工提供免费技能培训为主题的“爱心工程”、以规范招生办学为重点的诚信建设活动和“民校为民·公益培训进社区”等活动，强化民办学校诚信办学意识和社会服务理念。⑥加强民办学校党建工作。市教育局设立民办学校党建处，制发《关于在社会力量办学单位中建立健全党的基层组织的通知》、《关于做好新形势下民办学校党建工作的意见》等系列民办学校党建规定，明确提出民办学校党组织建设必须“有机构、有职能、有专人、有制度、有活动、有发展”的“六有”要求，逐步探索出一条以“建、联、挂、升”方式健全民办学校党组织的工作新思路。全市126所民办驻济高校和各类市属学校中，已建立党委1个、临时党委6个、党支部6个、临时党支部19个、与主办单位双重管理的党支部（党小组）28个。

【全市2007年全民终身学习宣传周活动】 5月26日，济南市2007年全民终身学习宣传周启动仪式在泉城公园生态广场举行。活动期间，市教育局、市劳动和社会保障局公布全市首批外来务工人员培训定点学校，并向济南山木电脑学校等15所外来务工人员培训定点学校授牌。2007年宣传周的主题是“倡导终身学习、构建和谐济南”，活动内容分为公益培训、青年教育、妇女培训、科普教育、老年学习教育、科技助残、图书援建、企业文化建设、教育义工行动等板块。组织召开全市公益培训进社区经验交流会；在全市继续深入开展“创建学习型组织、争做知识型职工”活动，表彰先进单位和个人；以青少年为重点，开展“与祖国共奋进、与济南同发展”知识竞赛活动，在泉城青春网开设专栏，向广大青少年推荐适宜的好书、新书；举办泉城魅力女性课堂，全面提升妇女素质；组织协调社区科普大学等社会教育资源，举办心理健康、科学健身、社区保健以及家居装修与环保等内容的讲座；组织市科技馆等10处青少年科学工作室免费向社区群众和广大青少年开放；建立100处农村老年人活动基地，并赠送图书、桌椅等物品；建立农村残疾人实用技术培训资源站，带动农村残疾人脱贫致富；组织实施“金蓝领”培训项目，评选奖励职业技能水平高、工作业绩突出的优秀技能人才；推进“教育义工进社区”行动。

济南市首批外来务工人员培训定点学校名单

济南山木电脑学校
历下区社区教育学院
济南市历下浮莱业余培训学校
济南中北通信专修学校
济南第三职业中专教育中心
济南第六职业中专培训中心
济南第九职业中专学校
泺口街道办事处社区教育学校
济南第二工人文化宫职工培训学校
历城郭店成教中心培训学校
山东蓝翔职业培训学校
济南神州工商技工学校(济南飞机场职业培训中心)
济南锅炉集团技工学校
济南市按摩医院职业培训学校
济南技术学院商贸分院

(成　刚)

教育教学改革及素质教育

【济南市在全国第二届中小学生艺术展演活动中取得优异成绩】 3月4日，由教育部主办的全国第二届中小学生艺术展演活动在深圳结束。市教育局获全国市级教育行政部门优秀组织奖，市中区和历城区教育局获全国县(市)级教育行政部门优秀组织奖。全市有21个节目分获一、二、三等奖，其中省实验中学的器乐合奏《醉翁戏鸟》、市民生大街小学的课本剧《新龟兔赛跑》、济南无影山小学于文博的绘画、省实验中学王睿的书法4个节目(作品)获全国一等奖，高洁等15名教师获全国指导教师奖，隋岩、冯巍巍2名教师获全国优秀创作奖。

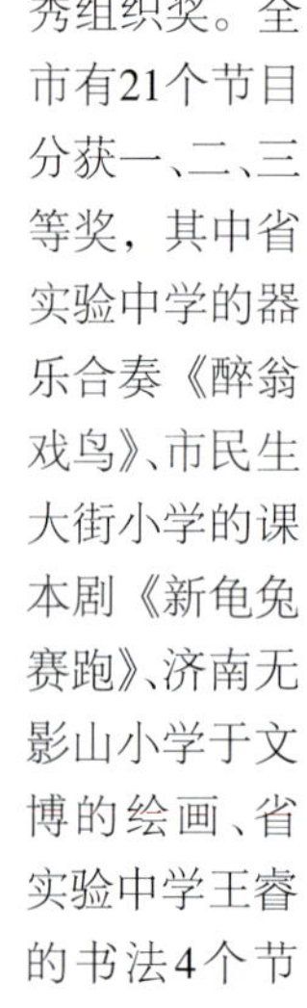

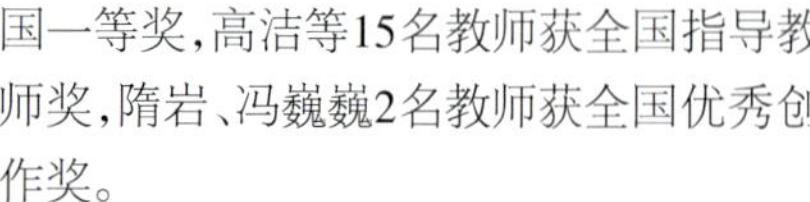

山东省实验中学器乐作品《醉翁戏鸟》　(市教育局供稿)

【山东省第十届中学生运动会在济举行】 8月12~25日，由市教育局、体育局承办的山东省第十届中学生运动会在济南举行。来自全省17市92支代表队的1000多名运动员参加田径、篮球、排球、足球、乒乓球、健美操、游泳和腰旗橄榄球等8个大项，84个小项的比赛。淄博市代表团以1265分的总成绩获得总分第一名；济南市代表团获得1092分，列总分第二名；烟台、潍坊、青岛、临沂、威海、泰安、济宁、枣庄分别获得总分第三至十名。在本届运动会上，济南市中学生体育代表团分别获得田径团体总分第一名，男子篮球、女子篮球、男子足球第一名。共获34枚奖牌，其中金牌15枚(田径9枚、乒乓球3枚，男女篮球、男子足球各1枚)，银牌10枚(田径5枚、游泳1枚，乒乓球、健美操各2枚)，铜牌9枚(田径、游泳各2枚，健美操3枚，男、女排球各1枚)。

【山东省实验中学被确定为首批中国人民武装警察部队国防生生源基地】 经市教育局推荐，武警山东省总队与山东省教育厅商定，上报武警部队政治部批准，山东省实验中学成为首批确定的“中国人民武装警察部队国防生生源基地”。9月18日，挂牌仪式在山东省实验中学举行。该基地是为拓宽国防生生源渠道，扩大生源储备，争取优质生源，满足武警部队建设人才需要，为武警部队签约高校培养输送优质国防生而成立的。

【济南泺源学校学生在十二届世界特奥会上勇夺三金一银】 10月5日，在上海第十二届世界特奥会上，济南泺源学校学生李阳连获4×50米混合泳接力赛、50米蝶泳和25米蝶泳比赛3块金牌，实现山东省特奥游泳项目金牌零的突破，也是济南市学生在世界特奥会上首次夺金，为祖国和家乡赢得了荣誉。另一名选手吕一凡获得4×25米自由泳接力赛银牌。

【济南市第九届中小学文化艺术节】 12月7日，济南市第九届中小学文化艺术节优秀节目展演活动在山东剧院举行。展演活动精选第九届中小学文化艺术节中的器乐、舞蹈、歌舞等18个优秀获奖节目。本届中小学文化艺术节活动自3月启动以来，来自519所学校的3500多个节目进行了310场专场演出，参加人数达45万人。活动涌现出了一批艺术新人，创作推出一批反映校园生活的形式多样、各具特色的艺术作品。经专家评委评选，有7个县(市)区教育局和5所学校获得优秀组织奖，42个节目获得演出一等奖，56个节目获得演出二等奖，39个节目获得演出三等奖，47位教师获得艺术节先进个人奖。

【济南市教师英语培训中心成立】 8月6日，由市教育局与美国安生文教基金会合作建立的济南市教师英语培训中心在济南九中成立，同时济南市第四期高中英语教师培训班开班。从2004年起，市教育局与美国安生文教交流基金会南京代表处合作，在南京建立英语培训基地，培训中小学英语教师260人。济南市教师英语培训中心的正式建立，标志着济南市在引进国内外优质、先进教育资源，开展教师英语培训，提高教师专业素养方面又取得新的突破。

（成　刚）

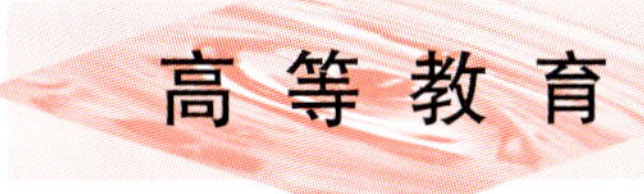

高等教育

【山东大学国家重点学科建设取得丰硕成果】 2007年9月，教育部公布新一轮国家重点学科名单，山东大学原有6个二级学科国家重点学科通过考核评估，有12个二级学科成功通过增补评审，被增列为新的二级学科国家重点学科，并在此基础上，有2个一级学科被认定为一级学科国家重点学科。山大新增列二级学科国家重点学科数量位居全国高校第四位，约占全国新增二级学科重点学科数的3%，不仅在数量上有突破性增加，而且覆盖面更广，布局更趋合理，超额完成“十一五”规划任务，为建设高水平研究型大学奠定坚实的基础。

山东大学本次新增的12个二级学科国家重点学科是：“产业经济学”、“科学社会主义与国际共产主义运动”、“中国古代史”、“基础数学”、“粒子物理与原子核物理”、“物理化学”、“机械制造及其自动化”、“材料加工工程”、“控制理论与控制工程”、“人体解剖与组织胚胎学”、“内科学(心血管病)”、“妇产科学”；通过考核评估的原有6个国家重点学科是：“文艺学”、“运筹学与控制论”、“凝聚态物理”、“微生物学”、“材料学”、“流行病与卫生统计学”；教育部认定的2个一级学科国家重点学科是“数学”和“材料科学与工程”。

教育部从2006年12月启动新一轮国家重点学科评审工作，分考核评估、增补评审和一级学科认定三阶段进行。第一阶段对已有900余个国家重点学科进行考核评估，有44个学科没有一次性通过评估，须参加第二阶段增补评审，山东大学原有6个国家重点学科均顺利通过评估；第二阶段是二级学科国家重点学科的增补，全国有1300多个二级学科申报，有400多个(约30%)通过评审，被批准为新的国家重点学科，山大共有26个二级学科申报，12个通过增补评审；第三阶段是一级学科国家重点学科的认定，山东大学有2个一级学科被认定为一级学科国家重点学科。

（年鉴编辑部）

【山东师范大学新设4个博士后科研流动站】 8月16日，人事部、全国博士后管委会下发了《关于批准新设浙江大学哲学等405个博士后科研流动站的通知》，山东师范大学获准设立教育学、心理学、化学和马克思主义理论4个博士后科研流动站。在本次博士后科研流动站申报工作中，全国共新设405个流动站，山东省高校共新设27个。加上原有生物学、物理学、中国语言文学3个博士后科研流动站，山东师范大学博士后科研流动站总数已达到了7个，在省属高校中位居前列。

（年鉴编辑部）

【“浪潮ERP杯”山东省第四届会计知识大赛】 10月23日，由山东经济学院承办的全国第三届、全省第四届会计知识大赛复赛在学院东区礼堂隆重举行。50支来自全省各地市的代表队经过层层选拔进入复赛，其中25支在山东经济学院参赛。

本次大赛是财政部在全国范围内开展的企业会计准则学习贯彻年活动之一，目的是使《企业新会计准则》在全国得到贯彻实施，是对全省会计工作者学习会计理论知识和会计法律法规、提高会计业务技能的一次练兵。

（年鉴编辑部）

【中国近代文学教学与研究研讨会暨山东省近代文学学会2007年年会】 由山东省近代文学学会主办、济南大学文学院承办的“中国近代文学教学与研究研讨会暨山东省近代文学学会2007年年会”于12月1~2日在济南大学召开。来自台湾、北京、天津及山东省各地代表70余人参加了会议。会议期间，代表们围绕“中国文学的近代转型”、“高校近代文学教学”以及“山东与中国近代文学”等议题展开深入讨论。本次会议还进行了山东省近代文学学会理事会的换届选举，推选山东大学文学与新闻传播学院博士生导师郭延礼教授担任山东省近代文学学会会长，济南大学文学院郭浩帆教授被选为副会长兼秘书长。本次会议的召开，展示了济南大学中国古代文学学科建设的力量和成果，扩大了学校在国内外学术界的影响，也为进一步推进近代文学研究、确立山东省在全国近代文学研究格局中的重镇地位产生了重要的推动作用。

（年鉴编辑部）

【山东建筑大学两个专业被评为省级特色专业】 11月7日，在省教育厅公布的2007年度高等学校品牌专业和特色专业评审结果中，山东建筑大学给水排水工程、电气工程与自动化两个专业榜上有名，被评为省级特色专业。该校已有给水排水工程、电气工程与自动化、土木工程、建筑学和艺术设计5个专业入选省级特色专业建设项目。

本次山东省共评选出品牌专业、特色专业100个，其中本科类专业66个，高职高专类专业34个。省级品牌专业和特色专业建设，是省教育厅为进一步优化高校学科专业结构，提升专业建设整体水平，提高人才培养质量和效益的重要举措，旨在进一步深化高校教育教学改革，推进高校专业建设，不断提高教育质量和办学效益。

（年鉴编辑部）

【济南职业学院】 2007年是济南职业学院实现“三年出特色”工作目标的关键一年，按照学院“十一五”发展规划和2007年工作要点确定的工作任务，紧紧围绕促进学院又好又快发展、全面加强和谐校园建设这个主题，以深入开展“教学质量年”为总抓手，以专业建设“创品牌、出特色、上水平”为突破口，进一步加强制度建设、德育建设、课程建设、队伍建设、实训基地建设，大力提高教学水平和管理水平，努力开创学院建设和发展的新局面，各项工作取得显著成绩。1月19日，济南职业学院妇委会被济南市妇联授予“2006年度妇女工作先进单位”称号。

3月13日，山东省教育厅正式批准了济南职业学院与澳大利亚西海岸职业学院两个合作办学专科教育项目。专业分别是旅游管理和酒店管理，学制三年，考试合格后毕业生同时拿到中澳两个国家的专科毕业证书和职业资格证书。在此次教育厅批准的山东11所高校的19个中外合作办学专科教育项目中，只有济南职业学院的两个专业可以同时拿到中方和外方两个国家的专科毕业证书和职业资格证书。

9月18日，济南职业学院武装部成立大会暨揭牌仪式在新校区广场举行。济南警备区司令员王忠、政委钱道书、市教育局局长刘元刚、学院党委书记陈小莉、院长王小平等出席揭牌仪式。济南警备区副司令员陈蓬文宣读济南职业学院武装部成立命令，政委钱道书和市教育局局长刘元刚为济南职业学院武装部成立揭牌。济南职业学院成为济南市第一所建立人民武装部的高校。

10月17日，济南职业学院与济南第一机床集团有限公司在新校区举行合作建设校内生产型实训基地签约仪式。市国资委主任魏篁，市教育局副局长张克明，济南第一机床集团党委书记、董事长、总经理于志海，以及学院党委书记陈小莉、院长王小平、副院长宋哲东等出席签约仪式。协议确定，由济南一机床集团投入设备，学院提供场地和厂房，合作建设生产性实训基地，实现优势互补、互利双赢的目的，使学院实习实训水平实现新的飞跃，在国内同类院校中是创新性的举措。

11月23日，根据市教育局《关于对济南市成人中等专业学校进行评估的通知》的安排，市教育局评估专家组对济南职业学院继续教育学院中专部进行检查评估。副院长王志文代表学院向评估专家组汇报了学院2004年合校后发展建设情况，继续教育学院向评估专家组汇报了中专部的自查情况。随后评估专家组对济南职业学院的校园建设，实验、实训设备，餐厅，学生公寓等进行实地考察并查看了相关资料。（济南职业学院办公室）

责任编校　王　洋

科　学

科技综述

【概况】 1.大力营造良好创新环境，稳步扎实推进创新型城市建设。2007年2月2日，市委、市政府召开全市科技进步表彰暨创新型城市建设大会，集中表彰在本市科技进步事业和创新型城市建设工作中作出突出贡献的单位和个人，对新认定的国家级科技园区、孵化器、名牌产品、驰名著名商标、企业技术中心和工程技术研究中心等10大类199个项目分别给予20~500万元不等的奖励，表彰奖励资金总额5600多万元。出台《济南市创新型城市建设规划》、《济南市创新型城市建设县（市）区、高新区考核办法（暂行）》、《济南市创新型城市建设综合评价指标体系（试行）》等配套政策。11月3日，济南市政府正式颁布新修订的《济南市科学技术奖励办法》，新增设济南市技术发明奖和科技合作奖，再次大幅度提高科技奖励经费，奖金总额由180万元提高到450万元，科技最高奖由30万元增加到50万元，并明确鼓励社会力量设立面向社会的科学技术类奖项。出台《济南市人民政府关于进一步加强知识产权工作的意见》，重点对完善知识产权体系、保护自主创新成果、重视知识产权转化等方面进行强化和支持。自主创新的政策体系更加完善，激励和引导作用进一步增强。为配合创新型城市建设，5月19~25日，济南市围绕“携手共建创新型国家”这一主题，组织“2007年科技活动周”和科技“三下乡”活动，普及科学文化知识，倡导科技自主创新理念，营造自主创新氛围，在全社会产生良好反响。创新型城市建设推进体系更加完善，高新区、各个县（市）区均相继建立由主要负责人担任组长的创新型城区建设推进委员会，本市所特有的创新型城市建设“组织、评价、规划、责任、政策、创新”六大体系基本构建完成，全市各个部门互相协作、上下联动的工作格局初步形成。

2.突出企业创新主体地位，自主创新能力建设实现新的突破。坚持以企业为主体，市场为导向，产学研相结合，着力构建技术创新体系，不断增强企业自主创新能力。2007年，新认定国家级、省级企业技术中心1家和4家，总数达到124家（其中国家级9家，省级38家）。新认定省级工程技术研究中心19家，全市各级企业工程技术研究中心达到59家（其中省级48家）。研发机构建设大大提升企业科研水平和承担重大创新项目的能力。济南市49项科技成果获得2007年度国家、省级科技奖励。其中，济南二机床集团有限公司完成的“LS4B-2500型2500美吨闭式四点多连杆压力机”获得国家科技进步二等奖，共获得省科学技术奖励各类奖项48项。全市共实施各类科技计划200余项，取得重要科技成果400项，其中达到国际领先、先进水平的90项，国内领先、先进水平的310项。天梭30000高性能服务器和基于SOA架构的基础业务平台等5个项目入选山东省自主创新重大项目；“济钢生态工业园区循环经济模式构建与示范”等4个项目入选国家“十一五”科技支撑计划；中创“高可信软件生产工具及集成环境”、“代用燃料汽车区域化示范运行与考核应用”等入选国家“863”计划。其中，中创“高可信软件生产工具及集成环境”获资金支持1100万元，力诺集团“新能源—光伏发电项目”获得省科技厅资金支持2000万元。全年共争取国家、山东省资金近1亿元。以专利、名牌、标准为重要标志的企业核心竞争能力实现新的提升，全市专利申请量8969件、授权量4119件，发明申请量2004件、发明授权量404件，4项指标均居全省第一，实现历史性突破。加强对重点商标的扶持、指导力度，新认定中国驰名商标3件，山东省著名商标33件，济南市著名商标65件。全市共有中国名牌产品17个、山东省名牌产品117个、山东省服务名牌18个。组织大中型企业申报2007年国家标准项目25项，山东省地方标准计划项目9项。

3.积极采取强力推进措施，促进高新技术产业又好又快发展。按照省委、省政府将高新技术产业产值占规模以上工业产值的比重由年增2个百分点，提高到年增3个百分点，提前1年完成“十一五”目标任务的要求，济南市于4月26日召开全市高新技术产业工作会议，研究制定《济南市关于进一步加快高新技术产业又好又快发展的意见》，确定全年实现高新技术产业产值过千亿元，力争1200亿元的工作目标。主要采取抓重点县（市）区、抓重点园区、抓优势产业、抓骨干企业等一系列措施，推动高新技术产业超常规发展。全市高新技术领域共争取国家级各类项目13项，支持资金2681万元，争取省级各类项目44项，支持资金3959万元。高新技术产业呈现以下三个新的特点：①高新技术产业基地建设实现重大突破。2007年，市委、市政府提出“举全市之力加快高新技术开发区建设”，赋予高新区规划、房产、土地等管理权。加大财政支持力度，将市科技风险投资公司划归高新区管理，出台的各项扶持政策资金重点用于支持信息通信国际创新园发展，国家信息通信国际创新园（CIIIC）已签约8个项目，总投资63亿元。制定扶持政策，加快全市创意产业和动漫产业的发展，已形成高新区、大学科技园和槐荫区三大动漫产业基地，呈现三足鼎立之势。其中，国家动漫产业发展基地落户济南高新区，已进驻动漫游戏企业70多家。济南市农业高新技术开发区正式被山东省人民政府批准为省级农业高新技术产业示范区，标志着济南农高区纳入省级高新区建设体系，为济南市农业高新技术产业的发展争取到新的机遇。②以软件产业为代表的新兴现代服务业迅速崛起。济南市成立国际合作、电力行业联盟等八大软件产业联盟，汇聚近200家软件企业。在中国服务外包基地城市、国家软件出口创新基地的基础上，由国家新闻出版总署和山东省信息产业厅命名的国家动漫产业发展基地和山东动漫游戏产业基地相继挂牌，形成由齐鲁软件园山东动漫游戏产业基地、槐荫区齐鲁动漫游戏产业基地、大学科技园动漫游戏研发基地和交易市场组成的由东至西带状发展的产业布局。聚集一批具有国内领先水平的动漫游戏企业，总数达70余家，对于增强济南市信息产业基地承载能力和辐射效应，提高信息产业核心竞争力具有巨大的促进作用。全市信息产业预计实现销售收入613亿元，同比增长19%。③高新技术在农业、社会领域的支撑作用进一步增强，共争取省级以上项目26项，到位经费1338万元。在新农村建设科技支撑方面，以“十、百、千”、良种产业化、星火富民、粮食丰产等科技工程为抓手，加快推进农业科技进步。其中，围绕“十、百、千”重大专项工程，实施各类科技项目30余项，投入科技经费845万元，引进和推广新品种、新技术100余项，示范户实用先进技术到位率达到89%，示范村实现总收入4.6亿元，农民人均纯收入达到6762元，形成政府推动，市场引导，农业科技企业与专家、技术人员、普通农户互动的新型农业科技创新与成果转化网络，章丘市被认定为全省首批新农村科技示范试点市。在社会发展科技支撑方面，重点开展济南机场烟尘综合治理科技示范工程、科技强警示范城市建设重大专项、济钢生态工业园区循环经济模式构建与示范工程、代用燃料汽车区域化示范工程、中药现代化科技示范工程、节能减排降耗专项工程等重点工作，并取得突出成效。其中，“济南机场周围烟尘防治综合技术治理”入选省自主创新成果转化重大专项，济南钢铁、济南圣泉、山东华艺3家企业入选省重大节能示范工程项目，山东明仁福瑞达制药有限公司等4家企业入围省中药现代化示范企业，“代用燃料汽车区域化示范运行考核与应用”课题列入国家863计划重大项目。2007年济南市万元GDP能耗为1.20吨标准煤，比2006年下降3.02%，规模以上工业万元增加值能耗1.82吨标准煤，比2006年下降7.52%。

4.注重整合省城创新资源，加快科技基础条件平台建设步伐。①公共资源共享平台建设成效显著。成功举办第四届中国·济南科技展交会。87家高校、科研院所、国内30家知识产权局、10000多项先进成果和专利技术参会参展。达成合作协议330余项，实现技术转让交易额12.8亿元，济南市政府与中科院沈阳分院签订全面合作协议。济南市科技成果转化交易服务平台新建600平方米二期工程，网上发布科技成果12000项，推荐专家234人，累计实现科技成果转化70项，项目合同金额4000余万元。大型科学仪器设备共享平台汇集驻济百余家单位20万元以上大型科学仪器设备及20万以下稀有科学仪器设备千余台套，总价值超过4亿元人民币。知识产权信息服务平台、软件开发测试平台、新药临床前评价平台等也都取得不同程度的进展。②孵化创业服务平台初具规模。济南市已拥有国家级高新技术企业孵化器4家，各类科技孵化器孵化面积72万平方米，在孵企业700余家，孵化面积与孵化功能在15个副省级城市中名列前茅。济南市各类科技中介机构总数达300多家，其中生产力促进中心13家（国家级2家、省级4家），高新技术创业服务中心12家，常设技术市场5家，驻济专业科技风险投资公司2家，专利代理机构8家，农业科技推广机构280家。③科技人才培养引进与合作交流平台成效显现。以“泉城学者”为重点的人才开发工程加强与中国科学院、清华大学等专家团队合作，有效地解决了一批制约企业发展的关键性技术难题。实施“千名留学人才引进计划”，中国济南留学人员创业园先后建立北美、欧亚、韩国、日本等海外人才创业基地，驻园企业130余家，聚集海外留学博士、硕士及其他高科技人员1400多人。④深化科技管理改革，优化资源配置，建立阳光科技。为确保科技立项的公开、公正、公平，继续在科技项目申报、评审、立项中，实行网上公开、网上专家评审，对重大项目面向全国公开招投标。2007年，济南市在全省首次实行全部科技计划项目异地评审，受到全市科研单位、科技人员的广泛好评。

（陈启璋　何庆春　宋洪韵）

【济南市获得全国科技进步先进城市称号】 1月11日，国家科技部公布2005~2006年度全国科技进步考核结果，在“2005~2006年度全国科技进步考核先进市”中，济南市榜上有名。这是济南市第二次获得这一科技领域的最高荣誉。济南市下属的章丘市、历城区、市中区、历下区、槐荫区也分别获得国家科技进步先进县、区称号。（邓兆斌　李　婷）

【全市科技进步表彰暨创新型城市建设大会】 2月2日，市委、市政府召开全市科技进步表彰暨创新型城市建设大会。对在科技进步事业和创新型城市建设工作中作出突出贡献的10大类199个项目进行表彰奖励，兑现资金达到5635万元，表彰力度前所未有。同时，还出台《济南市创新型城市建设规划》、《济南市创新型城市建设综合评价指标体系（试行）》和《济南市创新型城市建设县（市）区、高新区考核办法（暂行）》等文件。（李月明　贾文涛）

【王恩东获2006年度济南市科学技术最高奖】 在2月2日召开的全市科技进步表彰暨创新型城市建设大会上，浪潮集团高级副总裁、研究员王恩东被授予2006年度济南市科学技术最高奖，获得奖金30万元。王恩东长期从事信息技术科研开发和管理工作，是我国国产服务器开发及产业化方面的著名专家，同时兼任中国计算机行业协会常务理事、副会长，山东省服务器技术重点实验室主任等职。他累计完成国家863计划重大课题7项，国家技术进步和产业升级专项4项，信息产业电子发展基金2项，省科技攻关计划5项。自1999年以来，共获得国家科技进步奖2项，发明专利5项，信息产业重大技术发明奖1项，山东省科技进步奖5项，主持研制的相关产品累计实现销售收入36.4亿元，实现利税3.1亿元，浪潮服务器连续10年取得国产品牌销量第一，为济南市的信息产业发展作出突出贡献。（陈　锐　何庆春）

【济南市防震减灾工作进入全国前列】 4月12日，济南市地震局在2006年度全国市地防震减灾工作综合评比中获得一等奖。这标志着济南市防震减灾工作，已走在全国前列。

6月份，经济南市政府批准，地震安全性评价纳入市基本建设审批程序，作为项目立项审批的前置要件，与规划选址、土地预审和环境评估列在同一环节进行，重要项目建设要由市地震局出具审批意见函。建设工程地震安全性评价纳入基本建设审批程序并成为项目立项的必备环节，对于提高城市建设工程防震抗震能力，提升城市安全性具有重大意义。

济南市地震局及市有关部门就地震应急物资准备、应急队伍建设等对部分县(市)区开展应急工作检查。全市地震系统工作人员及应急志愿者共计120人进行应急救护培训，掌握应急自救互救技能；建设泉城广场、泉城公园两处市级地震应急避难场所，部分区(市)也建设了地震应急避难场所；防震保安工作纳入十一届全运会地震安全保障工作体系，“十一五”地震监测台网建设项目列入全运会地震监测和应急保障配套工程。

全市地震系统深入开展防震减灾宣传进社区、进农村、进企业、进校园、进机关的“五进”活动。通过科普知识展览、播放地震科教片、发放宣传资料、开展知识讲座、举办有奖问答、新闻媒体宣传及创建地震安全示范企业、示范社区等形式，宣传防震减灾法律法规及地震科普知识，增强公众防震减灾意识，市、县两级全年累计发放10多万份科普材料，近百万人接受防震教育。（苏传军）

【济南市农业高新技术开发区被省政府批准为省级农业高新技术产业示范区】 5月份，济南市农业高新技术开发区被省政府批准为省级农业高新技术产业示范区，成为全省首家纳入省级高新区管理体系的单位。济南市农业高新技术开发区共聚集济南佳宝乳业、山东明发兽药、济南澳利种业、省计委绿色农业科技服务公司和团省委青少年素质拓展中心等科技型企事业单位30多家，涵盖农业良种、奶业、兽药、水资源等领域，涌现出一批有规模、有竞争力的农业科技企业和企业集团。先后承担和完成国家火炬计划、攻关计划和高新技术产业发展项目及省市科技计划项目80余项，获国家专利9项，各类科技成果32项，累计争取各级政府和有关部门资金支持13亿元，辐射带动周边县(市)区面积达2.4万公顷，实现经济社会效益67亿元。区内农民人均纯收入比创建初期增长123%以上，高于全市农民人均纯收入增长水平。（王　东）

【国家信息通信国际创新园(CIIIC)揭牌成立】 6月22日，国家信息通信国际创新园揭牌暨信息通信技术研究院落成仪式在济南高新区举行。该园区由科技部、信息产业部、商务部与山东省联合共建，是国家在“十一五”期间重点建设的两大高技术国际创新园之一，将成为国内外信息通信企业、优秀人才和投资的重要集聚区，也将成为利用国际资源提升信息技术自主创新能力的重要示范区。

（李月明　宋洪韵）

【浪潮“高效能服务器和存储技术实验室”入选首批企业国家重点实验室】 7月12日，经科技部批准，浪潮集团“高效能服务器和存储技术实验室”成为首批企业国家重点实验室。这是我国唯一的一家在高效能服务器和存储技术领域的企业国家重点实验室，也是济南市企业中设立的第一家国家重点实验室。10月，浪潮服务器打破并创立首个SPEC（标准性能评估机构）世界纪录，这是中国厂商在国际服务器领域创立的第一个SPEC世界纪录。

（许浩宁）

【济南市被授予“国家动漫产业发展基地”

2007年2月2日，山东省委副书记、济南市委书记姜大明(左)向济南市科学技术最高奖获得者王恩东颁发证书和奖牌。（济南市科技局供稿）

称号】 9月12日，国家新闻出版总署正式批准济南为国家动漫产业发展基地。11月10日，济南国家动漫产业发展基地正式揭牌，标志着济南动漫游戏产业进入一个新的发展阶段，形成由齐鲁软件园山东动漫游戏产业基地、槐荫区齐鲁动漫游戏产业基地、大学科技园动漫游戏研发基地和交易市场组成的由东至西带状发展的产业布局。 （贾文涛 刘全祥）

【章丘有机高分子材料产业基地被科技部授予“国家火炬计划特色产业基地”称号】 12月20日，国家火炬计划章丘有机高分子材料产业基地通过国家评审，成为继山大路电子信息产业基地、高新区生物医药产业基地、济南先进机电与装备制造产业基地之后成为济南市第四家国家火炬计划特色产业基地。基地汇集济南圣泉集团股份有限公司、山东中氟化工科技有限公司、山东胜帮绿野化学有限公司等一批省级高新技术企业，形成以有机氟材料、植物化工植被呋喃树脂和高分子化学建材为主导的高分子材料产业群。 （刘 智）

【高新技术产业突破千亿元大关】 2007年，全市规模以上高新技术产业累计实现产值1151.18亿元，成功突破千亿元大关，同比增长36.03%，占规模以上工业总产值的比重为35.38%。总量在全省17市中列第五位，比重在17市中居青岛之后列全省第二位，比年初增加3.1个百分点，圆满完成省委、省政府下达的3个百分点的任务目标。67家企业被认定为省级高新技术企业，总数达到506家；认定市级高新技术企业101家，总数达到505家；两级高新技术企业共达到1011家；新认定高新技术产品255项，总数达到1209项。 （纪 元 陈 波）

【济南市获“国家知识产权工作示范城市”称号】 2007年，济南市专利申请量8969件，专利授权量4119件，发明专利申请量2004件，发明专利授权量404件，四项指标居全省第一位，实现历史性突破。顺利通过国家知识产权局组织的全国知识产权示范城市验收，于12月份正式跻身首批“国家知识产权工作示范城市”先进行列。济南市由此成为继成都、武汉、宜昌之后第四个获此称号的城市。 （仝连成）

科技团体·科技活动

【济南市科学技术协会】 2007年，市科协召开七届二次全委会议和七届二次、三次、四次常委会议，第七届委员会共有委员92人、常务委员34人。全市有县（市）区科协10个，乡镇科协61个，街道办事处科协73个；市级学会、协会、研究会62个；企事业科协115个。

市科协紧紧围绕自主创新和节能减排两大主题，会同市经委、市发改委、市科技局、市国资委等部门，联合印发《关于深入开展“讲理想、比贡献”活动的实施办法》，推动“讲、比”活动向纵深发展。全年20000人次参加“讲、比”活动，立项1200项，提出科技建议1800项，采纳1100项，实现经济效益1亿多元。开展优秀科技项目评选活动，评出一等奖10项、二等奖30项、三等奖59项。在18个企业、机关和学校举办“节约能源资源、保护生态环境、保障安全健康”科普巡回展览。依托总工程师联谊会，召开“济南市节能减排发展循环经济研讨会”，发表《济钢共识》，发挥总工程师在自主创新和节能减排中的领军作用。努力为建设社会主义新农村提供服务，实施“四个一”、“科普惠农”工程，建成50处科普服务站，成立10个科普专家服务团，建立科普村村通宣传栏管理使用的长效机制，全年为全市争取国家、省科普惠农奖励46万元。新培育表彰15家优秀农技协会，总数达到115个。章丘市大葱产业协会被表彰为全国科普惠农兴村计划先进单位；商河县白桥乡大蒜协会被表彰为省科普惠农先进单位；长清区被表彰为省科普惠农先进县区；长清区文昌苗木花卉协会会长刘继杰被表彰为中国科普惠农先进个人。积极参与全市经济建设，开展科技咨询服务100多项（次），实施金桥工程34项，合同额800多万元；化学化工学会促成两项科技成果转化项目，合同总额90多万元；机械工程学会积极为企业、高校、政府牵线搭桥，推动建立3家产学研基地；老科协开展建言献策活动，11篇论文入选省老科协建言献策论文选集；二机床科协开展“小改小革、技术诀窍、合理化建议”征集交流活动，共征集建议655项。

积极按照《市政府关于贯彻全民科学素质行动计划纲要的实施意见》的要求，发挥《科学素质纲要》领导小组作用，采取多种措施，积极推动实施工作。建立健全领导机构和工作制度，召开动员大会，制定9个工作方案。加大宣传力度，开展有奖知识竞赛，举办4期培训班，印发宣传手册3000份，制作发放《科学素质纲要》挂图700套。按照“举全市之力，办一流赛会”的要求，在全国科普日期间，举办“迎全运——万人科学健身大行动”展示活动，2000多名社区科普大学学员表演科学健身气功；开展“关注心理健康、促进社会和谐——心理健康进社区”活动，成立专家服务团，建立10个心理健康服务室，开展服务活动200多次；新创建社区科普大学20所，总数已达100所，学员近7000人，讲师团老师近100人，授课1336课时；完成576米科普画廊建设任务，市区总长度达5000余米，印发4期各700套科普挂图。全市已发展注册科普志愿者2万余人，社区科普大学讲师团被市直机关工委评为杰出志愿服务集体，20多个社区和30多人被评为优秀志愿服务集体和优秀志愿者。举办省暨济南市首届青少年科普剧比赛，8个县（市）区的128所学校近万名学生参加比赛；组织第三届中科院老科学家科普泉城行；举办第五届齐鲁大学生软件设计暨外语大赛、第二十二届青少年科技创新大赛、第四届青少年电脑机器人大赛；组队参加第七届全国青少年机器人大赛和“2007中国机器人大赛暨RobotCup中国公开赛”；开展“群英计划”试点工作，10所农村学校约5000人次参加各项活动；继续开展“七巧板下乡”活动，赠送农村学校5000套七巧板器材。在全国科技活动周期间，科普志愿者达到3000多人次，举办科普展览、讲座、科技下乡、科教进社区56场次，制作展板1000多块，发放科普挂图等宣传资料14000多份(套)。社区科普大学、齐鲁大学生软件设计与外语大赛、中科院老科学家泉城行和青少年科技创新大赛四项活动被评为市精神文明建设活动品牌。市科协被评为2007年度“全省科普工作先进单位。”

6月26日，举办主题为“节能环保、和谐发展”的学术年会。国家发改委能源研究所能源效率中心主任、研究员郁聪和北京大学经济学院教授薛旭分别作《中国节能形势、挑战与对策》、《中国特色导向的品牌战略》报告。市级学会、协会、研究会和企事业科协、县(市)区科协组织25个分会场，针对学科专业或相近专业热点问题，围绕节能降耗减排、保护生态环境、新农村建设、构建和谐社会等课题进行研讨。年会期间共有5位国外专家、30多位国内知名专家来济作报告，累计报告时间超过50小时，3000多位科研、生产、教学一线的科技工作者聆听了报告。收到年会征文700多篇，编辑出版论文集近10种。推进“海外智力为国服务行动计划”，先后邀请7批14位海外专家来济，围绕国家信息通信国际创新园发展、和谐社会建设和现代科技发展等前沿问题，举办4场论坛和报告会并进行考察交流与洽谈活动。派出5批13人分别赴俄罗斯、日本、以色列、美国考察或培训。继续教育工作扎实开展，医学会、药学会、护理学会、营养卫生学会、烹饪协会、数学会、林学会、档案学会、济钢等学会及企业科协共举办讲座、培训班300多场(次)，参训2万人次。济南烹饪协会被表彰为全国餐饮业先进社团。

加强调查研究。科协党组成员带队到64个学会和企业科协进行深入调研，征求各方面意见建议50多条。图书馆学会、亚健康防控协会、计算机学会、气象学会、水利学会、营养卫生学会、风景园林学会开展各种科技服务、科技下乡、科普制作活动，学会服务经济社会的能力得到提高；公路学会成立咨询公司，开展项目招标代理、技术咨询等，完成招投标项目28项；烹饪协会开展全市烹饪大师认定工作，被中国烹饪协会授予“全国餐饮业先进社团”称号；纺织工程学会举办全国十三城市纺织工程学会工作研讨会。不断扩大科协、学会组织的覆盖面，推动3家学会改选换届，新成立亚健康防控协会和5家企业科协；举办华东地区省会城市科协第二十六次年会；与市委组织部、市人事局联合开展第五届优秀科技工作者和第九届优秀学术成果评选表彰，评出优秀科技工作者60人，优秀学术成果293项；与电台电视台联合制作优秀科技工作者系列专访节目，播出20期《科技人生》、10期《科技之子》、10期《希望的田野》专题片。深入开展创建“三型”机关和“学习实践科学发展观——解放思想大讨论”活动，科协党员干部的思想得到进一步解放，境界得到进一步提升。深化“主题实践活动”，增强文化力、创新力、凝聚力、影响力、协调力，提高机关的服务意识。（施泉玉）

【“讲理想、比贡献”竞赛活动】 认真贯彻全国企业科协会议精神，组织全市企业科技工作者，开展技术创新活动,搭建科技人员创新平台，激发创新热情，培育创新文化，营造创新氛围。①与市经委、市发改委、市科技局、市国资委等部门联合签发《关于深入开展“讲理想、比贡献”竞赛活动的实施办法》。②严格评审程序，保证评选公平、公正。对优秀科技项目按照评审程序，评出一等奖10项，二等奖30项，三等奖59项。③抓住关键环节，推动“讲、比”活动取得新进展。10月26日召开“讲理想、比贡献”活动推进会。重汽、机车、一机床、济钢等科协分别介绍本单位“讲、比”活动的经验。各企业科协在相互交流的基础上，抓紧修订、完善本单位实施方案，做好“讲、比”活动的宣传和动员，抓好“讲、比”活动立项、实施、检查、评比表彰等各个环节，把“讲、比”活动做成企业科协和群众性技术创新活动的品牌。“讲、比”活动的深入开展对激发科技工作者的创新热情，营造良好创新氛围，培育创新文化起到较强的推动作用，并在企业中掀起新一轮创新热潮，为增强企业自主创新能力作出积极贡献。中国重汽集团有限公司科协、济南钢铁集团总公司科协、济南机车车辆厂科协和济南一机床集团公司科协被表彰为省“讲、比”活动先进集体。

（施泉玉）

【心理健康进社区】 开展“关注心理健康、促进社区和谐——心理健康进社区”活动。依托省市精神卫生中心和济南大学等6家智力支持单位的心理专家，成立“心理健康专家服务团”，在10个社区建立心理健康服务室，举行“关注心理健康、促进社会和谐”心理健康服务员培训班，编印4期《心理健康进社区活动简报》，开展心理健康讲座、咨询、服务活动200多次。

（施泉玉）

【海智计划】 中国科协为贯彻落实人才强国战略，通过联系海外科技团体，吸引和组织海外科技工作者以多种方式为国服务，正式启动“海外智力为国服务行动计划”，同时成立中国科协海外智力为国服务行动计划领导小组办公室(简称“海智办”)，设在中促会，负责海智计划的具体组织实施。围绕国家信息通信国际创新园(CIIIC)发展与建设，市科协先后邀请美中科技促进会会长、时代创投公司董事长马启元教授，美国加州大学富勒敦分校软件工程学院主任、终身教授、SEI授权CMMI讲师从斌博士，全日本中国人博士协会名誉会长、日本国立德岛大学教授任福继博士等海外专家学者来到国家信息通信国际创新园(CIIIC)，就园区建设、项目合作、人才培养等方面进行深度会谈，达成进一步合作意向。围绕和谐社会建设，邀请美国纽约市立大学布鲁克林学院沟通交际学系教授鲁曙明博士、美国俄亥俄大学社会学与人类学系教授李捷理博士、美国新泽西州利诺万大学交流传播学院副教授韩爱果博士等3位海外人文社科专家，以《和谐世界从心做起》、《社区能力建设与可持续发展》、《我与社会的和谐：社会心理学与心理调节》为题进行演讲，专家们从多个视角就如何构建文明和谐社会问题进行阐述和探讨。围绕现代科技的发展变化，邀请留德中国物理学者学会主席、百宁咨询公司董事长刘百宁博士来济南考察交流并举办题为“读书与人生——从《未来世界的100种变化》谈起”的报告会，介绍现代科技即将给人类生活带来的种种精彩变化，展现未来科技创新发展的趋势及其应用。2007年，市科协被中国科协评为“海外智力为国服务行动计划”先进单位。 （施泉玉）

【科技活动周】 5月19日，市委宣传部、市科技局、市科协联合开展以“携手建设创新型国家”为主题的第七届济南市科技活动周。活动周与章丘市联合举办，章丘市政府承办了大规模科技成果展，主要展示章丘市近几年的科技成果，参观人上万人次，发放资料和图书共计30000余份。

5月19~25日，活动周期间共组织举办青少年科普剧比赛、“三下乡” 集中宣传日、走进“科普教育示范基地”等50多项活动。10个县(市)区分别举办活动周启动仪式等大型宣传活动，举办各类培训班、展览会及专家咨询活动52期，组织送科技下乡15次，展出科普展板2000余块，发放各类科技宣传资料20万份，参观学习、参加培训咨询的群众累计达10万人次。

（李 婷）

【第四届科技展交会取得丰硕成果】 10月24~25日，第四届中国·济南高校、科研院所科技成果和专利技术展示交易会在济南舜耕国际会展中心举行。会展期间，济南市政府与中科院沈阳分院签订全面合作协议，中科院首个院外展厅——济南科技成果展厅建成开放。据统计，本届展交会达成合作协议和意向330余项(其中签订转让协议120余项)，技术转让交易额达12.8亿元，将拉动社会投资62.3亿元，大批科技成果在济南落地转化。

（任晓明）

科技成果

【440t/h(135MW)超高压再热循环流化床锅炉】 完成单位：济南锅炉集团有限公司。该产品按照保证锅炉长期可靠运行、锅炉效率高、煤种适应性强的要求进行设计，具有较高先进性、经济性、可靠性、灵活性。产品采用“全悬吊炉膛，中置高温蜗壳分离器，竖井单烟道炉型”和“高浓相区、低流化风速、三弯头让管炉膛”以及“水冷风室和小直径逆流柱型不漏灰风帽”结构，解决了超高压再热循环流化床锅炉参数热力分配；解决了数千吨循环高温物料的流化、分离捕集、回送的可靠性；解决了该状态下的物料产生的各种磨损；保证440吨/时循环流化床锅炉的可靠性和经济性。通过在宁夏灵州电厂和内蒙双欣电厂的运行，年创产值2.44亿元/台，创利润2478万元/台，已实现销售9.02亿元，创效益28.54亿元。该产品的研制成功，可满足国内外市场需求，对开发设计300兆瓦和600兆瓦循环床锅炉机组具有指导意义，有效地提高了山东省生产大型电站设备的能力。

【第二代身份证(RFIC)阅读机具】 完成单位：山东神思电子技术有限公司。第二代居民身份证(下称“二代证”)从2004年1月1日开始换发以来，已在全国范围内得到广泛应用。二代证内嵌RFIC芯片，具有视读、机读双重功能。凡是需要公民出示身份证的场所，都要求配备一套用于阅读与录入二代证芯片中的照片及基本信息、核验持证人身份的电子设备。本项目是为配合居民换发和应用二代证研制的，产品填补国内空白，整体技术水平处于国内领先。主要创新点包括：①分时共用内核多终端技术；②复合无线数据通信技术；③验证终端与各行业应用系统的集成技术。该项目已申请/授权发明专利4项、实用新型专利2项、外观专利2项。已广泛应用于电信、金融、治安、教育、劳保、铁路、民航等在内的各行各业，已批量销往北京、上海、天津等近30个省区，经济效益显著，其市场占有率位居全国前二位。该产品的大规模普及，可杜绝假身份证蔓延，为落实反洗钱法、存款实名制、手机实名制，为查处违法犯罪行为、改善社会治安环境、构建和谐社会提供有力保障。其持证人信息自动录入、自动发起联网核查和追逃库比对等功能，也推动了各行业信息化建设进程。

【PLS4-3200-4500-2500全自动快速柔性冲压生产线】 完成单位：济南二机床集团有限公司。PLS4-3200-4500-2500全自动快速柔性冲压生产线是我国第一条具有全部自主知识产权的生产线。该生产线具有多工位压力机的高生产率和串联式压力机灵活性的特点，是多项新技术的集成创新，是具有革新意义的冲压生产线，项目的技术指标和整体功能及性能均达到当今世界的领先水平。该项目的主要创新点是：①整线支持Linear快速横杆送料技术，可实现每分钟12个大型冲压件的高生产率(约是过去的1.5倍)；②压机多点卸荷及其控制技术，可保护高档汽车模具和滑快精度；③压力机八连杆设计、制造技术；④全自动换模技术，可提高换模效率10倍以上。该项目的开发成功不仅满足了国内外高档汽车制造用户对大型拉伸件高质量、高档次、高自动化的要求，而且提升了我国锻压行业在国际市场的知名度，拓展了国际市场。泰国SUMMIT、上海汽车、通用五菱、沈阳金客(宝马)等用户相继新定冲压生产线7条，每年可实现产值约4~5亿元人民币。

【“黄河王子”系列中重型汽车】 完成单位：中国重型汽车集团有限公司。黄河牌黄河王子中重型系列汽车新产品属于全新设计系列车型，是通过引进德国MAN公司汽车技术，结合本公司和国内领先技术总成部件，设计开发的具有中高档技术水平的重型汽车系列新产品。总体布置设计既考虑基本车型的技术先进性，又兼顾产品的系列化、多品种的要求。研制成功的总重12吨系列至31吨系列等中重型汽车新品种，包括载货汽车、自卸汽车、牵引汽车及各类汽车底盘等。该系列车型主要技术经济指标与一汽、二汽同类车型相比形成了竞争优势，并为进一步提升产品质量奠定基础。该系列车型已申报重型汽车驾驶室前悬置装置、有防水功能的进气道、汽车制动总阀组合装置等82项国家专利。截至2007年11月，累积实现销售产值超过25亿元，经济效益显著。黄河牌黄河王子中重型系列汽车新产品广泛使用情况表明，新产品技术先进、质量可靠、价格合理，能够满足国内中高档中重型汽车的使用要求，具有较高的社会经济效益。同时，该车型出口量逐年增加，对促进中国重汽集团开展国际化战略起到重要作用。

【新型含氟聚合物、氟涂料及氟化学材料含氟醇的研制与应用开发】 完成单位：济南大学、山东中氟公司等。我国氟化工行业急需高端氟产品来提升产品结构，本项目从四氟乙烯开始，研制开发含氟醇、氟单体、氟树脂、含氟乳液和氟涂料一系列高端氟产品，产品技术指标均达到国际先进水平，拉长和形成新的氟化工产业链。创新点：①氟树脂结构与性能设计和氟涂料组成设计，合成了室温固化4F型含氟聚合物，进而研发出系列氟涂料。②用氟烯烃与端烯基羧酸钠等自乳化聚合，合成了无皂含氟乳液。首次将无皂含氟乳液用于水泥改性，使试件抗折强度大幅度提高，该内容已获得2项国家发明专利。③含氟醇高效分离技术，制得高纯含氟醇。成果已在山东中氟公司等企业产业化，取得经济效益5亿元。四氟丙醇生产技术由外商投资1亿元，在济南建起年产2000吨的生产线，已工业化生产3年多，产品纯度为99.99%，质量达到国际先进水平，已占世界70%的市场份额，彻底取代了日本大金的国际市场地位。2004年4月至2006年12月，山东中氟公司累计生产四氟丙醇5510吨，实现销售收入近4亿元，出口创汇3026万美元。

【春用大白菜新品种选育及示范】 完成单位：济南市历丰春夏大白菜研究所。1996年前春用大白菜栽培的品种多为从日本、韩国进口的，在我国内陆地区栽培，后期遇到高温干旱，常因不抗病毒而造成减产甚至绝产。本课题通过创新种质资源，把高抗病毒、品质优良的自交不亲和系与极迟抽薹品种杂交，使基因重组，经多代自交分离，选育出高抗病、迟抽薹、品质优良的自交不亲和系。为加快自交不亲和系纯化和准确性，打破原来秋季选留母株的传统方法，创新育种机制，于第一年3月下旬把所选育种材料，在地温10℃时进行春播，检查每个株系耐低温能力和迟抽薹性，至6月上旬，把极迟抽薹的株系选出，利用低温培养箱，控制在5℃以下强制春化处理，定植于自创低温室内，夏季开花，人工授粉，于11月初采种后催芽，低温处理后育苗定植，人工授粉，第二年3月采种、田检，达到一年两次采种，两次田检，一年完成两年的育种周期，加速了育种进程。育成的春珍白6号迟抽薹，后期耐高温，抗病毒病、霜霉病等病害，丰产稳产，在全国推广面积达到3000多公顷，新增效益3434.2万元，正逐步替代进口品种。该品种在2007年通过山东省品种审定。

【传支病毒变异株分子生物学特性与防治研究】 完成单位：山东明发兽药股份有限公司、山东农业大学。鸡793/B变异传支是我国新发生的传染病，该病可引起幼龄鸡大量死亡，蛋鸡产蛋率下降，对养鸡业危害较大。为控制该病发生，保护养鸡业发展，课题组进行该项目研究。该项目总体思路是从发病鸡群中分离793/B病毒，确定其分子生物学特性、该病的组织学变化特点，研究快速诊断方法和预防措施。主要技术内容是：从我国发病鸡群中首次分离出传支病毒变异株793/B(IBV793/B)，并对其理化和分子生物学特性进行研究。建立PCR和核酸探针诊断方法，对S1、N基因进行克隆、序列分析和表达，确定该病组织学变化实质，研制的IBV 793/B灭活疫苗保护率达98%以上。创新点是：①传支793/B 病毒S1基因克隆和表达；②N基因序列测定；③该病的病理组织学研究。该研究建立的诊断方法2小时即可报告结果，疫苗保护率达98%以上。已在《中国病毒学》等一级期刊发表论文6篇，研制的疫苗正在申请新兽药证书。该项目在全省实施后控制了本病流行，2年获经济效益4000多万元，保护和促进了养鸡业的发展。

【急性心肌梗死直接介入手术联合β受体阻滞剂治疗效果的研究】 完成单位：济南市中心医院。急性心肌梗死(AMI)是冠心病最严重的类型，发病24小时内死亡率极高。急诊介入治疗是最佳的血管再灌注方法，但部分患者不能实现心肌组织的有效再灌注。β受体阻滞剂有预防心源性猝死作用，在AMI早期应用仍较少，而且应用方法、剂量及应用途径等存在较大分歧。本课题对急性心肌梗死再灌注联合早期倍他乐克治疗后局部和整体心功能的变化，β受体阻滞剂的安全性进行了系统的基础和临床研究，改良犬用冠脉指引导管，并应用球囊封堵技术建立犬急性心肌梗死动物模型。首次应用组织多普勒成像(TDI)和声学定量(AQ)技术系统评价了AMI早期局部及整体心功能实时动态变化，提出AMI早期心室重塑是局部与整体心功能改变的“自适应过程”，AMI早期应用大剂量倍他乐克是安全有效的，可改善整体局部心室收缩舒张功能并有效调节AMI早期心室重塑过程，入院时心功能良好的AMI患者对早期静脉注射倍他乐克耐受性和安全性良好，能显著降低病人血浆脑钠素水平，改善心功能。课题提出最优化的急性心肌梗死治疗策略，有重大创新性，已在省内多数三级甲等医院推广，显著降低了急性心肌梗死患者的死亡率。获得实用新型专利 项，在多家国家级核心专业期刊发表论文多篇。

【500千伏复合绝缘SF6电流互感器】 完成单位：山东彼岸电力科技有限公司。该产品采用优质液体硅橡胶作外绝缘，具有良好的理化特性、优异的绝缘性能及抗老化性能和防暴性能。采用倒立式结构，一次导电杆直接穿过铁心，动、热稳定性能好；采用防暴装置和SF6密度继电器，保证产品的安全可靠；一次采用串、并联接线，可以得到多种电流比；有TPY级暂态保护线圈，保证产品具有良好的暂态响应特性。该产品具有非常高的韧性、耐机械冲击及防地震性和良好的耐电蚀性、憎水性及防污性。维护方便，产品运行中只需保证SF6气体的密度和微水含量。填补了国内无国产500千伏复合绝缘SF6电流互感器的空白，满足了国内主力电网500千伏线路的设备需求。已获实用新型专利2项，

国家发明专利2项（已受理），外观设计专利一项。研制水平已达到国际先进，有很强的市场竞争力。该产品自2006年12月生产以来，已累计生产LVQHB-500千伏电流互感器106台，销售额4108万元，实现利税874万元，是替代昂贵进口产品的高质量的民族品牌。

【无公害蔬菜标准化生产及检测相关技术研究】 完成单位：济南市农业局。当前无公害蔬菜生产成为热点和难点，国内还没栽培模式等研究，组装配套、总结制定标准、示范推广，结合检测研究，建立检测网络。主要技术内容是：①引进并选育出6个番茄和2个黄瓜新品种。②对杀虫灯改良，扩大应用，提高效果。研究防虫网覆盖栽培技术，并与黄板结合诱杀莴苣等蔬菜害虫，并研究确定黄瓜黑星病等物理、生物防治方法。③进行秸秆生物反应堆、测土配方施肥等技术研究推广。④研究筛选出适宜济南市气候特点的简易大棚、大拱棚和小拱棚多茬口立体高产栽培模式。⑤制定并颁布实施10个地方标准。⑥探索出酶抑制法快速筛选检测技术，建立11个监测点。该项目主要创新点是在杀虫灯改良与应用，防虫网与黄板结合应用，酶抑制剂快速筛选检测技术改进等方面有创新。达到国内同类研究的先进水平。已建立示范133.33公顷，推广8000公顷，效益分别提高15%和10%，并达到无公害标准，45个产品通过无公害或绿色食品认证，已获经济效益24878.35万元。

2007年济南市科技奖获奖项目

奖励级别	奖励等次	项目名称	完成单位(个人)
国家科技进步奖（1项）	二等奖	LS4B-2500型2500美吨闭式四点多连杆压力机	济南二机床集团有限公司
省科技最高奖（1项）	最高奖		凌沛学
省自然科学奖（2项）	三等奖	水和废水处理用混凝剂/絮凝剂的特性及应用基础研究	王炳建等
		在体小鼠肿瘤多药耐药模型的建立及中药对其的影响	陈　强等
省技术发明奖（2项）	一等奖（1项）	脑脊液病原体抗体诊断芯片的研制	刘　毅等
	二等奖（1项）	JMA013系列JD型接触式电加热烧毛机	马　鹏等
省科技进步奖（43项）	一等奖（3项）	山东省制造业信息化关键技术攻关及应用工程	山东大学、济南大学、山东山大华天软件有限公司、济南二机床集团有限公司
		天梭30000高端商用服务器系统	浪潮电子信息产业股份有限公司、西安交通大学
		PLS4-3200-4500-2500全自动快速柔性冲压生产线的开发研制	济南二机床集团有限公司
	二等奖（7项）	血胃动素和胃泌素分泌异常与多系统疾病的相关性研究	济南市中心医院
		早期玻璃体手术对糖尿病视网膜病变视功能保护的研究	济南市第二人民医院
		数字化网上阅卷综合管理系统	山东山大鸥玛软件有限公司、山大鲁能信息科技有限公司
		新型含氟聚合物、氟涂料及氟化学材料含氟醇的研制与应用开发	济南大学、山东中氟化工科技有限公司、济南瑞氟化工科技有限公司、济南华临化工有限公司
		山东省民用建筑节能设计标准研究	山东省墙材革新与建筑节能办公室、山东建筑大学、山东省建筑科学研究院、山东省建筑设计研究院、济南同圆建筑设计研究院有限公司
		汽运铁矿粉自动取样机的研制与应用	济南钢铁集团总公司
		生物质气化技术研究及综合应用	山东大学、济南百川同创实业有限公司
	三等奖（33项）	鸡传支病毒变异株分子生物学特性与防治研究	山东明发兽药股份有限公司、山东农业大学
		螺旋藻基础研究、养殖和开发应用	中国海洋大学、山东富施特生物技术有限公司、山东天顺药业股份有限公司
		高血压病颈动脉粥样硬化研究	济南市中心医院
		B7-H4在肺癌细胞中表达的研究	济南市中心医院

续表 1

奖励级别	奖励等次	项目名称	完成单位(个人)
		重组人生长激素早期应用防治严重烧伤后肠源性感染的研究	济南市中心医院
		PEG-内皮抑素的研制及对角膜新生血管抑制作用的实验研究	济南市中心医院、山东大学
		QM200GY 两轮越野摩托车	济南轻骑摩托车股份有限公司
		K166FML(GS200)型发动机	济南轻骑摩托车股份有限公司
		医疗应用集成平台	山东大学、山东地纬计算机软件有限公司
		基于无线通信的多区域公共安全防护系统	山东海信信息科技有限公司
		山东省医药卫生电子文献资源共享平台建设	山东省医学科学院、山东联合软件有限公司
		基于开放式结构的系列化教学机器人	山东大学、山东鲁能智能技术有限公司、山东省电力智能机器人工程技术研究中心
		税控收款机的研发与产业化	浪潮齐鲁软件产业有限公司
		消防应急电源	山东山大华天科技股份有限公司
		第二代身份证(RFIC)阅读机具	山东神思电子技术有限公司
		机动车非接触识别系统	中国重型汽车集团有限公司、山东建筑工程学院
		利用废粗石化原料或催化裂化汽油生产高清洁 90#、93#、97# 无铅汽油	济南开发区星火科学技术研究院、山东星火科学技术研究院、北京欧美中科学技术研究院
		排污工程新型大口径聚乙烯管道用纳米复合热熔胶	山东久隆高分子材料有限公司
		PA 聚羧酸系超塑化剂的研制	济南大学、济南世纪华新有限公司、山东省建材设计研究院新技术所
		配电网单相接地故障自动选线及定位系统	山东山大电力技术有限公司、山东大学
		WDGL-V/T 便携式微机电力录波监测装置	山东大学、山东山大电力技术有限公司
		基于 IEC61970/IEC61968 的新一代配电自动化系统(DMS)的开发	淄博供电公司、山东积成电子股份有限公司
		440t/h(135MW)超高压再热循环流化床锅炉	济南锅炉集团有限公司、中国科学院工程热物理研究所
		大型电站用卧式高效 G56Sh 型循环水泵的开发研制	山东电力研究院、山东鲁能节能设备开发有限公司
		青岛供电公司电力设备、设施拓扑位置信息分类编码规范	青岛供电公司、山东天辉科技有限公司
		中厚板厂大断面坯料轧制工艺设备优化	济钢中厚板厂
		济钢三炼钢-中厚板生产线 MES 系统	济南钢铁集团总公司
		ZSH(-V)型高压罗茨鼓风机(高真空罗茨真空泵)	山东省章丘鼓风机厂有限公司
		JN5560、JN5560A 特种汽车底盘	中国重型汽车集团有限公司
		黄河王子系列中重型汽车	中国重型汽车集团有限公司
		镍钛离子改性换热管	山东宏达科技集团有限公司
		济南市大气环境中 PAHs、PCBs 污染来源解析及数值预报技术研究	山东大学、济南市环境保护科学研究所
		煤巷快速施工成套设备与工艺技术研究	兖矿集团有限公司、济南澳科矿山工程技术有限公司、天地科技股份有限公司上海分公司、兖矿集团大陆机械有限公司、山东省联创煤炭技术研究中心
济南市科学技术奖(972 项)	最高奖(1 项)		江秀花　济南二机床集团有限公司
	一等奖(8 项)	440t/h(135MW)超高压再热循环流化床锅炉	济南锅炉集团有限公司、中国科学院工程热物理研究所

续表 2

奖励级别	奖励等次	项目名称	完成单位(个人)
		第二代身份证(RFIC)阅读机具	山东神思电子技术有限公司
		PLS4-3200-4500-2500 全自动快速柔性冲压生产线的开发研制	济南二机床集团有限公司
		黄河王子系列中重型汽车	中国重型汽车集团有限公司
		新型含氟聚合物、氟涂料及氟化学材料含氟醇的研制与应用开发	济南大学、山东中氟化工科技有限公司、济南瑞氟化工科技有限公司、济南华临化工有限公司
		春用大白菜新品种选育及示范	济南市历丰春夏大白菜研究所
		鸡传支病毒变异株分子生物学特性与防治研究	山东明发兽药股份有限公司、山东农业大学
		急性心肌梗死直接介入手术联合早期 β 受体阻滞剂治疗效果的研究	济南市中心医院
	二等奖(30 项)	500kV 复合绝缘 SF6 电流互感器	山东彼岸电力科技有限公司
		基于工作流、支持协同工作平台的企业信息化应用平台	浪潮集团山东通用软件有限公司
		便携式无线通道仪	济南雷森科技有限公司
		CPU 卡 - 智能燃气表	济南市长清计算机应用公司
		32 位高性能可配置 SOC 芯片设计和验证	浪潮齐鲁软件产业有限公司
		ZSH(-V)型高压罗茨鼓风机(高真空罗茨真空泵)	山东省章丘鼓风机厂有限公司
		JN5560、JN5560A 特种汽车底盘	中国重型汽车集团有限公司
		城市污水处理厂污泥堆肥与农用	光大水务(济南)有限公司
		济南市粪便综合治理技术研究	济南市环境卫生科学研究所
		济南市城市饮用水安全保障技术与应用研究	济南市供排水监测中心、济南普利环境工程科技发展中心、济南市给水处理工程技术研究中心
		无连接器 138m 超长预应力连续箱梁施工技术研究	济南四建(集团)有限责任公司
		北方地区龙柏快繁技术研究与开发	济南市林果技术推广站、长清区林业局种苗站
		济南城市水环境生态体系规划研究	济南市水利局、中共济南市委政策研究室
		公害蔬菜标准化生产及检测相关技术研究	济南市农业局
		华北农区(山东)奶业现代化生产技术集成与产业化示范	济南佳宝乳业有限公司、山东农业大学
		生态农业综合研究与开发	济南市华新乳业有限公司
		济南市主要隐伏断裂研究	济南市地震局
		白介素 12 基因治疗肿瘤的实验研究	济南市医学科学研究所
		肾综合征出血热遗传易感性的临床研究	济南市传染病医院
		早期玻璃体手术对糖尿病视网膜病变视功能保护的研究	济南市第二人民医院
		固定矫治器对牙龈状况及龈沟液细菌组成影响的研究	济南市口腔医院
		孕期热能供给个体化定量的临床研究	济南市妇幼保健院
		瘦素受体基因 Pro1019Pro 变异与儿童单纯性肥胖的关系	济南市中心医院
		酒肝平胶囊治疗酒精性脂肪肝临床研究与中试	济南杏林生物技术有限公司
		2- 甲氧基雌二醇对全脑缺血大鼠模型 HIF-1α 及凋亡相关基因的作用	济南市中心医院
	三等奖(35 项)	(略)	

(闫循民　王文峰)

社会科学

【济南市社会科学界联合会】 市社科联所属学会、协会、研究会45个,分政治、经济、哲学、文史、法学等五大科类,共有会员约2.7万人。2007年市社科联紧紧围绕服务改革发展、促进社会和谐这个中心任务,在深入、务实、创新、服务上下功夫,社会科学工作取得新成果。各学会、协会、研究会共组织各类研讨活动60余次,承担40余项重点课题,开展义务咨询、宣讲活动30多场次。

1.以社科学术年会为载体,搭建高水平理论研究平台。建立学术年会制度,是社科联整合社科资源、繁荣学术理论、提升学术水平的重要举措。每年围绕市委、市政府工作中心确定一个总主题,分专题进行多角度的研讨。从年会主题选择到各个专题讨论,都力求有所创新,对领导的科学决策有所指导。为提升学术年会的质量,2007年市社科联对学术年会进行改革,进一步突出理论研讨与实地调研的结合,注重提升规模效应。本年度学术年会以"科学发展·共创和谐"为主题,采取省市社科联主办,与驻济高校、科研院所及相关部门协作的形式,紧密联系山东尤其是济南的实际,对构建社会主义和谐社会、发展社会主义和谐文化、推进省会经济社会又好又快发展的重大理论与实际问题进行研讨,提出一系列具有理论创新意义和实践应用价值的观点和建议。在会议讨论交流的同时,加大参观考察力度,组织专家学者参观考察济南高新区、济钢集团、长清大学城,为与会人员提供实地考察调研的机会,增强学术年会的针对性和实效性,取得良好的效果。

在集中精力办好学术年会的基础上,还与有关部门联合召开"社会主义荣辱观与和谐社会建设"、"科学发展观与社会主义新农村建设"、"自主创新与省会经济发展"、纪念"香港回归10周年"、"建军80周年"等研讨会和座谈会。社科联所属的学会、协会、研究会也发挥自身优势,围绕全市经济社会发展中的重大理论和实践问题,开展多种形式的学术活动。如外商投资学会举办的"济南外商投资企业文化节"、城市经济研究会的"1+6省会城市群经济圈科学发展高层论坛"、图书馆学会的"图书馆与城市文化建设学术会"、党史学会的"和谐社会,和谐济南"大型影展等等。据不完全统计,全年共举办各类学术活动60多次,完成各类课题40多项。

2.以社科普及周为载体,打造理论普及公益品牌。立足"围绕中心、贴近现实、走进大众"的原则,精心举办"社会科学普及周",着重打造"社科普及示范社区",科普工作有了很大提升。社科普及周是近几年济南市集中性的科普活动,得到领导的重视和社会各界的认可。在总结历届科普周经验的基础上,2007年社科普及周活动在形式和内容上又有新突破。①做大、做好科普讲座。在保留往届受公众欢迎的"医学保健"、"心理健康"、"社会保障"、"父母学堂"等普及性讲座的基础上,认真策划,积极开展高层次、高品位讲座。先后邀请中央电视台《百家讲坛》主讲人、北京师范大学教授于丹,国家发改委宏观经济研究院经济学家王一鸣分别作了《论语经典的现代解读——发现我们的心灵》、《发展现代农业与社会主义新农村建设》等高端讲座,推动"理论解读济南"、"泉城高层论坛"等品牌活动的深入开展。②建立社科普及示范社区,培育科普品牌新的增长点。为更好地体现中央及省、市委关注民生、服务基层的要求,选择槐荫区裕园社区,以"人文社区、和谐裕园"为主题,投入部分启动资金,采取共建的方式,建立省暨济南市社科普及示范社区,把社科普及"进机关、进农村、进企业、进学校、进社区"活动引向深入。示范社区建立后,根据不同群众的需求,开展丰富多彩的活动。如成长角、市民大讲堂、专家咨询团进社区等活动,满足社区群众不同层面的需求,实现社科普及多形式、宽领域的渗透。"社科普及裕园示范社区建设"获"2007年山东省社会科学普及周优秀奖励项目"。

3.编辑出版《诚信·创新·和谐——济南城市精神的探索与实践》一书。济南城市精神系列研讨活动,是近年来社科联投入精力较大、产生影响较广的一个课题。在历时近两年广泛征集民意、反复论证的基础上,最终确定"诚信·创新·和谐"的济南城市精神规范表述。为进一步总结宣传、诠释解读、昭示践行"济南城市精神",把宣传践行济南城市精神与维护省城稳定、发展省会经济、建设美丽泉城等密切结合,2007年济南市社科联组织人员编纂《诚信·创新·和谐——济南城市精神的探索与实践》一书。此书是一本研究性的理论专著,立足现实需要,以马克思主义最新理论成果为指导,以科学发展为统领,从社会主义和谐社会、社会主义核心价值体系等角度切入,突出济南城市精神的时代背景、研讨过程、科学内涵以及实践升华四个大的方面。全书共40多万字。

4.圆满完成社科评奖评优工作。社科评奖是社科联的一项常规工作,也是广大社科工作者极为关注的一项工作。社科联从完善提高的角度,对评奖工作进行改进:①监督更加有力,实行评奖结果公示制,每年在《济南日报》公示获奖名单。②改进评选方法,预评委推荐一、二等奖,一等奖成果评选由等额改为差额等。上述改进措施,使评奖工作更加科学、规范。2007年共受理参评成果117项(论文104项、专著13项),最终评出优秀成果81项,其中特别贡献奖2项,一等奖9项,二等奖21项,三等奖49项。评出的优秀成果在涉及党的建设、科学发展观、构建和谐社会、社会主义新农村、济南"十一运"等与济南发展密切联系的应用性研究有所增加,份量比较重。

社科联还在基层学会、高校、科研院所及有关部门中开展社科联第三届"双十佳"("十佳"学会、"十佳"社科工作者)评选活动。开展这项活动的主旨是充分调动社科工作者的积极性,激发学会活力,更好地为济南经济社会发展服务。通过学会广泛申报,社科联集中评选,推出城市经济研究会等一批成绩突出的先进学会和孔祥敏等一批干事创业的优秀社科工作者。通过开展"双十佳"活动,大大调动了各学会和社科工作者的积极性,密切了社

科联与学会的关系，同时也增强了社科联的向心力和凝聚力。（田海英）

【济南市社会科学专家咨询团成立】 5月26日，山东省暨济南市2007年社会科学普及周活动在舜耕会堂开幕，济南市社会科学专家咨询团同时成立。济南市社会科学专家咨询团是为济南市经济社会发展建言献策、解惑释疑、咨询服务的优秀专业人才队伍。咨询团的组成人员既包括社科界不同学科的专家学者，也吸收少量的领导干部和不同行业的工作者，实行双向服务，动态管理。

咨询团成员充分发挥不同领域的研究优势，通过灵活多样的形式为济南的经济社会发展出谋划策，及时把其对社会科学的参与需求转化为可以利用的资源，促进经济社会和社科理论共同发展。重点体现在四个方面：①围绕省会城市经济社会发展中的重大理论和现实问题，开展重大课题调研。②围绕党和国家方针政策、省市重大决策部署，开展重大理论问题宣讲。③围绕干部群众关心的热点、难点问题，开展社会科学知识宣传普及。④围绕构建大社科格局，提升社会科学工作水平，繁荣发展社会科学事业献计献策。

（田海英）

【济南社会科学院】 2007年，市社科院根据市人代会、党代会确定的全市重点工作和今后五年的工作部署，以及济南市面临的重大经济社会问题，结合科研人员的研究方向，围绕构建济南都市圈、现代服务业、产业结构调整、文化济南建设、济南旅游、创建文明城市、十一运会、社会保障等重大现实问题，精心策划34个选题，制定《院立项重点课题管理暂行办法》，在全院进行公开招标，确定23个院级重点研究课题，并与课题负责人签订课题研究合同。

深入开展理论研究工作。2007年全院科研人员在市级以上公开刊物上发表文章70余篇、40多万字，其中2篇文章被收入中国人民大学复印资料，出版专著1部。①积极开展“十一运会”研究。第十一届全国运动会将于2009年在济南举办，为此成立以分管院长为组长的“十一运会研究”课题组，先后到南京、长沙等地调研，收集第一手原始资料，相继完成《武会文办，充分做好“十一运会”的筹备工作》、《借会造势，借势发展，如何办好“十一运会”》、《关于“十一运会”的考察报告》、《其他城市举办大型运动会的经验教训》、《点燃心中的圣火——打造十一运会与济南城市发展的坚实平台》、《“十一运会”系列论坛方案》等研究成果，提出许多筹备十一运会的建设性建议。“十一运会”的研究成果分别被市政府、市委宣传部吸收入第十一届全运会筹备工作方案和宣传工作方案。②深入开展济南历史文化研究。《济南通史》作为一项填补济南市文化空白的精品工程，得到市委领导高度重视，院里专门成立编纂工作办公室，由分管副院长牵头，聘请省内高校和有关部门的知名史学专家组成编纂课题组，协调推进工作进度，及时解决编纂工作中遇到的困难和问题。截至2007年底，1~6卷的初稿全部完成。由济南社会科学院主持编纂的大型地方文献项目《历城县志正续合编》于7月25日正式发行。该书整合乾隆三十六年《历城县志》和民国十五年《续修历城县志》，是目前记录济南历史最为详尽的地方县志。③着力开展县域经济研究。以经济所为主体成立课题组，由副院长带队先后到平阴、济阳等县区实地调研，了解县域经济发展现状，找出县域经发展存在的问题，提出突破县域经济发展瓶颈的对策。④重要对策建议进入领导决策视野。全年共编辑《领导参阅》5期，得到市领导肯定性批示3期。其中《发挥泉城优势，发展休闲旅游》得到市委书记焉荣竹的批示；《济南与天津对接的相关思考》得到市委常委、副市长殷鲁谦的批示。⑤高质量完成省社科规划课题。承接的省社科规划立项课题《以总部经济促进济南产业发展》已结项并顺利通过专家鉴定，并以《总部经济研究》专著形式正式出版。

加强与新闻媒体的合作，加大科研成果推介力度。全院科研人员先后接受人民日报、大众日报、齐鲁晚报、济南日报、济南电视台等新闻单位的邀请，分别就“齐长城保护”、“棚户区改造”、“总部经济与总部基地建设”、“济南都市圈建设”等课题做了专访，就社会普遍关心的问题释疑解惑，提出建设性意见，产生良好的宣传效果。主办联办高水平理论研讨会；参加济南市文明办、济南时报联合主办的“泉城义工”精神座谈会；与济南时报联合举办“环济南都市圈中小企业座谈会”、“济南消费者最喜爱的消费品牌20强评比活动”。9月24日，与山东大学、历城区政府、市文化局、中国李清照辛弃疾学会等单位共同举办“纪念辛弃疾逝世800周年国际学术研讨会”，来自国内外60多位专家学者齐聚辛弃疾的故乡，共同研讨著名爱国词人辛弃疾的历史贡献及作品的学术价值。在市级媒体发表宣传全院工作的稿件10余篇，5月份被市委宣传部评为“调研工作先进单位”、“优秀调研成果二等奖”。积极鼓励科研人员“走出去”参加学术交流会议。先后有8人次参加全国、省级高水平学术会议，并提供学术论文。认真做好《济南市志〈社会科学志〉（1986—2005）》的撰写工作；积极配合市委组织部完成第四批青年学术带头人和管理期内的市拔尖人才、青年学术带头人考察工作；接受市人事考试中心委托，组织山东大学等高校的教授精心编制《党政干部选拔考试题库经济部分》，列出1万道试题，受到市人事局的好评。（梁永贤）

济南市第二十二次社会科学优秀成果奖获奖成果

获奖等级	作品	作者	
特别贡献奖(2项)	《济南海外学人论坛》(专著)	济南市政协	徐华东
	《济南民营企业发展纪实》(专著)	济南市政协	孟宪杰
一等奖(9项)	《阿拉善蒙古研究》(专著)	济南大学	梁丽霞
	《内需主导:中国经济发展的新选择》	济南市委党校	朱文兴
	《加强中国共产党执政能力建设研究》	济南市委党校	刘晓钟
	《毛泽东对孙子兵法“势”的理论的创意运用》	济南大学	党明德
	《关于建立新型城乡社会救助体系的思考》	济南市委党校	吴学军
	《和谐社会构建:障碍因素分析及对策》	济南市委党校	孔祥敏
	《经济增长、模型再造与中国经济增长方式的转变》	济南社科院	崔　巍
	《济南市近郊失地农民补偿机制研究》	济南市委党校	迟兴臣
	《体制改革:报业集团新亮点》	济南日报报业集团	周长风
二等奖(21项)	《杜甫与先秦文化》(专著)	济南市教育局	朋　星
	《济南革命历史丛书》(专著)	济南市委党史研究室 济南革命历史丛书编委会	
	《充分利用市场运作切实解决就业问题——济南市妇联创建“阳光大姐”促进妇女就业创业的调研报告》	济南市社科联	闫　刚
	《更多地让市场来配置金融资源:我国金融市场的构建与完善》	济南社科院	王　征
	《美国日本在人民币汇率上同中国的博弈》	济南市委党校	张爱军
	《艾丽斯·沃克的诗性书写——艾丽斯·沃克诗歌主题研究》	济南大学	王　卓
	《对当前文艺创作现状的反思》	济南大学	杨　杰
	《我国城市住宅价格问题剖析》	济南大学	柳兴国
	《农民工工资支付监控制度研究——以济南市农民工现状为实证基点》	济南市法学会	赵力军
	《作为一种公共产品的社会公平:政府规制及其选择》	济南市委党校	王旭玲
	《房地产行业文化建设研究》	济南市房管局	丁　宁
	《群众满意工程:先进性教育活动和党的先进性建设的必然要求》	济南市委政研室	何卫东
	《农村社区卫生服务模式的探讨》	济南社科院	吕荣斌
	《济南舜井舜祠考——兼论今济南舜井街一带舜文化景观的恢复》	济南社科院	张华松
	《城市化进程中济南市社区党的执政能力研究》	济南大学	马兆明
	《关于济南都市圈现代农业发展超前定位在“都市农业”的建议报告》	济南市委党校	冯　雷
	《科技进步理论及其贡献率的测度体系与方法研究》	山东大学　济南市发改委	张　岩　张人广
	《牢固树立社会主义荣辱观》	济南市委宣传部	何　成
	《建设社会主义新农村:当前我国农村经济社会发展的重要战略选择》	济南市委党校	鞠正江
	《社会主义和谐社会的马克思主义溯源》	济南市委党校	耿百峰
	《基于知识网络扩展学习的知识团队创新研究》	山东经济学院	孙　锐

（田海英）

责任编校　王　洋

文　化

文化事业综述

【文化部检查验收济南文化信息资源共享工程】 12月15日，文化部全国文化信息资源共享工程督导验收组来济南督导、验收文化信息资源共享工程。副市长刘善鹏陪同验收组查看了共享工程章丘市支中心及章丘市吕家村、张官村基层服务点。验收组听取了相关情况介绍,实地查看了章丘市支中心的硬件设施,听取了章丘市支中心开展服务的情况汇报,并深入基层查看了吕家村、张官村共享工程基层服务点共建共享、开展服务的状况。验收组对济南的工作表示满意,认为济南市非常重视文化信息资源共享工程建设,在硬件设施、网络建设、服务制度、活动开展等方面做了大量工作,全市投入近千万元完善共享工程网络建设，已基本建成网络健全、覆盖城乡、信息丰富、资源共享的共享工程服务网络,共享工程济南市及县(市)区支中心,包括由市扶持的20个乡(镇)基层服务点的设备配备都已达标，全市乡(镇)、村基层服务点达到3573个,其中扩展型站点25个,并建有10个规范化站点示范村。使广大人民群众真正享受到现代化信息资源带来的便利。 (王勇慧)

【完成“社会文化先进县(市、区)”检查验收工作】 11月2日,省文化厅副厅长李宗伟对济南市“社会文化先进县”检查验收情况进行了反馈。认为济南创建工作成绩突出,效果显著:一是对创建工作高度重视。把创建工作纳入文明城市评选的指标体系,出台了一系列配套措施。开展创建文化先进街道、先进社区活动,形成了市、县、乡、村四级争创先进、齐抓共管的喜人局面。二是文化设施建设有新发展。5个区(市)制定了公共文化服务设施建设规划，把县级文化馆、图书馆、博物馆、文化中心和乡镇文化站等作为规划重点，起点高、标准高、功能全。全市绝大多数城区和一部分乡村建起了功能齐全的文化广场,其中泉城广场、洪楼广场等被评为山东省十佳文化广场。三是社会文化活动丰富多彩,尤其是广场文化活跃,在全省、全国影响较大。品牌文化独具特色,群众参与度高。四是非物质文化遗产保护工作成绩突出。全市已有1个项目进入国家级保护名录,14个项目进入省级名录。全市涌现出一大批特色文化村和文化户。五是文化信息资源共享工程取得新成就。市级财政投入600万元,加强市级文化共享工程建设,扶持各个县级支中心建设,各县级支中心初具规模,设施、场所基本落实,硬件、软件设备基本配置到位。一大批乡镇街道、村和社区的文化共享工程基层站点达到了标准要求。 (王勇慧)

【文化市场管理】 1.围绕和谐文化市场建设,优化文化市场发展环境。精减审批项目,下放审批权力,简化审批事项,推行网上审批,实行便民承诺服务,印制发放《服务监督卡》和《监督评议卡》,向社会公布服务事项,公开文化市场管理和执法人员监督电话,主动接受社会各界监督,推进文化市场管理工作规范化、法制化进程;大力引导文化企业努力为广大人民群众生产和提供“传播知识,陶冶情操,启迪智慧,娱乐身心”的文化产品和文化服务,为建设“平安济南”、“文化济南”、“和谐济南”服务。

2.创新管理机制,建设和谐文化市场。进一步完善全市文化市场联席会议制度、行业自律机制、责任追究制度、12318举报电话制度、举报奖励制度和网吧技术监管措施,着力建设市、县(市、区)、乡镇(街道)、村(居)四级文化市场管理网络,充分发挥基层队伍在文化市场管理中的积极作用,取得显著效果。开展集中治理行动10余次,移交案件61起,进一步强化了联合执法力量和效能。

3.规范与发展并重,维护市场经营秩序。①积极引导、培育、壮大文化市场规模。支持爱书人、山东网通等音像、网吧连锁企业,建设主题化、品牌化、规模化门店;鼓励大中型音像企业进驻商场、超市,拓展音像市场经营领域;对市场原创环节给予重点支持，推动动漫产业基地建设,批准建立“齐鲁动漫游戏产业基地”;鼓励个体、私营等非公有资本及外资投资建设成规模、上档次、综合性大型娱乐场所,稳步推进电子游戏管理试点工作,打造文化休闲娱乐品牌,建立健全开放有序的文化市场体系。山东网通济南分公司网通家园等9家网吧被全国网吧协会推选为“2007中国网吧产业200强”。重点扶持的山东爱书人音像图书集团,已发展成为省内第一家全国文化产业示范基地,并在中国音像博览会上被评为“2007全国十佳诚信经销商”。山东动漫游戏产业基地、齐鲁动漫游戏产业基地被命名为国家级动漫游戏产业基地。②坚持严格执法。建立检查日志,实行“黑名单”登记制度,制定量化处罚标准,调整执法时间,增加检查频度,确保60%以上的执法人员和执法时间,加强重点时段监管，加强文化经营单位（场所）管理人员培训，实行持证上岗制度。以查处网吧接纳未成年人、非法音像制品经营、非法演出为重点，先后开展了反盗版春季战役、网吧集中整治、节假日集中整治、音像销毁集中行动，严厉查处违法违规经营行为，维护了文化市场经营秩序。网吧市场：对2004年以来两次分别接纳3名以上未成年人和在规定营业时间以外锁闭门窗经营的网吧，依法严厉查处，对情节严重的36家违规经营网吧分别给予了罚款停业整顿或吊销《网络文化经营许可证》的行政处罚。制发《济南市网络监控平台通报》，提高网吧市场监管的科技含量。音像市场：以科技市场、火车站、长途汽车站、夜市等为重点，组织开展集中检查行动，清理游商摊点，实现“合法音像店无盗版”，文化部办公厅《文化要情》第六期推介了济南音像市场管理工作经验。4月26日，在泉城广场举办济南市“扶持正版，打击盗版”宣传活动暨违法音像制品统一销毁活动，销毁非法音像制品20余万盘（盒）。娱乐演出市场：配合文化部卡拉OK内容管理系统试点工作，积极做好市场调研、登记造册等前期准备，对农村演出市场监管做到全程管理、监查，确保监管到位，全年共检查农村演出60余起，及时查处非法演出10余起。

截至年底，全市各级文化市场稽查队共出动检查车辆1.1万车次，稽查人员6.1万人次，检查各类文化经营场所2.9万家次，受理各类举报691件，收缴非法音像制品33万余盘（盒），有效地遏制了违法经营活动，规范了经营秩序。

4.打造品牌活动，提升市场影响力凝聚力。1月30~31日，采取“政府主导，协会操办，企业参与，市场运作”的方式，成功举办了首届泉城网络文化博览会。展会以“提升行业形象，构建和谐市场”为主题，全面展示了济南网络文化市场取得的成就。省内3000余名网吧行业从业人员应邀参加博览会。主办方就政府政策、设备技术、服务意识、管理安全、策划和宣传等话题与从业人员进行全面交流，举办了3场网络文化技术论坛，分别就当前网吧行业和网络游戏业的发展进行深入探讨，并举办了文艺演出、网管技能比赛、动漫精品展览、高新产品拍卖等活动10余项，让社会公众在领略文化产业神采的同时获得文化休闲享受。

五一、十一黄金周期间，成功举办了第八届、第九届齐鲁国际动漫艺术博览会。展会除动漫作品展出、原创作品大赛、cosplay演出、推选动漫新秀等常规项目外，还开展了“打造绿色网游、构建和谐社会——千名青少年现场签名防网络沉迷活动”。

5.重视队伍建设，执法年活动成效显著。按照国家文化部和省文化厅的统一部署，组织开展了“济南市文化行政执法队伍建设年”活动，采取多项措施加强执法队伍建设。进一步完善各项规章制度，实行监督考核制度，以自我考评、单位考评和征求文化经营单位意见相结合的方式，从依法行政、政务公开、工作效率、工作质量、廉政建设等五个方面进行岗位考核。全程公开行政审批和处罚案件处理环节，杜绝关系案、人情案，保证公开、公平、公正。抓好业务培训考试，提高管理能力水平。12月21日组织全市120名文化市场管理执法人员参加业务培训和考试，成绩全部合格。抓好历年执法案卷整理工作，进一步规范执法办案程序和执法文书制作，评出10份优秀案卷参加全国和省执法案卷评比。开展文化市场调研，撰写完成全市文化行政执法队伍调查，网吧、娱乐、音像等市场调研报告5件。通过开展队伍建设年活动，进一步增强了执法人员的政治责任感和使命感，强化了自我约束和自我监督能力。 （王相强）

【张建国到文化系统调研】 9月18日，市委副书记、市长张建国到市文化局及所属单位调研，察看了市博物馆、歌舞剧院排练厅建设工地、吕剧院和图书馆新馆建设工地、齐鲁动漫游戏基地，听取了文化工作汇报。张建国肯定了文化战线围绕“文化济南”建设所做的大量卓有成效的工作，同时要求牢固树立省会意识，力争各项工作走在全省的前头，全国有位置，省内创一流。

张建国强调，要把思想统一到中央对文化发展的重要指示精神上来，按照中央和省委、市委的要求，充分认识文化对经济发展和社会全面进步的巨大推动作用，充分认识加快文化发展的重要性和紧迫性。要树立三个意识：第一，文化是软实力，是一个城市的灵魂，是城市综合竞争力的重要组成部分。第二，文化是构建和谐社会的重要任务。第三，文化是满足人民群众新需求新期待，实现人的全面发展的重要方面。要坚持以人为本，促进文化事业和文化产业大发展。文化发展要跟上时代步伐，整合省城文化资源，发挥优势，突出特色，更好地体现先进文化的理念，适应广大群众的文化需求。要统筹规划，搞好文化设施、公共文化服务体系建设；创新体制机制，大力发展文化产业；深化文化体制改革，着力在经营性文化单位转企改制、健全文化市场体系、创新文化管理体制等方面取得新突破；研究制定相应措施，完善产业政策，搭建文化产业发展平台，鼓励非公有资本进入文化产业。

张建国要求，各部门都要支持文化事业和文化产业的发展，为文化事业和文化产业发展创造条件。鼓励多出优秀文艺作品，形成优秀人才脱颖而出的良好机制。市属艺术院团等文化单位要发挥自身优势，融合文化、旅游等社会资源，生产出更多的群众喜闻乐见的优秀剧目，努力打造体现时代精神的品牌剧目。市委常委、宣传部长王良，副市长刘善鹏，市政协副主席胡占平等参加调研。 （王勇慧）

【启动“人文全运”工程】 6月8日，市文化局党委会议传达贯彻全市筹备第十一届全运会动员大会精神，确定结合文化工作实际，采取六项措施，打造文化品牌，实施“人文全运”工程。①加快公共文化服务体系建设。以文化建设专项规划的制定为抓手，联合体育部门，认真贯彻落实国务院颁布的《公共文化体育设施条例》，加快文化设施建设，逐步健全覆盖全市的公共文化服务设施网络。②围绕迎接奥运会和全运会，打造泉城文化品牌和舞台艺术精品，重点打造大型品牌文化旅游剧《齐风鲁韵》，针对旅游和演出市场，坚持边演出边加工提高杂技剧《泉城写意》、曲艺剧《泉城人家》、京剧《李清照》和《辛弃疾》等地方品牌剧目，把全运会真正办成人民的节日、文化的盛会。③充分发挥各级文化单位的优势，利用好府学文庙、华阳宫、长春观、闵祠等文化遗产资源，策划筹办以体育文化为主题的书画展、摄影展、图书展、文博展等。④结合全市非物质文化遗产名录的征集，挖掘整理民间体育项目，保护和利用好优秀文化遗产。⑤组织专业和业余文艺创作人员深入生活、深入实际，围绕奥运会和全运会创作丰富多彩的文艺作品，面向社会广泛征集专题歌曲，开展“我心中的奥运和全运会”征文等活动。⑥完善长效管理机制，繁荣文化市场，发展文化产业，特别是要发展和繁荣省城演艺市场，为迎接奥运和全运会营造和谐健康的文化环境。 （王勇慧）

【打造八项文化工程】 10月11日，市文化局党委扩大会议提出全市文化系统要以贯彻落实党的十七大精神和迎接全运会为契机，提升境界，转变观念，振奋精神，全力以赴，奋战两年，力争全市文化工作有新突破，营造人文全运、建设文化济南，重点完成八项“亮眼振心”文化工程：①公共文化服务体系建设工程。以贯彻落实中办国办《关于加强公共文化服务体系建设的若干意见》为契机，2008年上半年完成济南市文化发展专项规划编制。完成全市文化信息资源共享工程、乡镇综合文化站和基层文化阵地、农村电影放映等工程建设任务，提高公共文化服务能力。②市级“两馆”建设工程。按照高起点规划、高标准设计、高效率建设的要求，尽快落实市图书馆新馆建设规划，争取早日动工并尽快投入使用。加快市群众艺术馆搬迁扩建，力争使市级“两馆”后来居上，一步到位，达到国家一级馆标准要求，成为全运会期间市区文化民生服务设施的亮点。③精品打造工程。以打造能常年演出的大型旅游品牌剧目《齐风鲁韵》为重点，围绕提升市民文明素养、加强城市规划建设管理，创作一批体现泉城特色的优秀文艺作品，丰富泉城文化内涵。④“和谐文化”主题活动工程。开展优秀剧目展演、非物质文化遗产展示、优秀国产影片展映、和谐文化进基层等丰富多彩的主题文化活动。⑤文化产业发展工程。尽快出台实施加快文化产业发展和扶持动漫产业发展的政策意见，进一步优化文化产业发展环境，扶持和培育一批科技含量较高、富有泉城特色的文化企业和集团，争取文化产业增加值占GDP的比重明显提高。⑥文化资源整合利用工程。以艺术大厦建设为依托，创新机制，以剧目创作带动整合艺术院团资源，组建演艺集团，推进文化体制改革。以开展公益性文化活动为重点，盘活泉城公园生态广场舞台等现有设施资源，充分发挥其应有作用。⑦文化市场繁荣工程。进一步建立健全文化市场管理长效机制，由突击检查、专项整治向常态化管理转变。以扶持发展爱书人音像制品市场、英雄山文化市场等为重点，繁荣发展演出市场、娱乐市场、网络文化市场、动漫市场等，搞好电子游戏经营试点，活跃省城人民的精神文化生活。⑧文化遗产保护利用工程。积极配合搞好泉城特色风貌区环境整治工程，尽快完成府学文庙维修保护一期工程并对外开放，恢复和利用好周边文物古迹。将有关单位占用的部分文物保护单位改建为特色博物馆，还景于民，为人文全运增添齐鲁文化和泉城文化亮点。

（王勇慧）

【历城、章丘荣获“山东省民间文化艺术之乡”称号】 8月，山东省公布第三批“山东省民间文化艺术之乡”，历城区和章丘市文祖镇分别被评为“民间戏曲”之乡和“芯子艺术”之乡。它们的入选，对于加强民族民间文化的考察、研究、整理和保护，推动济南民族民间文化和整个文化事业的繁荣发展，具有重要作用。此前，历下区姚家镇、槐荫区段北办事处等也获此荣誉。

（王勇慧）

【济南6人入选首批省级非物质文化遗产代表性传承人】 6月8日，山东省正式公布首批非物质文化遗产代表性传承人名单，济南市共有5个项目的6位非物质文化遗产传承人入选。他们分别是济南皮影戏代表性传承人李兴堂，商河鼓子秧歌代表性传承人杨克胜，山东琴书代表性传承人姚忠贤，山东快书代表性传承人赵光晨和高绍清，诸城派古琴代表性传承人高培芬。非物质文化遗产项目代表性传承人应能完整掌握所属非物质文化遗产项目的技能，具有公认的代表性、权威性与影响力，并且能够积极开展传承活动，培养后继人才。 （王勇慧）

社会文化

【概况】 2007年，济南市文化系统按照“和谐文化年”确定的各项目标要求，创新思路，突出重点，积极推进和谐文化建设，社会文化工作显示出良好的发展态势。

公共文化服务体系建设成效明显。全市投资近千万元，建成文化信息资源共享工程市级支中心1个、县（市）区支中心10个、乡（镇）和村基层服务点3573个，网络覆盖率达76%以上。市级支中心有电子图书20多万种、电子期刊万余种，开发特色资源近500GB，接收国家中心及省中心资源近1TB，购置清华同方、北大方正、重庆维普等数字资源2TB，为区县中心赠送资源近600GB。作为济南市公共文化服务体系建设重点工程的艺术大厦建设工程正在进行。市中区建筑面积3000平方米的图书馆基本竣工，2500平方米的文化馆投入使用。天桥区建筑面积1.1万平方米的文体中心主体完工。历城区建筑面积4000平方米的文化馆投入使用。长清区建筑面积2200平方米的文化馆即将投入使用。商河县建筑面积4000平方米的图书馆、文化馆开始建设。

成功举办了第八届和第九届齐鲁国际动漫艺术博览会、首届泉城网络文化博览会、“泉城大舞台”系列演出、庆祝中国共产党建党86周年和新中国成立58周年及香港回归10周年大型文艺晚会、“迎和谐全运，建美丽泉城”主题活动、第二届国际幽默周“欢乐一条街”、“情满泉城”7·18

特大暴雨赈灾义演、“喜迎十七大·优秀电影进城乡”公益电影放映、“博爱万家唱和谐”百场曲艺进农村、“弘扬中华文化,民间艺术进校园”系列活动、首届济南市“的士文化艺术节”专场晚会、第三届济南新春文化艺术博览会、第三届济南市农民文化艺术节、济南市第四届“小不点”少儿才艺大赛、济南市第三届中老年才艺大赛、第五届齐鲁民俗艺术博览会等各类文化活动300余项、1.2万余场。其中,第五届“泉城文化社会办”项目洽谈会推出文化合作项目327项,完成180项,意向合作资金3亿元。“喜迎十七大、建设美好泉城”消夏广场文化活动组织演出8000余场,观众近500万人次。市图书馆接待读者62.5万余人次,外借书刊51万余册(件)次,编印《文化信息快报》、《信息摘编》等文献信息20种80余期,完成各类课题服务300余项。市博物馆、市文物店举办“济南市博物馆明清书画精品汇报展”、“中国历代匾额珍品首展”等展览30余个,观众8万余人次。编辑出版了12册、500余万字的“济南艺术丛书”和《孙小林相声文集》等。

市文联围绕中心,服务大局,围绕“迎接十七大、创建文明城”主题行动,组织开展了系列文艺下基层采风创作活动。一是与省文联组织民间艺术家到胜利油田孤岛采油区进行慰问演出,民间艺术家协会200多名文艺工作者表演了济阳鼓子秧歌、舞狮、高跷等传统民间文艺节目。二是组织市剧协、市美协、市书协艺术家40多人,到济阳县崔寨镇开展新春慰问活动。现场创作书画作品和春联100多件,剧协的艺术家为群众送上了一台精彩的文艺演出。三是与省文联组织艺术家到槐荫区五里沟街道办事处举办“庆五一文艺进社区”大型文艺晚会。曲艺、音乐、戏剧、杂技界的50多位著名艺术家为近千名群众表演了长达2个小时的精彩文艺节目。四是组织“书法家进万家行动——走进济钢”活动。50位书法家将创作的120多幅书法作品,全部赠送给济钢的劳动模范和先进工作者。五是组织省、市50多位艺术家,到平阴开展为期两天的文艺采风创作活动。艺术家深入山村、农户、田间、工(农)业园区进行调研、采访、写生,创作各类文艺作品100多篇(幅)。基层文联采风创作活动同样丰富多彩:历城文联走进彩石镇,槐荫文联走进段店镇,长清文联走进孝里镇,商河文联走进宏业集团,平阴文联走进校园,市中文联走进王舍人镇,书法家走进章丘,还有23国摄影家系列异地采风等创作活动,都产生了较好的社会反响。

围绕出作品、出人才,开展研讨和展览活动。研讨活动有:长篇小说《五路巷》、《剑霞作品》研讨会,感恩王兆善师生作品研讨会,徐志摩诗歌朗诵会研讨会。展演活动有:吴泽浩艺术工作室作品展,刘志钰从艺50周年作品展,山东省首届“农家乐”摄影赛,孙墨佛、孙天牧父子书画展,南北对放——中国画名家邀请展,济南美协会员写生展,和谐济南摄影展,历城建区20周年系列展,“靓丽章丘”系列展,“和谐历下”征文大赛,“魅力平阴”书画展,济阳、商河“庆七一”书画联展,青年书法双年展,少儿科普剧大赛,名人名家慈善义演,泉城首届中老年舞蹈大赛,少儿声乐、器乐比赛,泉城义工曲艺专场演出,“槐荫之夏”广场文艺晚会,晨光茶社曲艺义演,曲山艺海震江湖大赛,“泉城之歌”征歌等活动,均产生了良好的社会影响。精心组织济南书画艺术代表团赴韩国进行文化交流,取得圆满成功。为庆祝香港回归祖国10周年,举办了“山东、香港、台湾两岸三地书画作品联展”和长清区庆七一暨香港回归10周年书画展。

围绕7·18抢险救灾,组成“7·18抢险救灾创作集体”,及时组织文艺家深入受灾严重的天桥区、历下区等地开展采风创作。8月10日,与市委宣传部、市民政局成功举办“济南壮歌——7·18抢险救灾美术书法摄影展”,展出作品近200幅,为宣传典型,凝聚人心,坚定人民群众抢险救灾、重建家园的信心和决心,促进社会稳定,营造了良好的文化氛围,受到各级领导和社会各界广泛好评。组织书画家开展书画作品捐赠义卖活动,29位艺术家向市残联捐赠书画作品60多幅,价值10万多元,市残联将所拍卖款项全部用于受灾的残疾人家庭。组织爱心捐款活动,捐款近4000元。同时,还组织《当代小说》刊物开辟专栏,集中刊发宣传抢险救灾斗争的文学作品,组织出版《济南文联》专刊,全版刊发文艺界反映抢险救灾的文艺作品。

围绕庆祝党的十七大胜利召开,举办了“靓丽泉城”——济南市庆祝党的十七大胜利召开美术书法摄影展、文联机关庆祝党的十七大召开摄影展、县区文联和各艺术家协会系列艺术展演活动,为贯彻落实党的十七大精神,营造昂扬向上、团结奋进、开拓创新的良好社会氛围。

(王勇慧　李付生)

【第九届齐鲁国际动漫艺术博览会】 国庆期间,第九届齐鲁国际动漫艺术博览会在济南举办,观众近10万人。本届动博会展出动漫作品近千幅,参展企业包括上海、台湾的公司共32家,本地有32个社团参与了原创作品大赛和cosplay演出活动。此外,还组织了“打造绿色网游　构建和谐社会——千名青少年现场签名防网络沉迷活动”;邀请打破世界吉尼斯记录的轮滑高手现场表演了轮滑绝技;组织了6场少儿现场绘画大赛,632人参加比赛;本届动博会面向济南市幼儿园推出了2万张“爱心公益票”,让幼儿园儿童免费参观展会。动博会设立了项目洽谈区,有17家企业与来自全省各地的客户进行洽谈,初步达成合作项目8个,合同金额600万元。动漫周边参展商17家,销售收入近100万元。

齐鲁动博会始于2003年,此前已成功举办8届,并相继在青岛、潍坊、聊城、烟台和山西太原等地巡展。前8届展会和巡展,共展出国内外优秀动漫作品1.1万幅,邀请国内外动漫名家70余人,吸引观众200多万名,累计参展企业690家,直接经济价值3000多万元,周边产品交易额5200多万元。济南的动漫社团已发展到60余个,涉及动漫制作和游戏开发的公司30余家,动漫周边店40余家。齐鲁动博会被《大众日报》等媒体誉为“山东动漫第一品牌”和山东动漫产业孵化器。　(王勇慧)

【庆六一大观、中国电影院邀小朋友免费看电影】 为庆祝六一国际儿童节,6月1~3日,大观、中国电影院推出“儿童电影节”

展映活动，放映《蜘蛛侠3》、《忍者神龟》、《灵魂战车》、《白色星球》、《街舞少年》等中外精彩大片以及国产首部根据大型游戏改编的动漫大片《大唐风云》。13岁以下儿童观影免费，家长享受特价优惠。

（王勇慧）

【庆七一和香港回归10周年主题文化活动】 为庆祝建党86周年和香港回归10周年，市文化局精心组织开展了三大主题20余项文化活动。

一是举办系列演出活动。由市委宣传部、市文化局等主办，市属艺术院团排演的济南市庆祝建党86周年暨香港回归10周年专场文艺演出，6月28日在济南电视台演播厅举办；由市歌舞剧院演出的“颂歌献给党”歌舞晚会6月29日在北洋大戏院举行；由市群众艺术馆承办的庆祝建党86周年暨香港回归10周年青少年音乐会7月1日在铁路文化宫举行。另外，市京剧院6月29日、30日在济南戏缘俱乐部演出京剧《李清照》、《辛弃疾》名段；市吕剧院6月26日在章丘文化中心举办综艺演出；济南豫剧团在长清体育中心举办庆七一和香港回归综艺演出；市曲艺团在大观园茗曲阁举行曲艺综艺演出；市文化局工会和团委6月28日举办卡拉OK比赛。各县（市）区文化部门举办系列广场演出活动。

二是举办系列展览展映活动。市图书馆7月1~7日举办庆香港回归10周年馆藏精品展、编制纪念香港回归馆藏书目、6月28日举办“党员奉献日”送图书进工地活动、7月1日举办少儿诗歌朗诵会、7月2日举办网上精品讲座和电影戏曲展播活动、7月份举办低保家庭孩子走进科普活动。市图书馆和市博物馆联合在市博物馆举办庆祝香港回归10周年图片展，市文物店举办收藏文物精品展，济南画院6月29日至7月3日举办庆祝建党86周年暨香港回归10周年国画精品展、“党员奉献日”送书画进社区活动，各县（市）区组织举办各类书画摄影展。

三是举办电影放映活动。大观、中国影院循环放映电影《老港正传》、《村支书郑九万》、《张思德》、《脊梁》等影片。6月30日，市图书馆在中山公园放映电影《鸡毛信》。市属影院及各县（市）区文化部门举办送电影进社区、进建筑工地、进农村、进军营活动。

（王勇慧）

【济南市庆祝建党86周年暨香港回归10周年文艺晚会】 6月28日晚，由市委宣传部、市文化局、市广播电视局联合主办的“盛世颂和谐”——济南市庆祝中国共产党成立86周年暨香港回归10周年文艺晚会在济南电视台上演。

整台晚会以庆祝建党86周年和香港回归10周年为主线，分三个板块展开。第一板块由歌曲联唱《我的中国心》、《东方之珠》、《三百六十五里路》、《始终有你》，歌舞《和谐中国》等节目组成，重在歌颂党的丰功伟绩，喜庆香港回归10周年。第二板块由曲艺说唱《建设美丽大泉城》、小品《小巷公仆》、歌舞《想得是老百姓》、戏曲联唱《咱们农村新气象》等节目组成，展示出在市委、市政府的正确领导下，省会济南日新月异的新变化和泉城儿女朝气蓬勃的精神风貌。第三板块由杂技《都市韵律》、歌舞《天地人和》等节目组成，表达了全市人民奋发进取、开拓创新，共建美好泉城、共创和谐济南的美好愿望。

（王勇慧）

【庆八一军民同歌鱼水情】 为庆祝解放军建军80周年，慰问在“7·18”特大暴雨中为济南人民作出突出贡献的人民子弟兵，7月31日，由市文化局主办，济南京剧业余爱好者联谊会和北洋大戏院承办的庆八一慰问武警济南市支队专场演出在北洋大戏院举行。

晚会在雄壮豪迈的军乐声中开始。《红灯记》、《沙家浜》等精彩纷呈的京剧现代戏选段，诠释了国粹艺术的魅力。武警官兵自编自演的军旅歌舞、相声小品，使整台晚会笑声、掌声不断，慰问演出变为了真正的军民大联欢。（王勇慧）

【喜迎十七大·优秀电影进城乡公益放映活动】 为迎接党的十七大胜利召开，活跃省城市民的文化生活，创建和谐城市社区，建设社会主义新农村，由市委宣传部和市文化局主办，市影剧公司、各县（市）区委宣传部及文化（文体）局承办的“喜迎十七大·优秀电影进城乡公益放映活动”，8月1日晚在中创开元山庄开幕。当晚，市影剧公司放映队为社区观众放映了精彩大片《云水谣》。

该活动主要在济南市区社区广场和农村乡镇重点放映由国家广电总局推荐的电影各100场，包括《太行山上》、《为了胜利》、《郑培民》、《东京审判》、《张思德》、《地下铁》、《玉观音》、《爱情呼叫转移》、《自娱自乐》、《云水谣》、《美人草》等一批优秀国产影片和娱乐片。市影剧公司组织了4支城市社区电影放映队和40支农村乡镇电影放映队赴社区和农村放映，以满足城乡群众的文化需求。（王勇慧）

【济南市首届威风锣鼓·腰鼓大赛圆满结束】 为丰富活跃群众精神文化生活，进一步提高威风锣鼓队和腰鼓队的表演水平，由市文化局等主办的“济南市首届威风锣鼓·腰鼓大赛”经过三天激烈角逐，于7月16日落幕。此次大赛全市共有46支队伍、两千余人参赛，吸引了近万名市民观看，为近年来规模最大、表演水平最高的威风锣鼓·腰鼓大赛。长清区龙凤威风锣鼓队等6支队伍获金奖，济南老年大学腰鼓队等9支队伍获银奖，省老年活动中心锣鼓队等12支队伍获铜奖。（王勇慧）

【“新市民新课堂”专项活动启动】 为满足泉城外来务工人员、农民工、下岗职工及其子女的精神文化需求，保障其应有的文化权益，5月20日，市文化局、市群众艺术馆免费开展的“新市民新课堂”——外来务工人员、农民工、下岗职工及其子女公益性艺术辅导培训专项活动正式启动。活动采取阵地培训与基地培训相结合的形式进行，以此构建全市外来务工人员、农民工、下岗职工及其子女艺术辅导培训网络。该公益性辅导培训重视艺术基础知识、基本技能的普及，主要包括基本乐理、声乐、器乐、舞蹈辅导；主持、讲故事、朗诵等表演辅导以及美术、书法辅导等相关艺术培训。首期开设了成人及少儿5个艺术门类培训班，每班25~30人，每期3个月，共

120课时。（王勇慧）

【花灯艺术大赛】 2月18~22日（正月十二至正月十六），由市文化局主办的济南市第六届花灯艺术大赛在济南各县（市）区举办。大赛期间，各县（市）区将各种具有民俗艺术特点和时代特色的大型机械灯、手工扎制灯展示给广大泉城市民。泉城路、大观园、山大北路、槐荫华联广场等花灯区成为花灯的世界。章丘、商河、济阳、平阴、长清等都设置了各自的花灯区。元宵节期间，数万盏各种不同的花灯参加了花灯艺术大赛。此次大赛由省市民俗专家及主办单位组成评委会，分赴各县（市）区现场评选，分别评出手工扎制艺术奖、造型艺术奖、创新艺术奖、主题艺术奖、制作艺术奖、优秀奖等奖项。（王勇慧）

【首届老年人空竹大赛】 11月9日，由市文联、市文化局联合主办，市杂技家协会、市杂技团承办的济南市首届“海那城杯”老年人空竹大赛决赛暨颁奖仪式，在济南槐荫广场举行。副市长王以才，市政协副主席、市政府秘书长胡占平及市里的老领导李启万、房立等出席活动并给获奖团体和个人颁奖。本届老年人空竹大赛历时两个月，经过多轮比赛，最终有16个代表队共41人闯入决赛。经过激烈角逐，马立水等10人获最佳表演奖，张传臣等31人获优秀表演奖。此次比赛也是济南市“迎和谐全运，建美丽泉城”系列文化活动之一。（李付生）

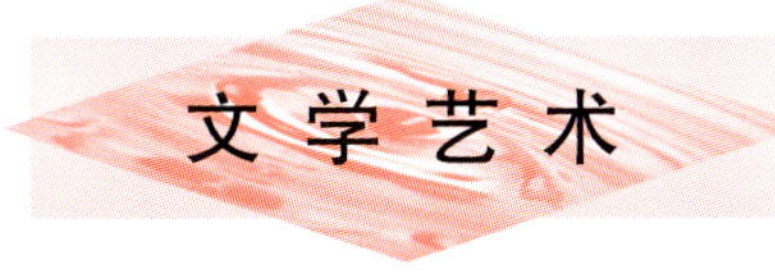

【概况】 艺术精品打造再上新台阶。先后投入540多万元，新创演了京剧《辛弃疾》、《时传祥》，吕剧《情判》，柳琴戏《厚土》，电视新曲艺《泉水人家》，童话剧《三只小猪》、《小红帽》、《七色花》，大型儿童剧《安徒生》，杂技《集体绳技》，舞台魔术《阴谋与爱情》、《荷韵魅姿》，大型主题晚会“盛世和韵”、“盛世礼赞”、“齐风鲁韵不了情”，长篇小说《花间无爱》等文艺作品，进一步加工修改了杂技《转台高椅》、《空中彩绸》，曲艺剧《泉城人家》等。全市文艺家和各类文学艺术作品获省级以上奖励110项。其中：邓宝金荣获第二届全国中青年德艺双馨文艺工作者称号，丁小秋获中国话剧金狮奖经营管理奖，实现了山东省两个奖项零的突破。30集电视连续剧《乡村爱情》获全国第十届精神文明建设“五个一精品工程奖”优秀奖，在第三届全国电视剧风云盛典颁奖仪式上获最佳编剧奖和全国收视十佳电视剧奖。儿童剧《宝贝儿》入选“纪念中国话剧诞辰百年经典剧目展演”。曲艺剧《刘颇赶车》获中国鼓曲大赛金奖。长篇小说《过龙兵》、歌曲《天地人和》获省精品工程奖。外宣片《投资济南》获山东省对外宣传电视彩虹一等奖。

市直文化系统组织的“泉城大舞台”系列文化活动在北洋大戏院、茗曲阁、戏缘俱乐部等演出500余场。明星影院——新市民影剧之家免费放映电影200余场。市曲艺团连续3次应邀进京演出，曲艺剧《泉城人家》在中国文联庆祝建党86周年活动中压轴演出。济南儿艺的儿童剧《宝贝儿》演出突破2000场（加上外地院团授权演出，场次突破2400场），创下了山东单院团单剧目演出场次之最。儿童剧《宝贝儿》还参加了文化部在深圳和绍兴举办的十大精品剧目展演活动，并作为全国30台优秀话剧剧目，应邀赴天津参加了“纪念中国话剧诞辰百年经典剧目展演”。张继创作的30集电视连续剧《石榴花开》已在部分省级电视台播映，40集电视连续剧《乡村爱情2》于2008年春节在中央一台播映，30集电视连续剧《村里来了个大学生》将于2008年5月在平阴开机，为中国妇联创作的连续剧《留守女人》将于2008年开机。数字电影《黑白往事》于2007年10月举行了首映式。《当代小说》杂志坚持“当代性、多样性、可读性”的办刊宗旨，高标准地完成了全年出版发行任务，40多篇小说被全国各类权威杂志转载；影集《光影纪事》，民间文学集《章丘民间故事》，纪念文集《罗荣桓元帅功著山东》，歌曲《我爱你，泉城的垂柳》、《光荣的史志人》、《心向北京》，长篇小说《梅庄旧事》、《义和庄》等一批重点作品都产生了强烈的社会反响。吴泽浩被聘为中央文史馆书画院首批研究员。

济南市艺术院团全年共演出2980场，收入732.47万元，观众310万余人次。大观、中国、鲁信等电影院累计放映电影1.2万余场，收入336.2万余元，观众17.5万余人次。市影剧公司组织深入农村放映电影570场。（王勇慧 李付生）

【2007年济南市艺术创作重点】 3月14日，市文化局召开全市艺术创作工作会议，敲定2007年艺术创作大盘，济南名士、齐鲁风情成为新亮点。会议强调，艺术创作要“抓大不放小”，围绕全国及省市重大庆典和纪念活动创作一系列优秀文艺节目，不断丰富省城文艺舞台，活跃群众文化生活。市文化局负责人就2007年的创作打算作了部署，主创人员就精品打造进行了座谈交流，市属各艺术院团与市文化局签订了《艺术生产责任书》。①立足泉城历史文化，打造济南名士，创作演出京剧《辛弃疾》。2007年适逢一代词人辛弃疾辞世800周年，济南市京剧院邀请省内外著名编导，打造京剧《辛弃疾》，继《李清照》之后，让著名的济南词坛“二安”一并站立在艺术舞台上。②展现齐鲁地方风情，结合泉城旅游，打造文化旅游剧目《齐风鲁韵》和轻喜剧《牛哥的婚礼》。③围绕重大纪念活动和节庆，创作排演一系列优秀剧（节）目。（王勇慧）

【济南市喜获两项全国“群星奖”】 11月，在武汉中国第八届艺术节闭幕式上揭晓的第十四届群星奖获奖结果中，由市文化局选送、市群众艺术馆曲秀国创作的油画《生生不息》和张红霞表演的曲艺评书《期盼》分获美术类和曲艺类创作奖，充分展示了济南群众文化的创作水平。油画作品《生生不息》表现了劳动人民的坚韧、挺拔，场面恢宏，震撼人心，富有艺术感染力。曲秀国此前创作的油画《心连心》曾在1998年第八届群星奖中荣获金奖。

三年一届的“群星奖”是中国群众文化艺术的政府最高奖，此次评奖取消了金、银、铜奖的设置方式，改设创作、表演等单项奖，增设“群星奖”大奖。全国共有270件作品参赛，其中，创作奖148个、表演奖86个、群星大奖36个。（王勇慧）

【“齐风鲁韵·济南画院中国画展”在兰州举办】 9月21日，为庆祝党的十七大召开，加强济南、兰州两市文化交流，由济南市文化局、兰州市文化出版局主办，济南画院、兰州画院共同承办的“齐风鲁韵·济南画院中国画展”在兰州美术馆举办。甘肃省委常委、副省长石军，兰州市委常委、副市长孙若风，甘肃省文化厅党组成员、甘肃画院书记安邕江，省文联副主度郭文涛，兰州市文化出版局局长范军等出席开幕式并参观了画展，兰州市委常委、副市长孙若风致词。参加这次画展活动的画家有杜华、孙先成、刘罡、王胜华、韩玮、岳海波、李兆虬、徐林、杨晓刚等。作品重点突出了齐鲁文化的博大精深和济南画家的艺术风格，通过画展让更多的兰州市民了解山东、了解济南。著名学者、教育家、书法家，首都师范大学博士生导师，中央文史馆馆员欧阳中石先生专门为此题写了“齐风鲁韵”。（王勇慧）

【山东琴书走进中央音乐学院】 3月18日晚，济南市首批“国家级非物质文化遗产”——山东琴书，走进中央音乐学院演奏厅。市曲艺团国家一级演员、中国曲艺最高奖“牡丹奖”获得者姚忠贤，将一段精彩的山东琴书小段《梁祝下山》送给了中央音乐学院的广大师生。（王勇慧）

【“清乐华章”济南曲艺走进清华大学】 5月19日，应清华大学公共管理学院邀请，济南市曲艺团远赴北京，举办“清乐华章”济南曲艺走进清华大学专场文艺晚会。

此次活动由济南市委组织部、市文化局联合主办，市曲艺团具体承办，意在配合济南市干部教育培训班丰富多彩的文化活动，庆祝清华大学建校96周年，展现济南“曲山艺海”的深厚文化底蕴。为此，主办方在立足现场氛围欢快热烈的基础上，力求突出山东地方特色，做到形式多样、雅俗共赏。入选国家非物质文化遗产的山东快书、山东大鼓、山东琴书三大曲种逐一亮相，小品、相声、单弦、快板等传统曲艺形式轮番登场。千余名清华学子欣赏了著名山东快书表演艺术家周弘的快书《武松打店》，著名山东琴书表演艺术家姚忠贤、杨珀的琴书《亲上亲》，著名相声表演艺术家刘广玺等人的小品《楞子和横子》，优秀山东大鼓演员刘娟、胡娜等的大鼓《古曲新韵》以及众多曲艺新秀表演的相声《欢歌笑语》、小品《胖孬的家丑》、单弦《风雨归舟》和快板书小段等精品曲艺。（王勇慧）

【济南市杂技团墨西哥演出受欢迎】 5月，由济南市杂技团15名演员组成的赴墨西哥演出小分队，在一年时间里走过36个城市，完成演出600场，得到了当地观众的热烈欢迎。

市杂技团自2006年5月赴墨西哥演出以来，凭借严谨的工作作风和高超的演出技艺，赢得了墨西哥演出方的一致认可和高度评价。市杂技团在墨西哥的演出地点多为农村和小山镇，生活条件和演出条件相对较差，15名小演员充分发扬艰苦奋斗、团结合作的精神，不怕苦不怕累，克服各种不利的天气条件，轻伤不下火线，在每天上午坚持苦练基本功和排练小节目的基础上，以饱满的工作热情出色地完成了每天下午的正式演出，赢得了当地观众的喜爱和欢迎。市杂技团不仅圆满完成了原定一年的演出任务，演员个人水平和节目质量均得到很大的进步和提高，还使墨西哥演出方主动提出将演出时间延续至9月。（王勇慧）

【大型歌舞乐《盛世和韵》精彩亮相】 5月23日，为迎接党的十七大和省党代会召开，纪念毛泽东《在延安文艺座谈会上的讲话》发表65周年，市文化局、市歌舞剧院在济南铁路文化宫推出了大型歌舞乐《盛世和韵》。

演出以和谐为主题，由序幕、齐风鲁韵、情系四海、和谐神州、尾声5个篇章12个节目组成。演出节目全部为近年来市歌舞剧院新创作排演的时尚歌舞和器乐，艺术形式新颖，节目内容丰富。大型歌舞《天赐沃土》拉开演出序幕，舞蹈《山东大嫚》、女声组合《包楞调》、《绣荷包》、《观灯》，音乐剧《剧院魅影》、《猫》等精彩节目赢得了观众热烈掌声。大型歌舞《天地人和》把整台演出推向高潮。市文化局、市歌舞剧院还特意将济南市社会福利院的50余名孤寡老人和孤残儿童请进剧场，与千余名各界观众共同享受了这一视听盛宴。

（王勇慧）

【新编京剧《辛弃疾》上演】 由市文化局、市京剧院、济南艺术创作研究院邀集国内众多知名戏剧专家联手打造的新编京剧《辛弃疾》，5月23日晚在山东剧院精彩亮相。新编京剧《辛弃疾》是2007年市文化局推出的重点剧目之一，也是继新编京剧《李清照》唱响全国之后，精心打造的又一张历史文化名片。该剧从辛弃疾金戈铁马的青年时代写起，以其立志北伐、恢复中原为切入点，展现了辛弃疾由爱国将领转变为伟大爱国词人的心路历程，描述了一代词人慷慨激昂而又沉郁顿挫的一生，表达了其几起几落、至死不渝的崇高民族气节和爱国主义情怀。（王勇慧）

【济南儿艺《安徒生》京城掀起童话风暴】 6月1日，大型儿童剧《安徒生》在北京五大顶级剧场火爆上演。安徒生博物馆珍藏的一部分珍贵藏品专门从丹麦运到现场，供小朋友和家长近距离参观，这是丹麦安徒生博物馆藏品第一次登陆中国。带有丹麦音乐元素的音乐，动感十足的舞蹈，各具特色的场景变换，绚丽夺目的舞台灯光，特别是100多套五彩斑斓、设计独特的服装令观众目不暇接，使该剧具有很强的观赏性。济南儿艺的首场演出获得圆满成功，剧终观众们拍着手喊着剧中人物的名字，久久不愿离去，现场气氛热烈火爆。

（王勇慧）

【曲艺剧《泉城人家》赴京参加庆祝建党86周年主题演出周活动】 由中国文学艺术界联合会、中国文联演艺中心和中国曲艺家协会等全国7家艺术家协会共同主办的“庆祝中国共产党成立86周年、迎接党的十七大胜利召开演出周”活动，于6月21~

28日在北京民族宫大剧院举行。经中国曲艺家协会推荐,由济南市曲艺团创作演出的大型曲艺剧《泉城人家》,6月26日晚亮相民族宫大剧院。

曲艺剧《泉城人家》系济南市文化局和济南市曲艺团共同打造的舞台艺术精品,具有较强的思想性、艺术性和观赏性。该剧上演以来,受到广大观众的热烈欢迎,多次获得艺术大奖,曾在第五届中国曲艺节上压轴演出。《泉城人家》在艺术形式上极具创新精神,不但角色全部由曲艺演员担纲,对白也全部使用济南方言,幽默中饱含温情,欢笑中充满泪水,将一个发生在济南大杂院的故事向观众娓娓道来。该剧多角度旋转的舞台、写实的舞美设计以及流水的水龙头和复涌的泉眼,更是让广大观众耳目一新。中国文联副主席冯远、中国曲协分党组书记姜昆等与千余名观众共同观看了演出。（王勇慧）

【济南艺术团香港演出受欢迎】 6月11日晚,由济南市歌舞剧院、杂技团、京剧院和曲艺团组成的济南艺术团在香港维多利亚港星光大道中心舞台举办了两台专场演出,具有浓郁地方特色和民族风情的文艺节目受到了现场2000余名中外游客的欢迎和喜爱,香港有线电视台中国旅游与经济台对艺术团进行了跟踪报道。

此次济南艺术团一行25人是专程随市政府经贸代表团进行旅游文化促销演出的。为此,市文化局精心挑选了能够代表泉城特色和齐鲁风情的歌舞、杂技、京剧、器乐等节目。演出在欢快喜庆的舞蹈《中国女孩中国红》中拉开帷幕,杂技《晃圈》、《钻筒》以高难度技巧和优美的造型征服了现场观众;独具民族特色的擂琴独奏模仿人言兽语,惟妙惟肖,激起观众的浓厚兴趣;耳熟能详的女声独唱《甜蜜蜜》、男女对唱《神话》等引起观众的强烈共鸣;传统京剧《闹龙宫》打斗精彩,小魔术表演摇曳多姿,赢得如潮掌声;山东舞蹈《包楞调》以其优美的旋律和动人的舞姿将整台晚会推向高潮。令人感动的是,演出过程中,天空飘起濛濛细雨,现场2000余名中外观众依然兴致不减,翘首观看。台上的演员被观众的热情深深打动,他们克服舞台狭小、地面湿滑等诸多困难,出色地完成了演出任务,赢得了现场观众和前来采访报道的香港有线电视台记者们的交口称赞。济南艺术团分别于6月11~12日在香港举办4台文艺演出。

（王勇慧）

【原创电视栏目剧《泉水人家》开播】 由济南艺术创作研究院副院长、国家一级演员姜桂成参与主创并主持、济南电视台影视频道制作的电视栏目剧《泉水人家》,10月27日与观众见面。该栏目剧以宣传打造泉城和泉水文化为目的,以反映民生、民意和民情为主旨,以电视传播为平台,通过泉城特有的曲艺、小品等说唱艺术手段,为广大市民奉献一道平民文化大餐。近年来,济南艺术创作研究院为打造泉城和泉水文化创作了不少优秀剧目,该院副院长姜桂成创作和表演的大量以泉城、泉水为题材的艺术作品,如都市情景剧《泉城人家》、多媒体曲艺《泉城说唱》和《荣辱观新唱》等,都集中体现了新时代泉城人民的精神风貌和泉城济南在创建文明城市和构建和谐社会方面取得的辉煌成果。市文化局党委书记、局长邹卫平在开播仪式上说:希望《泉水人家》栏目真正办成泉城百姓之家、曲山艺海之家和广大观众的精神文化家园,成为"立得起、留得下、叫得响、传得开"的文化创新品牌。

（王勇慧）

【舞蹈《泉韵》在山东省农村文化艺术节中获金奖】 在山东省首届农村文化艺术节民间舞蹈、杂技、魔术文艺会演决赛中,由市文化局选送、章丘文化馆表演的舞蹈《泉韵》喜获金奖。舞蹈《泉韵》以济南泉水文化为依托,凭借演员们曼妙的舞姿,精湛的表演,获得了评委专家们的一致好评。此次比赛共有17个市的18个节目参加,评出金奖8个。（王勇慧）

【刘志钰从艺50周年画展暨《刘志钰画选》首发式】 4月16日,刘志钰从艺50周年画展暨《刘志钰画选》首发式在济南文联大厦举行。省政协原副主席王久祜,省人大原副主任卢洪,山东省军区原政委、山东孙子研究会执行会长赵承凤将军,省军区原副司令员、山东孙子研究会常务副会长张明友将军,山东孙子研究会副会长王长根将军和省、市文艺界知名人士张鹤云、单应桂、吴泽浩和济南市老领导王存兴、王景文及书画爱好者近百人出席开幕式。展出刘志钰书画作品80多幅。开幕式后,举办了刘志钰从艺50周年座谈会,与会者对其人品、艺品和成就给予充分肯定。

（李付生）

【济阳鼓子秧歌CCTV舞蹈大赛获佳绩】 在第四届CCTV舞蹈大赛上,济南市舞蹈家协会选送的济阳鼓子秧歌,获得"大秧歌"第四名,扩大了山东优秀民间艺术在全国的影响。济阳鼓子秧歌是山东省优秀民间舞蹈艺术之一,历史悠久,有着鲜明的地域特色。（李付生）

【济南曲艺征服首都观众】 5月23日,由中国文联演艺中心、中国曲艺家协会共同主办的"中国曲艺周精品节目展演"在北京民族文化宫落下帷幕。济南曲艺《齐风鲁韵不了情》专场倾倒首都观众。这场演出融合了山东大鼓、山东快书、快板、临清时调、西河大鼓和山东琴书等曲艺形式,演员阵容更是汇集了该团老、中、青三代曲艺演员,其精湛娴熟的演技和幽默诙谐的语言征服了现场的观众。（王勇慧）

【张继获第三届全国电视剧风云盛典最佳编剧奖】 6月7日,第三届全国电视剧风云盛典颁奖仪式在北京隆重举行。济南市文联专业作家张继获最佳编剧奖,由其任编剧的电视连续剧《乡村爱情》获收视十佳电视剧奖。（李付生）

【邓宝金德艺双馨获殊荣】 11月5日,中宣部、人事部、中国文联联合在北京人民大会堂隆重举行第二届全国中青年德艺双馨文艺工作者表彰大会。济南市文联兼职副主席邓宝金喜获殊荣,并代表受表彰者在会上发言。

邓宝金,国家一级演员,现任中国杂技家协会副主席、济南市文联副主席、济南市杂技团团长,第九届、十届全国人大代表,享受国务院政府特殊津贴。从业30多年,先后荣获省、市劳动模范,省十大青年文化名人,全国三八红旗手、全国五一劳动奖章和全国先进工作者等称号,并被授予中国杂技最高荣誉奖“百戏奖”暨终身成就奖。邓宝金也是山东省目前唯一获得全国中青年德艺双馨文艺工作者称号的艺术家。此次与邓宝金一同获得第二届全国中青年德艺双馨文艺工作者称号的还有彭丽媛、黄宏、冯小宁、胡玫、刘全和、孟广禄、奚美娟等一批为大众所熟悉的艺术家。（李付生）

【丁小秋喜获金狮奖】 11月28日,济南市剧协主席、市儿童艺术剧院院长丁小秋在人民大会堂接受了由中国话剧艺术研究会颁发的中国话剧经营管理金狮奖,是山东省唯一获此奖项的文艺工作者。（李付生）

【中韩文化交流活动】 7月13日,以济南市文联党组书记、副主席杨炳云为团长的书画艺术家访问团,圆满结束了在韩国的文化交流活动。这次活动是应韩国水原市政府邀请,受济南市政府委派组织的。访问团一行15人,在韩其间,举行了第五届中韩书法交流展、中韩书法理论讲座、现场为市民作书作画、两国艺术家进行交流研讨等活动,并参观访问了一些文化古城、闻名古迹、知名企业,为传播中华文明、齐鲁文化,推介山东,宣传济南,增进中韩两国之间的友谊发挥了积极作用。（李付生）

【两岸三地书画联展】 为庆祝香港回归10周年,增进齐鲁书画界与港台书画界之间的交流与合作,由济南市文联、济南市美协、济南市书协和香港海峡两岸文化艺术交流协会、国际青年文化交流中心(香港)联合主办的“山东香港台湾书画作品联展”,于7月17日在济南文联大厦隆重开幕。本次展览共展出两岸三地近百位书画名家的100多件作品。参展作品齐颂香港回归10年来取得的辉煌成就,共祝香港明天更美好。（李付生）

【文艺界参加抗洪救灾】 8月7日,市文联、市残联共同举办“全市书画名家捐赠作品救助‘7·18’受灾残疾人活动”,吴泽浩、杨炳云、张仲亭、张国英、刘志钰、尹延新、韦辛夷等40多位知名书画家现场挥毫泼墨,创作书画作品近百幅,价值10余万元,全部捐献给市残疾人福利基金会,所得款项全部用于救助“7·18”受灾残疾人。8月10日,市委宣传部、市文联、市民政局共同举办的“济南壮歌——‘7·18’抗洪抢险美术书法摄影展”在英雄山展览馆举行。市委副书记杨鲁豫,市委常委、济南警备区政委钱道书,副市长王以才,市政协副主席、市文联主席吴泽浩出席开幕式。这次展出的200多件美术、书法、摄影作品,是艺术家深入抢险救灾第一线所见、所闻、所感的艺术结晶,充分展现了泉城儿女众志成城、团结战斗、无私奉献、舍己救人的抗洪精神。此项活动被评为济南市2007年度十大文化新闻。（李付生）

【电影《黑白往事》在济首映】 9月26日,由济南市委宣传部、济南市文联、章丘市委、章丘市人民政府共同主办的影片《黑白往事》首映式,在济南新世纪影城举行。该片根据章丘作家牛余和的中篇小说《姚爷》改编,由著名导演唐大年、王焕武执导,北京中作影视文化传播有限公司和北京百步亭文化传播有限公司联合摄制。影片外景主要选自章丘朱家峪古村和淄博市周村杨家大院,拍摄历时8个月。影片以上世纪三四十年代中国北方农村为背景,以一对青年感人肺腑的爱情故事为主线,通过对主人公情感纠葛和命运遭际的描写,深刻揭示了当时社会背景下人性的善恶,并对其产生的深层矛盾进行了发掘。（李付生）

【庆祝党的十七大美术书法摄影作品展】 10月18日,靓丽泉城——济南市庆祝党的十七大胜利召开美术书法摄影作品展在济南文联大厦隆重开幕。市政协副主席、市文联主席吴泽浩出席开幕式。参展作品主题鲜明,融政治性、思想性和艺术性于一体,体裁多样,气势恢弘,寓意深邃,具有浓郁生活气息和时代感,热情讴歌党的丰功伟绩,颂扬济南经济社会发展所取得的辉煌成就,展示了泉城济南的城市魅力。（李付生）

【吴泽浩艺术工作室第三届精品展】 由市文联、市美协、山东新闻书画院和吴泽浩艺术工作室联合主办的吴泽浩艺术工作室第三届精品展,于12月5日在山东新闻美术馆开幕。展出的100多幅书画作品是工作室成员深入生活的精心之作,也是对工作室成立三年来创作实践和艺术成就的一次检阅。（李付生）

【感恩王昭善——师生艺术作品展】 12月23日,由市文联、市文化局、市华夏文化促进会等主办的“感恩王昭善——师生艺术作品展”和作品集首发式,在济南市博物馆开幕。此次展览共展出反映王昭善先生艺术成就和各界缅怀王昭善先生、祝贺活动举办的图片、雕塑、书画等不同形式的艺术作品200余件。会后召开了王昭善艺术研讨会。

王昭善,全国著名雕塑家,山东雕塑艺术的重要奠基人之一,生前系中国美协会员、中国雕塑协会理事、山东雕塑研究会会长。他在长达半个多世纪的艺术生涯中,创作了《毛泽东主席》、《齐鲁迎宾曲》、《墨子》等数千件优秀雕塑作品,主持抢救、修复了长清灵岩寺宋代泥塑、历城隋代四门塔石佛、济南市千佛山隋代摩崖石窟造像等一大批濒危古代雕塑文物,培养了一大批优秀雕塑艺术人才。（李付生）

【济南曲艺界纪念侯耀文专场演出】 为纪念一代笑星、著名相声表演艺术家侯耀文,济南曲艺界举行了一系列专场演出活动。著名相声表演艺术家张存珠、肖国光、孙小林,山东琴书表演艺术家姚忠贤、杨珀,著名山东快书演员赵福海,优秀山东大鼓演员刘娟等济南曲艺界知名人士先后登场;单口相声、山东琴书、山东快书、山东大鼓等曲艺节目精彩纷呈。7月14日晚,活动的压轴演出——“永远的笑声”侯派相声传人相声专场在茗曲阁上演。市曲艺团邀请了侯耀文的弟子——中国铁路文工团著名相声演员贾伦和济南艺术创作研究院副院长姜桂成前来献艺。侯派相

声传人李道全、李道广、高超、薛晓冬、王斌、连欢等青年演员也通过演出表达对侯耀文先生的追思。（李付生）

【济南选手“齐鲁风情”大赛获佳绩】 由省文联主办的山东省第六届“齐鲁风情”青年歌手暨新作品演唱大赛于9月26日在德州落下帷幕。济南市音乐家协会选送的歌曲和参赛歌手喜获佳绩。冯天君、邵荣震获通俗组一等奖，刘清杰、万丽娜分获美声组二、三等奖，卞新兵获民族组三等奖，歌曲《天女散花》、《心向北京》获创作组一等奖，济南市音乐家协会获优秀组织奖。（李付生）

【电视剧《石榴花开》杀青】 由北京泰和百联传媒广告有限公司、黑龙江电视台、枣庄峄城区人民政府、济南市文联联合摄制，著名导演张惠中执导的30集电视连续剧《石榴花开》10月在枣庄制作完成。《石榴花开》是市文联专业作家张继继《乡村爱情》之后，推出的又一部讴歌社会主义新农村建设的影视作品。2008年初该剧与观众见面。（李付生）

【庆香港回归10周年三县书画展】 为庆祝香港回归10周年，展现三县（商河、临邑、济阳）书法、美术创作辉煌成果，6月22日，“庆香港回归10周年——三县书画展”在商河文化中心广场开幕。书画展共展出书法、美术作品100多件，作品数量大，艺术水平高，展出效果好，是县域间文艺交流一次成功的尝试。（李付生）

新闻出版

【新闻出版（版权）管理】 2007年，市新闻出版局（版权局）加强出版物市场监管，努力开创新闻出版工作新局面，不断推进全市新闻出版事业的健康发展。市“扫黄”工作领导小组办公室被评为全省“扫黄打非”工作先进集体；市新闻出版局被评为全省新闻出版工作先进单位、市版权局被评为全省打击网络侵权盗版专项行动先进单位；出版物市场管理处被评为全国“扫黄打非”有功集体和第五届省级优秀“青少年维权岗”；“扫黄打非”工作处被评为全省“扫黄打非”办案有功集体。

1.加大“扫黄打非”工作力度，出版物市场秩序进一步规范。2007年，深入贯彻落实全省“扫黄打非”工作部署和《2007年全市“扫黄打非”行动方案》，进一步加大出版物市场监管和清理整顿工作力度，先后组织开展了“反盗版天天行动”、“扫黄打非”春季战役、严厉打击查堵政治性非法出版物专项行动、以查堵恐怖类非法印刷品和有害青少年读物为重点的专项清理行动、打击盗版建筑类图书专项治理、迎接“十七大”净化出版物市场专项行动、打击非法出版活动专项行动、集中清理非法报刊和打击非法游商专项行动等一系列专项行动。认真组织实施出版物市场清理行动，加大对非法游商和无证经营摊贩的打击力度，对重点部位进行不间断的高密度的拉网式检查清理，确保了“十七大”召开期间以及三级“两会”、省市第九次党代会和节假日期间出版物市场的健康、稳定。坚持“破网络、挖窝点、查大案”的方针，严查大案要案，从源头上打击了盗版行为。加大与各地出版社的合作力度，积极协助他们开展维权工作。同时，加强对印刷企业的日常管理，深入开展查处非法报刊、记者站、编辑部专项行动，查处取缔未经批准擅自设立的各类非法报刊编辑部、记者站、邮政信箱等21家。加强对重点企业的日常监管巡查，建立违规违法印刷单位重点监管档案，坚决打击盗版盗印教材、教辅活动，坚决取缔无证无照地下非法印刷复制窝点。完成了报纸期刊社、印刷企业、打字复印单位年检工作和全市五报两刊一社的记者证、连续性内部资料编辑部、记者站的年检换证工作以及济南市五报两刊一社的统计工作。积极开展“出版物质量管理年”活动，提高了济南市出版物质量的整体水平。认真落实出版物印刷企业印刷委托书管理制度，较好地履行了省新闻出版局6项委托工作。顺利完成了印刷协会领导班子的换届和各县（市）区办事处的筹建工作。2007年，共查缴各类盗版、非法出版物23万余册（盘），其中书报刊18.5万余册（份），盗版软件4.4万余张（盘），政治性非法出版物2500余册，《死亡笔记》等恐怖类印刷品、淫秽色情“口袋本”图书、有害卡通画册1500余册，端掉地下出版物非法批销窝点10个，取缔非法游商和无证经营摊点150多人次，共查处各类案件40多起，其中立案15起，处罚15起，立案案件处罚率达100%，上缴行政处罚款11万余元，帮助著作权人挽回经济损失50万元。确保了社会稳定和政治、文化安全，维护了版权所有者的利益，促进了文化市场的健康与繁荣。

2.严厉打击侵权盗版行为，正版化工作进一步深化。2007年，坚持版权保护工作为维护民族创新精神服务。一是积极推进全市企业使用正版软件工作。认真落实上级有关推进企业使用正版软件工作的要求，建立完善了推进企业使用正版软件工作协调机制。召开济南市推进企业使用正版软件工作协调会，研究确立了《济南市推进企业使用正版软件工作方案》，举行了“济南市软件知识培训暨软件产品推荐目录发布会”，与市国资委联合召开市国资委系统企业使用正版软件工作座谈会，对56家企业的试点工作取得了成功经验，有60余家企业实现了软件正版化，对全面推进企业使用正版软件工作起到了积极的促进作用。山东省政府使用正版软件工作领导小组在《情况简报》中两次介绍了济南的经验。二是加强日常监管，维护著作权人的合法权益。重点加大了对山大路科技市场中盗版软件、光盘等非法出版物的打击力度，共取缔非法销售摊点16个，收缴盗版软件光盘24000余张，盗版书刊2000余册。根据投诉，对使用盗版微软计算机软件和欧特克CAD软件的20余家企业进行了及时查处。三是开展打击非法预装计算机软件专项行动。认真落实山东省版权局有关要求，结合实际，坚持突击整治与日常监管相结合，重点整治与一般检查相结合，个案处罚与市场整治相结合，执法部门监管与经营者自律相结合，加强对山大路科技市场等重点区域和重点部位的日常监管，先后对20余家计算机集中经营场所进行检查，并散发宣传材料3000余份，14家违规业户被责令停止侵权，限期整改。同时，扎实开展打击网络侵权盗版专项行动，对国家和省版权局交办的3起网络侵权案，进行了依法妥善处理。

3.加强诚信体系建设，新闻出版业发展环境进一步优化。2007年，为进一步深化2006年文明、诚信、守法活动成果，举行了创建“文明图书市场”系列活动演讲会和2006年“文明图书市场”系列活动中表现突出的发行单位表彰授牌大会、迎“六一”优秀青少年读物图书展、英雄山文化市场经营业户法规培训、考试和签订遵纪守法责任书等活动；召开了全市印刷企业“讲诚信，守法纪”活动总结表彰会议；认真组织出版物印刷企业参加省优、署优出版物评选工作，8家企业20种图书被评为署优图书，32家企业276种图书被评为省优图书。组织济南市优秀印刷企业参加了中国（青岛）国际包装印刷技术设备展览会暨印刷产品成果展，展示了济南市印刷企业的实力。组织开展了“保护知识产权宣传周”活动、举行了济南市纪念《著作权法》实施16周年座谈会和美术、书法展，省、市媒体给予跟踪报道，整个活动情况被收入中央党校出版社出版发行的《落实科学发展观构建和谐社会》大型图书之中，收到了良好的社会效果。通过系列活动的开展，进一步提高了企业的诚信守法意识，优化了新闻出版业的发展环境，促进了企业的规范发展。2007年，全市有10家图书经营业户被授予市“先进发行单位”、20家印刷企业被授予市“诚信服务、守法经营”示范单位，章丘市新华书店等7家企业被省局授予“正版产品经营示范单位”。

4.进一步加大“扫黄打非”舆论宣传力度。坚持把做好“扫黄打非”舆论宣传与管好源头、深挖窝点、清除非法游商并举，并贯穿于全年，不断强化“扫黄打非”舆论声势。发放各类宣传品17000余份，张贴公告1000张；在各类新闻媒体上登载、播发“扫黄打非”工作信息30余条（次），撰写“扫黄打非”工作简报34期，向各有关部门报送信息180余条（次），进一步扩大了“扫黄打非”工作社会影响。

5.认真开展调查研究活动。贯彻落实全省新闻出版局长座谈会议精神，组织开展了印刷、发行、版权保护、扫黄打非和农家书屋建设5个专题调研活动，并形成了调研报告，进一步摸清了济南市新闻出版管理工作和新闻出版事业发展现状，找出了差距，总结了经验，理清了思路，为全面推进出版事业的快速发展提供了理论依据和指导。（卢明胜）

11月10日，济南国家动漫产业发展基地揭牌及授牌仪式在高新区奇盛数码大厦举行。（市新闻出版局供稿）

【集中销毁盗版非法出版物】 4月14日，按照国家新闻出版总署的部署要求，组织举办了2007年全国“扫黄打非”春季战役集中销毁活动山东省暨济南市销毁活动，销毁非法出版物30万册（盘），有力地震慑了违法犯罪分子，展示了济南市打击侵权盗版，保护知识产权的决心和能力，在社会上引起了强烈反响。（卢明胜）

【积极推动动漫产业发展】 近年来，济南动漫产业得到长足发展，2007年11月，济南市被国家新闻出版总署批准为国家级动漫游戏产业基地。11月10日，济南国家动漫产业发展基地揭牌及授牌仪式在济南高新区奇盛数码大厦举行。11月下旬，组织46家动漫游戏企业参加了在安徽合肥举办的首届中国国际动漫创意产业交易会，以“泉生济南、动漫泉城”为题，重点展示了“快速发展的济南动漫游戏产业”、“山东动漫游戏产业基地”、“齐鲁动漫游戏产业基地”等内容；同时，还集中展示了济南46家参展动漫企业的成果和寻求合作的动漫项目。“泉城动漫”品牌成为交易会上的一道亮丽风景。（卢明胜）

【济南出版社】 2007年，济南出版社紧密结合本社实际，坚持正确的出版方向，调整图书选题结构，在选题策划、图书质量、扩大发行等方面取得了新的成绩。济南出版社全年出版新书148种，再版图书169种，参加了北京图书订货会、第十七届全国书市，有10种图书获得省以上优秀图书奖，《话说长征》获团中央“五个一”工程奖和市委宣传部“金点子”工程奖，《齐鲁民俗丛书》被省民俗学会定为赠送中国民俗学会和美国民俗学会的礼品书。出版图书特色：一是文化类图书出版特色更加突出。《文化中国——诗性江南》丛书、《大历史的另一面》、《中华一壶酒》、《中华一壶茶》等，从新的视角介绍了中国历史文化；《金石精粹》、《鉴赏专家话收藏》系列书，紧跟全国的收藏热，向读者普及收藏知识；《品读济南》多角度介绍了济南的历史文化名城特色；《历城县志正续合编》对乾隆县志和民国续志作了点校和补遗，成为

济南出版社2007年获奖图书一览表

书　名	责任编辑	作　者	获奖情况	获奖时间
话说长征	李叙凤 朱向弘 朱　琦	崔禄春	2006年度全国城市出版社优秀图书奖二等奖 第二十一届华东地区优秀哲学社会科学图书评选二等奖 山东省优秀图书奖	2007.6 2007.10 2007.9
诗说千古英雄	朱孔宝 冀瑞雪	陈鹤锦	2006年度全国城市出版社优秀图书奖二等奖	2007.6
文化新视野丛书	朱孔宝　张元立 张　静　张慧泉	邢来顺　李其荣 张　冰　高建为 岳彩忠　李占舟	2006年度全国城市出版社优秀图书奖一等奖 第二十一届华东地区优秀哲学社会科学图书评选一等奖	2007.6 2007.10
一针疗法:《灵枢》诠用	胡瑞成	高树中	山东省优秀图书编辑奖 2006年度全国城市出版社优秀图书奖二等奖	2007.8 2007.6
水浒博览大典	侯文英	孙景全　杜凤银	山东省优秀图书奖 山东省优秀图书编辑奖	2007.9 2007.8
透过建筑读城市——读《图说济南老建筑》		朱孔宝	山东省出版研究优秀书评奖	2007.7
传统文化与图书选题策划		赵志坚	山东省出版研究优秀论文奖	2007.7
你的爱情多少度——读《哪怕爱情增温1度》		贾英敏	山东省出版研究优秀书评奖	2007.7

一部珍贵的历史史料;《五三祭》收录了济南“五三惨案”的珍贵史料,再现了侵华日军的残暴和济南人民抗日救国的英雄事迹。二是生活保健类图书受欢迎。《一针疗法》、《中医官窍疗法大全》、《中医手心疗法大全》、《中医脐疗大全》、《中医足心疗法大全》和《中老年体育健身理论与方法》等图书,集理论与实践为一体,实用性极强。三是义务教育课程标准试验教科书《生物学》拉动青少年助学读物出版发行。在义务教育课程标准试验教科书《生物学》的拉动下,全年教材教辅图书发行总码洋5000万元,高考、中考类教辅图书的品牌效应凸显,幼教类图书不断增加,形成了从低幼到高中阶段图书系列的完整链条,受到市场广泛欢迎。

2007年,通过全面落实《济南出版社岗位目标责任制》等多项管理制度,建立健全竞争激励机制,先后出台了《图书装潢设计统一协调把关制度》、《本版书市场销售情况分析报告制度》、《编辑策划能力培养制度》、《重点选题高层次策划活动制度》和《图书印刷质量管理规定》等,全方位提高编辑、发行、印制人员的责任意识、市场观念和策划能力,从整体上增强了出版队伍素质。在全面做好出版工作的基础上,济南出版社积极参加社会公益活动,向三峡库区和海南三亚驻军某部、全国精神文明建设座谈会赠农村书屋和农村红领巾书屋,共捐赠20多万元码洋的图书。

(张元立)

【济南日报报业集团】 2007年,该集团所辖“五报一网”媒体在集团党委领导下,团结协作,开拓进取,圆满完成了各项工作任务,社会效益和经济效益又跨上一个新台阶。

在新闻宣传工作方面,集团各媒体结合自身特点,坚持正确舆论导向,围绕市委、市政府部署和中心工作开展新闻宣传,全面完成了所承担的众多重大报道任务,在党的十七大和省市第九次党代会及人大、政协“两会”报道中,分别派出精干力量,精心策划,辟出重要版面和栏目,对会议精神和贯彻情况进行集中报道。济南日报开辟了“贯彻十七大精神 建设美丽泉城——与县(市、区)委书记面对面”专栏,采用对话形式对各县(市、区)贯彻落实党的十七大精神及市委各项重大部署的具体措施进行了集中而突出的报道。在全市开展的“学习实践科学发展观,解放思想大讨论”活动中,接连推出了“论在全市掀起解放思想大讨论热潮”5篇系列评论文章,评论充分体现了市委主要领导的思想和风格,在全市各级各部门引起强烈关注和反响,文章显现和提升了党报的话语权和权威性,推动了全市解放思想大讨论的迅速开展。紧跟市委、市政府重大工作部署,推出“重拳出击整治八乱”、“依法整治违法违章建设”、“关注破损山体整治”、“改造棚户区,改善民生”等系列报道,得到了市委主要领导的充分肯定。人口导报紧密配合全省人口计划生育中心工作,组织开展一系列重点报道,得到了省计生委和省市有关领导的好评。作为网络媒体的舜网,针对济南建设路爆炸案、“7·18”特大暴雨等引起网民关注的一系列大事件,坚持24小时值班,组织网上评论员、论坛版主积极进行不间断地舆论引导,并根据事态发展,及时向市委、市政府报告《舜网舆情》,为上级领导决策事件处理提供了参考。其他各媒体在紧密配合党委政府中心工作,做好新闻宣传工作方面也作出了积极贡献。

坚持新闻报道和社会活动的策划,开展媒体之间、媒体与读者、网民间的多种互动与联动,努力打造知名品牌,服务于党委政府的工作大局,塑造媒体的亲民、爱民形象,是2007年集团各媒体的又一特点。济南日报和舜网策划启动的为期40天的“建言献策，共写新篇——为起草《政府工作报告》征集意见建议”活动，得到了市政府主要领导的高度重视，市长张建国在集团请示报告上作了重要批示，召开市长办公会对活动作了专题研究，给予高度评价，要求市政府办公厅每10天汇报一次活动进展情况。活动中舜网该专题日点击量达12000余次，日均收到各类建议200余件。这一活动也引起了中央媒体十七大精神采访团的高度关注，人民日报、新华社、中央电视台、北京青年报多次予以报道并配发评论，全国几十家传统媒体转发新华社稿件，全国各大网站也都登载了相关内容。该活动以市长张建国亲临集团召开市民座谈会、视察济南日报编辑部和舜网而圆满结束。济南时报与舜网持续开展的泉城义工活动，被中宣部确定为全国重大典型，18家中央新闻单位集中采访报道了泉城义工事迹，参加活动的泉城义工猛增2万多人。义工活动的频次也较上年增加近1倍。省委多位领导深入义工活动现场看望泉城义工，省委常委、市委书记焉荣竹到济南日报报业集团视察了泉城义工志愿服务联络站，听取工作汇报。市委、市政府和市文明委分别下达文件，对泉城义工进行表彰和奖励。集团各媒体还与网络、电视等媒体联动，相继推出了影响较大的几十个社会公益性品牌活动，如“伸出一双手，温暖一颗心”、“亲情拥抱福宝宝”、“花儿行动”、“全国十佳杰出男性暨首届山东十佳杰出男性评选”、维护城市交通的“马路天使”、“追寻泰山老臣”、读者的“读报”“评报”“用报”等竞赛活动。集团各媒体坚持新闻改革，根据媒体特点不断调整版面定位和报道服务内容，强化媒体自身特色。党报在选稿用稿上，突出对工作有指导意义和群众关心的内容，努力使新闻报道贴近实际、贴近生活、贴近群众，同时美化版面设计，提升了党报的影响力。集团其他媒体也不断进行版面调整和栏目优化。在做好日常新闻报道工作的同时，做好专版、专刊、专栏和专题等方面的报道。济南时报在新闻操作理念上，加强新闻差异化和特色化处理，力求抓独家、特色和原创性新闻，突出新闻的本地性、贴近性、可读性和读者关注度。都市女报专门设立了新闻热线小组、特刊小组，新推出了“消费新闻”、“健康周刊”、“教育周刊”等服务性、贴近性较强的多个新闻版块，新开设了“女性岗位创业人物”、“舒心热线”、“艾书推荐”等栏目，受到读者的广泛关注和好评。新闻热线小组冲破重重阻力，在省媒体一片沉默中，独家连续报道的“银座英才幼儿园校车事件”，被全国许多网站转载，在读者和网民中引起强烈反响。人口导报由每期8个版扩为16个版，计生新闻版由每期3个版扩到了8~9个版，科普版整合成了婚育文化、生活等4个周刊。舜网与集团各平面媒体互动、联动的同时，继续打造“舜网论坛”的知名品牌，建成了网络图片库，丰富了集团各报的图片来源，通过新增23台服务器和开发数字报保证了集团五报的正常出版及数字报上线，实现了报纸的网上阅读。集团重视和加强“内参”与对外宣传工作，全年采编“内参”稿35件，市领导批示30人次，外宣稿件仅被人民日报、大众日报、新华社等媒体刊用的新闻摄影图片就达300余件。济南时报社会新闻中心荣获省委宣传部、省新闻“两会”授予的全省新闻工作先进集体称号，济南日报记者刘冰荣获全省优秀新闻工作者称号，集团各媒体300余件新闻作品荣获省级以上好新闻奖。

在经营工作方面，集团积极探求新的增长方式和发展路径，保持了经营状况的稳定。广告经营继续贯彻策划先行的思路，组织开展了现代生活方式展、房地产行业年度总评榜、消费品牌20强评选、“金龙鱼”社区厨艺大赛、健身卡优惠大团购等活动，使全年广告总收入与利润较上年度有了新增长。

发行工作，较好地完成了年度报纸征订投递和零售任务。在报纸提价的情况下，济南日报发行量保持稳定，济南时报、都市女报、当代健康报发行均创历史新高，人口导报发行量比上年增长1万多份。发行与广告合作经营“信报奶一体箱”，在阳光舜城、伟东新都等23个高档社区安装了264个，使广告位有了销售收入。外报外刊批发业务取得较大增长，实现利润比上年增长160%。集团印刷工作按照“用好设备、印好报纸、增收节支、提高效益”的原则，完善管理制度，建立岗位规范，狠抓印刷质量，开拓印刷业务。在保证集团各报印刷质量和印刷时间的前提下，全年超额完成外活收入利润经营指标。设立节纸奖，狠抓出报率，出报率由上年的每吨43600对开张提高到45500对开张，电力减容2000千瓦，每年可节约电费40多万元，实行集团员工阅读“车头报”每年节约费用20多万元。针对新闻纸提价及时增加新闻纸储备5000吨，节约购纸资金200万元。网络媒体不断创新经营模式，发展网络短信业务、广告业务、无线业务和建站业务等，全年实现经营收入比上年增长25%，其中广告收入增长3倍多。集团的报业旅行社、神潭水业公司、时报文化传播公司、新感觉文化传播公司、优雅文化传播公司均实现赢利。

集团其他各项管理工作有序进行，成效显著。计财工作，在国家严格控制信贷规模的形势下，实行更细致更严格的财务管理制度，努力增收节支，保证了集团资金正常运转。集团制订下发了出版物数字用法、黑马校对软件使用要则、报销审批、防范虚假新闻、规范语言文字工作等制度规定。投资安装了黑马校对软件，加强使用管理，有效地降低了出版物的差错率，提高了员工的文字水平。集团被评为山东省语言文字工作先进单位。（胥葆衡）

【济南日报】 2007年，该报作为省会城市主流媒体和市委机关报，努力当好党的喉舌，充分反映社情民意，坚持新闻改革，全面完成了承担的多项重大宣传报道任务，充分发挥了党报在政治宣传方面的重要作用。

在学习贯彻党的十七大和省市第九次党代会，“9·29”省委常委扩大会议精神宣传，以“迎和谐全运、建美丽泉城”为主线的重拳出击整治“八乱”、“依法整治违法违章建设”和“关注破损山体整治”系列报道，“践行科学发展观”——解放思想大讨论，为起草《政府工作报告》征集意见和建议活动报道，纪念香港回归10周年、建军80周年、新农村建设、棚户区改造、创文明城市、幽默艺术周、爱心认助、突破工业等重大宣传报道中推出了一大批新闻精品。在党的十七大和省市第九次党代会及“两会”报道中，开辟“贯彻十七大精神 建设美丽泉城——与县（市）区委书记面对面”专栏，采用对话形式对各县(市)区贯彻落实党的十七大精神及市委各项重大部署的具体措施进行集中报道。“9·29”省委常委扩大会议召开后，组织骨干记者撰写了《东风已到扬帆起》、《乘势而上写新篇》、《没有规矩不成方圆》、《躬行践履抓落实》等系列评论员文章，从10月1日到4日连续在第一版显著位置刊发。在解放思想大讨论报道中，从10月29日至11月2日，精心策划，先后编发了《打破思想“镣铐” 冲出心理“沼泽”》、《思想日新 境界日高》、《作风“沉”下去 效率提上来》、《领导干部要做解放思想的先锋》、《真抓解难题实干促发展》5篇评论员文章，得到了市委书记焉荣竹、宣传部长王良等领导的充分肯定。与舜网联合启动的“建言献策共写新篇——为起草《政府工作报告》征集意见建议”活动，共收到建设性意见和建议上千条。根据市政府主要领导指示，将有代表性的合理化建议写入《政府工作报告》。该活动引起人民日报、新华社、中央电视台等中央媒体高度关注，发表了《济南请市民建言〈政府工作报告〉》、《济南：开门起草政府工作报告》等文章，称赞“济南的做法在推进决策科学、民主、透明方面，在促进公民参与方面进行了有益尝试”。在“迎和谐全运、建美丽泉城”报道中，相继推出重拳出击整治“八乱”、“依法整治违法违章建设”和“关注破损山体整治”三大系列报道。济南日报策划的《党报热线记者直击“八乱”》，拉开了该报有史以来曝光时间最长、密度最大、关注度最高、效果最好的舆论监督行动。2007年该栏目刊发178期，曝光“八乱”问题500余件，回复率几乎达百分之百，整改率达80%多，市委书记焉荣竹多次批示督办栏目曝光问题。该报的“改造棚户区、改善民生”专栏，对棚户区改造进行实时报道，既有政策宣传，又有问题解答。“党报热线”开展的“爱心认助”活动，帮助50余位困难群众圆了自己的梦，国家级刊物《中国记者》以专题形式推介了济南日报民生报道的经验。在“7·18暴雨突袭济南”、“秸秆浓烟呛泉城”、“关注猪肉蔬菜价格” 等重点报道中，该报各部门协同作战，关键时刻显示出党报的权威性和公信度。《软件外包：从济南制造到济南创造》、《软件之谷：国际化进行时》、《济南动漫：何时破茧成蝶》、《济南软件：合纵连横进行时》、《创新激活古老泉城》、《珠联璧合产学研》等报道对如何破解产学研瓶颈、科技对节能减排、新农村建设的意义进行全面深入的分析，引起了有关部门和单位的极大关注。《济南旅游进入二次调整期》的报道，吸引了本市大批旅游企业负责人的眼球。经济适用房建设、廉租房政策出台、出租车换颜色、全国第六次铁路大提速、黄金周假日、首届公交周、百姓百事等与百姓息息相关的新闻报道引起良好反响。该报加大对济南本土文化生态报道的力度，推出的《山东人：“民族文化长子” 怎么当》、《济南：工业遗产何去何从》、《明末清初：济南有场保卫战》、《“济南战役全景画” 大揭秘》、《老济南的 “清明上河图”》、《文化与旅游：看泰国经验对济南的启示》、《济南惨案纪念堂诞生记》、《千年古匾：孕育济南新名片》、《泉城，何时香茗伴名泉》、《济南：曾经辉煌的文化记忆——寻访当年“山东省立剧院”亲历者》、《70张旧照首现济南话沧桑》、《济南人，你认识自己有几分》、《济南人，你未必真懂济南话》、《文化济南的一道独特风景》、《大明湖：点“景”之笔如何落墨》、《泉城古韵：愿不仅仅活在记忆里》 等焦点特稿和济南文化系统“小人物” 系列报道受到广大读者嘉许。《洋节，传统文化的克星?》、《驾车族，汽车道德你有没有》、《今年真要成 “明年”?》、《国博：三年大手笔求新生》、《国博“流失文物”真相探访》、《南海一号：考古史上新坐标》、《〈南京〉：西方人曝光南京大屠杀》、《教育之惑：谁来破解“中游现象”》、《马瑞芳：百家讲坛是张“魔鬼的床”》、《海外流失文物何时 “健康” 回家》、《汉语新词：添彩还是添乱》、《西昌：托举“嫦娥”的山东臂膀》、《〈色·戒〉现象：不能不说的道理》、《无名小镇“画”出文化大产业》、《必须拍一部真正的“南京大屠杀”》、《昂然之气，在诱与戒中穿行——2007文化现象走笔》等策划报道，体现出了党报应有的见识与高度。（胥葆衡）

【济南时报】 2007年，该报在新闻报道工作中，努力打造公益活动品牌，不断提升新闻操作理念，强化团队工作水平和凝聚力，社会影响力和公信力进一步扩大。

“泉城义工”活动，是济南时报独家自2005年起在全市发起和组织的社会公益活动之一。该活动充分体现了媒体在“三个文明”建设中的重大作用。2007年4月，泉城义工被中宣部确定为全国重大宣传典型，9月，中宣部新闻局组织18家中央媒体来济集中采访报道泉城义工事迹，在社会上取得了广泛反响。乘此东风，该报组织的泉城义工队伍迅速发展，人数由9月份的4万人激增到11月底的近6万人，义工服务专业队伍由此前的14支扩充到22支，其中济南网通、山东师范大学、山东政法学院、济南水业集团、普利思公司、济南卫校等单位一批专业化服务团队的建立，标志着泉城义工队伍发展已迈进集中阶段。泉城义工常规及特色服务也有了进一步的突破和发展，截至12月10日，泉城义工开展常规活动由上年的79期猛增到127期。年内先后开展了“泉城义工新春幸福派”、“泉城义工千人爱心奉献行动”、“十佳泉城义工报告会”、“植建泉城义工林”、“泉城义工创城系列活动”、“泉城义工百期特别行动”、“泉城义工爱心书架行动”、“泉城义工冬季温暖行动”等主题活动，除“关爱父亲母亲”、“呵护孩子”等既有的活动子品牌外，还着力推出了“亲情拥抱福宝宝”、“花儿行动”、“泉城义工少年团”等新的活动子品牌。“亲情拥抱福宝宝”获得了国家民政部有关领导的高度评价。围绕“迎和谐全运、建美丽泉城”，泉城义工还于“五一”、“十一”长假期间开展“与文明同行”活动，实现了与该报其他公益活动品牌的联动，此项活动得到了各级领导和广大群众的认同和鼓励。2007年1月1日，省委书记、省人大常委会主任张高丽在省委副书记、济南市委书记姜大明和省委常委、秘书长王敏等陪同下，看望了在老年公寓服务的泉城义工，与义工们一起欢度元旦，并高度评价泉城义工的爱心奉献行动。济南时报志愿服务联络站“关爱父亲母亲，温馨陪伴空巢老人”志愿服务项目，获得第六届“山东青年志愿者行动项目奖”。2007年11月16日，省委常委、市委书记焉荣竹视察了济南时报志愿服务联络站。市委、市政府和市文明委分别下发文件，对泉城义工进行表彰和奖励。该报在不断打造泉城义工活动品牌的同时，又相继推出了“春天行动”、“雪中送炭”、“千人法律援助”等公益活动。

济南时报的体育报道继续保持了在读者中的影响力。中超报道被鲁能泰山俱乐部高度重视，其主场的场地广告在所有媒体中只与济南时报独家合作。CBA联赛报道，在省城媒体中领先竞争对手优势明显，并与山东黄金男篮俱乐部保持着长期的良好合作关系，山东黄金男篮俱乐部举办活动与媒体合作，多数首选济南时报。女足世界杯、男足亚洲杯、国奥队、乒乓球世锦赛、网球大师杯、NBA、欧洲足球五大联赛、F1、十一运前期报道，让济南时报在体育报道领域中有了进一步拓展。2007年，济南时报体育策划完成了多项影响较大的活动。一是奥运火炬手选拔。选拔活动有3000多人报名，从中选出了山东人自己的火炬手。二是成立奥运联盟。该报与腾讯网、南方都市报、成都商报等共12家网络、平面媒体成立的“捷报奥运联盟”，使得济南时报的奥运报道筹备工作跨出了有战略性意义的一步。三是主办第三届乒乓球业余等级联赛。该赛事已成为济南乒乓球爱好者每年一度的盛会，本届有700多人报名，为历史最大规模。四是举办全国男子武术散打锦标赛。该赛事与济南市体育局合作，是济南时报迄今为止举办的规格最高的全国性赛事。五是组织“舞动全城”大赛暨篮球宝贝选拔，为山东男篮主场选出了自己的篮球宝贝。

在新闻操作理念上，加强新闻差异化和特色化的处理，力求抓独家新闻、特色性新闻、原创性新闻。该报较其他媒体在采访中做到多跑一步、多想一步、人脉上多打通一步，报道理念上多超前一步，相继采编报道出了如潍坊高考招生会、济铁第六次大提速方案、济南市出租车更新征集新车色彩、济南筹建黄河隧道、汽车总站改建规划、经济适用房政策、泉城三大标志区、大明湖扩建、西客站规划等独家新闻，在省城媒体报道中独树一帜。在文化新闻的报道策略方面，该报改变思路，调整版面定位，跳出炒星、娱乐摘抄的窠臼，尝试以大文化的视野做文化新闻，做和读者“有关系”的文化新闻，突出文化新闻的本地性、贴近性、可读性、关注度。对娱乐新闻，通过包装，做到热闹、好看、活色生香。该报《文化星期五》作为文化专刊和文化新闻的结合体，紧扣自己的定位，以大文化视野关注读者需要的文化现象，使报道做到了可读性、耐读性兼备，成为时报的一个强力支持点。该报探索开展报网互动有效渠道，使组织开展的泉城义工活动、该报的“真情寻找”栏目以及与舜网联合发起的“十大陋习”评选活动在社会上引起强烈反响。

在抓好新闻报道工作的同时，注重抓好采编队伍培训，在树立团队凝聚力和提高编辑记者的个人工作能力与水平上下功夫。年初，该报将2007年版《济南时报编辑手册》发放到个人，要求各部门分别组织学习，将制度落实到实处。不断举办搞好时政新闻报道、强化本地新闻、避免报纸差错等方面的业务培训，采用多种形式进行业务研讨和经验交流，并邀请山东师范大学学者和资深记者当面授课，使编辑记者队伍的综合素质有了新的提高。会议报道、时政报道、独家新闻、新记者入行等专题培训，使年轻记者受益匪浅。该报注重在打造名专栏、培养名记者上下功夫，在稳定“球话实说”、“七日随想”、“孙华调查”、“市井广记” 等老牌名专栏运作的基础上，年内重点策划推出了“暗访”、“七日乱弹”等栏目。针对读者关注的民生话题寻找新闻线索，采写报道稿件，有关假证贩子、医院花篮、黑盐贩子、医托等报道，在社会上引起很大反响，得到了读者的好评。该报编辑记者在新闻业务能力得到提高的同时，其马克思主义新闻观和高尚的职业精神也大有提升，一批编辑记者分别获得了“泉城十大杰出青年”、“十佳记者”、“青年学术带头人”、“志愿服务模范”、“优秀报道员”、“泉城文明市民”和“全省优秀新闻工作者”等荣誉称号。

（胥葆衡）

【都市女报】 2007年，该报围绕“突出特色，做好服务”精心办报，在读者中的知名度、美誉度有了新提高，并被评为全省优秀级报纸。

坚持新闻采编创新。先后推出了“消费新闻”、“健康周刊”、“教育周刊”等服务性、贴近性较强的多个新闻版块，“舒心热线”“伊言堂”、“艾书推荐”、“电影说吧”等栏目成为该报的亮点。新开设的“女性岗位创业人物”、“时尚小店搜索”、“钱眼看物价”、“伊言堂”等栏目受到读者欢迎。年内较有影响的主要新闻报道有《农妇冯月荣救人》、《7·18特大暴雨中的女性群英谱》、《嫦娥奔月与济南》、《北京国际时装周》、《女性不适合岗位调查》、《济南动物园引进卧龙大熊猫》、《孟祥斌魂归故里》、《产妇集中坐月子》、《山东四成多女性生完孩子丢了位子》、《七成女生认同“干得好不如嫁得好”》、《记者随张业爱蹲点抓贼》、《女儿住进月子苑、母亲带人“跳大神”》、《拾荒老大拉扯脑瘫养女18年》、《孩子入托入学系列》等，这些报道视角独特、女性特色显明、影响力大，其中许多报道被国内知名网站及《中国妇女报》、《中国青年报》转载。尤其是《农妇冯月荣救人》、《北京国际时装周》、《孟祥斌魂归故里》等报道独占先机，走在同城媒体的前列。为培养年轻力量，都市女报3月份设立了新闻热线小组，由该小组相继推出的《银座英才幼儿园幼儿惨死校车》、《丈夫拒签字致孕妇死亡》、《济南餐饮业服务人员调查》、《家务劳动现状调查》、《银行理财收益调查》、《电动车安全检查报告》、《糖炒栗子调查》、《济南市1.2万名护士职业生存状况调查》等系列报道，成为该报的新闻亮点。该小组负责的热线影响力不断扩大,热度明显增加。其中,新闻线索电话、新闻QQ平均每天接收读者线索、信息数十条,110方面线索平均10个左右,120与职业线人方面线索平均5个,并与山东电视台生活频道《生活帮》以及济南电视台《今晚》栏目开展了有效的合作。热线新闻总数和质量较上年都有了明显提高,舒心热线每周一晚上6:50至8:50开通,电话一直保持较高的热度。加强娱乐报道的策划力度,使娱乐新闻的文化品位得到提升。"娱周刊"、"雅周刊"、"倾诉" 等系列版块不断推出选题和策划报道,在同城媒体中保持了较为明显的优势。《让女人爱历史,这不是问题》是该报独家采访《明朝那些事儿》的作者当年明月的专稿。报道中有对热点人物当年明月的对话,更重要的是探讨了"明史热"这个当年最热的文化现象。在影星人物陈晓旭去世的消息被证实后,该报作出快速反应,做了5个整版的专题策划,从陈晓旭去世的消息、细节、身后事、生平、影视影像及生活影像等角度,做了全面报道,是当天同城媒体较为精彩的报道和策划。《欧阳娟:80后写官场小说第一人》、《两个大校的女儿给姜士安两种情感选择》、《中国作家经纪人从幕后走到前台》、《绘本图书,幼儿读书重文还是重画》等独家报道,相继被新华网、人民网、中新网等国内各大网站转载。在文化版块的栏目建设方面,年初推出了荐书专栏——"艾书推荐",该专栏每周一期。女性读者阅读版面还多次和专栏互动,以专题的形式对类型图书向读者进行重点、详实的推荐,并与济南新华书店联合推出了女性图书专柜,受到读者好评。娱乐版块设立的《影视说吧》栏目,每天设置一个热门影视话题供读者讨论,并回答读者在影视方面的疑问。该报还不定期举办读者与明星的电话互动、大型征文、免费观影、电影赏析等活动,拉近了办报人和读者的距离。着力打造健康和教育两大周刊。健康周刊每期4个版,每版都有热点选题。教育周刊由2个版扩大到4个版,紧跟读者关注刊发教育新信息、新观念,探讨教育领域新问题、新现象,得到了读者认可。着力探索新闻采编与广告的互动,尝试推出的情人节特刊和圣诞节特刊是较为成功的范例,年末由24版圣诞特刊与24版正报加上铜板纸封面组成的共计52版的该报,当日上午即销售一空,得到报业市场的认可。新闻策划与活动策划相结合,使报纸品牌影响力逐步扩大,该报推出的全国十佳杰出男性暨首届山东十大杰出男性评选活动,得到全国妇联有关领导及中国妇女报的高度评价,推荐的两名选手当选"全国十大优秀男性",在人民大会堂受到顾秀莲等领导同志的亲切接见。"马路天使"活动成为该报品牌推广新名片,在该活动的第三个活动日,市委常委、市妇联主席雷杰率领市委文明办、市妇联的有关人员到女报编辑部亲切接见志愿者,并冒雨参加了志愿活动。该报与济南市有关部门和企业联手举办的女大学生专场招聘会、明湖相亲会、历下亭水上派对、高端女性高尔夫友谊赛等系列活动,以及与齐鲁电视台联合举办的"齐鲁之星女报生日专题"活动,均为该报亮点。

（胥葆衡）

【当代健康报】 2007年,该报版面质量稳步提高,广告经营稳定发展,发行数量继续增长。为办精品报,全面提升报纸质量,实现了年初提出的每版至少有一个好头条、一个好栏目的具体要求。

搞好新闻报道策划,作深度文章。在年初的人大、政协两会上,医改、社会保障、低保制度成为人们关心的热点,该报除对"两会"有关健康的问题进行解读外,还结合"两会"精神,采写刊出了《药品降价为何总是难如人意》系列报道,为广大读者解疑释惑。面对济南"7·18"暴雨灾难,策划了《面对灾难 我们最缺什么》系列报道,受到读者好评,有许多稿件被搜狐等网站转载。紧跟节日、节气,抓关乎百姓健康选题,采编刊发的《困倦知时节 当春乃发生》探讨春季如何养生,《购物成瘾 源于"收病"》引导五一期间人们如何购物。六一儿童节期间的《警惕玩具损害儿童健康》等报道,使广大读者颇为受益。在爱耳日、世界睡眠日、国际助残日、世界疫苗接种日、护士节等到来之际,与有关机构和专家学者合作,采编了《预防孩子耳聋从孕期开始》、《解开催眠疗法的神秘面纱》、《选配助听器 宜早不宜迟》、《儿童异地接种疫苗可免费》、《我们需要怎样的护士》、《老人出游千万别逞强》、《瘦人患高血压也危险》、《天冷了,盲目取暖不可取》等报道,倍受读者关注。为使专刊突出权威性、服务性和指导性,该报坚持求变创新,在"四季歌"中唱出新意,在时尚热点中找出适合介入的新视角,报道医疗卫生健康领域的新进展、新问题、新方法、新理念等。在强化每版有一个好头条,几个好栏目的同时,又开设了一些新栏目,如儿童版的"儿童心理问题系列"、慢性病防治版的"专家教你降三高系列"、老人版"感恩父母留言板"和"我看金婚"、交流天地版的"读者点题"、心理版的"心灵鸡汤"、中医版的"看红楼中医"、女性版的"都市职业女性之惑系列"、饮食版的"选择食用油系列"与"贯穿一生的补钙计划系列"等,既有新鲜感,又有针对性和服务性。"你可以不生病"、"健康的十大秘密"、"西医治病,中医治人"、"其实癌症很容易医好"、"先天之气省着用,后天之气科学用"、"不要等口渴了才想到水"、"接地气保健康"、"让80岁活得像50岁一样充满活力"等选题,向读者推荐了20余本海内外健康领域新书,及时把最新的健康理念传递给读者,在读者中引起了较好的反响。针对一年中每个月气候变化与人体健康的关系,全年共策划了12次专题报道服务读者。先后开展三个专题读者征文活动,即:"我与中医药蜡疗"、"孩子尿床怎么办"、"我与中医正骨",与读者进行互动,为读者提供直接参与办报的机会和平台。"读者点题"、"读者评报"、"健康心得"、"读者荐方"、"戴奶奶信箱"、"康医生信箱"、"玻璃信箱"、"山大口腔信箱" 等栏目,在读者中长期享有很高的关注点,尤其"戴奶奶信箱"栏目不但在舜网博客上安家,还结集出书,受到读者喜爱。该报在广告经营方面,采取多种办法克服困难,使广告任务得到落实。在发行工作上,巩固老客户,想方设法发展新客户,并分别与德州、聊城、滨州、淄博、潍坊、泰安、东营等多个地市邮政局建立了联系,使该报发行数量有了较大增长。山东现有200多个副省级以上干部成为该报长期稳定性读者，该报全年仅增印份数就达到了300多万份。（胥葆衡）

【人口导报】 2007年，人口导报改扩版成功，新闻策划力度加大，报纸内容更加丰富，办报宗旨得到充分体现，报纸回款和广告收入取得大的突破。

改扩版工作。在上年底成功试刊的基础上，认真组织实施2007年《版面设置方案》。根据方案要求安排采访、组稿、编辑工作，报纸每期版面由原来的8个版扩为16个版，其中人口计生新闻版由每期3个扩到每期8~9个，科普版整合成生殖健康、婚育文化、母亲、生活等4个周刊。针对这种变化，报社加大新闻策划力度，通过编前会、好版好稿评定会、业务探讨会等形式，引导编辑记者树立责任意识和精品意识，增强了编辑记者的业务能力和计划生育专业知识水平，并通过重大选题由领导参与决定、重要稿件由领导参与采写等措施，不断提高所采编稿件、版面与全省人口计生工作和群众需求的贴近性和必读性，报纸质量稳步提升。该报为紧密配合全省人口计划生育中心工作，对搞好新闻报道采取了一系列行之有效的措施。一是进一步完善采编工作标准与流程，给每位在岗的业务人员规定采访、组版工作任务，并实行采访值班制度，严格考核，保证了全省人口计生新闻不漏发。二是根据全省人口计生工作重点，在本报及时开设栏目、撰写评论。年内共开设《贯彻中央〈决定〉落实〈实施意见〉》、《学习十七大贯彻十七大》、《生育关怀在齐鲁》、《我说奖扶》等7个栏目。为配合省《实施意见》和全省基层基础规范化建设的宣传，连续刊发了10多篇系列评论，既紧密配合了全省人口计划生育中心工作，又提高了本报的权威性和指导性。三是根据全省阶段性的宣传报道任务，组织实施了一系列阶段性战役性的报道。如年初对各地党政领导的专访、对青岛市人文计生、对潍坊市和谐计生创建的宣传，年中对全省生育关怀行动、对全省基层基础规范化建设的宣传，年终对全省计生系统贯彻落实党的十七大精神、对全省人口关爱救助活动、对全省统筹建立计划生育利益导向机制建设的宣传，都是评论、消息、图片等图文并茂的连续性报道，得到了省计生委和各市领导的好评。该报还组织开展了读报竞赛活动，对特约通讯员队伍进行充实调整，重新制作下发特约通讯员证，修订下发《特约通讯员职责》，并对通讯员来信来稿单独登记、优先处理，通讯员已达200多人。全年刊发各类新闻稿件3500多篇，约220多万字，新闻图片500多幅，有10余件新闻作品获省级以上新闻奖。催交征订报款工作卓有成效。截至年底，收回往年报款57万元，往年的清欠工作划上了句号，当年度的报款已于7月份以前全部收交完毕。该报广告经营超额完成了济南日报报业集团下达的任务，广告收入创历史新高。（胥葆衡）

【舜网】 2007年，网络媒体的影响力持续提升，舆论引导功能日益彰显，特色作用充分发挥，在自身建设、市场经营等方面都有了长足进步。

继续打造“舜网论坛”这一知名品牌，开设了山东社区和济南社区。济南社区将论坛渗透到济南的每条街道、每个小区，山东社区则为省内每个市设立单独板块，使之覆盖全省。做细服务内容，经过品牌推广，舜网论坛实现了发帖量和在线人数的成倍增长，日发帖量达两万余篇，同时在线人数近3万人。2007年，济南市发生建设路汽车爆炸案、“7·18”特大暴雨、济正非法集资、西客站拆迁等一系列引起网民关注的大事件。舜网坚持24小时值班，组织网上评论员、论坛版主积极进行舆论引导，在舜网论坛及国内其他大型社区发帖跟帖两万余篇，同时根据事态发展及时向市委、市政府报送《舜网舆情》，为领导决策提供参考。新开设的博客实名评论频道，与济南日报的“齐州时评”、济南时报的“天天时评”实现联动和稿件共享，不仅把报纸上的优秀评论转发到频道上，扩大其影响力，而且撷取频道中优秀文章在报纸上发表，调动了广大网友的积极性。新开设的“齐鲁有约”交友频道与都市女报男女级分版、优雅公司婚介立体互动，为婚介交友探索了新的收费模式。与济南日报、济南时报、都市女报合作，进行视频采访，弥补报纸平面化缺点，先后编发《李阳造访济南　跪拜事件非炒作能让山大学生下跪》、《百余学生被困　有人冒充济南大学招生》、《英雄孟祥斌》等10余条视频新闻，社会反响强烈。与济南日报联合开展“建言献策　共写新篇——为起草《政府工作报告》征集意见建议”活动，网络专题日点击量12000余次，日均收到各类建议200余件；与济南时报联合开展“追寻泰山老臣”活动，邀请山东中球昔日明星做客，并进行网络直播，受到广大网友和球迷的关注。在优化已有的健康、旅游、汽车等服务频道的基础上，新增设了房产、理财、教育、亲子、女性、夜生活、建站等7个频道，涵盖了人们生活的衣食住行等各个方面。在频道建设中，所有服务频道突出互动性、本土化，给予客户管理发布权限，吸引客户关注网络，重视网络宣传。持续开展域名注册、搜索推广、宽带接入等业务，为力诺集团、市委宣传部、团市委、市公用建设事业局等多家机关企事业单位建立网站，并加强网站的规范化管理。通过网站规范和优化，各频道页面风格逐渐统一，逐步做到对网站进行科学管理，搜索引擎收录率接近90%，网站访客量和页面访问次数均有大幅提高。舜网日访问页面380万次，日访客量30万人。其中，本市占41%，省内其他城市占12%，广东、北京等国内其他城市占21%，港澳台地区占9%，欧美国家占9%，韩日两国占6%，其他国家地区占2%。

广告经营在传统banner、logo及软文的基础上，推出撕角、宽屏等广告形式，积极开展各类活动的策划，不仅吸纳潜在客户，也为网站增加了收入。高考问答、育儿交流、医院座谈等视频访谈、灵岩寺博客大赛、亲子摄影大赛等活动，与苏宁家电、亚都加湿器、杰西卡建材等团购，与漱玉平民大药房减肥瘦身风暴、新世界阳光花园“童创美好新世界”儿童绘画比赛、灵岩寺佛教文化等活动吸引了广告投入，全年实现广告收入55万元，较上年的13万增加了3倍多，2008年的广告签约已达76万元。开发的“网上柜台”这一独特的文字链接广告形式，以每个板块开设15个柜台、每个柜台收费1000元进行宣传推广，至年底已接受预定20余家。适应国家对手机短信业务进行规范的情势，积极挖掘新的经济增长点，实现了从线下到线上的转型，无线业务收入不降反升，实现全年经营收入320万元，其中对外合作成本153万元，毛利润167万元。研发出了基于手机与电视台、电台点对点实时通讯的具备短信支付功能的“齐鲁歌声”电子商务网站，凭借每条1元的低廉价格赢得了电台、电视台的信任和广大用户的欢迎，先后与省内105家电台频率、电视台频道达成合作，每天通过电话、手机、小灵通发送点歌信息近4万条，月收入20万元，被山东移动评为“优秀信息服务合作伙伴”。与北京TRS公司合作开发的图片库管理系统，一方面实现了华光采编图片自动录入图片库，媒体编辑记者可通过华光采编直接选用图片库版权图片，有效规避了版权纠纷；另一方面，以图片库为平台，采取摄影师实名注册制，开展图片在线交易业务，已发展摄影师100余名，与多家杂志、单位签订协议，实现销售收入零的突破。图片库被中国报业协会评为技术进步一等奖。与北京新数通公司合作开发的数字报，克服了旧版速度慢、操作难等缺点，提高了报纸的网上再次发行量，开辟出新的广告载体。自主研发的“舜网SP短信平台”，已通过国家版权局计算机软件著作权登记认定和信息产业部软件产品登记，并取得了软件产品和软件企业的“双软认证”。 （胥葆衡）

广播电视

【概况】 2007年，济南广播电视局按照“维护省会稳定、发展省会经济、建设美丽泉城”的总体要求，牢牢把握正确舆论导向，解放思想，提升境界，真抓实干，狠抓落实，圆满完成了全年工作任务目标，在新闻宣传、节目创新、技术保障、网络发展、社会管理和经营创收等方面取得了新进步，为推动济南广电又好又快发展奠定了坚实的基础。

1.广播电视宣传工作水平进一步提高。①出色完成了重大主题宣传任务。广播电台、电视台紧紧围绕党的十七大、科学发展观、构建和谐社会、社会主义新农村建设、庆祝建党86周年、香港回归10周年、省市党代会、省市人大政协两会、“9·29”省委常委扩大会、迎全运、创文明城、拆除违法违章建筑、棚户区改造、解放思想大讨论等重大主题，精心策划报道内容，创新报道形式，加大报道力度，为全市经济社会又好又快发展营造了良好的舆论氛围，特别是在时政报道和突发事件报道上引导有力、亮点突出。主要表现在三个方面：一是在“迎接、学习、贯彻十七大”的宣传中，广播电视协同作战，多频率、多频道、多栏目联动，以空前的力度和规模，进行了多角度、分层次、全方位、战役性的宣传报道。整个宣传报道规模庞大、浓墨重彩、反映强烈。党的十七大召开之前，两台各频率频道播出相关内容的宣传片每天达120多次。二是在省委“9·29”会议、市第九次党代会和市人大政协两会等重要会议的报道中，注重用事实说话、典型说话、数字说话，形成了多侧面、多角度、立体化的报道格局，增强了会议报道吸引力，使会议报道更加贴近民生，深入人心，受到广大群众的欢迎和社会的一致好评。三是在“7·18”特大暴雨报道中，两台反应迅速、表现出色，积极履行媒体责任，彰显“第一媒体”优势，发挥了其他媒体不可替代的作用。灾情发生后，两台都在第一时间启动突发事件应急报道机制，充分发挥广播电视传播及时、迅速、时效性强的独特优势，打破常规，采用卫星新闻直播车等先进采访设备，运用现场报道、专题报道、热线插播等形式，全面集中深入地展开报道，在协助省市党委政府抢险救灾、疏导城市交通、稳定群众情绪等方面发挥了重要的引导作用，受到市委、市政府主要领导的高度赞扬。②推出了一大批精品力作。广播歌曲《口碑》获全国精神文明建设“五个一工程优秀作品奖”，这是济南市首次获此殊荣。广播歌曲《心愿》获共青团精神文明建设“五个一工程优秀作品奖”。在2006年度山东新闻奖、广播电视新闻奖、广播文艺奖、电视文艺牡丹奖的评比中，电台、电视台分别有12件和11件作品获一等奖，《新闻六十分》、《含笑时间》、《聆听老歌》获“山东广播十佳栏目”奖，《今晚特别点击》、《第一现场》获“山东电视十佳栏目”奖。在全国电视栏目剧评选中，济南电视台选送的栏目剧《母爱痴狂》获一等奖，《半世缘一生情》获三等奖。③对外宣传和对上发稿成绩显著。围绕省委省政府打造“省会城市群经济圈”的重大战略决策，主动与淄博、泰安、莱芜、聊城、德州、滨州等地城市台加强交流沟通，积极探讨七地联合制作电视节目等方面的合作，并牵头召开了省会城市群经济圈电视外宣协作会议，通过了《省会城市群经济圈对外宣传协作体章程》，为七城市下一步全面展开交流与合作奠定了基础。与中央电视台《走遍中国》栏目合作完成了《神奇的泉水》等7个选题的拍摄，在中国黄河电视台（美国斯科拉网）播发外宣电视片8部（集），有效地提升了济南对外的影响力。两台对上发稿实现了由数量向质量的转变，一批反映济南市重大决策部署、重大主题、重大活动的稿件先后在《山东新闻联播》、中央人民广播电台《新闻和报纸摘要》、中央电视台《新闻联播》播发。

2.节目创新卓有成效。按照“三贴近”要求，两台积极推进品牌化战略，不断加大节目改版创新力度，市场占有率和市场份额在稳固提升的基础上均有大幅提高，媒体影响力进一步增强。2007年，济南电台继续位列济南地区广播媒体排名第一位，电视台的市场份额大幅跃升，比上一年度增幅25%。

大力打造品牌栏目节目和频率频道，成为拉动两台收听收视率和市场份额提升的重要支撑。电台推出了以民生新闻为主的晚间直播节目《天天说事儿》，轻松说新闻、评新闻,收听率迅速上升;重点打造交通广播,新上了《都市顺风车》、《1031汽车服务热线》、《车行天下》等一批具有交通特色的栏目,全新改版了《交通雷达网》栏目,频率特色更加突出,社会影响日益扩大。电视台以创新为动力,加快了新节目创办和老节目提升改造。推出特色新闻节目《有么说么故事会》、大型政务电视访谈节目《政务面对面》、生活情景剧《泉水人家》,并相继对《男说女人》、《有一说一》、《奶油森林》等栏目进行改版创新,增强了节目的可看性,促进了节目整体竞争力的提高。

积极策划组织品牌活动,加快节目和活动有机融合,成为提升媒体影响力的重要手段。电台在组织好贯穿全年的济南市创建文明城市百件实事之一“欢乐和谐泉城行”品牌活动的同时,参与了中国儿童少年基金会“春蕾计划”捐资助学活动,与市委宣传部、市文明办等联合举办了“喜迎十七大,道德模范与市民共话文明”、“抗击艾滋,我们一路同行”等大型宣传直播活动,提升了济南电台的自身形象和影响力;电视台在与湖南卫视合作成功举办“2007快乐男声”济南唱区选秀活动的基础上,精心策划推出了大型平民曲艺选秀节目《曲山艺海震江湖》,引起了曲艺爱好者的广泛参与和观众的收视高潮,创造了济南电视台参与人数最多、活动时间最长、经济效益最好的活动记录,受到了文化界和曲艺界的高度评价。另外,电视台利用自身优势,充分打好“晚会牌”,先后组织了济南市庆祝建党86周年文艺晚会、“十佳民警”颁奖晚会、济南电视台节目推介暨广告招商会等大型活动,达到了全面锻炼队伍、提升知名度的目的。

3.技术建设取得重大突破。①建成国内一流的技术平台,装备水平实现历史性飞跃。电视台新的全台制作网和播出网正式启用,13讯道高清电视转播车、1000平方米演播室、新闻卫星直播车、蓝光盘摄像机、高标清制播系统等代表目前最先进技术水平的摄录编播设备相继投入使用,使得济南电视台的技术装备发生了革命性变化,标志着电视节目制作播出进入数字化和网络化的新阶段,不但大幅度地提高了节目制作传输质量和工作效率,而且也使济南电视台一举拥有了国内领先水平的全数字化、网络化的技术平台。②强化技术管理,实现安全优质播出。针对年内重大活动多、重点播出保证期集中、新老设备交接使用的情况,两台、网络及有关部门围绕技术管理标准化、规范化目标,进一步加强技术管理工作。全面修订了安全播出应急预案,严格落实各项防范措施,在重点播出保证期,特别是党的十七大召开期间,各部门不断增强政治意识、大局意识和责任意识,提高警惕,加强巡查,局党委成员带头值班,圆满完成了十七大等重要播出保证期安全优质播出任务。③精心组织实施,顺利完成广播电视转星调整任务。在时间紧、任务重、要求高、困难多、政策性强、实施难度大的情况下,市广电局与各县(市)区和市直有关部门紧密配合,协同作战,用不到一个月的时间,提前完成了全市5381面卫星接收设施的调整任务。国家广电总局督察组在督察市转星调整工作时,给予了充分肯定,认为济南市的转星调整工作措施得力,责任到位,进展迅速,成效明显。

4.网络综合实力不断壮大。在全面巩固业务整合成果的基础上,围绕“提升网络创收能力,扩大网络经营效益”的总体要求,进一步加强内部管理,强化服务意识,发挥资源优势,狠抓增收节支,网络经营创收能力和自我发展能力显著提高,超额完成全年各项任务指标,网络综合实力迈上新台阶。2007年,共发展城区有线电视5.23万户,数字电视1.5万户,宽带网1.73万户,发展农村有线用户3.5万户。

5. 行业和社会管理力度进一步加大。①完成了年度检查考核和全省综合考评工作。按照上级统一部署,围绕“村村通”和行业管理、行政执法等工作,对各县(市)区和企(事)业广播电视局(站)进行了年度综合检查考评,同时完成了全省广电社会管理工作迎查与对检工作。②规范了卫星电视传播秩序和互联网视听节目的管理。在完成全市广电系统内部、企(事)业站和境内卫星电视节目用户普查统计和上报工作的基础上,会同市国家安全部门对城乡结合部及其旅游景点等重点区域和部位进行重点整治,对全市31家宾馆酒店的卫星电视节目进行全面普查,共拆除私自安装的卫星地面接收设施23套,取缔销售点1个,进一步规范了卫星电视传播秩序。同时,按照《互联网等信息网络传播视听节目管理办法》规定,认真核查了全市较大网站的节目制作、传送业务,以及宾馆饭店的VOD视频点播业务,避免了扰乱广播电视节目播出与传输的现象。③加大了广播电视广告节目监管力度。对医疗、资讯服务类广告节目展开集中清理整治,严格按照国家有关规定,对不符合播出要求的各类医疗类广告节目进行相应调整和压减,有效净化了荧屏声屏,维护了广电媒体的公信力。同时,制订了频率频道管理和广告播放管理等多项规章制度,进一步健全完善了长效监管机制。④加强了广播电视播出机构和频率频道的管理。结合广电总局《关于换发〈广播电视播出机构许可证〉和颁发〈广播电视频道许可证〉的通知》要求,在全市各播出机构及频率、频道中认真开展自查自纠活动,并按照广电总局和省广电局的要求,对个别频率频道存在的呼号、台标不规范问题,进行了及时整改,顺利完成了播出机构和频道换发许可证的申报工作。

6.绩效考核体系逐步完善。按照市广电局统一部署,全局各单位完成了定编定岗工作,形成了以创收指标、收视率指标、市场占有率指标等内容为主的绩效考核标准和操作办法,初步建立起了以岗位为基础、以绩效为核心、以薪酬为支撑的新的人力资源管理模式,全面实行了绩效挂钩、多劳多得、优劳优得绩效岗位工资发放制度,有力地调动了干部职工的工作积极性。

7.经营创收大幅增长。年内,国家广电总局、工商总局开展了对医疗、资讯服务类广告节目集中清理整治活动。市广电局严格按照国家有关要求,对不符合播出规定的各类医疗类广告进行调整,压减了2000多万元的广告。面对以上形势,市广电局在及时调整广告结构、增加品牌广告、挖掘经营创收潜力的同时，通过加大成本控制、调整投资结构、降低财务费用等措施，降低政策因素对广告创收的影响，圆满实现了全局经营收入增长15%的任务目标。

【中央电视台《走遍中国》栏目走进济南】 2007年3月，中央电视台国际频道《走遍中国》栏目走进济南，拍摄了《神奇的泉水》、《神秘的古山寨》、《无头佛之谜》、《秋千上的舞蹈》、《"斜庄"之谜》、《危山汉墓探秘》、《到济南"踢门槛"》7个30分钟的专题片。中央电视台如此大规模、长时间集中对外宣传济南，全方位、多角度地展示济南市自然风光和深厚的历史文化底蕴，综合、立体地表现济南独具魅力的地域性格，尚属首次。

【济南电视台技术装备水平实现历史性飞跃】 2007年6月12日，济南电视台正式启动网络播出，实现了全台电视节目的数字化、网络化制作播出。13讯道高清电视转播车、1000平方米演播室、新闻卫星直播车、蓝光盘摄像机、高标清制播系统等代表着目前世界最先进技术水平的摄录编播设备相继投入使用，使济南电视台一举拥有了国内领先水平的全数字化、网络化的技术平台。济南电视台全台网项目和数字化总控播出项目分别于2007年8月3日和12月21日顺利通过国家鉴定。国家鉴定意见认为："济南电视台全台制播网络系统项目在多系统技术集成、全台业务流程整合和优化、系统运行监控管理的设计和应用软件的创新等在国内外属首次实现，对国内外电视台全台制播网络建设具有借鉴推广意义，该项目在许多方面达到国际领先水平"，"济南电视台数字化总控播出系统项目的全台制作播出网络化、基于IP的远程信号质量检测、视频服务器的分布式设计均为国内首创，整体技术居国内同类系统领先水平。"

【济南电视台引进13讯道高清电视转播车】 2007年6月7日，济南市广播电视局与日本索尼公司举行13讯道高清电视转播车交接仪式。至此，济南电视台拥有了全国第六辆高清电视转播车，为把济南电视台建成全国有影响的强势媒体奠定了强大的技术基础和保障。13讯道高清电视转播车，采用了信号光纤传输技术、设备网络控制技术、主体系统设备智能化，以及大容量6通道的硬盘实时存储播放等国际最前沿技术，整体技术性能处于国内领先水平。转播车整车长15.8米，重近30吨，有牵引车头、车厢和车内设备三部分构成。车头采用德国梅塞德斯——奔驰1840XL型牵引车头；车厢由美国SHOOK公司设计制造，使用了国际先进的电子制动和防侧翻技术；车内依次分为音响、导播和技术3个区域，设备主要采用Sony的高清产品，主要包括全球占有率领先的SONY MVS-8000A三级切换台及卫星切换台，12台高清摄像机、1台3倍数高清摄像机和50路话筒等设备，全部采用光缆传输方式，保证了信号的高品质、无损耗。音响制作采用两级调音方式，瑞士STUDER公司的全数字调音台可以满足2008年奥运会要求的5.1立体声的制作，具有转播体育比赛所要求的声音跟随图像的制作功能。导播区的主切换台和备用切换台可以对包括13台摄像机的36路不同信号进行切换和制作。监视墙由16台23英寸液晶监视器组成，使用多画面分割器可以同时监看40路来自不同信号源的图像。该区域中还专门为高层人士准备了VIP座位，便于在重大节目时高层对节目转播进行指挥和调度，这也是国内目前唯一具有VIP指挥工位的转播车。该车在系统规模、制作功能、信号调配的灵活性等方面，完全能够满足2008年北京奥运会和2009年第十一届全运会电视转播的要求。

【济南电视台倾力打造大型平民曲艺选秀活动"曲山艺海震江湖"】 由济南电视台、金利来（中国）有限公司联办，山东省委宣传部、济南市委宣传部等单位支持的大型平民曲艺选秀活动"曲山艺海震江湖"于2007年7月10日启动。

济南与北京、天津并称"曲艺界三大码头"，有曲山艺海之美誉。为充分挖掘曲艺人才，重现当年济南"曲山艺海"胜景，济南电视台通过独特的电视艺术形式和平民曲艺选秀活动"曲山艺海震江湖"来激发全民关注曲艺，发掘人才，让古老的曲艺形式能够继续延续、发扬光大。该活动历时4个月，引起了曲艺爱好者的广泛参与和观众的收视高潮，创造了济南电视台参与人数最多、活动时间最长、经济效益最好的大型活动纪录。国家文化部的机关报《中国文化报》为此专门刊发了长篇报道，受到了文化界和曲艺界的高度评价。

（温　健　杨吉奎）

档案事业

【概况】 2007年，济南市各级档案部门在加强档案业务基础建设、拓宽工作领域、创新工作机制和工作方法、提高档案服务水平等方面取得了长足进步。

档案基础业务建设全面加强。档案信息化建设迈出新步伐。市档案馆全年建立数字化重要档案全文23万余页，照片档案8000幅。9月底，济南市"数字档案馆综合管理系统"通过国家和省档案局专家组鉴定验收，并正式启用。同时，市档案局制订《区域数字档案馆建设整体解决方案》，并在部分县区档案馆进行了试点。档案资源建设成效显著。市档案馆通过网络竞拍、邮购、委托代购等方式，从国内外征集到部分济南"五三惨案"珍贵原始档案资料；接收原东区工程建设指挥部和农高区等6个撤销单位的8000余件档案进馆；全程跟踪拍录了棚户区改造15个片区的声像资料；为5位著名人物建立了个人档案。市及各县（市）区档案馆全年共收集各类档案资料4万余卷（件）。机关档案工作不断加强。为贯彻落实国家档案局8号令，市档案局专门印发文件，提出3年工作目标，并举办了培训班。对新成立的开发区档案馆各项基础业务建设加强了指导。对新建和撤销单位档案工作进行重点监督指导，对

“非物质文化遗产普查”、“创建全国文明城市”、“茶博会”等重大活动文件材料整理进行了跟踪指导。此外，天桥区新档案馆开工建设，投资900余万元，建筑面积3000余平方米，平阴县、长清区也对档案库房、办公用房进行了改造。

档案工作服务新农村建设内容进一步丰富。4月，市档案局与市卫生局联合在平阴县召开新农合建档工作现场会，推广平阴县试点工作经验，以此推动全市新农合建档工作。以《农民专业合作社法》实施为契机，市档案局编发了“农民专业合作经济组织档案知识问答”，市农业局建立了“济南市农民专业合作经济组织项目档案数据库”。年内，全市共有136个各类农民合作经济组织开展了档案工作，建立档案4838卷(件)。继续进行农业科技档案信息补录工作，新建农业科技档案3193卷(件)，新入网信息6739条。为摸清农业、农村档案工作基本情况，更好地服务农村经济社会发展，市档案局组织开展了农业、农村档案工作普查。

档案工作服务经济发展和城市建设的能力进一步提升。狠抓标准建档、规范管理，企事业单位档案管理规范化水平普遍提高。全市有262家企事业单位参加了档案管理年度考核，有13家达到省特级标准、88家达到省一级标准；关注企业发展难点、焦点，积极开展档案服务。市档案局对110家改革改制企业档案进行了登记备案，共登记各类档案147000余卷(件)，为国有企业在改革改制中档案的依法监管和有序处置提供了保障。加大服务民营企业的力度，举办了首期民营企业档案人员培训班，编印了《民营企业档案利用实例选》，指导各县(市)区新增9家民营企业建档示范单位，建档9000余卷(件)。联合市工商、版权、知识产权等部门印发了《关于加强我市知识产权档案管理工作的意见》，对健全知识产权档案归档范围、工作制度、管理规范等提出了明确要求，该项工作取得初步成效，受到国家档案局领导的肯定。加强对重点建设项目档案工作的跟踪指导。市档案局针对当前市重点建设项目多、投资强度大的实际，起草了《关于加强我市2007至2009年建设工程重点推进项目档案工作的意见》，市政府办公厅及时进行了转发。对市快速公交建设、道路综合整治、拆迁安置、棚户区改造等重点建设项目及唐冶、孙村等重点片区的档案管理情况进行检查指导，开展全市重点建设项目档案登记工作，登记重点建设项目档案1.2万余卷(件)、图纸35万余张(套)。

档案工作服务和谐社会建设领域进一步拓宽。把加强社区档案工作和家庭建档工作作为档案工作服务和谐社会建设的重要突破口，槐荫区建立了安全社区、诚信社区等特色社区档案，历下等区和济阳县开展了特色家庭、文明家庭建档及农村家庭建档工作。为在全市进一步推动家庭建档工作，市档案局与市妇联联合召开了全市家庭建档交流展示会，交流开展社区建档的经验，展示了建档示范户的家庭档案。市档案局还对社会保险档案、信用档案等工作进行了探索。

档案馆档案信息资源开发利用取得新成果。市档案馆探索“大编研”的路子，调动各县(市)区档案局(馆)编研力量，打破单纯以史料汇编为主的编纂模式，着力对档案信息进行深层次加工，编纂并出版了《穿越时空的记忆——济南档案史料探微》一书，被中国档案出版社评为“全国重点档案编研出版项目”。以《档案资政信息》为代表的一批周期性编研成果，因贴近现实、服务决策的良好效果得到有关领导和部门的好评。市档案馆有2项成果分获中国档案学会档案学优秀成果二等奖和三等奖，5项成果获省档案信息资源开发利用成果奖，其中《廉政风暴——济南解放初期党风廉政建设档案文献选辑》获一等奖。为进一步加快档案开放工作，市及历下、市中、天桥等区档案馆开展了档案开放鉴定工作，其中市档案馆审定完成88个全宗、1.2万余卷、19万余条，鉴定开放档案7000余卷、11万余条。历城区档案馆以丰富的馆藏和较强的档案信息资源开发利用能力被市社会科学院认定为“社科教育基地”。市及各县(市)区档案馆在利用服务工作中，进一步落实“减、免费查档服务”承诺，为社会弱势群体解决了实际困难，取得了良好的社会效益。市档案馆全年接待档案和现行文件利用者4000余人次，提供利用档案资料和现行文件6700余卷(件)次。

档案法制意识和干部队伍素质有了新的提高。为纪念《档案法》颁布20周年，市档案局与市人大教科文卫委员会、市政府法制办联合开展了“百单位档案行政执法大检查”活动，共检查各类单位101个。市档案局与省档案局联合举办了《依法治档，走向辉煌》大型图片展，与市建委、执法局等单位联合对10余家房地产开发企业档案工作情况和档案移交情况进行了专项执法检查。年内，市档案局举办了机关、国有企事业单位、民营企业等多期档案业务培训班，参训人员1300余人次；全市申评档案系列高级专业技术职务6人、中级11人、初级24人，档案学历教育毕业本、专科学员144人；全市有35项档案学成果获市档案学会优秀成果奖，其中一等奖6项，二等奖14项；18项获省档案学会优秀成果奖，其中一等奖2项，二等奖8项。档案干部队伍建设得到加强，结构得到改善，整体素质进一步提高。

【市档案馆数字档案馆启用】 9月29日，市档案局(馆)“数字档案馆综合管理系统”验收暨数字档案馆启用仪式在市档案局举行。国家档案局副局长、中央档案馆副馆长李和平，省档案局局长张奎明，副市长张泽参加仪式并在讲话后共同开启数字档案馆。近年来，市档案局(馆)立足实际，坚持以工作需要为出发点，以数据库建设为基础，以系统平台建设为重点，积极有序地推进数字档案馆建设。年底，已建成包含全部馆藏250万余条案卷和文件级目录、120万余页重要档案全文、4600余份已公开现行文件、2.8万余幅照片和部分多媒体档案资料在内的数据库，研制开发了“数字档案馆综合管理系统”。同时，通过“济南档案信息网”政务网站和互联网站，向机关和社会提供档案信息和已公开现行文件全文查阅及档案业务咨询服务，举办网上展览，宣传济南历史文化，拓展了档案部门为经济、政治、社会和文化发展服务的渠道。

【《档案法》颁布20周年大型纪念活动】9月5日，省、市档案局在济南泉城广场联合举行大型档案宣传、咨询活动，隆重纪念《中华人民共和国档案法》颁布实施20周年。省人大常委会副主任李明先、副省长黄胜、省政协副主席王宗廉及副市长张泽、市政协副主席包怡斐等参加了活动。《依法治档 走向辉煌》大型图片展览是这次活动的热点之一。展览通过丰富的档案资料，翔实生动地展示了《档案法》颁布实施20年来全省各级档案部门依法治档的辉煌成就和档案事业的快速发展，展示了档案在为党和政府中心工作服务、为经济社会发展服务、为社会主义和谐社会建设服务、为社会民生服务中发挥的巨大作用。省、市档案馆，市房屋档案馆、市城建档案馆等单位还在活动现场向市民开展了档案法律知识、档案查阅、现行文件等政务信息查阅和房产档案、社区档案、社会保险档案等方面的免费咨询活动，并向市民发放档案法制宣传材料2万多份，受到参观者的欢迎和好评。

（宋建青）

【概况】 2007年，市文物局认真贯彻文物法律法规，积极组织开展了文物保护、文物维修、文物普查、考古发掘、陈列展览、安全检查等工作。

文物管理。为进一步加强对全市不可移动文物保护，筛选、核实了32处不可移动文物详细资料，报请市政府公布为第三批文物保护单位，使32处不可移动文物被列入文物法律法规保护范围，市级文物保护单位总数增至87处。按照市人大2007年度立法计划，配合市人大法制工作室完成了《济南市文物保护规定》向社会公开征求意见建议、召开座谈会、实地察看文物等工作。《济南市文物保护规定》已经省十届人大常委第三十一次会议批准，2008年1月1日正式实施。指导各县（市、区）文物行政主管部门和市直文博单位开展文物安全检查、行政执法专项督察工作，确保文物安全。妥善处理了李孝先墓、孟庄汉墓、小官庄汉墓、福禄山汉墓、翠屏山多佛塔等被盗事件。配合济南市总体规划的制订，棚户区改造工作的开展，组织有关业务部门对重点片区进行复查，对需重点保护的历史建筑进行测绘、收集相关资料等，向有关部门提供了资料，并提出了相应的保护与利用建议。

按照《文物保护法》和《博物馆管理办法》的规定，对全市文物系统国有博物馆进行了年度检查。对山东力明科技职业学院申请设立“华夏匾额博物馆”进行了审查，经山东省文化厅核准，济南市第一家非国有博物馆被批准设立。协助市妇联开展了中国妇女儿童博物馆文物征集工作，共征集文物25件，其中8件出土文物获准正式移交中国妇女儿童博物馆收藏。协助市文物店开展库存文物清理核实工作，已整理玉器、铜器、竹木牙雕、陶瓷器类文物2000余件（组）。组织开展了以“保护文化遗产，构建和谐社会”为主题的2007年文化遗产日庆祝活动。通过开展多种形式、富有地方特色的各种活动，宣传文化遗产保护的法律法规，让广大市民进一步了解文化遗产保护工作在构建和谐社会、推动经济社会发展中的重要作用。各县（市、区）博物馆、文管所纷纷利用“5·18”国际博物馆日等契机，走进乡村、集市，采取悬挂宣传标语、散发宣传材料、提供文物鉴赏服务、免费向社会开放等方式，不断加大文物法律法规的宣传工作，取得了良好社会效果。配合中央电视台《走遍中国》栏目组拍摄了“走进济南”专题节目，进一步宣传、展示了济南丰厚的文化底蕴。为加强济南历史文化名城宣传，组织编撰了《济南文物精萃》。

针对长清区文物数量多、分布广、风险系数高、管理难度大等特点，长清区文物局积极开拓工作思路，大力发展义务文保员和文保队。至2007年有义务文保员138名、义务文保队3支。大崮山义务文保队与村委会联合，将对提供线索、保护文物有功人员实行1000元奖励的规定纳入村规民约中。双乳山村义务文保队针对双乳山汉墓高风险属性制订了一系列行之有效的巡查方案，既有明岗，又有暗哨，各项文保工作措施到位。平安办事处王宿村义务文保队经常到各建设工地巡查，向长清区文保队及时提供文物线索。这些义务文保队、文保员提供了大量线索，已成为基层文物保护的中坚力量。严厉打击各种文物犯罪事件，先后制止一般文物破坏活动10起，依法移交公安部门4起，实施行政处罚2起。对新兴的文物市场进行了登记管理。狠抓《文物安全保护责任书》的实施与落实，责任到人。长清区文保队结合工作实际制定了《高风险文保单位巡查制度》、《野外文物巡查管理制度》、《孝堂山值班人员工作制度及考核办法》等，以制度来约束、规范、理顺各项工作。及时发现、制止了盗墓分子盗掘福禄山汉墓事件。历城区文物局按照工作计划，协调区公安分局经济侦察大队、区博物馆分别对其行政区内的市级以上文物保护单位、县（区）级文物保护单位进行全面检查，及时制止了个人承包市级文物保护单位黄花山石刻造像、在其保护范围内建设美术学校的违法行为；完成了辛弃疾故居、龙泉寺、算盘村革命遗址的维修工作；筹备召开了辛弃疾逝世800周年国际学术研讨会。章丘市文物局面对省级文物保护单位兴国寺年久失修等问题，积极引导社会资金投入文物保护事业，启动了兴国寺的维修方案制定、勘察测绘等工作；配合当地公安部门对盗掘绣惠镇南河村古墓葬、女郎山古墓葬事件进行了调查、处理，按照有关法律法规对犯罪嫌疑人进行了处罚，有效地打击了盗掘破坏活动。商河县文物行政主管部门、县文管所积极加强文物保护措施，对全县所有文物保护单位进行安全检查，重新签订了文物安全责任状，落实了各级文物保护单位看护员的补助经费，极大地提高了看护员的积极性。市中区文化局积极开展文物保护管理工作，引导当地村民有效保护、利用、开发白云观等文物资源，指导他们在白云观内修建了碑亭，将被砌在住户墙内的13通石碑移至碑亭内集中保护、观赏。3月下旬，郎茂山公园建设工地发现一通石碑，刻有“郎东堡垒”四字，边刻有“陆军整二师二一三旅六三七团一营”、“民国三十七年四月建”。市中区文化局迅速赶到现场，指派专人看管石碑，并对周围区域进行全面调查，在郎茂山山腰发现了几处已坍塌的石碉堡及位于碉堡下方约80平方米的地下防御工事，挖掘出了国民党部队利用郎茂山地理优势抵御解放大军的历史资料。石碑被原址保护，作为济南战役历史见证物警示后人，极大地丰富了郎茂山公园的历史人文气息。“7·18”暴雨发生后，市中区文化局立即组织人员对70多处文物点进行查访，并登记造册、拍摄照片，及时掌握了暴雨后文物点的情况，为今后有针对性地开展工作打下了基础。天桥区文化局召开全区文化站长会议，专门研究文化遗产保护工作，成立了以分管局长为组长的文保工作领导小组，在各办事处(乡、镇)成立了相应的文保工作小组；组织专人对全区19处不可移动文物进行复查，核实、补充了部分档案资料。

文物维修。依法加强全市各级文物保护单位的修缮工作，指导灵岩寺文物管理委员会制定了《山东灵岩寺保护利用规划》，指导章丘市文物局、曹范镇政府制定了《章丘市兴国寺修缮保护施工设计》方案，并依法履行了报批手续，使文物保护单位的修缮审批工作得到进一步规范。府学文庙修缮工程按期进行，大成殿、西廊庑、东西掖门、戟门、牺牲室、屏门、棂星门、中矩亭、大门、泮池、照壁等建筑主体已基本竣工，大成殿以北大明湖小学已搬迁，大明湖小学教学楼的拆迁工作正在进行中。对市级文物保护单位题壁堂、督城隍庙周边住户情况进行了摸底调查，完成了题壁堂修缮保护工程前期调查及资料整理工作等。

文物普查。按照国家文物局、省文物局的统一部署，在全市开展第三次全国文物普查活动。市政府印发了《关于在全市开展第三次文物普查的通知》，成立了济南市第三次文物普查领导小组，设立了济南市第三次文物普查领导小组办公室，制定了《济南市第三次全国文物普查实施方案》。组织全市文物系统有关人员参加了省、市第三次文物普查培训班，落实了文物普查专项资金。大力协调各县(市、区)文物普查工作进度，督促其尽快成立普查领导小组、落实普查经费、配备相应设备，按期开展第三次文物普查工作。另外，积极贯彻国家文物局《关于加强工业遗产保护的通知》精神，配合市政协组织开展工业遗产保护、利用活动，对济南铁路总工会办公楼、铁路职工宿舍及中铁山东旅游广告集团公司办公楼、济南民天集团成丰有限公司办公楼等建于20世纪的工业遗产进行了调研。

考古发掘。为配合京沪高速铁路工程建设，济南市考古研究所对济南段沿线进行了考古调查，调查面积约161.5万平方米，发现、复查了彭家庄东北、彭家庄东南、王府、崔马庄、靳庄东南、义灵关东、万南村东南、金山铺、齐长城等9处不同时期的遗址。会同山东省文物考古研究所对历城区张马屯村旧村改造拟建设区域进行了考古调查、勘探，面积约22.6万平方米，明确了大辛庄遗址东部范围，发现了后李文化、宋元、明时期文化堆积，为下一步规划和文物保护提供了基础性资料。发掘了张马屯遗址部分文化遗存，发掘面积600多平方米，发现了宋元、明时期的一批墓葬、陶窑等遗迹，出土了一些山东地区最早的史前文化——后李文化的重要遗迹，为研究新石器时代早期文化提供了宝贵的实物资料。抢救性发掘了位于趵突泉北路6号建设工地的文化遗存，发掘面积约2800平方米，发现遗迹主要有灰坑、房址、水井等，出土各类文物370余件。发现一段老城墙，最长处达80米，初步断定济南老城墙最早修筑年代为宋代，填补了史书没有城墙初建年代记载的空白；同时，确认了城墙包砖石的年代为明代初期，认证了史书的有关记载。配合《灵岩寺风景名胜区文物保护规划》环境整治工作的实施，7月至9月，济南市考古研究所与有关部门组成联合发掘队，对灵岩寺大雄宝殿东侧的早期建筑遗址进行了抢救性发掘。新发现两处佛教院落和一处大型殿堂基址，出土了一批碑刻、佛教雕塑、铜币、建筑构件等。历城区文物局积极配合山东省文物考古研究所，对胶济铁路客运专线工程历城区境内的大辛庄遗址、张马屯遗址、殷陈遗址、十里堡遗址、历城编组站遗址等进行了考古钻探。章丘市文管所配合山东省考古研究所对南水北调、胶济铁路客运专线工程所占压区域进行了调查、勘探；7月至8月，配合发掘了胶济铁路客运专线工程所占压的明水镇杲家坡遗址部分文化遗存，发掘面积约400平方米，发现春秋时期灰坑59个、窑1座、战国时期墓葬18座，出土春秋及战国时期的遗物90多件；清理、回填了绣惠镇北套村重汽工业园区1座明代墓葬、2座清代墓葬。

馆藏文物与库房安全。济南市博物馆按照年度工作计划，逐步完善书画库房的规范化管理，完成三级品以下书画藏品重新排架工作；将丁佛言、松年、李清照、辛弃疾等书画藏品集中存放重新排架；配合文物出版社《书法丛刊》编辑部拍摄书法藏品33件、照片150余张；为《中国瓷器全集》的出版选用部分瓷器并提供相关信息资料；整理了48件残损、锈蚀严重的青铜器及目录清单等；将本馆专业技术人员近三年来发表的32篇研究馆藏文物的文章复印件归入相应的藏品档案中，丰富了藏品档案内容。历城区博物馆积极争取资金，请历城区110指挥中心派专家帮助安装了电子监控报警设备，更换了展室与库房内的摄像头、监控主机等；自筹资金维修改造了馆舍供电线路，使文物安全得到更有力的保障。举行了消防事故推演，查找漏洞，完善消防预案。章丘市博物馆检查、维护了县文体中心文物库房的监控报警系统，更换了6对监控探头及其他损坏设备部件；完善了馆藏珍贵文物藏品档案与电子档案，基本实现了馆藏文物档案资料信息化管理；征集了普集镇苏家出土的15块汉画像石。济阳县博物馆积极争取资金，安装了一套八探头、24小时监控的摄像防盗报警系统，加强了文物库房防范力量。

文物陈列。各级博物馆积极发挥爱国主义教育基地作用，配合各种活动举办了形式多样的陈列展览。济南市博物馆先后主办、承办、联办了《济南市博物馆明清书画精品汇报展》、《中国历代匾额珍品首展》、《迎“六一”第二届少儿书画获奖作品展》、《稼轩魂——爱国词人辛弃疾逝世800周年纪念展》、《庆祝香港回归祖国10周年图片展》、《军旗飘飘——全国楹联书画展》、《清韵——国画人体艺术展》、《海洋生物展》、《山东省首届孔子茶文化书画展》等28个专题、临时展览。举办了《扬济南名士风采，塑和谐校园文化》、《弘扬孝道文化，共创和谐社会》、《古代体育图片展》3个流动巡回展，观众总数达8万余人次。济南市文物店举办了《百艳迎春画展》、《中国古代与现代玉器对比展》、《鸡血石专题展销》等具有该店藏品特色的多期展览活动，收到了引导市场、贴近生活、传播文化、服务大众的实际效果，得到社会各界和艺术品爱好者的广泛赞誉。长清区博物馆积极筹集、整理文字图片资料，建设了长清区博物馆网站，开通了网上展览通道；常年开放《双乳山汉墓出土文物精品展》、《长清文物通史展》，共接待参观6000余人次，接待政府参观团200余场（次）、大学园师生30余场（次）。历城区博物馆自2006年实行全年免费开放以来，积极举办各种展览活动，取得了良好的社会效益。2007年，历城区博物馆先后举办了《三川风光摄影展》、《蝴蝶标本科普展》、《金秋十月历城名家书画作品展》；为丰富农村文化生活，在仲宫镇龙山路举办了《历城区第十五届新春联展》，将书法家现场书写的200余幅春联全部赠送给村民，受到热烈欢迎。济南市博物馆、济南市文物店、长清区博物馆、章丘市博物馆、济阳县博物馆等，积极参与省文化厅为纪念我国第二个文化遗产日举办的《山东省精品文物大展》，提供了260余件（组）精品文物，丰富了展览内容。

文物商业。济南市文物店按照“文化和谐年”目标任务要求，积极发挥文化“窗口”和文化产业基地作用，取得较好经济效益。2007年度销售收入594.1万元，为山东省博物馆有偿提供藏品15件，其中铜器11件、字画3件、杂项1件。发挥国有文物行业主渠道作用，利用自身优势和商业手段，收购各类文物艺术品324件，比年初目标计划增收124件，其中字画19件、陶瓷52件、翠玉80件、杂项173件。全年上缴各种税金近30万元。（于　茸）

【《济南市文物保护规定》被批准实施】　为加强文物保护，市文化局、文物局协助市人大开展制定文物地方性法规调研，针对文物法律法规在具体实施过程中存在的各种新情况、新问题，结合济南实际，拟定了《济南市文物保护规定》，并报请济南市十三届人大常委会第三十七次会议审议通过。2007年11月23日，《济南市文物保护规定》获山东省十届人大常委会第三十一次会议批准，于2008年1月1日起正式施行。

《济南市文物保护规定》贯彻了《文物保护法》加强文物保护是各级政府重要职责的精神，确定了站在历史文化名城的基础和文化建设的高度上，处理好城乡建设和文物保护关系的总体思路。该规定通过“制度安排、程序设计”细化了《文物保护法》的具体保护措施，重点对政府责任、文物行政管理部门基础工作、市县级文物保护单位保护范围的划定、尚未核定公布为文物保护单位的不可移动文物的登记程序、不可移动文物迁移与拆除等内容作出了规定。该法规的实施，弥补了上位法的不足，进一步完善了以《文物保护法》为主、地方法规相配套的文物法律法规体系，对规范和加强济南市的文物保护管理工作，促进全市文物保护事业的发展，将发挥重要的作用。（贺秀祥）

【济南市第三次文物普查工作正式启动】　10月，按照山东省政府统一部署，济南启动了全市第三次文物普查工作。10月28日，济南市政府印发《关于在全市开展第三次文物普查的通知》，成立了由28个部门组成的济南市第三次文物普查领导小组，领导小组办公室设在济南市文化局，负责全市文物普查工作的业务指导和具体实施。此次普查的范围是全市行政区内地上、地下、水下的不可移动文物，普查内容以调查、登录新发现的不可移动文物为重点，同时对已掌握的不可移动文物点进行复查。

济南市文化局、文物局作为全市文物保护管理主管部门，认真组织开展文物普查工作。第一，将市政府《关于在全市开展第三次文物普查的通知》印发给各县（市、区）文物行政主管部门，并结合济南文化遗产保护实际，编制、印发了《济南市第三次全国文物普查实施方案》。督促财政部门落实了35万元文物普查专项资金，购置了部分普查设备，为野外调查工作全面铺开创造了条件；2008年文物普查专项经费已列入年度财政预算。同时，协调、督促各县（市、区）文物行政主管部门敦促当地政府尽快成立同级第三次文物普查领导小组，制定各行政区的普查实施方案，争取资金，努力做好文物普查前期准备工作等。第二，为尽快掌握第三次文物普查工作的技术指标，组织全市文物系统11名业务骨干参加了山东省第三次全国文物普查第二期培训班，全部获得了参加文物普查的持证上岗资格。第三，12月下旬，举办济南市第三次文物普查培训班，对市普查办公室工作人员、市考古研究所、各县（市、区）文物行政主管部门分管领导、业务骨干和部分文化站站长等共51人进行了系统培训，邀请省市文物专家、山东省第三次文物普查领导小组办公室技术人员授课，使学员们进一步了解、掌握了济南地区历史文化特点和普查的技术标准等，为全市第三次文物普查打下了坚实的基础。（贺秀祥）

【32处不可移动文物被列入第三批市级文物保护单位】　3月19日，济南市政府正式公布了第三批市级文物保护单位名单，共32处。其中，古遗址9处、古墓葬2处、古建筑8处、近代现代重要史迹及代表性建筑13处，以绿竹园遗址、陈冕状元府、将军庙街天主教堂、跳伞塔等为代表的一批古文化遗址、20世纪文化遗产被列入文物法律法规保护的范围。至2007年，济南市市级文物保护单位共有87处。（于　茸）

【趵突泉北路6号建设工地发现一段老城墙】　3月15日至4月20日，济南市考古研究所对位于济南老城区趵突泉北路6号的济南蓝石置业有限公司建设工地的文化遗存进行了抢救性考古发掘，发掘面积约2800平方米。发现一段古城墙以及与之相关的散水、灶等遗迹，发掘了宋元至明清时期的8个灰坑(包括1个大型灰沟)、5座房址、4眼水井。出土了修筑城墙用的元代墓碑8块和各类骨器、瓷器等文物377件以及大量精美的明清青花瓷片。灰坑形状有长方形、圆形、椭圆形、不规则形等，时代为宋元到明清。房址两侧多有厢房，地基用木桩加固，时代为明清时期。水井均为圆形，砖石砌筑而成，时代从宋元到清。

此次发掘，以济南老城墙的发现最为重要。城墙位于整个发掘区的对角线以西，东北——西南走向，城墙内檐墙长80米，外檐墙长55米。城墙内侧有一突出，使发掘部分的城墙平面呈“凸”字形。该凸出为发掘区内城墙的最宽处，宽达15.9米。其北侧城墙宽12.7米，南部城墙宽12米，突出部分为直角。城墙分为墙体和墙基部分。墙体部分最高处距现地表1.4米，残存最高处为2.48米。城墙两侧为砖石，中间夯筑夯土。断面有几条明显的界线，显示出分次夯筑的痕迹，而每一次在夯筑方法、夯层厚度和土质上都有所差别，其中靠近最外端的夯土最规整，结实。叠压关系为靠近城里的部分为最早，依次向外。夯土主要为灰褐色和黄褐色，夯土层次明显，厚10厘米至15厘米。墙体横断面呈上窄下宽的梯形，墙基的上端略宽于墙体的下端，墙基横断面为上宽下窄的倒梯形。墙体部分土质结构基本相近，而墙基部分土质土色差别很大，中间部分的很多填土未经过夯打，降低了城墙的牢固程度。

根据城墙内的叠压关系、城墙打破地层的关系以及城墙的出土物，初步推断该城墙始建年代最晚为宋代，明代初期进行了大规模加工。城墙的发掘出土是济南老城区内的重大发现，第一次明确了城墙的底部宽度及结构，并将城墙的筑造历史前推到宋代，填补了文献记载的空白。

（郭俊峰）

【张马屯遗址发现后李文化遗存】 配合胶济铁路客运专线工程，报经国家文物局批准，5月10日至6月10日，济南市考古研究所等部门对张马屯遗址进行了抢救性发掘。

张马屯遗址位于济南市历城区张马屯村南约一公里左右的台地上。地理位置为东经117°06′、北纬36°42′左右。因附近窑厂取土、村民修建鱼塘，部分遗址已被破坏。现存遗址呈不规则形，东西约175米、南北约50米，总面积约7000平方米，文化堆积厚达2~4米，包括新石器时代早期至清代不同时期的遗存。胶济铁路客运专线将占压遗址北部的部分区域。

发掘区位于遗址的北部，发掘范围为北至现胶济铁路沿线，南接窑厂取土形成的鱼塘，东、西分别到现居民村庄，实际发掘面积约600平方米。发掘采用探方与探沟相结合的方法，开5米×5米探方12个、探沟13条。清理不同时代的灰坑18座、灰沟3条、房址1座、墓葬7座、灶4个、窑1座、水井2座，获得一批珍贵的实物资料。

张马屯遗址现保存有明、宋元、后李文化遗存。遗址地势平坦开阔，文化堆积大多成水平状叠压。地层堆积可分为5层，其中第四层、第五层为与后李文化有关的堆积。

明代文化遗存：发现明代墓葬一座。开口于第二层下，砖石墓，墓向正北。墓葬分墓道和墓室两部分，墓道位于墓室北侧，出土墓志铭一盒，上题“明儒官西庵赵公暨配孺人王氏合葬墓志”；墓室呈长方形，南北3.7米、东西3.5米，南北起券，自起券处向下深度约3米。

宋元文化遗存：发现有灰坑、墓葬、灰沟、烧灶、窑、井等遗迹。出土文物以陶片、瓷片为主。

后李文化遗存：发现有灰坑、灰沟、烧灶和房址等遗迹。灰坑有椭圆形圜底坑、不规则形坑两种，出土少量陶片。房址为半地穴式，开口于第四层下，打破第五层。平面形状为圆角长方形，东西约2.7米、南北约2.4米。房址的东侧被晚期灰沟打破，西南侧被取土破坏。根据路土走向分析，门道应在西南侧，方向不详。穴壁较粗糙，未见加工痕迹。未发现柱洞。在居住面中部偏东处有一红烧面，直径约1.2米，烘烤较好，平整结实。在红烧面东部1米范围内富含植物纤维及腐殖物，似为粮食储存区。房址内堆积可分为四层：第一层为灰黑土，土质较软，包含物较少，应为废弃后形成的堆积；第二层为深黑色土，富含大量鱼骨、炭粒、腐殖物，厚约5~14厘米，应为当时的生活垃圾；第三层为路土，土质坚硬，厚约3~7厘米；第四层为垫土，土质较硬，厚约6~10厘米。灶为室外灶，破坏严重，仅存烘烤的工作面。烧烤面上残存几块卵石，未见加工痕迹。此次发现的后李文化时期遗物较少，未有成型器物，多为陶片，以夹砂红褐陶为主，有少量夹砂灰褐陶，吸水性较强，保存很差。纹饰以素面为主，少量陶片有刻画纹或附加堆纹。根据陶片的特征可以判断器型有釜、罐等。

（王兴华）

【为中国妇女儿童博物馆提供8件藏品】 为配合中国妇女儿童博物馆的筹建和文物征集工作，协助济南市妇联在全市文博单位征集与妇女、儿童有关的文物25件。其中，济南市考古研究所提供的铜簪、铜钗、铜发饰、石支角、石磨盘、陶纺轮等8件出土文物，经报请省文化厅批准，正式移交给中国妇女儿童博物馆收藏。长清区文体局无偿捐赠了一组孝堂山郭氏墓石祠壁画拓片。济南市文物店计划有偿提供16件妇女、儿童衣服、饰品等。 （蓝秋霞）

【济南市首家非国有博物馆依法获准设立】 山东力明科技职业学院董事长王力一先生个人收藏有一批匾额，置于该学院图书馆内保管、陈列。为弘扬中华民族优秀传统文化，发展以匾额为主题的文化产业，该学院提出了设立华夏匾额博物馆的请求。2007年11月5日，经济南市文化局、文物局审查，报请山东省文化厅核准，华夏匾额博物馆正式获准设立。至此，济南市有了第一家依法设立的非国有博物馆。

（蓝秋霞）

责任编校　高进录

济南人民商场
JINAN PEOPLE'S MARKET

济南人民商场是深受消费者喜爱的传统百货企业、全国大型百货零售企业贸易联合会成员单位，共经营数十万种商品，年销售额达 40 多亿元。

多年来，济南人民商场遵循“为社会创造一个让顾客放心的有感情的商店”的企业理念和“精心为顾客采购，尽量为顾客省钱”的经营理念，致力于服务大众，构建和谐社会，先后荣获“中国商业名牌企业”、“全国文明经营先进单位”、“全国商业信誉企业”、“全国百城万店无假货示范店”、“山东省文明单位”等称号。

多年来，济南人民商场的不断壮大以及良好的社会口碑成就了如今人民商场“感恩节”和“中国·济南羽绒服饰博览会”两大金字招牌，已然蜚声国内业界，成为深受消费者欢迎的品牌。

意识超前，行动领先，一直是济南人民商场在激烈的市场竞争中立于不败之地的重要法宝。截至 2008 年 6 月，人民商场已相继在聊城、临沂、莱芜等地成功开办了 5 个大型购物中心，“穿在人民商场”已为广大消费者耳熟能详。此外，人民商场已把羽绒服市场做到了极致，享誉省内的 9 个大型羽绒服饰专卖店，极具特色的经营理念，成就了济南人民商场“中华羽绒第一店”的壮举。

企业部分分店外景

聊城店

临沂店

槐荫店

莱芜店

济南人民大润发

济南吉利汽车有限公司

中共济南市委书记焉荣竹（右一）视察济南吉利公司基建工地

济南吉利汽车有限公司（以下简称济南吉利），坐落在济南高新区东部新区，是中国十大汽车生产企业之一的浙江吉利控股集团旗下一级制造子公司，是吉利控股集团为适应企业战略转型的需要投资建设的国内一流、集团领先、规划规模最大、功能最完整的中高档汽车生产基地。

济南吉利规划建设成功能完整、水平先进的产业集群。①全功能高速高环综合试验场。建设该试验场将使吉利汽车济南项目成为完整形态的整车生产制造、研发和试验基地。②一期整车区：建设年产20万辆整车（包括20万套发动机、20万套变速器、30万套冲压件）的生产基地、配套零部件生产基地，主要包括冲压、焊装、涂装、总装、动力总成厂房和公用动力、办公、生活等建构筑物。③二期整车区：一期项目达产后，二期规划建设年产30万辆整车（包括30万套发动机、30万套变速器、50万套冲压件）的生产基地、配套零部件生产基地，使济南基地总产能达到50万辆整车（包括50万套发动机、50万套变速器、80万套冲压件）。④零部件区：规划建设年产50万辆整车配套能力的零部件园区并预留发展空间，主要包括内外饰件、电器、附件、底盘部件等配套生产和公用动力、办公、生活等建筑物。⑤研发中心：规划建设全功能、信息化、外向型研发中心，包括办公区、产品开发区、试制区、试验区、配套服务区等功能。研发中心将按高起点、高标准的要求，建设成为世界一流的国际化、开放式汽车工程研究中心；吸引国内外专家加盟，建设成面向整个汽车产业的合作式的国际化研发中心。

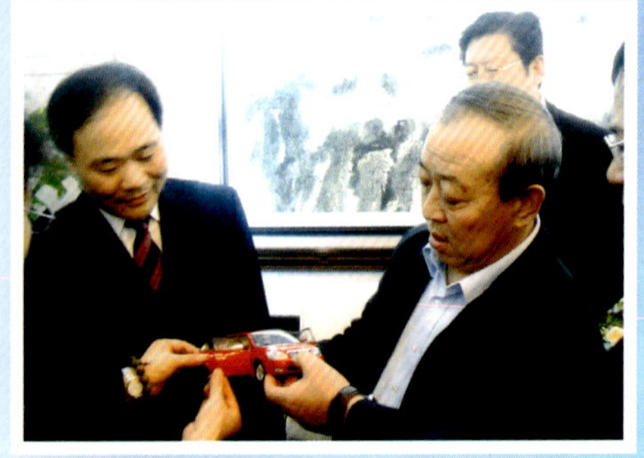
中共济南市委书记焉荣竹（右一）会见吉利高管

济南吉利追求精益生产，创新经营管理模式，努力构建“以盈利能力为导向的经营管理体系、财务体系”、“以客户为导向、以客观事实为依据的绩效评价体系”、“全员参与的自主质量保证体系”三大体系。

济南吉利为适应生产高品质产品的需要，提出了以“自律、平和、开放、沟通”为核心内容的企业经营管理理念，并致力于在将济南吉利建设成中高档汽车生产基地的同时，把济南吉利建设成高素养的人才培养基地。

济南吉利将秉承吉利集团“造最安全、最环保、最节能的好车，让吉利汽车走遍全世界”的战略理念，继续发扬“敬业、创新、沟通、拼搏”的企业精神，为“让世界充满吉利”的远大理想而奋斗。

建设中的济南吉利焊装厂厂房

济南吉利鸟瞰图

建设中的济南吉利总装厂厂房（鸟瞰图）

济南市市长张建国（右二）、副市长张宗祥（右三）为济南吉利项目奠基

省城4S航母

山东匡山汽车大世界

山东匡山汽车大世界北靠济齐路，西连二环西路，南接北园路，占地面积40公顷，建筑面积12万平方米，是华东地区规模最大、起点最高的公园式汽车交易市场，集整车销售、售后服务、配件供应和信息咨询等业务于一体，有70家4S店，云集宝马、标志、雪铁龙等百余个汽车品牌，被誉为省城“4S航母”；市场年交易额达50多亿元，被评为“山东省十大机动车交易市场”、济南市“服务业先进企业”、“重合同守信用企业”、2008年“中国十大机动车交易市场”。市场发展同时带动了周边金融、保险、物流等相关产业的发展，成为区域经济发展的重要增长点。

市场按照园林景观风格建设，花坪、石山、古亭、雕塑点缀其间，园艺布局动静皆宜，将人、车自然融合，宛如恬然美丽画卷，陡升市场人性化品位；优雅的环境，贴心的服务，良好的口碑使匡山汽车大世界成为购车者的首选，“买汽车到匡山汽车大世界”这句话已深入人心。

秉承“客户至上、精心服务、服务无限”的理念，全方位为客户服务，创造优良的汽车经营环境，市场采取汽车4S店租赁和车商自行建店的灵活方式，充分尊重和发挥汽车品牌个性特点。

面对新形势新变化，将适时调整发展战略，突出汽车4S航母的特色优势，进一步将匡山汽车大世界做大做强，为全市经济发展出更大贡献！

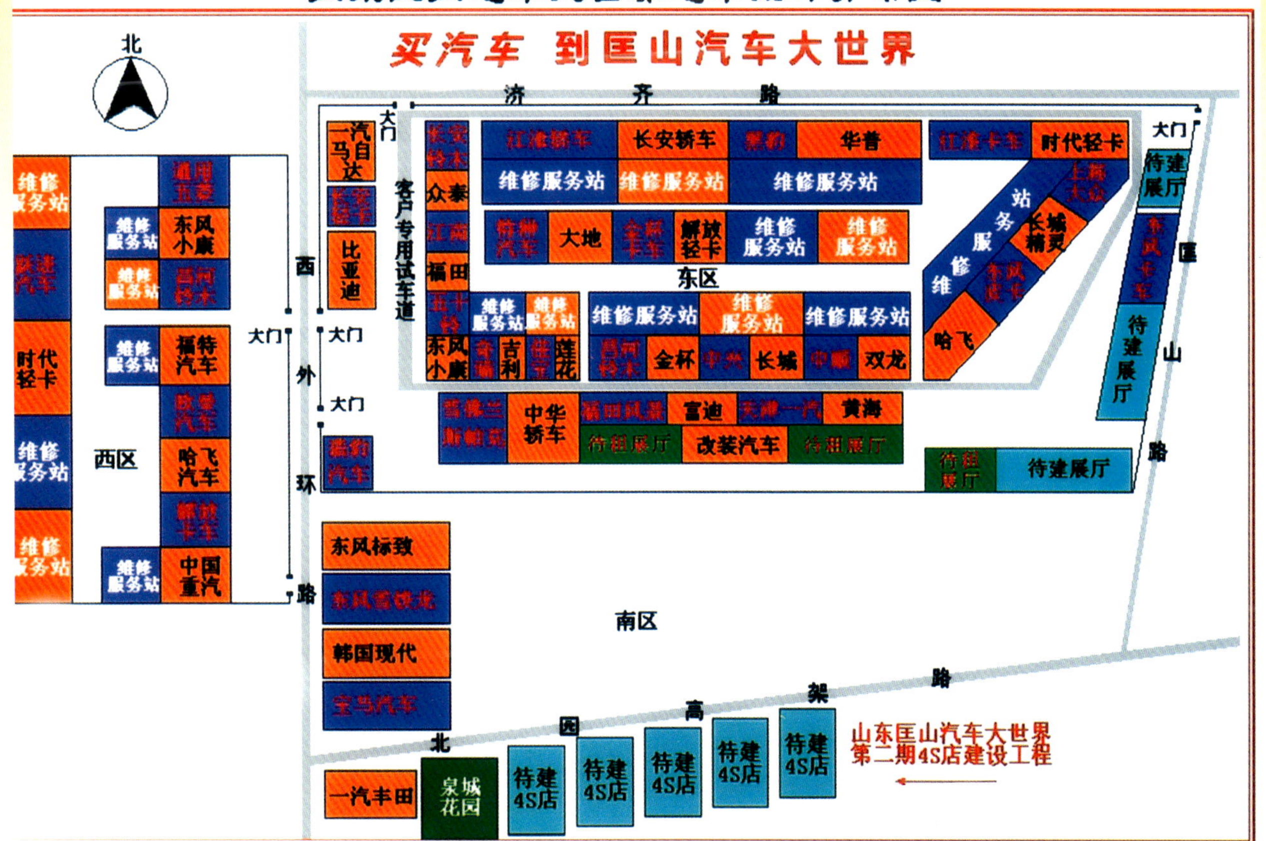

山东省大通公路工程有限责任公司

董事长　刘烜

山东省大通公路工程有限责任公司成立于1999年12月15日，注册资金7008万元。具有公路工程施工总承包一级、路基工程专业承包一级、路面工程专业承包一级资质，是山东省公路工程施工骨干企业之一。

公司实力雄厚，具有专业技术职称和经济管理职称人员360余人，各等级项目经理43人；拥有全套大型土石方工程设备和全套的高等级路面施工设备，全套的桥梁施工设备，全套的试验检测设备，其中有进口大型沥青拌合站3座、大型摊铺机13台、压路机30台、平地机10台、路拌机5台、装载机25台、大型运输车辆30辆。

公司坚持以改革为动力，以发展为主题，团结务实，开拓创新，在激烈的市场竞争中，一年一个新台阶，承建了一大批技术含量高、质量要求精、施工难度大的工程，其中参建的代表工程有济南绕城高速公路北段、日东高速公路日照－临沂段、济莱高速公路港沟段、宁杭高速公路德清段、青银高速公路子州段，国道308线、309线、104线、220线改建工程，济南市经十东路扩建工程，省道327线、102线、103线、104线改建工程，国防路15号战备大桥工程、济南市燕山立交工程、西藏日喀则地区山东路新建工程、济南市北园大街路面工程、济南奥体中心道路工程等，所有工程优良率、履约率均保持100%，其中多项工程获省优质工程称号，连续多年被济南市评为“公路系统争先创优工程管理先进单位”、“济南市交通系统先进集体”，多次荣获“工程优质杯”，被济南市总工会评为“标兵单位”，被济南市工商局评为“重合同守信用”企业。

公司始终奉行“精益求精、质量取胜、打造精品、顾客满意”的质量方针，始终把质量作为企业的生命，在工程管理上与国际接轨，2000年9月16日通过了ISO9000质量体系认证并进一步深化到ISO14000环境管理体系、ISO18000职业健康安全管理体系，“三体系”证书一直保持至今。公司在施工上不断探索新工艺，成立专门的技术创新部门，在全公司开展“学技术、比业务”的岗位练兵热潮，不断引进先进技术、先进设备，不断增加管理中的技术含量，多项施工工艺取得了上级和业主好评。

在国家“十一五”规划的宏伟蓝图下，公司将继续以“团结协作、敦品厉行、干事创业、艰苦奋斗”的企业精神，遵循以市场为导向，以质量求生存，以信誉求发展，以改革增活力，以管理求效益，本着“用户至上，质量第一，信守合同，保证工期”的宗旨，竭诚为公路工程建设提供满意的服务，开创公司更加辉煌的篇章。

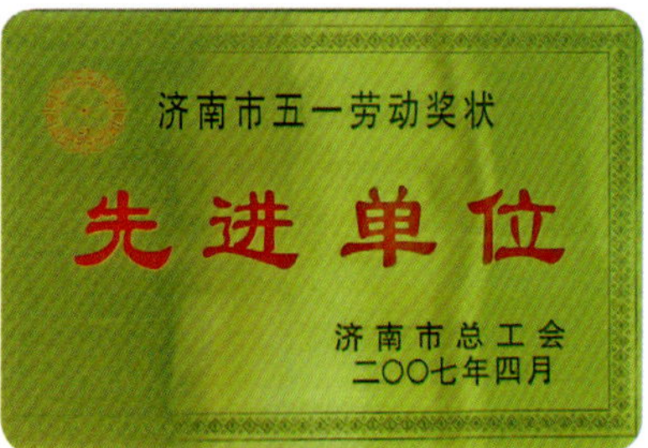

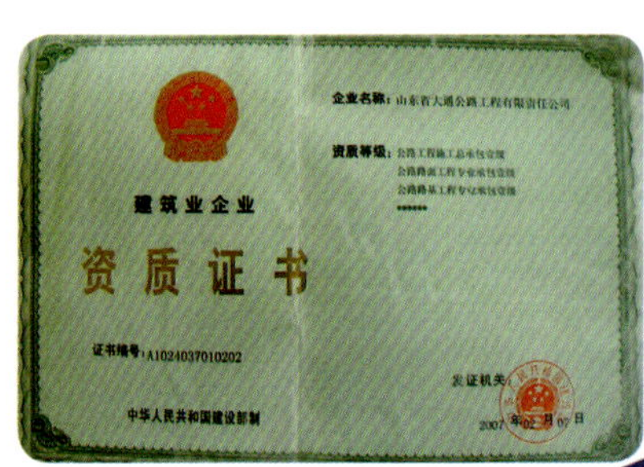

与时俱进，展企业风采

新国线济南运输有限公司

新国线济南运输有限公司，是济南市综合性道路运输骨干企业。公司总资产1.36亿元，经营场地面积11.2万平方米。

目前，公司已形成了“客货运输为主导、站场经营为基础、汽车维修为保障、运输服务增效益”的经营格局。公司现有各类客、货运营运车辆680余部，拥有济南公路主枢纽段店、青龙山两个客运站，张庄、段店两个物流场站。具备客、货运企业二级经营资质、一级出租客运企业资质、A类联运企业资质、A级汽车综合性能检测站、综合类二级驾培学校。

客、货运输是公司的主导产业。拥有济南至京、津、沪等跨省及跨区客运班线80余条。货物运输辐射全国各地，是济南市货运市场支柱企业。

公司在努力创造企业经济效益的同时也创造了良好的社会效益，被国家防总誉为“钢铁运输队伍”的公司战备车队，近年来，承担了多项急难险重的运输任务。在2008年济南市向四川灾区运送抗震救灾物资中，公司共派出车队10批次、车辆78辆次，参战职工354人，圆满地完成了上级下达的救灾物资抢运任务，为灾区重建作出了突出贡献。

在确保“奥运”安全工作中，2008年8月6日晚，公司段店客运站干部职工，以对国家、对人民高度负责的态度，成功地避免了一起爆炸未遂案件，受到上级的通报表彰。

公司连续多年获省、市“重合同守信用”单位，省、市交通系统“先进单位”，济南市“优秀企业”、“文明单位”等称号。2008年，公司被评为“山东省劳动关系和谐企业”，被授予山东省“富民兴鲁劳动奖状”。公司党委书记、总经理曹长春被评为济南市“优秀企业家”。

党委书记、总经理　曹长春

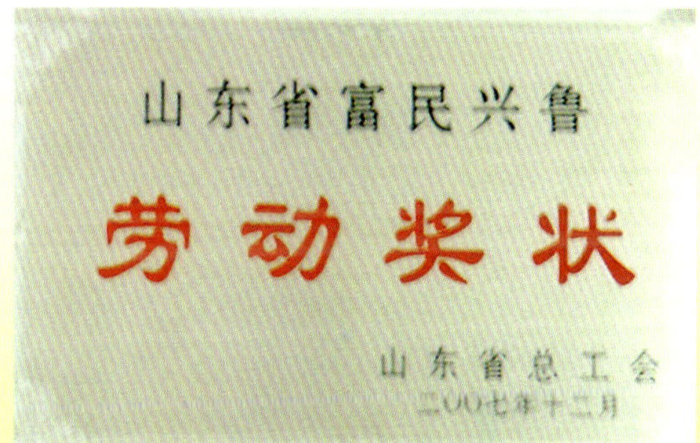

富民兴鲁

抗震救灾车辆装载、集结

段店客运站

山东水务源泉供水有限公司

济南东联供水工程是落实济南市“节水保泉、分质供水”战略决策，实施东部城区水源置换工作的重点工程。

工程以鹊山水库、章丘地表水及明水泉水等现有水资源为承载力，以黄河水、明水泉水、地表水以及南水北调的长江水作为水源，通过管道连通成整体，联合调度，互为补充，向东部地区重点企业提供可靠的工业生产原水，置换出地下水供市区生活及保泉需要，从而实现水源置换、优水优用，有效改善因地下水超采带来的社会和环境问题。

该工程共分为三部分，分期进行建设。工程东段（朱各务水库—章丘发电厂）于2006年建成通水，目前运行良好；工程西段（鹊山水库—济钢段）于2008年上半年达到通水条件；远期将结合南水北调工程，择机建设中间连接段，将东段、西段连接贯通，以满足东部地区的用水需求。

东联供水工程的实施将对全市经济社会的可持续发展起到重要作用。工程建成后，把东部企业开采的地下水置换出来用于居民生活用水，既满足工业用水，又满足生活用水，达到分质供水、优水优用的目的。对于封闭工业自备井、减少东部地下水开采、优化水资源配置，实现泉群自然长年喷涌、恢复泉城特色有着积极的现实意义和深远的影响。

开工庆典

2008年3月19日，9标段吊装pccp管604。

2008年5月11日，定向钻进穿越黄河回拖管线1。

济南市龙泉物业管理公司

济南市龙泉物业管理公司成立于1993年，系国家一级资质物业管理企业，是专业从事物业管理和经营的国有企业，于2001年通过了ISO9001:2000国际质量体系。经营范围包括：物业管理、家庭服务、房地产信息咨询、电梯销售。

龙泉物业秉承“以人为本、真诚服务、报效社群、创物业管理品牌”的服务宗旨，以专业、踏实、认真的工作作风，练就了一支高素质、专业化的员工队伍，现有专业管理服务人员600余名，管理层人员均持有建设部颁发的物业管理企业经理上岗证和管理人员上岗证，操作层员工全部经培训合格后持证上岗。现已接管的物业面积达160多万平方米，包括大型住宅小区（多层、小高层）、商务写字楼、商城等类型物业。现对泉景·恒昌大厦、恒展大厦、泉景·四季花园、泉景·卧龙花园、泉景天沅仁园、泉景天沅鸿园、泉景天沅晴园、泉景天沅雅园、泉景天沅鑫园、泉景天沅秀园等提供物业管理服务。其中泉景·四季花园获得了中华人民共和国建设部颁发的“国家优秀住宅小区”，山东省建设厅颁发的“山东省物业管理优秀示范小区”、“省级花园式小区”、“山东省首届城市优秀住宅小区金奖”，并获得了“安全文明、智能化、节能小区”等奖项；泉景.卧龙花园获得了“第三届山东省城市优秀住宅小区银奖”、“济南市优秀住宅小区”等奖项。

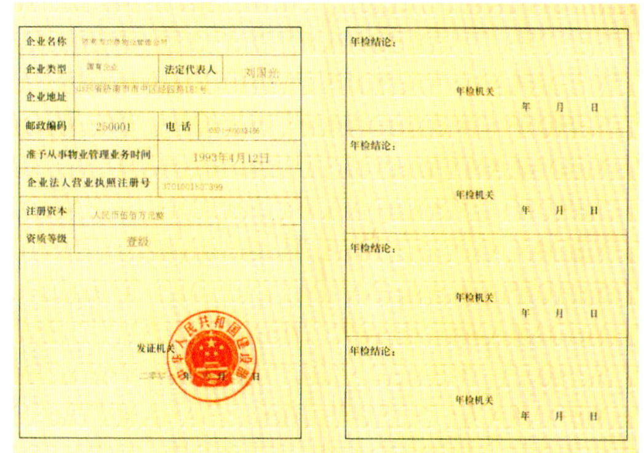

企业名称			
企业类型		法定代表人	
企业地址			
邮政编码	250001	电话	
准予从事物业管理业务时间		1993年4月12日	
企业法人营业执照注册号			
注册资本			
资质等级	壹级		

发证机关

年检结论：
年检机关
年 月 日

年检结论：
年检机关
年 月 日

年检结论：
年检机关
年 月 日

年检结论：
年检机关
年 月 日

资质证书

泉景·天沅

泉景·四季花园

泉景·卧龙花园

济南港华燃气有限公司

济南港华燃气有限公司是济南市市政公用系统第一家合资公司，主营天然气、焦炉煤气、液化石油气的销售与开发利用，是集燃气输配、工程设计、管网建设、设备安装、燃气经营管理、燃气具销售、维修、客户服务、职业教育与技能培训等多元化经营为一体的燃气企业，在济南市的燃气领域起着主导和示范作用。

公司自2005年2月完成合资以来，依靠先进的管理、技术、服务理念、资本运作方面的优势，拓展燃气市场，进行多元化发展，并取得良好的预期效果。依托1200多公里地下管网、完备的输配设施、SCADA调度监控系统、TCIS客户服务系统及一流的客户中心，燃气客户已达到24万余户，其中包括山东大厦、索菲特银座大酒店等1100余户工商业和公共福利客户，供气区域辐射历下、市中、天桥、历城4区及东部新城区和产业带近200平方公里的地区。

公司合资以来，先后获得省燃气行业安全管理先进集体、山东省建设系统企业文化建设先进单位、山东省无线电管理委员会优秀单位、AAA级信用企业、管理状态评价AAA级企业、济南市安全生产先进单位、济南市文明单位、济南市文明行业、重合同守信用企业、济南市企业改革改制先进单位、济南市外商投资十佳企业、济南市劳动关系和谐企业等称号。

面向未来，公司将坚定不移地以“安全供气、以客为尊、优质服务”为宗旨，充分利用科学的管理模式、先进的市场营销理念、专业化的技术力量和优质的服务文化，全力推行六星级服务，践行“优质能源、优质产品、优质生活”的理念，为客户提供安全、可靠的燃气并提供亲切、专业和高效率的服务，同时致力保护和改善环境，为济南市的经济发展、城市文明、市民生活、环境建设作出更大的贡献！

济南港华合资庆典仪式

客户中心

向社区居民发放燃气安全宣传资料

华山天然气加气站

济南燃烧新技术开发有限公司

济南燃烧新技术开发有限公司坐落于济南槐荫工业园区，是专门从事高效燃烧和燃气、燃油工业装备研究、开发和生产的省级高新技术企业。多年来，公司聚集了一批高层次、高素质的人才，形成了一支能攻克技术难关的研发团队，曾先后获得国家发明专利和实用新型专利15项，完成了4项用于纺织印染业烧毛工序的技术攻关项目，并分别获得了国家、省市技术发明奖和科技进步奖。其产品推广应用后，以其高效、节能、提高烧毛品级和环境清洁得到国内外印染界的高度评价。

近年来，公司以“第四批济南市青年学术技术带头人”马騆为首的研发团队，采用具有国内外技术前沿的“功能材料”为基点，有机地整合和开发了自动监控技术，切入了烧毛精加工的新内涵，研制成功了国内外首创、具有完全自主知识产权的“FC型复合式烧毛精加工火口”和“JD型接触式电加热烧毛机”，并分别获得了2006和2007年度山东省技术发明三等奖和二等奖。2008年，公司将朝着建成国内外一流烧毛机研发基地的更新更高目标阔步前进。

山东省科学技术奖

证 书

为表彰山东省科学技术奖获得者，特颁发此证书。

项目名称：JMA013系列JD型接触式电加热烧毛机

奖励等级：贰等

获 奖 者：马騆（yan）（第壹位）

类　　别：技术发明奖

山东省人民政府

2008年04月01日

证书号：FM2007-2-4-1

电加热烧毛机获省科学技术二等奖证书

正在工作的电加热接触式烧毛机（获2007省科学技术发明二等奖）

总经理马騆（右）与设计人员探讨设备设计方案

山东政通科技发展有限公司

副总经理　姜同庆

山东政通科技发展有限公司成立于1999年5月，注册资本1000万元，是一家专注于电子政务软件开发和信息系统集成的高新技术企业。

公司是济南市企业技术中心、山东省政务信息化工程技术中心、山东省软件工程技术中心、山东省优秀系统集成商，通过ISO9001质量体系认证，是全国电子政务百强企业。公司拥有各类专业人才150余人，能够提供系统集成、软件开发、技术服务、信息咨询等全方位的电子政务业务。公司拥有国内一流的电子政务软件研究开发团队，自主版权的政通电子政务系列产品和套件，具有计算机系统集成二级资质，具有“涉及国家秘密的计算机信息系统集成资质”、“涉及国家秘密的计算机信息系统软件开发单项资质”、“建筑智能化设计施工资质”和“安全技术防范工程设计施工资质”。

公司用户涉及山东全省党政机关，包括组织、宣传、政法、军工、税务、工商、财政、纪检、档案、民政、人防、林业、劳动、卫生、广电等部门以及大、中型企业，为山东省电子政务发展作出了积极贡献。

公司大厅

办公环境

SARON三龙

山东三龙智能技术有限公司

山东三龙智能技术有限公司是隶属济南高新技术开发区的高科技企业，专业从事智能水表、智能燃气表、热量表、水资源智能管理系统等的研发、生产与销售服务以及以建设“数字社区、数字城市”为目标的“无线综合信息采控系统”开发运营。

公司是中国房地产及住宅研究会住宅设施委员会“理事单位”（行标制定单位）之一、山东省“高新技术企业”、济南“市级企业技术中心”、济南市“知识产权试点企业”、“省级守合同重信用企业”。2003年由省工商局列为第一批重点帮扶的民营企业，2007年获“山东省质量奖”、被评为“平安济南建设先进集体（记集体二等功）”。

公司拥有国家专利近50项，其中12项技术、产品列入省市级科技攻关、国家火炬计划及国家中小企业创新基金项目计划。智能水表与智能燃气表系“济南名牌”，“智能水表、燃气表和水资源智线数字传输控制系统”有8项技术获国家专利，该系统在“数字社区”领域整体上达到了国内领先水平。2007年完成验收的国家火炬计划项目“智能水表”采用多项自主创新技术，达到了国内领先水平。

成长中的三龙始终不忘其神圣的社会责任。历年来，已累计向社会弱势群体及慈善机构捐款向70余万元，向2008年“5·12”汶川大地震受灾地区捐赠了价值达200万元的物资。

以德服人，经营人心，聚集人气，造福社会。三龙人将一如既往地秉承这一核心理念，与广大顾客及社会各界友人携手共创美好的明天。

总经理　陈宁一

济南慧成铸造有限公司

济南慧成铸造有限公司位于济南市章丘百脉泉畔，是集高压铸造、低压铸造、重力铸造、机械加工、冲压及模具设计与制造为一体的专业化企业。

公司占地面积10万平方米，资产总额1亿多元。先后引进了日本东芝、东洋、宇部公司160T／280T／350T／650T／800T／1250T／1600T压铸机24台，加工中心28台，数控车床6台，其他加工设备160余台。拥有机械加工生产线等主要加工设备。公司主要生产铝合金压铸件、铝合金重力铸造件及低压铸造件。产品涉及汽车、游艇、摩托车、电机、通讯、五金工具等多个领域。年综合产能达12000吨以上。公司技术力量强大，拥有一大批高素质的专业技术人才，具备模具设计、工艺开发、产品加工等能力。公司拥有光谱分析仪、三坐标测量仪、X光无损探伤等先进的质量检测设备，并顺利通过了QS-9000和ISO9001国际质量体系认证。公司坚持“市场主导，科技为本，品牌立业，诚信做人”的经营理念和“追求完美品质，满足顾客需求”的质量方针，以优质的产品和全方位的服务赢得了国内外客户的广泛赞誉。

厂区

机加工车间

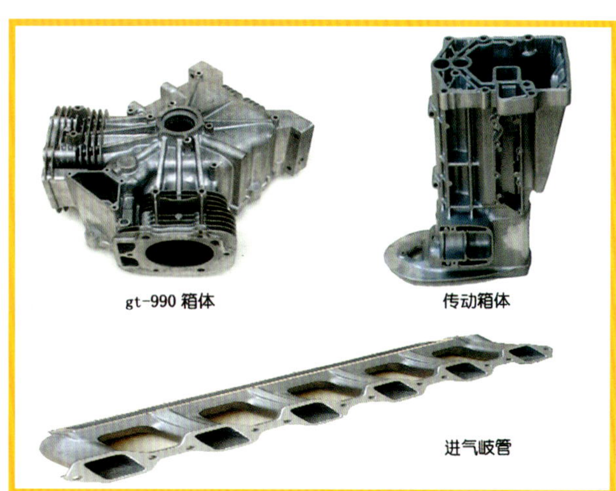

配件合成

压铸车间

三坐标检测仪

济南新思达机械有限公司
JINAN NEW STAR MACHINE CO.,LTD.

济南新思达机械有限公司是济南市政府命名的高新技术企业，由山东沃特贸易有限公司与中华供销总社南京野生植物综合利用研究院合作成立的、专业生产农产品加工装备的企业，2007年8月与山东轻工业学院联合成立“农产品加工装备及技术研发中心”。

公司拥有“新思达”及“晓天”两大品牌产品，其中“晓天”牌商标于2006年获得济南市著名商标。公司生产的“晓天”牌真空低温油浴脱水设备、煎炸油处理设备分别获得国家专利（专利号：ZL200320120932.7、ZL200620084699.5），并多次获得国家和省、市级科学技术奖。

公司以推动我国的农业发展为宗旨，以市场为导向，以科技求发展，以质量求生存，始终坚持产品的科学性、技术的先进性。产品远销欧洲、东南亚及韩国等国家和地区，在国内外具有较高的知名度和美誉度。

研发中心楼一角

山东胜邦绿野化学有限公司

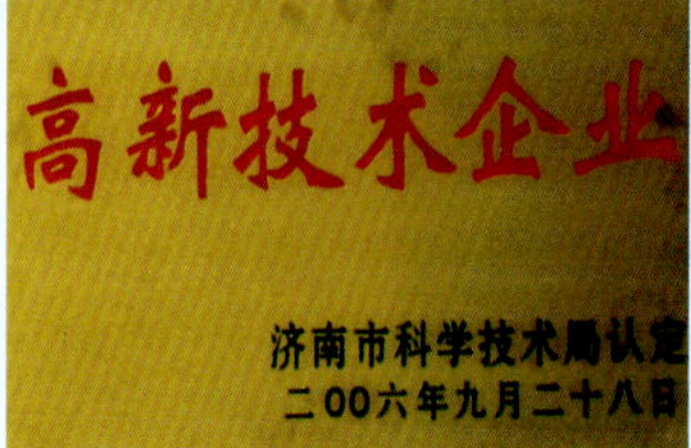

山东胜邦绿野化学有限公司是山东胜利股份有限公司（深交所上市号码000407）控股专业除草剂生产企业，注册资金1.4亿元，是国家定点农药生产企业。公司坚持“敢为人先，敢争第一，敢创大业，自觉奉献”的企业文化，先后通过ISO9001质量管理体系、ISO14001环境管理体系、OHSAS18001职业健康安全管理体系认证，并多次荣获山东省“先进技术型企业”、“高新技术企业”、“AAA级信用企业”等称号。

公司总部位于济南，下设东营胜利绿野农药化学有限公司、济南胜邦绿野国际贸易有限公司，并与多家农药生产厂建立合作伙伴关系。公司技术力量雄厚、生产设备先进、工艺科学领先，产品质量、性能及生产能力在同行业中均居前列。现有产品4大类、50多个品种，原药生产能力达2万多吨，制剂生产能力达3万多吨。公司注重市场开发，已形成覆盖全国28个省、市、自治区，包括农资、农技、植保三大体系、1000余个长期客户的销售网络及推广体系，在行业内享有极高的知名度，得到社会各界的高度认可；产品在国际上的地位也日渐上升，远销欧美、东南亚、非洲等40多个国家和地区。

丰收每一年，绿野永相伴，为大地奉献一片绿色，是人类共同的心愿。

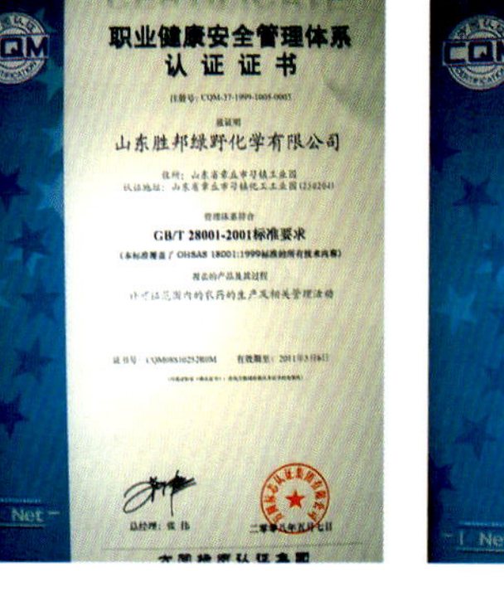

山东华塑建材有限公司

SHAN DONG HUA SU JIAN CAI YOU XIAN GONG SI

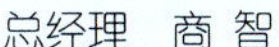
总经理 商智

工程实例

山东华塑建材有限公司是国内化学建材行业规模较大的企业之一。公司注册资本8000万元，占地面积20万平方米，资产2.4亿元。

产品种类全，生产规模大。主要产品有：塑料门窗、塑料异型材及其生产设备，异型材模具；年产塑料异型材4万吨、塑料门窗30万平方米。

质量保证和服务体系完善。“鲁宏”牌系列产品全部通过了ISO9001质量管理体系认证，“鲁宏”牌塑料异型材荣获国家免检产品和山东名牌产品称号。公司有一支技术全面、服务优良的销售服务队伍，及时快捷地为客户提供售前、售中和售后服务。

设计开发和加工实力雄厚。公司拥有省级技术中心1处，有中高级技术人员100余人，具有多年的技术设计开发经验和丰富的专业知识。生产车间拥有进口挤出生产线及在消化吸收基础上自行研制开发的专业自动生产线60余条，门窗安装具有国家二级建筑施工资质，能承担大型门窗加工安装任务。

厂区实况

公司产品

公司证书

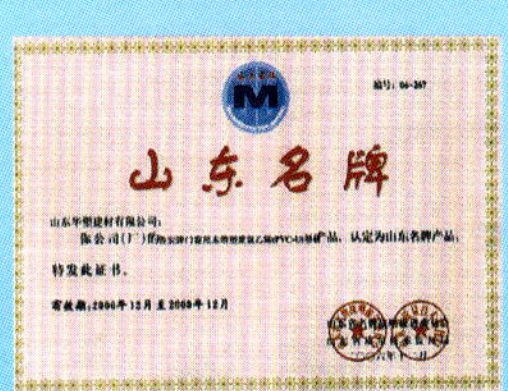

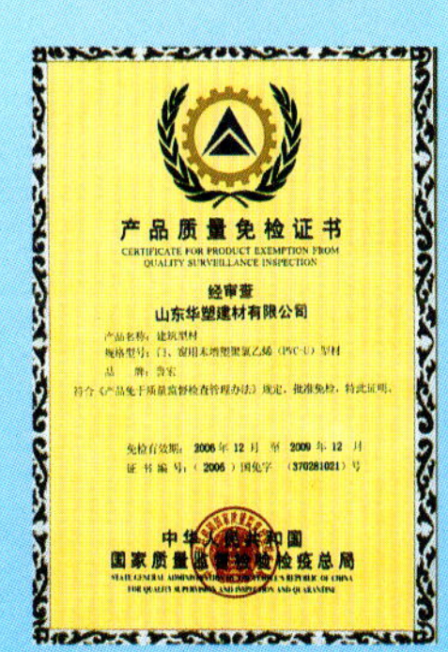

免检证书

济南光阳新兴科技有限公司

公司领导接受山东卫视采访

光阳公司发展历程起步于1992年，是一家规模优势与专业优势并举的科技企业，专注于数码影像、标牌印务等项目的研发与推广，为广大个体和中小投资者开辟了一条快捷的成功创业之道。

公司办公环境

历经16年，光阳公司孕育了优秀的企业文化、规范的经营管理，公司的发展受到了社会各界的好评，相继荣获“守合同重信用企业”、“中国工业品牌最具竞争力百强企业”、“2008最受全国消费者喜爱品牌”、“济南市消费者满意单位”、“山东省高新技术博览会龙头奖”等荣誉，是“中国连锁经营协会会员”、“高新技术创业先进企业”，被山东省科协指定为“科普教育基地”……

多媒体培训场景

光阳公司行业领先的技术实力、完善的服务体系、雄厚的项目耗材资源，为创业者搭建了通向成功的事业平台。公司推出的“万全数码影像店”、“新兴标牌印务店”项目，锁定商务经营、广告促销、纪念礼品、装饰品、影像创意5大市场，满足企事业单位与个人的图文印制、影像消费需求，项目投资少、回报快，受到了广大创业者的普遍认可。

光阳公司以“客户的成功就是我们的成功”为经营理念，用自己的实际行动，努力扶持每位投资者实现自己创业和发展的梦想。至今已有千余位投资者通过光阳走上了成功之路，为社会创造了上万个就业机会光阳事业是一项有益于社会、造福于民的光辉事业！

展厅一角

创富中国　服务社会

济南康雅薄膜有限公司

济南康雅薄膜有限公司位于济南市历下区工业南路36号，项目总投资约2亿元，企业注册资本6400万元，系中外合作企业。公司成立于2003年3月，现有员工109名，公司员工大中专以上学历者占60%。公司主营业务为生产和销售双向拉伸聚丙烯(BOPP)薄膜。属科技含量较高、知识密集型产业。

中共山东省委副书记、省长姜大明（左二）在总经理满进岐陪同下视察公司

公司双向拉伸聚丙烯薄膜生产线由法国DMT公司全套提供，分切机由英国ATLAS公司提供。生产线年设计生产能力2.5万吨，单线生产能力和自动化程度均居国际领先水平。2005年4月开车投产。产品销售区域覆盖全国15个省市、28个地区。产品广泛用于食品、日用品等物品的各类包装及印刷覆膜。

公司全面贯彻“质量第一、优质服务、科学管理、争创一流”的方针，坚定不移地实施协调发展、技术领先和低成本经营战略，秉承竞争、开放、创新的经营理念，规范、严谨、诚信的经营准则，为客户提供优良的产品和优质的服务。

生产线全景

省、市有关领导来公司视察指导工作

济南家家乐味精有限公司

济南家家乐味精有限公司坐落于济南经济开发区南园。该公司成立于1998年，是专门从事鸡精、味精等调味品生产加工的企业。公司占地面积约3公顷，拥有资产总额近1500万元，现有职工80余人，其中各类专业技术人员占30%以上，95%以上的职工接受过专业培训。公司自成立以来始终坚持“内抓管理、外树形象、顾客第一、质量至上”的发展方针，从狠抓内部管理，研制、开发、打造品牌产品入手，使企业走上了健康发展的轨道。公司年产鸡精、味精8000余吨，产值7000万元，利税500万元。公司产品远销河南、河北、湖南、湖北、北京、天津、上海、重庆、江苏等20多个省市自治区。近10年来的稳健经营，在同行中的服务承诺、商业信誉、新产品开发速度等首屈一指，在竞争激烈、琳琅满目的相同产品中，该公司的“紫金花”牌系列产品于2004年被评为“山东省著名商标”，2007年被评为“山东名牌产品”，并再次被认定为山东省著名商标。公司于2004年通过了ISO9001：2000质量管理体系认证，2006年被授予“全国食品安全示范单位”、“第四届中国国际安全食品博览会优秀产品金奖”称号，并被济南市政府认定为先进私营企业。

经理　曹红霞

“团结、务实、创新、诚信”是公司永远追求的理念，公司始终坚持“以诚待人、凭信建业”的企业精神，以“创一流产品、建一流企业”为宗旨，坚持互惠互利、共同发展的原则，愿与社会各界携手，共创更加辉煌、灿烂、美好的明天。

公司一角

济南群康集团

董事长　于宏昌

济南群康集团是一家多元化、外向型集科、工、贸于一体的股份制企业集团。总部位于济南东部金街花园路200号，行业涉及冷食和糕点的加工制作、冷库出租、物业管理、旅游服务、商贸金融、对外投资等多个领域。

为响应国家号召和适应经济发展，济南群康食品有限公司于1998年5月8日成立。作为集团公司的前身，10年来，公司不断完善企业机制，规范企业管理，成为济南冷食行业的龙头企业、糕点加工骨干企业、山东省食品行业100强、两个文明建设先进单位，2003年企业通过ISO9001质量管理体系认证，2006年群康冷饮被山东省名牌战略推进委员会和山东省质量技术监督局认定为山东名牌。董事长于宏昌历任济南市政协委员、历城区人大代表、山东省食品协会副会长、济南市冷食协会会长、济南市象棋协会主席、济南市工商联副会长，并获得2007年山东省“富民兴鲁”劳动奖章。

2008年5月8日，济南群康集团揭牌成立，标志着济南群康集团跨入了一个全新的时代，完成了由单一产业的经营向多元化、外向型集团企业的转变。济南群康集团得到省市各级领导的关怀，承载了省市各级政府的期望，以群康的产品优势联合全市的冷食企业形成具有特色、相互促进的济南冷食企业集团，带动全省冷食工业的全面发展，真正起到冷食行业龙头旗舰的作用。制定了10年生产总值10亿元的企业目标，以“科学管理、责任为重、稳健求实、诚信为本”的企业理念，为建设富强、民主、和谐的社会作出应有的贡献。

济南万润肉类加工有限公司

雨润食品产业集团有限公司总部位于江苏省南京市，是一家集畜牧屠宰、肉制品生产经营、商业连锁、现代物流、国际化发展、房地产、旅游业、基础设施投资为一体的现代化大型企业。集团公司在全国各地设立了 70 多家分（子）公司，拥有总资产 130 多亿元。

总经理　马灵生

济南万润肉类加工有限公司是雨润集团下属的一家分公司，公司位于畜牧资源非常丰富的济南市商河县，占地面积 8 万多平方米，拥有 5000 吨冷库、两条先进水平的屠宰流水线，以屠宰猪和牛为主。公司一期生猪屠宰项目共投资 1830 万元，2004 年 10 月开始动工，2005 年 10 月 8 日正式投入生产。

2006 年 1 月，该公司被定为济南市唯一一家生猪定点屠宰单位；2 月，济南万润被评为济南市“招商引资先进企业”；4 月，公司荣膺市级“农业产业化重点经营龙头企业”称号；10 月，公司顺利通过 ISO9001 和 HACCP 认证；2007 年 3 月，济南市招商引资促进委员会授予济南万润“先进投资企业”称号。

公司掠影

2008 年，公司日屠宰量逐步上升到 1200 ~ 1500 头，产品主要销售到山东各地及河北、天津等地。凭借先进的技术设备、严格的工艺流程和过硬的产品质量，“雨润”品牌已成为人们心目中新鲜、营养、卫生的象征，市场占有率日渐扩大。

济南万润将时刻铭记“食品工业是道德工业”的道德理念，发扬“诚信、勤敏、谦学、坚毅”的雨润精神，为实现“创造中国食品工业的辉煌”目标而奋斗。

部分产品

章丘市刁镇蔬菜批发市场

总经理 袁传林

章丘市刁镇蔬菜批发市场始创于1991年6月。市场占地逾10公顷，建筑面积23000多平方米。其中，钢结构交易大棚15000平方米，仓储库房2200平方米，蔬菜保鲜库400平方米，食宿服务设施2600平方米，以及批零兼营门头房、洗浴设施等3000余平方米，是一个集蔬菜、水果、粮油、副食调料兼营的综合性批发市场。

2007年，仅蔬菜一项日销量达80万公斤，日上市大小车辆近千台次，年交易额突破3亿元。辐射距离也由原来的周边县、市发展到现在的京、津、沪、苏、豫、皖、蒙、晋、冀、鄂、陕等10多个省市和自治区。

由于供需量的不断增加，带动了章丘北部以及周边县、市种植业的发展，同时，也发展起了一批运销专业户和饮食服务户，为农民增收发挥了不可替代的作用。

1997年，被农业部信息司接收为信息网员和价格信息采集中心；2001年，被农业部定点为鲜活农产品中心批发市场；2006年，获济南市农业产业化经营重点龙头企业称号。多次受到各级领导的好评与表扬，总经理袁传林被济南市政府授予劳动模范称号。

济南一建集团总公司

济南知识经济总部产业基地B1座

◎ **企业类型**：国有一类建筑施工企业

◎ **企业资质**：房屋建筑工程施工总承包一级，以及国外工程承包、劳务合作经营、国际招标、境外工程所需设备材料出口和境外工程所需劳务人员派遣。

◎ **经营范围**：房屋建筑工程总承包、装饰装修、钢结构、建筑防水、预应力、市政工程及消防设施工程施工、房地产开发、物业管理、文化教育。

◎ **荣誉称号**：全国优秀施工企业、全国用户满意施工企业、国家级"守合同、重信用"企业、山东省建筑业先进单位。

◎ **信誉资信**：中国建设系统企业信用·信誉AAA级单位、银行资信AAA级信用资信企业。

◎ **体系认证**：通过了GB/T19001质量管理体系、GB/T24001环境管理体系、GB/T28001职业健康安全管理体系的认证。

◎ **质量奖项**：荣获"鲁班奖"、"金杯奖"、"国家优质工程奖"、"泰山杯"、"双十佳"、"泉城杯"、省市"样板示范工程"等多项质量称号。

◎ **技术实力**：拥有老、中、青三代施工技术、管理等方面的优秀人才，高级工程师20多人、国家一级项目经理20多人以及大量省、市两级优秀项目经理（其中4人被评为全国优秀项目经理）。

◎ **企业理念**：自强不息，厚德载物，以"要想自己过得好，先让别人住得好"的企业理念，竭诚为国内外各界朋友提供满意服务。

济南奥体中心平台（效果图）

中国人民解放军青岛潜艇学院金羚大厦

龙奥大厦

济南二建集团

董事长、党委书记　王雪广

济南二建集团是集建筑施工、房地产开发、建材工业等于一体的综合性企业集团，经建设部核定为一级资质建筑施工企业，经营范围涉及建筑装饰装修工程、钢结构工程、建筑防水工程、消防设施工程、清洗工程施工、工业性设备安装施工、起重设备安装、房地产开发与经营、建筑设计、承包境外工业与民用建筑工程和境内国际招标工程，上述境外工程所需的设备、材料出口，对外派遣实施上述境外工程所需的劳务人员，建筑机械加工、生产，销售建筑材料。集团公司年综合产值达20亿元，年承揽施工工程200万平方米，年开发房地产项目20万平方米，现有员工2285人，各类专业技术人员1900人，下设土建施工公司、房地产开发公司、建材公司、装饰装修公司、钢结构施工公司、防水施工公司、消防施工公司、清洗工程公司、外架施工公司、智能化施工公司、劳务中心、软件公司、广告传播中心、材料公司、物业管理公司等专业化公司。

集团公司按照现代化企业体制建立健全法人治理机构。创建出多项国家鲁班奖工程、国家优质工程、国家市政金杯奖、国家建筑业新技术应用金牌示范工程、省市优质工程奖，先后通过了ISO9001国际质量管理标准体系、ISO14001环境管理体系、OHSAS18001职业健康与安全管理体系认证，荣获全国“守合同重信用企业”、“全国优秀施工企业”、“全国知名企业”等称号。

融基书香苑小区（在建开发小区）

威海银滩天海人和恋海园小区（在建开发小区）

济南商业银行大厦（2007年度国家鲁班奖工程）

舜风世纪花园1#楼（2005年度国家鲁班奖工程）

新世界阳光花园

新世界阳光花园是新世界中国地产有限公司在济南投资的大型住宅项目，结合济南城市脉络及发展，传承并提炼济南文化生活习惯，根据“人与自然和谐共生”的开发理念，在济南城市东西向主干路经七路边规划出一个具有空间感、秩序感、意境感的和谐社区。

新世界阳光花园总占地面积约23.87公顷，规划总建筑面积约58万平方米。根据拆迁进度，预计分四期开发。其中东区一期共11个楼座，总建筑面积约13万平方米，已于2005年底全部交付完毕。

新世界阳光花园东区一期多层、小高层、高层建筑有机结合，规划出南低北高的跃动建筑景观，以“行列式”、“眼皮式”相结合的楼座排列手法，营造出环境的空间感及秩序感。各个楼座单元采用错落、降层等手法，便于居民观赏中心区绿地景色。每个邻里单位中心，均留有宽敞的空间，供居住者休闲、娱乐。

西区占地面积约8.21公顷，总建筑面积约16万平方米。西区结合天人合一的朴素哲学，将传统空间与现代风格相结合，以高低错落的手法，设计成“错落加围合”三组叠合式建筑组团。从104～260平方米不等的户型设计，构筑出“天人合一、动静相宜”的大隐于市的修心养性居所。

新世界阳光花园东二区位于东一区与西区之间，总建筑面积约18万平方米。规划有新世界阳光花园社区市政配套小学、幼儿园、地下车库、小区会所、中水处理站等。园林景观独具特色，又与东一区和西区相得益彰。东二区将于2008年底开工建设。另外，新世界阳光花园社区市政配套商业公建项目也将同步开发建设，建成后与振兴街商业区形成济南新的商业中心。

西区鸟瞰

东入口

水洗（景观）

项目全景

济南市洪楼房地产开发有限责任公司

总经理　韩玉森

济南市洪楼房地产开发有限责任公司成立于1987年，注册资金1800万元，总资产3500万元，三级开发资质，注册地址历城区工业北路景苑南路16号，现有职工35人，其中有专业技术职称人员23人。公司主要从事城市居民住宅开发建设，技术力量雄厚，工程质量优良。多年来以“筑精品工程，创最佳服务”为宗旨，以市场为导向，以质量求生存，以管理求效益。深入贯彻“统一规划、合理布局、配套完善、质优价廉、优质物业管理”的方针，先后开发建设了“轻骑村”、“七里堡新区组团”、“北全福小区”、“景祥大酒店”、“洪楼镇政府综合楼”、百花小区29号楼“百花阁”、“景苑花园”等优良住宅小区及商业楼。所开发的住宅优良率30%以上，曾创三项市“十佳”工程，百花小区29号楼“百花阁”被济南市消费者协会评为“消费者满意楼寓”及“商品房质量定向调查满意小区”。

公司连续多年荣获省市级“重合同守信用”企业称号，并多次被评为市、区“先进单位”，连续5年被评为“利税大户”，取得了良好的经济效益和社会效益，公司及总经理个人积极参加各类社会捐献活动并获得多种荣誉，总经理韩玉森获市“优秀乡镇企业家”称号。

济南洪楼房地产公司

济南京东电子有限公司

总经理 杨孟珍

济南京东电子有限公司成立于2001年，注册资金50万元，现有职工100余人，其中本科学历5人、专科学历20人、党员5人、团员65人。

经营电子产品主要有：

1. 熊猫系列产品包括：收音机、收录机、VCD、DVD以及复读机；

2. 清华同方复读机 ；

3. 小霸王电磁炉、电饭锅、压力锅、豆浆机、榨汁机、电风扇等；

4. 红苹果、蓝晨、本色MP3、MP4等；

5. 格尔顿、索佳DVD等产品；

6. 三洋收录机、收音机等其他系列产品。

公司成立以来，本着服务社会大众、构建和谐济南的指导思想和一切为客户着想、一切为客户服务的原则，多次被槐荫区和济南市消协评为光荣之星、先进单位和消费者满意单位。几年来，公司分别在济南华联和华联超市，国美5个店，苏宁2个店，德州百货大楼、淄博商厦及全省17个市设经营点，受到各商场及各地区客户和用户的好评。

济南半导体四厂

厂长　张伟

济南半导体四厂建于1965年，是原电子部、航天部、国防科工委和信息产业部、总装备部确定的国防重点工程元器件配套单位。该厂生产的半导体器件，曾为“东方红”系列通讯卫星、“风云”系列气象卫星、“长征”系列运载火箭、“神舟”系列载人飞船和“嫦娥”绕月探测工程等国防重点工程配套。2008年圆满完成了“神舟”七号飞船的配套科研任务，为中国航天事业的发展作出了重大贡献。多次受到中共中央、国务院、中央军委，原电子部、航天部和信息产业部、总装备部的表彰。多年来，在济南市委、市政府的领导下，物质文明、精神文明和政治文明一起抓。通过技术创新、科研攻关，促进了企业的发展。产品质量不断提高，满足了航天工程高可靠性的要求。先后获得济南市“守合同重信用企业”、“安全生产先进单位”、“五一劳动奖状先进单位”等称号。厂长张伟被信息产业部授予“神舟”五号载人航天工程个人三等功和“神舟”六号载人航天工程先进工作者称号，并荣获“济南市五一劳动奖章”。

济南市人大常委会副主任陈延河（左一）在厂长张伟陪同下来厂视察工作

航天一院院长黄春平（中）为厂长张伟（左一）颁奖

生产线

生产线

获得荣誉

获得荣誉

山东济南金田（义乌）小商品批发市场

济南义乌小商品批发市场项目2006年立项，为济南市重点工程项目之一。市场总体规划占地面积68万平方米，预计总投资15亿元。该项目在依据合理市场经营业态分布的基础上设计了中心市场、步行街、商业街、仓储物流中心、会展中心、商务服务中心、文化广场、高档业户服务园区等商贸配套项目。

该项目分三期建设完成，市场一期占地20公顷，建筑面积25万平方米，投资约5亿元。其中，中心市场建筑面积近5万平方米，步行街、商业街、综合大楼等20万平方米。一期市场已于2007年10月1日建成开业，可容纳各地经营业户3000余户。市场主要批发经营工艺品、饰品、洗化用品、喜庆用品、钟表、小家电、玩具、文体用品、日用百货、箱包皮具、鞋帽、针织内衣、袜子、塑料制品、五金灶具、劳保辅料、精品服饰、精品家纺、品牌专卖、品牌折扣、男女服饰、运动服饰、儿童服饰、床上用品等十几个大类约几十万种商品。

随着市场的培育与发展，商圈的不断扩大，人流物流的汇聚，市场将逐渐成为鲁中地区最具规模的小商品展示交易中心，为当地经济的发展起到积极的促进作用。

省、市有关领导来市场指导工作

市场内景

市场外景

济南中恒商城

董事长、总经理　刘磊

济南中恒商城是由济南中恒实业有限责任公司创办的，是集批发与零售为一体的综合市场。自成立以来，由于秉承了“中恒靠业户发展，业户靠中恒致富”的经营理念，将“创名牌商城，铸百年中恒”作为经营目标，把“聚集百姓商品，情系百姓生活”作为经营目的，从而使商城得到迅速的发展，规模和档次迅速提升。经过10余年的努力，已由最初单一的小商品批发，发展成为拥有小商品批发市场，不锈钢厨具批发市场，电子元件、通讯器材批发市场，灯具批发市场，工艺礼品、玩具批发市场，文具文化用品批发市场等6大专业性批发市场的综合商城。形成了高档次、多种类、有特色的经营格局，成为家喻户晓的百姓知名品牌批发市场。随着市场不断扩大，吸引了广东、福建、浙江、江西、河南、河北、辽宁、黑龙江等全国各地的客商云集于此，其中总代理、总经销商就达300家。商城汇集有全国各地上千种名优商品，商品交易已辐射河南、河北、江苏、山西、内蒙古等全国10余个省、市的上百个县（市），成为济南市及周边地区的商品集散中心。

随着企业效益和规模的同步增长以及知名度的提高，企业先后被评为：“济南市消费者满意单位”、“济南市重合同、守信用单位”、“济南市规范化文明单位”、“济南市企业信誉评价一等AAA”、“济南市‘五·一’劳动奖状”、“山东省级文明单位”、“山东省级规范化文明单位”、“山东省商业名牌企业”、“山东省商业诚信企业”、“山东省商业服务业先进企业”、“山东省商业服务名牌”、“山东省商业百强企业”、“山东省十大小商品交易市场”、“山东省百姓信任、市民满意优秀单位”、“全国质量、服务、信誉AAA级市场实验基地”、“中国商业信用企业”、“全国商业质量效益型先进企业”等。

2008年，企业正向着“规模化发展、规范化运作、专业化定位、品牌化经营、差别化竞争”方向迈进。

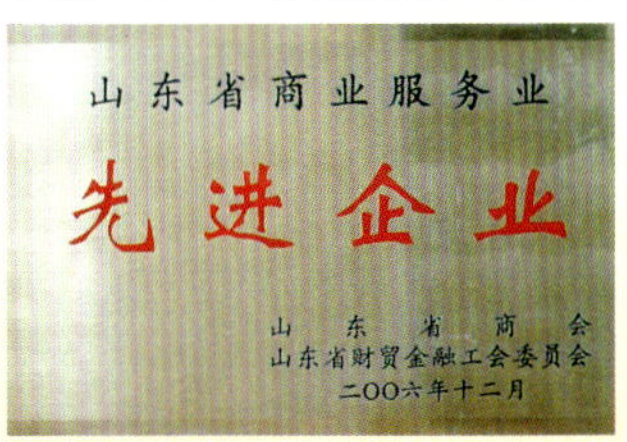

济南恒佳红木家具公司

恒佳红木，本着求真、求实的原则，信奉质量第一、顾客至上的宗旨，服务于广大消费者。

恒佳红木，创立近10年来，坚持传承中国文化，致力于充分应用木材纹理自然美的理念，追求神态韵律的设计，推崇尺度合宜、空灵优雅的造型，显现红木家具的豪华与尊贵，把中国红木家具的精粹表现在公司的作品中，让顾客在消费的过程中，能够体会一种优雅，品味一种气氛，使之充分享受博大精深的传统文化带给自己的惬意。

恒佳红木，不断追求卓越、精致、完美，真诚期待着您的光临。

总经理　张东平

各种高档红木家具

章丘鑫岳集团

鑫岳集团党委书记、董事长　张茂仁

章丘鑫岳有限责任公司是2004年5月组建的国有独资企业，公司下设一号煤矿、三号煤矿、六号煤矿等三家煤矿和供销公司、工业园。拥有资产1亿元，现有职工2000人。2007年实现销售收入1亿元，完成利税1200万元，创利润390万元，实现经济效益和社会效益双丰收。

"超越自我，争创一流"是公司发展的宗旨，"与时俱进、开拓创新、以人为本、规范管理"是公司的经营理念。2004年和2007年获济南市"五一"劳动奖状，连续4年被省安监局评为"A"级矿井。被评为省煤炭局"质量标准化"先进单位、"安全生产"先进单位和济南市"双基"建设先进单位，章丘市"最佳效益企业"、"规模纳税企业"、"军民共建"先进单位、"先进职工之家"、"先进基层党组织"、"计划生育先进单位"、"尊师重教"先进单位等称号。张茂仁被评为"济南市劳动模范"、"济南市优秀企业家"；王远君获济南市"五一"劳动奖状，连续4年被评为省煤炭系统先进个人；弭文村被评为"章丘市劳动模范"。

公司今后的发展目标是：开展"和谐矿区建设年、安全工作质量年、装备技术配套年、基础管理整顿年、接续产业发展攻关年、非煤优化重组年、生活后勤升级年、员工素质提高年"等8个"主题年"活动，实施"基础产业振兴（原煤产量提高到42万吨／年）、接续产业崛起（通过兼并联合，向电力、生化、机械行业转进）、老矿区战略转移（建设高科技工业园区）"三大战略，2008年实现原煤产量36万吨，综合销售收入2亿元，建成"实、富、强、美"的现代化大型综合企业集团。鑫岳工业园现有土地逾13.3公顷，基础设施配套齐全，标准厂房林立园区，诚招合作伙伴投资立项，经营发展。

公司党委书记、董事长兼总经理张茂仁偕全体员工愿与各界有识之士共谋发展，共创双赢之局。

一年一度的"五一"劳动技能大赛

鑫岳一号煤矿新建办公室

鑫岳一号煤矿2004～2007年达到4A级矿井标准

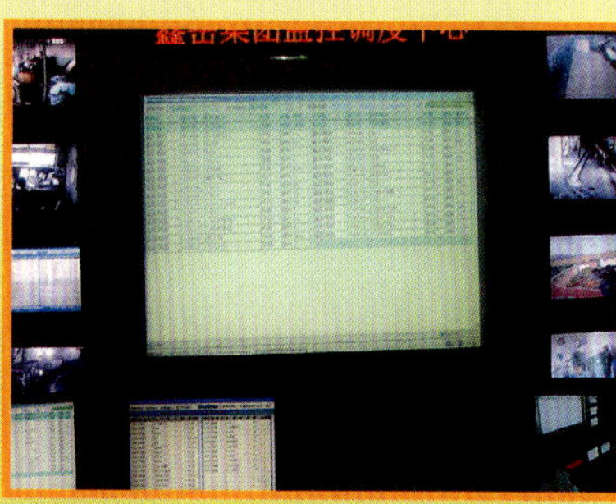
鑫岳集团监控调度中心

章丘市种业有限公司

章丘市种业有限公司是集科研育种、良种生产经营、农产品加工、物流、花卉经营于一体的多元化企业，注册资金1031.28万元，注册地址明水荷花路81号，区位优越，交通便利。公司下辖明水鲁中物流园、山东明水花卉有限公司、赭山都市农业生态示范园、农副产品开发公司等子公司。拥有国内最先进的种子加工流水线，建有6000平方米的农产品精加工车间，5000立方米的冷风库，容量1万吨的标准库房，3000公顷良种繁育、农副产品生产基地。公司技术力量强，现有职工130人，具有专业技术职称科研工作人员60人。

多年来，公司立足当地实际，坚持“质量立企、科技强企、人才兴企、突出特色”的思路，把推进科技进步和创新作为发展战略，努力打造创建名优品牌，实施科研、繁育、推销一体化运作。凭借卓越的品质与优秀的品牌，每年生产销售各种农作物良种逾500万公斤。自2005年以来，连续4年承担全市国家优质专用小麦良种推广补贴项目供种1275万公斤，2008年新增逾3.33万公顷专用玉米良种推广补贴项目供种任务。“高白”牌系列大葱种连续多年稳居全国葱种行业第一品牌地位，年销售量15～20万公斤，成为国内竞争力强、影响大和辐射带动范围广的种业品牌，2007年，“高白”牌商标被评为山东省著名商标。农特产品加工业通过QS认证，闻名遐迩的“泉头”牌明水香米、龙山小米、章丘大葱等名优特产，荣获“山东省旅游休闲购物十佳品牌”。

公司以优质的产品和良好的信誉赢得了广大消费者的信赖，取得了良好的业绩，2005年8月被认定为“山东省农业产业化经营重点龙头企业”，2007年被评为“济南市重合同守信用企业”和“山东省优秀诚信企业”。

章丘特产精深加工流水线

与时俱进 和谐发展 惠及村民

济南市槐荫区匡山街道办事处老屯村委会

老屯村现有人口2200多人，其中党员94人、村民代表65人、村两委成员9人（有7人交叉任职)。老屯村曾是槐荫区远近闻名的最乱村庄，1999年第六届村委会换届后，在上级政府的关怀下，老屯村两委成员一起艰苦创业，奋力拼搏，现在老屯村有村企2家：东方大酒店、热处理设备厂，5大专业市场：山东老屯汽配城、济南老屯农副产品市场、齐鲁花卉市场、济南老屯汽配市场、山东老屯茶城，2条商业街：老屯东路商业街、兴济桥东路商业街。各类商品年交易额在10亿元以上；村集体资产总值已超过1亿元，年集体总收入超过1000万元。先后被授予“山东村民自治模范村委会”、“山东省精神文明村庄”、“济南市满意在民政示范窗口”、市级学习“三个代表”先进集体、“五个好先进村党组织”等称号。村党委书记、村主任刘建军先后被评为山东省劳动模范、市区党代表和人大代表、槐荫区党员标兵等。随着老屯村经济的不断壮大发展，老屯村民也在集体经济增加收入中分享到实惠。⑴实施“敬老工程”，制定退休制度，男60岁、女55岁享受每月230元养老金，并且每年增加；投资建设老年活动中心三处；每年老年节外出旅游一次；给70岁以上老人过生日。⑵为退休干部每年增加100元退休金。⑶为村民幼儿入托每月报销60元、为小学生报销全部学杂费、考入大学的一次性奖励1000～3000元。⑷成立红白理事会，免费为村民服务，制定章程，倡导移风易俗。⑸发放丧葬费500元，派大客车接送人员，建立免费墓穴、老屯公墓。⑹每年“三八”节发100元慰问金。⑺逢春节、中秋节按人口发放福利等。⑻每年按人口发放分红款1000元，年年递增。⑼投资公益事业。村内道路全部硬化，增加变压器十几台，满足市场发展、村民生活家电增多需求，修建老屯大桥、便民桥各1处，自来水增容工程等。

济南市长清区第二水泥厂

厂长 孙涛

济南市长清区第二水泥厂是省、市级重合同守信用企业，现有在岗职工226人，年生产福禄牌P.O42.5普通硅酸盐水泥、P.C32.5复合硅酸水泥20～30万吨。配料采用国内目前较先进的微机核子称的工艺。产品质量检测手段齐全，化验室仪器设备全部按GB175-2007标准配置。于2002年通过了ISO9001：2000质量管理体系认证、产品质量认证。

近年来，该厂在“节能减排”工作中，积极淘汰落后的产能设备，拆除了Φ1.83×7m的两台水泥粉磨设备，筹集资金加强环境污染治理，投资300多万元，对全厂主机设备安装了除尘设备，实现了达标排放。水泥厂内强素质，外树形象，不断提高产品质量，以优质的产品质量、合理的市场价格占领市场，用户满意率达到100%。节约挖潜资源综合利用，充分利用当地的工业废弃物来代替部分生产原料，降低生产成本，减少“废渣”的二次污染，被评为“济南市综合利用先进单位”。在建材行业全国化学分析第九次、第十次大对比中被评为“全优单位”及山东省“水泥产品质量对比检验先进单位”。获“2007年度济南市劳动关系和谐企业”和2007年度济南市“五一劳动奖章”称号。

在今后的工作中以治理污染、保护环境、节能减排为重点，依靠优质的产品质量占领市场，为建设环境美好的泉城贡献力量。

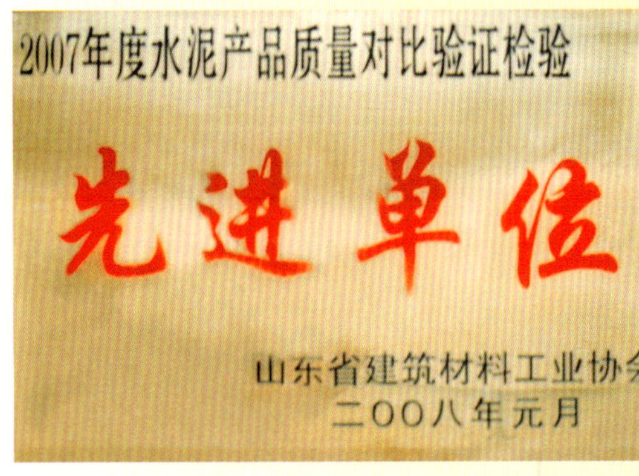

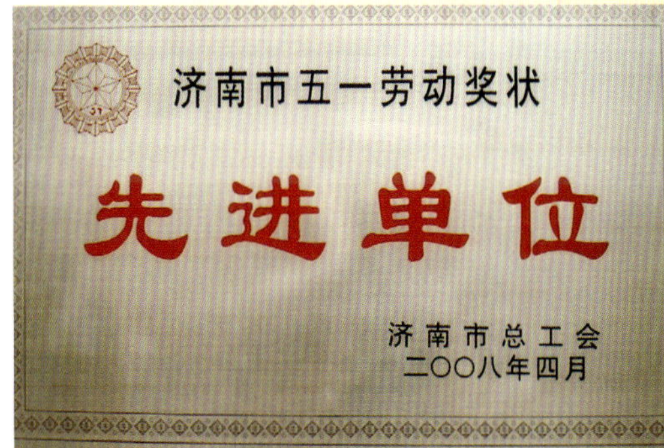

长清区疾病预防控制中心

（长清区卫生监督所）

主任　　杨仁庭

长清区疾病预防控制中心（卫生监督所）前身系长清区卫生防疫站，成立于1956年7月。2007年1月，经长清区机构编制委员会批准，撤销长清区卫生防疫站，整建制成立长清区疾病预防控制中心和长清区卫生监督所。现有职工69人，下设16个科室。主要承担着长清区的传染病防治、艾滋病防治、计划免疫、病媒生物监测、慢性病、地方病防治等疾病预防控制工作，以及长清区的食品卫生监督、公共场所卫生监督、生活饮用水卫生监督、学校卫生监督、职业卫生监督、从业人员健康体检和卫生许可审核发证工作。

近年来，长清区疾病预防控制中心（卫生监督所）紧紧围绕长清区委、区政府的中心工作，牢固树立"解放思想，干事创业，争创一流"的思想，本着对全区人民负责的态度，以预防控制各类传染病的发生和流行为重点，进一步强化卫生监督工作。由于工作成绩突出，被市委授予"全市精神文明先进单位"称号。并连续多年被济南市卫生局评为"济南市免疫预防工作先进集体"、"艾滋病防治工作先进集体"、"传染病防治工作先进集体"、"卫生检验检测与质量管理工作先进集体"、"卫生监督工作先进集体"等。

济南市历城区人民医院

医院外景

济南市历城区人民医院是一所区级全民综合性医院，是历城区卫生系统医疗、科研、教学的中心，是济南市行风建设“示范窗口”先进单位、济南市卫生系统先进单位、济南市120急救先进单位、国家级爱婴医院。2005年荣获济南市委授予的“先进基层党组织”称号。2007年度获“济南市基层先进党组织”荣誉。

医院现有在职职工208人，其中高级专业技术人员45人；编制床位150张，实际开放床位155张；占地面积3万平方米，建筑面积4.1万平方米；设备优良，拥有西门子全身螺旋CT、美国GE B超、东芝全自动生化分析仪、柯达CR、飞利浦数字胃肠、瑞典博雅多功能无创呼吸机、美国胸脾呼吸机、全功能麻醉呼吸机、动态心电图机、美国峰力筛查耳声发射仪、GE多数监护仪等医疗设备。医疗环境优美、舒适，病房干净、明快，配有空调、彩电、暖气、卫生间。

医院设有20个医疗医技科室，医院注重专业人员的培养和科研工作，造就了一大批业务骨干。内科、小儿科、中医针灸科和口腔科各有特色，新的医疗项目不断增加；普外和骨科达到省内同级医院的先进水平；妇产科、眼科能开展二级甲等医院的全部医疗项目。近几年来，广大医务人员在做好医疗工作的同时，积极开展科研工作和学术交流，先后在国际、国家、省级以上刊物或会议上发表论文200余篇，其中18篇获济南市优秀科技论文奖。

医院宗旨：以人为本、重在诚信、救死扶伤、行医为民；医院精神：忠诚敬业、无怨无悔；医院品牌：不求最好、但求更好；办院方针：让人民群众看好病、看得起病；办院原则：病人第一、服务第一、质量第一、效益第一。

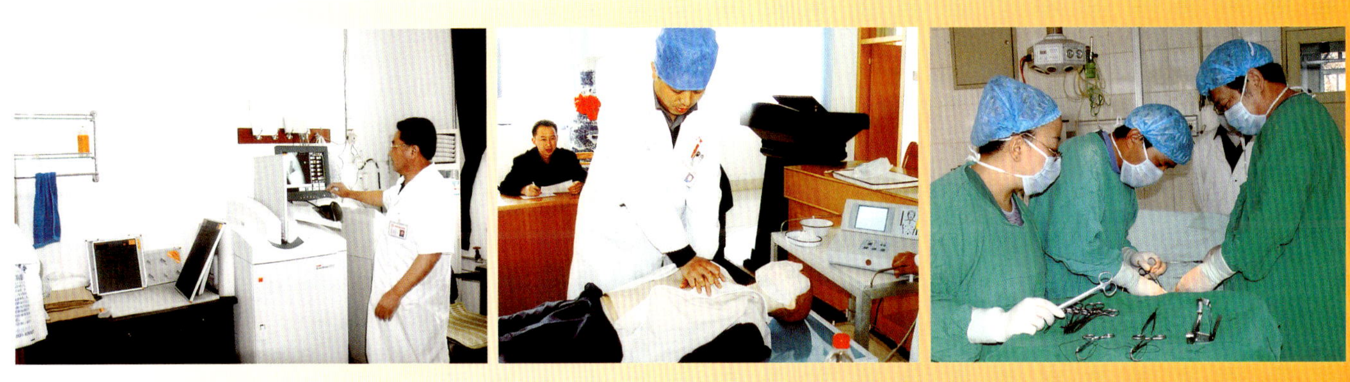

海丰公司

山东海丰水产有限公司是集生产、加工、冷藏、配送、批发、零售为一体的综合性企业，主要经营有：干海参、即食海参、鲍鱼、鱼翅、海米、虾皮、烤鱼、炸鱼、干鱼、紫菜、干贝类等海产品200多种。

公司自成立以来，一直秉持“严谨、务实、高质、重信”的发展原则，严格按照ISO9001国际质量管理体系的程序运作，以优质的产品和良好的服务赢得了广大消费者认可。先后多次被济南市质量监督局、检验所评为“质量保证产品”单位和“质量跟踪检验合格产品”单位，多次被山东省、济南市工商行政管理局、济南市企业信用协会评为“守合同重信用企业”，多次被山东省评审委员会、济南市消费者协会评为“消费者满意单位”、“山东省著名商标企业”。被中国消费者报社评为“全国诚信单位”。被济南市委宣传部、文明办、工商局、个私协会评为“文明诚信民营企业”。2007年被评为山东省唯一一家海产品“著名商标”，被《济南时报》、济南卫生协会评为“消费者信赖的海参品牌”，被山东省质量技术监督局质量新闻工作者协会、山东省糖酒副食品商业协会评为“山东省春节最受百姓欢迎的年货品牌”。公司已通过ISO9001国际质量管理体系认证。

海丰公司作为水产行业的著名品牌，始终以优良的品质屹立于市场。产品销售遍布全国各地，仅在山东就设有专柜40余家，并以惊人的速度扩增，年销售额已突破1亿元。

山东省海丰水产有限公司经济实力雄厚，荟萃海产品之精华，品种繁多，质优价廉，是广大消费者理想的首选产品。希望更多的新老客户朋友关注“海旗”品牌，关注海丰，海丰人将以大海般的胸怀真诚为顾客服务。

ISO9001:2000 获证单位

山东海丰水产有限公司

SHANDONG HAIFENG AQUATIC PRODUCTS CO.,LTD.

证书号：10408Q10051ROM

CNAS C104-Q　IAF

山东世通质量[illegible]有限公司

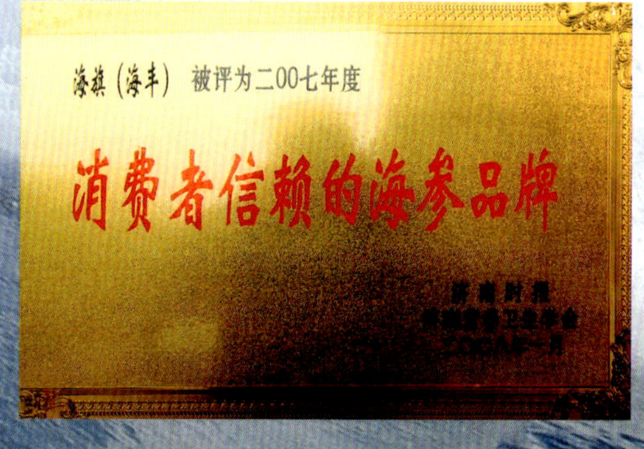

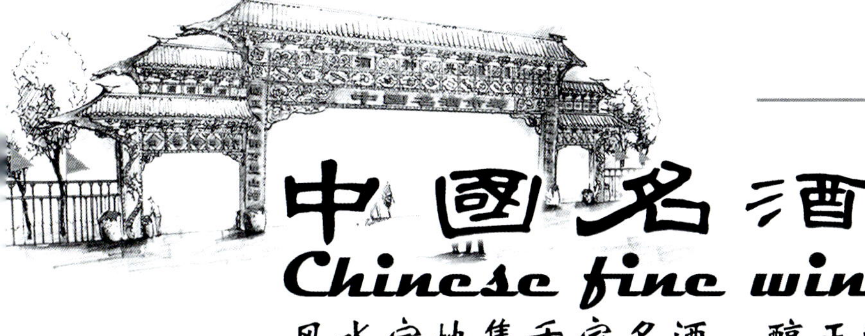

—— Chinese fine wine market

中国名酒市场

Chinese fine wine market

风水宝地集千家名酒　醇正飘香醉万里山河

中国名酒市场是国家有关部门为推动中国酒业保真、健康发展，支持设立的中国名酒示范市场。该市场云集了国内外名酒、酒原料、酒设备、酒包装、酒礼品等相关产业链，矢志打造中国酒业中央商务区(CBD)。

中国名酒市场位居齐鲁大地的省会——济南。素有“泉城”美誉的济南市风景秀丽、将相英雄辈出，为历代王侯将相推崇有加的风水宝地，属兴隆—斗母泉—佛峪生态旅游区,处处青峦叠嶂、溪流淙淙；市区内有名泉及众多古树名木，存有佛教、道教遗址，集风光旖旎的自然景观和历史悠久的人文景观于一体。中国名酒市场雄踞泉城南咽喉之绝佳位置，距总库容120万立方、周边建设用地近360公顷的兴隆水库仅200米。水库区三面环山，树木葱郁；至晴空碧日，山水倒影,景色宜人，可乘兴泛舟，亦可悠然垂钓。

中国名酒市场依山而居，傍水为邻，所处地人杰地灵。在卧虎山水库、锦绣川水库与红叶谷生态旅游区的簇拥环抱之下，尤如荷花之蕊、备受荫泽呵护。市场西部毗邻总建筑面积300万平方米的“鲁能领秀城”大型高档社区，交通尤其便捷，距市中心仅6公里，由多条公交线路直接贯通——整体构成一个“藏风聚气”的天然宝地。中国名酒市场布局理念超前，彰显人文气息，宜商宜居，集商务洽谈、经营销售与度假休闲、观光旅游为一体，是江北最具发展前景的天然酒水集贸地。

市场辖区拥有众多待开发的旅游资源，潜力巨大。渊源流长的历史给当地留下的，还有“七十二”条小巷、“七十二”个泉眼以及文革时期被拆除的“三官庙” 和许多当地老百姓关于“七十二”的传说。业内专家多有评述，认为遍布市场周边的资源若予以恢复、包装，其自有文化便足以荣膺“泉城七十二泉”文化缩影的桂冠，市场领军中国酒文化市场的优势自不待言。

天者，气也；地者，水也。“曲是酒的骨，水是酒的血”，自古以来，“佳酿必有佳泉”。古今之上乘名酒，大多取水于古井、名泉，而名酒产地亦必有灵泉。水质好，曲中微生物便充沛、丰厚，“水泉必香”更是周人酿酒的要诀。以市场优势独居的自然气候和济南七十二名泉的文化底蕴，必是力鼎国内酒业持续、健康发展的风水宝地。

应天时，占地利，得人和——中国名酒市场以繁荣酒类市场为根基，以促进酒类流通为目标，乃承势中国博深酒文化顺天而立，是中国名酒行销华夏、走出国门的天赐良机。

中国名酒市场地处山东省省会济南。2005年，中国秋季全国糖酒商品交易会在济南举行，吸引了约15万人考察、洽谈，参展商一举超过3900家，成交额高达140.76亿元。其中，酒类成交额为88.57亿元，创下全国糖酒会50年之最，也刷新了济南乃至山东展会交易额的最高纪录。

中国名酒市场总占地30余公顷，建筑面积11万平方米，有经营门市近千个，每户商铺面积为96平方米（异型楼房除外），为合理的上下两层结构。一楼为展示交易区，二楼适宜生活、仓储及设立酒企办事处。市场按中国各省份版图布局，不同“省区”从各省代表性名酒中择优入驻，是知名酒企进行品牌推荐、形象宣传的最佳选择。市场将打造为国内最大的名酒采购基地和分销中心，集展示交易、贸易合作、物流配送、信息交流、文化传播、特色旅游为一体，搭建中国暨世界名酒厂商、经销商及酒业生产原料供应商进行品牌产品交流的完美平台，是中国名酒立足东部沿海经济大省，接轨WTO，向世界展示酒文化的窗口；更是知名酒商精简销售渠道、进行保真传播和直连消费者的纽带。

中国名酒市场的开发企业——济南五月风中国名酒市场管理有限公司，为国内资深项目策划营销专业公司，实力雄厚、人才济济。公司以“追求卓越，树立中国服务良好形象”为己任，以大型社会公益活动及专题项目策划为目标，注重对社会人力资源的整合，借助驻济高校的人才优势，广纳贤士，拥有强大的专家顾问团。目前，公司常年跟踪并服务于全国糖酒商品交易会，与中国知名酒品牌交往深厚，重握酒界前沿信息，尽悉酒市运营脉搏——以上皆为运营中国名酒市场的独有资源。

济南五月风中国名酒市场管理有限公司是中国酒类流通协会会员单位和济南酒类协会理事单位，主营中国名酒市场的开发、管理、服务与宣传推广，中国名酒会员联盟及连锁店的开发和管理，旅游景点的建设及管理，品牌名酒的销售与推广。公司特别设立了自营品牌酒开发企业——山东圣贤酒业有限责任公司，以“济世助人、和谐发展、崇尚健康、热爱生命”为经营理念，注重中国养生酒的研发与生产，融合中国酒文化资源及古代养生经典配方，致力于塑造中国养生酒的品牌文化形象。

济南五月风中国名酒市场管理有限公司拥有上千家企业构筑的销售网络，可为入住业户提供市场开发、产品销售、物流配送、售后服务等一体化全方位服务。公司以节庆采购为推广主题，为企业提供树立形象、宣传品牌、彰显实力、募求代理、搭建网络的最佳机遇和广阔的国际贸易商机。倡导健康饮酒的保真名酒直供通道、弘扬中国酒文化的电子商务平台、配合免费采购热线800-860-6519（顺了，我要酒）800-860-6389（顺了，三杯酒）搭建的物流配送体系以及缩短销售渠道、保护消费者利益的大型节庆互动活动将使入驻该市场的所有业户在降低销售成本的同时利润倍增。

中国名酒市场诚招
Chinese fine wine market

济南市考古研究所

济南市考古研究所坚持“保护为主、抢救第一、合理利用、加强管理”的文物工作方针，在配合城乡基建和全市文物保护方面，积极工作，开拓创新，做了大量卓有成效的工作。

● 对京沪高速铁路济南段、历城张马屯地区进行调查，对趵突泉北路6号明代老城墙遗址、遥墙国际机场油库墓群、灵岩寺大雄宝殿遗址、长清区孝里镇清代墓葬、长清区大柿子园周至汉代文化遗址、解放桥北历山路北宋墓等进行考古发掘。

● 做好地上文物建筑的维修保护工作。府学文庙修缮工程顺利进行，完成了东西廊庑、掖门、戟门、棂星门、中规亭、中矩亭的修缮。对济南棚户区改造区域和大明湖南岸改造区域进行文物调查，形成专题调查报告，为规划部门提供翔实的依据。具体负责了宏济堂（西记）整体搬迁方案的制定与论证工作，对督城隍庙和章丘兴国寺进行调查测绘，对长清区各级文保单位的“四有”情况进行了实地调查，举办了“老济南老建筑暨县西巷出土文物图片展”。

卫 生 体 育

卫生事业综述

【卫生事业概况】 2007年底，全市共有医疗卫生机构4685所，其中城区1660所，农村3025所；二级以上医院57所(省、部属15所、部队3所、市属13所、县区及厂矿企业属26所)，妇幼保健机构12所(省1所、市1所、县区10所)，疾病预防控制机构12所(省、市各1所、县区10所)，采供血机构2所(省、市各1所)，专科疾病防治院(所、站)10个，社区卫生服务机构133个，乡镇卫生院75个，村卫生室2892个。共有医疗床位27695张，其中城区20965张(占75.7%)，农村6730张(占24.3%)。卫生技术人员35124人 (不包括乡村医生7132人)，其中城区25597人，农村9527人。每千人口拥有床位4.57张，卫生技术人员5.80人。

1.农村卫生工作。30所乡镇卫生院建设全面完成。建设面积7.8万平方米，落实配套资金9682万元，统一配备500毫安X光机、彩超、血尿分析仪、生化分析仪、救护车等五大件医疗设备136台(件)，医疗垃圾处理设备75套。培训技术骨干233名，引进各类技术人员80余名。新型农村合作医疗制度不断完善。全市参合农民306.8万人，参合率96.0%，人均筹资50元，筹资总额16015.99万元。基金使用率89.72%。受益参合农民285.72万人次，受益率92.23%。取消县域内定点医疗机构转诊制度，实行就诊结算即时报销。与市档案局联合在平阴县开展新农合档案规范化管理试点，取得了成功经验，并在全市推广。加大卫生支农力度。与市委组织部、市人事局联合开展了“全市卫生系统百名拔尖人才支援农村”活动，派出专家12批158人次，取得了良好成效。加快体制改革和制度创新。积极推进乡镇卫生院上划和乡村卫生一体化管理工作，上划率100%，一体化管理率93%。

2.社区卫生服务。济南市被确定为国务院社区卫生服务体系建设重点联系城市，召开了全市社区卫生工作会议，出台了《济南市关于加快社区卫生服务的实施意见》、《济南市社区卫生服务发展规划(2007-2010年)》。建立社区卫生服务机构审核专家库，实行专家现场审核制度。全市社区卫生服务机构133所(中心66所、站67所)，覆盖城区240万居民。推行“十统一”标准化建设，制定了《济南市社区卫生服务机构管理实施细则(试行)》，建立修订各类规章制度10类59项。健全首诊制和双向转诊制度，下发了《关于促进基本医疗保险参保人员充分利用社区卫生服务的意见》，选择50家社区卫生服务机构纳入门规定点单位，提高报销比例。拓展服务功能，为居民提供惠民医疗、适宜技术、家庭访视和免疫接种等综合服务。全市社区卫生服务量464万人次，累计发放“爱心服务卡”3.8万张，救助4.3万人次，为特困户减免诊疗费和优惠药品费104.6万元，为近3万人次免费进行了健康查体。

3.公共卫生和预防保健。加强免疫接种门诊规范化管理，全市已拥有省市级示范接种门诊174家，培训各级各类计划免疫专业人员1050人次，“七苗”报告接种率达95%以上，无疫苗针对传染病暴发流行。加强重大传染病防治，连续9年实现“一个确保”目标。以防治艾滋病宣传教育为重点，深化“五进”(进社区、进农村、进学校、进家庭、进重点场所)活动，居民艾滋病知识知晓率82%，艾滋病感染者随访管理率和艾滋病病人免费抗病毒治疗率均达100%。全力实施现代结核病控制策略，涂阳结核病人发现完成率111%。加强突发公共卫生事件应急能力建设，成立市卫生应急专家委员会，加强卫生应急培训和演练，统一卫生应急队伍装备。制定了以招标采购为主，以医院药品周转为辅的储备方案，提高了应急能力。抓好妇幼保健工作，组建了危重孕产妇急救“绿色通道”。全市孕产妇死亡率为26.09/10万，婴儿死亡率为6.70‰。加强农村改水改厕工作，全市农村自来水普及率达到92.7%，大力开展农村爱国卫生专项整治，农村卫生面貌发生了明显变化。卫生先进单位创建活动成效显著，16个单位、1个镇、5个村分别被评为省级卫生单位(镇、村)。

4.医疗服务。充分发挥10个医学专业质控中心的作用，对37家二级以上医疗机构重点科室、重点部门进行专项检查。深入开展“文明诚信药房”创建活动，建立病原微生物网络实验室，指导临床合理应用抗生素。强化“120”急救规范化管理，“120”急救服务实现了城乡全覆盖。强化采供血管理，市血液供保中心顺利通过ISO9001质量管理体系认证。全年采血总量8.95吨，成份输血率达到99.89%。合理控制医疗费用，加强20种住院病种质量管理和费用控制，实行常见病专家建议处方和医学检验、医学影像检查结果互认制度。大力实施“惠民医疗工程”，全市共有19.44万人次享受了医疗优惠，优惠费用1161.96万元。加大基础设施建设，改善医疗服务环境，市直医疗机构基础设施建设规划建筑面积6.58万平方米，计划投资达

2.085亿元。

5.卫生监督执法。开展食品卫生专项整治行动，健康相关产品卫生抽检任务顺利完成，抽检率100%，餐饮单位量化分级管理实施率100%，完成了省市重大活动及节假日的食品卫生监督保障任务。市卫生局被评为全国卫生监督先进集体、济南市2006年度全国食品放心工程综合评价检查标兵单位。对1518家用人单位落实职工健康监护制度情况进行专项检查，监督检查覆盖率100%。严格医疗市场准入制度，为群众营造放心就医环境。全年对346家医疗机构进行了处罚，罚款89.26万元，没收药械107台（件）。实行行政审批工作例会制度，受理的各类卫生行政许可限时办结率100%。卫生监督体制改革基本完成，卫生监督和疾病控制力量得到有效整合，职责进一步明确，疾控和监督力度进一步加大。

6.中医药工作。推进中医药参与新农合工作，推广平阴县省级新农合中医药作用试点县经验，巩固扩大了章丘、历城等国家级、省级中医药工作先进县的创建成果。建立健全规范标准和考核评价体系，大力推广50项适宜技术，提高了中医诊疗项目、中药饮片制剂和中成药的报销比例。发挥全国示范区的作用，促进历下、市中、槐荫、天桥、长清社区中医药服务创新发展。60个社区卫生服务中心和56个服务站建立了中医科，中医药服务覆盖全市社区。推进中医“三名”战略，全市拥有国家级名医师承指导老师7名，省级名中医药专家5名，市级名老中医、名中医和优秀青年中医各20名；国家级中医重点专科建设单位3个、省级中医重点专科5个、市级重点中医专科3个和建设项目2个。市中医医院被国家中医药管理局确定为中医“治未病”试点单位。

7.卫生科技和人才强医。加强重点专业建设和管理，全市拥有省级特色专科13个，市级重点专科25个，重点实验室2个。通过鉴定的科技成果90项（其中省级科技进步奖8项），占全市科技成果项目的1/3。启动了全科医学专科医师规范化培训，举办全科医学培训班，培训学员479名。继续医学教育和住院医师规范化培训工作稳步推进，初步形成了层次清晰、运转灵活的继续医学教育组织管理体系。强化全市医疗晋升人员和全体护理专业人员学分管理，申报并立项国家级继续医学教育项目1项，省级项目28项。实施“泉城卫生学者565工程”，评出第三届泉城卫生学者，并对往届学者进行综合考核，促进了学者快速健康成才。

8.和谐卫生创建工作。深入开展“学习实践科学发展观，解放思想大讨论”活动，注重理论与实际工作的结合，实现了境界大提升、观念大解放、作风大转变、效率大提速。加强矛盾纠纷排查，全年未发生群体性上访事件，信访量较上年下降12%。稳步推进平安医院建设。与综治办等6个部门联合下发了《关于开展创建平安医院活动的意见》。以消防、医疗、生产安全为重点，督导各单位制定落实安全防范规章制度和应急预案，全年未发生重大安全事故和治安案件。加强卫生宣传工作，推出人民好医生刘传河等3个先进典型，评选出“百姓信赖的十佳社区医生”、“2007年卫生系统十大好新闻”，7家中央媒体集中报道了济南惠民医疗工作开展情况。加大行业精神文明建设力度，开展以“一满意，四规范”为主要内容的文明行业创建活动，济南市卫生局系统被评为市级文明行业。大力推行药品集中招标采购工作，严格程序，加强监管。全年药品集中招标采购4.73亿元，让利群众1.44亿元。

【第十九个全国爱国卫生月宣传日活动】 4月1日，山东省爱卫会、卫生厅和济南市爱卫会、文明办、卫生局联合举行第十九个全国爱国卫生月活动启动仪式。以“营造良好环境，倡导健康生活，培养文明行为，共建和谐家园”为主题，号召全市人民积极行动起来，大力开展城乡环境卫生综合整治，积极搞好农村改水改厕，扎扎实实做好病媒生物防治和全民健康教育等项活动，营造良好环境，建设和谐家园，增强全民文明素质和卫生意识，为创建国家卫生城市和全国文明城市作出积极的贡献。

【开展农村改厕评估调查】 按照全国《2004、2005年中央补助地方农村改厕项目效益评价方案》和《山东省中央补助地方农村改厕项目效益评价实施方案》的要求，5月15~18日，由省爱卫会办公室、省疾病预防控制中心、市爱卫会办公室、市疾病预防控制中心、槐荫区爱卫会、商河县爱卫会的有关人员组成了农村改厕项目效益评价调查组，对槐荫区两个国家农村改厕项目村和商河县两个非国家改厕项目村进行效益评价，撰写了调研报告，受到省爱卫会和全国爱卫会的好评，全市农村改厕普及率达到73.74%。

【完成“7·18”特大暴雨灾害的救灾防疫任务】 7月18日当夜，立即启动应急预案，组织急救出车195次，派出医护人员1200余名。抓好灾后防疫，组织疾病控制消杀小分队和医疗救治小分队，对公共场所、饮用水源进行大面积消杀，到受灾居民家中送医送药。共派出医疗、疾控、卫生监督小分队1027支次，8479人次，入户1.7万户次，提供医疗服务1.6万人次，使用消杀药品8.5吨，消杀面积达3940余万平方米，发放宣传材料25万份，各级各类医疗机构共捐赠药品价值51.76万元，实现了大灾之后无大疫的目标。

（李学忠　陈　亮）

医疗与疾病防控

【手足口病疫情得到有效控制】 4月，山东省临沂市发生手足口病疫情，引起新闻媒体、网络和群众的广泛关注，成为影响较大的公共卫生事件。济南市卫生局与教育局迅速行动，成立了济南市肠道传染病和手足口病防治工作领导小组，下发《关于加强手足口病防治工作的通知》，制定了《济南市手足口病防治方案（试行）》、《手足口病诊断标准及处理原则》和《预防手足口病常用消毒方法》等防治规范。针对手足口病的发病和流行特点，加强疫情监测，实行疫情日报告和零报告制度。各级医疗机构强化了预检分诊制度，对病人采取必要的隔离、消毒等措施，有效地控制了疫情，保障了全市儿童身体健康和社会安定发展。

【中医名科建设见成效】 济南市中医医院的康复专科被列为“国家中医药管理局‘十一五’重点专科（专病）建设项目”，章丘市中医医院的脾胃科和槐荫区人民医院的大肠肛门病被省中医药管理局评为第三批省重点中医专科，提升了济南市中医工作水平，推动了中西医和谐发展。

【济南被确定为全国社区卫生服务体系建设重点联系城市】 为深化医药卫生体制改革，建立基本卫生保健制度，维护社区卫生服务公益性质，国务院决定开展社区卫生服务体系建设试点工作，在全国确定29个城市（区）为全国社区卫生服务体系建设重点联系城市。市委副书记、市长张建国对济南申报试点工作做出重要批示，分管副市长亲自调度协调，有关部门积极配合，经审核，济南被确定为全国社区卫生服务体系建设重点联系城市之一。8月29日，济南市召开全国社区卫生服务体系建设重点联系城市工作启动会，制定下发了《济南市社区卫生服务体系建设重点联系城市工作方案》、《济南市社区卫生服务体系建设实施方案》，进一步明确目标任务、配套政策和保障措施，各项工作逐步得以落实，受到卫生部充分肯定。

（李学忠　陈　亮）

体育事业综述

【概况】 2007年，全市体育系统抓住承办十一届全运会主会场这一难得的机遇，以满足广大人民群众日益增长的体育需求为出发点，把增强人民体质、提高全民健康素质作为根本目标，围绕推动全民健身、提高竞技水平、发展体育产业三大任务，强化组织领导，坚持依法治体，推动了体育事业持续快速健康发展，先后荣获全省群众体育、竞技体育和体育彩票工作三个突出贡献奖。群众体育蓬勃发展。以提高全民健康素质为重点，紧紧围绕“全民健身与奥运、全运同行”这一主题，坚持“活动与建设并举”的工作方针，加快群众身边的场地建设、活动建设、组织建设，努力构建“亲民、便民、利民”的全民健身服务体系，大力推进群众体育生活化、社会化进程。一是组织开展丰富多彩的全民健身活动。组织全民健身跑暨全民健身成果展、2007“安利纽崔莱健康跑——为2007年世界特殊奥林匹克运动会加油”暨济南市全民健身大家跑、迎奥运全运全民健身总动员暨2007年济南市全民健身月启动仪式等大型群众体育活动近百次，参加人数70余万人次。二是大力推进全民健身设施建设。利用体育彩票公益金为350个行政村配建了篮球、乒乓球、健身路径等全民健身设施，完成第十批全民健身工程点118个，配建社区健身广场2处、健身路径10处。三是健全完善全民健身组织。加强体育社团和民办非企业单位规范管理，审查16家，完成了部分体育单项协会的换届工作。抓好社会体育指导员的培训和管理，组织社会体育指导员培训班6期，培训社会体育指导员1338人，其中培训二级社会体育指导员276人，社会体育指导员队伍不断扩大。四是全民健身工作更加普及。积极开展国民体质监测工作，完成样本量2238例。组织全市40多所中小学3000余名学生，开展了田径、篮球、足球、排球、乒乓球、棋类等12项比赛，促进了中小学生身体素质和运动水平的提高。协助相关部门参加山东省第七届少数民族运动会和第六届农民运动会，取得优异成绩。稳步推进奥运火炬接力筹备工作，通过了北京奥组委和省组委会的检查验收。竞技体育实力明显提高。一年来，济南市运动员在世界级比赛中，获金牌16 枚、银牌3枚、铜牌2枚；在全国比赛中，获金牌 46枚、银牌39枚、铜牌32枚。其中：在2007国际乒联巡回赛总决赛（与世锦赛、奥运会、世界杯相当，属乒乓球顶级赛事）上，济南市运动员李晓霞获得女子单打、女子双打两个第一名，获济南市第一个乒乓球单打世界冠军，实现了济南市竞技体育的新突破；散打运动员张勇获第九届世界散打锦标赛65公斤级冠军，实现了济南市在重竞技项目上的新跨越。组队参加全国第六届城市运动会，济南市共有126名运动员参加了乒乓球、田径、游泳、举重、国际跤（自由跤、古典跤）、柔道、跆拳道、射击、射箭、击剑、排球（女子排球）12个大项角逐，获得金牌 5枚、银牌8枚、铜牌6枚，团体总分219分，在全国74个参赛城市当中，取得金牌总数第十三名、奖牌总数第十一名、团体总分第十四名的优异成绩。按照有利于促进业余训练，有利于各项目运动队选材，有利于调动县（市）区为建设体育强市作贡献的原则，成功举办了济南市第四届青年运动会，充分展示了全市体育后备人才培养成果，发现了一批有潜质的体育后备人才。在提高全市竞技运动水平的同时，把培养输送优秀体育后备人才作为首要工作来抓，向国家运动队和省运动队输送20余名优秀运动员。组织承办了全国武术散打锦标赛、山东省青少年足球锦标赛、山东省排球锦标赛等比赛，进一步提高了承办大赛的能力，为承办全运会等大型赛事培养了一大批业务骨干。全面推进业余训练“体教结合”，加快业训网点建设，初选了128所学校（俱乐部）业训点。积极筹备组建二十二届省运会队伍，480余人通过资审，为下步组队训练打下了坚实基础。体育产业稳步前进。坚持走社会化、产业化的路子，积极扩大体育消费，大力培育体育市场，加快体育产业的发展步伐。通过规范管理提高工作效率，狠抓基础建设，增强市场竞争力，树立品牌形象，推动体育彩票发行不断增长。重新修订了《2007年销售任务及考核办法》，强化对业务员和工作人员的量化考核，促进了销量的上升。加强彩票新玩法的研究开发，积极争取上市了“大乐透”玩法，提高了体彩综合竞争力和吸引力。通过开办体彩专栏、平面媒体、电视字幕、车体广告、街头展牌、散发宣传单等形式，提高彩民对新玩法的认识程度。组织开展“体质监测万里行”、“体彩杯全民健身总动员” 等大型体育活动，加强体育彩票的公益宣传，树立体彩公益形象。共销售电脑型体育彩票3.1亿元，市场占有率达到46%，各项指标均创历史新高。有8家企业采取市场化运作方式赞助各种体育比赛和体育健身娱乐活动，促进了体育事业的发展。加强管理，统筹安排，充分挖掘现有体育场馆的潜力，在满足体育教学训练的同时，搞好对社会开放经营，发展健身会员1000余人，培训学员1000余人，接待市民群众健身锻炼达30万人次。第十一届全运会主会场筹备工作扎实到位。一是成立了由局党委书记、局长任组长，局领导班子各成员为成员的领导小组，加强对全运会筹备工作的组织领导。二是认真做好赛区组委会的各项工作。抽调专人参与十一届全运会济南赛区组委会办公室、场馆建设部、社会动员部等工作，保障了赛区组委会各项工作顺利进行。三是以市体育局为主体，组建了第十一届全运会济南赛区组委会群体工作部。根据赛区组委会要求，按照科学决策、民主决策、依法决策和规范运作的标准，进一步明确任务目标，建立健全组织机构，明确各自的工作职责。四是加强迎十一运全民健身设施和比赛场馆的建设。根据济南市的实际，研究确定了市级全民健身中心“多点启动”方案，印发赛区组委会文件组织实施，明确了建设主体、建设项目和有关政策。先后向国家体育总局、省体育局、省财政厅进行了专题汇报，争取各级支持。全民健身设施各项工程正在组织实施中，章丘、历城体育中心已开工建设，皇亭体育馆改造正在制定方案，即将组织实施。

（胡革南）

承办第十一届全国运动会

【第十一届全运会济南赛区组委会成立】 2007年6月7日，根据第十一届全运会济南赛区筹备工作需要，经济南市委、市政府同意，成立全运会济南赛区组委会，印发了《中共济南市委、济南市人民政府关于成立第十一届全国运动会济南赛区组委会的通知》（济普发[2007]31号）。市委副书记、市长张建国为济南赛区组委会主任；市委副书记杨鲁豫，市委常委、副市长殷鲁谦为常务副主任；市委常委、宣传部长王良，副市长王以才、邹世平，市政协副主席、市政府秘书长胡占平为副主任；杨鲁豫兼济南赛区组委会秘书长；胡占平，市委副秘书长任建新，市政府副秘书长曹桦、杜平，市委宣传部常务副部长、市文明办主任凌安中，市体育局局长初伟为副秘书长。组委会下设“1室8部”即：办公室、场馆建设部、道路交通部、群体工作部、服务保障部、环境整治部、环境建设部、社会动员部和财务审计部，具体组织实施各项承办工作。

2007年10月11日，以“喜迎十七大 办好全运会”为主题的第十一届全运会倒计时两周年揭幕仪式在泉城广场举行。（崔健 摄）

【济南市召开迎第十一届全运会筹备工作动员大会】 6月9日，济南市在南郊宾馆俱乐部礼堂召开迎全运会筹备工作动员大会，全面启动迎接全运会筹备工作。省委常委、济南市委书记焉荣竹主持会议，副省长黄胜出席会议并讲话。济南赛区组委会主任、济南市委副书记、市长张建国与市属六区和章丘市签订了承办责任书。

【第十一届全运会济南赛区组委会群众体育工作部挂牌办公】 9月6日，群众体育工作部挂牌办公，集中办公地点在市体育局。市体育局党委书记、局长初伟任部长，市委宣传部副巡视员彭寿谦、市发改委副主任陈长京、市建委总工程师辛培勤、市规划局副局长吕杰、市教育局副局长朋星、市园林局副局长李心宏、市体育局副局长王尔伟、王忠山任副部长。主要工作职责：负责全市群体健身设施规划的制定；负责市级群体健身设施的组织实施工作；指导督促区（县、市）、街道（乡镇）、居委会（村）有关全民健身设施建设；负责制定群众性体育活动方案及组织全民健身优秀项目展示活动；负责协助组委会做好全国群众体育先进集体、先进个人的评选及表彰工作；负责协助组委会做好火炬传递等有关活动；完成赛区组委会安排的其他工作。群众体育工作部下设综合处、全民健身工作处、群体表彰工作处、场地建设处4个处。

【市领导调研第十一届全运会筹备工作】 9月4日，市委书记焉荣竹听取了第十一届全运会济南赛区组委会的工作汇报，察看了奥体中心体育场馆建设情况，并对全运会筹备工作提出要求。焉荣竹指出,济南赛区组委会各组成部门要充分认识所肩负的重要责任,按照省委、省政府的要求,以高度的政治责任感认真做好城市亮化、绿化、美化等各项筹备工作。要切实搞好社会宣传动员,征集好宣传口号;要广泛开展群众性体育运动,努力在全社会营造人人关心支持全运会的良好氛围;要确保全运会各项建设工程质量,把安全生产放在首位,确保比赛场馆、群众性体育设施建设等符合全运会竞赛标准要求。市委副书记杨鲁豫,市委常委、常务副市长殷鲁谦,市委常委、秘书长孙晓刚,副市长王以才,市政协副主席胡占平参加活动。10月11日,市委副书记杨鲁豫,市委常委、常务副市长殷鲁谦先后到全运会济南赛区组委会环境建设部、场馆建设部检查调度全运会筹备工作。在充分肯定前段筹备工作的基础上,对解决下步工作中面临的重点难点问题进行了深入分析和研究。杨鲁豫强调,环境建设部涉及面广,任务繁重,特别是"惠民康居"工程、棚户区改造工程,任务艰巨。要创造性的开展工作,克服困难,不能有畏难情绪,更不能等、靠、要,要找出问题,积极沟通,协调解决。场馆建设是重中之重,必须搞好建设。运动员村要尽快动工;道路建设要统一规划,加强配合;周边开发建设要抓住主要矛盾,研究方案,尽早开工。

【第十一届全运会济南赛区组委会第一次部室联席(扩大)会议】 9月7日,第十一届全运会济南赛区组委会召开第一次部室联席(扩大)会议,传达市委书记焉荣竹9月4日调研全运会筹备工作时的讲话要点和全运会组委会有关会议精神,公布了济南赛区组委会各部室负责人的职责。市委副书记杨鲁豫出席会议并讲话。市委常委、常务副市长殷鲁谦,市政协副主席胡占平参加会议。本次会议的召开,标志着全运会筹备工作进入了全面落实、加速推进的新阶段。会议要求组委会全体人员强化大局意识、责任意识、协作意识和开放意识,以饱满的工作热情和奋发的工作态度,全力投入到各项筹备工作中去。杨鲁豫要求,全运会的总体筹备工作已经从基础筹备阶段转入综合筹备阶段,这一阶段的任务就是在前一阶段规划和计划工作的基础上抓好进一步落实。一是组织人员的落实。各级各部门要把筹备全运会、参与全运会、服务全运会摆上重要议事日程,抽调精干力量支持组委会的组织建设。二是目标任务的落实。按照各自职责和分工,抓紧制订工作方案和实施计划及进度安排,把各项任务抓深、抓细、抓实。三是制度措施的落实。各部室要坚持用制度管人,用制度规范工作,做到科学决策、民主决策、依法决策和规范运作。四是抓好当前各项工作部署的落实。赛事场馆建设、群体设施工程建设、城市运行服务保障、道路交通、环境整治等都要尽快按照工作规划抓紧落实到位。

【第十一届全运会济南赛区组委会各部室筹备工作调度会】 9月20日,市委副书记、全运会济南赛区组委会常务副主任兼秘书长杨鲁豫在济南交警培训中心主持召开全运会济南赛区组委会各部室筹备工作调度会,认真听取各部室工作汇报,要求各部室迅速行动起来,以只争朝夕的精神加快推进全运会济南赛区各项筹备工作。杨鲁豫指出,现在距全运会召开只有两年时间,各项筹备工作责任重大、任务艰巨、时间紧迫,各部室的领导要切实负起责任,全力以赴把各项工作抓紧抓好,特别是要把各项基础性工作做好做实。一要尽快制订完善工作方案和工作计划。二要创造性的开展各项筹备工作。三要集中精力、集中时间全力投入到全运会的各项筹备工作中去。

【确定济南市迎十一届全运会全民健身工程规划建设方案】 9月26日,为全面完成全运会济南赛区承办全国群众体育表彰大会有关筹备任务,迎接国家领导人及全国群众体育先进代表的视察和观摩,根据市政府与省政府签订的《中华人民共和国第十一届运动会项目委托承办工作责任书》的要求和济南市的实际,以"体现泉城特色、全国一流水平、地理位置优越、方便群众健身"为原则,确定了《济南市迎十一运会全民健身工程规划建设方案》。规划设计原则:坚持以人为本的原则,突出泉城特色,方便群众就近健身,进一步保障人民群众享有基本的体育健身权益。坚持项目建设责任单位投入为主,市场运作补充,政府给予适当奖励补助,广泛吸纳社会资金,努力形成各种社会力量竞相参与、充满活力的全民健身设施多元化投入机制。坚持"群众体育与奥运、全运同行",大力宣传"人文奥运"、"和谐全运"理念,充分发挥奥运、全运的综合影响和带动作用,促进济南区域、城乡体育健身设施又好又快协调发展。规划建设项目主要有7项:①大明湖公园。大明湖是体现济南历史文化底蕴、代表泉城风貌的主要场所之一,列为全运会期间党和国家领导视察、全国群众体育表彰大会代表考察观摩的主要场所。规划建设要坚持因地制宜的原则,注重大明湖公园内涵与全民体育健身的融合,以局部增设室外健身设施为主,重点考虑增加小篮球、网球、门球、笼式足球和健身路径、健身步道等,场地依据实际而建。建设资金列入大明湖整体拆迁改造总体费用。项目建设责任单位:市园林局。②市体校(跳伞塔院)。此处地理位置优越,周边可利用的体育场地和设施较为集中,又是经十路全民健身工程线主轴线的重要组成部分,列为市级全民健身中心的重点项目。拆迁建筑面积1.2万平方米,可利用建设用地面积1.2万平方米。规划建设地下1层地上6层、总建筑面积3.2万平方米室内场馆。除安置回迁面积外,用于全民健身中心面积为2万平方米。室内设篮球、排球、网球、壁球、乒乓球、羽毛球场地和健身房、有氧无氧训练器械、国民体质监测等场地。室外改造原有的田径场、篮球场、网球场、健身路径等设施。项目建设责任单位:市体育局。③奥体中心。利用已规划建设面积为4万多平方米的室外篮球训练场、网球场、足球训练场、田径训练场,作为室外健身场地。在中心区平台部分安排乒乓球、壁球、台球、跆拳道、拳击散打、健身器械等室内健身项目,规划室内面积为5000~8000平方米。建设资金列入奥体中心总体费用。项目建设责任单位:市城市建设投融资管理中心。④百花公园。在原水上乐园处,建一处以室内健身为主,设游泳、羽毛球、乒乓球等10个健身项目,面积为5000~8000平方米的室内场馆,为尽可能地不占绿地,室外场地可少建,占地约10亩。在满足市民健身需要的同时,进一步提升公园的整体功能。项目建设责任单位:市园林局。⑤第二工人文化宫。现有建筑面积1.1万平方米,室外已有20730平方米的篮球、门球、网球、健身路径和广场等设施。建设2000平方米游泳馆、2000平方米综合馆,使室内总建筑面积达到1.5万平方米。项目建设责任单位:市总工会。⑥张庄路现代广场。现为市全民健身中心,已有8000平方米室内场馆,在原有基础上,对现有设施再做提升、改造,同时将外部出入口附近的街道纳入全运会整治规划。项目建设责任单位:市体育局。⑦市妇幼活动中心。现有2000平方米室内设施,4000平方米室外场地。建设1200平方米球类馆、3000平方米室外网球场、篮球场、门球场、儿童轮滑等健身设施。项目建设责任单位:市妇联。

有关政策:①减免相关费用。根据《山东省人民政府办公厅关于印发第十一届全运会山东省筹备委员会第二次会议纪要的通知》(鲁政办字〔2006〕45号),对承办全运会建设全民健身项目及配套设施,在选址、立项、规划、征地、投入等方面给与优惠。场馆建设相关费用除上缴国家部分外,省市两级原则上予以减免。②资金投入方式。除大明湖公园、奥体中心列入整体工程项目外,其他5处健身设施,按照谁投资谁受益的原则,以项目建设责任单位自筹为主,实行市场化运作方式筹集,政府给予适当奖励补助,市体育局负责投入健身器材。③组织实施。在全运会济南赛区组委会领导下开展工作。各项目建设责任单位负责办理各种审批手续、规划建设及后续场馆经营;济南赛区组委会群体工作部负责协调有关工作,调度有关工程进展情况。④设施竣工时间。2009年5月31日之前完工,接受第十一届全国运动会组委会的检查验收并交付使用。

【第十一届全运会济南赛区组委会群众体育工作专题会议】 9月27日,全运会济南赛区组委会在市体育局召开群众体育工作专题会议。市委副书记杨鲁豫,市委常委、常务副市长殷鲁谦,副市长王以才出席会议。会议印发了《济南市迎十一运会全民健身工程规划建设方案》,与会人员观看了济南市迎十一运会全民健身工程规划建设方案多媒体影像宣传片,杨鲁豫、王以才分别讲话。杨鲁豫要求,要坚持高起点规划、高水平建设、高效能管理,切实把全市全民健身设施规划建设成精品工程。同时,要坚持"大型示范、小型受益、特色推动、主体多元"的思路,加大工作力度,促进全民健身活动更加广泛地开展。要围绕"全民健身与奥运、全运同行"主题,策划和组织社会影响大、群众参与面广的大型群体活动,做到月月有活动,阶段有高潮,常年不断线。要努力提高群众的参与度,充分发挥基层体育协会和群众团体的作用,组织开展适合多种人群参与,形式多样的健身活动,努力形成全方位多层次推进全民健身活动的新格局。

【市领导对第十一届全运会济南赛区工作进行督查】 10月16日,市委副书记、市长张建国,市委副书记杨鲁豫和市政协副主席胡占平察看了全运会济南赛区工作情况。张建国指出,一定要充分认识肩负的重要职责,紧紧抓住迎全运会这一历史机遇,以时不我待的精神扎实做好各项筹备工作。市级全民健身工程"多点启动"规划建设方案选址合理,布局科学,富有特色。力争年底前,几个关键项目要开工并保证资金尽快到位。要明确目标任务,突出工作重点,做好规划设计,进行科学分工。要尽快建立项目审批绿色通道,加快建设项目的审批手续。

【市领导到群体工作部检查指导工作】 10月16日,市委副书记、市长张建国,市委副书记杨鲁豫,市政协副主席胡占平等到全运会济南赛区组委会群体工作部检查指导工作,观看了迎全运会全民健身工程规划建设方案多媒体片,听取了群体工作部部长初伟的工作汇报。张建国对群体工作部的工作给予充分肯定,对下步全民健身设施建设工作提出要求。①同意市级全民健身设施的规划定点。组委会要加快具体规划设计、呈报审批等工作进度,力争年底前几个关键项目开工。②建设资金要核算好,积极争取省里支持,保证资金尽快到位,用于重点项目。③城市整治和棚户区改造项目要对全民健身设施建设提出要求,特别要加大棚户区改造项目的全民健身设施建设力度,尽快使全民健身设施建设达到全国省会城市先进水平。④灯亮工程。市体校周边照明环境较差,要结合全民健身工程建设抓紧整治。市级文物跳伞塔,是济南市的标志性建筑,一定要保护好、装饰好,使其尽快成为济南一道亮丽的风景。

【市领导检查重点体育项目建设】 11月10日,市委副书记杨鲁豫带领全运会济南赛区组委会办公室、场馆建设部有关负责人现场查看了奥体中心"一场三馆"、市政、安置房工程,片区内社会项目建设情况和省建场馆建设情况。杨鲁豫强调,各有关单位要按照"9·29"省委常委扩大会议精神要求,根据市委、市政府的安排部署,全力以赴加快推进奥体文博片区项目建设。一是加快奥体中心场馆、市政和安置房建设。二是加快推进奥体中心周边项目建设。

【第十一届全运会济南赛区组委会第二次部室联席(扩大)会】 11月15日,第十一届全运会济南赛区组委会第二次部室联席(扩大)会召开,要求各部门以高度责任感进一步落实重点建设项目、综合整治项目目标任务。市委副书记杨鲁豫出席会议并讲话,市委常委、常务副市长殷鲁谦主持会议。杨鲁豫指出,全运会筹备工作面广量大,时间紧、任务重。各部门各单位要穷尽问题、紧盯细节,对存在的问题早发现、早报告、早处理,把握完成目标任务的主动权。要进一步落实责任分工,调动工作积极性;做好项目报批工作,加快推进重点项目建设,争取早开工、早竣工;抓好重点项目督查调度工作,建立完善督查调度机制。要加强组织领导、统筹协调,牢固树立大局意识,形成筹办全运会的合力。副市长王以才、市政协副主席胡占平出席会议。

（胡革南）

竞技体育

【济南市第四届青少年运动会】 为了深入贯彻中共中央、国务院《关于加强青少年体育、增强青少年体质的意见》精神,落实市委、市政府每四年举办一届青少年运动会的决议,加速发现、培养、输送优秀体育后备人才,提高运动技术水平,为备战省二十二届运动会锻炼队伍,选拔人才,促进全市青少年竞技体育的协调发展,为建设体育强市奠定基础,经市委、市政府批准,市体育局于2007年5月至8月组织举办了济南市第四届青少年运动会。本届运动会坚持有利于促进业余训练,有利于各项目运动队选材,有利于调动县(市)区为建设体育强市作贡献的原则,办得隆重、节俭、精彩、和谐、圆满,充分展示了全市体育后备人才的培养成果,业余训练水平得到检验,体育后备人才脱颖而出,竞赛组织水平明显提高,达到了预期目的,取得了良好的成效。本届运动会共设篮球、排球、足球、武术、举重、散手、跆拳道、国际式摔跤、柔道、乒乓球、羽毛球、幼儿基本体操、射击、游泳、田径15个大项,204个小项;设金牌295枚,项目总分9398分。设一个年龄组（省二十二届乙组）。有历下区、市中区、槐荫区、天桥区、历城区、章丘市、长清区、平阴县、济阳县、商河县10个县(市)区代表团、计2000余名运动员参赛。比赛分三个阶段进行。第一阶段5月12日至5月29日,举行了举重、柔道、武术、散手、国际式摔跤、跆拳道、乒乓球7个大项的比赛;第二阶段6月26日至7月21日,举行了幼儿基本体操、游泳、羽毛球、足球4个大项的比赛;第三阶段8月5日至11日,举行了篮球、排球、射击、田径4个大项的比赛。经过比赛,一大批优秀后备人才脱颖而出,有2人2次创2项市年龄组纪录。青少年运动员组。金牌总数(含2005年、2006年度比赛带入金牌):第一名历下区81.6枚、第二名市中区42.3枚、第三名天桥区33.7枚、第四名槐荫区32枚、第五名长清区30.2枚,第六名平阴县26.8枚、第七名章丘市21.7枚、第八名济阳县14.7枚、第九名历城区10.6枚、第十名商河县5.8枚。团体总分（含2005度、2006年度比赛带入总分):第一名历下区1359.3分、第二名市中区1104.2分、第三名长清区931.1分、第四名槐荫区809分、第五名天桥区805.3分、第六名平阴县684.4分、第七名济阳县641.9分、第八名章丘市518.2分、第九名历城区294分、第十名商河县205.4分。优秀运动员组。金牌总数（输送运动员在省以上比赛加牌):第一名历下区44.75枚、第二名平阴县41.75枚、第三名章丘市23.75枚、第四名济阳县22.75枚、第五名市中区19.5枚、第六名天桥区15枚、第七名长清区14.75枚、第八名历城区12.5枚、第九名槐荫区8枚、第十名商河县6枚。团体总分(输送运动员在省以上比赛加分):第一名历下区402.75分、第二名平阴县375.75分、第三名章丘市213.75分、第四名济阳县204.75分、第五名市中区175.5分、第六名天桥区135分、第七名长清区132.75分、第八名历城区112.5分、第九名槐荫区72分、第十名商河县54分。10个参赛代表团全部被授予"体育道德风尚奖"。

【参加全国第六届城市运动会】 2007年10月,全国第六届城市运动会在武汉市举行。济南市体育代表团共派出126名运动员参加了柔道、射击、田径、举重、乒乓球等12个大项的角逐,获金牌5枚、银牌8枚、铜牌6枚、总分219分,在全国74个参赛城市取得了金牌第十三名,奖牌第十一名,总分第十四名的优异成绩,实现了金牌、奖牌和总分三超上届(上届运动会济南获金牌4枚、奖牌13枚、总分175分),超额完成市委、市政府下达的参赛任务。济南体育代表团获得体育道德风尚奖,实现了精神文明和运动成绩双丰收。

【2007年全国男子武术散打锦标赛】 6月22~28日在济南皇亭体育馆举行。本次比赛由国家体育总局武术运动管理中心主办,济南市体育局和山东中烟工业公司承办,济南市体育竞赛管理中心、济南时报文化传播公司、济南电视台和济南时报共同协办,是我国武术运动最高规格的全国性赛事。比赛共设置48、52、56、60、65、70、75、80、85、90公斤级和90公斤以上级共11个级别。经过7天角逐,河南代表队郭亮亮获得48公斤级冠军、郑大代表队仲从阳获得52公斤级冠军、河南代表队张帅可获得56公斤级冠军、上海代表队段寒松获得60公斤级冠军、山东代表队张勇获得65公斤级冠军、上海代表队赵光勇获得70公斤级冠军、江西代表队张习杰获得75公斤级冠军、解放军体院代表队董海峰获得80公斤级冠军、首体代表队薛凤强获得85公斤级冠军、前卫代表队姜尚龙获得90公斤级冠军、北体大代表队吴松录获得90公斤以上级冠军。

【山东省男子排球锦标赛】 7月2~8日在济南市体育运动学校举行,来自济南、青岛、烟台、潍坊、淄博、临沂等城市的11个代表队140名运动员分别参加了男子甲组、男子乙组比赛。济南代表队、潍坊代表队、淄博一队代表队获得男子甲组第一名至第三名;济南代表队、淄博一队代表队、临沂代表队获得体育道德风尚奖。济南代表队、淄博一队代表队、烟台代表队获得男子乙组第一名至第三名;济南代表队获得体育道德风尚奖。

【山东省青少年足球锦标赛】 7月23日至8月15日在济南市工程职业技术学院举行,来自济南、青岛、烟台、潍坊、淄博、临沂等城市的19个代表队364名运动员分别参加了男子甲组、男子乙组和女子甲组、女子乙组的比赛。青岛市代表队、淄博市代表队、济南市代表队获得男子甲组第一名至第三名;淄博市代表队、济南市代表队、青岛市代表队获得男子乙组第一名至第三名。淄博市代表队获得男子甲组、济南市代表队获得男子乙组体育道德风尚奖。潍坊市代表队、青岛市代表队、烟台市代表队获得女子甲组第一名至第三名；潍坊市代表队、青岛千禧代表队、济南市代表队获得女子乙组第一名至第三名。济南市代表队女子甲组、烟台市代表队女子乙组获得体育道德风尚奖。

（胡革南）

群众体育

【“奥运、全运伴我行”2007年济南市元旦全民健身跑暨全民健身成果展】 1月1日在泉城广场举行，进行了轮滑、武术、体育舞蹈、健身舞、健身操、街舞、航空模型、跆拳道、散打、风筝等20多种体育运动的展示表演，共有来自全市的1万余名健身长跑爱好者参加了本次健身活动。泉城广场主会场成果展的参观人数达10万余人次，是历年来举办元旦长跑受众最多、最广泛的一年。

【2007“安利纽崔莱健康跑——为2007年世界特殊奥林匹克运动会加油”暨济南市全民健身大家跑活动】 4月15日举办，该活动是连续第四年在济南举办，引领泉城市民掀起又一轮健康生活方式的新热潮。活动于省体育中心及周边举行，跑走结合，不计名次，吸引了来自全市各行各业的健身爱好者15000余人参加，外围参与嘉年华活动的市民更是数不胜数。

【迎奥运全运全民健身总动员暨2007年济南市全民健身月启动仪式】 8月18日，举行了2007年济南市全民健身月启动仪式。“体彩杯”2007济南市全民健身总动员于8月18日开始，至10月28日共进行10场活动，共有约5000余人次参加，是全市规模第一次全面、系统地开展全民健身活动。这是将体育与电视媒体紧密结合起来的有益探索和尝试，是一项极具创新意识的活动，为济南体育产业的发展带来了新的思路和方向。

【济南市第十七届中老年人乒乓球比赛】 4月4~5日，由市老年体协主办，历下区老年体协承办的“体彩杯”济南市第十七届中老年人乒乓球比赛在济南五洋健身俱乐部举行。本次比赛共有18个单位160多人参加。经过比赛，男团前三名依次为历下区、历城区、市中区代表队，女团前三名依次为历城区、市中区、历下区代表队。

【济南市中老年人百队门球赛】 4月27~29日，为庆祝五一节和燕山门球场启用三周年，由市体育局、市老龄办主办，市老年体协承办，市地税局协办的“地税杯”济南市中老年人百队门球赛，在燕山门球场举行。来自全市各单位近百支门球队的一千多人参加了比赛。市老领导李元荣、李启万、房立、牛洪恩等出席了开幕式。市地税局的领导向老领导颁发了“税收宣传志愿者”证书。

【济南市中老年人太极拳(剑)表演赛】 5月16日，由市老年体协和市老龄办主办、槐荫区老年体协承办“体彩杯”济南市中老年人太极拳(剑)表演赛在槐荫区体育场举行。来自历下区、市中区、槐荫区、天桥区、历城区、长清区、济南炼油厂、济南化肥厂、济南老年大学等单位的1700多名中老年人参加了太极拳(剑)等共19个项目(团体和个人)的表演赛。市老年体协主席牛洪恩、常务主席郭元岐、副主席张正春、徐同胜、刘怀安出席开(闭)幕式并观看表演。大会对在比赛中取得优异成绩的单位给予表彰。

【全民健身家庭健步走活动启动仪式】 以“喜迎奥运、全运、强身健体、和谐家庭”为主题的“2007全民健身与奥运、全运同行”全民健身家庭健步走活动启动仪式于6月16日在山东省体育中心隆重举行。参加此次活动的家庭达1500多个，参赛选手从六七岁的儿童到八十多岁的老人，总人数超过5000人。本次活动为2008年奥运会和2009年全运会的成功举办营造了良好的社会氛围。副省长黄胜等有关省市领导参加了此次活动。

【“全民健身与奥运同行，全国亿万老年人健步走向北京奥运会”活动】 8月8日，来自全市各区的老年人近3000人，参加了由省、市老年体协组织的“全民健身与奥运同行，全国亿万老年人健步走向北京奥运会”活动。副省长黄胜、省老年体协的主席、副主席和省体育局局长以及副市长王以才，市老年体协主席、副主席和市体育局局长参加了活动，副市长王以才和赞助企业经理薛红爱在活动仪式上讲话。

【济南市柔力球比赛】 8月30日，由市老年体协主办、历下区老年体协承办的济南市柔力球比赛在皇亭体育馆举行。来自历下区、市中区、长清区、平阴县等15支代表队参加比赛。其中有5支代表队表演了第一套，10支代表队表演了第二套规定套路的比赛，历下区一队表演了第三套规定套路。经过激烈角逐，历下区二队、天桥区、济钢队分别获得前三名。

【山东省老年人健身球操千队万人通讯赛——济南市赛区比赛】 10月11日，由市体育局、市老龄办和市老年体协主办的山东省老年人健身球操千队万人通讯赛——济南市赛区的比赛在皇亭体育馆举行。共有13支代表队参加了第五套规定套路的比赛。市老年体协的主席、副主席及市老龄办、市体育局的领导及省老年体协的负责人出席活动。济南炼油厂、天桥区等单位分别获得前六名。

【庆“九九”老人节大型文体表演】 10月14日，由省市老龄委和济南市老年体协组织的庆“九九”老人节大型文体表演在泉城广场举行。省市老领导应邀参加活动并观看演出。历下区、市中区、槐荫区、天桥区的老年人分别表演了精彩的400人的柔力球、太极功夫扇、四种健身气功和第二套健身秧歌。市老年大学艺术团还表演了舞蹈节目。

【济南代表队获得全国老年门球精英赛暨中日韩门球挑战赛冠军】 10月25~28日，济南代表队参加了在枣庄市举行的2007年“广润乐活杯”全国老年门球精英赛暨中日韩门球挑战赛。比赛由国家体育总局社会体育指导中心和中国门球协会主办、山东省体育总会承办，来自全国各地的23支门球代表队参加了比赛。济南代表队获得2007年“广润乐活杯”全国老年门球精英赛第一名。28日，济南代表队以全国第一名的成绩代表中国参加了中日韩门球挑战赛。在这次由中国济南代表队、中国香港代表队、中国澳门代表队、中国台北代表队、韩国代表队和日本代表队参加的国际赛事中，济南代表队再次获得冠军。

【济南群众体育工作获国家、省表彰】 12月，国家体育总局授予济南市体育局、历下区体育局2007年全民健身与奥运同行活动先进单位；国家健身气功管理中心授予济南市全国百城健身气功交流活动优秀组织奖，授予济南市推广健身气功突出贡献奖，济南市大明湖西南门健身气功活动站、济南市山化健身气功活动站获全国健身气功优秀站点称号。山东省体育局授予市中区体育局全民健身体育活动月优秀组织奖，授予商河县文化体育局、历城区体育局、天桥区泺口街道办事处、槐荫区青年公园街道办事处全民健身体育活动月先进单位称号。

【“迎奥运、全运”2007年济南市首届轮滑锦标赛】 10月2~3日在山东省体育中心举行。这次比赛为济南国庆长假增添了一道节日大餐，对扩大轮滑运动的影响力，推动轮滑运动在济南的开展，提升轮滑运动水平，丰富轮滑爱好者的业余生活具有积极作用，为该项运动的普及与发展打下了良好基础。

【济南市第二届健美锦标赛】 “黑骏马杯”2007年济南市第二届健美锦标赛暨健身先生、健身小姐大赛于11月10日在济南山东青年干部学院礼堂举行。来自济南及其他地市的70多名运动员参加了比赛。大会对运动员的形体、运动特长及着装进行评定，评选出“2007年济南市第二届最佳健身先生、健身小姐”。

【全市乒乓球等级联赛】 12月，市体育总会积极与新闻媒体、玉泉森信大酒店等单位合作，联合打造品牌赛事，组织举办了深受市民喜爱的全市乒乓球等级联赛。参加这项活动的人数逐年增加，2007年是第三届，参赛人数已接近千人，比赛时间全部利用双休日，一人参赛全家上阵助威，极大地丰富了市民节假日文体生活，受到了广大市民的欢迎。

（胡革南）

责任编校　高进录

社 会 生 活

人口与计划生育

【概况】 2007年，全市出生人口5.8万人，出生率9.66‰，自然增长率3.08‰，合法生育率99.6%，出生人口性别比106，圆满完成了省市下达的各项责任目标。人口和计划生育工作取得显著进展：一是基层基础工作全面强化。全面推进计划生育服务机构标准化建设，修改完善了计划生育基础工作制度，继续坚持实行违法生育常年有奖举报制度，基层工作的制度化和规范化水平不断提高。二是热点难点问题有所突破。加强各级法院与人口计生部门的协调配合，提高社会抚养费征收到位率。深入开展关爱女孩行动，组织相关部门开展专项治理，综合治理出生人口性别比。完善城市特殊人群管理体制，建立城市拆迁育龄妇女的动态管理和跟踪服务工作机制，有效堵塞了管理漏洞。三是扎实开展技术服务。认真实施避孕节育、出生缺陷干预和生殖道感染综合防治“三大工程”，10个县(市)区全部完成数字化服务站建设。在农村县试点推行县、乡一体化技术服务制度改革，实行县、乡服务站统筹协调，一体化开展服务。四是坚持实行依法行政。层层举办贯彻中央《关于全面加强人口和计划生育工作统筹解决人口问题的决定》和计划生育法律法规培训班，全面推行计划生育政务公开。广泛开展“倡树新风年”活动，建立完善行风管理责任制。五是积极开展生育关怀行动。实施贫困家庭健康工程，为5000名计生困难家庭育龄妇女免费办理了“妇女团体健康保险”。开展“留守妇女”就业工程，免费为农村育龄妇女提供就业技能培训和外出务工服务。启动“爱心救助”温暖工程，全市近6000户计划生育困难家庭受益。六是计划生育奖励优惠政策得到全面落实。认真落实独生子女父母奖励、农村计划生育技术服务免费、农村60岁以上计划生育家庭奖励扶助等三项制度，确保各项奖励扶助资金足额落实到位。对全市独生子女伤残死亡家庭和农村双女绝育户进行调查摸底，并分别制订实施方案。2008年1月起，将在全市推行独生子女伤残死亡家庭特别扶助制度和农村双女绝育户奖励制度。

【济南市21世纪前20年人口发展战略研究成果发布】 2007年9月25日，由济南市政协人口资源环境委员会、市人口计生委联合开展的《21世纪前20年济南市人口发展战略研究》举办成果发布会。这项课题研究的主要内容包括：人口发展与现代化区域中心城市建设，济南市人口发展面临的机遇，济南市人口发展现状，济南市人口发展面临的问题和挑战，21世纪前20年济南市人口结构的变化趋势、发展目标和对策等。这项成果对于在深层次上研究解决制约人口发展的瓶颈，形成人口工作的互动机制，使人口计生工作进一步适应现代化区域中心城市建设的需要具有重要意义。

【济南市建立实行农村双女绝育户奖励制度】 自2008年1月1日起，济南市全面实行农村双女绝育户奖励制度。全市农村符合计划生育政策的双女绝育户，实施绝育手术的一方，自满55周岁的当年起，按每月50元的标准发放奖励扶助金。已超过55周岁的，自制度开始执行时的实际年龄为起点发放。年龄达到60周岁以后，纳入农村部分计划生育家庭奖励扶助范围，不再享受农村双女绝育户奖励制度。奖励扶助资金由市、县财政按比例承担，市财政根据比例对各县(市)、区给予补助。各县(市)、区设立奖励扶助金专户和奖励扶助对象个人账户，由计生和财政部门委托指定银行半年发放一次，直接发放到人。发放的计划生育奖励扶助金不计入奖励对象的家庭收入，不影响其享受农村居民最低生活保障待遇。为切实做好对农村双女绝育户的奖励扶助工作，计生、财政、审计、纪检等部门建立了资格确认、资金管理、资金发放与检查监督“四权分离”的运行机制，实行“政策统一、公开公正、直接到人、健全机制”的基本原则，并将农村双女绝育户奖励制度的执行情况，纳入人口和计划生育目标管理责任制考核，对在制度执行中出现重大问题的，将追究主要负责人及相关部门的责任。农村双女绝育户是实行计划生育政策以来形成的特殊群体。全面推行农村双女绝育户奖励制度，有利于缓解这些家庭的实际困难，对于稳定低生育水平、控制出生人口性别比、统筹解决人口问题具有重要意义，受到广大群众和社会各界的热烈欢迎。

【济南市全面实施计划生育家庭特别扶助制度】 自2008年1月1日起，济南市全面实施计划生育家庭特别扶助制度：城镇和农村独生子女死亡后未再生育或收养子女的夫妻，由政府给予每人每月不低于100元的扶助金，直至亡故为止；独生子女伤、病残后未再生育或收养子女的夫妻，由政府给予每人每月不低于80元的扶助金，直至亡故或子女康复为止。因丧偶或离婚的单亲家庭，男方或女方须年满49周岁。扶助对象再生育或合法收养子女后，中止领取扶助金。对于目前已享受农村部分计划生育家庭奖励扶助制度的独生子女伤残或死亡的扶助对象，相应调整扶助标准；对于符合独生子女伤残死亡家庭扶助制度基本条件的农村对象，年龄达到60周岁以后，仍继续执行本方案规定，不再重复执行农村部分计划生育家庭奖励扶助制度。在开展城乡居民最低生活保障制度核算申请人家庭收入时，扶助金不计入家庭收入。计划生育家庭特别扶助资金由省、市、县财政分级负担，由县（市）区财政、人口计生部门与有资质的金融机构签订代理服务协议，建立扶助对象个人账户，直接发放到人。

【济南市人口计生系统开展“生育关怀——泉城在行动”活动】 济南市人口计生系统坚持以科学发展观为指导，以构建社会主义和谐社会为中心，积极整合社会资源，开展了“生育关怀——泉城在行动”活动：以市计生协会为骨干，以市妇联“阳光人姐”为平台，为农村妇女提供劳务介绍服务，以拓宽农民就业渠道，转移农村剩余劳动力，促进农民增收。由市人口计生委、计生协会出资，联合太平洋保险公司，为部分困难计生家庭免费办理妇女团体健康保险，解决生活贫困的育龄妇女的生殖健康问题。2007年，共为贫困育龄妇女办理团体健康保险5000份。“生育关怀——泉城在行动”成为深受群众欢迎的惠民工程。

【济南市全面推进计划生育服务站标准化建设】 为提高计划生育优质服务水平，进一步加强农村公共卫生体系建设，济南市计生系统对计划生育服务站进行了全面的改造升级、规范统一，服务站整体面貌有了全新的改观。2007年，全市各级累计投入经费3000余万元，新建乡级计划生育技术服务站4个，改扩建服务站80个，占全市服务站总数的85%。全市预计在2008年6月底前全部完成计划生育服务站改扩建工作。

（李　莉）

婚姻家庭

【婚姻登记】 全年共办理国内公民结婚登记43982对、离婚登记7766对，涉外国人、华侨、港澳台居民结婚登记70对、离婚登记10对。坚持重要节日正常办公和节假日预约登记制度，年内共为1867对新人在节假日办理了婚姻登记。督促指导各婚姻登记处认真查找和整改薄弱环节，着重解决在登记处机构和人员编制、办公场所新建扩建、加强信息化建设、提供人性化和满意化服务等方面存在的问题。全市80%的婚姻登记处都新（扩）建了办公场所，办公环境宽敞明亮、设施齐全。其中，市中区、槐荫区和章丘市婚姻登记处被授予“全国婚姻登记规范化建设示范窗口”称号，历城区、平阴县婚姻登记处被授予“全省婚姻登记规范化建设达标单位”称号。

【收养登记】 对《济南市弃婴弃儿管理暂行办法》进行补充和完善。5月下旬，举办了全市收养登记管理工作培训班，集中对全市收养登记分管局长、科长及登记员进行了较为系统的收养法律法规、有关政策知识等方面的培训，对在实际工作中遇到的新情况、新问题和处理办法进行了广泛交流探讨，进一步提高了执法意识，规范了登记程序，提高了依法登记水平。全市共办理收养登记45件，登记合格率100%。按照当事人到所在县区申请、福利院提供被收养儿童、工作领导小组集中研究选配、捡拾地登记机关办理收养手续的工作流程。6月，成立济南市社会弃婴弃儿管理工作领导小组，制定无子女家庭收养福利院儿童的新举措，为无子女家庭满足收养需求、解决实际困难的同时，鼓励和引导收养当事人通过正常渠道依法办理收养，从而使各种随意送养、转让、买卖社会弃婴的违法行为失去生存市场，并有效防控违反计划生育送收养的不法行为。

【殡葬管理】 加强宣传殡葬政策法规和殡葬改革重大意义，加大对不法违规行为的监督检查整治力度。清明节前，市民政局向全体市民发出《文明祭奠倡议书》，积极倡导“厚养薄葬，绿色殡葬”，树立文明祭祀新风，全市年火化量达25896具，火化率为100%。12月，市民政局与市国土资源局联合清理整顿非法占用土地建设公墓，在新闻媒体上公布合法公墓情况。不断净化殡葬市场环境，倡导绿色殡葬、文明祭奠；市民政局协调有关部门，按照民族习俗做好回民殡葬工作；加大资金投入，对殡仪馆、公墓进行改造和设备更新；开展“主动式服务”和“殡葬服务进社区、殡仪主持到家中”等活动，积极为群众提供优质服务；市殡管处坚持“五免一送”活动，为困难群体办理殡葬事务提供优惠，减免各种费用60余万元。在“7·15”涉台交通事故中，市殡仪馆积极提供殡仪服务，受到省台办的通报表彰。

（陈尚军）

劳动就业

【就业与再就业】 城乡就业局势保持基本稳定。全市共安置城镇就业再就业13.3万人，其中下岗失业人员再就业5.9万人，就业困难人员再就业1.5万人；年末城镇登记失业率为3.58%；农业富余劳动力转移就业17.4万人次，其中有组织输出6.18万人次，占35.5%。公共就业服务体系进一步完善。以“公共就业服务品牌创建活动”为契机，全市共举办各类专场招聘会60多场次，提供就业岗位10万多个，帮助6万多人成功就业，市场导向就业机制初步形成。全年发放《再就业优惠证》1.19万本，持证人数累计达到7.14万人，享受税费减免政策6700余人，减免各项税费2700多万元。发放小额担保贷款3000万元。统筹城乡就业试点初见成效。全市68

个乡镇劳动保障事务所实现了联网，并在4770个行政村全面建立劳动保障协理员制度。各县(市)区对辖区农业劳动力的基本情况进行摸底调查，建立了农业劳动力资料数据库。“双零”家庭基本“消零”。全年共安置3545户城镇“零就业家庭”4927人就业，实现了“零就业家庭”的动态消零。帮扶1197户农村“零转移就业贫困家庭”1377人转移就业，实现了“零转移就业贫困家庭”存量消零。公共就业服务和职业培训基础建设取得积极进展，民办职业介绍机构信用等级评定工作取得成效，全年新审批A级职业介绍机构23家，全市A级职业介绍机构累计达到191家。

【劳动关系调整】 在县(市)区劳动保障部门、工会、企业中开展实施劳动合同三年行动计划建功立业竞赛活动，推动劳动合同三年行动计划的实施，全市各类用人单位劳动合同签订率为97%，劳动合同鉴证合格率为100%。建立了市解决企业工资拖欠联席会议制度，对拖欠工资的企业进行了调查摸底和联合检查，督促企业解决历史拖欠；全市累计补发企业拖欠工资1.7亿元，全面解决了企业历史拖欠职工工资问题。加强收入分配管理，建立企业工资正常增长机制。适应非全日制就业者的需求，发布了包括非全日制用工在内的583个职位的工资指导价位和2007年度企业人工成本信息。劳动保障监察执法工作力度进一步加强。充实了以社区劳动保障服务中心(站)为网格的兼职监察员队伍，实行网格化监察。完善了以市劳动保障监察为龙头、县(市)区劳动保障监察为主体、社区劳动保障服务中心为依托的二级执法、三级职责的劳动保障监察工作机制。全年共检查各类用人单位3686户，涉及职工23.7万人，督促用人单位与1.8万人签订了劳动合同，清欠社会保险费3938万元，受理咨询、投诉、举报1.53万人次，劳动举报投诉检查率达到100%，劳动保障监察受理案件结案率达到98%以上。劳动争议处理和劳动关系协调机制进一步完善，全年立案受理各类劳动争议案件2585起，涉及劳动者2633人，劳动争议受理案件结案率达到98%以上，矛盾纠纷排查调处力度进一步加大，全年受理各类来信来访5981件(起)。推进部分军队退役人员劳动保障政策的落实，对全市10个县（市）区6544人的数据信息进行了核实；做好军转干部解困工作，全年共计拨付企业军转干部解困资金2471.2万元。

【职业技能培训】 市委、市政府出台了《关于进一步加强高技能人才工作的意见》，选拔产生了30名第二批济南市首席技师和第四批72名突出贡献技师。组织开展了第十四个“技能月”活动，实施了“金蓝领”培训项目，全年培养产生高技能人才1.2万人，其中：技师1826人，高级技师215人。坚持服务就业和培养技能人才并重，全年组织在职职工培训12.15万人次；组织再就业培训1.71万人次，培训后就业率达60%；组织创业培训2859人。技工院校招生规模不断扩大，培养层次进一步提

第二批济南市首席技师人员名单(30人)

姓　名	单　　　位	工　种
杨　华	中国重汽集团济南桥箱有限公司	电气焊工
滕　军	济南锅炉集团有限公司	电焊工
赵　馨	济南二机床集团有限公司	电工
吴国华	济南四机数控机床有限公司	电工
宁长军	中国重汽集团济南卡车公司	维修电工
李　峰	济南二机床集团有限公司	维修电工
张爱建	济南锅炉集团有限公司	钳工
张传礼	济南四五六有限责任公司	钳工
张　锋	山东明水汽车配件厂	工具钳工
陈延青	济南二机床集团有限公司	车工
申广源	济南一机床集团有限公司	镗工
杨　雨(女)	济南兰狮纺织有限公司	细纱指导工
夏元镇	济南兰狮纺织有限公司	制冷设备维修工
郭耀庭	济南诚通纺织有限责任公司	纺织设备保全工
许献伟	济南元首针织股份有限公司	纺织设备保全工
谭书德	润华集团山东汽车修理公司	汽车维修工
张成鹏	济南卷烟厂	烟机设备维修工
吴　林	山东省建设建工(集团)有限责任公司	砌筑工
王有成	山东福缘来装饰有限公司	木工
李中祥	山东华艺集团有限公司	热工仪表修理工
刘　军	济南志友集团股份有限公司	变压器绕线工
侯海亭	惠州TCL移动通信有限公司济南分公司	用户通信终端维修员
颜景祥	济南市饮食服务总公司	中式烹调师
王兴兰(女)	济南舜耕山庄	中式烹调师
李培雨	济南烹饪协会	中式烹调师
杨春丽(女)	济南大学旅游学院	中式面点师
邱兆利	济南黄河出版社图片社	摄影师
安保信	济南市足部反射区健康法研究会	保健按摩师
张海滨	济南娜丽斯美容美发厅	美发师
张仪晨(女)	泉城(香港)派克森美容有限公司	美容师

高,全市技工院校招生数量首次突破2万人,在校生达到6.8万人。实施"技能扶贫计划",帮助城乡730户贫困家庭的子女解决了上学问题。大力推行职业资格证书制度,全年职业技能鉴定发证5.66万人。

【农民工工作】 农民工工作联席会议制度和农民工协调机制基本建立。农民工参加工伤和医疗保险工作稳步推进,截至年底参加"两险"的农民工分别达到25万人。组织开展农民工工资支付情况专项检查工作,全市共检查用人单位756家,涉及农民工5.5万人,追回农民工被拖欠工资3268.1万元。全市公共就业服务机构全部对农民工免费开放,针对农民工的就业服务体系逐步完善。继续组织开展"春风行动",免费向农民工提供就业服务。农民工职业培训工作得到加强,全年累计培训农民工7.35万人。农民工劳动合同管理工作稳步推进,制定出台了加强建筑行业农民工劳动合同管理的有关文件,并专门制订了农民工劳动合同示范文本,督促用人单位依法签订劳动合同。以建筑业和餐饮业等农民工较为集中且流动性强的行业为重点,督促用人单位依法与农民工签订劳动合同,保护农民工合法权益。

(张德英)

社会保障

【各项社会保险】 全年征缴养老保险费34.1亿元,比上年增长35%;扩面12万人;净增缴费人员7.4万人。制定出台了中断养老保险续保补贴办法,鼓励断保人员继续参加企业养老保险,全年共有1916人续保享受36万元养老保险补贴;接续中断缴费人员2.8万人。企业基本养老保险征缴创历史最高水平。全年共为25.9万企业离退休人员发放养老待遇34.8亿元。调整了企业退休人员基本养老金,退休人员月人均养老金至2007年底达到1148元。企业退休人员社会化管理率达到99%。社会保险制度建设继续推进。扩大做实城镇职工基本养老保险个人账户试点工作稳步推进;企业年金工作健康发展;机关事业单位非在编人员参加企业养老保险工作全面启动,已有256家3597人参保。机关事业单位养老保险工作进展顺利,参保人员达到18.2万人。农村社会养老保险工作得以维持,参保人员达到45.1万人。12月18日,市政府办公厅出台《济南市人民政府办公厅转发市劳动和社会保障局关于进一步做好被征地农民基本养老保险工作的意见的通知》(济政办发[2007]50号),将被征地农民纳入了社会保障范围。

医疗、失业、工伤、生育保险参保人数分别达到100.1万人、69.8万人、98万人和57万人,同比分别增加17.5万人、3.1万人、25万人和1万人。医疗、失业、工伤、生育保险基金收入分别达到12.3亿元、3.78亿元、0.89亿元和0.75亿元。

城镇职工医疗保险基本实现了全覆盖,城镇职工基本医疗保险管理服务继续加强。破解了困难破产企业参加城镇基本医疗保险难题。到6月底,全市困难破产企业退休人员和1010家困难企业职工共12万人全部纳入了医疗保险,基本实现了城镇职工医疗保险全覆盖的目标。自7月1日起实行参保单位退休人员与在职职工分开参加医保、分别享受医保待遇,24万退休人员全部建立了个人账户,解除了退休人员因单位欠费而无法享受医保待遇的后顾之忧。扩大失业保险基金支出范围试点工作稳步展开。失业保险参保单位22434户,为5.03万名失业人员支付失业保险待遇1.49亿元。健全完善工伤保险政策,工伤预防和工伤康复工作稳步推进。出台了事业单位和民间非营利组织参加企业工伤保险政策,自7月1日起,将符合条件的事业单位和民间非营利组织的职工,全部纳入工伤保险范围,到年底已有506家单位3.8万人参加了工伤保险。完善了济南市"老工伤"登记和待遇支付政策,将1996年以前的"老工伤"全部纳入了工伤保险社会统筹,参保单位"老工伤"问题得到彻底解决。截至年底,已有526户企业8618名职工参加"老工伤"登记,共支付工伤保险待遇5770万元。出台生育保险新政策,2008年1月1日实施,参加生育保险的男职工,其配偶生育前6个月以上无工作单位、符合计划生育政策规定且连续缴费一年以上,按照济南市生育医疗费标准的50%享受生育补助金。生育女职工医疗费报销标准提高了8%。社保基金收入的大幅增加,进一步增强了社会保险的支撑能力。社会保险基金监管力度进一步加强,制定出台了《济南市社会保障监督委员会章程》和《关于进一步加强社会保险基金管理监督工作的通知》等文件。

(张德英)

【劳动保障法制建设】 通过新闻媒体对《劳动合同法》、《就业促进法》进行了广泛宣传。10月份,组织600余人参加"两法"学习培训班,由国家劳动保障部专家来济南专门授课。12月在泉城广场举办大型宣传活动,发放各类宣传材料1.5万份,接受群众咨询数千人。制定并提请市人大修订完善了《济南市城镇企业职工基本养老保险条例》,2008年1月1日起正式实施。对劳动保障系统1986年至2006年度的文件进行清理规范,涉及3000余件规范性文件,最终废止文件2710份,保留现行有效文件290份,并编辑成册。 (张德英)

【劳动保障信息工程建设】 金保工程建设扎实推进。自2006年10月开始全面启动"核心平台二版"本地化实施工作,至2007年底已完成网络平台建设、应用软件的本地化开发、数据整理、系统安装调试和人员培训等工作,基本满足了切换升级的条件,新系统拟于2008年1月1日起正式切换升级。新劳动保障信息网和12333电话咨询服务中心继续为职工群众提供便利,全年累计访问门户网站达到278万人次,电话咨询12万人次。

(张德英)

【救灾救济】 2007年,济南市先后遭受干旱、低温冷冻、暴风雨和冰雹等自然灾害的侵袭,形成旱灾、低温冷冻灾、洪涝灾、风雹灾等灾害。全市受灾人口36.8万人,农作物受灾面积31876公顷,绝产面积9021公顷，倒塌房屋713间，其中倒塌居民住房411间，损坏房屋9661间；直接经济损失4.4亿元，农业直接经济损失1.58亿元。针对今年灾情，各级民政部门及时发放救灾资金3360万元（上级1140万元，市级1500万元，县(市)区540万元），救助人口14万人，恢复重建倒塌、损坏房屋2645间，灾区困难群众生活得到妥善安置。

制定《济南市民政局应对自然灾害工作规程》，确保紧急救援工作高效、有序进行。“7·18”特大暴雨灾害发生后，迅即启动了自然灾害一级应急响应，连续下发《关于认真做好救灾防汛工作的紧急通知》、《关于认真做好灾民救助工作的紧急通知》和《关于进一步做好受灾困难群众救助工作的紧急通知》，及时通报灾情，对救灾工作进行具体部署；紧急下拨省市应急资金2500万元和5000床棉被到受灾地区；组成9个工作组赴受灾地区督导抗灾救灾工作，共救助灾民13.7万人(次)；对因灾死亡的遇难者家庭逐户进行了走访，为每户发放慰问金2万元。民政部部长李学举在济南市检查“7·18”救灾工作时，对济南市救灾工作给予了高度评价。

（陈尚军）

【农村五保供养】 2007年，共下拨资金2000万元补助敬老院建设，年内开工建设的47处敬老院已完工31处，其中入住13处，新增床位4370张。全市敬老院已达76处，床位达10081张。落实五保供养政策，逐步提高五保供养标准，年内下拨五保供养资金1006.6万元，五保对象集中供养和分散供养标准分别提高到每人每年2400~5000元之间和1400元~3600元之间。12月，章丘市、平阴县被省民政厅表彰为“全省敬老院建设先进单位”，历城区华山镇敬老院等6处敬老院被表彰为“全省模范五保供养服务机构”，宁继珍等7人被表彰为“全省敬老院建设先进个人”。

（陈尚军）

【城乡最低生活保障】 2007年1月1日起，城市低保标准由每人每月230元提高到260元；5月1日起，再次提高到280元，基本实现了动态管理下的应保尽保。1~12月份全市累计保障城市低保家庭31.5万户(次)、78万人(次)，发放低保金9305万元，为22.6万户(次)发放水价补贴113.4万元，为低保对象发放猪肉价格补贴486.6万元。不断完善农村低保救助体系，10月，市政府下发《关于切实做好农村最低生活保障工作的意见》，建立农村低保标准自然增长机制，各县(市)区农村低保标准全部高于每人每年960元的最低标准；扩大救助范围，逐步把年人均纯收入低于800元的农村贫困家庭全部纳入保障范围。截至12月，全市共有3.3万户、6.8万人享受农村低保。市民政局与市财政局联合下发《关于做好全市社会保障涉农补贴资金“一本通”工作的通知》，通过财政涉农资金“一本通”将农村低保金直接发放到困难群众手中。（陈尚军）

【专项救助】 市民政局参与《济南市廉租住房管理办法》、《济南市城镇职工基本医疗保险暂行办法》等法规的立法听证和评估。8月份，按照《济南市城市低收入家庭廉租住房管理办法》和《济南市经济适用房管理办法》，市民政局与市房管局、市劳动局、市地税局、市工商局、市公安局联合制定了《济南市城市低收入家庭认定办法(试行)》，规定了家庭年可支配收入的计算内容和计算方式，明确了低收入家庭认定程序，确保低收入家庭认定过程公开、公正、公平。9月，济南市城镇医疗救助共救助8088人，发放救助金258.89万元；农村医疗救助共救助35275人，发放救助金241.7万元，其中支出51万元资助33208人加入农村新型合作医疗。（陈尚军）

【慈善事业】 慈善组织网络建设进一步加强，全市建立起四级慈善组织网络，中国重汽集团、济南市锅炉集团、济南市二机床集团有限公司、济南市商业银行、济南市公交公司、力诺集团6个重点企业建立了慈善工作站；慈善超市继续发挥救助作用，全市共有慈善超市34家，其中县(市)区级慈善超市33家。4月28日，市委、市政府召开庆祝济南慈善总会成立10周年暨2007年“慈心一日捐”活动动员大会，在全市倡导开展“慈心一日捐”活动，全市累计接收捐款12340万元(其中市本级2379.3万元)，创慈善募捐历史新高。不断拓宽捐赠渠道，接收经常性捐款168万元。共投入善款980万元，开展“情暖万家、康复助医、朝阳助学、爱心助残、夕阳扶老”五大救助项目；联合《济南时报》开展“雪中送炭”活动，向1111户困难家庭发放冬季生活用煤555.5吨，及时缓解了城市困难群众过冬的燃眉之急。

（陈尚军）

【社会福利工作】 深入推进养老服务社会化。3月，召开全市养老服务社会化经验交流工作会议，下发《济南市加快发展养老服务业的意见》，从福彩公益金中列支专项资金，对日托站每个床位按2000元的标准予以资助。全市托老站已发展到10处，床位达396张，历城区裕辛苑托老站的做法在全市推广。加强老年公寓规范化管理，全市老年公寓57家（其中国有4家，集体所有12家，民营41家），阿里山老年公寓管理模式受到省市领导的充分肯定；全市社会福利床位(除敬老院外)已达5416张，新增2307张。扩大社会福利保障范围，“明天计划”今年实施手术60例，手术对象扩展到城乡低保家庭及8023部队退役人员的先天性残疾子女，累计为162名孤残儿童顺利实施了手术。对全市城镇“三无”人员和城乡孤儿进行了普查，确定城镇“三无”人员656人，城乡孤儿共776人。全市社会福利企业达102家，职工总数达3757人，安置残疾职工1763人；其中市拔丝镀锌厂实现产值1000多万元，150名职工重新走上了工作岗位。开拓福利彩票销售市场，丰富营销手段，积极打造“中福在线”品牌。福利彩票销售额突破7.22亿元，同比增长45%，筹集公益金8800万元，再创历史新高。10月，成功承办了第十九次全国省会城市福利彩票信息交流会议。（陈尚军）

人民生活

【居民人均收入】 据对济南市城市居民

家庭生活的抽样调查，2007年城市市区居民家庭人均可自由支配的收入，即人均可支配收入为18005.1元，比上年增长17.4%。全年城市居民人均工资性收入为16135.72元，比上年增长17.2%，仍为家庭收入的主体，占家庭总收入的比重为82.0%，其中工资及补贴收入15873.74元，比上年增长18.6%；全年人均转移性收入3131.48元，比上年增长16.8%，人均经营性收入343.2元，比上年增长94.5%，人均财产性收入79.07元，比上年下降62.6%。

据农村住户抽样调查(下同)，2007年全市农村居民人均纯收入突破6000元大关，达到6300.1元，比上年增加820.1元，同比增长15.0%。农村居民收入增长的结构特点：一是农村居民务工环境继续改善，农村劳动力转移成效显著，农村居民工资性收入继续快速增长。2007年农村居民人均工资性收入2645.9元，比上年增加485.9元，同比增长22.5%，工资性收入继续成为全年促进农村居民收入实现较快增长的主动力。在工资性收入中，农村居民在本地劳动所得人均1387.3元，增长22.7%；外出务工所得人均792.8元，增长19.3%。二是农村居民家庭经营收入继续稳定增长。2007年农村居民来自家庭经营的纯收入达到3140.7元，比上年增加228.0元，同比增长7.8%。从农村居民家庭经营收入的构成看，受2007年粮、油、肉、蛋、奶等基础农产品价格上扬的影响，在农民出售农产品数量减少的情况下，农村居民来自第一产业的纯收入达到2106.6元，比上年增加55.5元，同比增长2.7%。农村居民就业渠道和就业方式多样化，农村居民来自非农产业的家庭经营纯收入继续较快增长，2007年达到人均1034.1元，比上年增加172.5元，同比增长20.0%。三是农村居民财产性和转移性收入继续快速增长。2007年全市农村居民人均财产性纯收入305.1元，比上年增加55.3元，增长22.1%。农村居民人均转移性纯收入208.4元，比上年增加50.9元，增长32.4%。

【居民消费水平】 2007年全年人均消费性支出12389.69元，比上年增长15.6%。居民八大类消费中，人均食品支出3900.91元，增长17.0%；衣着支出1222.9元，增长10.1%；家庭设备用品及服务支出916.29元，增长54.1%；医疗保健支出934.98元，增长0.5%；交通和通讯支出2111.21元，增长18.5%；教育文化娱乐服务支出1604.69元，增长10.6%；居住支出1320.47元，增长16.4%；杂项商品和服务支出378.22元，增长0.7%。反映人民生活水平的恩格尔系数(食品消费支出占生活消费支出比重)为31.5%，比上年上升了0.4个百分点。

随着农村居民收入的较快增长，农村居民生活消费水平进一步改善，生活质量不断提高。2007年全市农村居民人均生活消费支出3789.9元，比上年增加374.6元，增长11.0%。衣、食、住、用、行等消费支出比上年均有不同程度的增长。农村居民食品消费支出人均1423.0元，与上年同比增加223.2元，增长18.6%；衣着消费支出为224.0元，与上年同比增加25.7元，增长13.0%；居住消费支出为709.7元，与上年同比增加53.9元，增长8.2%；家庭设备、用品消费支出225.6元，与上年同比增加18.9元，增长9.2%；医疗保健消费支出278.6元，与上年同比增加25.7元，增长10.2%；交通和通讯支出524.2元，与上年同比增加103.4元，增长24.6%；文化教育娱乐用品及服务支出359.7元，与上年同比减少71.6元，下降16.6%；其他商品和服务消费支出45.0元，与上年同比减少4.6元，下降9.3%。

【居民消费结构】 2007年济南市城市市区居民生活水平不断提高，居民消费水平进一步提升，居民对服务业，特别是对提高自身素质、生活质量有关的新兴服务业的需求越来越多，促进了消费转型升级，使消费热点逐步从实物消费向服务消费转移。2007年城市居民人均服务性消费支出为2924.56元，占消费支出的比重为23.6%。

农村居民生活消费日趋多样化，消费结构发生新的变化，交通通讯消费支出继续快速增长，文教娱乐消费支出减少，教育负担降低。受食品类物价明显上涨影响，2007年农村居民食品消费支出与上年同比增长18.6%，农村居民恩格尔系数为37.5%，比上年上升2.4个百分点。交通和通讯支出与上年同比增长24.6%，占生活消费支出比重13.8%，比上年提高1.5个百分点。文教娱乐消费支出与上年同比下降16.6%，占生活消费支出比重9.5%，比上年下降3.1个百分点，其中，学杂费支出与上年同比下降32.1%，教育负担降低。

【居民耐用消费品拥有量】 曾是改革开放前期城市居民消费追求热点的三大件彩电、冰箱、洗衣机已经基本饱和，2007年末每百户拥有量分别达到121.11、98.74、94.72台。在城市居民基本生活需求性消费得到满足以后，以提高生活质量为主旨的耐用品消费迅猛增长。2007年末家用电脑、摄像机、照相机、微波炉、空调器、淋浴热水器、移动电话等耐用品的百户拥有量已分别达到71.86、9.55、50.75、55.78、113.07、79.65、176.13台(架、部)。汽车等交通工具消费日趋火爆。2007年末，每百户城市居民拥有家用汽车9.3辆，与上年相比增加了2.5辆，增幅为36.8%，助力车19.85辆。

2007年末农村居民百户拥有洗衣机、电冰箱、摩托车、彩色电视机、空调器、移动电话、家用电脑分别达到63、61、89、113、22、105和13台(部、辆)。家用汽车等高档耐用消费品开始在农村增多，农村百户拥有家用汽车4.5辆。

【居住条件】 济南市城市居民居住条件有所改善，2007年末人均住宅使用面积20.23平方米。居住在二居室以上的居民户占到85.9%，与居民住宅配套的设施和居住环境得到进一步改善。农村居民居住条件继续稳步改善。2007年末农村居民人均居住面积37.3平方米，比上年增加2.0平方米。年内新建房屋面积人均1.1平方米，与上年同比增加17.2%。

(房建 于涛)

老龄事业

【概况】 2007年，市老龄办坚持以人为本，认真贯彻落实“党政主导、社会参与、全民关怀”的老龄工作方针，以“爱老奉献年”活动为主线，圆满完成了各项工作任务，为构建和谐济南、创建全国文明城市作出了积极的贡献。

党政领导高度重视老龄工作，为全市老龄工作的开展奠定了坚实的基础。市委、市政府历来高度重视老龄工作。10月8日，省委常委、济南市委书记焉荣竹对全市老龄工作作出批示，“老龄工作事关经济社会发展全局，做好老龄工作是全社会的共同责任。各级党委、政府和社会各界要从推动科学发展、促进社会和谐的高度，充分认识做好老龄工作的重要性，认真落实老龄工作政策，促进老龄事业更好地发展。全市各级老龄委和广大老龄工作者，要进一步增强责任感、使命感，牢固树立服务意识，尽心竭力为老年人排忧解难，让广大老年人共享改革发展成果”。山东省副省长郭兆信和市委副书记、市长张建国分别走访了章丘市敬老院和市社会福利院的老人和高龄老人。在济南市老龄事业发展20周年成就展和庆祝第二十个老人节暨“泉映晚霞”名人名家义演活动中，市委、市政府、市人大、市政协和市纪委五大班子领导和曾在市老龄委任过职的十几位省市老领导亲自出席，并为受到表彰的先进代表颁奖。为应对迅速发展的老龄化形势，市政府第一〇二次常务会议研究决定，在发放百岁老人长寿补贴金的基础上，自2008年1月1日起，对全市90~99岁无离退休金的老人每人每月发放60元生活补贴，列入2008年市政府为民办的12件实事之一。这项决定不仅使全市8000多个老年家庭直接受益，而且树立了新一届政府关注民生、情系老人、尊老敬老的良好形象，受到了广大老年人的欢迎和社会各界的好评。

加大老龄工作宣传力度，在全市形成

2007年济南市居民生活人均消费量

单位:千克

项目	城市		农村	
	2007年	比上年±%	2007年	比上年±%
食用植物油	8.88	12.1	7.67	5.9
鲜菜	123.86	6.9	85.59	12.2
猪牛羊肉	24.71	-1.2	10.01	-11.8
家禽	5.18	2.0	3.13	14.6
鲜蛋	17.93	12.9	9.79	-4.9
鱼	6.71	6.7	3.2	-1.27
酒类	13.41	5.8	16.63	-12.6
鲜瓜果	87.09	5.7	27.92	-6.9
鲜乳品	27.09	8.2	9.17	20.0

2007年济南市居民生活消费比重

项目	城市		农村	
	2007年	比上年±%	2007年	比上年±%
消费性支出	100.0	—	100.0	—
食品	31.5	0.4	37.5	2.4
衣着商品	9.9	-0.5	5.9	0.1
家庭设备用品及服务	7.4	1.8	6.0	-0.1
医疗保健	7.5	-1.1	7.4	0.0
交通与通讯	17.0	0.4	13.8	1.5
娱乐教育文化服务	12.9	-0.6	9.5	-3.1
居住	10.7	0.1	18.7	-0.5
杂项商品及服务	3.1	-0.5	1.2	-0.3

2007年济南市居民家庭耐用消费品百户拥有量

项目	单位	城市		农村	
		2007年	比上年±%	2007年	比上年±%
组合家具	套	—	—	—	—
摩托车	辆	20.35	-28.5	89.32	2.7
家用汽车	辆	9.30	36.76	4.50	5.3
洗衣机	台	94.72	-4.3	63.10	11.6
电冰箱	台	98.74	2.1	61.19	20.1
彩色电视机	台	121.11	-0.7	112.9	3.7
影碟机	台	—	—	70.01	3.8
家用电脑	台	71.86	11.5	12.87	57.1
组合音响	套	23.87	-13.1	—	—
照相机	架	50.75	-18.8	9.43	-14.7
空调器	台	113.07	0.7	22.06	29.6
淋浴热水器	台	79.65	-3.9	30.52	39.0
排油烟机	台	—	—	16.56	27.5
电话(自费)	部	75.38	-10.1	91.55	-1.5
移动电话	部	176.13	8.2	104.95	23.1

了尊老敬老的良好氛围。市老龄办把加强老龄宣传工作作为推动整个老龄工作的重要措施,与新闻媒体合作大张旗鼓的开展敬老宣传,唱响尊老敬老主旋律。除与《济南日报》联办"泉映晚霞"老龄工作专版外,又与济南电视台都市频道联办了济南地区唯一的一档老年人电视栏目——"泉映晚霞",与济南广播电台联办了"夕阳红"节目,形成了"电视里有影儿、报纸上有文、广播里有声"的立体宣传态势。制作了纪念济南老龄事业发展20周年成就展和名人名家义演专题片,编辑出版了《老龄工作学习资料汇编》、《新闻报道集锦》、济南市老龄事业发展20周年大型纪念画册、20周年大事记和老年学术论文集,编发了老龄工作简报77期,泉城老龄网站更新634次,在市政府网站开设了"老年人"栏目。在第八届亚洲大洋洲地区老年学和老年医学大会上,济南市有5篇论文获奖。中央、省、市各级各类涉老新闻媒体共刊播济南老龄信息500余条。老人节期间,《济南日报》在第二版显要位置刊登了《济南市老龄工作巡礼》系列报道,围绕老龄工作的方针和目标,分8个专题介绍了全市老龄工作20年来取得的累累硕果。各大媒体对济南市举办的老龄事业发展20周年成就展、《济南市人口老龄化发展趋势及对策研究》新闻发布会等重大活动的报道,在全国引起了强烈反响,提升了济南市老龄工作在全国的知名度。

坚持以人为本,带头奉献,确保各项工作落到实处。市老龄办年内先后5次为灾区和结对帮扶的困难老人捐款捐物。在全市实施了"百千万"工程:筹资80万元建设了156个老年活动基地,统一配发了图书桌椅、健身娱乐器材等,超额完成了全市建成100个农村活动基地的任务;为1000名80岁以上独居、贫困老人免费安装"爱心门铃",价值2万余元;走访慰问了10000名高龄老人和困难老人,送慰问金200余万元。举办了三大助老工程:与瑞峰听力技术有限公司联办"爱老助听工程",为105名特困老年人免费配戴助听器,价值2万余元;与鲁花集团联手打造"爱心助老工程",捐赠3万元现金和1.5万元的实物,救助150名孤寡老人;与市慈善总会、济南时报、济南清华医院联合组织了"慈善医疗救助工程",向200名贫困老年人发放了6万元医疗救助卡。9月20日,市老龄办主办,市老艺术家协会协办的济南市"泉映晚霞"第二届老年文艺大赛在北洋大戏院举行,全市有26个单位4大类130个绚丽多彩的文艺节目分四场进行比赛,展现了当代老年人的精神风貌和积极乐观的生活态度。为庆祝山东省第二十个老人节,10月12日在济南铁路文化宫隆重举行了老人节表彰大会暨"泉映晚霞"名人名家义演。命名表彰了济南市10大孝星、10大敬老模范、10名健康长寿模范老人、10名老有所为先进个人和10对模范金婚老人。驻济著名表演艺术家登台献艺,不少企业界爱心人士专程赶来向广大老年人献爱心。义演募集的善款全部用于救助高龄、孤寡、贫困老年人。另外,还组织开展了书画笔会、摄影展览、大型文体表演等丰富多彩的文体活动。全年累计受理热线电话600余人次,接待老年人来访来信120人次,均按照承诺进行了妥善处理,满意率达99%以上。办理发放老年优待证31347本,为70岁以上老年人审验免费乘车卡73000余张,为89名老年人办理了法律援助。

认真学习贯彻十七大精神,坚持解放思想,提升境界。下发了《关于认真学习党的十七大精神的通知》,要求广大老龄工作者认真学习领会十七大精神,以高度的政治责任感和强烈的事业心,尽心竭力为广大老年人排忧解难。组织全市老龄干部培训班学员认真学习十七大精神和涉老法律法规,利用墙报、网站、知识竞赛等多种形式,努力营造浓厚的学习氛围,并召开了全市老龄系统学习贯彻十七大精神情况汇报会。

【开展爱老奉献年活动】 2007年,在全市开展了"用爱心托起泉城90万老年人幸福的晚年"为宗旨的"爱老奉献年"活动。坚持以人为本,圆满完成了各项为老服务承诺。坚持办实事、办好事,到年底"爱老奉献年"80项活动服务内容全部完成承诺。11月1日的《中国老年报》以"充分发挥成员单位作用,构建大老龄工作格局"为题对济南的做法作了头条报道。

【举办济南市老龄事业发展20周年成就

济南市老龄事业发展20周年成就展剪彩仪式 (市老龄办供稿)

展】 9月1日，济南市老龄事业发展20周年成就展在市工人文化宫隆重举行。这是全国首家地方性老龄事业成就展，展览分为市老龄办、县(市)区、市老龄委成员单位和老年才艺展示四大展区，通过160块展板、1200余幅图片、300余件老年人才艺作品，全面展示了市老龄工作20年来从无到有、从小到大所取得的辉煌成就，反映了党和政府及社会各界对老年人的关爱和老年人丰富多彩的晚年生活。市四大班子领导和曾在市老龄委任过职的老领导先后参观了展览并给予指导，全国老龄办政研部主任杨东法，省老龄办主任褚庆观应邀参观了展览并给予充分肯定。万余市民前来参观。

【济南市首家老年人医院成立】 为使老年人老有所养、病有所医，市老龄办与济南医院惠老医疗服务签字仪式于11月21日在济南医院举行。签字仪式由市老龄办主任于敏主持。市老领导张福山、牛子重、邢玉墀，市卫生局局长贾堂宏、市财政局副局长王毅、济南医院院长尚衍寅等有关单位领导，以及老年人代表和工作人员共40余人参加了签字仪式。老年人医院依托济南医院医疗资源，在老年病研究、医疗、康复、保健、健康咨询、护理照料、临终关怀等方面，为泉城老年人提供优先优惠服务，满足不同层次老年人的健康服务需求，老年人就诊享受"三免七减"优惠服务，济南医院将在第一老年公寓开设"老年保健康复中心"，为老年人提供运动保健处方、电话预约就诊、免费接送、门诊免费午餐等形式多样的优质特色服务。

【召开"济南市人口老龄化发展趋势及对策研究"新闻发布会】 12月12日，市老龄办在舜耕会堂召开新闻发布会，发布了《济南市人口老龄化发展趋势及对策研究》报告。这项课题由市老龄办、市老年学学会、山东师范大学人口·资源与环境学院共同承担，对全市老年人生活现状进行了系统调查和评估，对未来40年济南市人口老龄化发展趋势进行了预测，并提出了七项应对措施。该课题列为济南市科学技术发展计划（软科学部分)061108-2号项目，2006年12月开始研发，2007年11月22日在济南市科技局主持下进行了鉴定。专家鉴定委员会一致认为该课题选题具有前瞻性和战略性，创新性强，应用价值高，已达到国内同类研究的先进水平，对于客观评估济南市人口老龄化现状，科学预测老龄人口的未来趋势，促进老龄事业科学健康发展及和谐社会建设，有着重要的战略意义。

【百岁老人】 截至2007年底，全市有百岁老人147人，比上年增加15人。其中男性18人，女性129人；居住在城区的64人，农村的83人；文化程度，大学1人，高中1人，初中3人，小学9人，其余为文盲；离休干部3人，工人6人；年龄最大者为历城的陈若英，1900年出生，107岁。

济南市百岁老人统计表

姓名	性别	出生日期	文化程度	职业	家庭住址	姓名	性别	出生日期	文化程度	职业	家庭住址
苑秋圃	女	1902.08.25	文盲	居民	历下区燕子山小区东区10号	王鉴波	男	1904.10.09	小学	离休	市中区经十路124号
郭玉美	女	1904.07.20	文盲	居民	历下区贡院墙根街7号	刘金兰	女	1905.10.29	文盲	居民	市中区济大路36号
王殿芳	女	1905.01.08	文盲	居民	历下区南岗子街49号楼	李树云	女	1905.11.07	文盲	居民	市中区经九路1号
单宋氏	女	1905.03.31	文盲	居民	历下区甸柳新村五区16号	潘云岐	男	1905.11.12	文盲	居民	市中区十六里河镇崂坡村437号
高枢臣	男	1905.09.14	文盲	居民	历下区棋盘小区五区6号	林永芝	女	1906.04.19	文盲	居民	市中区六里山路5号
李子久	男	1905.10.25	大学	离休	历下区大明湖路197号	武美芝	女	1907.01.22	文盲	居民	市中区王官庄四区26号
陈玉英	女	1906.04.03	文盲	居民	历下区和平路新村42号楼	郭洪贞	女	1907.06.30	文盲	居民	市中区经七路73号
钟秀英	女	1906.11.21	文盲	居民	历下区环山小区二区公路局宿舍2号楼	赵芝芳	女	1907.07.05	文盲	居民	市中区经三路58号
冯文焕	男	1906.11.27	初中	工人	历下区十亩园东街11号	孟宪陶	男	1907.08.06	高中	居民	市中区张安新村294号
张美玉	女	1907.03.25	文盲	居民	历下区南新街39号	汤袁氏	女	1907.08.20	文盲	居民	市中区二七新村六区10号
周原玉	女	1907.06.02	小学	居民	历下区文化东路25号	王洪春	女	1907.10.03	文盲	居民	市中区白马山铁路新村八区1号
李仪洪	女	1907.10.05	文盲	居民	历下区解放东路66-1号	陈学庭	女	1907.11.05	文盲	居民	市中区经二路30号
赵淑惠	女	1907.11.07	文盲	居民	历下区文化东路113号	梁淑卿	女	1907.11.06	文盲	居民	市中区徐家花园14号
王君玉	男	1907.11.11	初中	工人	历下区青后小区一区4号楼	刘庭秀	女	1902.11.20	文盲	居民	槐荫区段店镇古城村507号
苗洪芳	女	1907.11.18	文盲	居民	历下区工业南路66号	张秀兰	女	1904.02.05	文盲	居民	槐荫区段店镇大杨庄248号
阚金凤	女	1907.12.23	文盲	居民	历下区和平路新村43号楼	李张氏	女	1904.07.24	文盲	工人	槐荫区经十路514号
王莲青	女	1901.10.24	小学	居民	市中区王官庄四区12号	李庆英	女	1904.10.14	文盲	居民	槐荫区八里桥48号
平莲花	女	1902.05.08	文盲	居民	市中区民族大街9号院	郭　敏	女	1905.03.20	文盲	居民	槐荫区北大槐树街423号
高善英	女	1902.07.27	文盲	居民	市中区经十路210号	康庆福	女	1905.08.25	文盲	居民	槐荫区南大槐树西街15号
何言氏	女	1903.03.06	文盲	居民	市中区党家庄6455工厂宿舍	胡玉清	女	1905.10.19	文盲	居民	槐荫区槐村街9号

续表1

姓名	性别	出生日期	文化程度	职业	家庭住址	姓名	性别	出生日期	文化程度	职业	家庭住址
李明聪	女	1905.11.29	文盲	居民	槐荫区经七路588号	马念武	男	1906.11.29	文盲	农民	历城区王舍人镇大辛西街54号
闫马氏	女	1905.12.14	文盲	居民	槐荫区吴家堡镇闫家庄103号	孟繁华	女	1907.01.15	文盲	农民	历城区遥墙镇大杜家27号
张凤芝	女	1906.10.28	文盲	居民	槐荫区经一路291号	李杨氏	女	1907.04.04	文盲	农民	历城区王舍人镇裴家营村381号
李静轩	男	1906.11.26	文盲	居民	槐荫区道德北街194号	苏刘氏	女	1907.04.09	文盲	农民	历城区董家镇苏新村75号
王王氏	女	1907.01.25	文盲	居民	槐荫区南辛庄东路2号	杨凤太	男	1907.06.26	文盲	农民	历城区柳埠镇东坡村二区9号
张廷芳	女	1907.07.17	文盲	居民	槐荫区南辛西街65号	李宝芳	女	1907.07.26	文盲	农民	历城区高而汤家村93号
席凤春	女	1907.09.14	文盲	居民	槐荫区中光明街2号	邵金泉	男	1907.08.03	文盲	居民	历城区济钢新村西区91号
段秀芳	女	1907.10.27	文盲	工人	槐荫区北大槐树街257号	薛秋蓉	女	1907.10.05	文盲	居民	历城区洪楼小区18号
高清祥	男	1907.10.29	初中	离休	槐荫区营市东街20号	王田氏	女	1907.11.03	文盲	农民	历城区彩石镇柳泉村128号
黄玉吉	男	1907.11.08	文盲	居民	槐荫区营市庄新村11号	郭增兰	女	1902.06.29	文盲	农民	长清区孝里镇北凤凰村51号
刘李氏	女	1907.11.15	文盲	村民	槐荫区吴家堡镇明里庄5号	刘夫荣	女	1902.12.24	文盲	农民	长清区马山镇漩庄村97号
蔺延荣	女	1901.01.14	文盲	居民	天桥区锦屏街16号	吴云菊	女	1904.01.03	文盲	农民	长清区文昌街道西兴隆村111号
潘增泉	女	1903.01.06	文盲	居民	天桥区凤凰山路10号	肖成兰	女	1905.09.04	文盲	居民	长清区黄河商场94号
曲德增	男	1904.07.10	小学	工人	天桥区北刘家庄84号	薛永兰	女	1905.09.19	文盲	农民	长清区双泉乡五眼井村445号
滕云岭	女	1905.01.02	文盲	农民	天桥区桑梓店镇小屯村8号	张志英	女	1905.12.10	文盲	农民	长清区万德镇代家河村31号
刘春芳	女	1906.04.07	文盲	居民	天桥区三孔桥街46号	杨仁兰	女	1906.02.13	文盲	农民	长清区万德镇上营村464号
王玉兰	女	1906.04.19	文盲	居民	天桥区金荷苑7号楼	李庆兰	女	1906.10.05	文盲	农民	长清区归德镇南赵庄30号
宋景芳	女	1907.01.18	文盲	居民	天桥区周公祠街7号	陈淑英	女	1907.10.19	文盲	农民	长清区归德镇沙河辛村145号
石成兰	女	1907.02.18	文盲	居民	天桥区黄岗庄2号楼	李李氏	女	1901.06.25	文盲	农民	章丘市宁家埠镇袁辛庄村新东四街18号
杨海生	女	1907.09.24	初小	工人	天桥区堤口路136号	张君英	女	1902.09.14	文盲	农民	章丘市普集镇北孙庄东西春夏大街16号
王香莲	女	1907.10.10	文盲	居民	天桥区湖畔苑4号楼	彭道芝	女	1903.06.05	文盲	农民	章丘市枣园镇曹庄村文化路
陈若英	女	1900.01.29	文盲	农民	历城区彩石镇南泉村63号	景家英	女	1903.08.15	文盲	农民	章丘市普集镇普集中村长安胡同9号
王镶龄	女	1902.06.09	文盲	居民	历城区花园路180号	许传桂	女	1905.08.06	文盲	农民	章丘市垛庄镇西里虎村西里虎80号
陈廷英	女	1903.05.08	文盲	农民	历城区柳埠镇小蔡峪村29号	杜君玲	女	1905.11.02	文盲	农民	章丘市明水街道办事处绣水居前进巷4号
赵兴兰	女	1903.09.11	文盲	居民	历城区山大路办事处甸柳庄544号	王教娥	女	1905.11.20	小学	农民	章丘市相公庄镇小康村西胜大街7号
张京芬	女	1904.02.06	文盲	农民	历城区遥墙镇大陈家一区48号	高月英	女	1905.12.06	文盲	农民	章丘市普集镇东珠窝村游览街119号
马连玉	女	1904.07.16	文盲	农民	历城区港沟镇坞西村112号	孟王氏	女	1905.12.08	文盲	农民	章丘市宁家埠镇刘家村印刷西街14号
王相美	女	1904.11.06	文盲	农民	历城区彩石镇老树峪村83号	唐玉玲	女	1906.06.26	文盲	农民	章丘市普集镇于家村西前街43号
修王氏	女	1905.08.11	文盲	居民	历城区济钢新村东区46号	夏鸿芸	女	1906.11.06	小学	农民	章丘市圣井街道办事处毕家坡村53号
王汝芳	女	1905.11.14	文盲	农民	历城区遥墙镇南郭而村32号	王福卿	女	1906.11.12	小学	农民	章丘市明水街办绣源村西南北街14号
商刘氏	女	1906.02.18	文盲	农民	历城区仲宫镇西老泉村10号	魏秀英	女	1907.01.02	文盲	农民	章丘市曹范镇西峪村大街82号
杜凤芳	女	1906.02.19	文盲	农民	历城区仲宫镇左而庄435号	赵诗爱	女	1907.01.05	文盲	农民	章丘市龙山街道办事处孙家村中心街30号
李王氏	女	1906.06.06	文盲	农民	历城区西营镇藏主庵11号	王绍英	女	1907.02.20	文盲	农民	章丘市相公庄镇寨子村南拐巷11号
郭为荣	女	1906.10.04	文盲	农民	历城区孙村镇李家窝193号	陶志荣	女	1907.02.23	文盲	农民	章丘市宁家埠镇马彭南村谢家胡同60号
孙正美	女	1906.10.08	文盲	农民	历城区华山镇洪家园村318号	周克永	男	1907.07.08	文盲	农民	章丘市相公庄镇周家村南大街159号
李登菊	女	1906.10.10	文盲	农民	历城区仲宫镇朱家庄85号	王殿凤	女	1907.08.01	文盲	农民	章丘市相公庄镇郝庄一村小西街21号
赵汝英	女	1906.11.29	文盲	农民	历城区锦绣川四角嘴8号	宋刘氏	女	1907.08.24	文盲	农民	章丘市圣井街道办事处宋李福大街61号

续表 2

姓名	性别	出生日期	文化程度	职业	家庭住址	姓名	性别	出生日期	文化程度	职业	家庭住址
李春花	女	1907.09.04	文盲	农民	章丘市黄河乡贾姑庵村芙蓉街 25 号	李玉英	女	1906.01.19	文盲	农民	济阳县济阳镇窝沟李村 235 号
杨思美	女	1907.09.27	文盲	农民	章丘市水寨镇赵百户村后街 6 号	王化南	女	1906.02.16	文盲	农民	济阳县济阳镇杨寨村寨北 7 巷
翟云才	女	1907.10.01	文盲	农民	章丘市明水城区明二居委会光明街 3 号	马协英	女	1906.02.17	文盲	农民	济阳县仁风镇西孙村
王赵氏	女	1902.10.03	文盲	农民	平阴县平阴镇西关村 086 号	郭士英	女	1906.03.07	文盲	农民	济阳县济阳镇徐家村 100 号
朱正兰	女	1902.11.22	文盲	农民	平阴县平阴镇子顺南村 74 号	崔志花	女	1907.03.10	文盲	农民	济阳县曲堤镇观音村 12 号
张张氏	女	1904.02.14	文盲	农民	平阴县孝直镇大兴村 1001 号	王兴兰	女	1907.06.18	文盲	农民	济阳县曲堤镇西李村 26 号
刁玉珍	女	1904.09.25	文盲	农民	平阴县玫瑰镇丁口村 226 号	肖李氏	女	1907.10.30	文盲	农民	济阳县济阳镇萧家村 104 号
李吉芳	女	1906.01.18	文盲	农民	平阴县平阴镇东桥口村 225 号	郑徐氏	女	1900.12.26	文盲	农民	商河县龙桑寺镇郑王庄
张刘氏	女	1906.08.09	小学	农民	平阴县东阿镇东门村三区 101 号	韩龙成	男	1901.09.28	文盲	农民	商河县尹巷镇韩胡同村 63 号
王张氏	女	1906.09.09	文盲	农民	平阴县玫瑰镇玫瑰街 64 号	李路氏	女	1902.08.16	文盲	农民	商河县尹巷镇李家集村 199 号
夏金香	女	1907.05.04	文盲	农民	平阴县平阴镇葛庄村 126 号	吴桂兰	女	1903.10.16	文盲	农民	商河县怀仁镇生张村 59 号
张殿珍	女	1907.11.16	文盲	农民	平阴县孔村镇北毛峪村 267 号	金丰良	男	1904.06.27	文盲	农民	商河县孙集乡金家村 16 号
刘延兰	女	1904.05.04	文盲	农民	济阳县新市镇大庄村 32 号	李本阶	男	1904.08.17	文盲	农民	商河县怀仁镇李家楼村 8 号
徐成芳	女	1904.09.14	文盲	农民	济阳县济阳镇小邝村 68 号	张成兰	女	1905.03.15	文盲	农民	商河县白桥乡西尚村 122 号
王淑贞	女	1905.05.30	文盲	农民	济阳县仁风镇张秦村 122 号	田光荣	女	1905.09.21	文盲	农民	商河县沙河乡东排村 281 号
李永香	女	1905.06.05	文盲	农民	济阳县曲堤镇郭家村 201 号	刘桂花	女	1907.12.06	文盲	农民	商河县孙集乡相家村 237 号
李传芳	女	1905.11.06	文盲	农民	济阳县仁风镇张辛村 18 号						

（戚克春　邓旭燕　孙淑玉）

残疾人事业

【概况】 2007 年，全市残疾人工作坚持“在创新中发展，在发展中超越”的整体工作思路，积极进取，开拓创新，认真实施“残疾人就业解困年”计划，残疾人康复、教育、就业、扶贫解困、维权等各项工作取得了突破性发展，进一步改善了全市残疾人生存、生活状况。

1.基层残疾人组织建设进一步健全完善。根据《中国残疾人联合会章程》和省残联《关于各地残疾人联合会召开第五次代表大会的实施意见》要求，全面完成了县(市)区、乡镇(街道)残联换届工作，启动了市级残联换届工作。积极开展县、乡、村三级基层残疾人组织规范化建设工作，对历下区、章丘市、天桥区、历城区、平阴县规范化建设进行达标验收申报。全市 61 个乡镇全部达到省残联《乡镇残联规范化建设标准(试行)》要求，完成了乡镇残联规范化建设工作。加强了对“一专两员”的管理培训，逐步形成了“一专两员”“两级培训、三级管理”模式，对全市 41 个市级社区残疾人工作示范点、示范乡镇专职干事进行了培训。各残疾人协会组织参加全省残疾人书法绘画作品展，取得了 1 个一等奖、3 个二等奖、4 个三等奖及组织奖。制定实施《〈济南市持证残疾人信息管理系统〉管理暂行规定》，加强了对持证残疾人信息管理。

2.残疾人康复工作进一步加强。修订了《济南市残疾人社区康复示范活动检查验收方案》，对全市康复管理人员和康复工作人员进行了创建残疾人社区康复示范区工作培训。全市共建立康复指导站 103 个，康复站 412 个，各类区级康复服务技术指导中心 42 个，配备康复指导医生 119 名，康复服务员、协调员 305 名。组织落实国家残疾人事业专项彩票公益金康复项目和长江新里程康复项目，确定了定点康复机构，全面启动了福彩精神病患者住院医疗救助、免费服药、贫困聋儿及低视力者免费配发助听器、助视器项目。实施长江新里程计划(二期)假肢服务项目，为 35 名贫困残疾人装配骨骼式小腿假肢。落实《济南市残疾人康复工作人才培养规划(2006-2010)》，制定了《2007 年济南市康复人员培训计划》，组织康复管理人员、康复专业人员参加了第六期全国肢体残疾基本康复知识及实用康复技术培训班，先后举办了县(市)区精神病防治康复任务管理人员、专业技术人员培训班，济南市盲人定向行走管理人员、训练指导师培训班，济南市首届残疾人辅助器具评估适配培训班和全市康复服务员培训班。济南市被中国残联确定为“孤独症康复训练试点城市”，济南市按摩医院被中国残联确定为“全国脑瘫儿童推广引导式教育康复机构”，历下区被中国残联命名为“全国残疾人康复示范区”。

3.全面维护残疾人合法权益。贯彻落实《信访条例》，坚持《理事长信访接待日制度》，积极做好残疾人的政策咨询和心理疏导工作。协调有关部门，集中办公，现场办案，妥善解决了残疾人机动三轮车运营问题。组织开展“残疾人法律援助进社区、进家庭”活动，与200户残疾人家庭签订了《法律援助顾问协议书》，加强残疾人的维权意识。全市城区52个街道办事处、81个乡镇全部建立了残疾人维权岗。全年接待残疾人来信来访1727人（次），信访处结率达98%以上。

4.残疾人文体工作全面发展。精心制作了“为了我的兄弟姐妹”光盘续集，广泛宣传《残疾人权利国际公约》、《残疾人就业条例》，集中报道了“送岗位下乡”、“百户安居”、“法律援助进家庭”等扶残助残活动。全市残疾人事业在中央媒体刊播60件次，省级媒体刊播200余件次，市级媒体刊播300余件次，县级媒体刊播380余件次。组织参加“2006年度山东省残疾人事业好新闻”评选活动，11件参赛作品全部获奖，其中二等奖4件，三等奖2件，优秀奖5件。在第五届全省盲、聋、培智学校学生艺术汇演中，获得2个一等奖，3个二等奖，1个三等奖和启智奖。“我的兄弟姐妹”、“百户安居”工程分别荣获“泉城精神文明创建活动著名品牌”、“创建活动优秀品牌”，“万人康复救助”工程与“春燕热线”荣获“创建活动品牌”。全年编发信息（稿件）1524条，其中，中国残疾人杂志社采用11篇，中国残联网站采用134篇，省残联采用216篇，市残联被评为“2007年全省残联系统信息通讯工作先进集体”和“2007年度全市政府系统电子政务信息工作先进单位”。

指导基层残疾人组织开展群众性体育活动，积极培养、选拔残疾人体育人才，全年向国家队、省队输送优秀残疾人运动员30名。参加全国第七届残运会，获8枚金牌、6枚银牌、7枚铜牌，4人5次打破全国纪录。参加2007年世界特奥运动会，获4枚金牌、2枚银牌、2枚铜牌。成功举办了济南市首届残疾人特殊奥林匹克运动会，历下区残联等10个单位获得“组织奖”；市特殊教育中心等5个单位获得“特殊奥林匹克运动先进单位”；李阳等10名智障残疾人获“特殊奥林匹克运动员领袖”称号；许燕等15名教练员获“优秀教练员”称号。

5.残疾人事业理论研究和法规政策体系取得新进展。编辑出版了《我的兄弟姐妹文集》，完善了残疾人事业理论体系。及时汇总上报了清理意见，自查、上报了现有行政执法人员任职资格情况。与济南大学合作完成了《农村残疾人社会康复政策研究——以济南市为个例》科研课题。

对志愿者进行注册登记，全年共完成志愿者注册19800名。先后与英国等多个国家的残疾人组织进行互访交流，促进了全市残疾人事业的对外交流与发展。

6.残疾人福利事业取得新突破。组织“我的兄弟姐妹”艺术团赴英国演出，并将残疾人工笔画、十字绣、中国结等艺术品进行了展示和拍卖。建立了“我的兄弟姐妹”手工艺品出口基地，依托外贸出口公司，面向全市残疾人开发、推广手工艺品加工出口。举办了“中国重汽之夜·为了我的兄弟姐妹”公益演唱会，募集资金建立了“残疾儿童救助基金”和“天使基金”，分别对6个类别的576名贫困残疾儿童进行康复、教育和生活救助及各类残疾人业务培训。筹措救灾救急专项基金20余万元，救助在“7·18”暴雨中受灾的残疾人。

【全面实施十大助残工程，圆满完成“残疾人就业解困年”计划】 1.康复助残工程。为1300名贫困精神病人实施免费服药。免费康复救助贫困残疾儿童350名，培训残疾儿童家长320名。积极开展“济南市白内障无障碍市”创建活动，实施白内障复明手术3200例，其中对561名贫困白内障患者实施了免费复明手术。对175名盲人、低视力者进行了定向行走训练。为155名低视力者配戴助视器，为贫困听力障碍者配戴助听器230台。社区康复训练肢体残疾人、智力残疾儿童2177人，购买康复训练成果1500例。为35名缺肢者装配长江普及型小腿假肢；为27名残疾人装配矫形器；为30名麻风病人建立了家庭康复病床。发放残疾人辅助器具4202件，其中为贫困残疾人免费发放辅助器具2182件。全面开展社会化、综合性、开放式的精神病防治康复工作，覆盖人口达590.1万。

2.就业助残工程。全年举办21期残疾人就业洽谈会。深入开展“残疾人充分就业社区”创建活动，新建45个“残疾人充分就业社区”。全年累计安置1522名残疾人就业，其中，按比例就业811人，社区就业351人，个体就业360人，完成全年残疾人就业任务的108.7%。不断加强地税代征残疾人就业保障金工作力度，充分发挥县（市）区、街道办事处工作积极性，实行奖惩机制，进一步规范残保金征收、执法程序，全年发放残保金年审手册34000余册，审核单位11000余户，圆满完成残保金全年征收任务。

3.安居助残工程。继续深化实施“百户安居”工程，全年投入920万元，对788户农村贫困残疾人危房进行了新建或修缮，使其真正成为一项民心工程。

4.生态助残工程。配合市委、市政府“十大富民行动”，以槐荫区、平阴县为试点，开展“一建三改”（建沼气池，改厕所、改猪圈、改厨房）生态助残工程，投入150万元，顺利完成了1000户农村贫困残疾人“一建三改”施工任务。

5. 基地助残工程。制定下发了《2007年济南市农村残疾人扶贫开发基地建设实施方案》，进一步规范和加强残疾人扶贫开发基地建设，新建20处农村残疾人扶贫开发基地，扶持40户残疾人种植、养殖大户，辐射、带动439户农村贫困残疾人家庭脱贫。

6.就学助残工程。积极协调教育部门对义务教育阶段贫困残疾学生给予“两免一补”（免杂费，免书本费，补助生活费），修订了《关于救助贫困残疾学生、贫困残疾人家庭子女和奖励残疾大学生的办法》，认真实施“残保金圆你大学梦”活动，全年共投入180万元，救助和奖励了1330名贫困残疾学生及贫困残疾家庭子女。

7.技术助残工程。在城镇，依托企事业单位组织岗前培训，将培训与就业相结合，提高培训后的就业率。在农村，依托各级农村残疾人扶贫开发基地和农村残疾人教育资源站（点），结合当地产业发展方向和农村残疾人的实际需求，对农村残疾人进行实用技术培训。认真组织实施长江高科技助残就业项目培训，提高残疾人的就业竞争力。全年共举办各类培训班36期，培训残疾人2358人次。

8. 医疗助残工程。投入35万元，为130名贫困残疾人实施了大病救助。积极协调财政部门，对4.3万名农村持证残疾人按照每人10元的标准进行了救助。槐荫区制定了《关于对部分独生子女伤残死亡家庭实行扶助的规定》，对符合条件的独生子女伤残死亡家庭，按每人每月50元的标准发放了扶助金。同时，制定了《关于提高参合残疾农民报销比例的补充规定》，将参加新型农村合作医疗的残疾人报销比例提高了5%。

9.生活助残工程。新建10处捐助便利店，全市累计达到35处，全年救助贫困残疾人7044人次。积极协调市文明办、财政局、民政局等七部门，联合出台了《关于加强我市智力和精神残疾人庇护就业和日间照料服务的意见》，建立了2处"我的兄弟姐妹"庇护所和2处日间照料站。

10."零距离服务"活动。结合"一助一"结对帮扶及节日走访慰问，坚持个性化服务原则，重点围绕重度残疾人及"一户多残"家庭，认真开展"零距离服务"活动，共走访慰问200余户贫困残疾人家庭，送去了慰问金及面粉、食油等生活用品。

【组织开展丰富多彩的残疾人节日庆祝活动】 1."全国爱耳日"庆祝活动。2007年3月3日是第八次"全国爱耳日"。围绕"城乡联动，共同关注青少年听力健康——珍爱听力，快乐成长"主题，举行了"济南市庆祝第八次全国爱耳日免费配戴助听器仪式"，积极筹资，开展听力助残活动，为30名贫困听力残疾青少年免费配戴瑞声达助听器；举办了青少年听力健康科普知识讲座、义诊等，利用广播、电视、公益广告、横幅标语、黑板报等形式普及爱耳护耳科学知识，发放有关宣传资料10000份。

2."全国助残日"庆祝活动。2007年5月20日是第十七次"全国助残日"，主题是"保障残疾人权益，共建和谐社会"。5月19日晚，在山东省体育馆举行了残疾人工作先进单位表彰大会暨"中国重汽之夜·为了我的兄弟姐妹"公益演唱会。市委副书记、市长张建国，市委副书记杨鲁豫，市委常委、市纪委书记徐长玉，市委常委、济南警备区政委钱道书，市政府副市长张泽、市人大常委会副主任谢传仁、市政协副主席王世敦等出席了活动，并为市卫生局医政处等15家全市残疾人工作先进单位代表和中国重汽集团有限公司等15家全市2006年度按比例安排残疾人就业工作先进单位代表颁奖。英国CORNER公司等14家爱心单位负责人获"爱心大使"荣誉称号。费翔、文章、袁泉、郑智化等著名艺人与"我的兄弟姐妹"艺术团联袂奉献了精彩义演。

5月21日上午，山东省暨济南市"残疾人法律援助进社区、进家庭"活动启动仪式在千佛山街道办事处佛山苑社区举行。省残联理事长仉兴玉、纪检组组长郭旭光，省司法厅副厅长齐延安，市政府副市长张泽，市残联理事长刘书笙、副理事长孙卫东，市司法局副局长肖阳，历下区副区长王照亮等出席。活动期间，成立了济南市残疾人法律援助律师团，市残联维权处、市法律援助中心、众诚律师集团济南事务所三家签订了《济南市残疾人法律援助律师团服务意向书》，律师团律师与部分残疾人现场签订了《法律援助顾问协议书》。

3."全国爱眼日"庆祝活动。2007年6月6日是第十二届"全国爱眼日"，主题是"防盲进社区，关注眼健康"。市残联组织市低视力配镜中心专家为市特教中心的低视力学生进行验光筛查，为符合条件的27名低视力学生免费配发助视眼镜、手持放大镜、单筒望远镜等助视器42件。

4."国际聋人节"庆祝活动。2007年9月23日，是第五十届国际聋人节。9月21日，市聋人协会举办了"爱在泉城"聋人摄影作品展和聋人趣味运动会，展现了聋人勇于拼博、奋发向上的精神风采，反映了聋人自尊、自信、自强、自立的坚强意志，展示了残疾人事业发展成果，受到社会各界的高度赞誉。

5."国际盲人节"庆祝活动。2007年10月15日是第二十四届"国际盲人节"。市盲人按摩指导中心举办座谈会，就盲人按摩机构经营现状及存在问题以及盲人按摩工作规划和行业管理条例的起草及盲人培训、就业等工作进行了深入探讨。10月13日，市盲人协会组织盲人到曲阜进行了"一日游"活动。

6."国际残疾人日"庆祝活动。2007年12月3日是第十六个"国际残疾人日"。市残联举行"我的兄弟姐妹"日间照料站启动仪式，全面启动了智力、精神残疾人庇护就业和日间照料服务工作。长江新里程计划项目第二期脑瘫儿童引导式教育定点机构、山东大学护理学院儿童脑瘫三级干预模式研究基地、济南市启明星儿童康复中心、山东有线电视中心"生活帮"爱心基地等残疾人康复救助机构揭牌成立。中国残联社会服务指导中心常务副主任曹丽敏，省残联副理事长周克明，市委常委、市妇联主席雷杰，市政府副市长张泽等出席了活动。

（左付朋）

民族宗教

【民族事务概况】 全市有回族、满族、蒙古族、哈尼族、朝鲜族、苗族等少数民族48个，10.93万人，占全市总人口的1.84%。其中，回族9.7万人，占少数民族人口的88.79%。全市有少数民族万人以上的县(市)区6个，少数民族千人以上的乡(镇、街办)23个，民族村(居)45个。

2007年，全市民族工作紧紧围绕构建和谐社会这一中心，在实际工作中更加关注基层、关注民生，有力地推动了全市民族团结进步事业健康发展。

以平安建设为重点，实施"三进"工程。一是推动宣传教育进社区，努力营造民族大团结的氛围。年初隆重举办了省暨济南市民族宗教界人士迎春茶话会，省市领导曹学成、张昭福、齐乃贵、张泽、王世敦等，与各行各业的少数民族代表和宗教界人士300多人欢聚一堂，喜迎新春佳节。党的十七大召开之后，全市各级民族工作部门通过宣传栏、网站、刊物、座谈会、培训班、报告会等多种方式，认真组织少数民族干部群众进行学习，努力营造浓厚社会氛围。围绕宣传党的十七大精神，10月份，以"科学发展、民族团结"为主题，举办了第七次全市民族团结进步宣传月活动。同时，以民族团结进步宣传月活动为龙头，在民族社区开展送电影下基层、文艺汇演、邻里节、社区居民论坛等系列活动，丰富和活跃了民族社区文化生活。大力推广少数民族传统体育项目，组织济南代表团参加了第七届全省少数民族传统体育运动会，蝉联金牌总数、团体总分第一名，并荣获优秀组织奖和体育道德风尚奖；在第八届全国民运会上，济南市选送的商河鼓子秧歌表演得到组委会的高度评价，荣获银奖，为济南赢得了荣誉。二是推动平安建设进社区，积极协调处理影响民族团结的问题。在民族社区深入开展"联防联治"、"邻里守望保平安、邻里团结促和谐"等活动，大力实施以家庭为单位的"细胞"工程，开展"五星级家庭"、"星级安全文明户"等群众性安全创建活动，形成了上下贯通、左右相连的少数民族社区安全网络；推出了以心灵沟通为主线的"三心"工程，通过"尽心"创平安、"爱心"优服务、"诚心"促和谐，形成了"社区是我家，建设靠大家"的团结和谐氛围，推动了民族社区平安建设不断深入开展。指导少数民族集中的街道办事处成立民族工作领导小组和民族事务协调委员会，建立健全了信息预警、纠纷排查、应急处置等工作机制，使社区民族工作逐步纳入制度化轨道。妥善处理因个别电视剧播出引发少数民族群众的不满及其他纠纷，及时掌握情况，采取有效措施，防止事态扩大，把苗头性矛盾纠纷解决在萌芽状态，得到了有关领导的充分肯定。三是推动为民服务进社区，着力改善少数民族民生问题。协助有关部门对民族社区的背街小巷开展集中治理和清理"八乱"活动，并加大支持力度，新增健身广场和休闲场地11处，绿化、硬化、亮化背街小巷15条，大大改善了民族社区的居住环境。为解决少数民族群众生活困难问题，在民族社区建立了日常性、周期性、重点性三大救助机制，以"低保政策"为依托，加强日常性救助，解决了1100余户少数民族低保户的基本生活困难；以"爱心超市"为载体，加强周期性救助，帮助低保、残疾、孤寡等困难少数民族群众1900余户；以"科室包居"为保障，开展结对帮扶活动，加强重点性救助，与少数民族困难家庭结成帮扶对子300余对。"7·18"暴雨后，迅速行动，走访慰问受灾家庭，积极做好遇难少数民族群众的善后工作，并帮助受灾较重的民族社区（村）进行生活生产重建，使少数民族群众充分感受到了党和政府的温暖。为从根本上解决少数民族群众就业难的问题，重视和加强了少数民族群众的职业技术教育和实用技术培训，依托蓝翔技校、社区就业服务中心等，继续对少数民族就业再就业提供培训和服务，推动了少数民族就业工作的开展。

以和谐发展为目标，实施"三村"工程。一是深化法治、道德宣传教育，建设民主法治示范村。以落实"四民主、两公开"为主要内容，狠抓民族村班子建设和民主制度建设，以"三到家"工程和"三员普法"为主要内容，深化普法教育和民主法制建设。继续开展"践行八荣八耻，构建和谐济南"主题教育活动，大力引导少数民族群众树立社会主义荣辱观，进一步倡导文明的道德风尚。二是坚持民族团结教育，建设民族团结模范村。积极开展民族团结进步教育和公民道德教育，建立和完善民族村级调解组织，最大限度地预防和化解影响民族团结的苗头性问题。加大对民族教育扶持力度，帮助长清区青北村、商河县站南村、济阳县刘营村三所民族小学完成了教学楼扩建工程，民族学校办学条件得到进一步改善。济南西藏中学投资1300万元的综合教学楼和运动场在年底正式启用，国家民委党组书记杨传堂率调研组来济南视察民族工作时，专程赴西藏中学进行实地考察，对济南市的工作给予了充分肯定。2007年，有845名少数民族中考生和816名高考生通过了资格审查。大力推进基层医疗卫生事业发展，举办了首期民族村（社区）医师培训班，加大了对民族村（社区）公共卫生服务的支持力度。省政协副主席齐乃贵率省民委主任于洪文等

济南市民族宗教事务局局长杨学英率领市鼓子秧歌代表队参加第八届全国民族运动会

（市民族宗教事务局供稿）

政协委员一行，赴济阳县对少数民族集居地区新型农村合作医疗情况进行了视察。三是坚持又好又快发展，建设社会主义新农村。结合全市新农村建设“十大行动”积极主动地开展工作，积极协调农业、林业、水利、畜牧、国土、交通、电力等有关部门，为民族村新农村建设争取到了更多的政策优惠和项目扶持。在各级党委、政府和有关部门的支持帮助下，全市民族村(居)路、水、电等基础设施建设和各项事业发展成效显著。全市民族村基本实现了村村通自来水，部分实现了自来水入户；7个村硬化了村内道路7200多平方米；4个村实施了引水上山工程；5个村积极发展生态农业，实施了一池三改等工程建设。在加快经济结构调整方面，重点发展了民族村畜牧、林果等产业，济阳县奶牛养殖小区、章丘市大闫满小尾寒羊养殖小区、长清区核桃种植专业村等一批有特色、有规模、有市场的优势产业基地初具规模。全市民族村拥有林果基地5处，畜牧养殖基地7处，农贸批发市场3处，清真食品商业街5处，有效地促进了农民增收和民族村劳动力转移。大力扶持少数民族龙头企业发展，济南鑫意、华杰面粉、北辰集团、三峰制药等少数民族企业不断发展壮大，呈现出投资规模大、科技含量高、涉及领域广、社会效益好的良好发展态势。2007年，全市民族村人均收入5790元，同比增长12.2%。

以以人为本为理念，实施“三帮”工程。一是帮助维护合法权益。认真贯彻济南市《关于加强少数民族流动人员工作的意见》，保障外来少数民族人员在就业、就医、饮食、丧葬、子女入学等方面与本地少数民族群众享有平等权益。积极协调有关部门，对外来少数民族人员从事合法经营活动，提供了便利条件。妥善处理了涉及流动少数民族人员的矛盾和纠纷。二是帮助排忧解难。注重发挥社区、民族社团和伊斯兰教协会等组织的作用，成立了少数民族流动人口服务站，拓展了服务平台，积极推行少数民族流动人员社会化管理，向社会公布了24小时少数民族服务热线电话，认真接待本地和外来少数民族群众的咨询求助。积极发挥市民族医院的优势资源，少数民族流动人员与本地群众享受同样的医药费减免20%的惠民措施，较好地解决了外来人员的就医困难。同时，协调有关部门，帮助少数民族流动人员解决子女入学入托问题。三是帮助提高法律意识。先后举办了少数民族流动人员学习培训班、法律知识讲座，帮助他们了解有关城市管理的法律规章，引导他们逐步适应城市管理方式，自觉遵纪守法，同时，积极为流动少数民族人员提供法律援助。对少数民族流动人员加强了职业道德教育、专业技术培训，引导他们努力学习现代管理知识，不断提高诚实守信、合法经营的公民道德意识。

【宗教事务概况】 济南市现有佛教、道教、伊斯兰教、天主教和基督教5种宗教，信教群众209311人。全市有各宗教教职人员794人，批准登记的宗教活动场所468处，其中，寺观教堂117处。全市现有爱国宗教团体26个，其中，全市性爱国宗教团体5个(即市天主教爱国会，市基督教三自爱国运动委员会，市基督教协会，市佛教协会，市伊斯兰教协会)，县(市)区爱国宗教团体21个，(即县(市)区伊协5个，县(市)区天主教爱国会5个，县(市)区基督教三自爱国运动委员会10个，县(市)区佛教协会1个)。各宗教活动场所均建有民主管理组织。

2007年，全市宗教工作全面贯彻宗教工作基本方针，以深入贯彻《宗教事务条例》为主线，努力在构建和谐社会的大局中，提高依法管理的能力和水平，宗教工作取得新成效。

切实加强宗教行政执法工作。一是加强组织领导，召开了市委宗教工作领导小组会议。会议认真学习贯彻十七大精神，回顾总结了近年来全市宗教工作情况，研究分析了当前形势，安排部署了今后一个时期宗教工作任务。市委副书记、市委宗教工作领导小组组长杨鲁豫出席会议并作重要讲话，领导小组成员单位和有关部门参加了会议。这次会议的召开对于切实做好新形势下的宗教工作，确保全市宗教领域的长期稳定起到了重要推动作用。二是加强了宗教行政执法队伍建设。按照全国宗教工作会议提出的“工作到县、培训到县”的要求，积极选派县(市)区宗教工作干部参加国家宗教局举办的宗教干部培训班，进一步提高了基层宗教工作干部的理论水平和工作能力。举办了全市宗教行政执法培训班，为县(市)区培训宗教工作干部40余人。与会人员听取了法学专家的授课，考察学习了江苏常州等地宗教执法的先进经验，为进一步做好济南的宗教行政执法工作创造了有利条件。三是推动了县、乡、村三级工作网络建设。指导县区成立了宗教工作领导小组，有的县区与乡镇、街办签订了宗教工作责任状，乡镇、街办也分别与村、社区签订了责任状，有效推动了工作落实，有力抵御了境外宗教的渗透。

依法规范管理宗教事务。一是深入县(市)区开展调研。根据省宗教局《关于开展全省宗教及宗教工作基本情况统计的通知》的要求，深入基层进行情况摸底和综合调研，掌握了宗教团体、宗教活动场所、信教人员以及宗教教职人员和宗教执法情况等最新统计数据。二是圆满完成了全市宗教场所登记换证工作。认真贯彻国家宗教局《关于规范〈宗教活动场所登记证〉编号的通知》要求，按照学习动员、调查摸底、填表申报、登记编号四个阶段有序推进。结合登记换证工作，按照“疏堵结合、合理布局”的原则，合并开放了部分具备条件的基督教活动场所，清理整顿了一批基督教私设聚会点和乱建庙宇，使宗教活动场所布局更加趋于合理。三是加强了宗教活动场所七项制度建设。按照《条例》规定，指导和帮助宗教活动场所进一步建立健全了人员、财务、会计、治安、消防、文物保护、卫生防疫等管理制度，使宗教活动场所的管理纳入制度化、规范化的轨道。市委副书记杨鲁豫在平阴县进行视察调研时，对宗教工作强化管理取得的成绩给予了充分肯定。四是做好节日和敏感时期的安全稳定工作。在宗教传统节日、全国节假日和全国重要会议期间，市民族宗教局按照惯例发出通知，认真部署安全稳定工作，宗教工作人员按时到位，对宗教活动场所进行工作督促、检查和指导，确保了宗教活动的有序进行和宗教场所的安全稳定。

指导和支持宗教团体加强自身建设。一是加强教职人员队伍自身建设。按照建立一支政治上靠得住、学识上有造诣、品德上能服众的宗教教职人员队伍的要求，加强了宗教教职人员队伍思想政治教育。认真学习宣传中央和省、市会议精神，先后召开了全国“两会”精神报告会，贯彻省、市第九次党代会精神座谈会，通过组织宗教界人士进行座谈讨论，达到了提高认识、促进交流、相互学习的目的。举办全市宗教界学习贯彻十七大精神培训班，邀请宣讲团成员进行专题辅导，全市宗教界人士、民族宗教工作干部共计200余人参加培训，取得了良好效果。举办全市宗教教职人员培训班，引导各宗教团体分别举办教职人员培训班，进一步加强了对教职人员的培养培训。二是指导宗教团体加强制度建设。抓好宗教团体及宗教活动场所领导班子建设，从“德、能、勤、绩”四个方面进行考核测评，有力地促进了宗教团体的建设。指导各宗教团体积极配合民政部门学习贯彻实施《民间非营利组织会计制度》等一系列制度，各宗教团体完成了年度财务审计工作，促进了宗教团体内部管理的制度化和规范化建设。

广泛深入开展共建美好家园活动。积极引导全市宗教界充分发挥各自优势，不断创新活动形式，丰富活动内容，努力把“共建美好家园”活动引向深入。上半年，市文明城市创建委员会公布全市“创城百件实事”，宗教界开展的“共建美好家园”活动被列为第五位，充分反映出该项活动开展几年来得到了社会各界的认可。一是组织宗教界积极参与社会公益事业活动。组织各宗教开展一系列捐资助学、扶危济困活动，帮扶对象5200余人次，在春节、儿童节、重阳节期间分别掀起高潮，进一步弘扬宗教界爱国爱教、团结进步、服务社会、崇尚和谐的优良传统，发挥其在促进经济社会发展中的积极作用，在全市树立了宗教界的良好形象。二是指导市基督教“两会”加强敬老院工作。市基督教“两会”敬老院学习先进经验，加大投入力度，改善办院环境，提高服务水平，在全国敬老院工作交流会上介绍了经验，展示了市宗教界积极服务社会的良好风貌。副市长张泽深入宗教场所进行调研时，对敬老院工作给予了高度评价。三是指导市伊协深入开展“和谐清真寺”创建活动。市伊斯兰教协会率先响应全国五大宗教团体建设“和谐宗教、和谐寺观教堂”的倡议，迅速行动，以“讲团结、讲稳定、讲和谐”为主题，深入开展“和谐清真寺”创建活动。利用《济南穆斯林》、宣传栏、黑板报和“卧尔兹”演讲等多种载体，面向穆斯林广泛开展宣传教育；举办了5期建设和谐清真寺穆斯林学习班，对200多名外来穆斯林群众进行了民族宗教政策法规、穆斯林经商道德、《外地穆斯林守则》等方面的教育培训，在维护社会和谐稳定中发挥了积极作用。

济南市爱国宗教团体

济南市天主教爱国会第九届委员会
主　　任　郭传真
济南市基督教三自爱国运动委员会第八届委员会
主　　任　张宏伟
济南市基督教协会第五届委员会
会　　长　张宏伟
济南市伊斯兰教协会第五届委员会
会　　长　杨松岳
济南市佛教协会第三届理事会
会　　长　觉　映

（于立金）

责任编校　高进录

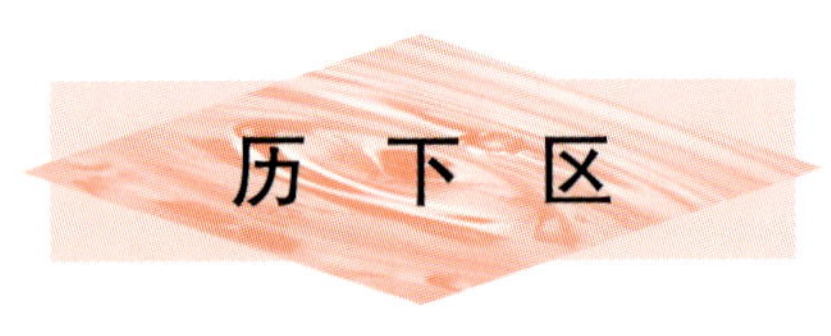

【概况】 春秋战国时属齐国,因在历山之下而得名。1955年9月,始称历下区。位于济南市区东南部,面积100.89平方公里,辖13个街道办事处,65个社区居委会、19个行政村。有居民15.95万户,人口57.53万人。男女性别比101:100,人口出生率8.7‰,人口自然增长率4.4‰。有回、满、蒙古、朝鲜、土家、壮族等37个少数民族,少数民族人口10387人。完成地区生产总值(按在地统计口径)435.63亿元,比上年实际增长15.3%(按可比价计算)。其中,第一产业增加值0.07亿元,比上年增长-25.4%;第二产业增加值89.33亿元,比上年增长4.14%;第三产业增加值346.23亿元,比上年增长18.9%。人均地区生产总值74928元。

中共区委
书　记　孟祥桓
副书记　雷天太　杨　峰*
常　委　孟祥桓　雷天太　杨　峰*　董宝珂　祖爱民*(女)　李光忠　王其广　夏武军　孙常建　孙兆玉　曹　辛

区人大常委会
主　任　孟祥德*　孟祥桓
副主任　周继祥*　王继贵　张德祥　张念江　刘勤敬*　王泽泉*　薛文仁*　吕建中(女)　牟可兵　王晓军

区人民政府
区　长　雷天太
副区长　张德祥*　李光忠　王其广　杨曙明*　华　巍　王照亮*　徐立军　王保国*(挂职)　聂　军　尹红梅(女)

政协区委员会
主　席　赵广忠
副主席　宋广廉*　张立平*　李景和*(不驻会)　张连章*　杨曙明　王如生　姚桂芳(女)　安利国(不驻会)　刘　岩(不驻会)

中共区纪委
书　记　董宝珂

区人民法院
院　长　王如生*　孙兆远

区人民检察院
检察长　赵　强*　宋新龙

区人民武装部
部　长　赵　虎
政　委　夏武军

工　业　规模以上工业企业89家,增加值55.06亿元,比上年增长2.5%;产品销售收入222.98亿元,比上年增长-1.73%;利税7.34亿元,比上年增长-12.8%;工业经济效益综合指数164.73%。规模以下企业319家,产值1.8亿元。骨干企业支撑作用明显,中石化济南分公司、中创软件、济南轻骑等17家企业销售收入过亿元,销售收入占全区总量的95%。实施重点技术创新项目30项,其中25项已完工。山东康巴丝钟表有限公司的"康巴丝"和山东桑乐太阳能有限公司的"桑乐"获中国驰名商标,山东康洁非织造布有限公司的"康洁"获山东省著名商标。在全市创新型城市建设工作考核中,历下区位列10个县(市)区首位。

贸易财政金融　社会消费品零售总额261亿元,比上年增长15.3%。三产限额以上企业177家,其中批零贸易业94家、住宿餐饮业83家,社会消费品零售总额148.03亿元,比上年增长15.9%。批零住餐业、金融业、计算机服务业分别完成增加值80亿元、55亿元、12.7亿元。历下区被评为山东省"服务业先进区",泉城路商业街、山大路科技商务区被确定为2个省级服务业集约化园区。出口创汇3.71亿美元,比上年增长25.1%,其中地产品出口1.69亿美元,比上年增长73.7%。实际利用外资6014.2万美元,新批外资项目16个。招商引资完成81.2亿元,比上年增长6.7%,其中过亿元项目27个、过千万元项目77个。财政收入和地方财政收入分别为20.3亿元、12.6亿元,分别比上年增长24.59%、23.28%。财政支出9.7亿元,比上年增长30.97%。

*示2007年内离职,下同。

建设环保 全社会固定资产投资105亿元，比上年增长24.1%，其中服务业投资突破百亿元。在建的68个千万元以上建设项目，有29项竣工。投资4800余万元，翻建和改造道路32万平方米，铺装人行道8.5万平方米，整治小区6个。先后对天地坛街、榜棚街、黑虎泉北路、山师东路、山大路、茂岭山路、山大南路西延长线等辖区主次干道进行改造和翻建。历山东路作为历下区迎全运首条改造道路，创下6天拆除1.6万平方米最快速度，实现全市商业街拆迁拓宽改造第一个开工、拆除工程量第一、和谐拆迁第一等多项记录。全年清运生活垃圾25万吨，集中收集率98%，密闭化运输和无害化处理率均达100%。投资60余万元，更新高压清洗车3部，道路机扫率80%，冲刷洒水率95%。投资1348.5万元用于环境保护，工业重复用水率98.4%，工业废水排放达标率99.4%。建成烟尘控制区16个，总面积51.63平方公里，覆盖率100%；建成噪声达标区7个，总面积29.01平方公里，覆盖率75.7%。区域环境噪声达到国家一类区标准，空气质量良好以上天数达88%。栽植各类乔灌木43.12万株、绿篱78.85万株，完成拆墙透绿2155米、垂直绿化5630米。新建绿地34.5万平方米，绿化覆盖率44.5%，人均占有绿地13平方米。

教科文卫体 各级专业技术职务人员37400人，其中高级专业技术职务7480人、中级专业技术职务14960人。有各级各类学校84所，其中中学50所、小学32所，在校生84015人，毕业生23914人，教职工6353人，专任教师4733人。义务教育适龄儿童入学率100%，小学毕业生升学率100%。在各学科竞赛中，有157人次获得国家级奖项，181人次获得省级奖项。高新技术产业产值73.37亿元，比上年增长16.67%，占规模以上工业总产值的32%，比年初增长3个百分点。新认定市级以上高新技术企业43家、高新技术产品60个、工程技术研究中心10家、企业技术中心4家。专利申请量2171件，其中发明专利743件；专利授权量1344件，其中发明专利199件。新认定驰名商标2个，省、市著名商标6个，新认定山东名牌产品2个，参与制定国家标准3项。有区属文化馆1处、文化站11处。区级图书馆1处，是文化部评定的国家三级图书馆，藏书10万册，全年接待读者3万余人次。区级体育场馆1处，各类体育场、馆、池和非标准场地450个。组织举办近50次体育健身展示活动和比赛。体育进社区活动覆盖率89%，有社会体育指导员865人，平均每万人拥有社会体育指导员15人，超过标准要求的12人/万人。驻区各类卫生机构58处，其中医院、卫生院46处，卫生疾病预防控制中心2处，卫生监督所2处，妇幼保健机构2处。各类卫生机构有床位6647张，卫生技术人员8871人，其中执业医师3544人、注册护士3043人。36个社区卫生服务机构为全区51.1万人建立居民健康信息档案，60岁以上老年人保健管理率达85%，居民社区卫生服务知晓率93%、满意率95%。职业卫生监督检查覆盖率100%。

人民生活 年末，全区从业人员22.19万人，平均工资32171元，比上年增长22.4%。农村居民人均纯收入8014.5元，比上年增长14.2%。安置城镇就业人数12191人，其中安置下岗失业人员8213人、安置困难群体人员1669人。城镇登记失业率1.91%，低于4%的市控指标2.09个百分点。参保企业6091户，养老参保人数138506人，实际缴费人数102392人，实际征缴养老保险费4.47亿元，收缴率95%。发放最低生活保障金1474.2万元，发放4.05万户次、10.19万人次。

【区划调整】 经区政府第六十八次区长办公会研究决定，撤销姚家镇建制，以原姚家镇的行政区域设立姚家街道办事处、智远街道办事处和龙洞街道办事处。将原姚家镇姚家庄、东十里河、丁家庄、浆水泉庄、荆山庄等5个自然村划归姚家街道办事处管辖，街道办事处机关驻姚家庄。根据鲁政函民字（1990）17号、济政函（1990）22号、历下政发[1990]第27号相关规定，由姚家街道办事处代管甸柳新村街道办事处辖区内的窑头庄、仁合庄。将原姚家镇的刘智远、八涧堡、盛福庄、姜家庄、邓家庄、义和庄、林家庄等7个自然村划归智远街道办事处管辖，街道办事处机关驻刘智远村。将原姚家镇的龙洞庄、孟家庄、老石沟、西蒋峪、石河岭、中井庄、下井庄等7个自然村划归龙洞街道办事处管辖，街道办事处机关驻龙洞庄。

【教育协调发展】 创建省级规范化学校26所，省部级重点职业学校2所，市级规范化学校2所，占学校总数的65%，有省级示范幼儿园25所、市一类幼儿园18所。教师队伍整体素质加强，59人次获国家级奖项，128人次获省级奖项，213人次获市级奖项。教研水平实现新突破，获全国教育科学"十一五"规划教育部重点课题"有效推进区域教师专业化发展"一等奖和先进单位。在中国·北京第二十五届头脑创新思维竞赛中，汇波小学代表队在全国200多支代表队中脱颖而出，获全国大赛一等奖，并于2007年6月代表山东省参加在美国举行的全球第二十五届头脑创新思维大赛，获"国际大使特殊奖"，成为本次大赛中获得奖次最高的中国代表队。2007年，全区教育获国家级奖项26项、省级奖项39项。

【文东街道办事处获"全国劳动和社会保障优质服务窗口"称号】

近年来，文化东路街道劳动保障服务中心坚持高质量服务标准，为11万社区居民和1000余名下岗失业人员、4100名企业退休人员提供细致服务。建立了150平方米的服务大厅，设立政策咨询、退休管理、职业介绍、失业登记、社会保险等窗口。先后投资200余万元，建立了600平方米的退休人员活动中心、劳动技能培训基地，为社区退休人员、失业人员提供无偿服务和培训。2007年，在北京召开的全国劳动和社会保障工作会议暨全国劳动保障系统优质服务窗口单位表彰大会上，历下区文化东路街道办事处获"全国劳动和社会保障系统2006~2007年度优质服务窗口"称号。

街道办事处简介

趵突泉街道办事处

党工委书记　纪　亮

主　　任　庞继萍*(女)　杜宝现

政区人口　1962年12月成立,因辖区有著名的趵突泉而得名。面积1.64平方公里,辖4个社区居委会。有居民11684户,人口41563人,人口出生率7.4‰,人口自然增长率2.3‰。

经济概况　地方财政收入1.15亿元。全社会固定资产投资6.98亿元。出口创汇3130万美元,实际利用外资160万美元。

区位优势　北起环城公园,南至市委党校、南郊宾馆和山东大厦,东起朝山街、舜耕路,西至南新街与市中区相连。旅游景点多,汇集了趵突泉公园、泉城广场和植物园三大旅游场所。驻有国家审计署驻济办事处以及省文化、教育、卫生、广播电视、民政等厅局。大中专院校多,集中了山东大学(西校区)、省广播电视大学、市委党校、市体校等学校;金融机构多,省建设银行、中信实业银行、国家发展银行、招商银行等驻在辖区;医疗机构多,聚集了山东齐鲁医院、省中医药大学附属医院、省医科院、省口腔医院等医疗机构,是历下区乃至济南市的黄金地带。2007年,获"全国和谐邻里建设示范街道"、"全国和谐邻里建设示范社区"等称号。

燕山街道办事处

党工委书记　尹　涛

主　　任　李长征

政区人口　1988年1月成立,燕山街道办事处(原和平路街道办事处)坐落在风景秀丽的燕子山脚下,闻名遐迩的燕子山住宅小区内。2004年1月,更名为燕山街道办事处。面积1.56平方公里,辖6个社区居委会。有居民11770户,人口37375人,人口出生率10.5‰,人口自然增长率6.7‰。

经济概况　地方财政收入3352万元。全社会固定资产投资6.7亿元。出口创汇790万美元,实际利用外资215万美元。招商引资5.33亿元。

区位优势　燕子山住宅小区是全国住宅建设示范区,是办公机关、宿舍融为一体化的住宅小区,人口密度大,整体素质高。辖区内省、市级企事业单位多,行业门类多,服务功能齐全。山工新天地项目主体建设基本竣工,浪潮集团项目完成土地招拍挂手续。新引进中烟山东分公司等一批金融、商业项目。扩大城镇职工养老保险覆盖面完成1139人,新增城镇就业再就业完成1130人,占年计划的146.75%。2007年,获"全国和谐邻里建设示范街道"、"省级卫生先进单位"、"济南市民政工作先进集体"等称号。

千佛山街道办事处

党工委书记　侯　晓

主　　任　赵金生

政区人口　1995年9月成立,因办事处驻地司里街而得名为司里街街道办事处。2004年1月,更名为千佛山街道办事处。面积4.91平方公里,辖6个社区居委会。有居民13763户,人口58263人,人口出生率5.9‰,人口自然增长率2.2‰。

经济概况　地方财政收入1.37亿元。全社会固定资产投资7.5亿元。出口创汇1810万美元,实际利用外资185万美元。招商引资6.13亿元。

区位优势　辖区位于千佛山下的经十路和泺源大街之间,交通便利。千佛山公园、山东省博物馆、千佛山文化市场等营造了浓厚的地域文化气息。驻有山东省旅游局、省教育厅、济南广播电视局等65家省、市、区级单位和山东大学(南校区)、山东工艺美术学院、山东广播电视大学、山东体育学院4所大专院校。以银座集团、大润发、兴业银行、中国银行为代表的重点企业加快发展,区域经济总量和地方财政收入大幅增长。以中创软件、山东大学国家科技园为代表的高新技术产业快速成长,区域科技创新体系逐步完善。2007年,被命名为"山东省基层党建示范点",继续保持"全国精神文明建设工作先进单位"、"省级文明单位"等称号。

文化东路街道办事处

党工委书记　尹红梅*(女)　韩建国

主　　任　李　江

政区人口　1983年1月成立,因辖区内主要街道文化东路而得名。面积6.26平方公里,辖12个社区居委会。有居民20602户,人口97339人,人口出生率6.3‰,人口自然增长率3.6‰。

经济概况　地方财政收入1.21亿元。全社会固定资产投资7.25亿元。出口创汇1.43亿美元,实际利用外资160万美元。招商引资8.2亿元。

区位优势　辖区内有省、市、区机关和大中专院校、科研院所、驻济部队100多家,是文化密集和商贸繁华的中心地区,文化、教育、卫生、休闲、娱乐等基础设施齐全,为市区最适宜居住地区之一。引进高速置业、泰鸿房地产、安邦保险、明湖天地等企业。抓好桑乐太阳能、晶恒、康巴丝自主创新和技改工作,提升工业企业、出口创汇企业市场竞争力。2007年,获"全国劳动和社会保障优质服务窗口"、"省文明单位"、"济南市基层党建工作示范点"等称号。

甸柳新村街道办事处

党工委书记　李增堂*　张谨国

主　　任　张谨国*　曾素燕(女)

政区人口　1988年1月成立,因辖区内甸柳新村居民小区而得名。面积1.49平方公里,辖8个社区居委会。有居民11994

户，人口42251人，人口出生率8.7‰，人口自然增长率4.5‰。

经济概况 地方财政收入6594万元。全社会固定资产投资4.26亿元。出口创汇610万美元，实际利用外资245万美元。招商引资4.6亿元。

区位优势 中铁十四局、中建八局、山东黄金公司等86家大中型企事业单位和省电子工业学校、市经济学校、甸柳第一中学等13所大、中、小学校坐落辖区。对三箭吉祥苑地下副食品市场进行规范改造，形成"农加超"(农贸市场加超市)式经营业态，是全市首家绿色农贸市场。"中建文化城"建设项目总投资8.50亿元，建筑面积23万平方米。2007年，获"全国和谐邻里建设示范街道"、"省劳动保障服务优秀窗口"、"省残联维权工作先进单位"等称号。

建筑新村街道办事处

党工委书记 文为民

主　　任 杨　峰

政区人口 1983年1月成立，因辖区内建筑新村居民小区而得名。面积1.92平方公里，辖5个社区居委会。有居民12760户，人口40965人，人口出生率9.7‰，人口自然增长率4.3‰。

经济概况 地方财政收入5225万元。全社会固定资产投资4.9亿元。出口创汇5560万美元，实际利用外资160万美元。招商引资4.54亿元。

区位优势 辖区内商业网点密集，国有、个体、私营经济发展迅速，有企事业及院校单位60余家，个体私营业户2000余户。形成以科技市场为龙头，以解放路农贸市场、建新南路市场、黄台南路鲜花市场为主体的市场主体框架。加大对恒丰银行、招商银行等金融业的服务与扶持力度。借助山大路科技商务区和"历下软件园"区位优势，将普利历东商务大厦和数码港商务大厦打造成建新地区的品牌楼宇，为招商引资提供载体。2007年，被评为"全国和谐社区建设示范街道"、"山东省安全生产先进集体"、"全市民政工作先进集体"等。绿景嘉园社区被评为"全国社区服务先进社区"，解放路社区居委会被评为"省级文明社区"。

东关街道办事处

党工委书记 张　昕

主　　任 丁晓红(女)

政区人口 1962年12月成立，因辖区地处旧城东关而得名。面积1.76平方公里，辖7个社区居委会。有居民16037户，人口45533人，人口出生率9.2‰，人口自然增长率2.8‰。

经济概况 地方财政收入4540万元。全社会固定资产投资7.1亿元。出口创汇1860万美元，实际利用外资284万美元。招商引资5.41亿元。

区位优势 辖区历史上属城乡结合部，人口密度大，流动人口多。长盛、东仓、泺河、菜市等4个建设较早的小区，为典型的单一功能居民住宅区。纯朴的群众文化氛围，潜在的社会需求，构成商贸和综合服务发展空间大的区域特色。有山东教育学院、山东省商贸学校、济南工艺美术学校3所大中专院校，有省教研室、省教育科研所、省地矿局、省物价局、省纺织设计院、省环保科研院、市测绘院等30多家省市部门和科研单位，驻区机关、企事业单位达150多家。2007年，获"全国和谐邻里示范街道"等称号，继续保持"省级文明单位"称号。

大明湖街道办事处

党工委书记 寇少杰

主　　任 肖　辉

政区人口 1962年12月成立，大明湖街道办事处(原东门办事处)因位于旧城东门之内而得名。2004年1月1日，因辖区内有济南三大名胜之一的大明湖公园，更名为大明湖街道办事处。面积1.77平方公里，辖6个社区居委会。有居民11627户，人口28509人，人口出生率6.55‰，人口自然增长率-0.2‰。

经济概况 地方财政收入4863万元。全社会固定资产投资6.97亿元。出口创汇790万美元，实际利用外资185万美元。招商引资5.10亿元。

区位优势 位于老城区东部大明湖畔，东临环城公园东护城河，南临黑虎泉，西临泉城路街道办事处，北临火车东站。驻有省人大常委会、省政协、山东黄河河务局等30多家省、市、区级机关和事业单位。贵和商贸大厦、华能大厦、齐鲁国际大厦、泉城路商业街、舜井商业街构成特色商贸区。辖区内解放阁、珍珠泉、大明湖、舜井等名胜，曲水亭街、后宰门街、按察司街等济南老街巷，反映着济南这座城市的悠久历史和深厚文化底蕴。

泉城路街道办事处

党工委书记 崔　涛

主　　任 吴　明

政区人口 1990年7月成立，因辖区内泉城路而得名。面积1.27平方公里，辖7个社区居委会。有居民5921户，人口15115人，人口出生率7.1‰，人口自然增长率-0.1‰。

经济概况 地方财政收入5981万元。全社会固定资产投资4.42亿元。出口创汇1197万美元，实际利用外资350万美元。招商引资8.13亿元。

区位优势 北临大明湖，西接趵突泉，南依泉城广场，是山东省人民政府机关驻地，是济南市政治、商贸中心。"金街"泉城路贯穿辖区，万达商贸广场、三联家电公司等商业集团构成泉城路第三产业经济圈。对芙蓉街综合整治，修复老字号商铺，把芙蓉街建成"古城游览区"，搞活"古城老街泉水游"项目。辖区有各类楼宇13座，入驻企业180余家，其中有麦当劳、肯德基、雀巢、沃尔玛、必胜客、柯达等世界500强企业6家。2007年，贡院墙根社区被授予"全国和谐邻里建设示范社区"；芙蓉街社区青少年心理疏导站被授予"全国未成年人思想道德建设创新案例二等奖"，并被济南市文明委授予"全市未成年人思想道德建设著名创新案例”。

解放路街道办事处

党工委书记 邓向东

主　　任 赵光臣

政区人口 1955年9月成立，因辖区解放路而得名。面积1.36平方公里，辖5个社区居委会。有居民11643户，人口34038人，人口出生率8.6‰，人口自然增长率3.7‰。

经济概况 地方财政收入9120万元。全社会固定资产投资7.44亿元。出口创汇1850万美元，实际利用外资160万美元。招商引资6.4亿元。

区位优势 位于济南市历下区中心地带，强大的消费群体，良好的生活氛围，优越的地理环境，赢得巨大发展空间。由于近几年老城改造力度加大，辖区新建住宅小区剧增，新闻大厦、良友富临、中豪大酒店、颐正大厦、中鲁大厦等拔地而起。驻有山东省军区、山东省武警总队、省高级人民法院、省农业厅、水利厅、海洋与水产厅、国际信托投资公司、上海浦发银行等机关、事业单位162家，工商企业260多家。加大重点项目建设，大舜天成自由城项目已竣工，投入运营。2007年，被评为“全国和谐邻里建设示范街道”、“全市民政工作先进集体”等，连续10年被评为“省级精神文明先进单位”。

姚家街道办事处

党工委书记 王焕书

主　　任 苏风清

政区人口 2007年6月成立，因单位驻地姚家村而得名，是原姚家镇区划调整后划分出来的行政机构。面积17.48平方公里，辖7个居委会、浆水泉风景区住宅管理委员会和社区服务中心2个事业单位。有居民10591户，人口60725人。

经济概况 地方财政收入8704万元。全社会固定资产投资11.9亿元。出口创汇1360万美元，实际利用外资920万美元。招商引资7.11亿元。

区位优势 位于济南市解放东路西首，毗邻区委、区政府，东起体育西路，西至二环东路，北起经一路延长线，南至浆水泉。工业南路和经十东路两条动脉横贯南北，位置优越，交通便利。驻地省、市、区机关单位众多，大中专院校云集。有星河民营科技园、鲁泉民营企业园和华达、华诚、华艺等一大批龙头企业。中润世纪城二期项目到位资金4.1亿元，工程建设完成70%；南益名士豪庭住宅项目到位资金3亿元，工程建设完成40%。

智远街道办事处

党工委书记 潘玉松

主　　任 林思泉

政区人口 2007年6月8日成立，是撤销原姚家镇而新成立的3个办事处之一。面积25.95平方公里，辖7个行政村、1个居委会。人口43641人，人口出生率3.83‰。

经济概况 全社会固定资产投资10.84亿元。出口创汇2300万美元，实际利用外资110万美元。招商引资完成7.66亿元。

区位优势 地处历下区最东端，东接临港经济开发区，西临济南市高新技术开发区，南至莲花山，北至胶济铁路。经十东路、工业南路、世纪大道等干道纵横，交通便捷，位置优越。驻地企事业单位60余家。辖区内高新历下工业园基础设施建设完备，有着很好的经济发展空间和潜力。引进普利开发公司等3个项目，实际到位资金逾7亿元。中石化济炼分公司、山东华森太阳能产业有限公司、鲁能日和控股有限公司、三清不锈钢设备有限公司、山东康洁非织造布有限公司是辖区内规模以上企业。2007年，获“济南市国防工程管理先进单位”等称号。

龙洞街道办事处

党工委书记 何济庆

主　　任 石逢平

政区人口 2007年6月21日成立，位于东部新城中心地带。面积24平方公里，辖7个行政自然村。有居民7713户，人口28976人，人口出生率11.2‰。

经济概况 地方财政收入1074万元。全社会固定资产投资30.9亿元。引进舜兴花园、齐龙置业等6个招商引资项目，招商引资7.08亿元。

区位优势 位于经十东路以南，洪山、回龙山、官山撅连线以东，至历下与历城区界之间地域。旅游资源丰富，结合区位特点，将打造从中井到龙洞的山体自然风光旅游带。奥体中心和全运村等重点项目正在建设之中。省高院、省立医院东院区、省商业集团、市政务大厅等省市级单位将陆续入驻辖区。

（邹　娟）

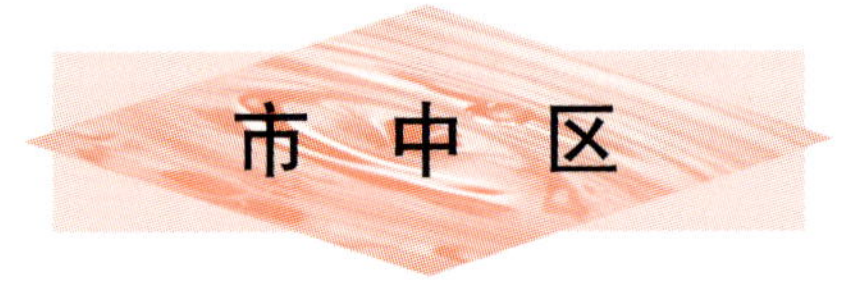

市 中 区

【概况】 市中区因地处济南市主城区中南部而得名。面积280.19平方公里，辖15个街道办事处，95个居委会、77个行政村。有居民18.46万户，人口56.85万人，男女性别比98.3:100，人口出生率9.44‰，人口自然增长率3.94‰。有回族、满族、藏族等36个少数民族，少数民族人口2.79万人。地区生产总值323.12亿元，比上年增长20.7%。其中，第一、二、三产业分别为2.27亿元、68.74亿元、252.11亿元，分别比上年增长0.2%、28.9%、18.2%。

中共区委

书　记 齐建中

副书记 苏维泉　王铁志

常　委　齐建中　苏维泉　王铁志　国承彦(女)　孙　斌
　　　　王　壮　梁英为　姚怀祥　吕建新　钟安石
　　　　于　红(女)　任晓策

区人大常委会

主　任　李聚春(女)

副主任　张成铭*　崔学莉*(女)　陶连月*　左玉田*
　　　　佘洪深　荣　光　李　莹(女)　杨　杰
　　　　徐广玉　刘贤江

区人民政府

区　长　苏维泉

副区长　苏维泉*　国承彦(女)　梁英为　米俊伟*
　　　　荣　光*　韩宏伟(女)　刘梦海　钱　城
　　　　谢兆村

政协区委员会

主　席　高金同

副主席　寻广起*　李大伟*　张廷和*　贺文萍(女)
　　　　潘　华　薛效贤*　黄　伟　刘　宪(女)　徐长远
　　　　张无玺

中共区纪委

书　记　于　红(女)

区人民法院

院　长　解雅洁(女)

区人民检察院

检察长　于联军

区人民武装部

部　长　贾平忠

政　委　钟安石

工业　规模以上工业企业70家，实现工业增加值54.89亿元,比上年增长32.54%;主营业务收入349.91亿元,比上年增长51.14%;利税23.68亿元;利润17.16亿元,比上年增长41.43%。完成技改项目33项,完成技改工作量15.46亿元。高新技术产值288.16亿元,占工业总产值的88.3%。高新技术创业服务中心已进驻企业13家。新发展个体工商户974户,累计17123户;新发展私营企业1285家,累计5372家。新增注册资金94.2亿元,累计注册资金500.2亿元。

农业及农村经济　农业增加值2.27亿元。农作物播种面积8590公顷,耕地面积5116公顷。粮食总产3.80万吨,比上年增长-5.75%。油料、蔬菜、水果总产分别为0.04万吨、1.35万吨、0.82万吨。肉类、奶类、禽蛋总产分别为0.83万吨、2.02万吨、1.85万吨。有养殖小区10处,禽畜规模化饲养率达85%,畜牧业占一产增加值的70.32%。蔬菜、花卉等六大基地新增面积220公顷,总面积达2800公顷。农科园发展食用菌大棚12个,示范大棚达80个。完成治山整地537公顷,退耕还果200公顷,新增林果面积200公顷,种植各种名优果树17万株。公路林网化建设45公里,栽植树木17.4万株,治理破损山体50万平方米。森林覆盖率25.2%。

贸易财政金融　社会消费品零售总额160亿元，比上年增长18.2%。引进项目520个,其中过亿元项目43个,实际到位资金110.6亿元,比上年增长4.6%。出口创汇4.97亿美元,比上年增长60.7%。合同利用外资2.15亿美元，实际利用外资4038.5万美元,比上年增长-1.4%。实现地方财政收入12.29亿元,按可比口径比上年增长33.55%。年末,辖区内有金融机构、办事处及营业网点244家,其中银行总部及网点192家、保险公司15家、证券营业部15家、其他金融机构22家。

建设环保　全社会完成固定资产投资102.9亿元,比上年增长24%。房屋建筑竣工面积2万平方米。完成环境污染治理项目1个,环境污染治理投资700万元,比上年增长16.1%。绿化荒山537公顷,城市绿化覆盖率41.5%,人均占有公共绿地面积14.83平方米。整治街巷210条,居民小区11个。104国道、济微路主车道全线通车,舜耕路、阳光新路改造分别完成工程总量的90%、92%。主次干道保洁率100%,清理垃圾死角227处,全年清运垃圾23.7万吨。拆除各类违章建筑3100余处(间)、14.8万平方米。自来水普及率、入户率分别达到100%、96%。

教科文卫体　有各级各类学校64所。幼儿园83所,在园幼儿13391人,教职工1442人。适龄儿童入学率100%,小学在校生巩固率、按时毕业率均为100%,初中在校生巩固率99.8%,初中生合格毕业率100%。实施省市级科技项目24个,获市级以上奖励科研成果16项，获市级以上科技进步奖励科研成果7项,其中获得省科技进步奖励科研成果3项。专利申请量1161件,授权专利589件。有文化馆(站)16处,图书馆(室)59处,藏书量14.6万册。广播、电视人口覆盖率均达100%。各级专业技术职务人员7032人,其中高级专业技术职务734人、中级专业技术职务2958人。各类卫生机构498处,其中医院32处;卫生技术人员6101人,其中执业医师3129人、注册护士2031人;床位3604张。在市级以上体育比赛中获金牌42.3枚,其中省级体育比赛获金牌8.5枚。

人民生活　在岗职工年平均工资22776元，比上年增长19.68%。农民人均纯收入7053.7元,比上年增长15%。全年职工养老、医疗、失业、工伤、生育保险参保人数分别达到15.17万人、8.11万人、7.41万人、7.5万人和7.37万人,分别比上年增加1.47万人、1.96万人、0.91万人、0.9万人和0.77万人。完成企业养老保险收缴额3.96亿元,清欠企业养老保险金0.17亿元,完成征缴总额4.13亿元。安置就业14840人(次)。农村低保标准由900元提高到1800元,发放低保救助金130余万元。各街道办事处劳保中心管理退休人员4.3万人。新型农村合作医疗农民参合率85%。有村(居)及以上老年公寓11处,集中供养五保对象56人。发放慈善爱心救助金199余万元，救济物品折合人民币100余万元。最低生活保障救助12.71万人,其中城镇低保11.06万人、农村低保1.65万人。有社会福利企业7家，安置残疾人员152人。

(于继东　刘玉萍)

【创建社会文化先进区】 市中区致力打造富有市中特色的文化产业链。投资1800余万元扩建改造文化馆,面积由1750平方米增加到2300平方米,达到城区文化馆一类标准。对辖区内文物保护单位进行全面普查,有省市区级保护单位129处。整理出6项非物质文化遗产,其中《济南烤鸭制作技艺》成为首批省级非物质文化遗产。13个街道办事处全部设立文化站,其中10个街道办事处的文化活动中心面积在500平方米以上。77个行政村中70个村已建文化大院。以舜玉文化广场、赤霞广场、山水大润发广场等大型文化广场为载体,举办文艺演出、家庭才艺表演、戏曲票友大赛、军民共建联欢等系列活动500余场。2007年,市中区被评为"山东省社会文化先进区"。 (陈 梅)

【获"全国社区教育示范区"称号】 对社区教育不断加大投资力度,全年投资265万元用于街(镇)社区教育学校、居(村)社区教育站的硬件设施建设。全区有社会力量办学单位176所、社区教育学院3所、社区教育中心学校15所、社区教育站151个,社区教育专(兼)职教师5000余人。实施"校居联手",拓展教育资源,69所中小学校面向社区开放,区教育局选派57名教师,到各社区担任社区教育学校(站)辅导老师,加强学校与社区的联系。辖区民办学校、公安、消防等13个单位与11个街道办事处签订合作协议书,开展英语、美术、家庭理财、消防、法律等公益培训。培训下岗职工15500余人次,转岗再就业率在90%以上;组织社区青少年1890人,开展"牵手文明、拥抱奥运"、"七色花小画廊"、"巧手画福娃"等活动;社区中老年居民有159人在省市绘画、音乐比赛中获奖。2007年,市中区被国家教育部确定为"全国社区教育示范区"。 (成教局)

街道办事处简介

大观园街道办事处

党工委书记 蒋济东

主　　任 齐志为

政区人口 因辖区内有历史悠久的大观园商场而得名。面积1.2平方公里,辖5个社区居委会。有人口2.8万人,人口出生率13.57‰,人口自然增长率8.31‰。

经济概况 全年招商引资3.68亿元,其中市外资金3.64亿元。固定资产投资2.2亿元。实际利用外资56万美元,出口创汇100万美元。

区位优势 地处市中区西北部,经一路至经六路,纬一路至纬六路构成"六纵六横"棋盘式格局,交通便捷。辖区内省、市、区驻地单位较多,店铺林立,商贾云集,第三产业尤为发达,有济南明珠商务港、汇宝大酒店、贵都大酒店、丽天大酒店、山东宾馆、济南宾馆等多家星级酒店。安置下岗再就业1036人,完成养老保险扩面409人,援助"零就业家庭"32人。拆除各类违章建筑近1900平方米。2007年,获"济南市廉租住房工作先进集体"等称号。 (刘晓茜)

魏家庄街道办事处

党工委书记 赵跃进

主　　任 马兴园

政区人口 因辖区内有古老的魏家庄而得名。面积0.88平方公里,辖5个社区居委会、2个家委会。有人口2.37万人,人口出生率5.94‰,人口自然增长率-1.39‰。

经济概况 完成招商引资1.27亿元。固定资产投资2亿元。地域税收近3亿元。

区位优势 位于市中区中央商贸地带,周围大型商场、政府机关和企事业单位遍布,地理环境优越,交通方便。人民商场、经四路人防商城、顺河商业街等商业网点带动整个辖区经济发展,有市属最大金融机构——济南市商业银行和信托投资骨干企业——英大国际信托投资有限责任公司等。就业再就业安置1150人,完成社会保险扩面征缴368人,发放低保金130万元。2007年,永庆街社区被授予"全国敬老模范社区"、"省级精神文明社区"称号。 (王新磊)

杆石桥街道办事处

党工委书记 任晓策* 王盛元

主　　任 郅 颂(女)

政区人口 位于市中区中北部,因辖区内有杆石桥而得名。面积2.3平方公里,辖8个社区居委会、4个家委会。有居民1.99万户,人口5.67万人,人口出生率9‰,人口自然增长率8.2‰。

经济概况 招商引资完成4.26亿元,其中市外资金3.88亿元。全社会固定资产投资4.18亿元。利用外资99万美元,出口创汇81万美元。

区位优势 辖区是中共山东省委、济南市委、市中区委等领导机关所在地,有三箭银苑、银河大厦、东方大厦等高层商业建筑,有省实验中学、济南育英中学、济南外国语学校等12所省市知名学校,金融证券保险机构38家,是济南市的政治、金融、商务、基础教育中心区。被评为"全国侨务系统五五普法侨法宣传角",自由大街社区"和谐之春"艺术团被评为"山东省巾帼文明标兵队"。 (郭 伟)

四里村街道办事处

党工委书记 韩立海

主　　任 蒋春雷

政区人口 位于市中区中心区域,面积3.66平方公里,辖5个社区居委会、6个家委会。有人口3.84万人,人口出生率1.9‰,人口自然增长率1.2‰。

经济概况 固定资产投资8.66亿元。招商引资12.2亿元。

实际利用外资70万美元,出口创汇84万美元。社会消费品零售额3.36亿元。

区位优势 位于主城区,拥有风景秀丽的英雄山,社区环境优美。经十路、经十一路、玉函路、马鞍山路、英雄山路、建设路贯穿辖区,交通便捷。辖区内有省、市及济南军区众多单位。金融机构主要有齐鲁证券、中国农业发展银行、中国农业银行、招商银行、中信银行、深圳发展银行等。文化氛围浓厚,经十一路小学、济南十四中学、济南商业学校、济南英雄山文化市场、省体育中心等坐落于此。 (王洪惺)

舜玉路街道办事处

党工委书记 杨洪斗

主　　任 黄春国

政区人口 位于市中区东南部,因地处舜玉路而得名。面积7.2平方公里,辖8个社区居委会、16个家委会。有人口6.79万人,人口出生率6.68‰,人口自然增长率3.49‰。

经济概况 完成招商引资3.8亿元。新增固定资产投资2.86亿元。

区位优势 舜玉路、玉函路、舜耕路和济大路等主要干线,贯通东西南北,交通便利。驻有省安全厅、省财政厅、省交通厅、省地税局、省作家协会等省市单位30余家,大中专院校3所、中小学5所。通过打造社区服务平台、社会救助平台、疾患康复平台和养老服务平台,社区服务覆盖面达100%。安置下岗失业人员1119人,完成养老保险扩面418人。与31名就业困难人员签订劳动合同,发放补贴11.5万余元。投资2.6万元,购买各种文体器材100余件、演出服装160余套,为3个社区居委会组建了图书室、阅览室。调处矛盾纠纷12件,处结率100%。2007年,被评为"山东省安全生产执法监察先进集体"、"平安济南建设先进基层单位"等,舜园社区被评为山东省"省级文明和谐社区"。

(陈海燕)

二七新村街道办事处

党工委书记 孙振华

主　　任 黄晓广* 周　杰

政区人口 位于市中区中南部,因居民区二七新村而得名。面积1.68平方公里,辖7个居委会、1个家委会。有人口3.43万人,人口出生率4.78‰,人口自然增长率3.82‰。

经济概况 完成招商引资4.06亿元,其中引进内资0.16亿元、外资3.9亿元,千万元以上项目6个。实现固定资产投资4.7亿元。

区位优势 英雄山路、建设路、二七新村中街等15条街巷纵横交错,交通便利。驻有济南军区话剧团、济南市民政局、济南南郊热电厂、市中区环保局等22家机关企事业单位。有大润发、银座2家连锁超市。投资发展的二七社区大家元冰洁家政服务公司,培训月嫂、保姆、陪护员、保洁员等各类服务人员2000余人,开展月子保姆、病床陪护、家政服务等项目,成为同行中的知名品牌。社区服务中心与大润发山水店、历下医院签订劳务服务协议,年收入20万元。2007年,被评为济南市"平安建设先进基层单位"、"养老服务社会化示范街道"、"安全生产先进单位"等。

(张　伟)

七里山街道办事处

党工委书记 孙永强

主　　任 贾汝兴

政区人口 位于市中区南部,因地处七里山旁而得名。面积2.4平方公里,辖5个社区、5个家委会。有居民1.27万户,人口3.29万人,人口出生率7.3‰,人口自然增长率0.9‰。

经济概况 引进资金2亿元,引进企业17家。固定资产投资3.5亿元。

区位优势 辖区内商业发达,有利豪大酒店、贵友大酒店、致豪大酒店、顺风大剧院、亚圣置业公司、斯迈迩制衣有限公司、济南友情酒业有限公司等。先后被评为"全国人口和计划生育质量管理小组"、"省级文明单位"、"济南市先进基层党组织"等,七东社区被评为"山东省和谐社区建设示范社区"、"济南市未成年人思想道德建设示范社区"。 (赵　冰)

六里山街道办事处

党工委书记 刘新民

主　　任 韩明轩

政区人口 位于市中区中南部,因六里山在辖区内而得名。面积3.2平方公里,辖8个居委会、2个家委会。有人口3.13万人,人口出生率6.49‰,人口自然增长率1.67‰。

经济概况 固定资产投资4.24亿元。引进内资3.30亿元,利用外资108万美元,出口创汇34万美元。

区位优势 东倚五里山、六里山、七里山,西倚郎茂山,环境优美。良好的工作、生活、投资环境,吸引了众多商家,净雅大酒店、金都大酒店、西北假日大酒店、顺风大酒店、双冠王大酒店、山东倪氏餐饮有限公司、重庆小天鹅火锅食府、世纪联华万隆超市等落户辖区。2007年,被评为省级"城市体育先进社区",市级"信访工作先进集体"、"基层残疾人工作先进单位"、"全民健身活动月先进单位"等。 (李　超)

泺源街道办事处

党工委书记 马　杰

主　　任 张东方

政区人口 位于市中区东北部,因泺源大街横贯辖区而得名。面积1.68平方公里,辖5个社区居委会、1个家委会。有人口3.13万人,其中少数民族人口1.20万人,占总人口的38.3%。人口出生率5.9‰,人口自然增长率3.8‰。

经济概况 固定资产投资3.36亿元。引进内资1.76亿元,利用外资48万美元,出口创汇83万美元。

区位优势 东临西护城河与历下区搭界,西靠人民商场,南至经十路,北到福祥街与天桥区接壤。辖区内占地34公顷的泺源回民小区是济南市建设规模最大的回族聚居区，民族特色浓郁，有满足少数民族群众生活及宗教活动需要的清真南寺、北寺和清真女寺。闻名遐迩的趵突泉、五龙潭、万竹园等名胜古迹环绕周边。2007年，获"济南市安全生产先进单位"、"济南市环境综合整治先进单位"等称号。（杨天慧）

王官庄街道办事处

党工委书记 李广平

主　　任 宿红岭

政区人口 位于市中区西南部，由王官庄居民小区和原王官庄村两部分组成，并因此而得名。面积6.2平方公里，辖10个社区居委会及王冠集团公司。有人口6.2万余人，人口出生率6‰。

经济概况 固定资产投资完成3.80亿元。引进资金2.69亿元，其中市外资金2.15亿元。

区位优势 交通便利，104国道、济微路纵贯南北，建辛路与机一西路相连，白马山南路与青龙山北路相连，贯通辖区东西。驻有企事业单位、中小学、幼儿园和部队18家。辖区内王冠集团总公司是集贸、工、建三产于一体的大型综合经济实体。2007年，获"全国计划生育质量管理成果发布先进单位"、"山东省社会治安先进单位"、"济南市社区建设先进集体"、"济南市信访工作先进社区"、"济南市安全生产先进单位"等称号。（何晓林）

舜耕街道办事处

党工委书记 闫　勇

主　　任 王　放

政区人口 办事处位于太平庄北首阳光舜城，面积8.71平方公里。有人口1.6万余人，人口出生率0.8‰，人口自然增长率0.05‰。

经济概况 全社会固定资产投资8.46亿元。完成招商引资4.35亿元，其中市外资金4.34亿元。

区位优势 阳光舜城由三联城建开发总公司阳光舜城分公司开发建设，规划建筑面积280万平方米，建成后入住人口将达6.5万人，中城已建成，南城、北城正在开发建设中。通过有效的传输网络，将多元信息服务与管理、物业管理与安防、住宅智能化系统于一体。已建成3个社区居委会(舜雅社区居委会、舜华社区居委会、舜世社区居委会)、2个中心(劳动保障服务中心，社区服务、卫生服务中心)，组建1个社区艺术团，开通1个社区服务网站，为建设高质量、高层次现代之城、文化之城奠定了基础。2007年，舜雅社区被济南市评为"先进社区"。（李　博）

白马山街道办事处

党工委书记 刘贤江

主　　任 韩圣绍

政区人口 位于市中区西部，办事处机关驻段店南路337号。相传辖区内白马山人杰地灵，曾有白马飞出，白马山街道办事处也因此山得名。面积11.2平方公里，辖8个行政村、8个居委会。有人口8万余人，其中自管人口2.5万人。人口出生率13‰，人口自然增长率7‰。

经济概况 完成社会固定资产投资4.69亿元。引进资金4.2亿元。

区位优势 京沪铁路纵贯南北，二环西路、白马山西路等交通干线从境内通过，交通便利。辖区内腊山及西门子股份公司工业基地是市中区经济重要增长点。投资120余万元对魏华西路进行全面整修，对腊山河、兴济河、韩庄河、袁柳河进行清淤，确保道路畅通和安全度汛。各村居按照"文化六个一"标准，相继建起一条文明街，一所文化大院，一个图书室，一处健身广场，一支文体队伍，一处精神文明宣传栏。救助困难家庭700多户，安置下岗失业人员592人。2007年，获"济南市文明单位"、"平安济南建设先进基层单位"、"济南市全国第二次农业普查先进单位"等称号。（马学钊）

七贤街道办事处

党工委书记 蒋苏军

主　　任 周丰德

政区人口 位于市中区西南部，因驻地邻近七贤庄而得名。面积14平方公里，辖7个行政村、1个居委会。有人口4.52万人，其中自管人口2.2万人。人口出生率9.31‰，人口自然增长率6.63‰。

经济概况 完成社会固定资产投资5.5亿元。引进市外资金3.7亿元。出口创汇136万美元，完成年计划的104.62%。

区位优势 位于济微路与南外环路交叉处，位置优越，交通便利。鹭鸣苑小区、依山新居、前龙花园等新建居民小区环境优美。济南大学新校区位于辖区中心，马武寨遗址地处104国道东侧。救助困难户123户，发放救助金、慰问品计2.69万元；为53户低保户发放低保金、水费补贴及肉价补贴12.46万元。完成养老保险扩面363人，安置就业682人。先后被评为"第二次全国农业普查先进集体"、"平安济南建设先进基层单位"等。后龙窝庄和双龙村被评为"市级文明村"。（崔　霞）

十六里河街道办事处

党工委书记 徐广玉

主　　任 刘秀才

政区人口 位于市中区南部，因驻地在十六里河村而得名。面积101.19平方公里，辖32个行政村、1个居委会。有人口5.8万人，其中农业人口4.6万人。人口出生率12.5‰，人口自然增长率9.1‰。

经济概况 完成地区生产总值5.44亿元，比上年增长17.2%。财政收入5879万元，比上年增长25.4%。引进资金18.8亿元。利用外资310万美元，出口创汇270万美元。农民人均纯收入6100元，比上年增长15%。

区位优势 东临历城区港沟镇，南与仲宫镇接壤，西与党家街道办事处毗邻，省道103线纵贯南北，二环路和绕城高速公路横穿东西，交通便利。投资75万元，栽植果树9万余株，新发展果园100公顷，总面积达到1273公顷；投资100多万元，建成占地4000平方米、年孵化70万只雏鸡的孵化场，土鸡存栏量达到20万只，特色林果和特种养殖成为农民增收的重要途径。投资1350万元，栽植生态林140万株，绿化荒山428公顷。投资330万元，实施"村村通"自来水工程、涝坡小水源工程和石匣小流域综合治理工程，群众生产生活条件明显改善。招商引资新增济南东岳轿车服务有限公司、济南市五月风商务有限公司、胶东人家大酒店等重点项目，积极协调鲁能领秀城、外海蝶泉山庄、三北房地产、利源花园等开发项目，城市化进程明显加快。投资420万元，完成涝坡秀山小学基础设施配套，实施大涧小学综合改造工程；投资350万元建设王家敬老院，完成主体工程和外部装饰。发放低保金、优抚优待金以及各类救助款物270万元。新农合报销300万元。2007年，获"省级林业工作先进单位"、"济南市林果生产先进单位"、"平安济南建设先进基层单位"等称号。 （陈纯杰）

党家街道办事处

党工委书记 傅光鲁

主　　任 王成立* 李　军

政区人口 位于市中区西南部，因镇驻地邻近党家庄而得名。面积120平方公里，辖45个行政村、1个居委会。有人口6.41万人，人口出生率13.5‰，人口自然增长率8‰。

经济概况 地区生产总值6.93亿元，比上年增长14.1%。社会固定资产投资6.6亿元，比上年增长69.2%。实现财政收入4975万元，比上年增长26.5%。实际利用外资298万美元，出口创汇1326万美元。农民人均纯收入6638元，比上年增长16%。

区位优势 地势南高北低，南部为丘陵，北部为平原，资源丰富。玉符河贯穿全境，是济南市泉群的主要补给区。104国道、220国道、绕城高速公路、京福高速公路、津浦铁路自境内通过，交通便利。辖区内有重汽集团济南卡车有限公司、山水集团、山东轻骑摩托厂等多家企业，是济南市党家工业片区所在地，形成以汽车配件、机械制造、农副产品加工等为主导的产业集群。建成占地1.2公顷，建筑面积3000平方米的综合性卫生院1所。报销新型农村合作医疗门诊7460人次、报销金额173万元。安排再就业922人，养老保险扩面355人，办理社会保险断保接续113人。2007年，被省政府授予"特色产业(乡)镇"称号。 （商和永）

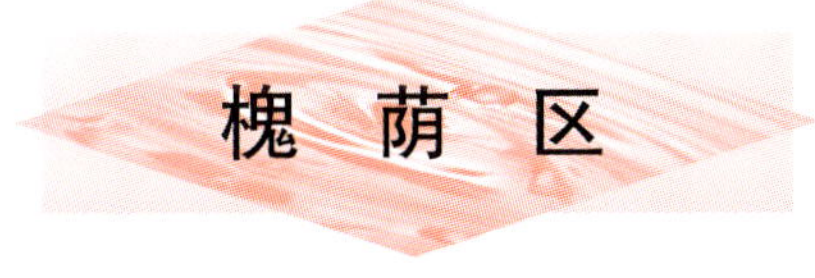

槐荫区

【概况】 1955年将以槐树命名的、街巷较多的第六区改称为槐荫区。槐荫区位于济南市区西部，面积151.65平方公里，辖12个街道办事处、2个镇，59个居委会、93个行政村。人口37.35万人，男女性别比104.3:100，人口出生率9.35‰，人口自然增长率2.92‰。有回、满等25个少数民族，少数民族人口1.4万人。实现地区生产总值129.07亿元，比上年增长19.7%。其中，一、二、三产业增加值分别为2.3亿元、45.1亿元、81.67亿元，分别比上年增长17.63%、27.7%和15.3%。完成全社会固定资产投资78.75亿元，比上年增长30.4%。人均地区生产总值34856元。

中共区委

书　记 朱玉臣

副书记 李胜利　郑金松

常　委 朱玉臣　李胜利　郑金松　张曰良　付金峰　李坚强　王　诚　沈永强*　何　斌　张宪武　陈贯鹏　周　敬(女)

区人大常委会

主　任 时延盈

副主任 钟　蔚(女)*　于汝彬　赵常胜*　赵玉杰　崔守华*　李昌义*　侯少伟*　刘福荣(女)　展庆林　王荣山

区人民政府

区　长 李胜利

副区长 张曰良　李坚强　杨　华*　刘光亮*　刘福荣(女)*　展庆林*　孟宪伟　印　东(女)　吴峻崎　满　斌

政协区委员会

主　席 徐承鲁

副主席 王宪德*　陆　政*　朱德华*　赵世河*　靖绪杉*　印　东(女)*　刘光亮　高晓峻　姜　甦　马厚强　吕红艳(女)　李庆甲

中共区纪委

书　记 王　诚

区人民法院

院　长 王启太*　刘延杰

区人民检察院

检察长 吴庆海*　王保新

区人民武装部

部　长 石　军

政　委 沈永强*　何　斌

工业 规模以上企业113家，资产116.5亿元，从业人员2.27万人。规模以上工业企业完成增加值31.9亿元，比上年增长28.54%，占全区工业增加值的97.9%；实现销售收入134.8亿元，比上年增长49.7%；实现利税10.6亿元，比上年增长58.57%；利润6.4亿元，比上年增长83.59%。销售过亿元企业10家，完成利税5.5亿元，占全部利税总额的61%，济南机车车辆厂、二机床集团、九阳电器等企业集团销售收入突破10亿元。企业实现技术投入6142万元，开发新产品、新工艺48项，济南试金集团公司自主研发的SXW-300微机控制钢绞线松弛试验机、二机床的S4-800C压力机、九阳小家电公司的拉法儿网技术研究项目均达国际先进水平。二机床集团、机车工厂和泉丰纸业重点用能企业全年节能量达7000吨标准煤。槐荫工业园区完成固定资产投资6亿元，引进各类项目51个，园区企业累计达406家，其中规模以上工业企业29家，形成以小家电、新材料等为特色的民营科技企业聚集区。槐荫工业科技园"两纵两横"路网结构基本形成，各类基础设施条件进一步完善，嘉洲果品、强达工贸等4个项目正式投产。

农业及农村经济 完成农业总产值3.78亿元，比上年增长15.61%。农民人均纯收入7249元，比上年增长15.5%。农作物播种面积7065公顷，其中粮食作物播种面积5015公顷、经济作物播种面积2050公顷。粮食总产量3.04万吨，蔬菜总产量8.9万吨。猪、牛、羊年出栏总数2.82万头，肉、蛋、奶、水产品总产量8657吨。农、林、牧、渔业增加值分别为15493万元、496万元、5916万元、803万元。新认证鲶鱼和韭菜2个无公害农产品，无公害农产品达5个，绿色农产品达3个。新增3家市级重点农业龙头企业，省市级农业龙头企业达8家，其中有自营出口权的农业龙头企业3家，年出口值1600万美元。建立大金奶牛厂等8个奶牛养殖小区，畜牧业在第一产业中的比重逐步上升。在水产养殖方面，上粮下鱼、上禽下鱼、鱼藕混养等多种形式的生态渔业面积100公顷，名特优水产品养殖面积266.7公顷，85%水产养殖实现机械化和自动化。有农民专业合作经济组织11家，参加入会农户1700余户，吸引和带动区内外农户21300户。实施沼气池建设、农厕改造、安全饮水、村庄建设规划、农村劳动力培训转移、农村环卫管理长效机制建设"六项重点工作"。承担"农业部沼气国债项目"，新建沼气池2143个，农村道路和村内环境卫生管理实现全覆盖。

贸易财政 地方财政一般预算收入4.9亿元，比上年增长23.27%。社会消费品零售总额(在地口径)145.9亿元，比上年增长16.2%，其中批发零售贸易业131.85亿元、餐饮业7.48亿元。限额以上贸易企业63家。匡山果品蔬菜批发市场、山东老屯茶城、三联家电保安城等建成开业。有各类专业批发市场56家，经营面积130万平方米，年交易额500亿元，其中亿元以上商品市场32家。现代物流园一期航仓项目37.5公顷土地手续办理完毕，济南第二粮库项目累计实现投资7000万元，润华汽车服务园一期工程累计完成投资1.8亿元。齐鲁动漫游戏产业基地落户区内，动漫创意产业成为服务业发展新亮点。引进各类项目607个，其中过千万元项目102个，实际到位资金100亿元，形成固定资产投资50亿元。新批外资项目4项，实际利用外资4548.1万美元，比上年增长8.7%。实现出口创汇1.56亿美元，比上年增长28.6%，年出口额过百万美元企业23家，其中二机床、山东国际公司年出口过千万美元，机电、轻工、化工等产品占全区出口总额的51%。新发展个体工商户2435户，累计达到12741户；新发展私营企业1587家，累计达到5916家。

建设环保 4月，在全市率先启动五里沟发祥巷棚户区改造项目，提前2个月完成拆迁任务并于9月开工奠基。振兴街三角地、经七纬十二路东南等片区改造顺利推进，全区1.3万户棚户区居民喜迁新居。新世界阳光花园、35中校改、阳光100国际新城等在建项目进展顺利；腊山片区整合项目，完成投资1.22亿元，18栋楼主体封顶；实施外海现代中央花园、世纪中华城二期工程等项目。黄河标准化堤防安置区建设项目，北部堤坝工程竣工，累计完成投资8262万元，安置区一期工程面积5万平方米，6栋楼主体已封顶。完成北园大街拓宽改造项目属地拆迁，小清河工程顺利启动，完成拆迁面积1000平方米。继续加大物流大道、大学路、党杨路建设，累计完成投资3.6亿元。清运垃圾1.24万立方米，拆除乱搭乱建456余处、19560平方米，清理河道27000米，粉刷建筑墙体26530平方米。拆除违法旧村(居)改造楼10栋，拆除党杨路违法违章建筑70处。投资8287万元，完成仓库路、经六路延长线、纬十二路、营市东街、张庄路等道路及路面、人行道的整修，新建、扩建城市道路面积16.43万平方米，新建排水管道14.72公里。栽植乔灌木35万株、绿篱60万株。启动腊山公园绿化建设，已栽植苗木16万株，新建绿地46万平方米，城市绿化覆盖率40%。投资1.86亿元，完成环境污染治理项目100个，城市空气质量良好率82.2%。在全市第一个实现城乡环卫管理全覆盖，垃圾无害化处理率达100%。

科教文卫体 成立"槐荫区创新型城区建设推进工作委员会"，新增省级高新技术企业5家，市级高新技术企业10家，省、市高新技术企业达75家，累计实现产值81.53亿元，占规模以上工业总产值的64.18%。申报市级以上各类科技计划23项，申请专利1414件，其中发明专利127件，获市级以上科技成果8项。在全市率先建立2处地震应急避难场所——华联广场和博远广场。有各级各类学校63所，在校生34561人，毕业生7187人，教职工3032人，专任教师2622人。其中，普通中学11所，在校生9030人，专任教师919人；小学50所，在校生22921人，专任教师1575人。幼儿园87所，在园幼儿10131人。小学、初中在校生巩固率分别为100%、99.92%。篮球、柔道、航模、艺术等特色教育成绩斐然。航空模型在连续10年获济南市航空航天模型比赛团体冠军的基础上，又在全省比赛中获得中学组、小学组两个团体冠军；区青少年宫组织编排的舞蹈《酷酷娃》和美术作品《以崇尚科学为荣》在魅力校园第二届全国校园文艺汇演暨第七届全国校园春节联欢晚会上均获一等奖，青少年宫获"全国校园文化先进单位"称号。在第九届全国小学数学优质课观摩评比比赛中，经七一小的老师王军亮获一等奖第一名。营东小学被评为全国首批中小学外语教研示范学校。新建小区配套学校阳光100小学建成投入使用，机场小学综合教学楼交付使用。建立完善农村义务教育经费保障机制，成立槐荫区教育系统会计集中核算中心。投资2570万元，完成槐荫中学、育华中学等9所农村中小学校舍改造建设，建筑面积2.1万平方米，改善了农村办学条件。社

区教育被评为"省级社区教育示范区","社区居民论坛"、"居民大学堂"、"读书互助俱乐部"等已成为独具特色、深得民心的社区教育热点。启动区图书馆、文化馆建设,开展丰富多采的基层文化活动,村居文化设施建设达标率达90%以上。有健身路径300条,健身器材1600件,健身场地面积36万平方米。实施17个农民健身工程试点项目,村居健身场所覆盖率100%。加强社区卫生服务机构的监督和管理,开展全国社区卫生诊断适宜技术试点工作。新型农村合作医疗参合村庄覆盖率100%,参合人数57081人、参合率97.2%,共计补偿9049人、184.15万元。有各类卫生机构386处,其中医院、卫生院19处,床位4910张;卫生技术人员5603人,其中执业医师2241人。推进生育关怀行动,及时解决棚户区改造期间人户分离等热点、难点问题,驻军部队"军地双管双助"计生管理经验在全省范围推广。

人民生活 有在岗职工91916人,年平均工资25718元。农民人均纯收入7249元,农村家庭人均生活费支出3650.54元,住房37.6平方米。城镇廉租房受益家庭309户,发放廉租住房补贴107万元,被保障家庭人均住房面积由1.74平方米提高到11.31平方米,138户低收入家庭申请购买经济适用房,申请廉租住房实物配租37户。全年职工养老、医疗、失业、工伤、生育保险参保人数分别达到10.78万人、6.17万人、5.42万人、5.63万人和5.38万人,社会保险基金总收入3.8亿元。安置城镇就业7674人,其中下岗失业人员4018人、困难群体2628人,城镇登记失业率控制在3.7%以内。对1080名失业职工进行免费技能培训,其中创业培训275人,农村劳动力转移培训2059人。妥善解决61家改制破产困难企业退休职工的医疗保险。全年最低生活保障救助5.5万户、14.5万人,其中农村1929户、5394人,发放低保金1850万元,低保金由每人每月70元提高到120元。全区农村五保供养对象125人,五保老人实现集中供养达到75%。有养老机构16处,其中敬老院2处、老年公寓11处、养老日托站3处,床位744张。各社区都成立了老年协会,初步形成区、街、社区三级老年人群体活动维权网络。

【全面启动地方志续修工作】 3月30日,召开全区地方志续修工作动员会议,部署新一轮续修地方志工作,全区区志承编单位分管领导及撰稿人140人参加会议。新一轮续修地方志时间断限为1989年至2006年,共计17年时间跨度,采用纲目体结构,100万字左右,计划用3年时间完成。

【齐鲁动漫游戏产业基地落户槐荫】 7月26日,济南市首家动漫产业基地——齐鲁动漫游戏产业基地在山东建邦大厦正式挂牌成立。动漫游戏产业是集资金、科技、技术密集型和劳动密集型为一体的文化产业,区委、区政府确定今后每年投入100万元用于扶持动漫游戏产业基地发展,并对入驻企业提供更多优惠政策。已进驻基地的企业有高路动画公司、济南美联科贸公司、济南君悦文化传播有限公司、山东世博动漫公司和山东电视台少儿频道5家。

【京沪高速铁路济南西客站选址槐荫】 济南西客站是京沪高速铁路5个主客站之一,位于槐荫区段店镇于庄和小董庄附近,距济南市中心约10公里,将建设成为高速铁路、长途客运、城市公交三位一体的综合交通体。济南西客站规划范围东到二环西路,西至京福高速公路,北至小清河,南至腊山分洪道,规划面积约26平方公里,规划居住人口30万人,其中核心区规划面积约6.5平方公里。西客站片区功能定位为城市的新门户、新窗口,以商务、会展、文化为主导功能的城市副中心。

【棚户区改造拉开帷幕】 按照全市棚户区改造要求和部署,制定了3年棚户区改造计划,确定10大片区和7个零星片区。其中,10大片区规划总用地115公顷,规划净用地87公顷,拆迁建筑面积约74万平方米;7个零星片区占地面积13.07公顷,建筑面积10.8万平方米,涉及居民2000余户。五里沟发祥巷片区作为全市第一个棚户区改造试点项目,为全市棚户区改造创出经验,该项目占地7.35公顷,涉及拆迁居民1232户,已完成拆迁安置和国有土地收购工作,回迁安置房已开工建设。完成振兴街三角地片区的拆迁工作,项目占地8.93公顷,涉及拆迁居民1316户。经七纬十二路东南片区占地3.33公顷,涉及拆迁居民654户,已做好各项准备工作,即将实施动迁。中大南区、经四纬十二、西市场、阳光新路周边等集中片区的包装策划工作全面展开,棚户区改造工程将使1万户居民告别棚户区。

(杨 军)

街道办事处、镇简介

振兴街街道办事处

党工委书记 满 斌* 边祥为

主 任 边祥为

政区人口 1955年12月以该地区振兴街命名为振兴街街道办事处,后几经易名,1978年5月复称振兴街街道办事处。面积2.53平方公里,辖6个社区居委会、9个家委会。人口34965人,人口出生率3.5‰,人口自然增长率-0.16‰。

经济概况 完成固定资产投资7.88亿元,地方财政收入7987万元。招商引资6.4亿元,外贸出口3300万美元。

区位优势 位于槐荫区东南部,人流、物流、信息流发达。经七路、经十路、纬十二路等交通要道贯穿辖区。槐荫实验幼儿园、德兴街小学、小辛庄小学、济南第九中学、山东省劳动技术学院等坐落辖区,有企事业单位350家。阳光新城社区位于辖区最南边,是济南市最大的中高档社区,交通便利,居住安全、舒适,已完成三期建设工程。建立青苹果乐园、姊妹花红盾驿站、外来妹连心社、阳光心理咨询室等品牌社区组织，丰富了群众生活，为群众生活提供了便利。办事处被评为全国“和谐邻里建设示范街道”、“‘五四’红旗团委标兵”，获“济南市社区建设集体二等功”等。（吴永涛）

西市场街道办事处

党工委书记 杨淑莉（女）
主 任 卢 刚

政区人口 1952年建立，因辖区内有西市场而得名。面积0.71平方公里，辖4个社区居委会。有居民7700多户，常驻人口16441人，流动人口3126人。人口出生率7‰，人口自然增长率4‰。

经济概况 完成固定资产投资1.41亿元，地方财政收入3102万元。招商引资2.47亿元，外贸出口597万美元，实际利用外资130万美元。

区位优势 位于济南市西部繁华的商贸区，交通便利。辖区内有省直机关、部队、学校、事业单位140多家，经营业户2000余户。济南华联商厦、济南嘉华购物广场、西市场小商品批发市场、绿洋商城、服装城是著名的商品集散地。先后获省级“文明单位”、“安全先进单位”等称号。（林东宁）

青年公园街道办事处

党工委书记 董传师
主 任 齐 敏（女）

政区人口 1962年成立青年公园分社，1978年5月更名为青年公园街道办事处。面积0.79平方公里，辖4个社区居委会、4个家委会。人口30281人，人口出生率5.1‰，人口自然增长率-2.54‰。

经济状况 完成固定资产投资3.05亿元，地方财政收入476.7万元。招商引资2.7亿元，外贸出口1213万美元，实际利用外资408.1万美元。

区位优势 地处槐荫区东部，经七路、经十路等主干道贯穿其间，交通便利。成立安全社区监测站、社区青少年活动中心、为民服务中心，充实完善了安全社区各项设施和功能。社区“当·当”推进站被评为“全国未成年人思想道德建设工作创新案例三等奖”。获“省级文明单位”、“省全民体育健身月活动先进单位”等称号。（张一培）

中大槐树街道办事处

党工委书记 朱庆胜
主 任 郁红霞（女）

政区人口 1955年12月以中大槐树命名为中大槐树街道办事处，后几经易名，1978年5月复称中大槐树街道办事处。面积1.45平方公里，辖5个社区居委会。有居民7324户，常住人口17337人，暂住人口5600余人。人口出生率0.5‰，人口自然增长率-4.7‰。

经济概况 完成固定资产投资3亿元，地方财政收入1300万元。招商引资3.1亿元，出口创汇410万美元，实际利用外资284.7万美元。

区位优势 位于槐荫区西北部，办事处北部是著名的“八大仓库”，曾为全省重要的物资集散地，现发展成为3个钢材市场、1个家电市场、1个蔬菜市场及1个茶叶市场。作为棚户区较多的老街道，近几年加大老城区改造，鑫苑城市之家已投资1.7亿元，竣工面积7万平方米；东方新天地旧城改造、木材厂地块开发项目等将改善社区落后面貌。兴建济南市第一家完全由办事处投资建立的社区卫生服务站，辐射周边3个社区、3400户居民。裕园社区被命名为“全省首家科普示范社区”。（李健健）

南辛庄街道办事处

党工委书记 熊高翔
主 任 滕永军

政区人口 原为历城县英雄山人民公社南辛庄生产大队，1978年9月30日划归槐荫区管辖后，更名为南辛庄居民委员会，1979年12月31日命名为南辛庄街道办事处。面积2.02平方公里，辖3个社区居委会、1个家委会。有居民1.27万户，人口28149人，流动人口2000余人。人口出生率5.85‰，人口自然增长率-0.32‰。

经济概况 完成固定资产投资2.59亿元，地税收入2260万元，国税收入1040万元。实现招商引资2.55亿元，出口创汇1856万美元。

区位优势 位于槐荫区东南部，经十路、经七路、104国道在本地交汇，交通便利。辖区内有济南二机床集团、济南时代试金集团、济南市儿童医院、济南民天面粉有限公司、济南市质检所等驻地企事业单位30余家，有各类经济单位近200家。投资400万元对机床二厂路实施拓宽改造，实现路畅、灯亮、环境美。投资40余万元打造为民服务载体“小街巷”家园中心，实行“1+1”居民常任代表工作制，构建起居民和政府沟通交流的有效平台，推动辖区和谐稳定。获“全国社区卫生服务示范区特别组织奖”、“省文明单位”等称号。（李福新）

道德街街道办事处

党工委书记 王玉英（女）
主 任 张庆国

政区人口 1954年成立第四办事处，1955年12月改称槐荫区道德街街道办事处，至1973年6月6次易名，1980年复称道德街街道办事处。面积0.62平方公里，辖4个社区居委会。人口12175人，人口出生率3‰，人口自然增长率1‰。

经济概况 完成社会固定资产投资4.5亿元，地方财政收入818万元。实现招商引资4.9亿元，出口创汇1288万美元。

区位优势 办事处北自南大槐树南街，南至经七路，东起纬十二路，西临营市街，交通便利，环境优美。新世界阳光花园坐落辖区。辖区内有中兴商厦、普利大厦等招商平台，总部经济和楼宇经济发展迅速。推出“关注学校教育，心系祖国未来”、“农民文化之家”、“党群物业管理队”、“金晚霞关爱老年人”等社区品牌创建活动。（王　欣）

营市街街道办事处

党工委书记　王　磊*　朱　军（女）

主　　任　朱　军（女）

政区人口　历史上因曾是清代驻济官兵的营地，被称为营市街。1955年12月以该地区营市街命名为营市街街道办事处，后几经易名，1978年5月复称营市街街道办事处。面积2.37平方公里，辖5个社区居民委员会、3个家属委员会。常住人口33554人，人口出生率5.1‰，人口自然增长率-8.94‰。

经济概况　完成社会固定资产投资3.9亿元，地方财政收入2234万元。实现招商引资4亿元，出口创汇60万美元，实际利用外资120万美元。

区位优势　东邻槐苑广场，西至兴济河，北起经四路，南至机床二厂路以北，是经十路、经六路和经一路延长线三线交界的交通枢纽地带。辖区内有槐苑花园、艾菲尔花园等住宅小区，居易·香居市、凯旋新城、槐苑欣城等新建住宅小区进展顺利。组织开展“新春五送”、“缤纷十月、敬老爱老”等民情日专题服务活动，创建具有营市街特色的科普服务品牌。组建合唱队、秧歌队、踢踏舞队、萃聚斋书画协会等文体队伍20余支，开展一系列社区文化活动，丰富居民文化生活。9月4日，全国首批国家安全社区命名表彰大会在沈阳召开，营市街街道办事处被授予全国首批“国家安全社区”称号。（荣雪宁）

五里沟街道办事处

党工委书记　杨高峰

主　　任　刘惠恩

政区人口　1963年2月建立，因辖区内有“五里沟”而得名。五里沟之名可追溯到清朝，清光绪三十年（公元1904年）自辟为商埠，因距古历城县五里，故名五里沟。面积0.92平方公里，辖4个社区居委会、1个家委会。人口24871人，人口出生率4.22‰，人口自然增长率-0.997‰。

经济概况　完成社会固定资产投资3.97亿元，地方财政收入2733万元。招商引资4.17亿元，实际利用外资600万美元。

区位优势　办事处位于纬六路铁路高架桥西临，地处槐荫区最东部，东与市中区相接，北与天桥区相邻，距离火车站、长途客运站不足2公里，交通便利。省立医院、省眼科医院、市立二院、济南饭店、西市场商业区坐落辖区，配套设施齐全。全市第一个棚户区改造项目——发祥巷棚户区改造率先在五里沟地区启动。办事处创建“市民健康学校”、“社区残疾人康复中心”等一系列为民服务平台，便民设施运转良好。获“山东省统计工作先进单位”、省级“交通安全先进社区”等称号。（朱　靖）

段店北路街道办事处

党工委书记　崔志强

主　　任　翟福群*　张新村

政区人口　1989年9月成立，面积3.58平方公里，辖3个村委会、9个居委会。人口23326人，人口出生率9.8‰，人口自然增长率4.0‰。

经济概况　完成社会固定资产投资6亿元，地方财政收入2213万元。招商引资6.8亿元，外贸出口798万美元，实际利用外资130万美元。

区位优势　位于济南市西部城郊结合部，东与营市街街道办事处相邻，西与张庄街道办事处相邻，南与市中区相邻，北与匡山办事处相邻。临近京福高速公路、济青高速公路、绕城高速公路交汇处，是西部进出市区必经之路。有段店集贸中心、山东汽车配件城、山东汽车销售中心等大型市场20多个，建筑面积50万平方米，进场经营业户3000户。柳园开发项目，总投资8000万元，一期工程10万平方米已封顶；济南铁路设计院搬迁项目2万平方米办公楼已建成并迁入。创建为民服务中心、段北社区卫生中心等特色品牌，建有闫千户、前屯、孔村等多个功能小区。被市委、市政府评为市级“文明单位”。（刘浩巍）

匡山街道办事处

党工委书记　张廷秀

主　　任　赵新文*　王振国

政区人口　1989年9月成立，位于济南市区西北部，因济南市著名景观“齐烟九点”之一的匡山坐落于此而得名。面积5.67平方公里，辖4个村委会、3个社区居委会。人口26657人，人口出生率9.95‰，人口自然增长率5.66‰。

经济概况　完成固定资产投资7亿元。招商引资7.38亿元，外贸出口679万美元。

区位优势　南邻张庄路，北邻小清河，西靠二环西路，有良好区位优势、交通优势和产业优势。辖区有企事业单位470多家，匡山汽车大世界、匡山钢材市场、山东老屯汽配城，名扬济南乃至华东地区。匡山果品蔬菜综合市场、山东老屯茶城建成开业，北京居然之家正式入驻现代家电市场。匡山村围绕北园快速公交和小清河整治工程对沿线两侧的带动效应，加大村庄规划建设，泉城花园开发建设已完成投资5亿元。（刘增恭）

张庄路街道办事处

党工委书记　赵宏海

主　　任　范忠平

政区人口　1989年9月成立，面积9.87平方公里，辖4个社区居委会、3个行政村。人口21337人，人口出生率9.4‰，人口自然增长率0.48‰。

经济概况 完成固定资产投资5亿元，地方财政收入3175万元。招商引资5.05亿元，外贸出口910万美元。

区位优势 南依腊山与市中区接壤，北含张庄军用机场与吴家堡镇相邻，东临腊山立交桥与段店北路街道办事处以二环西路为界，西至腊山河。辖区内有经十西路、经六路、张庄路、二环西路等主干道和腊山北路、桃园路、机场西路等支线道路，长途汽车客运西站坐落辖区，交通便捷。以润华集团、重汽销售公司和天津汽车销售公司为龙头的汽车及零配件销售企业在辖区内形成经营规模。有景秀苑、时代佳苑、实力荣祥花园和中华世纪城为代表的中高档住宅小区。温州服装广场、温州小商品批发市场、张庄千宝装饰材料及汽配市场带动地区经济发展。张庄机场即将搬迁，京沪高铁济南西客站选址在辖区内，商机无限，区位优势明显。（沈建辉）

美里湖街道办事处

党工委书记 梁英林

主　　任 董传新* 任运宝

政区人口 1996年初成立美里湖街道办事处，2006年经山东省政府批准，成立省级开发区——济南市槐荫工业园区，为便于对园区管理，工业园区、办事处实行“园办合一”管理体制。面积19.9平方公里，辖14个村委会。人口15101人，人口出生率12.5‰，人口自然增长率10.0‰。

经济概况 完成固定资产投资7.2亿元，地方财政收入1.06亿元。完成工业总产值23.9亿元，实现利润1.34亿元，利税2.32亿元。

区位优势 距京福、京沪、济青、济聊高速公路1公里，西侧黄河二桥将华东和华北紧密相连，津浦铁路和规划中的京沪高速铁路穿境而过，交通便利，区位优势明显。槐荫工业园区不断发展，辖区形成以小家电、新材料等为主导产业的民营科技企业聚集区。办事处被省中小企业办公室评为“特色产业镇”，工业园区被市政府评为“经济发展优秀单位”，园区孵化器被市委、市政府评为“文明单位”。（陈　玲）

段店镇

党委书记 李培杰

镇　　长 邵立鸿

政区人口 地处槐荫区西部，先后隶属郊区、历城县、槐荫区，多次变动，1985年9月建镇。面积63平方公里，有耕地2748公顷，辖4个办事处、40个行政村(居)。人口6.6万人，其中农业人口5.3万人。人口出生率12.4‰，人口自然增长率4‰。

经济状况 完成社会固定资产投资16.8亿元，财政收入2818万元，地区生产总值22.09亿元。招商引资13.8亿元，外贸出口540万美元，实际利用外资4万美元。农民人均纯收入4100元。

区位优势 境内有腊山、峨嵋山、玉清湖水库，风景秀丽。220国道与京福高速公路、津沪铁路纵横交错。有济南西站、山东省肿瘤医院等20家企事业单位。辖区内济南市经济适用房片区、世纪中华城、现代物流基地、物流大道、第二粮库等重点项目正在建设，腊山破损山体得到整治，党杨路主干道建设完成并与经十西路实现贯通。获“全国农业普查先进集体”等称号。（宋立新）

吴家堡镇

党委书记 李　刚

镇　　长 李世文

政区人口 先后隶属郊区、历城县、槐荫区，多次变动，1985年9月吴家堡办事处改为吴家堡镇。面积38.21平方公里，辖33个行政村。人口23325人，人口自然增长率5‰。

经济概况 完成社会固定资产投资4.21亿元，财政税收168.5万元。招商引资额9000万元，外贸出口380万美元。农民人均纯收入4920元。

区位优势 位于济南市西北部，东起西外环路，西傍黄河，南依小清河，北临英大高尔夫俱乐部，京福高速公路、京沪铁路两条主干道贯穿全镇，距市中心5公里，地势平坦，是典型的平原。区域内通讯、交通便利，电力、水源充足，自然资源丰富。以盛产优质黄河大米、黄河鲤鱼、白莲藕而闻名，是名副其实的“鱼米之乡”，素有“齐鲁小江南”之称。建立了千亩富硒大米示范种植基地，济南润泽保鲜藕厂引进4项专利技术，开发保鲜莲藕新品种，实现外贸出口1.1万公斤。新建休闲农业观光区、温泉度假村，集经营、观光、游览为一体，发展空间广阔。被评为省级“农业普查先进集体”、“城镇住户调查工作先进集体”等称号。（宋　勃）

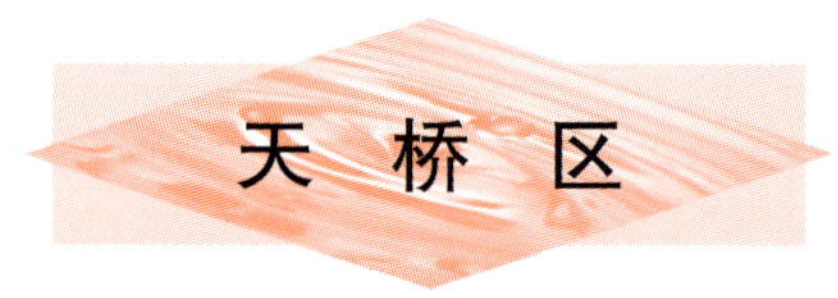

天　桥　区

【概况】 因辖区内建有横跨胶济、津浦铁路的天桥而得名。位于济南市区北部，跨黄河两岸，面积249.05平方公里，辖13个街道办事处、2个镇，120个居民委员会、120个行政村。有人口50.39万人，其中城镇人口42万人。男女性别比101:100，人口出生率9.01‰，人口自然增长率1.94‰。有回、满、蒙古、朝鲜、壮、苗等29个少数民族，少数民族人口1.68万人。实现地区生产总值159.5亿元，是2002年的1.9倍，年均增长15.4%。其中，第一、二、三产业增加值分别为2.3亿元、49亿元、108.2亿元，年均分别增长3.3%、12.9%和16.9%。

中共区委

书　记 张　辉

副书记 王建军　吴承丙

常　委 张　辉　王建军　吴承丙　宋胜玉　刘建忠　赵新生　宋　剑　陈　勇　潘传利　亓　伟

郅　良(女)

区人大常委会

主　任　张培友

副主任　童世敏(女)　赵　丽*(女)　郇起鸿　贾柏林　翟立国*　崔然贵　芦传忠*　张光格

区人民政府

区　长　王建军

副区长　贾柏林*　赵新生　陈　勇　樊　瑞　段青英(女)　滕志超　韩　伟

政协区委员会

主　席　舒孝堂

副主席　郭继清　李正文*　杨维诗*　章九玲(女)　高荣鱼*　姚桂琴(女)　刘建良　郑　刚　荣兰祥

中共区纪委

书　记　宋胜玉

区人民法院

院　长　王秀新*　李明东

区人民检察院

检察长　黄兰生*　韩　清

区人民武装部

部　长　李庆元

政　委　宋　剑

工业　规模以上工业企业完成增加值27.13亿元、销售收入94.44亿元、利税5.04亿元，分别比上年增长15.5%、26.9%、101.9%，其中14家企业销售收入过亿元。积极打造以"两路、一街、一区、一河、一园、一湖"为框架的发展平台。"两路"，济泺路、明湖西(北)路综合改造全面完成，周边环境面貌、整体形象明显改观，鑫苑碧水尚景、巴黎花园等房地产项目相继开工建设；"一街"，北园大街道路改造基本完成，快速高架路和地面快车道已经通车，两侧环境整治和连片开发有序推进；"一区"，药山科技园区基础设施日益完善，鲁能康桥发展中心、时代总部基地、蓝翔技校等项目建设进展顺利；"一河"，小清河综合治理工程开工建设，沿线两侧泺口、徐李、梁府等片区开发已与多家客商达成合作协议；"一园"，化工产业园作为省级工业园，基础设施不断完善，有8家企业入驻；"一湖"，鹊山龙湖项目列入全市"十一五"发展规划，完成占地430余公顷的一期工程建设。为解决跨越黄河问题，建邦黄河公路大桥将开工建设，泺口穿黄隧道前期工作也有序推进。

农业及农村经济　农林牧渔业总产值3.91亿元，比上年增长8.7%。粮食总产6.25万吨，比上年增长3.8%，蔬菜总产7.11万吨，肉禽蛋奶鱼类总产2.41万吨。引进6.67公顷无公害莲藕种植项目，市级重点龙头企业发展到7家，无公害农产品达到5个。自2000年以来，区财政累计投入2.58亿元对黄河以北地区开展体制性补助、转移支付、教师工资统发、校舍改造、卫生、社保补助、通路、通水等工作，相继完成村村通柏油(水泥)路、村村通自来水工程。新建道路153公里，铺设自来水管道610公里，建成日供水能力10万吨自来水厂。新型农村合作医疗覆盖率100%、参合率96.2%。农民人均纯收入6752元，比上年增长13.8%。

贸易财政　社会消费品零售总额114.23亿元，比上年增长19.7%。完成三产营业收入359.2亿元、利税11.27亿元，分别比上年增长21.4%、21.3%。银座、大润发超市、齐鲁鞋城等特色和新兴市场建成使用。以红星美凯龙、汇鑫国际商务广场、招商银行济南分行为代表的三产迅速崛起，现代服务业比重日益提升，三产税收占地方财政收入的66%。完成出口总额5.96亿美元，比上年增长86.7%，其中机电产品出口企业10家，出口额3.5亿美元。引进外资项目5个，实际利用外资8577万美元，比上年增长113.6%，被评为"全省外经贸工作先进区"。实现地方财政收入6.3亿元，是2002年的2.4倍，年均增长18.8%。

建设环保　完成全社会固定资产投资82.55亿元，比上年增长28.3%。黄河以南地区控制性详细规划编制基本完成，大桥、桑梓片区控制性详细规划编制工作已启动。投资近8亿元，完成明湖西(北)路、济泺路综合改造，对无影山北路、历山北路、二环北路等28条主次干道实施改造整修。做好省市重点工程建设，北园大街综合改造工程顺利推进。在全市率先开展背街小巷综合整治，老城区整治覆盖率100%。棚户区改造全面启动，馆驿街西片区和茂新、顺河街、聚贤片区实施动迁，涉及居民3700余户。对制锦市、陈家楼、南村、北村等敞开式小区和火车东站广场、大桥路、铁路沿线、王炉周边等窗口部位全面整治，环境面貌明显改观。实施工商河、东泺河、西泺河北园大街以南河段的截污工程，对二环北路、济泺路、明湖西(北)路、药山公园等主干道和重点区域实施绿化整治，新增绿化面积118.7万平方米，建成区绿化覆盖率40.5%，人居环境明显改善。

教科文卫体　有中等专业学校1所，在校生481人；普通高中1所，在校生838人；普通初中18所，在校生9904人；小学56所，在校生30495人。完成市以上科技攻关项目50项。有高新技术企业30家，高新技术产业产值占规模以上工业产值的45.8%。有公共图书馆1处、群众文化馆1处、档案馆1处。广播、电视人口覆盖率均达100%。有卫生机构420所，其中医院卫生院33所、卫生防疫防治机构2所、妇幼保健机构1所；床位4091张；卫生技术人员4157人，其中执业医师2563人、注册护士1594人。开展惠民医疗工程，健全三级医疗服务网络，社区卫生服务机构达32所。计划生育工作连年获"全市计生目标责任管理一等奖"，被命名为"全省计划生育优质服务先进区"。成立区慈善总会，开展上学救助、城乡医疗救助等13项慈善活动，救助群众2.3万人，被评为"全国社区红十字服务示范区"、"全国社区残疾人工作示范城区"。加强社区建设，增强服务功能，被评为"全国社区建设示范区"、"全国社区服务示范区"。认真做好民族宗教工作，桑梓店镇老寨村被命名为"全省民族团结进步模范村"，小寨村被命名为“全国民主法治示范村”,天桥区被国务院命名为“全国民族团结进步模范集体”。

人民生活 城市居民可支配收入 18005 元，农民人均纯收入 6830 元(含北园、泺口、药山),比 2002 年分别增长 100.5%、89.7%。城镇就业再就业 65220 人次,城镇登记失业率连续 5 年低于控制目标。企业社会养老保险费征缴总额 3.89 亿元,企业社会养老保险扩面完成 15016 人。机关事业单位养老保险参保 8529 人,收缴养老保险费 8476 万元,发放养老金 1.01 亿元。收缴农村养老保险费 194.8 万元,发放养老金 172.55 万元。发放城镇最低生活保障救助 7 万户次、18.8 万人次,农村最低生活保障救助 0.47 万户次、1.24 万人次。落实经济适用房和廉租住房制度,解决了 1689 户(次)困难群众的住房问题。

【首家“我的兄弟姐妹”庇护所在天桥区挂牌成立】 5 月,济南市残疾人联合会“我的兄弟姐妹”庇护所在济南精神卫生中心(天桥区第二人民医院)挂牌成立,这是济南市首家“我的兄弟姐妹”庇护所。“我的兄弟姐妹”庇护所主要吸纳住院恢复期精神病人、社区康复期精神残疾人和智力残疾人，逐步建立形成“功能训练、技能(岗前)培训、重新就业、回归社会”的康复模式,为精神残疾人重新走上工作岗位创造有利条件。庇护所内设有手工艺品加工车间、女红房、音乐沙龙、图书资源阁、健身俱乐部、音疗室等训练室,面积 500 平方米。

(陈世荣)

街道办事处、镇简介

制锦市街道办事处

党工委书记 王晓虎

主　　任 程　松

政区人口 地处济南古城西北隅,天桥区东南部,因古时有人在此兜售“棘针”形成“棘针”市,谐音“制锦市”而得名。面积 0.7 平方公里，辖 5 个社区居民委员会。有居民 7668 户，人口 21229 人,人口出生率 6.5‰,人口自然增长率-2.2‰。

经济概况 实现三产收入 17.02 亿元,比上年增长 23%。完成地方财税收入 1215 万元，比上年增长 37.9%。利用外资 156 万美元,出口创汇 1156 万美元。

区位优势 南邻风景秀丽的趵突泉，北邻碧波粼粼的大明湖,地处黄金地带,人口密集,交通便利,自古以来就是商贾云集之地。驻地有省、市、区三级环保局,市青少年宫,五龙潭公园,济南市第十三中学等机关、学校、企事业单位 30 余家,人口素质较高,教育资源丰富,文化氛围浓厚。2007 年,制锦市街道办事处被评为济南市“城乡环境综合整治工作先进单位”、“绿化工作先进单位”、“平安济南建设先进基层单位”等,朝阳社区居委会被评为济南市“文明社区”。

(刘云英)

北坦街道办事处

党工委书记 韩　军*

主　　任 李福利*

政区人口 位于天桥区东南部,面积 1.01 平方公里,辖 4 个社区居民委员会。有居民 6755 户,人口 15921 人,人口出生率 6.5‰,人口自然增长率-1.1‰。

经济概况 完成地方财政收入 1685 万元，比上年增长 18%。实现三产利税 2893 万元,比上年增长 19.94%。利用外资 148 万美元,出口创汇 301 万美元。

区位优势 未来 3 年棚户区改造,涉及北坦 6 个片区,随着棚户区拆迁改造的进行,将给北坦带来发展空间和活力。办事处将加强招商引资力度,拓宽招商引资渠道,改善投资环境,实现注册资金、税收和可支配财力同步增长。2007 年,北坦办事处被评为山东省“安全生产工作先进集体”、济南市“信访工作先进集体”等,济安社区被评为山东省“文明单位”、济南市“社区建设先进社区”。

(盛　云)

纬北路街道办事处

党工委书记 王联华

主　　任 刘传利

政区人口 因辖区主要道路小纬北路而得名。面积 2.24 平方公里,辖 8 个社区居民委员会、2 个家委会。有居民 13723 户,人口 37226 人,其中少数民族人口 1227 人。人口出生率 0.68‰,人口自然增长率-0.7‰。

经济概况 实现三产收入 42 亿元,税收 1.29 亿元。实现财税收入 7943 万元。实际利用外资 352.4 万美元,出口创汇 2000 万美元。

区位优势 辖区内有繁华的济南火车站、汽车联运站以及天桥、北园大街、顺河高架桥等重要交通站点和干道,交通发达,客流量大,是济南市重要交通枢纽和精神文明建设窗口。驻区机关单位有济南铁路局、济南市卫生局、济南市食品药品监督管理局、天桥区教育局等,企业有中铁十局、铁通济南分公司、仁丰纺织集团有限责任公司等,学校有省劳动厅所属劳动技校、市广播电视大学、济南市第十五中学、影壁后小学等。2007 年,纬北路街道办事处被评为济南市“双拥工作模范单位”、“建功立业先进集体”等。

(邢昌龙)

天桥东街街道办事处

党工委书记 左永欣*　王新会

主　　任 王新会*　蒋绪平

政区人口 位于天桥区南部,因地处天桥东侧而得名。面积 0.53 平方公里,辖 2 个社区居民委员会。有居民 4395 户,人口 10152 人,人口出生率 9.7‰,人口自然增长率 3.6‰。

经济概况 实现三产利税2505万元，比上年增长18.2%。完成地方财税收入846万元,比上年增长18.2%。利用外资139万美元,出口创汇809.5万美元。

区位优势 西临济南火车站，北依长途汽车总站，交通方便。辖区驻有工商银行、农业银行、交通银行天桥支行等金融单位。引进如家快捷酒店、高高俱乐部、济南国信典当有限公司等民营企业。位于成丰桥东南角的汇鑫国际商务大厦是一座高档商务写字楼,建筑面积2万平方米,有业主80余户。济南眼镜批发市场经营面积4000平方米,有商户50多家。2007年,天桥东街街道办事处被评为济南市“养老服务先进社区”、“民政工作先进集体”等。 （徐明杰）

官扎营街道办事处

党工委书记 滕志超* 刘仁东

主　　任 于光雷* 李　旭

政区人口 位于天桥区西南部,因辖区内官扎营街而得名。面积1.24平方公里,辖4个社区居民委员会。有居民6357户,人口15678人,人口出生率6.6‰,人口自然增长率1.1‰。

经济概况 实现三产收入13.45亿元，比上年增长22.3%。完成地方财税收入2390万元,比上年增长18.1%。利用外资189万美元,出口创汇714万美元。

区位优势 社区整体环境整洁温馨、基础服务设施配套齐全、精神文明活动丰富多彩,构建和谐社区氛围浓厚。随着官扎营地区旧城改造项目的实施，官扎营地区的棚户区将改造成为金融、商贸、居住三位一体的发展新区。2007年,官扎营街道办事处被评为济南市“安全生产工作先进单位”、“平安济南建设先进基层单位”等。 （董　琳）

宝华街街道办事处

党工委书记 梁贵堂

主　　任 丁　勇

政区人口 位于天桥区西南部,因辖区内宝华街而得名。面积1.63平方公里,辖3个社区居民委员会。有居民5960户,人口14713人,人口出生率5.71‰,人口自然增长率-2.52‰。

经济概况 实现三产收入5.88亿元,比上年增长15%。完成地方财税收入340万元，占年计划的107.9%。利用外资129万美元,出口创汇932.4万美元。

区位优势 纬六路道桥横贯南北,北临堤口路,南靠济南火车站,辖区将进行棚户区改造,为商业、服务业发展提供了前所未有的机遇。2007年,宝华街街道办事处获“全国社区服务先进社区”、“山东省和谐社区示范社区”等称号,被评为“平安济南建设先进基层单位”等。 （田友团）

堤口路街道办事处

党工委书记 刘文明

主　　任 孙国栋

政区人口 因辖区内堤口路而得名。面积4.58平方公里,辖8个社区居民委员会、5个家委会。有居民1.58万户，人口5.73万人,人口出生率7.9‰,人口自然增长率2.6‰。

经济概况 实现三产利税7610万元，比上年增长15.9%。完成地方财税收入4762万元,比上年增长16%。利用外资120万美元,出口创汇1395万美元。

区位优势 辖区交通方便，建有全市一流的社区劳动保障中心和社区服务中心,有全省规模最大的果品批发市场,是招商引资及发展第三产业理想之地。相继建成万盛园、齐鲁花园、舜景花园等住宅小区。堤口庄社区是济南市三大少数民族聚居区之一,有回族居民4000多人,庄内清真寺占地1100平方米,信奉伊斯兰教的穆斯林按教历及教规在此举行各种宗教仪式。驻有山东省煤炭管理局、山东省交警总队、山东交通学院、山东科技大学、山东省建筑科学院、济南二十九中学、堤口路小学等单位100余家。2007年,堤口路街道办事处被评为山东省“商业网点建设先进单位”,济南市“平安济南建设先进单位”、“优质文明服务窗口单位”等。 （滕　越）

工人新村南村街道办事处

党工委书记 高广华

主　　任 延　磊

政区人口 位于济南市北部,因地处工人新村南部而得名。面积2.14平方公里，辖5个社区居委会、1个家委会。有居民15222户，人口35963人，人口出生率4.96‰,人口自然增长率-2.15‰。

经济概况 实现三产收入13.1亿元,占年计划的101%。利税完成4210万元。完成全社会固定资产投资3亿元,其中千万元以上项目5个。

区位优势 济泺路贯穿南北,南临济南汽车总站,东接北园大街,交通便利,居民集中,发展二、三产业前景广阔。辖区内有被誉为“中华第一站”的省长途汽车总站,有绿地大型仓储超市、绿地塑钢型材市场及摄影器材城等服务场所，有新建的泉星小区、青年居易小区,提供了舒适的生活居住环境,便利的交通条件。2007年,工人新村南村街道办事处被评为济南市“社区建设先进集体”、“统计工作先进集体”、“流动人口计划生育管理服务年活动先进单位”等。 （李　同）

工人新村北村街道办事处

党工委书记 王　芳(女)

主　　任 李正友

政区人口 位于天桥区北部,因辖工人新村北部而得名。面积2.8平方公里,辖5个社区居民委员会。有居民9246户,人口24406人,人口出生率7.31‰,人口自然增长率0.7‰。

经济概况 实现三产利税3592万元,比上年增长17%。完成地方财税收入 1101 万元,比上年增长 18%。利用外资 156 万美元,出口创汇 95 万美元。

区位优势 北接泺口服装市场,南临长途汽车站,济泺路穿境而过,师范路、无影山路纵横其中,沿济泺路向北可达济德、济青、绕城高速公路,交通便利。有全省最大的鞋类专业批发市场齐鲁鞋城、工鑫商厦等。驻有济南军区总医院、市立四院、济南第二工人文化宫、济南动物园等 20 多家科研医疗文化单位。2007 年,工人新村北村街道办事处获济南市“安全生产工作先进单位”、“民政工作先进单位”等称号,被区委、区政府评为“科学发展先进单位”。 (徐 强)

无影山街道办事处

党工委书记 巨云兴

主 任 孙广忠

政区人口 因辖区内有无影山而得名。面积 1.98 平方公里,辖 4 个社区居民委员会、3 个家委会。有居民 10710 户, 人口 31546 人,人口出生率 6.2‰,人口自然增长率-0.8‰。

经济概况 实现三产利税 6528 万元, 比上年增长 15.2%。完成地方财税收入 6338 万元, 比上年增长 99.8%。利用外资 1230 万美元,出口创汇 4.12 亿美元。

区位优势 辖区为天桥区政府所在地, 位于济南七十二名泉之一的无影潭泉畔,省长途汽车总站客运中心位于本地,交通发达,地理位置优越,经济繁荣。有集工、商、贸为一体的商业街,有新开发的翡翠郡、中环花园、浅水湾等高档住宅区。驻有中国重汽总公司、省气象局、省交通医院等 17 家企事业单位和 3 所中小学校、1 所中等专科学校。2007 年,无影山街道办事处被评为“全市侨联系统先进单位”等。 (王笑怡)

北园街道办事处

党工委书记 陈 勇* 左永欣

主 任 刘仁东* 戚桂民* 黄光秀

政区人口 因原北园镇而得名。面积 20 平方公里,辖 33 个社区居民委员会。有居民 33118 户,人口 92234 人,人口出生率 9‰,人口自然增长率 4‰。

经济概况 实现三产利税 2.53 亿元, 比上年增长 19.10%。完成地方财税收入 6282 万元, 比上年增长 18.00%。利用外资 950 万美元,出口创汇 1470 万美元。

区位优势 南依大明湖,北靠黄河,西邻济南长途汽车站、济南火车站, 交通方便。有各类企业 4600 家, 其中民营企业 4200 家、外资企业 13 家。有大型专业市场 41 家,营业面积 130 万平方米,其中 3 万平方米以上的 18 家、10 万平方米以上的 3 家。各类商贸设施 32 个,营业总面积 56 万平方米,涉及建材、装材、家具、灯饰等十几个行业的北园市场群已颇具规模。2007 年,北园街道办事处被评为山东省“先进基层党组织”、“和谐社区建设示范街道”等,沃家社区调委会被评为“全国标兵调委会”,凤凰山社区被评为全国“社区服务先进社区”、“计生协会村(居)先进单位”,黄台社区被评为全国“社区服务先进社区”。 (周 嵘)

泺口街道办事处

党工委书记 武善欣

主 任 张永强

政区人口 因地处古泺口而得名。面积 23 平方公里,辖 23 个社区居民委员会。有居民 18026 户,常驻和暂住人口 8.6 万人,人口出生率 9.56‰,人口自然增长率 3.26‰。

经济概况 实现三产收入 86.76 亿元,比上年增长 35%。完成地方财税收入 3600 万元,比上年增长 12.5%。实际利用外资 435.5 万美元,出口创汇 1450 万美元。

区位优势 济泺路、无影山北路、徐李路、小清河北路、泺安路、外环北路相互贯穿,交通便利。泺口浮桥连接黄河两岸,将黄河百里风景区、黄河森林公园、鹊山及鹊山龙湖等景区连为一体,旅游资源丰富。泺口服装城、山东建材市场、银座家具批发广场、泺口旧机动车市场等大型专业市场,成为泺口地区经济发展支柱。驻有山东省黄河航运局、山东师范大学历山学院、济南北郊热电厂、济南市黄河河务局、济南公安局车辆管理所等 30 多家省、市、区单位。正在建设的小清河绿色景观长廊和鹊山龙湖与黄河生态景观带融为一体。泺口街道办事处先后获全省“平安山东建设先进单位”、“文明单位”等称号,连续 6 年被区委、区政府评为“科学发展先进单位”。 (张桂霞)

药山街道办事处

党工委书记 侯凤国

主 任 张建明

政区人口 因辖区齐烟九点之一的药山而得名。面积 15 平方公里,辖 16 个社区居民委员会。有居民 9454 户,人口 27503 人,人口出生率 7.6‰,人口自然增长率 4‰。

经济概况 实现三产收入 21.9 亿元,比上年增长 24.2%。完成地方财税收入 2349 万元,比上年增长 46.8%。利用外资 307.4 万美元,出口创汇 2600 万美元。

区位优势 “齐烟九点”中的药山、粟山、北马鞍山等景点皆在辖区内,风景优美。市区二环西路、二环北路交汇于此,纬十二路、无影山北路贯通辖区南北,津浦铁路从腹地穿过,交通便捷。药山工业园基础设施日臻完善,实现水、电、气、路、网络通讯、排水排污、公共交通“七通一平”,园区以新型都市工业、总部经济为主导,规划布局科学合理,山东鲁能康桥发展中心、济南蓝翔技校、时代总部基地等知名企业入驻园区。2007 年,药山街道办事处被评为山东省“信访工作先进单位”、“模范调解中心”等。 (王金锋)

大桥镇

党委书记 刘世浒

镇　　长　王法清

政区人口　因南依济南黄河公路大桥而得名。面积111.17平方公里,耕地4200公顷,下设8个办事处,辖72个行政村。有居民12000户,人口49127人,其中农业人口43967人。人口出生率11.7‰,人口自然增长率8.4‰。

经济概况　地区生产总值3.10亿元,比上年增长5%。财政收入406万元。人均纯收入4400元,比上年增长9%。

区位优势　青银高速通过境内,并设有上下站口、服务区,104、220、308、309国道和001省道通过境内,交通便利。地处黄河北岸,常年受黄河侧渗水补偿,地下水资源丰富,水质好。济南鹊山水库储量4600万立方米。境内有200公顷土地为黄台电厂粉煤灰排放区,粉煤灰储量达1200万立方米。天然气、煤炭资源丰富。黄河大米、黄河鲤鱼、红提葡萄、冬枣和黄金梨基地建设初具规模。2007年,大桥镇被评为济南市"基层残疾人工作先进单位"、"全民体育健身月活动先进单位"等。　（李永顺）

桑梓店镇

党委书记　李大春

镇　　长　吕　东

政区人口　位于天桥区西北部,因辖区桑梓店村而得名。面积72.6平方公里,下设5个办事处,辖48个行政村。有居民9102户,人口34621人,有汉、回两个民族,其中回民2391人,主要聚集在老寨、小寨两村。人口出生率13‰,人口自然增长率7‰。

经济状况　完成地区生产总值3.46亿元,比上年增长18%。实现地方财政收入450万元,比上年增长18%。农民人均纯收入4788元,比上年增长15%。

区位优势　濒临黄河,地势平坦,属黄河冲积平原。308、309国道穿越境内,建设中的济南绕城高速北线横跨镇之北部,东连济青高速,西接京福高速,投资8.48亿元的建邦黄河大桥即将开工兴建。积极支持和参与济南化工产业园和鹊山龙湖建设。发展现代农业,增加农民收入、提高农民素质和生活质量,全面推进新农村建设。2007年,桑梓店镇被区委、区政府评为"科学发展先进单位"、"廉洁勤政模范集体"、"新农村建设工作先进单位"等,高王村被评为"省级文明村",三官庙村被省爱卫会评为"2007年度卫生村"。　（孟立东）

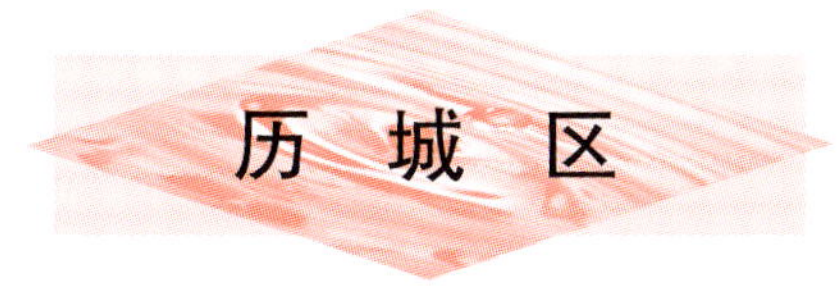

历　城　区

【概况】　西汉景帝四年(前153年)设历城县,因处历山(千佛山)下而得名,1987年撤县建历城区。位于济南市东、南部,面积1298.57平方公里。年末,辖4个街道办事处、12个镇(2005年11月,孙村镇和大正科技工业示范区由济南市高新技术开发区代管;2007年9月,大正科技工业示范区并入孙村镇仍由济南高新技术开发区代管,以下数字包括孙村镇),42个社区居民委员会、655个行政村。有居民27.07万户,人口93.51万人,男女性别比103:100,人口出生率11.7‰,人口自然增长率5.3‰。有回、满、蒙古、朝鲜等39个少数民族,少数民族人口6573人。地区生产总值517亿元,其中第一、二、三产业增加值分别为22.2亿元、336亿元、158.8亿元。

中共区委

书　记　谭延伟

副书记　许　强　刘传勇

常　委　谭延伟　许　强　刘传勇　马玉星　孔　杰*　杨玉军　王　锐　孙德顺　阴　波　朱云生　路建玲(女)　李国祥

区人大常委会

主　任　于正齐*　谭延伟

副主任　马荣亮　彭玉华*　王永和　张红齐*　王志平　王志义*　郑学胜　王富莲(女)　王连平

区人民政府

区　长　许　强

副区长　马玉星　杨玉军　王志刚　刘桂祯*　李季孝　袁长奎　宫玉玲(女)　黄晓广　张玉明*(科技副区长)

政协区委员会

主　席　谭传友

副主席　邓良和*　黎　越　王志刚　张淑珍*(女)　王兆文　邢介安　陈茂棠*　贺光幸　王钢城

中共区纪委

书　记　孔　杰*　阴　波

区人民法院

院　长　孙兆远*　郑　玉(女)

区人民检察院

检察长　郭绪庭*　亓　浩

区人民武装部

部　长　唐少竹

政　委　王　锐

工业　完成工业总产值921.6亿元。有规模以上工业企业276家,从业人员5.7万人,实现增加值285.6亿元,销售收入859.7亿元,利税128.5亿元,利润60.58亿元,经济效益综合指数443.79%,资产保值增值率126.45%。全员劳动生产率514390元/人,流动资产周转率3.07次。

农业及农村经济　农村经济总收入197.6亿元,其中非农经济总收入158.99亿元。农业增加值22.2亿元,其中农、林、牧、渔业增加值分别为14.4亿元、1.56亿元、5.4亿元、0.24亿元。耕地面积3.16万公顷。有效灌溉面积2.49万公顷。农作物播种面积6.33万公顷,其中粮食作物播种面积4.76万公顷、经济作物播种面积1.57万公顷。粮食总产量25.95万吨,平均公顷产量5.45

吨。猪、牛、羊年出栏数分别为53.6万头、3.41万头、20.64万只。肉、蛋、奶、水产品产量分别为5.75万吨、6.55万吨、12.12万吨、0.46万吨。农业机械总动力58.1万千瓦。农田水利完成投资额7400万元,实现工程量177万立方米。

贸易财政金融 社会消费品零售总额149.47亿元,其中批发零售贸易业零售额115.35亿元、餐饮业零售额27.36亿元。有城乡集贸市场114个,商品成交额54亿元。出口总值9.61亿美元。合同利用外资3.03亿美元,实际利用外资5024.7万美元。新批准外商投资企业19家。地方财政收入13.58亿元,地方财政支出16.97亿元。

交通邮电 公路总长度1595.9公里,其中高速公路187.1公里、国道46.5公里、省道123.7公里、县乡村道路1238.6公里。交通车辆2.71万辆,其中运输车辆1.19万辆。货运量1979万吨,货运周转量86150万吨公里;客运量367万人次,旅客周转量9480万人公里。邮政业务总量4615.6万元,电信业务总量19595.8万元。年末,固定电话用户20.6万户,移动电话用户39.6万户,互联网用户6.4万户。

建设环保 完成固定资产投资224.2亿元。房屋建筑竣工面积394.9万平方米,其中住宅竣工面积171.9万平方米。建筑业总产值108.35亿元,实现利税2.7亿元。投资120万元用于环境保护及污染防治。绿化覆盖率40.92%,人均占有公共绿地面积11.1平方米。道路整修养护面积12.25万平方米。

教科文卫体 各级各类专业技术职务人员26438人,其中高级专业技术职务1580人、中级专业技术职务7335人。有各级各类学校161所,在校生91248人,教职工6516人,专任教师5776人。其中,中等专业学校3所,在校生9032人,专任教师219人;普通中学24所,在校生35004人,专任教师2631人;小学133所,在校生47139人,专任教师2901人;聋哑学校1所,在校生73人,专任教师25人。幼儿园142所,在园幼儿17028人,专任教师1168人;成人教育学校13所,专任教师73人。3岁以上幼儿入园率95%,适龄儿童入学率100%,小学毕业生升学率100%,小学在校生巩固率100%,初中在校生巩固率99.58%,初中毕业生升学率87.39%,高中毕业生升学率84%。区属科研机构96处,科研人员835人,获区级及以上奖励科研成果13项。文化馆(站)18处,影剧院4处,图书馆2处、图书室335处,藏书量35.5万册。各类卫生机构37处,其中医院19处,卫生技术人员2620人,床位1860张。有体育场馆19处,在省级及以上体育比赛获奖3次。

人民生活 年末,有在岗职工172273人,年平均工资29403元,城镇登记失业率3.91%。农民人均纯收入6950元。农村居民家庭人均生活费支出4159.9元,其中食品1610元、衣着263元、居住961元、家庭设备用品及服务288元、文教娱乐用品及服务281元、交通设备和通讯设备410元、医疗保健295元、其他商品及服务51.9元。企业参加社会养老保险10.59万人,保费收入3.07亿元;机关事业单位参加社会养老保险16152人,保费收入1.28亿元;农村参加社会养老保险1.84万人,保费收入225万元。新型农村合作医疗政府配套资金每人由30元提高到40元,全区参合农民46.5万人,参合率93.54%,报销医药费2565.7万元,受益27.22万人次,基金使用率94.68%。在全省率先对2006年度患大病参合农民进行再次补偿。有村居以上福利院3处、敬老院13处,集中供养五保对象1672人。

济南市科技市场 (历城区志办供稿)

【济南临港开发区建立“韩国工业园”和“欧洲工业园”】 2007年4月17日和10月30日,经省外经贸厅批准在济南临港经济开发区内成立“韩国工业园”和“欧洲工业园”。“韩国工业园”位于开发区横六路以北,马家西路以东,分洪河路以西,青银高速公路以南,规划面积2平方公里。“欧洲工业园”位于小清河以北,东绕城高速公路以东,大辛耕地以西,荷花路以南,规划面积0.77平方公里。

【全运会场馆开工建设】 十一届全运会场馆在历城区建设项目有“两馆两场一中心”(体育馆、训练馆、体育场、赛马场和全民健身中心),于2007年11月17日正式开工建设。项目位于唐冶新城区域内,占地面积200余公顷,总投资约3亿元。

【唐冶新城4村整合】 唐冶新城区内大官、北官、东邢、西邢4村整合安置工程于2006年7月17日开工建设。该工程位于唐冶新城区西南部，建筑面积26万平方米，总投资3.3亿元，按人均居住面积40平方米进行安置，计划安置5030人。截至2007年底工程完成82%，安排入住4100余人。

【省道102线拓宽工程竣工通车】 12月4日，省道102线历城段拓宽改建工程竣工通车。该工程西起历城韩仓桥，东至章丘龙山桥，全长13.8公里，设计为双向六车道及两侧慢车道、人行道，路面宽度46米，征地宽度54米，总计投资近2亿元。

【济南市历城区仲宫污水处理厂开工建设】 济南市历城区仲宫污水处理厂于2007年12月底正式开工建设。该厂位于历城区仲宫镇仲南村南，省道103线东侧，是济南市政府建设的一项环保生态治理工程，是解决卧虎山水库水质污染，确保济南城区市民饮水安全的重要措施。该项目占地面积2.5公顷，建筑面积3320平方米，日处理污水能力1.5万吨，配套建设污水管网18386米，总投资4530万元，计划2008年6月建成使用。

【获山东省“平安建设先进区”称号】 历城区全年侦破各类刑事案件1897起，打击处理犯罪634人，摧毁各类犯罪团伙61个，侦破命案29起，侦破经济案件114起，挽回经济损失1010.74万元。组建联合工作组7个，加大对治安混乱村居和重点区域的集中整治。受理来信来访781件次，上访老户结服率达到90%，涉法上访案件结案率达到100%、结服率达到95%。2008年1月，历城区被省委、省政府评为2007年“平安建设先进区”。

街道办事处、镇简介

山大路街道办事处

党工委书记　李富刚

主　　任　程延荣

政区人口　面积2.91平方公里，机关驻山大路124号，辖10个居民委员会。人口6.08万人，人口出生率6‰，人口自然增长率3.12‰。

经济概况　地区生产总值9.41亿元，比上年增长26.3%。地方财政收入1.05亿元，比上年增长22.9%。居民人均纯收入10016元，比上年增长25.2%。

区位优势　辖区内驻有山东省质检所、山东省医药工业研究所、济南烟草专卖局等省、市属单位48家，区属单位79家；有山东大学、山东省法官培训学院等5所大、中、小学校，技术智力与人力资源丰富，城市基础设施良好，服务业发达。辖区内的高科技市场，与周边高科技产业连点成片，形成以经营高科技产品为主的山大路科技一条街。先后投资1200万元对辖区内背街小巷的路面和娱乐服务设施进行综合整治，各项社会事业迅速发展。2007年，山大路街道办事处被济南市委、市政府评为“安全生产先进单位”，利农社区被省文明委评为“文明社区”。

洪家楼街道办事处

党工委书记　王瑞国

主　　任　张宝贤

政区人口　面积2.44平方公里，机关驻洪兴路1号，辖8个社区居委会。人口2.65万人，人口出生率7.6‰，人口自然增长率2.6‰。

经济概况　地区生产总值5.98亿元，比上年增长22%。地方财政收入4927万元，比上年增长24.5%。居民人均纯收入13384元，比上年增长14%。

区位优势　距济南遥墙国际机场15公里，胶济铁路横贯境内，市区公共交通线路纵横，国内外通讯快捷方便。洪家楼天主教堂、山东大学、七里堡蔬菜综合批发市场、人民大润发超市及花园路商业街、洪楼广场为人们提供了观光、休闲、娱乐、购物和学习的活动场所。2007年，洪家楼街道办事处被济南市委、市政府记“全市社区建设集体二等功”。

全福街道办事处

党工委书记　关中秋

主　　任　潘广臣*　高玉明

政区人口　面积5.07平方公里，机关驻北园大街43号，辖12个社区居民委员会。人口4.59万人，人口出生率8.4‰，人口自然增长率4.4‰。

经济概况　地区生产总值6.31亿元，比上年增长-1.56%。地方财政收入4011万元，比上年增长-25.31%。居民人均纯收入8850元，比上年增长32.09%。

区位优势　辖区作为济南市东北部繁华的工业商贸区，驻有山东黄台火力发电厂、山东电建一公司、山东省农科院、济南一中、济钢中学等大型企事业单位36家。有以济南市主干道北园大街、二环东路、工业北路为主要干线的四通八达的交通网络，是市区重要交通枢纽。2007年，南全福社区被省委评为“全省文明和谐社区”。

东风街道办事处

党工委书记　路建玲*（女）　谢兆村*　潘广臣

主　　任　殷继明*　　孟祥民

政区人口　面积5.9平方公里，机关驻祝甸路1257号，辖12个社区居委会。人口4.91万人，人口出生率12.8‰，人口自然增长率9.2‰。

经济概况　地区生产总值12.8亿元，比上年增长63.9%。地方财政收入1.21亿元(包括科技城),比上年增长14%。居民人均纯收入10350元,比上年增长15%。

区位优势 辖区内水、电、暖、气、路、通讯等基础设施完善,建有山东大学教师公寓、留学生创业园、山东省图书馆、发展大厦、嘉恒商务大厦、火炬大厦等。东风地区智力密集,有一大批高智能、懂经营、会管理、正在开发创业的优秀人才。2007年,东风街道办事处被市委、市政府评为"平安济南建设先进单位"、"全市信访工作先进单位"等。

王舍人镇

党委书记 李庆奎* 李庆东

镇　　长 李庆东* 程公远

政区人口 位于历城区东部,镇机关驻王舍人庄。面积59.62平方公里,耕地2027公顷,辖5个办事处、38个行政村。人口11.28万人,人口出生率11.4‰,人口自然增长率5.8‰。

经济概况 地区生产总值28.33亿元,比上年增长25.86%。地方财政收入1.91亿元,比上年增长23.5%。农民人均纯收入8200元,比上年增长12.9%。

区位优势 王舍人镇是历史文化重镇。1959年,国家主席毛泽东两次来此视察。境内有大辛庄殷商文化遗址、鲍叔牙墓、梁王城遗址、唐槐等10余处古文化遗址。辖区内工业基础雄厚,驻有济钢集团、济南炼油厂、济南轻骑集团、山东化工集团等40余家中央、省市大中型企业。先后投资7000多万元修建道路50多公里,形成工业北、大白菜、坝王等6条公路及济青高速、胶济铁路交通网络。有济南市高科技农业示范园,是全市奶牛养殖第一大镇,奶牛存栏量5500余头。2007年,王舍人镇被市委、市政府记"全市社区建设集体二等功",被济南市政府评为"全市安全生产先进单位"。

华山镇

党委书记 王长元

镇　　长 陈　军

政区人口 位于历城区北部,因境内有华山而得名,镇机关驻洪家园村。面积60.81平方公里,耕地1292公顷,辖46个行政村。人口6万人,人口出生率15.6‰,人口自然增长率10.0‰。

经济概况 地区生产总值20.03亿元,比上年增长15.71%。地方财政收入7419万元,比上年增长32.7%。农民人均纯收入8450元,比上年增长13.9%。

区位优势 交通便利,南靠工业北路,东临济南国际机场,北依济南黄河公路大桥,济青高速公路、济南绕城高速公路交汇于此,3、70、84、89、97路公交车途经该镇往返市区。该镇花岗石资源丰富,济南青花岗石享誉国内外。华山风景区内的华山平地突起,景色壮美,列为"齐烟九点"之首。2007年,华山镇被市委、市政府评为"全市信访工作先进单位"。

遥墙镇

党委书记 张书才

镇　　长 刘兆河

政区人口 位于历城区东北部,镇机关驻遥墙村。面积91.28平方公里,耕地3517公顷,辖59个行政村。人口5.13万人,人口出生率11.5‰,人口自然增长率3.7‰。

经济概况 地区生产总值15.52亿元,比上年增长26.38%。地方财政收入5598万元(包括济南临港开发区),比上年增长5%。农民人均纯收入7540元,比上年增长16.1%。

区位优势 境内有济南国际机场,绕城高速横贯南北,青银高速东西穿境而过,交通便利。物产丰富,有无公害优质产品白莲藕、黄河大米,珍稀食用菌生产已形成规模且具有技术、人才、市场优势,网上销售至日、韩、东南亚等国家和地区。济南临港经济开发区位于境内。万亩荷塘、温泉度假、稼轩故居等旅游景点让人流连忘返。2007年,遥墙镇被中国成人教育协会评为"全国农村成人教育先进单位",被省高级人民法院、省公安厅、省残疾人联合会评为"全省残疾人维权示范岗",被市政府评为"安全生产先进单位"。

唐王镇

党委书记 陈　君* 王　平

镇　　长 程公远* 李云爱

政区人口 位于历城区东北部,镇机关驻韩东村。面积72.74平方公里,耕地4778公顷,辖46个行政村。人口5.97万人,人口出生率11.4‰,人口自然增长率2.7‰。

经济概况 地区生产总值10.08亿元,比上年增长14.16%。地方财政收入393万元,比上年增长-24.3%。农民人均纯收入6856元,比上年增长18.6%。

区位优势 唐王镇是久负盛名的"大白菜之乡",是济南市无公害蔬菜生产基地之一。该镇地势平坦,土质肥沃,地下水资源丰富,种植小麦、玉米、花生等粮油作物和白菜、西红柿等几十种蔬菜,大棚蔬菜生产已形成规模。境内白云湖为渔业生产提供了良好条件。2001年,唐王渔场被批准为市级森林公园,已成为历城区著名的旅游景点。2007年,唐王镇被市委、市政府评为"全市蔬菜生产先进单位"。

董家镇

党委书记 李成华

镇　　长 段谋夏

政区人口 位于历城区东北部,镇机关驻董家村。面积64.45平方公里,耕地3189公顷,辖49个行政村。人口4.71万人,人口出生率13.1‰,人口自然增长率5.1‰。

经济概况 地区生产总值13.28亿元,比上年增长20.95%。地方财政收入3213万元,比上年增长19.6%。农民人均纯收入7280元,比上年增长15.6%。

区位优势 该镇地理位置优越，交通便利，北临济南国际机场，南依胶济铁路，西靠济南绕城高速公路，东接章丘市，济青高速公路横贯境内，有10、99、302、319路公交车直达市区。该镇不但是传统的粮食产区，而且以大棚设施为主的特色农业也发展迅速。大棚草莓、油桃、无籽西瓜、洋香瓜及各种口味的酱菜等在济南地区享有盛誉。张而牌草莓以出果时间早，色泽鲜艳、口味香甜而畅销济南、青岛、北京等省内外大城市。年末，董家镇的设施农业、花卉、奶牛三大农业主导产业已分别发展到167公顷、900公顷和1855头。2007年，董家镇被市委、市政府评为“平安济南建设先进单位”。

郭店镇

党委书记 时连勇

镇　　长 田延良

政区人口 位于历城区东部，镇机关驻郭西村。面积59.78平方公里，耕地1711公顷，辖31个行政村。人口4.43万人，人口出生率13.83‰，人口自然增长率7.68‰。

经济概况 地区生产总值14.25亿元，比上年增长22%。地方财政收入6118万元，比上年增长31.73%。农民人均纯收入8150元，比上年增长16.4%。

区位优势 距市区10公里，胶济铁路、济青公路、绕城高速公路、机场路在镇内交汇，8、10、17、21、23、99路公交车通行境内，距济南遥墙国际机场10公里。电力、金融、商贸、医疗、教育、餐饮等基础设施完善。主要矿产资源有煤、铁矿石、耐火土等。济南市镁碳砖厂生产的济字牌优质镁碳砖销往美国、日本等十几个国家和地区。2007年，郭店镇被市委、市政府评为“全市信访工作先进集体”，被市委命名为“全市基层党建工作示范点”，被市政府评为“全市安全生产先进单位”。

港沟镇

党委书记 黄宝忠* 马延良

镇　　长 谢兆村* 张中原

政区人口 位于历城区东南部，镇机关驻潘家庄村。面积127.85平方公里，耕地2997公顷，辖40个行政村。人口8.17万人，人口出生率11.8‰，人口自然增长率5.5‰。

经济概况 地区生产总值9.95亿元，比上年增长17.75%。地方财政收入6088万元，比上年增长25.1%。农民人均纯收入7389元，比上年增长17%。

区位优势 济南经十东路横穿东西，济南绕城高速公路纵贯南北，由邢村立交桥乘车10分钟至济南国际机场，港西公路的贯通加强了南部山区与市区的联系。境内建有济南临港经济开发区南区。矿产资源丰富，旅游景点众多，有被誉为“江北第一洞”的蟠龙山龙洞及云台寺、灵鹫寺等名胜古迹。以冶河核桃、马家香椿、优质花椒为代表的特色农业和以波尔山羊为龙头的养殖畜牧业形成规模，以百合花卉繁育基地为依托的花卉苗木业也正在发展之中。2007年，港沟镇被山东省农业厅、省体育局授予全省“亿万农民健身活动先进乡镇”称号，被市委、市政府评为“全市信访工作先进单位”、“平安济南建设工作先进单位”。

孙村镇

党委书记 张金龙

镇　　长 王凤文

政区人口 位于历城区最东部，与章丘市接壤，2005年11月划归济南高新区代管（2007年9月大正科技工业示范区并入孙村镇）。面积81.24平方公里，耕地2924公顷，辖48个行政村。人口5.95万人，人口出生率13.2‰，人口自然增长率6.9‰。

经济概况 地区生产总值7.7亿元，比上年增长20%。地方财政收入1744万元，比上年增长119%。农民人均纯收入6580元，比上年增长9.67%。

区位优势 工业基础雄厚，自划归济南高新区代管后，定位为东部产业带核心区，率先进行开发建设。基础设施日新月异，路网四通八达，产业得到换代升级，许多大型企业、高精尖项目先后进驻落户，带动经济快速发展。

仲宫镇

党委书记 李国祥* 张培明

镇　　长 马延良* 宋　伟

政区人口 位于历城区西南部，镇机关驻西郭村。面积256.01平方公里，耕地3147公顷，辖129个行政村。人口10.78万人，人口出生率13.7‰，人口自然增长率6.8‰。

经济概况 地区生产总值14.26亿元，比上年增长16.31%。地方财政收入2861万元，比上年增长12.1%。农民人均纯收入6010元，比上年增长14.7%。

区位优势 仲宫镇历史悠久，是终军故里、秦琼的老家。省道103、518、327线贯通全镇，济南绕城高速穿境而过，距市区12公里，是济南市南大门，是南部生态保护区经济、交通、商贸中心。有著名的卧虎山水库、锦绣川水库，是锦绣、锦阳、锦云三川交汇处。已发展优质林果1万公顷，果品、蔬菜、三鲜、畜牧、良种五大商品基地初具规模，被省农业厅确定为“济南市首家无公害农产品基地”。旅游业成为带动辖区发展的支柱产业，红叶谷、卧虎山滑雪场、锦云川乐园、菠萝峪等景区相继对外开放。2007年，仲宫镇被市委、市政府评为“全市信访工作先进单位”、“全市扶贫开发工作先进单位”。

彩石镇

党委书记 韩利师

镇　　长 张庆珍* 马兆水

政区人口 位于历城区东南部，镇机关驻东彩石村。面积109.14平方公里，耕地1647公顷，辖44个行政村。人口4.13万

仲宫门牙农家乐　（历城区志办供稿）

人，人口出生率9.8‰，人口自然增长率3.2‰。

经济概况　地区生产总值6.42亿元，比上年增长7.35%。地方财政收入2916万元，比上年增长13.2%。农民人均纯收入5326元，比上年增长15.2%。

区位优势　济青高速南线横跨全镇东西，309国道穿越镇域北部，区道406线贯穿南北，交通便利。形成“春赏花，夏避暑，秋观红叶，冬鉴文化”的旅游格局，即沿区道406线向南依次可游览房彦谦墓、清河太夫人墓、革命烈士山、狼猫山水库、蟠龙山森林公园、玉龙桃花、仙人堂、虎门空心洞等9大景点。玉龙雪桃果肉细腻，含糖量高，被列入山东名优特产，载入中国名果录，远销省内外。2007年，彩石镇被市政府评为“林果生产工作先进单位”。

西营镇

党委书记　高连东*　韩延才

镇　　长　韩延才*　徐建利

政区人口　位于历城区南部，镇机关驻西营村。面积126.72平方公里，耕地1790公顷，辖38个行政村。人口3.13万人，人口出生率13‰，人口自然增长率4.3‰。

经济概况　地区生产总值2.56亿元，比上年增长15.84%。地方财政收入1025万元，比上年增长19.6%。农民人均纯收入4390元，比上年增长18.2%。

区位优势　境内群山环抱，山清水秀。有白云洞、阁老庵、古长城、真武庙等多处人文景观，有矿泉水、花岗石、木鱼石、重晶石等矿产资源，盛产苹果、板栗、核桃、杏、柿子、花椒等各类干鲜果品和野生中药材等特产。济南野生动物世界、七星台万亩植物园、九如山瀑布群是全市旅游热点。有阁老、藕池、云梯山、枣林、葫芦峪5个农家乐专业村，180多户农家乐专业户。省道327线、港西公路贯穿境内，实现村村通柏油路、通电、通程控电话、通有线电视。林木覆盖率68%以上，荒山绿化利用率92%，植被覆盖率95%，被称为济南市的天然氧吧。2007年，西营镇被山东省政府评为“全省绿化工作先进单位”，被山东省人事厅、省妇联评为“全省妇联系统先进单位”。

柳埠镇

党委书记　张培明*　李金国

镇　　长　李金国*　王元柱

政区人口　位于历城区南部，镇机关驻柳埠西村。面积172.61平方公里，耕地2512公顷，辖87个行政村。人口5.59万人，人口出生率12.9‰，人口自然增长率1.6‰。

经济概况　地区生产总值8.16亿元，比上年增长13.33%。地方财政收入1319万元，比上年增长23%。农民人均纯收入5614元，比上年增长15.1%。

区位优势　省道103线贯穿全镇，有旅游、林果、矿产、水等四大资源优势，是济南市重点生态功能保护区。境内四门塔、龙虎塔、九顶塔、千佛崖为全国重点文物保护单位，另有齐长城遗址、黄巢起义纪念地等多处省、市、区级文物保护单位，还有列为济南七十二名泉的涌泉、滴水泉等9处名泉。以四门塔为代表的文物古迹游、济南野生动物世界为代表的自然生态游、九顶塔民族风情园为代表的民俗文化游日趋活跃。2007年，柳埠镇被市委、市政府评为“平安建设先进单位”，被市政府评为“全市民政工作先进单位”。

（龚吉元　张吉强　吕宇翔）

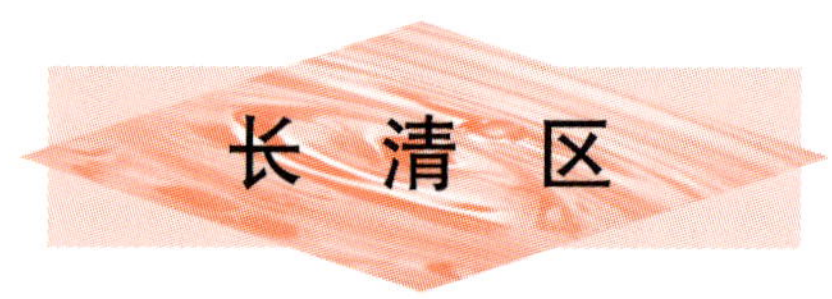

长清区

【概况】　长清因境内齐长城和清水而得名。隋开皇十四年(594年)始置长清县。2001年6月26日，经国务院批准，山东省撤销长清县设立济南市长清区。

长清区位于济南市西南部，面积1178平方公里，辖4个街道办事处、5个镇、1个乡，624个行政村。有居民16.31万户，人口57.08万人，其中非农业人口29.20万人。男女性别比99.7:

100，人口出生率 9.79‰，人口自然增长率 2.48‰。有回、蒙古、苗、壮、满、土、藏、朝鲜、维吾尔、布依等 30 个少数民族，少数民族人口 6600 人。地区生产总值 171.5 亿元，比 2002 年增长 111.8%，5 年间年均增长 16.2%。其中，第一、二、三产业增加值分别为 21.04 亿元、100.03 亿元、50.43 亿元，年均分别增长 6.9%、20%、15.7%。人均地区生产总值 30247 元。

中共区委

书　记　孙瑞祥

副书记　覃俊文　江　林　毛华铭

常　委　孙瑞祥　覃俊文　江　林　毛华铭　李广贤　庞　涛　王福军　刘延文　徐　宾　葛殿起　阴　波*　刘明霞(女)　赵金民

区人大常委会

主　任　刘太义

副主任　林开兴*　王陆军*　王继玉*　郝兆芳*(女)　刘兆银*　司云平　时华勤(女)　孟庆华　褚兴达　韩明清

区人民政府

区　长　覃俊文

副区长　毛华铭*　司云平*　庞　涛　刘延文　徐　宾*　房玉萍(女)　张　彦　李本文　韩　军

政协区委员会

主　席　张化富*　周宝华

副主席　周宝华*　赵文平*　张瑞金*　李良森*　井永平　宋云福*　时华勤*(女)　赵贵华　王圣才　张　勇　郭卫东　赵　治(女)

中共区纪委

书　记　李广贤

区人民法院

院　长　杨洪祥*　赵其魁

区人民检察院

检察长　范　芸*(女)　张　生

区人民武装部

部　长　罗　矗

政　委　王福军

工业　工业增加值 77.81 亿元，比上年增长 14.5%。规模以上企业总资产 206.4 亿元，从业人员 42860 人，完成增加值 70.98 亿元，比上年增长 16.4%；销售收入 269.5 亿元，比上年增长 26.8%；实现利税 27.1 亿元，比上年增长 22.1%；利润 14.9 亿元，比上年增长 19.4%。关闭淘汰水泥立窑生产线 3 条、25 万吨，山水集团余热发电项目顺利投产。济南经济开发区管理体制理顺，与农高区实现管理职能合并。5 年来固定资产投入累计完成 67 亿元，落户企业 153 家，实现业务总收入 110 亿元，年均增长 40.6%，济南经济开发区成为带动全区经济发展的强大引擎。规模以上企业 188 家，比年初增加 27 家，其中销售收入过亿元企业 41 家、税收过千万元企业 18 家。集群经济快速崛起，机械装备制造、建筑建材、压力容器、电子信息、食品医药五大主导产业实现产值 215 亿元、主营业务收入 200 亿元、利税 22.8 亿元，分别占全区工业的 75.3%、78%、80.6%，成为山东省机械装备产业集群、山东省压力容器生产基地。全年在建千万元以上项目 46 个，完成投资 31.1 亿元，其中迪生电子、高强标准件等 11 个项目建成投产，富美科技、通发实业等 6 个项目即将投产。新增市级企业技术中心 13 家、市级工程技术中心 3 家，高新技术企业达 82 家，94 个产品列入高新技术产品，高新技术产值比重达到 28.2%。国家一级总承包建安企业 5 家，实现增加值 14 亿元，5 年来年均增长 11.8%。2003 年以来，全区引进市外项目 532 个，计划投资 478 亿元，实际到位 162.5 亿元。其中，过亿元项目 40 个，千万元以上项目 300 个。

农业及农村经济　农业总产值 33.3 亿元，比上年增长 9.5%。耕地面积 3.73 万公顷，有效灌溉面积 2.24 万公顷。农业机械总动力 40.95 万千瓦。农作物播种面积 7.0 万公顷，其中粮食作物播种面积 5.3 万公顷、经济作物播种面积 1.7 万公顷。粮食总产 32.1 万吨，比上年减少 5.2%。肉、蛋、菜、果产量分别为 4.5 万吨、5.2 万吨、90.5 万吨、4.4 万吨。猪、大牲畜、羊、家禽年存栏量分别为 32 万头、10.7 万头、33.1 万只、370 万只。重点培植林果、畜牧、蔬菜、良种、花卉五大产业，林果、花卉苗木、无公害蔬菜面积达 3 万公顷。引进农业龙头企业 112 家，引导发展农民专业合作社 122 个，带动基地近 1 万公顷、农户 6.2 万户。科技进步对农业增长贡献率达到 62%。有机、绿色和无公害农产品品牌 42 个。10 家农业龙头企业，14 处农林基地、畜牧小区分别被确定为市级农业龙头企业和农业标准化生产基地。免除农业税和农林特产税 1731 万元，兑现小麦种植、良种、农机购置、水利、基础设施建设等各项支农补贴 5.6 亿元。投资 3 亿多元，改造农村公路 1000 多公里，全区 560 多个行政村、40 万农民直接受益，彻底解决了农民"出行难"问题。投资 9700 万元，实施村村通自来水工程，294 个村、16.87 万人吃上安全卫生的自来水，自来水普及率 90%。新建成"一建三改"沼气池户 8552 户，太阳能专业村 20 个。森林覆盖率 35.5%，比上年提高 10 个百分点，被评为"全国林业工作先进区"。实施土地开发整理复垦项目 46 个，改造土地 6400 公顷，新增耕地 1000 公顷。投资 4760 万元，实施中小型水库除险加固工程，一批农田水利项目相继建成。

贸易财政金融　社会消费品零售总额 54.2 亿元，比上年增长 21.8%，其中批发零售贸易业 43.0 亿元、餐饮业 9.5 亿元、其他 1.7 亿元。个体工商户、私营业户分别发展到 10195 户、1341 家，个体私营经济注册资金 15.4 亿元，其中个体工商户 1.8 亿元、私营业户 13.6 亿元。非公有制经济实现增加值 102.43 亿元，比上年增长 24.6%。明珠新世纪商业广场、大学科技园商业街等商贸设施建成，260 家"万村千乡"村级综合服务店投入使用，在建大型商业网点总面积 24 万平方米，三产对经济贡献率达到 27.7%。建立中小企业信用担保中心，促进中小企业快速成长，规模以上民营企业发展到235家，其中过亿元企业41家。非公有制经济比重达到60%，被评为"全省发展民营经济先进区"。旅游业健康发展，具有国际标准的高尔夫球场已对外开放，全年接待中外游客150万人次，其中外宾6万人次，旅游业总收入1.3亿元。全年实际利用外资9801万美元，被授予"全省外经贸工作先进区"。实施国库集中支付、政府采购、会计集中核算等制度改革，理顺区乡财政分配关系。全区大地域财政预算内收入8.6亿元，比上年增长25.2%，其中地方财政收入3.5亿元。年末，全社会金融机构各项存款余额64.6亿元，比上年增长9.8%，其中居民储蓄存款余额50.3亿元；贷款余额40.3亿元。

交通邮电 通车总里程1232公里，公路密度每百平方公里104.6公里。完成济菏高速公路长清段建设任务，全区省道以上公路通车里程198.5公里。货运量199万吨，货运周转量13080万吨公里；客运量473万人，客运周转量12820万人公里。完成邮政业务收入2444万元，比上年增长39.7%；电信业务收入6128万元，比上年增长2.1%。

建设环保 完成全社会固定资产投资144亿元，比上年增长24.5%。城市规划编制取得较大进展，编制完成城市总体规划，初步完成文昌、平安和农高区控制性详规，大学科技园控制性规划进展顺利，380多个村进行第二轮规划调整，100个村完成新农村建设规划。济南经济开发区5年累计投入基础设施建设资金11亿元，新建道路24公里，实施绿化58.2万平方米，现代化工业新区已具雏形。大学科技园5年累计投入170亿元，完成建筑面积360万平方米，建成道路150公里，9所高校相继建成，入驻师生15万人。建成安置小区2个，安置18个村、2.1万人，其中乐天小区获"山东省人居环境范例奖"。投资2.2亿元，推进天然气入户工程，城区天然气主管网基本铺设完毕。实施道路绿化、美化、亮化、净化工程，城区绿化覆盖率46%。加大城管力度，整治违法违章建设，加快破损山体治理，实施城乡环境综合整治，被评为"全省城乡环境综合整治先进区"。

教科文卫体 各级专业技术职务人员3762人，其中高级专业技术职务388人、中级专业技术职务1912人。有各级各类学校128所，在校生63447人，教职工4777人，专任教师4536人。其中，中等专业学校1所，在校生59人，专任教师52人；普通中学19所，在校生23134人，专任教师2197人；职业学校1所，在校生1427人，专任教师92人；小学107所，在校生38827人，专任教师2195人。幼儿园202所，在园幼儿9891人，专任教师581人（含公办教师76人）。学前3年幼儿入园率85%，适龄儿童入学率100%，小学在校生巩固率100%，初中在校生巩固率98.3%，初中毕业生升学率73.1%。高考考入大学3304人，其中本科877人。实施农村教育振兴行动，对13所农村学校进行改造升级。5年来实施市级以上各类科技计划项目90项，获得省市科技进步奖36项。各类卫生机构12个，卫生技术人员1370人，床位872张。拥有专业艺术表演团体1个，群众性文化馆1个，公共图书馆1个、馆藏量8万册（件），档案馆1个、馆藏量4.96万册（卷）。在市级体育比赛中获团体金牌4块，个人金牌58块、银牌75块；在省级体育比赛中获个人金牌18块、银牌22块。

人民生活 年末，有在岗职工90331人，年平均工资16326元。安置城镇就业5294人，城镇登记失业率控制在3.9%以内。征缴企业养老保险费7304万元，机关事业单位养老保险费7200万元。城镇居民人均可支配收入10946元，人均消费支出8001元，其中食品2878元、衣着835元、居住965元、家庭设备用品689元、医疗保健959元、交通和通讯646元、文教娱乐用品897元、其他商品服务132元。农民人均纯收入6565元，人均消费支出3357元，其中食品1157元、衣着200元、居住555元、家庭设备用品212元、医疗保健234元、交通和通讯445元、文教娱乐用品366元、其他商品服务188元。城乡居民人均储蓄存款8885元。城区人均居住面积32.8平方米，农村人均居住面积36平方米。

山东师范大学长清校区 （长清区志办供稿）

【被评为"全国计划生育优质服务先进区"】 长清区坚持以人为本，围绕"依法管理、村（居）民自治、优质服务、政策推动、综合治理"工作机制，促进人口计生工作健康发展，被评为"全国计划生育优质服务先进区"。1.为人口计生工作提供有力保障。计划生育事业费做到按比例逐年递增，并按时足额拨付到位。全年投入300多万元，确保独生子女父母奖励、困难计划生育家庭救助等优惠政策的落实。2.推进人口计生工作法制化建设。强化法律法规宣传培训，计生干部熟练掌握有关法律法规，规范行政执法行为。群众了解、掌握人口和计划生育中的权利和义务，依法维护自己权益，约束自己婚育行为。加大对出生婴儿性别比的专项治理力度。3.深化优质服务，实施富民工程。为群众提供全方位、系列化优质服务，加强计生协会组织建设，开展“生育关怀”活动，为群众提供科学、方便、实用的致富信息。开展以建设新农村、创建新家庭、争做新农民为内容的“幸福花”新家庭创建活动，全区有100个村达到示范村标准，1000多户计划生育家庭达到“幸福花”新家庭标准。

【崮云湖国际高尔夫俱乐部开业】 3月31日，由山东黄金集团有限公司、山东黄金崮云湖国际高尔夫俱乐部主办的“山东黄金崮云湖国际高尔夫俱乐部开业、济南高尔夫协会成立、首届‘黄金杯’高尔夫球邀请赛”庆典活动举行。崮云湖国际高尔夫球场位于五峰山省级旅游度假区内，是由山东黄金集团有限公司投资1.8亿元兴建的，是济南市唯一符合美国USGA标准的山地球场，其正式开业结束了济南市没有高标准高尔夫球场的历史。该球场一期18洞，球道总长7240码，标准杆72杆，巧妙运用原有的山川、地势、峰谷、湖泊等自然风光，将五峰山、崮云湖的山川水色融入其中。首届“黄金杯”高尔夫球邀请赛是由山东黄金崮云湖国际高尔夫俱乐部承办的第一次赛事，邀请省内外球手70多人，设8个奖项，通过这次赛事的举办，提升了球场品位，规范了球场管理。

【山东省压力容器基地落户长清】 10月31日，山东省压力容器基地在长清区揭牌，标志长清区90余家压力容器制造企业有了更大发展平台。长清素有“压力容器之乡”美誉，自20世纪50年代从生产小型锅炉、供水及采暖设备起家，不断发展壮大，有各类压力容器制造企业90余家，从事铆焊加工技术人员2万余人。形成以水龙王、北辰等为龙头的各类压力容器制造企业，生产的各种环保节能锅炉、中水设备、焦化设备、换热设备等产品备受市场青睐。长清区压力容器企业承担了众多国家和省市重大科研计划项目，30余种产品获国家专利，11项产品填补国内空白。山东省压力容器基地的挂牌，将促进长清压力容器制造业向规模化、集约化发展，推动省城西部机械装备制造基地进一步发展壮大。

【两获“山东省建筑业十强县(区)”称号】 2007年，长清区建筑业产值达37亿元，建筑业实现前所未有的发展，被省建设厅、省建工局评为“山东省建筑业十强县(区)”，这也是长清区第二次被评为“山东省建筑业十强县(区)”。年末，全区拥有44家国家一、二、三级资质建筑企业，其中5家企业取得国家一级资质，成为当地经济的重要支撑力量。创出齐鲁软件园综合楼、泉城路芙蓉街仿古工程、济南数码港大厦、明珠世纪广场等名牌精品工程，“十五”期间创出“泉城杯”工程25个、“泰山杯”工程11个，工程合格率达100%。

街道办事处、乡镇简介

文昌街道办事处

党工委书记　葛殿起*　刘兴刚

主　　任　卢云成

政区人口　因文昌山坐落辖区而得名，前身为长清区长清镇，是长清区委、区政府驻地，是长清区的政治、经济、文化中心。面积97.6平方公里，耕地4438公顷，辖77个村(社区)。人口10.78万人，人口出生率10.72‰，人口自然增长率5.49‰。

经济概况　实现地区生产总值39.9亿元，比上年增长47.3%。地方财政收入7612万元，比上年增长28.2%。社会固定资产投资18.4亿元，比上年增长41.4%。引进各类项目40项，实际利用内资7.3亿元，比上年增长86%。出口创汇500万美元。农民人均纯收入7889元，比上年增长14.2%。

崮云湖高尔夫球场　（长清区志办供稿）

区位优势　东临大学科技园，京沪高铁、京福高速、济菏高速、220国道和104省道贯穿境内，交通便捷。以加快城市重点项目建设、改善人居环境、增强城市功能为重点，推进政务商住区建设，城市功能不断改善。旧城改造稳步实施，被纳入全市棚户区改造范围。银东大厦、华新大厦等城建项目进展迅速。大力发展苗木花卉、无公害蔬菜、沿黄丰产林和畜禽养殖四大特色产业，培植农业龙头企业8家，发展各类农业协会5个、专业合作社2个。投资1500万元，新建农村水厂2处，实现村村通自来水。先后获省级“先进基层党组织”、“文明单位”、“平安山东建设先进单位”等称号。

平安街道办事处

党工委书记　刘兴刚* 周　杰

主　　任　曹　军* 翟贵祥

政区人口　平安街道办事处前身是平安店镇，面积72.6平方公里，耕地4216公顷，辖7个管理区、78个行政村。人口5.6万人，人口出生率10.96‰，人口自然增长率5.7‰。

经济概况　实现地区生产总值37.5亿元。完成地方财政收入6667万元，比上年增长43.0%。农民人均纯收入6678元，比上年增长21.7%。

区位优势　境内经十西路、104国道穿越腹地，京福高速公路、京沪高速铁路和济菏高速公路纵贯南北，引黄保泉重点工程玉清湖位于街道北端，具有优越的人文环境和得天独厚的区位优势。捷迈、晶恒、鲁能、重汽、济柴、联想沃德等100多个项目先后进驻济南经济开发区，为平安发展注入强大动力，初步形成机械制造、电子、食品、通用设备四大产业基地框架，特别是以济柴、汽配为龙头的机械装备制造产业初具规模，进入山东省"十大产业集群"行列。农业高新技术开发区成为全省最大兽药研发、生产基地和全市最大的乳制品生产基地。农业结构调整进一步深化，培育形成花卉、奶牛、苗木、蔬菜四大主导产业。2007年，被市委、市政府评为"平安济南建设先进集体"，被区委、区政府评为"全方位目标管理标兵单位"。

崮云湖街道办事处

党工委书记　阴　波* 杨方明

主　　任　杨方明* 张世忠

政区人口　地处长清区东部，因辖区内崮云湖水库而得名，是大学科技园的承载地。面积94.4平方公里，耕地1355公顷，辖3个管理区、35个行政村(居委会)。人口6.72万人，人口出生率6.58‰，人口自然增长率1.5‰。

经济概况　地区生产总值24.6亿元，比上年增长24.9%。全社会固定资产投资71.65亿元，比上年增长31.1%。地方财政收入7110万元，比上年增长20.1%。农民人均纯收入7672元，比上年增长10.8%。在第二届全国"千强镇"评选中，崮云湖街道综合排名列第798位。

区位优势　京沪铁路、京福高速公路、济菏高速公路、104国道纵贯南北，区位和交通条件十分优越。大学科技园建设以来，崮云湖街道立足高校新区建设，形成"北城、南湖、东带、西区"整体发展格局。"北城"，即大学科技园。已有山东师范大学、中华女子学院山东分院、山东轻工业学院、山东工艺美院、山东交通学院、山东工会干部管理学院、山东中医药大学、山东艺术学院、山东劳动职业技术学院9所院校、15万师生入驻。"南湖"，即崮云湖水库周围地段。由高尔夫球场、崮云湖水上公园、高尔夫别墅等项目组成的旅游经济园区。"东带"，即104国道沿线产业带，发展三产服务业、现代农业和物流业。"西区"，即全省规模最大、档次最高、配套最齐全的新型居民安置小区。已建成乐天、丹凤2个农民安置小区，有18个村庄、1.9万人入住，乐天小区成为全省最大居民安置小区。境内名胜古迹众多，山、水、泉、洞、寺、墓星罗棋布，各种历史传说感人动听。唐王寨、玉皇山、衔草寺、玉珠泉等名胜古迹保存完好，是生态旅游和投资开发的理想场所。

五峰山街道办事处

党工委书记　韩广峰

主　　任　赵建民* 郝兆林

政区人口　位于长清区中部，因境内与泰山、灵岩并称"鲁中三山"的五峰山而得名。面积90.5平方公里，耕地2398公顷，辖4个管理区、41个行政村。人口3.12万人，人口出生率10.3‰，人口自然增长率2.9‰。

经济概况　完成地区生产总值9亿元，全社会固定资产投资2.7亿元。地方财政收入525万元，比上年增长27.1%。农民人均纯收入5500元，比上年增长12%。

区位优势　北临104国道，西临104省道和220国道，境内五万路、五马路、归五路纵横交错，交通便利。有中小型水库6座，水源充沛、水清景幽。矿产资源丰富，木鱼石、大理石、石灰石、蛭石、黄沙等储量大，素有"建材之乡"美誉。北辰集团、宏达公司、国舜集团、捷利公司等企业成为重要支柱，有规模以上企业12家，被济南市评为"工业十强办事处"。杏园、核桃园、樱桃园三个万亩干鲜果品基地初具规模，建成全市最大"核桃长廊"。五峰山旅游度假区属省级旅游度假区，拥有仕湾、五峰阁、峰山绿园等3家三星级宾馆。五峰山浓荫蔽日，流泉瀑布，名泉众多，山奇、水秀、树古、桥绝、景幽，蔚为壮观，是著名道教圣地，素有"齐鲁仙境"美誉。占地近千亩的齐鲁碑林项目已完成拆迁任务，具有国际标准的高尔夫球场全面投入使用。多次被评为省、市、区级"文明单位"、"先进街道办事处"等。

归德镇

党委书记　郭其军* 曹　军

镇　　长　张海水* 李成钢

政区人口　地处长清区中西部，因镇政府驻地在归德村而得名。面积148.8平方公里，耕地6731公顷，辖9个办事处、106个行政村。人口8.0万人，人口出生率8.9‰，人口自然增长率0.2‰。

经济概况　地区生产总值24.2亿元，比上年增长20.4%。全社会固定资产投资8.5亿元，比上年增长25%。实际利用内资2.6亿元，比上年增长17%。地方财政收入683万元，比上年增长5.1%。农民人均纯收入6647元，比上年增长22%。

区位优势　境内220国道、104省道、济平公路、济菏高速公路纵贯南北，黄河河岸线长18公里，有码头、吴渡、顾小庄3座黄河浮桥横跨两岸，交通便捷。新引进企业8家，总投资1.57亿元。奶、畜、果、林、菜、种六大基地进一步发展，奶牛存栏量1000

多头，日产鲜奶近6000公斤。新发展蔬菜科技示范园1处，大蒜种植面积达2667公顷，仅此一项全镇增收1.2亿元。被列为济南市“城镇建设行动试点镇”，建成顺和园、槐荫园等。2007年，归德镇被国家科技部确定为“全国首批新农村建设科技试点镇”。

孝里镇

党委书记　郝继长*　董庆哲

镇　　长　董庆哲*　董培忠

政区人口　因地势低洼积水，曾名水里铺。东汉初，村南巫山（今孝堂山）上建孝子郭巨墓，遂因郭巨埋儿的孝道故事改名孝里，镇政府驻地设在孝里而得名。面积124.60平方公里，耕地4658公顷，辖7个办事处、57个行政村。人口4.8万人，人口出生率9.8‰，人口自然增长率-0.5‰。

经济概况　实现地区生产总值11亿元，社会固定资产投资3.8亿元。地方财政收入301万元，比上年增长0.7%。农民人均纯收入5600元，比上年增长16.4%。

区位优势　220国道和济菏高速贯穿南北，是济南通往菏泽等鲁西南地区的必经之路，济菏高速在孝里设有出入口，燕李浮桥连接黄河两岸，具有独特交通优势。境内古迹荟萃，文物众多，拥有全国现存最早的地面房屋建筑孝堂山郭氏墓石祠、最古老的齐长城源头遗址、省级森林公园大峰山风景旅游区等。相继引进和培植百信达工贸公司、热喷涂有限公司等20多家企业。以发展规模农业、特色农业、品牌农业等为重点，注册“大峰山”、“孝堂山”等多个农业品牌。对“利木赞”、“西门塔尔”肉牛和“波尔”山羊进行改良，建成高标准奶牛小区1处。举办了首届孝堂山孝文化旅游节和山东省首届慈孝文化论坛。先后被评为省级“文明镇”、“模范五保供养先进单位”，市级“平安建设先进单位”等。

万德镇

党委书记　潘兴华

镇　　长　张世忠*　赵　博

政区人口　地处长清区东南部，镇驻地因地势低洼，故名“湾底”，后根据其谐音定名为“万德”。面积217平方公里，耕地3540公顷，辖8个办事处、76个行政村。人口7.21万人，人口出生率11.4‰，人口自然增长率2.5‰。

经济概况　地区生产总值15.02亿元，全社会固定资产7.32亿元。实际利用内资5.8亿元，合同利用外资500万美元，出口创汇108万美元。地方财政收入442万元，比上年增长13.9%。农民人均纯收入6284元，比上年增长16.8%。

区位优势　京福高速公路、京沪铁路、104国道纵贯南北，交通便捷。境内蕴藏着大量的花岗石、木鱼石、泰山墨石、蛇纹石等矿产资源可供开发。建成良种繁育、林果、畜牧业、设施农业和特色种植业五大产业基地，基地面积5000公顷。新引进荣御庄园葡萄酒、生力源核桃油、立泰山茶园等3家农业龙头企业，引进和建设项目达48项，有规模以上企业15处。全镇40多个村新建成沼气池1260个，安装太阳能热水器137台（套）。建设各类农田水利项目170项，总投资2700多万元，是近年来开工项目最多、投入最大的一年。旅游业取得较大发展，境内有全国“四大名刹”之首的灵岩寺，新开发及待开发的旅游资源有卧龙峪景区、凤凰岭生态旅游区、龙居寺景区、红石湾度假区等，旅游人数达80多万人次。先后获全国“百家小城镇建设试点镇”，山东省“村镇建设示范镇”、“首批中心镇”、“文明镇”等称号。

张夏镇

党委书记　周　杰*　王庆波

镇　　长　王庆波*　刘兴文

政区人口　原名张下，因在张山之下而得名。面积137.4平方公里，耕地3002公顷，辖5个办事处、53个行政村。人口4.66万人，人口出生率11.4‰，人口自然增长率5.5‰。

经济概况　地区生产总值12.8亿元，全社会固定资产投资4.3亿元。地方财政收入586万元，比上年增长28.2%。农民人均纯收入6118元。

区位优势　境内自然资源丰富，有万亩玉杏、万亩泰山小白梨、万亩干杂果、万米葡萄长廊林果基地，主要产品有玉杏、小白梨、核桃、板栗、葡萄等。历史文化底蕴深厚，有唐朝皇家寺院、四禅寺、莲台山、龙华寺等众多历史文化遗迹。水资源丰富，有中小型水库4座，有泉城72名泉之一的晓露泉，还有李密泉、段家泉等清泉56处。以冶金、水龙王、供水换热为龙头的暖通生产企业45家，形成江北最大水暖设备生产基地。引进馒头山地质公园、济南振华装饰玻璃、北大沙河综合整治、博泰电气、六和饲料、齐鲁康力等重点项目。先后被济南市评为“文明乡镇”、“先进基层党组织”、“平安建设先进集体”等。

马山镇

党委书记　张振河

镇　　长　翟贵祥*　苗兴臣

政区人口　因境内名山马山而得名，面积87.4平方公里，耕地3267公顷，辖3个办事处、53个行政村。人口3.25万人，人口出生率8.8‰，人口自然增长率-1.4‰。

经济概况　地区生产总值7.96亿元，全社会固定资产投资2.34亿元。实际利用内资1.12亿元。地方财政收入333万元，比上年增长32.1%。农民人均纯收入5720元，比上年增长15.0%。

区位优势　马山镇交通便利，自古有“齐国咽喉”之称，是古代齐鲁两国的重要通道。境内古迹文物璀灿荟萃，旅游资源丰富，马山海拔512.3米，与五岳独尊泰山、鲁中仙境五峰山并称“姊妹三山”。矿产资源丰富，有花岗石、木鱼石、石英石、钾长石等20余种，储量大，质地优，素有“建材之乡”美称。工业园引进项目6个，济南长虹高科技复合管有限公司、济南暖风机厂等企业竞争力不断提高。马山山麓农业综合开发区已发展成为旅游观光生态园。先后被评为“省级文明镇”，市“先进基层党组织”、

"基层党建工作示范点"等。

双泉乡

党委书记 王传成* 赵建民

乡　　长 刘明霞*(女) 方宝军

政区人口 因境内名胜古迹双泉庵而得名，面积 93.5 平方公里，耕地 3206 公顷，辖 4 个办事处、48 个行政村。人口 2.96 万人，人口出生率 8.1‰，人口自然增长率 1.5‰。

经济概况 地区生产总值 5.29 亿元，全社会固定资产投资 9000 万元。地方财政收入 214 万元，比上年增长 9.2%。农民人均纯收入 4535 元，比上年增长 12.3%。

区位优势 东临 104 省道，西靠 220 国道、济菏高速公路，南通肥城和泰安，交通便利。矿产资源丰富，主要有铁矿石、钾长石、大理石、蛭石、花岗石、木鱼石、石英石、石灰石和黄沙，其中花岗石资源最为丰富。农业以种植业为主，有全市最大的核桃标准化生产林果基地和波尔山羊养殖基地。工业实现销售收入 1.5 亿元，创历史新高。双泉散热器有限公司、鲁日钧达皮革有限公司、泉鑫暖通设备厂被评为市级研发中心企业、高新技术产品企业，其中双泉散热器有限公司被评为"山东省优秀企业"。历史悠久，文化底蕴深厚，建设了多个旅游风景区。先后获济南市"平安建设先进基层单位"、"安全生产先进单位"、"林果建设先进单位"等称号。

（边绍林）

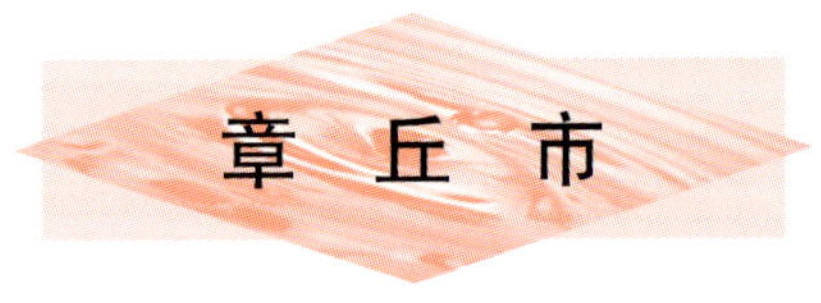

章丘市

【概况】 北齐天保七年(556 年)，高唐县迁至女郎山(章丘山)南建城；隋开皇十六年(596 年)，改称章丘县；1958 年，县治迁明水；1992 年，撤县设章丘市。章丘市位于济南东部，是山东省会济南的副中心城市，面积 1855 平方公里。辖 6 个街道办事处、11 个镇和 3 个乡，908 个行政村。有居民 29.71 万户，常住人口 100.38 万人，比上年增长 0.44%，其中非农业人口 16.59 万人。男女性别比 98.44:100，人口出生率 8.33‰，人口自然增长率 1.11‰。有回、蒙古、苗、侗、哈尼、满、朝鲜、土家等 27 个少数民族，少数民族人口 7931 人。完成地区生产总值 320.53 亿元，比上年增长 18.9%，是 2002 年的 2.6 倍，其中第一、二、三产业增加值分别为 38.18 亿元、174.2 亿元、108.15 亿元。人均地区生产总值 32003 元，比上年增长 19.55%。实现地方财政收入 17.9 亿元，比上年增长 21%。列全国县域经济基本竞争力百强第 30 位，全国中小城市综合实力百强第 40 位，全国最具投资潜力中小城市百强第 9 位。

中共市委

书　　记 陈先运

副书记 毕筱奇 孙君涛

常　　委 陈先运 毕筱奇 孙君涛 张洪武 王道忠 时怀江 李明军* 李文秀 窦　虎 都昌林 孟学峰 刘　科 亓　峰 马崇峰*(挂职)

市人大常委会

主　　任 靖绪佳* 李玉新

副主任 李万百 张振彪* 董宝峰 刘安民* 王教民* 徐家红(女) 高瑞莹 孟庆杰

市人民政府

市　　长 毕筱奇

副市长 王道忠 巩宪群*(女) 岳庆林* 李文秀(女) 王继民 刘茂津 白秋生 齐怀栋 李信绩(科技) 张书学(科技) 王新军(科技) 王向东(科技)

政协市委员会

主　　席 刘家和* 岳庆林

副主席 刘尊芝(女) 郭现和 张国华 马建新 崔殿洪* 赵　敏 牛余和 孟庆珍

中共市纪委

书　　记 窦　虎

市人民法院

院　　长 张新华

市人民检察院

检察长 杨增胜* 辛全龙

市人民武装部

部　　长 张传江

政　　委 都昌林

工业 新增规模以上工业企业 53 家，发展到 409 家，实现产品销售收入 454 亿元，比上年增长 36.4%；实现利税 53.8 亿元，比上年增长 24.4%；利润 31.8 亿元，比上年增长 28.4%；完成工业增加值 134.1 亿元，比上年增长 25.0%。规模以上工业企业产品销售率 98.43%，比上年提高 1.51 个百分点，其中销售收入过亿元企业 88 家，比上年增加 13 家，实现销售收入 257.76 亿元，占全市规模以上企业销售收入的 56.8%。高新技术企业 146 家，比上年增加 14 家，产值 175.6 亿元，比上年增长 44.71%，占规模以上工业总产值的 35.32%。资质等级三级以上建筑企业从业人员 3.25 万人，比上年增长 1.18%；实现产值 39.67 亿元，比上年增长 15.24%。房屋建筑施工面积 268.35 万平方米，比上年增长 3.76%；房屋竣工面积 93.0 万平方米。

农业及农村经济 农业总产值 67.99 亿元，比上年增长 13.09%。夏粮产量有所下降，秋粮产量平稳增长，粮食总产 61.83 万吨，比上年增长 0.02%。完成造林 1753 公顷，补植造林 580 公顷；新建林网 2000 公顷，完善林网 5333 公顷；绿化通道建设 150 公里，植树 328 万株。果品产量 7.5 万吨。建成标准化奶牛小区 33 处、标准化挤奶厅 26 处、简易挤奶厅 37 处。年末，奶牛存栏 3.17 万头，比上年增长 2.26%；生猪存栏 57.83 万头，比上年增长 1.74%；大牲畜存栏 28.64 万头，比上年增长 0.53%；羊存栏 35.29

万只，比上年增长1.02%；家禽存栏1752.77万只，比上年增长2.99%。水产养殖面积1813公顷，水产品总产9800吨，比上年增长10.1%。蔬菜播种面积2.45万公顷，比上年增长0.02%；蔬菜总产167.4万吨。建立章丘大葱基地、章丘韭菜基地、千亩拱棚西瓜基地3个蔬菜标准化示范区。棉花播种面积8539公顷，比上年增长1.69%；油料播种面积2714公顷，比上年增长0.26%。认证各类农产品60个，万新牌富硒大葱、平陵城牌龙山小米通过首批"山东名牌农产品"评审。新丰村苹果基地、甄家村大樱桃基地通过欧盟、日本、美国有机食品认证。新登记合作社51家，各类农村合作经济组织达到151个，有会员6.9万户，成为带动农民增收的生力军。累计开工各类水利工程656项，完成578项，完成投资1.1亿元。农业机械总动力104万千瓦，比上年增长1.96%。机耕作业面积8.7万公顷，机播作业面积7.8万公顷，机收作业面积6.6万公顷。

贸易财政金融 实现社会消费品零售额113.22亿元，比上年增长18.13%。其中，批发零售贸易业零售额91.61亿元，比上年增长15.8%；住宿餐饮业零售额17.29亿元，比上年增长39.03%；其他行业零售额4.32亿元，比上年增长6.5%。香港街、鲁信明珠服装市场、绣水如意商业城和义乌小商品批发市场相继开业。完成外贸出口1.94亿美元，比上年增长45.6%。拥有进出口权企业95家，其中有出口实绩企业79家，比上年增加5家。新批外商投资企业12家，合同利用外资1.07亿美元，实际利用外资6058万美元，比上年增长20.9%。全市地域财政收入28.67亿元，比上年增长22.86%；地方财政收入17.91亿元，比上年增长20.95%。年末，辖区内金融机构各项存款余额146.51亿元，比年初增加20.88亿元、增长16.62%；各项贷款余额81.71亿元，比年初增加18.52亿元、增长29.31%。保险业务收入3.02亿元，保险业务支出1.07亿元。

交通邮电旅游 绣江路改建工程实现东半幅通车，省道321线改建工程、黄河乡至高官寨镇公路改建工程竣工通车，省道102线改建工程完成沿线拆迁。农村公路改造工程涉及20个乡镇，受益村庄176个，受益人口21万人，村镇道路硬化率达98%。济莱高速公路章丘段建成通车，改善了境内沿线乡镇交通环境。城市公交环境改善，出租客运档次和水平进一步提升。4路、6路、8路公交线路调整延伸，更新出租车50辆，新型出租车达140辆。建成黄河、辛寨2个乡镇客运场站，投资1000余万元在开发区建成1处综合服务中心。全市营运车辆保有量1.9万辆，公交车77辆，公交线路8条、100公里，公交站点150个，年载客400万人次。邮政业务收入6101万元，比上年增长6.8%。电话交换机装机容量27.65万门，固定电话用户24.09万户。旅游开发建设投入5.2亿元，泉水、园林、生态、文化、宗教、休闲多元化旅游框架日渐成熟。济南植物园成功承办山东省第二届园林绿化博览会，并创建为国家3A级旅游景区。全年接待国内外游客570万人次，旅游业总收入19.4亿元。

建设环保 完成全社会固定资产投资219.45亿元，比上年增长12.3%。其中，城镇固定资产投资172.9亿元，比上年增长7.9%；农村固定资产投资29.61亿元，比上年增长42.4%；房地产开发投资16.94亿元，比上年增长17.02%。高新技术产业投资完成20.4亿元，占全市的9.3%，比上年上升近3个百分点。销售商品房44.1万平方米，其中现房销售24.6万平方米、期房销售19.5万平方米。新签约项目110个，合同投资额200亿元，比上年增长20.8%，其中过亿元项目51个。上海宝钢、力诺集团、山东龙大落户境内，安莉芳一期工程建成投产。加强对重点能耗企业监管，对12家重点用能企业进行能源利用监测。关闭了章丘市大星水泥厂、济南鲁建水泥有限责任公司、山东明水集团明泉水泥有限公司3家企业的单条立窑生产线。25家资源综合利用企业实现资源综合利用产值4.3亿元，综合利用各种废渣157.5万吨，享受国家减免税2411.64万元。巩固国家级生态示范区和国家生态环境监察试点建设成果，对107家石材加工企业进行整治。正大明泉等4家社区被评为"济南市级安静居住小区"，章丘中学等3所学校被批准为省级"绿色学校"，海尔电机、雅博色彩获"AA级信用等级企业"称号。加强水环境治理，污染源普查工作全面启动。

教科文卫体 用于"两免一补"资金达3113万元，各级各类学校在校生13.85万人，其中普通中学在校生5.21万人、小学在校生7.86万人。小学适龄人口入学率100%，初中适龄人口入学率99.6%，小学在校学生巩固率100%，初中在校生巩固率99.4%。本科上线3709人。申报省级高新技术企业6家，已批准4家；济南市级高新技术企业18家，已批准16家，高新技术产品18个。列入省攻关计划6项，成果转化项目1项，富民强县项目1项，争取资金180万元。列入济南市科技攻关计划6项，难题招标计划2项，成果转化项目6项，拨付资金240万元。专利申请577件，授权132件。有文化馆(站)21个，博物馆2个，公共图书馆1个。有79.6万农民参加新农合，筹资800余万元，新农合覆盖率98%。新农合村级报销点微机网络化管理全面启动，共报销近73.57万人次，补偿金额3100万元。70余处新建卫生所开工，67处完工，整修卫生所76处。实行8类疫苗免费接种，完成各类疫苗接种18.95万人次，基础疫苗接种率在95%以上。有卫生技术人员3714人，其中执业医师2237人、注册护士1034人；床位2360张。获济南市以上运动会奖牌69枚，其中金牌45枚、银牌16枚、铜牌8枚。

人民生活 在岗职工年平均工资20658元，比上年增长19.23%。城镇居民人均可支配收入11653.61元，比上年增长12.43%；人均消费性支出8156.86元，比上年增长13.35%。农民人均纯收入7051.2元，比上年增长13%；人均消费性支出4322.36元，比上年增长11.78%。城市居民人均住宅使用面积31.88平方米，比上年增长3.91%；农村居民人均生活用房面积38.88平方米，比上年增长1.89%。完成社会保险扩面4079人。城镇职工养老保险参保单位447家，参保人数6.3万人，征缴养老保险费2亿元；机关事业养老保险参保单位252家，参保职工 2.4 万人，收缴养老金 1.32 亿元；农村社会养老保险参保人数 6.4 万人，收缴农村养老保险金 130 万元。安置城镇就业再就业 6915 人，其中下岗失业人员再就业 3145 人、“4050”困难群体就业 482 人。城镇登记失业率控制在 2.6%以内。劳务输出 1.69 万人，培训职工 1.01 万人次，其中培训农村劳动力 2100 人。

清照词园一景 （章丘市史志办供稿）

【工业产业集群初步形成】 章丘市坚持把发展龙头企业作为培育产业集群的关键，按照“龙头企业-产业链-产业基地-产业集群”的发展思路，依托原有特色块状经济，做大做强交通装备业、精细化工业、机械制造业三大产业集群。一是做大产业龙头，加强对中国重汽、中集车辆、明水化工、中氟化工等龙头企业的调度，加快项目建设进度，推进圣泉集团的呋喃树脂、明水化工的尿素、中氟化工的含氟织物整理剂等产品的扩能改造，圣泉集团、明水化工、海尔电机等企业的产能年增幅都在 30%以上。二是拉长产业链条，先后开发了乙醇汽油、精醇等近 30 个新产品，完善拉长了糠醛-糠醇-呋喃树脂-乙醇汽油产业链、合成氨-双氧水-甲本钱-精醇产业链、尿素-胺醇-乌洛托品产业链等产业链条，促进企业内部生产要素循环和共享利用。三是做精做强配套企业，引导和鼓励配套企业提升技术装备水平，提高配套能力，汽车配件、腾龙排气管、百惠汽零部件等配套企业为重汽的配套份额均有明显提高。全年三大主导产业实现销售收入 374.14 亿元，比上年增长 40.67%，占全市比重的 82.41%；利税 42.57 亿元，比上年增长 34.58%，占全市比重的 79.15%；利润 26.46 亿元，比上年增长 34.46%，占全市比重的 83.12%，“板块经济”优势凸显。

【清照词园建成开园】 9 月 16 日，清照词园正式建成开园。清照词园以章丘历史上著名词人李清照名字命名，是章丘市百脉泉景区的核心工程。园区西起荷花公园，东至环湖东路，北起济青路，南至百脉泉公园，总投资 3.6 亿元。清照词园以“现代骨、民族魂、自然衣”为设计理念，主要包括清风、簟花、院雪、乡月四大主题园林景观；以李清照诗词意境及其生活年代的风土人情为创作依据，结合原生态手法，通过木铺装、假山、叠瀑、画舫等景点建设，丰富游览线路，满足不同层次游客的审美需要；在传承文化上延伸清照园、百脉泉公园的历史文脉，力求表达李清照词中的愁、羞、柔、瘦、休等独有特色，将李清照一生的几个重要阶段和主要作品分别以景观的形式展现出来，让人们在诗情画意的清照词园中解读李清照的婉约词韵。

【获全国中小城市评比三项殊荣】 9 月 22 日，2007 年中国中小城市科学发展评价体系研究成果发布暨第四届中国中小城市可持续发展高峰论坛在北京召开。这次论坛评选出了 2007 年度的全国中小城市综合实力百强、全国最具投资潜力中小城市百强、全国十佳节约型中小城市，章丘市获以上三项殊荣。分别位列全国中小城市综合实力百强第 40 位、全国最具投资潜力中小城市百强第 9 位，首次入选全国十佳节约型中小城市。

【获“中国旅游精品·文化旅游目的地奖”】 在 10 月 28~30 日举行的中国北京 2007 第二届世界旅游推广峰会上，章丘市获“中国旅游精品·文化旅游目的地奖”。世界旅游推广峰会由世界贸易大学发起，全球合作伙伴有跨国投资基金、世界旅行旅游理事会、北京奥组委、非洲旅游协会、威尔士亲王基金、国际商业领袖论坛等参与支持。

【获“全省适宜人居环境奖”四连冠】 自 2004 年起，章丘市累计投入资金 80 亿元实施基础设施建设，城乡环境面貌大为改观。投入近 15 亿元，新建改建城区道路 40 余条，道路绿化面积近 300 万平方米，形成四通八达的现代化城市路网；投入 10 亿元，实施眼明泉公园二期、百脉泉公园美化提升、清照词园建设、景观河道建设、调水补源等工程，泉水特色更加凸显，旅游环境更富魅力；投资 60 亿元，实施中心商贸区、新城中心区、大学服务区、义乌小商品城物流基地建设，城市现代化特色更加浓郁；投资 4 亿元，实施社会主义新农村建设，首批 50 个村已建设完成，第二批 60 个村正全面进行建设，村庄面貌焕然一新。在全省城乡环境综合整治工作中连续 4 年获得“山东省适宜人居环境奖”。

（亓远程　王　波）

街道办事处、乡镇简介

明水街道办事处

党工委书记　亓　峰*　王　勇

主　　任　王　勇*　马宪宏

政区人口　位于章丘市区，境内泉水众多，因泉水清澈明净而得名。面积57.95平方公里，耕地2080公顷，辖47个行政村（居民委员会）。有人口13.12万人，人口出生率9.74‰，人口自然增长率3.36‰。

经济概况　地区生产总值28.82亿元。地方财政收入1.18亿元。实际利用外资162万美元，出口总值1639万美元。农民人均纯收入8417元。

区位优势　明水物华天宝，人杰地灵，泉水常年喷涌，素有“小泉城”美誉，其中百脉泉是济南七十二名泉之一，百脉泉公园被联合国国际交流合作与协调委员会授予“全球优秀生态旅游景区”。境内土地肥沃，物产丰富，明水香稻、白莲藕等名优特产蜚声中外。通过经济结构优化调整，高标准规划建设了赭山工业园、查旧工业园等民营工业园区，引进大型企业100多家，形成机械铸造、新型建材、建筑塔机和医药制药四大主导产业。已建成颐和生态园、绿洲生态园等集休闲、观光、旅游为一体的生态园。2007年，获省级“安全生产工作先进单位”，市级“基层党建工作示范点”、“平安济南建设先进集体”、“工业十强办事处”等称号。

（姜凤才　王占名）

双山街道办事处

党工委书记　袁乃杰

主　　任　李厚学*　高　勇

政区人口　地处章丘市区，因境内有两座小山屯而得名。面积71.55平方公里，耕地1533公顷，辖18个行政村（居民委员会）。有人口5.81万人，人口出生率8.69‰，人口自然增长率4.2‰。

经济概况　地区生产总值13.80亿元。地方财政收入7616万元。实际利用外资165万美元，出口总值572万美元。农民人均纯收入8310元。

区位优势　是章丘新城区的政务、商务、经济和教育文化中心。经十东路横穿东西，章莱公路纵贯南北，胶济铁路沿办事处北缘穿行，交通便利。山东省明水经济开发区坐落境内，与济南东部产业带、圣井高科技园区、龙山枣园工业园区相互辉映。随着山东经济学院、山东电子职业技术学院、山东旅游职业学院、山东杏林科技职业学院、山东技师学院等14所大学相继落户，高等职业教育基地建设初具规模，文化密集的学院区已经形成。辖区内自然资源丰富，传统锻造业发达，有丰富的煤炭、焦宝石、石灰石、白云石和铝钒土等自然资源。

（景奉刚）

龙山街道办事处

党工委书记　许宏光

主　　任　黄庆国*　赵兴林

政区人口　位于章丘市西部，因在境内城子崖遗址首先发现龙山文化而得名。面积89.68平方公里，耕地6506公顷，辖76个行政村。有人口5.94万人，人口出生率8.5‰，人口自然增长率-0.06‰。

经济概况　地区生产总值10.09亿元。地方财政收入887万元。实际利用外资180万美元，出口总值260万美元。农民人均纯收入6315元。

区位优势　济青公路横穿城区，济青高速公路、胶济铁路贯穿腹地，潘王路纵贯南北，交通便利，货流畅捷。境内人文资源丰富，是著名的“龙山文化”发祥地，文物古迹众多，仅国家一级保护单位就有城子崖遗址、西河遗址、东平陵故城遗址3处，建有城子崖遗址博物馆。水资源丰富，巨野河、武原河纵贯南北，汇成占地300余公顷、容量1100万立方米的“龙湖”，悠久的历史文化遗址与优美的自然资源为发展旅游业提供了得天独厚的条件。积极发展大葱、豆腐、小米、大樱桃等特色产业，章丘大葱有万亩以上种植规模，并形成畜牧养殖、大樱桃、花卉苗木、立体种植等特色园区。高标准规划建设新城区，完成龙山敬老中心建设工程，开发建设了龙山花苑小区、龙山卫生院病房楼及龙山商贸文化市场等工程。大批项目落户工业园区，形成电力资源、重汽配套、电子科技、生物制剂等主导产业。

（吴爱群）

枣园街道办事处

党工委书记　张国亭*　董运峰

主　　任　刘红军*　刘　兵

政区人口　位于章丘市中部，因驻地附近有两个建于明代名为前枣园和后枣园的村庄而得名。面积50.87平方公里，耕地3073公顷，辖36个行政村。有人口3.41万人，人口出生率9.7‰，人口自然增长率2.7‰。

经济概况　地区生产总值13.10亿元。地方财政收入1995万元。实际利用外资150万美元，出口总值1080万美元。农民人均收入7939元。

区位优势　胶济铁路、济青公路和章丘大道横穿东西，省道244线、潘王路纵贯南北，四通八达的交通和理想的区位优势，使枣园成为人流、物流和信息流中心。境内水资源丰富，东西流向有绣平干渠，南北流向有巴漏河，在其上下游分别建有大站、朱各务2座大中型水库，蓄水能力2000万立方米。枣园是国家农业部命名的“大葱之乡”，有1300余公顷“大葱标准化生产基地”，万新牌富硒大葱被评为山东省名牌产品。建有山东明水经济技术开发区枣园项目区，中国重汽、山东建工、闽源钢铁、华锐铁路机械等多家企业落户于此，巨鑫机车、瑞兴机械等10余家民营企业蓬勃发展，初步形成钢铁、汽车、机械加工、建工建材四大支柱产业。2007年，获济南市“文明单位”等称号。（韩春波）

埠村街道办事处

党工委书记 李传武* 刘红军

主　　任 董运峰* 刘韶山

政区人口 地处章丘南部，因历史上为重要的商埠而得名。面积43.91平方公里，耕地1391公顷，辖17个行政村。有人口3.63万人，人口出生率8.76‰，人口自然增长率0.52‰。

经济概况 地区生产总值9.56亿元。地方财政收入1884万元。实际利用外资90万美元，出口总值270万美元。农民人均纯收入8006元。

区位优势 已形成中北部工业园区和南部生态园区两大主导产业聚居区。有以中国重汽、中集车辆、济钢机械等为龙头的重型车辆、机械制造产业基地和以可口可乐、康师傅、娃哈哈、银鹭集团为龙头的食品饮料生产基地。完成了经十东路以南、埠村路以西民营工业园区道路建设等配套工程，为民营企业发展搭建了新平台。辖区南部的济南植物园，是济南市集旅游、观光为一体的高档生态旅游区，该园成功举办了山东省第二届园艺博览会，全年接待游客300万人次，被评为“齐鲁山水新十佳”。

（姜应华）

圣井街道办事处

党工委书记 李　钢

主　　任 李前卫

政区人口 位于章丘市西南部，取“章丘八大景”之首“高耸危山圣井澄”的“圣井”为名。面积52.61平方公里，耕地3454公顷，辖46个行政村。有人口3.75万人，人口出生率11.2‰，人口自然增长率4.3‰。

经济概况 地区生产总值6.42亿元。地方财政收入2707万元。实际利用外资200万美元，出口总值166万美元。农民人均纯收入6775元。

区位优势 经十东路（国道309）、唐王山路、胶济铁路横穿东西，省道244线、潘王路纵贯南北，形成完善交通体系。全年引进项目12个，合同引资额12.2亿元，园区落户企业达到71家，总引资额81.3亿元，形成以省公路研发中心、冶金研究所等为代表的科技型企业集群，以加拿大独资蓝孚辐照、中德合资毛勒桥梁等为代表的外向型企业集群，以天玉建材为代表的环保型企业集群。建成农村户用沼气池630个，创建省级生态家园建设示范村2个，济南市级生态家园建设示范村1个。严格落实粮食直补、农机补贴、良种补贴三项政策，为群众发放各种补贴近200万元。投资400万元建设高标准中学学生公寓和餐厅、中心幼儿园；投资50万元，建设甄上等3处村级卫生所；投资150万元，新建圣井劳动力培训中心、劳动保障服务大厅，免费培训剩余劳动力200人，完成养老保险扩面400多人；筹资200万元，实施丁李福等6个村的村内道路硬化；加大财政扶持力度，完成毕杨等6个经济薄弱村办公场所、东姚等4个村自来水工程建设。

（李发浩　胡延友）

普集镇

党委书记 丁雪峰

镇　　长 孙际江

政区人口 位于章丘市东部，因镇政府驻地在普集村而得名。面积112.25平方公里，耕地5157公顷，辖68个行政村。有人口5.61万人，人口出生率8.94‰，人口自然增长率-0.96‰。

经济概况 地区生产总值15.92亿元。地方财政收入1855万元。实际利用外资90万美元，出口总值430万美元。农民人均纯收入7906元。

区位优势 地处济南、淄博、滨州3市交界处，济青路、胶济铁路、济王路（309国道）自北向南横贯辖区。境内煤炭、硬质黏土、花岗石、玄武岩等矿产资源储量丰富，已探明煤炭储量5000万吨、玄武岩10亿立方米、花岗石8亿立方米、硬质黏土8000万吨，具有长期开采价值和广阔市场前景。形成资源开发、锻打铸造、石材加工等主导产业。规划建设了凤凰山工业园、盘龙山工业园、石材小区等7个民营发展载体，有民营企业397家。规模企业新增2家，达到30家。引进项目10个，总投资3.5亿元，落户开发区的泉永印务、瑞丰汽配2个项目投资过亿元。农业产业化布局逐步完善，济青路苗木花卉，博平葡萄，王家、白云养狐，龙华蛋鸡，许河生猪以及卧牛山、祖营坞、西山、窝陀的水果等特色种养，渐成规模。南孙山、小金山等生态旅游项目加快建设投资步伐。获山东省“环境综合治理示范镇”、济南市“工业十强乡镇”等称号。

（张广萍）

相公庄镇

党委书记 焦卫星* 景　巍

镇　　长 景　巍* 李庆祥

政区人口 地处章丘市中部，旧称“张相公庄”，因元代文学家张养浩而得名。面积85.65平方公里，耕地4243公顷，辖57个行政村。有人口6.12万人，人口出生率8.17‰，人口自然增长率0.8‰。

经济概况 地区生产总值18.77亿元。地方财政收入1751万元。实际利用外资90万美元，出口总值664万美元。农民人均纯收入7670元。

区位优势 自然环境优美，地理位置优越，境内长白山雄踞东北，源自百脉泉的绣江河流经镇内。历史文化悠久，唐代开国名相房玄龄、元代正副宰相张友谅和张斯立祖籍本镇，元代文学家张养浩、史学家张起岩也籍属本镇。工业生产主要以化工、锻打、机械加工、模具制作、石材加工为主。境内长白山区岩浆活动频繁，矿产资源丰富，盛产“济南青”、“墨玉”等花岗石磨光建筑产品和玄武岩石子等铁路、公路建材。建有占地近5平方公里的相公民营工业园和规划面积4平方公里的桑园工业园。2007年,获山东省“基层党建工作示范点”、“模范五保供养服务机构”,济南市“基层残疾人工作先进单位”、“安全生产先进单位”等称号。

（李丽萍　沙铭云）

绣惠镇

党委书记　李传绪

镇　　长　明怀强

政区人口　地处章丘市中部,面积55.91平方公里,耕地3571公顷,辖61个行政村。有人口5.62万人,人口出生率9.54‰,人口自然增长率1.33‰。

经济概况　地区生产总值11.59亿元。地方财政收入1466万元。实际利用外资90万美元,出口总值219万美元。农民人均纯收入7730元。

区位优势　北依女郎山,南靠桃花山、绣江河,省道244线、242线穿越南北,交通便利。镇驻地是章丘千年古城,曾是章丘市政治、经济、文化中心,是“章丘大葱”、“黄家烤肉”正宗产地。投资1100万元新建东关北村3栋农民公寓楼。投资900余万元,完成农村自来水工程水厂建设及56公里主管道铺设任务,完成道路硬化4800米等。实施重汽济南建设有限公司汽车配件、沃泰铝土深加工、惠学特耐扩建等重点建设项目。投资1700万元,完成太西路商业安置一条街15000平方米安置房及道路硬化、自来水管道等配套工程建设。投资300万元,完善明绣路人行道、绿化、路灯等基础设施。新建村级卫生所3处,整修6处。落实村级低保、五保户免费基本医疗475人。农村新型农村合作医疗参合率100%。

（高　云）

刁镇

党委书记　李兴贵

镇　　长　滕培汤

政区人口　位于章丘市北部,面积77.49平方公里,耕地4787公顷,辖51个行政村。有人口6.51万人,人口出生率8.1‰,人口自然增长率0.9‰。

经济概况　地区生产总值27.40亿元。地方财政收入5156万元。实际利用外资129.6万美元,出口总值5560万美元。农民人均纯收入8216元。

区位优势　省道244线、济青高速、省道242线等10条公路干线交汇,交通便利。实施化工工业园建设,规划面积13.34平方公里,起步区3.45平方公里,落户企业有济南圣泉集团、山东明水大化集团、中氟科技有限公司等12家,形成树脂、氟材料、生物农药、化肥四大生产基地。境内有多处国家、省、市级文物保护单位。投入600万元,实施长白山荒地开发、芽庄湖涝洼地治理等工程。道口有机樱桃示范园实现农业标准化生产、产业化经营。张官蔬菜批发市场被确定为“全国农产品批发市场标准化建设重点项目”。柴家建立起韭菜营销公司,注册成立了喜祥富硒农产品、奥龙无公害蔬菜、生猪生产、富强农业种植等6家专业合作社。

（刘　侠）

水寨镇

党委书记　刘建章

镇　　长　王其坤*　王士强

政区人口　地处章丘市西北部,因小清河、绣江河、章齐排水沟、古赵家运粮河贯穿境内而得名。面积61.49平方公里,耕地3915公顷,辖32个行政村。有人口3.68万人,人口出生率7.81‰,人口自然增长率0.49‰。

经济概况　地区生产总值9.54亿元。地方财政收入1248万元。实际利用外资60万美元,出口总值100万美元。农民人均纯收入6596元。

区位优势　以农民专业合作社为载体,先后成立辛丰嘎啦苹果合作社、水寨镇生猪合作社、水寨镇养牛专业合作社等组织,为挖掘农业内部增收潜力,推进农业结构调整奠定基础。张家林村的蔬菜批发市场、辛丰村的苹果批发市场、苑李村的农贸市场、隗家村的木材市场规模不断扩大。先后引进投资8000万元,年产啤酒8万吨的济南百脉泉饮品有限公司;投资6000万元,年产甲氨4万吨的鲁晋化工有限公司等。闽源钢铁、济钢机械、珠海中富等10余个项目也入驻水寨。民营企业蓬勃发展,华声乐器、创科风机、云湖泵业、门口塑编、郑家固体植物能源等民营企业实力不断增强,成为水寨新的经济增长点。

（刘　娜）

垛庄镇

党委书记　魏传勇

镇　　长　柴会明

政区人口　地处章丘市西南部,因位于古齐鲁两国交界处,形似屏障齐国的垛墙而得名。面积129.71平方公里,耕地1245公顷,辖42个行政村。有人口3.14万人,人口出生率8.17‰,人口自然增长率1.2‰。

经济概况　地区生产总值2.81亿元。地方财政收入384万元。实际利用外资60万美元,出口总值40万美元。农民人均纯收入4959元。

区位优势　境内七星台、齐长城、海山湖、百丈崖、胜水禅寺等风景区连接成片,发展旅游业条件得天独厚。通过招商引资,开发了莲华山胜水禅寺风景区、百丈崖生态旅游开发区、温馨港湾、芙蓉山庄、天颐生态园、白云山生态旅游区六大项目,旅游业逐步成为全镇支柱产业。物产富饶,资源丰富,东部为石灰岩地貌,土壤多为棕壤和褐土,盛产花椒、苹果、桃、杏等;西部是砂石山,土壤多为沙壤,适合板栗、核桃生长,引进的优良板栗品种及新疆纸皮核桃已形成较大规模。成功注册了济南市有机食品品牌——海山牌山核桃,是济南市有名的林果镇。境内矿藏丰富,有铁矿、石灰石、花岗石、砂石等18个品种,储量大,采矿业前景广阔。

（胡　鹏　刘士芳）

文祖镇

党委书记　杨传军

镇　　长　刘建民

政区人口　位于章丘市南部,因《史记》五帝本纪记载"文祖即尧的太祖。正月初一,舜在文祖庙前受命登位"而得名。面积120.08平方公里,耕地2240公顷,辖32个行政村。有人口4.29万人,人口出生率8.2‰,人口自然增长率-0.35‰。

经济概况　地区生产总值7.07亿元。地方财政收入1626万元。实际利用外资60万美元,出口总值70万美元。农民人均纯收入6735元。

区位优势　北与章丘新城区对接,南与莱芜市接壤,是章丘市的南大门。章莱路纵贯南北,济莱高速公路从镇西南穿越,并设有出入口,交通便利。境内旅游资源丰富,齐长城、锦屏山、白云洞、上水峪风景优美,各具特色。锦屏山观光农业示范园成为小杂粮种植生产和果品采摘园基地。石料资源丰富,石灰石、白云石等储量均在亿吨以上。实施土地整理项目,投资550万元,解决了三元村等十几个村庄650余公顷农田灌溉问题。引进的万华水泥有限公司和丰汇集团已经投产达效。被列为"济南市城镇建设行动试点镇",被评为"山东省民间艺术之乡"、"济南市教育示范乡镇"等。　（侯其辉）

黄河乡

党委书记　刘　科*　宋德周

乡　　长　陈茂东*　赵德峰

政区人口　地处章丘市西北部,因黄河贯穿全乡而得名。面积121.89平方公里,耕地6315公顷,辖72个行政村。有人口5.45万人,人口出生率12‰,人口自然增长率6‰。

经济概况　地区生产总值5.87亿元。地方财政收入291万元。实际利用外资65.4万美元,出口总值40万美元。农民人均纯收入5918元。

区位优势　通过大规模植树造林,森林覆盖率达46%,生态环境优雅,有"天然氧吧"美誉。境内土地宽满肥沃,水利资源丰富,是典型的农业大乡。建成占地1200公顷的济南市最大的万亩生态农业示范区,形成林木加工、绿色蔬菜、畜牧养殖、淡水养殖和特色瓜果五大主导产业。黄河乡牌大米、西瓜已取得农业部认定的绿色食品证书,全乡400公顷土地获得无公害基地证书,成为济南市无公害农产品基地。　（马　东　刘秀波）

高官寨镇

党委书记　李厚学

镇　　长　高　勇*　高东升

政区人口　地处章丘市西北部,因政府驻地在高官寨村而得名。面积136.56平方公里,耕地8000公顷,辖52个行政村。有人口5.48万人,人口出生率7.2‰,人口自然增长率5.4‰。

经济概况　地区生产总值6.62亿元。地方财政收入515万元。实际利用外资60万美元,出口总值200万美元。农民人均纯收入6370元。

区位优势　济南国际机场坐落镇域内,济南城市东区建设、东部产业带开发,为加快发展注入新的活力。发挥临近济南国际机场的地域优势,规划建设空港工业园,规划面积6.5平方公里,园区路网、管网、水、电等基础设施正在规划建设。有千头奶牛饲养小区16处,现代化挤奶厅8处,集中挤奶点13处,奶牛养殖专业村26个。　（郝化雷）

辛寨乡

党委书记　孟祥滨

乡　　长　李其景*　任　军(女)

政区人口　地处章丘市东北部,面积53.87平方公里,耕地3640公顷,辖46个行政村。有人口3.54万人,人口出生率8.2‰,人口自然增长率0.03‰。

经济概况　地区生产总值4.53亿元。地方财政收入304万元。实际利用外资60万美元,出口总值40万美元。农民人均纯收入6395元。

区位优势　境内农业资源丰富,大力发展以韭菜、芹菜、黄桃、冬枣为重点的特色种植业,特色基地规模不断壮大。辛寨乡自古有务工经商传统,清末民初,以经营阔布闻名。近代名商孟雒川经营的"祥"字号布店曾发迹于此。境内民营经济发展迅猛,形成电梯、竹器编织、汽车钣金和烤漆设备、食品加工、精密铸造、纺织六大支柱产业。山东高斯达电梯有限公司是山东省首家电梯专业生产厂家,纳税额位居章丘市私营企业前列。建有木材、竹器、果品、蔬菜4个专业批发市场,其中果品市场和竹器市场是济南农村地区深购远销能力最强、规模最大的果品批发市场和最大的扫帚加工基地。　（孟繁玫）

白云湖镇

党委书记　张　刚*　滕培汤

镇　　长　张广强*　杨　忠

政区人口　位于章丘市西北部,因镇内有白云湖而得名。面积56.04平方公里,耕地2410公顷,辖22个行政村。有人口3.35万人,人口出生率8.6‰,人口自然增长率-2.4‰。

经济概况　地区生产总值4.10亿元。地方财政收入229万元。实际利用外资60万美元,出口总值80万美元。农民人均纯收入6482元。

区位优势　地势平坦,土壤肥沃,水源充沛,气候宜人,为黄淮海平原农业重点开发区。白云湖水域广阔,淡水养殖业发达,建有1000余公顷鱼池,年产各种鱼类7000吨,是全国首批无公害渔业生产基地和全省最大的内陆淡水鱼连片开发基地。引进山东省光合科技发展有限公司,苗木花卉种植面积达333公顷,育植各种苗木花卉1500万株,涉及70个科、658个品种。建有再生资源市场,是省内最大的再生资源集散地,年交易额1.5亿元。

白云湖自然风光独特,文化底蕴丰厚,是济南市唯一一处天然湿地,湖区内有千亩红莲、千亩芦苇荡,有11种鱼类、62种鸟类。白云湖风景区由白云湖公园、白云湖乐园和沿湖20公里柳堤及立体农业观赏园等组成,先后被评为"国家农业旅游示范点"、"国家等级旅游区(点)AA级景区",旅游收入近千万元,旅游业成为全镇最具发展潜力的产业。2007年,被评为"平安济南建设先进单位"等。 (郑 卫)

宁家埠镇

党委书记 杜仲利

镇　　长 王向儒

政区人口 位于章丘市中部,面积36.71平方公里,耕地2560公顷,辖25个行政村。有人口3.35万人,人口出生率7.48‰,人口自然增长率-0.48‰。

经济概况 地区生产总值9.09亿元。地方财政收入677万元。实际利用外资60万美元,出口总值382万美元。农民人均纯收入6612元。

区位优势 济青高速公路横穿东西,拓宽改造后的潘王路纵贯南北,交通便捷。引进慧成铸造、实力客车、轻骑摩托等14家企业,其中投资5000万元以上企业6家,规模以上企业达到20家。镇工业项目区有恒起、鑫玮等4家企业入驻,园区聚集产业、示范带动和扩展辐射的功能得到发挥。发展现代农业,"百脉泉"有机大葱品牌效应日益彰显,种植面积扩大到200公顷,亩均增收800元。推广定单养殖模式,带动发展养殖户50余家,肉鸡存养量达100万只。培育壮大各类农产品销售经纪人队伍,构建起辐射全国的蔬菜、大葱销售网络。新修镇村小泥路8公里,投资6000万元,规划建设名士花园小区,改善了群众生活居住条件。投资500万元,实施"村村通自来水"工程,解决全镇群众吃水问题。完成280户沼气池建设。 (郑凤芹)

曹范镇

党委书记 王 健

镇　　长 王 芳(女)

政区人口 地处章丘西南部,公元836年由曹、范两姓开始在此居住,取名曹范沿革至今。面积120.11平方公里,耕地2552公顷,辖48个行政村。有人口3.62万人,人口出生率8.4‰,人口自然增长率-0.14‰。

经济概况 地区生产总值5.52亿元。地方财政收入1298万元。实际利用外资120万美元,出口总值100万美元。农民人均纯收入6117元。

区位优势 济莱高速路从境内通过,设有上下路口和服务区,交通便捷。三王峪山水风景园,风光旖旎幽静,文化底蕴丰厚。曹范牌薄壳核桃、小米、水蜜桃等,营养丰富,远近闻名。雅博色彩科技(济南)有限公司、雅思达化工技术有限公司等骨干企业健康发展。推进特色林果开发,发展薄壳核桃种植面积1000公顷,其中邓庄流域薄壳核桃标准化生产基地,成为全省新兴的薄壳核桃种植区、中国园艺学会干果分会的试验示范基地。新建中学实验楼和餐厅、南曹范小学和中心小学教学楼,实施卢张和横河小学薄弱学校改造,新建卫生院病房楼和21处村级中心卫生所。2007年,被评为济南市"安全生产先进单位"、"林果开发先进单位"等。 (孟凡森)

官庄乡

党委书记 靖永礼

乡　　长 宋德周* 田家强

政区人口 位于章丘市东南部,因乡政府驻地在官庄村而得名。面积186.29平方公里,耕地5498公顷,辖60个行政村。有人口4.95万人,人口出生率9.03‰,人口自然增长率1.3‰。

经济概况 地区生产总值8.88亿元。地方财政收入2895万元。实际利用外资360万美元,出口总值2907万美元。农民人均纯收入6160元。

区位优势 是章丘市区域面积最大的乡镇,309国道横穿东西,普雪路纵贯南北,交通便利,位置优越。境内石灰石、焦宝石、粘土等矿产资源丰富。以鲁阳和华民为依托,打造风电法兰盘和耐磨钢球制造业基地;以山东澳信为依托,打造石化装备制造业基地;以八三碳化硅、华森混凝土等为依托,打造建工建材产业基地。全乡开工建设和投产项目总数达152个,总投资突破20亿元,规模以上企业达35家。加大农业结构调整力度,九鼎山干杂果、赵八洞香椿和北王粉皮等为龙头的农业产业化基地,建设规模和档次进一步提升。实施朱家峪、大闫满十地综合治理项目,改善农业生产条件。着力打造章丘东部休闲旅游乡镇,明清古村朱家峪知名度不断提升。南部山区生态景点开发步伐加快,九鼎山生态景区、大青山风景区和赵八洞风景区等配套设施和服务设施进一步完善。2007年,被评为"平安山东建设先进基层单位"等。 (孟祥利 赵百传)

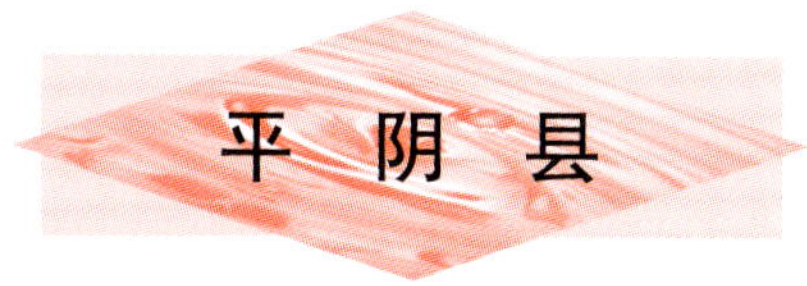

平阴县

【概况】 平阴因地处古东原之阴而得名。位于济南市西南部,面积827平方公里,辖6个镇、1个乡,14个居民委员会、337个行政村。有居民12.67万户,人口36.87万人,其中非农业人口9.94万人。男女性别比100.3:100,人口出生率9.24‰,人口自然增长率1.92‰。有蒙古、维吾尔、回、满等22个少数民族,少数民族人口639人(2000年人口普查数)。完成地区生产总值108.61亿元,按可比价格计算,比上年增长15.5%。其中,第一、二、三产业增加值分别为15.00亿元、65.41亿元、28.20亿元,分别比上年增长5.8%、17.2%、16.6%。人均地区生产总值29457元,比上年增长15.1%。

中共县委

书　记　孙积港

副书记　朱红方　刘程华

常　委　孙积港　朱红方　刘程华　刘吉利　姜守明

刘业朝　胡茂法　高振宏*　尹建海*　赵都庆*

李嘉存　陈　红(女)　王成刚　李成革

县人大常委会

主　任　王敬德

副主任　王其仑*　孙文丽*(女)　安士森*　贾传习

付　丽(女)　周传新　赵士河*　杨万桐

尹　杰

县人民政府

县　长　朱红方

副县长　丁吉修*　刘业朝　陈　红(女)*　李嘉存

赵淑忠　宋广炎　焦卫星　陈淑平(女)

政协县委员会

主　席　韩明印*　吴英文

副主席　吴英文*　王京元*　付　丽(女)*　郭永生*

张广峰*　丁吉修　孟庆华　刘玉霞(女)

刘广申　宫建泉　崔召龙

中共县纪委

书　记　刘吉利

县人民法院

院　长　郜业福

县人民检察院

检察长　纪　军*　耿宝金

县人民武装部

部　长　祁由恒

政　委　高振宏*　王成刚

工业　实现工业增加值60.81亿元，比上年增长17.5%，完成工业投资35.07亿元。规模以上工业产品销售率96.9%，比上年增长0.5个百分点。工业经济效益综合指数275.5%，比上年增长17.6个百分点。机械装备、水泥建材、医药化工、食品加工四大产业实现销售收入108.08亿元，占规模以上工业的65%。非公有制经济实现增加值59.62亿元，比上年增长15.8%。规模以上工业企业142家，实现增加值56.32亿元，比上年增长15.3%；实现产品销售收入165.32亿元，比上年增长20.9%；实现利税21.76亿元，比上年增长24.2%；实现利润12.66亿元，比上年增长27.6%。济南玛钢股份有限公司、济南伊利乳业有限责任公司、山水集团平阴山水水泥有限公司等30家重点工业企业实现销售收入80.57亿元、利润7.44亿元、利税11.35亿元，分别占全县规模以上工业销售收入、利润和利税的48.7%、58.8%和52.2%，分别比上年增长25.6%、32.2%和34.0%，拉动全县规模以上工业销售收入、利润、利税分别增长12.0、16.7、16.4个百分点。高新技术产业企业23家，比上年新增1家，实现产值28.63亿元，比上年增长25.0%；实现利税3.42亿元，比上年增长22.3%。济南伊利乳业有限责任公司日产150吨冷饮生产、济南海川炭素公司炼钢用炭电极、山东福胶集团机械加工等14个工业项目竣工投产。7月，平阴县福牌阿胶被河北省邢台市中级人民法院认定为“中国驰名商标”。

农业及农村经济　农、林、牧、渔业实现总产值26.52亿元，比上年增长7.6%；农、林、牧、渔业增加值15.00亿元，比上年增长5.8%。粮食播种面积37395公顷，比上年下降2.2%；总产22.0万吨，比上年下降2.7%。棉花2924公顷，比上年增长9.3%；总产3649吨，比上年增长17.0%。油料2762公顷，比上年下降3.1%；总产9452吨，比上年下降2.0%。蔬菜8700公顷，比上年增长3.5%；总产62.22万吨，比上年增长5.7%。水果总产10.80万吨，比上年增长5.9%。玫瑰花面积893公顷，总产900吨。12月，平阴玫瑰代表山东省参加2007年中国国际林业博览会，有6个系列的13种产品参展，其中济南天源玫瑰制品开发有限公司的玫源牌玫瑰精油获“中国国际林博会银奖”。肉类产量5.50万吨，禽蛋产量3.98万吨，奶类产量1.38万吨。水产品产量1900吨，比上年增长7.3%。农业机械总动力41万千瓦，比上年增长3.1%。有效灌溉面积1.61万公顷，节水灌溉面积1.54万公顷，比上年增长4.9%。规模以上农业龙头企业发展到35家，绿色、无公害品牌20个，产地认定2.1万公顷，标准化种植1.4万公顷。建成畜牧养殖小区24个，其中奶牛养殖小区12个，奶牛存栏13981头。新建村级公路30公里，行政村通沥青(水泥)路率100%，自来水普及率79%，行政村通电率100%，新建沼气池9500个。玫瑰花和马铃薯、大白菜2个农业标准化示范区晋升为国家级示范区。全省首家台湾农业园落户平阴县。

商贸旅游　社会消费品零售总额35.03亿元，比上年增长20.9%。有城乡商品交易市场30处。出口创汇2.13亿美元，比上年增长33.0%。其中，三资企业出口1.53亿美元，比上年增长24.8%；内资企业出口0.46亿美元，比上年增长65.4%。引进内资20.06亿元，新批外资项目3家，实际利用外资502万美元，比上年下降13.3%。伊利冷饮、鸿瑞化工等11个过亿元项目先后落地或竣工投产。新增个体工商户1705户，新增民营企业310家，注册资本9127万元。全社会完成固定资产投资52.83亿元，比上年增长18.7%，其中城镇及以上单位完成投资39.54亿元，比上年增长18.6%。主要旅游景点有玫瑰园、翠屏山、云翠山、大寨山、洪范泉群、于林、圣母山生态农业观光园、玫瑰湖湿地公园等，全年接待国内外游客20万人次，实现旅游总收入2000万元。

财政金融保险　实现地域财政收入6.46亿元，比上年增长25.5%，其中地方财政一般预算收入3.01亿元，比上年增长17.9%。地方财政支出6.5亿元，比上年增长10.1%，其中地方财政一般预算支出5.86亿元，比上年增长7.5%。完成税收6.14亿元，比上年增长27.3%。年末，金融机构各项存款余额43.21亿元，比年初增加2.50亿元，同比增长6.1%；各项贷款余额23.80亿元，比年初增加5.21亿元，同比增长28.0%。

交通邮电 公路通车里程1065.9公里，比上年增加65.6公里。公路旅客运输量和周转量分别为132万人次、7219万人公里，分别比上年增长5.6%、3.1%。公路货物运输量和周转量分别为616万吨、50967万吨公里，分别比上年增长8.5%、34.4%。济菏高速公路建成通车，境内通车里程35.5公里，220国道拓宽改线工程进入具体实施阶段，平阴开始融入济南半小时经济圈。完成邮政业务总量1953万元，比上年增长2.1%；报刊流转额333万元，比上年增长0.3%。

建设环保 完成建筑业增加值4.6亿元，比上年增长13.1%。新资质等级建筑企业28家，完成产值4.42亿元，比上年增长1.8%。房屋建筑施工面积91.76万平方米。全县资质以上房地产开发企业10家，完成房地产开发投资2.5亿元，其中住宅投资完成1.71亿元。高标准实施锦东新区开发建设，函山路、锦东大街等主干道路建设基本完成，劳动力市场、路政征缴大厅、农林服务中心等项目进展顺利。完成环境污染治理项目11个，完成投资3821万元，县城累计建成烟尘控制区面积14平方公里，环境噪声达标区面积9.6平方公里，城市环境空气主要污染物可吸入颗粒物、二氧化硫、二氧化氮年日均值分别为0.071毫克/立方米、0.033毫克/立方米、0.025毫克/立方米，均达国家控制标准。

教科文卫体 有各级各类学校72所，在校生4.71万人，比上年增长1.3%；教职工4070人，其中专职教师3458人。义务教育阶段在校生3.49万人，普通高中在校生8915人，比上年增长9.1%。适龄儿童入学率100%。县职业教育和教师培训中心建成使用，体育中学整合基本完成。有专业技术人员8254人。组织实施各类科技计划21项，取得成果12项，其中7项达到国内先进水平、5项达到省内先进水平。申请专利195件，授权专利80件。举办公益性文化演出活动30余次。广播人口覆盖率和电视人口覆盖率分别为98%和99%。参加农村合作医疗的人数25.6万人，参合率98.4%，比上年提高7个百分点，人均筹资额提高到52元。拥有卫生机构76家，其中医院14家，病床1005张；各类卫生技术人员1550人，其中执业医生730人。县、乡镇医院全部实施药房托管。有体育活动场所16处。举办各类运动会34次，参加竞赛运动员1.6万人次。参加市级以上体育比赛获奖牌147枚，其中金牌85枚、银牌38枚。

人民生活 年末，全县从业人员20.9万人，比上年增长0.8%。转移农村劳动力1.56万人，其中有序转移4723人、登记自发外出就业1.09万人。通过各种渠道安置就业再就业5220人，其中下岗失业人员再就业1394人。企业养老保险参保人数3.16万人，征缴企业基本养老保险费9399万元。农村养老保险参保人数10.1万人，收缴保险金220万元。城镇职工基本医疗保险参保人数4.25万人，参加失业保险人数3.05万人，收缴保险金1100万元，享受失业保险待遇人数3394人。城乡最低生活保障救助7613人，其中城镇1687人、农村5926人。城镇低保补助标准由每人每月160元提高到200元，农村低保标准由每人每年960元提高到1080元。县老年公寓建成投入使用，县慈善总会获“中华慈善事业突出贡献奖”。城镇居民人均可支配收入9908元，比上年增长13.6%；人均消费性支出5642元，比上年增长1.6%；人均住房建筑面积27.86平方米。农民人均纯收入5405元，比上年增长14.4%；人均生活消费支出4007元，比上年增长31.8%；人均住房面积32.60平方米。

平阴县职业教育中心落成暨开学典礼 （平阴县志办供稿）

【平阴融入省会半小时经济圈】 9月28日，济菏高速公路建成通车。济菏高速平阴段长35.37公里，途经安城、平阴、孔村、孝直4个乡镇，设有平阴、孝直2个出入口。该高速公路的开通，结束了平阴没有高速公路的历史，缩短了平阴县与济南市区的距离，增强了平阴承接省会经济辐射的能力，平阴正迅速融入“省会半小时经济圈”。

【举办“2007中国平阴玫瑰节”】 4月26日至5月26日，平阴县举办“2007中国平阴玫瑰节”。主要活动：一是举办中国玫瑰产业发展论坛，邀请省内外玫瑰花科研单位专家、加工企业负责人和平阴县玫瑰产业协会部分会员，围绕“如何进一步拓展玫瑰产业发展思路，提升玫瑰产业发展水平，促进玫瑰产业做大做强”主题进行交流；二是举办玫瑰情侣集体婚礼和游园活动；三是举办玫瑰采风创作及“魅力平阴”书画摄影大赛；四是

济菏高速公路平阴段　　（平阴县志办供稿）

举办庆玫瑰节文艺专场演出；五是邀请全国各地玫瑰产品营销客户参加中国玫瑰系列产品博览会，推介玫瑰精油、玫瑰酒、玫瑰花蕾等系列产品；六是开展平阴玫瑰风情一日游活动，游客可参与游玫瑰湖、逛玫瑰街、登圣母山、赏玫瑰园、品玫瑰茶、吃玫瑰宴等系列活动；七是举办中国玫瑰仙子评选活动。

【山东省首家省级台湾农业园落户平阴】 4月30日，山东省台办正式批准在平阴县设立山东省（平阴）台湾农业园，这是山东省首家省级台湾农业园，是鲁台农业交流与合作的重要基地和对台招商引资的新载体。山东省（平阴）台湾农业园规划以平阴县圣母山现代生态农业观光园为依托向外扩展，东至锦水河流域，西至九顶莲花山流域，南至玉带河以北，分为核心区、示范园及辐射区三个部分，主要建设高效农业产业区、农产品加工产业区、生态观光产业区、科技服务产业区、商贸物流区、台商休闲度假区等6个具有专业特色的分区，面积2000公顷，计划总投资3亿元。

【孔村镇人民调解委员会获“全国模范人民调解委员会”称号】近年来，孔村镇人民调解委员会探索实施“调解超市”工作机制，通过业务考试、民主打分等形式，在镇机关干部中选聘20多名素质高、业务精的调解员，并张榜公布每位调解员照片、个人简介及适宜调解的矛盾纠纷范围，供有纠纷需要调解的群众根据个人意愿挑选。同时制定严格的考评细则，按照业务知识、调解技巧、成功率和业务量进行考核，年底按20%的比例进行晋级和淘汰。镇里每年拿出2万元对工作突出的调解员进行经济奖励。调解委员会自2003年9月成立以来，调处各类纠纷500多件，调处成功率98%，避免民转刑案件28件。2005年、2006年被评为“全省人民调解工作先进集体”。2007年6月，被最高人民法院、司法部联合授予“全国模范人民调解委员会”称号。

【率先在全国开通沼气110】 近年来，农村户用沼气池建设不断增加，但是农民对沼气的日常管理、沼渣沼液综合利用等技术常识缺乏，为解决这一难题，2007年3月1日，平阴县在全国率先开通沼气110。沼气110设专人值班，解答群众电话咨询，每个乡镇设3处服务网点，就近解决一般技术问题，县配备一部专车，及时到现场处理乡镇技术人员不能解决的问题。

【成为全国最大反季节鸡腿菇生产基地】 2005年以来，平阴县利用多土沟、土坝的优势，结合当地气候特点，在孔村镇、洪范池镇等乡镇推广窑洞反季节栽培鸡腿菇技术，实现鸡腿菇的反季节生产，建成全国最大的反季节鸡腿菇生产基地。窑洞具有温度、湿度恒定易控制的特点，避免了普通鸡腿菇种植棚只能春秋两季生产的弊端，所产鲜菇的产量和品质也有较大提高。至2007年，全县已开挖利用窑洞600多个，生产面积达30万平方米，所产的反季节鸡腿菇畅销北京、上海、天津、河北、广州等十几个省市，全国市场占有率超过90%，部分产品销往日本、韩国。

（李秀芝　于瑞东　付媛媛）

乡镇简介

平阴镇

党委书记　范嘉池

镇　　长　刘洪岩*　董泽勇

政区人口　地处县城驻地，面积90平方公里，耕地3155公顷，辖13个居民委员会（含4个社区居委会）、46个行政村。有居民4.40万户，人口11.38万人，人口出生率10.92‰，人口自然增长率6.49‰。

经济概况　地区生产总值17.25亿元，其中一、二、三产业分别为1.85亿元、8.58亿元和6.82亿元。地方财政一般预算收入3320万元，比上年增长21.2%。农民人均纯收入5759元，比上年增长16.6%。

区位优势　北临黄河，105、220国道和济菏高速公路贯穿全境。引进项目11个，其中投资过千万元项目4个，实际利用内资3.04亿元、外资120万美元。销售收入过亿元企业6家，规模以上企业21家。投资5000万元的汇鑫包装一期工程、投资2000万元的钢管接头项目、投资2000万元的广源铸造项目、投资2500万元的金泰保温防腐项目、投资3000万元的惠农玫瑰精油项目投入生产。全省首家省级台湾农业园落户该镇。林果、瓜菜、畜牧、花卉四大主导产业产值占农业总产值的73%。投资2100万元，新修改造村间和村内道路160公里，完成“村村通”工程。投资5935万元，实施土地整理项目12个，整理土地800公顷。新建健身广场11个、文化大院10个，安装各类健身器材21台(套)，建成文明生态村11个。合作医疗参合率96%。2007年，平阴镇获“山东省消防平安创建先进单位”称号，圣母山生态农业观光园被命名为“全国农业生态旅游示范点”、“山东省农业生态旅游示范点”，镇中心敬老院被评为“山东省模范五保供养服务机构”。

安城乡

党委书记　邢学忠*　陈万昌

乡　　长　陈万昌*　李吉宏

政区人口　地处县境东北部，因地处《汉书》记载的济北国都北安故城所在地而得名。面积122平方公里，耕地4134公顷，辖44个行政村。有居民1.19万户，人口3.94万人，人口出生率9.65‰，人口自然增长率0.86‰。

经济概况　地区生产总值9.63亿元，其中一、二、三产业分别为1.75亿元、6.34亿元和1.54亿元。地方财政一般预算收入804万元，比上年增长17.1%。农民人均纯收入5067元，比上年增长16.6%。

区位优势　东北接长清区，南临肥城市，西隔黄河与东阿县相望，220国道、济菏高速公路横穿中部，交通便利。引进项目17个，实际利用内资2.13亿元。规模以上工业企业发展到23家，销售收入过千万元企业14家。投融资1.8亿元对澳美玛钢、仁德信塑钢、裕源纺织等12个重点工业项目进行技改扩产。推行大棚西瓜、辣椒、豆角立体种植模式，变单季收入为多季收入，公顷收入达15万元；推广地瓜脱毒良种，推行无公害种植模式；安城洪丰奶牛小区成为伊利集团济南地区第一个模式鲜奶加工基地；实现退耕还林534公顷，荒山造林800公顷。筹措资金700余万元，实施乡中学实验楼、毛铺小学校舍、卫生院门诊楼和新敬老院等新建改造工作。投资2000多万元，修建山东平阴工业园安城片区道路6600米、桥涵22座、输水管线12000米。投资近500万元，完成府前街绿化、美化、亮化工程，修通连接山水路与府前街的平安路。投资350万元，新修村级道路17.6公里，实现道路硬化村村通。投资300万元，完成水库除险加固。实施安全饮水工程，铺设管道80000米，新打机井6眼，新建水源地3处，加压泵站2处，供水条件明显改善。投资400万元，新发展沼气池1200个、太阳能1400户。有组织的分流剩余劳动力8000多人次。全乡27个村建起文化大院，20个村建起文化广场。农村社会养老参保人数突破12000人，合作医疗参合率98.3%。2007年，安城乡被市政府评为“全市扶贫开发工作先进集体”。

玫瑰镇

党委书记　姜昭辉*　李冠芳(女)

镇　　长　于瑞民*　韩保良

政区人口　地处县城西南部，因盛产玫瑰花而得名。面积136平方公里，耕地4164公顷，辖48个行政村。有居民1.51万户，人口4.69万人，人口出生率6.96‰，人口自然增长率-0.43‰。

经济概况　地区生产总值10.02亿元，其中一、二、三产业分别为2.22亿元、5.68亿元和2.12亿元。地方财政一般预算收入1302万元，比上年增长18.1%。农民人均纯收入5560元，比上年增长14.7%。

区位优势　105、220国道穿境而过，平阴黄河大桥、东大浮桥与聊城市相接，县道陶李路纵贯全境，柏油路通达各村。是“中国玫瑰之乡”。引进项目9个，其中过千万元项目6个，实际利用内资1.81亿元。搞好对昀峰和东岳公司奶牛业扶持服务，奶牛存栏量2000头。新发展食用菌养殖户100多户，引进济南山惠菌业公司，年可加工销售食用菌500余吨。134公顷鲜桃基地、70公顷大棚蔬菜基地和34公顷鱼藕混养精品园健康发展。发展速生丰产杨、薄皮核桃、优质苹果200多公顷。投资100多万元实施村村通自来水工程，37个村完成主管道铺设，7个村完成村内自来水建设。投资300多万元进行镇卫生院门诊楼建设，投资80万元进行镇敬老院改造。新建沼气池600余个。救助贫困户240余户、贫困生30多名，发放救助金16万元，维修危房130户、500余间。完成6个村文化大院建设。

东阿镇

党委书记　吴　强*　于瑞民

镇　　长　李冠芳(女)*　赵化利

政区人口　地处平阴县西南部，春秋时期称谷邑，明洪武八年(1375年)东阿县城迁于此始称东阿。1946年底，东阿一区划归平阴县。1952年设东阿镇。面积95平方公里，耕地3446公顷，辖55个行政村。有居民1.24万户，人口3.86万人，人口出生率6.75‰，人口自然增长率-0.83‰。

经济概况　地区生产总值8.86亿元，其中一、二、三产业分别为2.10亿元、4.60亿元和2.16亿元。地方财政一般预算收入715万元，比上年减少0.9%。农民人均纯收入5405元，比上年增长11.3%。

区位优势　地处济南、泰安、聊城3市交界处，是济南的西南大门，220国道贯穿全境。是著名的“中国阿胶之乡”。引进项目8个，实际利用内资1.52亿元。济南九天贡阿胶制品、建昌机械制造、人人福阿胶制品等项目先后投产。实施技改项目7个，技改投入同比增长3.55%。全镇畜禽存栏总数突破30万只。金兴奶牛养殖小区成年奶牛存栏数量600多头，已累计向伊利集团供奶12000吨，成为全县建设最早、规模最大养殖基地。林果和蔬菜种植面积均比上年扩大70公顷以上，成立狮耳山蔬菜协会，带动农户300多户，扩大无公害蔬菜面积20多公顷。投资100万元对中心路、岱北路全面美化、绿化、硬化。村村通自来水工程进展顺利，连接全镇55个行政村大管网已初步建成。启动南坦片土地整理工程，完成仁和、门家沟、直东峪、花石崖4座水库除险加固。完成镇敬老院二期工程，五保集中供养率达75%以上。新建沼气池500多个。开工10000平方米新卫生院建设。新型农村合作医疗参合率达96%以上。2007年，东阿镇获"山东省最佳投资环境城镇"、"山东省首批信誉工业园区"、"全市畜牧生产先进单位"等称号，东门村获"全国民主法治示范村"称号。

洪范池镇

党委书记 张明忠* 夏信强

镇　　长 王长岭* 姜爱文

政区人口 地处平阴县西南端，因镇驻地名泉洪范池而得名。面积115平方公里，耕地2122公顷，辖34个行政村。有居民8407户，人口2.74万人，人口出生率7.44‰，人口自然增长率-0.11‰。

经济概况 地区生产总值3.22亿元，其中一、二、三产业分别为1.21亿元、1.34亿元和0.67亿元。地方财政一般预算收入406万元，比上年增长32.5%。农民人均纯收入4969元，比上年增长12.4%。

区位优势 境内群山连绵，众泉喷涌，水库密布，有着丰富的水资源、山石资源、旅游资源和铁矿资源。有水库20座，大小泉池34处，其中洪范池、东流泉、扈泉、日月泉被列入济南市"新七十二泉"，有"齐鲁泉乡"美誉。有县境第一高峰的大寨山和因道教文化和日月泉闻名遐迩的云翠山，有明万历皇帝及其子、孙三代帝王师于慎行的陵墓——于林。引进项目7个，实际利用内资6035万元。发展核桃110公顷，新发展优质苹果154公顷。成立各种合作经济组织11个，有购销大户和农业经纪人178人。投资100万元，建设石碑子小学教学楼。投资160万元建设镇卫生院门诊楼。投资200多万元对镇驻地进行环境综合整治，实现美化、亮化、绿化。建设沼气池1648个，规划沼气专业村5个。完成16个村健身广场和文化大院建设。2007年，洪范池镇被济南市授予"全市扶贫开发工作先进集体"称号。

孔村镇

党委书记 翟　军

镇　　长 董泽勇* 尚海成

政区人口 地处县城南13公里，因镇驻地在孔村村而得名。面积126平方公里，耕地3947公顷，辖1个居民委员会、46个行政村。有居民1.45万户，人口4.05万人，人口出生率9.44‰，人口自然增长率0.39‰。

经济概况 地区生产总值12.53亿元，其中一、二、三产业分别为1.99亿元、9.29亿元和1.25亿元。地方财政一般预算收入1000万元，比上年增长20.9%。农民人均纯收入5126元，比上年增长16.2%。

区位优势 东靠肥城矿区和石横发电厂，毗邻泰聊公路，105国道、济菏高速公路贯穿全境，交通便利。引进项目15个，实际利用内资2.13亿元，其中汇丰炭素、万瑞炭素等14家过千万元企业实现当年签约、当年投产。全镇炭素企业8家，炭素产品达45万吨，完成销售收入23亿元，利税2.7亿元，出口创汇2000万美元。扩大食用菌保护性栽培面积120万平方米。规划建设奶牛饲养小区2处，发展畜牧养殖专业村5个，奶牛存栏量1500头。栽植速生杨30万株、干鲜杂果20万株。菩萨山小流域治理、南毛峪土地整理项目新增土地面积134公顷。投资150万元在生活区改造振兴路，铺设地下排水管道2700米、人行道花砖6000平方米等；投资160万元在工业区新修了长1800米、宽10米的工业路；投资300万元和180万元在商贸区分别对龙山路和工业园中心大街进行开发建设；投资200万元在文体区建设占地1.6公顷的文体广场。实现村村通自来水，户户通率95%。新建沼气池1450个。启用新敬老院院民楼，敬老院管理达到省一级标准。开发中心幼儿园二期工程，新建中心幼儿园1处。新建文化大院和活动中心30个，完善村级图书室10个。全镇合作医疗参合率达96%。2007年，孔村镇获"全省亿万农民健身活动先进乡镇"、"平安济南建设先进集体"、"全市扶贫开发工作先进集体"等称号，孔村镇调委会被最高人民法院、司法部联合授予"全国模范人民调解委员会"称号。

孝直镇

党委书记 刘美琪* 赵敬成

镇　　长 赵敬成* 刘忠亮

政区人口 地处平阴、肥城、东平3县(市)交界处，因地处恪守孝道、忠厚信直的孝直村而得名。面积143平方公里，耕地6884公顷，辖64个行政村。有居民2.05万户，人口6.20万人，人口出生率9.85‰，人口自然增长率-0.39‰。

经济概况 地区生产总值15.25亿元，其中一、二、三产业分别为3.74亿元、8.83亿元和2.68亿元。地方财政一般预算收入1311万元，比上年增长20.1%。农民人均纯收入5357元，比上年增长16.7%。

区位优势 105国道、济菏高速公路纵贯全境（留有出入口），交通便利，是重要的物资集散地和商贸中心。引进项目8个，实际利用内资2.05亿元、外资70万美元。实施技改扩建项目43个。机械加工企业40家，实现年产值6亿元。投资3300万元实施孝直洼、大兴洼、谷楼洼、前科洼农业综合开发和营子片、前科片、孝直片、孔庄片、柳滩片、盛屯片土地整理。投资1000万元实施汇东1333公顷农业综合开发，通过国家级标准化示范区验收。投资1260万元实施集中供水工程。引进农字号龙头企业山东超牛农牧科技有限公司，在利用外资上实现零突破。蔬菜面积4000公顷，蔬菜生产专业村20个。民乐享牌大白菜被评为山东省首批名牌农产品。新建沼气池500个。投资1500多万元，实施敬老院院民楼、中心中学和东山小学教学楼、卫生院门诊楼等新建改造工作。2007年，孝直镇获"省级文明镇"、"全省民政系统行风建设先进单位"、"全市信访工作先进集体"等称号。

（于瑞东　付媛媛）

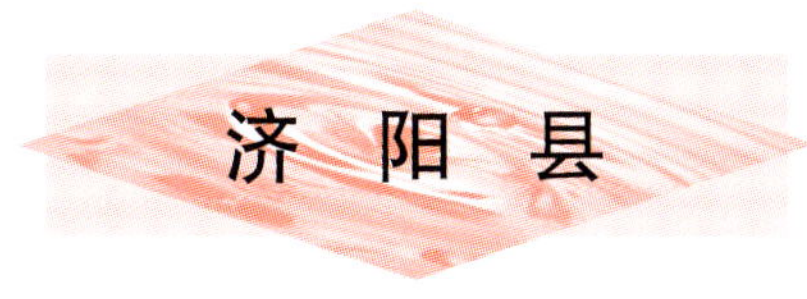

济阳县

【概况】 金太宗天会七年(1129年)置县，因处于古济水之北，故名济阳县。位于济南市东北部，面积1076平方公里，辖2个街道办事处、8个镇，46个居民委员会（其中9个社区居民委员会）、852个行政村。全县15.38万户，人口53.92万人，其中城镇人口6.1万人。男女性别比100.92:100，人口出生率10.18‰，人口自然增长率3.06‰。有回、蒙古、藏、朝鲜、维吾尔、白等24个少数民族，少数民族人口1.29万人。实现地区生产总值120.09亿元，比上年增长14%(按可比价格，下同)。其中，第一、二、三产业增加值分别为24亿元、65.21亿元、30.88亿元，分别比上年增长-0.5%、13.5%、19.6%。人均地区生产总值22330元，比上年增长9.74%。

中共县委

书　记　张新文

副书记　张海波　靳　磊*　雷卫国　司志坤(挂职)

常　委　张新文　张海波　靳　磊*　雷卫国　司志坤(挂职)
　　　　赵东升　郭　锐　文东河　杜爱君(女)
　　　　郑培瑞　叶维平　刘佩禄　孙战宇

县人大常委会

主　任　韩振英*　张新文

副主任　王兆泉　丁德花(女，回族)　曲明富　姜荣昌
　　　　王　华(女)　许连顺*　周登胜　张善忠*

县人民政府

县　长　张新文*　张海波

副县长　靳　磊*　赵东升　叶维平　孙学君*　周坤三
　　　　王洪忠　杨玉美(女，回族)　孙良才　齐子明(挂职)
　　　　常景飞(挂职)

政协县委员会

主　席　骆合清

副主席　王尔迎　冯庆荣　吴乐兰(女)　杜学增
　　　　郭协勇　张学兰(女)　阎传金　卢世平

中共县纪委

书　记　雷卫国*　孙战宇

县人民法院

院　长　郑士刚

县人民检察院

检察长　张书珍*(女)　吴　强

县人民武装部

部　长　张志强*　刘延军

政　委　郑培瑞

工业　完成工业增加值58.71亿元，比上年增长4.8%。规模以上工业企业188家，完成工业增加值53.48亿元，比上年增长17%。实现利税21.24亿元，比上年增长22.35%；完成利润14.12亿元，比上年增长23.41%；旺旺食品、达利食品等骨干企业进一步发展壮大，新阳煤矿等重点项目顺利投产。引进上海工业园、华达汽车城、中天凡德、天茂树脂、三和生物、四方高铬辊等18个项目。全县台资企业达28家，实际利用台资1.44亿美元。

农业及农村经济　农业增加值24亿元，比上年增长-0.5%，其中农、林、牧、渔业增加值分别为17.79亿元、0.15亿元、5.65亿元、0.31亿元。农作物播种面积12.32万公顷。耕地面积6.5万公顷。粮食总产47.81万吨。猪、大牲畜、羊出栏数分别为27.86万头、12.41万头、23.87万只，肉、蛋、奶和水产品产量分别为4.65万吨、4.46万吨、2.0万吨和0.78万吨。建成沼气池3000个。农业机械总动力80.87万千瓦。小麦机收面积97%。投资5450万元，新建崔寨水源地，完成太平水源地二、三期供水工程，解决了崔寨、济阳、新市、垛石、回河5镇(办)的369个村、18万人饮水问题，全县农村自来水普及率提升到87%。用于"三农"投入达1.42亿元，其中县级投入9528万元，比上年增长22.8%。粮食直补、小麦良种补贴、大型农机具补贴和农资综合补贴全部落实到位，发放补贴资金2646万元。新造林田面积1853公顷，新建农田林网4133公顷，四旁植树150万株。全县林地面积达2.62万公顷，林木覆盖率23.9%。有非公有制经济企业1.03万家，其中个体私营0.92万家。转移农村剩余劳动力4.1万人，就地安置1.5万人。

贸易财政金融　社会消费品零售总额36.89亿元，比上年增长21.3%。有城乡集贸市场71个、商业街44条、综合商场50处，商品成交额27亿元。自营出口创汇完成4598万美元，比上年增长31.7%。实际利用外资4027万美元。地方财政收入3.5亿元，比上年增长20.65%。年末，社会金融机构各项存款余额35.06亿元，增长15.87%；各项贷款余额19.96亿元，增长8.95%。

交通邮电　全县公路通村率97%，公路总长1798公里。交通运输车辆7987辆，货运量110万吨，货物周转量9200万吨公里；客运量100万人次，旅客周转量3890万人公里。征收汽车养路费1700万元。邮政业务总量1465.3万元，电信业务收入1.02亿元。年末，电话机总数13.77万部，比上年增长8.5%，其中小灵通1.14万部。移动电话用户14.23万户，比上年增长19.1%。互

联网用户 7997 户,比上年增长 2.5%。

建设环保 完成社会固定资产投资 76.2 亿元,比上年增长 20.5%。房屋建筑竣工面积 19.41 万平方米。新元大街工程开工兴建,该路段东起黄河大堤,西至新 220 线国道,全长 6.5 公里,机动车道宽 21.5 米、辅道宽 4 米。新建完成纬四路工程,对正安路中段、广场北路等进行整修,对正安路、开元大街、纬四路等进行绿化,绿化面积 10 万平方米。对 2000 余名建筑工人进行职业技能培训。清理拖欠工程款和农民工工资 3400 余万元。加强污染防治,集中整治企业违法排污行为,限期整改企业 9 家,取缔轮胎炼油企业 5 家,关停小造纸厂、小化工厂 3 家。环境保护投资 1.8 亿元,比上年增长 20%。

教科文卫体 有专业技术职务人员 7510 人,其中高级专业技术职务 450 人、中级专业技术职务 3900 人。有各级各类学校 32 所,在校生 5.98 万人,教职工 3880 人。其中,普通高中 2 所,在校生 1.17 万人,专任教师 650 人;普通初中 17 所,在校生 1.41 万人,专任教师 1002 人;小学 13 所,在校生 3.4 万人,专任教师 1700 人。特殊教育学校 1 所,在校生 45 人,专任教师 14 人。学前幼儿园 112 所,在园幼儿 11093 人,专任教师 395 人。适龄儿童入学率 100%,小学毕业生升学率 100%,初中在校生巩固率 98%,初中毕业生升学率 99%。有科研机构 29 所,专职科研人员 420 人。实施各类科技项目 34 项,其中国家级 2 项、省级 4 项、市级 25 项。高新技术产业产值 46.56 亿元,比上年增长 18.69%,占规模以上工业总产值的 25.41%。有 25 家企业被认定为高新技术企业,累计高新技术企业 68 家,其中省级高新技术企业 17 家。高新技术产品 10 项,累计高新技术产品 35 项,其中省级高新技术产品 18 项。各类专利申请量 198 件,比上年增长 30%。文化活动异彩纷呈,举办了“相约腾骐——走进济北”大型广场文艺晚会,著名京剧表演艺术家刘长瑜,歌星孙悦、阿宝等登台献艺,为济阳人民奉献了一场丰盛的文化大餐。加大对网吧等文化市场管理力度,收缴盗版淫秽光盘 8000 余张,处罚违规经营网吧业户 15 家。县图书馆全年接待读者 1.65 万人次,借阅图书 1.13 万册次。新建 100 处农村文化大院,安装 100 套健身器材。新建孙耿、垛石、曲堤、仁风、崔寨、新市等 6 处乡镇卫生院,扩建太平镇卫生院,共设床位 319 张,总建筑面积 1.68 万平方米。有各类卫生机构 13 处,其中医院 2 处;卫生技术人员 1386 人,其中医生 797 人;病床 700 张;有乡村卫生室 690 个,乡村医生 730 人。有 852 个村的 40.95 万名农民参加新型合作医疗,村覆盖率达 100%,农民参合率达 97.2%。全年为 5.20 万名农民报销医疗费用 1482 万元,为 1216 名下岗失业职工报销医药费 30 万元。组织举办了全民健身跑、中老年秧歌大赛、信鸽竞翔赛、乒乓球、羽毛球等体育比赛活动 20 余项。

人民生活 年末,有在岗职工 3.9 万人,年平均工资 14422 元。农民人均纯收入 5409 元,比上年增加 706 元。城镇居民人均消费支出 7479.10 元,其中生活费支出 4551 元。城乡居民人均储蓄额 4749 元。有 2.21 万人参加社会养老保险,保险费收入 2857 万元。医疗保险参保单位 173 家,参保职工 1.91 万人,收缴医疗保费 1360 万元,支付医疗费 640 万元。支出各项救助基金 450 万元。有养老院 8 处,集中供养五保对象 512 人。

【调整部分行政区划】 根据 2007 年 9 月 12 日《山东省人民政府关于同意济阳县行政区划调整的批复》,济阳县设立济阳街道办事处、济北街道办事处,原济阳镇更名为回河镇。以原济阳镇所辖济阳管区城关办事处的 13 个社区居委会及杜家、三里井、金家、小邝家、大邝家、苟王庄、何家、张辛家、胡同等 9 个社区居委会,原济阳镇所辖稍门管区的 40 个村及官家坊、小官家、洼里王、更衣亭、赵胡家、粮食口、南高家、南郭、前三里、后三里、胡家村、梁家、徐庙、邢家、肖家、北河套 16 个村设立济阳街道办事处,街道办事处机关驻县城纬二路 6 号。以原济北办事处所辖 13 个社区居委会及原济阳镇所辖王荣家、王李家、池家、毛官庄、五里堠 5 个社区居委会,王奎楼、囤家、杨家、田家、前牛家庙、后牛家庙、杨窑、葛家、南邢家、东王、西王、马家店、蔡家、马官寨、阎家村 15 个村设立济北街道办事处,街道办事处机关驻县城开元大街 3 号。回河镇管辖范围为原济阳镇所辖店子管区全部 34 个村庄及原回河管区除前牛家庙、后牛家庙、杨窑、葛家、南邢家之外的 60 个村庄,镇政府驻地为回河镇西街村。

【新阳煤矿建成投产】 新阳煤矿由山东省新汶矿业集团有限责任公司投资开采,总投资 8 亿元。该煤矿煤炭总储量 3 亿多吨,可采储量 1 亿吨左右,项目达产后,年生产原煤 100 万吨左右,可实现年销售收入 4 亿元。7 月 28 日,新阳煤矿联合试运转成功,标志着新阳煤矿建成投产,煤矿采取循环经济发展模式,对煤炭资源进行综合利用,集经济效益、生态效益、社会效益于一体。

街道办事处、镇简介

济阳街道办事处

党工委书记 于凤翔

主　　任 李永军

政区人口 济阳街道办事处是县城驻地,辖 22 个居委会(其中 4 个社区居委会)。有人口 8 万人,人口出生率 9.97‰,人口自然增长率 2.09‰。

经济概况 地区生产总值 20.12 亿元,比上年增长 9%。实际利用外资 70 万美元,出口创汇 231 万美元。财政收入 3790 万元,比上年增长 19.51%。农民人均纯收入 5650 元。

区位优势 国道 220 线、省道 248 线纵贯南北,济太路、省道 249 线横穿东西,交通便利。引进项目 11 个,实际到位资金 5.1 亿元,其中 3000 万元以上项目 4 个。限额以上工业企业完成增加值 11.24 亿元,实现销售收入 28 亿元。济阳方正私营园建筑面积已达20多万平方米，有经营业户200余家，年营业收入1.6亿元、利税1400余万元，民营经济撑起镇域经济的“半壁江山”。建成冬暖式蔬菜大棚4000余个、食用菌大棚3000余个，以嘉园食用菌科技有限公司为龙头，形成“龙头企业+基地+农户”发展格局。建成县内最大肉牛养殖基地1处，存栏总量1000余头。

济北街道办事处

党工委书记 孙良才

主　　任 杨春亭

政区人口 济北街道办事处位于省级经济开发区内，面积16平方公里，辖25个居委会（其中2个社区居委会）。有人口1.37万人，人口出生率10.89‰，人口自然增长率6.68‰。

经济概况 完成地区生产总值95.2亿元，比上年增长25.9%；利税11.2亿元，比上年增长37.2%。地方财政收入5.7亿元，比上年增长28%。实际利用外资4027万美元，出口创汇4598万美元。

区位优势 是济阳县的新城区和全县政治、经济、科技、文化、教育中心。国道220线、省道248线、249线纵横交错，交通便捷。引进上海工业园、华达汽车城、中天凡德、天茂树脂、三和生物等18个项目。年末，园区内实有注册企业327家，其中外商投资企业43家、高新技术企业41家、世界500强企业2家，企业总数比上年增长12.7%。2007年，济北开发区被评为山东省“对外开放先进园区”、济南市“发展园区经济标兵单位”等。

垛石镇

党委书记 董树村

镇　　长 付　中

政区人口 垛石镇地处济阳县西北部，面积175平方公里，耕地11024公顷，辖130个行政村。有人口7.3万人，人口出生率10.49‰，人口自然增长率3.02‰。

经济概况 规模以上工业利税总额3.82亿元，比上年增长22.16%。出口创汇231万美元。财政收入1226万元。

区位优势 省道248、249线贯穿全镇，三级公路通车里程180公里，交通十分便利。建有220千伏和35千伏变电站，电力资源充沛。境内石油资源丰富，探明地下石油贮藏量2800万吨，年开采量26万吨。引进山东巨业精细化工有限公司，该项目投资2亿元，已到位资金5000万元；引进济南高新开发区际通科贸有限公司，计划投资2000万元，已投资500万元；引进兴祥皮业有限公司，总投资3000万元，已投产。

孙耿镇

党委书记 王向军

镇　　长 王洪亮

政区人口 孙耿镇面积103平方公里，耕地6033公顷，辖71个行政村。有人口4.98万人，人口出生率12.41‰，人口自然增长率5.12‰。

经济概况 地区生产总值12亿元，比上年增长20%。出口创汇308万美元。财政收入3110万元，比上年增长48.71%。农民人均纯收入5668元，比上年增长12%。

区位优势 地处黄河北岸，与省会济南市隔河相望，距济南市仅10公里，国道104线从镇中心纵穿而过，交通便捷。全年引进项目6个，包括达利食品四期工程、山东汇能电力工程有限公司济阳分公司、泉州金佰利箱包用品有限公司二期工程、西格玛生物化工有限公司、山东荣信新型建材有限公司、济南盛隆包装用品有限公司，增强了镇域经济实力。芸豆生产基地发展到240公顷，卞家、辛集、西盐、洪屯4个生猪养殖小区养殖规模均发展到2000头以上。全镇生猪存栏4.92万头，年出栏8万头，可实现销售产值2000余万元。

曲堤镇

党委书记 李怀东* 胡廷贵

镇　　长 刘景福

政区人口 曲堤镇位于济阳县东北部，面积151平方公里，耕地9213公顷，辖130个行政村。有人口7.52万人，人口出生率8.25‰，人口自然增长率1.26‰。

经济概况 完成地区生产总值14.19亿元，比上年增长16.03%。实际利用外资38.3万美元，出口创汇210万美元。财政收入872万元。农民人均纯收入5876元，比上年增长17.52%。

区位优势 国道220线横穿全境，是济阳县北部重镇、历史文化名镇、省政府命名的中心镇。以曲堤化工工业园为基地，以济南留学回国人员创立的精细化工研究中心为龙头，吸纳国内外化工行业项目进区投资兴业，共引进济南三清生物制药、海丰助剂厂等项目23个，到位资金4.9亿元。新建蔬菜大棚1200个，投资500多万元对黄瓜批发市场进行改造，巩固大棚黄瓜在农业产业中的龙头作用。曲堤镇获得“平安济南建设先进基层单位”等称号。

仁风镇

党委书记 高继锋

镇　　长 李庶森

政区人口 仁风镇位于济阳县东北部，面积124平方公里，耕地8089公顷，辖82个行政村。有人口6.13万人，人口出生率12.85‰，人口自然增长率6.6‰。

经济概况 完成规模以上工业利税总额1.44亿元，比上年增长23.66%。实际利用外资51万美元，出口创汇212万美元。财政收入968.63万元，比上年增长55.23%。

区位优势 地处3市（德州、滨州、济南）4县（济阳、惠民、商河、邹平）交界地，国道、省道、县乡路纵横交错，交通便利。新建北陈、王讣、朱家3处奶牛养殖小区,新进奶牛863头。西瓜大棚面积进一步扩大,仁风牌富硒西瓜被命名为“山东省著名商标”。新植薄皮核桃50余公顷,苹果、山楂种植面积进一步扩大。投资800万元实施城镇建设工程,新建仁风文化广场等。投资20万元成立电子监控中心,率先完成新卫生院建设,新修“村村通”公路15.62公里。

崔寨镇

党委书记 任道胜* 王长军

镇　　长 王长军* 宋琳琳

政区人口 崔寨镇位于济阳县南部,面积87平方公里,耕地4289公顷,辖69个行政村。有人口4.5万人,人口出生率9.7‰,人口自然增长率2.32‰。

经济概况 地区生产总值11.92亿元,比上年增长8.4%。实际利用外资44万美元,出口创汇513万美元。财政收入1035万元。农民人均纯收入5600元,比上年增长15%。

区位优势 国道220线纵贯南北,正在施工的青(岛)银(川)高速公路横穿东西,有东郊、东城2座浮桥和黄河大桥、黄河三桥2座公路大桥与市区相连,交通便利。有丰富的煤炭资源、水利资源和电力资源。村村通自来水工程已经竣工。引进招生规模过万人的英才学院等项目,新阳煤矿联合试运转全面成功。先后获“全省先进基层党组织”、“济南市先进基层党组织”、“济南市社会治安综合治理先进单位”等称号。

太平镇

党委书记 郭象峥* 张　方

镇　　长 张　方* 郭法东

政区人口 太平镇位于济阳县西部,面积112平方公里,耕地8051公顷,辖91个行政村。有人口5.79万人,人口出生率9.55‰,人口自然增长率-0.12‰。

经济概况 地区生产总值6.82亿元。出口创汇198万美元。财政收入647万元。农民人均纯收入5407元。

区位优势 地处济阳、齐河、临邑三县交界处,104国道纵贯南北,济太公路横穿东西,镇村公路纵横交错,交通便利。电力、通讯设施完善。引进的绿色肉牛项目是农业龙头项目,带动全镇并辐射全县及周边县区肉牛养殖业。相进生物科技有限公司是全县第一个韩国独资企业,驰名全国的周村烧饼也在太平镇安家落户。是济阳县农业大镇,是“全国无公害农产品生产基地”、“全国农产品标准化生产示范基地”、“山东省无公害农产品生产基地”。先后被评为济南市“计划生育优质服务先进镇”、“造林绿化先进单位”、“平安济南建设先进基层单位”等。

新市镇

党委书记 吴　涛

镇　　长 陈忠心

政区人口 新市镇位于济阳县西北部,面积99平方公里,耕地6602公顷,辖77个行政村。有人口3.85万人,人口出生率9.6‰,人口自然增长率2.26‰。

经济概况 规模以上工业利税总额1.02亿元,比上年增长22.39%。财政收入285万元。农民人均纯收入5630元,比上年增长19.87%。

区位优势 西与临邑县搭界,北与商河县毗邻,省道249线由东南向西北斜插全境,东接国道220线、省道248线,交通便利。全年引进项目11个,其中投资千万元以上项目6个(天甫乳业、济南同智科技、济南万荣医药港、大宝公司济南种鸡孵化场、红星水泥予制厂、济南鼎鑫机械制造)。新市镇先后被授予“济南市先进基层党组织”、“平安济南建设先进基层单位”、“市农村基层财务管理先进集体”等称号。

回河镇

党委书记 郭象峥

镇　　长 白宝强

政区人口 回河镇面积120平方公里,辖5个经济管理区,94个行政村(含回族村7个)。有人口4.3万人,其中回民2500余人。

区位优势 地处济北开发区和崔寨镇中间,是济南市北跨、济北开发区南展的承接之地,区位优势明显。曾是济阳历史上的集贸重镇。据史料记载,早在宋代,回河就曾经设置为镇,明清时期济阳县共设13镇,回河镇是其中之一。

(刘光华)

商河县

【概况】 因有滳河水流经取名滳河县,北宋元祐元年(1086年)改为商河县。位于济南市东北部,面积1162平方公里,辖2个街道办事处、5个镇、5个乡,948个行政村、15个居委会。全县有居民16.56万户,人口60.98万人,其中非农业人口19.71万人。男女性别比107.3:100,人口出生率10.9‰,人口自然增长率3.94‰。有回、满、蒙古、朝鲜、维吾尔等13个少数民族,少数民族人口10752人。地区生产总值57.54亿元,比上年增长13.8%,其中第一、二、三产业增加值分别为22.1亿元、19.61亿元、15.83亿元。

中共县委

书　记 李宽端

副书记 姜　涛

常　委 李宽端　姜　涛　邵登功　李俊英(女)　陶加强　李方金　何　斌　张　军　路来良　任立新

县人大常委会

主　任　信德增

副主任　郑志玉* 王成宝　刘学军　于广福　高传林*
陈佃华* 郭玉礼* 吕丙翠(女)　徐金忠

县人民政府

县　长　姜　涛

副县长　陶加强　李方金　魏时光
赵胜村　王　科　韩　英(女)

政协县委员会

主　席　王兴怀

副主席　赵同禄* 王秀智*(女)
贺佃路* 满长山　张立森
王新华* 贾生高　王在朋
任道庆　康建华(女)

中共县纪委

书　记　李俊英(女)

县人民法院

院　长　任艳亮* 白　龙

县人民检察院

检察长　王保新* 刘　春

县人民武装部

部　长　李　杰

政　委　何　斌

工业　全县工业增加值完成16.4亿元,比上年增长6.3%。规模以上工业企业93家,其中过亿元企业9家,实现产品销售收入43亿元,比上年增长10.0%,实现利税2.27亿元,比上年增长5.7%;实现利润0.86亿元。资产贡献率16.83%,产品销售率96.65%,全员劳动生产率101270元/人,流动资金周转率2.47次。全县纳入统计口径项目155个,完成投资6.75亿元,其中过亿元项目3个。工业企业实际引进内资4亿元。投资1160万元的力诺玻璃公司扩建项目、投资1619万元的齐鲁宏业改造扩建项目、投资1400万元的中元绿色生物工程公司新建GMP标准生产区项目等已完工投产。投资1.8亿元的康桥酒精项目、投资1.5亿元的三鑫重工起重机项目、投资1.27亿元的新加坡泛洋纺织高档面纱项目等正在建设中。

农业及农村经济　农牧渔业总产值44.77亿元,农业增加值22.1亿元,其中农、林、牧、渔业增加值分别为15.7亿元、0.27亿元、4.95亿元、0.29亿元。耕地面积6.8万公顷。农作物播种面积12.69万公顷,其中粮食作物9.30万公顷、经济作物3.39万公顷。粮食总产65.4万吨,棉花总产1.4万吨,蔬菜总产90.1万吨,肉类总产6.35万吨,禽蛋总产4.44万吨,奶类总产0.66万吨,水产品总产0.86万吨。农业机械总动力83万千瓦。完成造林面积1114公顷,其中用材林和防护林980公顷、经济林134公顷。全县林地面积达到1.63万公顷,林木覆盖率22.5%。投资1162万元的沙河故道调蓄水库第六期工程8月底竣工,标志着历经7年建设、全长32.88公里的沙河故道调蓄水库建设工程全线贯通,该工程是商河县有史以来水利工程治理时间最长、投入资金最大、受益群众最多的一项综合性水利工程,工程一次蓄水能力1200万立方米,增加和恢复灌溉面积1.33万公顷,解决了流域内85.3平方公里的水涝灾害。在全县北部苦咸水和高氟水区乡镇实施降氟改水工程,在南部实施浅井群集中供水工程,打深井5眼、浅井17眼,安装村外主管道144公里,建设16处降氟水厂、2处浅井集中供水水厂,新增203个村、11.48万人用上自来水,自来水普及率70%。完成公路建设项目116个,计165公里。建成沼气池3355个。有线电视、电话入户率分别达到36.8%、75%。

贸易财政金融　社会消费品零售总额25.09亿元,比上年增长14.8%。各类市场发展到99处,其中专业市场11处、集贸市场88处。城乡集市贸易额17.3亿元。新建规模较大的4个市场,项目进展顺利。其中,星都财富广场,建筑面积2.5万平方米,计划总投资7700万元;新龙桑商贸大世界计划投资850万元,建筑面积1.2万平方米,累计完成投资850万元;许商小商品市场建筑面积2万平方米,已完成3200平方米,完成投资300万元;怀仁镇农产品批发市场总投资800万元,已完成沿街楼8000平方米。新发展个体工商户3700户,累计达到9600户;新增民营企

商河县大沙河治理工程,历时7年,于2007年全线竣工。　(商河县志办供稿)

业 130 家,累计达到 543 家。批准设立外资企业 2 家,拥有自营出口权企业 37 家,其中有出口实绩企业 17 家。实现外贸进出口额 4868 万美元,比上年增长 30.55%。实际利用外资 804 万美元,比上年增长 95.6%。地方财政收入 1.54 亿元,比上年增长 18.9%。年末,全社会金融机构各项存款余额 31.69 亿元,各项贷款余额 15.90 亿元,分别比上年增长 11.9%、20.4%。

交通邮电 新修乡村公路 159.1 公里,公路通车总里程达到 1740.4 公里,全县 948 个行政村全部通上柏油路。拥有汽车 8832 辆,其中大型车 1000 辆、小型车 7832 辆。年货运量 260 万吨,年客运量 625 万人次,旅客周转量 24284 万人公里。邮电业务总量 5753 万元,其中邮政业务收入 1497 万元、电信业务收入 4256 万元。新增固定电话 1500 部,达到 12.4 万部,电话普及率 75 部/百户。移动电话用户 16.73 万户,互联网用户 13130 户。

建设环保 完成全社会固定资产投资 12.85 亿元,比上年增长 15%。商中路改造工程,北起富民路,南至南外环,全长 4.64 公里,已完成部分工程。人民公园规划用地 17 公顷,整个工程涉及拆迁单位 8 家、拆迁户 110 户,拆迁面积 2.45 万平方米,于 8 月中旬完成拆迁任务,公园园区建设已完成湖面清淤,垃圾清理、渣土回填、地形整理等。长青路东段建设工程西起商中路,东至振业街,全长 450 米,主车道宽 15 米,两侧 3 米人行道和 4.5 米绿化带,已完成雨水管铺设、路床整理等。建筑业从业人员 9842 人,实现总产值 2.96 亿元,利税 2242 万元。城区管道天然气新增用户 161 户,达到 2005 户。环境保护投资 1370 万元。工业废水排放达标率 95.93%,工业烟尘达标率 80.35%。城区主要道路保洁率 100%,垃圾处理率 99%。绿化覆盖率 10.3%,人均占有公共绿地面积 1.0 平方米。

教科文卫体 有各级各类学校 107 所,其中小学 82 所、普通中学 24 所、职业中专 1 所;在校生 67200 人,其中小学 40900 人、初中 19453 人、高中 6394 人;教职工 4929 人,其中专任教师 4254 人。成人教育机构 20 处,专任教师 107 人。幼儿园 125 所,在园幼儿 9119 人,在任教师 395 人。3 岁以上幼儿入园率 47.6%,适龄儿童入学率 100%。小学、初中在校生巩固率分别为 99%、98%,初中、高中毕业升学率分别为 68%、75%。小学、初中、高中专任教师学历达标率分别为 99.93%、95%、98.72%。全县中小学新征教育用地 1.33 公顷,投资 1925 万元,新增教学楼、教学用房、学生宿舍和实验用房 2383 平方米。有 226 名中小学教师在市级以上各类评选中获奖,2049 名中小学生在市级以上各种竞赛中获奖。组织各类科技计划 31 项,其中省级 2 项、市级 29 项。推广科技成果 23 项,其中 1 项获得市科技进步奖。专利申请量 58 件。有专业表演艺术团体 1 个,公共图书馆、文化馆、档案馆、影剧院各 1 处。有文体活动站点 10 处,新建文体大院 12 个,新上乡村健身路径 85 条。举办了全县第二十七届鼓子秧歌汇演、第十四届元宵灯会、"立新杯"全县书画展、老年人书画展等。在全省农民文化艺术节文艺调演中选送的节目《结缘》获金奖。在 2007 年全国少数民族运动会上,县鼓子秧歌获得银奖。花鞭鼓舞已申报第二批国家非物质文化遗产,搜集整理 11 个项目申报第二批市级非物质文化遗产。有各类卫生机构 17 所。其中,医院、卫生院 14 所,卫生防疫防治机构 1 所,妇幼保健机构 1 所,卫校 1 所。有床位 858 张,卫生技术人员 932 人,乡村卫生室 489 个,乡村医生 592 人。有体校、武术学校各 1 所,标准体育场 1 处。参加市级以上比赛获奖牌 18 枚,其中金牌 6 枚、银牌 5 枚、铜牌 7 枚。

人民生活 年末,在岗职工 29395 人,年平均工资 12446 元。农民人均纯收入 4631 元,农村居民人均消费支出 3060 元。城乡居民人均储蓄额 3729 元。城镇职工基本医疗保险参保人数 20095 人。有敬老院 12 处,集中供养五保对象 580 人。

【《盛世秧歌》在商河县完成拍摄并公映】 为进一步提升鼓子秧歌这一文化品牌,挖掘其艺术内涵,让更多的海内外人士了解这一艺术瑰宝,由商河县人民政府与北京汉腾格里文化交流有限公司联合拍摄的数字电影《盛世秧歌》于 8 月 1 日在商河县完成拍摄,并通过了国家广电总局的审查,12 月 7 日在县文化中心举行首映式。《盛世秧歌》主要讲述鼓子秧歌入选首批国家非物质文化遗产后积极争取参加 2008 年北京奥运会开幕式汇演的故事,对于弘扬鼓乡文化,提高商河乃至济南的知名度,将会产生一定影响。

【商河县清源湖水库破土动工】 商河县是全省严重缺水县之一,境内浅层地下水苦咸,深层地下水含氟量超标,水资源问题已成为制约全县经济社会发展的瓶颈。经调查研究和考察论证,在玉皇庙街道办事处南部原二级沉沙池建设清源湖水库,水库以黄河水为水源,提高全县水资源保障能力。清源湖水库围坝周长 4043 米,设计库底高程 14.2 米,坝顶高程 27.0 米,坝顶宽 7 米,水库永久占地 123.3 公顷,总库容 953.5 万立方米,全部预算投资 2.3 亿元。2007 年 10 月份,清源湖水库工程正式破土动工,截止 12 月底水库围坝工程已完成土方 50 万立方米。

【构建和谐社会帮扶体系】 一是就业帮扶体系。创建就业培训中心、农民夜校等培训基地 24 个,劳务输出站 12 个,发放再就业小额贷款 400 万元。二是医疗帮扶体系。全县农民参合率 97.47%,新农合报销比例由上年的 45%提高到 60%,新建 11 个农村卫生院、150 个村级卫生医疗所。三是教育帮扶体系。2003 年以来新建农村教学楼 9 座、2.89 万平方米,完善贫困生帮扶救助机制,拨付"一免一补"资金 61.6 万元、受资助学生 6562 人。四是保障体系。调整城镇居民最低生活保障标准,常保对象每月提高救助金 40 元,农村最低生活保障执行标准为年人均 1080 元。

【全国最长的太阳能路灯照明工程投入使用】 全国境内最长的太阳能路灯照明工程——山东省商河县境内 20 公里的省道 248 线太阳能路灯安装完毕,7 月份正式投入使用。该工程由山东力诺太阳能电力工程有限公司设计施工,有路灯400余盏,采用光控加时控的控制模式,安装的灯具发出的光亮相当于75瓦的电灯,每天可工作6小时。每年可节约电力约35.59万千瓦时,相当于每年节省标准煤约128.25吨,减排灰渣约33.18吨、二氧化碳约56.85吨、二氧化硫约2.37吨、氮氧化物约14.22吨、粉尘约1.48吨。

街道办事处、乡镇简介

许商街道办事处

党工委书记 李方金* 李和敏

主　　任 李和敏* 田兆生

政区人口 位于县城驻地,是全县政治、经济、文化中心,因纪念西汉名宦许商在商河治理水患,有功于商河人民而得名。面积114.6平方公里,耕地5200公顷,辖79个行政村、15个居委会。人口10.6万人,人口出生率8.6‰,人口自然增长率5.5‰。

经济概况 地区生产总值13.46亿元,比上年增长8%,其中一、二、三产业分别为1.99亿元、5.37亿元、6.1亿元,分别比上年增长6%、8%、10%。地方财政收入1280万元。农民人均纯收入4760元,比上年增加430元。

区位优势 省道248线纵贯南北,316线横跨东西,交通便捷。文化底蕴深厚,是商河鼓子秧歌发源地之一。境内地热、石油、天然气资源储量丰富,天然气日供气能力40万立方米,为经济发展提供了资源保证。土质肥沃,粮、棉、菜生产丰富,规模集约养殖发展迅猛。工业优势明显,商城工业园位于城区内,规划面积5.2平方公里,已入驻企业17家,形成家具销售、机械制造、纺织三大主导产业。

山东省道248线商河段太阳能路灯照明工程,全长20公里。 (商河县志办供稿)

玉皇庙街道办事处

党工委书记 张　军* 宋玉金

主　　任 宋玉金* 霍仁禄

政区人口 位于商河县南部,驻地在商河县经济开发区内。面积153.49平方公里,耕地8000公顷,辖96个行政村。人口6.1万人,人口出生率8.9‰,人口自然增长率3.2‰。

经济概况 地区生产总值9.76亿元,比上年增长6.3%,其中一、二、三产业分别为4.39亿元、4.48亿元、0.89亿元,分别比上年增长3.3%、8%、14%。地方财政收入2291万元。农民人均纯收入4863元,比上年增加243元。

区位优势 南隔徒骇河与济阳为邻,西依商西河与临邑为伴,省道248线纵贯南北,与国道220线、省道316线相连,地处两市三县交界处,是商河县的"南大门",位置优越,交通便利。域内石油、天然气、地热资源储量丰富,是胜利油田的生产基地之一。山东商河经济开发区、清源湖水库坐落境内。规模以上企业19家,形成玻璃制品、医药化工、产品包装、机械锻造、农产品加工五大主导产业。发展畜禽养殖、大蒜种植、蔬菜大棚、黑皮冬瓜、速生丰产林五大产业基地,大蒜加工、木材加工、食品加工等群众性加工业蔚然兴起。城镇建设初具规模,建设了玉凯大道、玉皇西路,对街道驻地进行绿化改造。2007年,玉皇庙街道办事处被命名为"全国重点镇"、"全省中心镇"、"山东省林业生产示范镇"等,入选"山东最具发展潜力乡镇"。

龙桑寺镇

党委书记 齐怀栋*

镇　　长 李国华

政区人口 位于商河县城东北15公里处,面积92.5平方公里,耕地5832公顷,辖94个行政村。人口4.3万人,人口出生率10.8‰,人口自然增长率1.7‰。

经济概况 地区生产总值13.2亿元,比上年增长3.8%,其中一、二、三产业分别为4.0亿元、5.0亿元、4.2亿元,分别比上年增长3.9%、6.7%、7.2%。实现地方财政收入553.2万元。农民人均纯收入4675元,比上年增加231元。

区位优势 历史悠久,交通便捷,产业特色突出,小城镇发展迅速,三产兴旺,是商河东部经济重镇、历史文化名镇。商河县第一个中共党支部与第一届中共县委均诞生于此。省道316线横穿全镇,境内农村公路四通八达。是远近闻名的畜牧大镇、建筑之乡和硬化池藕生产基地。小城镇发展迅速,被济南市列为2007

年小城镇试点乡镇。拥有全县最大的农村集市,家具、木材、饲料等市场交易活跃,是方圆30里内最大的商品集散地。

殷巷镇

党委书记 孙德祥

镇 长 张小磊

政区人口 位于商河县城北9公里处,因镇驻地在殷巷街而得名。面积124平方公里,耕地7133公顷,辖104个行政村。人口6.1万人,人口出生率11.9‰,人口自然增长率6.1‰。

经济概况 地区生产总值5.07亿元,比上年增长7.9%,其中一、二、三产业分别为2.95亿元、1.79亿元、0.33亿元,分别比上年增长4.1%、8.2%、6.7%。地方财政收入556万元。农民人均纯收入4402元,比上年增加216元。

区位优势 省道248线纵贯南北,是北京至南京、上海的必经之路,境内公路通车里程170公里。规划中的京福高速复线和德(州)龙(口)烟(台)铁路将经过全镇,并设立二级停车站。建成畜牧养殖园区70处,肉食鸡存栏100万只,猪存栏3万头。发展蔬菜大棚2000余个,留兰香种植基地80公顷。推进社会公益事业基础设施配套建设,完善敬老院内部设施,达到市级标准;扩建教学综合楼,已投入使用;建成卫生院门诊综合楼,方便农民就近治疗。

怀仁镇

党委书记 张英俊

镇 长 张 勇

政区人口 位于商河县西北部,因镇驻地在怀仁街而得名。面积59平方公里,耕地3533公顷,辖58个行政村。人口3.5万人,人口出生率5.8‰,人口自然增长率0.7‰。

经济概况 地区生产总值7.31亿元,其中一、二、三产业分别为2.24亿元、3.38亿元、1.69亿元。地方财政收入886万元。农民人均纯收入5200元,比上年增加740元。

区位优势 是山东省中心镇、济南市小城镇建设试点镇、县级经济实验区。东接省道248线,德龙烟铁路和济商高速路将在镇内通过,已实现村村通柏油路、电话、有线电视、自来水,交通便利,通讯快捷。大沙河横贯全镇东西,水面宽阔,水质无污染,草茂林丰,附近有树龄逾百年的古杏林、古槐林,丘陵地貌,具有很高的旅游开发价值。形成以资源利用为主的棉花加工、木器加工、塑料、丝网、化工、合金铸造等支柱产业。民生事业健康发展,新建高标准的民生街、仁和园、中心敬老院、中学新校区、汽车站等民生设施。古城村被中央精神文明委员会表彰为“全国创建文明村镇工作先进单位”,怀仁村农民小剧团被评为“省级庄户剧团”。

贾庄镇

党委书记 李东武

镇 长 李增禄

政区人口 位于商河县境西部,因镇驻地在贾家村而得名。面积109.1平方公里,耕地6022.5公顷,辖91个行政村。人口5.2万人,人口出生率11.7‰,人口自然增长率4.5‰。

经济概况 地区生产总值14亿元,比上年增长7%,其中一、二、三产分别为7.5亿元、5.4亿元、1.1亿元,分别比上年增长6%、8%、7%。地方财政收入279万元。农民人均纯收入4677元,比上年增长232元。

区位优势 省道316线横贯东西,村村通公路纵横交错,交通便利。矿产资源丰富,天然气蕴藏量4.3亿立方米,有油井近500口,是胜利油田主要生产基地之一。地热资源丰富,总储量49亿立方米,埋深1400米、水层70米、水温50度以上。农业主要培植畜牧、林果两大主导产业,建畜牧园区73个,园区占地面积70公顷,建有黄河以北最大的奶牛养殖生产基地,肉、蛋、奶总产量1.3万吨。培植林木和黄金梨产业,建成商南观光农业示范区和沙河故道黄金梨生产基地100公顷,果品产量500吨。形成商业贸易区、工业园区、生活居住区、风景园林休闲区等为主体的小城镇基本框架。工业园发展企业75家,其中规模以上企业18家,拥有自营进出口权企业9家,形成以纺织、服装、造纸、化工、塑料、玻璃、建材、生物技术、磁性材料、农副产品加工为主体的十大主导产业。

郑路镇

党委书记 任立新* 窦新宏

镇 长 窦新宏* 窦举然

政区人口 位于商河县城东15公里处,面积128平方公里,耕地7000公顷,辖97个行政村。人口6.17万人,人口出生率11.3‰,人口自然增长率1.3‰。

经济概况 地区生产总值8.08亿元,比上年增长10%,其中一、二、三产业分别为2.84亿元、4.97亿元、0.27亿元,分别比上年增长8%、11%、12%。地方财政收入340万元。农民人均纯收入4878元,比上年增加240元。

区位优势 是省政府确定的重点中心镇之一,济南市“十一五”规划重点开发建设小城镇。境内徒骇河、土马河横贯东西,土地肥沃,水资源丰富。距济青、京福高速公路70公里,济南机场50公里,商展路横穿东西,环县路纵贯南北,并和省道248线、316线、国道220线相连,拥有四通八达的公路网。形成蔬菜生产、丝网加工、畜牧养殖三大产业基地。

孙集乡

党委书记 白玉河

乡 长 张海军

政区人口 位于商河县城东10公里处,因乡驻地在孙集村而得名。面积104.46平方公里,耕地6400公顷,辖96个行政村。人口5.1万人,人口出生率11.1‰,人口自然增长率6‰。

经济概况 地区生产总值4.5亿元,比上年增长10%,其中

一、二、三产业分别为2.44亿元、1.59亿元、0.47亿元,分别比上年增长5.3%、6.2%、4%。地方财政收入143万元。农民人均纯收入4483元,比上年增加100元。

区位优势 省道316线、商展路横穿全乡,交通便利,通讯设施完善。工业形成以老粗布、地毯、大蒜、卫生巾、刺绣、服装为主导的产业体系。有地毯加工厂169家,老粗布公司2家,从业人员15000余人,老粗布、地毯加工成为促进农民增收,加快农村经济发展的支柱产业。新引进的济南锦翎服饰有限公司,年销售收入2000万元,解决剩余劳动力200余人;济南米格内特服装有限公司固定资产投入1000万元,解决劳动力1000余人。种植业以优质小麦、玉米、良种棉为主。畜牧业比较发达,猪、牛、鸡养殖园区初具规模。

沙河乡

党委书记 房兴春

乡　　长 刘宁晓

政区人口 位于商河县城东北12.5公里处,因乡驻地在沙河村而得名。面积86.64平方公里,耕地4415公顷,辖66个行政村。人口4.07万人,人口出生率10.8‰,人口自然增长率5.6‰。

经济概况 地区生产总值4.26亿元,其中一、二、三产业分别为1.39亿元、0.43亿元、2.44亿元,分别比上年增长4%、3.6%、3%。地方财政收入112.6万元。农民人均纯收入3991元,比上年增加240元。

区位优势 是有机白莲藕和优质黄金梨种植之乡,产业面积超万亩。省道316线和风景怡人的大沙河横穿全乡东西,土地资源和劳动力资源丰富,有承载大项目发展能力。逐步形成纺纱、绳网、刺绣、地毯、木材加工等为主的劳动力密集型企业。境内大沙河完成综合清淤、绿化、美化工程,是度假休闲,赏荷垂钓的观光旅游好去处。

韩庙乡

党委书记 王　彬

乡　　长 王希健

政区人口 位于商河县城东北25公里处,因乡驻地在韩庙村而得名。面积68.11平方公里,耕地3940公顷,辖45个行政村。人口3万人,人口出生率10.48‰,人口自然增长率4.75‰。

经济概况 地区生产总值3.38亿元,比上年增长6%,其中一、二、三、产业分别为1.7亿元、1.13亿元、0.55亿元,分别比上年增长6%、7%、6%。地方财政收入500万元。农民人均纯收入4315元,比上年增加185元。

区位优势 地处三市(济南、德州、滨州)、四县(商河、乐陵、阳信、惠民)交界处,距周边县市均在30公里左右,是辐射周边地区的最大经贸中心和商品集散地。境内小官庄汉墓群被列为省级重点文物保护单位。"古二十四孝"石刻园占地4800平方米,建有石碑24块、凉亭3座、石刻孝经1部,每块石碑都图文并茂,记载着一个孝行故事。石刻园的落成,对净化社会风气、弘扬儒家孝文化,有着重要而深远的意义,成为以弘扬儒家慈孝文化为主,兼德育教育、观光旅游于一体的文化景区。

白桥乡

党委书记 井国华

乡　　长 许振东

政区人口 位于商河县城东南部,因乡驻地在白桥村而得名。面积83.31平方公里,耕地4672公顷,辖81个行政村。人口4.8万人,人口出生率11.2‰,人口自然增长率6‰。

经济概况 地区生产总值4.8亿元,比上年增长7%,其中一、二、三产业分别为2.14亿元、1.56亿元、1.10亿元,分别比上年增长6.8%、6.9%、7.3%。地方财政收入193.06万元。农民人均纯收入5179元,比上年增加229元。

区位优势 土质肥沃,水源充足,农业生产条件优越,具有多年大蒜种植历史,是山东省"无公害农产品生产基地"。生产的商玉宝牌大蒜系列产品被国家绿色食品认证中心认定为绿色食品。全年总产大蒜10.5万吨、蒜薹4.9万吨,产品远销北京、天津、内蒙古等20多个省市,并出口到日本、韩国、马来西亚等国家和地区,大蒜已成为全乡农民增收致富的主要经济来源。大蒜加工业发展迅速,有蒜片加工厂147家,年加工大蒜8万吨、蒜片2万余吨。

张坊乡

党委书记 董树登

乡　　长 车富春

政区人口 位于商河县城西北5公里处,因乡驻地在张坊村而得名。面积37.6平方公里,耕地2177公顷,辖42个行政村。人口1.98万人,人口出生率10.28‰,人口自然增长率4.95‰。

经济概况 地区生产总值5.4亿元,比上年增长6.8%,其中一、二、三产分别为3.11亿元、0.81亿元、1.48亿元,分别比上年增长9.2%、4.1%、7.1%。地方财政收入270万元。农民人均纯收入4067元,比上年增加393元。

区位优势 农业发达,畜牧业发展迅猛,是商河县畜牧生产专业乡。培植了黑皮冬瓜、食用菌及美洲观赏海棠苗木生产基地,形成园区养牛、大棚养鸡及小区养猪等主导畜牧产业。工业经济以纺织、电子、铸铁工艺品为主。商贸流通业发展迅速,牛羊肉加工储运发达,产品远销北京、天津等地,建材运输及客运业成为新兴支柱产业。2007年,被市委、市政府授予"畜牧养殖先进单位"、"平安济南建设先进集体",西小王村被评为"全国尊老敬老先进单位"、"省级文明村"。

(陈丽梅　宋　峰　于进东)

责任编校　王　炜

人物

新任领导人

焉荣竹　男，1952年11月生，山东乳山人，中央党校研究生学历，1971年9月参加工作，1971年9月加入中国共产党。

1971年9月至1973年12月任乳山县下初公社团委副书记。1973年12月至1975年8月任乳山县崖子公社党委副书记。1975年8月至1976年8月任乳山县诸往公社党委副书记、革委会副主任。1976年8月至1978年5月任乳山县委副书记，诸往公社党委书记、革委会主任。1978年5月至1986年7月任乳山县委副书记、革委会副主任、副县长(其间于1983年9月至1986年7月在省委党校干部专修科学习)。1986年7月至1989年12月任文登县(市)委书记。1989年12月至1992年8月历任威海市委宣传部部长，威海市委常委、宣传部部长兼市社科联主席，威海市委常委、市对外经贸委主任。1992年8月至2001年6月历任日照市副市长，日照市委副书记、副市长，日照市委副书记、代理市长，日照市委副书记、市长，日照市委书记兼市委党校校长。2001年6月至2003年2月历任烟台市委书记、烟台市委书记兼市委党校校长（其间于2001年3月至2002年1月在中央党校中青年干部培训班学习)，2003年2月至2004年4月任烟台市委书记兼市人大常委会主任、党组书记，市委党校校长(其间于2001年3月至2004年1月在中央党校在职研究生班经济管理专业学习)，2004年4月至2006年10月任中共山东省委常委，烟台市委书记兼市人大常委会主任、党组书记，市委党校校长。2006年10月至2007年3月任中共山东省委常委、宣传部部长。2007年3月至2007年10月任中共山东省委常委、济南市委书记兼市委党校校长，2007年10月至今任中共山东省委常委、济南市委书记兼市委党校校长。是十七届中央候补委员，七、八、九届省委委员，八、九届市委委员。

张建国　男，1954年1月生，山东沾化人，中央党校研究生学历，1970年12月参加工作，1973年9月加入中国共产党。

1970年12月至1975年3月历任山东省军区警卫连战士、副班长、班长。1975年3月至1989年4月历任枣庄市麻纺织厂工人、工会副主席、厂党总支副书记，枣庄市纺织工业局局长、党组书记(其间于1980年9月至1982年8月在山东大学干部专修科经济系工业经济管理专业学习，1985年8月至1986年7月任省委办公厅联络员)。1989年4月至1991年6月历任枣庄市委副秘书长(正县级)，枣庄市委常委、秘书长，枣庄市委常委、副市长，市政府党组副书记(其间于1990年9月至1991年7月在省委党校中青年干部培训班学习)。1994年4月至1997年12月历任省机械工业厅副厅长、党组成员，省机械工业厅厅长、党组书记。1997年12月至1998年2月任淄博市委副书记、代理市长，市政府党组书记。1998年2月至2002年6月任淄博市委副书记、市长，市政府党组书记（其间于2000年3月至2001年1月在中央党校中青年干部培训班学习)。2002年6月至2007年3月任淄博市委书记兼市人大常委会主任、党组书记，市委党校校长(其间于2000年3月至2003年1月在中央党校在职研究生班经济管理专业学习)。2007年3月至2007年6月任济南市委副书记、代理市长、市长，市政府党组书记。2007年6月至今任中共济南市委副书记、市长，市政府党组书记。是中共山东省第九届委员会委员，中共济南市第八、九届委员会委员。

徐学武　男，1956年3月生，山东栖霞人，中央党校大学学历，1974年6月参加工作，1975年11月加入中国共产党。

1974年6月至1975年12月在胶南县王台公社知青插队。1975年12月至1976年4月在胶南县财政局工作(其间在胶南县五七干校学习)。1976年4月至1998年6月历任青岛市黄岛工委辛安公社党委组织干事，共青团胶南县委干事，共青团青岛市委办公室秘书,共青团青岛市委研究室主任,共青团青岛市委常委、秘书长,共青团青岛市委副书记,共青团青岛市委副书记、党组副书记、市青年联合会主席,共青团青岛市委书记、党组书记,共青团青岛市委书记、党组书记,青岛市市南区委副书记(副厅级)(其间于1980年8月至1983年6月在青岛职工业余大学政治专业学习,1993年8月至1995年12月在中央党校函授学院经济管理专业学习)。1998年6月至2002年1月任西藏日喀则地委委员、行署常务副专员、山东援藏干部总带队。2002年1月至2007年2月任日照市委副书记。2007年2月至4月任济南市委常委。2007年4月至今任济南市委常委、组织部部长。是七届省政协委员,七届青岛市委候补委员,青岛市十一届人大常委,八、九届济南市委委员。

陈延河　男,1954年3月生,山东济南人,省委党校研究生学历,1971年12月参加工作,1976年9月加入中国共产党。

1971年12月至1973年9月任长清县张夏公社诗庄联中民办教师。1973年9月至1975年8月在长清师范学校学习。1975年8月至1976年8月任长清县张夏公社纸房中学教师。1976年8月至1979年7月在长清县张夏公社党委、县委组织部帮助工作。1979年7月至1982年5月任长清县委组织部干事。1982年5月至1983年9月任长清县五峰公社党委副书记。1983年9月至1985年7月在山东农业大学干部专修科农学专业学习。1985年7月至1997年12月历任长清县崮山区委副书记,长清县崮山镇党委副书记、镇长,崮山镇党委书记,长清县委常委,长清县委常委、副县长,长清县委副书记、副县长(其间于1993年8月至1995年12月在中央党校函授学院本科班经济管理专业学习,1993年9月至1996年7月在山东农业大学业余本科班农经系学习)。1997年12月至2002年12月历任济阳县委副书记,济阳县委副书记、县长,济阳县委书记,济阳县委书记兼县委党校校长(其间于1997年9月至2000年6月在省委党校在职干部研究生班政治学专业学习)。2002年12月至2003年7月任济南市总工会常务副主席(正局级,主持日常工作)、党组书记。2003年7月至2007年3月任济南市总工会主席、党组书记。2007年3月至4月任济南市人大常委会副主任,市总工会主席、党组书记。2007年4月至2008年1月任济南市人大常委会副主任、党组成员,市总工会主席、党组书记。2008年1月至今任济南市人大常委会副主任、党组成员。是八届市委候补委员,九届市委委员,市十三届人大常委。

牟陆阳　男,1950年10月生,山东日照人,省业余大学学历,高级会计师,1968年12月参加工作,1971年12月加入中国共产党。

1968年12月至1970年11月任济南市商业局服务公司工人。1970年11月入伍,历任战士、班长、司务长、副指导员。1977年10月至1985年10月历任济南市财税局市中分局、国营企业分局四股办事员,济南市财税局政工科办事员,济南市财税局政工科科员,济南市财税局政工科副科长,济南市财税局政工科副科长、纪委副书记(其间于1983年7月至1985年6月在山东经济学院干部专修科财经专业学习)。1985年10月至1991年3月任济南市财政局副局长、党组成员。1991年3月至1994年7月任济南市财政局副局长、党组成员,市税收、财务、物价大检查办公室主任。1994年7月至1998年8月任济南市财政局局长、党委书记,市税收、财务、物价大检查办公室主任(其间于1995年9月至1998年7月在山东财政学院本科班会计学专业学习)。1998年8月至2004年8月任济南市财政局局长、党委书记。2004年8月至2007年3月任济南市政府市长助理、市政府党组成员。2007年3月至4月任济南市人大常委会副主任,市政府市长助理、市政府党组成员。2007年4月至今任济南市人大常委会副主任、党组成员。是八届市委委员。

杨庆林　男,1953年1月生,辽宁黑山人,中央党校大学学历,高级经济师,1970年8月参加工作,1977年8月加入中国共产党。

1970年8月至1987年4月历任济南东风锅炉厂工人、生产办公室统计员、技术组组长、技术科科长、厂部副厂长、工艺科科长、厂企管办负责人、生计科副科长、生计科科长、厂部副厂长(其间于1975年2月至1977年8月在济南东风锅炉厂工人大学机械制造专业学习)。1987年4月至1988年1月任济南市槐荫区五里沟工业公司副经理兼环保厂厂长(其间于1984年9月至1987年12月在省高等教育自学考试专科班经济管理专业学习)。1988年1月至1989年3月任济南市槐荫区五里沟街道办事处副主任。1989年3月至11月任济南市槐荫区经计委副主任。1989年11月至1992年2月任济南市槐荫区经计委副主任、体改委副主任。1992年2月至12月任济南市槐荫区经计委主任、体改委副主任。1992年12月至1993年1月任济南市槐荫区委常委,经计委主任、体改委副主任。1993年1月至1996年7月任济南市槐荫区委常委、副区长。1996年7月至1997年3月任济南市槐荫区委副书记、代区长。1997年3月至1999年4月任济南市槐荫区委副书记、区长(其间于1995

年8月至1997年12月在中央党校函授学院本科班经济管理专业学习）。1999年4月至5月任济南市天桥区委书记、区政协主席，1999年5月至2001年1月任济南市天桥区委书记、区政协主席兼区委党校校长。2001年1月至2006年9月任济南市天桥区委书记兼区委党校校长。2006年9月至2007年3月任济南市政协党组成员、市委统战部部长。2007年3月至今任济南市政协副主席、党组成员，市委统战部部长。是八、九届市委委员，十一、十二届市政协委员。

胡占平　男，1950年7月生，河北丰南人，中央党校大学学历，1968年8月参加工作，1976年4月加入中国共产党。

1968年8月至1973年3月任齐鲁石化总厂炼油厂工人，1973年3月至1975年3月任济南炼油厂工人。1975年3月至1985年1月任济南市委宣传部干事（其间于1977年2月至1977年10月任市学大寨工作团总团秘书，1977年10月至1978年10月在省委党校理论干部专修班学习）。1985年1月至1985年6月任济南市委宣传部副科级巡视员。1985年6月至1986年4月任济南市委讲师团副团长（正科级）（1983年9月至1985年7月在山东师范大学干部专修科中文系中文专业学习）。1986年4月至1989年3月任济南市纪委调研室主任。1989年3月至8月任济南市纪委调研室主任（副局级）。1989年8月至1990年5月任济南市纪委研究室主任。1990年5月至1991年3月任济南市纪委常委、研究室主任。1991年3月至1993年10月任济南市纪委常委、秘书长。1993年10月至1998年4月任济南市纪委副书记、秘书长（正局级）（其间于1993年8月至1995年12月在中央党校领导干部函授班经济管理专业学习，1994年9月至1995年2月在省委党校中青年干部培训班学习）。1998年4月至11月任济南市纪委副书记、秘书长，市监察局局长。1998年11月至2005年1月任济南市纪委副书记、市监察局局长。2005年1月至2月任济南市纪委常务副书记、市监察局局长。2005年2月至4月任济南市政府秘书长、党组成员，市政府办公厅党组书记，市纪委常务副书记。2005年4月至2007年3月任济南市政府秘书长、党组成员，市政府办公厅党组书记。2007年3月至4月任济南市政协副主席，市政府秘书长、党组成员，市政府办公厅党组书记。2007年4月至2008年1月任济南市政协副主席、党组成员，市政府秘书长、党组成员，市政府办公厅党组书记。2008年1月至今任济南市政协副主席、党组成员。市六、七、八次党代会当选为市纪委委员，是十一、十二届市政协委员。

苏树伟　男，1959年11月生，山东平阴人，中央党校大学学历，1980年7月参加工作，1984年11月加入中国共产党。

1980年7月至1985年9月历任平阴县安城粮所出纳员，平阴县粮食局会计股会计，粮食局副股长。1985年9月至1987年7月在山东广播电视大学党政干部管理基础专修科学习。1987年7月至1989年9月任平阴县委办公室秘书，1989年9月至1991年3月任平阴县委办公室秘书（副科级）。1991年3月至1999年7月历任平阴县委办公室主任助理，办公室副主任，县委组织部副部长、组织员办公室主任，平阴县孔村镇党委书记，平阴县委常委、孔村镇党委书记，平阴县委常委、办公室主任，平阴县委副书记（其间于1993年8月至1995年12月在中央党校函授学院本科班经济管理专业学习）。1999年7月至2000年1月任商河县委副书记、代理县长，2000年1月至2002年12月任商河县委副书记、县长。2002年12月至2006年9月任济阳县委书记兼县委党校校长。2006年9月至2007年2月任济南高新技术产业开发区党工委书记、管委会副主任，2007年2月至今任济南高新技术产业开发区管委会主任（济南市副市级）、党工委书记。是八届、九届济南市委委员，济南市十三届人大代表。

（组织部）

先模人物

韩晓东　男，36岁，中共党员，济南钢铁集团总公司第一炼钢厂炉长，2007年4月被授予全国“五一”劳动奖章。自参加工作以来，他始终坚持“有平凡的岗位，没有平凡的工作”的信念，立足岗位，勤奋学习，自学了钢铁冶金专业的大学课程和基础管理知识，努力把理论应用于实践，用头脑和智慧炼钢。围绕提高转炉操作水平，积极进行技术攻关和创新实践，先后总结出“留渣操作法”、“分批加料造渣法”和“三缓摇炉黄烟控制法”等先进操作技术，在车间内推广，为稳定转炉操作、降低成本作出了突出贡献。几年来，由于该同志的模范作用和善于管理，其所带领的班组取得了多项荣誉和称号。转炉日历作业系数长期保持全国冶金行业第一的水平，钢铁料、吨钢成本等代表性指标多年位居全国冶金行业前三名。他本人先后被总公司授予“青春建功能手”、“先进生产工作者”和“优秀共产党员”等称号。2002年被评聘为炼钢高级技师。2004年被评为济南市劳动模范，2005年获山东省“富民兴鲁”劳动奖章。

孙修莹　男，37岁，中共党员，中国重型汽车集团卡车公司车架厂冲压车间压型工，2007年4月被授予全国“五一”劳动奖章。在日常的工作中，他非常注重班组管理，每天坚持班前召开班组会落实生产情况，班后召集各机台长会议，安排第二天的任务，解决工作中出现的问题。这些措施不仅保证了正常的生产秩序，而且促进了整个班组产品质量的提升，他所带领的班组被评为车架厂“明星班组”。他还利用工作之余，运用已有的丰富知识和经验，对一些封存的废旧工装模具进行改造并重新利用，为企业节省了大量维修费用。多年来，为提升自身业务素质，孙修莹将业余时间基本上用在了图书馆和培训班，使自己成为一名合格的“知识型员工”。他本人多次被评为先进工作者、优秀共产党员、卡车公司劳动模范、集团公司劳动模范，2005 年获济南市“五一”劳动奖章，2006 年获山东省“富民兴鲁”劳动奖章。

潘　皓　男，46 岁，中共党员，山东黄台火力发电厂技术副厂长兼总工程师，2007 年 4 月被授予全国“五一”劳动奖章。该同志长期致力于以科技创新促进企业的快速发展，2000 年以来，先后主持了 #7、8 机组汽轮机通流部分和增容改造，供电煤耗降低 12g/kwh，机组出力由 300MW 增至 330MW；#7、8 机组热控系统 DCS、DEH 改造，使 80 年代的两台 300MW 机组自动化水平和设备可靠性达到了国内先进水平；他主持的 #5、6 机组机通流部分改造，实现热电联产，全厂供热能力达到 400T/H，为企业注入了新的经济增长点；主持的 #7、8 炉电除尘改造，使除尘效率由 99.3%提高到 99.8%以上，30 万机组脱硫国产化示范项目技术工作的研究及实施，为环保事业和济南市“蓝天工程”作出了贡献。他参加研究的多项科研项目分别获国家科技部、电力工业部和山东电力集团公司科技进步奖；他积极引进和探索先进的管理理论和管理手段，主持建设了黄台电厂的管理信息系统，作为主要领导参加引进了国外先进的资产管理软件 MAXIMO，与点检定修制相结合，实现了现代化的资产管理和检修管理。作为主管职工教育培训工作的领导，他通过电子教室、网上教学系统的建设，通过与高校联合办学、内部培训等多种方式，使黄台电厂实现了多样化、现代化的职工教育，提高了职工素质。他高度重视安全生产工作，2006 年，带领广大干部职工克服煤种复杂、煤质极不稳定、设备严重老化的困难，使黄台电厂实现连续安全生产 2100 天，创建厂以来最长安全生产记录。

孟红伟　女，41 岁，中共党员，济南市长清区人民检察院检察员，2007 年 4 月被授予全国“五一”劳动奖章。工作 20 余年来，孟红伟始终自觉践行“三个代表”重要思想，忠实履行党和人民赋予的神圣职责，先后被最高人民检察院授予全国模范检察官、被全国妇联授予“三八”红旗手、被中共山东省委授予山东省优秀共产党员、被山东省总工会授予“富民兴鲁”劳动奖章等称号，记个人一等功二次，中共济南市委、市委政法委、长清区委、济南市人民检察院党组等先后做出向孟红伟同志学习的决定。在幼子夭折、爱子重伤、身患绝症两次手术的情况下，她以强烈的事业心，全身心地投入工作，把事业作为强大的动力，使生命在事业中延续，事业因奉献而闪光，在平凡的岗位上做出不平凡的业绩。先后主办和参办职务犯罪案件百余起、公诉案件近百起，件件铁案。特别是 2000 年身患癌症后，参与查办渎职犯罪案件 20 余起，为国家挽回经济损失 1000 多万元。她心系群众，竭诚为民，对社会奉献出博大无私的爱心。11 年的上访老户在她的耐心开导下心悦诚服；险些失明的受害人在她的资助下留住了光明；想自杀的在押犯人在她的帮助下重新唤起生活的希望；辍学的少年儿童在她的救助下重返课堂。她以一个共产党员的情怀，赢得老百姓的真诚爱戴。她热爱生活，积极投身于社会公益事业，先后担任区青联副主席、区妇联“爱心使者”等职务。

魏长亭　男，45 岁，中共党员，济阳县教育局局党委书记、局长，2007 年 4 月被授予全国“五一”劳动奖章。参加工作以来，无论是教学第一线、班级管理、学校管理，还是在局长职位上，他都忠诚于党的教育事业，以人为本，解放思想，改革创新，与时俱进，取得显著成绩。担任教师期间，悉心钻研教学，教学基本功扎实，教学成绩非常显著。1986 年，被评为德州地区优秀教育工作者；1989 年，在山东省首次中青年物理教师优质课评比中获一等奖；1995 年被评为济南市首批“泉城青年优秀人才”和济南市十佳教育科研工作者，所带领的物理教研组被评为全省先进教研组。辅导的学生屡次获省以上学科竞赛、论文评比一等奖。他对学生关爱有加，培养了一大批包括干恩东在内的优秀学生，年年被评为市级优秀班主任，1997~1999 年连续 3 年被评为济阳县十大杰出青年。担任济北中学校长期间，深化办学体制改革，短短 3 年就创造了济阳高中教育的辉煌，成为全市一批次高中，全县高考成绩连续 6 年位居济南市第一，济阳教育成为区域乃至周边地区学习的典范。担任教育局局长期间，他认真贯彻教育法律法规政策，不管是教育管理体制改革、公办与民办学校分离，还是干部教师竞争上岗和教学改革，都作为全市乃至全省推广的典型。近年来，他强抓机遇，乘势而上，使济阳县职业中专奋力崛起，成为全省重点中等职业学校，其龙头作用充分显现。各级各类教育整体推进、协调发展；顺利通过省“实验教学普及县”验收和省“双基”巩固提高验收，有 9 所学校被评为省规范化学校，济阳县获市农村教育先进县和省职业教育先进县称号。1997 年，他被评为山东省优秀教育工作者，被选为市第七次党代会代表；2001 年，获山东省“富民兴鲁”劳动奖章。

袁小冬　女，38 岁，中共党员，济南电视台小冬工作室主任，2007 年 4 月被授予全国“五一”劳动奖章。1997 年、2003 年两度荣获全国节目主持人最高荣誉“金话筒”奖，连续两届获全国主持人“金剑奖”（政府奖），并获全国城市十佳节目主持人和

2006年全国主持人“荧屏之星”称号。她主持、创作的电视节目70余件(次)获国家和省、市级奖励。从事新闻工作14年来,她创办、主持的《小冬热线》、《庭审纪实》、《泉城夜话》、《小冬夜沙龙》等电视栏目均以鲜明的个性和全新的形式赢得了观众认可,屡屡创下济南地区收视头牌,《泉城夜话》连续多年被市委、市政府命名为名牌栏目。2004年,获山东省“富民兴鲁”劳动奖章,还曾获“泉城十大杰出职工”、济南市“五一”劳动奖章、“泉城十大杰出青年”、“济南市青年学术技术带头人”、济南市“三八”红旗手、“济南市劳动模范”、“济南市女职工素质达标明星”等称号。在鲜花和荣誉面前她更加谦虚谨慎,发奋工作,工作业绩更加突出,她带领的小冬工作室先后获得“济南市青年文明号”、“山东省优秀青少年维权监督岗”、“山东省爱心助残先进单位”等称号。她的节目多以传播爱心为主题,多年来帮助百余个身处困境的家庭和个人走出难关,开始新生,她被广大观众亲切称誉为“爱心大使”。

(崔雨 吕燕)

逝世人物

刘荫岛 (1947.5~2007.10)男,原济南市政府副市长,民盟省委副主委。山东肥城人,大学普通班学历,副教授,1983年7月加入中国民主同盟。

1968年8月至1971年5月任济南刃具厂工人。1971年5月至1976年9月任济南三十四中学教师。1976年9月至1979年7月在山东师范大学英国语言文学专业学习。1979年7月至1989年4月任济南教育学院外语系教师。1989年4月至1991年10月任济南教育学院外语系讲师、副主任。1991年10月至1993年10月任中建驻苏丹国经理部总经理助理兼翻译。1993年10月至1994年10月任济南教育学院外语系副主任、副教授。1994年10月至1996年11月任济南教育学院外语系副教授,1996年11月至1997年5月任济南教育学院副院长、副教授。1997年5月至1997年10月任济南教育学院副院长、民盟济南市委副主委。1997年10月至1998年2月任济南教育学院副院长,民盟中央委员、济南市委副主委。1998年2月至2002年1月任济南市副市长,民盟济南市委副主委。2002年1月至2002年5月任济南市副市长、民盟济南市委主委。2002年5月至2007年4月任济南市副市长,民盟山东省委副主委、济南市委主委。2007年4月至2007年10月任济南市副市长、民盟山东省委副主委。2007年10月病故。

(组织部)

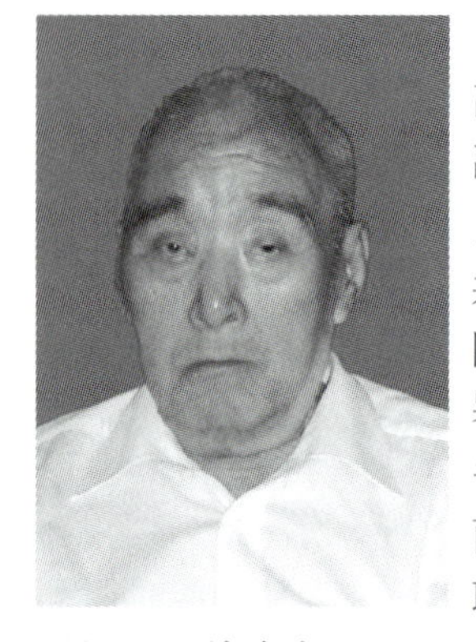

张文学 (1918.3~2007.1.6)男,离休干部、老红军,原济南市粮食局副局长。安徽省巢湖市人。1937年6月参加革命,1939年2月加入中国共产党。历任潍南路东路西地区挺进队八团一营一连战士、潍南路行政公署秘书处股长、潍南行署民生纺织厂书记,山东兵站部一兵站书记,济南面粉厂厂长,济南粮食局副局长等职。1982年12月离职休养。2007年1月6日于济南病逝。

(王炜)

人物名录

济南市2007年山东省“富民兴鲁”劳动奖章获得者(48名)

周丕清 卢振斌 丁中 纪永强 于红军 李春燕(女) 田绍奎 丁少军 夏元镇 张玉堂 庄爱霞(女) 高绍和 郭晶(女) 刘继营 王光明(女) 孙燕(女) 石宗仁 郭宝江 王立革 胥正君 梁玉强 俞芸蓉(女) 巩振茂 王明寿 孙静萍(女) 张镇 方辉 陈加桐 岳庆祝 刘运初 王向东 吕洪兴 马永生 侯安业 牟新 罗毅 黄庆财 邵怀庆 孔凡亭 李玉斗 卞建国 盖守群 梁志银(女) 潘杰(女) 段伟刚 田永良 孙倩(女) 李燕(女)

2007年表彰的济南市劳动模范和先进工作者(309名)

张茂仁 于关勤 刘宪民 马乃西 房俊岭 周霖 李传光 韩子毅 亓晓玉 李文峰 尹逊朋 张而诗 霍鸿 高立华 杜光明 李延真 于平吉 孙美荣(女) 牛光明 郑海英(女) 张国强 蔡永余 赵培河 单志海 张玉梅(女) 王福全 尚杰 崔斯伟 潘杰(女) 黄淑玲(女) 王雪广 李敏(女) 刘卫忠 肖传奇 荣兰祥 张云明 徐颜 吴乃华 杨连玉 李长元 王登富 王平 张传勇 赵曰侠 袁世琪(女) 胡秀明 黄成 李富君 刘书江 张景新 马磊 潘锡民 高志伟 国爱文 王玉芹(女) 王伯芝 张志平 房迎 陈昌喜 孙斌 王大胜 陈延青 崔伟 闫洪枚(女) 江秀花(女) 娄源华 刘淼(女) 宿永涛 刘永强 金万钦

卢平书　刘全忠　吕纳新(女)　张保祥　伊方军
马洪亮　李春燕(女)　薛兴海　张明生　徐莉萍(女)
王忠林　刘彦友　秦光霞(女)　万福勇　刘方波
李道水　刘　森　刘　勇　李　雷　刘志清　张连宏
杜　敏(女)　李延东　杨　林　陈雪珊(女)
崔　波　李婷婷(女)　张　彤　李玉林　李传山
孙殿春　陈　峰(女)　周　颖(女)　张红瑞
周凤军　薄　涛　孙卫华　陶　涛　邢　波　栾吉益
刘桂新　于瑞群　王德春　李相伟　刘　伟　袁继强
赵　宾　侯孟华　宁长军　张恒斌　胡福存　王永辉
冯学军　贾世瑞　王广栋　王法珍　张庆河　刘　波
张冀宁　胡玉玲(女)　魏　军　李桂兰(女)
王洪祥　穆　涛　郗继忠　张方明　武朝菊(女)
宋卫东　高　波　刘盛儒　郭　涛　鞠维亚　张其翔
魏兴华　解传富　张少华(女)　凌　伟　高　虎
韩成涛　崔爱民　张宜霞(女)　周　平　李　彬(女)
刘恩伟　张福瑞　曲庆民　陈　涛　张家发　袁传林
马玉珍(女)　赵敬利　郭建文　武　强　张令泉
杨庆林　李志勇　马明岐　胡世仁　米广荣　王兴安
刘　鹏　张新林　刘清玉　侯书芳　王立国　刘春财
辛兆年　刘继杰　杨绪国　路公凤(女)　王　安
邢业和　陈海军　赵殿水　高学平　刘士民　宋玉孟
郭笃礼　王素红　付崇智　郭立江　张务平　付贞溪
赵银祥　米丰武　韩春银　王本珍(女)　王化明
高德胜　高淑贞(女)　王德元　韩　凯　刘荣江
董　勇　董广新　韩风云(女)　杜允强　周长安
付崇阳　张尚华(女)　孟庆传　张立波　杨金勇
郭振芳　王育新　王玉山　赵连利　郭金花(女)
李本胜　李玉红(女)　孟令昌　王力平(女)
王桂春(女)　杜绍国　杜兆娟(女)　李　静(女)
陈　勇　杨先俊　付春雷(女)　史　俊(女)
王利民　赵德泉　袁　丽(女)　戴　瀛　迟阿鲁
朱振菊(女)　颜苏萍(女)　张绪东　王化雪(女)
田象霞(女)　刘玉鑫　于爱民　郑永生　尹兴道
宋宜智　王　芳(女)　李　静(女)　孙泉盛
马春宝　王　义　赵贵华　徐光晨　李秉岩　王宝明
孟红伟(女)　宋信亮　潘玉堂　毕耜淑(女)
孙志刚　冉维彬　石海洋　宋艳行　甄计良　陈乃庆
肖　鹏　王洪磊　高明兰　周　木　赵建凯　刘　克
齐珊珊(女)　李洪振　杨　杰　袁洪全　徐子健(女)
刘　香(女)　曲玉生(女)　姜　蓉(女)
周　君(女)　刘汉栋　薛会英(女)　杨育红(女)
杜春泉(女)　潘建平(女)　张富民　王　耀
马衍辉　李宗宝　杜文建(女)　房泽国　马丽霞(女)
郝福贵　黑伟钰　苏本宽　姚福林　梁继宗　刘建伟
仪红军　李敬德　林　军　孙利军(女)　周俊英(女)
王　冰　王国富　薛永红(女)　白　雪(女)
张家路　张　君(女)　王少娟(女)

济南市2007年"五一"劳动奖章获得者(162名)

焦念国　赵慎忠　曾庆云　尹云霞　秦延昌　郑铁民
刘　磊　陈新峰　成文元　仇　健　郗义举　孔令磊
王玉杰　杨金勇　张保国　牛其辉　褚爱华(女)
孟广彦　吴大明　王　义　赵宝刚　陈德展　李光福
赵延安　于　海　袁　鹏　刘　强　孙英涛　刘淑香(女)
岳庆祝　栾吉益　王　旭(女)　张成林　苗　芃
明建建(女)　张成鹏　郭建济　李　倩(女)
王　冰　李　忠　边茂君　王伦嵩　康和祯　杨　波
张运德　刘锦荣　齐　红(女)　赵国怀　王　嘉
刘　震　刘　鹏　王建华　黄　利　李式伟　王荣安
曹孟奇　朱传军　杨延汝(女)　王　霞(女)
吕颖霞(女)　王建蕾(女)　任晓刚　夏红军
韩作新　程晓峰(女)　姜成岭　卢利群　庄建伟
纪　续　刘景泉　张化强　田洪文　卢明营　邵怀庆
李友礼　徐新春　胡乃财　胡振虎　王治国　朱玉涛
石志臣　谢爱滨　何庆旭　常正晓　刘文斌　房　健
孙兆栋　孟庆顺　杨晓东　李书新　姜子夜　宋传猛
赵树斗　张志群　姚　猛　王宏章　王显根　张提勇
白华章　金永满　王　军　魏振峰　王昌雨　赵志国
李玉林　尹燕利　曾庆峰　孙　超　李宏持　莫晶华(女)
郭俊花(女)　马金华(女)　尹衍国　孙环慧(女)
周丽颖(女)　李小红(女)　孙军祚　赵恩华
姜　涛　丁国峰　韩长军　王　新　谭智勇　吕　琦
何　静(女)　李卫东　黄　华　隗　诚　孙连群
于永刚　张　明　李圣娥(女)　刘红卫(女)
吴玉冰(女)　陈　华　张传兴　宁红英　孙卫华
李文泉　李　毅　韩德勇　李新元　宁爱斌　甄计良
郑玉冰　李国栋　孙泉盛　李来义　杨玮青　丁惟云
荆书典　赵宗升　郭明娟(女)　于红卫(女)
潘　杰(女)　李　文(女)　于　萍(女)
刘爱玲(女)　杜建青(女)　马文莉(女)
李玉妹(女)　张　惠(女)

（市总工会）

责任编校　张　阳

政策法规选编

济南市城市环境卫生管理条例

（2007年1月18日济南市第十三届人民代表大会常务委员会第二十八次会议通过，2007年3月21日山东省第十届人民代表大会常务委员会第二十六次会议批准）

第一章　总　则

第一条　为加强城市环境卫生管理，创造清洁优美、文明和谐的城市环境，保障人民身体健康，根据有关法律、法规，结合本市实际，制定本条例。

第二条　本条例适用于本市实行城市化管理区域内的环境卫生管理。

第三条　市市容环境卫生管理部门负责本市城市环境卫生的统一管理工作。

县（市、区）市容环境卫生管理部门按照职责分工负责本辖区内的城市环境卫生管理工作。

街道办事处、镇人民政府负责保洁责任区的环境卫生管理工作。

规划、建设、城市管理行政执法、市政公用、环境保护、卫生、房产、园林等管理部门，应当按照各自职责做好环境卫生管理工作。

第四条　本市各级人民政府应当将环境卫生事业纳入国民经济和社会发展计划，保障环境卫生事业发展所需要的经费，使环境卫生事业与经济和社会发展相适应。

第五条　市、县（市、区）人民政府应当统筹规划建设城市生活垃圾收集、运输、处置设施，制定优惠政策和激励措施，提高垃圾的利用率和无害化处置率，促进其产业化发展，逐步建立和完善垃圾污染环境防治的社会服务体系。

市、县（市）市容环境卫生管理部门应当会同规划行政主管部门编制环境卫生设施专业建设规划，并纳入城市总体规划。

第六条　各级人民政府应当加强环境卫生科学知识和法律知识的宣传教育，增强全民的环境卫生意识，树立以讲卫生为荣、不讲卫生为耻的道德风尚。

任何单位和个人应当自觉维护环境卫生，爱护环境卫生设施，尊重环境卫生作业人员的劳动，不得妨碍和阻挠环境卫生作业人员正常作业。

第七条　各级人民政府及其有关部门应当切实改善环境卫生作业人员的工作条件和生活环境，切实保障环境卫生作业人员的合法权益和人身安全。

第八条　市、县（市、区）人民政府对在环境卫生工作方面作出突出贡献的单位和个人应当给予表彰、奖励。

第二章　环境卫生保洁管理

第九条　本市实行环境卫生保洁责任区制度。保洁责任按照下列规定划分：

（一）主、次干道和沿街公厕、废弃物转运站等公共环境卫生设施，由环境卫生专业作业单位负责；

（二）街巷、住宅小区由街道办事处（镇）负责，其中实行物业管理的住宅小区，由物业管理单位负责；

（三）机关、团体、部队、学校、企事业等单位的所在区域，由本单位负责；

（四）建筑施工工地和未经验收、移交的道路，由建设单位负责；

（五）商场、集贸市场、摊点、宾馆、饭店等场所及其附属的室外场所，由管理单位或者经营者负责；

（六）专用道路、河道、机场、码头、火车站、长途汽车站、人行过街桥、地下过街通道、风景名胜区、公园、绿化地带、文化体育场所、停车场等公共场所以及公路、铁路两侧用地范围内，由管理单位或者经营者负责。

城乡结合地区或者行政辖区的接壤地区保洁责任不清的，以及对责任单位的确定存在争议的，由上一级市容环境卫生管理部门确定。

县（市、区）市容环境卫生管理部门应当与责任单位签订保洁责任书。

第十条　环境卫生保洁责任区的责任人应当确定专人负责清扫保洁工作，及时履行清扫保洁责任；或者委托环境卫生专业作业单位代为履行，所需费用由责任人承担。

第十一条　环境卫生保洁，应当达到国家和本市规定的环境卫生质量标准。

环境卫生作业人员应当按照有关操作规程进行作业，避免因违章作业造成污染。

主、次干道和公共场所的清扫保洁作业，应当按照清扫保洁作业规程进行。主、次干道的每日首次清扫保洁作业应当在市、县(市)市容环境卫生管理部门规定的时间内完成。

第十二条 不得随地吐痰、便溺，不得乱扔果皮纸屑、烟头等废弃物，不得乱倒污水。

禁止在露天场所、垃圾转运站、垃圾容器内焚烧树叶和垃圾，严禁将树叶和垃圾扫入下水道。

第十三条 任何单位和个人不得擅自倾倒、堆放或者处置生活垃圾、建筑垃圾；不得擅自从事经营性粪便清挖；不得晒制粪干。

运输砂石、土方、混凝土、灰浆、灰膏等散体、流体物质及生活垃圾、建筑垃圾的车辆，应当密封严实，沿途不得泄漏、遗撒、污染路面。

市、县(市、区)市容环境卫生管理部门、城市管理行政执法部门发现违反前二款规定行为的，应当责令立即停止违法行为、采取补救措施和清扫(除)；对拒不停止违法行为、采取补救措施或者清扫(除)的，可以责令将运输车辆停放到指定地点接受处理，由此造成的损失和产生的费用，由责任人承担。

第三章 生活垃圾管理

第十四条 生活垃圾是指城市中的单位和居民在日常生活中及为生活服务中产生的固体废弃物、粪便。对从事生活垃圾经营性清扫、收集、运输和处理的单位依法实行行政许可制度。

第十五条 生活垃圾应当定点、定时投放和收集。

生活垃圾逐步实行袋装收集和分类收集、回收利用。具体实行的区域、时间由市、县(市)市容环境卫生管理部门确定并公布。

第十六条 在实行袋装化收集的区域，环境卫生作业人员应当按照市、县(市、区)市容环境卫生管理部门规定的时间收集，并运送到市、县(市、区)市容环境卫生管理部门设置的密闭生活垃圾容器或者垃圾转运站。收集的时间应当予以公告。

未实行袋装收集区域的单位和居民，应当将生活垃圾投放到指定的垃圾容器内或者垃圾投放点。

第十七条 生活垃圾由环境卫生专业作业单位按规定及时清运。清运时间应当避开城市交通高峰期。市、县(市、区)市容环境卫生管理部门未接管的住宅小区内产生的生活垃圾，由建设单位负责清运。

第十八条 生活垃圾必须运送到市、县(市)市容环境卫生管理部门指定的生活垃圾处理厂(场)进行处理。

对生活垃圾应当采用卫生填埋、生物制肥、焚烧、综合利用等方式处理，并达到国家无害化标准要求。

在生活垃圾处理厂(场)内拣拾垃圾，应当按照市、县(市)市容环境卫生管理部门的规定有组织地进行，不得擅自拣拾。

第十九条 单位、个体经营者、居民和暂住人口应当按照规定缴纳生活垃圾处理费。

生活垃圾处理费专项用于生活垃圾的清扫、收集、运输和处理。

第二十条 中小学、托儿所、幼儿园、社会福利院、敬老院和居民住户(利用住宅从事生产、经营的除外)产生的粪便，由环境卫生专业作业单位负责清运。其他单位产生的粪便的清运，应当自行负责，也可以委托环境卫生专业作业单位实行有偿服务。

粪便管道、化粪池清疏可以委托环境卫生专业作业单位实行有偿服务。

第二十一条 不得将工业垃圾、危险垃圾、建筑垃圾投放到生活废弃物容器、转运站、处理厂(场)内。

第四章 建筑垃圾管理

第二十二条 建筑垃圾是指建设单位、施工单位新建、改建、扩建和拆除各类建筑物、构筑物、管网等以及居民装饰装修房屋过程中所产生的弃土、弃料、泥浆及其他废弃物。

第二十三条 建设单位应当在建设工程开工七日前，到市、县(市)市容环境卫生管理部门申报建筑垃圾数量、运输路线、运输车辆、处理场地等事项，办理建筑垃圾处置手续。

市、县(市)市容环境卫生管理部门自接到申请之日起三日内作出审核决定。核准的，按照有关规定收取建筑垃圾处置费用，并发给建筑垃圾处置核准证件；未经核准的，予以书面答复。

禁止涂改、倒卖、出租、出借或者以其他形式转让城市建筑垃圾处置核准证件。

第二十四条 建设单位对建设施工中产生的建筑垃圾应当在施工现场范围内堆放，及时清运，在该建设工程竣工验收前，将所产生的建筑垃圾全部清除。

建筑工地及垃圾处理场的进出路口路面应当硬化处理，配设车辆冲洗设施(含排水沟、沉沙井等)，保持周边环境及车辆清洁。

第二十五条 建设单位、施工单位不得将建筑垃圾交给个人或者未经市、县(市)市容环境卫生管理部门核准的运输单位运输。

第二十六条 运输建筑垃圾的车辆，应当随车携带建筑垃圾处置核准证件，按照市、县(市)市容环境卫生管理部门审批的时间、路线、数量，将建筑垃圾运送到指定的处理场地。

第二十七条 回填工程基坑、洼地等需要消纳建筑垃圾的，消纳单位和个人应当到市、县(市)市容环境卫生管理部门办理登记手续，由市、县(市)市容环境卫生管理部门统一调度、安排。

第二十八条 单位和个人修建、装修房屋产生的零星建筑垃圾，应当及时清除。也可以委托市容环境卫生作业单位有偿清运，市容环境卫生作业单位应当自接受委托之日起三日内清运完毕。

第二十九条　不得将危险垃圾混入建筑垃圾。

第五章　环境卫生设施建设与管理

第三十条　环境卫生设施包括公共厕所、化(贮)粪池、废物箱、垃圾容器、垃圾转运站、垃圾和粪便处理厂(场)、洒水(冲洗)车供水器、环境卫生作业人员工作和休息场所、环境卫生车辆停车场等。

第三十一条　市、县(市)规划行政主管部门应当按照城市总体规划、环境卫生设施专业建设规划和《城镇环境卫生设施设置标准》办理环境卫生设施规划审批手续。

建设单位应当按照规划确定的位置、用地面积、规模建设环境卫生设施,不得擅自变更位置或者减少建设数量。任何单位和个人不得妨碍和阻挠建设环境卫生设施。

第三十二条　建设行政主管部门在建设项目设计审查中,应当按照环境卫生设施设计规范,一并对环境卫生设施进行审查。

第三十三条　环境卫生设施专业建设规划确定和预留的环境卫生设施用地,任何单位和个人不得侵占或者擅自改变使用性质。

第三十四条　从事城市新区开发、旧区改建、城市道路建设和景区(点)开发建设的单位,以及机场、车站、公园、商店等公共设施、场所的经营管理单位,应当按照国家有关环境卫生的规定和规划要求配套建设环境卫生设施,并与主体工程同时设计、同时施工、同时验收,所需经费应当纳入建设工程概算。未建设环境卫生设施或者环境卫生设施验收不合格的,主体工程不得交付使用。

已建成使用的主干道、次干道、广场、住宅小区和商业贸易区环境卫生设施数量低于国家规定设置标准的,由市容环境卫生管理部门按照规划要求组织补建或者配置,所需费用由原建设单位承担。

第三十五条　在主、次干道两侧和旅游景区(点)、繁华商业区新建公共厕所,不得低于国家城市公共厕所一类标准;在其他区域内建设公共厕所,不得低于国家城市公共厕所三类标准。

通过社会融资方式建设公共厕所,经规划管理部门和市容环境卫生管理部门批准,可以在原标准的基础上适当增加建筑面积,但最多不得超过原建筑面积的二倍,增加部分可以作为其他经营用房。

提倡和鼓励商场、餐饮、宾馆、加油站等场所内的公用厕所在营业时间内向社会开放。

第三十六条　市、县(市、区)市容环境卫生管理部门负责投资建设的环境卫生设施,由环境卫生专业作业单位负责维护管理,也可以通过招标、拍卖等方式出让经营管理权,由取得经营管理权的单位和个人负责维护管理。通过社会融资建设的环境卫生设施有合同约定的,从其约定;没有约定的,由环境卫生专业作业单位负责维护管理。

火车站、长途汽车站、机场、广场、公园、文化体育场所、商场、集贸市场、大型停车场、风景名胜古迹游览区等公共场所内的公共厕所、生活垃圾容器、废物箱,由其管理单位负责维护管理。由开发建设单位投资建设的新建住宅区的公共厕所、小型生活垃圾转运站、生活垃圾容器、废物箱及市容环境卫生作业人员工作和休息场所,尚未移交的,由开发建设单位管理。

第三十七条　环境卫生设施管理者、经营者应当对环境卫生设施实行规范化、标准化管理,定期维护维修,保证设施、设备完好和正常使用。

第三十八条　任何单位和个人不得占用、损坏环境卫生设施,不得改变环境卫生设施使用性质,不得擅自拆除、迁移环境卫生设施。因城市建设确需拆除、迁移的,建设单位应当事先提出拆除、迁移方案,报市容环境卫生管理部门批准后方可实施,并依法进行重建或者给予补偿。

第三十九条　生活垃圾、建筑垃圾处理厂(场)的设置,由市、县(市)市容环境卫生管理部门统一组织实施和管理。任何单位和个人不得擅自设置生活垃圾、建筑垃圾处理厂(场),不得擅自设立弃置场受纳生活垃圾、建筑垃圾。

设置生活垃圾、建筑垃圾处理厂(场),应当进行环境影响评价,符合国家规定的设置标准,防止造成环境污染和生态破坏。

第四十条　在下列区域内不得设置填埋式生活垃圾处理厂(场):

(一)生活饮用水水源地保护区和地下水补给区保护范围;

(二)城市主导风向的上风向区域;

(三)风景名胜区、自然保护区和基本农田保护区;

(四)其他需要特别保护的区域。

第六章　法律责任

第四十一条　有下列行为之一的,由城市管理行政执法部门依据有关法律、法规、规章的规定实施处罚:

(一)不履行环境卫生保洁责任区清扫保洁责任的;

(二)随意倾倒、抛撒、堆放生活垃圾或者建筑垃圾的;

(三)运输车辆沿途泄漏、遗撒、污染路面的;

(四)随地吐痰、便溺,乱扔果皮纸屑、烟头等废弃物,乱倒污水的;

(五)未及时清运建筑垃圾造成污染或者未及时清运生活垃圾的;

(六)未经核准擅自处置建筑垃圾的;

(七)涂改、倒卖、出租、出借或者以其他形式转让城市建筑垃圾处置核准证件的;

(八)将建筑垃圾交给个人或者未经核准从事建筑垃圾运输的单位处置的;

(九)将建筑垃圾混入生活垃圾的;

(十)损坏环境卫生设施或者未经批准擅自拆除环境卫生设施的;

（十一）擅自设立弃置场受纳建筑垃圾的。

第四十二条　违反本条例有下列行为之一的，由城市管理行政执法部门责令停止违法行为，限期改正，并按照下列规定给予处罚：

（一）将树叶和垃圾扫入下水道的，处以十元以下罚款；

（二）擅自从事生活垃圾经营性清扫、收集、运输的，没收违法所得，并处以一千元以上一万元以下罚款；擅自从事生活垃圾经营性处理的，没收违法所得，并处以五千元以上五万元以下罚款；

（三）未按核准的时间、路线清运建筑垃圾或者未随车携带核准证件的，处以一百元以上五百元以下罚款；

（四）占用、擅自迁移环境卫生设施或者改变环境卫生设施使用性质的，处以一万元以上三万元以下罚款；

（五）擅自设立弃置场受纳生活垃圾的，处以五千元以上五万元以下罚款。

第四十三条　违反本条例第三十四条规定，未建设环境卫生设施或者建设的环境卫生设施经验收不合格交付使用的，由市容环境卫生管理部门责令限期改正，逾期不改正的，组织补建或者改造，所需费用由原建设单位承担，并由城市管理行政执法部门按每处处以一万元以上三万元以下罚款。

第四十四条　拒绝、阻碍执法人员依法执行公务或者侵犯环境卫生作业人员合法权益造成人身伤害，应当给予治安处罚的，由公安机关依照《中华人民共和国治安管理处罚法》的规定予以处罚；构成犯罪的，依法追究刑事责任。

第四十五条　市容环境卫生管理部门、城市管理行政执法部门的工作人员玩忽职守、滥用职权、徇私舞弊的，依法给予行政处分；构成犯罪的，依法追究刑事责任。

第七章　附　则

第四十六条　本条例自2007年5月1日起施行。

济南市人民代表大会常务委员会颁布，于1997年8月16日起施行的《济南市城市环境卫生管理办法》、2000年9月1日起施行的《济南市城市生活垃圾管理办法》和2001年9月1日起施行的《济南市城市环境卫生设施管理办法》同时废止。

济南市旅游管理条例

（2007年1月18日济南市第十三届人民代表大会常务委员会第二十八次会议通过，2007年3月21日山东省第十届人民代表大会常务委员会第二十六次会议批准）

第一章　总　则

第一条　为保护和合理开发利用旅游资源，保障旅游者和旅游经营者的合法权益，维护旅游市场秩序，促进旅游业的可持续发展，根据有关法律、法规，结合本市实际，制定本条例。

第二条　本市行政区域内旅游资源的开发、利用和保护，旅游经营者的经营活动，旅游者的旅游活动以及相关的监督管理适用本条例。

第三条　市、县（市、区）旅游行政管理部门（以下统称旅游行政管理部门）负责本行政区域内旅游业促进与发展，旅游资源保护与开发以及旅游经营与服务活动的指导和监督管理。

规划、园林、文化、民族宗教、财政、市政公用、交通、工商、物价等有关部门按照各自职责，保障和促进旅游业的发展。

第四条　发展本市旅游业应当突出齐鲁文化和泉城特色，坚持旅游资源保护与开发利用相结合，坚持经济效益与社会效益、环境效益相统一。

第五条　市、县（市、区）人民政府应当加强对旅游工作的领导，把旅游业的发展纳入国民经济和社会发展计划，建立完善综合协调机制，制定促进旅游业发展的政策措施，改善旅游发展环境，促进旅游业与相关产业协调发展。

鼓励国内、外公民、法人和其他组织依法开发、利用和保护本市旅游资源。

第六条　市、县（市、区）人民政府应当对促进旅游业发展作出突出贡献的单位和个人给予表彰和奖励。

第二章　旅游资源的保护与开发

第七条　旅游行政管理部门应当按照国家有关规定编制旅游发展规划，报同级人民政府批准后组织实施。

第八条　市旅游行政管理部门应当会同有关部门对本市行政区域内的旅游资源按照国家标准进行普查、分类和评价，编制旅游资源名录，建立旅游建设项目库。旅游资源名录、旅游建设项目库经市人民政府批准后向社会公布。

对列入旅游资源名录的旅游资源，旅游行政管理部门和其他有关部门应当依法加强管理，所涉及的有关单位和个人应当接受其指导和监督。

第九条　对列入旅游资源名录的旅游资源的开发、利用以及新建旅游建设项目必须进行环境影响评价。配套建设的环境保护设施，应当与旅游资源开发建设项目的主体工程同时设计、同时施工、同时投入使用。

第十条　新建、改建、扩建旅游景区（点）和新建星级饭店、大型游乐场所等旅游建设项目，应当符合城市规划及旅游发展规划，并征求旅游行政管理部门的意见。

第十一条　开发利用旅游资源应当遵守有关法律、法规和规章，符合历史文化名城保护规划，保持其特有的历史风貌。

第十二条　禁止建设有损自然景观、人文景观和有害旅游者身心健康的旅游景区（点）。

第三章 旅游市场培植与产业促进

第十三条 市、县(市、区)人民政府应当根据本行政区域旅游业发展的需要,设立旅游发展专项资金,列入本级财政预算。

旅游发展专项资金用于旅游发展规划编制,旅游资源的普查、分类和评价,旅游宣传促销,旅游资源保护以及非经营性旅游项目的开发。

第十四条 旅游行政管理部门应当制定国内、外旅游市场开发计划并组织实施。

第十五条 市旅游行政管理部门应当组织设计具有泉城特色的旅游形象标志,编纂旅游宣传资料,介绍齐鲁文化和济南的历史沿革、自然资源、风土人情、名胜古迹、特色产品、旅游服务设施以及组织协调旅游整体形象宣传和大型旅游活动。

第十六条 旅游行政管理部门应当会同有关部门和单位,组织开发泉水旅游、历史文化旅游、红色旅游、乡村旅游、温泉度假、宗教文化旅游、综艺演出等旅游项目;鼓励依托本市社会资源、自然资源开发、挖掘具有齐鲁文化和泉城特色的传统工艺产品、传统技艺、传统名吃和土特产品。

第十七条 旅游行政管理部门应当在公共交通枢纽、旅游集散站等地设置旅游咨询服务设施,为旅游者提供旅游信息。

在国家规定的节假日期间,市旅游行政管理部门应当通过公共媒体,向社会发布本地主要旅游景区(点)的旅客流量,主要酒店、宾馆入住情况和铁路、公路、民航交通情况等旅游信息。

第十八条 市、县(市、区)人民政府应当建立旅游预警机制,制定应急预案,对可能发生的自然灾害和突发事件及时发布旅游预警信息。

第十九条 市、县(市)人民政府有关部门规划和建设公共交通网络,应当根据旅游发展规划和旅游业发展的需要,开通旅游景区(点)公共交通线路,配套建设公共交通停车场(站)和旅游集散站。

第二十条 旅游景区(点)、星级饭店、旅游集散站应当设置有中、英等文字的导向标志或者解说标牌,其内容应当符合国家有关标准。

第二十一条 鼓励、引导旅游行业协会的建设和发展。

旅游经营者可以依法成立或者加入相关行业协会。

旅游行业协会应当制定行业规范,实施行业自律,推行诚信服务,维护会员的合法权益,向政府及其有关部门提出促进旅游业发展的建议。

第二十二条 旅游行政管理部门应当加强区域合作,建立区域双向互动旅游权益保障协调机制,维护旅游经营者和旅游者的合法权益。

任何单位和个人不得阻碍本市以外的旅行社组织当地旅游团队或者受委托接待境外旅游团队直接来本市进行旅游活动。

第四章 旅游经营管理

第二十三条 设立旅行社,应当依法取得《旅行社业务经营许可证》和营业执照。旅行社设立非法人分社、门市部(包括营业部)应当依照国家有关规定办理工商登记手续,并自登记之日起三十日内向所在地的县(市、区)旅游行政管理部门备案。

导游人员应当依法取得导游证,受旅行社委派,佩带导游证方可从事导游活动。旅游景区(点)导游人员从事导游活动应当依照省人民政府有关规定执行。

第二十四条 旅行社组织旅游应当与旅游者签订合同,明确约定行程安排、服务项目、价格标准、违约责任等事项;并应当依法为旅游者办理旅游意外保险。

旅行社及其导游人员应当按照合同约定为旅游者提供服务。未征得旅游者同意,不得违反合同约定改变行程安排,减少服务项目,降低服务标准,加收服务费用。

第二十五条 实行饭店星级评定和复核制度。饭店星级评定与复核按照国家有关规定办理。未被评定星级或者已被取消星级的饭店,不得使用星级称谓从事经营活动;星级饭店不得使用不真实星级称谓从事经营活动。

第二十六条 实行旅游景区等级评定制度。旅游景区等级评定按照国家有关规定办理。未被评定等级或者已被取消等级的旅游景区,不得使用等级称谓从事经营活动;等级景区不得使用不真实等级称谓从事经营活动。

第二十七条 旅游经营者应当公开服务项目和收费标准,保证服务质量、产品质量,不得擅自设置收费项目、提高收费标准。

第二十八条 经营客运架空索道、缆车、大型游乐场等涉及人身安全的特种旅游项目,其设施、设备必须具有产品合格证,经质量技术监督部门检验合格后,方可运营。

旅游经营者应当加强设施、设备、车船的日常维护和保养,保证安全运转。对可能出现危险情况的旅游设施和游览地应当采取安全保护措施,设置警示标志。

发生旅游安全事故,旅游经营者应当立即采取处理措施,并同时向旅游、安监、公安等部门报告。

第二十九条 旅游经营者不得有下列侵害旅游者合法权益的行为:

(一)不履行或者不完全履行旅游合同或者约定;

(二)对服务范围、内容、标准等做虚假的、引人误解的宣传;

(三)隐瞒真实情况,提供质价不符的服务;

(四)出售以假充真、以次充好的商品;

(五)强行向旅游者兜售物品或者索取小费及其他财物;

(六)危害旅游者人身和财产安全;

(七)其他侵害旅游者合法权益的行为。

第三十条 旅游者应当遵守法律、法规,履行旅游合同约定的义务,尊重旅游地的民族风俗习惯及宗教信仰,保护旅游资源、生态环境，爱护旅游设施，遵守旅游秩序和安全、卫生管理规定。不得违反社会公德，刻划、涂污或者以其他方式损坏景物、旅游设施，妨碍他人合法权益。

第五章 监督检查

第三十一条 旅游行政管理部门和其他有关部门应当依法加强对旅游市场的管理和旅游服务质量的监督检查。进行行政执法检查时，执法人员不得少于两人，并应当主动出示有效执法检查证件和本执法部门主要负责人签署的执法检查通知书。执法检查通知书的内容应当包括检查依据、检查时间、检查事项、实施检查的人员及其负责人。行政执法检查不得干扰正常的经营活动，不得侵犯旅游者和旅游经营者的合法权益。

旅游行政管理部门及其工作人员，不得从事或者参与旅游经营活动。

第三十二条 旅游行政管理部门应当健全旅游投诉制度，公布投诉电话和其他联系方式，接受投诉。

旅游行政管理部门接到投诉后，能够当场处理的，应当当场作出处理决定；不能当场处理的，应当在法定时限内作出处理决定，并答复投诉者；对应当由其他部门处理的，应当及时转交有关部门，并告知投诉者。

第三十三条 旅游行政管理部门应当建立旅游经营者信用档案，对违法行为的处理结果定期予以公布。

第六章 法律责任

第三十四条 未取得《旅行社业务经营许可证》从事旅行社业务的，由旅游行政管理部门责令停止非法经营，没收违法所得，并处一万元以上五万元以下罚款。

第三十五条 旅行社未为旅游者办理旅游意外保险，由旅游行政管理部门责令限期改正，有违法所得的，没收违法所得；逾期不改的，责令停业整顿十五天至三十天，可以并处五千元以上二万元以下罚款；情节严重的，吊销其《旅行社业务经营许可证》。

第三十六条 无导游证进行导游活动的，由旅游行政管理部门责令改正并予以公告，处一千元以上三万元以下罚款；有违法所得的，并处没收违法所得。

第三十七条 星级饭店服务质量降低或者达不到相应标准的，由评定机构降低其星级或者取消其星级称谓。

未被评定星级或者已被取消星级的饭店使用星级称谓以及星级饭店使用不真实星级称谓从事经营活动的，由旅游行政管理部门责令停止违法行为，并处以三千元以上三万元以下罚款。

第三十八条 旅游景区服务质量降低或者不符合相应等级标准的，由评定机构降低其等级或者取消其等级称谓。

未被评定等级或者已被取消等级的旅游景区使用等级称谓以及等级景区使用不真实等级称谓从事经营活动的，由旅游行政管理部门责令停止违法行为，并处以三千元以上三万元以下罚款。

第三十九条 因旅游经营者过错，给旅游者造成财产损失或者人身伤害的，应当依法承担民事责任；构成犯罪的，依法追究刑事责任。

第四十条 旅游者刻划、涂污或者以其他方式损坏景物、设施或者乱扔垃圾应当依法承担法律责任。

第四十一条 拒绝、阻碍旅游行政管理部门及执法人员依法执行公务，应当给予治安处罚的，由公安机关依照《中华人民共和国治安管理处罚法》的规定予以处罚；构成犯罪的，依法追究刑事责任。

第四十二条 旅游行政管理部门的工作人员玩忽职守、滥用职权、徇私舞弊的，依法给予行政处分；构成犯罪的，依法追究刑事责任。

第七章 附 则

第四十三条 本条例自2007年5月1日施行。济南市人民代表大会常务委员会颁布，于2000年1月1日起施行的《济南市旅游业管理条例》同时废止。

济南市城市道路井盖设施管理规定

（2006年11月30日济南市第十三届人民代表大会常务委员会第二十七次会议通过，2007年3月21日山东省第十届人民代表大会常务委员会第二十六次会议批准）

第一条 为加强城市道路井盖设施的管理，保障城市道路畅通和公共安全，根据有关法律法规，结合本市实际，制定本规定。

第二条 本规定适用于本市市区内设置在城市道路上的电力、通信、有线电视、交通信号、路灯、燃气、热力、供水、排水等各种地下管线设施的检查井、阀门井等的井盖、井箅及其附属设施（以下简称井盖设施）的管理。

第三条 市市政公用事业管理部门负责本市井盖设施的监督管理和本规定的组织实施。区市政设施管理部门具体负责本辖区内井盖设施的监督管理工作。

公安、城市管理行政执法等部门应当按照各自职责，做好井盖设施的管理工作。

第四条 井盖设施的维护、更新由其产权单位负责；未办理验收交接手续的工程，其井盖设施的维护、更新由建设单位负责，并确保井盖设施完好。

第五条 市市政公用事业管理部门应当制定本市通用的井盖设施规格标准。

在城市道路上设置井盖设施，应当符合国家规定的质量标准、技术规范和本市通用的井盖设施规格标准,并标明产权单位和维护责任单位,采取必要的防盗措施。对不符合上述规定的,市政设施管理部门应当责令其限期整改。产权单位应当向所在区市政设施管理部门提交井盖设施位置、规格、材质、数量、生产厂家等资料。区市政设施管理部门应当建立管理档案。

第六条 市政设施管理部门应当加强井盖设施的监督管理。设立公开电话,及时受理投诉。发现井盖设施缺失、损毁的,应当立即设立警示标志,并通知产权单位及时进行补装、更换或者维修。对影响行人和车辆交通安全,无法确认产权单位的废弃的井盖设施,市政设施管理部门应当予以填埋。

第七条 井盖设施产权单位应当遵守下列规定:(一)建立井盖设施的巡查管理制度和维护责任制度,进行日常巡查管护。发现井盖缺失、损毁,应当立即予以补装、更换;发现井盖设施下沉、塌陷,应当立即设置警示标志、采取排险措施,及时进行维修。(二)接到投诉或者维修通知后,应当在二小时以内到达现场,对缺失、损毁的井盖应当立即予以补装、更换;对下沉、塌陷的井盖设施应当立即采取排险措施,及时进行维修。(三)为了预防重大公共安全事故的发生和应急处置突发性事件,产权单位应当按照其设置的井盖设施的种类、规格向市市政公用事业管理部门提供一定数量的井盖设施备用件,并保持相应的库存量。(四)对于废弃的检查井、阀门井,应当及时予以填埋,并向区市政设施管理部门备案。

多家产权单位共同使用同一井盖设施的,由市政设施管理部门组织各产权单位确定一家为维护责任单位。维护责任单位应当遵守前款规定。

第八条 井盖设施产权单位可以委托具有相应维护能力的单位对其井盖设施进行日常管理和维护,双方应当依法订立委托合同,明确双方的权利和义务。

第九条 市市政公用事业管理部门应当会同公安部门共同指定井盖设施定点回收单位,并向社会公布。

禁止个人、非定点单位收购井盖设施。

第十条 任何单位和个人发现盗窃、损毁、违法收购井盖设施的行为都有权制止或者向公安机关举报。

对制止和举报盗窃、损毁、违法收购井盖设施行为的有功人员,由市政设施管理部门给予奖励。

第十一条 盗窃、损毁、擅自移动、违法收购井盖设施,构成犯罪的,依法追究刑事责任;违反治安管理规定的,由公安机关依照《中华人民共和国治安管理处罚法》的有关规定进行处罚。

第十二条 违反第五条第二款规定,在井盖设施上未标明产权单位和维护责任单位,经责令整改逾期未整改的,由城市管理行政执法部门按照每个井盖设施处以五百元罚款。

第十三条 违反第七条第(一)项、第(二)项、第(四)项规定的,由城市管理行政执法部门处以五千元以上二万元以下罚款。造成人身伤害或者财产损失的,应当依法承担赔偿责任。

第十四条 市政设施管理部门对产权单位、建设单位、维护责任单位未按本规定对井盖设施进行补装、更换、维修、填埋影响道路畅通的,可以予以补装、更换、维修、填埋,有关费用由产权单位、建设单位、维护责任单位承担。

第十五条 市政设施管理部门和城市管理行政执法部门工作人员玩忽职守、徇私舞弊的,由其主管部门或者行政监察部门依法给予行政处分,构成犯罪的,依法追究刑事责任。

第十六条 本规定所称市政设施管理部门是指市市政公用事业管理部门和区市政设施管理部门。

第十七条 本规定自 2007 年 5 月 1 日起施行。

济南市养犬管理规定

(2006 年 11 月 30 日济南市第十三届人民代表大会常务委员会第二十七次会议通过,2007 年 3 月 21 日山东省第十届人民代表大会常务委员会第二十六次会议批准)

第一条 为加强养犬管理,规范养犬行为,保障公民人身安全和健康,维护社会公共秩序和市容环境卫生,根据法律、法规的有关规定,结合本市实际,制定本规定。

第二条 在本市行政区域内从事犬类饲养、交易、服务和管理的单位和个人,必须遵守本规定。

第三条 养犬管理实行政府部门依法管理、养犬人自律、社会公众监督的原则。

第四条 本市各级人民政府负责本规定的组织实施。

公安部门是本市养犬管理工作的主管部门,畜牧兽医、城市管理行政执法(综合执法)、工商、卫生、市容环卫等部门按照各自职责,共同做好养犬管理工作。

第五条 居(村)民委员会应当配合政府有关部门做好养犬管理工作,依法调解因养犬引起的邻里纠纷。

居(村)民委员会或者业主委员会可以就本居住区养犬管理的有关事项依法制定居(村)民公约并监督执行。

犬业协会、宠物协会、动物保护组织等社会团体和组织应当教育会员遵守养犬法规,普及养犬知识,协助政府有关部门开展依法养犬、文明养犬的宣传教育活动。

第六条 本市绕城高速公路以内的区域为养犬重点管理区(以下简称重点管理区),绕城高速公路以外的区域为养犬一般管理区(以下简称一般管理区)。

经县(市、区)人民政府决定,一般管理区范围内实行城市化管理的区域可以按照重点管理区管理。

第七条 在重点管理区和一般管理区对犬只均实行狂犬病免疫制度,在重点管理区内还实行养犬登记制度。

任何单位和个人在重点管理区内不得饲养未经登记和免疫的犬只,在一般管理区内不得饲养未经免疫的犬只。

第八条 具有合法身份证明和完全民事行为能力的个人可

以养犬。

文物保护单位、危险物品存放单位、重要仓储单位、动物表演单位以及部队、公安、科研、医疗卫生等单位,因工作特殊需要的可以养犬。

个人和单位只能在其独自占有或者独自使用的住宅、区域范围内饲养犬只,但在机关、企事业单位、医院的办公和生产服务区以及幼儿园、学校教学区和学生宿舍区内不得饲养犬只。

第九条 重点管理区内每户居民只能饲养一只小型犬;禁止个人饲养大型犬、烈性犬,但盲人饲养导盲犬、肢体重残的残疾人饲养扶助犬的除外。

禁止个人饲养大型犬的身高、体长标准和烈性犬的品种,由市公安部门会同畜牧兽医部门确定报市人民政府批准后公布。

第十条 在重点管理区内,公安和畜牧兽医部门应当在各区设立联合办公场所,实行联合办公,为养犬人办理犬只登记、免疫手续提供方便。联合办公场所应当向社会公告。

第十一条 在重点管理区内养犬的,应当自取得犬只之日起十五日内办理初始登记、免疫手续;自第二年度起每年应当办理年度登记、免疫手续。

第十二条 重点管理区内,个人办理养犬初始登记、免疫手续时,应当携犬并如实提交下列材料:(一)犬只来源证明;(二)居民户口簿、暂住证或者身份证等合法身份证明;(三)养犬地点的房屋所有权证、房屋租赁合同或者其他合法居住证明。

饲养导盲犬、扶助犬的,还应当提交《中华人民共和国残疾人证》。

第十三条 重点管理区内,单位办理养犬初始登记、免疫手续时,应当如实提交下列材料:(一)犬只来源证明;(二)单位代码证明或者营业执照;(三)饲养犬只的地点和犬笼、犬舍等管理设施以及犬只用途、种类、数量的书面证明;(四)相应的安全管理制度和专职驯养人员名单。

饲养护卫工作犬的,还应当提交护卫区域的书面说明及图示。

第十四条 公安和畜牧兽医部门按照下列程序办理初始登记、免疫手续:(一)公安部门对养犬人提交的材料和犬只进行审查;(二)审查合格的,畜牧兽医部门对犬只进行健康检查,注射狂犬病疫苗,植入电子标签;(三)公安部门对养犬人及其所养犬只进行登记,向养犬人发放养犬登记证、号牌和养犬手册。

电子标签应当载有养犬人姓名或者名称、养犬地点、犬只编号、注射狂犬病疫苗的时间等信息。

第十五条 养犬人办理年度登记、免疫手续时,应当提交养犬登记证和号牌。对健康的犬只,公安和畜牧兽医部门予以登记、免疫。

第十六条 公安部门应当建立养犬管理档案,畜牧兽医、城市管理行政执法(综合执法)、工商、卫生等部门可以查阅。

第十七条 在重点管理区内,登记的犬只转让、赠与、遗失、死亡或者迁出的,原养犬人应当在十五日内办理注销登记手续;变更养犬地点的,养犬人应当在十五日内办理变更登记手续;养犬登记证、号牌毁损、遗失的,养犬人应当在十五日内补办。

对登记的犬只新产的幼犬,养犬人应当自幼犬出生之日起六十日内自行处理,无法自行处理的可以送犬类留检所按弃犬处理。

养犬人对病死或者死因不明的犬尸,应当送交畜牧兽医部门作无害化处理。无害化处理场由畜牧兽医部门负责设立。

第十八条 外地人员携犬来本市逗留的,必须持犬只原所在地的县级以上畜牧兽医部门签署的动物检疫和免疫证明,在重点管理区内逗留时间超过三个月的,按照本规定办理登记手续。

第十九条 在重点管理区内养犬应当交纳管理服务费。饲养小型犬的,管理服务费每只犬第一年为四百元,以后每年度为二百元;饲养其他犬只的,管理服务费每只犬第一年为八百元,以后每年度为四百元。办理犬只免疫、登记时不再收取其他费用。

盲人饲养导盲犬、肢体重残的残疾人饲养扶助犬,免收管理服务费。

第二十条 养犬管理服务费由养犬管理工作主管部门负责收取。收取的养犬管理服务费和罚没收入应当上缴市级财政,纳入财政预算管理,用于犬只免疫、养犬登记、环境卫生及其他管理服务工作的开支,并接受有关部门的监督检查。

第二十一条 任何单位和个人养犬均应当遵守社会公德,不得妨碍和侵害公共利益和他人的合法权益,不得侵扰邻里及他人的正常生活,不得遗弃所养犬只。

在重点管理区内饲养犬只的,还必须遵守下列规定:(一)只能在其登记的养犬地点饲养。(二)对大型犬、烈性犬应当圈养或者拴养,非因工作需要不得离开饲养地点。(三)犬吠影响他人休息时,应当采取有效措施及时制止。(四)携犬出户时应当携带养犬登记证,为犬只系挂号牌,由完全民事行为能力人用束犬链(绳)牵领,主动避让他人和车辆。束犬链(绳)最长不得超过一点五米。(五)携犬乘坐电梯的,应当避开乘坐电梯的高峰时间,并为犬只配戴嘴套或者将犬只装入犬笼、犬袋。(六)不得携犬乘坐除客运出租车以外的公共交通工具。携犬乘坐客运出租车时须征得驾驶员同意,并将犬只装入犬笼、犬袋。(七)不得携犬进入机关、学校、幼儿园、医院(不含宠物医院)和公园、风景名胜区、烈士陵园、广场、展览馆、博物馆、图书馆、科技馆、影剧院、体育场馆、社区公共健身场所、候车(机)室、游乐场、市场、商店、宾馆、饭店、饮食摊点等公共场所,但盲人携带导盲犬和肢体重残的残疾人携带扶助犬的除外。(八)不得携犬或者放任犬只在泉池、泉渠及其他公共水域内洗澡、游泳。(九)携犬出户时,携犬人应当随身携带清除犬粪的物品,及时清除犬粪。

第二十二条 公安部门应当设立犬类留检所,并负责收容和处理弃犬、无主犬、伤人犬、没收(暂扣)的犬只。对健康的弃犬、无主犬,公安部门可以向社会公告准予领养。

第二十三条 在一般管理区养犬的,养犬人应当自取得犬只之日起十五日内为犬只注射狂犬病疫苗,领取畜牧兽医部门出具的犬类免疫证明,并每年对所养犬只进行免疫。

第二十四条 开办犬类养殖场、犬类交易市场和为犬类服务的机构,应当符合有关动物防疫规定,依法办理工商注册登记手续。

任何单位和个人不得在重点管理区、泉水补给区和生活饮用水水源地保护区范围内开办犬类养殖场,不得在重点管理区内设立大型犬、烈性犬交易市场,不得在犬类养殖场和犬类交易市场以外的场所从事犬类交易。

出售的犬只必须具有畜牧兽医部门核发的动物检疫证明和犬类免疫证明。

第二十五条 养犬人发现或者怀疑所养犬只患有狂犬病症状时,应当及时送交畜牧兽医部门检查。

公安、畜牧兽医部门在登记、免疫或者检查中发现疑似患有传染病的犬只时,有权暂扣和检疫;对患有狂犬病的犬只应当依法采取扑杀措施,并对犬尸进行无害化处理。

发生狂犬病疫情时,依法予以处置。

第二十六条 对违反本规定的,任何单位和个人均有权批评、劝阻,有权向有关部门举报。接受举报的部门应当为举报人保密。

公安、畜牧兽医、城市管理行政执法(综合执法)、工商部门应当建立举报奖励制度,公布举报电话,对在重点管理区内的举报应当在二十四小时内进行处理;对不属于其职责范围内的事项,应当及时移送有关部门。

环境卫生保洁人员发现携犬人未清除犬粪的,有权要求其立即清除;对不予清除的予以举报,有关部门应当给予奖励;对无法查明相应责任人的,由环境卫生责任单位按照环境卫生责任区的分工负责及时清理。

第二十七条 养犬人所养犬只伤害他人的,养犬人应当立即将伤者送至医疗卫生机构诊治并先行垫付医疗费,将伤人犬只立即送交犬类留检所由畜牧兽医部门进行检测,不得隐匿、转移。责任人应当依法承担医疗费、检测费和其他民事责任;构成犯罪的,依法追究刑事责任。

第二十八条 违反本规定有下列行为之一的,由公安部门予以处罚:(一)违反第八条第三款、第九条第一款、第十一条未办理初始登记或者年度登记的,没收犬只,并按每只犬处以二千元罚款。(二)违反第十七条第一款规定的,按每只犬处以二百元罚款。(三)违反第二十一条第二款第(一)项、第(二)项、第(三)项、第(四)项、第(五)项、第(七)项、第(八)项规定等干扰他人正常生活的,处以警告;警告后不改正的,或者放任犬只恐吓他人的,处以二百元以上五百元以下罚款;驱使犬只伤害他人的,处以五日以上十日以下拘留,并处以二百元以上五百元以下罚款;情节较轻的,处以五日以下拘留或者五百元以下罚款。(四)违反第二十一条第一款规定遗弃所养犬只的或者违反第二十七条规定隐匿、转移伤人犬只的,按每只犬处以二千元罚款。(五)违反第二十四条第二款规定在重点管理区内开办犬类养殖场的,没收犬只和违法所得,并处以五千元以上二万元以下罚款。

第二十九条 违反本规定第十一条、第二十三条、第十七条规定未对犬只进行免疫的或者犬只死亡未将犬尸送交畜牧兽医部门处理的,由畜牧兽医部门责令限期改正;拒不改正的,由畜牧兽医部门依法代作处理,处理所需费用由违法行为人承担。

畜牧兽医部门自作出行政处罚决定之日起十日内将处罚结果抄送同级公安部门。

第三十条 违反本规定有下列行为之一的,由城市管理行政执法(综合执法)部门予以处罚:

(一)违反第二十一条第二款第(九)项规定的,责令清除,并对养犬人处以五百元罚款;

(二)违反第二十四条规定在城市道路、广场上从事犬类交易的,没收犬只和违法所得,并处以五百元以上三千元以下罚款。

城市管理行政执法(综合执法)部门自作出行政处罚决定之日起十日内将处罚结果抄送同级公安部门。

第三十一条 对重点管理区内养犬的个人,因违反本规定在两年内累计受到行政处罚三次以上的,由公安部门没收其犬只,其在五年内不得饲养犬只。

第三十二条 当事人对公安部门或者其他行政管理部门作出的与养犬管理相关的具体行政行为不服的,可以依法申请行政复议或者提起诉讼。

第三十三条 养犬管理有关部门及其工作人员滥用职权、玩忽职守、徇私舞弊的,由其所在单位或者上级主管部门给予行政处分;构成犯罪的,依法追究刑事责任。

第三十四条 本规定自2007年5月1日起施行。济南市人民代表大会常务委员会颁布于1995年12月1日起施行的《济南市养犬管理办法》同时废止。

济南市城镇企业职工基本养老保险条例

(2007年7月27日济南市第十三届人民代表大会常务委员会第三十四次会议通过,2007年9月21日山东省第十届人民代表大会常务委员会第三十次会议批准)

第一章 总 则

第一条 为保障城镇企业职工离退休后的基本生活,加强基本养老保险基金的征缴、管理、发放与监督,根据《中华人民共和国劳动法》及有关法律、法规的规定,结合本市实际,制定本条例。

第二条 本条例规定的基本养老保险适用于本市行政区域内的城镇各类企业、民办非企业单位(以下称用人单位)及其职工。国家另有规定的,从其规定。

第三条 基本养老保险制度遵循权利与义务相对应、保障水平与经济发展水平和社会承受能力相适应的原则，完善社会统筹与个人账户相结合的基本制度。

鼓励和支持企业根据其经济效益和承受能力为职工建立企业年金，作为职工基本养老保险的补充。

第四条 用人单位及其职工应当依法参加基本养老保险，并按时足额缴纳基本养老保险费。

参加基本养老保险的用人单位(以下称参保单位)和参加基本养老保险的职工(以下称参保人)，对基本养老保险基金的征缴、管理与发放具有知情权和监督权。

参保单位和参保人的基本养老保险合法权益受法律保护。

第五条 市、县(市、区)人民政府应当将基本养老保险管理工作纳入国民经济和社会发展计划，统筹安排，加强对基本养老保险制度的宣传，协调解决基本养老保险管理工作中的重大事项，确保基本养老金按时足额发放。

第六条 市劳动保障行政部门是本市用人单位职工基本养老保险工作的主管部门，负责全市用人单位职工基本养老保险工作的统一管理。

县(市、区)劳动保障行政部门负责本辖区内用人单位职工基本养老保险管理工作。

劳动保障行政部门所属的社会保险经办机构具体办理用人单位职工基本养老保险的业务工作。

乡(镇)、街道办事处的劳动保障服务机构负责本区域内用人单位职工基本养老保险的有关社会化服务工作。

第七条 发改委、财政、审计、统计、质监、人事、民政、税务、国资委、工商、公安、建委、经委、监察和工会等有关部门和社会团体，应当按照各自职责，做好用人单位职工基本养老保险管理工作。

第八条 市人民政府应当每年向市人民代表大会常务委员会报告基本养老保险基金收支管理情况。

第二章 基本养老保险基金的筹集

第九条 基本养老保险基金由社会统筹基金和个人账户金两部分组成，实行全市社会统筹。国家和省另有规定的，从其规定。

第十条 社会统筹基金由以下部分组成：

(一)参保单位缴纳的基本养老保险费；

(二)社会统筹基金的增值部分；

(三)滞纳金；

(四)财政补贴；

(五)省级调剂金；

(六)按照国家和省有关规定应当纳入社会统筹基金的其他资金。

第十一条 个人账户金由以下部分组成：

(一)参保人缴纳的基本养老保险费；

(二)二〇〇六年三月三十一日前，从参保单位缴费中按照职工缴费基数一定比例划转的基本养老保险费；

(三)个人账户金的利息；

(四)按照国家和省有关规定应当纳入个人账户金的其他资金。

第十二条 参保单位、参保人均应当以其上月工资总额为基数，按照国家、省规定的比例缴纳基本养老保险费。

参保人月工资收入低于本市上年度在岗职工月平均工资百分之六十的，以上年度在岗职工月平均工资的百分之六十为基数，按比例缴纳；超过本市上年度在岗职工月平均工资百分之三百的，以上年度在岗职工月平均工资的百分之三百为基数，按比例缴纳，高于上年度在岗职工月平均工资百分之三百的部分不计入缴费工资基数。国家和省另有规定的，从其规定。

第十三条 参保单位应当按月在参保人工资中代为扣缴其个人应缴纳的基本养老保险费，与单位应缴纳的基本养老保险费一并按月向社会保险经办机构足额缴纳。

第十四条 新设立的用人单位，应当自领取营业执照或者成立之日起三十日内，到社会保险经办机构办理社会保险登记。

参保单位分立、合并或者其社会保险登记事项发生变更时，应当自分立、合并或者变更之日起三十日内，到社会保险经办机构办理变更或者注销社会保险登记手续，并结清应缴纳的基本养老保险费、滞纳金。

参保单位因破产、解散、被撤销或者其他原因终止的，基本养老保险费的清偿按有关法律、行政法规的规定执行。

第三章 基本养老保险待遇

第十五条 参保人达到法定年龄离退休的，根据其缴费年限(含视同缴费年限，下同)，享受相应的基本养老保险待遇。

第十六条 参保单位和参保人共同缴纳基本养老保险费的年限为参保人的缴费年限。但是，在一九九四年一月一日我市实行个人缴费时的企业职工，在实行个人缴费前所在单位已按规定参加了我市国有和县以上集体企业离退休费用社会统筹的，其在实行个人缴费前按国家和省的规定计算的连续工龄，视同缴费年限。欠缴社会统筹费的，应当补缴；未补缴的，不视为本人的缴费年限。

第十七条 一九九八年一月一日以后参加工作，退休时缴费年限累计满十五年的，其享受的基本养老金包括基础养老金和个人账户养老金，按照下列标准计发：

(一)基础养老金月标准以本市上年度在岗职工月平均工资和本人指数化月平均缴费工资的平均值为基数，缴费年限每满一年发给百分之一，从社会统筹基金中按月支付。

(二)个人账户养老金月标准为个人账户储存额本息除以计发月数，从个人账户金中按月支付。计发月数按国务院的规定执行。

第十八条 一九九七年十二月三十一日前参加工作，二〇

○六年一月一日后离退休,缴费年限累计满十五年的,除按照本条例第十七条规定享受基础养老金、个人账户养老金之外,还享受过渡性养老金和过渡性调节金。过渡性养老金和过渡性调节金的计发标准按照国家和省规定执行。

第十九条 一九九七年十二月三十一日前参加工作,二○○六年一月一日以后离退休,缴费年限累计满十年不满十五年的,按月享受基本养老金,具体条件和计发标准按照国家和省有关规定执行。

第二十条 一九九八年一月一日以后参加工作,二○○六年一月一日以后退休,缴费年限累计不满十五年的,不发给基础养老金,其个人账户储存额一次性支付给本人,并按照缴费年限每满一年再发给一个月本人指数化月平均缴费工资,一次付清,终止基本养老保险关系。

第二十一条 参保人二○○五年十二月三十一日前离退休的,其离退休时核定的待遇不变。

第二十二条 参保人离退休后享受国家和省规定的基本养老金调整增加的待遇。

第二十三条 参保人离退休后个人账户储存额领取完毕时,其个人账户养老金按照原核定标准从社会统筹基金中继续支付,直至其死亡。

第二十四条 参保人间断缴纳养老保险费期间,社会保险经办机构对其个人账户应当予以保留,并不间断计息;以后继续缴费的,对其缴费年限应当累计计算,对其个人账户储存额也应当累计计算。

第二十五条 参保人自办理离退休手续的次月起按月领取基本养老金,其死亡后社会保险经办机构应当自其死亡的次月起停止支付。终止基本养老保险关系的除外。

第二十六条 参保人离退休前离开本市时,养老保险关系按以下办法处理:

(一)符合转移条件的,按规定转移,终止在本市的养老保险关系;

(二)不符合转移条件的,保留在本市养老保险关系。

第二十七条 参保人离退休前出国或者赴台、港、澳地区定居,申请办理养老保险关系终止手续的,社会保险经办机构应当将其个人账户积累额全部退还本人,并终止养老保险关系。

第二十八条 参保人在缴费期间或者离退休后死亡,其参保单位或者亲属应当在其死亡后三十日内向社会保险经办机构申报。

参保人死亡时,尚未领取或者未领取完毕的个人账户金中的个人缴费部分(含本金和利息),由其合法继承人依法继承;个人账户金中单位缴费部分并入社会统筹基金。

第四章 基本养老保险基金的管理与监督

第二十九条 市、县(市、区)人民政府应当加强基本养老保险基金的管理与监督,完善工作机制,确保养老保险基金安全、使用规范。

第三十条 基本养老保险基金应当纳入财政专户,实行收支两条线管理,专款专用,任何单位和个人不得侵占和挪用。

第三十一条 市财政部门应当会同市劳动保障部门编制养老保险基金年度预决算。

第三十二条 基本养老保险基金用于支付下列项目:

(一)参保人离退休后的基本养老金;

(二)参保人离退休后死亡时的丧葬补助费、一次性救济费及其供养直系亲属的定期生活困难补助费;

(三)因参保人出国或赴台、港、澳地区定居而清退的个人账户金;

(四)个人账户金中应当由参保人的继承人继承的个人缴纳部分;

(五)参保人的养老保险关系跨统筹地区转移时,应当转出的个人账户金;

(六)按照国家和省规定用于支付基本养老保险事项的其他项目。

第三十三条 社会保险经办机构应当以参保单位、参保人提供的相关资料为基础,为参保人建立以居民身份证号码为标识的养老保险个人账户。养老保险个人账户具有唯一性。

社会保险经办机构应当根据参保人个人账户的缴费记录,按缴费年度,向参保人发放个人账户缴费记录对账单。

参保单位或者参保人对缴费记录有异议的,应当书面提出。社会保险经办机构应当自收到异议之日起三十日内核实并予以书面答复,对确有错误的应当更正。

第三十四条 市审计部门每年应当对全市基本养老保险基金的财务收支进行审计。

市劳动保障部门、财政部门应当建立健全基本养老保险基金的内部审计监督制度。

市财政部门应当会同市劳动保障部门建立健全基本养老保险基金的财务制度。

第三十五条 劳动保障行政部门应当加强对参保单位的监督检查。社会保险经办机构应当加强对基本养老保险缴纳情况和基本养老金征收情况的核查。检查、核查时可以记录、录音、录像、照相和复制有关资料;但应当为其单位保密。

被检查、核查单位应当如实提供用人情况、工资表、财务报表等资料;不得拒绝检查,不得谎报、瞒报。

第三十六条 社会保险经办机构应当如实记录、妥善保存参保单位和参保人的参保登记手续、缴费记录和养老保险金发放等基础信息资料,并设置基本养老保险信息查询系统。参保人和参保单位有权向社会保险经办机构查询养老保险费缴纳、发放标准和基本养老金的领取情况,社会保险经办机构应当为其提供方便。

参保人、参保单位因基本养老保险事项与社会保险经办机构发生争议的，应当依照国家劳动保障部门《社会保险行政争议处理办法》以及有关法律、法规的规定办理。

第三十七条 参保单位应当建立养老保险费缴纳情况公示制度，在显著位置每季度至少公示一次参保单位参保人数、缴费总额和缴费基数，公示期不得少于十五日，并向每位参保人书面告知其个人缴费基数及数额，接受监督。

参保人对其参保单位未按照规定执行公示制度，或者在缴费申报中虚报、瞒报、漏报缴费基数的行为，可以向劳动保障行政部门或者社会保险经办机构举报、投诉，劳动保障行政部门应当依法查处。

第三十八条 参保单位应当对拟离退休的参保人的姓名、性别、职务、出生年月、参加工作时间、申报离退休类别、拟审核的离退休时间、拟审核的基本养老保险待遇等事项在显著位置进行公示，公示期为十日。

拟离退休参保人或者其他相关人员在公示期内发现公示内容与实际情况不符，可以向劳动保障行政部门举报、投诉。劳动保障部门接到举报、投诉后，应当及时调查并书面答复，对确有错误的，应当立即纠正，并追究有关人员的责任；对于公示期满无举报、投诉或者举报、投诉内容不实的，按照规定程序办理离退休审批手续。

第三十九条 市劳动保障行政部门应当每年将基本养老保险基金征缴、管理、发放等情况向社会公告。

市劳动保障行政部门应当建立用人单位参加基本养老保险情况诚信评价制度。对严格执行养老保险制度和未按时足额缴纳养老保险费等其他严重违反养老保险制度的用人单位，应定期向社会公布。

第四十条 任何单位和个人对于侵犯用人单位及其职工基本养老保险合法权益的行为，均有权向监察、审计、财政、劳动保障、工会等有关部门举报。接到举报的有关部门应当及时查处，并在十五日内予以答复。

第四十一条 用人单位的职工合法权益受到侵害的，有权要求有关部门依法处理，或者依法申请仲裁、提起诉讼。

第五章 法律责任

第四十二条 用人单位未按照规定缴纳基本养老保险费的，由劳动保障行政部门责令限期缴纳；逾期仍不缴纳的，除补缴欠缴数额外，从欠缴之日起，按日加收千分之二的滞纳金。滞纳金并入社会统筹基金。

第四十三条 用人单位逾期拒不缴纳基本养老保险费、滞纳金的，由劳动保障行政部门申请人民法院依法强制征缴。

第四十四条 有下列行为之一的，按照有关法律、行政法规处理：

（一）未按照规定办理基本养老保险登记、变更登记或者注销登记，或者未按照规定申报应缴纳的基本养老保险费数额的；

（二）违反有关财务、会计、统计的法律、行政法规和国家有关规定，伪造、变造、故意毁灭有关账册、材料，或者不设账册，致使基本养老保险费缴费基数无法确定的；

（三）申报时瞒报工资总额或者职工人数的；

（四）骗取基本养老保险待遇或者骗取基本养老保险基金支出的；

（五）未按照劳动保障行政部门的要求报送书面材料，隐瞒事实真相，出具伪证或者隐匿、毁灭证据的；

（六）经劳动保障行政部门责令限期改正逾期不改正，或者拒不履行劳动保障行政部门的行政处理决定的；

（七）无理抗拒、阻挠劳动保障行政部门依法履行劳动保障监察职责的；

（八）打击报复举报人、投诉人的。

第四十五条 对未按照本条例规定执行养老保险费缴纳情况公示制度及离退休公示制度的用人单位，由劳动保障行政部门责令其限期改正；逾期不改正的，处以二千元以上五千元以下的罚款。

第四十六条 用人单位和职工对劳动保障行政部门的行政处罚决定不服的，可以依法申请行政复议；对行政复议决定不服的，可以依法提起行政诉讼。

第四十七条 政府有关部门及其工作人员有下列情形之一的，应当给予行政处分；构成犯罪的，依法追究刑事责任：

（一）未按规定将基本养老保险费纳入基本养老保险基金财政专户的；

（二）挪用、侵占基本养老保险基金的；

（三）违反有关养老保险基金运营规定，造成基金损失的；

（四）不按规定支付基本养老金的；

（五）其他违反基本养老保险管理有关法律、法规和规章的。

第六章 附则

第四十八条 本条例所称工资总额按国家有关规定计算。

本条例所称本市上年度在岗职工月平均工资以市统计部门公布的数额为准。

本条例所称指数化月平均缴费工资是指参保人历年的平均缴费指数乘以本人退休的上一年度在岗职工月平均工资；缴费指数是指参保人某一年的缴费基数除以对应年度的在岗职工平均工资；平均缴费指数是指参保人各年度的缴费指数相加除以累计缴费年限。

第四十九条 本行政区域内的国家机关、事业单位、社会团体聘用的非在编人员的基本养老保险，执行本条例。

城镇个体工商户及灵活就业人员的基本养老保险，依照国家和省的有关规定执行。

第五十条 本条例自2008年1月1日起施行。

济南市文物保护规定

（2007年9月27日济南市第十三届人民代表大会常务委员会第三十七次会议通过，2007年11月23日山东省第十届人民代表大会常务委员会第三十一次会议批准）

第一条 为了加强文物保护，根据《中华人民共和国文物保护法》、《中华人民共和国文物保护法实施条例》和其他有关法律、法规，结合本市实际，制定本规定。

第二条 本市行政区域内的文物保护适用本规定。

第三条 市、县（市、区）、乡（镇）人民政府负责本行政区域内的文物保护工作。

市文物行政主管部门负责本市文物保护的统一监督管理。

县（市、区）人民政府承担文物保护工作的部门（以下简称县级文物行政管理部门）依照管理权限和职责分工，负责本行政区域内文物保护的监督管理具体工作。

规划、国土资源、建设、财政、公安、房管、园林、林业、宗教、旅游、交通（公路）等部门，应当依法履行所承担的保护文物的职责，共同做好文物保护工作。

第四条 市、县（市、区）人民政府应当将文物保护纳入本级国民经济和社会发展规划、土地利用总体规划、城乡建设规划，正确处理城乡建设、经济建设、社会发展与文物保护的关系，协调解决文物保护工作中的重大问题，确保文物安全。

文物保护工作所需经费应当列入本级财政年度预算，财政拨款随着财政收入增长而增加，专款专用，不得挪用。

第五条 市、县（市、区）人民政府应当自文物保护单位公布之日起一年内划定公布同级文物保护单位的保护范围，做出标志说明，建立记录档案，设置专门机构或者指定专人负责管理。

市级文物保护单位的保护范围，由市文物行政主管部门提出，征求市规划行政主管部门的意见后，报市人民政府划定公布。

县（市）行政区域内的县级文物保护单位的保护范围，由县（市）文物行政管理部门提出，征求县（市）规划行政主管部门的意见后，报县（市）人民政府划定公布。

各区行政区域内的县级文物保护单位的保护范围，由区文物行政管理部门提出，经市文物行政主管部门征求市规划行政主管部门意见后，报区人民政府划定公布。

本规定实施前尚未划定公布的市级、县级文物保护单位的保护范围，市、县（市、区）人民政府应当自本规定实施之日起一年内按照本条第二款、第三款、第四款规定的程序组织划定公布。

第六条 对尚未核定公布为文物保护单位的不可移动文物，县级文物行政管理部门应当自收到文物考古机构出具的不可移动文物确认报告之日起三十日内予以登记、向社会公布，并向市文物行政主管部门备案；逾期未登记、公布的，市文物行政主管部门应当责令其在七日内登记、公布；在限期内仍未登记、公布的，由市文物行政主管部门在七日内代为登记、公布。

登记、公布的内容应当包括该不可移动文物的名称、类别、位置和占地范围等事项。

第七条 对登记保护的尚未核定公布为文物保护单位的不可移动文物（以下简称登记的不可移动文物），县级文物行政管理部门应当自登记之日起三个月内建立记录档案、设立保护标志。标志应当载明文物名称、权属性质、登记日期和登记机关。

第八条 市文物行政主管部门应当将本市行政区域内核定公布的各级文物保护单位、登记的不可移动文物（以下统称不可移动文物）的名称、位置、权属性质，自公布之日起三十日内函告市规划、建设、国土资源、房管、宗教、园林、林业等承担文物保护相应职责的有关管理部门。

县级文物行政管理部门应当将本行政区域内的不可移动文物的名称、位置、权属性质，自公布之日起三十日内函告同级建设、国土资源、房管、宗教、园林、林业等承担文物保护相应职责的有关管理部门和有关的乡（镇）人民政府。

第九条 县级文物行政管理部门应当自公布之日起三十日内向国有不可移动文物使用人、非国有不可移动文物的所有人发出保护文物通知书，明确文物保护的有关事项及其权利义务，并向市文物行政主管部门备案。

第十条 对本规定实施前公布的不可移动文物，市、县级文物行政管理部门应当自本规定实施之日起六十日内分别按照本规定第八条、第九条的规定将有关事项函告有关部门，通知有关使用人、所有人。

第十一条 市、县级文物行政管理部门应当自不可移动文物登记、公布之日起一年内，根据不同文物的保护需要，制定、公告具体保护措施，并书面通知相关的使用人、所有人。

市级以上文物保护单位具体保护措施的制定、公告、通知，由市文物行政主管部门负责；县级文物保护单位和登记的不可移动文物的具体保护措施的制定、公告、通知，由县级文物行政管理部门负责。

第十二条 不可移动文物被辟为参观游览场所的，文物行政管理部门应当会同园林、林业、宗教、旅游等部门制定相应的文物保护方案。

市级以上文物保护单位被辟为参观游览场所的，由市文物行政主管部门会同有关部门制定文物保护方案；县级文物保护单位和登记的不可移动文物被辟为参观游览场所的，由县级文物行政管理部门会同有关部门制定文物保护方案。

管理或者经营其场所的单位或者个人，应当按照文物保护方案保护和使用文物。

第十三条 国有不可移动文物，有使用人的，由使用人负责依法修缮、保养；无使用人的，由所在地县级文物行政管理部门负责组织修缮、保养。

第十四条 非国有不可移动文物由所有人负责依法修缮、保养。非国有不可移动文物有损毁危险,所有人不具备修缮能力的,人民政府应当给予帮助。

非国有不可移动文物不得转让、抵押给外国人。非国有不可移动文物依法转让、抵押或者改变用途的,应当根据其级别报相应的文物行政管理部门备案;由当地人民政府出资帮助修缮的,应当报相应的文物行政管理部门批准;未经批准的,有关部门不得办理产权的转让、抵押、改变用途手续。

第十五条 在文物保护单位保护范围和登记的不可移动文物占地范围内,不得进行与文物保护无关的工程或者爆破、钻探、挖掘等可能危及文物安全的作业;不得存放易燃、易爆、有毒、放射性、腐蚀性等可能危害文物安全的物品;不得建窑、取土、挖渠、开山、采石、凿井、开矿、毁林、开荒、深翻土地及从事其他危害文物安全的行为。

因特殊情况需要,在文物保护单位的保护范围内进行其他建设工程或者爆破、钻探、挖掘等作业的,必须经原公布的人民政府和上一级文物行政主管部门同意;在登记的不可移动文物的占地范围内进行其他建设工程或者爆破、钻探、挖掘等作业的,必须经市文物行政主管部门同意。

第十六条 建设工程选址应当尽可能避开不可移动文物。因特殊情况不能避开的,应当尽可能实施原址保护。

对文物保护单位实施原址保护或者迁移、拆除的,应当依照《中华人民共和国文物保护法》等法律、法规的有关规定报批。

第十七条 对登记的不可移动文物实施原址保护的,建设单位应当事先确定保护措施,报市文物行政主管部门批准,并将保护措施列入可行性研究报告或者设计任务书。无法实施原址保护,必须迁移异地保护的,由市人民政府批准。

建设单位应当向市人民政府提交下列材料:

(一)迁移异地保护的事由;

(二)规划行政主管部门出具的实施迁移异地保护的选址意见书、修建性详细规划和建筑方案及开竣工日期;

(三)原址和移建地址的土地使用权证明;

(四)迁移所需经费的验资证明;

(五)有关测绘、文字记录和摄像等资料;

(六)市文物行政主管部门出具的是否必须迁移异地保护的评估意见书。

迁移工程竣工后,建设单位应当申请市文物行政主管部门组织专家验收。市文物行政主管部门应当出具验收报告,并报市人民政府备案。

对确需拆除的,市文物行政主管部门应当向社会公开拟拆除不可移动文物的名称、位置、权属性质和拆除事由等事项,由市人民政府批准。市人民政府在批准前应当组织召开听证会,并征求上一级文物行政主管部门的意见。

第十八条 文物保养维护工程、抢险加固工程、修缮工程、保护性设施建设工程、迁移工程等文物保护工程应当按照国家文物保护和工程建设的有关法律、法规、规章的规定办理。

建设单位应当按照国家有关规定及时收集、整理工程项目各环节的文件资料,自文物保护工程竣工验收之日起六个月内,向原批准机关和市文物行政主管部门移交文物保护工程竣工验收资料。

第十九条 不可移动文物丢失或者损毁,其使用人或者所有人应当立即向公安机关报案,同时向所在地的县级文物行政管理部门报告。县级文物行政管理部门应当自接到报告之时起十二小时内向市文物行政主管部门报告。

第二十条 市文物行政主管部门应当根据确认的地下文物分布情况划定本市地下文物保护区,征求规划行政主管部门意见后,报经市人民政府批准并向社会公布,纳入土地利用总体规划和城乡建设规划。

第二十一条 在地下文物保护区内进行建设工程,建设单位应当在取得建设用地规划许可证后,向市文物行政主管部门提出考古勘探发掘书面申请。市文物行政主管部门应当自接到申请之日起二十日内组织考古调查勘探发掘单位进行调查勘探发掘,并出具考古勘探发掘意见书。但因情况特殊无法如期完成调查勘探发掘时,考古调查勘探发掘单位应当向市文物行政主管部门申请办理延期手续。

市规划行政主管部门应当在接到考古勘探发掘意见书后决定是否向建设单位核发建设工程规划许可证。

第二十二条 对不可移动文物进行原址保护、迁移、拆除所需费用和因进行基本建设、生产建设需要的考古调查、勘探、发掘所需费用,由建设单位列入建设工程预算。

第二十三条 在进行建设工程或者农业生产中,任何单位或者个人发现文物,应当保护现场,立即报告当地文物行政管理部门,文物行政管理部门接到报告后应当依法处理。

依照前款规定发现的文物属于国家所有,任何单位或者个人不得哄抢、私分、藏匿。

第二十四条 经考古勘探、发掘有重要发现,市文物行政主管部门认为需要原址保护的,应当向市规划行政主管部门提出书面意见,规划行政主管部门可以依法对建设工程规划进行调整。

第二十五条 考古发掘结束后,考古发掘单位除按有关规定向国务院和省文物行政主管部门提交结项报告和考古发掘报告以外,应当同时向市及所在县级文物行政管理部门提交报告副本。

第二十六条 考古发掘单位向本市接收出土文物的单位移交文物时,应当同时移交考古发掘现场记录的小件登记表副本。移交文物与小件登记表记录不符的,考古发掘单位应当给予书面说明。接收单位应当将有关情况报告批准移交的文物行政管理部门。

第二十七条 考古发掘单位尚未移交的出土文物和依法保留的文物标本,持有人应当按照国有博物馆等文物收藏单位收藏文物的规定予以保护，由文物行政管理部门予以监督管理。

第二十八条 考古发掘单位应当妥善保管考古调查、勘探、发掘中获得的各类文字、图片、音像等资料，并为市、县级人民政府建立同级文物保护单位档案提供相关资料。

第二十九条 市、县级文物行政管理部门应当建立文物保护监督检查制度，发现不可移动文物使用人、所有人不履行修缮义务时，应当责令其限期依法修缮。国有不可移动文物使用人逾期不修缮的或者非国有不可移动文物所有人具备修缮能力而逾期拒不修缮的，文物行政管理部门报经同级人民政府批准，可以组织抢救修缮，所需费用由使用人、所有人承担。

第三十条 任何单位和个人对违反文物保护法律、法规的行为，均有权向文物行政管理部门举报。

文物行政管理部门应当建立举报奖励制度，公布举报电话。接到举报后，应当及时调查处理，并将处理结果告知举报人，对不属于其职责范围内的事项，应当及时移送有关部门。接受和受理移交举报的部门应当为举报人保密。

第三十一条 违反本规定有下列行为之一的，根据有关法律、法规的规定给予处理：

（一）将非国有不可移动文物转让或者抵押给外国人的；

（二）擅自在文物保护单位的保护范围内进行建设工程或者爆破、钻探、挖掘等作业的；

（三）未在规定期限内移交文物保护工程竣工验收资料的；

（四）擅自迁移、拆除不可移动文物的；

（五）哄抢、私分、藏匿国有文物的；

（六）建窑、取土、挖渠、开山、采石、凿井、开矿、毁林、开荒、深翻土地及其他危害文物安全行为的。

第三十二条 违反本规定有下列行为之一的，由文物行政管理部门给予处罚：

（一）在文物保护单位的保护范围和登记的不可移动文物的占地范围内，存放易燃、易爆、有毒、放射性、腐蚀性等可能危害文物安全物品的，处以一千元以上五千元以下罚款；

（二）擅自在登记的不可移动文物的占地范围内进行建设工程或者爆破、钻探、挖掘等作业的，处以三万元以上三十万元以下罚款；

（三）在地下文物保护区内未经考古调查、勘探、发掘擅自进行工程建设的，处以二万元以上十万元以下罚款。

违反本规定，造成文物灭失、损毁的，依法承担民事责任；构成犯罪的，依法追究刑事责任。

第三十三条 政府有关部门及其工作人员不按照法定时限履行法定职责或者玩忽职守、滥用职权、徇私舞弊的，应当依法给予行政处分；构成犯罪的，依法追究刑事责任。

第三十四条 本规定自2008年1月1日起施行。1998年11月19日济南市第十二届人民代表大会常务委员会第五次会议通过，2001年5月18日济南市第十二届人民代表大会常务委员会第二十次会议修改的《济南市文物保护管理规定》同时废止。

济南市城市房屋拆迁管理办法

（2007年4月19日济南市人民政府发布）

第一章　总　则

第一条 为加强城市房屋拆迁管理，维护拆迁当事人合法权益，保障建设项目顺利进行，根据国务院《城市房屋拆迁管理条例》、《山东省城市房屋拆迁管理条例》，结合本市实际，制定本办法。

第二条 在本市城市规划区内国有土地上实施房屋拆迁，需要对被拆迁人补偿、安置的，适用本办法。

第三条 本办法所称拆迁人，是指依照本办法规定取得房屋拆迁许可证的单位。

本办法所称被拆迁人，是指被拆迁房屋的所有人。

第四条 拆迁人应当依照本办法的规定对被拆迁人给予补偿、安置；被拆迁人、被拆除房屋承租人以及其他占用被拆除房屋的单位和个人，应当在拆迁期限内完成搬迁。

第五条 济南市建设行政主管部门是本市房屋拆迁主管部门，对本市市区内城市房屋拆迁工作实施监督管理。

规划、国土资源、房管、公安、工商、物价、城市管理综合执法等部门，应当按照各自职责，协同房屋拆迁主管部门做好房屋拆迁的监督管理工作。

第二章　拆迁管理

第六条 房屋拆迁主管部门应当依据城市规划和经济社会发展实际，编制城市房屋拆迁年度计划和拆迁安置房屋年度建设计划，经市政府同意后，报省建设行政主管部门会同省发展改革部门审批。拆迁安置房屋年度建设计划应当优先安排就地安置房屋建设。安置房屋应当按照普通商品房的标准设计和建设，套型设计满足被拆迁人居住需要。

第七条 申请拆迁的单位应当持规划管理部门核发的建设用地规划许可证及附图、附件，向房屋拆迁主管部门申请拆迁冻结。

房屋拆迁主管部门应当自收到申请之日起十日内进行审查；符合冻结条件的，由房屋拆迁主管部门发布拆迁冻结通告。自冻结通告发布之日起，冻结范围内的单位和个人不得进行下列活动：

（一）房屋及其附属物的新建、扩建、改建；

（二）房屋租赁；

（三）改变房屋和土地用途；

（四）企业工商登记和事业单位、社会团体法人登记。

房屋拆迁主管部门应当在拆迁冻结通告发布之前书面通知本条第二款所列事项涉及的有关部门在冻结期限内暂停办理相关手续。

第八条 房屋拆迁主管部门发布拆迁冻结通告后，申请拆迁的单位可以向有关单位或者个人核查拟拆迁范围内房屋的产权、使用以及租赁等情况，有关单位和个人应当予以配合。

第九条 拆迁冻结期限最长不得超过六个月；需要延长冻结期限的，必须经房屋拆迁主管部门批准，延长冻结期限不得超过六个月。申请拆迁的单位在冻结期限内取得房屋拆迁许可证的，冻结期限自动延长至拆迁期限届满之日；冻结期限届满时申请拆迁的单位未取得房屋拆迁许可证的，拆迁冻结自行解除。房屋拆迁主管部门应当及时向社会发布冻结解除公告。

第十条 申请房屋拆迁许可证，应当向房屋拆迁主管部门提交下列资料：

（一）建设项目批准文件；

（二）建设用地规划许可证；

（三）国有土地使用权批准文件；

（四）拆迁计划和拆迁方案；

（五）办理存款业务的金融机构出具的拆迁补偿、安置资金证明；

（六）产权调换和安置用房证明。

房屋拆迁主管部门应当自收到申请之日起二十日内，对申请事项进行审查；经审查，对符合条件的，颁发房屋拆迁许可证；不符合条件的，应当作出不予许可决定书，并说明理由。房屋拆迁主管部门对申请事项进行审查时，应当通过听证、公示或者座谈等方式，听取拆迁当事人对拆迁补偿安置方案的意见。

申请拆迁的单位取得房屋拆迁许可证后，方可实施拆迁。

第十一条 房屋拆迁许可证发放的同时，房屋拆迁主管部门应当在拆迁范围内发布拆迁公告，公布拆迁人、拆迁实施单位、拆迁范围、拆迁期限等事项。

第十二条 拆迁人必须按照房屋拆迁许可证规定的拆迁范围和拆迁期限拆迁，不得擅自改变拆迁范围和延长拆迁期限。

拆迁期限不得超过一年。未在拆迁期限内完成拆迁，需要延长拆迁期限的，拆迁人应当在拆迁期限届满十五日前，向房屋拆迁主管部门提出申请；房屋拆迁主管部门应当自收到申请之日起十日内给予答复。批准延期拆迁的，延长期限累计不得超过一年。逾期未申请或者经申请未获批准的，房屋拆迁许可证自行失效。

第十三条 拆迁人可以委托取得房屋拆迁资格证书的单位（以下简称拆迁单位）实施拆迁，也可以自行拆迁。

拆迁人委托拆迁的，应当向被委托的拆迁单位出具拆迁委托书，并订立拆迁委托合同。拆迁委托合同订立之日起十五日内，拆迁人应当将拆迁委托合同报房屋拆迁主管部门备案。

接受委托的拆迁单位不得转让拆迁业务。房屋拆迁主管部门不得作为拆迁人，不得接受拆迁委托。

第十四条 自行拆迁的拆迁人和拆迁单位内从事拆迁工作的人员应当通过拆迁业务知识的培训，经考核合格后，方可从事拆迁工作。

第十五条 在拆迁期限内，拆迁人与被拆迁人应当依照本办法的规定订立拆迁补偿安置协议。

拆迁按协议租金出租的房屋，被拆迁人与房屋承租人对解除租赁关系达不成协议的，拆迁人应当与被拆迁人、房屋承租人订立拆迁补偿安置协议；拆迁按政府规定租金标准出租的公有房屋，拆迁人应当分别与被拆迁人、房屋承租人订立拆迁补偿安置协议。拆迁人不得要求被拆迁人或者房屋承租人先搬迁、后订立拆迁补偿安置协议。

第十六条 拆迁补偿安置协议订立后，一方当事人反悔或者拒绝履行的，当事人可以依法向仲裁委员会申请仲裁，也可以依法向人民法院起诉。仲裁或者诉讼期间，当事人可以依法申请人民法院先予执行。

第十七条 拆迁人与被拆迁人、房屋承租人在拆迁期限内未能依照本办法规定达成拆迁补偿安置协议的，当事人可以向房屋拆迁主管部门申请调解；调解不成的，由当事人提出书面裁决申请。房屋拆迁主管部门应当自收到裁决申请之日起五日内，以书面形式作出受理或者不予受理的决定。达不成拆迁补偿安置协议的户数或者拆迁面积超过三分之一的，房屋拆迁主管部门在决定受理裁决申请前，应当进行听证。

第十八条 房屋拆迁主管部门决定受理的，应当自决定受理之日起五日内将裁决申请书副本送达被申请人。被申请人应当自收到裁决申请书副本之日起五日内向裁决机关提交答辩书。被申请人不提交答辩书的，不影响裁决的进行。

第十九条 房屋拆迁主管部门应当自收到裁决申请书之日起三十日内作出裁决，并将裁决书送达当事人。

当事人对裁决不服的，可以自裁决书送达之日起六十日内依法申请行政复议或者三个月内向人民法院起诉。拆迁人依照本办法规定已对被拆迁人、房屋承租人给予补偿、安置或者提供周转用房的，复议和诉讼期间不停止拆迁的执行。

第二十条 拆迁人已经履行裁决规定的义务，被拆迁人、房屋承租人在裁决规定的搬迁期限内拒绝搬迁的，由市人民政府责成有关部门或房屋所在地的区人民政府强制拆迁，也可以由房屋拆迁主管部门申请人民法院强制拆迁。

实施强制拆迁前，拆迁人应当就被拆除房屋的有关事项，向公证机关办理证据保全。

第二十一条 拆迁人及相关单位不得改变尚未搬迁的被拆迁人、房屋承租人原有的供水、供电、供气、供暖、交通等基本生活条件，不得拆除妨害其房屋安全和正常使用的建筑物、构筑物等。任何单位和个人不得以暴力、胁迫、欺诈等手段迫使被拆迁人、房屋承租人签订拆迁补偿安置协议或者搬迁。

第二十二条 拆迁中涉及军事设施、教堂、寺庙、文物古迹的，依照有关法律、法规的规定办理。

第二十三条 拆迁范围内的房屋及其附属物，由拆迁人组织拆除,并保证拆除施工现场的安全,负责因拆迁造成的房屋、道路、绿地等建(构)筑物及设施残缺的修复和市容环境卫生扬尘污染防治等事宜的处理。

第二十四条 拆迁人应当在拆除房屋之日起三十日内,持房屋拆迁许可证和拆迁补偿安置协议到当地房产管理部门办理房屋注销登记手续,缴销原房屋权属证书。

拆迁涉及土地使用权变更的,必须依法办理土地权属变更登记手续。

第二十五条 尚未完成拆迁补偿安置的建设项目转让的,应当经房屋拆迁主管部门同意,原拆迁补偿安置协议中有关权利、义务随之转移给受让人。项目转让人和受让人应当书面通知被拆迁人,并自转让合同签订之日起三十日内予以公告。

第二十六条 房屋拆迁主管部门、拆迁人和金融机构应当共同签订协议,对房屋拆迁补偿安置资金实行专户储存、专款专用。拆迁补偿安置资金的使用,由房屋拆迁主管部门出具资金用途的说明后,金融机构方可拨付。

第二十七条 房屋拆迁主管部门应当建立、健全拆迁档案管理制度,加强对拆迁档案资料的管理。

第三章 拆迁补偿与安置

第二十八条 拆迁未出租的房屋,拆迁人应当对被拆迁人实行货币补偿或者实行房屋产权调换。被拆迁人选择房屋产权调换的,应当接受拆迁人提供的房屋;不接受拆迁人提供的房屋的,实行货币补偿。

第二十九条 拆迁未出租的房屋实行房屋产权调换的,拆迁人与被拆迁人应当结清货币补偿金额与所调换房屋价值之间的差价。

第三十条 拆迁按协议租金出租的房屋,被拆迁人与房屋承租人解除租赁关系或者被拆迁人对房屋承租人进行安置的,拆迁人应当依照本办法拆迁未出租房屋的规定,对被拆迁人进行补偿安置。

被拆迁人与房屋承租人不能解除租赁关系的,拆迁人应当依照本办法拆迁未出租房屋实行产权调换的规定,对被拆迁人实行房屋产权调换。产权调换的房屋由原房屋承租人承租,被拆迁人应当与原房屋承租人重新订立房屋租赁合同。

第三十一条 拆迁住宅房屋货币补偿的金额按照被拆迁房屋所处区位范围内新建普通商品房市场价格评估确定;评估时应当考虑被拆迁房屋在该区位中的具体位置、建筑标准、结构、层次、朝向、成新等因素。所处区位的范围以规划管理部门划定的拆迁用地范围为界。新建普通商品房市场价格由评估机构根据国家制定的基本建筑设计标准计算普通商品房开发建设的平均成本加平均利润,并参照被拆迁房屋所处区位范围内就近新建普通商品房的平均市场价格确定。

第三十二条 拆迁住宅房屋装修部分的补偿标准,由评估机构根据装修档次和成新确定。被拆迁人或房屋承租人可向评估机构申请装修部分的评估,根据评估结果确定补偿金额。被拆迁人或者房屋承租人自行拆除的,不予评估和补偿。

第三十三条 拆迁按政府规定租金标准出租的公有住宅房屋,租赁关系终止。拆迁人应当对被拆迁人实行货币补偿,被拆迁房屋为平房和简易楼房的,其货币补偿金额为本办法第三十一条规定的住宅房屋货币补偿金额的10%;被拆除房屋为楼房的为15%。拆迁人还应当对房屋承租人实行货币补偿或者房屋安置。房屋承租人选择货币补偿的,被拆迁房屋为平房和简易楼房的,其补偿金额为本办法第三十一条规定的住宅房屋补偿金额的90%,被拆除房屋为楼房的为85%。房屋承租人选择房屋安置的,应当接受拆迁人提供的安置房屋,并与拆迁人结清货币补偿金额与安置房屋价值之间的差价,结清差价后,安置房屋的产权属房屋承租人所有。

第三十四条 被拆迁人或者公有房屋承租人只有一套住宅房屋,且该房屋面积低于国家强制标准规定的住宅设计最低套型面积的(以下简称最低套型面积标准),拆迁人应当按照最低套型面积标准对其进行房屋安置或者换算成建筑面积43平方米进行货币补偿。对选择房屋安置的,最低套型面积标准之内的差价由拆迁人承担。超出最低套型面积标准的部分,由被拆迁人或者公有房屋承租人结清差价后,安置房屋的产权归被拆迁人、公有房屋承租人所有。

被拆迁人或者公有房屋承租人在拆迁范围内有两套或者两套以上住宅房屋,合并计算其面积仍达不到最低套型面积标准的,拆迁人应按照前款规定进行货币补偿或者房屋安置。

被拆迁人或者公有房屋承租人在拆迁范围外另有住房,合并计算其面积仍达不到最低套型面积标准,选择房屋安置时,合并计算后的面积与最低套型面积标准之间的差价由拆迁人承担;选择货币补偿时,按照建筑面积43平方米减去拆迁范围外房屋的建筑面积计算货币补偿金额。

有下列情形之一的,被拆迁人或者公有房屋承租人不享受本条前三款规定的待遇:

(一)拆迁人通过向房管部门查询后证明被拆迁人或者公有房屋承租人(含配偶)在拆迁范围外有其他产权登记的房屋或承租其他的公有房屋,以及有出售房改房行为的,其中有第三款情况的除外;

(二)所在单位或者居住区街道办事处出具被拆迁人或者公有房屋承租人不在此居住证明的;

(三)在拆迁范围内公示有异议的;

(四)在拆迁冻结后通过房屋买卖、交换、赠与、析产等行为造成被拆迁房屋面积不足最低套型面积标准的;

(五)被拆迁人或者公有房屋承租人已享受过前三款规定待遇的。

第三十五条 拆迁未出租私有住宅房屋和按政府规定租金标准出租的公有住宅房屋,被拆迁人和公有房屋承租人不能结清产权调换房屋或者安置房屋与货币补偿金额之间的差价的，可以选择分期结算或者租住房屋等方式，先行入住，并与拆迁人签订书面协议。

第三十六条 公有房屋承租人以被拆迁房屋申请参加房改的，参照房改的有关规定办理，房管部门应在拆迁期限内办理相关手续。

第三十七条 拆迁私有非住宅房屋的货币补偿价格参照房地产市场价格单独评估确定。

第三十八条 拆迁私有非住宅房屋，其房屋所有人持有的房屋所有权证书用途栏内标明营业内容的，应当按照营业用房给予补偿。

第三十九条 拆迁的住宅房屋未经规划、房管等部门批准擅自改为营业用房的，按照原产权登记性质认定。

对有营业执照、纳税记录且和房屋登记地点一致的，根据营业、纳税时间的长短，给予适当补偿，但最多不超过该房屋评估价格的百分之五。

第四十条 被拆迁房屋的评估，由拆迁人委托具有相应资质的评估机构实施。拆迁当事人对评估结果有异议的，可以在收到评估结果之日起十日内向原评估机构申请复核，也可以另行委托评估机构重新评估。

允许误差范围由房屋拆迁主管部门会同物价部门确定并向社会公布。重新评估的结果在允许误差范围内的，原评估结果有效，重新评估费用由提出异议的拆迁当事人承担。超出允许误差范围的，由拆迁当事人协商解决；经协商仍达不成一致意见的，提出异议的拆迁当事人可以向评估专家委员会申请技术鉴定。评估专家委员会的鉴定结论作为最终裁决结果。重新评估和专家鉴定费用由未被采用评估结果的评估机构承担。

第四十一条 被拆迁房屋实行房屋产权调换的地点，应当根据城市规划对拆迁范围的要求和建设工程项目的性质确定。

拆迁住宅房屋，拆迁范围用于住宅房屋建设，被拆迁人要求就地实行房屋产权调换安置且按照批准的建设工程规划能够满足被拆迁人房屋产权调换安置要求的，拆迁人应当就地安置。

拆迁住宅房屋，拆迁范围用于非住宅建设，实行异地安置。

安置房屋在被拆迁房屋原区位范围内的为就地安置；安置房屋不在被拆迁房屋原区位范围内的为异地安置。

第四十二条 拆迁人提供的安置房屋的套型设计应当满足被拆迁人对房屋建筑面积的不同需求。拆迁人提供的安置房屋应当产权明晰，无权利负担，并符合城市规划确定的配套要求和建筑质量、安全、技术标准。

拆迁人提供的安置房屋的价值由评估机构按照房地产交易价格评估确定。

就地安置的房屋应具备规划管理部门审定的建筑设计方案。异地安置的房屋应是新建房屋，并具备《房屋所有权证》或者房屋确权登记的条件。提供其他房屋的，应在协议中明确交房时间和交房条件。

第四十三条 拆迁非公益事业房屋附属物，由拆迁人对被拆迁人进行货币补偿。拆迁房屋附属物补偿标准由房屋拆迁主管部门会同物价部门制定，报市人民政府批准后公布执行。

第四十四条 拆迁用于公益事业的房屋及其附属物，拆迁人应当依照有关法律、法规的规定和城市规划的要求予以重建，或者参照本办法拆迁非公益事业房屋及其附属物的规定进行货币补偿。

第四十五条 拆除未超过批准期限的临时建筑，由拆迁人按照其重置成新价值结合剩余批准期限进行货币补偿。没有批准期限的临时建筑，其批准期限按两年确定。

拆除违法建筑不予补偿安置。建造者应在拆迁期限内自行拆除；逾期不自行拆除的，由拆迁人向城市管理综合执法机关申请依法查处。

第四十六条 被拆迁房屋具备合法规划、建设批准手续，但尚未办理确权登记的房屋，以批准建设文件载明的建筑面积为准予以补偿安置。改、扩建房屋实建面积与批准面积不符的，超出批准面积的部分，按重置成新价格予以补偿。

拆迁下列未办理确权登记的房屋，根据不同情况分别处理：

（一）单位或者个人因市政公用工程建设拆迁需要另行建设的房屋，由区建设管理部门对原拆迁情况进行审查并出具证明，在房屋所在地公示无异议后，参照现行规定给予补偿；

（二）企事业单位在有使用权的国有土地上建设并安置职工居住的房屋，房屋承租人按照政府规定标准缴纳租金且有五年以上记录的，可参照对公有住宅房屋承租人的规定进行补偿安置，对房屋建设单位不再给予补偿。

第四十七条 拆迁产权不明的房屋，拆迁人应当提出补偿、安置方案，报房屋拆迁主管部门同意后实施拆迁。拆迁前，拆迁人应当就被拆除房屋的有关事项向公证机关办理证据保全。

第四十八条 拆迁设有抵押权的房屋，抵押人与抵押权人应当依照国家有关法律、法规规定，就抵押权及其所担保债权的处理问题协商一致，并向拆迁人提供书面协议，拆迁人应当按照双方协议执行。

抵押人与抵押权人达不成协议的，实行货币补偿时，拆迁人应当将货币补偿款向公证机关办理提存。

第四十九条 拆迁人应当向被拆迁人或者房屋承租人支付搬迁补助费。

拆迁人提供的产权调换房屋和安置房屋是待建或在建房屋的，拆迁当事人应当在拆迁补偿安置协议中约定过渡期限；被拆迁人或者房屋承租人选择货币补偿或者自行寻找过渡用房的，拆迁人应当向其支付临时安置补助费。因拆迁人的责任延长过渡期限的，对自行寻找过渡安置用房的被拆迁人或者房屋承租人，应当从逾期之月起增加临时安置补助费；对使用拆迁人提供的过渡安置用房的，应当从逾期之月起支付临时安置补助费。

因拆迁非住宅房屋造成停产、停业的，拆迁人应当给予被拆迁人或者房屋承租人适当补偿。

本条第一款规定的搬迁补助费标准、第二款规定的临时安置补助费标准、第三款规定的停产停业补偿费标准由房屋拆迁主管部门会同物价部门制定，报市人民政府批准后公布执行。对选择货币补偿的被拆迁人、房屋承租人，拆迁人可给予适当奖励。

拆迁人对在拆迁期限内签订拆迁补偿安置协议并完成搬迁的被拆迁人或者房屋承租人，可以根据情况发给搬迁奖励费。货币补偿费、搬迁补助费、临时安置补助费、停产停业补偿费、奖励费按照国家有关规定免交个人所得税，用于购买商品房的免交契税。

第五十条 被拆迁房屋的建筑面积以该房屋所有权证载明的建筑面积为准；房屋所有权证载明的建筑面积与房屋测绘机构实际测量的建筑面积不符的，以房屋测绘机构实际测量的合法建筑面积为准。

拆迁按政府规定租金标准分户承租的公有房屋，每户承租房屋的建筑面积按承租证载明的建筑面积为准；按使用面积承租的，每户承租房屋的建筑面积按承租证载明的使用面积对应的建筑面积计算，其换算公式为：每户承租房屋的建筑面积=该户承租证载明的使用面积×整幢房屋建筑面积与使用面积的比值。

第四章 罚 则

第五十一条 违反本办法规定，未取得房屋拆迁许可证，擅自实施拆迁的，由城市管理综合执法机关责令停止拆迁，给予警告，并处已经拆迁房屋建筑面积每平方米二十元以上五十元以下的罚款。

第五十二条 拆迁人违反本办法规定，以欺骗手段取得房屋拆迁许可证的，由城市管理综合执法机关吊销房屋拆迁许可证，并处拆迁补偿安置资金百分之一以上百分之三以下的罚款。

第五十三条 拆迁人违反本办法规定，有下列行为之一的，由城市管理综合执法机关责令停止拆迁，给予警告，可以并处拆迁补偿安置资金百分之三以下的罚款；情节严重的，吊销房屋拆迁许可证：

（一）委托不具有拆迁资格的单位实施拆迁的；

（二）未按房屋拆迁许可证确定的拆迁范围实施房屋拆迁的；

（三）擅自延长拆迁期限的。

第五十四条 拆迁人在拆迁期间，违反本办法第二十一条规定的，由房屋拆迁主管部门责令停止拆迁，恢复原状；给被拆迁人、房屋承租人造成损失的，拆迁人应当依法予以赔偿；构成犯罪的，依法追究刑事责任。

第五十五条 拆迁人违反本办法规定，将拆迁补偿安置资金挪作他用的，由城市管理综合执法机关给予警告，责令限期改正；逾期仍未改正的，处挪用资金金额百分之三以上百分之十以下的罚款。

第五十六条 接受委托的拆迁单位违反本办法的规定，转让拆迁业务的，由城市管理综合执法机关责令改正，没收违法所得，并处合同约定的拆迁服务费百分之二十五以上百分之五十以下的罚款。

第五十七条 房屋拆迁主管部门违反本办法规定，有下列情形之一的，对直接负责的主管人员和其他直接责任人员依法给予行政处分；情节严重，致使公共财产、国家和人民利益遭受重大损失，构成犯罪的，依法追究刑事责任：

（一）违反规定核发房屋拆迁许可证以及其他批准文件的；

（二）核发房屋拆迁许可证以及其他批准文件后不履行监督管理职责的；

（三）未按规定受理房屋拆迁纠纷申请并依法作出裁决的；

（四）接受拆迁委托或者作为拆迁人实施拆迁的；

（五）其他玩忽职守、滥用职权、徇私舞弊行为。

第五十八条 围攻、辱骂、殴打房屋拆迁主管部门工作人员，影响正常拆迁工作秩序的，由公安机关依照《中华人民共和国治安管理处罚法》给予行政处罚；构成犯罪的，依法追究刑事责任。

第五章 附 则

第五十九条 房屋拆迁评估管理的有关规定和房屋拆迁管理的具体实施意见，由房屋拆迁主管部门根据本市实际制定，报市人民政府批准后公布执行。

第六十条 本办法自公布之日起施行。2003年8月12日济南市人民政府发布施行的《济南市城市房屋拆迁管理办法》同时废止。

济南市电力线路设施保护若干规定

（2007年6月26日济南市人民政府发布）

第一条 为保障电力线路设施的安全运行，维护公共安全，根据《中华人民共和国电力法》、《电力设施保护条例》等法律、法规的规定，结合本市实际，制定本规定。

第二条 本市行政区域内已建或者在建的电力线路设施及其辅助设施的管理和保护适用本规定。

第三条 市经济委员会是本市电力行政主管部门（以下简称电力管理部门），负责电力线路设施保护的监督、管理工作。

县（市）、长清区负责电力管理的部门具体承担本行政区域内电力线路设施保护的监督、管理工作。

公安、林业、交通、规划、园林、市政公用等部门根据各自职责，做好电力线路设施保护的相关工作。

第四条 电力线路设施受国家法律保护，禁止任何危害电力线路设施安全运行的行为。

对危害电力线路设施安全运行的行为，任何单位和个人都有权制止并向电力线路设施产权人、电力管理部门或者公安机关举报；电力管理部门对举报有功人员，应当给予表彰奖励。

第五条 电力线路设施产权人应当按照国家规定的技术标准和规范进行电力线路设施的设计和施工，并加强对所属电力线路设施的管理维护，避免危及公共安全。

第六条 电力线路设施与其他管线、管道、建筑物、构筑物等之间的最小距离应当符合国家有关规定。

第七条 电力线路设施产权人应当在下列区域设置安全警示标志：

(一)电力杆塔上的醒目位置；

(二)架空电力线路跨越等级公路线下两侧；

(三)架空电力线路保护区内的鱼塘；

(四)架空电力线路两侧平行距离500米以内的采石场；

(五)电力线路上的变压器平台；

(六)其他应当设立警示标志的位置。

第八条 地下电缆敷设后，电力线路设施产权人应当按照有关规范设立永久性安全警示标志，并将地下电缆的分布及技术设计书面告知城市规划和市政公用部门。

第九条 任何单位或者个人，不得有下列影响电力线路设施安全的行为：

(一)擅自在导线上接用电器设备；

(二)擅自攀登杆塔或在杆塔上架设电力线缆、通信线缆、广播线缆，安装广播喇叭；

(三)利用杆塔、拉线作起重牵引地锚；

(四)在杆塔、拉线基础的规定范围内(35千伏及以下电力线路杆塔、拉线周围5米的区域；110千伏及以上电力线路杆塔、拉线周围10米的区域)取土、打桩、钻探、开挖或者倾倒酸、碱、盐及其他有害化学物品；

(五)损坏电力设施接地装置或改变其埋设深度；

(六)拆卸杆塔或者拉线上的器材，涂改、移动、损害永久性标志或者标志牌；

(七)擅自在电缆线路通道内穿墙打孔或者在电缆线路上敷设其他管线。

第十条 在国家规定的电力线路设施保护区范围内，不得从事下列行为：

(一)堆放谷物、草料、垃圾、矿渣、易燃物、易爆物及其他影响安全供电的物品；

(二)烧窑、烧荒；

(三)兴建建筑物、构筑物；

(四)种植可能危及电力线路安全运行的树木或其他高杆植物。

第十一条 在电力线路设施保护区内，进行农田水利基本建设及打桩、钻探、挖掘、吊装等作业的，应当征得电力线路设施产权人同意并采取安全措施后，方可实施。

第十二条 在距电力线路设施水平距离500米范围内进行爆破作业的，应当征得电力设施产权单位或管理部门的书面同意，并报经有关行政管理部门批准。

第十三条 除城市建设、城市改造中市政设施建设工程需要电力线路设施迁移、改造的情况之外，电力线路设施与房屋、铁路、公路、邮电和广播电视设施及其他设施互相妨碍时，应当按照建设的先后原则处理，相关费用由后建设单位承担。

第十四条 电力线路设施建设与林业、市政设施、城市绿化发生妨碍时，由电力管理部门组织协调；难以协调一致的，电力管理部门应当提出协调意见，报请市政府决定。

第十五条 电力线路建设工程与林业、城市绿化发生妨碍时，按以下原则处理：

(一)新建架空电力线路建设工程需穿越林区或占用林地的，应当经县级以上林业行政主管部门审核同意；需砍伐树木的，应当办理采伐手续并付给树木所有者一次性补偿费用；电力线路通道范围内不得再种植影响电力线路安全的树木；

新建架空电力线路建设工程应当避免占用和穿越特殊用途林地；

(二)新建架空电力线路工程，需穿越城市行道树空间的，电力线路设施产权人应当与城市绿化主管部门协商，并在施工过程中注意保护原有树木；城市绿化主管部门或者树木所有人应当修剪影响架空电力线路安全运行的树木，并保持树木自然生长最终高度和架空电力线路导线之间的距离符合国家规定的安全距离，修剪费用由电力线路设施产权人承担；

(三)根据城市绿化规划的要求，在已建架空电力线路和电力电缆保护区内进行绿化时，城市绿化主管部门应当与电力线路设施产权人协商，并按照电力线路设施产权人的要求负责修剪和管护；对影响电力线路设施运行维护和事故处理的植物，城市绿化管理部门应当及时移植，并承担相关费用。

第十六条 电力线路设施产权人对电力线路设施保护区域内新种植或自然生长的危及电力线路设施安全的树木或者其他高杆植物，可以自行修剪或砍伐，不予支付林木补偿费、林地补偿费、植被恢复费等费用。

第十七条 违反本规定第九条规定的，由电力管理部门责令改正，并处1000元以上3000元以下的罚款；给电力线路设施产权人造成损失的，行为人应当承担赔偿责任。

第十八条 违反本规定第十条第一项、第二项规定的，由电力管理部门给予警告，责令其改正。

违反本规定第十条第三项、第四项规定的，由当地人民政府责令其限期拆除、清除；逾期不拆除、清除的，由电力线路设施产权人代为拆除或清除，费用由违法行为人承担。

第十九条 违反本办法第十二条规定的，由有关行政管理部门予以处罚。造成电力线路设施损坏的，应当依法承担赔偿责任；构成犯罪的，依法追究刑事责任。

第二十条　违反本规定，严重影响电力线路设施安全的，由公安机关依照《中华人民共和国治安管理处罚法》的规定予以处罚；构成犯罪的，依法追究刑事责任。

第二十一条　负有电力线路设施保护职责的工作人员玩忽职守、徇私枉法、索贿受贿的，由其所在单位或者上级主管部门依法给予行政处分；构成犯罪的，依法追究刑事责任。

第二十二条　本规定自 2007 年 8 月 1 日起施行。

济南市城市低收入家庭廉租住房管理办法

（2007 年 8 月 24 日济南市人民政府发布）

第一条　为建立和完善城市廉租住房制度，保障城市低收入家庭的基本住房需要，根据国家、省有关规定，结合本市实际，制定本办法。

第二条　本办法适用于本市历下、市中、槐荫、天桥、历城、长清 6 区范围内住房困难的低收入城市家庭。

第三条　市房产行政主管部门是本市城市低收入家庭廉租住房工作的主管部门。

区房产管理部门在市房产行政主管部门的指导下，负责城市低收入家庭廉租住房租金补贴、租金核减和实物配租的受理、申报以及租金补贴的发放等工作。

发展改革、建设、国土资源、规划、财政、民政、税务等有关部门应当按照各自职责，配合做好城市低收入家庭廉租住房的相关工作。

街道办事处（镇政府）应当协助房产管理部门做好城市低收入家庭廉租住房的相关工作。

第四条　本市城市低收入家庭廉租住房保障方式以发放租金补贴为主，租金核减、实物配租为辅。

租金补贴是指符合条件的申请人到市场租赁住房后，由政府按照市场平均租金与廉租住房租金标准的差额向其发放补贴。

租金核减是指房屋产权单位对符合本办法规定条件的申请人现已承租的公有住房，按照房改政策规定的租金标准与廉租住房租金标准的差额给予租金减免。

实物配租是指政府向符合条件的申请人直接提供住房，并按照廉租住房租金标准收取租金。

第五条　廉租住房供应，采取政府新建、收购、改建以及鼓励社会捐赠等方式解决。新建廉租住房的规划、建设和套型建筑面积按照国家规定执行。

第六条　城市低收入家庭廉租住房保障资金的主要来源：

（一）财政预算安排的资金；

（二）提取贷款风险准备金和管理费用之后的住房公积金增值收益；

（三）按照国家规定的比例在土地出让净收益中提取的资金；

（四）其他渠道筹集的资金。

第七条　城市低收入家庭廉租住房保障资金实行预算管理，专账核算，专项用于租赁住房补贴发放和实物配租住房的购建、维修，不得挪作他用。

第八条　住房产权单位按廉租住房政策规定收取的廉租住房租金收入，税务部门应当按照国家有关规定给予税收优惠。

第九条　廉租住房年度家庭低收入标准、廉租住房年度家庭住房困难标准和廉租住房保障标准由市政府根据本市社会经济发展情况和本市家庭平均住房水平制定并适时调整，每年向社会公布 1 次。

第十条　申请廉租住房保障待遇的应当符合下列条件：

（一）具有市内 6 区城市居民户口（仍保留承包地或者宅基地的除外）；

（二）符合市政府公布的廉租住房年度家庭低收入标准；

（三）共同生活的家庭成员之间有法定的赡养、抚养或扶养关系。

申请租金补贴的应当是无房或者现有住房符合市政府公布的廉租住房年度家庭住房困难标准的家庭。

申请租金核减的应当是承租公有住房的家庭。

申请实物配租的应当是无房家庭，且申请人为孤寡老人或者一、二级重度残疾人。

第十一条　申请廉租住房保障待遇的，应当持现住房证件或者无房证明、户籍证明、居民身份证、残疾证以及收入证明等材料，向户籍所在区房产管理部门提出书面申请。

申请人有工作单位的，无房证明由所在单位出具；无工作单位的，应当提交由现居住地居（村）委会出具并经街道办事处（镇政府）复核的无房证明。

第十二条　区房产管理部门应当自接到申请之日起 10 日内会同申请人所在单位对申请人的申请条件进行初审，并在申请人所在单位内予以公示。

对无工作单位的申请人，区房产管理部门应当会同申请人户籍所在地的街道办事处（镇政府）进行初审，并在申请人居住地和户籍所在地的街道办事处（镇政府）予以公示。公示期为 10 日，公示期内无人提出异议或者异议不成立的，由区房产管理部门自公示期满之日起 5 日内报市房产行政主管部门核准。

第十三条　市房产行政主管部门应当自接到区房产管理部门报送的资料之日起 10 日内作出是否核准的意见。不予核准的，应当向申请人书面说明理由。

第十四条　准予租金补贴或者租金核减的，申请人持由现居住地街道办事处（镇政府）证明的租房合同和核准通知书到区房产管理部门领取廉租住房租金补贴或者到房屋产权单位办理租金核减手续。

第十五条　经核准准予实物配租的，申请人可以持核准通知书参加市房产行政主管部门组织的摇号排序，并根据排序先后确定房号。取得房号后应当在规定时限内与房产管理部门签订《济南市廉租住房租赁合同》；不签订的，视为放弃。

放弃实物配租的申请人，可以向市房产行政主管部门提出改为其他保障方式的申请。

市房产行政主管部门应当在组织摇号前向社会公布实物配租的房源信息。

第十六条　享受廉租住房保障待遇的家庭成员人数，以户籍证明确定的人口为准。

第十七条　廉租住房租金补贴标准按照下列公式计算：

月租金补贴金额=租金补贴标准×(家庭应享受的廉租住房保障面积–认定的现有住房面积)

家庭现租住的公有住房按廉租住房租金标准缴纳租金。

第十八条　以下住房不认定为个人住房：

(一)借住直系亲属以外的他人住房；

(二)居住单位的非住宅用房或者集体宿舍；

(三)租住的私有住房(包括转租的公有住房)。

第十九条　住房使用面积是指分户门以内所有可供使用的净面积，以房屋所有权证记载和实地测量的建筑面积换算的使用面积或者租赁证记载的使用面积为准。建筑面积与使用面积的换算系数为：楼房70%，平房80%。

第二十条　市房产行政主管部门应当对享受廉租住房待遇的低收入家庭每年进行1次复核。享受廉租住房待遇的低收入家庭应当按年度向区房产管理部门如实申报家庭收入、家庭人口及住房变动情况。区房产管理部门应当会同有关部门对其申报情况进行复核，并依据复核结果及时调整廉租住房待遇。对家庭收入连续1年以上超过规定收入标准的，应当取消其廉租住房待遇。

第二十一条　市房产行政主管部门应当会同市财政、民政、税务等有关部门对廉租住房租金补贴、租金核减和实物配租工作进行定期检查，发现问题及时纠正。

第二十二条　对不如实申报家庭收入、家庭人口及住房状况，骗取廉租住房租金补贴或核减租金的，由市房产行政主管部门责令其退还已领取的廉租住房租金补贴或者补交核减的租金；情节严重的，由城市管理行政执法部门处以1000元罚款。

第二十三条　享受实物配租的家庭有下列情形之一的，由市房产行政主管部门取消其实物配租资格：

(一)年度审核不符合实物配租条件的；

(二)将承租的实物配租住房转借、转租的；

(三)改变实物配租房屋用途的；

(四)连续6个月以上未在实物配租住房居住或者不交纳租金的。

被取消实物配租资格的家庭应当自接到市房产行政主管部门退房通知书之日起2个月内将承租的住房退回；逾期不交的，由市房产行政主管部门依法收回实物配租的住房。

第二十四条　骗取廉租住房租金补贴、核减租金或被取消实物配租资格的，由市房产行政主管部门作出书面处理决定。当事人如对处理决定不服的，可依法申请行政复议或提起行政诉讼；逾期不申请复议或提起诉讼又不履行处理决定的，市房产行政主管部门可以申请人民法院强制执行。

第二十五条　违反本办法规定，房产管理部门或者其他有关行政管理部门的工作人员玩忽职守、滥用职权、徇私舞弊的，由其所在单位或者上级主管部门给予行政处分；构成犯罪的，依法追究刑事责任。

第二十六条　本办法自2007年9月1日起施行。2005年3月15日发布的《济南市城镇最低收入家庭廉租住房管理办法》同时废止。

济南市经济适用住房管理办法

(2007年8月24日济南市人民政府发布)

第一条　为改善城市低收入家庭居住条件，规范经济适用住房的建设、交易和管理，根据国家、省有关规定，结合本市实际，制定本办法。

第二条　经济适用住房是指政府提供优惠政策，限定建设标准、供应对象和销售价格，向低收入家庭供应的具有保障性质的政策性商品住房。

第三条　本市历下、市中、槐荫、天桥、历城、长清6区内的经济适用住房建设、交易和管理，适用本办法。

第四条　市房产行政主管部门负责本市经济适用住房的建设、交易和管理工作。

区房产管理部门负责购买经济适用住房申请资料的初审等具体工作。

发展改革、建设、国土资源、规划、价格等政府有关部门应当根据职责分工，做好经济适用住房的相关工作。街道办事处(镇政府)应当协助房产管理部门做好经济适用住房的相关工作。

第五条　市房产行政主管部门应当会同市发展改革、建设、规划、国土资源等行政主管部门，根据土地利用总体规划、城市总体规划编制经济适用住房发展规划和年度计划，报市政府批准实施，并建立经济适用住房项目库，做好项目储备。

市发展改革部门应当会同市建设、房管、国土资源、规划行政主管部门依据经济适用住房发展规划和项目储备情况，编制经济适用住房年度建设投资计划和用地计划，报省相关部门批准后执行。

第六条　经济适用住房建设用地应当以行政划拨的方式供应。

禁止将经济适用住房用地进行商品住房开发或者用于其他用途。

第七条 经济适用住房套型建筑面积按照国家规定的标准执行。

第八条 经济适用住房开发建设按照政府组织、市场化运作的原则,实行项目法人招标。

第九条 经济适用住房建设免收城市基础设施配套费等各种行政事业性收费和政府性基金。

第十条 经济适用住房项目可规划建设用地范围外的市政基础设施由政府组织建设。

经济适用住房项目的基础设施和公共配套设施应当与住宅工程同步建设,同步交付使用。

第十一条 申请购买经济适用住房的低收入家庭(以下简称申请家庭)应同时具备以下条件:

(一)具有市内6区城市居民户口(仍保留承包地或者宅基地的除外);

(二)家庭收入低于市政府公布的经济适用住房年度家庭低收入标准;

(三)无房或家庭现有住房面积低于统计部门发布的上年度本市城市居民人均住房面积的60%(含);

单身家庭除具备以上3个条件外,年龄在35周岁(含)以上的方可申请购买经济适用住房。

经济适用住房年度家庭低收入标准和经济适用住房年度家庭住房困难标准由市政府结合本市经济发展水平和本市家庭平均住房水平制定并适时调整,每年向社会公布1次。

第十二条 本办法所称家庭成员是指同一户籍、共同居住且具有法定赡养、抚养或扶养关系的人员。

家庭成员人均年可支配收入是指家庭扣除交纳所得税和社会保障支出后的工薪收入、经营净收入和其他经常性收入的上一年实际发生的人均收入。

家庭现有住房是指家庭成员按照房改政策所购住房、单位的集资建房、拥有的私有住房、正在承租的公有住房、获得货币拆迁补偿的原住房。

第十三条 符合条件的低收入家庭只能按本办法的规定购买1套经济适用住房。已购买经济适用住房的,不再参加企业职工集资建房或购买、租住其他政策性住房,不再享受廉租住房保障。

第十四条 经济适用住房的销售价格实行政府指导价。其销售基准价格和浮动幅度,由市价格行政主管部门会同市房产行政主管部门确定报市政府批准后向社会公布。

同地段商品房价格参照标准,由市价格行政主管部门会同市房管行政主管部门、市财政部门确定报市政府批准后向社会公布。

第十五条 符合条件的低收入家庭按照经济适用住房销售价格购买经济适用住房时,应当扣除已有的下列住房面积,扣除部分按照同地段商品房价格购买:

(一)按照房改政策已购住房;

(二)单位的集资建房;

(三)正在承租的公有住房;

(四)获得货币拆迁补偿的前3项原住房。

按照同地段商品房价格购买与按照经济适用住房价格购买的差价款作为本市住房保障资金,缴入市财政,实行收支两条线管理。

第十六条 符合本办法第十一条规定的申请人应当持家庭户籍证明、家庭成员身份证明及所在单位(无工作单位的由街道办事处、镇政府)出具的收入和住房证明,向户籍所在区房产管理部门提出定向购买经济适用住房申请。

第十七条 区房产管理部门对申请人提供的证明材料进行初审,时限为15日。

经初审符合条件的,将初审结果在申请人所在单位(居住地和户籍所在地的街道办事处、镇政府)进行公示,公示期为10日。公示期内有异议的,由区房产管理部门会同单位或者街道办事处、镇调查。

公示期满无异议的或者经调查核实符合条件的,由区房产管理部门签署意见并于5日内报送市房产行政主管部门。

市房产行政主管部门应当对收到的有关材料进行审核,并在15日内向符合条件的申请人签发《购买经济适用住房资格证》;对于不符合条件的,应当向申请人书面说明理由。

第十八条 建设的经济适用住房符合预售(销售)条件时,市房产行政主管部门应当向社会发布销售信息,告知持有《购买经济适用住房资格证》的申请人报名参加购房排序。

购房排序应当在市房产行政主管部门的组织下进行,采取公开摇号或者抽签等方式确定。

申请人按确定的购房排序依次选择房号,并与房地产开发企业签订房屋买卖协议,房地产开发企业不得将经济适用住房售予未进入购房排序的申请人。

第十九条 经济适用住房建设单位对其组织建设的经济适用住房工程质量负最终责任。

建设单位应当向购房人出具《住宅质量保证书》和《住宅使用说明书》,承担保修责任。

第二十条 符合条件的家庭购买经济适用住房后,应按规定办理权属登记。市房产行政主管部门、市国土资源行政主管部门在办理权属登记时,应当在权属证明上分别注明经济适用住房、划拨土地。

第二十一条 购买经济适用住房不满5年,不得直接上市交易,购房人因各种原因确需转让经济适用住房的,由市政府按照原购买价格并考虑折旧和物价水平等因素进行回购。

购买经济适用住房满5年,购房人可转让经济适用住房,但应按照届时同地段普通商品住房与经济适用住房差价的一定比例向市政府交纳土地收益等价款,市政府可优先回购。具体交纳比例由市政府确定。

居民购买的经济适用住房,在未按前款规定向市政府缴纳相关费用并依法办理有关手续之前，不得用于出租经营。

第二十二条　已经购买经济适用住房的家庭又购买其他住房的，原经济适用住房由市政府按规定回购。

第二十三条　房地产开发企业擅自提高经济适用住房销售价格的，由市价格行政主管部门依法进行处罚。

第二十四条　房地产开发企业向未取得资格的家庭出售经济适用住房的，由市房产行政主管部门责令其限期收回；不能收回的，由房地产开发企业补缴经济适用住房与同地段商品房价格差价，并由城市管理行政执法部门处以10000元以上30000元以下的罚款。

第二十五条　购房人弄虚作假、隐瞒真实情况，骗购经济适用住房的，由市房产行政主管部门追回已购住房或者由购买人按同地段商品房补足购房款，并由城市管理行政执法部门处以1000元罚款。

第二十六条　经济适用住房主管部门以及其他行政机关的工作人员，有下列行为之一的，依法给予行政处分；情节严重构成犯罪的，依法追究刑事责任：

（一）未按规定程序和条件进行申请人资格审查；

（二）弄虚作假，协助申请人隐瞒真实情况；

（三）索取和收受他人财物；

（四）不依法履行监督管理职责或者监督管理不力。

第二十七条　各县（市）经济适用住房的建设、销售和管理工作参照本办法执行。

第二十八条　本办法自2007年9月1日起施行。

济南市科学技术奖励办法

（2007年11月3日济南市人民政府发布）

第一条　为奖励在科学技术进步活动中作出突出贡献的组织和个人，调动科技工作者的积极性和创造性，增强自主创新能力，建设创新型城市，根据《国家科学技术奖励条例》，结合本市实际，制定本办法。

第二条　市政府设立市科学技术奖，每年度评审1次。

市科学技术奖分为市科学技术最高奖、市技术发明奖、市科学技术进步奖和市科学技术合作奖，其中市技术发明奖和市科学技术进步奖设一等奖、二等奖和三等奖，其余奖项不分等级。

市科学技术奖奖励经费列入市财政预算。

第三条　市科学技术奖励贯彻尊重知识、尊重人才的方针，鼓励自主创新，注重科学技术水平和经济与社会效益。

市科学技术奖的评审工作贯彻科学、客观、公正和不受任何组织或者个人干涉的原则。

第四条　市政府设立市科学技术奖励委员会，其成员人选由市科学技术行政部门提出，报市政府批准。

第五条　市科学技术奖励委员会聘请有关方面专家、学者组成专项奖评审委员会，下设专业评审组，按照本办法的规定进行评审工作。市科学技术行政部门应当将专项奖评审委员会和专业评审组组成人员的资格条件向社会公布。

第六条　市科学技术行政部门负责市科学技术奖评审的组织管理工作。

第七条　市科学技术奖的申报、评审和奖励活动不收取任何费用。

第八条　市科学技术最高奖授予符合以下条件之一的个人：

（一）在科学技术研究方面取得重大突破或者在促进科学技术发展中有重大贡献；

（二）在科学技术创新、科学技术成果转化或者高新技术产业化中，取得重大技术发明、技术创新，创造较大经济效益或者社会效益。

第九条　市技术发明奖授予运用科学技术知识做出产品、工艺、材料、品种及其系统等重大技术发明，取得发明专利并在实施后取得显著效益的个人。

第十条　市科学技术进步奖授予符合以下条件之一的组织或者个人：

（一）在研究开发产品、工艺材料及其系统方面，取得较大科学技术创新；

（二）推广、应用先进的科技成果，促使其形成产业化、规模化工作中作出创造性贡献，示范引导作用突出，取得显著效益；

（三）在实施社会公益项目中，从事科学技术基础性工作和社会公益性科学技术事业，经过实践检验，取得显著效益；

（四）在实施重大工程项目中，技术和系统管理方面有重大创新，达到国内先进水平；

（五）在实施管理科学项目中，明显提高科学决策能力和管理水平，取得显著效益。

第十一条　市科学技术合作奖授予在国内外科学技术合作中，积极开展科学技术研究与开发、科技成果转化与应用和科技交流与合作，为本市科学技术事业作出突出贡献的组织或者个人。

第十二条　县（市）、区科学技术行政部门组织本行政区域内市科学技术奖的申报，市政府有关部门和直属机构组织本行业内市科学技术奖的申报。

第十三条　具有下列情形之一的项目，不得申报市科学技术奖：

（一）对知识产权有争议的；

（二）对科学技术成果的完成单位或者完成人有争议的；

（三）已获得国家、省部级或者市级科学技术奖励的。

第十四条　市科学技术行政部门对申报材料进行形式审查，经审查合格的，应当在市级媒体上进行公示，公示期为20日。公示期内，对公示内容有异议，可以向市科学技术行政部门提出。

公示期内无异议或者异议不成立的项目，由市科学技术行政部门提交市科学技术奖专项奖评审委员会专业评审组进行初评。

市科学技术奖专项奖评审委员会对专业评审组初评意见进行审定，提出奖励建议。

第十五条 市科学技术行政部门应当将市科学技术奖专项奖评审委员会提出的奖励建议在市级媒体上公告，公告期为20日。公告期内，对公告内容有异议，可以向市科学技术行政部门提出。

市科学技术行政部门应当将异议处理情况向市科学技术奖励委员会报告，由市科学技术奖励委员会作出最终裁定。

第十六条 公告期结束后，市科学技术奖励委员会应当审议奖励建议并提出奖励意见。

第十七条 市科学技术行政部门依据市科学技术奖励委员会的奖励意见制定奖励方案，报市政府批准后实施。

第十八条 市科学技术最高奖报请市长签署后颁发荣誉证书和奖金。

市技术发明奖和市科学技术进步奖由市政府颁发荣誉证书和奖金。

市科学技术合作奖报请市长签署后颁发荣誉证书。

第十九条 鼓励社会力量设立面向社会的科学技术类的奖项。社会力量在本市所设立的科学技术类奖项，应当按照有关规定向市科学技术行政部门备案，并不得在奖励活动中收取任何费用。

第二十条 剽窃、侵夺他人的科学技术成果或者以其他不正当手段骗取科学技术奖的，由市科学技术行政部门报市政府批准后撤销奖励，追回证书和奖金；对负有直接责任的人员，依法给予行政处分；构成犯罪的，依法追究刑事责任。

第二十一条 有关组织、个人提供虚假数据、材料，协助骗取市科学技术奖的，对负有直接责任的主管人员和其他直接责任人员，依法给予行政处分；构成犯罪的，依法追究刑事责任。

第二十二条 参与市科学技术奖评审活动的有关人员在评审活动中弄虚作假、徇私舞弊的，依法给予行政处分；构成犯罪的，依法追究刑事责任。

第二十三条 本办法自2007年12月10日起施行。2003年12月26日市政府发布的《济南市科学技术奖励办法》同时废止。

济南市道路交通安全责任规定

（2007年11月7日济南市人民政府发布）

第一条 为落实道路交通安全责任制，预防和减少道路交通事故，保护人身和财产安全，提高城市管理水平，根据《中华人民共和国道路交通安全法》等法律法规有关规定，结合本市实际，制定本规定。

第二条 本市行政区域内的国家机关、企业、事业单位、社会团体以及其他组织应当遵守本规定。

第三条 本市各级人民政府领导本行政区域道路交通安全责任制的组织实施。

市人民政府根据道路交通安全情况，制定交通事故防范对策，实行目标考核，对道路交通安全考核先进单位进行表彰和奖励。

县（市）、区人民政府根据市人民政府制定的交通事故防范对策，制定道路交通安全工作方案和处置道路交通事故应急预案并组织实施。

市公安机关负责全市道路交通安全管理工作，组织道路交通安全法律、法规的宣传活动。

市安全生产监督、交通、市政公用、教育等部门按照职责分工，依法做好道路交通安全相关工作。

第四条 市安全生产委员会负责实施道路交通安全责任制的指导协调工作，并履行下列职责：

（一）指导、协调和督促全市道路安全责任的落实；

（二）协调有关部门制定道路交通事故多发地区、多发地段的整治方案并对实施情况进行监督检查；

（三）对重、特大道路交通事故应急预案的制订、实施提出意见；

（四）指导开展全市道路交通安全检查，对检查情况进行通报。

第五条 市安全生产委员会组织公安、安全生产监督、交通、市政公用、监察等相关部门建立道路交通安全工作联席会议制度，具体工作内容是：

（一）协调指导道路交通设施建设、管理、维护以及涉及道路交通安全的其他重要事项；

（二）通报道路交通安全状况和重特大交通事故情况，分析存在的主要问题，提出工作意见；

（三）对道路交通安全工作提出意见和建议，总结、推广先进经验。

第六条 每年10月份的第三周为本市道路交通安全宣传周。

第七条 机关、企业、事业单位、社会团体以及其他组织应当对所属人员进行道路交通安全教育，制定本单位道路交通安全责任制和机动车辆的使用、保养、维修、检查制度，落实奖惩措施，保证机动车辆符合国家安全技术标准，严格控制交通违章和交通事故的发生。市公安机关交通管理部门对国家机关、企业、事业单位、社会团体以及其他组织建立、落实道路交通安全责任制工作负责指导。

第八条 从事道路运输经营以及与道路运输相关业务的，应当符合《中华人民共和国道路运输条例》规定的从业条件和有关道路交通安全的相关规定。

道路运输经营单位应当建立车辆技术档案，定期对车辆行驶记录仪记载的行驶状态进行检查和分析，并采取相应的防范措施。

第九条 经营城市公共交通和客运出租汽车的企业应当加强驾驶人员的安全教育和监督管理，为营运的公共汽车、出租汽车建立技术档案，按规定淘汰不适合从事客运服务的营运车辆。

第十条 教育行政部门、学校应当组织对学生进行道路交通安全常识和相关法律知识教育。

第十一条 单位接送人员的班车应当经安全技术检测合格，其驾驶人员应当有3年以上驾龄，并在每个记分周期内违法记分均未达12分。

第十二条 市公安机关交通管理部门应当依法加强机动车辆和驾驶人员的管理，健全和完善机动车、驾驶人员的档案信息，及时公布机动车违法信息，并向社会提供查询服务。

第十三条 市公安机关交通管理部门应当将机动车驾驶人员的交通违法行为或者造成的道路交通事故情况及时通报其所在单位。

第十四条 因下列因素危及交通安全，导致重大、特大道路交通事故发生的，依法追究责任单位负责人和有关人员的责任：

（一）交通设施设置不符合国家标准或者毁损后未及时更新、修复；

（二）道路出现坍塌、水毁或者严重的坑槽、隆起等损毁未及时修复；

（三）对事故多发地段、重点路段未采取有效的工程防护措施或设置明显的警示标志；

（四）单位接送人员的班车及其驾驶人员不符合规定条件。

第十五条 机关、企业、事业单位、社会团体以及其他组织违反本规定第七条第一款规定，其所属机动车驾驶人员发生重大、特大道路交通事故的，依法追究其负责人和有关人员的责任。

第十六条 本规定自2007年12月10日起施行。

2007年济南市人大常委会公布的地方性法规目录

法规名称	公布时间
济南市城市环境卫生管理条例	3月23日
济南市旅游管理条例	3月23日
济南市城市道路井盖设施管理规定	3月23日
济南市养犬管理规定	3月23日
济南市城镇企业职工基本养老保险条例	10月8日
济南市文物保护规定	11月23日

2007年济南市人民政府发布的行政规章目录

规章名称	发布时间
济南市城市房屋拆迁管理办法	4月23日
济南市电力线路设施保护若干规定	7月30日
济南市规范性文件管理规定	8月17日
济南市城市低收入家庭廉租住房管理办法	8月27日
济南市经济适用住房管理办法	8月27日
济南市科学技术奖励办法	11月7日
济南市道路交通安全责任规定	11月9日

2007年中共济南市委员会文件选目

文件名称	文　号
中共济南市委、济南市人民政府关于加快发展现代农业，扎实推进农村建设“十大行动”的意见	济发〔2007〕1号
中共济南市委、济南市人民政府关于2007年全市党风廉政建设和反腐败工作实施意见	济发〔2007〕4号
中共济南市委、济南市人民政府关于大力发展职业教育的意见	济发〔2007〕6号

中共济南市委贯彻落实《干部教育培训工作条例(试行)》的实施意见	济发〔2007〕7号
中共济南市委关于印发《济南市干部教育培训“十一五”规划》的通知	济发〔2007〕8号
中共济南市委关于贯彻李建国书记在济南调研时的讲话的通知	济发〔2007〕10号
中共济南市委、济南市人民政府关于促进服务业发展的若干意见	济发〔2007〕12号
中共济南市委、济南市人民政府关于进一步加强社区建设的意见	济发〔2007〕13号
中共济南市委、济南市人民政府关于大力推进工业经济又好又快发展的决定	济发〔2007〕18号
中共济南市委、济南市人民政府关于认真贯彻落实省委常委扩大会议精神,进一步加强城市规划建设管理工作的意见	济发〔2007〕20号
中共济南市委、济南市人民政府关于弘扬“泉城义工”精神,共建美丽泉城的决定	济发〔2007〕22号
中共济南市委、济南市人民政府关于印发2007年—2009年建设工程和综合整治重点推进项目计划及市级领导同志分工负责意见的通知	济发〔2007〕23号
中共济南市委关于认真学习宣传贯彻党的十七大精神的通知	济发〔2007〕25号
中共济南市委、济南市人民政府关于进一步加强高技能人才工作的意见	济发〔2007〕26号
中共济南市第九届委员会常务委员会议事规则(试行)	济发〔2007〕27号
中共济南市委关于在全市深入开展“学习实践科学发展观——解放思想大讨论”活动的意见	济发〔2007〕28号
中共济南市委关于深入学习贯彻党的十七大精神的决议	济发〔2007〕30号
中共济南市委、济南市人民政府关于全面加强人口和计划生育工作,统筹解决人口问题的实施意见	济发〔2007〕31号
中共济南市委、济南市人民政府关于表彰“平安济南”建设先进集体和先进工作者的通报	济普发〔2007〕2号
中共济南市委、济南市人民政府关于表彰人民满意政法单位和人民满意政法干警的通报	济普发〔2007〕3号
中共济南市委、济南市人民政府关于2006年度全市科技进步暨创新型城市建设工作表彰决定	济普发〔2007〕5号
中共济南市委、济南市人民政府关于表彰2004-2006年度全市企业改革改制工作先进单位和先进个人的通报	济普发〔2007〕6号
中共济南市委、济南市人民政府关于2006年度人口和计划生育目标管理考核情况的通报	济普发〔2007〕17号
中共济南市委、济南市人民政府关于成立第十一届全国运动会济南赛区组委会的通知	济普发〔2007〕31号
中共济南市委关于授予刘克同志“济南市优秀共产党员”荣誉称号的决定	济普发〔2007〕35号
中共济南市委、济南市人民政府关于表彰全市信访工作先进集体和先进个人的通报	济普发〔2007〕44号

2007年中共济南市委员会办公厅文件选目

文件名称	文 号
中共济南市委办公厅关于加强对市级领导干部身边工作人员教育和管理的意见	济办发〔2007〕2号
中共济南市委办公厅、济南市人民政府办公厅印发《关于进一步加强和改进未成年人校外活动场所建设和管理工作的意见》的通知	济办发〔2007〕4号
中共济南市委办公厅、济南市人民政府办公厅关于进一步规范党政机关接待管理工作的实施意见	济办发〔2007〕5号
中共济南市委办公厅、济南市人民政府办公厅关于加强农村基层党风廉政建设的实施意见	济办发〔2007〕6号
中共济南市委办公厅、济南市人民政府办公厅印发《济南市关于建设学习型城市的意见》的通知	济办发〔2007〕7号
中共济南市委办公厅、济南市人民政府办公厅关于贯彻鲁办发[2007]11号文件精神,进一步严格控制党政机关办公楼和楼堂馆所建设的通知	济办发〔2007〕9号
中共济南市委办公厅印发《关于专项查办工作暂行规定》的通知	济办发〔2007〕10号
中共济南市委办公厅、济南市人民政府办公厅关于进一步为中央、省和驻济单位做好服务工作的意见	济办发〔2007〕11号
中共济南市委办公厅、济南市人民政府办公厅关于转发章丘市《完善双拥长效机制,促进军地团结和谐发展》的通知	济办发〔2007〕12号
中共济南市委办公厅、济南市人民政府办公厅关于印发《济南市贯彻实施国家和省“十一五”时期文化发展规划纲要的意见》的通知	济办发〔2007〕16号
中共济南市委办公厅、济南市人民政府办公厅关于做好村“两委”换届选举工作的意见	济办发〔2007〕17号
中共济南市委办公厅、济南市人民政府办公厅转发《市委市直机关工委关于深化“主题实践活动”,创建“两	

好一高"机关的意见》的通知	济办发〔2007〕19号
中共济南市委办公厅转发《市政协党组关于贯彻落实全市政协工作会议精神检查情况的报告》的通知	济办发〔2007〕20号
中共济南市委办公厅关于转发《中共济南市委督查室2007年督查工作意见》的通知	济厅字〔2007〕2号
中共济南市委办公厅、济南市人民政府办公厅关于落实市工业企业座谈会精神，协调解决企业有关问题的通知	济厅字〔2007〕4号
中共济南市委办公厅转发《市委市直机关工委关于在市直机关广泛开展加强机关作风建设，为民务实清廉做表率促发展主题实践活动的实施意见》的通知	济厅字〔2007〕5号
中共济南市委办公厅、济南市人民政府办公厅关于贯彻落实李建国书记在济南调研时的讲话精神的通知	济厅字〔2007〕8号
中共济南市委办公厅关于开展"自身建设年"活动的通知	济厅字〔2007〕9号
中共济南市委办公厅、济南市人民政府办公厅关于印发焉荣竹、张建国同志就城区周边破损山体治理工作讲话要点的通知	济厅字〔2007〕10号
中共济南市委办公厅、济南市人民政府办公厅关于开展整顿规范党政机关和国有企业驻京办事机构工作的通知	济厅字〔2007〕16号
中共济南市委、济南市人民政府办公厅关于开展市十三届人大代表建议和十一届政协提案办理工作回顾总结检查活动的通知	济厅字〔2007〕17号
中共济南市委办公厅、济南市人民政府办公厅关于成立济南市台胞投诉协调工作领导小组的通知	济厅字〔2007〕18号
中共济南市委办公厅、济南市人民政府办公厅、济南市人事局关于表彰全市信访工作先进个人的通报	济厅字〔2007〕20号
中共济南市委办公厅、济南市人民政府办公厅关于调整济南市城乡环境综合整治工作领导小组成员的通知	济厅字〔2007〕22号
中共济南市委办公厅、济南市人民政府办公厅关于印发《济南市工业经济考核及奖励办法》的通知	济厅字〔2007〕24号
中共济南市委办公厅、济南市人民政府办公厅转发《市人事局关于事业单位推行人员聘用制度的实施意见》的通知	济厅字〔2007〕25号
中共济南市委办公厅、济南市人民政府办公厅转发市纪委等6部门关于2007年全市优化发展环境民主评议工作的意见的通知	济厅字〔2007〕26号
中共济南市委办公厅关于做好2008年度重点党报党刊发行工作的通知	济厅字〔2007〕27号
中共济南市委办公厅、济南市人民政府办公厅关于公布十一运会济南赛区重点工程项目审批联席会议成员的通知	济厅字〔2007〕28号
中共济南市委办公厅、济南市人民政府办公厅关于印发《济南市2007年军队转业干部安置实施意见》的通知	济厅字〔2007〕31号
中共济南市委办公厅关于成立"学习实践科学发展观--解放思想大讨论"活动领导小组的通知	济厅字〔2007〕32号
中共济南市委办公厅、济南市人民政府办公厅关于进一步强化办公室工作，为贯彻落实"9·29"省委常委扩大会议精神，全力做好服务保障工作的通知	济厅字〔2007〕35号
中共济南市委办公厅、济南市人民政府办公厅关于进一步加强对城市建设管理整治重点项目实施督促检查的意见	济厅字〔2007〕36号

2007年济南市人民政府文件选目

文件名称	文　号
济南市人民政府关于印发新农村建设"十大行动"规划及财政配套措施的通知	济政发〔2007〕1号
济南市人民政府转发省政府关于印发山东省完善企业职工基本养老保险制度实施意见的通知的通知	济政发〔2007〕3号
济南市人民政府关于贯彻全民科学素质行动计划纲要的实施意见	济政发〔2007〕4号
济南市人民政府关于落实济南市国民经济和社会发展第十一个五年规划纲要主要目标和任务工作分工的通知	济政发〔2007〕5号
济南市人民政府关于进一步加强消防工作的意见	济政发〔2007〕6号
济南市人民政府关于调整市政府领导成员工作分工的通知	济政发〔2007〕7号
济南市人民政府关于杨佩钦同志工作分工的通知	济政发〔2007〕8号
济南市人民政府关于加快实施旧城棚户区改造的通知	济政发〔2007〕9号
济南市人民政府关于表彰济南市劳动模范和先进工作者的决定	济政发〔2007〕10号

文件名称	文号
济南市人民政府关于下达2007年市重点建设项目名单的通知	济政发〔2007〕11号
济南市人民政府关于做好2006年冬季退役士兵接收安置工作的通知	济政发〔2007〕12号
济南市人民政府关于印发济南市2007年国民经济和社会发展计划的通知	济政发〔2007〕13号
济南市人民政府关于印发济南市节能奖励办法(暂行)的通知	济政发〔2007〕14号
济南市人民政府关于依法整治违法违章建设的意见	济政发〔2007〕15号
济南市人民政府关于印发济南市行业协会管理办法的通知	济政发〔2007〕16号
济南市人民政府关于进一步促进金融业发展的意见	济政发〔2007〕18号
济南市人民政府关于促进服务外包产业发展的意见	济政发〔2007〕19号
济南市人民政府关于促进生猪生产稳定副食品市场供应的意见	济政发〔2007〕20号
济南市人民政府关于印发济南市加快园区经济发展若干政策的通知	济政发〔2007〕21号
济南市人民政府关于加快气象事业发展的意见	济政发〔2007〕22号
济南市人民政府关于进一步加快软件产业发展的意见	济政发〔2007〕23号
济南市人民政府关于开除张大印公职的决定	济政发〔2007〕24号
济南市人民政府济南警备区关于进一步加快全市人民防空改革发展的意见	济政发〔2007〕26号
济南市人民政府关于建立健全普通高校和中等职业学校家庭经济困难学生资助政策体系的实施意见	济政发〔2007〕27号
济南市人民政府关于公布济南市2007年度享受经济适用住房和廉租住房政策有关标准的通告	济政发〔2007〕28号
济南市人民政府关于实施质量兴市战略的意见	济政发〔2007〕29号
济南市人民政府关于调整济南市城区国有土地基准地价的通知	济政发〔2007〕31号
济南市人民政府关于印发济南市节能减排综合性工作实施方案的通知	济政发〔2007〕32号
济南市人民政府关于严格禁止焚烧农作物秸秆的通告	济政发〔2007〕33号
济南市人民政府关于切实做好农村最低生活保障工作的意见	济政发〔2007〕34号
济南市人民政府关于做好城镇零就业家庭和农村零转移就业贫困家庭就业援助工作的通知	济政发〔2007〕37号
济南市人民政府关于切实做好2008--2010年农村扶贫开发工作的意见	济政发〔2007〕38号
济南市人民政府关于全面加强应急管理工作的意见	济政发〔2007〕39号
济南市人民政府关于开展第一次全市污染源普查工作的通知	济政发〔2007〕40号
济南市人民政府关于支持财源建设工作的意见	济政发〔2007〕43号
济南市人民政府关于印发济南市抚恤定补优抚对象医疗保障实施办法的通知	济政发〔2007〕45号
济南市人民政府关于加快城市社区卫生服务发展的实施意见	济政发〔2007〕46号
济南市人民政府关于解决城市低收入家庭住房困难的实施意见	济政发〔2007〕47号
济南市人民政府关于公布天桥区大桥镇等12个乡镇(办)驻地基准地价的通知	济政发〔2007〕48号
济南市人民政府关于加强全市土地开发整理工作的实施意见	济政发〔2007〕49号

2007年济南市人民政府办公厅文件选目

文件名称	文　号
济南市人民政府办公厅转发省政府办公厅关于进一步贯彻落实《疫苗流通和预防接种管理条例》的通知的通知	济政办发〔2007〕3号
济南市人民政府办公厅关于印发济南市政府投融资建设项目审计监督办法(试行)的通知	济政办发〔2007〕4号
济南市人民政府办公厅关于李吉乾同志工作分工的通知	济政办发〔2007〕6号
济南市人民政府办公厅关于印发济南市防汛抗旱应急预案的通知	济政办发〔2007〕7号
济南市人民政府办公厅关于印发济南市处置重大森林火灾应急预案的通知	济政办发〔2007〕8号
济南市人民政府办公厅关于印发济南市政府投融资计划管理办法的通知	济政办发〔2007〕10号
济南市人民政府办公厅关于印发济南市突发公共卫生事件应急预案的通知	济政办发〔2007〕11号
济南市人民政府办公厅关于印发济南市突发公共事件医疗卫生救援应急预案的通知	济政办发〔2007〕12号

济南市人民政府办公厅关于印发济南市政府投融资资产管理办法(试行)的通知　济政办发〔2007〕13号
济南市人民政府办公厅关于进一步推进企业解决工资拖欠问题的意见　济政办发〔2007〕14号
济南市人民政府办公厅关于推进种子管理体制改革加强市场监管的通知　济政办发〔2007〕15号
济南市人民政府办公厅转发市监察局等部门关于清理评比达标表彰活动工作的实施方案的通知　济政办发〔2007〕16号
济南市人民政府办公厅关于印发济南市业主大会和业主委员会指导规则的通知　济政办发〔2007〕17号
济南市人民政府办公厅关于加强和规范突发公共事件信息报告工作的意见　济政办发〔2007〕18号
济南市人民政府办公厅关于认真做好2007年度人大代表建议和政协提案办理工作的通知　济政办发〔2007〕19号
济南市人民政府办公厅关于进一步促进高新技术产业又好又快发展的意见　济政办发〔2007〕20号
济南市人民政府办公厅关于印发2007年全市整顿和规范市场经济秩序工作要点的通知　济政办发〔2007〕21号
济南市人民政府办公厅关于提高城市居民最低生活保障标准的通知　济政办发〔2007〕22号
济南市人民政府办公厅关于开展地税税源普查工作的通知　济政办发〔2007〕23号
济南市人民政府办公厅关于印发国家统计局济南调查队管理体制改革实施方案的通知　济政办发〔2007〕24号
济南市人民政府办公厅转发人民银行济南分行营业管理部关于贯彻落实稳健货币政策促进济南市经济又好又快发展的指导意见的通知　济政办发〔2007〕25号
济南市人民政府办公厅关于印发济南市开展统筹城乡就业试点工作实施方案的通知　济政办发〔2007〕26号
济南市人民政府办公厅关于调整市政府办公厅部分负责同志工作分工的通知　济政办发〔2007〕27号
济南市人民政府办公厅关于印发济南市通信保障应急预案的通知　济政办发〔2007〕28号
济南市人民政府办公厅关于创新行政执法全面推进依法行政的通知　济政办发〔2007〕29号
济南市人民政府办公厅关于进一步完善市政府常务会议(市长办公会议)制度有关问题的通知　济政办发〔2007〕30号
济南市人民政府办公厅关于印发济南市城市污水处理费征收使用管理办法的通知　济政办发〔2007〕31号
济南市人民政府办公厅关于印发济南市服务业发展指标体系及考核办法(试行)的通知　济政办发〔2007〕32号
济南市人民政府办公厅关于印发济南市节能目标责任考核办法的通知　济政办发〔2007〕33号
济南市人民政府办公厅关于调整市政府办公厅部分负责同志工作分工的通知　济政办发〔2007〕34号
济南市人民政府办公厅关于进一步加强食品药品整治和监管工作的通知　济政办发〔2007〕35号
济南市人民政府办公厅关于转发省政府办公厅鲁政办发〔2007〕20号文件的通知　济政办发〔2007〕37号
济南市人民政府办公厅关于将济南市人民政府外事办公室列入市政府工作部门的通知　济政办发〔2007〕38号
济南市人民政府办公厅关于印发2007年全市食品安全专项整治方案的通知　济政办发〔2007〕40号
济南市人民政府办公厅关于认真学习贯彻《行政机关公务员处分条例》的通知　济政办发〔2007〕41号
济南市人民政府办公厅转发市农业局等部门关于开展农村土地突出问题专项治理的意见的通知　济政办发〔2007〕42号
济南市人民政府办公厅关于实施普通高中家庭经济困难学生资助政策的意见　济政办发〔2007〕43号
济南市人民政府办公厅关于免除农村民办义务教育学校学生杂费的通知　济政办发〔2007〕44号
济南市人民政府办公厅关于免除城市义务教育阶段学生杂费的通知　济政办发〔2007〕45号
济南市人民政府关于印发济南市能繁母猪政策性保险工作实施方案的通知　济政办发〔2007〕46号
济南市人民政府办公厅关于印发济南市重大安全隐患整改指令督办制度暂行规定的通知　济政办发〔2007〕47号
济南市人民政府办公厅关于做好施行《中华人民共和国政府信息公开条例》有关工作的通知　济政办发〔2007〕48号
济南市人民政府办公厅转发市劳动和社会保障局关于进一步做好被征地农民基本养老保险工作的意见的通知　济政办发〔2007〕50号
济南市人民政府办公厅关于提高城乡居民最低生活保障和农村五保供养标准的通知　济政办发〔2007〕51号

责任校对　郭建群

统计资料

2007年济南市国民经济和社会发展主要指标

年末常住户、人口(户籍人口)

地区	户数(万户)	人口数(万人)	按性别分(万人)		出生人口(人)	死亡人口(人)	人口自然增长率(‰)
			男性	女性			
全市	181.88	604.85	302.87	301.98	58367	39752	3.08
市区	107.55	352.71	176.70	176.01	35545	21745	3.91
历下区	15.96	57.53	28.90	28.63	5042	2483	4.40
市中区	18.46	56.85	28.18	28.67	5370	3127	3.94
槐荫区	12.65	37.35	18.52	18.83	3888	2379	4.08
天桥区	17.10	50.40	25.20	25.20	4565	3568	1.98
历城区	27.07	93.50	47.40	46.10	11094	6017	5.44
长清区	16.31	57.08	28.50	28.58	5586	4171	2.50
平阴县	12.67	36.87	18.47	18.40	3401	2696	1.92
济阳县	15.39	60.97	30.81	30.16	5476	3830	3.06
商河县	16.56	53.92	27.09	26.83	5860	4245	2.65
章丘市	29.71	100.38	49.80	50.58	8085	7236	0.85

规模以上工业主要经济指标

指标	企业单位数(个)	其中:亏损企业数(个)	工业总产值(现价)(万元)	工业销售产值(现价)(万元)	工业增加值(生产法)(万元)	全部从业人员年平均人数(人)
总计	1820	241	31890879	31279369	9265785	395347
按登记注册类型分						
内资企业	1601	194	28939076	28331523	8328284	339647
国有企业	76	33	2833197	2821375	1036521	42762
中央企业	19	5	1935451	1933508	804776	13585
省属企业	16	5	192666	185444	48758	6055
市属企业	17	13	235586	232066	32702	9630
市以下	24	10	469494	470356	150285	13492
集体企业	108	11	1294363	1229149	354352	26196
省属企业	1	0	8173	6959	1892	175
市属企业	9	6	34613	36211	7445	2176
市以下	98	5	1251577	1185979	345015	23845
股份合作企业	21	7	176428	175382	42524	3883
联营企业	10	1	5285885	5247342	1479656	21380
国有联营企业	4	1	5178686	5145394	1445743	20494
集体联营企业	4	0	82501	78722	27700	682
有限责任公司	333	48	9815771	9665487	2402500	117396
国有独资企业	10	1	3860630	3865514	532840	27909
其他有限责任公司	323	47	5955141	5799973	1869660	89487

续表 1

指　标	企　业 单位数 （个）	其中：亏损 企业数 （个）	工业总产值 （现价） （万元）	工业销售产值 （现价） （万元）	工业增加值 （生产法） （万元）	全部从业人员 年平均人数 （人）
股份有限公司	59	12	2517851	2465856	620177	25353
私营企业	984	81	6947294	6661141	2375290	101686
私营独资企业	294	13	2197180	2084490	717407	30335
私营合伙企业	21	0	185947	177163	71433	1804
私营有限责任公司	627	66	4179274	4027450	1504653	65197
私营股份有限公司	42	2	384894	372038	81797	4350
港澳台商投资	69	13	994864	1003440	286987	20259
与港澳台商合资经营	39	8	345218	343015	106861	7450
与港澳台商合作经营	2	1	22035	21969	10803	2623
港澳台商独资	28	4	627612	638457	169323	10186
外商投资	150	34	1956939	1944406	650515	35441
中外合资经营	99	24	1442663	1430683	450151	22153
中外合作经营	3	1	59934	55364	31190	419
外商独资	46	9	293400	284647	103837	8420
外商投资股份有限公司	2	0	160943	173713	65336	4449
按轻重工业分						
轻工业	595	104	5763996	5637080	2034389	110514
重工业	1225	137	26126883	25642289	7231396	284833
按企业规模分						
大型企业	20	4	13376113	13281551	3139173	93384
中型企业	178	34	7762323	7646434	2363560	128433
小型企业	1622	203	10752443	10351384	3763052	173530
按工业行业分						
煤炭开采和洗选业	7	1	111610	114625	65943	12803
石油和天然气开采业	3	1	153990	153695	30763	1770
黑色金属矿采选业	3		40141	40069	6937	115
非金属矿采选业	22	1	112183	109791	52384	3486
农副食品加工业	94	7	613195	582319	162965	7183
食品制造业	61	8	647403	648706	164855	10959
饮料制造业	35	6	293314	285143	91572	6404
烟草加工业	1		550242	544711	383039	1458
纺织业	64	17	511990	521035	156715	21654
服装及其他纤维制品制造业	25	9	143233	139223	49759	5947
皮革、毛皮、羽绒及其制品业	5	2	65362	61271	23672	1317
木材加工及竹、藤、棕、草制品业	17		133864	128060	32513	1463
家具制造业	16	5	72328	66895	21361	2162
造纸及纸制品业	30	6	146283	141243	48678	3368
印刷业和记录媒介的复制	34	5	221608	216140	90699	5702
文教体育用品制造业	10	2	93894	91806	32026	1690
石油加工、炼焦及核燃料加工业	14	2	1720580	1712344	339466	4878
化学原料及化学制品制造业	150	13	2036171	1973616	631632	34456
医药制造业	75	18	717299	676413	285430	12927
橡胶制品业	10		44891	44221	12952	982
塑料制品业	68	6	402569	380372	117498	5840
非金属矿物制品业	170	13	2228759	2181513	670097	36628
黑色金属冶炼及压延加工业	25		5954168	5906438	1584873	25150

续表 2

指　　标	企　业单位数（个）	其中：亏损企业数（个）	工业总产值（现价）（万元）	工业销售产值（现价）（万元）	工业增加值（生产法）（万元）	全部从业人员年平均人数（人）
有色金属冶炼及压延加工业	20	2	182704	182548	49718	1748
金属制品业	100	11	882214	863937	316326	15419
通用设备制造业	309	23	3324884	3193279	1114840	54918
专用设备制造业	107	17	647003	611239	240404	15200
交通运输设备制造业	101	14	4816162	4811928	805236	46825
电气机械及器材制造业	89	18	1447610	1403321	464724	16515
通信设备、计算机及其他电子设备制造	39	7	1617797	1560117	556101	8467
仪器仪表及文化、办公用机械制造业	53	8	254585	242204	97979	7055
工艺品及其他制造业	22	2	162561	153567	54544	3728
电力、蒸汽、热水的生产和供应业	25	12	1404812	1403196	454825	12936
煤气生产和供应业	7	2	53691	53303	24348	1251
自来水的生产和供应业	9	3	81783	81082	30912	2943

主要农作物播种面积及产量

指　　标	2006 年	2007 年
农作物总播种面积(万公顷)	63.04	62.03
粮食作物	44.34	44.20
谷　物		
小　麦	20.18	20.06
稻　谷	1.09	1.11
玉　米	18.84	18.93
谷　子	0.67	0.66
高　粱	0.14	0.14
其　他	0.04	0.04
豆　类	1.26	1.26
薯　类	2.11	2.01
油料作物	1.61	1.59
其中:花　生	1.46	1.46
棉　花	3.14	3.11
蔬　菜	12.20	11.38
果用瓜	1.55	1.56
其他作物	0.15	0.15
果园种植面积(万公顷)	3.74	3.60
其中:苹　果	2.03	1.89
梨	0.22	0.21
葡　萄	0.26	0.24
桃	0.40	0.36
农作物总产量(万吨)		
粮食作物产量	267.91	268.01
谷　物		
小　麦	116.90	114.61
稻　谷	8.23	8.18
玉　米	123.12	125.36
谷　子	2.29	2.29
高　粱	0.34	0.36
其　他	0.16	0.16
豆　类	3.41	3.56
薯　类	13.46	13.49
油料作物	5.72	5.82
其中:花　生	5.38	5.54
棉　花	3.71	3.56
蔬　菜	710.43	691.83
果用瓜	94.72	93.96
水果总产量(万吨)	43.71	44.87
苹　果	24.97	26.03
梨	2.89	2.47
葡　萄	3.28	2.71
桃	4.35	4.74
杏	2.09	2.05
枣(鲜)	1.98	1.44
柿子(鲜)	2.45	2.58
山　楂	1.12	1.16
其　他	0.58	1.69
农作物单位面积产量(公斤/公顷)		
粮食作物单位面积产量	6042	6064
谷　物		
小　麦	5793	5714
稻　谷	7552	7384
玉　米	6534	6623
谷　子	3394	3476
高　粱	2406	2495
其　他	3814	3934
豆　类	2710	2833
薯　类	6373	6726
油料作物	3553	3660
其中:花　生	3681	3787
棉　花	1181	1147
麻　类		
蔬　菜	58247	60794
果用瓜	61001	60382

林、牧、渔业生产情况

指标	单位	2006年	2007年	指标	单位	2006年	2007年
林业生产				羊出栏数	万只	203.81	181.62
造林面积	公顷	10125	10546	肉类总产量	吨	387352	318521
迹地更新	公顷	381	528	其中:猪牛羊肉	吨	327286	261768
四旁植树	万株	1655	1113	猪　肉	吨	239224	188684
本年育苗面积	公顷	2702	6197	牛　肉	吨	68601	55890
幼林抚育面积	公顷	30834	23016	羊　肉	吨	19461	17194
成林抚育	公顷	43471	36738	禽　肉	吨	56203	52381
果品产量	吨	472703	539844	奶　类	吨	229054	257641
木材采伐量	立方米	80222	94623	其中:牛　奶	吨	229054	257641
牧业生产				禽　蛋	吨	416309	391269
大牲畜存栏	万头	88.28	68.33	其中:鸡　蛋	吨	401525	38550
其中:役畜	万头	7.43	5.59	渔业生产			
其中:牛	万头	87.65	67.71	水产品产量	吨	36649	39758
猪存栏	万头	190.51	174.67	捕　捞	吨	2345	2627
羊存栏	万只	164.07	124.64	养　殖	吨	34304	37131
家禽存栏	万只	3020.15	2774.23	养殖面积	公顷	7653	7692
猪出栏数	万头	305.21	238.81	养殖单产	公斤/公顷	4789	4827

全社会固定资产投资

单位:万元

指标	2006年	2007年	指标	2006年	2007年
全社会固定资产投资额	10167663	11517028	其他经济	653739	772399
按管理渠道分			按投资用途分		
城镇集体以上投资	9322459	10621684	第一产业	327016	433464
其中:房地产开发投资	1600507	1932069	第二产业	3812905	3950868
农村投资	845204	895344	其中:工　业	3726336	3866783
按经济类型分			第三产业	6027742	7132696
国有经济	4199288	3921284	投资资金来源		
集体经济	813187	1503507	国家资金	529765	408598
联营经济	126752	66646	国内贷款	1664806	1176665
股份制经济	2526017	2960434	利用外资	264028	108620
外商投资经济	197412	257668	自筹资金	6757693	8586100
港澳台投资经济	219568	287387	其他资金	1552902	1583959
个体经济	1431700	1747703			

利用外资情况

指　　标	2006年	2007年	指　　标	2006年	2007年
利用外资合同数(个)	149	129	外商直接投资	65823	102667
对外借款	—	—	外商其他投资	17470	—
外商直接投资	149	129	实际利用外资(万美元)	68203	56071
外商其他投资	—	—	对外借款	4850	—
合同外资金额(万美元)	83293	102667	外商直接投资	40353	56071
对外借款	—	—	外商其他投资	23000	—

海关进出口商品总值

单位:万美元

指　　标	2006年			2007年		
	进出口总额	出　口	进　口	进出口总额	出　口	进　口
总　值	438930	243949	194981	621803	343526	278277
按贸易方式分						
一般贸易	362057	190540	171517	479376	261347	218029
援助物资	105	105	—	280	280	—
捐赠物资	—	—	—	3	—	3
补偿贸易	—	—	—	—	—	—
来料加工装配贸易	3535	2368	1167	3232	2044	1188
进料加工贸易	49238	36147	13091	68933	51731	17202
对外承包工程出口货物	12800	12800		23092	23092	—
投资设备	2638		2638	3890	—	3890
出料加工贸易	—	—	—	—	—	—
出口加工区进口设备	5	—	5	29	—	29
易货贸易	1	1		1	—	1
保税仓库进出境货物	8452	1988	6464	12706	4998	7708
来料加工装配进口设备	1	—	1	12	—	12
租赁贸易	—	—	—	30176	—	30176
其他贸易	98	—	98	73	34	39
按运输方式分						
江海运输	398584	233446	165138	531515	314575	216940
铁路运输	1251	1055	196	2915	2811	104
汽车运输	4119	1372	2747	17441	11870	5571
航空运输	33374	6652	26722	64266	8779	55487
邮　运	679	569	110	1224	1078	146
其　他	923	855	68	4442	4413	29
按企业性质分						
国有企业	259971	143438	116533	330110	199698	130412
集体企业	15202	6922	8280	17367	10381	6986
外商投资企业	97378	57179	40199	149797	75142	74655
中外合资	74038	41826	32212	117411	54550	62861
中外合作	2338	2111	227	3314	2978	336
外商独资	21002	13242	7760	29072	17614	11458
其　他	66379	36410	29969	124529	58305	66224

邮 电 业 务 量

指　　标	单位	2006 年	2007 年	指　　标	单位	2006 年	2007 年
国内分类业务量				年末移动电话用户	万户	346.0	407.8
函　　件	万件	6070	6892	宽带网及互联网拨号注册电话	户	762576	826231
包　　件	万件	76	74	每百人互联网用户数	户/百人	12.64	13.66
汇　　票	万张	91	108	邮电局所	处	223	227
订销报纸累计数	万份	14932	12759	长话电路	万路	97.1	102.6
订销杂志累计数	万份	733	902	国际及港澳分类业务量			
特快专递	万件	222	285	函　　件	万件	5.70	6.40
长途电话	万份	50725	87188	包　　件	万件	0.86	1.10
年末市内电话	万户	194.00	194.90	特快专递	万件	2.10	3.70
本地网电话通话量	万次	505252	494268	国际电话	万次	78.00	74.20
年末农村电话	万户	49.90	48.30	港澳电话	万次	28.00	35.80
年末住宅电话	万户	191.00	187.30	电话交换机总容量	万门	253.80	224.50

交 通 运 输 业 基 本 情 况

指　　标	2006 年	2007 年	指　　标	2006 年	2007 年
客运量总计(万人)	7991	15148	中　　级	437	424
铁　　路	2248	2518	低　　级	21	15
公　　路	5541	12630	无路面里程	124	117
民　　航	202	241	民用航空		
旅客周转量(亿人公里)	276	312	始发航线(条)	119	75
铁　　路	219	245	通航城市(个)	56	44
公　　路	58	67	起飞架次(架次)	41901	23175
货运量总计(万吨)	16199	17182	民用车辆(辆)		
铁　　路	7413	7784	民用汽车	436288	460721
公　　路	8784	9398	私人汽车	309504	359025
民　　航	2	2	载客汽车	245501	306689
货物周转量(亿吨公里)	877	939	其中:大型	7844	8522
铁　　路	821	878	普通载货汽车	73767	73480
公　　路	56	61	其中:大型	18046	17948
公路通车里程(公里)	9833	10273	轮胎式拖拉机	58075	57421
有路面里程	9709	10156	摩托车	577669	531006
高级、次高级	9252	9717	其他机动车	66186	80552
其中:高速公路	194	310	载货挂车	3736	3971

注:2007 公路客运量及公路旅客周转量口径调整。

财 政 收 入 分 类

单位:万元

指 标	全市合计	市本级			县区级
		小 计	市 直	开发区	
一般预算收入	1570192	796795	751778	45017	773397
增值税	229376	135534	126197	9337	93842
营业税	422354	204694	192677	12017	217660
企业所得税	197704	126651	121077	5574	71053
个人所得税	61206	30048	27643	2405	31158
资源税	5158	54	0	54	5104
固定资产投资方向调节税	2	0	0	0	2
城市维护建设税	109733	68590	65064	3526	41143
房产税	46633	21782	20185	1597	24851
印花税	20535	3069	2395	674	17466
城镇土地使用税	24886	10594	10238	356	14292
土地增值税	22596	1679	199	1480	20917
车船税	4183	3392	3390	2	791
耕地占用税	9331	263	0	263	9068
契税	74249	36780	31314	5466	37469
专项收入	58225	35056	33546	1510	23169
行政事业性收费收入	212111	78003	77428	575	134108
罚没收入	60006	43272	43227	45	16734
国有资本经营收入	-4232	-6731	-6731	0	2499
国有资源(资产)有偿使用收入	6035	3638	3502	136	2397
其他收入	10101	427	427	0	9674
政府性基金收入	1235229	1200150	1199647	503	35079
其中:地方教育附加收入	15988	10025	9522	503	5963

地 方 财 政 支 出 分 类

单位:万元

指 标	全市合计	市本级			县区级
		小 计	市 直	开发区	
一般预算支出	1799787	811749	717629	94120	988038
一般公共服务	352820	130969	120217	10752	221851
国防	1726	985	947	38	741
公共安全	174605	91885	90832	1053	82720
教育	281659	64581	59231	5350	217078
科学技术	40516	25640	15499	10141	14876
社会保障和就业	254434	120169	118045	2124	134265
医疗卫生	95534	45920	44918	1002	49614
农林水事务	101843	19076	18453	623	82767
文化体育与传媒	56982	47209	47150	59	9773
环境保护	33891	14380	11370	3010	19511
城乡社区事务	236440	137482	122869	14613	98958
交通运输	16056	11072	8498	2574	4984
工业商业金融等事务	126819	101796	59015	42781	25023
其他支出	26462	585	585	0	25877

续表

指　标	全市合计	市本级			县区级
		小计	市直	开发区	
政府性基金支出	1034652	940743	757792	182951	93909
其中:教育	13483	2651	2247	404	10832
城乡社区事务	1007811	931762	749518	182244	76049
农林水事务	4230	207	36	171	4023

教育事业基本情况

指　标	2006年	2007年	指　标	2006年	2007年
学校数(所)	1080	1085	普通中学	29.09	28.01
其中:高等教育	56	65	小　学	38.73	39.51
中等学校	322	314	各类学校毕业生数(万人)	30.29	34.85
其中:中等职业学校	77	78	其中:高等教育	10.31	15.22
职业中专	24	21	中等学校	14.24	13.77
普通中学	234	225	中等职业学校	3.55	3.28
小　学	705	694	普通中学	10.21	9.94
专任教师(人)	79179	82559	每一教师负担学生数(人)	16.88	16.42
其中:高等教育	27203	30317	其中:高等教育	19.62	18.83
中等学校	26773	26886	中等学校	14.76	14.43
其中:中等职业学校	4269	4628	中等职业学校	20.36	19.51
职业中专	1551	1627	普通中学	13.42	13.07
普通中学	21673	21430	小　学	15.6	15.83
小　学	24823	24967	平均每万人口在校学生(人)	2195	2244
在校学生(万人)	131.79	135.55	其中:大学生	891	945
其中:高等教育	53.36	57.08	中专生	174	178
中等学校	39.53	38.79	中学生	486	464
其中:中等职业学校	8.69	9.03	小学生	647	654
职业中专	2.78	3.33			

图书及出版事业

指　标	单　位	2005年	2006年	指　标	单　位	2005年	2006年
公共图书馆				书刊外借人次	万人次	90.6	110
机构数	个	8	11	书刊外借册数	万册次	198.5	214
从业人员	人	377	407	出版事业			
总藏量	千册(件)	7524	7882	出版单位			
建筑面积	千平方米	80.0	67	图书	个	14	15
其中:书库	千平方米	22.0	23	报纸	个	39	53
阅览室	千平方米	20.0	20	杂志	个	102	152
阅览室席位数	千　个	4.0	4				

续表

指　　标	单　位	2006年	2007年	指　　标	单　位	2006年	2007年
出版种类				总　计	万印张	1083815	1030849
图书	种	7205	5886	综合报	万印张	725990	600464
报纸	种	53	53	专业报	万印张	357825	430385
杂志	种	147	152	省级报	万印张	928880	899545
出版数量				综合报	万印张	586655	486376
图书	万册,万份	28822	39999	专业报	万印张	342225	413169
报纸	万册,万份	114534	145423	市级报	万印张	139335	131304
杂志	万册,万份	7072	6318	综合报	万印张	123735	114088
报纸出版总印张数				专业报	万印张	15600	17216

文化事业机构和人员

指　　标	2006年	2007年	指　　标	2006年	2007年
机构数(个)			从业人员数(人)		
电影业	10	13	电影业	359	439
艺术业	30	26	艺术业	1997	1780
文物业	17	19	文物业	614	750
图书馆业	8	11	图书馆业	377	407
广播电视业	24	24	广播电视业	2886	3591
群众文化业	140	141	群众文化业	484	478
艺术教育业	0	1	艺术教育业	0	88
文艺科研业	2	2	文艺科研业	66	65
其他文化业	18	27	其他文化业	398	1044
非文化产业	2	2	非文化产业	50	46

卫生事业机构及床位

指　　标	2006年	2007年	指　　标	2006年	2007年
各类卫生机构数(个)	2285	2265	卫生院	4803	4481
医院	162	158	门诊部	272	53
社区卫生服务中心	1	115	急救中心(站)	–	–
卫生院	78	85	采血供应站	–	–
门诊部	47	30	妇幼保健院(所、站)	562	492
急救中心(站)	1	1	专科疾病防治院(所、站)	220	100
采血供应机构	2	3	疾病预防控制中心(防疫站)	–	–
妇幼保健院(所、站)	12	12	医学科学研究机构	–	–
专科疾病防治院(所、站)	9	8	其他卫生机构	22	0
疾病预防控制中心(防疫站)	13	13	千人拥有量		
医学科学研究机构	1	7	每千人拥有病床(张)	4.59	4.31
其他卫生机构	3	2	每千人拥有卫生技术人员(人)	5.82	5.72
各类卫生机构病床数(张)	27695	26055	每千人拥有医生(人)	2.54	2.47
医院	21298	20847	每千人拥有护士(人)	1.98	2.00
社区卫生服务中心	15	82			

体育事业

指　标	单 位	2006年	2007年	指　标	单 位	2006年	2007年
体育部门职工人数	人	741	725	铜　牌	枚	4	0
其中:业余体育学校	人	350	460	其中:全　国　金　牌	枚	35	40
总计中:教练员	人	150	232	银　牌	枚	20	50
等级裁判员	人	76	66	铜　牌	枚	13	37
一级裁判员	人	19	13	其中:全　省　金　牌	枚	178.5	72
二级裁判员	人	57	53	银　牌	枚	138	58
三级裁判员	人	—	—	铜　牌	枚	111	53
二级运动员发展人数	人	713		运动员破全国纪录	人次		
少年儿童业余体校在校学生	人	670	600	运动员破全省纪录	人次	10	0
业余体校	所	4	4	运动员破全市纪录	人次	10	0
运动员获奖牌数	枚	517.5	340	体育设施			
其中:世界级　金　牌	枚	—	16	体育场	个	6	6
银　牌	枚	—	3	体育馆	个	5	5
铜　牌	枚	—	2	游泳馆	个	5	5
其中:洲　际　金　牌	枚	14	6	室内外游泳池	个	6	6
银　牌	枚	4	3	有固定看台的灯光球场	个	3	3

非私营法人单位从业人员人数与报酬

指　标	从业人员年末人数(人)		从业人员平均人数(人)		从业人员平均报酬(元/人)	
	小　计	其中:市区	小　计	其中:市区	小　计	其中:市区
总计	1182223	919766	1183415	922101	26085	28733
按企、事业和机关分						
企业单位	882309	698590	885210	702207	23750	25759
事业单位	197143	151999	195810	151032	35186	39301
机关单位	74938	53352	74627	53143	35386	41682
其他单位	27833	15825	27768	15719	11351	16301
按隶属关系分						
中央属单位	185598	180580	185552	180594	36228	36442
省属单位	208899	200550	207426	199253	37369	38154
市属单位	241201	227519	245322	231844	24977	25302
县及县以下单位	383777	191687	380229	189120	18862	21271
其他	162748	119430	164886	121290	18778	19972
按单位注册类型分						
内资	1108353	870288	1109801	872514	26299	28898
国有	530128	442990	526628	439644	31910	34344
集体	105778	54222	105922	55282	15763	16025
股份合作	19437	14518	19248	14487	20381	20770

续表 1

指 标	从业人员年末人数(人)		从业人员平均人数(人)		从业人员平均报酬(元/人)	
	小 计	其中:市区	小 计	其中:市区	小 计	其中:市区
国有联营	20892	20892	20572	20572	48821	48821
集体联营	3898	700	3720	720	18138	13625
国家与集体联营	2257	2247	2317	2307	12774	12775
其他联营	1136	770	1155	779	13099	13977
国有独资公司	29370	29332	29020	28982	32406	32426
其他有限责任公司	283612	213957	289913	220585	18774	19810
股份有限公司	88413	75383	87974	73988	29034	31715
其他内资	23432	15277	23332	15168	11414	14303
港澳台商投资	21612	14100	22377	14773	17807	19657
与港澳台商合资经营	10966	7108	11199	7220	18871	19884
与港澳台商合作经营	2750	2667	2674	2587	13158	13175
港澳台商独资	7817	4266	8423	4906	17845	22703
港澳台商投资股份有限公司	79	59	81	60	20099	22917
外商投资	52258	35378	51237	34814	25056	28459
中外合资经营	27682	18235	26350	17582	25159	26863
中外合作经营	2957	2872	2950	2867	19513	19481
外商独资	16302	12878	16676	13010	27236	30466
外商投资股份有限公司	5317	1393	5261	1355	20737	48892
按国民经济行业分						
农、林、牧、渔业	1093	707	1083	706	16562	19902
农业	148	125	149	126	17201	18635
林业	497	275	497	273	15099	19421
畜牧业	68	68	68	68	7088	7088
渔业	22	22	22	22	13909	13909
农、林、牧、渔业服务业	358	217	347	217	20409	25866
工业	343702	229067	345046	229798	21660	24278
采矿业	21544	4066	22081	4061	16777	19203
制造业	303287	211395	303795	211909	21440	23702
电力、燃气及水生产和供应业	18871	13606	19170	13828	30761	34592
建筑业	230312	181801	230447	183312	20814	22538
房屋和土木工程建筑业	199705	155474	200255	156932	20132	21817
建筑安装业	22529	19628	22281	19790	27961	29379
建筑装饰业	3453	2636	3151	2392	13652	14008
其他建筑业	4625	4063	4760	4198	20819	22119
交通运输、仓储及邮政业	67747	66300	67640	66208	32646	33036
铁路运输业	39544	39544	39772	39772	35022	35022
公路运输业	3599	2983	3689	3075	15690	15865
城市公共交通业	13244	12994	12923	12672	23137	23274
水上运输业	851	698	854	701	13333	13856
航空运输业	4413	4413	4299	4299	72165	72165
管道运输业	0	0	0	0	0	0
装卸搬动和其他运输服务业	1237	1237	1305	1305	27778	27778

续表 2

指　标	从业人员年末人数(人)		从业人员平均人数(人)		从业人员平均报酬(元/人)	
	小　计	其中:市区	小　计	其中:市区	小　计	其中:市区
仓储业	1376	948	1376	962	17765	19078
邮政业	3483	3483	3422	3422	22226	22226
信息传输、计算机服务和软件业	17689	17679	20186	20176	38759	38771
电信和其他信息传输服务业	11895	11895	12008	12008	38020	38020
计算机服务业	2566	2566	4998	4998	41969	41969
软件业	3228	3218	3180	3170	36503	36573
批发和零售业	81582	69048	82780	70018	18446	18866
批发业	40388	34472	41368	35295	20119	20752
零售业	41194	34576	41412	34723	16775	16949
住宿和餐饮业	35112	33733	35388	33996	16847	16989
住宿业	17037	16646	17219	16828	17139	17284
餐饮业	18075	17087	18169	17168	16570	16700
金融业	41939	38921	40211	37299	47983	49101
银行业	23396	20392	22867	19970	52867	55643
证券业	904	904	811	811	314301	314301
保险业	16883	16883	15756	15756	27231	27231
其他金融活动	756	742	777	762	47104	47631
房地产业	22635	20788	21996	20208	22773	23282
租赁和商务服务业	22201	21542	22265	21599	24581	24831
租赁业	604	597	607	600	20942	21045
商务服务业	21597	20945	21658	20999	24683	24939
科学研究、技术服务和地质勘查业	22525	21687	22304	21487	40313	41019
研究与试验发展	6082	6063	6070	6053	39027	39103
专业技术服务业	11391	10643	11218	10489	44101	45540
科技交流和推广服务业	1802	1731	1802	1731	32689	33728
地质勘查业	3250	3250	3214	3214	33796	33796
水利、环境和公共设施管理业	12935	10641	12383	10103	26626	29170
水利管理业	2058	1384	2059	1384	30045	34566
环境管理业	4649	3878	4119	3347	22532	24999
公共设施管理业	6228	5379	6205	5372	28209	30378
居民服务和其他服务业	8916	8731	8849	8664	21650	21603
居民服务业	3395	3232	3399	3236	18911	18587
其他服务业	5521	5499	5450	5428	23358	23401
教育	100140	73938	99804	73664	34816	39093
卫生、社会保障和社会福利业	41214	32065	40944	31960	35527	39810
卫生	39446	30368	39183	30270	35392	39837
社会保障业	853	811	853	811	40292	41237
社会福利业	915	886	908	879	36874	37564
文化、体育和娱乐业	14087	13446	14153	13516	43782	45001
新闻出版业	4481	4429	4474	4422	50572	50877
广播、电视、电影和音像业	4392	4055	4471	4137	45431	47945
文化艺术业	3803	3563	3813	3574	36514	37552
体育	960	948	955	943	44963	45179
娱乐业	451	451	440	440	18407	18407
公共管理和社会组织	118394	79672	117936	79387	29850	37042

城市不同收入层次居民家庭基本情况

指 标	单位	平均	最低 10%		低 10%	较低 20%	中间 20%	较高 20%	高 10%	最高 10%	
			合计	更低 5%						合计	更高 5%
调查户情况											
调查户数	户	398.17	40.00	20.00	39.92	79.83	79.33	79.75	39.92	39.42	20.00
家庭人口	人/户	2.85	3.08	3.15	3.03	3.03	2.94	2.73	2.55	2.45	2.35
有收入者人数	人/户	2.08	1.65	1.65	2.00	2.11	2.23	2.15	2.00	2.15	2.10
就业人口数	人/户	1.66	1.43	1.45	1.68	1.61	1.73	1.74	1.65	1.70	1.60
国有经济单位职工	人/户	1.27	0.80	0.65	1.00	1.15	1.35	1.49	1.40	1.53	1.45
城镇集体单位职工	人/户	0.13	0.35	0.60	0.05	0.16	0.16	0.06	0.10	0.05	
其他经济单位职工	人/户	0.14	0.13		0.33	0.16	0.14	0.09	0.10	0.08	0.10
城镇个体经营者	人/户	0.05			0.15	0.06	0.01	0.06		0.03	0.05
城镇个体被雇	人/户	0.04			0.13	0.06	0.04	0.03	0.03		
离退休再就业人员	人/户	0.01					0.01		0.03	0.03	
其他就业人员	人/户	0.03	0.15	0.20	0.03	0.01	0.01	0.01			
离退休人数	人/户	0.36	0.10	0.05	0.25	0.45	0.43	0.36	0.33	0.45	0.50
其他有收入者	人/户	0.06	0.13	0.15	0.08	0.05	0.08	0.05	0.03		
无收入者人数	人/户	0.77	1.43	1.50	1.03	0.91	0.71	0.58	0.55	0.30	0.25
人均收入											
家庭总收入	元	19689.5	6055.3	4871.1	9359.9	12753.2	17317.4	24069.2	32671.0	49318.5	57066.8
可支配收入	元	18005.1	5167.1	4222.0	8176.3	11567.4	15870.2	22110.8	30485.7	45331.4	52882.3
借贷收入	元	9444.6	2359.0	2056.9	3733.8	5952.8	7485.9	13602.2	15631.8	23116.0	31402.7
人均支出											
家庭总支出	元	16667.5	6130.7	5136.6	8894.0	12052.8	13654.7	21298.1	26552.1	37674.1	45004.4
消费支出	元	12389.7	4801.0	4054.3	6911.7	9933.5	10978.8	14641.3	16772.4	28674.3	35720.3
其中:食品	元	3900.9	2146.3	1923.8	2860.6	3585.2	3714.4	4565.2	4962.8	6048.7	6184.8
借贷支出	元	12413.3	2222.1	1781.3	4005.0	6455.7	11051.0	16972.2	21032.2	34593.0	42805.3
人均手存现金											
期初手存现金	元	637.9	261.0	234.2	524.9	476.0	447.6	839.0	869.9	1407.1	1284.3
期末手存现金	元	891.4	353.5	248.5	737.5	696.6	590.1	1114.2	1669.8	1654.5	2005.0

农村居民家庭基本情况

指　　标	单　位	2006年	2007年	指　　标	单　位	2006年	2007年
调查户数	户	1000	1000	总收入	元	7161.7	8067.6
调查人口	人	3698	3661	纯收入	元	5480.0	6300.1
户均基本情况				现金收入	元	6427.8	7256.8
常住人口	人	3.70	3.66	平均每人年支出			
其中:整半劳力	人	2.71	2.69	总支出	元	5280.5	5671.1
常住人口中职工人数	人			其中:家庭经营费用支出	元	1448.5	1488.7
乡镇企业从业人员	人			生活消费支出	元	3415.3	3789.8
常住人口外出劳动人数	人	0.44	0.38	现金支出	元	4975.2	5323.3
每个劳动力负担人口	人	1.37	1.36	其中:生产费用	元	1365.5	1571.7
劳动力文化程度				上交集体承包费支出等	元		
文盲或半文盲	人	0.15	0.07	生活消费支出	元	3194.4	3515.8
小　　学	人	0.46	0.42	人均经营耕地	亩	1.39	1.3
初中程度	人	1.48	1.53	农民人均住房面积	平方米	35.3	37.3
高中程度	人	0.42	0.44	其中:砖木结构	平方米	24.6	26.5
中专程度	人	0.14	0.15	钢混结构	平方米	10.4	10.2
大专以上	人	0.07	0.08	人均拥有住房价值	元	12982.6	16113.4
平均每人年收入							

居民消费价格分类指数

单位:%

指　　标	全　　年	指　　标	全　　年
居民消费价格指数	103.9	交通和通讯类	97.0
食品类	111.6	娱乐教育文化用品及服务类	100.5
烟酒及用品类	103.0	居住类	103.8
衣着类	97.5	工业品出厂价格指数	103.9
家庭设备用品及维修服务类	103.9	原材料燃料动力购进价格指数	105.0
医疗保健和个人用品类	102.2		

责任校对　郭建群

附　录

生活指南

2007年济南市城市居民重要商品和服务项目价格监测表(监测时间:2007年12月)

品种名称	规格等级	计量单位	平均价格(元)
一、食品			
1.面粉	特一粉,集市价	500克	1.50
	标准粉,集市价	500克	1.40
2.粳米	标一,集市价	500克	1.70
3.籼米	标一,晚籼米	500克	1.60
4.鲜菜	应季大路菜		
青椒		500克	1.60
黄瓜		500克	2.00
西红柿		500克	2.00
油菜(青菜)		500克	1.50
茄子		500克	2.00
5.食用植物油			
豆油	一级桶装,浸出	500克	6.59
花生油	一级桶装,压榨	500克	8.95
6.猪肉	新鲜去骨后腿肉	500克	9.50
7.鸡蛋	新鲜完整	500克	3.30
8.鲜奶	普通袋装	500克	2.50
二、日用消费品			
9.彩色电视机	29吋纯平	台	2399.00
10.电冰箱	国产210~250立升	台	3590.00
11.空调	1.5匹冷暖	台	1999.00
12.洗衣机	全自动滚筒式,5公斤	台	1790.00
13.手机	彩屏无摄像头	台	538.00
14.汽车	经济型轿车	辆	72800.00
汽车	中档轿车	辆	127800.00

续表

品种名称	规格等级	计量单位	平均价格(元)
汽车	高档轿车	辆	229800.00
15.药品	头孢唑啉钠,粉针,0.5 克	支	0.90
	对乙酰氨基酚,片剂,500 毫克×10 片	盒	0.30
	奥美拉唑,胶囊,20 毫克×7 粒	盒	5.80
三、居住			
16.居民公有住房租金	钢混成套住宅使用面积	平方米	2.90
17.普通商品房住宅	一类地段成套住宅建筑面积	平方米	4900.00
	二类地段成套住宅建筑面积	平方米	4350.00
	三类地段成套住宅建筑面积	平方米	3800.00
18.经济适用住宅	市区成套住宅建筑面积	平方米	2400.00
19.自来水	居民生活用水(含污水处理费)	吨	3.65
20.电	民用 220 伏	度	0.55
21.液化石油气	民用议价	千克	6.13
22.管道煤气	民用	立方米	1.30
四、服务项目			
23.学杂费	初中普通中学杂费(一费制标准)	学期	185.00
	高中普通中学杂费	学期	500.00
	大学理工科杂费	学年	3600.00
24.托幼费	一级园中班日托	月	171.00
25.挂号费	三级甲等医院,普通门诊	次	1.00
26.住院费	三级甲等医院,普通 4 人间病房	床日	15.00
27.手术费	三级甲等医院,切除阑尾	例	700.00
28.检查治疗费	三级甲等医院,尿常规检查	项	20.00
29.公共汽车车票	主要线路车票	张	1.00
30.市内电话费	本地网营业区通话费 3 分钟/次	次	0.22
31.旅游景点门票	本地主要旅游景点	张	40.00
五、农业生产资料			
32. 尿素	含氮 46%,国产	吨	1700.00
33. 三元复合肥	氮、磷、钾总含量>40%,国产	吨	2400.00
六、工业生产资料			
34. 钢材	螺纹钢,22 毫米,Q235	吨	3900.00
	中厚板,10 毫米,Q235	吨	4800.00
	热轧卷板,1 毫米,Q235A	吨	4700.00
35. 烟煤	炼焦用洗精煤 9 级主焦	吨	774.00
36. 水泥	42.5 号普通硅酸盐,袋装	吨	260.00
37. 木材	杉原木,14~18 厘米	立方米	800.00
38. 汽油	93 号车用无铅汽油	升	4.68

2008年济南市劳动力市场部分职位工资指导价位

（实施时间：2008年6月）

单位：元/人·年

职务（工种）	高位数	中位数	低位数	平均数	职务（工种）	高位数	中位数	低位数	平均数
一、不同登记注册类型企业					电力、煤气及水的生产和供应业	48841	26680	13989	26354
内资企业	46898	22116	11067	22978	建筑业	39378	19105	12358	19501
国有企业	46586	20891	10910	21492	交通运输、仓储及邮政业	40605	20790	11795	21522
集体企业	36888	18564	10648	19908	信息传输、计算机服务和软件业	50031	24961	15706	25367
股份合作企业	49365	22789	11669	23416	批发和零售业	29763	17296	9120	16638
有限责任公司	54113	24981	11514	24904	住宿和餐饮业	30818	17419	9184	17469
股份有限公司	52256	23806	12838	23737	金融业	51115	25724	18878	27796
其他企业	41236	20251	12189	20869	房地产业	38083	21253	13589	21806
港、澳、台商投资企业	63092	27127	20901	26387	租赁和商务服务业	31989	19830	10709	19388
外商投资企业	77571	31169	14585	39508	居民服务和其他服务业	28236	18697	9472	19668
二、不同国民经济行业企业					其他行业	30087	18243	11235	18091
农、林、牧、渔业	34717	21081	12581	20514	三、不同专业技术等级				
采矿业	44090	23820	15197	25390	正高级专业技术职务	57005	37906	18316	31598
制造业	42471	22459	10218	22433	副高级专业技术职务	53988	33666	16991	26471
农副食品加工业	37200	18506	10043	19404	中级专业技术职务	45516	27204	14575	24779
食品制造业	38104	19917	10430	20406	初级专业技术职务	41102	20228	13239	21171
饮料制造业	33284	16942	12687	18299	未评定技术职务人员	35907	15784	11242	17207
纺织业	32220	16316	9749	17423	高级技师	55114	30817	17063	32067
纺织服装、鞋、帽制造业	32148	16294	9727	17618	技师	48871	28219	16777	27347
木材加工及木竹藤棕草制品业	29058	15565	11056	16333	高级工	42299	21862	13290	22151
家具制造业	32774	16620	11443	18014	中级工	37721	20423	11479	19341
造纸及纸制品业	32785	16634	9908	17752	初级工	34821	14462	11084	16934
文教体育用品制造业	32231	16258	10228	17191	其他人员	43980	16866	11747	17403
石油化工、炼焦及核燃料加工业	40138	22837	12334	23420	四、不同学历				
化学原料及化学制品制造业	32592	18616	13217	19863	博士及以上	81174	56816	31718	46621
医药制造业	42722	23887	10203	25176	硕士	70402	45279	21918	32054
橡胶制品业	30821	15863	11173	17148	本科	57842	31719	15665	24915
塑料制品业	29923	17047	13014	18018	大专	45178	22116	13516	18998
非金属矿物制品业	37202	20712	9475	21821	高中、中专、技校	37458	19066	11707	15643
有色金属冶炼及压延加工业	32910	16923	12256	18278	初中及以下	35101	17616	9901	13230
金属制品业	42088	24171	11233	25042	五、单位负责人				
通用设备制造业	38832	20643	10387	22140	企业董事	100504	49876	29764	46442
专用设备制造业	40645	23442	10495	24746	厂长（经理）	100418	50523	29301	46378
电气机械及器材制造业	42368	24727	10949	26456	生产或经营经理	65063	26445	14602	32354
通信设备、计算机及其他设备制造业	44285	25155	11641	28566	财务经理	63619	25488	15112	29253
仪器仪表及文化办公用机械制造业	40330	23379	11140	24306	行政经理	50857	22942	14044	24732
工艺品及其他制造业	34740	17980	9461	19081	人事经理	43623	20843	14198	26598

续表1

单位:元/人·年

职务(工种)	高位数	中位数	低位数	平均数	职务(工种)	高位数	中位数	低位数	平均数
销售和营销经理	53527	22832	13298	27564	会计人员	43321	22926	12985	23017
广告和公关经理	47021	21507	13100	23107	出纳	39291	20367	10325	19325
采购经理	42204	24774	14356	25147	资产评估人员	51236	19847	10657	22859
研究和开发经理	50193	23366	16585	31006	审计人员	42763	20415	11426	20675
餐厅经理	38400	21600	12000	24991	房地产开发业务人员	44538	24577	9881	23923
客房经理	25837	19128	11254	16861	其他经济业务人员	38462	19034	9754	18746
六、专业技术人员					银行储蓄员	42905	22691	11058	22341
地质勘探工程技术人员	45232	25363	15126	26195	保险推销员	47832	21687	9426	21598
测绘工程技术人员	45621	23857	15638	24453	七、办事人员和有关人员				
矿山工程技术人员	44862	22974	16032	23065	行政业务办公人员	38349	22034	11270	22072
冶金工程技术人员	36570	21059	15931	22835	秘书	40679	24691	11594	23235
化工工程技术人员	40062	21876	13975	23057	公关员	38772	19238	11212	21031
医药工程技术人员	43219	26894	14319	27856	收发员	24342	16091	9234	16267
机械工程技术人员	44857	23857	13287	24536	打字员	23133	15913	9327	15619
机械设计工程技术人员	46918	25195	14051	26178	计算机操作员	25931	17190	9515	17065
机械制造工程技术人员	45921	28925	14227	28083	保安员	23734	15845	9120	15423
仪器仪表工程技术人员	42215	23837	13045	22829	金融守押员	27265	20227	13214	20015
设备工程技术人员	46113	26122	14041	25240	消防人员	27848	19539	12031	19175
其他机械工程技术人员	43242	23385	13000	23105	报刊发行员	19635	15228	9120	15031
电子工程技术人员	41044	23163	10444	24228	投递员	18983	14557	9120	14297
通信工程技术人员	48826	31921	16148	30526	电信业务营业员	26793	20103	12753	20021
计算机与应用工程技术人员	50952	25342	13225	25653	话务员	28394	18436	9120	16462
计算机硬件技术人员	52677	23126	13285	22298	八、商业及服务业人员				
计算机软件技术人员	57832	28078	15971	31271	营业员	25322	17834	10490	16936
计算机网络技术人员	55451	27879	14964	30819	收银员	19960	14619	10157	14228
其他计算机与应用工程技术人员	53624	25916	14503	25909	推销员	46343	18535	10239	18045
电气工程技术人员	45415	25257	13510	22183	采购员	40878	19456	12139	19664
电力工程技术人员	46706	27651	13850	23642	收购员	39773	17572	11271	17321
交通工程技术人员	44567	25839	14646	23236	拍卖师	49847	26219	20874	28450
其他交通工程技术人员	44249	24909	13949	22525	典当业务员	44234	20315	13234	19639
建筑工程技术人员	43795	21535	12309	21536	医药商品购销员	43864	22389	15431	21543
建材工程技术人员	40569	21392	11304	20728	保管员	27735	16281	11961	15819
纺织工程技术人员	30291	19797	10222	19328	理货员	30509	17369	10863	18185
水产工程技术人员	31992	21291	13344	20016	冷藏工	21830	15985	10231	15033
食品工程技术人员	34546	20016	10326	19698	商品储运员	26549	18059	10035	17026
环境保护工程技术人员	42342	21267	15633	24169	中式烹调师	36136	21326	10781	20647
安全工程技术人员	41261	19819	11254	20849	中式面点师	29009	20265	9847	19836
标准化、计量、质量工程技术人员	40640	19228	11461	20020	其他中式烹饪人员	33619	20059	10154	19074
其他工程技术人员	40537	19953	11439	19994	西式烹调师	32319	21875	10643	20815
医疗技术人员	56799	29840	16352	25276	西式面点师	27843	20515	9430	19745
经济计划人员	36280	20330	10442	19874	其他西式烹饪人员	29158	20193	10039	19856
统计人员	35261	19214	11524	18916	调酒师	40184	22457	14101	21896

续表 2

单位：元/人·年

职务(工种)	高位数	中位数	低位数	平均数	职务(工种)	高位数	中位数	低位数	平均数
营养配餐员	27894	19856	10380	19078	刨插工	40206	24998	14117	24116
餐厅服务员	20265	14567	9075	14532	磨工	37838	22905	13179	23008
餐具清洗保管员	17707	13298	9070	13067	镗工	37995	22628	13013	22078
前厅服务员	22629	14937	11234	15342	钻床工	40490	23816	14647	23117
客房服务员	19293	13993	10105	13245	加工中心操作工	30208	19776	12184	19725
旅店服务员	18494	13083	9298	13135	制齿工	35551	19870	13437	20763
园林植物养护工	24161	16307	9172	16111	抛磨光工	30419	18715	12574	19835
汽车客运服务员	28916	22214	13277	20683	锯床工	30263	18283	11743	19612
汽车运输调度员	31076	23437	13663	22244	铸造工	28788	18772	12411	18625
行包运输服务员	23118	15716	9120	15905	锻造工	28774	18498	11783	18734
信息咨询工	20238	14348	10221	14014	冲压工	44351	24556	15254	23846
物业管理工	31656	19229	10778	19558	剪切工	32712	18631	11235	20266
供水生产工	29495	21403	13811	22380	焊工	47615	26250	13917	28184
锅炉操作工	36150	23552	11584	22865	金属热处理工	40600	23591	13184	24091
美容师	27010	20178	9120	21771	电切削工	38160	22711	12794	25116
美发师	31256	22183	9120	20016	镀层工	31091	18438	11400	19198
摄影师	42992	21031	9120	20062	涂装工	32314	19111	11228	20411
家庭服务员	31141	19018	9995	18147	冷作钣金加工工	43956	24606	11597	24821
洗衣师	23742	15911	9904	16748	电焊条制造工	25814	15930	11565	17483
保洁员	22705	16262	9120	14842	基础件装配工	28939	19250	11320	19155
其他环境卫生人员	24652	17552	9504	16171	部件装配工	30645	19820	13185	21116
九、农林牧渔水利生产人员					装配钳工	42791	23738	13234	25896
花卉园艺工	26071	19021	13948	17798	工具钳工	38446	20472	11304	21640
天然橡胶生产工	24430	17564	12298	16699	动力设备装配工	30641	19524	12238	21091
畜牧业生产检疫人员	35317	21982	15342	22232	电子专用设备装配调试工	29342	17851	11840	18790
其他畜牧业生产人员	25967	18038	11438	17838	仪器仪表装配工	30065	18277	11815	19670
水产养殖人员	28284	19274	11562	18980	运输车辆装配工	31963	20710	11964	21979
水产品加工人员	26294	18265	11021	18098	洗衣机制造装配工	26163	17058	11259	17946
十、生产运输设备操作工					机修钳工	38800	19242	12045	20159
井下采矿工	35678	24175	17527	25353	汽车修理工	51442	23837	14323	27890
矿山提升机操作工	28583	20388	13943	20394	仪器仪表修理工	40382	21618	12360	22736
矿井机车运输工	28361	19209	14538	20202	锅炉设备安装工	39749	23682	13230	23410
矿灯、自救器管理工	24732	18764	12427	19513	专业电力设备检修工	38327	23270	13492	24838
矿物处理人员	26375	19032	13628	20746	电力工程内线安装工	37688	22861	12994	24158
石油、天然气开采人员	37065	24614	19614	25262	常用电机检修工	39274	24215	12267	25468
炼铁人员	32287	20060	15707	21089	维修电工	38110	23846	12187	24908
炼钢人员	32913	21841	18681	21738	电子器件制造工	25502	16777	10183	16815
铁合金冶炼人员	31294	19098	15065	20529	电子元件制造工	26667	16844	9861.5	17983
金属轧制人员	31518	20328	13264	20785	电子计算机维修工	45729	25350	13294	27666
化工产品生产工	27136	19987	14904	19180	橡胶制品生产工	25945	16873	11037	17336
车工	47875	27900	15090	27300	塑料制品加工工	28674	17653	12386	19790
铣工	39212	24009	13763	23128	纺纱人员	22913	16301	9935.2	16520

续表 3

单位:元/人·年

职务(工种)	高位数	中位数	低位数	平均数	职务(工种)	技术等级	高位数	中位数	低位数
织造人员	25380	16843	10161	17371	十一、2008 年部分职位工资指导价位				
针织人员	26815	17831	10305	17440	车工	技师	55402	34788	21473
印染人员	29669	18754	10537	19515		高级工	48048	28690	17723
裁剪工	21650	14825	10154	15271		中级工	43608	25528	14092
缝纫工	25522	15858	10623	16959		初级工	40511	22351	11617
制粉工	20328	14418	9925.3	15023	铣工	高级技师	49786	30391	23713
乳品加工工	30746	19492	11074	20649		技师	44143	26418	18673
饮料制作工	29875	19118	11136	20089		高级工	40169	24067	17141
糕点、面包烘焙工	29006	18251	9851.6	19058		中级工	35873	21986	13214
糕点装饰工	24207	15016	9397.3	17035		初级工	31560	19169	11631
药品生产制造工	41235	22358	14227	24844	刨插工	技师	45947	36881	18669
制材工	23182	18517	13819	19453		高级工	41812	31848	17018
手工木工	32003	23246	16702	25646		中级工	36209	23654	13414
机械木工	27316	20842	14753	22899		初级工	33014	19709	11531
精细木工	28701	20687	13231	22443	磨工	技师	43602	30173	16823
制浆工	20580	15570	11129	15933		高级工	39913	26214	15344
造纸工	21082	15665	11254	16524		中级工	33586	21080	12155
纸制品制作工	23174	16837	11393	17334		初级工	31433	18863	9833
水泥生产制造工	37534	25027	18250	26693	镗工	高级技师	46846	39712	22928
水泥制品工	32913	23242	18471	25401		技师	41036	31628	15789
印前处理工	28829	21544	14389	21441		高级工	38376	26178	14194
印刷操作工	27391	19477	13837	21226		中级工	32777	20709	11328
印后制作工	26308	19124	13349	20406		初级工	30054	17673	10225
文体用品乐器制作工	39221	25241	14330	25664	钻床工	技师	46007	35196	19837
土石方施工人员	25767	19916	14284	21078		高级工	41377	29798	16454
砌筑工	26619	21545	13268	22441		中级工	35190	21597	13054
混凝土工	34936	25936	13021	24203		初级工	32112	17624	10844
钢筋工	33712	24637	11279	23818	加工中心操作工	技师	40248	26419	17595
架子工	30573	23743	13604	23303		高级工	31455	20945	14106
装饰装修工	34260	24785	18185	25664		中级工	25918	17654	11239
建筑油漆工	29084	18425	12175	19415		初级工	20852	14983	9954
机械设备安装工	28417	19850	13496	20945	铸造工	技师	38059	25231	17673
电气设备安装工	40193	21427	12126	22456		高级工	31245	21564	14309
管工	35810	18748	11457	20030		中级工	24502	19150	11777
电工	28803	19590	13820	20564		初级工	21097	17920	10013
汽车驾驶员	41317	23083	13925	25394	锻造工	高级工	32531	22354	17125
起重装卸机械驾驶员	52477	28307	17458	29609		中级工	28032	20856	12051
检验员	39822	23420	10864	24193		初级工	20127	17032	9976
计量员	36604	22108	10379	23344	冲压工	高级工	44952	32070	16712
包装工	28014	18389	10032	18790		中级工	41385	25132	14534
简单体力劳动工	27992	20348	10475	20998		初级工	40526	19424	12332

续表4

单位:元/人·年

职务(工种)	技术等级	高位数	中位数	低位数	职务(工种)	技术等级	高位数	中位数	低位数
焊工	高级技师	52963	28958	18219	维修电工	高级技师	49682	32516	19878
	技师	46326	25023	15297		技师	43580	26199	16535
	高级工	39485	21984	13270		高级工	32045	21215	13064
	中级工	35029	19663	12826		中级工	28773	19050	10746
	初级工	32271	18285	10808		初级工	25610	16332	10066
金属热处理工	技师	45682	25336	17401	管工	技师	39335	26225	16319
	高级工	41505	22617	13831		高级工	30064	21571	14188
	中级工	33741	19485	11832		中级工	25411	18656	11208
	初级工	30649	17093	10859		初级工	21938	14981	9843.8
电切削工	高级工	38029	23134	16777	起重工	高级工	47891	33657	20723
	中级工	32138	21973	12969		中级工	43651	25945	17136
	初级工	22347	18714	10137		初级工	37549	21863	13962
钣金加工工	技师	43227	29850	18011	包装工	技师	30582	20774	14820
	高级工	37957	24180	13875		高级工	24543	17487	11536
	中级工	32137	20200	11254		中级工	20376	16408	10369
	初级工	24340	16534	10055		初级工	15786	12126	9183.3
镀层工	高级工	37638	25028	19282	锅炉操作工	技师	43966	24216	17723
	中级工	31913	21485	15564		高级工	36948	22806	13876
	初级工	23458	16479	10906		中级工	30749	18889	12468
涂装工	技师	44184	29452	20142		初级工	21116	15668	10790
	高级工	39283	24240	17464	中式烹调师	高级工	42310	24032	15258
	中级工	30834	21739	13879		中级工	36301	20082	11824
	初级工	22169	16565	10780		初级工	30682	15413	9695.7
基础件装配工	高级工	31918	20792	15366	中式面点师	高级工	37352	22136	13889
	中级工	23359	17414	11840		中级工	30061	18023	10533
	初级工	16034	12388	9580		初级工	22937	15427	9120
部件装配工	技师	42297	28111	18182	餐厅服务员	高级工	28536	18698	12689
	高级工	32534	22888	13907		中级工	23707	15991	10258
	中级工	25272	18356	11064		初级工	19614	12337	9120
	初级工	19286	15076	9728	商业营业员	技师	32790	19561	13290
机修钳工	高级技师	49970	29785	15836		高级工	30998	17056	11311
	技师	43095	23538	12937		中级工	22353	13728	10140
	高级工	33425	22035	12155		初级工	24655	13746	10286
	中级工	32101	18997	11269	摄影师	技师	45625	24097	14724
	初级工	28043	17086	10801		高级工	32966	20101	13248
汽车修理工	技师	45817	29526	20555		中级工	25912	18104	13517
	高级工	43864	22723	15768		初级工	21150	15116	11921
	中级工	38961	20824	13672	美容师	中级工	37001	20133	12473
	初级工	33139	17859	11566		初级工	28122	16875	12641
仪器仪表修理工	技师	45521	29834	18752	美发师	技师	50860	26010	19285
	高级工	38784	22357	15301		高级工	38155	22730	16502
	中级工	33526	19650	11639		中级工	29686	21490	15407
	初级工	31495	18014	10832		初级工	22891	17926	11529

续表 5

职务(工种)	平均价位	职务(工种)	平均价位	职务(工种)	平均价位
十二、非正规、非全日制就业从业人员		照看婴幼儿(日托)	450~660 元/月	钣金工	1317 元/月
清洁玻璃	3~10 元/平方米	照看婴幼儿(长托)	420~600 元/月	烫金工	1045 元/月
卫生间保洁	30~60 元/间	照顾产妇	600~3000 元/月	喷漆工	958 元/月
厨房专业保洁	60~100 元/间	照顾老人(能自理)	420~600 元/月	机修钳工	1045 元/月
维修家用电器	25~100 元/台	照顾老人(不能自理)	600~1200 元/月	装配钳工	1360 元/月
皮沙发清洗抛光	15~50 元/个	医院陪护	25~50 元/天	模具钳工	1436 元/月
透下水道	25~50 元/次	照顾病人(包食宿)	450~1500 元/月	空调装配工	964 元/月
空调安装拆卸	50~200 元/次	其中:病人可以自理	450~660 元/月	空调维修工	850 元/月
安装热水器	80~120 元/台	病人半自理	660~810 元/月	空调清洗工	825 元/月
安装家用支架	20~30 元/个	病人不能自理	900~1500 元/月	电梯维修工	906 元/月
更换水、电表	20~30 元/个	理发	5~50 元/人	汽车修理工	1440 元/月
更换便盆	80~120 元/个	婚礼司仪	400~2000 元/场	司炉工	966 元/月
安装洗手盆	30~50 元/个	婚礼策划	500~1000 元/场	车工	1345 元/月
清洗油烟机	20~30 元/台	化妆	200~500 元/天	管道工	1059 元/月
清理燃气灶	15~30 元/台	照相	200~400 元/天	平磨工	1244 元/月
贴瓷瓦	10~15 元/平方米	摄像	300~500 元/天	打磨工	890 元/月
布线	4~8 元/米	舞蹈教练	50~120 元/小时	曲轴磨工	1062 元/月
铺地板	10~20 元/平方米	健身教练	25~100 元/小时	电轴磨工	1575 元/月
铺地砖	10~20 元/平方米	瑜伽教练	30~100 元/小时	磨床工	1273 元/月
铺大理石	20~40 元/平方米	业余歌手	50~200 元/小时	铣工	1661 元/月
粉刷墙壁(刮腻子)	6~10 元/平方米	社区保安	450~900 元/月	镗工	1568 元/月
粉刷墙壁(不刮腻子)	3~5 元/平方米	临时停车场管理员	420~810 元/月	机械安装工	1263 元/月
地板打蜡	5~10 元/平方米	社区卫生保洁	300~600 元/月	机械加工工	1448 元/月
油地板	5 元/平方米	社区托幼	300~600 元/月	操作工	1004 元/月
油门、窗框	15~25 元/个	毛衣编织	20~50 元/件	下料工	878 元/月
油门	15~25 元/个	社区房屋管道维护	300~900 元/月	学徒工	867 元/月
送水	1.5~2.5 元/桶	十三、劳动力市场即时交易工资(单位:元/月)		电器设备安装工	1007 元/月
送奶	0.1~0.3 元/袋	剪切工	1291 元/月	电器维修工	1250 元/月
送报纸	760 元/月	制齿工	1636 元/月	无线电维修工	1500 元/月
送煤气	3~6 元/罐	钻床工	1462 元/月	音响设备维修工	1966 元/月
更换普通门锁、抽屉锁	15~25 元/把	抛磨光工	1307 元/月	包装工	991 元/月
更换水龙头	10~20 元/个	铸造工	1447 元/月	制冷工	935 元/月
更换阀门	25~50 元/个	锻造工	1280 元/月	油漆工	1015 元/月
家庭钟点工	8~15 元/小时	冲压工	1140 元/月	架子工	1357 元/月
单位钟点工	10~20 元/小时	焊工	1080 元/月	打版工	1397 元/月
文化类家教	20~40 元/小时	塑料焊工	1447 元/月	喷塑工	1604 元/月
艺术类家教	25~120 元/小时	氩弧焊工	1129 元/月	汽车喷漆工	2173 元/月
小学生家庭托管	300~540 元/月	二保焊工	1198 元/月	车铣钻工	1612 元/月
家庭保姆(包食宿)	450~810 元/月	电焊工	1001 元/月	家具喷漆工	2761 元/月
家庭做饭	300~540 元/月	金属热处理工	1459 元/月	塑料印刷工	2673 元/月
接送孩子(不包括交通费)	300~450 元/月	电切削工	1285 元/月	彩印工	979 元/月

续表 6

职务(工种)	平均价位	职务(工种)	平均价位	职务(工种)	平均价位
烫印工	996 元/月	吊车司机	1965 元/月	营销人员	1591 元/月
铆工	1049 元/月	挖掘车司机	2043 元/月	项目经理	2662 元/月
电工	1240 元/月	酒店服务员	741 元/月	市场调查员	1458 元/月
维修电工	1128 元/月	酒店门僮	782 元/月	美容师	3025 元/月
汽车电工	1362 元/月	迎宾	854 元/月	美发师	2996 元/月
弱电电工	1605 元/月	前台接待	828 元/月	美体师	2779 元/月
切割工	1065 元/月	厨师	2459 元/月	足疗师	2094 元/月
流水线操作工	1007 元/月	中式面点师	1964 元/月	按摩师	2247 元/月
刨插工	1467 元/月	中式烹调师	2347 元/月	药品促销员	2186 元/月
制卡工	1238 元/月	顺菜工	759 元/月	保健品促销员	1120 元/月
裁剪工	1073 元/月	配菜工	776 元/月	售后服务员	1032 元/月
缝纫工	1273 元/月	凉菜工	957 元/月	接线员	827 元/月
管道维修工	1194 元/月	勤杂工	822 元/月	客户经理	1580 元/月
锅炉工	1023 元/月	面点工	1408 元/月	客服人员	964 元/月
燃油锅炉工	1345 元/月	餐具清洗保管员	781 元/月	打字员	902 元/月
天然气锅炉工	1481 元/月	酒水促销员	1241 元/月	校对员	897 元/月
手工木工	1972 元/月	化妆品促销员	1742 元/月	投资顾问	2079 元/月
机械木工	1575 元/月	客房服务员	980 元/月	会计	1637 元/月
覆膜工	1216 元/月	领班	1122 元/月	助理会计	1393 元/月
装修木工	1485 元/月	行李员	990 元/月	出纳	1144 元/月
摩托修理工	1362 元/月	大堂经理	1332 元/月	理财经理	1756 元/月
除锈工	1327 元/月	酒店经理	1497 元/月	保险促销员	1456 元/月
镂洗工	1135 元/月	配送人员	1000 元/月	保险理赔员	1383 元/月
装订工	1073 元/月	酒店收银员	821 元/月	证券期货业务员	1824 元/月
门窗制安工	1573 元/月	超市收银员	779 元/月	房地产代理人员	2234 元/月
熨烫工	963 元/月	导购员	1029 元/月	珠宝营业员	2373 元/月
洗衣工	935 元/月	店长	1724 元/月	计算机操作员	1245 元/月
粉刷工	1408 元/月	理货员	1030 元/月	计算机编程员	2558 元/月
修鞋工	952 元/月	营业员	855 元/月	计算机维修人员	1938 元/月
橡胶炼胶工	1384 元/月	防损员	1021 元/月	计算机软件开发	3079 元/月
玻璃磨边工	1331 元/月	送货员	963 元/月	计算机硬件工程师	2833 元/月
铁艺制作工	1294 元/月	保洁员	1061 元/月	网络管理	2256 元/月
窗帘安装工	1018 元/月	保鲜员	808.5 元/月	电脑设计	2506 元/月
卷帘门工	1194 元/月	超市促销员	1128 元/月	网页制作	2543 元/月
电磁线操作工	8619 元/月	区域总监	5638 元/月	服装设计	2184 元/月
搬运工	1045 元/月	零售店总监	4384 元/月	保安员	1092 元/月
力工	948 元/月	市场策划	1493 元/月	安监员	1088 元/月
小车驾驶员	843 元/月	市场开发	1739 元/月	生产调度人员	1401 元/月
货车驾驶员	865 元/月	业务主管	2130 元/月	仓管员	1002 元/月
客车驾驶员	1015 元/月	业务员	1037 元/月	财务总监	2873 元/月
半挂车司机	1155 元/月	市场部经理	2501 元/月	预算员	2443 元/月
牵引车司机	1250 元/月	营销经理	2593 元/月	文员	1527 元/月

续表 7

职务(工种)	平均价位	职务(工种)	平均价位	职务(工种)	平均价位
文秘	1421 元/月	针灸师	2460 元/月	报刊发行员	842 元/月
内勤	1205 元/月	茶艺师	1846 元/月	出版物发行员	1253 元/月
质检员	1438 元/月	饲养员	981 元/月	电信业务员	1128 元/月
洗车工	1214 元/月	水产品养殖员	1085 元/月	资产评估师	2350 元/月
吧台服务员	1086 元/月	培训讲师	1502 元/月	营养配餐员	1216 元/月
主持人	2349 元/月	报关员	1335 元/月	展览讲解员	1045 元/月
储备干部	1499 元/月	乳品工艺师	1331 元/月	旅游讲解员	1320 元/月
护士	1678 元/月	面包、糕点工艺师	1575 元/月	手机维修工	1441 元/月
药剂师	2473 元/月	园艺师	1843 元/月	裁缝	1920 元/月
药检员	1841 元/月	足疗师	1898 元/月	花匠	952 元/月
英语翻译	2804 元/月	修脚工	1489 元/月	业余演员	2186 元/月
日韩语翻译	3286 元/月	机械工程师	2054 元/月	网吧管理员	1359 元/月
幼教	2419 元/月	电气工程师	2129 元/月	播音员	1855 元/月
家政服务员	1685 元/月	水电暖预算员	1370 元/月	娱乐场所服务员	1128 元/月
育婴员	2421 元/月	公寓管理	905 元/月	环卫员	798 元/月
传达	924 元/月	办公室主任	1441 元/月	垃圾清运员	1045 元/月
护理工	935 元/月	车间主任	1383 元/月	消防人员	1331 元/月
导游	2052 元/月	土木工程师	2093 元/月	电子商务	1485 元/月
业余歌手	2831 元/月	给排水工程师	2222 元/月	形象设计	2839 元/月
加油工	891 元/月	测量员	1338 元/月	室内设计	2185 元/月
话务员	832 元/月	工程造价员	1661 元/月	平面设计	1982 元/月
乘务员	1359 元/月	通信工程技术人员	2349 元/月	广告策划	2719 元/月
速录员	3326 元/月	自动化	2063 元/月	广告代理	1724 元/月
调色工	1856 元/月	电台导播	1502 元/月	网站编辑	2050 元/月
美工	2005 元/月	汽车美容	1388 元/月	记者	1839 元/月
瑜伽教练	2223 元/月	物业管理	1175 元/月	自由撰稿人	2349 元/月
电梯工	781 元/月	物流管理	1903 元/月	多媒体制作人员	2240 元/月
保管员	908 元/月	施工管理人员	2054 元/月	送餐员	902 元/月
热线主持人	1502 元/月	电子工程技术人员	2186 元/月	企业管理人员	2820 元/月
咨询员	946 元/月	无线电专业技术人员	2042 元/月	熟肉制品加工工	935 元/月
广告模特	2226 元/月	检验员	1016 元/月	混凝土工	1404 元/月
服装模特	1801 元/月	装载机操作员	1934 元/月	钢筋工	1456 元/月
礼仪小姐	1392 元/月	广告庆典	1390 元/月	舞蹈教师	2316 元/月
舞蹈演员	2178 元/月	广告设计	1815 元/月	数据库教师	2178 元/月
健身教练	2039 元/月	婚礼策划	1461 元/月	计算机应用教师	1823 元/月
音响师	2374 元/月	司仪	2118 元/月	英语教师	1905 元/月
灯光师	2272 元/月	印刷人员	1001 元/月	创意策划	2178 元/月
插花师	1502 元/月	信息员	935 元/月	乐器维修	2336 元/月
化妆师	2345 元/月	建筑工程技术人员	2235 元/月	水饺工	880 元/月
摄影师	2186 元/月	邮件处理员	1139 元/月	送水工	990 元/月
保健师	1795 元/月	电子计算机维修工	1602 元/月	外墙清洗工	1100 元/月
中医师	2217 元/月	收发员	946 元/月		
推拿师	2006 元/月	投递员	963 元/月		

济南市公共交通线路、站点

线路	站点
1路 首班: 5:00 末班: 22:30	辛西路北口、经六路、经四路西口、经二纬十二、华联商厦、经二纬八、经二纬六、万紫巷商场、市政府、经二纬一、市法院(人民商场)、普利门(上行共青团路)、趵突泉东门、泉城广场、青龙桥、解放桥东、中心医院、山大路、山大南路、花园庄东路、山大路北段、洪家楼西路、洪家楼。上行:共青团路、顺河街至经二路向西恢复原线。
2路 首班: 5:00 末班: 21:34	匡山小区、交校路、八里桥、华联商厦、经五纬十二、经七纬十二、五里牌坊(市人才市场)、建设路北口(十四中)、八一立交桥西、经十纬一(市仲裁委)、省体育中心(山东联通)、玉函立交桥(市体校)、泉城公园北门、舜耕路、千佛山、山师路口(大润发)、和平路口、解放桥南、解放桥北。
3路 首班: 5:00 末班 22:35	全福立交桥、全福立交桥西、北全福、南全福大街、车站北街、花园庄(省商贸学校)、省胸科医院、东仓、解放桥、青龙桥、泉城广场、趵突泉东门、共青团路、人民商场、大观园、市政府(下行天桥南)、火车站。上行:经一路、站前街、纬二路恢复。
4路 首班: 5:00 末班 00:05	重汽技术中心、土屋路、四季花园、七里山南村、六里山南路(长途汽车南站、施尔明)、二七新村、英雄山、八一立交桥南、经七纬二、大观园、天桥南、成丰桥(下行不设)、制革街、长途汽车站、工人新村南村(绿地)、工人新村北村、动物园、泺口服装城、大坝、公交汽车修造厂、泺口南路(空压机厂)、泺口。
5路 首班: 5:30 末班 22:05	太平洋小区、泺安路、大坝、泺口服装城、动物园、工人新村北村、工人新村南村(绿地)、长途汽车站(中恒)、制革街、成丰桥(上行不设)、天桥南、大观园、人民商场、共青团路、趵突泉北门(五龙潭)、趵突泉东门、泉城广场(贵和)、黑虎泉、青龙桥、解放桥北。
6路 首班: 6:00 末班 21:00	大明湖东门、大明湖北门、北关、河套庄(金富豪大酒店)、北坦、馆驿街、人民商场(太阳金店)、杆石桥(济南日报)、经七纬二(市房地产大厦)、市委、小纬六路、经七纬八、经七纬十二(上行在经七路,下行在纬十二路)、德兴街、经七路西口(省劳动技术学院)、北小辛庄西街、营市街、辛西路北口、南辛庄街、试验机厂、王官庄、大众广场、王官庄小区东区。
7路 首班: 5:30 末班: 21:30	王府庄、玉清水厂、担山屯、大杨庄、大金庄西(槐荫区政府)、润华集团(大金庄东)、明星小区、腊山北路、张庄路西口、名士花园、鲁鹰汽修厂、张庄机场、二环西路(千宝汽配城)、张庄(机场培训中心)、西郊苗圃(茶叶市场)、省立医院西院(煤矿总医院)、济南茶叶市场、八里桥小区、堤口路西口、铁路宿舍、无影山、无影山东路南口(长途客运中心)、天桥区政府、堤口路东口、天桥南、大观园(下行在纬一,上行在纬二)、经五纬一。
8路 首班: 5:30 末班: 21:00	解放桥北、东仓、省胸科医院、花园路西口、山大路北段、洪家楼西路、洪家楼、花园路、鑫达小区、二环东路北段(轻工业学院)、全福立交南、桑园路、将军花园、省农科院、齐鲁制药、还乡店东、幸福苑、黄台电厂、幸福柳广场西、幸福柳广场、张马屯西、张马屯东、郭家、铁骑路、王舍人镇政府、市立三院、工业北路东口、济钢西门、济钢、济钢东门。
9路 首班: 5:30 末班: 21:00	省建筑机械厂、前魏华庄、后魏华庄、红园小区、腊山路、红庙、普照园小区、腊山立交桥南、腊山立交桥、段兴西路、营市西街、辛西路北口(上行不设)、经六路、经四路西口、经一纬十二、西市场(华联商厦)、经一纬九、经一纬六、经一纬五(市立二院)、火车站。
9支 首班: 5:30 末班: 21:00	济南大学西校、后龙、青龙山长途客运站、王官庄小区、王官庄、试验机厂、南辛庄街、南辛庄、经七路西口(省劳动技术学院)、德兴街、经七纬十二、经五纬十二(下行纬十二路,上行经五路)、经五纬九(下行不设)、省立医院(下行经五路,上行经四路)、济南宾馆、大观园、上行市政府(下行天桥南)、火车站。
10路 首班: 6:00 末班: 20:00	洪家楼、华龙路(二环东路,上行不设)、山大北路东段(上行不设)、洪家楼南路、百花公园西门、益寿路、公交总公司、甸柳庄、二环东路、七里河、华信路、济钢二分厂、化纤厂路(华达汽配城)、丁家庄西、丁家庄东、贤文庄南路、贤文庄、顺华路北口、牛旺庄、邓家(润华汽车东区)、凤凰路、义和庄(历城烈士山)、炼油厂、殷陈南、殷陈北、工业北路、济钢、济钢东门、韩仓、韩仓东、刘家、机场路、锦平、庚辰钢铁、郭店镇政府、郭店、李东、齐鲁药厂、董家镇政府(历城二中)、董家村南、董家村北、荀于、王辛。支线:郭店、郭店东(冶金技术学院)、山前村、曹家馆、方家(协和学院)、东风新村、十里堡。

续表 1

线路	站　　点
11 路 首班: 5:00 末班: 21:30	十里河、历城五中、华信路、七里河路(历城区环保局)、二环东路(创业服务中心)、洪家楼、洪家楼西路、山大路北段、花园路西口、东关大街、老东门(名萃商厦)、市立一院、大明湖、大明湖西南门、西门、共青团路(上行普利街)、人民商场(市法院)、经二纬一路、天桥南(设在纬二路东)、火车站(长途汽车联运站)。上行:火车站、经二纬三、经二纬一……
12 路 首班: 5:20 末班: 21:00	黄岗、无影山中路、黄岗路(济南锅炉集团)、交校路、堤口路西口(八里桥)、铁路宿舍、无影山、无影山东路南口(幼儿师范、长途客运中心)、天桥区政府、堤口路东口(成丰桥)、制革街、长途汽车站、工人新村南村、工人新村北村、动物园、泺口服装城、标山路、新黄路、山东化工厂、五柳闸、李庄、山师北院、黄台装材市场、历山北路、板桥庄。
13 路 首班: 6:00 末班: 21:00	白马山啤酒厂、百兴家园、后龙、王官庄小区、王官庄、试验机厂、南辛庄街、辛西路北口、经六路(槐村街)、经四路西口(设在经四路)、经四纬十、省立医院、济南宾馆、大观园(下行纬二路,上行经四路)、经七纬二、济南大厦、省委、青年西路(设在青西路东)、齐鲁医院、省中医、青年东路。上行:青年东路、泉城公园北门(路北)、玉函立交桥、青年西路(设在经八路北)……
14 路 首班: 6:00 末班: 21:00	齐鲁医院、省中医、齐鲁医院北门、泉城广场、舜井街、黑虎泉、青龙桥 、老东门、南北历山街、济南东站、水电路南口、阳光小区、水屯小区、水电庄、水屯北路、梁府小区、黄桥居、芙蓉小区、济南东站恢复。
15 路 首班: 6:00 末班: 21:00	动物园、工人新村(设在师范路)、济军总医院、市立四院、建材市场、省气象局、建筑医院(空军医院)、建筑宿舍(省车管所)、无影山(下行堤口,上行无影山)、无影山东路南口(长途客运中心)、天桥区政府、堤口路东口、天桥南、大观园、经七纬二、济南大厦、省委、青年西路(铁路医院)、省体育中心(设在经十路)。上行:省体育中心、胜利大街、省委……
16 路 首班: 6:00 末班: 21:00	南全福西区、南全福小区、二环东路、鑫达小区、花园路、洪家楼、历城区政府、山大北路西口、花园庄东路、山大南路、解放路、和平路、文化东路、山大路南口、燕子山西路、科院路(省科学院)、山师东路(千佛山医院)、历山路南口、千佛山、舜耕路、植物园北门(省糖尿病医院)、玉函立交桥、青年西路(铁路医院)、齐鲁医院。
17 路 首班: 6:00 末班: 20:00	重汽技术中心、市林业局、十六里河镇政府、二环南路、车管所检测站、分水岭、南康、大涧沟、西大涧沟村、大涧沟办事处、大涧沟东市场、大涧沟东小学。上行:大涧沟东小学、大涧沟东市场、大涧沟办事处、大涧沟村、大涧沟、南康……
18 路 首班: 5:00 末班: 22:00	姚家东区(第五针织厂)、解放路东段(市合成化工厂)、一建新村、济钢水泥厂、姚家庄、姚家小区、武警医院、友谊苑小区(浆水泉路)、浆水泉路、燕山立交桥东、燕山立交桥、二环东路、燕子山路、山大路、省杂技团、山师、山师路口、体育场、省中医、齐鲁医院、青年西路(铁路医院,设在经八路)、经八路(济南中学)、杆石桥、人民商场、大观园、天桥南(设在经一路)、火车站。
19 路 首班: 6:00 末班: 21:00	大饮马(鑫马集团)、拔丝镀锌厂、金鑫苑小区、营市新村、机场西路拥军站、张庄机场、二环西路(张庄千宝汽配城)、刘堂小区、孔村小区、省立医院西院、营市西街北口、营市街北口、道德北街、经六纬十二、经七纬十二、经七纬八(槐荫广场)、小纬六路、市委、经七纬二(东方大厦、市房地产大厦)、杆石桥、饮虎池、趵突泉南门、泉城广场、银座商城(设在朝山街北口路西)、朝山街南口、省中医、泉城广场。
20 路 首班: 6:00 末班: 20:00	大学科技园(轻工业学院)、女子学院、工艺美院西门(下行不设)、山东师范大学(山东工艺美术学院)、炒米店、明发路东口、南桥、北桥、罗而庄、重骑集团、山东力明学院、党家庄镇西、党家庄镇东、党家庄、岳尔庄西、岳尔庄东、文庄西、文庄中、文庄、七贤庄、七贤广场、济南大学、后龙、青龙山、长途客运站、王官庄小区、王官庄、试验机厂、南辛庄街、辛西路北口、经六路、经四路西口、经二纬十二。上行:经二纬十二、经五纬十二、经七纬十二、德兴街、经七路西口、北小辛庄西街、营市街、辛西路北口……
20 路区间 首班: 6:00 末班: 20:30	大学科技园(公交营运中心)、轻工业学院、中医药大学、八里庄、明珠广场、张桥村、北汝村、北汝村北、名庄、平安店、三龙小区、杜家庙、小李庄、朱庄、朱庄中学、古城、省肿瘤医院、河头王庄、经十西路。

续表 2

线路	站点
21 路 首班: 6:00 末班: 20:30	党家枣林、枣林阳光花苑、党东村、岳尔庄西、岳尔庄东、文庄西、文庄中、文庄、七贤庄、七贤广场、济南大学、后龙、青龙山长途客运站、王官庄小区、王官庄、实验机厂、南辛庄街、辛西路北口、经六路、经四路西口、经一纬十二、西市场、经一纬九、经一纬六、经一纬五(市立二院)、火车站、天桥南(设在纬二路)。上行:天桥南、市政府、万紫巷商场、经一纬五……
22 路 首班: 6:30 末班: 19:30	大学科技园(轻工业学院)、中医药大学、八里庄、北辰集团(明珠广场)、文昌路、宾谷街东口、莲台山路、灵岩路、宾谷街、清河街、龙泉街、长清中学(公路局宿舍)。
24 路 首班: 6:30 末班: 19:00	公交营运中心、山东艺术学院、景观湖、交通学院、省工干院、丹凤小区、凤凰路、文昌路、长清一中、龙泉街、长清区政府、五峰路、宾谷街。上行:宾谷街、灵岩路、清河街、龙泉街……
25 路 首班: 6:30 末班: 19:00	山东师范大学、山东工艺美术学院(上行不设)、工艺美院西门(上行不设)、女子学院、金街、女子学院西门、女子学院北、省劳动技术学院、轻工学院宿舍、中医药大学东门、中医药大学、八里庄、北辰集团(明珠广场)、长泰小区、文昌步行街、莲台山路、宾谷街。上行:宾谷街、灵岩路、清河路、文昌步行街……
26 路 首班: 6:00 末班: 19:00	经五纬十二、经四纬十(下行不设)、市华联商厦、八里桥、交校路、黄岗路、无影山中路、黄岗、黄岗工业园、神洲技工学校(济南交通职专)、新沙王庄、新沙小区西区、产业园管委会(下行二环西路,上行新沙路)、二环西路、东吴家堡、吴家堡、吴家堡镇政府、东赵庄、石佛屯、中赵庄、宋家庄、大高庄、刘庄、西高庄、四门闸、棉张、东曹、引桥、西王家庄、曹家圈、北店子。
27 路 首班: 6:00 末班: 21:00	居然之家家居广场、老屯、张庄路、兴济河商城、营市西街北口、营市街北口、营市街(五院)、北小辛庄西街、经七路西口、德兴街、五里牌坊、建设路、八一立交桥西、八一立交桥南、英雄山、二七新村、六里山南路、七里山南村、四季花园、土屋路、重汽技术中心、市林业局、十六里河镇政府、二环南路、南苑小区。
30 路 首班: 6:00 末班: 21:00	祝甸(上海花园东南角)、祝甸活动中心、祝甸西、花园路、七里河路(历城环保局)、二环东路(创业服务中心)、洪家楼、洪楼西路、山大路北段、花园路西口、东关大街、老东门(设在东关大街)、大明湖东门(双向设在黑北路)、大明湖北门、北关、河套庄(路北)、生产路、生产路北口、三孔桥、凤凰山路、标山南路、标山(凤凰山庄)、工人新村(上行在标山南路,下行在济泺路)、动物园、泺口服装城。
31 路 首班: 6:00 末班: 21:00	黄台装材市场、水电路北口、水电路北段、水电庄、水电小区、阳光小区、水电路南口、济南东站、大明湖东门、老东门、青龙桥、解放桥(下行历山路,上行解放路)、和平路口、山师路口、历山路南口、山师东路(省千佛山医院)、科院路、燕子山西路(省司法厅)、山大路南口、燕子山路南口、燕山立交桥西、燕山立交桥东、浆水泉路(省妇产医院)、友谊苑小区(武警医院)。
32 路 首班: 5:30 末班: 21:00	黄岗、无影山中路、交通学院、西苑小区、无影山路(省医科院附属医院)、无影山东路、长途汽车站、制革街、成丰桥(上行不设)、天桥街、天桥南(下行在经一路,上行在纬二路)、经二纬一路、人民商场、杆石桥、经八路、青年西路(中医药大学二附院)、马鞍山路、英雄山文化市场、新世界商城。上行:新世界商城、信义庄、经十纬一、省体育中心、青年西路……
33 路 首班: 5:30 末班: 21:00	济南东站(大明湖东门)、大明湖北门、北关、河套庄、北坦大街、茂新街、天桥南、大观园、经七纬二、市委(下行设在纬四路,上行设在纬二路)、岔路街、建设路(十四中)、五里牌坊(市人才市场)、德兴街、经七路西口(省劳动技术学院)、北小辛庄西街、营市街(五院)、辛西路北口、机床二厂路、谷庄欣都小区(北方医学研究院)。
34 路 首班: 5:30 末班: 21:30	阳光舜城重花苑、欣欣嘉园、舜城商业区、阳光舜城、舜玉小区(山东财政学院)、济大东校区、省财政厅、舜玉小区北区、济大路、省委二宿舍、马鞍山路、省体育中心东、省体育中心、经十纬一(上行设在经十路,下行设在纬一路)、省委、纬一路、经七纬二(上行不设)、大观园(上行设在纬一路,下行设在纬二路)、天桥南(设在经一路)、火车站。上行:火车站、纬三路、经二路、纬二路、经四路、纬一路恢复。

续表 3

线路	站点
35 路 首班: 5:30 末班: 21:30	动物园、工人新村北村、工人新村南村(绿地商城)、长途汽车站、制革街、成丰桥、天桥南、大观园、经七纬二、经八纬二(上行不设)、八一立交桥南、英雄山、二七新村、六里山南路(长途汽车站)、七里山南村、四季花园、土屋路、重汽技术中心、市林业局、十六里河镇政府、二环南路、南苑小区。
36 路 首班: 5:30 末班: 22:00	郎茂山小区、郎茂山小区北区(市残联)、七里山南村(协和医院)、六里山南路(施尔明医院)、二七新村、英雄山(山东红十字会医院)、八一立交桥南(清华医院)、济南大厦、省委、青年西路(中医药大学二附院)、齐鲁医院、省中医、朝山街南口、朝山街北口、舜井街、黑虎泉、青龙桥、老东门、大明湖东门、济南东站、历黄路北口、东泺河路、北园大街、石桥小区、板桥庄。
37 路 首班: 6:00 末班: 21:00	十里河、化纤厂路北段、华龙路、华阳路、华信路(新龙家园)、七里河东、七里河路(创业服务中心)、二环东路、百花公园东门、山大南路、山大南路东段、闵子骞路、益寿路、益寿路西口、山大路、中心医院、解放桥北、东仓、省胸科医院、东关大街、老东门(名萃商厦)、大明湖东门(此站设两处:黑北路东、明湖北路南)。
38 路 首班: 6:00 末班: 19:30	经五纬十二、经七纬十二、德兴街、经七路西口、北小辛庄西街、营市街、营市西街、段兴西路、腊山立交桥、腊山立交桥北、刘堂小区、二环西路、张庄机场、机场西路拥军站、营市新村、金鑫苑小区、拔丝镀锌厂、大饮马、小饮马、小饮马西、于庄、于庄中学、济铁高级技校、油赵庄、市鱼种场、位里。
38 路 支线	经五纬十二、经七纬十二、德兴街、经七路西口、北小辛庄西街、营市街、营市西街、段兴西路、腊山立交桥、腊山立交桥北、刘堂小区、二环西路、张庄机场、机场西路拥军站、营市新村、金鑫苑小区、拔丝镀锌厂、大饮马、小饮马、小饮马西、于庄、于庄中学、铁路高级技校、油赵庄、市鱼种场、位里、牛角运、明里村、申家庄东、申家庄。
40 路 首班: 6:00 末班: 20:30	梁二村、梁二西村、西梁王、纸房、纸房西、滩头路口、坝王路、白菜路、李家庄、冠龙服饰公司、市立三院、王舍人镇、王舍人镇政府、铁骑路、郭家、张马屯东、张马屯西、幸福柳广场、幸福柳广场西、黄台电厂、幸福苑、还乡店东、齐鲁药厂、全福立交桥南、二环东路北段(济南一中)、七里堡西路、洪楼广场、洪家楼。上行:洪家楼、花园路、鑫达小区、二环东路北段……
41 路 首班: 5:30 末班: 21:30	山东医专、二环南路、郎茂山小区南区、郎茂山小区、郎茂山小区北区、七里山南村、七里山西路(长途南站)、二七南路西口(山水)、二七新村南路、刘长山路、梁家庄、小梁庄街(城建宾馆)、建设路北口(十四中)、岔路街、市委(下行设在经七路,上行设在纬四路)、经七纬二、杆石桥、饮虎池、趵突泉东门、西门、大明湖西南门、大明湖、市立一院、南北历山街、大明湖东门。
42 路 首班: 6:00 末班: 21:00	玉函小区南区、土屋路、玉函小区北区、舜耕路(省人大宿舍)、东八里洼、舜玉小区、济大东校区、省财政厅、舜玉小区北区、济大路、省委二宿舍、马鞍山路、英雄山文化市场(市商校)、新世界商城、信义庄、经十一路西口、建设路北口、建设路(十四中)、五里牌坊(市人才市场)、德兴街、经七路西口、北小辛庄西街、营市街(五院)、营市西街、兴济河商城、经六路、省立医院西院。
43 路 首班: 5:30 末班: 21:30	玉函小区南区、土屋路、玉函小区北区、舜耕路、东八里洼、舜玉小区(山东财政学院)、济大东校区、财政厅、舜玉小区北区、玉函路(山东科技报社)、省委二宿舍、马鞍山路、省体育中心(双向设在路口北)、青年西路(铁路医院)、经八路(铁一中)、杆石桥、人民商场、大观园、天桥南(设在经一路)、火车站。上行:火车站、市政府、大观园……
44 路 首班: 6:00 末班: 21:30	东八里洼、舜玉小区(山财)、济大东校区、会展中心、植物园、千佛山西门、青年东路、省中医、泉城广场、银座商城、黑虎泉、山东新闻大厦、解放桥南、解放桥北、东仓、省胸科医院、黄台南路西口、黄台南路、花园路、花园路西口、省胸科医院恢复。
45 路 首班: 5:30 末班: 21:30	匡山小区、交校路、黄岗路(济南锅炉集团)、黄岗村、交通学院(济南交专、山东人民学院)、西苑小区(北桃园)、无影山路、无影山东路、黄屯小区(名人时代广场)、无影山东路南口、天桥区政府、堤口路东口、成丰桥(路南)、义和街、陈家楼、顺河街、河套庄、北关、大明湖北门、大明湖东门、菜市南街、长盛小区、花园路西口、省胸科医院、东仓、解放桥北。
46 路 首班: 5:30 末班: 20:30	大明湖东门、老东门、青龙桥、解放桥东、中心医院、山大路、东郊饭店、公交总公司、甸柳庄、山大南路、百花公园东门、华龙路、花园路、鑫达小区、二环东路北段、全福立交桥南、全福立交桥、全福立交桥东、工业北路西段、齐鲁制药、还乡店东、幸福苑、电厂路口、黄台电厂。

续表 4

线路	站　　点
47 路 首班: 5:30 末班: 21:15	解放桥北、中心医院、山大路、东郊饭店、公交总公司、甸柳庄、二环东路、七里河、华信路、济钢二分厂、化纤厂路(华达汽配城、历下第三医院)、丁家庄西、丁家庄东、海王医药(贤文庄南路)、贤文庄、舜华路北口、牛旺庄、附设站、邓家(润华汽车东区)、凤凰路、义和庄、烈士山东路、烈士山东路北段、赵庄(益华学院)。
48 路 首班: 6:00 末班: 21:00	东八里洼、舜玉小区、济大东校区、会展中心、植物园、舜耕路、千佛山、山师路口、山师、省杂技团、文化东路(大舜科技市场)、和平路(齐鲁软件大厦)、解放路、山大南路、花园庄东路、花园路、黄台南路、花园小区四区(模具厂)、山东工人报社(花园小区)。
49 路 首班: 5:30 末班: 21:30	浆水泉、浆水泉西路北段、友谊山庄、经济学院(山东行政学院)、燕山立交桥南(万嘉隆,上行不设)、燕山立交桥、文化东路东口、葛家庄、燕子山路、燕山小区、山大路(齐鲁软件大厦)、历山东路(真如意大酒店)、山师东路、山东新闻大厦、黑虎泉、银座商城、泉城广场、趵突泉南门、饮虎池、杆石桥、经七纬二(上行不设)、大观园(下行纬二路,上行纬一路)、市政府。
K50 路 首班: 6:00 末班: 22:00	公交汽车修造厂、洛口服装城、动物园、工人新村北村、工人新村南村(绿地)、长途汽车站、制革街、成丰桥、天桥南、大观园、人民商场、共青团路、趵突泉东门、泉城广场、青龙桥、解放桥东、中心医院、山大路、东郊饭店、公交总公司、甸柳庄、和平路东口、文化东路东口、燕山立交桥、经济学院、友谊山庄。上行:友谊山庄、经济学院、燕山立交桥南(万嘉隆)、燕山立交桥……
K51 路 首班: 6:00 末班: 22:00	环山小区(省宣传干训中心)、环山路、大众日报社宿舍、科院路(省科学院)、山师东路(千佛山医院)、历山路南口、千佛山、舜耕路、青年东路、省中医、泉城广场、趵突泉东门、共青团路、人民商场、大观园、天桥南(设在经一路)、火车站。上行:火车站、经二纬三、大观园……
K52 路 首班: 6:00 末班: 22:00	公交总公司、东郊饭店、山大路、中心医院、解放桥南、山东新闻大厦、黑虎泉、泉城广场、趵突泉南门、饮虎池、杆石桥、经八路、省委、济南大厦、八一立交桥南、英雄山、二七新村、六里山南路(长途南站)、七里山南村、四季花园、土屋路、重汽技术中心、市林业局、十六里河镇政府、二环南路、东十六里河、武警学校、石青崖、省电力研究院、省电力研究院东门、兴隆一村、兴隆山庄、山大南新校区。
K53 路 首班: 6:00 末班: 21:00	公交汽车修造厂、洛口服装城、动物园、工人新村北村、工人新村南村(绿地)、长途汽车站、制革街、成丰桥(上行不设)、天桥南、茂新街、北坦大街、河套庄、北关、大明湖北门、济南东站、大明湖东门、老东门、东关大街、花园路西口(下行不设)、省胸科医院(鲁艺剧院)、东仓、解放桥北、中心医院、山大路、东郊饭店、公交总公司、甸柳庄、解放东路西段(姚家镇政府)、省印刷物资公司、姚家庄、姚家小区、武警医院、友谊苑小区。
K54 路 首班: 6:00 末班: 21:00	大明湖、省府北门、大明湖西南门、五龙潭公园(西门)、泉城广场(趵突泉)、趵突泉南门(往东方向不设)、饮虎池、杆石桥、经七纬一路、省委、经十纬一、省体育中心、省体育中心东、马鞍山路、省委二宿舍、济大路、张安(省计生科研所)、舜玉路、舜玉小区、济大东校区、会展中心、植物园东门、千佛山西门(市博物馆)、千佛山、省博物馆、山师路口、山东新闻大厦、黑虎泉、银座商城、舜井街、解放阁、青龙桥、老东门(名萃商厦)、市立一院、大明湖。
K55 路 首班: 6:00 末班: 21:30	黄台电厂、电厂路口、幸福苑、还乡店东、齐鲁制药、工业北路西段、全福立交桥东、全福立交桥、全福立交桥南、二环东路北段(济南一中)、鑫达小区、花园路、洪家楼、洪楼南路、百花公园西门、闵子骞路、山大路、舜怡佳园(建筑新村)、解放桥、青龙桥、舜井街、朝山街北口、朝山街南口、省中医、齐鲁医院、青年西路(铁路医院)、省委、经十纬一、八一立交桥西、建设路北口、小梁庄街、梁家庄、刘长山路、二七新村南路、二七南路西口(山水)、七里山西路、七里山南村、郎茂山小区北区、郎茂山小区、郎茂山小区南区、二环南路(山景园小区)、山东医专。
K56 路 首班: 6:00 末班: 21:00	腊山北路、刘庄(省皮肤病医院)、长途汽车站(省皮肤病医院)、腊山立交桥、段兴西路、营市西街、营市街、北小辛庄西街、经七路西口、德兴街、五里牌坊(山东化工宾馆)、建设路(十四中)、八一立交桥西、经十纬一(省委)、省体育中心、玉函立交桥(市体校)、植物园北门、舜耕路、千佛山、历山路南口、山师东路(千佛山医院、中医药大学)、科院路、燕子山西路、山大路南口、燕子山路南口、燕山立交桥西、经济学院、友谊山庄(技师学院)。上行:友谊山庄、经济学院、燕山立交桥南、燕山立交桥西……

续表 5

线路	站点
K57 路 首班: 6:00 末班: 21:00	公交汽车修造厂、洛口服装城、动物园、工人新村北村、工人新村南村(绿地)、长途汽车站、东工商河路、三孔桥、生产路北口、北关北路、北园立交桥、水屯路南口、东泺河路、历山路、车站北街、南全福大街、北全福、全福立交桥西、全福立交桥、全福立交桥东、工业北路西段、齐鲁药厂、还乡店东(济南花卉场)、幸福苑、黄台电厂、幸福柳广场西、幸福柳广场、张马屯西、张马屯东、郭家、铁骑路、王舍人镇政府、市立三院、工业北路东口、济钢西门、济钢、济钢东门、济钢新村。
K58 路 首班: 6:30 末班: 20:00	世界购物广场、刘庄、长途汽车西站、桃园小区、二环西路、孔村小区、省立医院西院(煤矿医院)、营市西街北口、营市街北口(华联)、道德北街、经六纬十二、经四纬十(华联)、省立医院、济南宾馆、大观园、天桥南、成丰桥(下行不设)、制革街、长途汽车站、工人新村南村(绿地)、工人新村北村、动物园、洛口服装城、大坝。
K59 路 首班: 6:00 末班: 21:30	居然之家家居广场、匡山小区西区、匡山小区、交校路、八里桥、华联商厦、经四纬十、省立医院、济南宾馆、大观园、人民商场、共青团路、趵突泉北门、趵突泉东门、泉城广场、青龙桥、解放桥南、和平路口、山师路口、山师、省杂技团、山大路、燕子山路、二环东路、燕山立交桥、燕山立交桥东、浆水泉路、友谊苑小区(武警医院,设在经十路路北)。
62 路 首班: 6:00 末班: 21:00	姚家东区、解放路东段、一建新村、济钢水泥厂、姚家庄、省印刷物资公司、解放东路西段(姚家镇政府)、甸柳庄、和平路东口、文化东路东口、燕山立交桥西、燕子山路南口、山大路南口、燕子山西路、科院路、山师东路(千佛山医院)、历山路南口、千佛山、舜耕路、植物园北门、玉函立交桥、省体育中心、经十纬一(济南仲裁委)、八一立交桥西、建设路北口、小梁庄街、梁家庄、二七新村中路、二七新村、六里山南路。上行:六里山南路、七里山西路、二七南路西口、二七新村南路、刘长山路、梁家庄……
63 路 首班: 6:00 末班: 21:00	姚家东区(第五针织厂)、解放路东段(市合成化工厂)、一建新村、姚家商业街(下行)、济钢水泥厂(上行)、姚家庄、省印刷物资公司、解放东路西段(姚家镇政府)、甸柳庄、公交总公司、东郊饭店、山大路、中心医院、解放桥、青龙桥东、青龙桥、老东门、南北历山街、大明湖东门(设两处站点:明湖北路南、黑北路西)。上行:大明湖东门、老东门、青龙桥……
64 路 首班: 5:30 末班: 21:00	重汽技术中心、土屋路、四季花园、七里山南村、六里山南路西口、六里山南路(军转中心)、玉函路、舜玉小区北区、财政厅、会展中心、千佛山西路(植物园)、千佛山西门、千佛山、千佛山东二路、千佛山医院南门、中创软件园、绿苑小区、环山路、大众日报社、燕子山西路(省司法厅)、山大路南口、山大路、燕子山路、甸柳新村五区、和平路、解放路、公交总公司、甸柳庄。上行:甸柳庄、和平路东口、葛家庄、甸柳新村五区……
65 路 首班: 6:00 末班: 18:00	洪家楼、洪家楼西路、山大路北段、省胸科医院、解放桥北、解放桥南、山东新闻大厦、银座商城、泉城广场、趵突泉南门、杆石桥、省委(设在纬一路)、英雄山、信义庄、八一立交桥南、二七新村、六里山南路、四季花园、重汽技术中心、市林业局、十六里河镇政府、分水岭、南康、大涧沟、西仙村、上店子、二仙村、终军广场(天意宾馆)、仲宫龙山路、仲宫、宏福路、东郭而庄、省卫校南校、于家、南杨家、邱家、西路家庄、东路家庄、稻池、刘家庄、廒而庄、商家(金象山)、牛家、艾家庄、麻池、锦绣川、红叶谷、白云村、纸坊、九曲、云河村、汪家场、晾米台。
66 路 首班: 5:30 末班: 22:00	东八里洼、舜玉小区(山财)、济大东校区、会展中心、泉城公园、千佛山西门、青年东路、省中医、泉城广场(泺文路)、趵突泉东门、西门、大明湖西南门、大明湖、市立一院、南北历山街、大明湖东门、大明湖北门、北关、河套庄(金富豪大酒店,下行生产路、上行明湖北路)、生产路、生产路北口、三孔桥、凤凰山路、标山南路、标山、工人新村(下行在济洛路,上行在标山南路)、动物园、泺口服装城(下行济泺路,上行清河北路)、北闸子。
67 路 首班: 6:00 末班: 19:00	无影山、无影山东路南口(路北)、天桥区政府、堤口路东口、天桥南、大观园、经七纬二、八一立交桥南、英雄山、二七新村、六里山南路、七里山南村、四季花园、土屋路、重汽技术中心、市林业局、十六里河镇政府、二环南路、车管所检测站、分水岭、南康、大涧沟、大涧沟南、西仙村、上店子、二仙村、刘家峪、终军广场、仲宫北、仲宫龙山路、宏福路、金宫山庄、并渡口村、门牙西、大门牙村、门牙村、小门牙村、突泉村、西坡村、红旗村、历城三职专、柳埠镇大桥、柳埠西、柳埠东、四季村、四门塔、凸凹村、拐把湾、大会村、李家塘。

续表 6

线路	站　　点
K68 路 首班: 6:00 末班: 21:00	环山小区、环山路、绿苑小区、中创软件、千佛山医院南门、千佛山东二路、省博物馆、千佛山、舜耕路、泉城公园北门、玉函立交桥(市体校)、省体育中心、经八路(铁中)、杆石桥、人民商场、馆驿街、北坦、河套庄(双向在生产路)、生产路、生产路北口(国贸大厦)、三孔桥、东工商河路、长途汽车站、工人新村南村(绿地)、工人新村北村、动物园、洛口服装市场、大坝、泺安路、太平洋小区。
70 路 首班: 6:00 末班: 21:00	盖家沟、历城区政府宿舍、将军路、将军集团、石门、荷花路(山东医药商城)、全福立交桥北、全福立交桥南、二环东路北段(济南一中)、鑫达小区、花园路、华龙路、山大北路东段、洪家楼南路、百花公园西门、闵子骞路、山大路(山大新校)、舜怡佳园、解放桥北、解放桥南、山东新闻大厦、黑虎泉、银座商城。上行:银座商城、舜井街、青龙桥、解放桥北……
71 路 首班: 6:00 末班: 20:30	孟家、孟家村西、华山立交桥、小洼村、洪家园、华山镇政府、菜园北、菜园、东杨、驴山、还乡店、华山风景区、荷花路、全福立交桥北、全福立交桥南、二环东路北段、七里堡西路、洪楼广场、洪家楼。上行:洪家楼、花园路、鑫达小区、轻工业学院……
72 路 首班: 6:00 末班: 20:50	东宇花园、东沙王庄、黄岗路北口、北辛庄北、黄岗、北辛庄、崔家庙、省建材市场、市立四院、济军总医院、师范路、工人新村西街、工人新村中街、长途汽车站、制革街、成丰桥(东西丹凤街)、义和街、陈家楼、顺河街、北坦、馆驿街、人民商场、杆石桥、饮虎池、趵突泉南门、齐鲁医院北门、省中医、泺文路、泉城广场。上行:泉城广场、趵突泉南门、饮虎池……
73 路 首班: 6:00 末班: 21:00	大魏、西沙庄、美里湖、黄河水场、产业园管理会、济齐路(南沙小区)、匡山村北、匡山村南、匡山小区、济南卫校北校区、后屯庄、张庄路、刘堂小区、孔村小区、省立医院西院、营市西街北口、营市街北口(华联超市)、道德北街、经六纬十二、经六纬九、省立医院(下行在纬六路,上行不变)、三中、口腔医院、经六纬二东、经五纬一、口腔医院恢复。
74 路 首班: 6:00 末班: 20:30	省建筑机械厂、井家沟、杨家庄、七贤庄、七贤广场、前龙花园、济大东南门、郎茂山路南口、双龙庄、郎茂山路、卧龙花园(市中车管所)、建设路大桥、二七新村南路、刘长山路、梁家庄、小梁家庄、建设路北口、岔路街、岔路街小区(上行不设)、小纬六路(下行不设,上行在经七路)、经六纬六、经三纬六、经三纬七、经三纬九、华联商厦。上行:华联商厦、经二纬八(上行)、经三纬七……
75路 首班: 5:30 末班: 21:30	全福立交桥、全福立交桥南、二环东路北段、鑫达小区、花园路、洪家楼、洪楼南路、百花公园西门、益寿路、解放路、和平路、甸柳新村五区、燕子山路(冶金宾馆)、山大路(电影机械厂)、省杂技团、山师、山师路口、体育场、省中医、齐鲁医院、青年西路、马鞍山路、市商校、新世界商场。上行:新世界商城 、信义庄、经十纬一、省体育中心、青年西路……
76 路 首班: 6:00 末班: 21:00	玉函南区东站、玉函南区、省职业病防治院、土屋路、四季花园、七里山南村、六里山南路、二七新村、英雄山、八一立交轿南、经八纬二(下行不设)、经七纬二、经五纬一(上行不设)、口腔医院、三中、省立医院(下行不变,上行在纬六路)、经六纬九、经五纬十二、华联商厦、八里桥、八里桥小区、茶叶市场、闫千户三区、闫千户四区、闫千户村委、省立医院西院、闫千户一区、闫千户小区。上行:闫千户小区、茶叶市场……
77 路 首班: 6:00 末班: 21:30	唐家庄、中赵庄、石佛屯、吴家堡综合市场、吴家镇政府(下行)、吴家堡、东吴家堡、二环西路、产业园管委会、南沙小区、匡山村、匡山集团、匡山、黄岗路、交校路、八里桥、华联商厦、经四纬十、省立医院、济南宾馆、大观园(下行纬一路,上行经四路)、经五纬一。
77 路支路 首班: 6:00 末班: 19:00	唐家庄、楚家庄、美里村、美里湖公园、郑店。
78 路 首班: 6:00 末班: 21:00	王府庄、玉清水厂、担山屯、大杨庄、大金庄西(槐荫区政府)、润华集团(大金庄东)、明星小区、腊山北路、刘庄(省皮肤病医院)、高速客运中心、桃园小区、二环西路、孔村小区、省立医院西院、营市西街北口、经六路(下行槐村路,上行经六路)、经四路西口(设在经四路)、经四纬十二、华联商厦(嘉华)、经二纬八、经二纬六(双向设在纬六路)、经一纬五路(双向设在经一路)、火车站 经一纬五(双向设在经一路)、经二纬八、华联商厦(嘉华)恢复。
78 路区间 首班: 6:30 末班: 19:10	王府庄、王府庄南、仁里、丰齐、朱庄、朱庄中学、古城、省肿瘤医院、河头王庄、经十西路。

续表 7

线路	站　　点	线路	站　　点
79 路 首班: 6:00 末班: 21:35	盖家沟、历山路北口、西杨庄、山东外事翻译学院、黄台物流中心、小清河北路(教育学院北院)、黄台装材市场、水屯路北口、水屯路北段、水屯北路、水屯北路东段、历山路、石桥小区、北园大街、花园庄、省胸科医院、东仓、解放桥北、解放桥南、和平路口、山师路口、历山路南口、山师东路(千佛山医院)、科院路、大众日报社宿舍、环山路、环山小区、燕子山西路北段、燕子山西路、科院路恢复。	84 路 首班: 5:40 末班: 21:10	盖家沟配货中心、历山路北口、西杨庄、山东外事翻译学院、黄台物流中心、历山路(下行清河北路,上行历山路)、黄台装材市场(金桥外国语学校)、水屯路北口、李庄(裕兴化工厂东)、五柳闸(裕兴化工总厂)、山东化工厂、新黄路、标山路、洛口服装市场(下行清河北路,上行济泺路)、动物园、工人新村北村、工人新村南村(绿地商城)、长途汽车站、制革街、成丰桥(上行不设)、天桥南(下行在经一路)、火车站。上行:火车站、经二纬三、市政府、天桥南……
80 路 首班: 6:00 末班: 22:00	祝甸(上海花园东南角)、祝甸活动中心、祝甸西、花园路、华信路(商职学院)、七里河(设七里河路)、七里河小区、七里河路南口、二环东路、甸柳庄(泉城医院)、公交总公司、和平路、燕山小区(舒宁齿科)、山大路、历山东路、山师东路、山东新闻大厦、黑虎泉、银座商城(济南美容整形医院)、泺文路、省中医、齐鲁医院北门、泉城广场。上行:泉城广场、银座商城、黑虎泉……	85 路 首班: 6:00 末班: 21:35	金阁花园、北闸子、洛口服装城(下行在济泺路,上行在清河北路)、动物园、工人新村北村、工人新村南村、长途汽车站、交通医院、黄屯小区(名人时代广场)、无影山东路南口(长途客运中心)、天桥区政府、堤口路东口、天桥南、茂新街、北坦大街、济安街、北坦、制锦市小区、筐市街、趵突泉东门、齐鲁医院北门、省中医、青年东路、千佛山西门、泉城公园、会展中心。上行:会展中心、千佛山南路中段、千佛山西路、千佛山西路中段、经十一路、千佛山西门……
81 路 首班: 6:00 末班: 21:00	陆军学院、舜通山庄、拥军站、明星小区南、明星小区北、腊山北路、刘庄(省皮肤病医院、高速客运中心)、腊山立交桥西、腊山立交桥、段兴西路、营市西街、营市街(齐鲁儿童医院)、北小辛庄西街、经七路西口(省劳动技术学院)、德兴街、五里牌坊(济南人才市场)、建设路(市传染病医院)、八一立交桥西(济南妇科医院)、经八纬二(下行不设)、经七纬二、大观园(经五纬一)。	86 路 首班: 6:00 末班: 20:30	辛西路北口、南辛庄街、试验机厂、王官庄、王官庄小区、青龙山长途客运站、后龙、济南大学、七贤广场、七贤庄、文庄、文庄中、文庄西、岳尔庄东、岳尔庄西、党家庄、党家庄镇东、党家庄西(三中)、山东力明学院、重骑集团(济南监狱)、罗尔庄、北桥、南桥、明发路东口、明发路、山东联合大学。
82 路 首班: 6:00 末班: 21:30	黄岗、北辛庄、王炉庄、拥军站、无影山北路、金牛小区、北闸子西、北闸子、泺口服装西、泺口服装东、标山路、新黄路、山东化工厂、五柳闸、水屯路北口、水屯路北段、水屯装材市场、柳云村、柳云小区、清河村北、北园大街(清河家具城)、生产路、河套庄(双向设在生产路)、北坦、馆驿街、人民商场、共青团路、趵突泉东门。上行:趵突泉东门、趵突泉南门、饮虎池、杆石桥、人民商场……	86 路支线 首班: 6:00 末班: 20:30	济南大学、七贤广场、七贤庄、文庄、文庄中、文庄西、岳尔庄东、岳尔庄西、党家庄、党家庄镇东、党家镇、陡沟(凤栖新区)。
83 路 首班: 5:30 末班: 21:30	匡山小区、交校路、八里桥、西市场(华联)、经一纬九、经一纬六、经一纬五、火车站、天桥南(设在经一路)、茂新街、北坦大街、河套庄、北关、大明湖北门、济南东站(设在明湖东路,下行不设)、大明湖东门(双向设在南北历山街)、南北历山街、老东门、青龙桥、解放桥北。	87 路 首班: 6:00 末班: 21:15	公交驾校、刘智远村、刘智远村北、刘智远路、开拓路、颖秀路、齐鲁软件园、舜华路北口、崇华路、天辰大街西口、电子机械工程学校、海王医药(贤文庄南路)、丁家庄东、丁家庄西、化纤厂路(华达汽配城)、济钢二分厂、华信路、七里河、二环东路、甸柳庄、公交总公司、东郊饭店、山大路、中心医院、解放桥东、青龙桥、老东门、大明湖东门。

续表 8

线路	站点
88路 首班: 6:00 末班: 20:00	仲宫、仲宫镇政府、仲宫龙山路、仲宫北、终军广场、刘家峪、二仙村、上店子、西仙村、大涧沟南、大涧沟、大涧沟北、南康、分水岭、车管所检测站、二环南路、十六里河镇政府、市林业局、重汽技术中心、土屋路、四季花园、七里山南村、六里山南路、二七新村、英雄山、八一立交桥南、经十纬一(下行纬一路,上行经十路)、省委、青年西路、齐鲁医院。
89路 首班: 6:00 末班: 20:30	大桥镇政府、马家店、大王村、鹊山水库、黄河大桥南、亓家、姬家庄、高墙王、将军集团、石门、荷花路、全福立交桥北、全福立交桥南、二环东路北段(济南一中)、鑫达小区、花园路、华龙路、百花公园东门、山大南路、甸柳庄、和平路东口、葛家庄、燕子山路、燕子山小区、山大路、历山东路、山师东路、山东新闻大厦、黑虎泉、银座商城、泺文路、省中医、齐鲁医院、铁路医院。
89路支线 首班: 6:30 末班: 18:30	大桥镇、马家店、小店、东车、赵家、张龙图、太平庄、范家庄、靳家。
K90路 首班: 6:00 末班: 20:30	公交汽车修造厂、洛口服装城、动物园、工人新村北村、工人新村南村(绿地)、长途汽车站北、长途汽车站、黄屯小区、无影山东路南口(上行堤口路,下行无影山东路)、无影山、铁路宿舍、堤口路西口、公交广告公司(八里桥)、华联商厦、经四纬十二、经四路西口、经六路、辛西路北口(下行不设)、营市西街、段兴西路、腊山立交桥、腊山立交桥南、普照园小区、红庙、106医院宿舍、106医院。
K91路 首班: 6:00 末班: 22:00	居然之家家居广场、老屯(兴济桥北路)、省立医院西院、济南茶叶市场、八里桥小区、堤口路西口、铁路宿舍、无影山、无影山东路南口(长途客运)、天桥区政府、堤口路东口(成丰桥)、天桥南、茂新街、北坦大街、顺河街、北坦、人民商场、普利街(上行不设)、趵突泉北门、趵突泉东门、泉城广场、黑虎泉、青龙桥、解放桥北、东仓、省胸科医院、花园路西口、山大路北段、洪家楼西路、洪家楼、二环东路(香贝尔大酒店、创业服务中心)、七里河路(历城环保局)、华信路、历城五中、花园路、留学人员创业园(华阳路)。
K92路 首班: 6:00 末班: 21:00	公交汽车修造厂、泺口服装城、动物园、工人新村北村、工人新村南村(绿地)、长途汽车站、制革街、成丰桥(上行不设)、天桥南、大观园、经七纬二(上行经六纬二路,下行经七纬二路)、市委(上行不设)、小纬六路、经七纬八(槐荫广场)、经七纬十二(设在纬十二路)、德兴街、经七路西口(省劳动技术学院)、北小辛庄西街、营市街(五院)、辛西路北口、南辛庄街、试验机厂、王官庄、王官庄小区、青龙山长途客运站、后龙、济南大学、七贤广场、七贤庄、文庄。
K93路 首班: 6:00 末班: 21:00	还乡店、工业北路建材市场、齐鲁药厂(省农科院)、工业北路西段、全福立交桥东、全福立交桥、全福立交桥南、二环东路北段、鑫达小区、花园路、华龙路、百花公园东门、山大南路、甸柳庄、和平路东口、文化东路东口、燕山立交桥(设在二环东路)、燕子山路南口、山大路南口、燕子山路南口、燕子山西路、科院路、山师东路(千佛山医院)、历山路南口、千佛山、舜耕路、泉城公园北门、玉函立交桥(市体校)、省体育中心、经十纬一、八一立交桥南、英雄山、二七新村、六里山南路、七里山南村、四季花园(省警官总医院)、土屋路、省职业病防治院、玉函小区南区。
K94路 首班: 6:30 末班: 21:00	葛家庄、燕子山路、燕子山小区、和平路、文化东路、省杂技团、山师、山师路口、体育场、省中医、齐鲁医院、青年西路(铁路医院)、省体育中心、马鞍山路、省委二宿舍、济大路、六里山南路、六里山南路西口、七里山西路、二七南路西口、建设路大桥、卧龙花园(市中车管所)、郎茂山路、双龙庄、郎茂山路南口、济大东南门、前龙花园、济大西南门、七贤广场、济南大学、济南大学西门。
K95路 首班: 6:00 末班: 21:00	留学人员创业园、化纤厂路北段、华龙路、化纤厂路(华达汽配城)、济钢二分厂、华信路、七里河、二环东路、甸柳庄、公交总公司、东郊饭店、山大路、中心医院、解放桥东、青龙桥、老东门、大明湖东门、济南东站、大明湖北门、北关、河套庄、生产路、生产路北口、三孔桥、东工商河路、长途汽车站、工人新村南村、工人新村北村(设在师范路)、济军总医院、市立四院、建材市场。
K96路 首班: 6:00 末班: 21:00	世界购物广场、刘庄、长途汽车西站(省皮肤病医院)、桃园小区、二环西路、刘堂小区、张庄、西郊苗圃、省立医院西院、茶叶市场、八里桥小区、八里桥、华联商厦、经五纬十二、经七纬十二、经七纬八、小纬六路、市委、经七纬二、杆石桥、饮虎池、趵突泉南门、泉城广场、银座商场、黑虎泉、山东新闻大厦、山师东路、历山东路(济南北方医院)、山大路、燕子山小区、燕子山路、甸柳新村五区、二环东路、燕山立交桥、经济学院(上行不设)、万嘉隆。

续表 9

线路	站点
97路 首班: 6:00 末班: 20:00	解放桥北、舜怡佳园、山大南路、花园庄东路、山大北路西口、历城区政府、洪家楼、花园路、鑫达小区、二环东路北段(济南一中)、全福立交桥南、全福立交桥北、荷花路、华山风景区、还乡店、驴山、东杨、菜园、华山镇政府、洪家园、小洼村、孟家村西、孟家、王家闸、沙河、苏家、滩头、坝子西、坝子东、桃园、梁家码头、大孙家、大李家、遥墙、遥墙镇政府、遥墙东。
K98路 首班: 6:00 末班: 20:30	世界购物广场、刘庄(省皮肤病医院)、长途汽车西站、腊山立交桥、段兴西路、营市西街、营市街、北小辛庄西街、经七路西口、德兴街、经七纬十二、经五纬十二、经二纬十二、西市场(市华联)、经一纬九、经一纬六、经一纬五、火车站、天桥南、茂新街、北坦大街、少年宫、大明湖西南门、大明湖、市立一院、老东门、东关大街、花园路西口、山大路北段、洪家楼西路、洪家楼(路南、路北均设牌)。
99路 首班: 6:30 末班: 20:30	解放桥北、中心医院、山大路、东郊饭店、公交总公司、甸柳庄、二环东路、七里河、华信路、济钢二分厂、化纤厂路(华达汽配)、丁家庄西、丁家庄东、海王医药(贤文庄南路)、贤文庄、舜华路北口、牛旺庄、邓家(润化汽车东区)、凤凰路、义和庄、炼油厂、殷陈南、殷陈北、工业北路、济钢、济钢东门、韩仓、韩仓东、刘家、机场路、种苗公司、重型、谢家屯西、谢家屯村委、谢家屯。
K100路 首班: 6:30 末班: 21:00	居然之家家居广场、匡山小区西区、匡山小区、交校路、堤口路西口、铁路宿舍、无影山、经五纬六、小纬六路、市委、经七纬二、杆石桥、饮虎池、趵突泉南门、泉城广场、省中医、青年东路、千佛山西门、植物园、会展中心、济大东校区、舜玉小区、阳光舜城、阳光舜城商业区、欣欣嘉园、阳光舜城重花苑。
101路 首班: 5:00 末班: 23:00	辛西路北口、经六路、经四路西口、经四纬十、省立医院、济南宾馆、大观园、人民商场、共青团路、趵突泉北门、趵突泉东门、泉城广场、青龙桥、解放桥东、中心医院、山大路、东郊饭店、公交总公司、甸柳庄、和平路东口、葛家庄、燕子山路、解放路。
102路 首班: 5:00 末班: 23:00	济南大学、后龙、青龙山长途客运站、王官庄小区、王官庄、试验机厂、南辛庄西路、南辛庄、经七路西口、振兴街、经七纬十二、经七纬八、小纬六路、市委、经七纬二、杆石桥(济南日报)、饮虎池、趵突泉南门、泉城广场、银座商场、黑虎泉、山东新闻大厦、山师东路、历山东路(济南北方医院)、山大路(齐鲁软件大厦)、燕子山小区、燕子山路、葛家庄。
103路 首班: 5:00 末班: 21:30	姚家庄、省印刷物资公司、解放东路西段(姚家镇政府)、甸柳庄、公交总公司、东郊饭店、山大路、中心医院、解放桥南、和平路口、山师路口、体育场、省中医、齐鲁医院北门、趵突泉南门、饮虎池、杆石桥、经七纬二、大观园、人民商场、共青团路、趵突泉东门、齐鲁医院北门恢复。
104路 首班: 6:00 末班: 20:30	济南大学、后龙、青龙山长途客运站、王官庄小区、王官庄、试验机厂、南辛庄街、辛西路北口、经六路、经四路西口、经四纬十二、经五纬十二(上行不设,下行设在纬十二路)、经四纬十。
106路 首班: 6:00 末班: 20:30	梁二村、梁二村西、路家北、路家、裴家营、济南化肥厂、工业北路东口(设在梁王路)、市立三院、王舍人镇政府、铁骑路、郭家、张马屯东、张马屯西、幸福柳广场、幸福柳广场西、黄台电厂、幸福苑、还乡店东、齐鲁药厂、工业北路西段、全福立交桥东口、全福立交桥、全福立交桥南、二环东路北段(济南一中)、鑫达小区、花园路、洪家楼、洪家楼西路、山大路北段、花园路西口、东关大街、老东门、市立一院、大明湖、大明湖西南门、西门、趵突泉东门、泉城广场。上行:泉城广场、黑虎泉、青龙桥(设在桥北)、老东门南(设在黑北路)、老东门(设在东关大街)恢复。
K107路 首班: 6:00 末班: 21:00	居然之家家居广场、老屯(兴济桥北路)、省立医院西院、茶叶市场、八里桥小区、堤口路西口、铁路宿舍、无影山、无影山东路南口(长途客运)、天桥区政府、堤口路东口(成丰桥)、制革街、东工商河路、三孔桥、生产路北口(国贸)、北关北路(清河家具城)、北园立交桥、水屯路南口、东泺河路、历山路、花园庄、花园路西口、山大路北段、洪家楼西路、洪家楼、洪楼南路、百花公园西门、益寿路、解放路、和平路(中山医院)、甸柳新村五区、二环东路、燕山立交桥、经济学院、友谊山庄。上行:友谊山庄、经济学院、燕山立交桥南(万嘉隆)、燕山立交桥……
108路 首班: 6:00 末班: 20:30	盖家沟、盖家村、南徐村、舜馨路、水屯路北口、水屯路北段、水屯庄、水屯小区、阳光小区、北园立交桥、北关北路(清河家具城)、生产路、河套庄(下行明湖北路,上行生产路)、北关、大明湖北门、济南东站、大明湖东门。上行:大明湖东门、南北历山街、济南东站……
K109路 首班: 6:00 末班: 20:30	营市街(五院)、北小辛庄西街、经七路西口(省劳动技术学院)、德兴街、五里牌坊(市人才市场)、建设路(十四中)、八一立交桥西、经十纬一、体育中心、经八路、杆石桥(下行顺河街,上行民生大街)、人民商场、共青团路、西门、大明湖西南门、大明湖、市立一院、老东门、东关大街、花园路西口、山大路北段、洪家楼西路、洪家楼、花园路、鑫达小区、二环东路北段(济南一中)、全福立交桥南、桑园路(济钢高中)、将军花园、省农科院、齐鲁制药厂。上行:齐鲁制药、工业北路西段、全福立交桥东、全福立交桥、全福立交桥南……

续表 10

线路	站　　点	线路	站　　点
110路 首班: 5:30 末班: 21:00	阳光重花苑、欣欣嘉园、舜城商业区、阳光舜城、舜玉小区、济大东校、会展中心、植物园、千佛山西门、舜耕路、千佛山、体育场(下行文西路,上行千佛山路)、山师路口、山师、省杂技团、山大路、燕子山路、甸柳新村五区、和平路、解放路、益寿路、百花公园、洪楼南路、洪家楼、创业服务中心、七里河路(设在七里河路)。上行:七里河路、七里河、二环东路、华龙路、洪家楼恢复。	116路 首班: 6:00 末班: 20:00	解放桥北、中心医院、山大路、东郊饭店、公交总公司、甸柳庄、二环东路、七里河、华信路、济钢二分厂、化纤厂路(华达)、丁家庄西、丁家庄东、海王医药(贤文庄南路)、贤文庄、崇华路、新泺大街、雅居园小区、齐鲁软件园、齐鲁软件学院、舜华路南口、北胡(公交驾校)、刘智远村、林家庄、临巷南区、田庄西、田庄东、潘庄(建筑大学东校)、邢村立交桥。
111路 首班: 6:00 末班: 20:00	盖家沟配货中心、盖家沟、李家庄(济南铝材城)、赵家庄、赵家庄西、张家庄、黄河公园、泺口、泺口南路、公交汽车修造厂、大坝、泺口服装城(西北角)、动物园、工人新村北村、工人新村南村(绿地)、长途汽车站、制革街、成丰桥(上行不设)、天桥街、天桥南(设在经一路路南)、经二纬一(设在纬一路西)、人民商场东门、人民商场。上行:人民商场、大观园、天桥南、天桥街……	117路 首班: 6:00 末班: 21:00	腊山立交桥(鲁滨集团)、段兴西路、营市西街、营市街、北小辛庄西街、经七路西口(劳动技术学院)、德兴街、五里牌坊、建设路(传染病医院)、八一立交桥西(妇科医院)、经十纬一(济南仲裁委)、省体育中心、玉函立交桥、泉城公园北门、舜耕路、千佛山、历山路南口、山师东路、科院路、燕子山西路、山大路南口、燕子山路南口、燕山立交桥西、文化东路东口、葛家庄。
112路 首班: 6:00 末班: 21:00	动物园、泺口服装城(双向设在清河北路)、标山路(之江商城)、新黄路、山东化工厂、五柳闸、水屯路北口、水屯路北段、水屯庄、水屯小区、阳光小区、水屯路南口、济南东站、南北历山街、老东门、东关大街、花园路西口、山大路北段、花园庄东路、山大南路、解放路、和平路、文化东路、山大路南口、燕子山西路北段、环山小区(省宣传干训中心)。上行:环山小区、环山路、大众日报社宿舍、燕子山西路、山大路南口……	118路 首班: 5:30 末班: 21:30	祝甸、祝甸活动中心、祝甸西、花园路、七里河路、二环东路、洪家楼、洪家楼西路、山大路北段、花园路西口、长盛小区、菜市南街、大明湖东门、大明湖北门、北关、河套庄、北坦大街、茂新街、天桥南、火车站、经一纬五(二院)、经一纬六、经一纬九、西市场(华联)、经一纬十二、经四路西口、营市街北口、北小辛庄西街(设在北小辛庄西街)、营市街。上行:营市街、经六路、经四路西口……
113路 首班: 6:00 末班: 21:00	祝甸、祝甸北、东方花园、辛甸北、七里堡小区、二环东路、七里堡路、洪家楼西路、花园小区、花园小区四区、黄台南路西口、花园庄、花园路西口(上行不设)、长盛小区、菜市南街、大明湖东门、大明湖北门、北关、河套庄、北坦大街、茂新街、天桥南、火车站、经二纬三、万紫巷商场、经一纬五(市立二院,设在经一路路南)。上行:经一纬五(设在经一路路南)、火车站……	119路 首班: 6:00 末班: 21:00	解放桥北、解放桥东、中心医院、山大路、和平路、燕子山小区、燕子山路、葛家庄、文化东路东口、燕山立交桥、燕山立交桥东、浆水泉路、华洋名苑、下井村(银座圣洋)、旅游路、龙洞路、石河岭南、草山岭西、草山岭东(玉顶山公墓)、高新开发区、齐鲁软件学院、附加站、颖秀路、天辰大街、高新管委会。上行:高新管委会、崇华路、新泺大街、雅居园小区、齐鲁软件园、齐鲁软件学院恢复。
114路 首班: 6:00 末班: 20:30	大魏、二环西路北段、新徐、丁庄村、太平庄(蓝翔技校)、天桥工业开发区、药山公园、小鲁家庄、小鲁家庄东、泺口西村、柴火市、二环北路、泺口、泺口南路、公交汽车修造厂、大坝、泺口服装市场、动物园、工人新村北村、工人新村南村(绿地)、长途汽车站、制革街、成丰桥。上行:成丰桥、西工商河路、堤口路东口、制革街……	120路 首班: 6:00 末班: 21:00	九曲(九龙山庄)、九曲路中段(旅科印务)、二环南路、双龙庄、郎茂山路、卧龙花园、建设路大桥、二七新村南路、刘长山路、阳光新路南口、阳光新路、经十路、经七纬十二、经五纬十二、华联商厦、公交广告公司(八里桥)、交校路、黄岗路、黄岗村、交通学院、黄岗东路、西苑小区。
115路 首班: 6:00 末班: 20:30	山东剧院、青年西路(铁路医院)、玉函立交桥、植物园北门、舜耕路、千佛山、历山路南口、山师东路(千佛山医院)、科院路(省科学院)、燕子山西路、山大路南口、燕子山路南口、燕山立交桥西、燕山立交桥东(省卫生厅)、浆水泉路(中润世纪城)、华洋名苑、下井村(银座圣洋)、旅游路、龙洞路(奥体中心)、石河岭、草山岭西、草山岭东(玉顶山公墓)、高新开发区、北胡(公交驾校)、刘智远村、林家庄、临港南区、田庄西、田庄东(山建工)、潘庄、邢村立交桥。	121路 首班: 6:00 末班: 21:00	盖世茶叶市场、盖世物流中心、高墙王、将军集团、石门、荷花路、全福立交桥北、全福立交桥南、二环东路北段(济南一中)、鑫达小区、花园路、华龙路、百花公园东门、山大南路、甸柳庄、和平路东口、文化东路东口、燕山立交桥、燕山立交桥南(下行不设)、经济学院、友谊山庄。

续表 11

线路	站点
122路 首班: 6:00 末班: 20:30	济南东站、大明湖北门(上行不设)、大明湖东门(上行不设)、菜市南街、长盛小区、花园路西口、山大路北段、山大北路西口、历城区政府、山大北路东段、二环东路、七里河路、七里河东、华信路、华阳路、化纤厂路南段、丁家庄西、丁家庄东、海王医药(贤文庄南路)、贤文庄、舜华路北口、牛旺庄、邓家(润华)、凤凰路、义和庄、炼油厂、殷陈南、殷陈北、工业北路、济钢、济钢东门。
123路 首班: 6:00 末班: 21:00	公交驾校、刘智远村、刘智远村北、刘智远路(松下公司)、新泺大街(鲁得贝车灯公司)、开拓路、天辰大街、高新区管委会、贤文庄、海王医药(贤文庄南路)、丁家庄东、丁家庄西、化纤厂路(华达)、济钢二分厂、华信路、七里河、二环东路、甸柳庄、和平路东口、葛家庄、甸柳新村五区、燕子山路、山大路、省杂技团、山师、山师路口、体育场、省中医、齐鲁医院北门、泉城广场(路南)。上行:泉城广场、泺文路、体育场恢复。
124路 首班: 6:00 末班: 21:00	白马山铁路新村、山凹、山凹北、白马山庄、白马家园、省残疾人康复中心、谷庄欣都小区(北方医学研究院)、机床二厂路、辛西路北口、营市街(齐鲁儿童医院)。 上行:营市街(齐鲁儿童医院)、北小辛庄西街、南辛庄、南辛庄西路、机床二厂路……
125路 首班: 6:00 末班: 20:30	白马山啤酒厂、百兴家园、后龙、王官庄小区、王官庄、试验机厂、南辛庄西路、南辛庄、经七路西口、振兴街、经七纬十二、经七纬八、省立医院、无影山(上行不设,下行堤口路)、无影山东路南口、天桥区政府、西工商河路、长途汽车站。上行:长途汽车站、制革街、堤口路东口、天桥区政府……
126路 首班: 6:00 末班: 19:30	常旗屯、睦里庄、睦里庄东、田家庄、田家庄中、田家庄东、宋家庄北、宋家庄、担山屯、大杨庄、大金庄西、润华集团(大金庄东)、明星小区、腊山北路、名士花园、桃园小区、二环西路、孔村小区、省立医院西院、营市西街北口、营市街北口(设在路口东)、道德北街、经六纬十二(济南卫生学校)、经五纬十二(上行在经五纬十二路,下行在纬十路)、经四纬十(设在路北)。
127路 首班: 6:00 末班: 20:30	东宇花园、东宇大街中段、蓝翔中路、泉胜物流市场、天桥工业开发区、药山公园、小鲁家庄、山东泺口旧车市场(山东重汽配件城)、无影山北路北段、泺安路(天志医院)、芦庄、袁庄、小清河北路、建材市场、省气象局、建筑医院、建筑宿舍、无影山、经五纬六、三中、口腔医院、经七纬二、市委、小纬六路、经五纬六恢复。
128路 首班: 6:00 末班: 21:00	王官庄小区东区、大众广场、王官庄、试验机厂、南辛庄西路、南辛庄、经七路西口、德兴街、五里牌坊、建设路、八一立交桥西、经十纬一、省委、经七纬一、杆石桥、饮虎池、趵突泉南门、泉城广场、朝山街北口、朝山街南口、省中医、泉城广城恢复。
129路 首班: 6:00 末班: 20:30	玉函南区东站、玉函小区南区、土屋路、舜玉小区北区、舜耕路、东八里洼、舜玉小区、济大东校区、省财政厅、玉函小区北区、玉函路、省委二宿舍、马鞍山路、省体育中心东、省体育中心、经十纬一(下行纬一路,上行经十路)、省委、经七纬一、经七纬二、市委、小纬六路、省立医院。上行:省立医院、经七纬八、小纬六路……
130路 首班: 6:00 末班: 20:00	大桥镇政府、马家店、大王村、鹊山水库、黄河大桥南、亓家、姬家庄、盖家沟配货中心、盖家沟、李家庄、赵家庄、赵家庄西、张家庄、黄河公园、泺口、泺口南路、公交汽车修造厂、大坝、泺口服装城、动物园。
131路 首班: 6:00 末班: 21:00	葛家庄、文化东路东口、燕山立交桥、燕山立交桥东、浆水泉路、正大城市花园、浆水泉路南段、旅游路、中井庄、下井庄、转山西路。
132路 首班: 6:00 末班: 19:00	郑店村、郑店村南、美里湖公园、美里村、美里花园、绿岛颐年苑、邹庄、西沙庄北、二环西路、西沙庄、美里湖、黄河水场、粟山路西段、新沙工业园、东宇大街、东沙王庄、黄岗路北口、北辛庄北、黄岗、无影山中路、黄岗路、交校路、八里桥、经一纬十二、西市场、华联商厦。上行:经二纬六、经二纬八、华联商厦、八里桥…
133路 首班: 6:00 末班: 20:00	彭庄、鑫鹏小区(彭庄钢材市场)、演马庄、小饮马西、小饮马、大饮马、拔丝镀锌厂、金鑫苑小区、营市新村、机场西路拥军站、张庄机场、鲁鹰汽修厂、名士花园、桃园小区、二环西路、孔村小区、省立医院西院、营市西街、营市街(齐鲁儿童医院)、北小辛庄西街、南辛庄。上行:南辛庄、南辛庄西路、辛西路北口、营市西街……
135路 首班: 6:00 末班: 20:00	黄台装材市场、水屯路北口、水屯路北段、水屯装材市场、柳云村、联四路、凤凰山路北口、标山南路、凤凰山路、三孔桥街、济安街、北坦、馆驿街、人民商场。
136路 首班: 6:00 末班: 20:00	公交驾校、刘智远村、林家庄、临港南区、田庄西、田庄东、潘庄、邢村立交桥西、邢村立桥东、邢村、山青院、力诺科技园、力诺集团(彩石山庄西)。

续表 12

线路	站　　点	线路	站　　点
137路 首班： 6:00 末班： 20:30	重汽技术中心、省职业病防治院、玉函小区北区、舜耕路、东八里洼、阳光舜城、历阳大街、国华·东方美郡(太平庄)、千佛山南路、千佛山南门、鱼翅皇宫大酒店、环山路、大众日报社宿舍、燕子山西路、山大路南口、文化东路、和平路、解放路、东郊饭店、公交总公司、甸柳庄、二环东路、七里河。	K301路 首班： 6:00 末班： 19:00	大学科技园、女子学院、工艺美院西门(下行不设)、山东师范大学(山东工艺美术学院)、炒米店、山东力明学院、党家庄镇西、青龙山长途客运站、北小辛庄西街、省体育中心、千佛山、山大路南口、石河岭、高新开发区、田庄东、邢村立交桥、山青院(力诺科技园山东青年管理学院)、力诺集团、西彩石、教育城、博士模具有限公司、埠东村(山东经济学院燕山分院)、马头山村、鸡山村、圣井、鹅庄(新植物园)、章丘中学(市交通局技校)、山东凯文学院(章丘西环路)、双山大街南口、章丘(旅游职业学院)、技师学院。
138路 首班： 6:00 末班： 20:00	洪家楼、二环东路、七里河路、华信路、历城五中、十里河、十里河东、正丰路西段、盛福村、康虹路西口、贤文小区、新生活家园、新东方花园。	K302路 首班： 6:00 末班： 19:00	大学科技园、轻工业学院(双向设开往泺口汽车城)、中医药大学、女子学院、工艺美院西门(下行不设)、山东师范大学(山东工艺美术学院)、炒米店、明法路东口、南桥、北桥、重骑集团、山东力明学院、党家庄镇西、岳而庄西、岳尔庄东、文庄、七贤庄、七贤广场、青龙山长途客运站、王官庄小区、南辛庄街、辛西路北口、经六路、经四纬十二(设在经四路)、华联商厦(设在经二路口南)、八里桥、无影山东路南口(长途客运中心)、堤口路东口、长途汽车站、工人新村北村(上行不设)、泺口汽车站。
165路 首班： 6:00 末班： 20:00	还乡店、工业北路建材市场、齐鲁制药、工业北路西段、全福立交桥东、全福立交桥、全福立交桥南、二环东路北段(济南一中)、鑫达小区、花园路、洪家楼、洪家楼西路、山大路北段、花园路西口、省胸科医院、东仓、解放桥北、解放桥南、山东新闻大厦、黑虎泉、银座商场、泉城广场、趵突泉南门、饮虎池、杆石桥、经八路、省体育中心(设在民生大街)、省体育中心东、英雄山文化市场、新世界商场、英雄山文化市场、省体育中心东、省体育中心(设在民生大街)恢复。	303路 首班： 6:00 末班： 19:00	文化东路东口、燕山立交桥东、浆水泉路、龙洞路、高新开发区、北胡、田庄东、邢村立交桥西、邢村立交桥东、邢村、山青院、力诺科技园、力诺集团、彩石山庄、西彩石、小龙堂、彩石镇政府、城建学院、商职学院东门、商职学院、商职学院宿舍、济南职业学院、两岔河、彩石中学、塔窝、大龙堂玉龙路口、葫芦套、王家、潘河崖、中泉、虎门。
201路	祝甸、花园路、二环东路、洪家楼、花园路西口(双向设在路口东)、大明湖东门、北坦大街、天桥南、火车站、西市场、经一纬十二、经六路、辛西路北口、王官庄、王官庄小区、济大西校。	305路 首班： 7:30 末班： 18:00	文化东路东口、燕山立交桥东、浆水泉路、龙洞路、高新开发区、北胡、田庄东、邢村立交桥西、邢村立交桥东、邢村、山青院、力诺科技园、力诺集团、彩石山庄、西彩石、小龙堂、彩石镇政府、城建学院、商职学院东门、商职学院、商职学院宿舍、济南职业学院、两岔河、朝阳、北宅科、宅科、南宅科、南泉。
202路	公交驾校、高新开发区、草山岭西、旅游路、华洋名苑、浆水泉路、燕山立交桥东、燕山立交桥西、燕子山西路、科院路、历山路南口、舜耕路、玉函立交桥、经十纬一、八一立交桥西、五里牌坊、经七路西口、营市街(五院)、营市西街、段兴西路、世界购物广场。	306路 首班： 6:00 末班： 19:30	文化东路东口、燕山立交桥东、浆水泉路、龙洞路、高新开发区、北胡、田庄东、邢村立交桥西、邢村立交桥东、邢村、山青院、力诺科技园、力诺集团、彩石山庄、西彩石、小龙堂、彩石镇政府、城建学院、商职学院东门、商职学院。上行：商职学院、济南职业学院、商职学院宿舍、商职学院、商职学院东门……
203路	泺口、公交汽车修造厂、泺口服装城、动物园、工人新村南村、制革街、天桥南、大观园、经七纬二、八一立交桥南、六里山南路、四季花园、重汽技术中心、十六里河镇政府、二环南路、南苑小区。		
高峰跨线车	玉函小区南区、土屋路、玉函小区北区、舜耕路、东八里洼、舜玉小区(山财)、济大东校(会展中心)、植物园、千佛山西门、青年东路、省中医、泉城广场南、趵突泉东门、泉城广场北。上行：泉城广场、省中医恢复。		

续表 13

线路	站　　点	线路	站　　点
307路 首班： 6:30 末班： 18:30	洪家楼、花园路、鑫达小区、二环东路北段、全福立交桥南、全福立交桥东、齐鲁制药、还乡店东、幸福苑、黄台电厂、幸福柳广场西、幸福柳广场、张马屯西、张马屯东、郭家、铁骑路、王舍人镇政府、市立三院、工业北路东口、济钢西门、济钢、济钢东门、韩仓、刘家、锦平、庚辰钢铁、郭店镇政府、郭店、李东、齐鲁制药东厂、董家镇政府、董家村北、荀于、王辛、苏新、大张、四凤闸、陈家岭、东王、唐西、唐东、东张村、唐王镇政府、韩西。	315路 首班： 7:30 末班： 18:00	洪家楼、花园路、鑫达小区、二环东路北段、全福立交桥南、全福立交桥东、齐鲁制药、还乡店东、幸福苑、黄台电厂、幸福柳广场西、幸福柳广场、张马屯西、张马屯东、郭家、铁骑路、王舍人镇政府、王舍人镇、市立三院、李家庄、白菜路、沙河、滩头、孙家卫、曲家、川流、简家、新码头、大码头。
308路 首班： 6:30 末班： 19:10	洪家楼、二环东路、七里河路、华信路、历城五中、十里河、十里河东、正丰路西段、盛福村、康虹路西口、贤文小区、新生活家园、会展东路、牛旺庄、开拓路、凤凰路、义和庄南、炼油厂、安家、安家东、章灵、小官庄、唐冶、高而、东沙沟路口、康山、省水利工程局、辛庄、孙村中学、埠东、大正路。	316路 首班： 6:50 末班： 18:50	洪家楼、花园路、鑫达小区、二环东路北段、全福立交桥南、全福立交桥北、荷花路、华山风景区、还乡店、驴山、东杨、菜园、华山镇政府、洪家园、小洼村、华山立交桥、孟家村西、孟家、王家闸、沙河、苏家、滩头、坝子西、坝子东、桃园、梁家码头、大孙家、大李家、遥墙、遥墙镇政府、遥墙教师小区、机场路口、大辛、西河北、东河北、朝阳、桥北、张圈、渡口、北殷、西八户、东八户、娄家。
309路 首班： 7:00 末班： 18:30	洪家楼、花园路、鑫达小区、二环东路北段、全福立交桥南、全福立交桥东、齐鲁制药、还乡店东、幸福苑、黄台电厂、幸福柳广场西、幸福柳广场、张马屯西、张马屯东、郭家、铁骑路、王舍人镇政府、市立三院、工业北路东口、济钢西门、济钢、济钢东门、韩仓、刘家、机场路、种苗公司、重型、谢家屯西、林家、简家屯、外国语学校、向阳村、大辛、采埃孚公司、大辛、遥墙、南郭而、西大郭、胡家、机场。	317路	建大和平校区、山师东路(下行不设)、建大二宿舍(下行不设)、山大路、建大三四宿舍、建大济王校区、综合楼(下行不设)、科学楼(下行不设)、图书馆(下行不设)、信息楼(下行不设)、科技馆(下行不设)、办公楼(下行不设)、博文楼(下行不设)、建大新校区。
310路 首班： 6:40 末班： 18:30	洪家楼、花园路、鑫达小区、二环东路北段、全福立交桥南、全福立交桥北、荷花路、华山风景区、还乡店北、东杨、山头店、马家桥、卧西、堰头、华河路、华山立交桥、孟家村西、北辛店、刘姑店、霍家流、西李家、云家、蔡家、谷家、小河套、南河套、北河套、王楼、冯家、刘家、小孙家、大李家、大杜家、马官寨、杨史道口、陈孟圈、赵合、秦家道口。	318路 首班： 6:45 末班： 18:45	洪家楼、洪家楼南路北口、山大北路东段、山大南路、二环东路、七里河、丁家庄西、贤文庄、舜华路北口、牛旺庄、开拓路、邓家、义和庄、炼油厂、殷陈北、济钢西门、济钢、济钢东门、韩仓、刘家、锦平、庚辰钢铁、郭店镇政府、郭店、李东、齐鲁制药东厂、董家镇政府、董家村北、荀于、王辛、苏新、大张、四凤闸、鸭旺口、大陈家、张越家、桥南、岳家寨、韩辛、韩西(下行路西)、唐王镇政府(下行路西)、樊家、崔家、亓家、大徐家、唐王渔场、大徐家北、老僧口。上行：老僧口、唐王渔场、大徐家、亓家、崔家、樊家、韩辛、唐王镇政府(上行路东)、韩西(上行路东)、岳家寨、桥南……
311路 首班： 6:40 末班： 18:40	洪家楼、洪家楼南路北口、山大北路东段、山大南路、二环东路、七里河、丁家庄西、贤文庄、舜华路北口、牛旺庄、开拓路、凤凰路、义和庄南、炼油厂、安家、山东建筑大学、田庄东、邢村立交桥西、邢村立交桥东、邢村、山青院、力诺科技园、力诺集团、彩石山庄、西彩石、教育城、小龙堂北、博世磨具公司、东港沟、埠东村、山庄、马头山村、现代职业学院(白谷堆村)、鸡山村。	319路	洪家楼、二环东路、七里河陆路、七里河小区、七里河路南口、七里河、济钢二分厂、化纤厂路、丁家庄西、贤文庄、舜华路北口、牛旺庄、邓家、凤凰路、义和庄、炼油厂、殷陈南、工业北路、济钢、韩仓、韩仓东、刘家、机场路、锦平、庚辰钢铁、郭店镇政府、郭店、郭店东、山前村、曹家馆、方家、东风新村、十里堡、卫东村、五里堂村、柿子园村南、柿子园村。
312路 首班： 6:50 末班： 18:10	洪家楼、洪家楼南路北口、山大北路东段、山大南路、解放东路西段、省印刷物资公司、姚家庄(解放东路)、姚家小区、武警医院、正大城市花园、地矿家园、旅游路、中井庄、下井庄、转山西路、转山隧道东、大汉峪、小汉峪、小汉峪东、港沟、有兰峪、章锦西、章锦、港西路、伙路、高家洼、龙洞风景区、冶河、寨而头、里子、夏家村北、夏家村、龙湾、龙湾南、黄鹿泉、石岭、历甲泉、丁家峪、西营西、西营、西岭角、东岭角、垈窝、枣林 、赵家庄、葫芦峪、九如山。	321路 首班： 6:30 末班： 18:30	洪家楼、洪家楼南路北口、山大北路东段、山大南路、二环东路、七里河、丁家庄西、贤文庄、舜华路北口、牛旺庄、开拓路、凤凰路、义和庄南、炼油厂、安家、安家东、章灵、小官庄、唐冶、高而、东沙沟路口、康山、省水利工程局、辛庄、孙村北、孙村南、孙村。

续表 14

线路	站　　点	线路	站　　点
322路 首班: 7:00 末班: 18:30	洪家楼、洪家楼南路北口、山大北路东段、山大南路、二环东路、七里河、丁家庄西、贤文庄、舜华路北口、牛旺庄、开拓路、邓家、义和庄、炼油厂、殷陈北、济钢西门、济钢、济钢东门、韩仓、刘家、锦平、庚辰钢铁、郭店镇政府、郭店、李东、齐鲁制药东厂、董家镇政府、董家村北、季家、杨家、张而、吕家、吕家路口、时家、温家、甄家、袁家、全节河、潘新。	K501路	南苑小区、十六里河镇政府、市林业局、重汽技术中心、土屋路、四季花园、七里山南村、六里山南路、二七新村、英雄山、济南中学、省实验中学。
		K502路	山东医专、郎茂山小区南区、郎茂山小区、郎茂山小区北区、七里山南村、六里山南路、二七新村、英雄山、济南中学、省实验中学。
323路 首班: 7:30 末班: 16:50	洪家楼(设在路北)、洪家楼南路北口、山大北路东段、山大南路、解放东路西段、省印刷物资公司、姚家庄(设在解放东路)、姚家小区、武警医院、正大城市花园、地矿家园、旅游路、中井庄、下井庄、转山西路、转山隧道东、大汉峪、小汉峪、小汉峪东、港沟、港沟四区、车角山、西坞、亓家、郭家、黑龙峪。	BRT1路 首班: 5:30 末班: 21:30	黄岗、黄岗路东、交通学院、西苑小区、无影山路、无影山东路、长途汽车站、东工商河路、三孔桥、生产路北口、北关北路、历黄路、东泺河路、历山路、车站北街、南全福大街、北全福、全福立交桥西、全福立交桥。
325路 首班: 9:00 末班: 16:00	洪家楼(设在路北)、洪家楼南路北口、山大北路东段、山大南路、解放东路西段、省印刷物资公司、姚家庄(设在解放东路)、姚家小区、武警医院、正大城市花园、地矿家园、旅游路、中井庄、下井庄、转山西路、转山隧道东、大汉峪、小汉峪、小汉峪东、港沟、港沟四区、河西北、河西南、两河、燕棚窝村、燕棚窝村南、石庙、去台寺、仁里村、大水井北、大水井南、九曲、云河村、汪家场、晾米台、西营、西营镇敬老院、大南营、小南营、阁老村、藕池、降甘。		

济南火车站旅客列车时刻表

2008 年 4 月 28 日起实行(运行时刻在实行中可能有微小调整,请注意车站公告和票面上的开行时间)

车次	等级	开行区间	济南站 到时 / 开时	济南东站 到时 / 开时	车次	等级	开行区间	济南站 到时 / 开时	济南东站 到时 / 开时
D35	动车组	北京—济南	11:34/		D36	动车组	济南—北京	/12:00	
D37	动车组	北京—济南	17:34/		D38	动车组	济南—北京	/18:19	
D41	动车组	北京—济南	22:35/		D42	动车组	济南—北京	/7:08	
D76/7	动车组	上海—四方	14:54/14:56		D78/5	动车组	四方—上海	13:15/13:17	
D601	动车组	济南—四方	/ 7:07		D602	动车组	四方—济南	9:35/	
D603	动车组	济南—四方	/10:15		D604	动车组	四方—济南	13:09/	
D605	动车组	济南—四方	/13:29		D606	动车组	四方—济南	16:23/	
D607	动车组	济南—四方	/16:43		D608	动车组	四方—济南	19:41/	
D609	动车组	济南—四方	/20:01		D610	动车组	四方—济南	22:56/	
T25	特快	北京—四方	2:57/ 3:05		T26	特快	四方—北京	15:22/15:36	
T33	特快	天津—上海	20:03/20:11		T34	特快	上海—天津	4:31/4:46	
T105	特快	济南—上海	/21:05		T106	特快	上海—济南	7:08/	
T131/4	特快	大连—上海	2:17/2:25		T132	特快	上海—大连	1:06/1:14	
T162/59	特快	四方—广州东	12:47/12:57		T160/1	特快	广州东—四方	15:18/15:26	
T177	特快	济南—杭州	/18:23		T178	特快	杭州—济南	6:39/	
T179	特快	济南—广州	/19:30		T180	特快	广州—济南	18:25/	
T195	特快	北京—四方		3:23/3:26	T196	特快	四方—北京		0:10/0:18
K15	快速	济南—重庆北	/10:34		K16	快速	重庆北—济南	20:06/	
K45	快速	北京—福州	17:44/17:52		K46	快速	福州—北京	22:58/23:05	
K51	快速	北京—日照	5:41/5:54		K52	快速	日照—北京	23:36/23:44	
K58/5	快速	哈尔滨—上海	5:22/5:26		K56/7	快速	上海—哈尔滨	22:51/22:57	
K70/67	快速	四方—福州	23:55/0:05		K68/9	快速	福州—四方	4:22/4:34	
K78/5	快速	吉林—宁波	12:08/12:16		K76/7	快速	宁波—吉林	9:51/10:01	
K101/4	快速	北京—温州	5:04/5:14		K102/3	快速	温州—北京	9:23/9:33	
K107	快速	北京—徐州	1:07/1:26		K108	快速	徐州—北京	23:12/23:23	
K161	快速	北京—南京西	21:34/21:42		K162	快速	常州—北京	8:37/8:45	
K172/3	快速	四方—西宁	18:49/18:57		K174/1	快速	西宁—四方	14:39/14:48	
K190/87	快速	沈阳北—上海	3:10/3:18		K188/89	快速	上海—沈阳北	7:32/7:42	
K206/7	快速	成都—四方	5:55/6:03		K208/5	快速	四方—成都	21:13/21:22	
K258/55	快速	包头—宁波	6:08/6:16		K256/7	快速	宁波—包头	1:49/1:55	
K285	快速	北京—烟台		23:43/0:03	K286	快速	烟台—北京		6:13/7:06
K296/3	快速	四方—上海	20:38/20:46		K294/5	快速	上海—四方	5:24/5:30	
K344/1	快速	沧口—南昌	17:50/17:59		K342/3	快速	南昌—沧口	6:25/6:33	
K371	快速	太原—上海	1:47/1:55		K372	快速	上海—太原	9:41/9:49	
K518/5	快速	长春—上海	5:33/5:41		K516/7	快速	上海—长春	23:28/23:44	
K554/1	快速	哈尔滨—温州	11:07/11:15		K552/3	快速	温州—哈尔滨	10:22/10:34	

续表

车次	等级	开行区间	济南站到时/开时	济南东站到时/开时	车次	等级	开行区间	济南站到时/开时	济南东站到时/开时
N385	快速	济南—威海	/23:44		N386	快速	威海—济南	17:03/	
N392/3	快速	徐州—沧口	15:12/15:33		N394/1	快速	沧口—徐州	12:22/12:37	
N397	快速	济南—日照	/8:19		N398	快速	日照—济南	19:40/	
N399	快速	济南—日照	/17:18		N400	快速	日照—济南	14:13/	
5003	普快	济南—烟台	/23:52		N922	快速	烟台—济南	14:30/	
N923	快速	济南—烟台	/8:12		N924	快速	烟台—济南	21:54/	
1036/3	普快	沈阳北—金华西	10:53/11:07		1034	普快	金华西—沈阳北	16:12/16:20	
1084/1	普快	太原—沧口		4:14/4:22	1082/3	普快	沧口—太原		23:40/23:49
1085	普快	济南—乌鲁木齐	/9:28		1086	普快	乌鲁木齐—济南	22:25/	
1114/1	普快	汉口—沧口	8:45/8:57		1112/3	普快	沧口—汉口	20:15/20:28	
1132/29	普快	西安—烟台	6:08/6:16		1130/1	普快	烟台—西安	0:34/0:42	
1161	普快	济南—西安	/13:35		1162	普快	西安—济南	10:13/	
1208/5	普快	丹东—沧口		9:54/10:17	1206/7	普快	沧口—丹东		23:06/23:14
1230/27	普快	阜新—上海	5:58/6:06		1228/9	普快	上海—阜新	10:02/10:46	
1344/1	普快	齐齐哈尔—杭州	17:00/17:08		1342/3	普快	杭州—齐齐哈尔	8:20/8:28	
1394/1	普快	佳木斯—烟台	13:20/13:28		1392/3	普快	烟台—佳木斯	0:07/0:28	
1408/5	普快	通化—沧口		12:55/13:05	1406/7	普快	四方—通化		14:49/14:57
1418/5	普快	哈尔滨—济南	16:21/		1416/7	普快	菏泽—哈尔滨	17:25/17:33	
1452/49	普快	牡丹江—济南	18:12/		1450/1	普快	济南—牡丹江	/12:26	
1461	普快	北京—上海	21:11/21:32		1462	普快	上海—北京	5:16/5:30	
1472/69	普快	哈尔滨—徐州	18:01/18:09		1470/1	普快	徐州—哈尔滨	17:39/17:52	
1477	普快	北京—镇江	18:53/19:06		1478	普快	镇江—北京	0:37/0:45	
2034/1	普快	郑州—沧口	7:25/7:36		2032/3	普快	沧口—郑州	21:44/21:52	
2244/5	普快	石家庄—烟台		0:54/1:03	2246/3	普快	烟台—石家庄		0:44/0:56
2517	普快	北京—威海		3:58/4:06	2518	普快	威海—北京		4:50/4:58
2556/7	普快	南京西—东营	0:55/1:07		2558/5	普快	东营—南京西	20:20/20:38	
2582/3	普快	金华西—烟台	11:03/11:21		2584/1	普快	烟台—金华西	17:23/17:38	
2597	普快	北京西—济南	5:49/		2598	普快	泰山—北京西	/14:08	
5007	普快	济南—徐州	/8:30		5008	普快	徐州—济南	18:19/	
5011	普快	济南—东营	/12:04		5012	普快	东营—济南	11:40/	
5013	普快	济南—菏泽	/18:08						
5022/3	普快	四方—曹县	0:57/1:11		5024/1	普快	曹县—四方	23:44/0:05	
5028/5	普快	菏泽—沧口		2:04/2:13	5026/7	普快	沧口—菏泽	13:48/13:58	
5032/3	普快	徐州—烟台	0:30/0:38		5034/1	普快	烟台—徐州	5:18/5:33	
5045	普快	济南—济宁	/8:55		5046	普快	济宁—济南	10:55/	

2008年济南机场夏秋航班时刻表

航班信息由济南机场客户服务中心提供(以当日电脑查询为准)

目的地	航班号	起飞时间	到达时间	机型	班期	目的地	航班号	起飞时间	到达时间	机型	班期
北京	SC1151	07:55	08:45	738	每日	厦门	SC4982	19:20	21:20	733	146
	SC1155	11:20	12:15	738	每日		MF8558	20:20	23:35	737	2357
	MU5137	11:55	12:50	320	每日	长沙	CZ3958	13:10	14:55	JET	23467
	MU5139	15:45	16:40	319	13467		HU7228	13:40	15:30	738	1357
	SC1157	17:15	18:05	738	每日		SC4917	16:50	18:35	CRJ	每日
	SC1159	20:40	21:30	738	每日		MF8518	20:30	23:40	738	14
上海	MU5530	08:00	09:20	319	每日	大连	SC4939	21:20	22:20	733	每日
	SC1161	08:05	09:25	733	每日		SC4935	10:15	11:15	733	136
	SC1163	12:15	13:35	733	每日		CZ6436	22:40	23:40	319	每日
	SC1165	15:10	16:30	733	每日		3U8811	10:55	11:55	320	246
	MU5528	17:05	18:35	320	每日	武汉	SC4933	08:25	09:45	CRJ	25
	MU5526	19:10	20:25	319	每日		CZ3622	14:30	15:55	737	1357
	SC1167	19:20	20:40	733	每日		SC4933	15:00	16:20	738	13467
广州	SC1175	09:00	11:20	733	每日		CZ3622	14:50	16:10	737	246
	CZ3510	11:20	13:40	320	每日	郑州	SC4965	15:25	16:10	CRJ	每日
	MU5259	12:30	14:55	319	每日	太原	SC4975	08:15	09:15	CRJ	2357
	ZH9485	16:40	19:20	738	每日		GS7476	13:30	14:30	D38	每日
	SC1171	16:50	19:20	737	25		SC4979	14:50	15:55	733	2357
	SC1159	18:40	21:15	738	13467	长春	CZ6930	00:05	01:55	319	7
	SC1171	18:40	21:05	738	13467		CZ6442	17:00	18:50	320	257
	CZ3708	18:55	21:35	320	每日	杭州	ZH9261	08:50	10:10	738	每日
深圳	SC1187	07:40	11:50	733	每日		SC4951	09:25	10:40	738	每日
	ZH9940	12:20	15:10	738	每日		SC4974	11:25	12:45	738	2357
	HU7218	13:30	16:15	738	246		SC4985	16:30	17:45	738	每日
	SC1181	13:40	16:15	733	每日	重庆	SC1197	08:00	10:00	738	每日
	SC1189	15:55	18:35	738	每日		3U8938	09:55	12:00	ERJ	246
	ZH9928	17:45	20:25	738	每日		SC4840	11:15	13:15	733	每日
哈尔滨	SC4761	10:30	12:25	733	每日		SC4762	16:05	18:05	733	每日
	MU5777	13:25	15:25	JET	1357		3U8948	17:40	19:40	319	1357
	CZ6442	21:50	23:50	M90	1357	贵阳	SC4963	08:10	11:50	CRJ	13467
	3U8843	14:45	16:50	320	13457		SC4963	08:10	11:50	737	25
	HU7883	10:15	12:10	319	1357	福州	SC4991	07:50	10:45	733	每日
南宁	SC4933	15:00	18:50	738	13467		MF8518	20:35	22:30	738	2357
	SC4933	08:25	12:05	CRJ	25	南京	SC4991	07:50	08:50	733	每日
兰州	SC4965	15:25	18:30	CRJ	每日	银川	SC4911	07:45	09:40	CRJ	146
呼和浩特	SC4981	14:50	16:25	733	146	乌鲁木齐	SC4911	07:45	12:55	CRJ	146
	SC4975	08:15	10:35	CRJ	2357		MU5637	15:45	20:05	319	25
温州	SC1187	07:40	9:20	738	每日		CZ6960	16:25	22:40	73G	每日
三亚	CZ3958	13:10	17:50	JET	23467	桂林	SC4951	09:25	13:20	738	每日
武夷山	MF8518	20:30	22:10	738	14	昆明	SC1197	08:00	12:00	738	每日
晋江	ZH9261	08:50	12:00	738	每日		SC4905	14:45	18:55	738	25
成都	SC4601	09:00	11:10	733	每日		SC4905	13:30	17:40	737	13467
	CZ6441	10:50	13:10	320	2457		MU5782	18:50	21:40	733	246
	CZ6435	16:50	19:10	321	每日		MU5778	19:15	22:05	JET	1357
	CZ6929	18:40	21:00	319	6		3U8948	17:40	21:40	319	1357
	SC4901	18:40	20:50	738	25		8L9930	11:25	14:30	737	每日
	SC4901	18:40	20:50	CRJ	146		8L9942	21:40	00:40	737	每日
	MU5449	19:30	21:45	319	13467	青岛	SC4602	14:35	15:15	733	每日
	3U8812	14:35	16:45	320	246	烟台	1176	15:20	16:05	733	每日
西安	3U8844	21:10	23:25	319	13457		1182	20:10	20:55	733	每日
	SC4963	08:10	09:40	737	25	威海	GS7475	10:30	11:30	D38	每日
	SC4963	08:10	09:40	CRJ	13467	沈阳	CZ3621	10:05	11:50	737	1357
	SC4905	13:30	15:00	737	13467		CZ3621	10:30	11:40	737	246
	SC4905	14:45	16:15	738	25		HU7865	16:40	18:05	319	246
	HU7884	15:50	17:20	319	1357		8L9941	17:20	18:45	737	每日
	CZ6960	16:25	18:05	73G	每日	海口	HU7218	13:30	18:15	738	246
厦门	HU7886	21:20	23:00	319	246		HU7228	13:40	18:05	738	1357
	SC4974	11:25	14:40	733	2357	首尔	SC4095	08:30	09:55	737	13467
	SC4936	13:45	15:45	733	136		KE847	14:15	17:00	320	247
	SC4985	16:30	19:40	738	每日	香港	MU5025	08:10	11:05	319	每日
	SC4980	18:25	20:25	733	2357						

责任校对　王　炜

索　引

说明：

本索引为综合性主题索引，标示正文部分22个栏目的内容。索引标目按汉语拼音字母顺序，同音字按声调顺序，同音同声调者按笔画顺序排列。标目后数字为页码，字母a为左栏，b为中栏（两栏者为右栏），c为右栏。

J

T

W

X

长清区总工会

长清区总工会机关工作人员共8名，下属14个区直系统工会、4个街道工会和6个乡镇工会，基层工会组织846家，工会会员8万余人。

近年来，区总工会组织紧紧围绕全区的中心工作，在经济建设上，动员和组织广大职工为长清发展作出积极贡献；在维权工作上，着力加强维权机制建设，依法履行帮扶维权基本职责，促进再就业和民主管理工作的发展，努力使工会成为职工群众信赖的组织；在送温暖救助工作上，不断推进送温暖工程的经常化和社会化，密切了党和政府与职工群众的关系；在组织建设上，积极推进非公有制经济单位工会组建工作，使工会的组建率和职工入会率大幅度提高，还经常组织广大职工开展文体活动和劳动技能大赛等。工会各项工作取得显著成绩，为长清的工运事业作出了贡献。

区总工会主席 宋传娥

工字号创业基地

区总工会全体工作人员

开展春节送温暖活动

为下岗失业人员办理小额贴息贷款

庆"五·一"文艺晚会

商河县白桥乡

白桥乡位于商河县城东南部，面积83平方公里，辖81个行政村，有人口4.5万人。土质肥沃，水源充足，农业生产条件优越，具有多年大蒜种植历史，是济南市唯一的整建制大蒜生产专业乡，国家一类农业标准化生产示范区、无公害农产品生产基地。2007年，白桥乡“商玉宝”牌大蒜系列产品被国家绿色食品认证中心认定为绿色食品，年产大蒜10.5万吨、蒜薹5万吨。辖区内大蒜加工业发展迅速，有大蒜加工厂148家、大型冷藏厂15家，产品主要有蒜米、蒜片、蒜粒、蒜粉等。“商玉宝”牌大蒜系列产品远销全国20多个省、市，并出口到韩国、马来西亚、俄罗斯等国家和地区。

白桥乡先后被命名为“山东十大特色农业乡镇”、“山东省科普惠农示范工程单位”、“平安济南建设先进基层单位”、“全市先进基层党组织”、“济南市蔬菜生产先进单位”等。

团结奋进的领导班子

大蒜深加工车间

“商玉宝”牌大蒜生产基地

奖牌

商河县玉皇庙街道办事处

党工委书记　宋玉金

玉皇庙街道办事处位于商河县城南部15公里处，面积153.49平方公里，耕地8000公顷，辖96个行政村，有人口6.1万人。2007年，实现地区生产总值9.76亿元，比上年增长6.3%，其中一、二、三产业分别为4.39亿元、4.48亿元、0.89亿元；农民人均纯收入4863元，比上年增加243元。规模以上企业发展到19家，培育形成玻璃制品、医药化工、产品包装、机械锻造、农产品加工5大主导产业。培育发展了畜禽养殖、大蒜种植、蔬菜大棚、黑皮冬瓜、速生丰产林5大产业基地；大蒜加工、木材加工、食品加工等群众性加工业蔚然兴起。城镇建设初具规模，开工建设了玉凯大道、玉皇西路，对街道驻地进行绿化改造。

2007年，玉皇庙街道办事处入选"山东最具发展潜力的乡镇"，被命名为"山东省政务公开示范点"、"山东省林业生产示范镇"，获得"济南市畜牧业生产先进单位"、"全市民政工作先进集体"、"平安济南建设先进集体"等称号。

日新月异的小城镇建设

力诺集团玻璃制品

丰产林基地

平阴县孔村镇

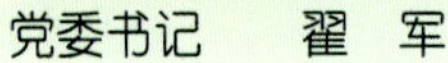
党委书记　翟　军

镇　长　尚海成

孔村镇地处济南市西南端，东靠肥城矿区和石横发电厂，105 国道、济菏高速公路和正在规划建设的青兰高速公路、泰聊铁路贯穿全境。全镇总面积 126 平方公里，辖 47 个行政村（居），总人口 4.2 万人。工业经济基础雄厚，初步构筑了以炭素、机械铸造、食品加工为主的工业体系，炭素企业由两年前的 4 家增加到 8 家，炭素生产能力增加到 75 万吨，产值达到 33.7 亿元，加快向全国“炭素工业第一镇”迈进。农业产业特色鲜明，形成了食用菌、林果、畜牧三大特色产业，被誉为“济南市食用菌生产第一镇”。社会事业蓬勃向上，水泥路和自来水“村村通”率达 100%，新型农村合作医疗参保率达 96%。2007 年实现工业销售收入 25 亿元，工业利税 3.2 亿元，地方财政收入 1160 万元，农民人均纯收入 5365 元。先后荣获“全国模范人民调解委员会”、“山东省先进基层党组织”、“省级文明镇”“平安山东建设先进单位”等称号。

文体广场

2008年7月8日,济南市委副书记、市长张建国(前排中)到孔村镇视察工作。

食用菌种植基地

龙山路

炭素生产车间

长清区文昌街道办事处

东王社区居委会

2007年5月，东王村民委员会更名为东王社区居民委员会。下设10个居民小组，有居民670户、2008人，人均纯收入7500元。东王社区居委会位于风景秀丽的文昌山西麓，长清新城区东部，东邻大学科技园，北靠济南经济开发区，交通便捷，地理位置优越。近年来，抢抓机遇，干事创业，在建设生产发展、生活富裕、乡风文明、街道整洁、管理民主的社会主义新农村中走出一条成功之路。招商引资成效显著，先后引进文昌花苑、文昌山庄、汇富苑等房地产项目，建成明珠新世纪商业广场，全市最大人才市场也落户东王。大力发展第三产业，重点扶持居民发展运输业和商业，拥有运输车辆300余台，建成东王商场，经商业户近百家。投资70余万元硬化4条街道，投资14万元打深井3眼，改善了居民生产生活条件。城中村改造有序进行，制定了东王社区修建性详细规划，为解决失地居民的后顾之忧，预留部分土地让居民搞商业开发。东王社区居委会先后获山东省“村镇建设明星村”、“先进党员活动室”，长清区“五好红旗村”、“五好党支部”等称号。

书记　王心儒

明珠新世纪商业广场

两委会一班人

东王社区修建详细规划

文昌山庄一角

汇富苑小区

历下区大明湖街道办事处

大明湖街道办事处面积1.48平方公里，有常住人口3万人、流动人口约3万人，下设6个社区居民委员会。

2007年，完成地方财政收入5208万元，社会消费品零售总额22亿元，固定资产投资6.97亿元，招商引资5.8亿元，分别比上年增长18.30%、26.56%、26.56%、21.18%。新建2处面积约1200平方米的休闲健身广场，对县学街农贸市场进行扩容改造，方便了居民生活，改善了周边环境。投资300万元对曲水亭片区等街巷进行整治，按照“修旧如旧”的原则，对后宰门街进行了立体打造，再现泉城老街古巷的特色风貌，成为济南市泉水游的亮点。为加大对弱势群体的帮扶力度，依托南北历山社区成立了“大明湖街道办事处就业帮扶基地”；成立了集志愿服务与帮扶服务为一体的综合机构——“爱心驿站”和“泉城义工之家”，为辖区居民提供医疗、法律等10大类、30项志愿服务项目。办事处先后获得“全国社区服务先进社区”、“省级文明单位”及济南市“创建国家园林城市先进单位”、“就业再就业工作先进单位”等称号。

党工委书记 寇少杰

中共济南市委副书记、市长张建国（左二）视察解放阁—舜井片区建设情况

主任 肖辉

大明湖帮扶就业基地

中共山东省委常委、济南市委书记焉荣竹（左三）视察辖区重点建设项目

历下区大明湖街道办事处办公楼

历下区劳动就业办公室

历下区劳动就业办公室以关注民生为己任，努力为下岗失业人员办实事、办好事。以高度负责的精神，最大限度地用足用活各项政策，让下岗失业人员享有更多实惠，通过创建“充分就业和谐社区”、“就业无盲点”、“创业进校园”、“帮扶就业基地”、“招聘夜市”等模式，拓宽了就业渠道，提高了就业质量。为提高服务对象自身素质，把培训工作逐步向基层延伸、向农村延伸，大批失业职工、失地农民相继走进课堂，更新就业理念，学习就业技能。加大人才资源市场建设力度，修建完善人力资源市场，使其更加方便于民。2007 年，全区实现城镇新增就业人员 13949 人，完成全年工作目标任务的 150%；下岗失业人员再就业 9887 人，完成全年目标任务的 305.2%；就业困难人员再就业 1575 人，完成全年目标任务的 242.3%。市、区两级就业再就业资金投入 678.9 万元，登记失业率始终控制在 2% 以下。历下区劳动就业办公室连续 5 年获得省、市“劳动就业服务工作先进单位”称号，并获“全省就业工作先进集体”称号。

在人力资源市场举办的“进城务工帮您解难”招聘会一瞥

市就业办主任王毓华和历下区常务副区长李光忠参加区就业办举办的燕山培训基地揭牌仪式

区就业办为辖区 65 个社区配发电脑

位于历山路的济南市历下区人力资源市场

历下区人口和计划生育局

局长 周 敏

近年来，历下区人口和计划生育局、计划生育协会探索计生工作新理念，构建服务新格局，通过知识学习、业务培训、岗位练兵、技能比武为内涵的“幸福使者素质展示”等系列活动，打造出一支政治、技能“双过硬”的人口计生干部队伍；通过“计生牵头、部门联动、社会参与、面向平民”的城区人口早教工作途径，形成“模式社区化、网络专业化、内容系列化、方式人性化”的城区早期教育新格局，为1.5万余人提供了公益性服务；通过成立全省首家“流动人口俱乐部”、“外来女工之家”，启动“真情倾注外来姐妹、贴心服务走进社区”、“情系外地娃、爱心助成长”等专题活动，使服务内容与形式贴近实际、贴近群众；通过“人口文化进大学”，引导大学生树立正确恋爱、婚姻和性道德观念，做先进人口文化和新型婚育观念的传播者和实践者。2007年，全区人口出生率6.74‰，人口自然增长率2.35‰，合法生育率99.9%，在省年度考核中，取得满分的好成绩。先后获全国、省、市“计划生育优质服务先进区”、“计划生育先进单位”、“流动人口计划生育管理服务先进单位”等称号。局长周敏被评为“2007年度建设繁荣和谐新历下十佳标兵”。

生育关怀——“情满历下”亲情救助发放现场

2007年9月12日，济南市计生委主任卞允斗（中）在历下区调研计生工作，区委副书记杨峰（左）、副区长华巍陪同调研。

在全区开展幸福使者素质展示活动

历下区计划生育局开展三下乡活动，给育龄群众发放宣传品。

在驻区高校开展人口文化校园活动

济南出版社

济南出版社是一个年轻、富有朝气的城市出版社。设有总编室、办公室、第一编辑室、第二编辑室、第三编辑室、第四编辑室、教材（辅）管理中心、出版部、市场部、财务部和《中学时代》杂志社。现有高级职称13人，博士研究生1人，硕士研究生12人。自1988年建社以来，出版了大量的优秀图书，有310多种图书获得省以上优秀图书奖，《中国古代名物大典》、《我观党史》等5种图书先后获得国家图书奖和中国图书奖。连续3届被新闻出版总署评为全国良好出版社，连年被地方党委和政府授予先进单位、文明单位、廉洁勤政先进集体等称号，具有良好的社会信誉和出版业内的诚信度。

震动中国
济南时报"心系汶川"抗震救灾诗歌集
王淑铭·李国强/主编
2008.5.12 14:28

主编：王良
挺进北川
济南援川纪实

篆書毛澤東詩詞全集

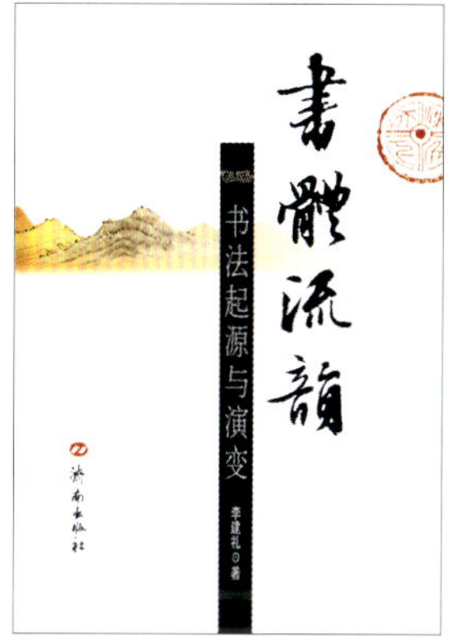
書體流韻
书法起源与演变

先秦诸子与文化元典
自然与自我
从老庄到李贽
专制变奏曲
才女风流
从李清照到柳如是
玄思风流
宿命错位
人格的独立
从屈原到陆游
天宝十四载
诗画人生
从王维到郑板桥
侠心剑胆
盛世情怀
浅酌低唱
大众文化的经典
粉墨功名
清官崇拜谈
秦淮旧梦
文人的理想品格
从陶渊明到苏轼
落日辉煌
流民皇帝
从刘邦到朱元璋
文化中国

中国文化
中华一壶酒
中国文化
中华一壶茶

世界属于有心人

女人向左 男人向右

济南市史

2008年9月26日，中国社科院副院长、中国地方志指导小组常务副组长朱佳木（左一），中国地方志指导小组秘书长田嘉（右二）在山东省副省长王随莲（左二）、济南市史志办公室党组书记王历历（右一）等陪同下参观《济南年鉴》创刊20周年书画摄影作品展。

20多年来，在市委、市政府的正确领导和省史志办的精心指导下，在全市各部门各单位的积极支持和密切配合下，济南市史志系统的广大干部职工，干事创业，甘于奉献，用自己的智慧和汗水，编纂出大量的地方志类成果，在平凡的岗位上，创造出了不平凡的业绩，树立了座座丰碑。济南市史志工作按照国务院《地方志工作条例》和《山东省地方史志工作条例》的要求，围绕中心、服务大局，志、鉴、库、馆、开发利用“五业并举”，“三个中心”建设取得突出成绩。全市各级史志部门已逐步成为党和政府重要的参谋和助手，其作品和成果日益成为各界人士了解济南、研究地情的重要工具和媒介。济南市史志系统广大干部职工，正以崭新的精神风貌和昂扬的工作热情，不断开创新局面，创造新辉煌！

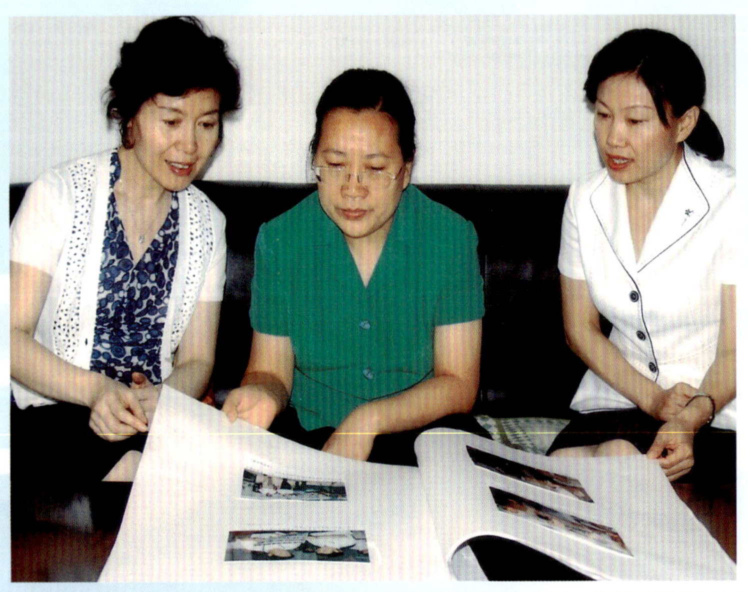

济南市副市长巩宪群（中）听取市史志办党组书记王历历（左）、主任袁淑玲工作汇报

志办公室

济南市史志办在全省地方史志工作会议上受到表彰

济南市史志办公室所获荣誉

1993 年 3 月 获全国新编地方志成果展览会优秀成果奖

1994 年 12 月 获中国地方年鉴奖一等奖

1997 年 11 月 获山东省地方年鉴评比特等奖

1998 年 12 月 被市政府评为先进集体

1999 年 11 月 获全国地方年鉴特等奖

2000 年 被省政府办公厅、省人事局授予全省地方志工作先进集体

2001 年 获山东省优秀年鉴特等奖

2005 年 获山东省新编地方志优秀成果一等奖

2005 年 12 月 被中国地方志领导小组评为先进集体

2005 年 12 月 被山东省人民政府办公厅评为年鉴特等奖

2008 年 8 月 荣获第四届全国年鉴编校质量检查评比一等奖

2002 年——2008 年 连续荣获山东省优秀年鉴评比特等奖

中国社科院副院长、中国地方志指导小组常务副组长朱佳木在参观《济南年鉴》创刊 20 周年书画摄影作品展时高度评价“济南史志队伍建设搞得好”。图为济南市史志办部分工作人员。

热烈祝贺《济南年鉴》创刊20周年

（排名不分先后）

中国地方志指导小组办公室
中国地方志协会年鉴工委
中国版协年鉴研究会
山东省地方史志办公室
北京年鉴社
天津年鉴社
石家庄年鉴编辑部
郑州年鉴编辑部
太原年鉴编辑部
呼和浩特年鉴编辑部
沈阳年鉴编辑部
大连年鉴编辑部
长春年鉴编辑部
哈尔滨年鉴社
上海年鉴社
南京年鉴社
杭州年鉴编辑部
宁波年鉴编辑部
合肥年鉴编辑部
福州年鉴编辑部
厦门年鉴编辑部
南昌年鉴编辑部
武汉年鉴社
长沙年鉴编辑部
广州年鉴社
深圳年鉴社
南宁年鉴编辑部
海口年鉴编辑部
重庆年鉴社
成都年鉴社
贵阳年鉴社
昆明年鉴编辑部
西安年鉴编辑部
银川年鉴社
西宁年鉴编辑部
拉萨年鉴编辑部
乌鲁木齐年鉴编辑部
青岛年鉴社
淄博年鉴编辑部
枣庄年鉴编辑部
东营年鉴编辑部
烟台年鉴编辑部
潍坊年鉴编辑部
济宁年鉴编辑部
泰安年鉴编辑部
威海年鉴编辑部
日照年鉴编辑部
莱芜年鉴编辑部
临沂年鉴编辑部
德州年鉴编辑部
聊城年鉴编辑部
滨州年鉴编辑部
菏泽年鉴编辑部

中共济南市委办公厅
济南市人大常委会办公厅
济南市人民政府办公厅
政协济南市委员会办公厅
中共济南市纪委办公厅
济南警备区司令部
中共济南市委政法委
中共济南市委党校
中共济南市委组织部
中共济南市委宣传部
济南市精神文明办
中共济南市委统战部
中共济南市委市直机关工委
中共济南市委政研室
中共济南市委党史研究室
济南市老龄办
济南市公安局
济南市检察院
济南市法院
济南市司法局
济南市法学会
济南高新区管委会
济南市发改委
济南市建委
济南市经委
济南市民政局
济南市信访局
济南市档案局
济南舜耕山庄
济南市人事局
济南市财政局
济南市工商行政管理局
济南市地税局
济南市气象局
济南市食品药品监管局
济南市质量技术监督局
济南市国税局
济南海关
济南出入境检验检疫局
济南市邮政局
济南市烟草专卖局
济南市黄河河务局
济南市物价局
济南市教育局
济南市科技局
济南市劳动保障局
济南市国土资源局
济南市规划局
济南市市政公用事业局
济南市园林局
济南市环卫局
济南市房产管理局
济南市城管执法局

济南市环保局
济南市交通局
济南市信息产业局
济南市水利局
济南市农业局
济南市林业局
济南市贸易服务局
济南市对外贸易经济合作局
济南市文化局
济南市卫生局
济南市体育局
济南市广播电视局
济南市新闻出版局
济南出版社
济南日报报业集团
济南市计生委
济南市审计局
济南市统计局
济南市安全生产监督管理局
济南市民族宗教局
济南市旅游局
济南市粮食局
济南市国资委
济南市法制办
济南市金融办
济南市外事办
济南市侨办
济南市人防办
济南住房公积金管理中心
济南市畜牧兽医局
贸促会济南市分会
济南市供销合作社
济南市政府资金结算中心
济南市市级机关事务管理局
济南市社会科学院
济南仲裁委员会
民革济南市委
民盟济南市委
民进济南市委
民建济南市委
农工党济南市委
致公党济南市委
九三学社济南市委
济南市总工会
共青团济南市委
济南市妇联
济南市工商联
济南市科协
济南市社科联
济南市文联
济南市侨联
济南市台联
济南市残联

武警济南支队
历下区人民政府
市中区人民政府
槐荫区人民政府
天桥区人民政府
历城区人民政府
长清区人民政府
章丘市人民政府
平阴县人民政府
济阳县人民政府
商河县人民政府
中国重汽集团
中创软件工程股份有限公司
中石化济南分公司
济南卷烟厂
山水集团
力诺集团
山东佳宝集团
黄台电厂
济南钢铁集团总公司
济南炼油厂
山东机场有限公司
济铁办事处
网通济南分公司
移动济南分公司
联通济南分公司
电信济南分公司
铁通济南分公司
卫通济南分公司
人行济南分行营业管理部
工行山东省分行营业部
农行山东省分行营业部
中行济南分行
建行山东省分行
交行济南分行
农发行山东省分行营业部
中信银行济南分行
光大银行济南分行
华夏银行济南分行
招商银行济南分行
兴业银行济南分行
上海浦发银行济南分行
民生银行济南分行
深圳发展银行济南分行
济南市商业银行
省农信联社济南办事处
济南市保险行业协会
中国财险济南分公司
中国人寿济南分公司
平安人寿济南分公司
平安财险济南分公司
太平洋寿险山东分公司
太平洋财险山东分公司